FRANCE

ATLAS ROUTIER et TOURISTIQUE
TOURIST and MOTORING ATLAS
STRASSEN- und REISEATLAS
TOERISTISCHE WEGENATLAS
ATLANTE STRADALE e TURISTICO
ATLAS DE CARRETERAS y TURÍSTICO

Sommaire / Contents / Inhaltsübersicht / Inhoud / Sommario / Sumario

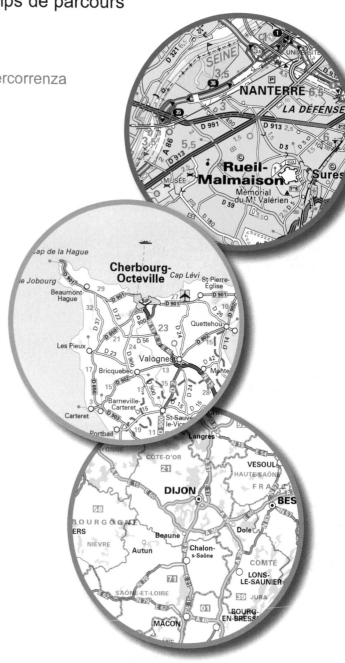

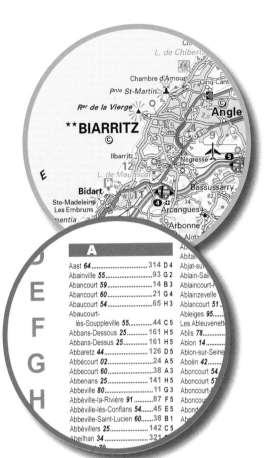

2 - 351

France - 1/200 000
Frankreich - 1: 200 000
Frankrijk - 1: 200 000
Francia - 1: 200 000

352 - 462

Index complet des communes - 62 plans de ville
Complete index of communes - 62 town plans
Komplettes Ortsregister - mit 62 Stadtplänen
Register van alle gemeenten - 62 stadsplattegronden
Indice completo dei comuni - 62 piante di città
Índice completo de municipios - 62 planos de ciudades

424 - 425

Paris
Parijs / Parigi / París

Plans de ville / Town plans / Stadtpläne / Stadsplattegronden / Piante di città / Planos de ciudades

352 Aix-en-Provence	370 Cannes	401 Lorient	421 Orléans
353 Ajaccio	371 Carcassonne	402 Environs de Lyon	422 Orléans
354 Amiens	373 Châlons-en-Champagne	404 Lyon	429 Pau
355 Angers	374 Chalon-sur-Saône	405 Le Mans	430 Perpignan
355 Annecy	374 Chambéry	406 Marseille	431 Poitiers
356 Arles	375 Chartres	407 Marseille	434 Reims
357 Avignon	376 Clermont-Ferrand	409 Metz	435 Rennes
359 Bastia	377 Clermont-Ferrand	411 Monaco Monte-Carlo	436 La Rochelle
360 Bayonne	380 Colmar	412 Montpellier	437 Rouen
362 Besançon	383 Dijon	414 Mulhouse	440 Saint-Étienne
362 Biarritz	384 Dijon	416 Nancy	452 Strasbourg
363 Blois	391 Grenoble	417 Nantes	454 Toulon
365 Bordeaux	393 Le Havre	418 Nantes	455 Toulouse
366 Bordeaux	398 Lille	419 Nice	456 Tours
367 Bourges	399 Lille	420 Nevers	457 Troyes
368 Caen	400 Limoges	420 Nîmes	
369 Calais			

Distance chart (triangular matrix). Diagonal cities in order:
Agen, Amiens, Angers, Angoulême, Auch, Aurillac, Auxerre, Bayonne, Beaune, Besançon, Blois, Bordeaux, Boulogne-sur-Mer, Bourges, Brest, Brive-la-Gaillarde, Caen, Cahors, Calais, Carcassonne, Châlons-en-Champagne, Chambéry, Charleville-Mézières, Chartres, Cherbourg-Octeville, Clermont-Ferrand, Colmar, Dijon, Dunkerque, Gap, Grenoble, Le Havre, Lille, Limoges.

Upper triangle (distances to preceding diagonal cities):

- Amiens: 846
- Angers: 513 422
- Angoulême: 254 584 252
- Auch: 75 883 577 318
- Aurillac: 260 706 450 292 298
- Auxerre: 669 307 405 487 707 433
- Bayonne: 230 884 563 304 225 490 787
- Beaune: 649 448 547 494 687 413 148 796
- Besançon: 768 551 647 596 805 515 249 915 110
- Blois: 526 319 195 277 590 439 221 576 363 463
- Bordeaux: 141 704 383 124 204 311 607 191 614 734 399
- Boulogne-sur-Mer: 954 137 482 704 1005 827 428 1003 569 662 442 824
- Bourges: 512 382 272 293 550 339 148 596 280 353 116 417 503
- Brest: 781 629 378 574 844 833 720 830 862 962 542 633 687 648
- Brive-la-Gaillarde: 238 619 357 199 276 104 427 388 409 511 353 209 739 287 743
- Caen: 725 256 254 475 788 673 406 775 547 648 309 596 314 424 376 581
- Cahors: 91 708 446 288 190 132 530 413 512 614 442 280 828 376 832 100 671
- Calais: 984 167 512 734 1037 859 459 1033 614 651 474 854 38 535 719 772 345 863
- Carcassonne: 209 903 642 449 172 354 743 385 597 672 638 336 1024 571 974 296 866 210 1054
- Châlons-en-Champagne: 821 219 477 609 905 600 169 908 302 339 345 729 328 318 774 593 427 733 321 892
- Chambéry: 704 705 725 639 667 391 405 881 259 266 569 682 826 413 1118 478 803 580 831 498 519
- Charleville-Mézières: 936 201 520 674 973 770 288 974 421 459 410 794 277 442 817 708 471 799 270 1011 128 638
- Chartres: 602 217 209 352 698 519 218 652 359 459 134 472 315 195 507 433 236 523 345 718 271 616 314
- Cherbourg-Octeville: 830 379 375 596 893 794 530 880 671 770 430 682 438 545 426 702 125 792 468 987 552 928 594 359
- Clermont-Ferrand: 405 557 448 329 443 158 283 550 265 368 292 371 678 191 834 166 594 268 708 431 451 294 620 372 720
- Colmar: 929 513 767 756 966 676 410 1076 271 172 626 894 622 514 1064 672 722 791 664 862 297 411 406 562 845 529
- Dijon: 688 471 551 533 743 452 153 835 47 94 369 670 580 257 865 449 550 551 574 637 262 299 381 363 674 305 250
- Dunkerque: 1005 208 553 743 1043 864 464 1043 619 743 863 79 540 760 777 387 868 45 1063 327 836 267 388 510 717 641 580
- Gap: 656 836 855 770 619 568 536 833 390 444 699 783 956 543 1248 608 933 658 996 450 684 189 803 746 1057 424 596 428 1004
- Grenoble: 648 710 730 644 611 397 410 824 264 318 574 688 831 418 1123 483 808 585 870 442 558 58 677 621 932 298 466 303 879 133
- Le Havre: 803 185 331 553 866 720 369 852 510 610 335 673 244 397 469 634 96 724 274 919 399 767 383 198 220 573 695 514 315 898 770
- Lille: 929 139 514 668 967 789 389 967 544 582 404 788 119 465 763 702 390 792 111 988 252 761 191 309 513 642 568 505 80 926 798 319
- Limoges: 324 527 265 104 362 189 345 407 396 498 261 227 647 195 650 97 490 187 678 383 502 540 615 342 610 227 654 434 686 671 542 541 610

Lower rows (distances to all diagonal cities Agen → Limoges):

- Lorient: 654 590 251 448 717 706 630 678 772 871 446 506 649 521 135 614 338 700 969 776 720 1118 990 430 724 523
- Lyon: 602 600 578 475 615 303 301 749 154 257 422 567 721 308 1013 362 698 465 760 446 448 112 567 511 822 178 193 760 243 115 661 693 423 322
- Le Mans: 558 335 96 308 621 505 335 608 477 577 142 428 393 257 397 413 166 504 424 699 389 710 431 120 286 434 674 481 464 841 713 242 426 322
- Marseille: 520 912 908 760 483 432 612 697 466 541 751 647 1032 651 1285 523 1009 522 1072 314 760 330 879 822 1132 476 731 504 1080 182 274 972 1004 609
- Mende: 364 750 640 456 335 176 476 559 374 448 484 491 870 384 1020 268 787 219 901 294 668 313 787 565 907 203 630 412 909 408 294 764 833 354
- Metz: 970 360 618 772 1008 717 335 1071 312 269 508 892 469 483 915 714 569 833 462 902 159 529 204 413 692 570 207 273 439 694 566 541 366 715
- Mont-de-Marsan: 122 828 507 248 109 367 731 104 738 858 523 135 947 541 755 333 719 260 977 276 853 769 917 596 808 496 1014 777 987 723 712 796 912 351
- Montpellier: 355 882 773 595 318 257 600 531 454 529 617 482 1003 516 1120 348 919 356 1033 149 747 354 866 697 1039 335 715 492 1041 308 297 896 966 434
- Mulhouse: 892 547 731 720 930 639 373 1039 234 136 589 857 656 477 1028 636 713 755 684 826 331 380 436 526 837 492 49 219 670 566 434 676 597 620
- Nancy: 916 375 633 767 954 663 321 1066 258 208 500 881 484 473 896 660 550 779 478 848 159 475 259 394 674 516 144 219 493 640 512 556 420 644
- Nantes: 464 509 90 275 526 534 493 513 634 735 283 334 568 360 299 442 294 532 598 659 564 814 607 295 341 537 853 638 639 944 817 386 601 351
- Narbonne: 267 923 700 507 230 297 687 444 541 616 657 394 1043 551 1033 355 925 291 1074 62 835 441 954 738 1045 376 802 579 1082 395 384 937 1007 441
- Nevers: 556 381 353 376 594 320 121 701 159 345 197 521 501 79 728 317 478 419 530 594 289 374 457 602 173 501 230 538 505 377 441 463 276
- Nice: 676 1067 1063 916 639 587 768 852 621 669 907 803 1188 807 1441 679 1165 677 1227 470 915 479 1034 978 1289 631 718 660 1236 237 328 1128 1161 765
- Nîmes: 405 854 775 645 368 316 554 582 408 483 619 532 975 518 1170 408 952 407 1014 199 702 309 821 700 1075 338 664 447 1023 263 251 915 947 494
- Orange: 456 798 794 696 419 367 499 632 352 428 638 583 919 538 1174 459 896 458 958 250 646 253 765 709 1020 362 608 391 967 243 195 859 892 608
- Orléans: 587 269 245 327 625 446 165 626 306 406 63 447 389 123 542 360 320 450 420 645 286 563 358 84 444 299 562 310 428 694 566 283 353 269
- Paris: 711 135 295 449 748 570 171 749 311 411 183 569 255 246 592 483 234 592 283 90 357 423 452 315 297 698 571 197 222 392
- Pau: 196 891 570 311 123 418 825 113 807 927 586 198 1010 671 818 396 782 310 1040 284 916 777 980 869 564 1083 845 1050 731 720 859 975 482
- Périgueux: 137 626 353 87 212 187 445 316 490 592 361 136 747 294 758 84 566 174 777 370 602 560 715 442 686 247 748 528 785 691 563 640 710 102
- Perpignan: 320 983 753 560 283 358 748 497 602 677 718 447 1104 617 1085 407 978 322 1134 114 895 502 1014 799 1098 436 863 640 1142 456 444 998 1067 493
- Poitiers: 363 474 138 114 427 314 377 413 518 618 169 234 592 244 515 221 365 312 623 507 498 607 563 242 485 331 774 522 633 738 610 442 558 130
- Le Puy-en-Velay: 453 677 568 459 425 172 431 681 285 360 412 502 798 311 948 297 714 399 828 383 579 224 698 492 834 130 541 323 836 355 227 691 761 358
- Reims: 848 173 432 586 885 682 208 886 340 378 322 706 282 353 729 620 383 710 275 906 48 90 226 506 535 345 301 284 722 594 355 209 529
- Rennes: 579 441 134 391 643 650 482 629 623 723 304 450 499 419 243 538 188 648 530 775 536 880 578 266 236 596 821 627 570 1003 875 402 586 574 422
- La Rochelle: 323 608 195 152 386 451 511 373 652 752 302 193 671 377 442 350 443 460 701 518 632 751 697 398 493 474 908 656 742 882 754 520 691 253
- Rodez: 257 794 508 349 229 102 520 453 518 557 528 384 914 427 893 162 732 112 945 240 705 420 873 609 852 247 777 557 953 502 401 808 877 248
- Rouen: 770 124 298 520 833 654 303 820 444 544 269 640 183 331 500 568 127 658 213 853 337 701 321 133 251 507 634 448 254 832 704 90 258 477
- Saint-Brieuc: 692 485 229 486 756 745 576 742 718 818 398 545 543 513 147 653 232 743 574 888 630 975 672 361 280 690 915 722 615 1105 977 324 619 517
- Saint-Étienne: 573 623 581 495 499 245 361 720 215 289 424 538 743 324 960 333 727 436 820 467 508 153 627 505 847 149 470 253 829 284 156 704 754 394
- Saint-Nazaire: 530 564 145 341 593 600 548 580 689 790 340 400 623 415 272 508 311 598 653 725 620 869 662 350 359 592 905 693 694 1000 872 403 657 417
- Strasbourg: 1006 518 776 834 1044 753 487 1153 348 249 637 971 627 591 1073 750 727 869 621 940 317 481 363 571 850 606 75 333 597 667 534 699 524 734
- Toulon: 584 976 972 824 547 496 676 761 530 605 816 711 1096 715 1350 587 1073 586 1136 379 824 386 943 887 1197 540 792 568 1144 238 329 1036 1069 674
- Toulouse: 120 815 553 360 81 229 637 299 619 737 549 247 935 483 885 207 778 122 966 94 839 587 904 630 898 376 894 674 974 541 530 829 899 294
- Tours: 466 373 123 216 529 413 276 515 417 518 336 492 164 945 321 264 411 522 607 398 618 462 141 384 341 674 421 532 749 621 341 457 230
- Troyes: 742 295 435 530 780 513 83 829 231 269 266 650 404 239 732 514 417 605 398 86 448 205 230 540 366 340 191 406 613 485 380 331 423
- Valence: 552 700 696 610 515 363 400 729 254 330 540 654 821 439 1076 449 798 551 860 347 548 155 667 611 921 264 510 293 868 226 98 761 793 510
- Valenciennes: 916 125 500 654 953 775 375 954 514 552 390 774 171 451 749 688 376 779 161 974 222 732 139 295 500 628 530 475 129 897 769 306 54 597

Tableau des distances / Distances
Entfernungstabelle / Afstandstabel
Tabella distanze / Cuadro de distancias

Les distances sont comptées à partir du centre-ville et par la route la plus pratique, c'est à dire celle qui offre les meilleures conditions de roulage, mais qui n'est pas nécessairement la plus courte

Distances are shown in kilometres and are calculated from town/city centres along the most practicable roads, although not necessarily taking the shortest route

Die Entfernungen gelten ab Stadtmitte unter Berücksichtigung der günstigsten, jedoch nicht immer kürzesten Strecke

De afstanden zijn in km berekend van centrum tot centrum langs de geschickste, dus niet noodzakelijkerwijze de hortste route

Distanze fra principali città: le distanze sono calcolate a partire dal centro delle città e seguendo la strada che, pur non essendo necessariamente la più breve, offre le migliori condizioni di viaggio

Distancias entre ciudades importantes: las distancias están calculadas desde el centro de la ciudad y por la carretera más práctica para el automovilista, es decir, la que ofrece mejores condiciones de circulación, que no tiene por qué ser la más corta.

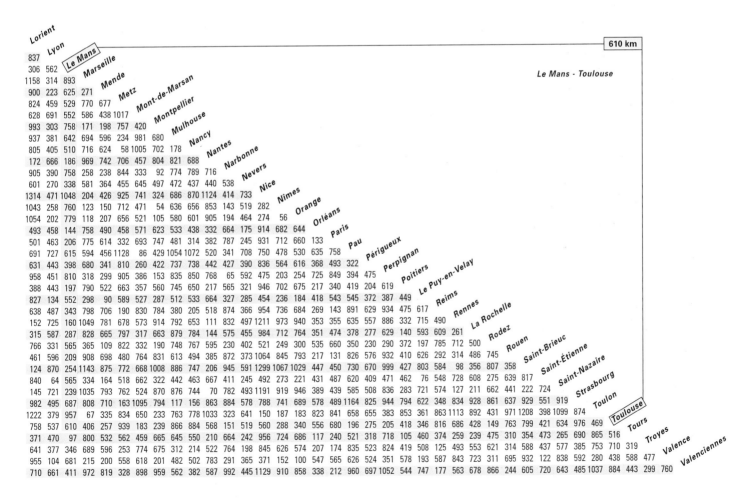

F
Temps de parcours / Driving times / Fahrzeiten
Reistijden / Tempi di percorrenza
Tiempos de recorrido

	Agen	Amiens	Angers	Angoulême	Auch	Aurillac	Auxerre	Bayonne	Beaune	Besançon	Blois	Bordeaux	Boulogne-sur-Mer	Bourges	Brest	Brive-la-Gaillarde	Caen	Cahors	Calais	Carcassonne	Châlons-en-Champagne	Chambéry	Charleville-Mézières	Chartres	Cherbourg-Octeville	Clermont-Ferrand	Colmar	Dijon	Dunkerque	Gap	Grenoble	Le Havre	Lille	Limoges
Amiens	7:56																																	
Angers	4:47	3:53																																
Angoulême	2:34	5:47	3:06																															
Auch	1:14	8:35	5:48	3:33																														
Aurillac	3:28	7:14	5:46	3:51	4:09																													
Auxerre	6:52	3:13	4:04	4:56	7:33	5:22																												
Bayonne	2:46	8:38	5:20	3:06	2:33	5:21	7:48																											
Beaune	6:31	4:20	5:11	5:37	7:12	5:02	1:25	8:02																										
Besançon	7:25	4:59	6:03	6:31	8:05	5:55	2:17	8:56	1:04																									
Blois	5:04	3:19	1:52	2:45	6:04	4:49	2:28	5:37	3:36	4:27																								
Bordeaux	1:21	6:59	3:41	1:26	2:22	3:41	6:09	1:54	6:12	7:07	4:01																							
Boulogne-sur-Mer	8:51	1:19	4:23	6:32	9:36	8:13	4:12	9:24	5:19	5:53	4:21	7:45																						
Bourges	5:04	3:53	2:29	3:31	5:46	3:44	2:06	6:25	3:25	4:09	1:29	4:46	4:52																					
Brest	7:16	6:00	3:46	5:54	8:16	8:52	6:46	7:49	7:53	8:46	5:12	6:14	6:28	6:07																				
Brive-la-Gaillarde	2:17	5:57	4:24	2:28	2:59	1:42	4:52	3:41	4:32	5:27	3:33	2:02	6:56	3:07	7:34																			
Caen	6:59	2:24	2:32	4:40	8:00	7:21	3:48	7:32	4:55	5:49	3:05	5:53	2:52	4:04	3:47	5:58																		
Cahors	1:27	6:47	5:13	3:18	2:16	2:10	5:41	3:53	5:21	6:16	4:23	2:40	7:46	3:57	8:24	1:07	6:50																	
Calais	9:08	1:36	4:40	6:49	9:44	8:21	4:19	9:41	5:19	5:40	4:29	8:02	0:29	4:59	6:47	7:02	3:09	7:54																
Carcassonne	2:00	8:28	6:55	4:16	2:00	4:10	6:32	3:30	5:16	6:20	6:05	3:04	9:28	5:39	9:00	2:49	8:32	2:09	9:34															
Châlons-en-Champagne	8:12	2:10	4:23	6:05	8:56	7:32	2:08	8:57	2:41	3:03	3:40	7:18	3:05	3:49	7:20	6:11	4:02	7:06	2:55	7:48														
Chambéry	6:19	6:37	6:32	6:34	6:20	4:52	3:42	7:50	2:25	3:08	5:32	6:20	7:36	4:39	10:09	4:42	7:10	5:30	7:47	4:34	5:08													
Charleville-Mézières	8:29	2:35	4:46	6:20	9:10	8:00	3:09	9:12	3:42	4:05	3:55	7:33	3:29	4:35	7:42	6:28	4:24	7:20	3:19	8:49	1:16	6:09												
Chartres	6:21	2:29	1:56	4:02	6:46	5:23	2:10	6:55	3:17	4:09	1:31	5:16	3:14	2:02	4:53	4:04	2:24	4:56	3:31	6:39	2:42	5:30	3:04											
Cherbourg-Octeville	7:51	3:50	3:54	6:02	8:52	8:43	5:14	8:24	6:22	7:11	4:27	6:50	4:18	5:26	4:33	7:20	1:33	8:13	4:34	9:55	5:27	8:35	5:49	3:51										
Clermont-Ferrand	3:58	5:21	3:58	3:49	4:39	2:11	3:28	5:19	3:09	4:04	2:58	3:40	6:21	1:52	7:42	2:01	5:48	2:50	6:27	4:05	5:35	2:53	6:05	3:31	6:53									
Colmar	8:56	5:44	7:36	8:02	9:37	7:27	3:49	10:28	2:36	1:48	6:02	8:38	6:38	5:40	10:32	6:59	7:35	7:48	6:08	7:43	3:41	4:15	4:08	5:57	9:00	5:36								
Dijon	6:54	4:20	5:19	6:00	7:35	5:25	1:33	8:25	0:34	0:59	3:47	6:36	5:15	3:25	8:00	4:57	5:02	5:46	5:05	5:41	2:25	2:46	3:26	3:25	6:26	3:34	2:29							
Dunkerque	9:11	1:57	5:01	7:01	9:52	8:29	4:27	9:54	5:28	5:51	4:37	8:15	0:50	5:07	7:08	7:10	3:30	8:02	0:32	9:44	3:02	7:55	3:10	3:53	4:54	6:38	6:14	5:13						
Gap	5:58	8:24	8:19	8:21	5:59	6:13	5:28	7:29	4:12	5:01	7:19	7:03	9:23	6:26	11:55	6:28	8:57	6:07	9:22	4:12	6:43	2:26	7:44	7:20	10:21	4:42	6:30	4:34	9:32					
Grenoble	5:45	6:42	6:37	6:39	5:45	4:57	3:47	7:16	2:30	3:21	5:37	6:25	7:41	4:44	10:13	4:46	7:15	5:35	7:40	3:59	5:01	0:38	6:02	5:38	8:39	3:00	4:42	2:52	7:51	1:58				
Le Havre	7:28	1:49	3:00	5:08	8:28	7:26	3:33	8:01	4:40	5:32	3:34	6:22	2:17	4:04	4:41	6:07	1:03	6:59	2:33	8:42	3:39	6:53	4:07	2:11	2:27	5:35	7:16	4:49	2:55	8:42	6:55			
Lille	8:28	1:28	4:45	6:19	9:10	7:47	3:45	9:11	4:46	5:09	3:54	7:33	1:34	4:25	7:12	6:28	3:34	7:20	1:12	9:02	2:20	7:13	2:28	3:07	4:59	5:56	5:39	4:31	0:55	8:47	7:00	3:00		
Limoges	3:00	5:05	3:32	1:26	3:41	2:22	4:13	4:20	4:21	5:16	2:42	2:42	6:05	2:16	6:43	1:00	5:09	1:52	6:10	3:34	5:18	5:00	5:37	3:15	6:28	2:22	6:45	4:43	6:20	6:49	5:02	5:16	5:40	
Lorient	6:00	5:32	2:30	4:38	7:00	7:37	5:55	6:43	7:03	7:54	4:19	4:58	6:00	4:51	1:30	6:14	3:19	7:06	6:16	7:43	6:28	9:39	6:50	4:00	4:01	6:36	9:39	7:11	6:37	11:28	9:41	4:10	6:42	5:25
Lyon	5:54	5:36	5:54	5:56	5:43	4:00	2:41	7:25	1:25	2:19	4:54	5:36	6:36	3:38	9:08	3:57	6:09	4:45	6:35	3:57	3:55	1:10	4:57	4:33	7:34	2:11	3:49	1:47	6:45	2:59	1:12	5:55	6:05	4:17
Le Mans	5:34	3:12	0:59	3:15	6:34	5:55	3:09	6:07	4:17	5:08	1:39	4:28	3:40	2:39	3:57	4:33	1:49	5:25	3:57	7:07	3:41	6:41	4:03	1:14	3:08	4:10	6:52	4:25	4:17	8:29	6:42	2:17	4:06	3:44
Marseille	4:40	8:21	8:00	6:56	4:39	4:54	5:25	6:10	4:09	5:14	7:00	5:44	9:20	5:54	11:40	6:08	8:56	4:48	9:19	2:52	6:39	3:39	7:41	7:16	10:17	4:24	6:37	4:31	9:29	1:53	3:09	8:39	8:51	6:51
Mende	4:10	7:08	5:45	6:05	4:17	2:23	5:15	5:52	4:18	5:23	4:45	5:15	8:08	3:39	9:44	3:54	7:35	3:15	8:14	2:57	6:48	3:49	7:50	5:18	8:55	2:07	6:45	4:40	8:23	4:51	3:55	7:19	7:43	4:38
Metz	9:07	3:20	5:33	7:07	9:48	7:38	3:30	9:59	2:47	3:05	4:42	8:20	4:14	5:11	8:29	7:10	5:11	7:59	4:04	7:54	1:31	5:14	2:03	3:54	6:35	5:47	2:15	2:32	4:12	6:48	5:01	4:51	3:34	6:26
Mont-de-Marsan	1:42	8:29	5:11	2:56	1:39	4:51	7:39	1:11	7:42	8:37	5:31	1:44	9:14	6:20	7:44	3:31	7:22	3:00	9:30	3:31	8:43	7:47	9:01	6:45	8:14	5:11	10:06	8:04	9:43	7:29	7:11	7:51	9:03	4:17
Montpellier	3:15	8:20	6:57	5:31	3:15	3:23	5:20	4:45	4:04	5:10	5:57	4:19	9:20	4:51	10:15	4:37	8:47	3:24	9:26	1:29	6:34	3:20	7:36	6:30	10:07	3:19	6:30	4:26	9:35	3:02	2:44	8:31	8:55	5:20
Mulhouse	8:32	6:01	7:11	7:38	9:13	7:02	3:24	10:03	2:11	1:24	5:38	8:14	6:56	5:16	10:08	6:35	7:10	7:23	6:49	7:19	3:58	4:00	4:48	5:32	8:34	5:12	0:38	2:07	6:56	6:22	4:30	6:55	6:18	6:22
Nancy	8:40	3:53	6:07	7:17	9:21	7:11	3:24	10:09	2:20	2:33	4:53	8:22	4:48	5:02	9:08	6:43	5:56	7:32	4:38	7:27	1:51	4:47	2:37	4:33	7:20	5:20	2:07	2:05	4:46	6:21	4:34	5:25	4:08	6:30
Nantes	4:23	4:45	0:59	2:57	5:23	5:56	4:56	4:56	6:03	6:55	2:47	3:17	5:13	3:20	3:16	4:33	3:02	5:25	5:29	6:07	5:14	7:22	5:36	2:47	3:41	4:52	8:27	6:11	5:50	9:13	7:24	3:51	5:40	3:44
Narbonne	2:28	8:37	7:23	4:45	2:29	3:39	6:02	3:59	4:45	5:50	6:13	3:33	9:36	5:07	9:28	3:17	9:00	2:37	9:42	0:42	7:16	4:02	8:17	6:46	10:19	3:35	7:11	5:07	9:51	3:43	3:25	8:48	9:11	4:01
Nevers	5:31	3:47	3:28	4:31	6:12	4:01	1:34	6:51	2:28	3:44	2:29	5:13	4:47	1:10	7:07	3:34	4:21	4:22	4:52	5:55	3:40	4:00	4:10	2:48	5:45	2:11	5:13	2:53	5:01	5:48	4:02	4:06	4:21	3:15
Nice	6:07	9:48	9:28	8:24	6:08	6:22	6:53	7:38	5:37	7:19	8:28	7:12	10:48	7:22	13:07	7:36	10:21	6:16	10:47	4:21	8:07	4:49	9:09	8:45	11:46	5:51	7:18	5:59	10:57	3:37	4:55	10:07	10:17	8:19
Nîmes	3:40	7:53	7:52	5:56	3:40	3:54	4:58	5:10	3:41	4:47	6:52	4:44	8:52	5:46	10:40	5:08	8:26	3:49	8:51	1:54	6:12	2:58	7:13	7:25	9:50	4:14	6:09	4:03	9:02	2:39	2:21	8:11	8:22	5:52
Orange	4:01	7:21	7:00	6:17	4:01	4:15	4:26	5:31	3:09	4:14	6:00	5:05	8:20	4:54	11:00	5:29	7:54	4:09	8:19	2:15	5:40	2:26	6:41	6:17	9:18	3:24	5:36	3:31	8:30	2:33	1:49	7:39	7:50	5:30
Orléans	5:17	2:54	2:18	3:10	5:59	4:36	1:59	6:03	3:06	3:58	0:45	4:24	3:53	1:14	5:56	3:17	3:20	4:09	3:59	5:51	3:03	5:19	3:26	1:03	4:44	2:45	5:26	3:14	4:08	7:08	5:21	3:05	3:28	2:28
Paris	6:33	1:40	2:50	4:24	7:13	5:51	1:49	7:16	2:57	3:49	1:58	5:37	2:40	2:30	5:46	4:32	2:24	5:25	2:48	7:07	1:55	5:10	2:17	1:10	3:46	4:01	5:43	3:06	2:57	7:01	5:12	2:08	2:19	3:43
Pau	2:54	9:28	6:10	3:55	1:43	4:55	8:17	1:10	7:57	8:53	6:30	2:43	10:13	6:33	8:43	3:43	8:21	3:04	10:29	2:43	9:42	6:59	10:00	7:44	9:13	5:26	10:22	8:20	10:42	6:41	6:22	8:50	10:02	4:27
Périgueux	2:12	6:32	4:50	1:26	3:28	2:32	5:39	2:59	5:02	5:58	4:08	1:21	7:31	3:42	7:06	0:51	6:01	1:43	7:37	3:26	6:45	5:10	7:04	4:42	7:21	2:31	7:26	5:24	7:46	6:59	5:12	6:43	7:06	1:37
Perpignan	2:54	9:07	7:49	5:10	2:54	4:10	6:32	4:24	5:15	6:22	6:44	3:58	10:07	5:38	9:53	3:42	9:25	3:02	10:13	1:08	7:46	4:32	8:47	7:17	10:45	4:06	7:42	5:37	10:22	4:13	3:55	9:18	9:42	4:26
Poitiers	3:39	4:42	1:56	1:20	4:40	4:04	3:52	4:13	5:00	5:51	1:45	2:34	5:27	2:20	5:03	2:42	3:36	3:34	5:44	5:16	4:57	6:23	5:14	2:59	4:55	3:53	7:20	5:08	5:57	8:12	6:25	4:04	5:17	1:53
Le Puy-en-Velay	5:36	6:44	5:20	5:20	5:43	2:33	4:10	6:50	2:54	3:58	4:20	5:11	7:43	3:14	9:19	3:33	7:11	4:21	7:49	4:22	5:24	2:25	6:26	4:53	8:30	1:42	5:21	3:16	7:58	4:14	2:27	6:55	7:18	3:53
Reims	7:40	1:42	3:57	5:30	8:21	7:11	2:24	8:23	2:57	3:21	3:06	6:44	2:37	3:45	6:53	5:39	3:35	6:31	2:27	8:13	0:32	5:24	0:54	2:17	4:59	5:20	4:09	2:42	2:38	6:59	5:12	3:15	1:58	4:50
Rennes	5:34	4:02	1:48	4:08	6:35	7:06	4:26	6:07	5:34	6:25	2:52	4:28	4:30	3:51	2:32	5:44	1:50	6:36	4:46	7:18	4:58	7:47	5:20	2:31	2:31	5:23	8:10	5:42	5:07	9:42	7:55	2:40	5:12	5:14
La Rochelle	2:59	5:52	2:09	1:51	3:59	5:28	5:02	3:32	6:10	7:01	2:54	1:53	6:20	3:30	4:42	3:28	4:29	4:16	6:37	4:42	6:07	7:40	6:24	3:54	5:13	5:09	8:30	6:18	6:58	9:29	7:42	4:58	6:27	3:11
Rodez	2:48	7:39	6:37	4:42	2:55	1:46	5:46	4:30	5:26	6:51	5:15	3:52	8:38	4:09	9:48	2:31	8:13	1:51	8:44	2:41	7:53	5:17	8:23	5:48	9:33	2:37	7:50	5:48	8:53	5:03	5:24	7:50	8:13	3:14
Rouen	7:08	1:14	2:40	4:49	8:08	6:50	2:57	7:41	4:05	4:56	2:58	6:02	1:42	3:29	4:52	5:31	1:14	6:24	1:59	8:06	3:04	6:18	3:32	1:36	2:39	5:00	6:41	4:13	2:20	8:06	6:20	1:00	2:25	4:42
Saint-Brieuc	6:24	4:33	2:42	5:02	7:24	8:00	5:19	6:57	6:26	7:18	3:45	5:22	5:01	4:44	1:33	6:38	2:21	7:30	5:17	8:07	5:51	8:39	6:13	3:24	3:02	6:15	9:02	6:35	5:38	10:28	8:41	3:11	5:43	6:08
Saint-Étienne	5:17	6:40	5:10	5:12	6:41	3:27	3:23	6:48	2:06	3:09	4:10	4:59	7:39	3:04	9:09	3:20	7:01	4:08	7:17	4:15	4:37	1:37	5:38	4:43	8:20	1:34	4:34	2:28	7:27	3:26	1:39	6:45	6:47	3:40
Saint-Nazaire	5:02	5:13	1:28	3:36	6:03	6:35	5:24	5:35	6:32	7:23	3:17	3:56	5:41	3:49	2:57	5:12	3:11	6:04	5:58	6:46	5:43	7:51	6:05	3:15	3:52	5:20	8:54	6:40	6:19	9:40	7:53	4:01	6:07	4:23
Strasbourg	9:33	4:43	6:56	8:39	10:14	8:03	4:25	11:04	3:12	2:24	6:18	9:15	5:37	6:17	9:52	7:36	6:34	8:24	5:27	8:20	2:54	4:52	3:27	5:17	7:58	6:13	0:53	3:08	5:36	7:13	5:21	6:14	4:58	7:23
Toulon	5:14	8:55	8:35	7:31	5:14	5:28	6:00	6:45	4:43	5:49	7:35	6:18	9:54	6:29	12:14	6:42	9:28	5:23	9:54	3:28	7:14	4:10	8:15	7:52	10:53	4:58	7:10	5:06	10:04	2:22	3:40	9:14	9:24	7:26
Toulouse	1:17	7:45	6:12	3:33	1:17	3:17	6:39	2:49	6:19	7:12	5:21	2:21	8:44	4:55	8:17	2:05	7:48	1:25	8:50	1:03	7:59	5:20	8:17	5:54	9:08	3:48	8:44	6:42	8:59	5:01	4:43	7:56	8:19	2:49
Tours	4:31	3:45	1:17	2:12	5:31	4:52	2:54	5:04	4:02	4:54	0:47	3:25	4:29	1:36	4:47	3:30	2:38	4:22	4:46	6:04	3:59	5:37	4:17	2:01	3:57	3:07	6:22	4:10	4:59	7:26	5:39	3:07	4:19	2:41
Troyes	7:25	2:51	3:54	5:18	8:07	6:42	1:19	8:11	2:05	2:28	2:53	6:32	3:46	3:03	6:50	5:25	3:53	6:17	3:36	7:12	0:56	4:33	1:57	2:15	5:17	4:52	3:57	1:50	3:46	6:07	4:20	3:38	3:06	4:36
Valence	4:54	6:32	6:11	6:13	4:54	4:31	3:37	6:25	2:20	3:25	5:12	6:00	7:31	4:06	10:11	4:21	7:05	5:10	7:30	3:08	4:51	1:35	5:52	5:28	8:29	2:35	4:48	2:42	7:41	2:46	0:59	6:50	7:01	4:41
Valenciennes	8:22	1:22	4:39	6:13	9:03	7:40	3:39	9:05	4:31	4:54	3:48	7:26	1:53	4:19	7:06	6:21	3:28	7:14	1:39	8:56	2:06	6:58	2:01	3:00	4:52	5:50	5:18	4:16	1:22	8:33	6:46	2:53	0:42	5:32

Temps de parcours / Driving times / Fahrzeiten
Reistijden / Tempi di percorrenza
Tiempos de recorrido

G

Tableau des temps de parcours
Driving times chart / Fahrzeiten / Reistijdentabel
Tabella dei tempi di percorrenza
Tiempos de recorrido

Le temps de parcours entre deux localités est indiqué à l'intersection des bandes horizontales et verticales.

The driving time between two towns is given at the intersection of horizontal and vertical bands.

Die Fahrtzeit in zwischen zwei Städten ist an dem Schnittpunkt der waagerechten und der senkrechten Spalten in der Tabelle abzulesen.

De reistijd tussen twee steden vindt u op het snijpunt van de horizontale en verticale stroken.

Il tempo di percorenza tra due località è riportata all'incrocio della fascia orizzontale con quella verticale.

El tiempo de recorrido entre dos poblaciones resulta indicada en el cruce de la franja horizontal con aquella vertical.

Le Mans - Toulouse : **6:22**

Cities (diagonal): Lorient, Lyon, Le Mans, Marseille, Mende, Metz, Mont-de-Marsan, Montpellier, Mulhouse, Nancy, Nantes, Narbonne, Nevers, Nice, Nîmes, Orange, Orléans, Paris, Pau, Périgueux, Perpignan, Poitiers, Le Puy-en-Velay, Reims, Rennes, La Rochelle, Rodez, Rouen, Saint-Brieuc, Saint-Étienne, Saint-Nazaire, Strasbourg, Toulon, Toulouse, Tours, Troyes, Valence, Valenciennes

```
9:01
3:04 6:06
10:22 2:53 8:10
8:55 3:01 5:55 3:30
7:37 4:03 4:50 6:46 6:53
6:26 7:08 5:56 6:11 5:46 9:51
8:58 2:47 7:06 1:43 2:12 6:42 4:43
9:15 3:28 6:29 6:11 6:19 2:52 9:42 6:05
8:16 3:36 5:30 6:19 6:26 0:41 9:50 6:13 2:20
1:59 6:49 1:53 8:44 7:31 6:26 4:45 7:20 8:03 7:13
8:11 3:28 7:34 2:23 2:28 7:23 3:56 0:58 6:49 7:00 6:32
5:50 3:04 3:38 5:46 3:57 5:05 6:41 5:08 4:50 5:01 4:20 5:25
11:50 4:20 9:38 2:01 4:58 8:15 7:35 3:07 7:01 7:51 10:12 3:51 7:15
9:23 2:24 8:02 1:18 2:23 6:19 5:07 0:40 5:46 5:56 7:46 1:24 5:20 2:46
10:10 1:52 7:10 1:07 2:52 5:47 5:28 1:01 5:14 5:24 8:06 1:44 4:48 2:34 0:41
4:40 4:23 2:13 6:47 4:32 4:16 5:52 5:43 5:04 4:21 3:10 5:59 2:04 8:14 6:13 5:45
4:54 4:15 2:08 6:57 5:47 3:07 7:05 6:58 5:09 3:53 3:42 7:16 2:27 8:24 6:30 5:56 1:31
7:25 6:25 6:55 5:20 5:04 10:36 1:20 3:55 9:59 10:12 5:44 3:08 6:57 6:47 4:20 4:40 6:52 8:05
5:49 4:28 4:35 6:03 4:31 7:41 2:49 5:13 7:04 7:17 4:11 3:52 4:02 7:30 5:03 5:24 3:54 5:17 3:47
8:36 3:58 7:59 2:54 2:59 7:53 4:21 1:28 7:19 7:30 7:00 0:41 5:54 4:20 1:53 2:13 6:30 7:45 3:33 4:20
3:46 5:48 2:10 7:54 5:39 6:04 4:02 7:03 6:58 6:15 2:04 5:42 3:21 9:21 6:53 6:53 2:07 3:19 5:00 2:42 6:08
8:30 1:37 5:30 3:40 1:26 5:32 7:11 3:36 4:59 5:09 6:45 3:52 3:31 5:08 3:14 2:39 4:06 5:21 6:27 4:04 4:21 5:14
6:01 4:14 3:14 6:57 7:04 1:44 8:12 6:50 4:23 2:18 4:48 7:34 3:23 8:24 6:30 5:56 2:36 1:27 9:10 6:16 8:03 4:26 5:41
1:40 7:19 1:37 9:39 7:24 6:10 5:56 8:35 7:47 6:49 1:26 7:44 4:53 10:51 9:05 8:23 3:14 3:25 6:55 5:23 8:09 3:15 6:44 4:32
3:25 7:05 2:58 7:20 6:56 7:14 3:21 5:55 8:08 7:25 1:44 5:08 4:31 8:47 6:19 6:40 3:16 4:29 4:19 2:48 5:34 1:29 6:31 5:36 2:53
8:30 4:29 6:48 3:43 1:30 8:04 4:22 2:12 7:28 7:41 6:49 2:29 4:25 5:10 2:43 3:03 5:01 6:16 3:39 3:08 2:57 4:57 2:54 7:35 7:59 5:43
4:24 5:22 1:57 8:04 6:46 4:16 7:30 7:57 6:18 4:50 3:33 8:14 3:33 9:31 7:38 7:03 2:30 1:32 8:28 6:08 8:42 3:45 6:21 2:38 2:54 4:37 7:18
1:29 7:43 2:29 10:31 8:17 7:03 6:50 9:27 8:40 7:42 2:20 8:33 5:45 11:59 9:58 9:30 4:07 4:18 7:49 6:13 8:59 4:09 7:51 5:25 1:04 3:49 8:58 3:26
8:17 0:49 5:20 3:07 2:24 4:44 6:27 4:01 4:11 4:21 6:02 3:45 3:06 4:35 2:41 2:07 3:56 5:16 7:25 3:51 4:14 5:04 1:00 4:56 6:33 6:21 3:54 6:10 7:42
1:39 7:16 2:19 9:23 7:39 6:55 5:25 7:59 8:32 7:38 0:57 7:12 4:50 10:50 8:23 8:53 3:39 4:10 6:23 4:51 7:38 2:43 7:14 5:17 1:32 2:24 7:32 4:01 2:26 6:30
9:00 4:29 6:14 7:11 7:20 1:33 10:43 7:06 1:14 1:38 7:47 7:50 5:51 7:55 6:47 6:12 5:45 4:26 10:59 8:07 8:18 7:39 5:57 3:07 7:31 8:49 8:31 5:39 8:16 5:09 8:16
10:57 3:27 8:45 0:46 4:05 7:21 6:42 2:14 6:47 6:58 9:19 2:58 6:22 1:38 1:51 1:42 7:21 7:31 5:54 7:20 3:37 8:28 4:12 7:34 10:13 7:55 4:19 8:39 11:07 3:40 9:59 7:49
6:59 4:46 6:22 3:40 3:20 8:58 2:44 2:16 8:21 8:34 5:19 1:29 5:19 5:08 2:41 3:01 5:07 6:19 1:58 2:43 1:55 4:31 4:43 7:29 6:32 3:58 1:57 7:21 7:22 5:42 6:01 9:23 4:18
3:39 5:03 1:12 7:08 4:53 5:06 4:53 6:04 6:00 5:17 2:09 6:30 2:37 8:35 6:34 6:07 1:09 2:22 5:51 3:58 6:56 1:07 4:28 3:29 2:25 2:17 5:49 2:49 3:19 4:17 2:37 6:38 7:46 5:15
5:58 3:22 3:12 6:05 6:12 2:21 8:00 5:58 3:35 2:29 4:46 6:42 2:55 7:32 5:38 5:04 2:21 1:56 8:58 6:02 7:11 4:14 4:49 1:16 4:29 5:24 7:10 3:04 5:23 4:01 5:14 3:43 6:42 7:10 3:17
9:22 1:03 6:21 2:01 3:07 4:58 6:22 1:54 4:25 4:35 7:04 2:38 3:59 3:28 1:34 0:59 4:58 5:08 5:34 4:53 3:07 6:05 2:04 5:10 7:35 7:23 4:38 6:16 8:44 1:17 7:31 5:27 2:38 3:53 5:18 4:16
6:37 5:48 3:57 8:30 7:36 3:15 8:54 8:24 5:58 3:46 5:31 9:04 4:15 9:58 8:04 7:30 3:20 2:09 9:53 6:59 9:33 5:09 7:11 1:40 5:08 6:19 8:08 2:19 5:38 6:27 5:59 4:35 9:08 8:06 4:11 2:48 6:43
```

H

Environs de Paris / Paris and suburbs
Paris und Umgebung / Omstreken van Parijs
Dintorni di Parigi / Alrededores de París

Environs de Paris / Paris and suburbs
Paris und Umgebung / Omstreken van Parijs
Dintorni di Parigi / Alrededores de París

I

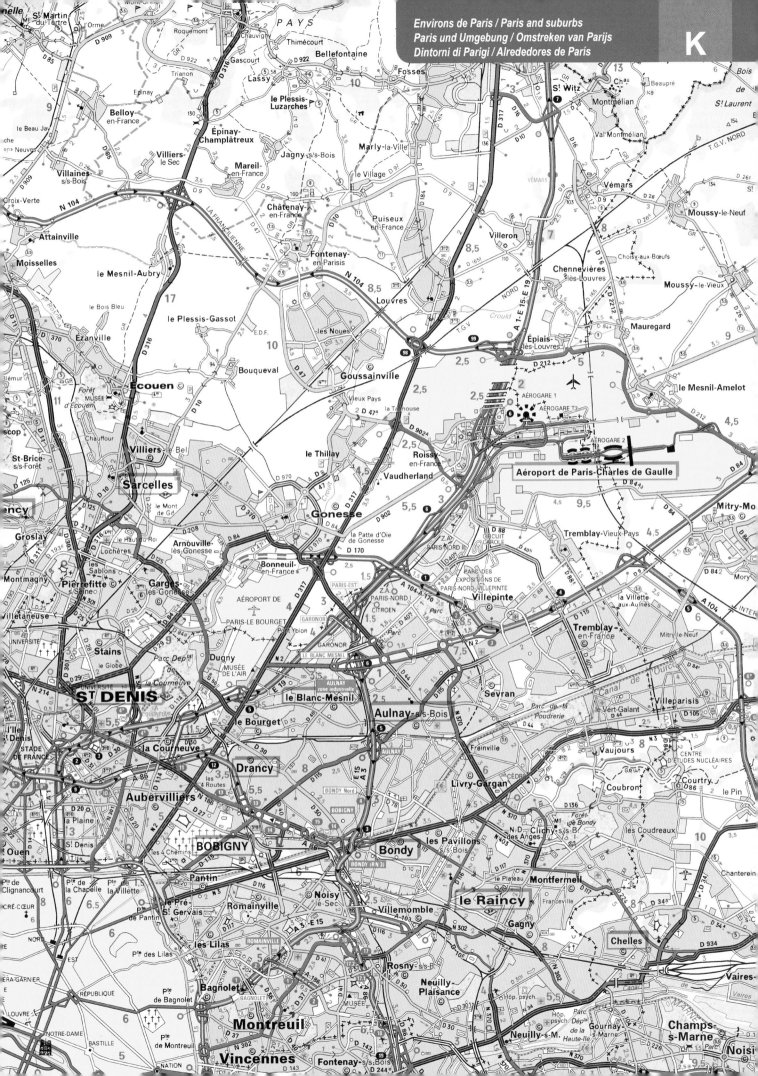

Environs de Paris / Paris and suburbs
Paris und Umgebung / Omstreken van Parijs
Dintorni di Parigi / Alrededores de París

K

Environs de Paris / Paris and suburbs
Paris und Umgebung / Omstreken van Parijs
Dintorni di Parigi / Alrededores de París

M

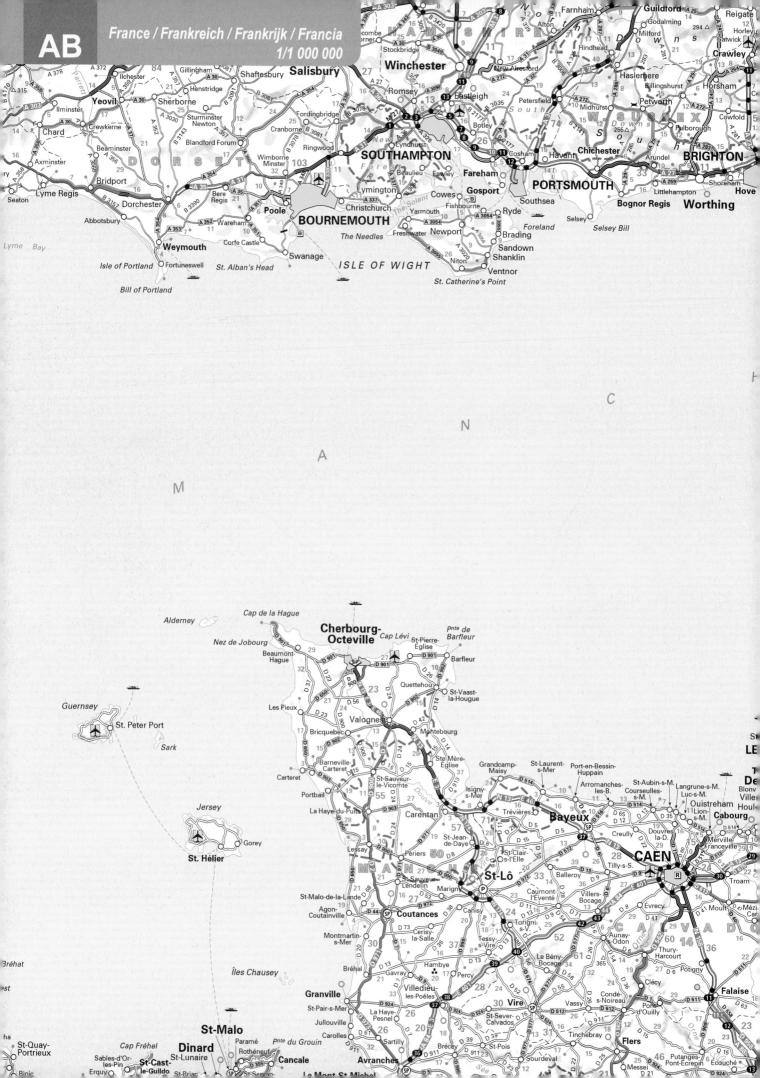

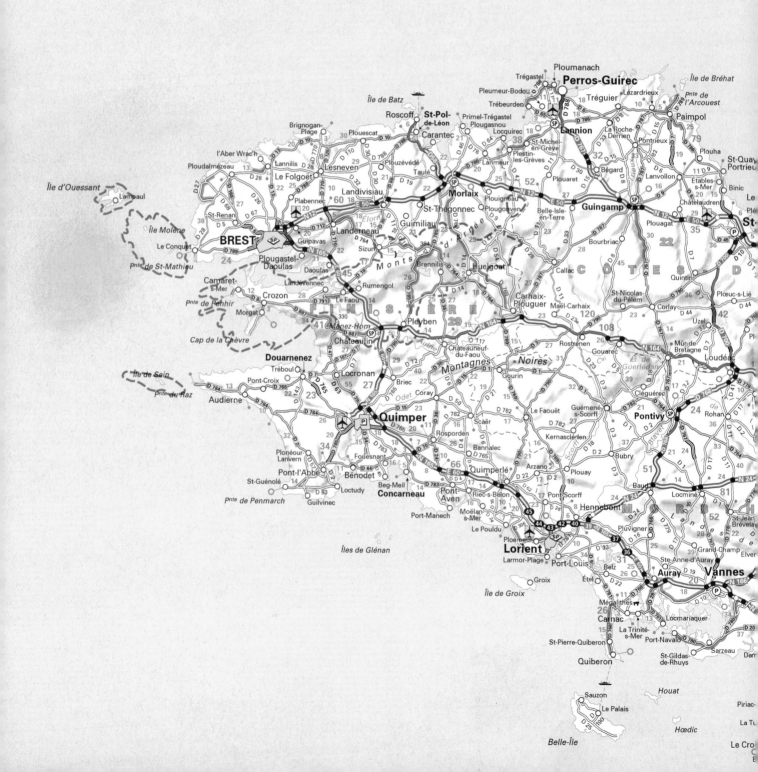

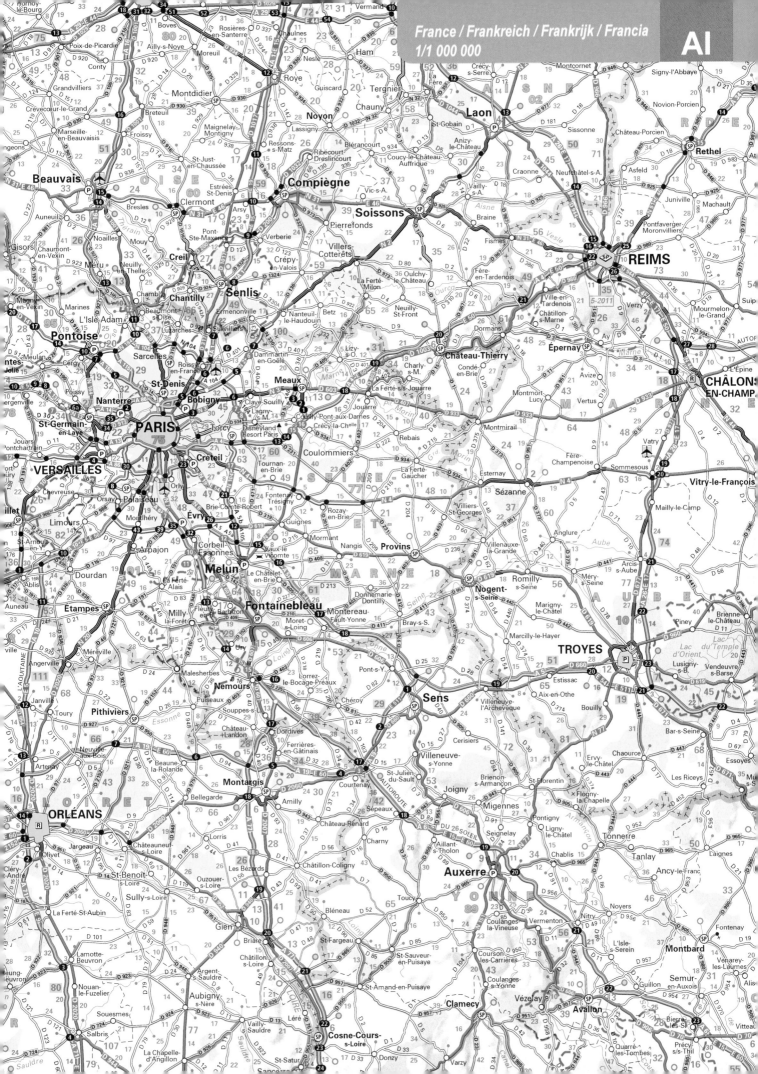

France / Frankreich / Frankrijk / Francia
1/1 000 000

AI

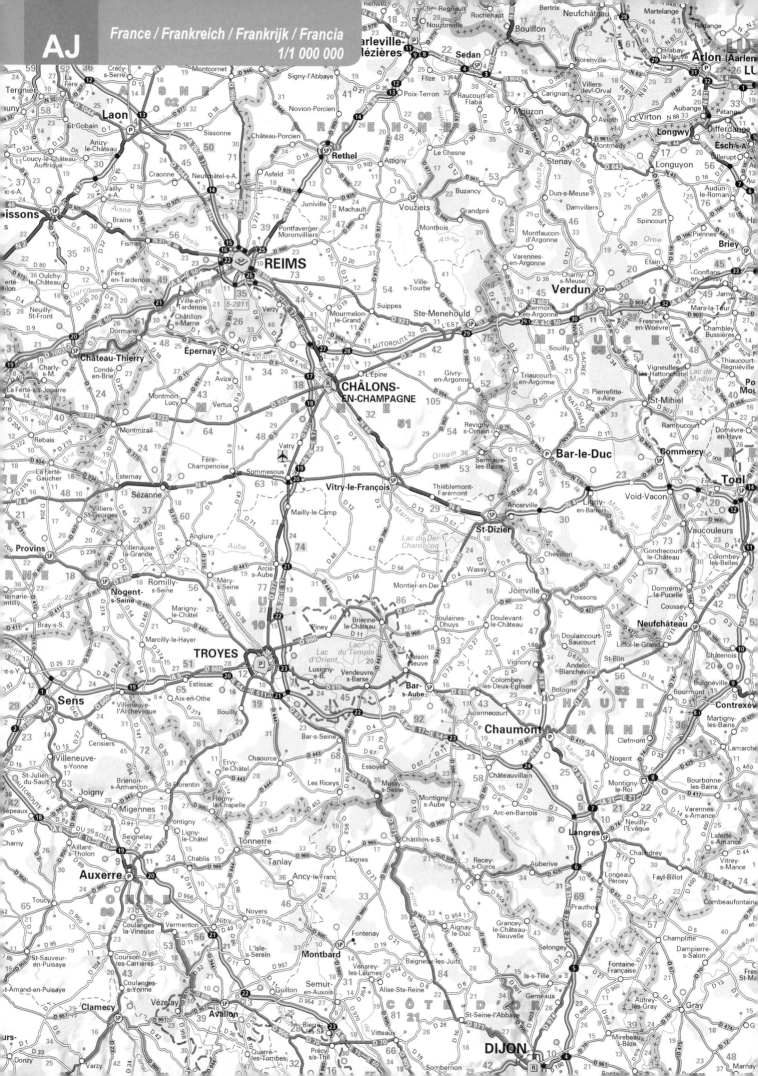

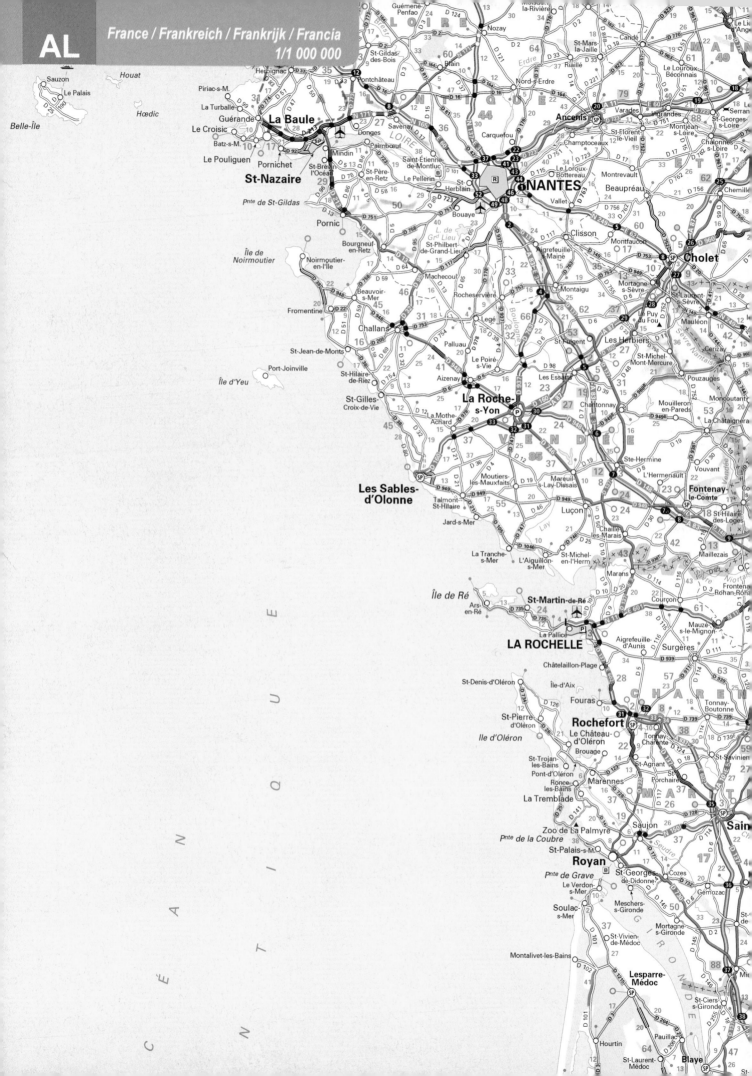

Map Labels

BORDEAUX

Libourne · **Blaye** · **Jonzac** · **Arcachon** · **Langon** · **Mont-de-Marsan** · **Dax** · **Bayonne** · **BIARRITZ** · **St-Jean-de-Luz** · **DONOSTIA-S. SEBASTIÁN** · **PAU** · **Oloron-Ste-Marie** · **Lourdes** · **Argelès-Gazost**

GOLFE DE GASCOGNE

OCÉAN ATLANTIQUE

GIRONDE · LANDES · PYRÉNÉES ATLANTIQUES · GARONNE

Soulac-s-Mer · Montalivet-les-Bains · Lesparre-Médoc · Hourtin · Carcans-Plage · Maubuisson · Lacanau-Océan · Lacanau · Carcans · Castelnau-de-Médoc · Ste-Hélène · Blanquefort · St-Médard-en-Jalles · Mérignac · Arès · Andernos-les-Bains · Audenge · Gujan-Mestras · Facture · La Brède · Cap Ferret · Pyla-s-Mer · Pilat-Plage · La Teste-de-Buch · Cazaux · Biscarrosse-Plage · Biscarrosse · Parentis-en-Born · Sanguinet · Belin-Béliet · St-Symphorien · Villandraut · Bazas · Captieux · Mimizan-Plage · Mimizan · Labouheyre · Pissos · Sore · Sabres · Labrit · Roquefort · Barbotan-les-Thermes · Cazaubon · Villeneuve-de-Marsan · Lit-et-Mixe · Onesse-et-Laharie · Morcenx · St-Girons-Plage · Léon · Castets · Tartas · St-Sever · Grenade-s-l'Adour · Aire-s-l'Adour · Eugénie-les-Bains · Vieux-Boucau-les-Bains · Soustons · Hossegor · Mugron · Montfort-en-Chalosse · Hagetmau · Amou · Geaune · Garlin · Capbreton · St-Vincent-de-Tyrosse · Tarnos · Boucau · Anglet · Bidart · Bidache · Peyrehorade · Salies-de-Béarn · Sauveterre-de-B. · Orthez · Thèze · Lembeye · Hendaye · Guéthary · Ustaritz · Cambo-les-Bains · St-Pée-s-Nivelle · Hasparren · Mourenx · Navarrenx · Lescar · Morlaàs · Ondarroa · Zarautz · Pasaia · Irún · Behobia · Ainhoa · Espelette · St-Palais · Monein · Nay · Mauléon-Licharre · Oloron-Ste-Marie · St-Jean-Pied-de-Port · Tardets-Sorholus · Aramits · Arudy · Lestelle-Bétharram · Lekeito · Deba · Zumaia · Lasarte-Oria · Hernani · Andoain · Villabona · Tolosa · Azpeitia · Zumarraga · Ordizia · Leitza · Lekunberri · Doneztebe/Santesteban

Mirambeau · Montendre · Montlieu-la-Garde · Montguyon · St-Savin · Bourg · Guîtres · Coutras · St-André-de-Cubzac · Créon · Targon · Sauveterre-de-Guyenne · Cadillac · Ste-Croix-du-Mont · St-Macaire · Auros · Houeillès · Casteljaloux

Début 2011

ROSCELLES · Aizkorri · Pic d'Orhy / Pico d'Orhi · Roncesvalles · C. de la Pierre St Martin · C. d'Aubisque

CORSE

BB
Grands axes routiers / Main road map
Durchgangsstraßen / Grote verbindingswegen
Grandi arterie stradali / Carreteras principales

FRANCE DÉPARTEMENTALE ET ADMINISTRATIVE

ALSACE
67 Bas-Rhin
68 Haut-Rhin

AQUITAINE
24 Dordogne
33 Gironde
40 Landes
47 Lot-et-Garonne
64 Pyrénées-Atlantiques

AUVERGNE
03 Allier
15 Cantal
43 Haute-Loire
63 Puy-de-Dôme

BOURGOGNE
21 Côte-d'Or
58 Nièvre
71 Saône-et-Loire
89 Yonne

BRETAGNE
22 Côtes-d'Armor
29 Finistère
35 Ille-et-Vilaine
56 Morbihan

CENTRE
18 Cher
28 Eure-et-Loir
36 Indre
37 Indre-et-Loire
41 Loir-et-Cher
45 Loiret

CHAMPAGNE-ARDENNE
08 Ardennes
10 Aube
51 Marne
52 Haute-Marne

CORSE
2A Corse-du-Sud
2B Haute-Corse

FRANCHE-COMTÉ
25 Doubs
39 Jura
70 Haute-Saône
90 Territoire-de-Belfort

ILE-DE-FRANCE
75 Ville de Paris
77 Seine-et-Marne
78 Yvelines
91 Essonne
92 Hauts-de-Seine
93 Seine-Saint-Denis
94 Val-de-Marne
95 Val-d'Oise

LANGUEDOC-ROUSSILLON
11 Aude
30 Gard
34 Hérault
48 Lozère
66 Pyrénées-Orientales

LIMOUSIN
19 Corrèze
23 Creuse
87 Haute-Vienne

LORRAINE
54 Meurthe-et-Moselle
55 Meuse
57 Moselle
88 Vosges

MIDI-PYRÉNÉES
09 Ariège
12 Aveyron
31 Haute-Garonne
32 Gers
46 Lot
65 Hautes-Pyrénées
81 Tarn
82 Tarn-et-Garonne

NORD-PAS-DE-CALAIS
59 Nord
62 Pas-de-Calais

BASSE-NORMANDIE
14 Calvados
50 Manche
61 Orne

HAUTE-NORMANDIE
27 Eure
76 Seine-Maritime

PAYS DE LA LOIRE
44 Loire-Atlantique
49 Maine-et-Loire
53 Mayenne
72 Sarthe
85 Vendée

PICARDIE
02 Aisne
60 Oise
80 Somme

POITOU-CHARENTES
16 Charente
17 Charente-Maritime
79 Deux-Sèvres
86 Vienne

PROVENCE-ALPES-CÔTE D'AZUR
04 Alpes-de-Haute-Provence
05 Hautes-Alpes
06 Alpes-Maritimes
13 Bouches-du-Rhône
83 Var
84 Vaucluse

RHÔNE-ALPES
01 Ain
07 Ardèche
26 Drôme
38 Isère
42 Loire
69 Rhône
73 Savoie
74 Haute-Savoie

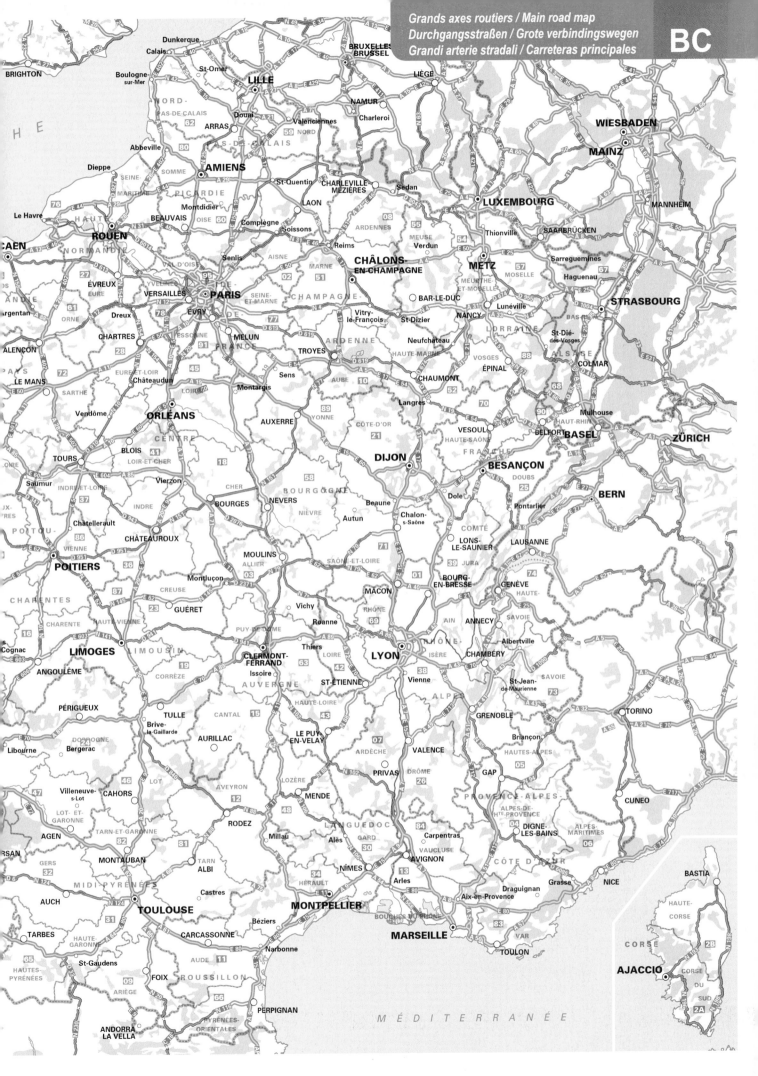

Grands axes routiers / Main road map
Durchgangsstraßen / Grote verbindingswegen
Grandi arterie stradali / Carreteras principales

BC

Cartographie

Routes

Autoroute - Station-service - Aire de repos

Double chaussée de type autoroutier

Échangeurs : complet - partiels
Numéros d'échangeurs
Route de liaison internationale ou nationale
Route de liaison interrégionale ou de dégagement
Route revêtue - non revêtue
Chemin d'exploitation - Sentier
Autoroute - Route en construction
(le cas échéant : date de mise en service prévue)

Largeur des routes

Chaussées séparées
4 voies
2 voies larges
2 voies
1 voie

Distances (totalisées et partielles)

Section à péage sur autoroute

Section libre sur autoroute

sur route

Numérotation - Signalisation

Route européenne - Autoroute
Route nationale - départementale

Obstacles

Forte déclivité (flèches dans le sens de la montée)
de 5 à 9%, de 9 à 13%, 13% et plus
Col et sa cote d'altitude
Parcours difficile ou dangereux
Passages de la route :
à niveau - supérieur - inférieur
Hauteur limitée (au-dessous de 4,50 m)
Limites de charge : d'un pont, d'une route (au-dessous de 19 t.)
Pont mobile - Barrière de péage

Route à sens unique - Radar fixe
Route réglementée
Route interdite

Transports

Voie ferrée - Gare
Aéroport - Aérodrome
Transport des autos :
par bateau
par bac (le Guide MICHELIN donne le numéro de téléphone des principaux bacs)
Bac pour piétons et cycles

Administration

Frontière - Douane
Capitale de division administrative

Sports - Loisirs

Stade - Golf - Hippodrome
Port de plaisance - Baignade - Parc aquatique
Base ou parc de loisirs - Circuit automobile
Piste cyclable / Voie Verte
Source : Association Française des Véloroutes et Voies Vertes
Refuge de montagne - Sentier de grande randonnée

Curiosités

Principales curiosités : voir LE GUIDE VERT
Table d'orientation - Panorama - Point de vue
Parcours pittoresque
Édifice religieux - Château - Ruines
Monument mégalithique - Phare - Moulin à vent
Train touristique - Cimetière militaire
Grotte - Autres curiosités

Signes divers

Puits de pétrole ou de gaz - Carrière - Éolienne
Transporteur industriel aérien
Usine - Barrage
Tour ou pylône de télécommunications
Raffinerie - Centrale électrique - Centrale nucléaire
Phare ou balise - Moulin à vent
Château d'eau - Hôpital
Église ou chapelle - Cimetière - Calvaire
Château - Fort - Ruines - Village étape
Grotte - Monument - Altiport
Forêt ou bois - Forêt domaniale

Plans de ville

Curiosités

Bâtiment intéressant
Édifice religieux intéressant:
Catholique
Protestant

Voirie

Autoroute - Double chaussée de type autoroutier
Échangeurs numérotés : complet - partiels
Grande voie de circulation
Sens unique - Rue réglementée ou impraticable
Rue piétonne
Tramway
Rue commerçante
Parking - Parking Relais
Porte - Passage sous voûte - Tunnel
Gare et voie ferrée - Auto / Train
Funiculaire - Téléphérique, télécabine
Pont mobile - Bac pour autos

Signes divers

Information touristique
Mosquée - Synagogue
Tour - Ruines
Moulin à vent - Château d'eau
Jardin, parc, bois
Cimetière - Calvaire
Stade - Golf
Hippodrome - Patinoire
Piscine de plein air, couverte
Vue - Panorama - Table d'orientation
Monument - Fontaine - Usine
Centre commercial - Cinéma Multiplex
Port de plaisance - Phare
Tour de télécommunications
Aéroport - Station de métro
Gare routière
Transport par bateau :
passagers et voitures, passagers seulement
Repère commun aux plans et aux cartes Michelin détaillées
Bureau principal de poste restante et téléphone
Hôpital - Marché couvert - Caserne

Bâtiment public repéré par une lettre :
Chambre d'agriculture - Chambre de commerce
Gendarmerie - Hôtel de ville - Palais de justice
Musée - Préfecture, sous-préfecture - Théâtre
Université, grande école
Police (commissariat central)
Passage bas (inf. à 4 m 50) - Charge limitée (inf. à 19 t)

Mapping

Roads
Motorway - Petrol station - Rest area

Dual carriageway with motorway characteristics

Interchanges: complete, limited
Interchange numbers
International and national road network
Interregional and less congested road
Road surfaced - unsurfaced
Rough track - Footpath
Motorway - Road under construction
(when available : with scheduled opening date)
Road widths
Dual carriageway
4 lanes
2 wide lanes
2 lanes
1 lane

Distances (total and intermediate)
Toll roads on motorway

Toll-free section on motorway

on road

Numbering - Signs
European route - Motorway
National road - Departmental road
Obstacles
Steep hill (ascent in direction of the arrow)
5 - 9%, 9 -13%, 13% +
Pass and its height above sea level
Difficult or dangerous section of road
Level crossing:
railway passing, under road, over road
Height limit (under 4.50 m)
Load limit of a bridge, of a road (under 19 t)
Swing bridge - Toll barrier

One way road - Speed camera
Road subject to restrictions
Prohibited road
Transportation
Railway - Station
Airport - Airfield
Transportation of vehicles:
by boat
by ferry (THE RED GUIDE gives the phone numbers for main ferries)
Ferry (passengers and cycles only)

Administration
National boundary - Customs post
Administrative district seat
Sport & Recreation Facilities
Stadium - Golf course - Horse racetrack
Pleasure boat harbour - Bathing place - Water park
Country park - Racing circuit
Cycle paths and nature trails
Source : Association Française des Véloroutes et Voies Vertes
Mountain refuge hut - Long distance footpath
Sights
Principal sights: see THE GREEN GUIDE
Viewing table - Panoramic view - Viewpoint
Scenic route
Religious building - Historic house, castle - Ruins
Prehistoric monument - Lighthouse - Windmill
Tourist train - Military cemetery
Cave - Other places of interest
Other signs
Oil or gas well - Quarry - Wind turbine
Industrial cable way
Factory - Dam
Telecommunications tower or mast
Refinery - Power station - Nuclear Power Station
Lighthouse or beacon - Windmill
Water tower - Hospital
Church or chapel - Cemetery - Wayside cross
Castle - Fort - Ruines - Stopover village
Grotte - Monument - Mountain airfield
Forest or wood - State forest

Town plans

Sights
Place of interest
Interesting place of worship :
Church
Protestant church

Roads
Motorway - Dual carriageway
Numbered junctions : complete, limited
Major thoroughfare
One - way street - Unsuitable for traffic or street subject to restrictions
Pedestrian street
Tramway
Shopping street
Car park - Park and Ride
Gateway - Street passing under arch - Tunnel
Station and railway - Motorail
Funicular - Cable-car
Lever bridge - Car ferry

Various signs
Tourist Information Centre
Mosque - Synagogue
Tower - Ruins
Windmill - Water tower
Garden, park, wood
Cemetery - Cross
Stadium - Golf course
Racecourse - Skating rink
Outdoor or indoor swimming pool
View - Panorama - Viewing table
Monument - Fountain - Factory
Shopping centre - Multiplex Cinema
Pleasure boat harbour - Lighthouse
Communications tower
Airport - Underground station
Coach station
Ferry services :
passengers and cars, passengers only
Reference number common to town plans and Michelin maps
Main post office with poste restante and telephone
Hospital - Covered market - Barracks

Public buildings located by letter :
Chamber of Agriculture - Chamber of Commerce
Gendarmerie - Town Hall - Law Courts
Museum - Prefecture or sub-prefecture - Theatre
University, College
Police (in large towns police headquarters)
Low headroom (15 ft . max .) - Load limit (under 19 t)

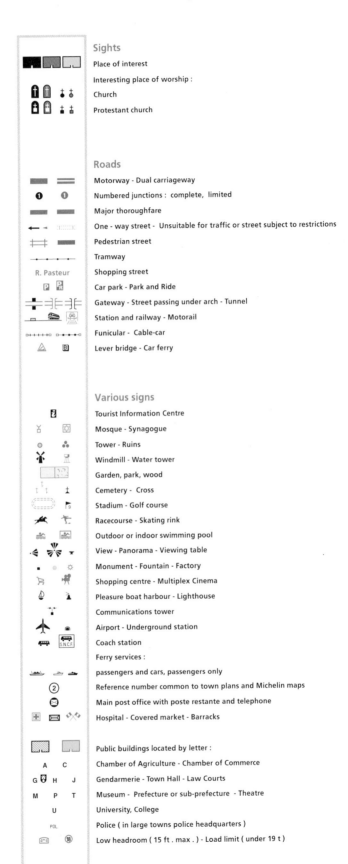

Kartographie

Straßen
Autobahn - Tankstelle - Tankstelle mit Raststätte

Schnellstraße mit getrennten Fahrbahnen

Anschlussstellen: Voll - bzw. Teilanschlussstellen
Anschlussstellennummern
Internationale bzw.nationale Hauptverkehrsstraße
Überregionale Verbindungsstraße oder Umleitungsstrecke
Straße mit Belag - ohne Belag
Wirtschaftsweg - Pfad
Autobahn - Straße im Bau
(ggf. voraussichtliches Datum der Verkehrsfreigabe)

Straßenbreiten
Getrennte Fahrbahnen
4 Fahrspuren
2 breite Fahrspuren
2 Fahrspuren
1 Fahrspur

Entfernungen (Gesamt- und Teilentfernungen)
Mautstrecke auf der Autobahn

Mautfreie Strecke auf der Autobahn

Auf der Straße

Nummerierung - Wegweisung
Europastraße - Autobahn
Nationalstraße - Departementstraße

Verkehrshindernisse
Starke Steigung (Steigung in Pfeilrichtung)
5-9%, 9-13%, 13% und mehr
Pass mit Höhenangabe
Schwierige oder gefährliche Strecke
Bahnübergänge:
schienengleich, Unterführung, Überführung
Beschränkung der Durchfahrtshöhe (angegeben, wenn unter 4,50 m)
Höchstbelastung einer Straße/Brücke (angegeben, wenn unter 19 t)
Bewegliche Brücke - Mautstelle

Einbahnstraße - Starenkasten
Straße mit Verkehrsbeschränkungen
Gesperrte Straße

Verkehrsmittel
Bahnlinie - Bahnhof
Flughafen - Flugplatz
Schiffsverbindungen:
per Schiff
per Fähre (im ROTEN HOTELFÜHRER sind die Telefonnummern der wichtigsten
Fährunternehmen angegeben)
Fähre für Personen und Fahrräder

Verwaltung
Staatsgrenze - Zoll
Verwaltungshauptstadt

Sport - Freizeit
Stadion - Golfplatz - Pferderennbahn
Yachthafen - Strandbad - Badepark
Freizeitanlage - Rennstrecke
Radwege und autofreie Wege
Source : Association Française des Véloroutes et Voies Vertes
Schutzhütte - Fernwanderweg

Sehenswürdigkeiten
Hauptsehenswürdigkeiten: siehe GRÜNER REISEFÜHRER
Orientierungstafel - Rundblick - Aussichtspunkt
Landschaftlich schöne Strecke
Sakral-Bau - Schloss, Burg - Ruine
Vorgeschichtliches Steindenkmal - Leuchtturm - Windmühle
Museumseisenbahn-Linie - Soldatenfriedhof
Höhle - Sonstige Sehenswürdigkeit

Sonstige Zeichen
Erdöl-, Erdgasförderstelle - Steinbruch - Windkraftanlage
Industrieschwebebahn
Fabrik - Staudamm
Funk-, Sendeturm
Raffinerie - Kraftwerk - Kernkraftwerk
Leuchtturm oder Leuchtfeuer - Windmühle
Wasserturm - Krankenhaus
Kirche oder Kapelle - Friedhof - Bildstock
Schloss, Burg, Fort, Festung - Ruine - Übernachtungsort
Höhle - Denkmal - Landeplatz im Gebirge
Wald oder Gehölz - Staatsforst

Stadtpläne

Sehenswürdigkeiten
Sehenswertes Gebäude
Sehenswerter Sakralbau :
Katholische Kirche
Evangelische Kirche

Straßen
Autobahn - Schnellstraße
Nummerierte Voll - bzw. Teilanschlussstellen
Hauptverkehrsstraße
Einbahnstraße - Gesperrte Straße oder mit Verkehrsbeschränkungen
Fußgängerzone
Straßenbahn
Einkaufsstraße
Parkplatz - Park-and-Ride-Plätze
Tor - Passage - Tunnel
Bahnhof und Bahnlinie - Autoreisezug
Standseilbahn - Seilschwebebahn
Bewegliche Brücke - Autofähre

Sonstige Zeichen
Informationsstelle
Moschee - Synagoge
Turm - Ruine
Windmühle - Wasserturm
Garten, Park, Wäldchen
Friedhof - Bildstock
Stadion - Golfplatz
Pferderennbahn - Eisbahn
Freibad - Hallenbad
Aussicht - Rundblick - Orientierungstafel
Denkmal - Brunnen - Fabrik
Einkaufszentrum - Multiplex-Kino
Yachthafen - Leuchtturm
Funk-, Fernsehturm
Flughafen - U-Bahnstation
Autobusbahnhof
Schiffsverbindungen:
Autofähre - Personenfähre
Straßenkennzeichnung (identisch auf Michelin-Stadtplänen und -Abschnittskarten)
Hauptpostamt (postlagernde Sendungen) u. Telefon
Krankenhaus - Markthalle - Kaserne

Öffentliches Gebäude, durch einen Buchstaben gekennzeichnet :
Landwirtschaftskammer - Handelskammer
Gendarmerie - Rathaus - Gerichtsgebäude
Museum - Präfektur, Unterpräfektur - Theater
Universität, Hochschule
Polizei (in größeren Städten Polizeipräsidium)
Unterführung (Höhe bis 4,50 m) - Höchstbelastung (unter 19 t)

Kaarten

Wegen

Autosnelweg - Tankstation - Rustplaats

Gescheiden rijbanen van het type autosnelweg

Aansluitingen: volledig, gedeeltelijk
Afritnummers
Internationale of nationale verbindingsweg
Interregionale verbindingsweg
Verharde weg - Onverharde weg
Landbouwweg - Pad
Autosnelweg - Weg in aanleg
(indien bekend: datum openstelling)

Breedte van de wegen

Gescheiden rijbanen
4 rijstroken
2 brede rijstroken
2 rijstroken
1 rijstrook

Afstanden (totaal en gedeeltelijk)

Gedeelte met tol op autosnelwegen

Tolvrij gedeelte op autosnelwegen

Op andere wegen

Wegnummers - Bewegwijzering

Europaweg - Autosnelweg
Nationale weg - Departementale weg

Hindernissen

Steile helling (pijlen in de richting van de helling)
5 - 9%, 9 - 13%, 13% of meer
Bergpas en hoogte boven de zeespiegel
Moeilijk of gevaarlijk traject
Wegovergangen:
gelijkvloers, overheen, onderdoor
Vrije hoogte (indien lager dan 4,5 m)
Maximum draagvermogen: van een brug, van een weg (indien minder dan 19 t)
Beweegbare brug - Tol

Weg met eenrichtingsverkeer - Flitspaal
Beperkt opengestelde weg
Verboden weg

Vervoer

Spoorweg - Station
Luchthaven - Vliegveld
Vervoer van auto's:
per boot
per veerpont (telefoonnummer van de belangrijkste ponten worden vermeld in DE RODE GIDS)
Veerpont voor voetgangers en fietsers

Administratie

Staatsgrens - Douanekantoor
Hoofdplaats van administratief gebied

Sport - Recreatie

Stadion - Golfterrein - Renbaan
Jachthaven - Zwemplaats - Watersport
Recreatiepark - Autocircuit
Fietspad / Wandelpad in de natuur
Source : Association Française des Véloroutes et Voies Vertes
Berghut - Lange afstandswandelpad

Bezienswaardigheden

Belangrijkste bezienswaardigheden: zie DE GROENE GIDS
Oriëntatietafel - Panorama - Uitzichtpunt
Schilderachtig traject
Kerkelijk gebouw - Kasteel - Ruïne
Megaliet - Vuurtoren - Molen
Toeristentreintje - Militaire begraafplaats
Grot - Andere bezienswaardigheden

Diverse tekens

Olie- of gasput - Steengroeve - Windmolen
Kabelvrachtvervoer
Fabriek - Stuwdam
Telecommunicatietoren of -mast
Raffinaderij - Elektriciteitscentrale - Kerncentrale
Vuurtoren of baken - Molen
Watertoren - Hospitaal
Kerk of kapel - Begraafplaats - Kruisbeeld
Kasteel - Fort - Ruïne - Dorp voor overnachting
Grot - Monument - Landingsbaan in de bergen
Bos - Staatsbos

Plattegronden

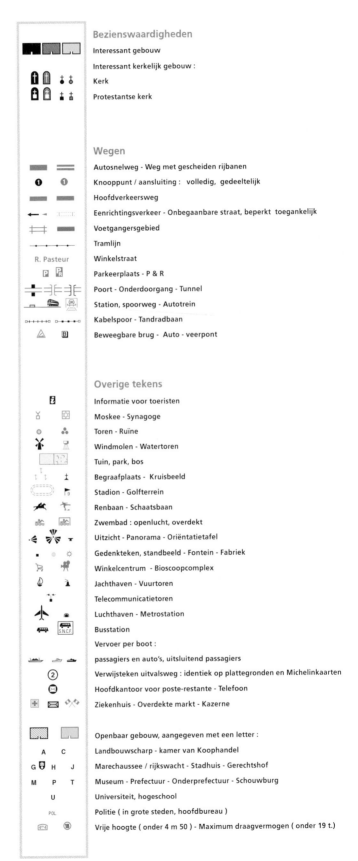

Bezienswaardigheden

Interessant gebouw

Interessant kerkelijk gebouw :
Kerk

Protestantse kerk

Wegen

Autosnelweg - Weg met gescheiden rijbanen

Knooppunt / aansluiting : volledig, gedeeltelijk

Hoofdverkeersweg

Eenrichtingsverkeer - Onbegaanbare straat, beperkt toegankelijk

Voetgangersgebied

Tramlijn

R. Pasteur   Winkelstraat

Parkeerplaats - P & R

Poort - Onderdoorgang - Tunnel

Station, spoorweg - Autotrein

Kabelspoor - Tandradbaan

Beweegbare brug - Auto - veerpont

Overige tekens

Informatie voor toeristen

Moskee - Synagoge

Toren - Ruïne

Windmolen - Watertoren

Tuin, park, bos

Begraafplaats - Kruisbeeld

Stadion - Golfterrein

Renbaan - Schaatsbaan

Zwembad : openlucht, overdekt

Uitzicht - Panorama - Oriëntatietafel

Gedenkteken, standbeeld - Fontein - Fabriek

Winkelcentrum - Bioscoopcomplex

Jachthaven - Vuurtoren

Telecommunicatietoren

Luchthaven - Metrostation

Busstation

Vervoer per boot :

passagiers en auto's, uitsluitend passagiers

Verwijsteken uitvalsweg : identiek op plattegronden en Michelinkaarten

Hoofdkantoor voor poste-restante - Telefoon

Ziekenhuis - Overdekte markt - Kazerne

Openbaar gebouw, aangegeven met een letter :

A C   Landbouwscharp - kamer van Koophandel

G H J   Marechaussee / rijkswacht - Stadhuis - Gerechtshof

M P T   Museum - Prefectuur - Onderprefectuur - Schouwburg

U   Universiteit, hogeschool

POL   Politie (in grote steden, hoofdbureau)

Vrije hoogte (onder 4 m 50) - Maximum draagvermogen (onder 19 t.)

Cartografia

Strade
Autostrada - Stazione di servizio - Area di riposo

Doppia carreggiata di tipo autostradale

Svincoli: completo, parziale
Svincoli numerati
Strada di collegamento internazionale o nazionale
Strada di collegamento interregionale o di disimpegno
Strada rivestita - non rivestita
Strada per carri - Sentiero
Autostrada - Strada in costruzione
(data di apertura prevista)

Larghezza delle strade
Carreggiate separate
4 corsie
2 corsie larghe
2 corsie
1 corsia

Distanze (totali e parziali)
Tratto a pedaggio su autostrada

Tratto esente da pedaggio su autostrada

Su strada

Numerazione - Segnaletica
Strada europea - Autostrada
Strada nazionale - dipartimentale

Ostacoli
Forte pendenza (salita nel senso della freccia)
da 5 a 9%, da 9 a 13%, superiore a 13%
Passo ed altitudine
Percorso difficile o pericoloso
Passaggi della strada:
a livello, cavalcavia, sottopassaggio
Limite di altezza (inferiore a 4,50 m)
Limite di portata di un ponte, di una strada (inferiore a 19 t.)
Ponte mobile - Casello

Strada a senso unico - Radar fisso
Strada a circolazione regolamentata
Strada vietata

Trasporti
Ferrovia - Stazione
Aeroporto - Aerodromo
Trasporto auto:
su traghetto
su chiatta (la GUIDA ROSSA indica il numero di telefono delle principali compagnie di navigazione)
Traghetto per pedoni e biciclette

Amministrazione
Frontiera - Dogana
Capoluogo amministrativo

Sport - Divertimento
Stadio - Golf - Ippodromo
Porto turistico - Stabilimento balneare - Parco acquatico
Area o parco per attività ricreative - Circuito automobilistico
Pista ciclabile / Viottolo
Source : Association Française des Véloroutes et Voies Vertes
Rifugio - Sentiero per escursioni

Mete e luoghi d'interesse
Principali luoghi d'interesse, vedere LA GUIDA VERDE
Tavola di orientamento - Panorama - Vista
Percorso pittoresco
Edificio religioso - Castello - Rovine
Monumento megalitico - Faro - Mulino a vento
Trenino turistico - Cimitero militare
Grotta - Altri luoghi d'interesse

Simboli vari
Pozzo petrolifero o gas naturale - Cava - Centrale eolica
Teleferica industriale
Fabbrica - Diga
Torre o pilone per telecomunicazioni
Raffineria - Centrale elettrica - Centrale nucleare
Faro o boa - Mulino a vento
Torre idrica - Ospedale
Chiesa o cappella - Cimitero - Calvario
Castello - Forte - Rovine - Paese tappa
Grotta - Monumento - Altiporto
Foresta o bosco - Foresta demaniale

Piante di città

Curiosità
Edificio interessante
Costruzione religiosa interessante :
Chiesa
Tempio

Viabilità
Autostrada - Doppia carreggiata tipo autostrada
Svincoli numerati : completo, parziale
Grande via di circolazione
Senso unico - Via regolamentata o impraticabile
Via pedonale
Tranvia
Via commerciale
Parcheggio - Parcheggio Ristoro
Porta - Sottopassaggio - Galleria
Stazione e ferrovia - Auto / Treno
Funicolare - Funivia, cabinovia
Ponte mobile - Traghetto per auto

Simboli vari
Ufficio informazioni turistiche
Moschea - Sinagoga
Torre - Ruderi
Mulino a vento - Torre idrica
Giardino, parco, bosco
Cimitero - Calvario
Stadio - Golf
Ippodromo - Pista di pattinaggio
Piscina : all'aperto, coperta
Vista - Panorama - Tavola d'orientamento
Monumento - Fontana - Fabbrica
Centro commerciale - Cinema Multisala
Porto turistico - Faro
Torre per telecomunicazioni
Aeroporto - Stazione della metropolitana
Autostazione
Trasporto con traghetto :
passeggeri ed autovetture, solo passeggeri
Simbolo di riferimento comune alle piante ed alle carte Michelin particolareggiate
Ufficio centrale di fermo posta e telefono
Ospedale - Mercato coperto - Caserma

Edificio pubblico indicato con lettera :
Camera di Agricoltura - Camera di Commercio
Gendarmeria - Municipio - Palazzo di Giustizia
Museo - Prefettura, Sottoprefettura - Teatro
Università, grande scuola
Polizia (Questura, nelle grandi città)
Sottopassaggio (altezza inferiore a m 4,50) - Portata limitata (inf. a 19 t)

Cartografía

Carreteras

Autopista - Estación servicio - Área de descanso

Autovía

Enlaces: completo, parciales
Números de los accesos
Carretera de comunicación internacional o nacional
Carretera de comunicación interregional o alternativo
Carretera asfaltada - sin asfaltar
Camino agrícola - Sendero
Autopista - Carretera en construcción
(en su caso : fecha prevista de entrada en servicio)

Ancho de las carreteras

Calzadas separadas
Cuatro carriles
Dos carriles anchos
Dos carriles
Un carril

Distancias (totales y parciales)

Tramo de peaje en autopista

Tramo libre en autopista

En carretera

Numeración - Señalización

Carretera europea - Autopista
Carretera nacional - provincial

Obstáculos

Pendiente pronunciada (las flechas indican el sentido del ascenso)
de 5 a 9%, 9 a 13%, 13% y superior
Puerto y su altitud
Recorrido difícil o peligroso
Pasos de la carretera:
a nivel, superior, inferior
Altura limitada (inferior a 4,50 m)
Carga límite de un puente, de una carretera (inferior a 19 t)
Puente móvil - Barrera de peaje

Carretera de sentido único - Radar fijo
Carretera restringida
Tramo prohibido

Transportes

Línea férrea - Estación
Aeropuerto - Aeródromo
Transporte de coches :
por barco
por barcaza (LA GUÍA ROJA indica el número de teléfono de las principales barcazas)
Barcaza para el paso de peatones y vehículos dos ruedas

Administración

Frontera - Puesto de aduanas
Capital de división administrativa

Deportes - Ocio

Estadio - Golf - Hipódromo
Puerto deportivo - Zona de baño - Parque acuático
Parque de ocio - Circuito automovilístico
Pista ciclista / Vereda
Source : Association Française des Véloroutes et Voies Vertes
Refugio de montaña - Sendero de gran ruta

Curiosidades

Principales curiosidades: ver LA GUÍA VERDE
Mesa de orientación - Vista panorámica - Vista parcial
Recorrido pintoresco
Edificio religioso - Castillo - Ruinas
Monumento megalítico - Faro - Molino de viento
Tren turístico - Cementerio militar
Cueva - Otras curiosidades

Signos diversos

Pozos de petróleo o de gas - Cantera - Parque eólico
Transportador industrial aéreo
Fábrica - Presa
Torreta o poste de telecomunicación
Refinería - Central eléctrica - Central nuclear
Faro o baliza - Molino de viento
Fuente - Hospital
Iglesia o capilla - Cementerio - Crucero
Castillo - Fortaleza - Ruinas - Población-etapa
Cueva - Monumento - Altipuerto
Bosque - Patrimonio Forestal del Estado

Planos de ciudades

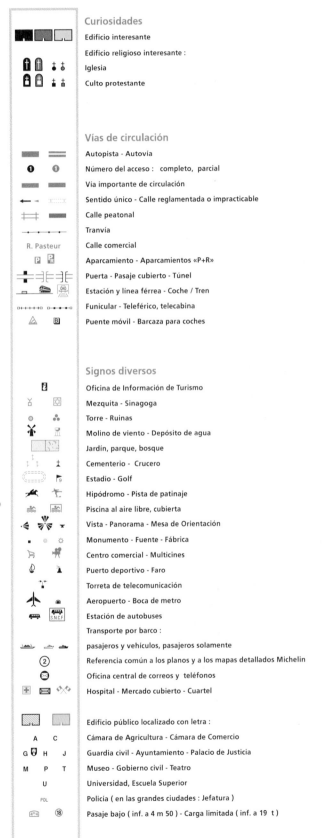

Curiosidades

Edificio interesante
Edificio religioso interesante :
Iglesia
Culto protestante

Vías de circulación

Autopista - Autovía
Número del acceso : completo, parcial
Vía importante de circulación
Sentido único - Calle reglamentada o impracticable
Calle peatonal
Tranvía
Calle comercial
Aparcamiento - Aparcamientos «P+R»
Puerta - Pasaje cubierto - Túnel
Estación y linea férrea - Coche / Tren
Funicular - Teleférico, telecabina
Puente móvil - Barcaza para coches

Signos diversos

Oficina de Información de Turismo
Mezquita - Sinagoga
Torre - Ruinas
Molino de viento - Depósito de agua
Jardín, parque, bosque
Cementerio - Crucero
Estadio - Golf
Hipódromo - Pista de patinaje
Piscina al aire libre, cubierta
Vista - Panorama - Mesa de Orientación
Monumento - Fuente - Fábrica
Centro comercial - Multicines
Puerto deportivo - Faro
Torreta de telecomunicación
Aeropuerto - Boca de metro
Estación de autobuses
Transporte por barco :
pasajeros y vehículos, pasajeros solamente
Referencia común a los planos y a los mapas detallados Michelin
Oficina central de correos y teléfonos
Hospital - Mercado cubierto - Cuartel

Edificio público localizado con letra :
Cámara de Agricultura - Cámara de Comercio
Guardia civil - Ayuntamiento - Palacio de Justicia
Museo - Gobierno civil - Teatro
Universidad, Escuela Superior
Policía (en las grandes ciudades : Jefatura)
Pasaje bajo (inf. a 4 m 50) - Carga limitada (inf. a 19 t)

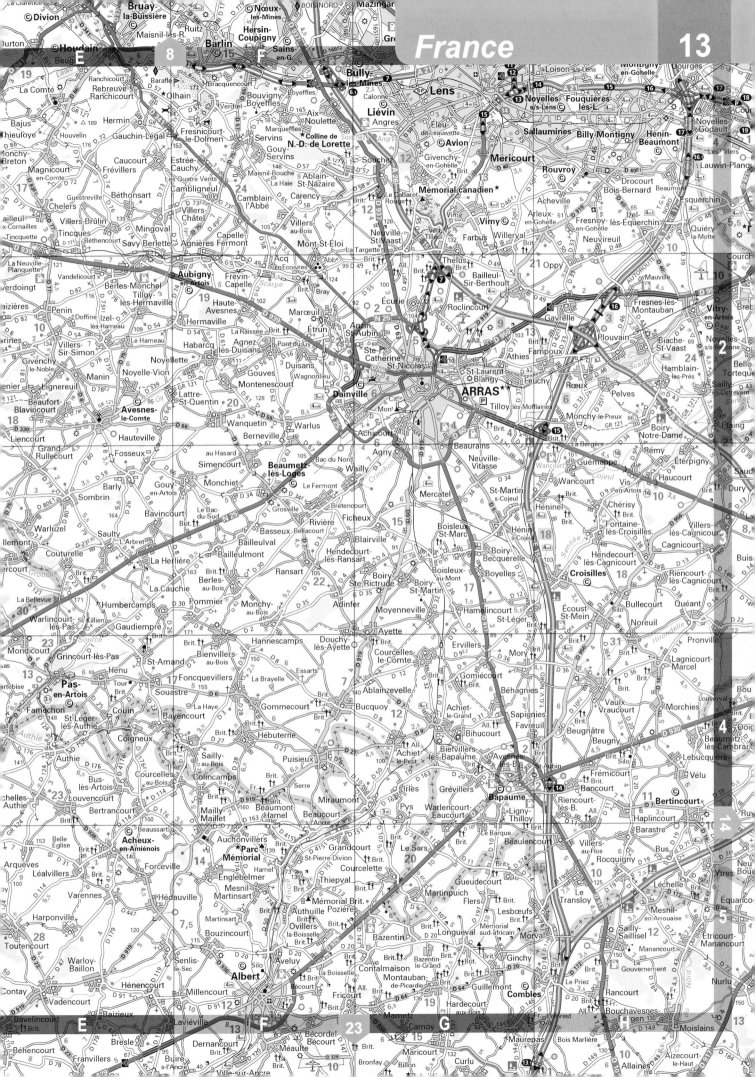

0   2   4   6   8   10 km

C   **D**

1

2

3

★★ Fécamp ©

Criquebeuf-
en-Caux   Grainva

Yport

Vaucottes-s-Mer   Vattetot-s-Mer
Aiguille de Belval
Valleuse du Cure   **20**   Froberville

★★ Falaise d'Amont
★★★ Étretat   Bénouville
★★★ Falaise d'Aval   Les Aygues   **17**   La Hétrée
La Manneporte

Cap d'Antifer   La Place   **8,5**   Bordeaux-   Les Loges
St-Clair   Gerville
Jumel   **7,5**   Le Tilleul   Le Mont-Roti   **14**
La Poterie   Ste-Marie-   Pierrefiques   Fongueusemare
Cap-d'Antifer   au-Bosc   Sausseuzemare-
Beaurepaire   Cuverville   en-Caux   Les Groseilliers
Port pétrolier du   Villainville
Havre-Antifer   **7,5**   Écrainville
Belv   Beaumesnil   Gonneville-   **Goderville**
Plage de Bruneval   la-Mallet
St-Jouin-Bruneval   **Criquetot-**   **27**
La Mare-Goubert   l'Esneval   Born
Le Grand Hameau   Anglesqueville-
l'Esneval   Vergetot   La Forge
Heuqueville
12   Turretot   Le Coudray   St-Sauveur-
Buglise   d'Émalléville   Écosse
St-Martin-   Ste-Sauveur
Cauville-   du-Bec   Ecquetot   Goustimesnil   Virville
sur-Mer   Mannevillette   N.-D.-du-Bec   Hermeville
Rimbertot   Angerville-   Graimbouville
Ecqueville   Rolleville   l'Orcher   **12**
Café Blanc   Manéglise
St-Supplix   St-Barthélémy   Étainhus   La Brière
Fontenay   Sainneville
Octeville-   Épouville   La Cour
sur-Mer   Souveraine
St-Andrieux   Dondeneville   **Montivilliers**   **14**   Canyon
Fontaine-   St-Laurent-   Park
la-Mallet   de-Brèvedent   Épretot
Edreville   St-Martin-   Fréscot
Le Grand Hameau   **10**   du-Manoir   St-Aubin
34   La   St-Vincent-
A   **B**   Ignauval   Demi-   **20**   Cramesnil
Cap de la Hève   **C**   Gournay   Oudalle
★Ste-Adresse   Sanvic   Harfleur   Gainneville   La Queue   Sandouville
Graville   **Gonfreville**   du Gril
l'Orcher   Chau   Rogerville
d'Orcher

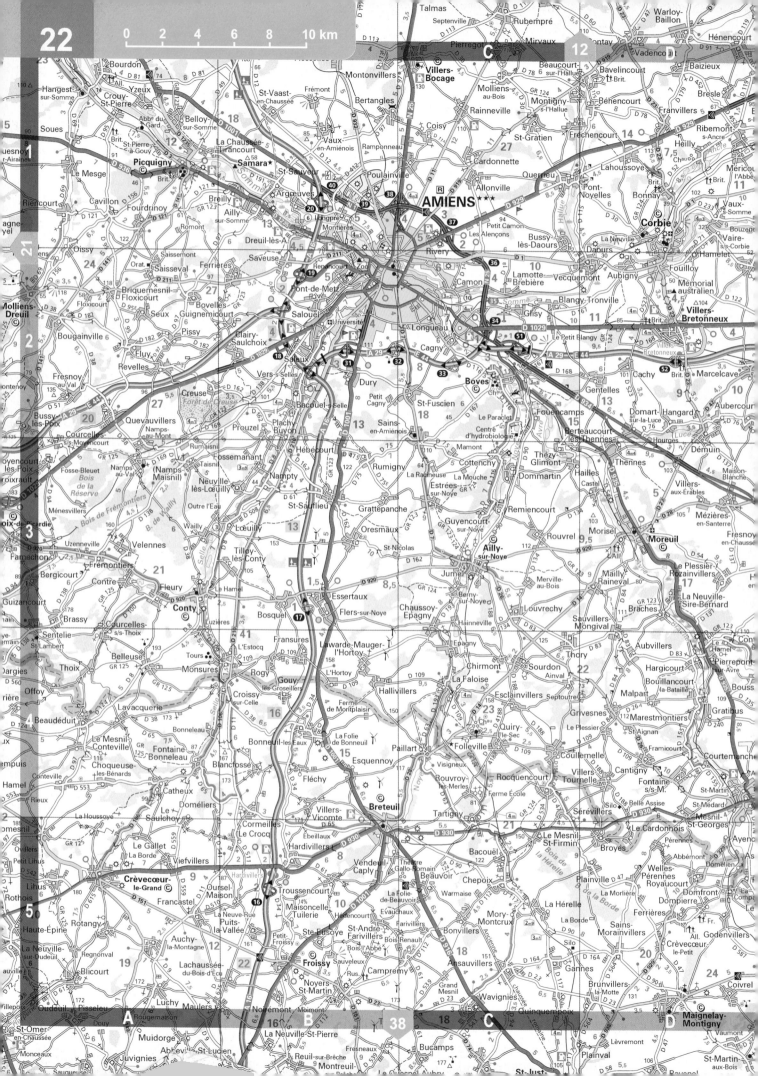

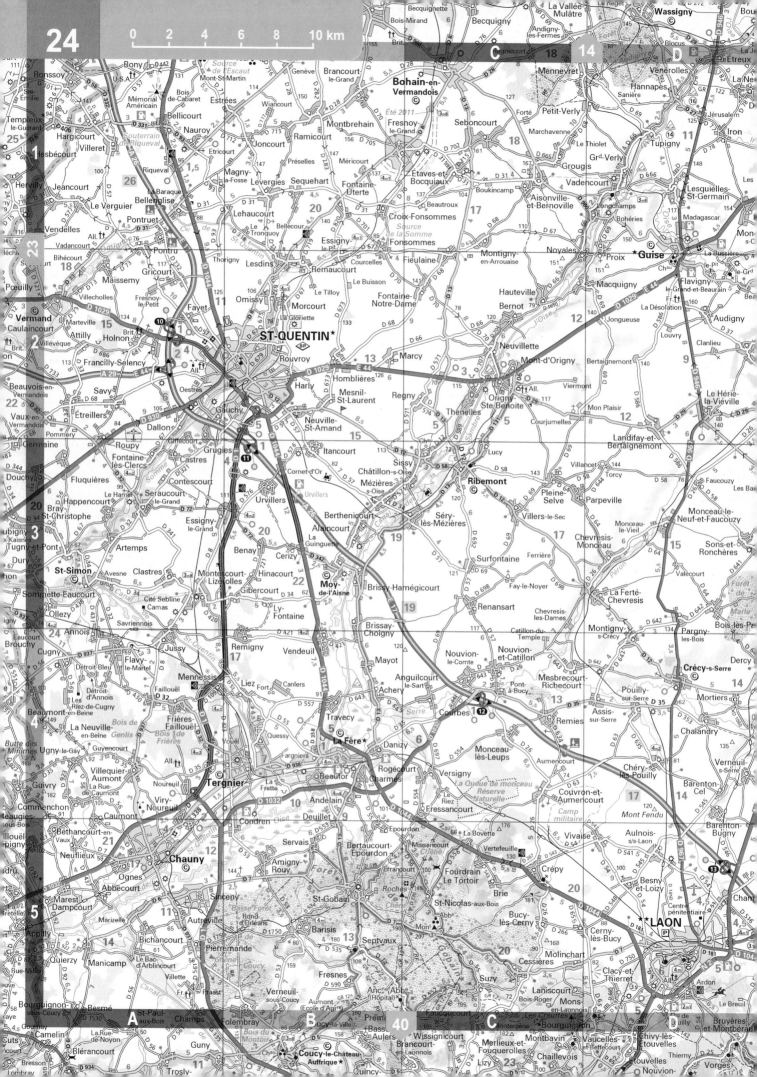

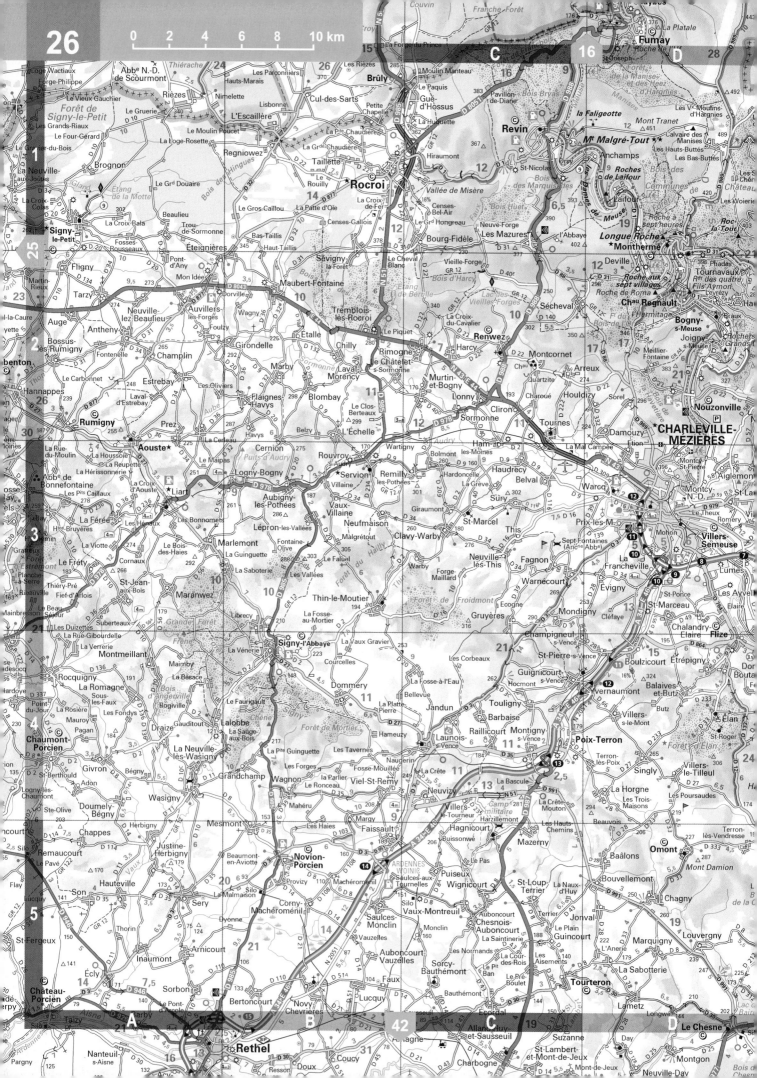

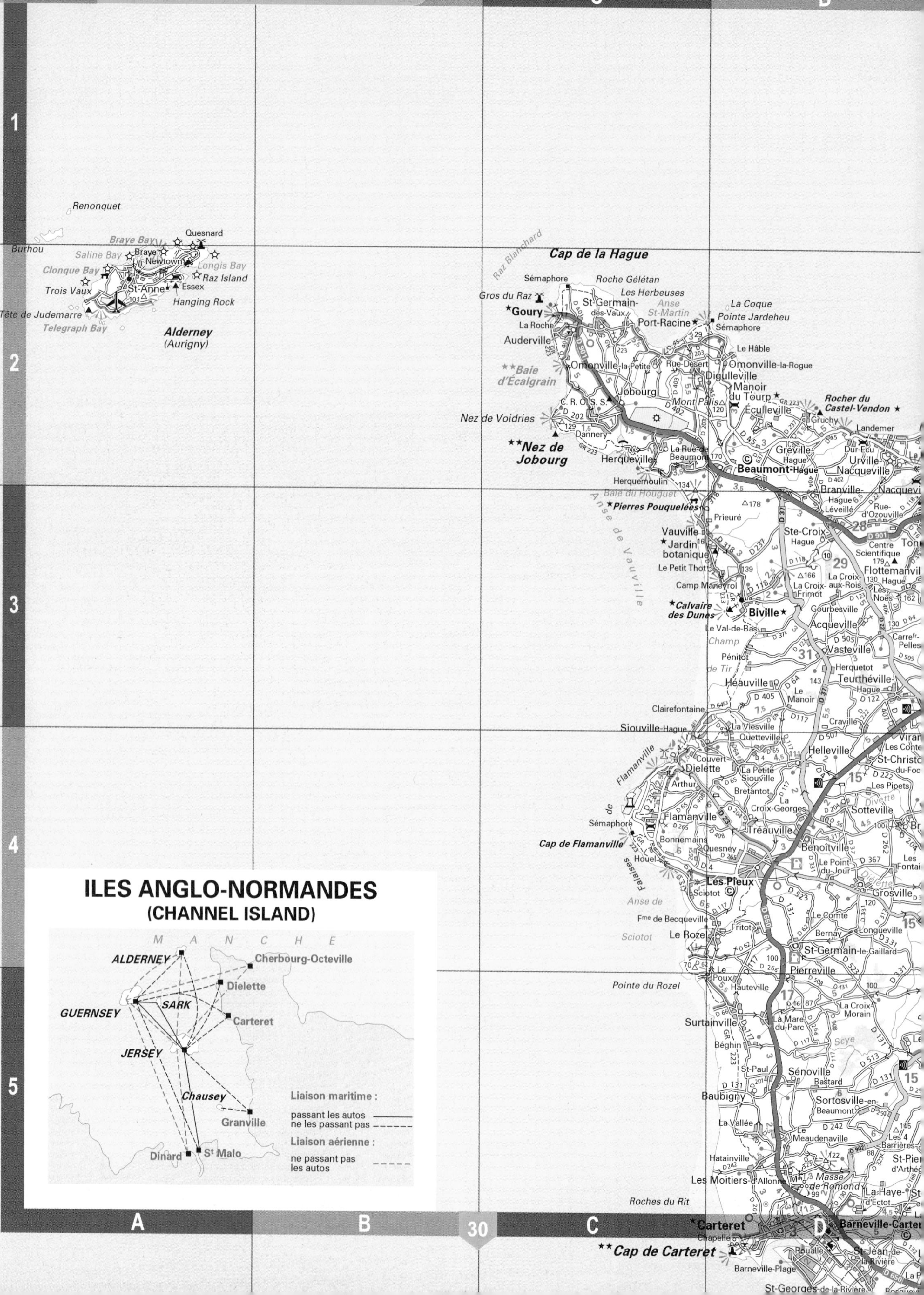

0 2 4 6 8 10 km

C D

1

Renonquet

Braye Bay
Quesnard
Burhou
Saline Bay
Braye
Newtown
Clonque Bay
St-Anne
Longis Bay
Raz Island
Trois Vaux
Essex
Tête de Judemarre
Hanging Rock
Telegraph Bay
Alderney
(Aurigny)

2

Raz Blanchard
Cap de la Hague
Sémaphore
Roche Gélétan
Les Herbeuses
Gros du Raz
St-Germain-
des-Vaux
La Coque
Pointe Jardeheu
★**Goury**
Port-Racine ★
Sémaphore
La Roche
Auderville
Le Hâble
Omonville-la-Petite
Rue-Désert
Omonville-la-Rogue
★★*Baie
d'Écalgrain*
Jobourg
Digulleville
Manoir
du Tourp
★
Mont Palis
*Rocher du
Castel-Vendon*
Nez de Voidries
C.R.O.S.S.
Éculleville
Danwery
Gruchy
Landemer
★★*Nez de
Jobourg*
La Rue-de-
Beaumont
Greville
Dur-Écu
Urville
Nacqueville
Herqueville
Branville-
Nacqueville
Herquemoulin
Baie du Houguet
Hague-
Léveillé
Rue-
d'Ozouville

3

Anse de Vauville
Pierres Pouquelées
Prieuré
△178
Beaumont-Hague
Ste-Croix-
Hague
Centre
Scientifique
Vauville
★*Jardin
botanique*
Le Petit Thot
Flottemanvil
△166
La Croix-
Hague
Camp Maneyrol
La Croix-
aux-Rois
Frimot
Les
Noës
★*Calvaire
des Dunes*
Le Val-de-Bas
★**Biville**★
Gourbesville
Acqueville
Champ
Carrefr-
Pelles
Pénitot
de Tir
Vasteville
Herquetot
Héauville
Le
Manoir
143
Teurthéville-
Hague
D 122
Clairefontaine
Craville

4

Siouville-Hague
La Viesville
Quetteville
Helleville
St-Christo
du-Foc
Les Pipets
Couvert
Dielette
La Petite
Siouville
Arthur
Bretantot
Sotteville
La
Croix-Georges
Tréauville
Flamanville
Flamanville
Bonnemains
Benoîtville
Quesney
Le Point
du-Jour
★*Cap de Flamanville*
Houel
Les
Fontai
Les Pieux
Sciotot
Grosville
Anse de
Le Comte
Longueville
Fme de Becqueville
Fritot
Bernay
St-Germain-le-Gaillard
Sciotot
Le Rozel
Pierreville

5

Pointe du Rozel
Le
Poux
Hauteville
La Croix
Morain
Surtainville
La Mare
du-Parc
Béghin
St-Paul
Sénoville
Bastard
Baubigny
Sortosville-en-
Beaumont
La Vallée
Le
Meaudenaville
Les 4
Barrières
Hatainville
St-Pie
d'Arthé
Les Moitiers-d'Allonne
Masse
de Romond
Roches du Rît
★**Carteret**
Chapelle
Barneville-Carter
★★*Cap de Carteret*
Rouallé
St-Jean-
de-la-Rivière
Barneville-Plage
St-Georges-de-la-Rivière

A B 30 C D

ILES ANGLO-NORMANDES
(CHANNEL ISLAND)

M A N C H E
ALDERNEY
Cherbourg-Octeville
Dielette
GUERNSEY
SARK
Carteret
JERSEY
Chausey
Granville
Dinard
St Malo

Liaison maritime :
passant les autos ———
ne les passant pas - - -

Liaison aérienne :
ne passant pas
les autos - - - -

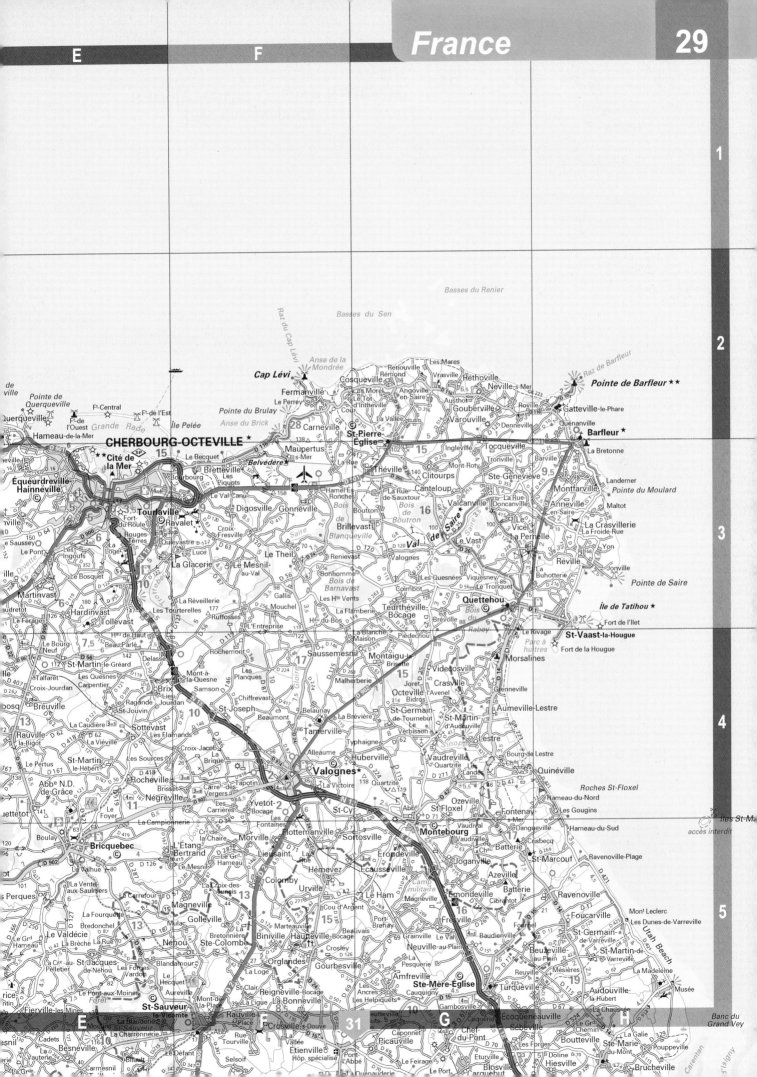

0 2 4 6 8 10 km

ILES ANGLO-NORMANDES
(CHANNEL ISLAND)

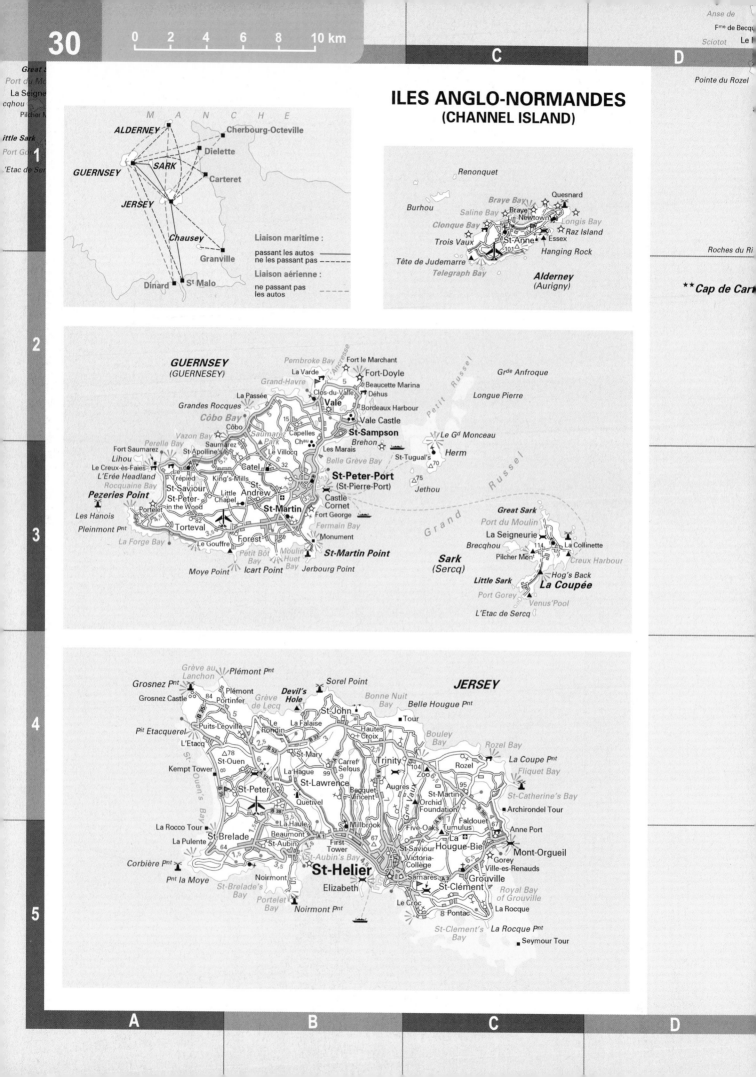

ALDERNEY

Cherbourg-Octeville

Dielette

SARK

GUERNSEY

Carteret

JERSEY

Chausey

Granville

Liaison maritime :
passant les autos
ne les passant pas

Liaison aérienne :
ne passant pas
les autos

Dinard   St Malo

Renonquet

Burhou

Braye Bay   Quesnard
Saline Bay   Braye
Clonque Bay   Newtown   Longis Bay
Trois Vaux   St-Anne   Raz Island
101   Essex
Tête de Judemarre   Hanging Rock
Telegraph Bay   **Alderney**
(Aurigny)

GUERNSEY
(GUERNESEY)

Pembroke Bay
Fort le Marchant
La Varde   Fort-Doyle
Grand-Havre   Beaucette Marina
La Passée   Clos-du-Valle   Déhus
Grandes Rocques   Vale   Bordeaux Harbour
Côbo Bay   15   Vale Castle
Côbo   Capelles   St-Sampson
Vazon Bay   Saumarez   Chau   Brehon
Perelle Bay   Park   Les Marais
Fort Saumarez   Saumarez   Le Villocq   Belle Grève Bay
Lihou   St-Apolline's   32   St-Tugual's
Le Creux-ès-Faies   Gatel   **St-Peter-Port**
L'Erée Headland   Le   King's-Mills   (St-Pierre-Port)
Rocquaine Bay   Trépied   St-   Castle
Pezeries Point   St-Saviour   Andrew   Cornet
St-Peter-   Little   St-   Fort George
Les Hanois   in-the-Wood   Chapel   **St-Martin**
Portelet   82   Fermain Bay
Pleinmont Pnt   Torteval   Monument
La Forge Bay   Forest   **St-Martin Point**
Le Gouffre   Moulin
Moye Point   Icart Point   Petit Bôt   Huet   Jerbourg Point
Bay   Bay

Gr de Anfroque

Longue Pierre

Le Gd Monceau

70   Herm

75   Jethou

Great Sark
Port du Moulin
La Seigneurie
Brecqhou   114   La Collinette
Pilcher Mont   Creux Harbour
Sark   Hog's Back
(Sercq)
Little Sark   **La Coupée**
Port Gorey   Venus'Pool
L'Etac de Sercq

JERSEY

Grève au   Plémont Pnt
Lanchon   Sorel Point
Grosnez Pnt   Plémont   Devil's
Grosnez Castle   84   Portinfer   Hole   Bonne Nuit   Belle Hougue Pnt
Puits-Léoville   Grève   St-John   Bay
Pit Etacquerel   de Lecq   La Falaise   Tour   Bouley
L'Etacq   Le   Hautes   Bay   Rozel Bay
Rondin   Croix   La Coupe Pnt
78   St-Mary   Trinity   Fliquet Bay
Kempt Tower   St-Ouen   Carref   104   Rozel
La Hague   Selous   Zoo   95
St-Peter   St-Lawrence   Augres   St-Martin   St-Catherine's Bay
Quetivel   Becquet   Orchid   Archirondel Tour
Vincent   Foundation   67
La Rocco Tour   Millbrook   Five-Oaks   Faldouet   Anne Port
La Haule   Tumulus   La   Mont-Orgueil
La Pulente   Beaumont   St-Saviour   Hougue-Bie   Gorey
St-Brelade   St-Aubin   Victoria-   Ville-ès-Renauds
Corbière Pnt   First   Collège   Grouville
Tower   **St-Helier**   Samares   St-Clément   Royal Bay
Pnt la Moye   Noirmont   St-Aubin's Bay   of Grouville
St-Brelade's   Elizabeth   Le Croc   La Rocque
Bay   Portelet   Pontac   La Rocque Pnt
Bay   Noirmont Pnt   St-Clément's
Bay   Seymour Tour

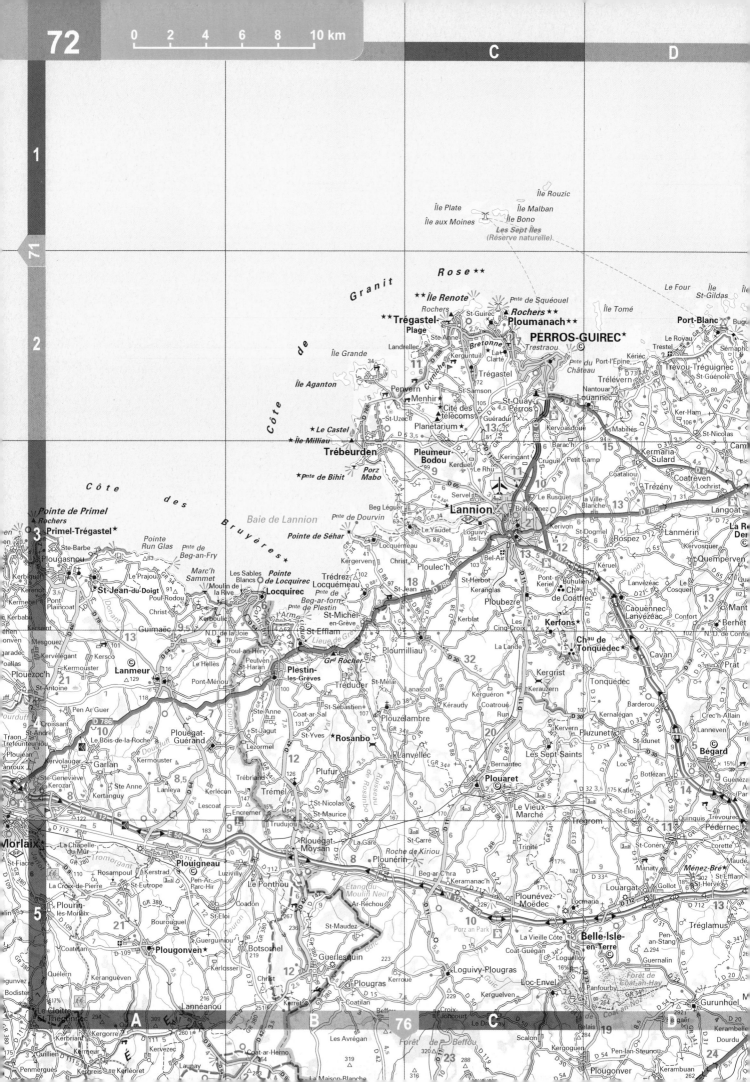

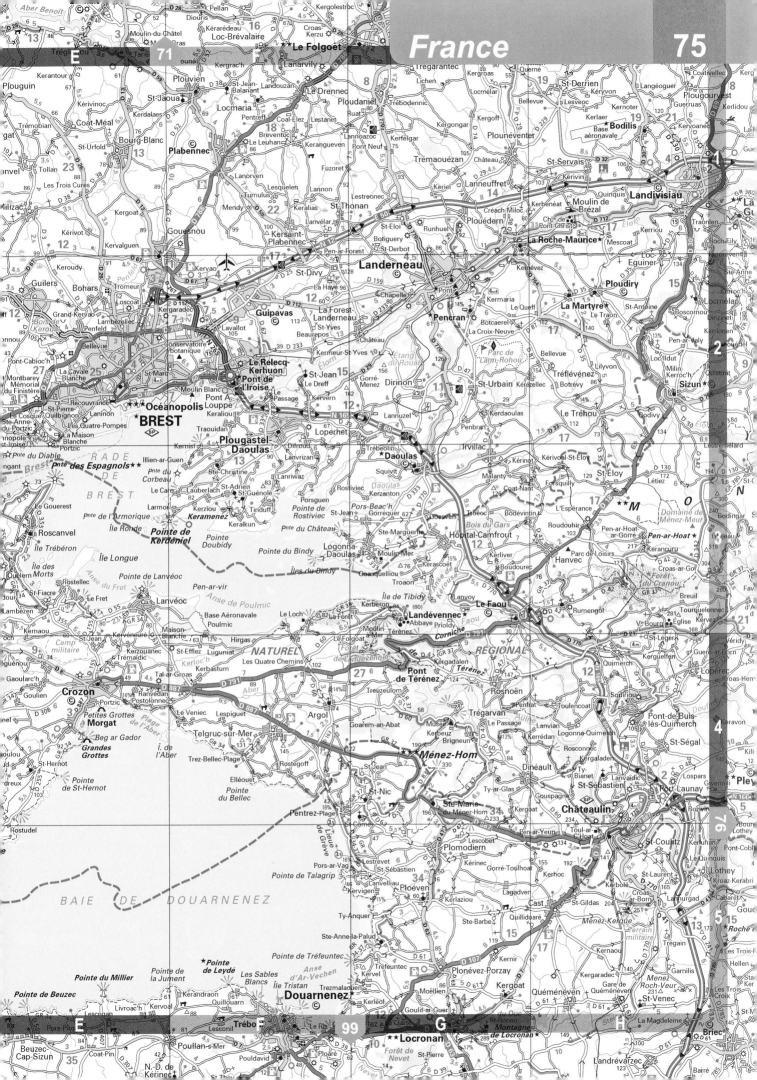

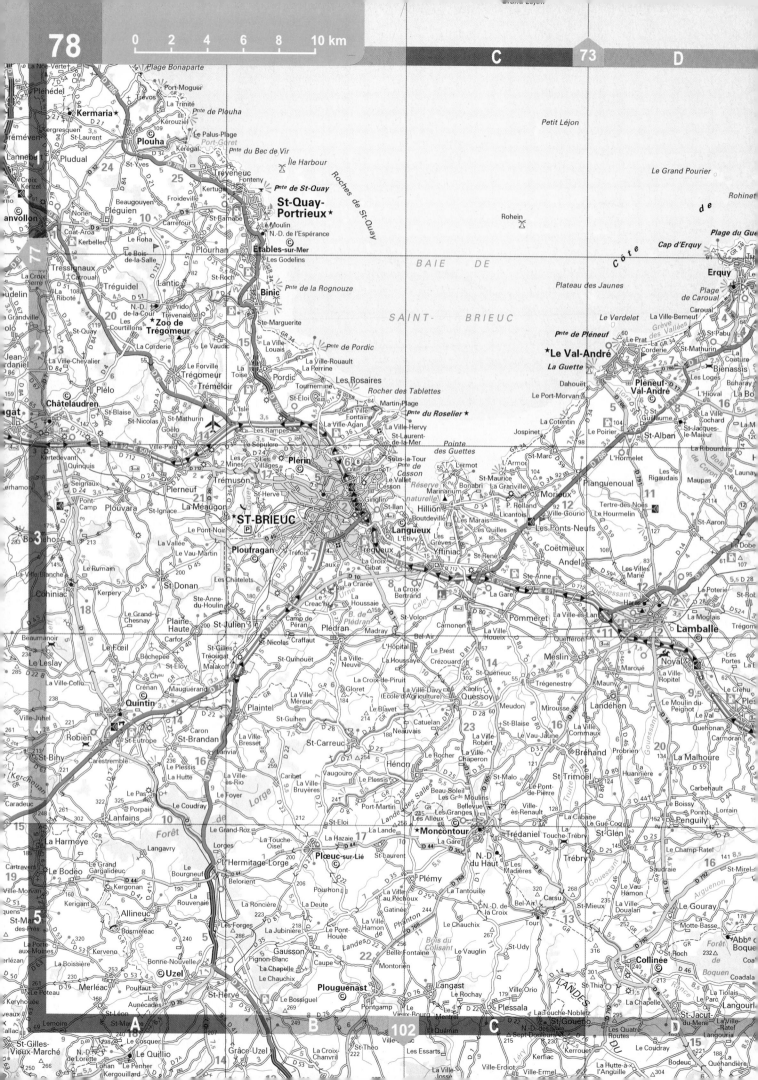

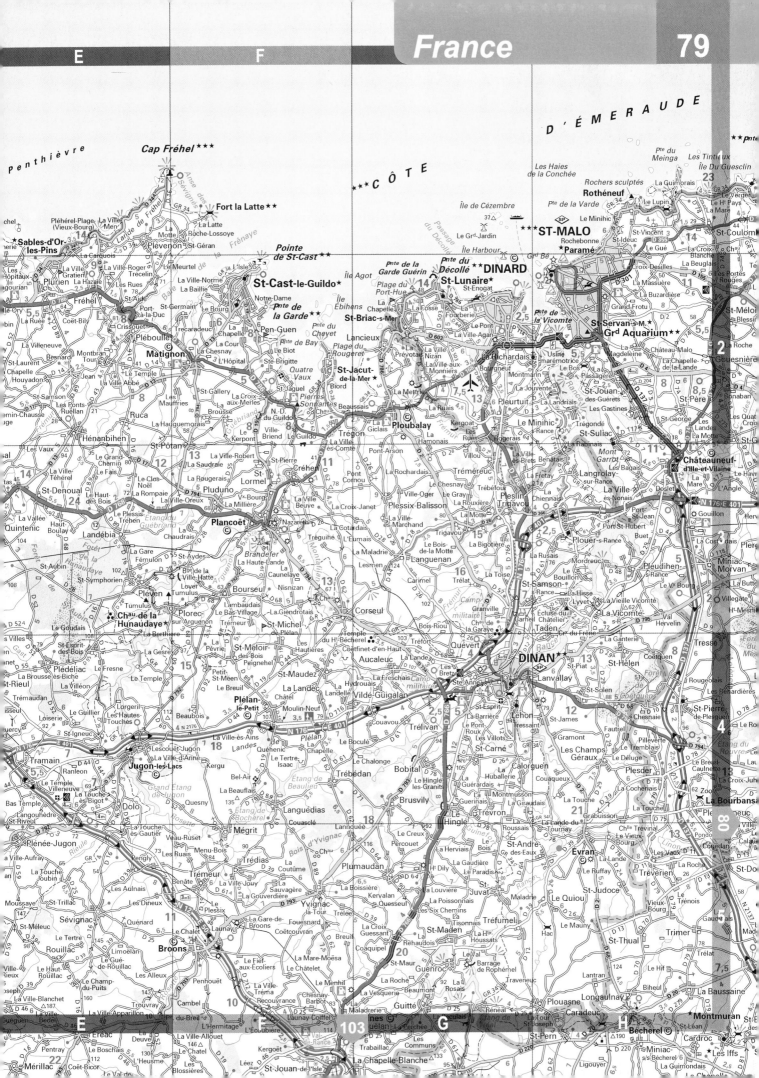

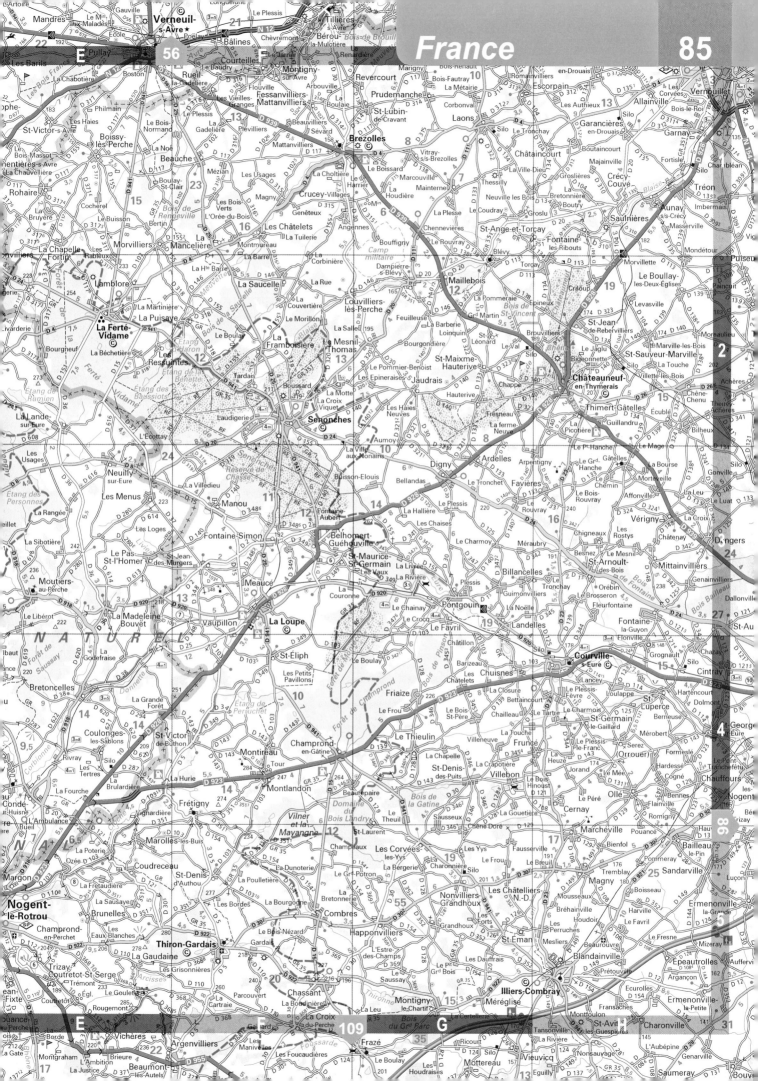

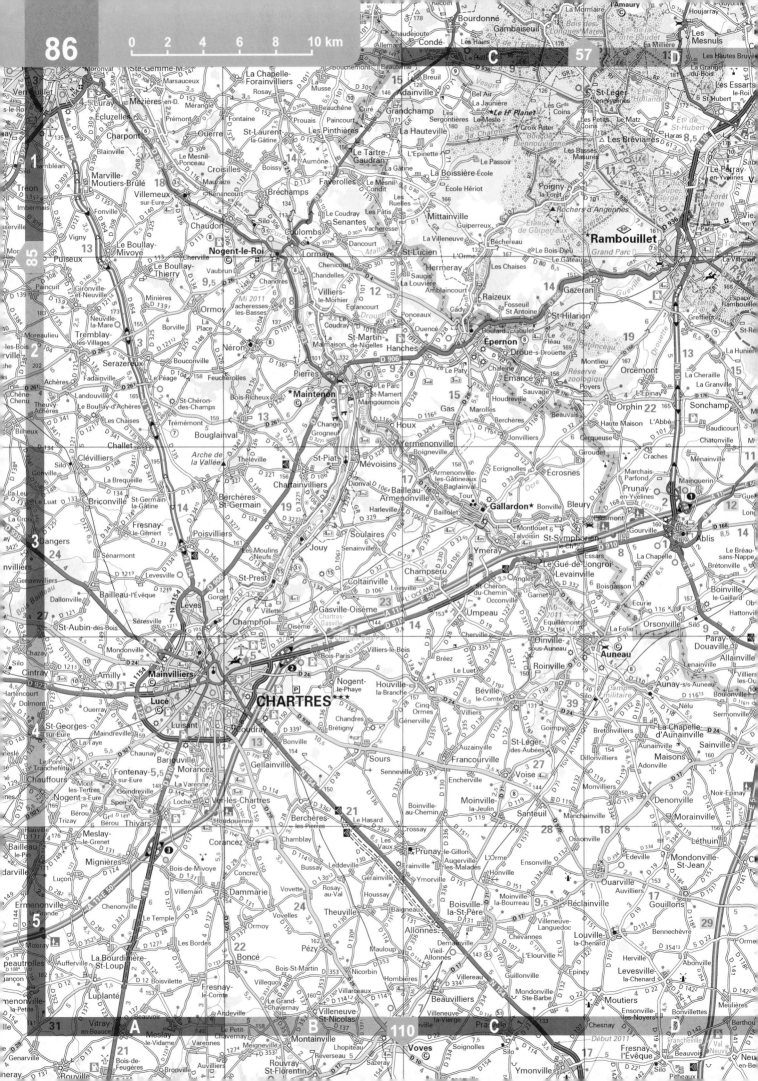

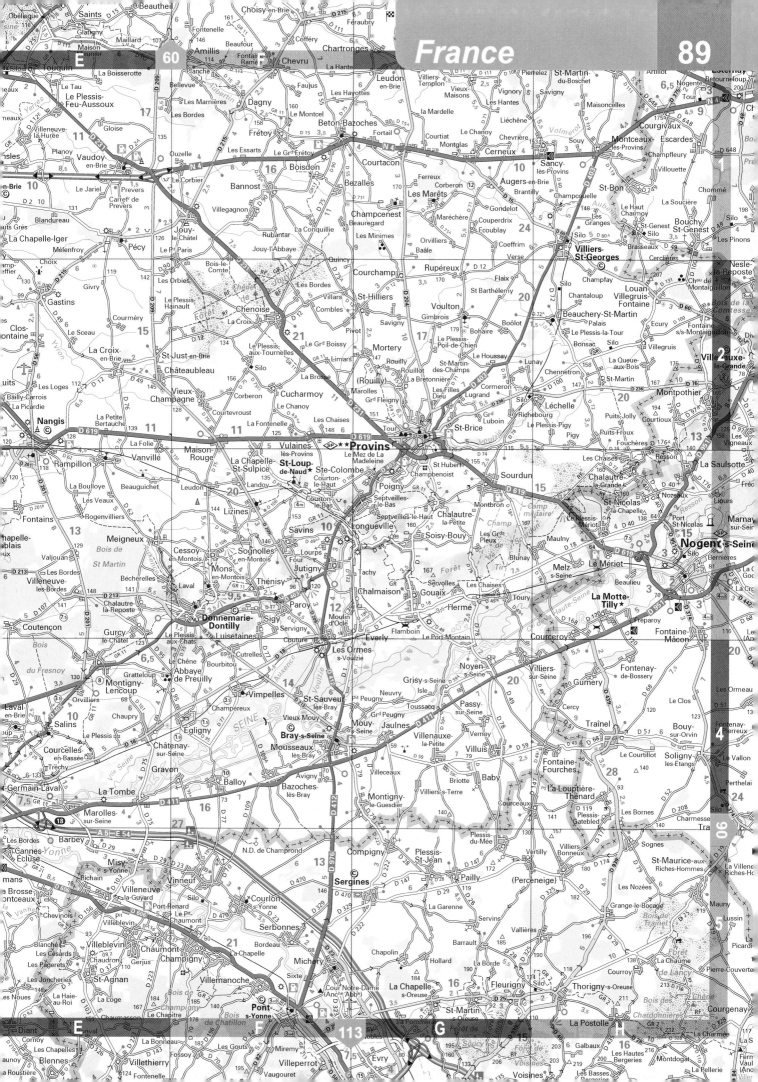

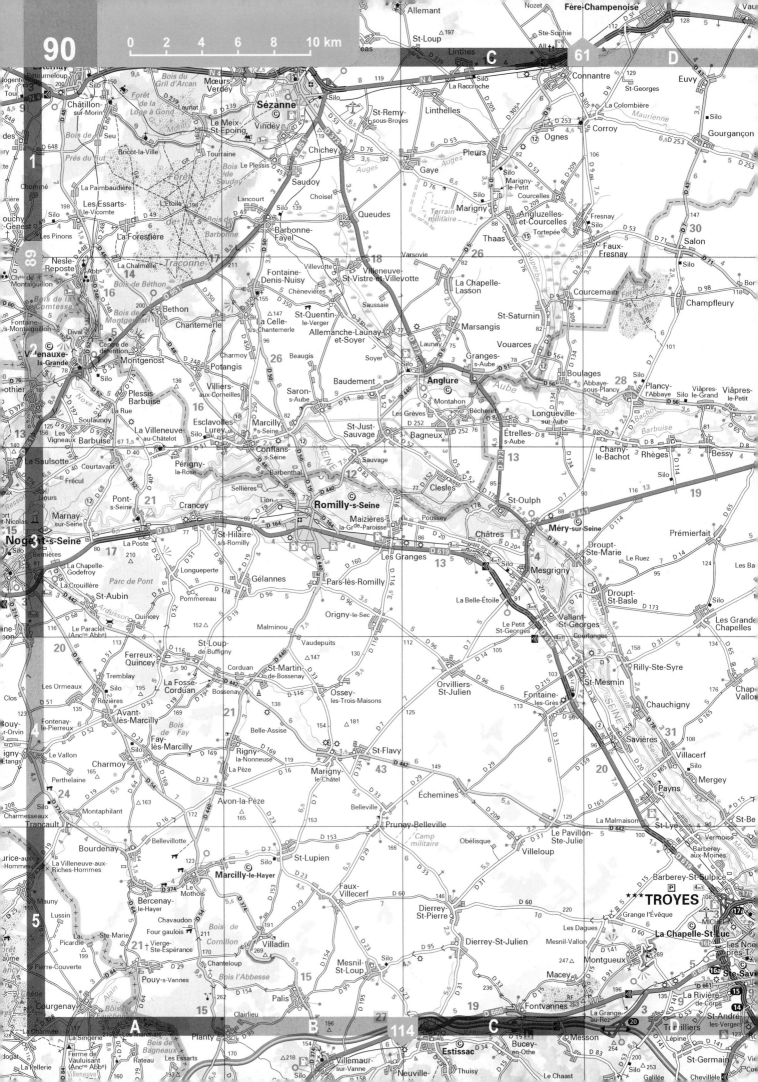

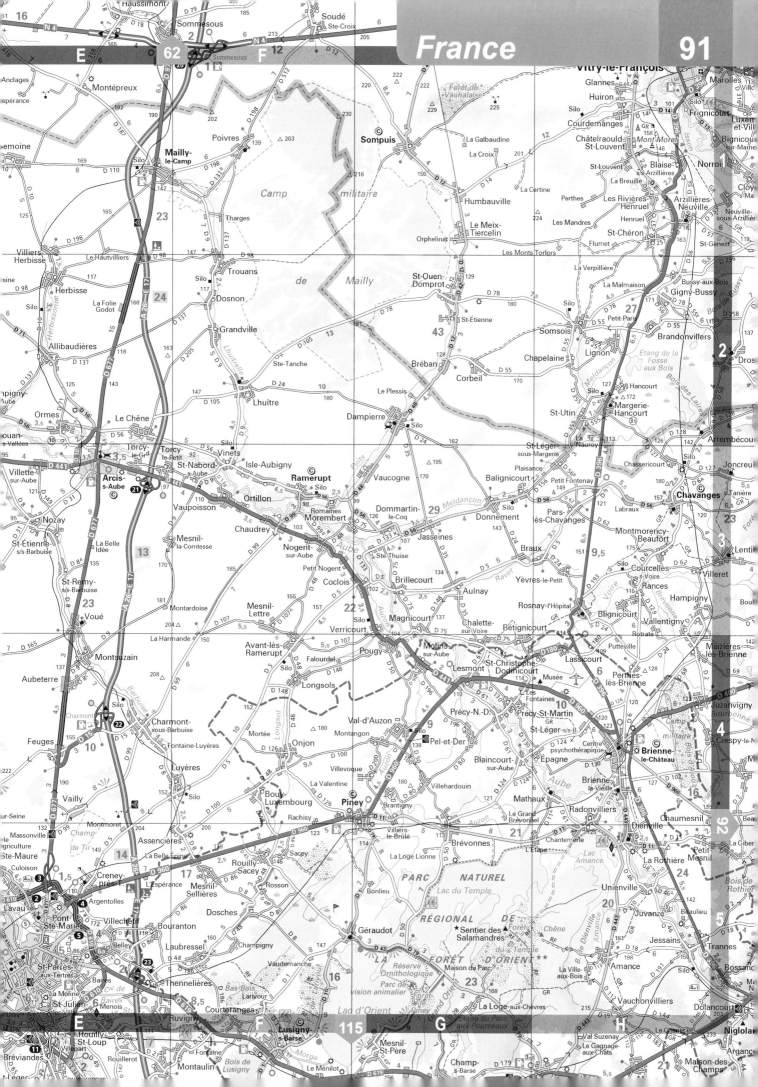

0   2   4   6   8   10 km

C   D

Plage de la

★ *Cap de la*

1

★ *Pointe de*
Brézellec   Pnte de   ★ *Réserve du*
                               Penharn   *Cap Sizun*   Po
                                                                    Lu
✝ Tévennec   ★★ ***Pointe du Van***   Pointe de
                                           Castelmeur   83   Moulin   85   △ 76
          ★ Ar Men   *PARC   NATUREL*   Kermeur   de Kerharo   3 90   Lesv
                                           St-They   71
                                                      15%   Mescran   Goulién   Lannourec
                    RÉGIONAL   *Baie des*   D 43   Cléden-Cap-Sizun
                    18   Île-de-Sein   *Trépassés*   Quillivic   D 43   3
          Chaussée de Sein   la Vieille   Lescoff   Plogoff   4,5   Quatre-Vents
2   Raz de Sein   ✝ Sémaphore   Lesdleden   St-Tremeur
                    D'ARMORIQUE   Landrer   Trevenouen
                              Pont des Chats ★★★ ***Pointe du Raz***   Pendreff 2,5   2 72   Kerau
                                               Port de   56   GR 34   13   Lézurec
                                               Bestrée   Penneac'h   Esquibien
                                               Pointe de   Primelin   St-Tugen
                                               Feunteunod   ★ *St-Tugen*   Ste-Evette   ★ ***Audierne***
                                                       Anse du Loch   Custren   50
                                                                    Pointe de Lervily
                                                                                    P

3   B A I

                                                                              D ' A U D

4

5

A   B   C   D

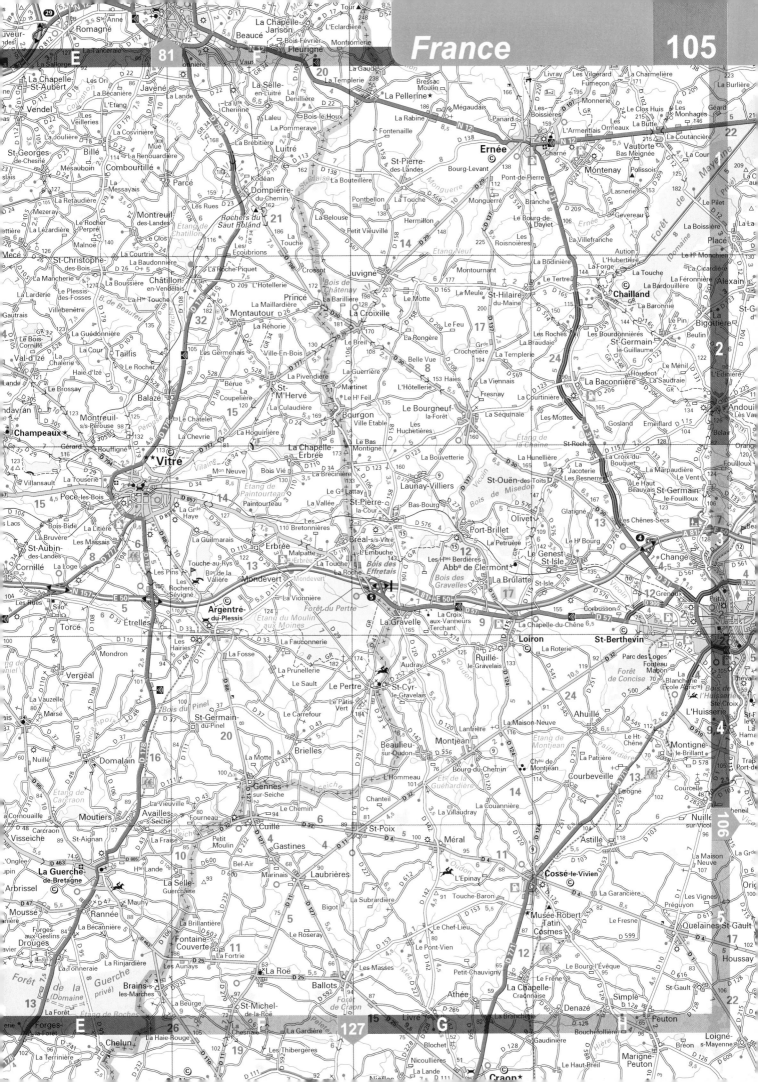

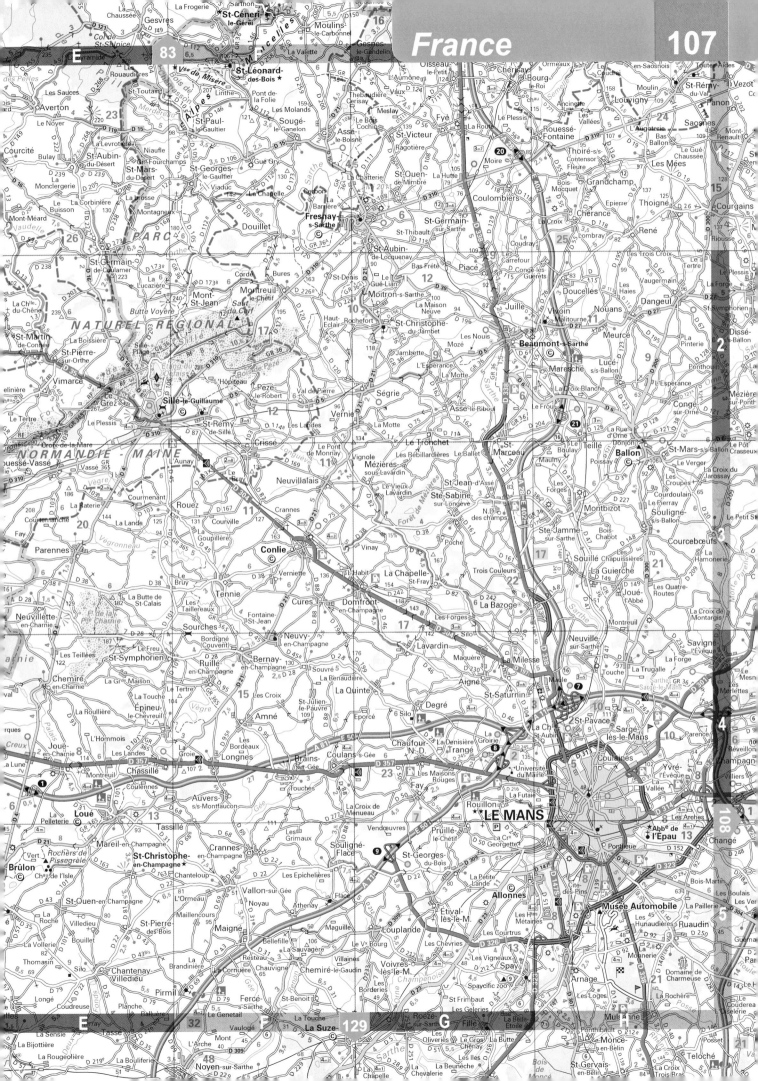

0   2   4   6   8   10 km

Mousterlin
Pointe de
Mousterlin

Beg Meil

Le Cabellou
Baie de Pouldohan

Pointe de
la Jument

Oual

1

Île aux Moutons

Pendruc

Lambell

Cosquer

Lanénos

Ruat

Penanrun

Kerdallé

Kerlin

St.
Philibert

Trévignon

Pointe de
Trévignon

Raguenès
Plage

Kercanic

Kerascoët

Rospico

Kerangall

Île
Raguenès

Névez

Kériquel

Tréhubert
Célan
Kersidan

Kermen

Trémorvezen

Kerduel

Trégunc

Kerminaouët

Botquélen
Le Hénant

Kerambail
Kerdruc

Rosbras

Goulet-Riec

Port-
Manech

Croas-Kerrun
Trémor

Lanmeur

Belon

Kerfany
les-Pins

St-André
Kerangosquer

Kergosquer

Nizon

Croissant-
Bouillet

Kérampaou

Kergazuel

St-Maudé

Kérandréo

Bois d'A

Pont-Aven

Croaz-Hent-
Loctudy

Locquillec

Riec-sur-Belon

Kerviger

Lande-Julien

Lanneguy

Belon

Kergoulouët

Lanriot

Kerglien

Kergroës

Moëlan-sur-Me

Clohars-C

Placamen

St-Pierre
Kerroch

Kerdoualen

Brigneau

Chef-du-Bois

La Grange

St-Thamec

Doélan

Port
de Merrien

Le

Île Verte

★ Îles de Glénan

2

St-Nicolas   12

Drenec

Cigogne

Penfret

Loch

3

★ ÎLE DE

4

5

A   B   C   D

Bossulan

N 165 E 60

Lanorgard

La Croix-Verte

Kervran

Laniscar

St-Jean

Qui

Baye

Gare-de-la-Forê

100

C

D

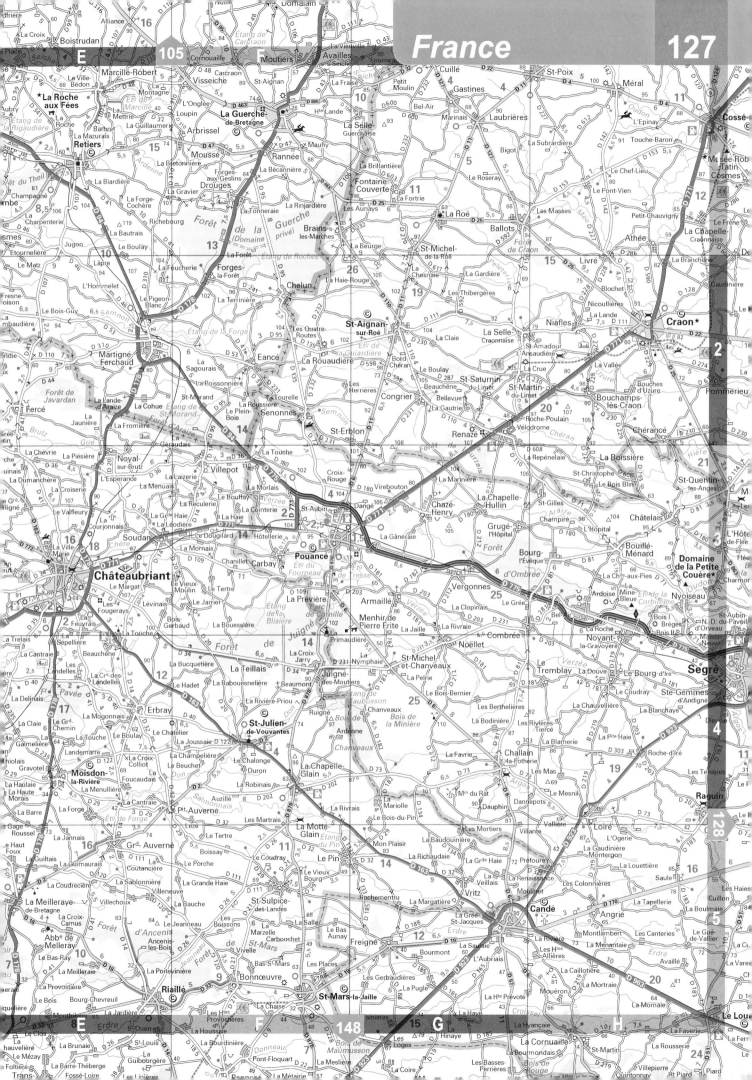

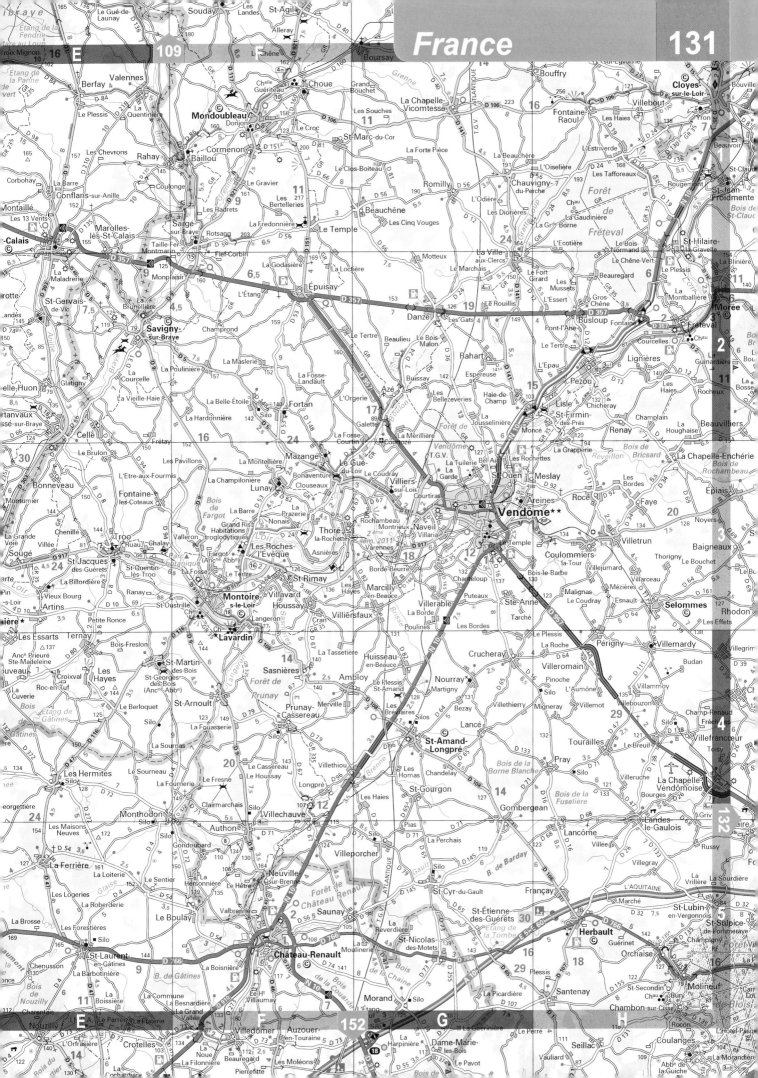

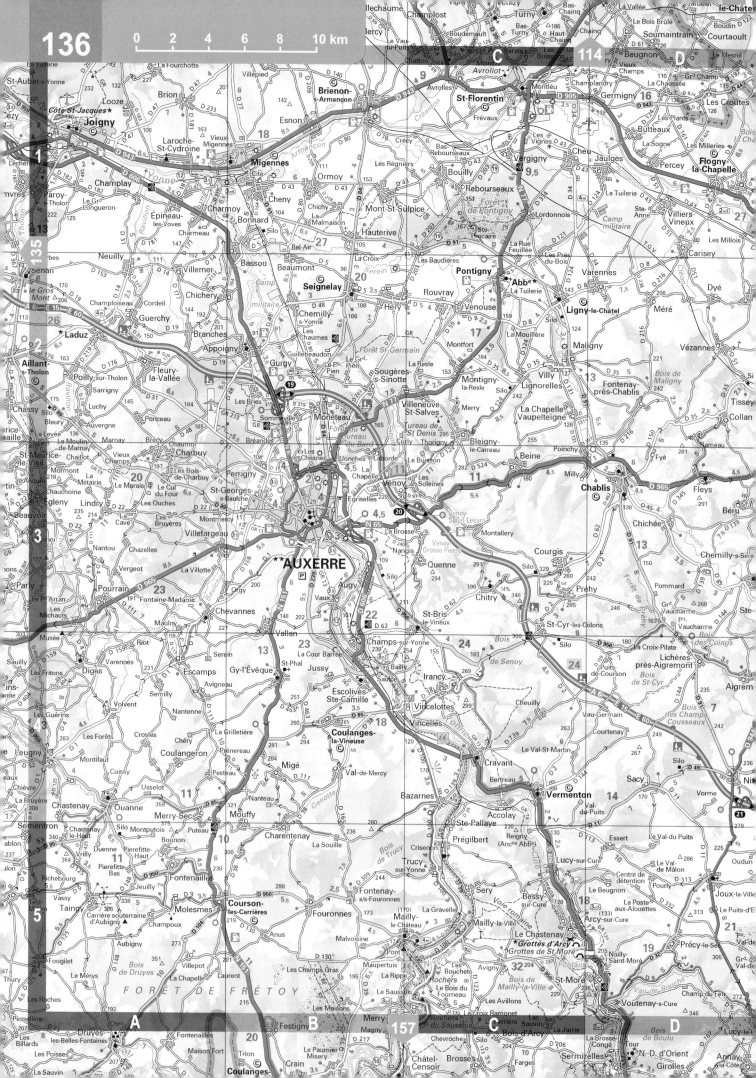

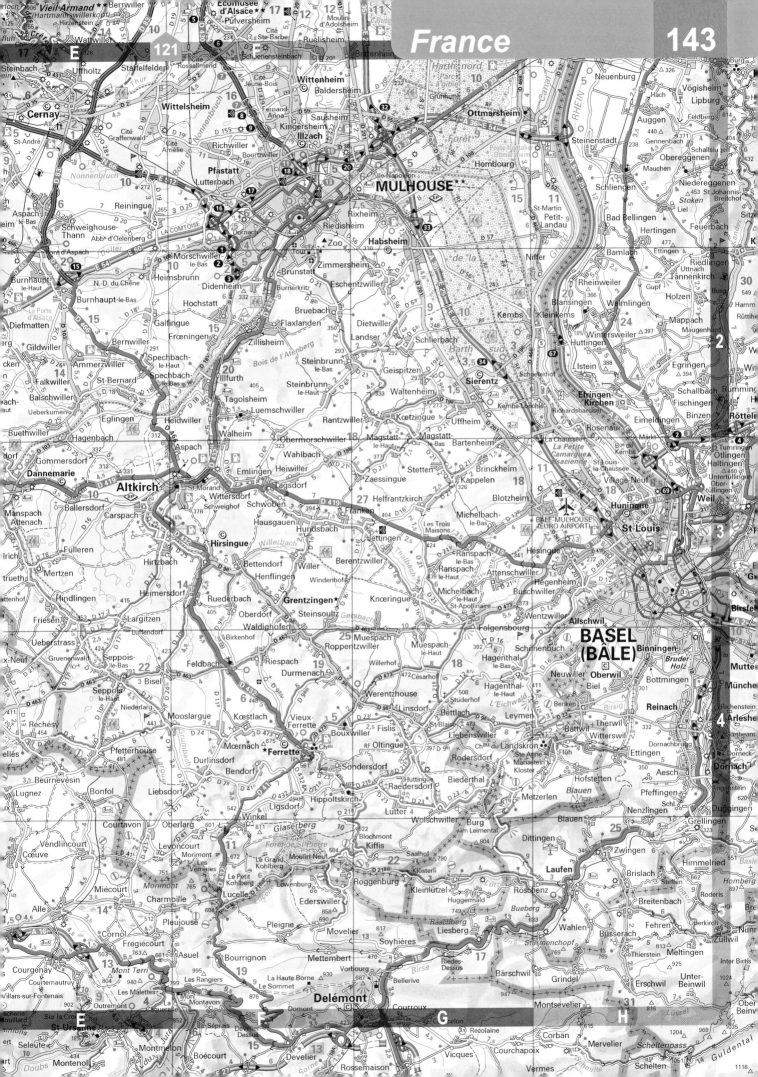

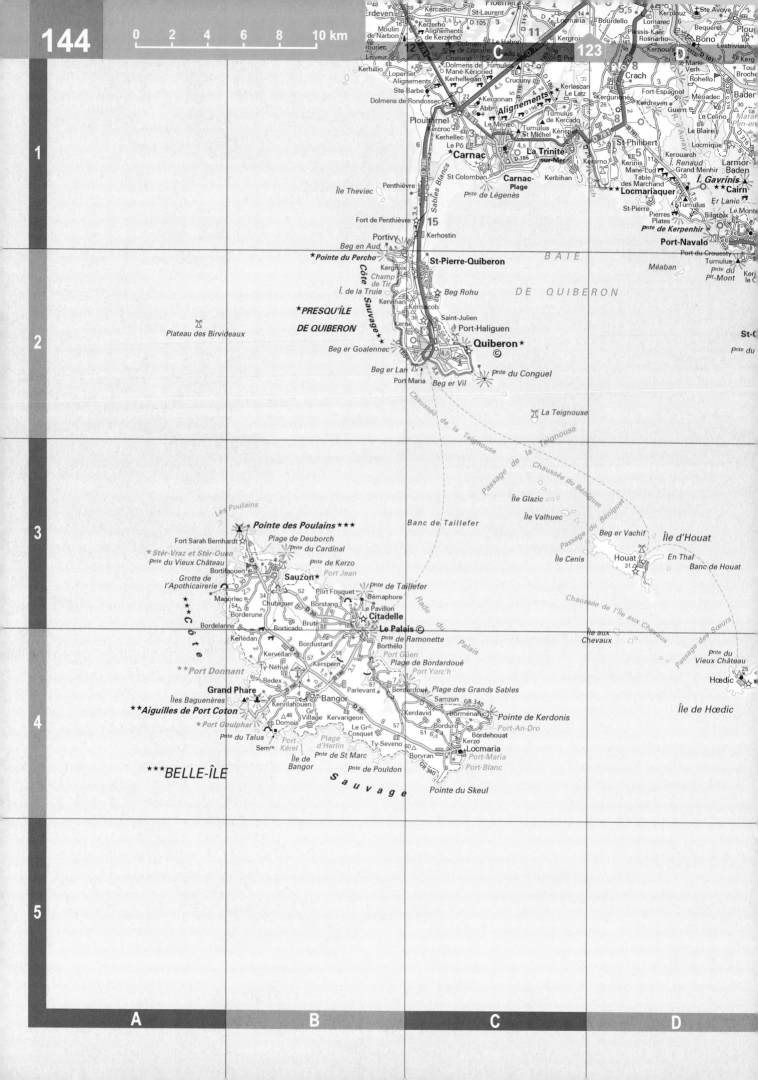

Camping
oles ISLES.
PÉNESTIN

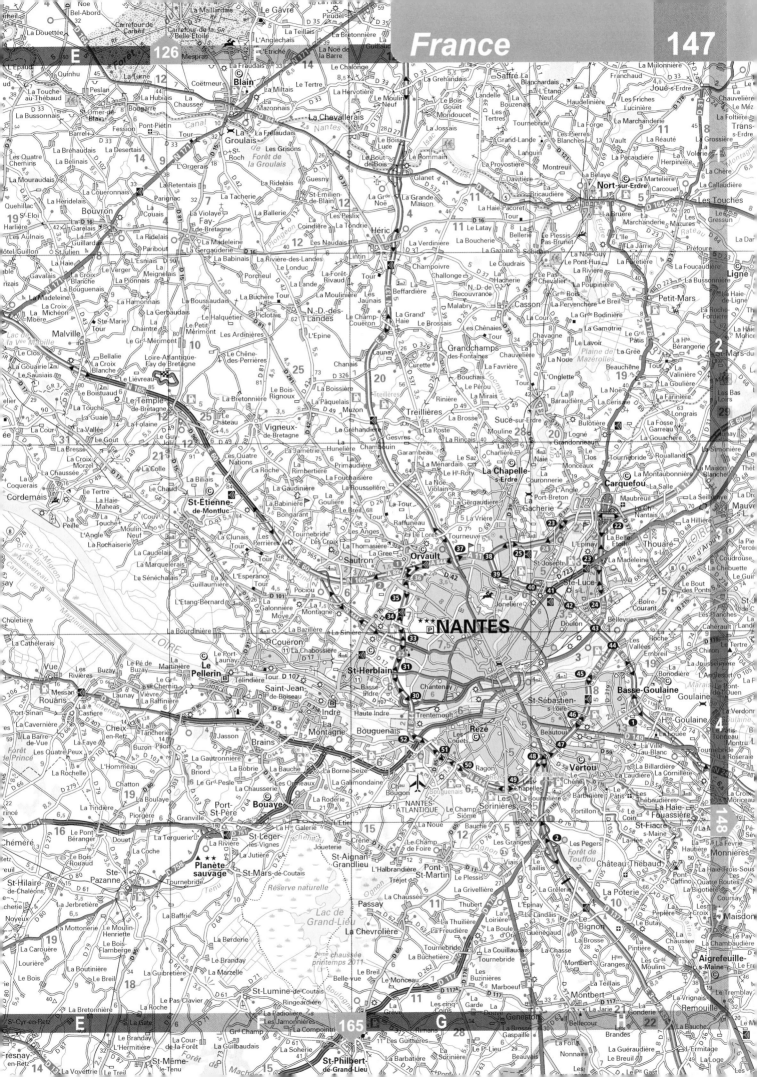

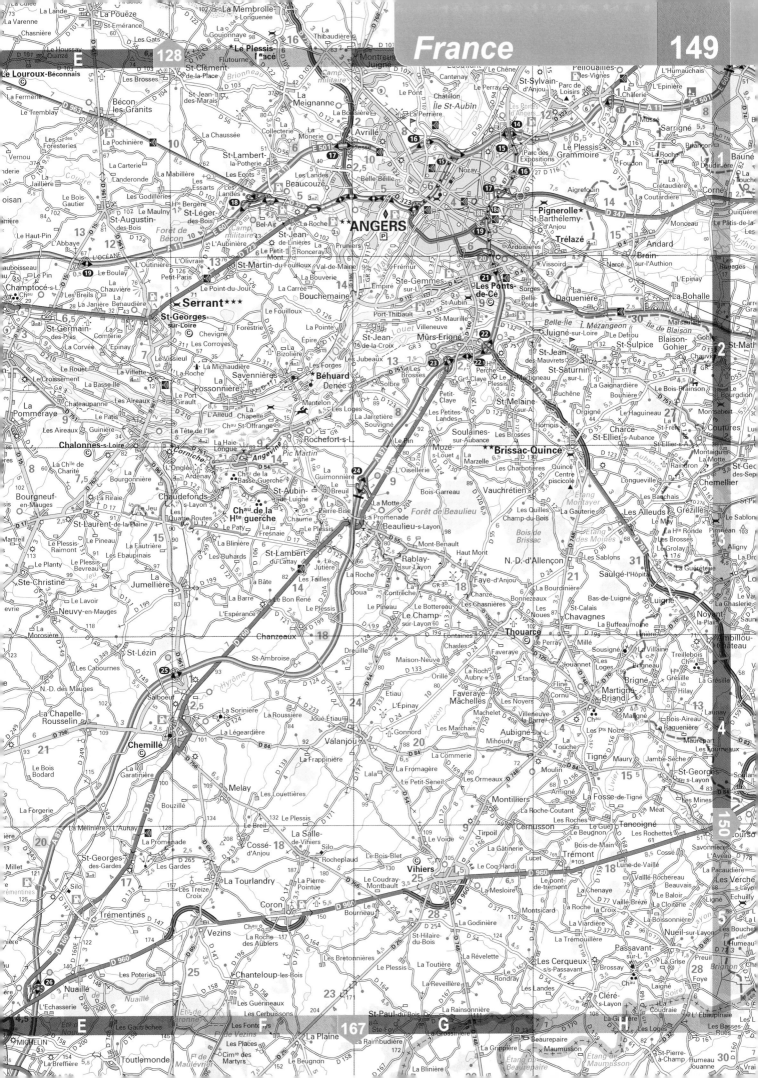

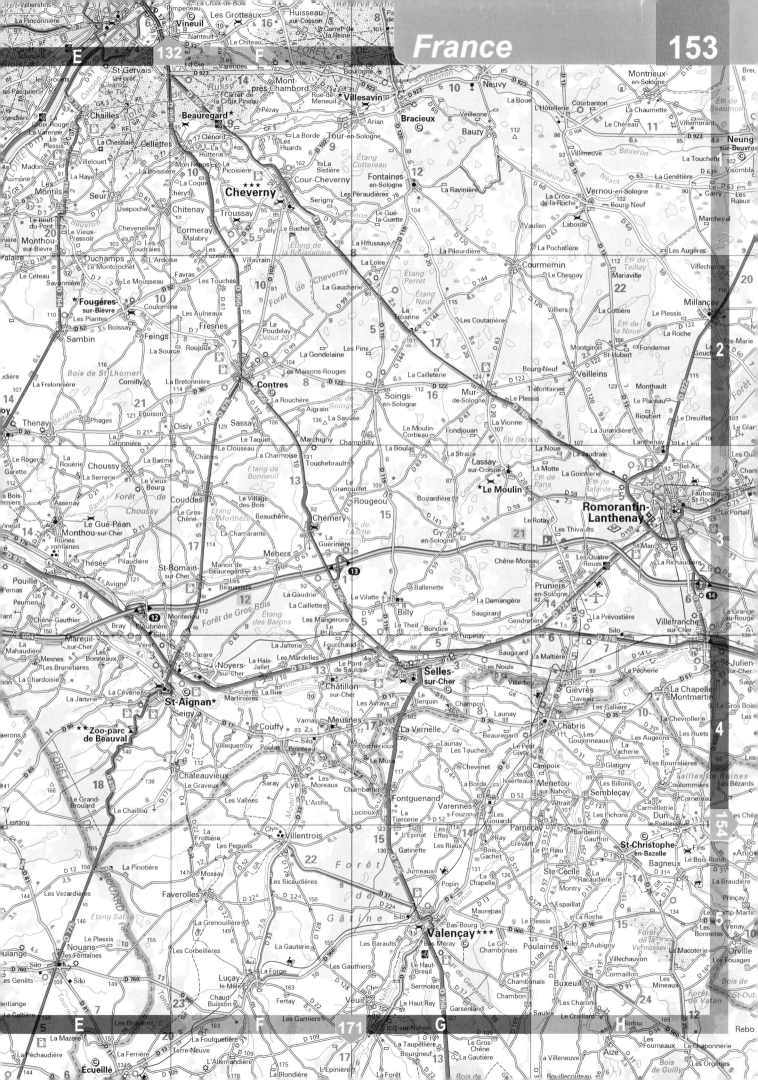

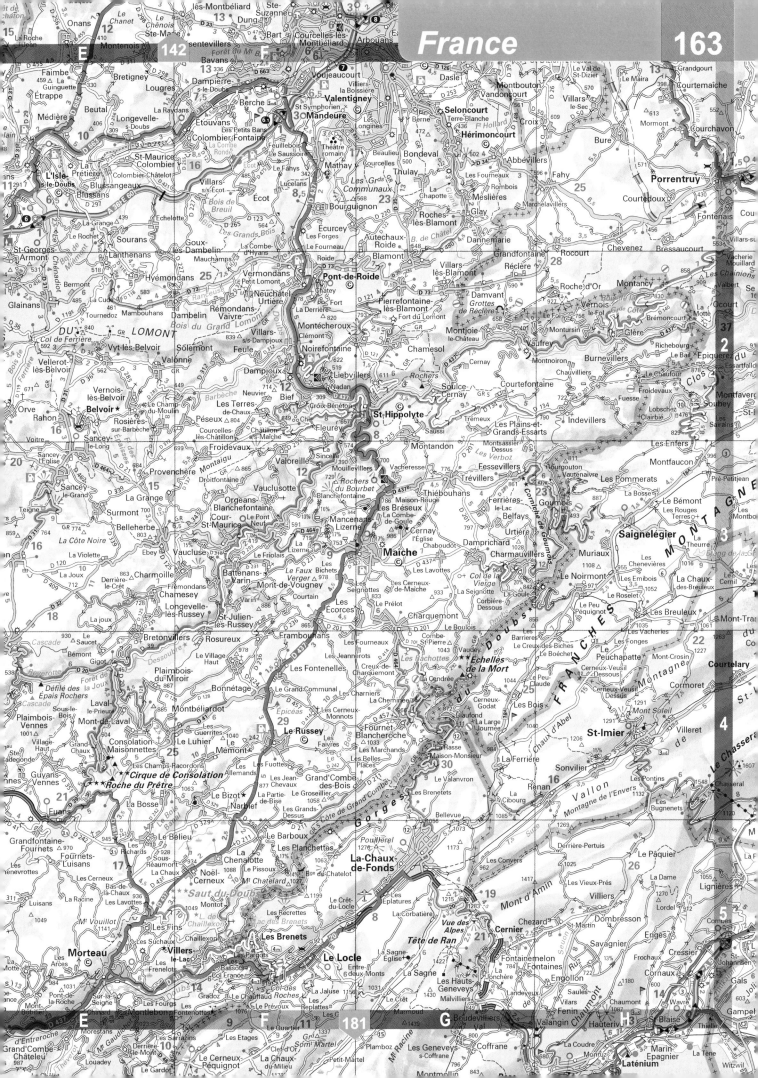

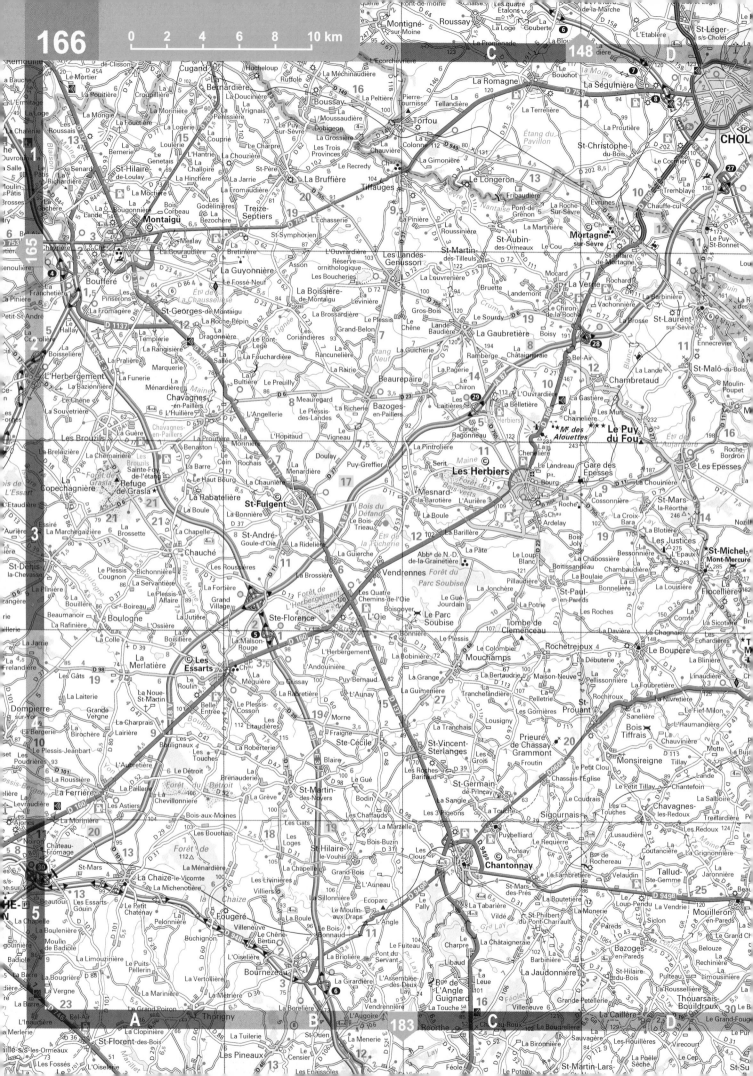

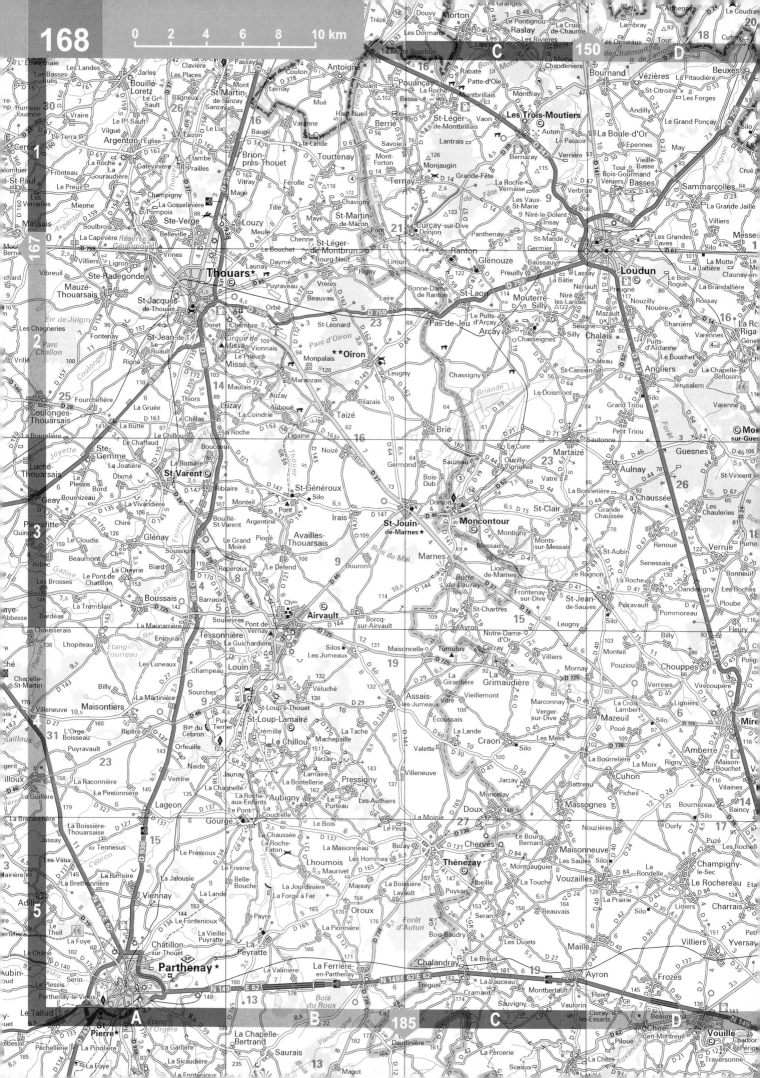

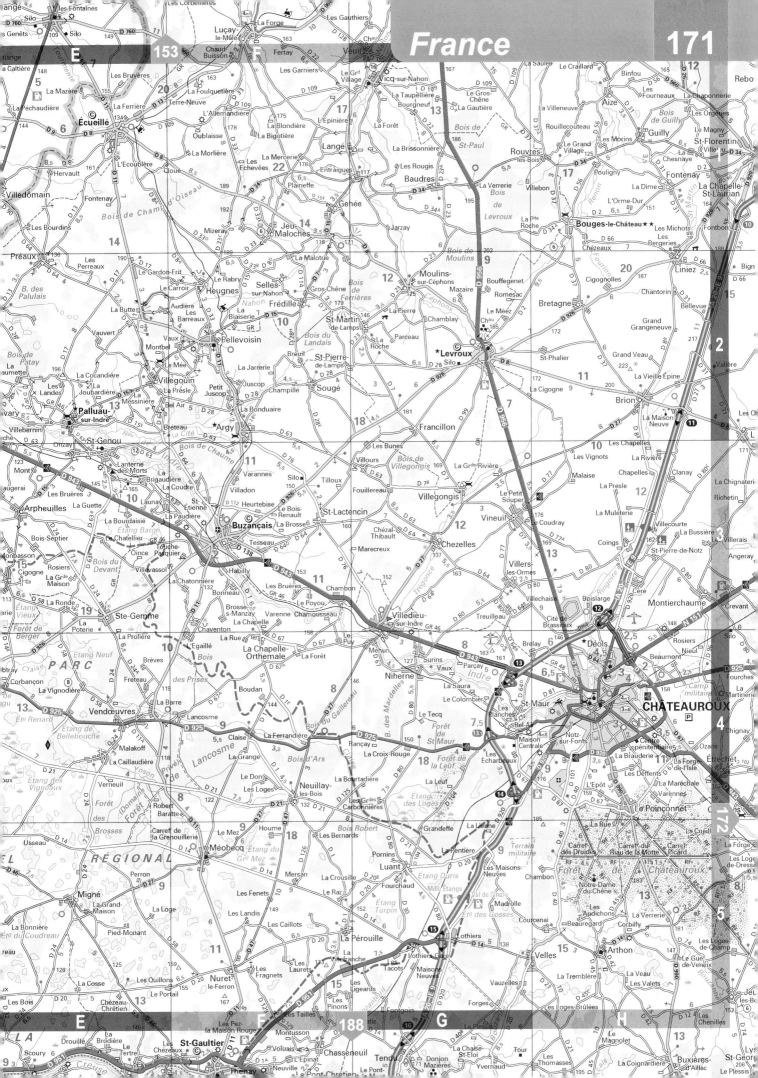

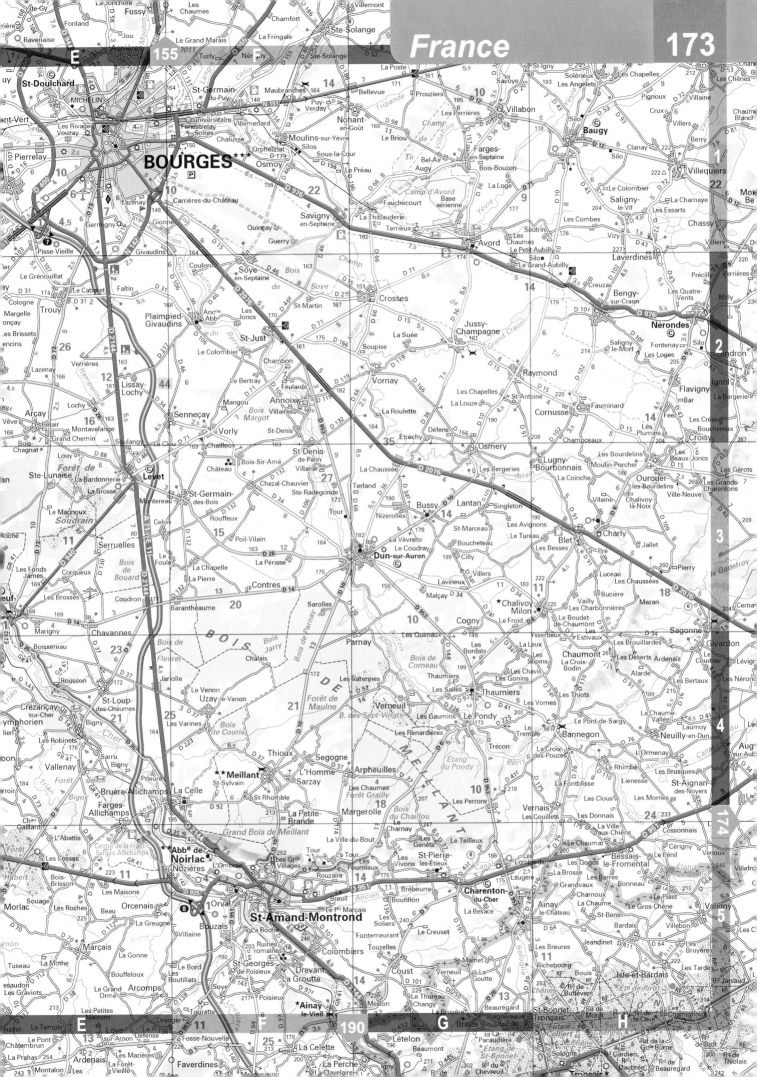

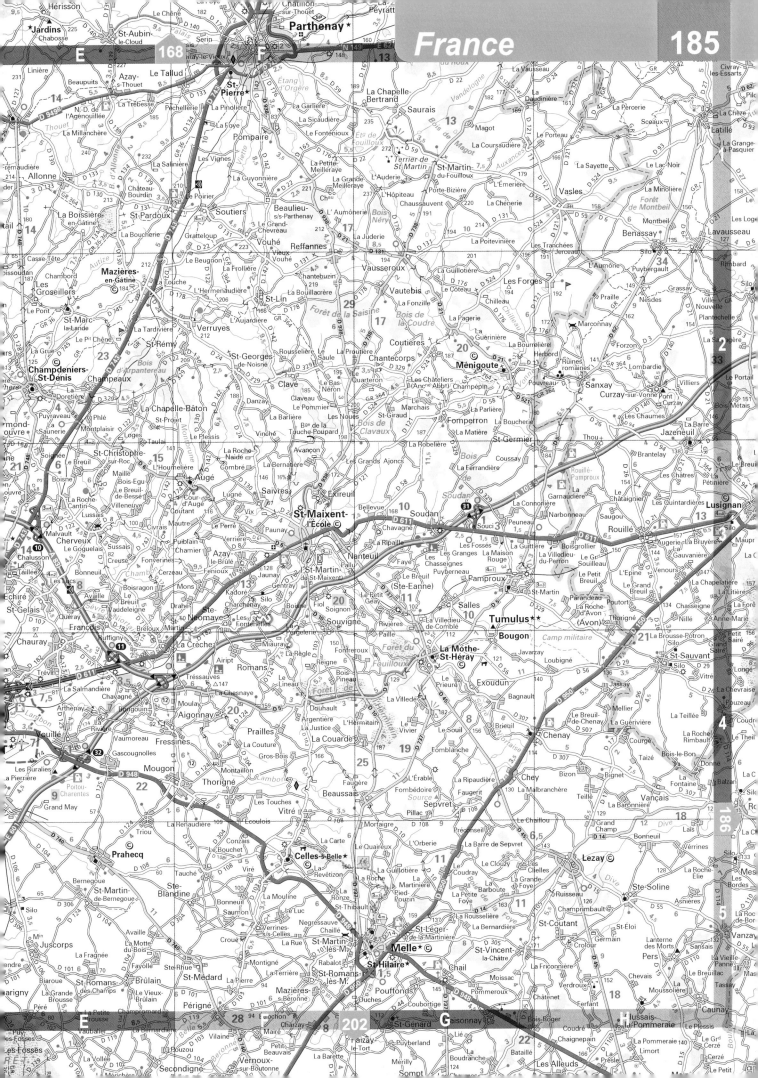

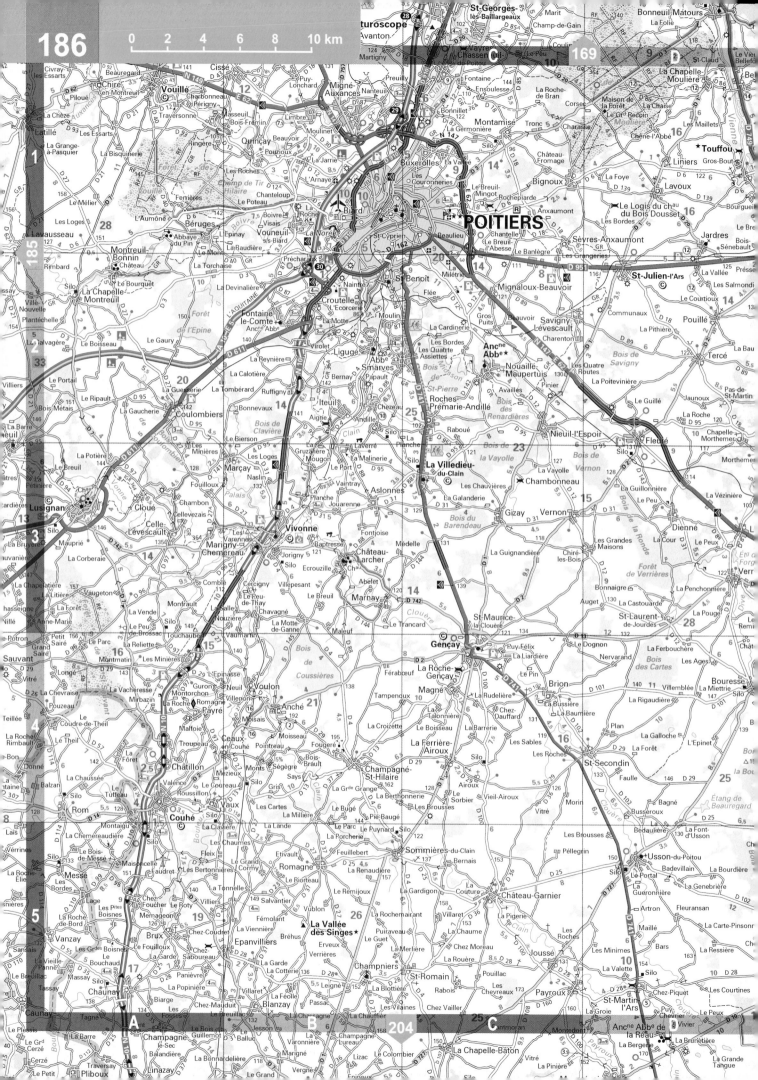

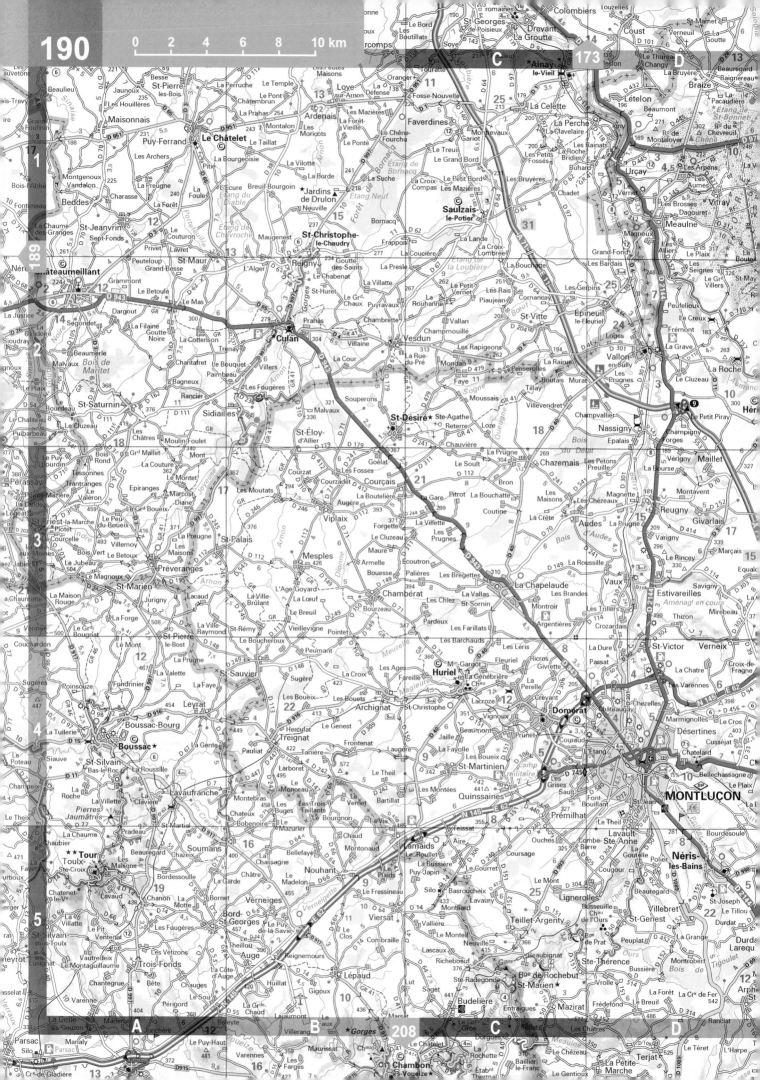

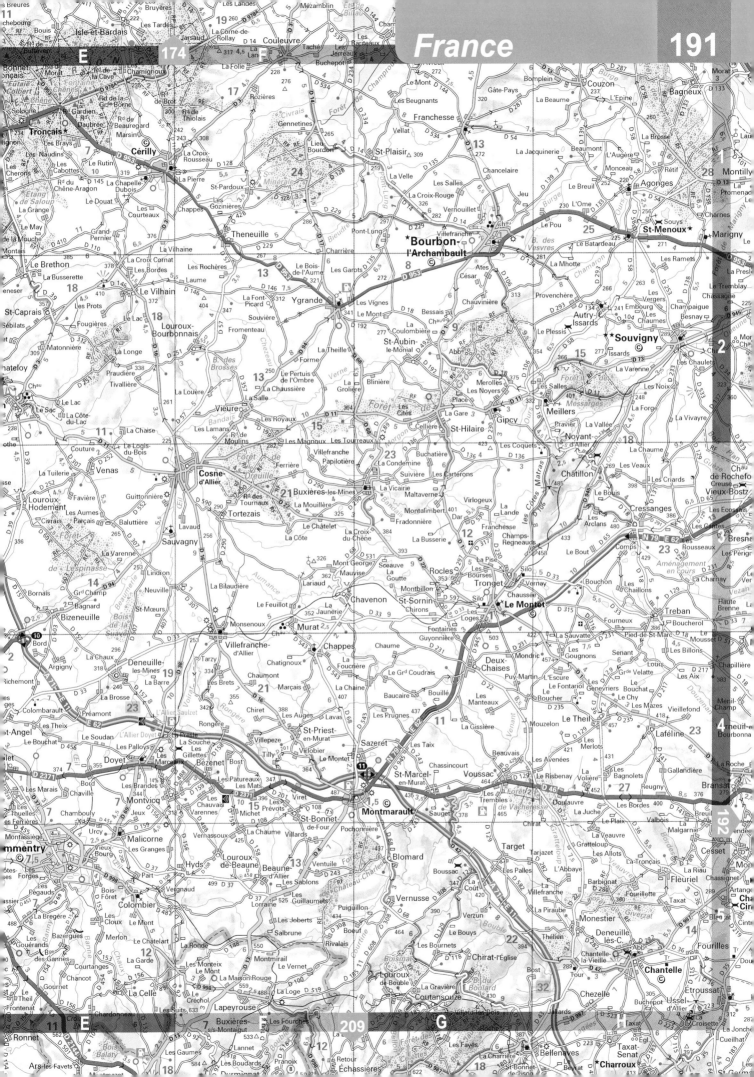

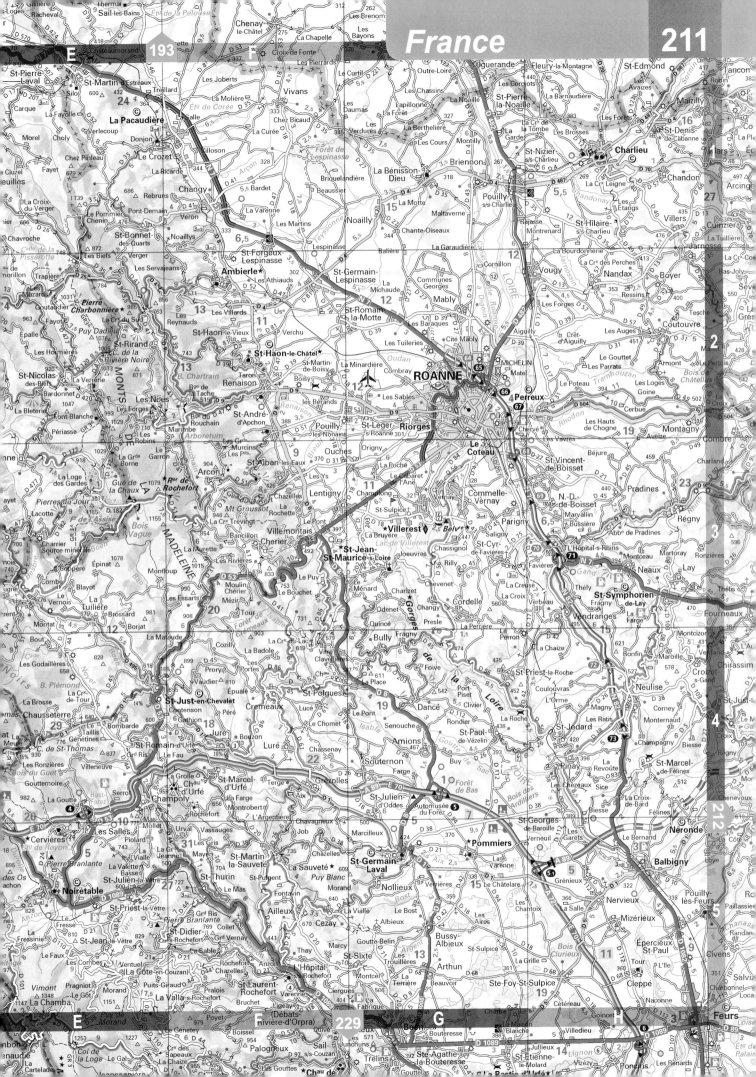

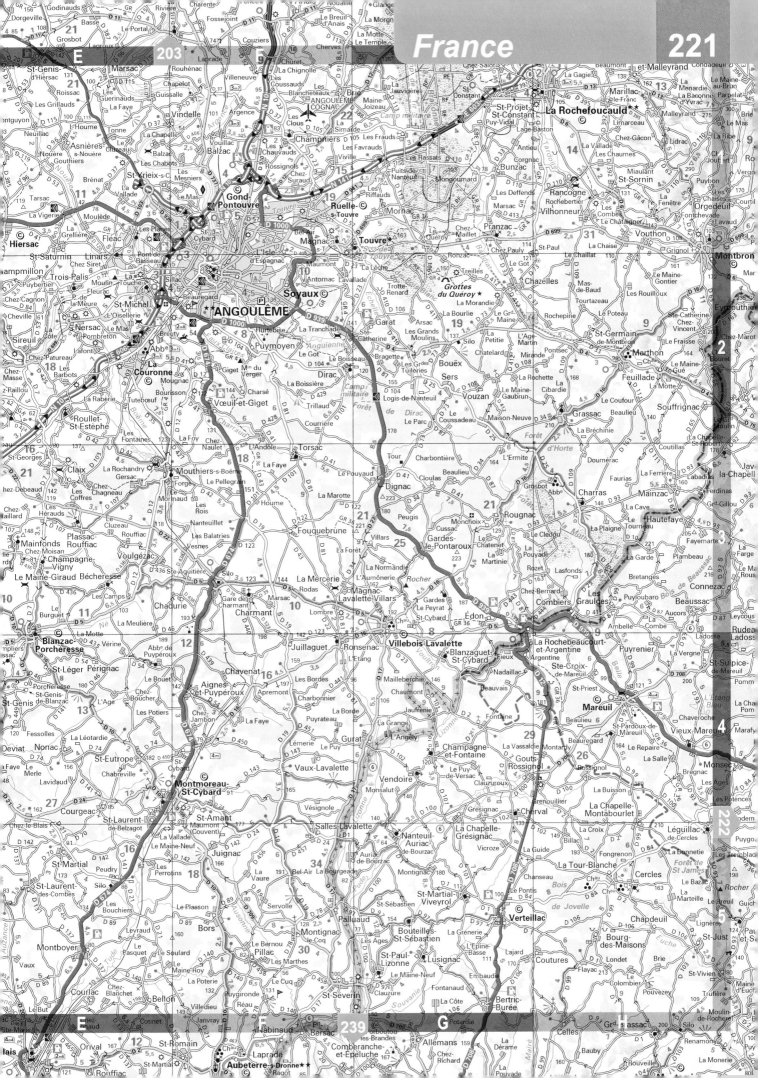

0 2 4 6 8 10 km

Solignac
Vigen
Eymoutiers
Ste-Anne-St-Priest
Châteauneuf-la-Forêt
St-Hilaire-Bonneval
Pierre-Buffière
St-Jean-Ligoure
St-Priest-Ligoure
St-Bonnet-Briance
St-Genest-sur-Roselle
Linards
St-Méard
Neuvic-Entier
La Croisille-s-Briance
Mt Gargan
Surdoux
St-Gilles-les-Forêts
Chamberet
St-Germain-les-Belles
St-Vitte-s-Briance
Magnac-Bourg
Château-Chervix
Meuzac
Masseret
Lamongerie
Meilhards
Soudaine-Lavinadière
Rilhac-Treignac
Peyrissac
Coussac-Bonneval
Montgibaud
Benayes
St-Georges
Condat-s-Ganaveix
Eyburie
Le Lonzac
St-Julien-le-Vendômois
Lubersac
St-Pardoux-Corbier
St-Martin-Sepert
Uzerche
Espartignac
St-Ybard
Chamboulive
Ségur-le-Château
Beyssenac
Arnac-Pompadour
Vigeois
St-Jal
Seilhac
St-Cyr-les-Champagnes
St-Sornin-Lavolps
Beyssac
Lagraulière
St-Clément
Juillac
Chabrignac
Vignols
Perpezac-le-Noir
Naves
Rosiers-de-Juillac
St-Bonnet-l'Enfantier
St-Mexant

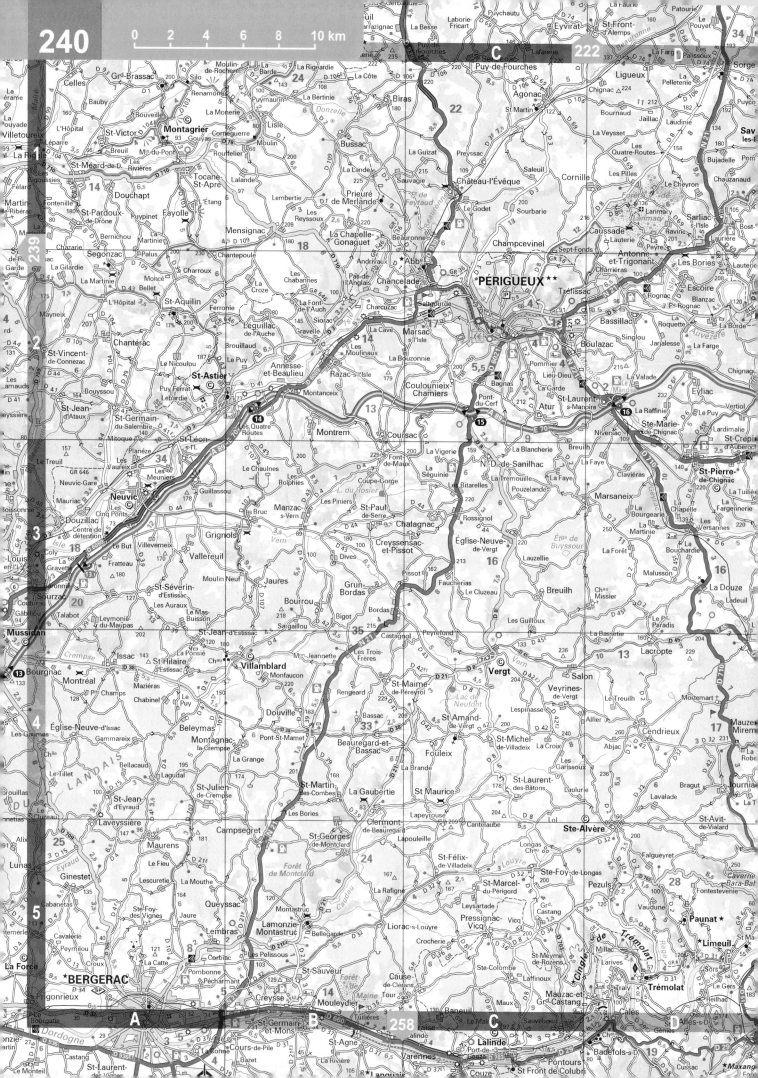

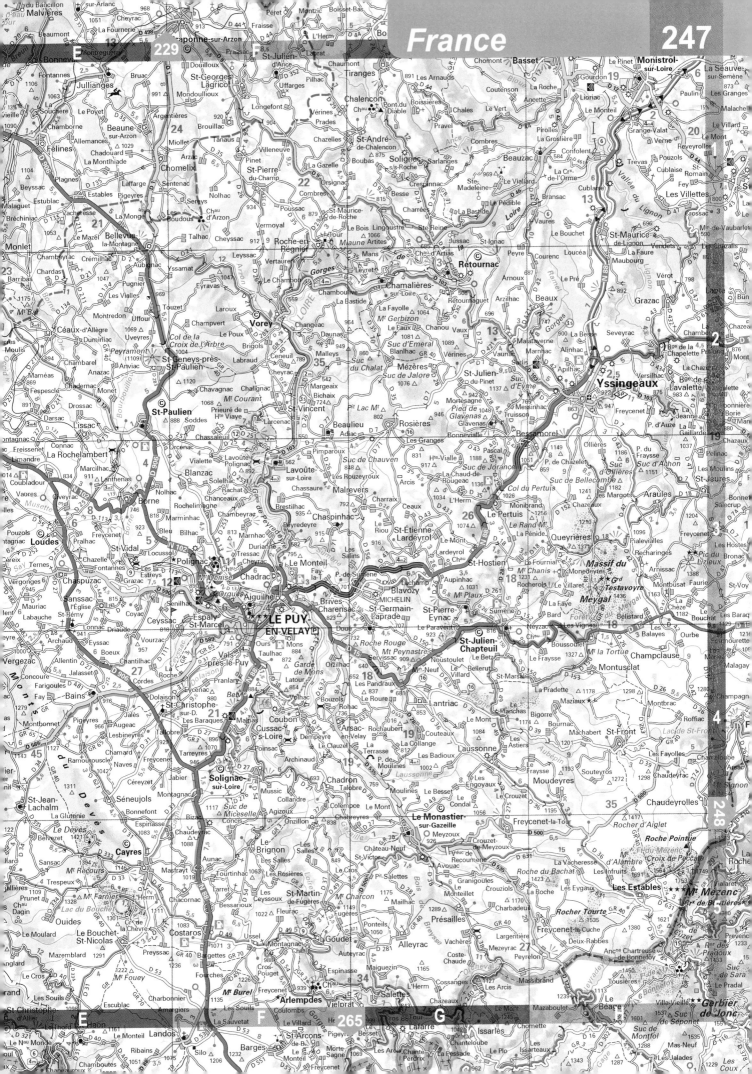

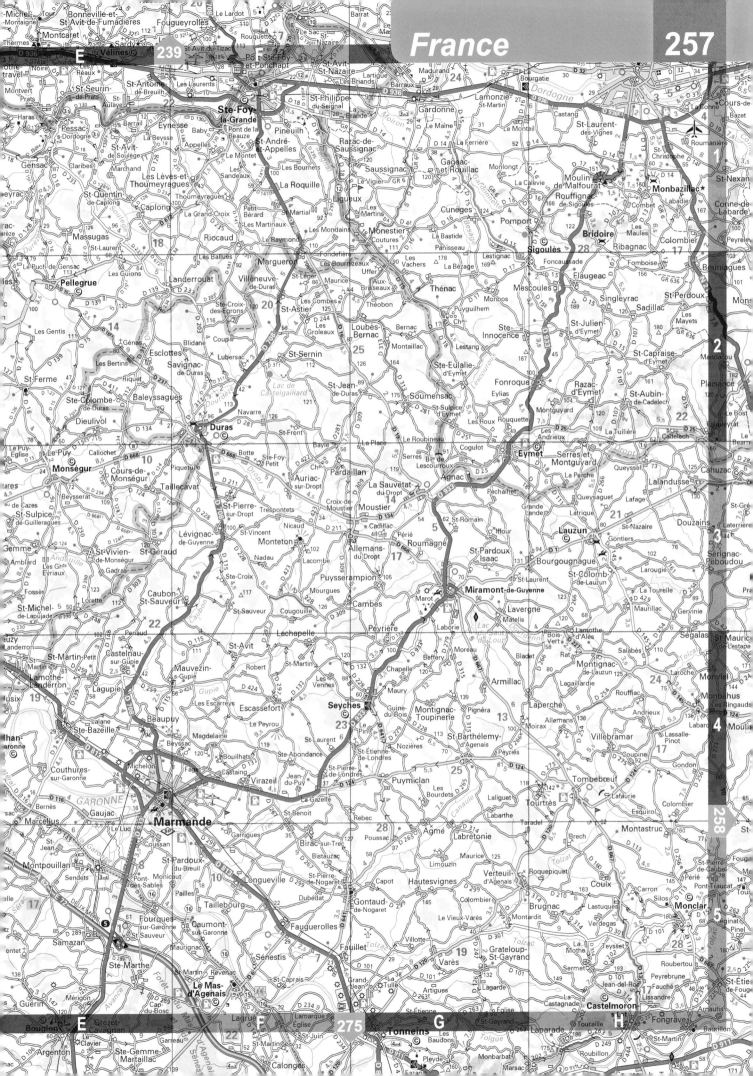

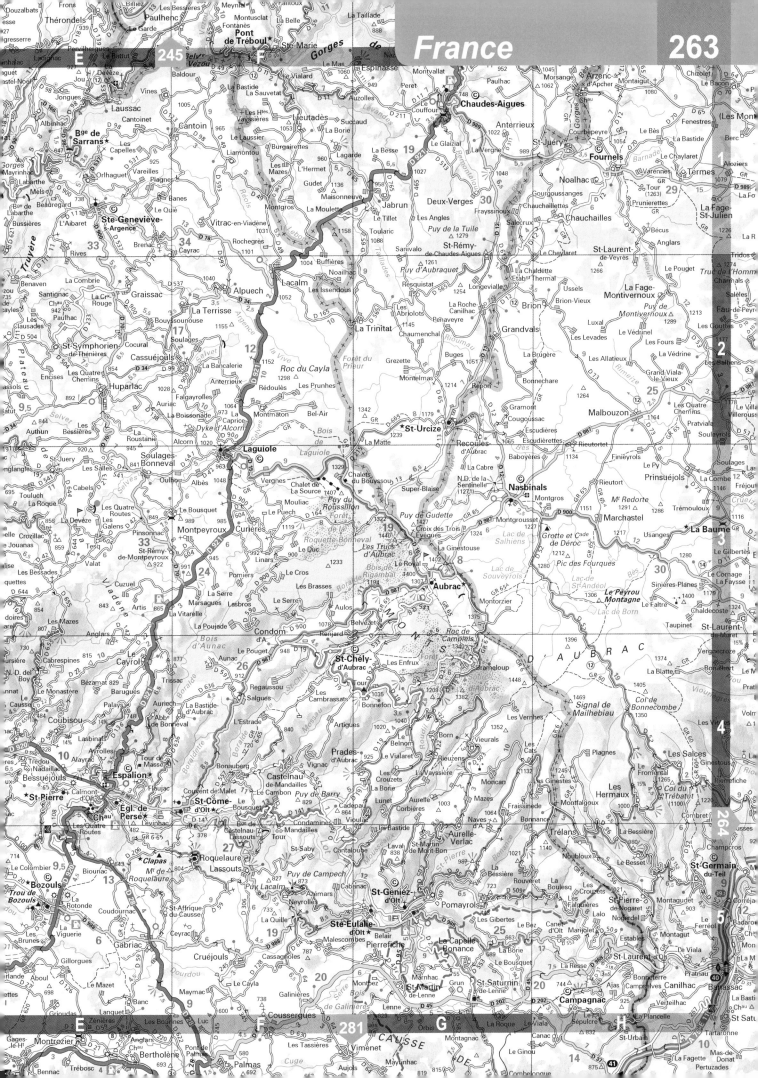

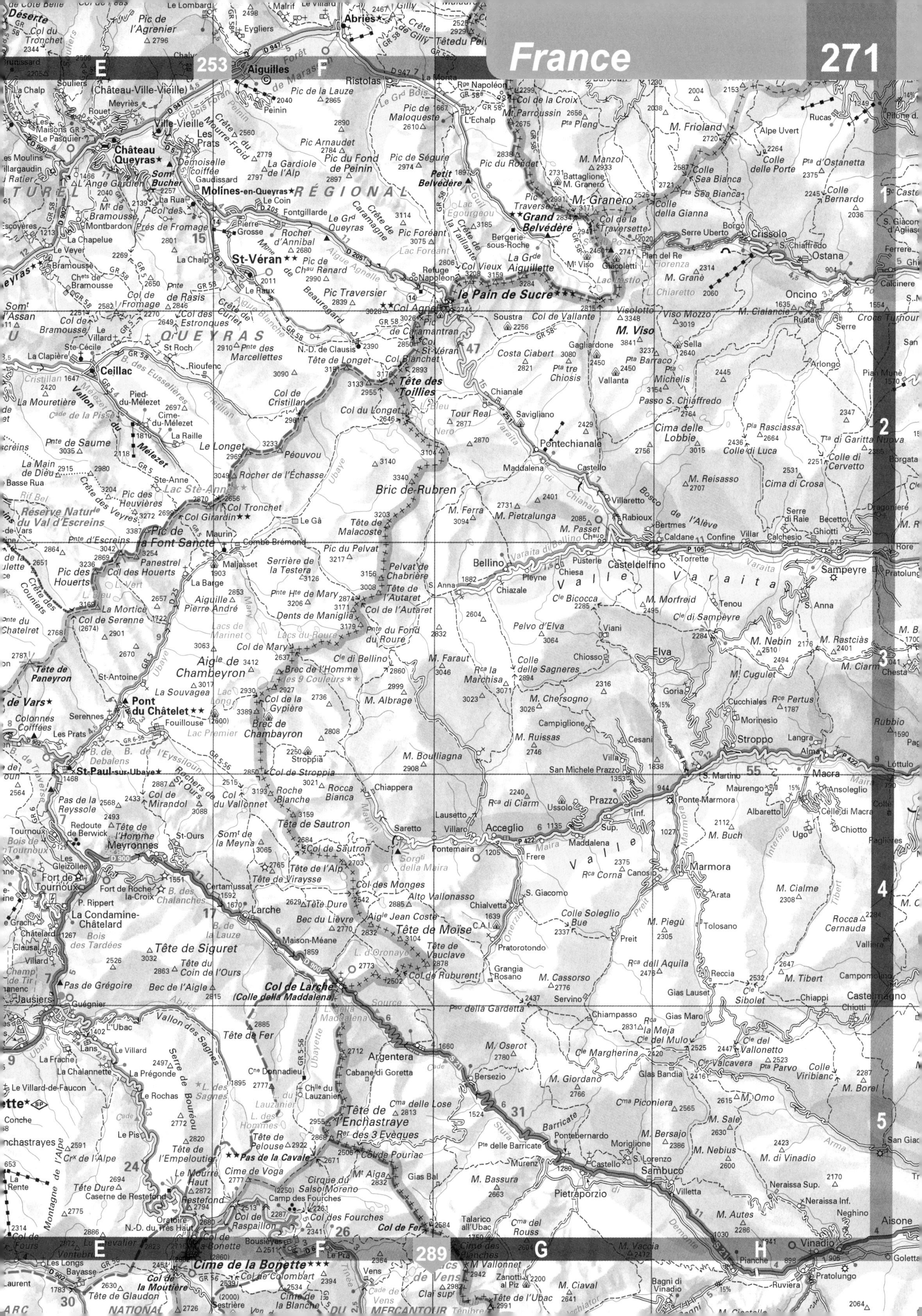

Château-Ville-Vieille
Aiguilles
Abriès
Ristolas
Molines-en-Queyras
St-Véran
Château Queyras
Le Pain de Sucre
Grand Belvédère
M. Granero
M. Viso
Crissolo
Ostana
Oncino
RÉGIONAL
QUEYRAS
Ceillac
Tête des Toillies
Pontechianale
Castello
Bric de Rubren
Maddalena
Pic de la Font Sancte
Bellino
Casteldelfino
Sampeyre
Valle Varaita
Elva
Stroppo
Macra
Aigle de Chambeyron
Prazzo
Acceglio
Valle Maira
Marmora
St-Paul-sur-Ubaye
Chiappera
Pont du Châtelet
Fort de Tournoux
Meyronnes
Larche
La Condamine-Châtelard
Tête de Siguret
Col de Larche
(Colle della Maddalena)
Tête de Moïse
Argentera
Bersezio
Pietraporzio
Tête de l'Enchastraye
Sambuco
Vinadio
Pas de la Cavale
Cime de la Bonette
Col de Raspaillon
Col de Fer
MERCANTOUR
NATIONAL

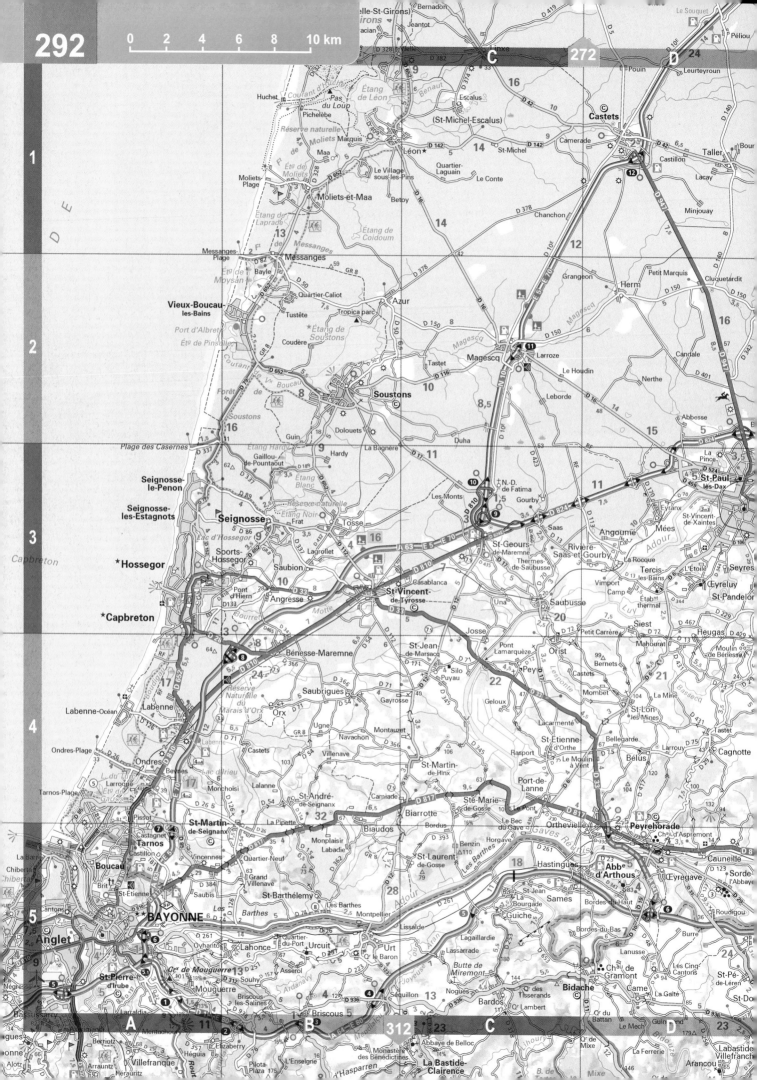

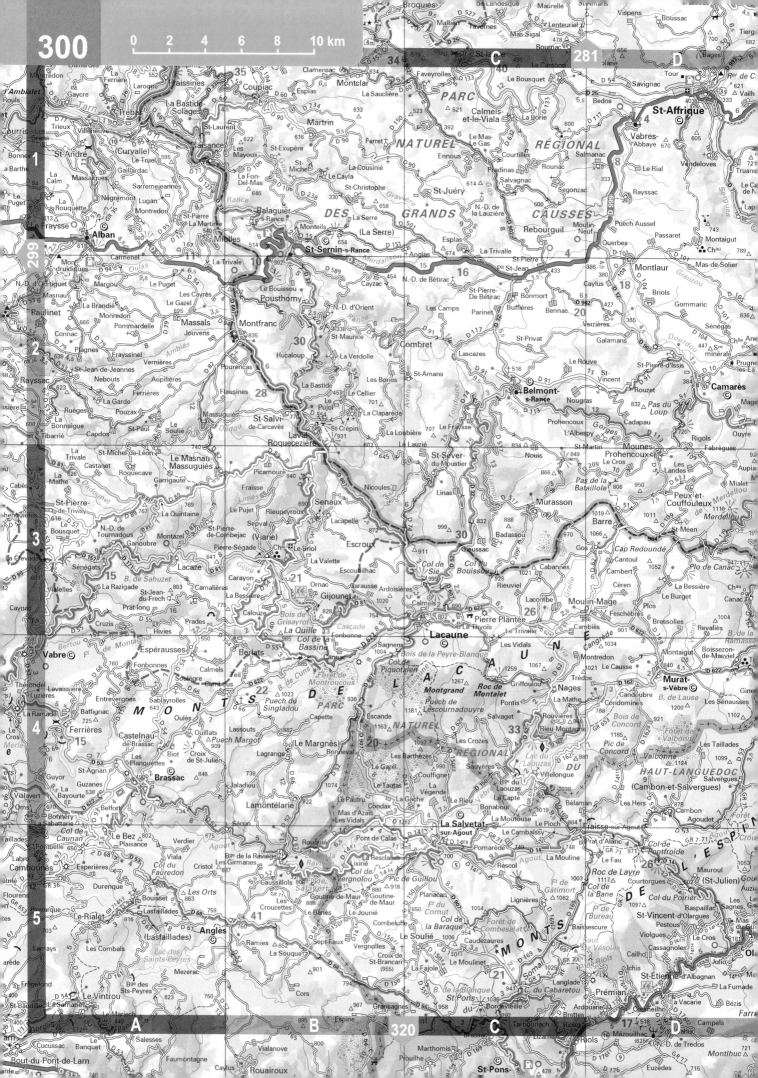

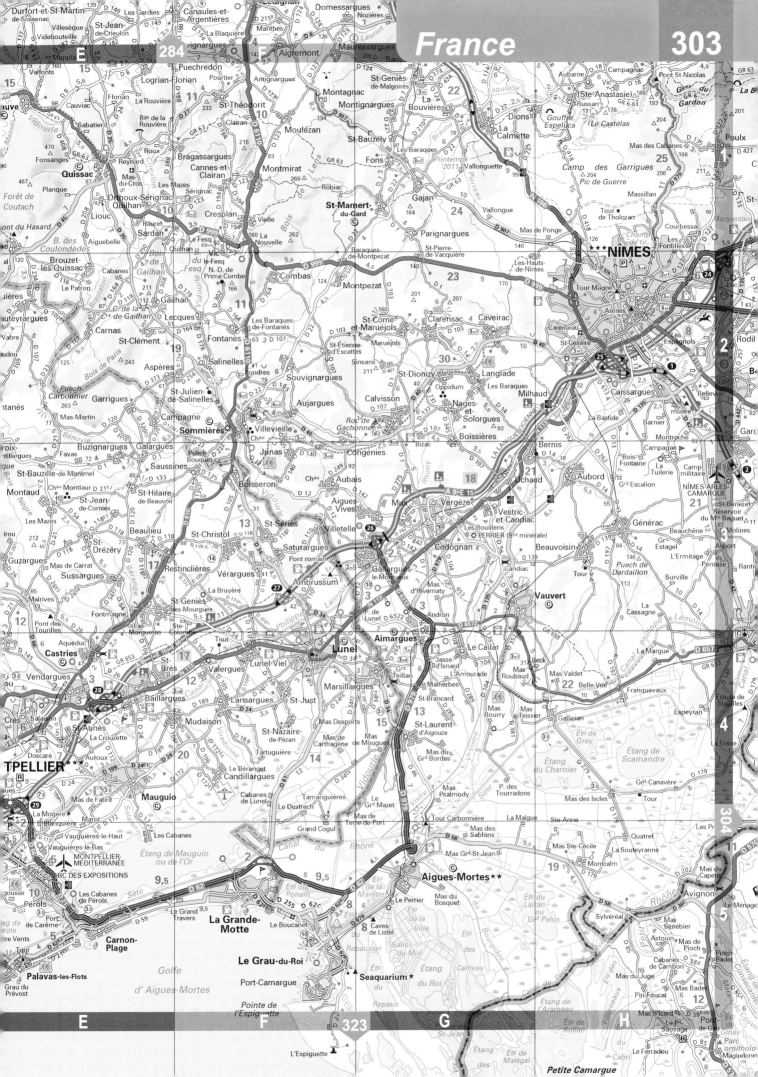

290

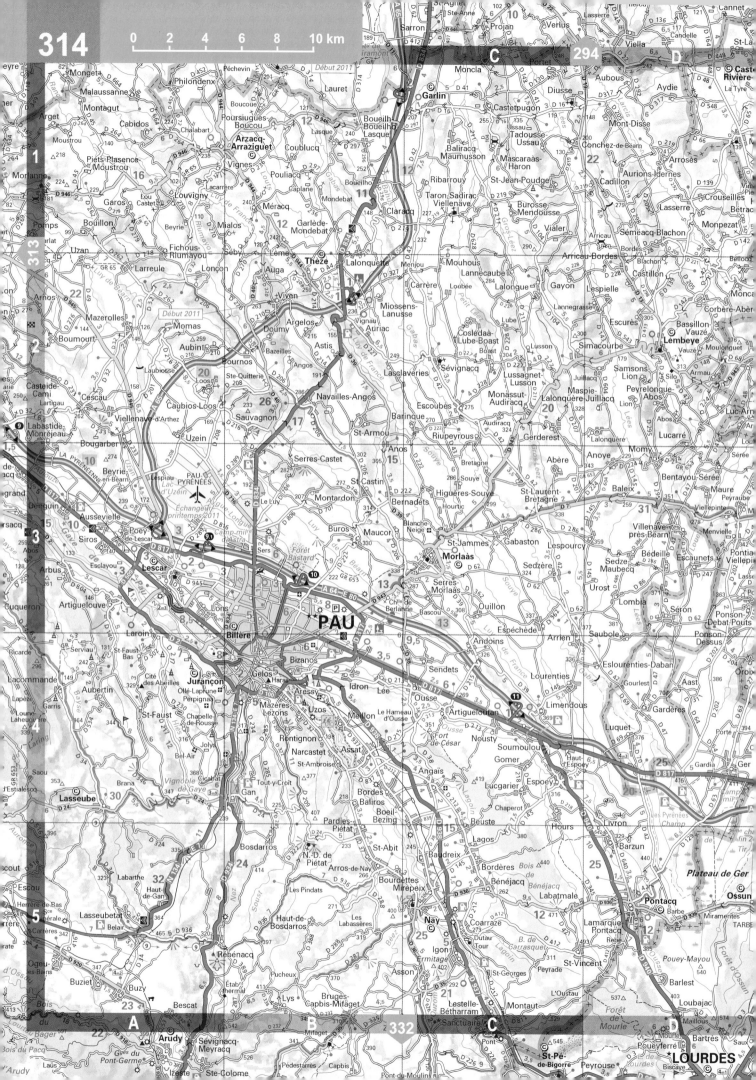

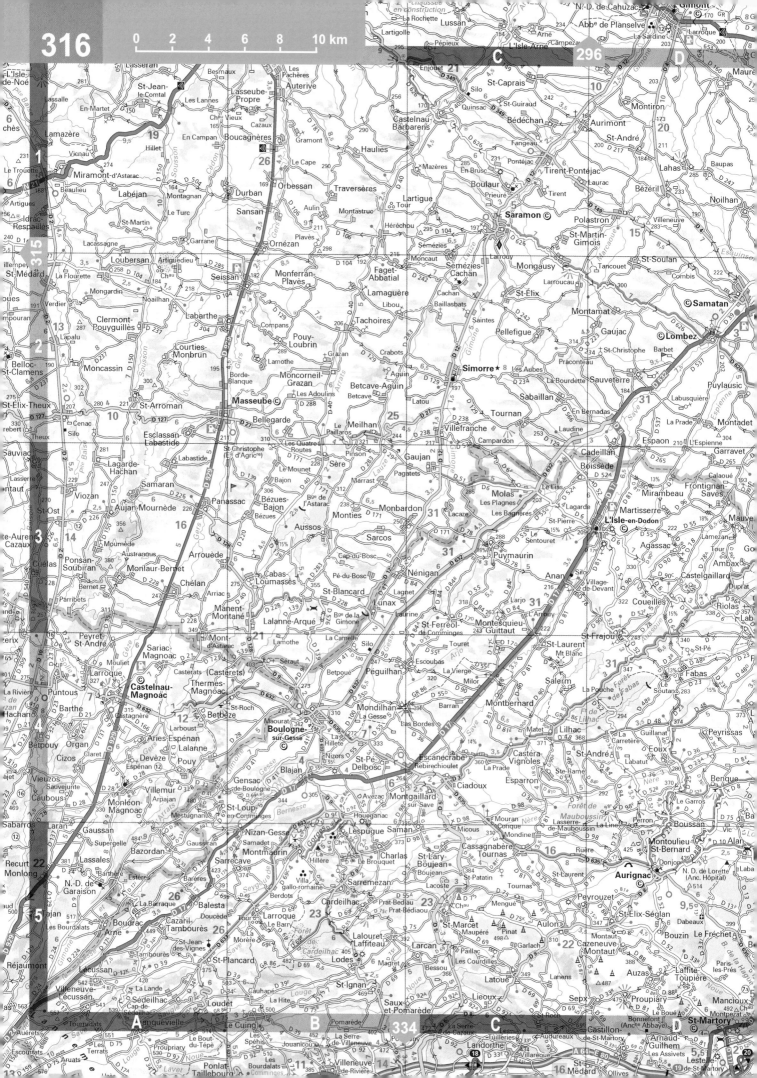

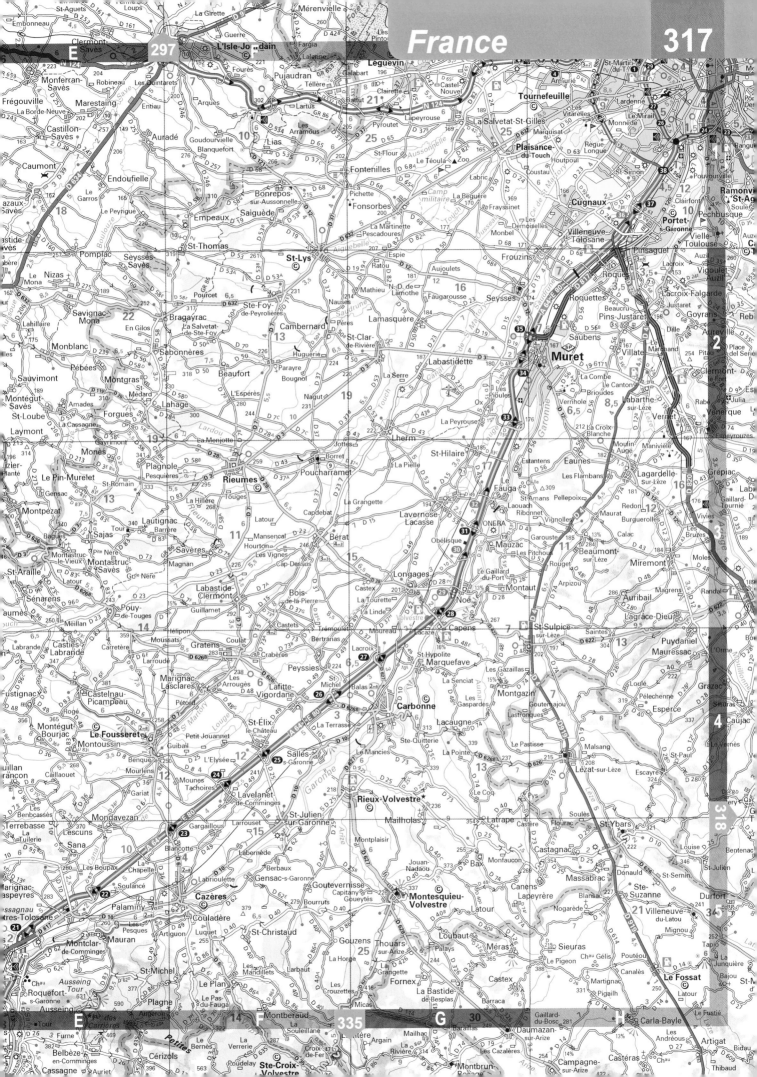

0 2 4 6 8 10 11 km

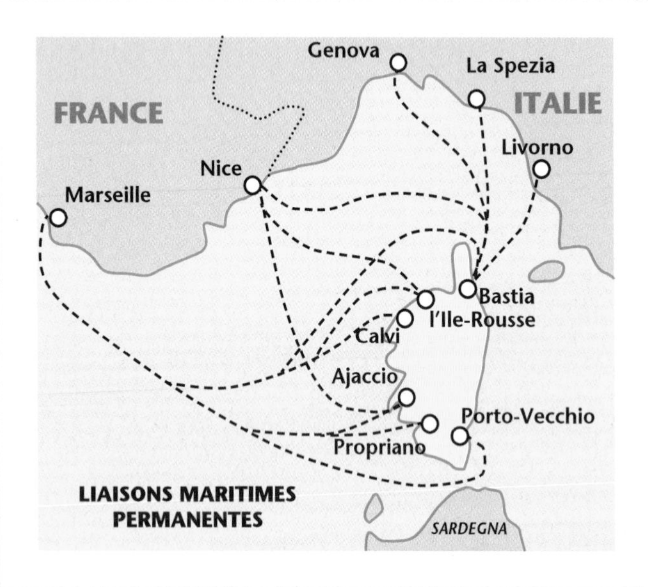

C D

1

FRANCE

Genova
La Spezia
ITALIE
Livorno
Nice
Marseille
Bastia
l'Ile-Rousse
Calvi
Ajaccio
Porto-Vecchio
Propriano

2

LIAISONS MARITIMES PERMANENTES

SARDEGNA

3

4

Pnta
Anse de Mi

Marine d'Alga

Pnta di Solche
Mte
S. Color
Pnta di
l'Acciolu
239 △

△ 170
Mte Orlando
Anse de Pinzuta

DE

★*Plage de l'Ostriconi*
Anse de Peraiola
213 △
Ogliastro

N 1197
Monetta

5

11 △ 320
Pnta d'Arco
Cima lo Caigo
★*Ile de la Pietra*★
Lozari
★**L'Île-Rousse**
©
Guardiola
8
Mte Negro
300 △
247
Pnta Vallitoni
Marine
de Davia
Bocca
Fogata
Monticello
8
396
100
Curzo
87
63
Capo Mirabo
Pnta di Paraso
Capo Niello
Bocca di Carbonaja
Corbara
Occhiglioni
Palmento
Col de
Casella
436
341
Algajola
Cit.le
163
Marine de
St-Ambroggio
Sta-Reparata
di-Balagna
Regino
6 160
Belgodere
311
Palasca
Col de
S. Colo
592
Pnta di Spano
Tepina
14
★*Mte
S. Angelo*
Pigna
Couv de Corbara
Capo Corbino
63
Bocca de
Codole
Costa
330
813
Bocca
u Prunu

Baie d'Algaio
120
9,5
Praoli
St-Antonino ★
6
6 547

A
B
Pnta Caldano
346
C
D

Pte de la Revellata
Tour
Areg
Cateri
32
Tuani Ancn couvl
844 Bocca
Capanna

Golfe de la Revellata
6,5
★St-Pierre
S. Cesaréo
367
320
D 71
Ville-di-Paraso ★
Speloncato ★
1093

Calvi★
Cit.le *Golfe de Calvi*
N 197
★**Col de Salvi**
Avapessa
200
Murato
803
Bocca di-a Battaglia
1218
△975
Stellaio

*Grotte des
Veaux Marins*
Camp militaire
D 963
Cima

E   F   CORSE

★★★ CAP CORSE

I. de la Giraglia

Pnta di Agnello
125 △   Tour
Barcaggio
Tollare   Tour
Capo Grosso   2   Cima di
Tour   a Campana
Pnta di   245
Corno di Becco   291   Tour
Mte   I. Finocchiarola
Maggiore   Poggio   (Réserve naturelle)
Capo Bianco 364 △   (Ersa)   Sta Maria   Tour
(389)   Granaggiolo
Poggio   Col
Belve du Moulin Mattei   St-Nicolas   Baie de Tamarone
★ Cannelle   Botticella   Tour
Orche   903 200   Rogliano Macinaggio
Centuri-Port   Tours Olivo   D 80
Mute   Camera   Vignale   D 353
★★ Centuri   Chr   5,5
Annonciation   Sottana Bettolacce Tomino
(ancien couvent)   Pruno   Mte di   440   37
Tour   Morsiglia u Castello   Marine de Meria
Mucchieta   13   35   Meria
100   576 △   Pastina
Capo Corvoli   Mte Fornello   480 △   Sta
Golfe d'Aliso   Pnta della   Mte Castello Morteda
Ancien couvent   644 △ Filetta Soprana
St-François   Col de Ste Lucie   Alessandro
381   Luri   16
Pino ★   Poggio Piazza 80   Campo △ 260
Tour de   Fieno   Castiglione   D 180   Sta-Severa
Mte   Séneque   D 333   Tufo   131 △ Marine de Luri
Mte Minervio   Castello   477 △ Piazza   D 132
Liccioli △ 823   Mte Castello   Marine de
Pnta Minervio   Minerbio   Adamo   918 △   Porticciolo
Barrettali   671 △ St'Angelo Mte di   Cagnano
Marine de Giottani Mte Alticcione   Ghilloni 266 △ Tour de Losse
Conchiglia   1139 △ 816 △ La Pedina
Mte di a Croce   Pietracorbara
1161 △   Cortina   D 232   Marine
Canari   Pinzuta   Orneto   de Pietracorbara
Marinca   Piazza △ 832   Selmacci Pietracorbara Tour
Mte Cuccaro   Cima di   659 △
Punta di Canelle   218 △   e Folice   Ste Catherine
Abro   1305 △ St-Michel Crosciano   Marine de Sisco
Marine de Canelle   Sisco   Moline
Ogliastro   957 △   Barrigioni   Balba Vicaja D 32
Rocher d'Albo   D 233   Lainosa   Mte Corvo Mte Merizatodio 27
Guado Grande   Olcani   1192 △   778 △
Marine d'Albo   40   Silgaggia Fort
★★ Monte Stello   Couvent
1307 △
Tour   847 △   Bocca di   Sta-
★ Nonza ★   Sta Maria 1097 Maria-Assunta Castello   Erbalunga ★
1266 △   Brando   Tour
Mte Capra   Pozzo
Grillasca   Celle 1102 △   Poretto
GOLFE DE   Tour   628 △ Olmeta- Lavasina
D 433   di-Capocorso   Partine Tour
ST FLORENT   Marine   Sta-Maria- Figarella
de Negru   di-Lota   Miomo
Mte Pruno   St-Hyacinthe
1238 △   Mandriale 3,5
Pnta di Santolino   Bocca di   Acquata
Anse   S Leonardo 855 △ Muchietà Grigione
Punta di Curza   de Faggiola   Braccolaccia San Martino 675 △ Pietranera
★★ Plage de   114   Marine de Farinole di-Lota   Canale Palagaccio
★★ Saleccia   Farinole   1033 △ Alzeto   Ste Lucie ★★
Ghignu   Pnta Vecchiaia Cima di Ville-di- Guaitella
★★ Plage   Gratera   Pietrabugno
Pnta Mortella   de Loto   960 Cardo
Tour   P. de Patrimonio   Palazzo
Patrimonio   Poggio   Suerta Monserato
Mont Robbia Etang de Col de S. Bernardino Serra Citadelle
△ 413   Loto   76 △ di Pigno   BASTIA ★★
les Marines du Soleil
Mont Genova 28   18 Barbaggio P
Mte di Arazza   △ 421   Phare   5   Treperi
390 △   de Fornali   Mte Secco
a d'Ifana   Mte Castagne   353   536 453 Col de
△ 479   320 △ Anne Cath. Mte St'Angelo 662 Teghime
Mte Lavezzo   ★ St-Florent   de Nebbio D 238
DES   311 △   262   Furiani
Bocca di   AGRIATES   S. Pancrace   356
Vezzu 39   Casta   200   Mte a Torra
322 △ 10   852 △
P. du Diable   577 △   172 La Marana
Baccialu   Olivace
493 △   319   Cima di 597 △   St-François Poggio-d'Oletta
Pedi Pilato   288 △ D 66   Casatorra
Mont Filetto   Bge de   Biguglia
842 △   de Tir   Padula   Oletta 955 △
36   113 340 △ Cima di
Mte Ambrica   649 △   u Zuccarello 22
1063 △   Bocca di   378 △   Mte di Tuda 499 △   804 △   Pineto
S. Pancrazio 643 △ 31 Defile de   Les Sables
1300 △   969   Olmeta- Lancone   de Biguglia
Lavandaggio   di-Tuda   192
Cima a Muzelli   Sto-Pietro-   Col de S Stefano   S. Damiano
362   di-Tenda Vallecalle 368 △ Mte Torricelle
San-Gavino-   Rapale   Fusaja   835 △ Valrose   Plage de
di-Tenda   388 △   la Marana
Urtaca   354   Sorio Pieve   504 △   Ortale Réserve Naturelle
Cima   St-Laurent Egl. de San Michele ★★   Camp
de Mitilelli   1509 △ S. Cesareo   554 △   militaire BASTIA
△ 652 Mte Asto   Rutali   PORETTA
Bocca a Croce   1535 △   Egl. de   Cima di   Mon d'arrêt Plage de Pineto
513   Murato   S. Nicolao   Taffoni Borgo   Cap Sud
Mte Buggentone   1117 △
1077 △

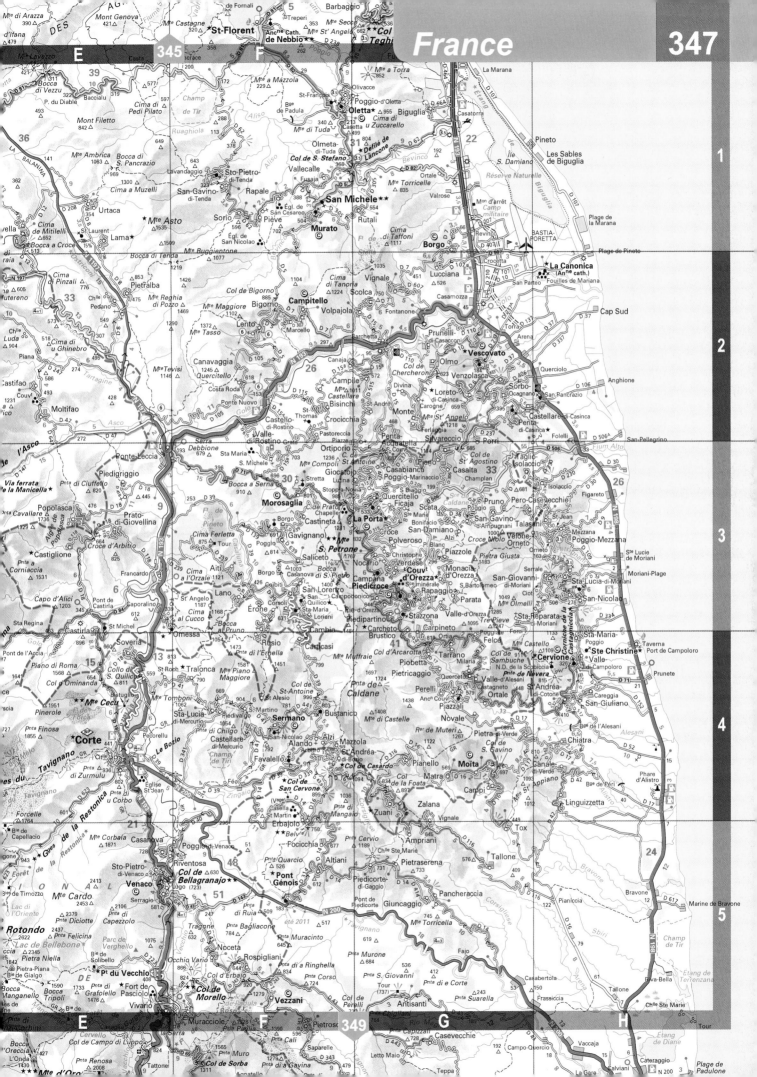

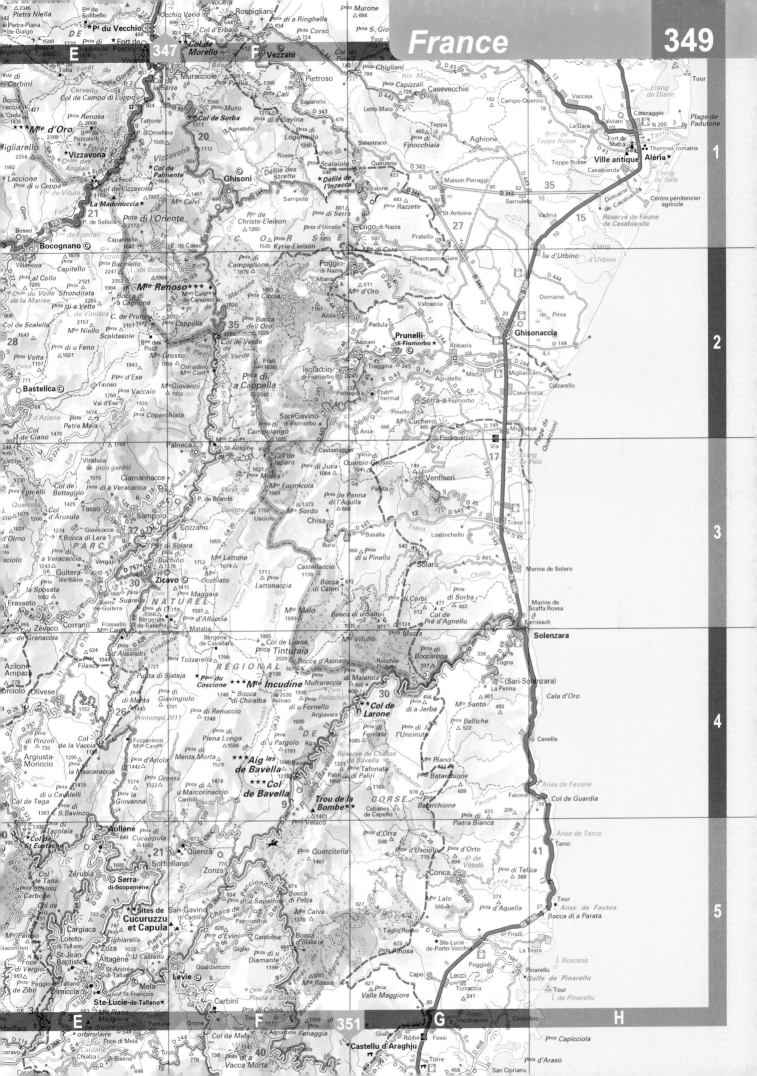

0 2 4 6 8 10 11 km

C I O

Plage de Ruppione

Î. Piana

Port de Chiavari

Plage de Portigliolo

Pnte di a Castagna
91
La Castagna

★Golfe
d'Arena Rossa

Ariezza

Saparella

Figoni

Pnta Guardiola 167
Tour

Monte Bianco

di Tavis

Capo di Muro

Anse d'Orzo

Tour

Capo Nero

Cala di Ciglio

Pnta Tonda 274

Anse de Cacao

418

227

205 Marmontaja
Suara

Pietra Rossa

Plage de Cupabia

Serra-di-Ferro

Baie de Cupabia

202

Porto-Pollo

226

Olmeto Plage

Pnte de Porto Pollo

★ G O L F E   D E   V A L I N C O

Pnta di Cardicciani

★ Pnte de Campomoro

Campomoro
Tour
★ Campomoro
180

Belvédère-Campomoro

Pnta di Manna Molina
404

Pnta di Cuccari

Anse d'Aguila

Pnta d'Eccica

111

210

Calanque de Conca

131

Capannaccia
196

Alignements de Palaggiu

Punta di Senetosa

Fort

Pnta Pietra Nera
197

Zivia

226 di Villa

146

Cap de Zivia

Golfe de Murtoli

Murtoli

★ Plage d'Erbaju

Golfe de Roccapina

Cap de Roccapina

Îlots des Moines

Bastiano
Rossagio

Cognocoli- Monticchi
Marato 730 Pila-Canale
Sta-Manza
Acellasca Forêt

de Chiavari

Yerghia

Pozzaccio
Portigliolo

Anc^n pénitencier
de Chiavari

Col de
Gradello
530

Col de Cortone ★

Pnte di u Carapono

Campestra

496

623

624

Pnte di u
Monte

579

Pratavone

Stilliccione

Zivignola 6.5

Tassinca

Forêt Penneni

Col de
Celaccia

Sollacaro

Site préhistorique
de Filitosa ★★

Milucia

Pnta di
Buturetto

Mte Barbato

516

Castello de
Cuntorba ★

Tour de
Micalona

Abbartello

Olmeto Plage
15

Sources thermales
de Baracci

Tour de
la Calanca

Viggianello
Propriano

Col de
Sta-Giulia

P. de Rena Bianca

Portigliolo

Pnta di u Turco
484

Belvedere

Tivolaggio

Bilia

Col de Bilia

Pnta di Muro

Sartene

11

Bocca di d'Arboli
Biscelli

Alo
Bisucce

Grossa

Zévoli

471

Pnta di u Monte

Pnta Quarcioqua

227

383

Castello
di Cagalla
231

75

Bocca di
Capirossu

Bergerie

Mégalithes
de Cauria ★

226

Pnta
di Castelle

Pnta Cauria

Murtoli

★ Rocher
du Lion ★

Tour

Pecorareccia

Casalabriva

Castello
della Rocca

Olmeto

Vetaro

★ Pont
Spin'a Ca

P. de Calzola

Contra Maiore

Furchiccioli

Pnta Finocchiaia

22

Pnta Cavallini

D 257

Sarcobrace

Bocca
Albitrina

Col de Suare

Bocca di Pia

Gi

Ora

Pnta Pastania
296

D 48A

Petr
Bicch

453

Taccana
Ponte Vecchiu

Biochisano

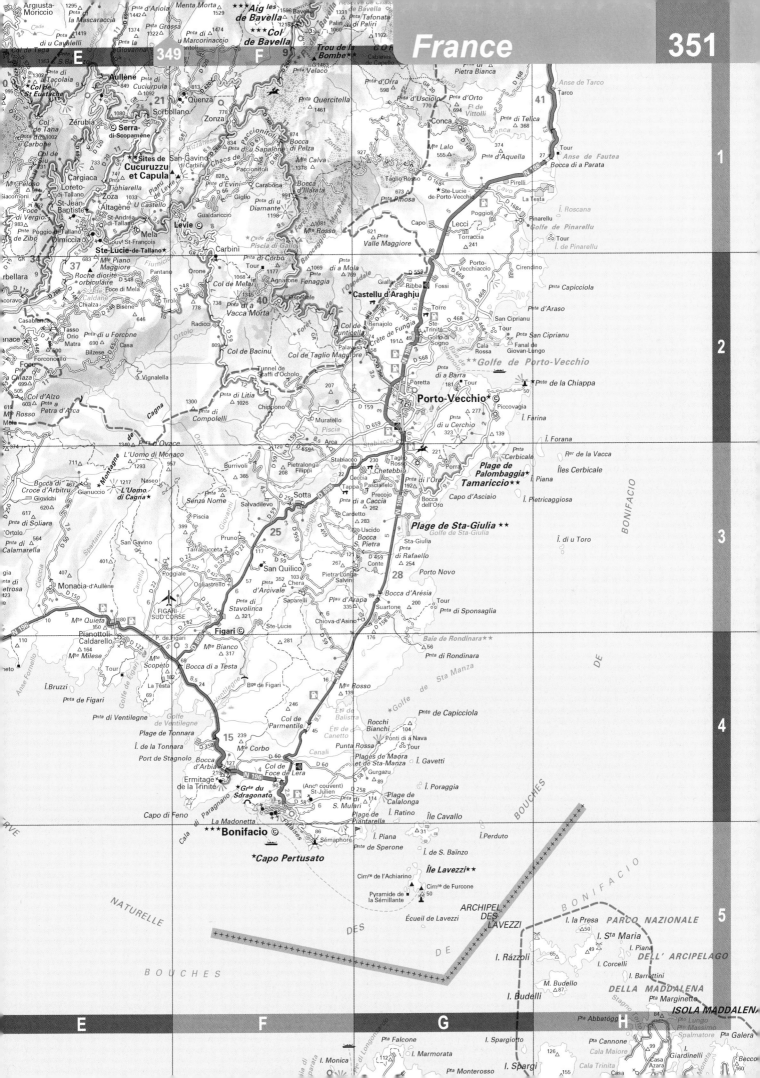

352 France

A B C D E F G H I J K L M N O P Q R S T U V W X Y Z

Numéro de département / Number of French «Département» / Nummer des Departements / Nummer van departement / Numero di dipartimento / Número de departamento

Numéro de page / Page number / Seitenzahl / Paginanummer / Numero di pagina / Número de Página

Localité / Place / Ort / Plaatsen / Località / Localidad → Abainville 55..........93 G 2 ← Coordonnées de carroyage / Grid coordinates / Koordinatenangabe / Verwijstekens ruitsysteem / Coordinate riferite alla quadrettatura / Coordenadas en los mapas

A

Aast 64 ... 314 D 4
Abainville 55 ... 93 G 2
Abancourt 59 ... 14 B 3
Abancourt 60 ... 21 G 4
Abaucourt 54 ... 65 H 3
Abaucourt-lès-Souppleville 55 ... 44 C 5
Abbans-Dessous 25 ... 161 H 5
Abbans-Dessus 25 ... 161 H 5
Abbaretz 44 ... 126 D 5
Abbécourt 02 ... 24 A 5
Abbecourt 60 ... 38 A 3
Abbenans 25 ... 141 H 5
Abbeville 80 ... 11 G 3
Abbéville-la-Rivière 91 ... 87 F 5
Abbéville-lès-Conflans 54 ... 45 E 5
Abbeville-Saint-Lucien 60 ... 38 B 1
Abbévillers 25 ... 142 C 5
Abeilhan 34 ... 321 G 2
Abelcourt 70 ... 141 F 2
L'Aber-Wrac'h 29 ... 70 C 4
Abère 64 ... 314 C 3
L'Abergement-Clémenciat 01 ... 213 F 1
L'Abergement-de-Cuisery 71 ... 195 F 1
L'Abergement-de-Varey 01 .. 214 B 2
Abergement-la-Ronce 39 ... 178 D 1
Abergement-le-Grand 39 ... 179 F 2
Abergement-le-Petit 39 ... 179 F 2
Abergement-lès-Thésy 39 ... 179 H 2
Abergement-Saint-Jean 39 . 178 D 3
L'Abergement-Sainte-Colombe 71 ... 178 A 4
Abidos 64 ... 313 H 2
Abilly 37 ... 169 H 2
Abîme Pont de l' 74 ... 215 G 5
Abitain 64 ... 311 H 3
Abjat-sur-Bandiat 24 ... 222 C 2
Ablain-Saint-Nazaire 62 ... 8 A 5
Ablaincourt-Pressoir 80 ... 23 F 2
Ablainzevelle 62 ... 13 G 4
Ablancourt 51 ... 62 C 3
Ableiges 95 ... 57 H 1
Les Ableuvenettes 88 ... 118 D 2
Ablis 78 ... 86 D 3
Ablon 14 ... 34 D 2
Ablon-sur-Seine 94 ... 58 C 5
Aboën 42 ... 229 H 4
Aboncourt 54 ... 94 C 4
Aboncourt 57 ... 46 B 4
Aboncourt-Gesincourt 70 ... 140 D 3
Aboncourt-sur-Seille 57 ... 66 B 4
Abondance 74 ... 198 C 4
Abondant 28 ... 56 D 4
Abos 64 ... 313 H 3
Abreschviller 57 ... 96 C 1
Abrest 03 ... 210 B 2
Les Abrets 38 ... 232 C 3
Abriès 05 ... 253 F 5
Abscon 59 ... 14 C 2
L'Absie 79 ... 167 F 5
Abzac 16 ... 204 C 2
Abzac 33 ... 238 C 4
Accarias Col 38 ... 251 E 5
Accia Pont de l' 2B ... 347 E 4
Accolans 25 ... 141 H 5
Accolay 89 ... 136 C 4
Accons 07 ... 248 B 5
Accous 64 ... 331 H 3
Achain 57 ... 66 D 3
Achen 57 ... 67 H 1
Achenheim 67 ... 97 G 1
Achères 18 ... 155 F 4
Achères 78 ... 58 A 2
Achères-la-Forêt 77 ... 88 A 5
Achery 02 ... 24 B 4
Acheux-en-Amiénois 80 ... 13 E 5
Acheux-en-Vimeu 80 ... 11 F 4
Acheville 62 ... 8 C 5
Achey 70 ... 140 A 5
Achicourt 62 ... 13 G 2
Achiet-le-Grand 62 ... 13 G 4
Achiet-le-Petit 62 ... 13 G 4
Achun 58 ... 157 G 5
Achy 60 ... 21 H 5
Acigné 35 ... 104 C 3
Aclou 27 ... 35 G 5
Acon 27 ... 56 B 4
Acq 62 ... 13 F 2
Acqueville 14 ... 53 G 2
Acqueville 50 ... 28 D 3
Acquigny 27 ... 36 B 5
Acquin 62 ... 3 E 5
Acy 02 ... 40 C 3
Acy-en-Multien 60 ... 39 G 5
Acy-Romance 08 ... 42 A 1
Adaincourt 57 ... 66 C 2
Adainville 78 ... 57 F 5
Adam-lès-Passavant 25 ... 162 C 3
Adam-lès-Vercel 25 ... 162 C 4
Adamswiller 67 ... 67 H 3
Adast 65 ... 332 D 2
Adé 65 ... 314 D 5
Adelange 57 ... 66 D 2
Adelans-et-le-Val-de-Bithaine 70 ... 141 G 3
Adervielle 65 ... 333 H 4
Adilly 79 ... 168 A 5
Adinfer 62 ... 13 F 3
Adissan 34 ... 302 A 5
Les Adjots 16 ... 203 F 2
Adon 45 ... 134 D 3
Les Adrets 38 ... 233 F 5
Les Adrets-de-l'Esterel 83 ... 308 D 4
Adriers 86 ... 187 F 5
Aérocity Parc 07 ... 266 B 4
Afa 2A ... 348 C 3
Affieux 19 ... 224 D 3
Affléville 54 ... 45 E 4
Affoux 69 ... 212 B 4
Affracourt 54 ... 94 D 3
Affringues 62 ... 7 E 2
Agassac 31 ... 316 D 3
Agay 83 ... 329 H 1
Agde 34 ... 322 C 5
Agel 34 ... 320 D 4
Agen 47 ... 276 B 3
Agen-d'Aveyron 12 ... 280 D 1
Agencourt 21 ... 160 A 5
Agenville 80 ... 12 B 4
Agenvillers 80 ... 11 H 2
Les Ageux 60 ... 39 E 3
Ageville 52 ... 117 F 3
Agey 21 ... 159 G 3
Aghione 2B ... 349 G 1
Agincourt 54 ... 65 H 5
Agmé 47 ... 257 G 5
Agnac 47 ... 257 G 3
Agnat 43 ... 228 B 5
Agneaux 50 ... 32 A 5
Agnetz 60 ... 38 C 2
Agnez-lès-Duisans 62 ... 13 F 2
Agnicourt-et-Séchelles 02 ... 25 F 3
Agnières 62 ... 8 A 5
Agnières 80 ... 21 H 4
Agnières-en-Dévoluy 05 ... 269 F 2
Agnin 38 ... 231 F 5
Agnos 64 ... 331 H 1
Agny 62 ... 13 G 3
Agon-Coutainville 50 ... 31 F 5
Agonac 24 ... 240 C 1
Agonès 34 ... 302 C 1
Agonges 03 ... 191 H 1
Agonnay 17 ... 201 F 4
Agos-Vidalos 65 ... 332 D 2
Agris 16 ... 203 G 5
Agudelle 17 ... 219 H 4
Les Agudes 31 ... 333 H 4
Aguessac 12 ... 281 H 3
Aguilar Château d' 11 ... 338 C 3
Aguilcourt 02 ... 41 G 2
Aguts 81 ... 298 D 5
Agy 14 ... 32 D 3
Ahaxe-Alciette-Bascassan 64 ... 330 C 1
Ahetze 64 ... 310 C 3
Ahéville 88 ... 94 D 5
Ahuillé 53 ... 105 H 4
Ahun 23 ... 207 F 2
Ahusquy 64 ... 330 D 2
Ahuy 21 ... 160 A 2
Aibes 59 ... 15 H 3
Aibre 25 ... 142 B 4
Aïcirits 64 ... 311 G 4
Aiffres 79 ... 185 E 4
Aigaliers 30 ... 284 B 4
L'Aigle 61 ... 55 F 4
Aigle Barrage de l' 19 ... 243 H 1
Aiglemont 08 ... 26 D 3
Aiglepierre 39 ... 179 G 2
Aigleville 27 ... 56 D 1
Aiglun 04 ... 287 H 4
Aiglun 06 ... 309 E 1
Aignan 32 ... 295 F 3
Aignay-le-Duc 21 ... 138 C 4
Aigne 34 ... 320 C 4
Aigné 72 ... 107 G 4
Aignerville 14 ... 32 C 3
Aignes 31 ... 318 B 4
Aignes-et-Puypéroux 16 ... 221 F 4
Aigneville 80 ... 11 F 4
Aigny 51 ... 61 H 1
Aigonnay 79 ... 185 F 4
Aigoual Mont 48 ... 282 D 4
Aigre 16 ... 203 E 4
Aigrefeuille 31 ... 298 B 5
Aigrefeuille-d'Aunis 17 ... 200 D 1
Aigrefeuille-sur-Maine 44 ... 147 H 5
Aigremont 30 ... 283 H 5
Aigremont 52 ... 118 A 4
Aigremont 78 ... 57 H 3
Aigremont 89 ... 136 D 4
Aiguebelette-le-Lac 73 ... 233 E 2
Aiguebelle 73 ... 234 A 2
Aiguebelle 83 ... 329 E 4
Aigueblanche 73 ... 234 B 3
Aiguefonde 81 ... 319 H 2
Aigueperse 63 ... 209 H 3
Aigueperse 69 ... 194 B 5
Aigues-Juntes 09 ... 336 A 2
Aigues-Mortes 30 ... 303 G 5
Aigues-Vives 09 ... 336 D 2
Aigues-Vives 11 ... 320 A 5
Aigues-Vives 30 ... 303 G 3
Aigues-Vives 34 ... 320 D 4
Aiguèze 30 ... 284 C 2
Aiguilhe 43 ... 247 F 3
Aiguilles 05 ... 253 F 5
L'Aiguillon 09 ... 336 D 3
Aiguillon 47 ... 275 G 2
L'Aiguillon-sur-Mer 85 ... 183 E 4
L'Aiguillon-sur-Vie 85 ... 165 E 5
Aiguines 83 ... 307 G 2
Aigurande 36 ... 189 F 3
Ailefroide 05 ... 252 B 4
Ailhon 07 ... 266 B 3
Aillant-sur-Milleron 45 ... 135 E 3
Aillant-sur-Tholon 89 ... 135 H 2
Aillas 33 ... 256 D 5
Ailleux 42 ... 211 F 5
Aillevans 70 ... 141 G 4
Ailleville 10 ... 116 A 2
Aillevillers-et-Lyaumont 70 .. 119 F 5
Aillianville 52 ... 93 G 4
Aillières-Beauvoir 72 ... 84 A 4
Aillon-le-Jeune 73 ... 233 G 1
Aillon-le-Vieux 73 ... 233 G 1
Ailloncourt 70 ... 141 G 3
Ailly 27 ... 36 C 5
Ailly-le-Haut-Clocher 80 ... 11 H 4
Ailly-sur-Meuse 55 ... 64 C 4
Ailly-sur-Noye 80 ... 22 C 3
Ailly-sur-Somme 80 ... 22 B 1
Aimargues 30 ... 303 G 3
Aime 73 ... 234 C 2
Ain Source de l' 39 ... 180 A 4
Ainac 04 ... 288 A 2
Ainay-le-Château 03 ... 173 G 5
Ainay-le-Vieil 18 ... 173 F 5
Aincille 64 ... 330 C 1
Aincourt 95 ... 57 G 1
Aincreville 55 ... 43 G 2
Aingeray 54 ... 65 G 5
Aingeville 88 ... 118 A 2
Aingoulaincourt 52 ... 93 F 3
Ainharp 64 ... 311 H 5
Ainhice-Mongelos 64 ... 311 F 5
Ainhoa 64 ... 310 D 4
Ainvelle 70 ... 141 F 2
Ainvelle 88 ... 118 B 4
Airaines 80 ... 11 H 5
Airan 14 ... 34 A 5
Aire 08 ... 41 H 1
Aire-sur-la-Lys 62 ... 7 G 2
Aire-sur-l'Adour 40 ... 294 C 3
Airel 50 ... 32 B 4
Les Aires 34 ... 301 F 5
Airion 60 ... 38 C 2
Airon-Notre-Dame 62 ... 6 B 5
Airon-Saint-Vaast 62 ... 6 B 5
Airoux 11 ... 318 D 3
Airvault 79 ... 168 B 3
Aiserey 21 ... 160 B 5
Aisey-et-Richecourt 70 ... 118 C 5
Aisey-sur-Seine 21 ... 138 B 3
Aisne 85 ... 183 G 3
Aisonville-et-Bernoville 02 ... 24 C 1
Aissey 25 ... 162 C 3
Aisy-sous-Thil 21 ... 158 C 2
Aisy-sur-Armançon 89 ... 137 G 4
Aiti 2B ... 347 F 3
Aiton 73 ... 233 H 2
Aix 19 ... 226 B 2
Aix 59 ... 9 E 4
Aix Île d' 17 ... 200 C 2
Les Aix-d'Angillon 18 ... 155 G 5
Aix-en-Diois 26 ... 268 B 2
Aix-en-Ergny 62 ... 6 D 3
Aix-en-Issart 62 ... 6 C 4
Aix-en-Othe 10 ... 114 B 2
Aix-en-Provence 13 ... 306 A 5
Aix-la-Fayette 63 ... 228 C 3
Aix-les-Bains 73 ... 233 F 1
Aix-Noulette 62 ... 8 A 5
Aixe-sur-Vienne 87 ... 205 F 5
Aizac 07 ... 266 B 2
Aizanville 52 ... 116 C 3
Aize 36 ... 171 H 1
Aizecourt-le-Bas 80 ... 23 H 1
Aizecourt-le-Haut 80 ... 23 G 1
Aizecq 16 ... 203 G 3
Aizelles 02 ... 41 E 1
Aizenay 85 ... 165 G 4
Aizier 27 ... 35 F 2
Aizy-Jouy 02 ... 40 C 2
Ajac 11 ... 337 F 2
Ajaccio 2A ... 348 B 3
Ajain 23 ... 207 F 1
Ajat 24 ... 241 E 2
Ajoncourt 57 ... 66 B 4
Ajou 27 ... 55 G 2
Ajoux 07 ... 266 C 1
Alaigne 11 ... 337 F 1
Alaincourt 02 ... 24 B 3
Alaincourt 70 ... 118 D 5
Alaincourt-la-Côte 57 ... 66 B 3
Alairac 11 ... 319 G 5
Alaise 25 ... 179 H 1
Alan 31 ... 316 D 5
Alando 2B ... 347 F 4
Alata 2A ... 348 B 3
Alba-la-Romaine 07 ... 266 D 4
Alban 81 ... 300 A 1
Albaret-le-Comtal 48 ... 245 H 5
Albaret-Sainte-Marie 48 ... 246 A 5
Albarine Gorges de l' 01 ... 214 C 3
L'Albaron 13 ... 304 A 4
Albas 11 ... 338 C 2
Albas 46 ... 259 G 5
Albé 67 ... 97 E 4
Albefeuille-Lagarde 82 ... 277 G 5
L'Albenc 38 ... 250 B 1
Albens 73 ... 215 F 5
Albepierre-Bredons 15 ... 245 F 3
L'Albère 66 ... 343 E 4
Albert 80 ... 13 F 5
Albert-Louppe Pont 29 ... 75 F 2
Albertacce 2B ... 346 D 4
Albertville 73 ... 234 A 1
Albestroff 57 ... 67 F 2
Albi 81 ... 299 F 1
Albiac 31 ... 298 C 5
Albiac 46 ... 261 E 2
Albias 82 ... 278 B 4
Albières 11 ... 338 A 3
Albiès 09 ... 336 C 5
Albiez-le-Jeune 73 ... 252 A 1
Albiez-le-Vieux 73 ... 252 A 1
Albignac 19 ... 242 D 2
Albigny 74 ... 215 G 3
Albigny-sur-Saône 69 ... 213 E 4
Albine 81 ... 320 A 2
Albiosc 04 ... 307 E 2
Albitreccia 2A ... 348 D 4
Albon 26 ... 249 E 1
Albon-d'Ardèche 07 ... 266 B 1
Alboussière 07 ... 249 E 4
Les Albres 12 ... 261 G 4
Albussac 19 ... 243 E 3
Alby-sur-Chéran 74 ... 215 F 4
Alçay-Alçabéhéty-Sunharette 64 ... 331 E 2
Aldudes 64 ... 330 A 1
Alembon 62 ... 2 D 5
Alençon 61 ... 83 G 4
Alénya 66 ... 343 F 2

AIX-EN-PROVENCE

Agard (Passage) ... CY 2
Albertas (Pl.) ... BY 3
Aude (R.) ... BY 4
Bagniers (R. des) ... BY 5
Bellegarde (Pl.) ... CX 7
Bon Pasteur (R.) ... BX 9
Boulégon (R.) ... BX 12
Brossolette (Av.) ... AZ 13
Cardeurs (Pl. des) ... BY 16
Clemenceau (R.) ... BY 18
Cordeliers (R. des) ... BY 20
Couronne (R. de la) ... BY 21
Curie (R. Pierre-et-Marie) ... BX 22
Espariat (R.) ... BY 26
Fabrot (R.) ... BY 28
Foch (R. du Maréchal) ... BY 30
Hôtel de Ville (Pl.) ... BY 37
Italie (R. d') ... CY 42
Lattre-de-Tassigny (Av. de) ... AY 46
De-la-Roque (R. J.) ... BX 25
Matheron (R.) ... BY 49
Méjanes (R.) ... BY 51
Minimes (Crs des) ... AY 52
Mirabeau (Cours) ... BCY
Montigny (R. de) ... BY 55
Napoléon-Bonaparte (Av.) ... AY 57
Nazareth (R.) ... BY 58
Opéra (R. de l') ... CY 62
Pasteur (Av.) ... BX 64
Paul-Bert (R.) ... BX 66
Prêcheurs (Pl. des) ... CY 70
Richelme (Pl.) ... BY 72
Saporta (R. G.-de) ... BX 75
Thiers (R.) ... CY 80
Verdun (Pl. de) ... CY 85
4-Septembre (R.) ... BZ 87

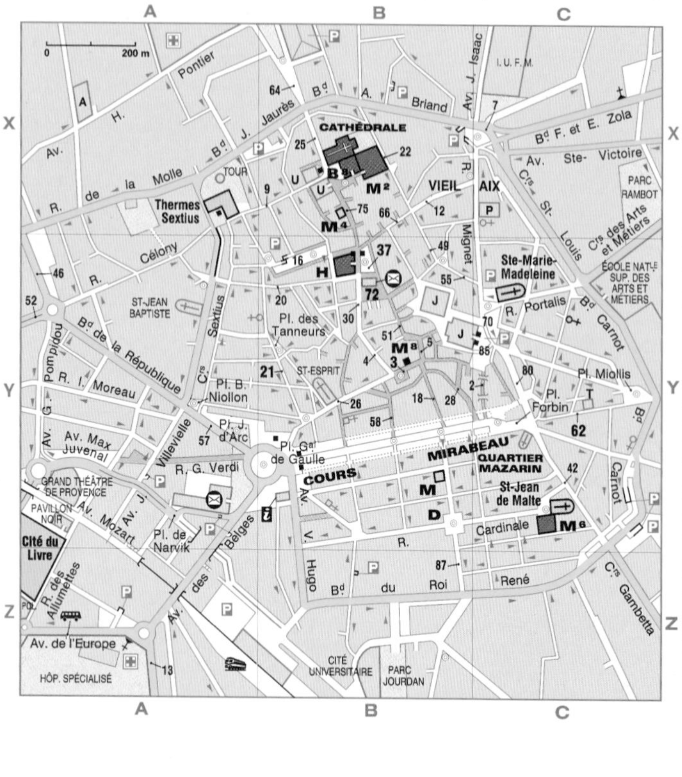

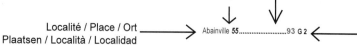

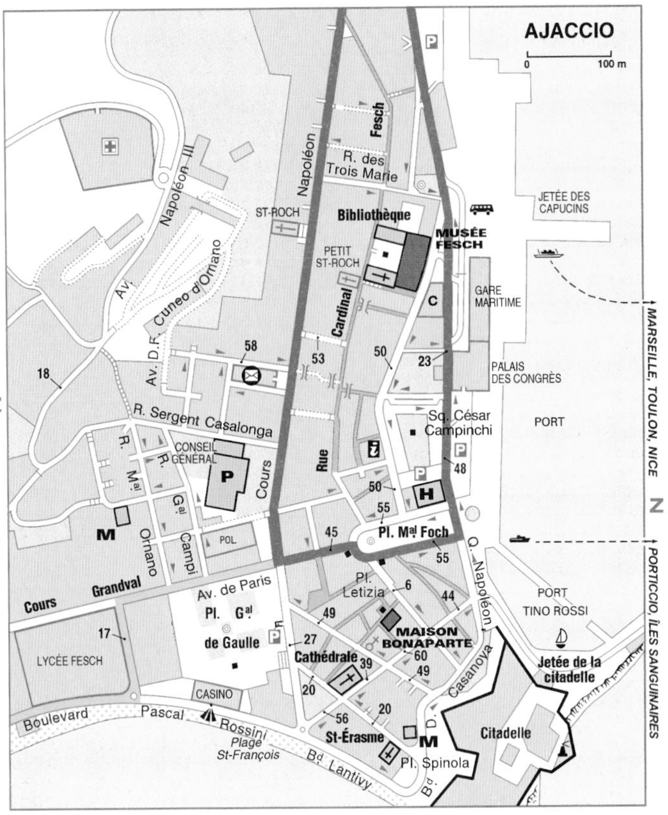

AJACCIO

0 — 100 m

Map labels: R. des Trois Marie · Napoléon-III · Fesch · ST-ROCH · Bibliothèque · PETIT ST-ROCH · MUSÉE FESCH · C · JETÉE DES CAPUCINS · GARE MARITIME · PALAIS DES CONGRÈS · Cardinal · Av. D.F. Cuneo d'Ornano · Av. Napoléon-III · R. Sergent Casalonga · CONSEIL GÉNÉRAL · Rue · Cours · Sq. César Campinchi · PORT · PORT TINO ROSSI · Av. Mal Campi · Ornano · POL · Cours Grandval · Av. de Paris · Pl. Mal Foch · Pl. Letizia · LYCÉE FESCH · Pl. Gal de Gaulle · CASINO · Cathédrale · MAISON BONAPARTE · Casanova · Jetée de la citadelle · Boulevard Pascal · Rossini Plage St-François · St-Érasme · Bd. Lantivy · Pl. Spinola · Citadelle · MARSEILLE, TOULON, NICE · PORTICCIO, LES SANGUINAIRES

Bonaparte (R.) . . . . Z 6
Dr-Ramaroni (Av. du) . . . . Z 17
Eugénie (Av. Impératrice) . . . Z 18
Fesch (R. Cardinal) . . . . Z
Forcioli-Conti (R.) . . . . . . Z 20
Grandval (Cours) . . . . Z
Herminier (Quai l') . . . . . . Z 23
Macchini (Av. E.) . . . . Z 27
Napoléon-III (Av.) . . . . . . Z 37
Napoléon (Cours) . . . . Z
Notre-Dame (R.) . . . . Z 39
Pozzo-di-Borgo (R.) . . . . . Z 44
Premier-Consul (Av.) . . . . Z 45
République (Q. de la) . . . . Z 48
Roi-de-Rome (R.) . . . . Z 49
Roi-Jérôme (Bd) . . . . Z 50
Sebastiani (R. Gén.) . . . . . Z 53
Sérafini (Av. A.) . . . . Z 55
Soeur-Alphonse (R.) . . . . Z 56
Vero (R. Lorenzo) . . . . . . Z 58
Zévaco-Maire (R.) . . . . . . Z 60

Aléria *2B* ....349 H 1
Alès *30* ....283 H 4
Alet-les-Bains *11* ....337 G 2
Alette *62* ....6 C 4
Aleu *09* ....335 G 3
Alex *74* ....215 H 3
Alexain *53* ....106 A 2
Aleyrac *26* ....267 F 4
Alfortville *94* ....58 C 4
Algajola *2B* ....344 C 5
Algans *81* ....298 D 5
Algolsheim *68* ....121 G 3
Algrange *57* ....45 G 3
Alièze *39* ....196 C 1
Alignan-du-Vent *34* ....321 H 2
Alincourt *08* ....42 A 2
Alincourt *60* ....37 G 4
Alincthun *62* ....2 C 5
Alise-Sainte-Reine *21* ....159 E 1
Alissas *07* ....266 D 2
Alix *69* ....212 D 4
Alixan *26* ....249 G 4
Alizay *27* ....36 B 3
Allain *54* ....94 B 2
Allaines *80* ....23 G 1
Allaines-Mervilliers *28* ....110 D 2
Allainville *28* ....56 C 5
Allainville *78* ....86 D 4
Allainville-en-Beauce *45* ....111 F 2
Allaire *56* ....125 G 4
Allamont *54* ....65 E 1
Allamps *54* ....94 A 2
Allan *26* ....267 E 4
Allanche *15* ....245 F 1
Alland'Huy-et-Sausseuil *08* ....42 C 1
Allarmont *88* ....96 B 2
Allas-Bocage *17* ....219 H 4
Allas-Champagne *17* ....220 B 3
Allas-les-Mines *24* ....259 F 1
Allassac *19* ....242 B 1
Allauch *13* ....327 E 2
Allègre *43* ....247 E 2
Allègre *Château d' 30* ....284 A 3
Allègre-les-Fumades *30* ....284 A 3
Alleins *13* ....305 G 3
Allemagne-en-Provence *04* ....307 E 2

Allemanche-Launay-et-Soyer *51* ....90 B 2
Allemans *24* ....239 G 1
Allemans-du-Dropt *47* ....257 G 3
Allemant *02* ....40 C 1
Allemant *51* ....61 E 4
Allemont *38* ....251 G 2
Allenay *80* ....11 E 3
Allenc *48* ....264 D 4
Allenjoie *25* ....142 C 4
Allennes-les-Marais *59* ....8 C 4
Allenwiller *67* ....68 B 5
Allerey *21* ....159 E 5
Allerey-sur-Saône *71* ....178 A 3
Allériot *71* ....178 A 4
Allery *80* ....11 H 5
Alles-sur-Dordogne *24* ....258 D 1
Les Alleuds *49* ....149 H 3
Les Alleuds *79* ....203 E 1
Les Alleux *08* ....42 D 1
Alleuze *15* ....245 H 4
Allevard *38* ....233 G 4
Allèves *74* ....215 G 5
Allex *26* ....267 F 1
Alleyrac *43* ....247 G 5
Alleyras *43* ....246 D 5
Alleyrat *19* ....225 H 3
Alleyrat *23* ....207 G 3
Allez-et-Cazeneuve *47* ....276 B 1
Alliancelles *51* ....63 E 3
Alliat *09* ....336 B 4
Allibaudières *10* ....91 E 2
Allichamps *52* ....92 C 2
Allier *65* ....315 F 5
Allières *09* ....335 H 2
Les Alliés *25* ....180 D 2
Alligny-Cosne *58* ....156 B 2
Alligny-en-Morvan *58* ....158 C 4
Allimas *Col de l' 38* ....250 C 5
Allineuc *22* ....78 A 4
Allinges *74* ....198 B 3
Allogny *18* ....155 E 4
Allondans *25* ....142 B 4
Allondaz *73* ....216 A 5
Allondrelle-la-Malmaison *54* ....44 C 1
Allonne *60* ....38 A 2
Allonne *79* ....185 E 1

Allonnes *28* ....86 C 5
Allonnes *49* ....150 C 3
Allonnes *72* ....107 G 5
Allons *04* ....288 D 4
Allons *47* ....274 D 3
Allonville *80* ....22 C 1
Allonzier-la-Caille *74* ....215 G 2
Allos *04* ....288 D 2
Allos *Col d' 04* ....288 D 1
Allouagne *62* ....7 H 4
Alloue *16* ....204 B 2
Allouis *18* ....154 D 5
Allouville-Bellefosse *76* ....19 G 5
Les Allues *73* ....234 C 3
Les Alluets-le-Roi *78* ....57 H 3
Alluy *58* ....175 G 1
Alluyes *28* ....109 H 2
Ally *15* ....244 B 2
Ally *43* ....246 A 2
Almayrac *81* ....279 G 4
Almenêches *61* ....54 B 5
Almont-les-Junies *12* ....261 H 4
Alos *09* ....335 F 3
Alos-Sibas-Abense *64* ....331 F 1
Alouettes *Mont des 85* ....166 C 2
Aloxe-Corton *21* ....177 H 1
Alpe-d'Huez *38* ....251 G 2
Alpuech *12* ....263 F 2
Alquines *62* ....2 D 5
Alrance *12* ....281 E 4
Alsting *57* ....47 G 5
Altagène *2A* ....349 E 5
Alteckendorf *67* ....68 D 4
Altenach *68* ....143 E 3
Altenbach *68* ....120 C 5
Altenheim *67* ....68 B 4
Altenstadt *67* ....69 F 1
Althen-des-Paluds *84* ....285 G 5
Altiani *2B* ....347 F 5
Altier *48* ....265 F 5
Altillac *19* ....243 E 4
Altkirch *68* ....143 F 3
Altorf *67* ....97 F 2
Altrippe *57* ....67 F 1
Altviller *57* ....67 E 1
Altwiller *67* ....67 G 2

Aluze *71* ....177 G 3
Alvignac *46* ....260 D 1
Alvimare *76* ....19 F 5
Alzen *09* ....336 A 2
Alzi *2B* ....347 F 4
Alzing *57* ....46 C 4
Alzon *30* ....282 C 5
Alzonne *11* ....319 F 4
Amage *70* ....141 H 2
Amagne *08* ....42 B 1
Amagney *25* ....162 B 3
Amailloux *79* ....168 A 4
Amance *10* ....91 H 5
Amance *54* ....66 B 5
Amance *70* ....141 E 2
Amancey *25* ....180 A 1
Amancy *74* ....216 A 1
Amange *39* ....161 E 4
Amanlis *35* ....104 C 4
Amanty *55* ....93 H 2
Amanvillers *57* ....45 G 5
Amanzé *71* ....193 H 4
Amareins *01* ....213 E 2
Amarens *81* ....279 E 5
Amathay-Vésigneux *25* ....180 B 1
Amayé-sur-Orne *14* ....33 F 5
Amayé-sur-Seulles *14* ....32 D 5
Amazy *58* ....157 F 3
Ambacourt *88* ....94 D 4
Ambarès-et-Lagrave *33* ....237 G 4
Ambax *31* ....316 D 3
Ambazac *87* ....205 H 3
Ambel *38* ....269 F 1
Ambenay *27* ....55 G 3
Ambérac *16* ....203 E 4
Ambérieu-en-Bugey *01* ....214 A 3
Ambérieux *69* ....212 D 3
Ambérieux-en-Dombes *01* ....213 F 3
Ambernac *16* ....204 B 3
Amberre *86* ....168 D 4
Ambert *63* ....229 E 3
Ambès *33* ....237 G 3
Ambeyrac *12* ....261 F 4
Ambialet *81* ....299 H 1
Ambiegna *2A* ....348 C 2
Ambierle *42* ....211 F 2
Ambiévillers *70* ....118 D 4
Ambillou *37* ....151 F 2
Ambillou-Château *49* ....149 H 4
Ambilly *74* ....197 H 5

Amfreville-la-Mi-Voie *76* ....36 B 2
Amfreville-les-Champs *27* ....36 C 3
Amfreville-les-Champs *76* ....19 H 4
Amfreville-sous-les-Monts *27* ....36 C 3
Amfreville-sur-Iton *27* ....36 B 5
Amfroipret *59* ....15 F 2
Amiens *80* ....22 B 2
Amifontaine *02* ....41 F 1
Amigny *50* ....32 A 4
Amigny-Rouy *02* ....24 B 5
Amillis *77* ....60 A 4
Amilly *28* ....86 A 4
Amilly *45* ....112 C 5
Amions *42* ....211 G 4
Amirat *06* ....289 F 5
Ammerschwihr *68* ....121 E 2
Ammerzwiller *68* ....143 E 2
Ammeville *14* ....54 B 2
Amné *72* ....107 F 4
Amnéville *57* ....45 G 4
Amoncourt *70* ....141 E 3
Amondans *25* ....162 A 5
Amont-et-Effreney *70* ....119 G 5
Amorots-Succos *64* ....311 G 4
Amou *40* ....293 G 4
Amphion-les-Bains *74* ....198 B 3
Ampiac *12* ....280 C 1
Ampilly-le-Sec *21* ....138 A 3
Ampilly-les-Bordes *21* ....138 B 5
Amplepuis *69* ....212 A 3
Amplier *62* ....12 D 4
Ampoigné *53* ....128 A 2
Amponville *77* ....112 A 2
Ampriani *2B* ....347 G 5
Ampuis *69* ....231 E 3
Ampus *83* ....307 H 4
Amuré *79* ....184 C 5
Amy *60* ....23 F 4
Anais *16* ....203 F 5
Anais *17* ....183 H 5
Anan *31* ....316 C 3
Ance *64* ....331 G 1
Anceaumeville *76* ....20 B 5
Anceins *61* ....55 E 3
Ancelle *05* ....269 H 2
Ancemont *55* ....64 B 1
Ancenis *44* ....148 B 2
Anceville *55* ....63 G 5
Anceville *57* ....66 B 1
Anceville *54* ....96 A 2

Ancey *21* ....159 H 3
Anchamps *08* ....26 D 1
Anché *37* ....151 E 5
Anché *86* ....186 B 4
Anchenoncourt-et-Chazel *70* ....141 E 2
Ancienville *02* ....40 A 4
Ancier *70* ....161 F 1
Ancinnes *72* ....83 H 4
Ancizan *65* ....333 G 3
Les Ancizes-Comps *63* ....209 E 4
Ancône *26* ....267 E 3
Ancourt *76* ....10 B 5
Ancourteville-sur-Héricourt *76* ....19 G 4
Ancretiéville-Saint-Victor *76* ....20 A 4
Ancretteville-sur-Mer *76* ....19 F 3
Ancteville *50* ....31 G 5
Anctoville *14* ....33 E 5
Anctoville-sur-Boscq *50* ....51 F 3
Ancy *69* ....212 C 5
Ancy-le-Franc *89* ....137 F 3
Ancy-le-Libre *89* ....137 F 3
Ancy-sur-Moselle *57* ....65 G 1
Andaine *Bec d' 50* ....51 F 4
Andainville *80* ....21 G 2
Andance *07* ....249 E 1
Andancette *26* ....249 E 1
Andard *49* ....149 H 1
Andé *27* ....36 C 4
Andechy *80* ....23 E 4
Andel *22* ....78 D 3
Andelain *02* ....24 B 4
Andelaroche *03* ....193 E 5
Andelarre *70* ....141 E 5
Andelarrot *70* ....141 E 5
Andelat *15* ....245 G 3
Andelnans *90* ....142 C 3
Andelot *52* ....117 F 2
Andelot-en-Montagne *39* ....179 H 3
Andelot-lès-Saint-Amour *39* ....196 A 3
Andelu *78* ....57 G 3
Les Andelys *27* ....36 D 4
Andernay *55* ....63 F 4
Andernos-les-Bains *33* ....254 C 1
Anderny *54* ....45 F 3

Andert-et-Condon *01* ....214 D 5
Andevanne *08* ....43 G 2
Andeville *60* ....38 A 4
Andigné *49* ....128 A 4
Andillac *81* ....279 E 5
Andilly *17* ....183 G 5
Andilly *54* ....65 F 5
Andilly *74* ....215 G 2
Andilly *95* ....58 B 2
Andilly-en-Bassigny *52* ....117 H 5
Andiran *47* ....275 F 4
Andlau *67* ....97 E 3
Andoins *64* ....314 C 4
Andolsheim *68* ....121 F 3
Andon *06* ....308 D 2
Andonville *45* ....111 E 2
Andornay *70* ....142 A 3
Andouillé *53* ....106 A 2
Andouillé-Neuville *35* ....80 C 5
Andouque *81* ....280 B 5
Andrein *64* ....311 H 3
Andres *62* ....2 D 4
Andrest *65* ....315 E 3
Andrésy *78* ....58 A 2
Andrézé *49* ....148 D 4
Andrezel *77* ....88 C 2
Andrézieux-Bouthéon *42* ....230 A 3
Andryes *89* ....157 E 1
Anduze *30* ....283 G 4
Anéran-Camors *65* ....333 H 1
Anères *65* ....333 H 1
Anet *28* ....56 D 3
Anetz *44* ....148 C 2
Angaïs *64* ....314 C 4
Angé *41* ....152 D 3
Angeac-Champagne *16* ....220 B 2
Angeac-Charente *16* ....220 D 2
Angecourt *08* ....27 F 4
Angeduc *16* ....220 D 3
Angely *89* ....137 G 5
Angeot *90* ....142 D 2
Angers *49* ....149 G 1
Angerville *14* ....34 A 4
Angerville *91* ....87 E 5
Angerville-Bailleul *76* ....19 E 4
Angerville-la-Campagne *27* ....56 B 2
Angerville-la-Martel *76* ....19 F 3
Angerville-l'Orcher *76* ....18 D 5
Angervilliers *91* ....87 F 2
Angeville *82* ....277 E 5
Angevillers *57* ....45 G 3
Angey *50* ....51 G 4
Angicourt *60* ....38 D 3
Angiens *76* ....19 H 2
Angirey *70* ....161 G 1
Angivillers *60* ....38 D 1
Anglade *33* ....237 F 1
Anglards-de-Saint-Flour *15* ....245 H 4
Anglards-de-Salers *15* ....244 C 2
Anglars *46* ....261 E 2
Anglars-Juillac *46* ....259 G 5
Anglars-Nozac *46* ....259 H 1
Anglars-Saint-Félix *12* ....261 H 5
Anglefort *01* ....215 E 3
Anglemont *88* ....95 H 4
Angles *04* ....288 D 5
Les Angles *30* ....285 E 5
Les Angles *65* ....333 E 1
Les Angles *66* ....341 G 3
Anglès *81* ....300 B 5
Angles *85* ....182 D 3
Les Angles-sur-Corrèze *19* ....243 E 1
Angles-sur-l'Anglin *86* ....170 B 5
Anglesqueville-la-Bras-Long *76* ....19 H 3
Anglesqueville-l'Esneval *76* ....18 D 4
Anglet *64* ....292 A 5
Angliers *17* ....183 G 5
Angliers *86* ....168 D 2
Anglure *51* ....90 C 2
Anglure-sous-Dun *71* ....194 A 5
Anglus *52* ....92 B 4
Angluzelles-et-Courcelles *51* ....61 F 5
Angoisse *24* ....223 F 4
Angomont *54* ....96 B 2
Angos *65* ....315 F 5
Angoulême *16* ....221 F 2
Angoulins *17* ....200 C 1
Angoumé *40* ....292 D 3
Angous *64* ....313 F 4
Angoustrine *66* ....341 F 4
Angoville *14* ....53 G 2
Angoville-au-Plain *50* ....32 A 2
Angoville-en-Saire *50* ....29 G 2
Angoville-sur-Ay *50* ....31 F 3
Angres *62* ....8 B 3
Angresse *40* ....292 B 3

A B C D E F G H I J K L M N O P Q R S T U V W X Y Z

Angrie 49............127 H 5
Anguerny 14............33 G 3
Anguilcourt-le-Sart 02............24 C 4
Angviller-lès-Bisping 57............67 H 4
Angy 60............38 C 3
Anhaux 64............330 B 1
Anhiers 59............9 E 5
Aniane 34............302 B 4
Aniche 59............14 B 2
Anisy 14............33 G 3
Anizy-le-Château 02............40 C 1
Anjony Château d' 15............244 C 3
Anjou 38............231 F 5
Anjouin 36............154 A 5
Anjoutey 90............142 C 2
Anla 64............334 A 2
Anlezy 58............175 F 2
Anlhiac 24............223 F 5
Annay 58............156 A 1
Annay 62............8 C 4
Annay-la-Côte 89............157 H 1
Annay-sur-Serein 89............137 E 4
Annebault 14............34 B 3
Annebecq 14............52 B 2
Annecy 74............215 G 3
Annecy-le-Vieux 74............215 G 3
Annelles 08............42 B 2
Annemasse 74............197 H 5
Annéot 89............157 H 1

Annepont 17............201 G 4
Annequin 62............8 B 4
Annesse-et-Beaulieu 24............240 B 2
Annet-sur-Marne 77............59 F 2
Anneux 59............14 A 4
Anneville-en-Saire 50............29 H 3
Anneville-la-Prairie 52............116 D 2
Anneville-sur-Mer 50............31 F 5
Anneville-sur-Scie 76............20 B 3
Anneville-sur-Seine 76............35 H 1
Anneyron 26............249 F 1
Annezay 17............201 F 2
Annezin 62............8 A 4
Annœullin 59............8 C 4
Annoire 39............178 C 2
Annois 02............24 A 4
Annoisin-Chatelans 38............214 A 5
Annoix 18............173 F 2
Annonay 07............248 D 1
Annonville 52............93 E 4
Annot 04............289 E 5
Annouville-Vilmesnil 76............19 E 4
Annoux 89............137 F 5
Annoville 50............51 F 1
Anor 59............15 H 5
Anos 64............314 B 3
Anost 71............176 B 1
Anould 88............120 B 2
Anoux 54............45 E 4
Anoye 64............314 D 3

Anquetierville 76............35 F 1
Anrosey 52............140 A 2
Ansac-sur-Vienne 16............204 C 3
Ansacq 60............38 C 3
Ansan 32............296 C 3
Anse 69............212 D 3
Anserville 60............38 B 4
Ansignan 66............338 A 5
Ansigny 73............215 F 4
Ansost 65............315 F 2
Ansouis 84............306 A 3
Anstaing 59............8 C 4
Antagnac 47............274 D 1
Anterrieux 15............263 G 1
Anteuil 25............163 E 2
Antezant 17............201 H 3
Anthé 47............277 E 1
Anthelupt 54............95 F 1
Anthenay 51............41 E 5
Anthéor 83............309 E 5
Antheuil 21............159 G 5
Antheuil-Portes 60............39 F 1
Anthien 58............157 G 3
Anthon 38............213 H 5
Anthy-sur-Léman 74............198 A 3
Antibes 06............309 F 4
Antibes Cap d' 06............309 F 4

Antichan 65............334 A 2
Antichan-de-Frontignes 31............334 B 2
Antignac 15............226 C 5
Antignac 17............219 H 3
Antignac 31............334 A 1
Antigny 85............184 B 1
Antigny 86............187 F 2
Antigny-la-Ville 21............159 F 5
Antilly 57............45 H 5
Antilly 60............39 G 5
Antin 65............315 G 3
Les Antiques 13............304 D 2
Antisanti 2B............347 G 5
Antist 65............333 F 1
Antogny le Tillac 37............169 G 2
Antoigné 49............168 B 1
Antoingt 63............227 H 3
Antonaves 05............287 E 2
Antonne-et-Trigonant 24............240 D 2
Antony 92............58 B 4
Antorpe 25............161 G 2
Antraigues-sur-Volane 07............266 B 2
Antrain 35............80 C 3
Antran 86............169 G 3
Antras 09............334 D 4
Antras 32............296 A 3
Antrenas 48............264 A 4
Antugnac 11............337 G 3
Antully 71............177 E 3

Anvéville 76............19 G 4
Anville 16............202 D 5
Anvin 62............7 F 4
Any-Martin-Rieux 02............25 H 2
Anzat-le-Luguet 63............227 G 5
Anzeling 57............46 C 4
Anzême 23............189 F 5
Anzex 47............275 E 2
Anzin 59............9 G 5
Anzin-Saint-Aubin 62............13 G 2
Anzy-le-Duc 71............193 G 4
Aoste 38............232 C 2
Aouste 08............26 A 3
Aouste-sur-Sye 26............267 G 2
Aouze 88............94 B 4
Apach 57............46 B 2
Apchat 63............227 H 3
Apchon 15............245 E 1
Apinac 42............229 G 5
Apothicairerie
  Grotte de l' 56............144 B 3
Appelle 81............299 E 5
Appenai-sous-Bellême 61............84 C 5
Appenans 25............142 A 5
Appenwihr 68............121 F 3
Appeville 50............31 H 2
Appeville-Annebault 27............35 F 3
Appietto 2A............348 C 2
Appilly 60............23 H 5

Appoigny 89............136 B 2
Apprieu 38............232 C 4
Appy 09............336 C 5
Apremont 01............196 C 5
Apremont 08............43 F 3
Apremont 60............38 D 4
Apremont 70............161 E 2
Apremont 73............233 F 3
Apremont 85............165 F 4
Apremont-la-Forêt 55............64 D 4
Apremont-sur-Allier 18............174 B 3
Aprey 52............139 F 3
Apt 84............305 H 1
Arabaux 09............336 B 2
Arâches 74............216 C 2
Araghju Castellu d' 2A............351 G 2
Aragnouet 65............333 F 4
Aragon 11............319 H 4
Aramits 64............331 G 1
Aramon 30............304 C 1
Aranc 01............214 B 2
Arance 64............313 H 2
Arancou 64............311 G 3
Arandas 01............214 B 4
Arandon 38............232 B 1
Araujuzon 64............313 F 3
Araules 43............247 H 3
Araux 64............313 F 3
Aravis Col des 74............216 B 4
Arbanats 33............255 H 2

AMIENS

0   300 m

(City map of Amiens with labelled streets and landmarks, including: CIMETIÈRE DE LA MADELEINE, Fg ST-MAURICE, CITADELLE, FAUBOURG, ST-PIERRE, Parc zoologique, LA HOTOIE, Promenade de la Hotoie, ST-ROCH, Parc des Expositions Palais des Congrès Zénith, CENTRE ADMINISTRATIF, ST-LEU, ST-GERMAIN, CATHÉDRALE NOTRE-DAME, Maison de la Culture, Auditorium H. Dutilleux, MUSÉE DE PICARDIE, Cirque Municipal, HENRIVILLE, Maison des hortillonnages Île aux Fagots, HORTILLONNAGES, HÔTEL DU DÉPARTEMENT CONSEIL RÉGIONAL, Tour Perret, etc.)

Aguesseau (Pl.)............CY 3
Alsace-Lorraine (Bd d')............CY 5
Beauvais (R. de)............BY
Briand (Pl. A.)............CXY 10
Cange (Pt du)............BY 15
Catelas (R. Jean)............BY
Cauvin (R. E.)............CY 17
Célestins (Bd des)............CX 19
Chapeau-des-Violettes (R.)............BY 20
Châteaudun (Bd de)............AZ 21
Chaudronniers (R. des)............BY 23

Cormont (R.)............CY 27
Courbet (R. de l'Amiral)............CY 29
Défontaine (R. du Cdt)............BY 31
Delambre (R.)............BY 32
Denfert-Rochereau (R.)............AZ 33
Déportés (R. des)............CY 34
Dodane (Pont de la)............CY 36
Dodane (R. de la)............CY 35
Don (R. du)............BY 38
Duméril (R.)............BY
Engoulvent (R. d')............CY 40

Fil (Pl. au)............BY 43
Fiquet (Pl. Alphonse)............CZ 44
Flatters (R.)............CY 45
Francs-Mûriers (R. des)............CY 51
Fusillés (Bd des)............CX 52
Gambetta (Pl.)............BY 53
Gde-Rue de la Veillère (R.)............BY 57
Gloriette (R.)............CY 54
Goblet (Pl. René)............CY 55
Granges (R. des)............BY 58
Gresset (R.)............BY 59

Henri-IV (R.)............CY 60
Hocquet (R. du)............CY 62
Jacobins (R. des)............CY 65
Jardin-des-Plantes
  (R. du)............BX 67
Lattre-de-Tassigny
  (R. Mar.-de)............BY 76
Leclerc (R. du Gén.)............BY 78
Lefèvre (R. Adéodat)............CY 80
Leroux (R. Florimond)............BY 81
Lin (R. au)............BY 83

Majots (R. des)............CY 85
Marché-aux-Chevaux
  (R. du)............BY 87
Marché-de-Lanselles
  (R. du)............CY 88
Motte (R.)............CY 89
Noyon (R. de)............CZ 91
Oratoire (R. de l')............CY 93
Otages (R. des)............CZ 94
Parmentier
  (Pl.)............CY 96

Prémontrées
  (R. des)............AY 102
République (R. de la)............BZ 105
Résistance (R. de la)............BX 106
St-Fuscien (R.)............CZ 108
Sergents (R. des)............CY 115
Trois-Cailloux (R. des)............CY 120
Vanmarcke (R.)............CY 121
Vergeaux (R. des)............CY 121
Victor-Hugo (R.)............CY 123
2e-D.-B. (Av. de la)............BY 124

A B C D E F G H I J K L M N O P Q R S T U V W X Y Z

ANGERS

Alsace (R. d') . . . . CZ 2
Aragon (Av. Yolande d') . . . . . AY 2
Baudrière (R.) . . . . AY
Beaurepaire (R.) . . . . AY
Bichat (R.) . . . . AY 8
Bon-Pasteur (Bd du) . . . . AY 9
Bout-du-Monde (Prom. du) . . AY 12
Bressigny (R.) . . . . CZ
Chaperonnière (R.) . . . . BYZ 15
Commerce (R. du) . . . . CY 19
David-d'Angers (R.) . . . . CY 21
Denis-Papin (R.) . . . . BZ 22
Droits-de-l'Homme (Av. des) . CY 25
Espine (R. de l') . . . . BY 27
Estoile (Sq. J. de l') . . . . AY 28
Foch (Bd du Mar.) . . . . BCZ
Freppel (Pl.) . . . . BY 31
Gare (R. de la) . . . . BZ 32
Laiterie (R.) . . . . AY
Lenepveu (R.) . . . . CY 40
Lices (R. des) . . . . BZ
Lionnaise (R.) . . . . AY
Lise (R. P.) . . . . CY 43
Marceau (R.) . . . . AZ 45
Mirault (Bd) . . . . BY 49
Mondain-Chanloineau (Sq.) . . BY 51
Oisellerie (R.) . . . . BY 53
Parcheminerie (R.) . . . . CY 54
Pasteur (Av.) . . . . CY 55
Pilori (Pl. du) . . . . CY 56
Plantagenêt (R.) . . . . BY 57
Pocquet-de-Livonnières (R.) . CY 58
Poêliers (R. des) . . . . CY 59
Pompidou (Allées) . . . . CY 60
Prés.-Kennedy (Place du) . . . AZ 62
Ralliement (Pl. du) . . . . BY 66
Résistance-et-de-la-Déport.
(Bd) . . . . CY 68
Robert (Bd) . . . . BY 69
La Rochefoucauld Liancourt
(Pl.) . . . . ABY 38
Roë (R. de la) . . . . BY 70
Ronceray (Bd du) . . . . AY 71
Ste-Croix (Pl.) . . . . BZ 86
St-Aignan (R.) . . . . BY 72
St-Aubin (R.) . . . . BZ 73
St-Étienne (R.) . . . . CY 75
St-Julien (R.) . . . . BCZ
St-Laud (R.) . . . . BY 77
St-Lazare (R.) . . . . AY 79
St-Martin (R.) . . . . BZ 80
St-Maurice (Mtée) . . . . BY 82
St-Maurille (R.) . . . . BZ 83
St-Michel (Bd) . . . . BZ 84
St-Samson (R.) . . . . CY 85
Talot (R.) . . . . BZ 89
Tonneliers (R. des) . . . . AY 90
Ursules (R. des) . . . . CY 91
Voltaire (R.) . . . . BZ 93
8-Mai-1945 (Av. du) . . . . CZ 94

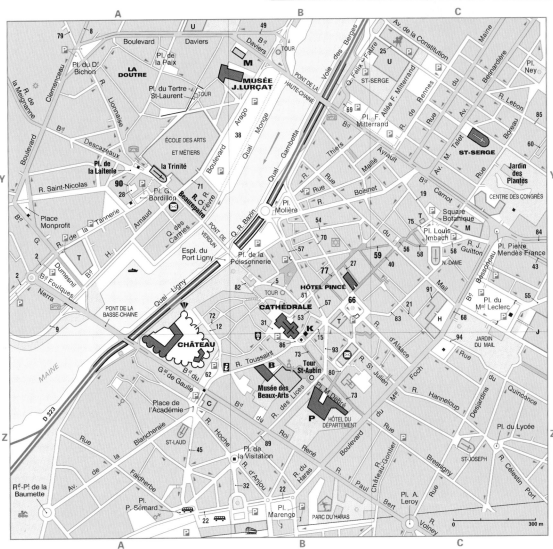

Arbas 31	334 D 2	Arçais 79	184 B 4	Arcon 42	211 F 3
Arbecey 70	140 D 3	Arcambal 46	260 B 5	Arconcey 21	159 E 4
Arbellara 2A	351 E 2	Arcangues 64	310 C 3	Arçonnay 72	83 G 4
Arbent 01	196 D 4	Arçay 18	173 E 2	Arconsat 63	210 D 4
Arbéost 65	332 B 2	Arçay 86	168 C 2	Arconville 10	116 A 3
Arbérats-Sillègue 64	311 H 4	Arceau 21	160 B 2	L'Arcouest Pointe de 22	73 F 2
Arbignieu 01	214 D 5	Arcenant 21	159 H 5	Les Arcs 73	234 D 1
Arbigny 01	195 F 2	Arcens 07	248 A 5	Les Arcs 83	308 A 5
Arbigny-sous-Varennes 52	140 A 2	Arces 17	219 E 2	Arcueil 94	58 C 4
Arbin 73	233 G 3	Arces 89	114 A 4	Arcy-Sainte-Restitue 02	40 C 4
Arbis 33	256 B 2	Arcey 21	159 H 3	Arcy-sur-Cure 89	136 C 5
Arblade-le-Bas 32	294 C 3	Arcey 25	142 A 4	Ardelles 28	85 G 3
Arblade-le-Haut 32	294 D 3	Archail 04	288 B 3	Ardelu 28	87 E 5
Arbois 39	179 G 2	Archamps 74	215 G 1	Ardenais 18	190 B 1
Arbois Mont d' 74	216 C 4	Archelange 39	161 E 5	Ardenay-sur-Mérize 72	108 A 5
Arbon 31	334 C 2	Archéodrome 21	177 H 2	Ardengost 65	333 H 3
Arbonne 64	310 C 3	Arches 15	244 B 1	Ardenne Abbaye d' 14	33 G 4
Arbonne-la-Forêt 77	88 A 4	Arches 88	119 G 3	Ardentes 36	172 A 5
Arboras 34	302 A 3	Archettes 88	119 G 3	Ardes 63	227 H 5
Arbori 2A	348 C 1	Archiac 17	220 B 3	Ardeuil-et-Montfauxelles 08	42 D 3
Arbot 52	139 E 2	Archiane Cirque d' 26	268 C 1	Ardevon 50	51 G 5
Arbouans 25	142 B 4	Archignac 24	241 H 4	Ardiège 31	334 B 1
Arboucave 40	294 A 4	Archignat 03	190 B 4	Les Ardillats 69	212 C 1
Arbouet-Sussaute 64	311 H 4	Archigny 86	169 H 5	Ardilleux 79	202 D 2
Arbourse 58	156 C 4	Archingeay 17	201 F 3	Ardillières 17	201 E 2
Arboussols 66	342 B 2	Archon 02	25 H 3	Ardin 79	184 C 2
L'Arbresle 69	212 C 4	Arcier 25	162 A 3	Ardizas 32	297 E 3
L'Arbret 62	13 E 3	Arcine 74	215 E 1	L'Ardoise 30	285 E 4
Arbrissel 35	105 E 5	Arcinges 42	212 A 1	Ardoix 07	249 E 2
Arbus 64	314 A 3	Arcins 33	237 F 3	Ardon 39	179 H 4
Arbusigny 74	215 H 1	Arcis-le-Ponsart 51	41 E 4	Ardon 45	133 E 3
Arc 1800 73	234 D 2	Arcis-sur-Aube 10	91 E 3	Ardouval 76	20 C 3
Arc-en-Barrois 52	116 D 5	Arcizac-Adour 65	315 E 5	Ardres 62	2 D 4
Arc-et-Senans 25	179 G 1	Arcizac-ez-Angles 65	333 E 1	Aregno 2B	346 C 2
Arc-lès-Gray 70	161 E 1	Arcizans-Avant 65	332 D 2	Areines 41	131 G 3
Arc-sous-Cicon 25	162 C 5	Arcizans-Dessus 65	332 C 2	Aren 64	313 G 4
Arc-sous-Montenot 25	180 A 2	Arcomie 48	246 A 5	Arenberg 59	9 G 5
Arc-sur-Tille 21	160 B 3	Arcomps 18	173 G 5	Arengosse 40	273 F 5
Arcachon 33	254 B 2	Arçon 25	180 C 2	Arengosse 40	

ANNECY

Chambéry (Av. de) . . . . . DY 23
Chappuis (Q. Eustache) . . EY 26
Filaterie (R.) . . . . EY 43
Grenette (R.) . . . . EY 51
Hôtel-de-Ville (Pl. de l') . . EY 53

Jean-Jacques-Rousseau
(R.) . . . . DY 55
Lac (R. du) . . . . EY 57
Libération (Pl. de la) . . . . EY 61
Pâquier (R. du) . . . . EY 71
Perrière (R.) . . . . EY 75
Pont-Morens
(R. du) . . . . EY 76

Poste (R. de la) . . . . DY 78
République (R.) . . . . DY 83
Royale (R.) . . . . DY 85
Ste-Claire (Fg et R.) . . . . DY 91
St-François-de-Sales
(Pl.) . . . . EY 87
St-François-de-Sales (R.) . DY 89
Tour-la-Reine (Ch.) . . . . . EY 95

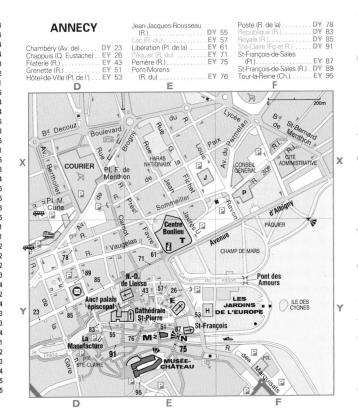

A B C D E F G H I J K L M N O P Q R S T U V W X Y Z

Arenthon 74 ... 216 A 1
Arès 33 ... 254 B 1
Ares Col d' 66 ... 342 B 5
Ares Col des 31 ... 334 B 2
Aresches 39 ... 179 H 2
Aressy 64 ... 314 B 5
Arette 64 ... 331 G 2
Arette-Pierre-Saint-Martin 64 ... 331 G 3
Arfeuille-Châtain 23 ... 208 B 2
Arfeuilles 03 ... 210 D 1
Arfons 81 ... 319 F 3
Argagnon 64 ... 313 G 2
Arganchy 14 ... 32 D 4
Argançon 10 ... 116 A 2
Argancy 57 ... 45 H 5
Argein 09 ... 335 E 3
Argelès 65 ... 333 F 1
Argelès-Gazost 65 ... 332 D 2
Argelès-Plage 66 ... 343 G 3
Argelès-sur-Mer 66 ... 343 F 3
Argeliers 11 ... 320 D 4
Argelliers 34 ... 302 C 3
Argelos 40 ... 293 H 4
Argelos 64 ... 314 B 2
Argelouse 40 ... 273 G 1
Argences 14 ... 33 H 5
Argens 04 ... 288 C 4
Argens-Minervois 11 ... 320 C 5
Argent-sur-Sauldre 18 ... 155 F 1
Argentan 61 ... 54 A 4

Argentat 19 ... 243 F 3
Argentenay 89 ... 137 F 3
Argenteuil 95 ... 58 B 2
Argenteuil-sur-Armançon 89 ... 137 F 3
Argentière 74 ... 217 E 2
L'Argentière-la-Bessée 05 ... 252 C 5
Argentières 77 ... 59 G 5
Argentine 73 ... 234 A 3
Argentolles 52 ... 116 C 2
Argenton 29 ... 70 A 5
Argenton 47 ... 275 E 1
Argenton-Château 79 ... 167 H 2
Argenton-l'Église 79 ... 168 A 1
Argenton-Notre-Dame 53 ... 128 C 3
Argenton-sur-Creuse 36 ... 188 C 1
Argentré 53 ... 106 B 3
Argentré-du-Plessis 35 ... 105 F 3
Argenvières 18 ... 156 B 5
Argenvilliers 28 ... 109 F 2
Argers 51 ... 63 E 1
Arget 64 ... 294 A 5
Argiésans 90 ... 142 B 3
Argillières 70 ... 140 B 4
Argilliers 30 ... 284 C 5
Argilly 21 ... 178 A 1
Argis 01 ... 214 B 3
Argiusta-Moriccio 2A ... 349 E 4
Argœuves 80 ... 22 B 1
Argol 29 ... 75 F 4
Argonay 74 ... 215 G 3

Argouges 50 ... 80 D 2
Argoules 80 ... 11 G 1
Argueil 76 ... 37 E 1
Arguel 80 ... 21 G 2
Arguel 25 ... 162 A 4
Arguenos 31 ... 334 C 3
Argut-Dessous 31 ... 334 C 3
Argut-Dessus 31 ... 334 C 3
Argy 36 ... 171 F 2
Arhansus 64 ... 311 G 5
Aries-Espénan 65 ... 316 A 4
Arifat 81 ... 299 H 3
Arinthod 39 ... 196 C 3
Arith 73 ... 215 G 5
Arjuzanx 40 ... 273 E 5
Arlanc 63 ... 229 E 4
Arlay 39 ... 179 E 4
Arlebosc 07 ... 248 D 3
Arlempdes 43 ... 247 F 5
Arles 13 ... 304 B 4
Arles-sur-Tech 66 ... 342 C 4
Arlet 43 ... 246 B 3
Arleux 59 ... 14 A 2
Arleux-en-Gohelle 62 ... 8 C 5
Arlos 31 ... 334 B 3
Armaillé 49 ... 127 G 3
Armancourt 80 ... 23 E 4
Armancourt 60 ... 39 F 2
Armaucourt 54 ... 66 B 4

Armbouts-Cappel 59 ... 3 G 3
Armeau 89 ... 113 G 4
Armendarits 64 ... 311 F 4
Armenonville-les-Gâtineaux 28 ... 86 C 3
Armenteule 65 ... 333 H 4
Armentières 59 ... 8 C 2
Armentières-en-Brie 77 ... 59 H 2
Armentières-sur-Avre 27 ... 55 G 5
Armentières-sur-Ourcq 02 ... 40 B 5
Armentieux 32 ... 295 F 5
Armes 58 ... 157 F 2
Armillac 47 ... 257 G 4
Armissan 11 ... 321 F 5
Armistice Clairière de l' 60 ... 39 G 2
Armix 01 ... 214 C 4
Armous-et-Cau 32 ... 295 F 5
Armoy 74 ... 198 B 3
Arnac 15 ... 243 H 3
Arnac-la-Poste 87 ... 188 B 5
Arnac-Pompadour 19 ... 223 H 5
Arnac-sur-Dourdou 12 ... 301 E 3
Arnage 72 ... 107 H 5
Arnancourt 52 ... 92 C 4
Arnas 69 ... 212 D 2
Arnave 09 ... 336 B 4
Arnaville 54 ... 65 G 2
Arnay-le-Duc 21 ... 159 E 5
Arnay-sous-Vitteaux 21 ... 159 E 2
Arnayon 26 ... 268 A 4
Arné 65 ... 316 A 5
Arnéguy 64 ... 330 B 1
Arnèke 59 ... 3 G 4
Arnicourt 08 ... 26 A 5
Arnières-sur-Iton 27 ... 56 B 2
Arnoncourt-sur-Apance 52 ... 118 A 4
Arnos 64 ... 313 H 2
Arnouville-lès-Gonesse 95 ... 58 C 2
Arnouville-lès-Mantes 78 ... 57 H 3
Aroffe 88 ... 94 B 4
Aromas 39 ... 196 B 4
Aron 53 ... 82 B 5
Arone Plage d' 2A ... 348 A 1
Aroue 64 ... 311 H 4
Aroz 70 ... 140 D 4
Arpaillargues-et-Aureillac 30 ... 284 B 5
Arpajon 91 ... 87 G 2
Arpajon-sur-Cère 15 ... 244 C 5
Arpavon 26 ... 286 A 1
Arpenans 70 ... 141 G 4
Arpenaz Cascade d' 74 ... 216 C 2
Arpheuilles 18 ... 173 F 4
Arpheuilles 36 ... 171 E 3
Arpheuilles-Saint-Priest 03 ... 190 D 5
Arphy 30 ... 282 D 5
Arquenay 53 ... 106 B 4
Arques 11 ... 337 H 3
Arques 12 ... 281 E 2
Les Arques 46 ... 259 G 3
Arques 62 ... 3 G 5
Arques-la-Bataille 76 ... 20 B 2
Arquettes-en-Val 11 ... 338 A 1
Arquèves 80 ... 13 E 5
Arquian 58 ... 156 B 1
Arrabloy 45 ... 134 D 4
Arraincourt 57 ... 66 C 2
Arrancourt 91 ... 87 F 5
Arrancy 02 ... 41 E 1
Arrancy-sur-Crusne 55 ... 44 D 2
Arrans 21 ... 137 H 4
Arras 62 ... 13 G 2
Arras-en-Lavedan 65 ... 332 D 2
Arras-sur-Rhône 07 ... 249 E 2
Arrast-Larrebieu 64 ... 313 F 4
Arraute-Charritte 64 ... 311 G 3
Arraye-et-Han 54 ... 66 B 4
Arrayou-Lahitte 65 ... 333 E 1
Arre 30 ... 282 C 5
Arreau 65 ... 333 H 4
Arrelles 10 ... 115 F 4
Arrembécourt 10 ... 91 H 2
Arrènes 23 ... 206 C 2
Arrens Porte d' 65 ... 332 B 3
Arrens-Marsous 65 ... 332 C 2
Arrentès-de-Corcieux 88 ... 120 A 2
Arrentières 10 ... 92 B 5
Arrest 80 ... 11 F 4
Arreux 08 ... 26 C 2
Arriance 57 ... 66 C 2
Arricau-Bordes 64 ... 314 D 2
Arrien 64 ... 314 C 4
Arrien-en-Bethmale 09 ... 335 E 3
Arrigas 30 ... 282 C 5

Arrigny 51 ... 92 A 2
Arro 2A ... 348 C 2
Arrodets 65 ... 333 G 2
Arrodets-ez-Angles 65 ... 333 E 1
Arromanches-les-Bains 14 ... 33 E 2
Arronnes 03 ... 210 C 2
Arronville 95 ... 38 A 5
Arros-de-Nay 64 ... 314 B 5
Arros-d'Oloron 64 ... 331 H 1
Arrosès 64 ... 294 D 5
Arrou 28 ... 109 G 3
Arrouède 32 ... 316 B 3
Arround 09 ... 335 E 3
Arry 57 ... 65 G 2
Arry 80 ... 11 F 1
Ars 16 ... 220 B 2
Ars 23 ... 207 G 3
Ars-en-Ré 17 ... 182 C 5
Ars-Laquenexy 57 ... 65 H 1
Ars-les-Favets 63 ... 209 E 1
Ars-sur-Formans 01 ... 213 E 3
Ars-sur-Moselle 57 ... 65 G 1
Arsac 33 ... 237 F 4
Arsac-en-Velay 43 ... 247 F 4
Arsague 40 ... 293 F 4
Arsans 70 ... 161 F 2
Arsonval 10 ... 92 A 5
Arsure-Arsurette 39 ... 180 A 4
Les Arsures 39 ... 179 G 2
Arsy 60 ... 39 E 2
Art-sur-Meurthe 54 ... 95 E 1
Artagnan 65 ... 315 E 3
Artaise-le-Vivier 08 ... 27 E 5
Artaix 71 ... 193 G 5
Artalens-Souin 65 ... 332 D 2
Artannes-sur-Indre 37 ... 151 H 4
Artannes-sur-Thouet 49 ... 150 B 4
Artas 38 ... 231 H 3
Artassenx 40 ... 294 B 2
Artemare 01 ... 214 D 4
Artemps 02 ... 24 A 3
Artenay 45 ... 110 D 4
Arthaz-Pont-Notre-Dame 74 ... 197 H 5
Arthel 58 ... 157 E 4
Arthémonay 26 ... 249 G 2
Arthenac 17 ... 220 B 3
Arthenas 39 ... 196 B 4
Arthès 81 ... 299 G 1
Arthez-d'Armagnac 40 ... 294 C 1
Arthez-d'Asson 64 ... 332 C 1
Arthez-de-Béarn 64 ... 313 H 2
Arthezé 72 ... 129 F 3
Arthies 95 ... 57 G 1
Arthon 36 ... 171 H 5
Arthon-en-Retz 44 ... 146 D 5
Arthun 42 ... 211 G 5
Artigat 09 ... 335 H 1
Artignosc-sur-Verdon 83 ... 307 F 3
Artigue 31 ... 334 B 4
Artiguedieu 32 ... 316 A 2
Artigueloutan 64 ... 314 C 4
Artiguelouve 64 ... 314 A 3
Artiguemy 65 ... 333 G 1
Artigues 09 ... 337 E 5
Artigues 11 ... 337 G 4
Artigues 65 ... 333 E 1
Artigues 83 ... 306 D 4
Artigues-Campan 65 ... 333 F 3
Les Artigues-de-Lussac 33 ... 238 C 4
Artigues-près-Bordeaux 33 ... 237 G 5
Artins 41 ... 131 E 3
Artix 09 ... 336 A 2
Artix 46 ... 260 C 4
Artix 64 ... 313 H 2
Artolsheim 67 ... 97 G 5
Artonges 02 ... 60 D 2
Artonne 63 ... 209 H 3
Artres 59 ... 14 D 2
Artzenheim 68 ... 121 F 2
Arudy 64 ... 332 A 1
Arue 40 ... 274 A 4
Arvant 43 ... 228 A 5
Arvert 17 ... 200 C 5
Arveyres 33 ... 238 B 5
Arvieu 12 ... 280 D 3
Arvieux 05 ... 271 E 1
Arvigna 09 ... 336 C 2
Arvillard 73 ... 233 G 3
Arville 41 ... 109 E 4
Arville 77 ... 112 A 3
Arvillers 80 ... 23 E 3

Arx 40 ... 275 E 4
Arzacq-Arraziguet 64 ... 294 A 5
Arzal 56 ... 125 E 5
Arzano 29 ... 101 E 4
Arzay 38 ... 231 H 4
L'Arzelier Col de 38 ... 250 C 4
Arzembouy 58 ... 157 E 4
Arzenc-d'Apcher 48 ... 263 H 1
Arzenc-de-Randon 48 ... 264 D 3
Arzens 11 ... 319 G 5
Arzillières-Neuville 51 ... 62 C 5
Arzon 56 ... 124 A 4
Arziviller 57 ... 67 H 5
Asasp 64 ... 331 H 1
Ascain 64 ... 310 C 4
Ascarat 64 ... 330 B 1
Aschbach 67 ... 69 F 2
Aschères-le-Marché 45 ... 111 E 3
Asclier Col de l' 30 ... 283 E 4
Asco 2B ... 346 D 3
Asco Gorges de l' 2B ... 347 E 3
Ascou 09 ... 336 D 5
Ascou-Pailhérès 09 ... 337 E 5
Ascoux 45 ... 111 G 3
Ascros 06 ... 289 G 5
Asfeld 08 ... 41 H 1
Aslonnes 86 ... 186 B 3
Asnan 58 ... 157 F 3
Asnans 39 ... 178 D 2
Asnelles 14 ... 33 F 2
Asnières 27 ... 35 E 4
Asnières Ancienne Abbaye d' 49 ... 150 B 5
Asnières-en-Bessin 14 ... 32 C 2
Asnières-en-Montagne 21 ... 137 G 4
Asnières-en-Poitou 79 ... 202 C 1
Asnières-la-Giraud 17 ... 201 H 4
Asnières-les-Bourges 18 ... 155 E 5
Asnières-lès-Dijon 21 ... 160 A 2
Asnières-sous-Bois 89 ... 157 G 1
Asnières-sur-Blour 86 ... 204 D 1
Asnières-sur-Nouère 16 ... 221 E 1
Asnières-sur-Oise 95 ... 38 C 5
Asnières-sur-Saône 01 ... 195 E 3
Asnières-sur-Seine 92 ... 58 B 3
Asnières-sur-Vègre 72 ... 129 F 2
Asnois 58 ... 157 F 2
Asnois 86 ... 203 H 2
Aspach 57 ... 67 G 5
Aspach 68 ... 143 F 3
Aspach-le-Bas 68 ... 143 E 1
Aspach-le-Haut 68 ... 143 E 1
Aspères 30 ... 303 E 2
Asperjoc 07 ... 266 C 2
Aspet 31 ... 334 C 2
Aspin Col d' 65 ... 333 G 3
Aspin-Aure 65 ... 333 G 3
Aspin-en-Lavedan 65 ... 332 D 1
Aspiran 34 ... 302 A 5
Aspremont 05 ... 269 E 4
Aspremont 06 ... 291 E 5
Les Aspres 61 ... 55 F 5
Aspres-lès-Corps 05 ... 269 G 1
Aspres-sur-Buëch 05 ... 269 E 4
Aspret-Sarrat 31 ... 334 C 1
Asprières 12 ... 261 G 4
Asque 65 ... 333 G 2
Asques 33 ... 237 H 4
Asques 82 ... 277 E 5
Asquins 89 ... 157 G 1
Assac 81 ... 280 C 5
Assainvillers 80 ... 23 E 5
Assais 79 ... 168 B 4
Assas 34 ... 302 D 3
Assat 64 ... 314 B 4
Assay 37 ... 169 E 1
Assé-le-Bérenger 53 ... 106 C 3
Assé-le-Boisne 72 ... 83 F 5
Assé-le-Riboul 72 ... 107 G 2
Assenay 10 ... 115 E 3
Assencières 10 ... 91 F 5
Assenoncourt 57 ... 67 F 4
Assérac 44 ... 145 H 3
Assevent 59 ... 15 H 2
Assevillers 80 ... 23 F 2
Assier 46 ... 261 E 3
Assieu 38 ... 231 F 4
Assignan 34 ... 320 D 3
Assigny 18 ... 155 H 2
Assigny 76 ... 10 C 5
Les Assions 07 ... 265 H 5
Assis-sur-Serre 02 ... 24 D 4
Asson 64 ... 314 C 5
Asswiller 67 ... 68 A 3
Assy 14 ... 53 H 1
Astaffort 47 ... 276 B 4
Astaillac 19 ... 243 E 5

ARLES

Alyscamps (Av. des) .... Z 2
Amphithéâtre (R. de l') ...... Y 3
Anatole-France (R.) .... Z 4
Antonelle (Pl.) .... Z 5
Arènes (Rd-Pt des) .... YZ 6
Arènes (R. des) .... YZ 7
Balze (R.) ....
Blum (R. Léon) .... Y 10
Calade (R. de la) .... Z 12
Cavalerie (R. de la) .... Y 13
Cloître (R. du) .... Z 14

Forum (Pl. du) .... Z 15
Gambetta (R.) .... Z 17
Hôtel de Ville (R. de l') ...
Jean-Jaurès (R.) .... Z 18
Lamartine (Av.) .... Y 21
Lices (Bd des) ....
Major (Pl. de la) .... Y 29
Mistral (R. Frédéric) .... Z 30
Place (R. de la) .... Y 32

Plan de la Cour (R. du) ..... Z 33
Porte de Laure (R.) .... Z 36
Président Wilson (R. du) .... Z 37
Réattu (R.) .... Y 41
Redoute (Pl. de la) .... Z 42
République (Pl. de la) ...... Z 39
République (R.) .... Z 40
Vauban (Montée) .... Z 43
Voltaire (R.) .... Y 45
4-Septembre (R. du) .... Y 47

AVIGNON

Amirande (Pl. de l') . . . . EY 2
Arroussaire (Av. de l') . . . . FZ 3
Aubanel (R. Théodore) . . . . . . EZ 5
Balance (R. de la) . . . . EY 7
Bancasse (R.) . . . . EY 9
Bertrand (R.) . . . . FY 10
Bon Martinet (R. du) . . . . FZ 13
Campane (R.) . . . . FY 14
Collège d'Annecy (R.) . . . . EZ 18
Collège du Roure (R. du) . . . . . EY 19

Corps Saints (Pl. des) . . . . EZ 20
David (R. Félicien) . . . . EY 22
Dorée (R.) . . . . EY 23
Folco-de-Baroncelli (R.) . . . . . EY 28
Fourbisseurs (R. des) . . . . EY 34
Four de la Terre (R. du) . . . . . . FZ 35
Four (R. du) . . . . FZ 33
Galante (R.) . . . . EY 37
Grande Fusterie (R. de la) . . . . EY 39
Grottes (R. des) . . . . EY 41
Italiens (Av. des) . . . . GY 44
Jean-Jaurès (Cours) . . . . EZ
Jérusalem (Pl.) . . . . FY 45

Ledru-Rollin (R.) . . . . FY 47
Manivet (R. P.) . . . . EFZ 48
Marchands (R. des) . . . . EY 49
Masse (R. de la) . . . . FZ 52
Molière (R.) . . . . EY 54
Monclar (Av.) . . . . EZ 55
Mons (R. de) . . . . EY 59
Muguet (R.) . . . . GY 62
Ortolans (R. des) . . . . EY 63
Palais (Pl. du) . . . . EY 64
Palapharnerie (R.) . . . . FY 66
Petite Calade (R. de la) . . . . . . EY 67
Petite Fusterie (R. de la) . . . . . EY 68

Petite Saunerie (R. de la) . . . . FY 70
Pétramale (R.) . . . . EZ 72
Peyrollerie (R.) . . . . FZ 73
Pont (R. du) . . . . EY 74
Président-Kennedy (Cours) . . . EZ 76
Prévot (R.) . . . . FY 77
Rascas (R. de) . . . . GY 79
Rempart de l'Oulle (R. du) . . . . DY 82
Rempart du Rhône (R. du) . . . . FY 83
Rempart St-Michel (R. du) . . . . FZ 84
Rempart St-Roch (R. du) . . . . . DEZ 86
République (R. de la) . . . . EYZ
Rhône (Pte du) . . . . EY 88

Rouge (R.) . . . . EY 90
Ste-Catherine (R.) . . . . FY 109
St-Agricol (R.) . . . . EY 94
St-Christophe (R.) . . . . FZ 97
St-Dominique (Bd) . . . . DZ 98
St-Étienne (R.) . . . . EY 99
St-Jean le Vieux
  (Pl.) . . . . FY 101
St-Jean le Vieux (R.) . . . . FY 102
St-Joseph (R.) . . . . FY 104
St-Michel (R.) . . . . EZ 105
St-Pierre (Pl.) . . . . EY 106
St-Ruf (Av.) . . . . FZ 108

Sarailerie (R. de la) . . . . EYZ 110
Taulignan (R. de) . . . . EY 113
Tour (R. de la) . . . . GY 116
Vernet (R. Horace) . . . . EZ 118
Vernet (R. Joseph) . . . . EYZ
Viala (R. Jean) . . . . EY 119
Vice-Légat (R.) . . . . EY 120
Vieux Sextier
  (R. du) . . . . EFY 122
Vilar (R. Jean) . . . . EY 123
Violette (R.) . . . . EY 124
3 Pilats (R. des) . . . . FY 127
3 Faucons (R. des) . . . . EY 126

Asté 65 . . . . 333 F 2
Aste-Béon 64 . . . . 332 A 2
Astérix Parc 60 . . . . 38 D 5
Astet 07 . . . . 265 G 2
Astillé 53 . . . . 105 H 5
Astis 64 . . . . 314 B 2
Astoin 04 . . . . 269 H 5
Aston 09 . . . . 336 B 5
Astugue 65 . . . . 333 E 1
Athée 21 . . . . 160 D 4
Athée 53 . . . . 105 G 5
Athée-sur-Cher 37 . . . . . 152 B 3
Athesans 70 . . . . 141 H 4
Athie 21 . . . . 137 G 5
Athie 89 . . . . 158 A 1
Athienville 54 . . . . 66 C 5
Athies 62 . . . . 13 G 2
Athies 80 . . . . 23 G 2
Athies-sous-Laon 02 . . . . 24 D 5
Athis 51 . . . . 61 H 1
Athis-de-l'Orne 61 . . . . . . 53 F 3
Athis-Mons 91 . . . . 58 C 5
Athos-Aspis 64 . . . . 311 H 3
Athose 25 . . . . 162 C 5
Attainville 95 . . . . 58 C 1
Attancourt 52 . . . . 92 C 3
Les Attaques 62 . . . . 2 D 3
Attenschwiller 68 . . . . . . 143 G 3
Attiches 59 . . . . 8 D 4
Attichy 60 . . . . 39 H 2
Attignat 01 . . . . 195 H 4
Attignat-Oncin 73 . . . . . . 233 E 3
Attignéville 88 . . . . 94 A 4

Attigny 08 . . . . 42 C 1
Attigny 88 . . . . 118 C 3
Attilloncourt 57 . . . . 66 B 4
Attilly 02 . . . . 24 A 2
Attin 62 . . . . 6 C 4
Atton 54 . . . . 65 G 3
Attray 45 . . . . 111 F 3
Attricourt 70 . . . . 160 D 1
Atur 24 . . . . 240 C 2
Aubagnan 40 . . . . 294 A 3
Aubagne 13 . . . . 327 F 2
Aubaine 21 . . . . 159 G 5
Aubais 30 . . . . 303 F 3
Aubarède 65 . . . . 315 G 4
Aubas 24 . . . . 241 G 3
Aubazat 43 . . . . 246 B 2
Aubazines 19 . . . . 242 D 2
Aube 57 . . . . 66 B 2
Aube 61 . . . . 55 F 4
Aubéguimont 76 . . . . 21 F 3
Aubenas 07 . . . . 266 B 3
Aubenas-les-Alpes 04 . . . 287 E 5
Aubenasson 26 . . . . 267 H 2
Aubencheul-au-Bac 59 . . . 14 B 3
Aubencheul-aux-Bois 02 . . 14 B 5
Aubenton 02 . . . . 25 H 2
Aubepierre 77 . . . . 88 D 2
Aubepierre-sur-Aube 52 . 116 C 5
L'Aubépin 39 . . . . 196 A 3
Auberchicourt 59 . . . . 14 B 2
Aubercourt 80 . . . . 22 D 2
Aubergenville 78 . . . . 57 G 2
Aubérive 51 . . . . 42 B 4

Auberive 52 . . . . 139 E 3
Auberives-en-Royans 38 . . 250 A 3
Auberives-sur-Varèze 38 . . 231 E 4
Aubermesnil-aux-Érables 76 . 21 E 2
Aubermesnil-Beaumais 76 . 20 B 2
Aubers 59 . . . . 8 B 3
Aubertans 70 . . . . 162 B 1
Aubertin 64 . . . . 314 A 4
Auberville 14 . . . . 34 B 3
Auberville-la-Campagne 76 . . 19 F 5
Auberville-la-Manuel 76 . . 19 F 2
Auberville-la-Renault 76 . . 19 E 4
Aubervilliers 93 . . . . 58 C 3
Aubeterre 10 . . . . 91 E 4
Aubeterre-sur-Dronne 16 . . 239 F 1
Aubeville 16 . . . . 220 D 3
Aubevoye 27 . . . . 36 C 5
Aubiac 33 . . . . 256 B 5
Aubiac 47 . . . . 276 B 3
Aubiat 63 . . . . 209 H 3
Aubie-et-Espessas 33 . . . 237 H 3
Aubière 63 . . . . 227 H 1
Les Aubiers 79 . . . . 167 F 2
Aubiet 32 . . . . 296 C 4
Aubignan 84 . . . . 285 G 4
Aubignas 07 . . . . 266 D 3
Aubigné 35 . . . . 80 B 5
Aubigné 79 . . . . 202 D 2
Aubigné-Racan 72 . . . . . 130 A 4
Aubigné-sur-Layon 49 . . . 149 H 4
Aubigny 03 . . . . 174 C 5

Aubigny 14 . . . . 53 H 2
Aubigny 79 . . . . 168 B 4
Aubigny 80 . . . . 23 H 3
Aubigny 85 . . . . 182 D 1
Aubigny-au-Bac 59 . . . . . . 14 B 2
Aubigny-aux-Kaisnes 02 . . 23 H 3
Aubigny-en-Artois 62 . . . . 13 F 2
Aubigny-en-Laonnois 02 . . 41 E 1
Aubigny-en-Plaine 21 . . . 160 B 5
Aubigny-la-Ronce 21 . . . 177 F 2
Aubigny-les-Pothées 08 . . 26 B 3
Aubigny-lès-Sombernon 21 . 159 F 3
Aubigny-sur-Nère 18 . . . . 155 E 1
Aubilly 51 . . . . 41 F 1
Aubin 12 . . . . 261 H 4
Aubin-Saint-Vaast 62 . . . . . 6 D 5
Aubinges 18 . . . . 155 G 4
Aubisque Col d' 64 . . . . . 332 B 2
Auboncourt-Vauzelles 08 . . 26 B 5
Aubonne 25 . . . . 180 C 1
Aubord 30 . . . . 303 H 3
Auboué 54 . . . . 45 F 5
Aubous 64 . . . . 294 D 5
Aubrac 12 . . . . 263 G 3
Aubres 26 . . . . 285 H 1
Aubréville 55 . . . . 43 G 5
Aubrives 08 . . . . 17 E 4
Aubrometz 62 . . . . 12 C 2
Aubry-du-Hainaut 59 . . . . . 9 G 5
Aubry-en-Exmes 61 . . . . . 54 B 4
Aubry-le-Panthou 61 . . . . 54 C 3
Aubure 68 . . . . 96 D 5

Aubussargues 30 . . . . . . 284 B 5
Aubusson 23 . . . . 207 G 3
Aubusson 61 . . . . 53 F 4
Aubusson-d'Auvergne 63 . 228 D 1
Aubvillers 80 . . . . 22 D 4
Auby 59 . . . . 8 D 5
Aucaleuc 22 . . . . 79 G 4
Aucamville 31 . . . . 297 H 4
Aucamville 82 . . . . 297 G 2
Aucazein 09 . . . . 335 E 3
Aucelon 26 . . . . 268 B 3
Aucey-la-Plaine 50 . . . . . . 80 D 2
Auch 32 . . . . 296 B 4
Auchel 62 . . . . 7 H 4
Auchonvillers 80 . . . . 13 F 5
Auchy-au-Bois 62 . . . . 7 G 3
Auchy-la-Montagne 60 . . . 22 A 5
Auchy-lès-Hesdin 62 . . . . . 7 E 5
Auchy-les-Mines 62 . . . . . 8 B 4
Auchy-lez-Orchies 59 . . . . 9 E 4
Aucun 65 . . . . 332 C 2
Audaux 64 . . . . 313 F 3
Audéjos 64 . . . . 313 H 2
Audelange 39 . . . . 161 E 5
Audeloncourt 52 . . . . 117 G 3
Audembert 62 . . . . 2 B 4
Audencourt 59 . . . . 14 D 4
Audenge 33 . . . . 254 C 2
Auderville 50 . . . . 28 C 2
Audes 03 . . . . 190 C 3
Audeux 25 . . . . 161 G 3
Audeville 45 . . . . 111 G 2
Audierne 29 . . . . 99 E 2

Audignicourt 02 . . . . 40 A 1
Audignies 59 . . . . 15 F 2
Audignon 40 . . . . 293 H 3
Audigny 02 . . . . 24 D 2
Audincourt 25 . . . . 142 C 5
Audincthun 62 . . . . 7 E 3
Audinghen 62 . . . . 2 B 4
Audon 40 . . . . 293 F 2
Audouville-la-Hubert 50 . . 29 H 5
Audrehem 62 . . . . 2 D 5
Audressein 09 . . . . 335 E 3
Audresselles 62 . . . . 2 A 4
Audrieu 14 . . . . 33 E 4
Audrix 24 . . . . 241 E 5
Audruicq 62 . . . . 3 E 4
Audun-le-Roman 54 . . . . . 45 F 3
Audun-le-Tiche 57 . . . . . . 45 F 2
Auenheim 67 . . . . 69 F 3
Auffargis 78 . . . . 57 G 5
Auffay 76 . . . . 20 B 4
Aufferville 77 . . . . 112 B 2
Auffreville-Brasseuil 78 . . . 57 F 2
Auflance 08 . . . . 27 H 4
Auga 64 . . . . 314 B 2
Augan 56 . . . . 103 E 5
Auge 08 . . . . 26 A 2
Auge 23 . . . . 190 B 5
Augé 79 . . . . 185 F 3
Auge-Saint-Médard 16 . . 202 D 4
Augea 39 . . . . 196 A 1
Auger-Saint-Vincent 60 . . . 39 F 4
Augerans 39 . . . . 179 E 1
Augères 23 . . . . 206 D 2

A B C D E F G H I J K L M N O P Q R S T U V W X Y Z

B

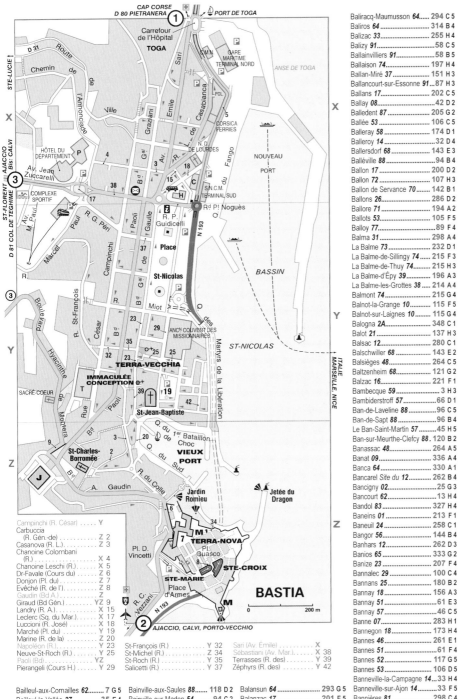

Map labels (BASTIA):

CAP CORSE
D 80 PIETRANERA — PORT DE TOGA
Carrefour de l'Hôpital
TOGA
Route de l'Annonciade
Chemin de de Ville
STE-LUCIE
D 31
GARE MARITIME TERMINAL NORD
ANSE DE TOGA
CORSICA FERRIES
N.D. DE LOURDES
HÔTEL DU DÉPARTEMENT
AJACCIO / Bis: CALVI
ST-FLORENT
Av. Jean Zuccarelli
D 81 COL DE TEGHIME
COMPLEXE SPORTIF
NOUVEAU PORT
S.N.C.M. TERMINAL SUD
Rd Pt Noguès
R. P. Guidicelli
Place St-Nicolas
BASSIN
N 193
ANCN COUVENT DES MISSIONNAIRES
ST-NICOLAS
TERRA-VECCHIA
IMMACULÉE CONCEPTION
SACRÉ-CŒUR
St-Jean-Baptiste
Martyrs de la Libération
ITALIE MARSEILLE, NICE
Q. du 1er Bataillon Choc
VIEUX PORT
St-Charles-Borromée
Q. du Sud
R. du Colle
A. Gaudin
Jardin Romieu
Jetée du Dragon
TERRA-NOVA
Pl. D. Vincetti
Pl. Guasco
STE-MARIE
STE-CROIX
Place d'Armes
R. C. Vezzani
N 193
BASTIA
AJACCIO, CALVI, PORTO-VECCHIO
0   200 m

Campinchi (R. César) ..... Y
Carbuccia (R. Gén.-de) .... Z 2
Casanova (R. L.) .... Z 3
Chanoine Colombani (R.) .... X 4
Chanoine Leschi (R.) ...... X 5
Dr-Favale (Cours du) ...... Z 6
Donjon (Pl. du) .... Z 7
Evêché (R. de l') .... Z 8
Gaudin (Bd A.) .... Z
Giraud (Bd Gén.) .... YZ 9
Landry (R. A.) .... X 15
Leclerc (Sq. du Mar.) ..... X 17
Luccioni (R. José) .... X 18
Marché (Pl. du) .... Y 19
Marine (R. de la) .... Y 20
Napoléon (R.) .... X 23
Neuve-St-Roch (R.) .... Y 25
Paoli (Bd) .... YZ
Pierangeli (Cours H.) ..... Y 29
St-François (R.) .... Y 32
St-Michel (R.) .... Z 34
St-Roch (R.) .... Y 35
Salicetti (R.) .... Y 37
Sari (Av. Émile) X
Sébastiani (Av. Mar.) ..... X 38
Terrasses (R. des) .... Y 39
Zéphyrs (R. des) .... Y 42

Bailleul-aux-Cornailles 62...... 7 G 5
Bailleul-la-Vallée 27...... 35 E 4
Bailleul-le-Soc 60...... 38 D 2
Bailleul-lès-Pernes 62...... 7 G 4
Bailleul-Neuville 76...... 20 D 3
Bailleul-Sir-Berthoult 62...... 13 G 2
Bailleul-sur-Thérain 60...... 38 B 2
Bailleulmont 62...... 13 F 3
Bailleulval 62...... 13 F 3
Bailleval 60...... 38 D 3
Baillolet 76...... 20 D 3
Baillou 41...... 109 E 5
Bailly 60...... 39 G 1
Bailly 78...... 58 A 3
Bailly-aux-Forges 52...... 92 C 3
Bailly-Carrois 77...... 89 E 2
Bailly-en-Rivière 76...... 10 D 5
Bailly-le-Franc 10...... 92 A 3
Bailly-Romainvilliers 77...... 59 F 3
Bain-de-Bretagne 35...... 126 C 2
Baincthun 62...... 6 B 2
Bainghen 62...... 2 D 5
Bains 43...... 247 E 4
Bains-de-Guitera 2A...... 349 E 3
Bains-les-Bains 88...... 119 E 4
Bains-sur-Oust 35...... 125 H 3
Bainville-aux-Miroirs 54...... 95 E 3

Bainville-aux-Saules 88...... 118 D 2
Bainville-sur-Madon 54...... 94 C 2
Bairols 06...... 289 H 4
Bais 35...... 105 E 4
Bais 53...... 106 D 2
Baisieux 59...... 9 E 3
Baissey 52...... 139 G 3
Baives 59...... 16 A 5
Baix 07...... 267 E 2
Baixas 66...... 338 D 5
Baizieux 80...... 22 D 1
Le Baizil 51...... 61 G 2
Bajamont 47...... 276 C 2
Bajonnette 32...... 296 C 2
Bajus 62...... 7 H 5
Balacet 09...... 335 E 4
Baladou 46...... 242 C 4
Balagny-sur-Thérain 60...... 38 C 3
Balaguères 09...... 335 E 3
Balaguier d'Olt 12...... 261 F 4
Balaguier-sur-Rance 12...... 300 B 1
Balaine Arboretum de 03...... 174 D 5
Balaiseaux 39...... 179 E 2
Balaives-et-Butz 08...... 26 D 4
Balan 01...... 213 G 4
Balan 08...... 27 F 4
Balanod 39...... 196 A 2

Balansun 64...... 293 G 5
Balanzac 17...... 201 E 5
Balaruc-le-Vieux 34...... 323 E 3
Balaruc-les-Bains 34...... 323 E 3
Balâtre 80...... 23 G 4
Balazé 35...... 105 E 2
Balazuc 07...... 266 B 4
Balbigny 42...... 211 H 5
Balbins 38...... 231 H 4
Balbronn 67...... 97 E 1
Balcon de Merlet
Parc du 74...... 216 D 3
Baldenheim 67...... 97 F 5
Baldersheim 68...... 143 G 1
La Baleine 50...... 51 H 2
Baleines Phare des 17...... 182 C 4
Baleix 64...... 314 D 4
Balesmes 37...... 169 H 2
Balesmes-sur-Marne 52...... 139 G 2
Balesta 31...... 316 A 5
Baleyssagues 47...... 257 E 2
Balgau 68...... 121 G 4
Balham 08...... 41 H 1
Balignac 82...... 296 D 1
Balignicourt 10...... 91 G 3
Bâlines 27...... 56 A 4
Balinghem 62...... 2 D 4

Baliracq-Maumusson 64...... 294 C 5
Baliros 64...... 314 B 4
Balizac 33...... 255 H 4
Balizy 91...... 58 C 5
Ballainvilliers 91...... 58 B 5
Ballaison 74...... 197 H 4
Ballan-Miré 37...... 151 H 3
Ballancourt-sur-Essonne 91...... 87 H 3
Ballans 17...... 202 C 5
Ballay 08...... 42 D 2
Balledent 87...... 205 G 2
Balleray 58...... 174 D 1
Balleroy 14...... 32 D 4
Ballersdorf 68...... 143 E 3
Balléville 88...... 94 B 4
Ballon 17...... 200 D 2
Ballon 72...... 107 H 3
Ballon de Servance 70...... 142 B 1
Ballons 26...... 286 D 2
Ballore 71...... 194 A 2
Ballots 53...... 105 F 5
Balloy 77...... 89 F 4
Balma 31...... 298 A 4
La Balme 73...... 232 D 1
La Balme-de-Sillingy 74...... 215 F 3
La Balme-de-Thuy 74...... 215 H 3
La Balme-d'Épy 39...... 196 A 3
La Balme-les-Grottes 38...... 214 A 4
Balmont 74...... 215 G 4
Balnot-la-Grange 10...... 115 F 5
Balnot-sur-Laignes 10...... 115 G 4
Balogna 2A...... 348 C 1
Balot 21...... 137 H 3
Balsac 12...... 280 C 1
Balschwiller 68...... 143 E 2
Balsièges 48...... 264 C 5
Baltzenheim 68...... 121 G 2
Balzac 16...... 221 F 1
Bambecque 59...... 3 H 3
Bambiderstroff 57...... 66 D 1
Ban-de-Laveline 88...... 96 C 5
Ban-de-Sapt 88...... 96 B 4
Le Ban-Saint-Martin 57...... 45 H 5
Ban-sur-Meurthe-Clefcy 88...... 120 B 2
Banassac 48...... 264 A 5
Banat 09...... 336 A 4
Banca 64...... 330 A 1
Bancarel Site du 12...... 262 B 4
Bancigny 02...... 25 G 3
Bancourt 62...... 13 H 4
Bandol 83...... 327 H 4
Baneins 01...... 213 F 1
Baneuil 24...... 258 C 1
Bangor 56...... 144 B 4
Banhars 12...... 262 D 3
Banios 65...... 333 G 2
Banize 23...... 207 F 4
Bannalec 29...... 100 C 4
Bannans 25...... 180 B 2
Bannay 18...... 156 A 3
Bannay 51...... 61 E 3
Bannay 57...... 46 C 5
Banne 07...... 283 H 1
Bannegon 18...... 173 H 4
Bannes 46...... 261 E 1
Bannes 51...... 61 F 4
Bannes 52...... 117 G 5
Bannes 53...... 106 D 5
Banneville-la-Campagne 14...... 33 H 4
Banneville-sur-Ajon 14...... 33 F 4
Bannières 81...... 298 C 4
Bannoncourt 55...... 64 C 3
Bannost 77...... 60 A 5
Banogne-Recouvrance 08...... 25 H 5
Banon 04...... 286 D 4
Banos 40...... 293 H 3
Bans 39...... 179 E 2
Bansat 63...... 228 B 4
Bantanges 71...... 195 G 1
Banteux 59...... 14 B 5
Banthelu 95...... 37 G 3
Bantheville 55...... 43 G 2
Bantigny 59...... 14 B 3
Bantouzelle 59...... 14 B 5
Bantzenheim 68...... 121 F 5
Banvillars 90...... 142 B 3
Banville 14...... 33 F 4
Banvou 61...... 53 E 5
Banyuls-dels-Aspres 66...... 343 E 3
Banyuls-sur-Mer 66...... 343 G 4
Baon 89...... 137 F 2
Baons-le-Comte 76...... 19 G 4
Baou de 4 Oures 83...... 328 A 4
Bapaume 62...... 13 G 4
Bapeaume-lès-Rouen 76...... 36 A 1
Bar 19...... 225 E 5

Bar-le-Duc 55...... 63 H 4
Bar-lès-Buzancy 08...... 43 F 1
Bar-sur-Aube 10...... 116 A 2
Le Bar-sur-Loup 06...... 309 E 2
Bar-sur-Seine 10...... 115 G 3
Baracé 49...... 128 C 4
Baracuchet Col de 63...... 229 F 3
Baraigne 11...... 318 D 4
Baraize 36...... 188 D 2
Baralle 62...... 14 A 3
Baraqueville 12...... 280 B 2
Barastre 62...... 13 H 5
Baratier 05...... 270 C 3
Barbachen 65...... 315 F 2
Barbaggio 2B...... 345 G 4
Barbaira 11...... 320 A 5
Barbaise 08...... 26 C 4
Barbas 54...... 96 A 1
Barbaste 47...... 275 F 3
Barbâtre 85...... 164 B 2
Barbazan 31...... 334 B 2
Barbazan-Debat 65...... 315 F 5
Barbazan-Dessus 65...... 315 F 5
Barbechat 44...... 148 A 3
La Barben 13...... 305 G 4
Barbentane 13...... 304 C 1
Barberaz 73...... 233 F 2
Barberey-aux-Moines 10...... 90 D 5
Barberey-Saint-Sulpice 10...... 90 D 5
Barberier 03...... 192 A 5
Barbery 14...... 53 G 1
Barbery 60...... 39 E 4
Barbeville 14...... 32 D 4
Barbey 77...... 89 E 5
Barbey-Seroux 88...... 120 A 2
Barbezières 16...... 202 D 4
Barbezieux 16...... 220 C 4
Barbières 26...... 249 H 4
Barbirey-sur-Ouche 21...... 159 G 4
Barbizon 77...... 88 B 4
Barbonne-Fayel 51...... 61 E 5
Barbonval 02...... 40 D 2
Barbotan-les-Thermes 32...... 274 D 5
Le Barboux 25...... 163 F 5
Barbuise 10...... 90 A 2
Barby 08...... 42 A 1
Barby 73...... 233 F 2
Barc 27...... 55 H 1
Barcaggio 2B...... 345 F 1
Le Barcarès 66...... 339 E 5
Barcelonne 26...... 249 G 5
Barcelonne-du-Gers 32...... 294 C 3
Barcelonnette 04...... 270 D 5
Barchain 57...... 67 G 5
Barcillonnette 05...... 269 F 5
Barcugnan 32...... 315 H 3
Barcus 64...... 331 F 1
Barcy 77...... 59 G 1
Bard 42...... 229 G 2
Bard-le-Régulier 21...... 158 D 5
Bard-lès-Époisses 21...... 158 C 1
Bard-lès-Pesmes 70...... 161 F 3
La Barde 17...... 238 D 2
Bardenac 16...... 220 D 5
Bardiana 2B...... 346 B 4
Bardigues 82...... 276 D 5
Le Bardon 45...... 132 D 2
Bardos 64...... 292 C 5
Bardou 24...... 258 C 2
Bardouville 76...... 35 H 2
Barèges 65...... 333 E 3
Bareilles 65...... 333 H 3
Barembach 67...... 96 D 2
Baren 31...... 334 B 4
Barentin 76...... 20 A 5
Barenton 50...... 81 H 2
Barenton-Bugny 02...... 24 D 4
Barenton-Cel 02...... 24 D 4
Barenton-sur-Serre 02...... 24 D 4
Barésia-sur-l'Ain 39...... 196 D 1
Barfleur 50...... 29 H 2
Barfleur Pointe de 50...... 29 H 2
Bargème 83...... 308 B 2
Bargemon 83...... 308 B 3
Barges 21...... 160 A 4
Barges 43...... 265 F 1
Barges 70...... 140 C 2
Bargny 60...... 39 G 5
Barie 33...... 256 C 4
Les Barils 27...... 55 H 4
Barinque 64...... 314 C 2
Barisey-au-Plain 54...... 94 B 2
Barisey-la-Côte 54...... 94 B 2
Barisis 02...... 24 B 5
Barizey 71...... 177 G 4

Barjac 09...... 335 F 1
Barjac 30...... 284 B 2
Barjac 48...... 264 B 4
Barjols 83...... 307 E 4
Barjon 21...... 138 D 5
Barjouville 28...... 86 A 4
Barles 04...... 288 A 1
Barlest 65...... 314 D 5
Barleux 80...... 23 G 2
Barlieu 18...... 155 G 1
Barlin 62...... 8 A 4
Barly 62...... 13 E 3
Barly 80...... 12 C 3
Barmainville 28...... 111 E 2
Barnas 07...... 265 H 3
Barnave 26...... 268 B 2
Barnay 71...... 176 D 1
Barnenez Tumulus de 29...... 71 H 3
Barneville-Carteret 50...... 31 E 2
Barneville-la-Bertran 14...... 34 C 2
Barneville-sur-Seine 27...... 35 H 2
La Baroche-Gondouin 53...... 82 C 3
La Baroche-sous-Lucé 61...... 82 B 2
Les Baroches 54...... 45 F 4
Baromesnil 76...... 10 D 5
Baron 30...... 284 A 4
Baron 33...... 256 B 1
Baron 60...... 39 F 5
Baron 71...... 194 A 2
Baron-sur-Odon 14...... 33 F 5
Baronville 57...... 66 D 2
Barou-en-Auge 14...... 54 A 2
Baroville 10...... 116 A 2
Le Barp 33...... 255 E 3
La Barque 13...... 306 B 5
Barquet 27...... 55 H 1
Barr 67...... 97 F 3
Barracone 2A...... 348 D 3
Barrais-Bussolles 03...... 192 D 5
La Barre 39...... 161 F 5
La Barre 70...... 162 B 2
Barre 81...... 300 D 3
La Barre-de-Monts 85...... 164 C 2
La Barre-de-Semilly 50...... 32 B 5
Barre-des-Cévennes 48...... 282 D 2
La Barre-en-Ouche 27...... 55 F 2
Barrême 04...... 288 B 5
Barret 16...... 220 C 3
Barret-de-Lioure 26...... 286 C 3
Barret-sur-Méouge 05...... 287 E 2
Barretaine 39...... 179 F 3
Barrettali 2B...... 345 F 2
Barriac-les-Bosquets 15...... 243 H 2
Barricourt 08...... 43 F 1
Barro 16...... 203 F 3
Barrou 37...... 170 A 3
Le Barroux 84...... 285 H 3
Barry 65...... 315 E 5
Barry 84...... 285 E 1
Barry-d'Islemade 82...... 277 G 4
Bars 24...... 241 F 3
Bars 32...... 295 G 5
Barsac 26...... 268 A 2
Barsac 33...... 256 B 3
Barsanges 19...... 225 F 3
Bart 25...... 142 B 4
Bartenheim 68...... 143 G 3
Barthe 65...... 316 A 4
Barthe Barrage de la 12...... 263 E 1
La Barthe-de-Neste 65...... 333 H 1
Bartherans 25...... 179 H 1
Les Barthes 82...... 277 F 4
Bartrès 65...... 332 D 1
Barville 27...... 35 E 5
Barville 61...... 84 A 3
Barville 76...... 19 G 3
Barville 88...... 94 A 4
Barville-en-Gâtinais 45...... 111 H 3
Barzan 17...... 219 E 3
Barzun 64...... 314 D 5
Barzy-en-Thiérache 02...... 15 F 5
Barzy-sur-Marne 02...... 60 D 1
Bas-en-Basset 43...... 229 H 5
Bas-et-Lezat 63...... 210 A 3
Bas-Lieu 59...... 15 G 4
Bas-Mauco 40...... 293 H 2
Bas-Rupts 88...... 120 B 3
Bascons 40...... 294 A 2
Bascous 32...... 295 F 2

BAYONNE

Argenterie (R.) . . . . AZ 3
Bastion Royal (R. du) . . . . . . BZ 12
Bernède (R.) . . . . AY 15
Bonnat (Av. Léon) . . . . AY 16
Bourgneuf (R.) . . . . BYZ 17
Château-Vieux (Pl.) . . . . AZ 24
Cordeliers (R. des) . . . . BZ 26
Corsaires (Quai des) . . . . . . AZ 28
Dubourdieu (Q. Amiral) . . . . BZ 31
Duvergier-de-Hauranne
(Av.) . . . . BZ 32
Galuperie (Quai) . . . . BZ 35
Génie (Pont du) . . . . BZ 39
Gouverneurs (R. des) . . . . . . AZ 41

Hugo (R. Victor) . . . . AZ 125
Jaureguiberry (Q.) . . . . AZ 57
Lachepaillet
(Bd
du Rempart) . . . . AZ 64
Laffitte (R. Jacques) . . . . BYZ 65
Lamarque
(Av. du Chanoine) . . . . AZ 23
Liberté (Pl. de la) . . . . BY 73
Lormand (R.) . . . . AY 74
Marengo (Pont et R. de) . . . . BZ 80
Marines (R. des Allées) . . . . AY 81
Mayou (Pont) . . . . BY 83
Monnaie (R. de la) . . . . AZ 86

Orbe (R.) . . . . AZ 92
Pannecau (Pont) . . . . BZ 93
Pelletier (R.) . . . . BZ 95
Port-de-Castets
(R.) . . . . AZ 97
Port-Neuf (R.) . . . . AY 98
Ravignan (R.) . . . . BZ 104
Roquebert (R. du Cdt) . . . . . BZ 108
Ste-Catherine (R.) . . . . AY 109
Thiers (R.) . . . . AY
Tonneliers (R. des) . . . . BZ 112
Tour-de-Sault (R.) . . . . BZ 120
11-Novembre (Av.) . . . . AY 128
49e (R. du) . . . . AY 129

Baslieux 54 . . . . 45 E 2
Baslieux-lès-Fismes 51 . . . . 41 E 3
Baslieux-
sous-Châtillon 51 . . . . . . 41 E 5
Basly 14 . . . . 33 G 3
Bassac 16 . . . . 220 D 1
Bassan 34 . . . . 321 G 3
Bassanne 33 . . . . 256 C 4
Basse-Goulaine 44 . . . . . 147 H 4
Basse-Ham 57 . . . . 45 H 3
Basse-Indre 44 . . . . 147 F 4
Basse-Rentgen 57 . . . . . . 45 H 2
Basse-sur-le-Rupt 88 . . . 120 A 4
La Basse-Vaivre 70 . . . . . 118 D 5
La Bassée 59 . . . . 8 B 3
Bassemberg 67 . . . . 96 C 4
Basseneville 14 . . . . 34 A 4
Bassens 33 . . . . 237 G 5
Bassens 73 . . . . 233 F 2
Bassercles 40 . . . . 293 H 5
Basses 86 . . . . 168 D 1
Basseux 62 . . . . 13 F 3
Bassevelle 77 . . . . 60 B 2
Bassignac 15 . . . . 244 B 1
Bassignac-le-Bas 19 . . . . 243 E 4
Bassignac-le-Haut 19 . . . 243 G 2
Bassigney 70 . . . . 141 F 2
Bassillac 24 . . . . 240 D 2
Bassillon-Vauzé 64 . . . . . 314 D 2
Bassing 57 . . . . 67 F 3
Bassoles-Aulers 02 . . . . . 40 H 1
Bassoncourt 52 . . . . 117 H 3
Bassou 89 . . . . 114 A 5
Bassoues 32 . . . . 295 G 5
Bassu 51 . . . . 62 D 3
Bassuet 51 . . . . 62 D 4
Bassurels 48 . . . . 282 D 3
Bassussarry 64 . . . . 310 D 3
Bassy 74 . . . . 215 E 3
Bastanès 64 . . . . 313 G 3
Bastelica 2A . . . . 349 E 2
Bastelicaccia 2A . . . . 348 C 3
Bastennes 40 . . . . 293 G 4
Bastia 2B . . . . 345 G 4
La Bastide 66 . . . . 342 C 3
La Bastide 83 . . . . 308 B 2

La Bastide-Clairence 64 . . . 311 F 3
La Bastide-de-Besplas 09 . . 317 G 5
La Bastide-
de-Bousignac 09 . . . . 336 D 2
La Bastide
de Couloumat 11 . . . . 318 D 5
La Bastide-de-Lordat 09 . . . 336 C 1
La Bastide-de-Sérou 09 . . . 335 H 2
La Bastide-d'Engras 30 . . . . 284 C 4
La Bastide-
des-Jourdans 84 . . . . 306 B 2
La Bastide-du-Salat 09 . . . . 335 E 2
La Bastide-l'Évêque 12 . . . . 279 G 1
La Bastide-Pradines 12 . . . . 281 G 5
La Bastide-Puylaurent 48 . . 265 F 3
La Bastide-Solages 12 . . . . 300 A 1
La Bastide-sur-l'Hers 09 . . . 336 D 3
La Bastidonne 13 . . . . 327 F 3
La Bastidonne 84 . . . . 306 B 3
La Bastie-d'Urfé
Château de 42 . . . . 229 G 1
Le Bastit 46 . . . . 260 C 2
Basville 23 . . . . 208 B 4
La Bataille 79 . . . . 202 D 2
Bataille Col de la 26 . . . . . 250 A 5
La Batarelle 13 . . . . 327 E 2
Bataville 57 . . . . 67 F 5
Bathelémont-
lès-Bauzemont 54 . . . . . . 66 D 5
Bathernay 26 . . . . 249 G 2
La Bâthie 73 . . . . 234 B 1
La Bâtie-Crémezin 26 . . . . . 268 D 3
La Bâtie-des-Fonds 26 . . . . 268 D 4
La Bâtie-Divisin 38 . . . . 232 C 3
La Bâtie-Montgascon 38 . . . 232 C 2
La Bâtie-Montsaléon 05 . . . 269 E 3
La Bâtie-Neuve 05 . . . . 269 H 3
La Bâtie-Rolland 26 . . . . . . 267 F 4
La Bâtie-Vieille 05 . . . . 269 H 3
Les Bâties 70 . . . . 161 G 1
Batilly 54 . . . . 45 F 5
Batilly 61 . . . . 53 H 4
Batilly-en-Gâtinais 45 . . . . . 111 H 4
Batilly-en-Puisaye 45 . . . . . 135 G 2
Bats 40 . . . . 294 A 4
Batsère 65 . . . . 333 G 1

Battenans-les-Mines 25 . . . 162 B 1
Battenans-Varin 25 . . . . . . 163 F 3
Battenheim 68 . . . . 121 E 5
Battexey 88 . . . . 94 D 4
Battigny 54 . . . . 94 C 3
Battrans 70 . . . . 161 F 2
Batz Île de 29 . . . . 71 G 3
Batz-sur-Mer 44 . . . . 145 G 5
Batzendorf 67 . . . . 68 D 4
Baubigny 21 . . . . 177 G 2
Baubigny 50 . . . . 28 D 5
La Bauche 73 . . . . 233 E 3
Baud 56 . . . . 101 H 5
Baudement 51 . . . . 90 B 2
Baudemont 71 . . . . 194 A 5
Baudignan 40 . . . . 274 D 4
Baudignécourt 55 . . . . 93 G 2
Baudinard-sur-Verdon 83 . . 307 F 3
Baudoncourt 70 . . . . 141 G 2
Baudonvilliers 55 . . . . 63 F 5
Baudre 50 . . . . 32 B 5
Baudrecourt 52 . . . . 92 C 4
Baudrecourt 57 . . . . 66 C 2
Baudreix 64 . . . . 314 C 5
Baudrémont 55 . . . . 64 B 3
Baudres 36 . . . . 171 G 1
Baudreville 28 . . . . 87 E 5
Baudreville 50 . . . . 31 F 2
Baudricourt 88 . . . . 94 C 5
Baudrières 71 . . . . 178 A 5
Bauduen 83 . . . . 307 G 2
Baugé 49 . . . . 129 F 5
Baugy 18 . . . . 173 H 1
Baugy 60 . . . . 39 F 1
Baugy 71 . . . . 193 G 5
Baulay 70 . . . . 140 D 2
La Baule 44 . . . . 145 H 5
Baule 45 . . . . 132 D 3
La Baule-Escoublac 44 . . . 145 H 5
Baulme-la-Roche 21 . . . . . 159 G 3
Baulne 91 . . . . 87 H 3
Baulne-en-Brie 02 . . . . 60 D 2
Baulny 55 . . . . 43 F 3
Baulon 35 . . . . 103 G 4
Baulou 09 . . . . 336 A 2
La Baume 74 . . . . 198 C 4

Baume Cirque de 39 . . . . . . 179 F 5
La Baume-Cornillane 26 . . . . 267 G 1
La Baume-de-Transit 26 . . . . 285 F 1
La Baume-d'Hostun 26 . . . . . 249 H 3
Baume-les-Dames 25 . . . . . 162 C 2
Baume-les-Messieurs 39 . . . 179 F 5
Bauné 49 . . . . 150 A 1
Baupte 50 . . . . 31 H 3
Bauquay 14 . . . . 53 E 1
Baurech 33 . . . . 255 H 2
La Baussaine 35 . . . . 79 H 5
Bauvin 59 . . . . 8 C 4
Les Baux-de-Breteuil 27 . . . 55 H 3
Les Baux-de-Provence 13 . 304 D 3
Les Baux-Sainte-Croix 27 . . 56 B 2
Bauzemont 54 . . . . 66 D 5
Bauzy 41 . . . . 153 G 1
Bavans 25 . . . . 142 B 5
Bavay 59 . . . . 15 F 2
Bavelincourt 80 . . . . 22 D 1
Bavella Col de 2A . . . . 349 F 4
Bavent 14 . . . . 33 H 4
Baverans 39 . . . . 161 E 5
Bavilliers 90 . . . . 142 C 3
Bavinchove 59 . . . . 3 H 5
Bavincourt 62 . . . . 13 E 3
Bax 31 . . . . 317 G 5
Bay 09 . . . . 26 A 3
Bay 70 . . . . 161 F 3
Bay-sur-Aube 52 . . . . 139 E 2
Bayac 24 . . . . 258 C 1
Bayard Château de 38 . . . . 233 G 4
Bayard Col 05 . . . . 269 G 3
Bayas 33 . . . . 238 C 3
Baye 29 . . . . 100 C 5
Baye 51 . . . . 61 E 3
Bayecourt 88 . . . . 95 G 5
Bayel 10 . . . . 116 B 2
Bayencourt 80 . . . . 13 E 4
Bayenghem-
lès-Éperlecques 62 . . . . . . 3 E 4
Bayenghem-
lès-Seninghem 62 . . . . 7 E 2
Bayers 16 . . . . 203 E 4
Bayet 03 . . . . 192 A 5
Bayeux 14 . . . . 33 E 3
Bayon 54 . . . . 95 E 3
Bayon-sur-Gironde 33 . . . . 237 G 3
Bayonne 64 . . . . 292 A 5
Bayons 04 . . . . 287 H 1
Bayonville 08 . . . . 43 F 2
Bayonville-sur-Mad 54 . . . . 65 G 2
Bayonvillers 80 . . . . 23 E 2
Bazac 16 . . . . 239 E 1
Bazaiges 36 . . . . 188 D 3
Bazailles 54 . . . . 45 E 3
Bazainville 78 . . . . 57 F 4
Bazancourt 51 . . . . 41 H 2
Bazancourt 60 . . . . 21 F 5
Bazarnes 89 . . . . 136 C 4
Bazas 33 . . . . 256 B 5
Bazauges 17 . . . . 202 C 4
Bazegney 88 . . . . 95 E 5
Bazeilles 08 . . . . 27 F 4
Bazeilles-sur-Othain 55 . . . 44 B 2
Bazelat 23 . . . . 188 D 4
Bazemont 78 . . . . 57 G 2
Bazens 47 . . . . 275 G 2
La Bazeuge 87 . . . . 187 H 5
Bazian 32 . . . . 295 G 4
Bazicourt 60 . . . . 39 E 3
Baziège 31 . . . . 318 B 2
Bazien 88 . . . . 95 H 3
Bazillac 65 . . . . 315 F 3
La Bazoche-Gouet 28 . . . . 109 F 3
Bazoches 58 . . . . 157 H 3
Bazoches-au-Houlme 61 . . 53 H 3
Bazoches-en-Dunois 28 . . 110 B 4
Bazoches-lès-Bray 77 . . . . 89 F 4
Bazoches-
les-Gallerandes 45 . . . . . . 111 F 3
Bazoches-les-Hautes 28 . . 110 D 3
Bazoches-sur-Guyonne 78 . 57 G 4
Bazoches-sur-Hoëne 61 . . . 84 B 2
Bazoches-sur-le Betz 45 . . 113 E 3
Bazoches-sur-Vesles 02 . . 40 D 3
La Bazoge 50 . . . . 52 B 5
La Bazoge 72 . . . . 107 G 3
La Bazoge-Montpinçon 53 . 82 B 5
Bazoges-en-Paillers 85 . . . 166 B 2

Bazoges-en-Pareds 85 . . . 166 D 5
Bazoilles-et-Ménil 88 . . . . . 94 D 5
Bazoilles-sur-Meuse 88 . . . 93 H 5
Bazolles 58 . . . . 157 F 5
Bazoncourt 57 . . . . 66 B 1
Bazonville 54 . . . . 45 F 3
La Bazoche 14 . . . . 32 C 4
La Bazoque 61 . . . . 53 E 3
Bazoques 27 . . . . 35 F 5
Bazordan 65 . . . . 316 A 5
La Bazouge-
de-Chemeré 53 . . . . 106 C 4
La Bazouge-des-Alleux 53 . 106 B 2
La Bazouge-du-Désert 35 . . 81 F 3
Bazougers 53 . . . . 106 B 4
Bazouges 53 . . . . 128 B 2
Bazouges-la-Pérouse 35 . . 80 C 3
Bazouges-sous-Hédé 35 . . 80 A 4
Bazouges-sur-le-Loir 72 . . . 129 F 4
Bazuel 59 . . . . 15 E 3
Bazugues 32 . . . . 315 H 2
Bazus 31 . . . . 298 A 3
Bazus-Aure 65 . . . . 333 G 4
Bazus-Neste 65 . . . . 333 G 2
Le Béage 07 . . . . 265 H 1
Béal Col du 63 . . . . 229 E 1
Béalcourt 80 . . . . 12 C 3
Béalencourt 62 . . . . 7 E 5
Béard 58 . . . . 174 D 3
Beaubec-la-Rosière 76 . . . 21 E 4
Beaubery 71 . . . . 194 B 3
Beaubray 27 . . . . 55 H 2
Beaucaire 30 . . . . 304 C 3
Beaucaire 32 . . . . 295 H 2
Beaucamps-le-Jeune 80 . . 21 G 3
Beaucamps-le-Vieux 80 . . . 21 G 2
Beaucamps-Ligny 59 . . . . . 8 C 3
Beaucé 35 . . . . 81 F 4
Beaucens 65 . . . . 332 D 2
Le Beaucet 84 . . . . 285 H 5
Beauchalot 31 . . . . 334 D 1
Beauchamp 95 . . . . 58 B 1
Beauchamps 50 . . . . 51 H 3
Beauchamps 80 . . . . 11 E 4
Beauchamps-
sur-Huillard 45 . . . . 112 A 5
Beauchamroy 52 . . . . 118 A 4
Beauchastel 07 . . . . 267 E 1
Beauche 28 . . . . 56 A 5
Beauchemin 52 . . . . 117 E 5
Beauchêne 41 . . . . 109 F 5
Beauchêne 61 . . . . 52 D 5
Beauchery-Saint-Martin 77 . 89 H 2
Beauclair 55 . . . . 43 G 1
Beaucoudray 50 . . . . 52 A 1
Beaucourt 90 . . . . 142 C 4
Beaucourt-en-Santerre 80 . 23 E 3
Beaucourt-sur-l'Ancre 80 . . 13 F 5
Beaucourt-sur-l'Hallue 80 . . 22 D 1
Beaucouzé 49 . . . . 149 F 1
Beaucroissant 38 . . . . 232 B 5
Beaudéan 65 . . . . 333 F 2
Beaudéduit 60 . . . . 22 A 4
Beaudignies 59 . . . . 15 E 3
Beaudricourt 62 . . . . 12 D 3
Beaufai 61 . . . . 55 E 4
Beaufay 72 . . . . 108 A 3
Beauficel 50 . . . . 52 B 4
Beauficel-en-Lyons 27 . . . . 37 E 2
Beaufin 38 . . . . 269 F 1
Beaufort 31 . . . . 317 F 2
Beaufort 34 . . . . 320 C 4
Beaufort 38 . . . . 231 H 5
Beaufort 39 . . . . 196 B 1
Beaufort 59 . . . . 15 G 3
Beaufort 73 . . . . 216 C 5
Beaufort-Blavincourt 62 . . . 13 E 2
Beaufort-en-Argonne 55 . . . 43 G 1
Beaufort-en-Santerre 80 . . . 23 E 3
Beaufort-en-Vallée 49 . . . . 150 A 2
Beaufort-sur-Gervanne 26 . 267 H 1
Beaufou 85 . . . . 165 G 3
Beaufour 14 . . . . 34 B 4
Beaufremont 88 . . . . 94 A 5
Beaugas 47 . . . . 258 B 4
Beaugeay 17 . . . . 200 D 4
Beaugency 45 . . . . 132 C 3
Beaugies-sous-Bois 60 . . . 23 H 4
Beaujeu 04 . . . . 288 B 2
Beaujeu 69 . . . . 212 C 1
Beaujeu-Saint-Vallier-
et-Pierrejux 70 . . . . 161 F 1
Beaulac 33 . . . . 274 B 1
Beaulandais 61 . . . . 82 B 2
Beaulencourt 62 . . . . 13 H 5
Beaulieu 07 . . . . 284 A 1
Beaulieu 08 . . . . 26 A 1

Beaulieu 14 . . . . 52 D 2
Beaulieu 15 . . . . 226 C 4
Beaulieu 21 . . . . 138 C 3
Beaulieu 25 . . . . 142 C 5
Beaulieu 34 . . . . 303 E 3
Beaulieu 36 . . . . 188 B 4
Beaulieu 38 . . . . 250 B 1
Beaulieu 43 . . . . 247 F 3
Beaulieu 58 . . . . 157 F 4
Beaulieu 61 . . . . 55 G 5
Beaulieu 63 . . . . 228 A 4
Beaulieu-en-Argonne 55 . . 63 G 1
Beaulieu-en-Rouergue
Abbaye de 82 . . . . 279 E 3
Beaulieu-les-Fontaines 60 . 23 G 4
Beaulieu-lès-Loches 37 . . . 152 C 5
Beaulieu-
sous-Bressuire 79 . . . . . . 167 G 3
Beaulieu-sous-la-Roche 85 . 165 G 5
Beaulieu-
sous-Parthenay 79 . . . . . . 185 F 1
Beaulieu-sur-Dordogne 19 . 243 E 4
Beaulieu-sur-Layon 49 . . . 149 G 3
Beaulieu-sur-Loire 45 . . . . 155 H 1
Beaulieu-sur-Mer 06 . . . . . 309 H 2
Beaulieu-sur-Oudon 53 . . . 105 G 4
Beaulieu-sur-Sonnette 16 . . 203 H 4
Beaulon 03 . . . . 192 D 1
Beaumais 14 . . . . 54 A 2
Beaumarchés 32 . . . . 295 F 5
Beaumat 46 . . . . 260 B 3
Beaumé 02 . . . . 25 H 2
La Beaume 05 . . . . 268 D 3
Beauménil 88 . . . . 119 H 2
Beaumerie-Saint-Martin 62 . 6 C 4
Beaumes-de-Venise 84 . . . 285 G 3
Beaumettes 84 . . . . 305 G 1
Beaumetz 80 . . . . 12 B 4
Beaumetz-lès-Aire 62 . . . . 7 F 3
Beaumetz-lès-Cambrai 62 . 13 H 4
Beaumetz-lès-Loges 62 . . . 13 F 3
Beaumont 07 . . . . 265 H 4
Beaumont 19 . . . . 225 E 4
Beaumont 32 . . . . 295 G 1
Beaumont 43 . . . . 246 B 1
Beaumont 54 . . . . 65 E 4
Beaumont 63 . . . . 227 G 1
Beaumont 74 . . . . 215 G 1
Beaumont 86 . . . . 169 F 5
Beaumont 89 . . . . 136 B 2
Beaumont-de-Lomagne 82 . 297 E 1
Beaumont-de-Pertuis 84 . . 306 C 3
Beaumont-du-Gâtinais 77 . . 112 A 3
Beaumont-du-Lac 87 . . . . . 207 E 5
Beaumont-du-Périgord 24 . . 258 C 2
Beaumont-du-Ventoux 84 . . 285 H 3
Beaumont-en-Argonne 08 . . 27 F 4
Beaumont-en-Auge 14 . . . . 34 C 3
Beaumont-en-Beine 02 . . . 23 H 4
Beaumont-en-Cambrésis 59 . 14 D 4
Beaumont-en-Diois 26 . . . . 268 C 3
Beaumont-en-Verdunois 55 . 44 B 4
Beaumont-en-Véron 37 . . . 150 D 4
Beaumont-Hague 50 . . . . . 28 D 2
Beaumont-Hamel 80 . . . . . 13 F 5
Beaumont-la-Ferrière 58 . . 156 C 5
Beaumont-la-Ronce 37 . . . 130 D 5
Beaumont-le-Hareng 76 . . . 20 C 4
Beaumont-le-Roger 27 . . . . 55 G 1
Beaumont-les-Autels 28 . . . 109 F 2
Beaumont-les-Nonains 60 . . 37 H 3
Beaumont-lès-Randan 63 . . 210 B 3
Beaumont-lès-Valence 26 . . 249 F 5
Beaumont-Monteux 26 . . . . 249 F 4
Beaumont-Pied-
de-Bœuf 53 . . . . 106 C 5
Beaumont-Pied-
de-Bœuf 72 . . . . 130 B 3
Beaumont-Sardolles 58 . . . 175 E 2
Beaumont-sur-Dême 72 . . . 130 C 4
Beaumont-sur-Grosne 71 . . 177 H 5
Beaumont-sur-Lèze 31 . . . 317 H 3
Beaumont-sur-Oise 95 . . . . 38 B 5
Beaumont-sur-Sarthe 72 . . 107 G 2
Beaumont-sur-Vesle 51 . . . 41 H 4
Beaumont-
sur-Vingeanne 21 . . . . 160 D 2
Beaumont-Village 37 . . . . . 152 D 5
Beaumontel 27 . . . . 35 G 5
Beaumotte-
lès-Montbozon 70 . . . . 162 B 1
Beaumotte-lès-Pin 70 . . . . 161 G 3
Beaunay 51 . . . . 61 F 3
Beaune 21 . . . . 177 H 1
Beaune 73 . . . . 234 B 5

Beaune-d'Allier 03.............191 F 5
Beaune-la-Rolande 45.......111 H 4
Beaune-le-Froid 63...........227 F 2
Beaune-les-Mines 87.........205 H 4
Beaune-sur-Arzon 43.........247 E 1
Beaunotte 21....................138 C 2
Beaupont 01.....................195 H 3
Beauport Abbaye de 22......73 F 3
Beaupouyet 24.................239 F 4
Beaupréau 49...................148 D 4
Beaupuy 31......................298 A 4
Beaupuy 32......................297 E 4
Beaupuy 47......................257 E 4
Beaupuy 82......................297 F 2
Beauquesne 80...................12 D 5
Beaurain 59.......................14 D 3
Beaurains 62.....................13 G 2
Beaurains-lès-Noyon 60......23 G 5
Beaurainville 62...................6 D 5
Beaurecueil 13................306 B 5
Beauregard 01.................212 D 3
Beauregard 46.................278 D 1
Beauregard-Baret 26........249 H 4
Beauregard-
    de-Terrasson 24..........241 G 2
Beauregard-et-Bassac 24...240 B 4
Beauregard-l'Évêque 63....210 A 5
Beauregard-Vendon 63......209 H 3
Beaurepaire 38.................231 G 5
Beaurepaire 60..................38 D 3
Beaurepaire 76..................18 C 4
Beaurepaire 85................166 C 2
Beaurepaire-en-Bresse 71..178 D 5
Beaurepaire-sur-Sambre 59..15 F 5
Beaurevoir 02....................14 C 5
Beaurières 26..................268 C 3
Beaurieux 02.....................41 E 2
Beaurieux 59.....................16 A 3
Beauronne 24..................239 G 3
Beausemblant 26.............249 E 1
Beausoleil 06...................309 H 5
Beaussac 24.....................221 H 3
Beaussais 79....................185 G 4
Beaussault 76....................21 E 4
Beausse 49......................148 D 3
Le Beausset 83................327 H 3
Beauteville 31..................318 C 3
Beautheil 77......................59 H 4
Beautiran 33....................255 H 2
Beautor 02.........................24 B 4
Beautot 76.........................20 A 4
Beauvain 61......................82 D 2
Beauvais 60.......................38 A 2
Beauvais-sur-Matha 17.....202 C 4
Beauvais-sur-Tescou 81....298 B 1
Beauval 80........................12 D 4
Beauval-en-Caux 76..........20 A 3
Beauvallon 26..................249 F 5
Beauvallon 83..................329 F 2
Beauvau 49......................129 E 5
Beauvène 07....................248 C 5
Beauvernois 71................178 D 3
Beauvezer 04...................288 D 3
Beauville 31......................318 C 2
Beauville 47......................276 D 2
Beauvilliers 28...................86 C 5
Beauvilliers 41.................132 A 2
Beauvilliers 89.................158 B 2
Beauvoir 50.......................51 F 5
Beauvoir 60.......................22 C 5
Beauvoir 77.......................88 D 2
Beauvoir 89.....................135 H 3
Beauvoir Château de 03....192 D 3
Beauvoir-de-Marc 38.......231 G 3
Beauvoir-en-Lyons 76........37 E 1
Beauvoir-en-Royans 38.....250 A 2
Beauvoir-sur-Mer 85........164 C 2
Beauvoir-sur-Niort 79......201 H 1
Beauvoir-sur-Sarce 10......115 F 5
Beauvoir-Wavans 62.........12 C 3
Beauvois 62........................7 F 5
Beauvois-en-Cambrésis 59..14 C 4
Beauvois-en-Vermandois 02..23 H 2
Beauvoisin 26.................286 A 1
Beauvoisin 30.................303 H 3
Beauvoisin 39.................178 D 2
Beaux 43........................247 H 2
Beauzac 43.....................247 H 1
Beauzée-sur-Aire 55..........63 H 2
Beauzelle 31...................297 H 4
Beauziac 47....................274 D 1
Bébing 57..........................67 E 4
Beblenheim 68................121 E 2
Bec-de-Mortagne 76..........19 E 4
Le Bec-Hellouin 27............35 G 4
Le Bec-Thomas 27.............36 A 4
Beccas 32.......................315 F 2

Béceleuf 79.....................184 D 2
Béchamps 54.....................45 E 5
Bécherel 35.....................103 H 1
Bécheresse 16.................221 E 3
Béchy 57............................66 B 2
Bécon-les-Granits 49.......149 E 1
Béconne 26.....................267 G 4
Bécordel-Bécourt 80..........23 E 1
Bécourt 62...........................6 D 2
Becquigny 02....................14 D 5
Becquigny 80....................23 E 4
Bédarieux 34...................301 F 4
Bédarrides 84..................285 F 4
Beddes 18........................190 A 1
Bédéchan 32...................296 C 5
Bédée 35..........................103 H 2
Bédeilhac-et-Aynat 09.....336 A 4
Bédeille 09......................335 F 1
Bédeille 64......................314 D 3
Bedenac 17......................238 B 2
Bédoin 84........................286 A 3
Bedous 64.......................331 H 3
Béduer 46........................261 F 4
Beffes 18.........................174 B 1
Beffia 39..........................196 B 2
Beffu-et-le-Morthomme 08...43 E 2
Beg-Meil 29.......................99 H 4
Bégaar 40........................293 F 2
Bégadan 33.....................218 D 5
Béganne 56.....................125 F 4
Bégard 22..........................72 D 4
Bègles 33.........................255 G 1
Begnécourt 88.................118 D 2
Bégole 65........................315 G 5
Bégrolles-en-Mauges 49...148 D 5
La Bégude-de-Mazenc 26..267 F 4
Bègues 03........................209 H 1
Béguey 33........................256 B 3
Béguios 64.......................311 G 4
Béhagnies 62.....................13 G 4
Béhasque-Lapiste 64........311 H 4
Béhen 80............................11 G 4
Béhencourt 80...................22 D 1
Béhéricourt 60..................23 H 5
Behlenheim 67..................68 D 5
Béhobie 64.......................310 A 4
Béhonne 55........................63 H 3
Béhorléguy 64.................330 D 1
Béhoust 78.........................57 F 3
Behren-lès-Forbach 57.......47 F 5
Béhuard 49......................149 F 2
Beignon 56......................103 F 4
Beillé 72..........................108 B 4
Beine 89..........................136 C 3
Beine-Nauroy 51................41 H 4
Beinheim 67.......................69 G 3
Beire-le-Châtel 21............160 B 2
Beire-le-Fort 21................160 C 4
Beissat 23........................207 H 5
Bel-Air 49.........................127 H 3
Bel-Homme Col du 83.......308 B 3
Bélâbre 36.......................188 A 2
Belan-sur-Ource 21..........116 A 5
Bélarga 34.......................302 A 5
Bélaye 46.........................259 G 5
Belberaud 31...................318 B 2
Bélbèse 82.......................297 F 1
Belbeuf 76..........................36 B 2
Belbèze-de-Lauragais 31...318 A 2
Belbèze-en-Comminges 31..335 E 1
Belcaire 11......................337 E 4
Belcastel 12.....................280 B 1
Belcastel 81.....................298 C 4
Belcastel Château de 46...260 B 1
Belcastel-et-Buc 11..........337 H 2
Belcodène 13..................327 F 1
Bélesta 09.......................336 D 3
Bélesta 66.......................338 B 5
Bélesta-en-Lauragais 31...318 D 2
Beleymas 24....................239 H 4
Belfahy 70.......................142 B 1
Belfays 25........................163 G 3
Belflou 11........................318 C 4
Belfonds 61.......................83 G 2
Belfort 90........................142 C 3
Belfort-du-Quercy 46.......278 B 2
Belfort-sur-Rebenty 11.....337 E 4
Belgeard 53.....................82 B 5
Belgentier 83...................328 B 3
Belgodère 2B...................344 D 5
Belhade 40......................273 G 1
Bélhomert-Guéhouville 28...85 F 3
Le Bélieu 25....................163 E 5
Béligneux 01....................213 G 4
Belin-Béliet 33.................255 E 1
Bélis 40...........................273 H 4

Bellac 87.........................205 F 2
Bellaffaire 04...................269 H 5
Bellagranajo Col de 2B.....347 F 5
Bellaing 59.........................9 G 5
Bellancourt 80...................11 H 3
Bellange 57.......................66 D 3
Bellavilliers 61...................84 B 4
Le Bellay-en-Vexin 95.......37 G 5
Belle-Église 60..................38 B 4
Belle-et-Houllefort 62..........2 C 5
Belle-Ile 56......................144 B 4
Belle-Isle-en-Terre 22........72 C 5
Belleau 02..........................60 B 1
Belleau 54..........................65 H 4
Bellebat 33......................256 B 2
Bellebrune 62......................2 C 5
Bellechassagne 19............225 H 2
Bellechaume 89...............114 A 4
Bellecombe 39.................197 E 4
Bellecombe 73.................234 B 3
Bellecombe-en-Bauges 73..215 G 5
Bellecombe-Tarendol 26...286 B 1
Bellefond 21....................160 A 2
Bellefond 33....................256 C 1
Bellefonds 86..................186 D 1
Bellefontaine 39..............197 F 1
Bellefontaine 50................52 B 5
Bellefontaine 88..............119 F 4
Bellefontaine 95................38 D 5
Bellefosse 67.....................96 D 3
Bellegarde 30..................304 A 3
Bellegarde 32..................316 B 2
Bellegarde 45..................111 H 5
Bellegarde 81..................299 G 1
Bellegarde-du-Razès 11...337 E 1
Bellegarde-en-Diois 26....268 B 4
Bellegarde-en-Forez 42....230 A 2
Bellegarde-en-Marche 23..207 H 3
Bellegarde-Poussieu 38....231 F 5
Bellegarde-
    Sainte-Marie 31...........297 H 4
Bellegarde-
    sur-Valserine 01...........215 E 1
Belleherbe 25..................163 E 3
Bellemagny 68.................142 D 2
Bellême 61.........................84 C 4
Bellenaves 03..................209 G 1
Bellencombre 76...............20 C 4
Belleneuve 21..................160 C 2
Bellenglise 02....................24 A 1
Bellengreville 14................33 H 5
Bellengreville 76................10 C 5
Bellenod-sur-Seine 21......138 B 4
Bellenot-sous-Pouilly 21...159 E 3
Bellentre 73.....................234 D 2
Belleray 55.........................64 B 1
Bellerive-sur-Allier 03......210 B 2
Belleroche 42..................212 B 1
Belleserre 81...................319 E 2
Belleserre 31...................297 F 2
Belleu 02............................40 B 3
Belleuse 80.......................22 A 4
Bellevaux 74....................198 B 4
Bellevesvre 71.................178 D 3
Belleville 54........................65 G 4
Belleville 69.....................212 D 1
Belleville 79.....................201 H 1
Belleville-en-Caux 76.........20 A 4
Belleville-sur-Bar 08...........43 E 1
Belleville-sur-Loire 18.......156 A 1
Belleville-sur-Mer 76.........10 B 5
Belleville-sur-Meuse 55......44 B 5
Belleville-sur-Vie 85.........165 H 4
Bellevue................................147 H 3
Bellevue Grotte de 46......260 D 4
Bellevue-Coëtquidan 56...103 F 4
Bellevue-la-Montagne 43..247 E 1
Belley 01..........................214 D 5
Belley 10...........................91 E 5
Belleydoux 01..................196 D 5
Bellicourt 02......................24 A 1
La Bellière 61....................54 A 5
La Bellière 76....................21 E 5
Bellignat 01.....................196 C 5
Belligné 44......................148 C 1
Bellignies 59.....................15 F 2
La Belliole 89..................113 E 3
Belloc 09.........................336 D 2
Belloc-Saint-Clamens 32..315 H 2
Bellocq 64.......................293 E 5
Bellon 16.........................221 E 5
Bellonne 62......................14 A 2
Bellot 77............................60 B 3
Bellou 14...........................54 C 2
Bellou-en-Houlme 61.........53 F 5
Bellou-le-Trichard 61........108 B 2
Bellou-sur-Huisne 61..........84 D 4

Belloy 60............................37 H 1
Belloy-en-France 95...........58 C 1
Belloy-en-Santerre 80........23 F 2
Belloy-Saint-Léonard 80.....11 H 5
Belloy-sur-Somme 80.........22 A 1
Belluire 17.......................219 G 3
Belmesnil 76.....................20 A 3
Belmont 25......................162 C 4
Belmont 32......................295 G 3
Belmont 38......................232 A 3
Belmont 39......................179 E 1
Belmont 52......................140 A 3
Belmont 67........................96 D 3
Belmont 70......................141 H 2
Belmont-Bretenoux 46.....243 E 5
Belmont-d'Azergues 69....212 D 4
Belmont-de-la-Loire 42....212 A 1
Belmont-lès-Darney 88....118 C 3
Belmont-Luthézieu 01......214 D 4
Belmont-Sainte-Foi 46.....278 C 2
Belmont-sur-Buttant 88.....96 A 5
Belmont-sur-Rance 12.....300 C 2
Belmont-sur-Vair 88...........94 B 5
Belmont-Tramonet 73......232 D 2
Belmont 46......................277 F 1
Belon 29..........................100 C 5
Belonchamp 70...............142 A 1
Belpech 11.......................318 C 5
Belrain 55...........................64 B 4
Belrupt 88........................118 D 3
Belrupt-en-Verdunois 55....64 B 1
Bélus 40..........................292 D 4
Belval 08............................26 C 3
Belval 50............................51 H 1
Belval 88............................96 C 3
Belval-Bois-des-Dames 08...43 F 1
Belval-en-Argonne 51.........63 F 2
Belval-sous-Châtillon 51.....41 F 5
Belvédère 06...................291 F 3
Belvédère-Campomoro 2A..350 C 2
Belverne 70.....................142 A 3
Belvès 24........................259 E 1
Belvès-de-Castillon 33.....238 D 5
Belvèze 81.......................277 F 1
Belvèze-du-Razès 11........337 F 1
Belvézet 30......................284 B 4
Belvézet 48......................265 E 4
Belvianes-et-Cavirac 11...337 G 4
Belvis 11..........................337 F 4
Belver 25.........................163 E 2
Belz 56.............................123 G 3
Bémécourt 27....................55 H 3
Bénac 09.........................336 A 3
Bénac 65.........................315 E 5
Benagues 09...................336 B 1
Benais 37........................151 E 3
Bénaix 09........................336 D 3
Bénaménil 54.....................95 H 2
Bénarville 76.....................19 E 4
Benassay 86....................185 H 1
La Benâte 17...................201 G 2
La Benâte 44...................165 G 2
Benauge Château de 33...256 B 2
Benay 02............................24 B 3
Benayes 19......................224 B 3
Bendejun 06....................291 F 5
Bendor Île de 83..............327 H 4
Bendorf 68.......................143 F 4
Bénéjacq 64.....................314 C 5
Benerville-sur-Mer 14........34 B 2
Bénesse-lès-Dax 40.........293 E 4
Bénesse-Maremne 40......292 B 4
Benest 16........................203 H 2
Bénestroff 57.....................67 E 3
Bénesville 76.....................19 H 3
Benet 85..........................184 C 3
Beneuvre 21....................138 D 4
Bénévent-et-Charbillac 05..269 G 2
Bénévent-l'Abbaye 23......206 C 2
Beney-en-Woëvre 55..........65 E 2
Benfeld 67..........................97 G 3
Bengy-sur-Craon 18.........173 H 2
Bénifontaine 62...................8 B 4
Béning-lès-Saint-Avold 57..47 F 5
La Bénisson-Dieu 42........211 G 1
Bénivay-Ollon 26.............285 H 1
Bennecourt 78...................57 E 1
Bennetot 76.......................19 F 4
Benney 54..........................94 D 2
Bennwihr 68....................121 E 2
Bénodet 29........................99 H 4
Benoisey 21....................137 H 5
Benoîtville 50....................28 D 4
Benon 17.........................183 H 5
Bénonces 01...................214 B 4
Bénouville 14....................33 H 4
Bénouville 76....................18 D 3

Benque 31.......................316 D 4
Benqué 65........................333 G 1
Benque-Dessous-
    et-Dessus 31...............334 A 4
Benquet 40......................294 A 2
Bentayou-Sérée 64..........314 D 3
Bény 01............................195 H 4
Le Bény-Bocage 14............52 C 2
Bény-sur-Mer 14................33 G 3
Béon 01............................214 D 4
Béon 89............................113 G 5
Béost 64...........................332 A 2
La Bérarde 38..................252 A 4
Bérat 31...........................317 F 3
Béraut 32.........................295 H 1
Berbérust-Lias 65.............332 D 1
Berbezit 43......................246 D 1
Berbiguières 24...............259 F 1
Berc 40............................264 A 1
Bercenay-en-Othe 10.......114 C 2
Bercenay-le-Hayer 10........90 A 5
Berche 25.........................142 B 5
Berchères-la-Maingot 28....86 A 3
Berchères-les-Pierres 28....86 B 4
Berchères-sur-Vesgre 28....57 E 3
Berck 62.............................6 A 5
Berck-Plage 62...................6 A 5
Bercloux 17......................201 H 4
Berd'Huis 61......................84 D 5
Berdoues 32....................315 H 2
Bérelles 59........................15 H 3
Bérengeville-la-Campagne 27..36 A 5
Berentzwiller 68...............143 G 3
Bérenx 64.........................293 F 5
Béréziat 01.......................195 G 3
Berfay 72..........................108 D 5
Berg 67..............................67 H 3
Berg-sur-Moselle 57...........46 B 2
Berganty 46......................260 C 5
Bergbieten 67.....................97 F 1
Bergères 10......................116 A 2
Bergères-lès-Vertus 51......61 G 3
Bergères-sous-Montmirail 51..60 D 3
Bergesserin 71.................194 C 3
Bergheim 68.......................97 E 5
Bergholtz 68....................120 D 4
Bergholtzzell 68...............120 D 4
Bergicourt 80.....................22 A 3
Bergnicourt 08...................42 A 2
Bergonne 63....................228 A 3
Bergouey 40....................293 G 3
Bergouey 64....................311 G 3
La Bergue 74...................197 H 5
Bergueneuse 62..................7 E 4
Bergues 59..........................3 G 3
Bergues-sur-Sambre 02....15 F 5
Berguette 62.......................7 H 3
Berhet 22...........................72 D 3
Bérig-Vintrange 57.............67 E 2
Bérigny 50..........................32 C 4
Berjou 61............................53 F 3
Berlaimont 59....................15 F 3
Berlancourt 02...................25 E 3
Berlancourt 60...................23 H 4
Berlats 81.........................300 B 4
Berlencourt-le-Cauroy 62...12 D 2
Berles-au-Bois 62..............13 F 3
Berles-Monchel 62............13 E 2
La Berlière 08....................27 E 5
Berling 67..........................68 A 4
Berlise 02...........................25 H 4
Berlou 34.........................321 E 2
Bermerain 59.....................14 D 3
Berméricourt 51................41 G 2
Bermeries 59.....................15 F 2
Bermering 57.....................67 E 2
Bermesnil 80......................21 F 2
Bermicourt 62......................7 F 5
Bermont 90......................142 C 3
Bermonville 76...................19 F 4
Bernac 16.........................203 F 2
Bernac 81.........................299 E 1
Bernac-Debat 65..............315 F 5
Bernac-Dessus 65............315 F 5
Bernadets 40....................314 B 3
Bernadets-Debat 65.........315 G 3
Bernadets-Dessus 65........315 G 5
Le Bernard 85.................182 C 2
La Bernardière 85............166 A 1
Bernardswiller 67...............97 F 2
Bernardvillé 67...................97 E 3
Bernâtre 80........................12 B 3
Bernaville 80......................12 C 4
Bernay 17........................201 G 2
Bernay 27..........................35 F 5
Bernay 72........................107 F 4

Bernay-en-Brie 77.............59 G 5
Bernay-en-Ponthieu 80......11 F 1
Berné 56..........................101 E 3
Bernécourt 54....................65 E 3
Bernède 32......................294 C 4
La Bernerie-en-Retz 44....146 D 5
Bernes 80..........................23 H 1
Bernes-sur-Oise 95............38 B 5
Bernesq 14........................32 C 3
Berneuil 16.......................220 D 4
Berneuil 17.......................219 G 1
Berneuil 80........................12 C 4
Berneuil 87.......................205 F 2
Berneuil-en-Bray 60..........38 A 3
Berneuil-sur-Aisne 60........39 H 2
Berneval-le-Grand 76........10 B 5
Berneville 62......................13 F 2
Bernex 74........................198 C 3
Bernienville 27...................56 A 1
Bernières 76......................19 E 4
Bernières-d'Ailly 14............54 A 2
Bernières-le-Patry 52..........52 D 3
Bernières-sur-Mer 14.........33 G 3
Bernières-sur-Seine 27......36 C 4
Bernieulles 62......................6 C 3
Bernin 38.........................233 E 5
Bernis 30.........................303 G 3
Bernolsheim 67..................68 D 4
Bernon 10........................114 D 5
Bernos-Beaulac 33..........274 B 1
Bernot 02...........................24 C 2
Bernouil 89......................136 D 2
Bernouville 27....................37 F 3
Bernwiller 68....................143 E 2
Berny-en-Santerre 80........23 F 2
Berny-Rivière 02................40 A 2
Bérou-la-Mulotière 28........56 A 4
Berrac 32.........................275 H 5
Berre-les-Alpes 06...........291 F 5
Berre-l'Étang 13...............326 C 1
Berriac 11........................319 H 5
Berrias-et-Casteljau 07....284 A 1
Berric 56..........................124 D 4
Berrie 86..........................168 B 1
Berrien 29..........................76 C 2
Berrieux 02........................41 F 1
Berrogain-Laruns 64.........313 F 4
Berru 51.............................41 H 3
Berrwiller 68....................120 D 5
Berry-au-Bac 02................41 F 2
Berry-Bouy 18..................172 D 1
Le Bersac 05...................269 E 5
Bersac-sur-Rivalier 87......206 B 2
Bersaillin 39....................179 F 3
Bersée 59...........................8 D 4
Bersillies 59.......................15 H 2
Berson 33........................237 G 2
Berstett 67.........................68 D 5
Berstheim 67.....................68 D 5
Bert 03.............................192 D 4
Bertangles 80....................22 B 1
Bertaucourt-Epourdon 02...24 B 5
Berteaucourt-les-Dames 80..12 B 5
Berteaucourt-lès-Thennes 80..22 D 3
Bertheauville 76.................19 F 3
Berthecourt 60...................38 B 3
Berthegon 86....................169 E 3
Berthelange 25................161 G 4
Berthelming 57...................67 G 4
Berthen 59...........................4 A 5
Berthenay 37...................151 G 3
Berthenicourt 02................24 B 3
Berthenonville 27...............37 F 5
La Berthenoux 36............189 H 1
Berthez 33.......................256 C 4
Bertholène 12..................281 E 1
Berthouville 27...................35 F 4
Bertignat 63....................228 D 2
Bertignolles 10.................115 H 3
Bertincourt 62....................13 H 4
Bertoncourt 08...................26 B 5
Bertrambois 54..................96 B 1
Bertrancourt 80..................13 E 4
Bertrange 57......................45 H 3
Bertre 81..........................298 D 5
Bertren 65........................334 A 2
Bertreville 76......................19 F 3
Bertreville-Saint-Ouen 76...20 A 3
Bertric-Burée 24...............221 G 5
Bertrichamps 54................96 A 3
Bertricourt 02.....................41 G 2
Bertrimont 76.....................20 A 4
Bertrimoutier 88.................96 C 5
Bertry 59............................14 D 4
Béruges 86......................186 A 1
Bérulle 10........................114 B 3

A B C D E F G H I J K L M N O P Q R S T U V W X Y Z

BESANÇON

Battant (Pont) .... AY 3
Battant (R.) .... AY
Bersot (R.) .... BY
Carnot (Av.) .... BYX 7
Castan (Sq.) .... BZ 8
Chapitre (R. du) .... BZ 14
Convention (R. de la) ..... BZ 4
Denfert-Rochereau (Av.) ... BY 17
Denfert-Rochereau (Pont) .. BY 18
Fusillés-de-la-Résistance
  (R. des) .... BZ 20
Gambetta (R.) .... ABY 21
Gare-d'eau (Av. de la) .... AZ 22
Gaulle (Bd Ch.de) .... AZ 23
Girod-de-Chantrans .... AYZ 24
Grande-Rue .... ABYZ
Granges (R. des) .... ABY
Krug (R. Ch.) .... BY 26
Lycée (R. du) .... AY 28
Madeleine (R. de la) ..... AY 29
Martelots (Pl. des) ...... BZ 30
Mégevand (R.) .... ABZ 32
Moncey (R.) .... BY 33
Orme-de-Chamars
  (R. de l') .... AZ 36
Pouillet (R. C.) .... AY 39
République (R. de la) .... ABY 40
Révolution (Pl. de la) ... AY 41
Rivotte (Faubourg) .... AY 42
Ronchaux (R.) .... BZ 43
Rousseau (R. J. J.) ...... AY 45
Saint-Amour (Sq.) .... BY 48
Sarrail (R. Gén.) .... ABY 52
Vauban (Q.) .... AY 56
1ère-Armée-Française
  (Pl. de la) .... BY 58

[Besançon city map]

Bérus 72 .... 83 G 4
Berven 29 .... 71 F 4
Berville 14 .... 54 B 1
Berville 76 .... 19 H 4
Berville 95 .... 38 A 4
Berville-en-Roumois 27 .... 35 H 3
Berville-la-Campagne 27 ... 55 H 1
Berville-sur-Mer 27 .... 34 D 2
Berville-sur-Seine 76 ..... 35 H 1
Berviller-en-Moselle 57 ... 46 D 4
Berzé-la-Ville 71 .... 194 D 4
Berzé-le-Châtel 71 .... 194 D 3
Berzème 07 .... 266 C 3
Berzieux 51 .... 43 E 4
Berzy-le-Sec 02 .... 40 B 3
La Besace 08 .... 27 F 5
Besain 39 .... 179 G 4
Besançon 25 .... 162 A 3
Bésayes 26 .... 249 G 4
Bescat 64 .... 314 A 5
Bésignan 26 .... 286 B 1
Bésingrand 64 .... 313 H 3
Beslé 44 .... 126 A 3
La Beslière 50 .... 51 G 3
Beslon 50 .... 52 A 3
Besmé 02 .... 40 A 1
Besmont 02 .... 25 H 2
Besnans 70 .... 162 B 1
Besné 44 .... 146 C 1
Besneville 50 .... 31 F 2
Besny-et-Loizy 02 .... 24 D 5
Bessac 16 .... 220 D 4
Bessais-le-Fromental 18 .. 173 H 5
Bessamorel 43 .... 247 H 3
Bessan 34 .... 322 C 4
Bessancourt 95 .... 58 B 1
Bessans 73 .... 235 F 4
Bessas 07 .... 284 A 1
Le Bessat 42 .... 230 C 5
Bessay 85 .... 183 F 1
Bessay-sur-Allier 03 ..... 192 B 3
Besse 15 .... 244 B 3
Bessé 16 .... 203 E 3
La Besse 19 .... 243 G 2
Besse 24 .... 259 F 3
Besse 38 .... 251 H 3
Besse-en-Chandesse 63 ... 227 F 3
Bessé-sur-Braye 72 .... 131 E 2
Besse-sur-Issole 83 ...... 328 C 2
Bessède-de-Sault 11 ...... 337 F 5
Bessèges 30 .... 283 H 2
Bessenay 69 .... 212 C 5
Bessens 82 .... 297 G 1
Besset 09 .... 336 D 1
Bessey 42 .... 230 D 4
Bessey-en-Chaume 21 ..... 177 G 1
Bessey-la-Cour 21 .... 159 F 5
Bessey-lès-Cîteaux 21 .... 160 B 5
La Besseyre-Saint-Mary 43 . 246 B 4
Bessières 31 .... 298 B 2
Bessines 79 .... 184 D 4
Bessines-sur-Gartempe 87 . 205 H 2
Bessins 38 .... 250 A 1
Besson 03 .... 192 A 3
Bessoncourt 90 .... 142 C 3
Bessonies 46 .... 261 G 1
Les Bessons 48 .... 264 A 2
Bessuéjouls 12 .... 263 E 4
Bessy 10 .... 90 D 2
Bessy-sur-Cure 89 .... 136 C 5
Bestiac 09 .... 336 C 5
Bétaille 46 .... 242 D 5
Betaucourt 70 .... 140 D 2
Betbèze 65 .... 316 A 5
Betbezer-d'Armagnac 40 .. 274 C 5
Betcave-Aguin 32 .... 316 B 2
Betchat 09 .... 335 E 1
Bétête 23 .... 189 H 4
Béthancourt-en-Valois 60 . 39 G 3
Béthancourt-en-Vaux 02 .. 24 A 5
Béthelainville 55 .... 43 H 4
Béthemont-la-Forêt 95 ... 58 B 1
Béthencourt 59 .... 14 D 4
Béthencourt-sur-Mer 80 .. 11 E 4
Béthencourt-sur-Somme 80 . 23 G 3
Bétheniville 51 .... 42 B 3
Bétheny 51 .... 41 G 3
Béthines 86 .... 187 G 2
Béthisy-Saint-Martin 60 .. 39 F 3
Béthisy-Saint-Pierre 60 .. 39 F 3
Bethmale 09 .... 335 E 3
Béthon 51 .... 90 A 2
Béthon 72 .... 83 G 4
Bethoncourt 25 .... 142 B 4
Béthonsart 62 .... 7 H 5
Béthonvilliers 28 .... 109 E 2
Bethonvilliers 90 .... 142 C 2
Béthune 62 .... 8 A 4
Bétignicourt 10 .... 91 G 4
Beton-Bazoches 77 ...... 60 A 5
Betoncourt-
  les-Ménétriers 70 ..... 140 C 4
Betoncourt-
  Saint-Pancras 70 ..... 118 D 5
Betoncourt-sur-Mance 70 . 140 B 2
Bétous 32 .... 295 E 3
Betplan 32 .... 315 F 2
Betpouey 65 .... 333 E 3
Betpouy 65 .... 315 H 4
Bétracq 64 .... 294 D 5
Betschdorf 67 .... 69 F 2
Bettaincourt-sur-Rognon 52 . 93 E 5
Bettainvillers 54 ...... 45 F 4
Bettancourt-la-Ferrée 52 . 63 F 5
Bettancourt-la-Longue 51 . 63 E 3
Bettange 57 .... 46 C 4
Bettant 01 .... 214 A 3
Bettborn 57 .... 67 G 4
Bettegney-Saint-Brice 88 . 95 E 5
Bettelainville 57 ...... 46 B 4
Bettembos 80 .... 21 G 3
Bettencourt-Rivière 80 . 11 H 4
Bettencourt-Saint-Ouen 80 . 12 B 5
Bettendorf 68 .... 143 F 3
Bettes 33 .... 333 F 1
Betteville 76 .... 19 H 5
Bettignies 59 .... 15 G 2
Betting 57 .... 47 E 5
Bettlach 68 .... 143 G 4
Betton 35 .... 104 B 2
Betton-Bettonet 73 ... 233 H 2
Bettoncourt 88 .... 94 D 4
Bettoncourt-le-Haut 52 . 93 F 4
Bettrechies 59 .... 15 F 2
Bettviller 57 .... 68 A 1
Bettwiller 67 .... 67 H 3
Betz 60 .... 39 G 5
Betz-le-Château 37 .. 170 B 2
Beugin 62 .... 7 H 5
Beugnâtre 62 .... 13 H 4
Beugneux 02 .... 40 C 4

Beugnies 59 .... 15 H 4
Le Beugnon 79 .... 184 D 1
Beugnon 89 .... 114 C 4
Beugny 62 .... 13 H 4
Beuil 06 .... 289 G 3
Le Beulay 88 .... 96 C 4
Beulotte-Saint-Laurent 70 . 119 H 5
Beure 25 .... 162 A 4
Beurey 10 .... 115 H 2
Beurey-Bauguay 21 .... 159 E 4
Beurey-sur-Saulx 55 ... 63 G 4
Beurières 63 .... 229 E 4
Beurizot 21 .... 159 E 3
Beurlay 17 .... 201 E 4
Beurville 52 .... 92 B 5
Beussent 62 .... 6 C 3
Beuste 64 .... 314 C 5
Beutal 25 .... 142 A 5
Beutin 62 .... 6 B 4
Beuvardes 02 .... 40 C 5
Beuveille 54 .... 44 D 2
Beuvezin 54 .... 94 C 4
Beuvillers 14 .... 34 C 5
Beuvillers 54 .... 45 F 3
Beuvrages 59 .... 9 G 5
Beuvraignes 80 .... 23 F 4
Beuvray Mont 71 ...... 176 B 3
Beuvrequen 62 .... 2 B 5
Beuvreuil 76 .... 37 F 1
Beuvrigny 50 .... 52 B 1
Beuvron 58 .... 157 E 3
Beuvron-en-Auge 14 ... 34 A 4
Beuvry 62 .... 8 A 4
Beuvry-la-Forêt 59 ... 9 E 4
Beux 57 .... 66 B 2
Beuxes 86 .... 168 D 1
Beuzec-Cap-Sizun 29 .. 99 E 2
Beuzeville 27 .... 34 D 3
Beuzeville-au-Plain 50 . 29 G 5
Beuzeville-la-Bastille 50 . 31 H 2
Beuzeville-la-Grenier 76 . 19 E 5
Beuzeville-la-Guérard 76 . 19 F 4
Beuzevillette 76 ...... 19 F 5
Bévenais 38 .... 232 B 4
Beveuge 70 .... 141 H 5
Béville-le-Comte 28 .. 86 C 4
Bévillers 59 .... 14 C 4
Bevons 04 .... 287 F 2
Bévy 21 .... 159 H 5
Bey 01 .... 195 E 5
Bey 71 .... 178 A 3
Bey-sur-Seille 54 .... 66 B 4
Beychac-et-Caillau 33 . 237 H 5
Beychevelle 33 .... 237 F 2
Beylongue 40 .... 293 F 1
Beynac 87 .... 205 G 5
Beynac-et-Cazenac 24 . 259 F 4
Beynat 19 .... 242 D 3
Beynes 04 .... 288 A 5
Beynes 78 .... 57 G 3
Beynost 01 .... 213 F 4
Beyrède Col de 65 .... 333 G 2
Beyrède-Jumet 65 .... 333 H 3
Beyren-lès-Sierck 57 .. 45 H 2
Beyrie-en-Béarn 64 ... 314 A 3
Beyrie-sur-Joyeuse 64 . 311 G 4
Beyries 40 .... 293 H 4
Beyssac Château de 24 . 241 F 5
Beyssenac 19 .... 223 G 4
Le Bez 81 .... 300 A 5
Bez-et-Esparon 30 ... 282 C 5
Bézac 09 .... 336 B 1
Bezalles 77 .... 60 A 5
Bézancourt 76 ...... 37 F 2
Bezange-la-Grande 54 . 66 C 5
Bezange-la-Petite 57 . 66 D 5
Les Bézards 45 ...... 134 D 3
Bézaudun-les-Alpes 06 . 309 F 1
Bézaudun-sur-Bîne 26 . 267 H 3
Bezaumont 54 .... 65 G 4
Bèze 21 .... 160 C 1
Bézenac 24 .... 259 F 1
Bézenet 03 .... 191 F 4
Bézéril 32 .... 296 D 5
Béziers 34 .... 321 G 3
Bezinghem 62 .... 6 C 3
Bezins-Garraux 31 ... 334 B 3
La Bezole 11 .... 337 F 2
Bezolles 32 .... 295 H 2
Bezons 95 .... 58 B 2
Bezonvaux 55 .... 44 C 5
Bezouce 30 .... 304 A 1
Bézouotte 21 .... 160 C 2
Bézu-la-Forêt 27 .... 37 F 2
Bézu-le-Guéry 02 ... 60 A 1
Bézu-Saint-Éloi 27 .. 37 F 3
Bézu-Saint-Germain 02 . 40 C 5
Bézues-Bajon 32 .... 316 B 3
Biache-Saint-Vaast 62 . 13 H 2
Biaches 80 .... 23 G 1
Bians-les-Usiers 25 .. 180 C 2
Biard 86 .... 186 B 1

Les Biards 50 .... 81 F 2
Biarne 39 .... 160 D 5
Biarre 80 .... 23 G 4
Biarritz 64 .... 310 C 2
Biarritz-Bayonne-Anglet
  Aéroport de 64 ...... 310 C 2
Biarrotte 40 .... 292 C 4
Biars-sur-Cère 46 ..... 243 E 5
Bias 40 .... 272 B 3
Bias 47 .... 258 B 5
Biaudos 40 .... 292 B 4
Bibiche 57 .... 46 C 3
Biblisheim 67 .... 69 E 2
Bibost 69 .... 212 C 5
Bichancourt 02 ...... 24 A 5
Biches 58 .... 175 G 2
Bickenholtz 57 .... 67 H 4
Bicqueley 54 .... 94 B 1
Bidache 64 .... 292 D 5
Bidarray 64 .... 311 E 5
Bidart 64 .... 310 C 3
Bidestroff 57 .... 67 E 5
Biding 57 .... 67 E 1
Bidon 07 .... 284 C 1
Bidos 64 .... 331 H 1
Biécourt 88 .... 94 C 4
Biederthal 68 ...... 143 G 4
Bief 25 .... 163 F 2
Bief-des-Maisons 39 . 180 A 4
Bief-du-Fourg 39 ... 180 B 3
Biefmorin 39 .... 179 E 2
Biefvillers-lès-Bapaume 62 . 13 G 4
Bielle 64 .... 332 A 1
Bielsa Tunnel de 65 . 333 F 5
Bienassis Château de 22 . 78 D 3
Biencourt 80 .... 11 F 5
Biencourt-sur-Orge 55 . 93 F 2
Bienville 60 .... 39 F 2
Bienville-la-Petite 54 . 95 F 1
Bienvillers-au-Bois 62 . 13 F 3
Biermes 08 .... 42 B 1
Biermont 60 .... 23 E 4
Bierné 53 .... 128 C 2
Bierne 59 .... 3 G 3
Biernes 52 .... 92 C 5
Bierre-lès-Semur 21 . 158 D 2
Bierry-
  les-Belles-Fontaines 89 . 137 G 5
Biert 09 .... 335 G 3
Bierville 76 .... 36 C 1
Biesheim 68 .... 121 F 3
Biesles 52 .... 117 F 3

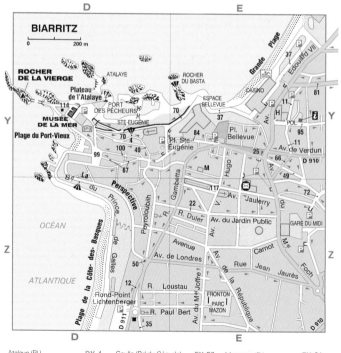

BIARRITZ

[Biarritz city map, scale 200 m]

Atalaye (Pl.) .... DY 4
Barthou (Av. Louis) ...... EY 11
Beaurivage (Av.) .... DZ 12
Champ-Lacombe (R.) ...... EZ 22
Clemenceau (Pl.) .... EY 25
Édouard-VII (Av.) .... EY
Espagne (R. d') .... DZ 35
Foch (Av. du Mar.) .... EZ
Gambetta (R.) .... DEZ
Gaulle (Bd du Gén.-de) ... EY 37
Goélands (R. des) .... DY 40
Helder (R. du) .... EY 49
Hélianthe (Rd-Pt) .... DZ 50
Larralde (R.) .... EY 66
Larre (R. Gaston) .... DEY 67
Leclerc (Bd Mar.) .... DEY 70
Libération (Pl. de la) .... EZ 72
Marne (Av. de la) .... EY 81
Mazagran (R.) .... EY 84
Osuna (Av. d') .... EY 95
Port-Vieux (Pl. du) .... DY 99
Port-Vieux (R. du) .... DY 100
Rocher de la Vierge
  (Espl. du) .... DY 114
Sobradiel (R.) .... EZ 117
Verdun (Av. de) .... EY
Victor-Hugo (Av.) .... EYZ

Bietlenheim 67.....69 E 4
Bieujac 33.....256 C 4
Bieuxy 02.....40 A 2
Bieuzy 56.....101 G 4
Bieuzy-Lanvaux 56.....124 G 4
Biéville 50.....32 C 5
Biéville-Beuville 14.....33 G 4
Biéville-en-Auge 14.....34 A 5
Biéville-Quétiéville 14.....34 A 5
Biéville-sur-Orne 14.....33 G 4
Bièvres 02.....41 E 1
Bièvres 08.....27 H 5
Bièvres 91.....58 A 4
Biffontaine 88.....96 A 5
Biganos 33.....254 C 2
Bignac 16.....203 E 5
Bignan 56.....102 B 5
Bignay 17.....201 G 3
La Bigne 14.....52 D 1
Bignicourt 08.....42 B 2
Bignicourt-sur-Marne 51.....62 C 5
Bignicourt-sur-Saulx 51.....63 E 4
Le Bignon 44.....147 H 5
Le Bignon-du-Maine 53.....106 B 4
Le Bignon-Mirabeau 45.....112 D 3
Bignoux 86.....186 C 1
Bigny 18.....173 E 4
Bigorno 2B.....347 F 2
La Bigottière 53.....105 H 2
Biguglia 2B.....345 G 5
Bihorel 76.....36 B 1
Bihucourt 62.....13 G 4
Bilazais 79.....168 B 2
Bile Pointe du 56.....145 G 3
Bilhères 64.....332 A 1
Bilia 2A.....350 D 2
Bilieu 38.....232 C 4
Billac 19.....242 D 5
Billancelles 28.....85 G 3
Billancourt 80.....23 G 3
Les Billanges 87.....206 C 3
Billaude Cascade de la 39.....179 H 5
Les Billaux 33.....238 B 4
Billé 35.....81 E 5
Billecul 39.....180 A 4
Billère 64.....314 B 3
Billey 21.....160 D 5
Billezois 03.....210 C 1
Billiat 01.....214 D 2
Billième 73.....215 E 5
Billière 31.....334 A 4
Billiers 56.....124 D 5
Billio 56.....102 C 5
Billom 63.....228 B 1
Billy 03.....192 B 5
Billy 14.....33 H 5
Billy 41.....153 G 3
Billy-Berclau 62.....175 E 2
Billy-Chevannes 58.....175 E 2
Billy-le-Grand 51.....42 A 5
Billy-lès-Chanceaux 21.....138 C 5
Billy-Montigny 62.....8 C 5
Billy-sous-les-Côtes 55.....64 D 2
Billy-sous-Mangiennes 55.....44 C 3
Billy-sur-Aisne 02.....40 B 3
Billy-sur-Oisy 58.....157 E 1
Billy-sur-Ourcq 02.....40 B 4
Biltzheim 68.....121 E 4
Bilwisheim 67.....68 D 4
Bimont 62.....6 D 3
Binarville 51.....43 E 4
Binas 41.....132 B 2
Bindernheim 67.....97 G 4
Binges 21.....160 C 3
Binic 22.....73 H 5
Bining 57.....68 A 1
Biniville 50.....29 F 5
Binos 31.....334 B 3
Binson-et-Orquigny 51.....41 E 5
Bio 46.....260 D 1
Biol 38.....232 B 4
La Biolle 73.....215 F 5
Biollet 63.....208 D 3
Bion 50.....52 C 5
Bioncourt 57.....66 B 4
Bionville 54.....96 B 2
Bionville-sur-Nied 57.....66 C 4
Biot 06.....309 F 3
Le Biot 74.....198 C 4
Bioule 82.....278 B 4
Bioussac 16.....203 G 2
Biozat 03.....210 A 2
Birac 16.....220 D 2
Birac 33.....256 C 5
Birac-sur-Trec 47.....257 F 5
Biran 32.....295 H 3
Biras 24.....240 B 1

Biriatou 64.....310 B 4
Birieux 01.....213 G 3
Birkenwald 67.....68 B 5
Birlenbach 67.....69 E 1
Biron 17.....219 H 2
Biron 24.....258 D 3
Biron 64.....313 G 2
Bisanne Signal de 73.....216 B 5
Biscarrosse 40.....254 B 5
Biscarrosse-Plage 40.....254 A 5
Bischheim 67.....97 H 1
Bischholtz 67.....68 C 3
Bischoffsheim 67.....97 F 2
Bischoffsheim 67.....69 E 4
Bischwihr 68.....121 F 2
Bischwiller 67.....69 E 4
Bisel 68.....143 E 4
Bisinchi 2B.....347 F 2
Bislée 55.....64 C 4
Bisping 57.....67 F 4
Bissert 67.....67 G 2
Bisseuil 51.....61 H 1
Bissey-la-Côte 21.....116 A 5
Bissey-la-Pierre 21.....137 H 2
Bissey-sous-Cruchaud 71.....177 G 5
Bisseezele 59.....3 G 3
Bissières 14.....34 A 5
Bissy-la-Mâconnaise 71.....195 E 2
Bissy-sous-Uxelles 71.....194 D 1
Bissy-sur-Fley 71.....177 F 5
Bisten-en-Lorraine 57.....46 D 5
Bistroff 57.....67 E 2
Bitche 57.....68 B 1
Bitry 58.....156 B 1
Bitry 60.....39 H 2
Bitschhoffen 67.....68 D 3
Bitschwiller-lès-Thann 68.....142 D 1
Biver 13.....327 E 1
Bivès 32.....296 C 2
Biviers 38.....251 E 1
Biville 50.....28 D 3
Biville-la-Baignarde 76.....20 A 3
Biville-la-Rivière 76.....20 A 3
Biville-sur-Mer 76.....10 C 5
Bivilliers 61.....84 C 2
Bizanet 11.....320 D 5
Bizanos 64.....314 B 4
Bize 52.....140 A 2
Bize 65.....334 A 2
Bize-Minervois 11.....320 D 4
Bizeneuille 03.....191 E 3
Le Bizet 59.....8 C 2
Biziat 01.....195 F 5
Bizonnes 38.....232 B 4
Le Bizot 25.....163 F 4
Les Bizots 71.....176 D 4
Bizou 61.....84 D 3
Bizous 65.....333 H 1
Blacé 69.....212 D 2
Blaceret 69.....212 D 2
Blacourt 60.....37 G 1
Blacqueville 76.....19 H 5
Blacy 51.....62 C 4
Blacy 89.....137 F 5
Blaesheim 67.....97 G 2
Blagnac 31.....297 H 4
Blagny 08.....27 G 4
Blagny-sur-Vingeanne 21.....160 D 2
Blaignac 33.....256 D 4
Blaignan 33.....219 E 5
Blain 44.....147 F 1
Blaincourt-lès-Précy 60.....38 C 4
Blaincourt-sur-Aube 10.....91 G 4
Blainville-Crevon 76.....36 C 4
Blainville-sur-l'Eau 54.....95 F 2
Blainville-sur-Mer 50.....31 F 5
Blainville-sur-Orne 14.....33 H 4
Blairville 62.....13 F 3
Blaise 08.....42 D 2
Blaise 52.....92 C 5
Blaise-sous-Arzillières 51.....62 C 5
Blaison 49.....149 H 2
Blaisy 52.....116 D 2
Blaisy-Bas 21.....159 G 3
Blaisy-Haut 21.....159 G 3
Blajan 31.....316 B 4
Blajoux 48.....282 C 1
Blamont 25.....163 G 2
Blâmont 54.....96 A 1
Blan 81.....299 E 5
Le Blanc 36.....187 H 1
Blanc Lac 88.....120 C 2
Blanc-Misseron 59.....9 H 5
Blanc-Nez Cap 62.....2 B 3
Blancafort 18.....155 F 1

Blancey 21.....159 E 3
Blancfossé 60.....22 B 4
Blanche-Église 57.....67 E 4
Blanchefontaine 25.....163 F 3
Blanchefosse 08.....25 H 3
Blancherupt 67.....96 D 3
Blancheville 52.....117 E 2
Blandainville 28.....85 H 5
Blandas 30.....302 A 1
Blandin 38.....232 B 3
Blandouet 53.....106 D 4
Blandy 77.....88 C 2
Blandy 91.....87 G 5
Blangermont 62.....12 C 2
Blangerval 62.....12 C 2
Blangy-le-Château 14.....34 D 4
Blangy-sous-Poix 80.....21 H 3
Blangy-sur-Bresle 76.....11 F 5
Blangy-sur-Ternoise 62.....7 F 5
Blangy-Tronville 80.....22 C 2
Blannay 89.....157 H 1
Blanot 21.....158 C 5
Blanot 71.....194 D 2
Blanquefort 32.....296 C 4
Blanquefort 33.....237 F 5
Blanquefort-sur-Briolance 47.....259 E 3
Blanzac 16.....221 E 3
Blanzac 43.....247 F 3
Blanzac 87.....205 F 1
Blanzac-lès-Matha 17.....202 B 4
Blanzaguet-Saint-Cybard 16.....221 G 4
Blanzat 81.....209 G 5
Blanzay 86.....186 B 5
Blanzay-sur-Boutonne 17.....201 H 2
Blanzy 71.....176 D 5
Blanzy-la-Salonnaise 08.....41 H 1
Blanzy-lès-Fismes 02.....40 D 3
Blargies 60.....21 G 4
Blarians 25.....162 B 2
Blaringhem 59.....7 G 2
Blars 46.....260 D 4
Blaru 78.....56 D 1
Blasimon 33.....256 D 2
Blaslay 86.....169 E 5
Blassac 43.....246 B 2
Blaudeix 23.....189 H 5
Blausasc 06.....291 F 5
Blauvac 84.....286 A 4
Blauzac 30.....284 B 5
Blavignac 48.....246 A 4
Blavozy 43.....247 G 3
Blay 14.....32 D 3
Blaye 33.....237 F 2
Blaye-les-Mines 81.....279 G 5
Blaymont 47.....276 D 2
Blaziert 32.....296 A 1
Blécourt 52.....92 D 4
Blécourt 59.....14 B 3
Blégiers 04.....288 B 2
Bleigny-le-Carreau 89.....136 C 2
Bleine Col de 06.....308 D 1
Blémerey 54.....95 H 1
Blémerey 88.....94 C 4
Blendecques 62.....3 F 5
Bléneau 89.....135 E 4
Blennes 77.....113 E 2
Blénod-lès-Pont-à-Mousson 54.....65 G 3
Blénod-lès-Toul 54.....94 B 1
Bléquin 62.....6 D 2
Blérancourt 02.....40 A 1
Blercourt 55.....43 H 5
Bléré 37.....152 C 3
Blériot-Plage 62.....2 C 3
Bléruais 35.....103 G 3
Blésignac 33.....256 B 1
Blesle 43.....227 H 4
Blesme 51.....63 E 4
Blesmes 02.....60 C 1
Blessac 23.....207 G 3
Blessonville 52.....116 D 4
Blessy 62.....7 G 3
Blet 18.....173 H 3
Bletterans 39.....179 E 4
Bleurville 88.....118 C 3
Bleury 28.....86 C 3
Blevaincourt 88.....118 A 4
Blèves 72.....84 A 3
Blévy 28.....85 G 2
Le Bleymard 48.....265 E 3
Blicourt 60.....22 A 5
Blienschwiller 67.....97 E 4
Blies-Ébersing 57.....47 H 5
Blies-Guersviller 57.....47 G 5

Bliesbruck 57.....47 H 5
Blieux 04.....307 H 1
Blignicourt 10.....91 H 3
Bligny 10.....116 A 3
Bligny 51.....41 F 4
Bligny-le-Sec 21.....159 G 2
Bligny-lès-Beaune 21.....177 H 2
Bligny-sur-Ouche 21.....159 F 5
Blincourt 60.....39 E 2
Blingel 62.....7 E 5
Blis-et-Born 24.....241 E 2
Blismes 58.....157 H 5
Blodelsheim 68.....121 G 5
Blois 41.....132 A 5
Blomac 11.....320 B 5
Blomard 03.....191 G 5
Blombay 08.....26 B 2
Blond 87.....205 F 2
Blondefontaine 70.....118 B 5
Blonville-sur-Mer 14.....34 B 3
Blosseville 76.....19 H 2
Blosville 50.....31 H 2
Blot-l'Église 63.....209 G 2
Blotzheim 68.....143 G 3
Blou 49.....150 C 2
Blousson-Sérian 32.....315 F 2
Bloye 74.....215 F 4
Bluffy 74.....215 H 4
Blumeray 52.....92 B 4
Blussangeaux 25.....142 A 5
Blussans 25.....142 A 5
Blye 39.....179 F 5

Blyes 01.....213 H 4
Le Bô 14.....53 F 2
Bobigny 93.....58 D 3
Bobital 22.....79 G 4
Le Bocasse 76.....20 B 5
La Bocca 26.....309 E 4
Bocca Bassa Col de 2B.....346 A 3
Bocca di Vezzu 2B.....345 E 5
Bocé 49.....150 C 1
Bocognano 2A.....349 E 2
Bocquegney 88.....119 E 2
Bocquencé 61.....55 E 3
Le Bodéo 22.....78 A 5
Bodilis 29.....71 F 5
Boé 47.....276 B 3
Boécé 61.....84 B 3
Boëge 74.....198 A 5
Boeil-Bezing 64.....314 C 4
Le Boël 35.....104 A 4
Boën 42.....229 G 1
Bœrsch 67.....97 E 2
Boeschepe 59.....4 A 5
Boëséghem 59.....7 G 2
Bœsenbiesen 67.....97 G 5
Boëssé-le-Sec 72.....108 C 3
Bœsses 45.....112 A 3
Bœurs-en-Othe 89.....114 B 3
Boffles 62.....12 C 3
Boffres 07.....248 D 5
Bogève 74.....198 A 5
Bogny-sur-Meuse 08.....26 D 2
Bogros 23.....226 D 3
Bogy 07.....249 E 1
Bohain-en-Vermandois 02.....24 C 1

Bohal 56.....125 E 2
La Bohalle 49.....149 H 2
Bohars 29.....75 E 2
Bohas 01.....214 A 1
Boigneville 91.....87 H 5
Boigny-sur-Bionne 45.....111 E 5
Boinville-en-Mantois 78.....57 F 2
Boinville-en-Woëvre 55.....44 D 5
Boinville-le-Gaillard 78.....86 D 3
Boinvilliers 78.....57 F 2
Boiry-Becquerelle 62.....13 G 3
Boiry-Notre-Dame 62.....13 H 2
Boiry-Saint-Martin 62.....13 G 3
Boiry-Sainte-Rictrude 62.....13 G 3
Bois 17.....219 G 3
Le Bois 73.....234 B 3
Bois-Anzeray 27.....55 G 2
Bois-Arnault 27.....55 G 4
Bois-Aubry Abbaye de 37.....169 G 2
Bois-Bernard 62.....8 C 5
Bois-Chenu Basilique du 88.....93 H 3
Bois-Chevalier Château de 44.....165 G 2
Bois-Colombes 92.....58 B 3
Bois-d'Amont 39.....197 G 1
Bois-d'Arcy 78.....58 A 4
Bois-d'Arcy 89.....157 G 1
Bois-de-Céné 85.....165 E 2
Bois-de-Champ 88.....96 A 5
Bois-de-Gand 39.....179 E 3
Bois-de-la-Chaize 85.....164 B 1
Bois-de-la-Pierre 31.....317 F 3
Bois-d'Ennebourg 76.....36 C 2
Le Bois-d'Oingt 69.....212 C 4

BLOIS

Abbé-Grégoire (Quai de l') .... Z 2
Anne-de-Bretagne (R.) .... Z 3
Augustin Thierry (Sq.) .... Z 4
Balzac (R. H. de) .... V 5
Beauvoir (R.) .... Y 6
Bourg-St-Jean (R. du) .... Y 10
Cartier (R. R.) .... V 13
Chemonton (R.) .... Y 15
Clouseau (Mail) .... Y 17
Commerce (R. du) .... Y
Cordeliers (R. des) .... Y 18
Curie (R. Pierre et Marie) .... X 19
Déportés (Av. des) .... X 78
Dion (R. R.) .... V 20
Dupuis (Bd D.) .... X 21
Fontaine-des-Élus (R.) .... X 22
Fossés-du-Château (R. des) .... Z 23
Gambetta (Av.) .... X 25
Gaulle (Pont Ch. de) .... X 26
Gentils (R. des) .... V 27
Industrie (Bd de l') .... V 29
Jeanne-d'Arc (R.) .... X 30
Laigret (Av. J.) .... Z 32
Leclerc (Av. du Mar.) .... X 33
Lices (Pl. des) .... Z 34
Lion-Ferré (R. du) .... Z 35
Maunoury (Av. du Mar.) .... Y 39
Monsabre (R. du Père) .... X 41
Orfèvres (R. des) .... Z 43
Papegaults (R. des) .... Y 44
Papin (Escaliers Denis) .... Y 45
Papin (R. Denis) .... Y
Pierre-de-Blois (R.) .... Z 46
Poids-du-Roi (R. du) .... Z 47
Porte-Côté (R.) .... Y 48
Président-Wilson (Av.) .... X, Z 51

Puits-Châtel (R. du) .... Y 52
Remparts (R. des) .... Z 53
Résistance (Carrefour de la) .... Z 55
Ronsard (R. P. de) .... Y 58
St-Honoré (R.) .... Y 59
St-Jean (R.) .... Y 60
St-Louis (Pl.) .... Y 62
St-Martin (R.) .... Z 63
Schuman (Av. R.) .... V 64
Signeux (R. de) .... V 66
Trois-Marchands (R. des) .... Z 67
Trouessard (R.) .... Y 69
Vauvert (R.) .... X 70
Verdun (Av. de) .... X 72
Vezin (R. A.) .... X 74
Villebois-Mareuil (R.) .... X, Z 75

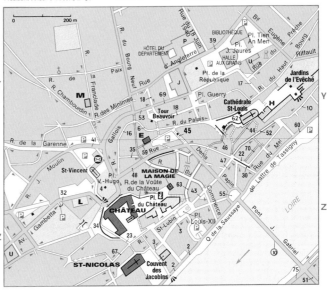

A B C D E F G H I J K L M N O P Q R S T U V W X Y Z

Bois Dousset Château du 86..............186 D 1
Bois-du-Four 12..............281 G 2
Bois-Grenier 59..............8 C 2
Bois-Guilbert 76..............20 D 5
Le Bois-Hellain 27..............35 E 3
Bois-Héroult 76..............20 D 5
Bois-Herpin 91..............87 G 5
Bois-Himont 76..............19 G 5
Bois-Jérôme-Saint-Ouen 27..............37 E 5
Bois-la-Ville 25..............162 C 2
Bois-le-Roi 27..............56 C 3
Bois-le-Roi 77..............88 B 3
Bois-lès-Pargny 02..............24 D 3
Bois-l'Évêque 76..............36 C 2
Bois Noirs 42..............210 D 4
Bois-Normand-près-Lyre 27..............55 G 3
Le Bois-Plage-en-Ré 17..............182 D 5
Le Bois-Robert 76..............20 B 2
Bois-Sainte-Marie 71..............194 A 4
Bois-Sir-Amé Château de 18..............173 F 3
Bois-Thibault Château de 53..............82 C 3
Boisbergues 80..............12 C 4
Boisbreteau 16..............220 C 5
Boiscommun 45..............111 H 4
Boisdinghem 62..............3 E 5
Boisdon 77..............60 A 5
Boisemont 27..............37 E 3
Boisemont 95..............57 H 1
Boisgasson 28..............109 G 4
Boisgervilly 35..............103 G 2
Boisjean 62..............6 C 5
Le Boisle 80..............11 H 1
Boisleux-au-Mont 62..............13 G 3
Boisleux-Saint-Marc 62..............13 G 3
Boismé 79..............167 H 4
Boismont 54..............44 D 3
Boismont 80..............11 F 3
Boismorand 45..............134 D 3
Boisney 27..............35 F 5
Boisrault 80..............21 G 2
Boisredon 17..............219 G 5
Boisroger 50..............31 F 5
Boissay 76..............36 D 1
La Boisse 01..............213 G 4
Boisse 24..............258 B 2
Boisse-Penchot 12..............261 H 4
Boisseau 41..............132 A 3
Boisseaux 45..............111 E 2
Boissède 31..............316 C 3
Boissei-la-Lande 61..............54 B 5
Boisserolles 79..............201 H 1
Boisseron 34..............303 F 3
Les Boisses 73..............235 F 2
Boisset 15..............261 H 1
Boisset 34..............320 C 3
Boisset 43..............229 G 5
Boisset-et-Gaujac 30..............283 G 5
Boisset-lès-Montrond 42..............229 H 2
Boisset-les-Prévanches 27..............56 C 2
Boisset-Saint-Priest 42..............229 H 3
Boissets 78..............57 E 3
Boissettes 77..............88 B 3
Boisseuil 87..............205 H 5
Boisseuilh 24..............241 G 1
Boissey 01..............195 F 3
Boissey 14..............54 B 1
Boissey-le-Châtel 27..............35 G 3
Boissezon 81..............299 H 5
Boissia 39..............196 D 1
La Boissière 14..............34 C 5
La Boissière 27..............56 D 2
La Boissière 34..............302 B 4
La Boissière 39..............196 B 3
La Boissière 53..............127 H 3
La Boissière Ancienne Abbaye 49..............129 H 5
La Boissière-d'Ans 24..............241 E 1
La Boissière-de-Montaigu 85..............166 B 2
La Boissière-des-Landes 85..............182 D 1
La Boissière-du-Doré 44..............148 B 4
La Boissière-École 78..............57 F 5
La Boissière-en-Gâtine 79..............185 E 1
La Boissière-sur-Èvre 49..............148 C 3
Boissières 30..............303 G 2
Boissières 46..............259 H 4
Boissise-la-Bertrand 77..............88 B 3
Boissise-le-Roi 77..............88 A 3
Boissy-aux-Cailles 77..............88 A 5
Boissy-en-Drouais 28..............56 C 5
Boissy-Fresnoy 60..............39 G 5
Boissy-la-Rivière 91..............87 F 5
Boissy-l'Aillerie 95..............57 H 1

Boissy-Lamberville 27..............35 F 5
Boissy-le-Bois 60..............37 H 4
Boissy-le-Châtel 77..............60 A 4
Boissy-le-Cutté 91..............87 G 3
Boissy-le-Repos 51..............60 D 3
Boissy-le-Sec 91..............87 F 3
Boissy-lès-Perche 28..............55 H 5
Boissy-Maugis 61..............84 D 4
Boissy-Mauvoisin 78..............57 E 2
Boissy-Saint-Léger 94..............58 D 4
Boissy-sans-Avoir 78..............57 G 4
Boissy-sous-Saint-Yon 91..............87 G 3
Boissy-sur-Damville 27..............56 B 3
Boistrudan 35..............104 D 4
Boisville-la-Saint-Père 28..............86 C 5
Boisyvon 50..............52 A 3
Boitron 61..............83 H 2
Boitron 77..............60 B 3
Bolandoz 25..............180 A 1
Bolazec 29..............76 D 2
Bolbec 76..............19 E 5
Bollène 84..............285 E 2
La Bollène-Vésubie 06..............291 F 3
Bolleville 50..............31 F 3
Bolleville 76..............19 F 5
Bollezeele 59..............3 G 4
La Bolline 06..............289 H 3
Bolliwiller 68..............121 E 5
Bologne 52..............117 E 2
Bolozon 01..............196 B 5
Bolquère 66..............341 G 4
Bolsenheim 67..............97 G 3
Bombannes 33..............236 B 2
Bombon 77..............88 D 2
Bommes 33..............255 H 4
Bommiers 36..............172 B 4
Bompas 09..............336 B 4
Bompas 66..............339 E 5
Bomy 62..............7 F 3
Bon-Encontre 47..............276 B 3
Bona 58..............175 E 1
Bonac-Irazein 09..............335 E 4
Bonaguil Château de 47..............259 E 4
Bonas 32..............295 H 2
Bonascre Plateau de 09..............340 D 2
Bonboillon 70..............161 F 3
Boncé 28..............86 B 5
Bonchamp-lès-Laval 53..............106 A 3
Boncourt 02..............25 F 5
Boncourt 27..............56 C 1
Boncourt 28..............56 D 3
Boncourt 54..............45 E 5
Boncourt-le-Bois 21..............160 A 5
Boncourt-sur-Meuse 55..............64 C 4
Bondaroy 45..............111 G 3
Bondeval 25..............142 C 5
Bondigoux 31..............298 A 2
Les Bondons 48..............282 D 1
Bondoufle 91..............87 H 2
Bondues 59..............8 D 2
Bondy 93..............58 D 3
Bonen 22..............77 F 5
Bonette Cime de la 04..............289 E 1
Bongheat 63..............228 B 1
Le Bonhomme 68..............120 C 2
Bonhomme Col du 88..............120 C 2
Bonifacio 2A..............351 F 4
Bonifato Cirque de 2B..............346 C 3
Bonlier 60..............38 A 1
Bonlieu 39..............197 E 1
Bonlieu-sur-Roubion 26..............267 F 3
Bonloc 64..............311 E 4
Bonnac 09..............318 B 5
Bonnac 15..............245 H 2
Bonnac-la-Côte 87..............205 H 4
Bonnal 25..............141 G 5
Bonnard 89..............114 A 5
Bonnat 23..............189 F 4
Bonnatrait 74..............198 A 3
Bonnaud 39..............196 A 1
Bonnay 25..............162 A 2
Bonnay 71..............194 C 2
Bonnay 80..............22 D 1
Bonne 74..............197 H 5
Bonne-Fontaine 57..............68 A 4
Bonne-Fontaine Château de 35..............80 C 3
Bonnebosq 14..............34 B 4
Bonnecourt 52..............117 G 5
Bonnée 45..............134 A 3
Bonnefamille 38..............231 H 2
Bonnefoi 61..............55 F 5
Bonnefond 19..............225 F 3
Bonnefont 65..............315 H 4
Bonnefontaine 39..............179 G 4
Bonnefontaine Ancienne Abbaye de 08..............25 H 3

Bonnegarde 40..............293 G 4
Bonneil 02..............60 B 1
Bonnelles 78..............87 E 2
Bonnemain 35..............80 A 3
Bonnemaison 14..............53 E 1
Bonnemazon 65..............333 G 1
Bonnencontre 21..............178 B 1
Bonnes 16..............239 F 1
Bonnes 86..............186 D 1
Bonnesvalyn 02..............40 B 5
Bonnet 55..............93 G 2
Bonnétable 72..............108 B 3
Bonnétage 25..............163 F 4
Bonnetan 33..............255 H 1
Bonneuil 16..............220 C 2
Bonneuil 36..............188 A 4
Bonneuil-en-France 95..............58 C 2
Bonneuil-en-Valois 60..............39 G 3
Bonneuil-les-Eaux 60..............22 B 4
Bonneuil-Matours 86..............169 G 5
Bonneuil-sur-Marne 94..............58 D 4
Bonneval 28..............110 A 3
Bonneval 43..............247 E 1
Bonneval 73..............234 B 2
Bonneval-en-Diois 26..............268 D 3
Bonneval-sur-Arc 73..............235 G 4
Bonnevaux 25..............180 B 3
Bonnevaux 30..............283 G 1
Bonnevaux 74..............198 C 4
Bonnevaux-le-Prieuré 25..............162 B 5
Bonneveau 41..............131 E 3
Bonnevent-Velloreille 70..............161 H 2
La Bonneville 50..............31 G 2
Bonneville 74..............216 A 1
Bonneville 80..............12 C 5
Bonneville-Aptot 27..............35 G 4
Bonneville-et-Saint-Avit-de-Fumadières 24..............239 E 5
Bonneville-la-Louvet 14..............34 D 3
La Bonneville-sur-Iton 27..............56 A 2
Bonneville-sur-Touques 14..............34 C 3
Bonnières 60..............37 H 1
Bonnières 62..............12 C 3
Bonnières-sur-Seine 78..............57 E 1
Bonnieux 84..............305 H 2
Bonningues-lès-Ardres 24..............2 D 5
Bonningues-lès-Calais 62..............2 C 4
Bonnœil 14..............53 G 2
Bonnœuvre 44..............127 F 5
Bonny-sur-Loire 45..............156 A 1
Bono 56..............124 A 3
Bonrepos 65..............315 H 5
Bonrepos-Riquet 31..............298 B 4
Bonrepos-sur-Aussonnelle 31..............297 F 5
Bons-en-Chablais 74..............198 A 4
Bons-Tassilly 14..............53 H 2
Bonsecours 76..............36 B 2
Bonsmoulins 61..............55 E 5
Bonson 06..............291 E 4
Bonson 42..............229 H 3
Bonvillard 73..............234 A 2
Bonvillaret 73..............234 A 2
Bonviller 54..............95 F 1
Bonvillers 60..............22 C 5
Bonvillet 88..............118 C 3
Bonvouloir Tour de 61..............82 C 2
Bony 02..............24 A 1
Bonzac 33..............238 C 4
Bonzée-en-Woëvre 55..............64 D 1
Boô-Silhen 65..............332 D 2
Boofzheim 67..............97 G 4
Boos 40..............293 E 1
Boos 76..............36 B 2
Bootzheim 67..............97 G 5
Boqueho 22..............78 A 3
Boquen Abbaye de 22..............78 D 5
Bor-et-Bar 12..............279 G 3
Boran-sur-Oise 60..............38 C 5
Borce 64..............331 H 4
Borcq-sur-Airvault 79..............168 B 3
Bord-Saint-Georges 23..............190 A 5
Bordeaux 33..............237 G 5
Bordeaux-en-Gâtinais 45..............112 A 4
Bordeaux-Mérignac Aéroport de 33..............237 F 5
Bordeaux-Saint-Clair 76..............18 D 4
Bordères 64..............314 C 5
Bordères-et-Lamensans 40..............294 B 2
Bordères-Louron 65..............333 H 3
Bordères-sur-l'Échez 65..............315 E 4
Les Bordes 36..............172 B 2
Les Bordes 45..............134 A 3
Bordes 64..............314 B 5
Bordes 65..............315 G 5

Les Bordes 71..............178 A 3
Les Bordes 89..............113 H 4
Les Bordes-Aumont 10..............115 E 2
Bordes-de-Rivière 31..............334 B 1
Les Bordes-sur-Arize 09..............335 H 1
Les Bordes-sur-Lez 09..............335 E 3
Bordezac 30..............283 H 2
Bords 17..............201 E 4
Borée 07..............248 A 5
Le Boréon 06..............291 E 2
Boresse-et-Martron 17..............238 D 1
Borest 60..............39 E 5
Borey 70..............141 G 4
Borgo 2B..............347 G 2
Bormes-les-Mimosas 83..............328 D 4
Le Born 31..............298 A 1
Le Born 48..............264 C 4
Born-de-Champs 24..............258 C 2
Bornambusc 76..............18 D 4
Bornay 39..............196 B 1
Borne 07..............265 G 3
La Borne 18..............155 G 4
Borne 43..............247 E 3
Bornel 60..............38 B 4
Borny 57..............65 H 1
Boron 90..............142 D 4
Borre 59..............3 H 5
Borrèze 24..............241 H 5
Bors 16..............220 C 5
Bors 16..............221 F 5
Bort-les-Orgues 19..............226 C 5
Bort-l'Étang 63..............210 B 5
Borville 54..............95 F 3
Le Bosc 09..............336 A 3
Le Bosc 34..............301 H 3
Bosc-Bénard-Commin 27..............35 H 3
Bosc-Bénard-Crescy 27..............35 H 3
Bosc-Bérenger 76..............20 C 4
Bosc-Bordel 76..............20 D 5
Bosc-Édeline 76..............20 D 5
Bosc-Guérard-Saint-Adrien 76..............20 B 5
Bosc-Hyons 76..............37 F 2
Bosc-le-Hard 76..............20 C 4
Bosc-Mesnil 76..............20 D 4
Le Bosc-Morel 27..............55 F 1
Le Bosc-Renoult 61..............54 D 2
Bosc-Renoult-en-Ouche 27..............55 G 2
Bosc-Renoult-en-Roumois 27..............35 G 3
Le Bosc-Roger-en-Roumois 27..............35 H 3
Bosc-Roger-sur-Buchy 76..............20 D 5
Boscamnant 17..............238 D 2
Boscherville 27..............35 H 3
Boscodon Abbaye de 05..............270 C 4
Bosdarros 64..............314 B 5
Bosgouet 27..............35 H 2
Bosguérard-de-Marcouville 27..............35 H 3
Bosjean 71..............178 D 4
Bosmie-l'Aiguille 87..............223 G 1
Bosmont-sur-Serre 02..............25 F 3
Bosmoreau-les-Mines 23..............206 D 3
Bosnormand 27..............35 H 3
Le Bosquel 80..............22 B 3
Bosquentin 27..............37 E 2
Bosrobert 27..............35 G 4
Bosroger 23..............207 H 3
Bossancourt 10..............92 A 5
Bossay-sur-Claise 37..............170 B 4
La Bosse 25..............163 E 4
La Bosse 41..............132 A 2
La Bosse 72..............108 B 3
La Bosse-de-Bretagne 35..............104 B 5
Bossée 37..............152 A 5
Bosselshausen 67..............68 C 3
Bossendorf 67..............68 C 4
Bosserville 54..............94 D 1
Bosset 24..............239 G 4
Bosseval-et-Briancourt 08..............27 E 3
Bossey 74..............215 G 1
Bossieu 38..............231 H 4
Les Bossons 74..............217 E 3
Bossugan 33..............256 D 1
Bossus-lès-Rumigny 08..............26 A 2
Bost 03..............210 C 1
Bostens 40..............274 A 5
Bostz Château du 03..............192 A 3
Bosville 76..............19 G 3
Botans 90..............142 C 3
Botform 29..............99 G 4
Botmeur 29..............76 A 3
Botsorhel 29..............72 B 5
Botticella 2B..............345 F 1
Botz-en-Mauges 49..............148 D 3

Bou 45..............133 G 2
Bouafle 78..............57 H 2
Bouafles 27..............36 D 4
Bouan 09..............336 B 5
Bouaye 44..............147 F 4
Boubers-lès-Hesmond 62..............6 D 4
Boubers-sur-Canche 62..............12 C 2
Boubiers 60..............37 G 4
Bouc-Bel-Air 13..............327 E 1
Boucagnères 32..............296 B 5
Boucard Château de 18..............155 G 3
Boucau 64..............292 A 5
Boucé 03..............192 C 4
Boucé 61..............54 A 5
Boucey 50..............80 C 2
Le Bouchage 16..............203 H 2
Le Bouchage 38..............232 C 1
Bouchain 59..............14 C 2
Bouchamps-lès-Craon 53..............127 H 2
Le Bouchaud 03..............193 F 4
Bouchavannes-Bergen 80..............23 G 1
Bouchemaine 49..............149 G 2
Boucheporn 57..............46 D 5
Le Bouchet 74..............216 A 4
Bouchet Château du 36..............170 D 5
Bouchet Lac du 43..............247 G 5
Le Bouchet-Saint-Nicolas 43..............247 E 5
Bouchevilliers 27..............37 F 2
Bouchoir 80..............23 E 3
Les Boucholeurs 17..............200 C 2
Bouchon 80..............12 B 5
Le Bouchon-sur-Saulx 55..............63 H 5
Les Bouchoux 39..............197 E 4
Bouchy-Saint-Genest 51..............60 C 5
Bouclans 25..............162 B 3
Boucoiran-et-Nozières 30..............284 A 5
Bouconville 08..............42 D 3
Bouconville-sur-Madt 55..............65 E 4
Bouconville-Vauclair 02..............41 E 1
Bouconvillers 60..............37 H 5
Boucq 54..............65 E 5
Boudes 63..............227 H 4
Boudeville 76..............19 H 3
Boudin 73..............234 C 1
Boudou 82..............277 E 4
Boudrac 31..............316 A 5
Boudreville 21..............116 B 5
Boudy-de-Beauregard 47..............258 B 4
Boué 02..............15 F 5
Bouée 44..............147 E 2
Bouelles 76..............21 E 4
Bouër 72..............108 C 4
Bouère 53..............128 D 2
Bouessay 53..............128 D 2
Bouesse 36..............189 E 1
Bouëx 16..............221 G 2
La Bouëxière 35..............104 D 2
Bouffémont 95..............58 B 1
Boufféré 85..............166 A 2
Bouffignereux 02..............41 F 2
Boufflers 80..............11 H 2
Bouffry 41..............109 F 5
Bougainville 80..............22 A 2
Bougarber 64..............314 A 2
Bougé-Chambalud 38..............231 F 5
Bouges-le-Château 36..............171 H 1
Bougey 70..............140 C 3
Bougival 78..............58 A 3
Bouglainval 28..............86 B 2
Bougligny 77..............112 B 2
Bouglon 47..............275 E 1
Bougneau 17..............219 G 2
Bougnon 70..............141 E 3
Bougon 79..............185 G 4
Bougue 40..............294 B 1
Bouguenais 44..............147 G 4
Bougy 14..............33 F 5
Bougy-lez-Neuville 45..............111 E 4
Bouhans 71..............178 C 4
Bouhans-et-Feurg 70..............161 E 1
Bouhans-lès-Lure 70..............141 G 3
Bouhans-lès-Montbozon 70..............162 B 1
Bouhet 17..............201 E 1
Bouhey 21..............159 F 4
Bouhy 58..............156 C 1
Bouilh Château du 33..............237 H 4
Bouilh-Devant 65..............315 G 3
Bouilh-Péreuilh 65..............315 F 4
Bouilhonnac 11..............320 A 5
Bouillac 12..............261 G 4

Bouillac 24..............259 E 2
Bouillac 82..............297 F 2
La Bouilladisse 13..............327 F 1
Bouillancourt-en-Séry 80..............11 F 5
Bouillancourt-la-Bataille 80..............22 D 4
Bouilland 21..............159 G 5
Bouillargues 30..............304 A 2
La Bouille 76..............36 A 3
Bouillé-Courdault 85..............184 B 3
Bouillé-Loretz 79..............168 A 1
Bouillé-Ménard 49..............127 H 3
Bouillé-Saint-Paul 79..............167 H 1
La Bouillie 22..............79 E 2
Le Bouillon 61..............83 G 2
Bouillon 64..............294 A 5
Bouillonville 54..............65 E 3
Bouillouses Lac des 66..............341 F 3
Bouilly 10..............114 D 2
Bouilly 51..............41 F 4
Bouilly 89..............114 B 5
Bouilly-en-Gâtinais 45..............111 G 4
Bouin 62..............6 D 5
Bouin 79..............203 E 2
Bouin 85..............164 D 1
Bouin-Plumoison 62..............6 D 5
Bouisse 11..............338 A 2
Bouix 21..............138 A 2
Boujailles 25..............180 A 2
Boujan-sur-Libron 34..............321 G 3
Boujeons 25..............180 B 4
Boulages 10..............90 C 2
Boulaincourt 88..............94 C 4
Boulancourt 77..............111 H 2
Boulange 57..............45 F 3
Boulaur 32..............296 C 5
Le Boulay 37..............131 F 5
Le Boulay 88..............119 H 2
Boulay-les-Barres 45..............110 D 5
Boulay-les-Ifs 53..............83 E 4
Boulay-Moselle 57..............46 C 5
Le Boulay-Morin 27..............56 B 1
Boulaye La 71..............176 B 5
Boulazac 24..............240 C 2
Boulbon 13..............304 C 1
Boulc 26..............268 C 2
Boule d'Amont 66..............342 C 3
Bouleternère 66..............342 C 2
Bouleurs 77..............59 G 3
Bouleuse 51..............41 F 4
Bouliac 33..............255 G 1
Boulieu-lès-Annonay 07..............248 D 1
Bouligneux 01..............213 F 2
Bouligney 70..............119 E 5
Bouligny 55..............45 E 4
Boulin 65..............315 F 4
Boullarre 60..............39 H 5
Le Boullay-les-Deux-Églises 28..............85 H 2
Boullay-les-Troux 91..............58 A 5
Le Boullay-Mivoye 28..............56 D 5
Le Boullay-Thierry 28..............86 A 2
Boulleret 18..............156 A 2
Boulleville 27..............35 E 2
Bouloc 31..............297 H 3
Bouloc 82..............277 F 2
Boulogne 85..............166 A 3
Boulogne Château de 07..............266 B 2
Boulogne-Billancourt 92..............58 B 3
Boulogne-la-Grasse 60..............23 E 5
Boulogne-sur-Gesse 31..............316 B 4
Boulogne-sur-Helpe 59..............15 G 4
Boulogne-sur-Mer 62..............2 B 5
Bouloire 72..............108 B 5
Boulon 14..............53 G 1
Boulot 70..............161 H 2
Le Boulou 66..............343 E 4
Boulouris 83..............329 H 1
La Boulouze 50..............52 A 5
Boult 70..............161 H 2
Boult-aux-Bois 08..............43 E 1
Boult-sur-Suippe 51..............41 H 2
Le Boulvé 46..............259 F 5
Boulzicourt 08..............26 D 4
Boumois Château de 49..............150 B 3
Boumourt 64..............314 A 2
Bouniagues 24..............257 H 2
Le Boupère 85..............166 D 4
Bouquehault 62..............2 D 4
Bouquelon 27..............35 E 2
Bouquemaison 80..............12 D 3
Bouquemont 55..............64 C 2
Bouquet 30..............284 A 3
Bouquetot 27..............35 G 2
Bouqueval 95..............58 C 1
Bouranton 10..............91 E 5

A B C D E F G H I J K L M N O P Q R S T U V W X Y Z

BÈGLES
Buisson (R. F.) . . . . BV 28
Capelle (Av. A.) . . . . BV 31
Chevalier-de-la-Barre (R. du) BV 42
Guesde (Av. J.) . . . . BV 76

BORDEAUX
Aliénor-d'Aquitaine
   (Bd) . . . . BT 3
Arnozan (Crs Xavier) . . . . . . BU 5
Arsenal (R. de l') . . . . BU 6
Bacalan (Quai de) . . . . BT 9
Barthou (Av. L.) . . . . AU 12
Boutaut (Allée de) . . . . BT 22
Brandenburg (BD) . . . . BT 24

Brazza (Quai de) . . . . BT 25
Brienne (Quai de) . . . . BU 27
Chartrons (Quai des) . . . . . . BTU 39
Croix-de-Seguey
   (R.) . . . . BU 45
Dassault (Av. M.) . . . . BT 46
Domergue (Bd G.) . . . . BT 51
Duché (R. des Gén.) . . . . . . BT 55
Galin (R.) . . . . BU 66
Gautier (Bd A.) . . . . AU 72
Georges-V (Bd) . . . . BU 73
Johnston (R. D.) . . . . BU 81
Joliot-Curie (Bd) . . . . BU 84
Leclerc (Av. Gén.) . . . . AU 90
Leclerc (Bd Mar.) . . . . BU 93
Lombard (R.) . . . . BT 96
Mérignac (Av. de) . . . . AU 101

Pierre-1er (Bd) . . . . BT 115
Président-Wilson
   (Bd) . . . . AU 119
République (Av. de la). . . . . AU 121
Roosevelt (Bd Franklin) . . . . BU 123
Thiers (Av.). . . . . BU 134
Tourville (Av. de). . . . . BT 136

BRUGES
Gaulle (Av. Gén.-de) . . . . . . AT 70
Quatre-Ponts (R. des) . . . . . AT 120

CENON
Carnot (Av.) . . . . BT 32
Entre-Deux-Mers (Bd de l') . BU 61

Jean-Jaurès (Av.) . . . . BU 79

EYSINES
Libération (Av. de la) . . . . AT 94

FLOIRAC
Gambetta (Crs) . . . . BU 67
Guesde (R. J.) . . . . BU 78

LE BOUSCAT
Libération (Av. de la) . . . . AT 95
Louis-Blanc
   (Cours) . . . . AU 97
Tivoli (Av. de) . . . . BT 135

Zola (R. Émile) . . . . AT 145

LORMONT
Paris (Rte de) . . . . BT 108

MÉRIGNAC
Barbusse (Av. H.) . . . . AT 10
Beaudésert (Av. de) . . . . . . AU 13
Belfort (Av. de) . . . . AU 15
Bon-Air (Av.) . . . . AU 18
Cassin (Av. R.) . . . . AU 34
Garros (Av. Rolland) . . . . . . AU 69
Gouraud (Pl. du Gén.) . . . . AU 74
Kaolack (Av. de) . . . . AU 87
Leclerc (Av. M.) . . . . AU 91

Souvenir (Av. du). . . . . AU 131

PESSAC
Dr-Nancel-Pénard
   (Av.) . . . . AV 47
Eiffel (Av. Gustave) . . . . . . AV 60
Madran (R. de) . . . . AV 99
Montagne (R. P.) . . . . AV 103
Pont-d'Orient (Av. du) . . . . AV 117
Transvaal (Av. du) . . . . AV 137

TALENCE
Lamartine (R.) . . . . BV 88
Roul (Av.) . . . . BV 124
Université (Av. de l') . . . . . AV 138

Bouray-sur-Juine 91 . . . . 87 G 3
Bourbach-le-Bas 68 . . . . . . 142 D 1
Bourbach-le-Haut 68 . . . . . . 142 D 1
La Bourbansais
   Château de 35 . . . . 79 H 4
Bourberain 21 . . . . 160 C 1
Bourbévelle 70 . . . . 118 C 5
Bourbon-Lancy 71 . . . . 193 E 1
Bourbon-l'Archambault 03 . . . 191 G 1
Bourbonne-les-Bains 52 . . . . 118 A 5
La Bourboule 63 . . . . 227 E 2
Bourbourg 59 . . . . 3 F 3
Bourbriac 22 . . . . 77 G 2
Bourcefranc-le-Chapus 17 . . 200 C 4
Bourcia 39 . . . . 196 A 4
Bourcq 08 . . . . 42 C 2
Bourdainville 76 . . . . 20 A 4
Bourdalat 40 . . . . 294 C 2
Bourdeau 73 . . . . 233 E 1

Bourdeaux 26 . . . . 267 H 3
Bourdeilles 24 . . . . 222 B 5
Le Bourdeix 24 . . . . 222 B 2
Bourdelles 33 . . . . 256 D 4
Bourdenay 10 . . . . 90 A 5
Le Bourdet 79 . . . . 184 C 5
Bourdettes 64 . . . . 314 B 5
Bourdic 30 . . . . 284 B 5
La Bourdinière-
   Saint-Loup 28 . . . . 86 A 5
Bourdon 80 . . . . 22 A 1
Bourdonnay 57 . . . . 67 E 5
Bourdonné 78 . . . . 57 F 4
Bourdons-sur-Rognon 52 . . 117 F 2
Bourecq 62 . . . . 7 G 3
Bouresches 02 . . . . 60 B 1
Bouresse 86 . . . . 186 D 4
Bouret-sur-Canche 62 . . . . . 12 D 2
Boureuilles 55 . . . . 43 F 4

Bourg 33 . . . . 237 G 3
Le Bourg 46 . . . . 261 E 2
Bourg 52 . . . . 139 G 3
Bourg-Achard 27 . . . . 35 H 3
Bourg-Archambault 86 . . . . 187 G 4
Bourg-Argental 42 . . . . 248 C 1
Bourg-Beaudouin 27 . . . . . . 36 C 2
Bourg-Blanc 29 . . . . 70 C 5
Bourg-Bruche 67 . . . . 96 C 4
Bourg-Charente 16 . . . . 220 C 1
Le Bourg-d'Arud 38 . . . . . . 251 H 3
Bourg-de-Bigorre 65 . . . . . . 333 G 1
Bourg-de-Péage 26 . . . . . . 249 G 3
Bourg-de-Sirod 39 . . . . 179 H 4
Bourg-de-Thizy 69 . . . . 212 A 2
Bourg-de-Visa 82 . . . . 277 E 2
Bourg-des-Comptes 35 . . . . 104 A 5
Bourg-des-Maisons 24 . . . . 221 H 5
Le Bourg-d'Hem 23 . . . . . . 189 F 5

Le Bourg-d'Iré 49 . . . . 127 H 4
Le Bourg-d'Oisans 38 . . . . . 251 G 3
Bourg-d'Oueil 31 . . . . 334 A 4
Bourg-du-Bost 24 . . . . 239 F 1
Le Bourg-Dun 76 . . . . 19 H 2
Bourg-en-Bresse 01 . . . . . . 195 H 5
Bourg-et-Comin 02 . . . . 40 D 2
Bourg-Fidèle 08 . . . . 26 C 1
Bourg-la-Reine 92 . . . . 58 C 4
Bourg-Lastic 63 . . . . 226 C 2
Bourg-le-Comte 71 . . . . 193 F 4
Bourg-le-Roi 72 . . . . 83 G 5
Bourg-lès-Valence 26 . . . . . 249 F 4
Bourg-l'Évêque 49 . . . . 127 H 3
Bourg-Madame 66 . . . . 341 F 5
Bourg-Saint-Andéol 07 . . . . 284 D 1
Bourg-Saint-Bernard 31 . . . 298 C 5
Bourg-Saint-Christophe 01 . . 213 H 4
Le Bourg-Saint-Léonard 61 . . 54 B 4

Bourg-Saint-Maurice 73 . . . . 234 D 1
Bourg-Sainte-Marie 52 . . . . 117 H 2
Bourg-sous-Châtelet 90 . . . 142 C 2
Bourgaltroff 57 . . . . 67 E 3
Bourganeuf 23 . . . . 206 D 3
Bourgbarré 35 . . . . 104 B 4
Bourgeauville 14 . . . . 34 B 3
Bourges 18 . . . . 173 E 1
Le Bourget 93 . . . . 58 C 2
Le Bourget-du-Lac 73 . . . . . 233 E 1
Bourget-en-Huile 73 . . . . . . 233 H 3
Bourgheim 67 . . . . 97 F 3
Bourghelles 59 . . . . 9 E 3
Bourgnac 24 . . . . 239 G 4
Bourgneuf 17 . . . . 183 G 5
Bourgneuf 73 . . . . 233 H 2
Bourgneuf-en-Mauges 49 . . 149 E 3
Bourgneuf-en-Retz 44 . . . . . 146 D 5
Le Bourgneuf-la-Forêt 53 . . 105 G 2

Bourgneuf-Val-d'Or 71 . . . . . 177 G 3
Bourgogne 51 . . . . 41 G 3
Bourgoin-Jallieu 38 . . . . 232 A 2
Bourgon 53 . . . . 105 F 2
La Bourgonce 88 . . . . 96 A 4
La Bourgonnière
   Chapelle de 49 . . . . 148 C 2
Bourgougnague 47 . . . . 257 G 3
Bourgtheroulde-Infreville 27 . . 35 H 3
Bourguébus 14 . . . . 33 H 5
Bourgueil 37 . . . . 150 D 3
Bourguenolles 50 . . . . 51 H 3
Le Bourguet 83 . . . . 308 A 2
Bourguignon 25 . . . . 142 B 5
Bourguignon-
   lès-Conflans 70 . . . . 141 E 2
Bourguignon-
   lès-la-Charité 70 . . . . 161 H 1
Bourguignon-lès-Morey 70 . . 140 B 3

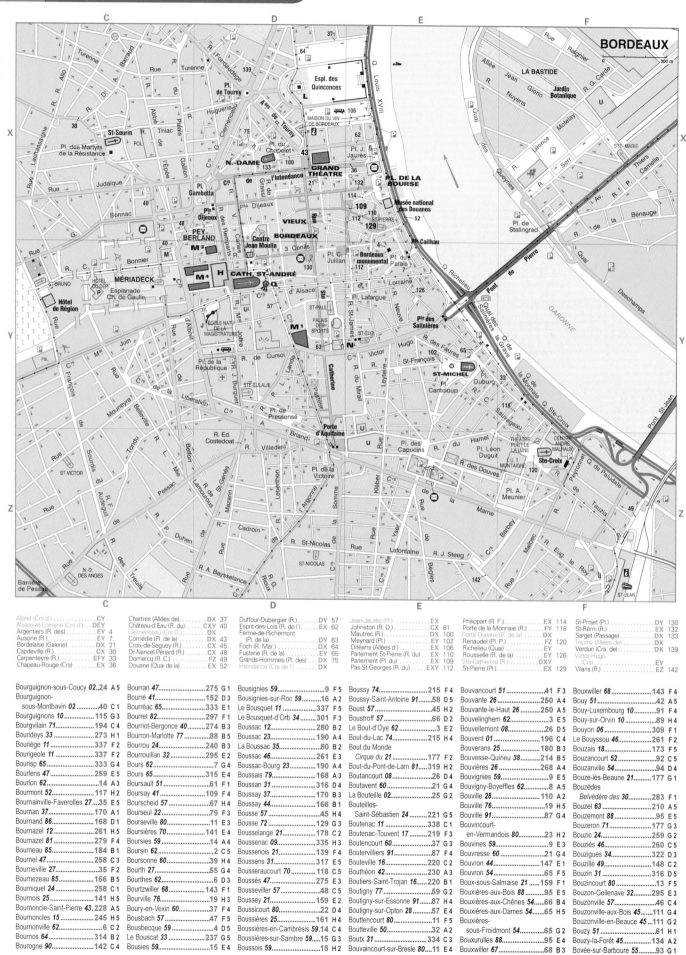

BORDEAUX

Albret (Crs d') ....CY	Chartres (Allées de).........DX 37	Duffour-Dubergier (R.)......DY 57	Jean-Jaurès (Pl.) ....EX	Philippart (R. F.) ....EX 114	St-Projet (Pl.) ....DY 130
Alsace-et-Lorraine (Crs d') .DEY	Château-d'Eau (R. du)....CXY 40	Esprit-des-Lois (R. de l')....EX 62	Johnston (R. D.)..........CX 81	Porte de la Monnaie (R.)...FY 118	St-Rémi (R.) ....EX 132
Argentiers (R. des) ....EY 4	Clemenceau (Crs G.)........DX	Ferme-de-Richemont	Mautrec (R.)..............DX 100	Porte Dijeaux (R. de la)....DX	Sarget (Passage) ....DX 133
Ausone (R.) ....EY 7	Comédie (Pl. de la) ....DX 43	(Pl. de la) ....DY 63	Meynard (Pl.)..............EY 102	Renaudel (Pl. P.) ....FZ 120	Toumy (Allées de) ......DX
Bordelaise (Galerie) ....DX 21	Croix-de-Seguey (R.).......CX 45	Foch (R. Mar.) ....EX 64	Orléans (Allées d') ......EX 106	Richelieu (Quai) ....EY	Verdun (Crs de) ....DX 139
Capdeville (R.) ....CX 30	Dr-Nancel-Pénard (R.)......CX 48	Fusterie (R. de la) ......EY 65	Parlement St-Pierre (R. du) .EX 110	Rousselle (R. de la) ....EY 126	Victor-Hugo
Carpenteyre (R.).........EFY 33	Domercq (R. C.) ....FZ 49	Grands-Hommes (Pl. des) .DX 75	Parlement (Pl. du) ......EX 109	Ste-Catherine (R.) ......DXY	(Crs)................EY
Chapeau-Rouge (Crs) .....EX 36	Douane (Quai de la) ......EX 52	Intendance (Crs de l') ....DX	Pas-St-Georges (R. du) ...EXY 112	St-Pierre (Pl.) ....EX 129	Vilaris (R.) ....EZ 142

Bourguignon-sous-Coucy 02..24 A 5
Bourguignon-
   sous-Montbavin 02 ....40 C 1
Bourguignons 10 ....115 G 3
Bourgvilain 71 ....194 C 4
Bourideys 33 ....273 H 1
Bouriège 11 ....337 F 2
Bourigeole 11 ....337 F 2
Bourisp 65 ....333 G 4
Bourlens 47 ....259 E 5
Bourlon 62 ....14 A 3
Bourmont 52 ....117 H 2
Bournainville-Faverolles 27...35 E 5
Bournan 37 ....170 A 1
Bournand 86 ....168 D 1
Bournazel 12 ....261 H 5
Bournazel 81 ....279 F 4
Bourneau 85 ....184 B 1
Bournel 47 ....258 C 3
Bourneville 27 ....35 F 2
Bournezeau 85 .....166 B 5
Bourniquel 24 ......258 C 4
Bournois 25 ....141 H 5
Bournoncle-Saint-Pierre 43.228 A 5
Bournoncles 15 ....245 H 5
Bournonville 62 ....6 C 2
Bournos 64 ....314 B 2
Bourogne 90 ....142 C 4

Bourran 47 ....275 G 1
Bourré 41 ....152 D 3
Bourréac 65 ....333 F 1
Bourret 82 ....297 F 1
Bourriot-Bergonce 40 ...274 B 3
Bourron-Marlotte 77 .....88 B 5
Bourrou 24 ....240 B 3
Bourrouillan 32 ......295 E 2
Bours 62 ....7 G 4
Bours 65 ....315 G 4
Boursault 51 ....61 F 1
Boursay 41 ....109 F 4
Bourscheid 57 ....67 H 4
Bourseul 22 ....79 F 3
Bourseville 80 ....11 E 3
Boursières 70 ......141 E 4
Boursies 59 ....14 A 4
Boursin 62 ....2 C 5
Boursonne 60 ....39 H 4
Bourth 27 ....55 G 4
Bourthes 62 ....6 D 3
Bourtzwiller 68 .....143 F 4
Bourville 76 ....19 H 3
Boury-en-Vexin 60 ....37 F 4
Bousbach 57 ....47 F 5
Bousbecque 59 ......4 D 5
Le Bouscat 33 ......237 G 5
Bousies 59 ....15 E 4

Bousignies 59 ....9 F 5
Bousignies-sur-Roc 59 ...16 A 2
Le Bousquet 11 ......337 F 5
Le Bousquet-d'Orb 34 ...301 F 3
Boussac 12 ....280 B 2
Boussac 23 ....190 A 4
La Boussac 35 ....80 B 2
Boussac 46 ....261 E 3
Boussac-Bourg 23 ....190 A 4
Boussais 79 ....168 A 3
Boussan 31 ....316 D 4
Boussay 37 ....170 B 3
Boussay 44 ....166 B 1
Bousse 57 ....45 H 4
Bousse 72 ....129 G 3
Bousselange 21 .....178 C 2
Boussenac 09 ......335 H 3
Boussenois 21 .....139 F 4
Boussens 31 ....317 E 5
Bousseraucourt 70 ...118 C 5
Boussès 47 ....275 E 3
Bousseviller 57 ......48 C 5
Boussey 21 ....159 E 2
Boussicourt 80 ......22 D 4
Boussières 25 ....161 H 4
Boussières-en-Cambrésis 59.14 C 4
Boussières-sur-Sambre 59...15 G 3
Boussois 59 ....15 H 2

Boussy 74 ....215 F 4
Boussy-Saint-Antoine 91...58 D 5
Boust 57 ....45 H 2
Boustroff 57 ....66 D 2
Le Bout-d'Oye 62 ......3 E 2
Bout-du-Lac 74 ......215 H 4
Bout du Monde
   Cirque du 21 ......177 F 2
Bout-du-Pont-de-Larn 81...319 H 2
Boutancourt 08 ......26 D 4
Boutavent 60 ....21 G 4
La Bouteille 02 ......25 G 2
Bouteilles-
   Saint-Sébastien 24 ...221 G 5
Boutenac 11 ....338 C 1
Boutenac-Touvent 17 ...219 F 3
Boutencourt 60 ......37 G 3
Boutervilliers 91 ......87 F 4
Bouteville 16 ....220 C 2
Bouthéon 42 ....230 A 3
Boutiers-Saint-Trojan 16...220 B 1
Boutigny 77 ....59 G 2
Boutigny-sur-Essonne 91...87 H 4
Boutigny-sur-Opton 28 ...57 E 4
Bouttencourt 80 ......11 F 5
Boutteville 50 ....32 A 2
Boutx 31 ....334 C 3
Bouvaincourt-sur-Bresle 80...11 E 4

Bouvancourt 51 ......41 F 3
Bouvante 26 ....250 A 4
Bouvante-le-Haut 26 ...250 A 5
Bouvelinghem 62 ......3 E 5
Bouvellemont 08 ......26 D 5
Bouvent 01 ....196 C 4
Bouverans 25 ....180 B 3
Bouvesse-Quirieu 38 ...214 B 5
Bouvières 26 ....268 A 4
Bouvignies 59 ....9 E 5
Bouvigny-Boyeffles 62 ...8 A 5
Bouville 28 ....110 A 2
Bouville 76 ....19 H 5
Bouville 91 ....87 G 4
Bouvincourt-
   en-Vermandois 80 ....23 H 2
Bouvines 59 ....9 E 3
Bouvresse 60 ....21 G 4
Bouvron 44 ....147 E 1
Bouvron 54 ....65 F 5
Boux-sous-Salmaise 21 ...159 F 1
Bouxières-aux-Bois 88 ...95 E 5
Bouxières-aux-Chênes 54...66 B 4
Bouxières-aux-Dames 54...65 H 5
Bouxières-
   sous-Froidmont 54 ....65 G 2
Bouxurulles 88 ......95 E 4
Bouxwiller 67 ....68 B 3

Bouxwiller 68 ....143 F 4
Bouy 51 ....42 A 5
Bouy-Luxembourg 10 ....91 F 4
Bouy-sur-Orvin 10 ......89 F 1
Bouyon 06 ....309 F 1
Le Bouyssou 46 ......261 F 2
Bouzais 18 ....173 F 5
Bouzancourt 52 ......92 C 5
Bouzanville 54 ....94 D 4
Bouze-lès-Beaune 21 ...177 G 5
Bouzèdes
   Belvédère des 30 ....283 F 1
Bouzel 63 ....210 A 5
Bouzemont 88 ....95 E 5
Bouzeron 71 ....177 G 3
Bouzic 24 ....259 G 2
Bouziès 46 ....260 C 5
Bouzigues 34 ....322 D 3
Bouzillé 49 ....148 C 2
Bouzin 31 ....316 D 5
Bouzincourt 80 ....13 H 5
Bouzon-Gellenave 32 ...295 E 3
Bouzonville 57 ....46 C 4
Bouzonville-aux-Bois 45...111 G 4
Bouzonville-en-Beauce 45 ...111 G 4
Bouzy 51 ....61 H 1
Bouzy-la-Forêt 45 ....134 A 2
Bovée-sur-Barboure 55 ...93 G 1

Bovel 35 .... 103 H 4
Bovelles 80 .... 22 A 2
Boves 80 .... 22 C 2
Boviolles 55 .... 93 F 1
Boyardville 17 .... 200 B 3
Boyaval 62 .... 7 G 4
Boyelles 62 .... 13 G 3
Boyer 42 .... 211 H 2
Boyer 71 .... 195 E 1
Boyeux-Saint-Jérôme 01 .... 214 B 2
Boynes 45 .... 111 H 3
Boz 01 .... 195 F 3
Bozas 07 .... 248 D 3
Bozel 73 .... 234 C 3
Bozouls 12 .... 263 E 5
Brabant-en-Argonne 55 .... 43 G 5
Brabant-le-Roi 55 .... 63 F 3
Brabant-sur-Meuse 55 .... 43 H 3
Brach 33 .... 236 D 3
Brachay 52 .... 92 D 4
Braches 80 .... 22 D 3
Brachy 76 .... 20 A 2
Bracieux 41 .... 153 G 1
Bracon 39 .... 179 H 2
Bracquemont 76 .... 10 B 5
Bracquetuit 76 .... 20 B 4
Bradiancourt 76 .... 20 D 4
Braffais 50 .... 51 H 4
Bragassargues 30 .... 303 F 1
Bragayrac 31 .... 317 E 2
Brageac 15 .... 243 H 2
Bragelogne 10 .... 115 F 5
Bragny-sur-Saône 71 .... 178 A 2
La Brague 06 .... 309 F 3
Brahic 07 .... 283 H 1
Braillans 25 .... 162 A 3
Brailly-Cornehotte 80 .... 11 H 4
Brain 21 .... 159 E 1
Brain-sur-Allonnes 49 .... 150 D 3
Brain-sur-l'Authion 49 .... 149 H 1
Brain-sur-Longuenée 49 .... 128 A 5

Brain-sur-Vilaine 35 .... 126 A 3
Brainans 39 .... 179 F 3
Braine 02 .... 40 C 3
Brains 44 .... 147 F 4
Brains-sur-Gée 72 .... 107 F 4
Brains-sur-les-Marches 53 .... 105 E 5
Brainville 50 .... 31 G 5
Brainville 54 .... 65 E 1
Brainville-sur-Meuse 52 .... 117 H 2
Braisnes 60 .... 39 F 1
Braize 03 .... 173 G 5
Bralleville 54 .... 94 D 4
Bram 11 .... 319 F 5
Bramabiau *Abîme du 30* .... 282 C 4
Bramans 73 .... 253 E 1
Brametot 76 .... 19 H 3
Bramevaque 65 .... 334 A 2
Bran 17 .... 220 B 5
Branceilles 19 .... 242 D 4
Branches 89 .... 113 G 5
Brancion 71 .... 195 E 2
Brancourt-en-Laonnois 02 .... 40 C 1
Brancourt-le-Grand 02 .... 24 B 1
Brandérion 56 .... 123 G 2
Brandeville 55 .... 43 H 2
Brandivy 56 .... 124 A 2
Brando 2B .... 345 G 3
Brandon 71 .... 194 C 4
Brandonnet 12 .... 279 G 1
Brandonvillers 51 .... 91 H 2
Branféré
 Parc zoologique de 56 .... 125 E 4
Branges 02 .... 40 C 4
Branges 71 .... 178 B 5
Brangues 38 .... 232 C 1
Brannay 89 .... 113 F 2
Branne 25 .... 162 D 2
Branne 33 .... 256 C 1
Brannens 33 .... 256 C 4
Branoux-les-Taillades 30 .... 283 G 3
Brans 39 .... 161 E 4

Bransat 03 .... 192 A 4
Branscourt 51 .... 41 F 3
Bransles 77 .... 112 C 3
Brantes 84 .... 286 B 3
Brantigny 88 .... 95 E 4
Brantôme 24 .... 222 C 5
Branville 14 .... 34 B 3
Branville-Hague 50 .... 28 D 3
Braquis 55 .... 44 D 5
Bras 83 .... 307 E 5
Bras-d'Asse 04 .... 287 H 5
Bras-sur-Meuse 55 .... 44 B 5
Brasc 12 .... 280 D 5
Braslou 37 .... 169 F 2
Brasles 02 .... 60 C 1
Braslou 37 .... 169 F 2
Brasparts 29 .... 76 A 3
Brassac 09 .... 336 A 3
Brassac 81 .... 300 A 4
Brassac 82 .... 277 E 3
Brassac-les-Mines 63 .... 228 A 4
Brasseitte 55 .... 64 C 4
Brassempouy 40 .... 293 G 4
Brasseuse 60 .... 39 E 4
Brassy 58 .... 158 A 4
Brassy 80 .... 22 A 3
Bratte 54 .... 65 H 4
Braucourt 52 .... 92 B 2
Braud-et-Saint-Louis 33 .... 237 F 1
Braus *Col de 06* .... 291 F 4
Brauvilliers 55 .... 92 D 2
Braux 04 .... 289 E 4
Braux 08 .... 26 D 2
Braux 10 .... 91 H 3
Braux 21 .... 159 E 2
Braux-le-Châtel 52 .... 116 C 3
Braux-Saint-Remy 51 .... 63 E 1
Braux-Sainte-Cohière 51 .... 43 E 5
Bravone 2B .... 347 H 5
Brax 31 .... 297 G 4
Brax 47 .... 275 H 3
Bray 27 .... 35 H 5

Bray 71 .... 194 D 2
Bray-Dunes 59 .... 3 H 1
Bray-en-Val 45 .... 134 A 3
Bray-et-Lû 95 .... 37 F 5
Bray-la-Campagne 14 .... 33 H 5
Bray-lès-Mareuil 80 .... 11 G 4
Bray-Saint-Christophe 02 .... 24 A 3
Bray-sur-Seine 77 .... 89 F 4
Bray-sur-Somme 80 .... 23 E 1
Braye 02 .... 40 B 2
Braye-en-Laonnois 02 .... 40 D 2
Braye-en-Thiérache 02 .... 25 F 3
Braye-sous-Faye 37 .... 169 F 2
Braye-sur-Maulne 37 .... 130 A 5
Brazey-en-Morvan 21 .... 158 D 5
Brazey-en-Plaine 21 .... 160 C 5
Bréal-sous-Montfort 35 .... 103 H 3
Bréal-sous-Vitré 35 .... 105 F 3
Bréançon 95 .... 37 H 5
Bréau 77 .... 88 D 2
Bréau-et-Salagosse 30 .... 282 D 5
Bréauté 76 .... 19 E 4
Bréban 51 .... 91 G 2
Brebières 62 .... 14 A 2
Brebotte 90 .... 142 D 3
Brécé 35 .... 104 C 3
Brecé 53 .... 82 A 4
Brécey 50 .... 52 A 4
Brech 56 .... 124 A 2
Brechainville 88 .... 93 G 4
Bréchamps 28 .... 57 E 5
Bréchaumont 68 .... 142 D 2
Breche au Diable 14 .... 53 H 2
Brèches 37 .... 130 B 5
Breconchaux 25 .... 162 B 2
Brectouville 50 .... 52 B 1
Brécy 02 .... 40 C 5
Brécy 18 .... 155 G 5
Brécy-Brières 08 .... 42 D 3
La Brède 33 .... 255 G 2
La Brée-les-Bains 17 .... 200 A 2
Bréel 61 .... 53 G 3
Brégnier-Cordon 01 .... 232 C 1
Brégy 60 .... 59 G 1
Bréhain 57 .... 66 D 3
Bréhain-la-Ville 54 .... 45 E 2
Bréhal 50 .... 51 G 2
Bréhan 56 .... 102 B 3
Bréhand 22 .... 78 C 4
Bréhec-en-Plouha 22 .... 73 G 3
Bréhémont 37 .... 151 F 3
Bréhéville 55 .... 43 H 2
Breidenbach 57 .... 48 C 5
Breil 49 .... 150 D 1
Le Breil-sur-Mérize 72 .... 108 B 4
Breil-sur-Roya 06 .... 291 G 3
La Breille-les-Pins 49 .... 150 D 1
Breilly 80 .... 22 B 1
Breistroff-la-Grande 57 .... 45 H 2
Breitenau 67 .... 96 D 4
Breitenbach 67 .... 96 D 4
Breitenbach-Haut-Rhin 68 .... 120 C 3
Brélès 29 .... 70 B 5
Brélidy 22 .... 73 E 4
Brem-sur-Mer 85 .... 165 E 5
Brémeénil 54 .... 96 B 2
Brèmes 62 .... 2 D 4
Bremmelbach 67 .... 69 E 1
Brémoncourt 54 .... 95 E 3
Brémoy 14 .... 52 D 1
Brémur-et-Vaurois 21 .... 138 B 3
Bren 26 .... 249 F 2
Brenac 11 .... 337 F 3
Brenas 34 .... 301 G 4
Brenat 63 .... 228 A 3
Brénaz 01 .... 214 D 3
Brenelle 02 .... 40 C 4
Brengues 46 .... 261 E 4
Brennes 52 .... 139 G 3
Brennilis 29 .... 76 B 3
Brénod 01 .... 214 C 2
Brenon 83 .... 308 B 2
Brenouille 60 .... 38 D 3
Brenoux 48 .... 264 C 5
Brens 01 .... 214 D 5
Brens 81 .... 298 D 1
Brenthonne 74 .... 198 A 4
Breny 02 .... 40 B 4
La Bréole 04 .... 270 A 4
Brères 25 .... 179 G 1
Bréry 39 .... 179 E 4
Bresdon 17 .... 202 C 4
Les Bréseux 25 .... 163 G 3

Bresilley 70 .... 161 F 3
Bresle 80 .... 22 D 1
Bresles 60 .... 38 B 2
Bresnay 03 .... 192 A 3
Bresolettes 61 .... 84 C 2
La Bresse 88 .... 120 B 4
Bresse-sur-Grosne 71 .... 194 D 1
Bressey-sur-Tille 21 .... 160 B 3
Bressieux 38 .... 232 A 5
Bressolles 01 .... 213 G 4
Bressolles 03 .... 192 A 2
Bressols 82 .... 277 H 5
Bresson 38 .... 251 E 2
Bressoncourt 52 .... 93 F 3
Bressuire 79 .... 167 G 3
Brest 29 .... 75 E 2
Brestot 27 .... 35 G 3
Bretagne 36 .... 171 H 2
Bretagne 90 .... 142 D 3
Bretagne-d'Armagnac 32 .... 295 F 1
Bretagne-de-Marsan 40 .... 294 A 1
Bretagnolles 27 .... 56 D 2
Breteau 45 .... 135 E 4
Breteil 35 .... 103 H 2
Bretenière 21 .... 160 B 4
La Bretenière 25 .... 162 B 2
La Bretenière 39 .... 161 F 5
Bretenières 39 .... 179 E 2
Bretenoux 46 .... 243 E 5
Breteuil 60 .... 22 B 5
Breteuil *Château de 78* .... 57 H 5
Breteuil-sur-Iton 27 .... 55 H 3
Brethel 61 .... 55 F 5
Brethenay 52 .... 117 E 3
Le Brethon 03 .... 191 E 2
Bretignolles 79 .... 167 H 3
Bretigney 25 .... 142 A 5
Bretigney-Notre-Dame 25 .... 162 C 3
Bretignolles *Château de 37* .... 151 E 5
Bretignolles-le-Moulin 53 .... 82 C 3
Bretignolles-sur-Mer 85 .... 165 E 5
Bretigny 21 .... 160 B 2
Brétigny 27 .... 35 G 4
Brétigny 60 .... 23 H 5
Brétigny-sur-Orge 91 .... 87 H 2
Bretoncelles 61 .... 85 E 4
La Bretonnière-
 La Claye 85 .... 183 E 2
Bretonvillers 25 .... 163 E 4
Brette 26 .... 268 A 3
Brette-les-Pins 72 .... 108 A 5
Bretten 68 .... 142 D 2
Brettes 16 .... 203 E 3
Bretteville 50 .... 29 F 3
Bretteville-
 du-Grand-Caux 76 .... 19 E 4
Bretteville-le-Rabet 14 .... 53 H 1
Bretteville-l'Orgueilleuse 14 .... 33 G 4
Bretteville-Saint-Laurent 76 .... 19 H 3
Bretteville-sur-Ay 50 .... 31 F 3
Bretteville-sur-Dives 14 .... 54 A 1
Bretteville-sur-Laize 14 .... 53 G 1
Bretteville-sur-Odon 14 .... 33 G 4
Brettnach 57 .... 46 C 4
Bretx 31 .... 297 G 3
Breuches 70 .... 141 G 2
Breuchotte 70 .... 141 H 2
Breugnon 58 .... 157 E 2
Le Breuil 03 .... 210 D 1
Le Breuil 51 .... 41 E 3
Le Breuil 51 .... 60 D 2
Le Breuil 69 .... 212 C 4
Le Breuil 71 .... 177 E 4
Breuil 80 .... 23 G 3
Breuil-Barret 85 .... 167 F 5
Le Breuil-Bernard 79 .... 167 G 5
Breuil-Bois-Robert 78 .... 57 F 2
Breuil-Chaussée 79 .... 167 G 3
Le Breuil-en-Auge 14 .... 34 C 4
Le Breuil-en-Bessin 14 .... 32 C 3
Breuil-la-Réorte 17 .... 201 F 2
Le Breuil-le-Sec 60 .... 38 D 2
Le Breuil-le-Vert 60 .... 38 C 3
Breuil-Magné 17 .... 200 D 3
Breuil-Mingot
 Château du 86 .... 186 C 1
Le Breuil-sous-Argenton 79 .... 167 H 2
Le Breuil-sur-Couze 63 .... 228 A 4
Breuil-sur-Marne 52 .... 92 D 3
Breuilaufa 87 .... 205 F 2
Breuilh 24 .... 240 C 3
Breuillet 17 .... 218 C 1
Breuillet 91 .... 87 G 2
Breuilpont 27 .... 56 D 2
Breurey-lès-Faverney 70 .... 141 E 3
Breuschwickersheim 67 .... 97 G 1
Breuvannes 52 .... 117 H 3

Breuvery-sur-Coole 51 .... 62 A 3
Breuville 50 .... 29 E 4
Breux 55 .... 44 B 1
Breux-Jouy 91 .... 87 G 2
Breux-sur-Avre 27 .... 56 B 4
Brévainville 41 .... 109 H 5
Bréval 78 .... 57 E 2
Brévands 50 .... 32 A 2
Brevans 39 .... 161 E 5
Le Brévedent 14 .... 34 D 4
Brèves 58 .... 157 F 2
Les Bréviaires 78 .... 57 G 5
Bréviandes 10 .... 115 E 2
La Brévière 14 .... 54 C 2
Bréville 14 .... 33 H 4
Bréville 16 .... 202 C 5
Bréville-sur-Mer 50 .... 51 F 2
Brévillers 62 .... 11 H 1
Brévillers 80 .... 12 D 3
Brevilliers 70 .... 142 B 3
Brévilly 08 .... 27 G 4
Brévonnes 10 .... 91 G 5
Bréxent-Énocq 62 .... 6 B 4
Brey-et-Maison-du-Bois 25 .... 180 C 4
Brézal *Moulin de 29* .... 71 F 5
Brézé 49 .... 150 C 5
Brézellec *Pointe de 29* .... 98 D 2
Bréziers 05 .... 270 A 5
Brézilhac 11 .... 319 F 5
Brézins 38 .... 232 A 5
Brézolles 28 .... 56 A 5
Brezons 15 .... 245 E 4
Le Brézouard 68 .... 96 C 5
Briançon 05 .... 252 D 4
Briançonnet 06 .... 308 C 1
Brianny 21 .... 158 D 2
Briant 71 .... 193 H 4
Briantes 36 .... 189 G 2
Briare 45 .... 134 D 5
Briarres-sur-Essonne 45 .... 111 H 2
Brias 62 .... 7 G 5
Briastre 59 .... 14 D 4
Briatexte 81 .... 298 D 3
Briaucourt 52 .... 117 E 2
Briaucourt 70 .... 141 F 2
Bricon 52 .... 116 C 4
Briconville 28 .... 86 A 3
Bricot-la-Ville 51 .... 60 D 5
Bricquebec 50 .... 29 E 5
Bricquebosq 50 .... 28 D 4
Bricqueville 14 .... 32 C 3
Bricqueville-la-Blouette 50 .... 51 G 1
Bricqueville-sur-Mer 50 .... 51 F 2
Bricy 45 .... 110 D 5
Brides-les-Bains 73 .... 234 C 3
La Bridoire 73 .... 232 D 3
Bridoire *Château de 24* .... 257 H 1
Bridoré 37 .... 170 C 1
Brie 02 .... 24 C 3
Brie 09 .... 318 A 5
Brie 16 .... 221 F 1
Brie 35 .... 104 C 5
Brie 79 .... 168 C 2
Brie 80 .... 23 G 2
Brie-Comte-Robert 77 .... 59 E 5
Brié-et-Angonnes 38 .... 251 E 2
Brie-sous-Archiac 17 .... 220 B 3
Brie-sous-Barbezieux 16 .... 220 D 4
Brie-sous-Chalais 16 .... 220 D 5
Brie-sous-Matha 17 .... 202 C 5
Brie-sous-Mortagne 17 .... 219 F 3
Briec 29 .... 100 A 2
Briel-sur-Barse 10 .... 115 G 2
Brielles 35 .... 105 F 4
Brienne 71 .... 195 F 1
Brienne-la-Vieille 10 .... 91 H 4
Brienne-le-Château 10 .... 91 H 4
Brienne-sur-Aisne 08 .... 41 G 2
Briennon 42 .... 211 G 1
Brienon-sur-Armançon 89 .... 114 A 5
Brières-les-Scellés 91 .... 87 F 4
Brieuil-sur-Chizé 79 .... 202 B 1
Brieulles-sur-Bar 08 .... 43 E 1
Brieulles-sur-Meuse 55 .... 43 G 2
Brieux 61 .... 54 A 3
Briey 54 .... 45 F 4
Briffons 63 .... 226 D 1
Brignac 34 .... 302 A 4
Brignac 56 .... 103 E 2
Brignac 87 .... 206 B 4
Brignac-la-Plaine 19 .... 241 H 2
Brignais 69 .... 231 E 1
Brignancourt 95 .... 37 H 5
Brigné 49 .... 149 H 4
Brignemont 31 .... 297 E 3
Brignogan-Plages 29 .... 71 E 3
Brignoles 83 .... 328 B 1

BOURGES

Armuriers (R. des) .... Z 2
Auron (Bd d') .... Z
Barbès (R.) .... Z 4
Beaux-Arts (R. des) .... Y 5
Bourbonnoux (Prom.) .... YZ
Calvin (R.) .... Y 7
Cambournac (R.) .... Y 8
Champ-de-Foire (R. du) .... Z 12
Commerce (R. du) .... Y 13
Coursarlon (R.) .... Y
Cujas (Pl.) .... Y 15
Dr-Témoin (R. du) .... Y 17

Dormoy (Av. Marx) .... Y 19
Équerre (R. de l') .... Z 20
George-Sand (Escalier) .... Y 27
Hémerettes (R. des) .... Z 29
Jacobins (Cour des) .... Z 31
Jacques-Cœur (R.) .... Y 32
Jean-Jaurès (Av.) .... Y
Joyeuse (R.) .... Y 35
Juranville (R.) .... Z 36
J.-J. Rousseau (R.) .... Z 33
Leblanc (R. N.) .... YZ 40
Linières (R. de) .... Z 42
Louis XI (Av.) .... Z 43
Mallet (R. L.) .... Z 44
Marceau (Rampe) .... Z 45

Mirebeau (R.) .... Y
Moyenne (R.) .... YZ
Orléans (Av. d') .... Y 48
Pelvoysin (R.) .... Y 50
Poissonnerie (R. de la) .... Y 52
Prinal (R. du) .... Y 55
Rimbault (R. J.) .... Z 61
Strasbourg (Bd de) .... Z 71
Thaumassière
 (R. de la) .... Y 72
Tory (R. G.) .... Y 73
Victor-Hugo (R.) .... Y 74
3-Maillets (R. des) .... Z 75
4-Piliers (Pl. des) .... Z 76
95e-de-Ligne (Av. du) .... Z 78

A
B
C
D
E
F
G
H
I
J
K
L
M
N
O
P
Q
R
S
T
U
V
W
X
Y
Z

A B C D E F G H I J K L M N O P Q R S T U V W X Y Z

CAEN

Académie (R. de l') . . . . CY 2
Alliés (Bd des) . . . . DY 3
Bagatelle (Av. de) . . . . CX 4
Barbey-d'Aurevilly (R.) . . . . . CX 7
Bayeux (R. de) . . . . CX 8
Bir-Hakeim (Pont de) . . . . . . EZ 9
Brunet (R. H.) . . . . EYZ 10
Caponière (R.) . . . . CY 12
Carrières-St-Julien
(R. des) . . . . CDX 13
Caumont (R. A. de) . . . . CY 15
Chanoine X. de St-Paul
(R.) . . . . CDX 16
Chaussée-Ferrée
(R. de la) . . . . EZ 18
Churchill (Pont) . . . . EZ 21
Courtonne (Pl.) . . . . EY 26
Creully (Av. de) . . . . CY 27
Decaen (R. Gén.) . . . . EZ 28
Délivrande (R. de la) . . . . . . CX 29
Docteur-Rayer (R.) . . . . CY 32
Doumer (R. Paul) . . . . DY 33
Écuyère (R.) . . . . DY
Edimbourg (Av. d') . . . . DX 35
Falaise (R. de) . . . . EZ 38
Foch (Pl. Mar.) . . . . DZ 39
Fontette (Pl.) . . . . CY 40
Froide (R.) . . . . DY 42
Fromages (R. aux) . . . . CY 43
Guillaume-le-Conquérant
(R.) . . . . CY 45
Guillouard (Pl. L.) . . . . CY 46
Juifs (R. aux) . . . . CX 47
Lair (R. P.-A.) . . . . DY 49
Lebisey (R. de) . . . . EX 50
Lebret (R. G.) . . . . DYZ 51
Leclerc (Bd Mar.) . . . . DYZ
Libération (Av. de la) . . . . . . DXY 52
Malherbe (Pl.) . . . . CDY 54
Manissier (R.) . . . . EX 55
Marot (R. J.) . . . . DY 57
Meslin (Q. E.) . . . . EZ 57
Miséricorde (R. de la) . . . . . EYZ 58
Montalivet (Cours) . . . . EZ 59
Montoir-Poissonnerie (R.) . . DY 61
Pémagnie (R.) . . . . CX 63
Petit-Vallerent (Bd du) . . . . . CZ 65
Pont-St-Jacques (R. du) . . . . DY 68
Reine-Mathilde (Pl.) . . . . EX 69
Sadi-Carnot (R.) . . . . DZ 72
St-Gabriel (R.) . . . . CX 74
St-Jean (R.) . . . . DEYZ
St-Manvieu (R.) . . . . CY 75
St-Michel (R.) . . . . EZ 77
St-Nicolas (R.) . . . . CY 78
St-Pierre (Pl.) . . . . CY 80
St-Pierre (R.) . . . . DY
Sévigné (Prom. de) . . . . EZ 81
Strasbourg (R. de) . . . . DY 83
Vaucelles (R. de) . . . . EZ 85
Vaugueux (R. du) . . . . DX 86
6-Juin (Av. du) . . . . DEYZ
11-Novembre (R. du) . . . . . . DEZ 90

Brignon 30 . . . . 284 A 5
Le Brignon 43 . . . . 247 F 5
Brignoud 38 . . . . 251 F 1
La Brigue 06 . . . . 291 H 2
Brigueil-le-Chantre 86 . . 187 H 3
Brigueuil 16 . . . . 204 D 3
Briis-sous-Forges 91 . . . . 87 F 2
Brillac 16 . . . . 204 D 2
La Brillanne 04 . . . . 287 F 5
Brillecourt 10 . . . . 91 G 3
Brillevast 50 . . . . 29 G 3
Brillon 59 . . . . 9 F 5
Brillon-en-Barrois 55 . . . . 63 G 4
Brimeux 62 . . . . 6 C 4
Brimont 51 . . . . 41 G 3
Brin-sur-Seille 54 . . . . . . 66 B 4
Brinay 18 . . . . 154 C 5
Brinay 58 . . . . 175 G 2
Brinckheim 68 . . . . 143 G 3
Brindas 69 . . . . 230 D 1
Bringolo 22 . . . . 73 F 5
Brinon-sur-Beuvron 58 . . 157 E 4
Brinon-sur-Sauldre 18 . . 154 D 1
Briod 39 . . . . 179 F 5
Briollay 49 . . . . 128 C 5
Brion 01 . . . . 214 C 1
Brion 36 . . . . 171 H 4
Brion 38 . . . . 232 A 5
Brion 48 . . . . 263 H 2
Brion 49 . . . . 150 B 2
Brion 71 . . . . 176 C 3
Brion 86 . . . . 186 C 4
Brion 89 . . . . 113 H 5
Brion Pont de 38 . . . . . . 250 D 5
Brion-près-Thouet 79 . . . 168 B 1
Brion-sur-Ource 21 . . . . 116 A 5
La Brionne 23 . . . . 206 D 1
Brionne 27 . . . . 35 G 4
Briord 01 . . . . 214 B 5

Briosne-lès-Sables 72 . . . 108 A 3
Briot 60 . . . . 21 H 4
Briou 41 . . . . 132 B 3
Brioude 43 . . . . 246 B 1
Brioux-sur-Boutonne 79 . 202 C 1
Briouze 61 . . . . 53 G 5
Briquemesnil-Floxicourt 80 . 22 A 2
Briquenay 08 . . . . 43 E 2
Briscous 64 . . . . 292 B 5
Brison 73 . . . . 215 E 5
Brison-Saint-Innocent 73 . 215 E 5
Brissac 34 . . . . 302 C 1
Brissac 49 . . . . 25 . . 79 F 5
Brissac Château de 49 . . 149 H 3
Brissac-Quincé 49 . . . . . 149 H 3
Brissarthe 49 . . . . 128 D 4
Brissay-Choigny 02 . . . . . 24 B 3
Brissy-Hamégicourt 02 . . . 24 B 3
Brive-la-Gaillarde 19 . . . 242 B 2
Brives 36 . . . . 172 B 4
Brives-Charensac 43 . . . 247 F 3
Brives-sur-Charente 17 . . 219 H 1
Brivezac 19 . . . . 243 E 4
Brix 50 . . . . 29 E 4
Brixey-aux-Chanoines 55 . 94 A 3
Brizambourg 17 . . . . 201 H 5
Brizay 37 . . . . 169 F 1
Brizeaux 55 . . . . 63 G 1
Brizon 74 . . . . 216 B 2
Le Broc 06 . . . . 291 E 5
Broc 49 . . . . 129 H 5
Le Broc 63 . . . . 228 A 2
Brocas 40 . . . . 273 H 4
Brochon 21 . . . . 160 A 4
Brocottes 14 . . . . 34 A 4
Brocourt 80 . . . . 21 G 2
Broglie 27 . . . . 55 F 1
Brognard 25 . . . . 142 C 4
Brognon 08 . . . . 26 A 1

Brognon 21 . . . . 160 B 2
Broin 21 . . . . 178 B 1
Broindon 21 . . . . 160 A 4
Broissia 39 . . . . 196 B 3
Brombos 60 . . . . 21 G 4
Bromeilles 45 . . . . 112 A 3
Brommat 12 . . . . 262 D 1
Bromont-Lamothe 63 . . . 209 E 5
Bron 69 . . . . 231 F 1
Broncourt 52 . . . . 140 B 3
Bronvaux 57 . . . . 45 G 5
Broons 22 . . . . 79 F 5
Broons-sur-Vilaine 35 . . . 104 D 3
La Broque 67 . . . . 96 D 2
Broquiers 60 . . . . 21 G 4
Broquiès 12 . . . . 281 E 5
Brossac 16 . . . . 220 D 5
Brossainc 07 . . . . 230 D 5
Brossay 49 . . . . 150 A 5
La Brosse-Montceaux 77 . . 89 E 5
Brosses 89 . . . . 157 G 1
Brosville 27 . . . . 36 B 5
Brotonne Pont de 76 . . . . 35 G 1
Brotte-lès-Luxeuil 70 . . . 141 G 3
Brotte-lès-Ray 70 . . . . . . 140 B 3
Brottes 52 . . . . 117 E 3
Brou 01 . . . . 195 H 5
Brou 28 . . . . 109 G 2
Brou-sur-Chantereine 77 . . 59 E 3
Brouage 17 . . . . 200 C 4
Brouains 50 . . . . 52 B 4
Broualan 35 . . . . 80 B 3
Brouay 14 . . . . 33 F 4
Brouchaud 24 . . . . 241 E 2
Brouchy 80 . . . . 23 H 4
Brouck 57 . . . . 46 C 5
Brouckerque 59 . . . . 3 F 3
Brouderdorff 57 . . . . 67 H 5
Broué 28 . . . . 57 E 4

Brouennes 55 . . . . 27 H 5
Le Brouilh-Monbert 32 . . 295 H 4
Brouilla 66 . . . . 343 E 3
Brouillet 51 . . . . 41 E 4
Brouis Col de 06 . . . . . . 291 G 4
Brouqueyran 33 . . . . 256 C 4
La Brousse 17 . . . . 202 B 4
Brousse 23 . . . . 208 C 3
Brousse 63 . . . . 228 B 2
Brousse 81 . . . . 299 F 3
Brousse-le-Château 12 . . 280 D 5
Brousses-et-Villaret 11 . . 319 G 3
Brousseval 52 . . . . 92 C 3
Broussey-en-Blois 55 . . . . 93 G 1
Broussey-en-Woëvre 55 . . 64 D 4
Broussy-le-Grand 51 . . . . 61 F 4
Broussy-le-Petit 51 . . . . . 61 F 4
Broût-Vernet 03 . . . . 210 A 1
Brouthières 52 . . . . 93 F 4
Brouvelieures 88 . . . . 95 H 5
Brouville 54 . . . . 95 H 2
Brouviller 57 . . . . 67 H 4
Brouy 91 . . . . 87 G 5
Brouzet-lès-Alès 30 . . . . 284 A 3
Brouzet-lès-Quissac 30 . . 303 E 2
Les Brouzils 85 . . . . 166 A 4
Brovès 83 . . . . 308 B 3
Broxeele 59 . . . . 3 G 4
Broye 71 . . . . 176 D 3
Broye-les-Loups-
et-Verfontaine 70 . . . . . 160 D 1
Broye-lès-Pesmes 70 . . . 161 E 3
Broyes 51 . . . . 61 E 4
Broyes 60 . . . . 22 D 5
Broze 81 . . . . 298 D 1
Brû 88 . . . . 95 H 4
Bruailles 71 . . . . 195 H 1
Bruay-la-Buissière 62 . . . . 7 H 4
Bruay-sur-l'Escaut 59 . . . . 9 G 5

Bruc-sur-Aff 35 . . . . 125 H 2
Brucamps 80 . . . . 12 B 5
Bruch 47 . . . . 275 G 3
Brucheville 50 . . . . 32 A 3
Brucourt 14 . . . . 34 A 4
Brue-Auriac 83 . . . . 307 E 5
Bruebach 68 . . . . 143 F 2
Brueil-en-Vexin 78 . . . . . . 57 G 1
Bruère-Allichamps 18 . . . 173 E 4
La Bruère-sur-Loir 72 . . . 130 B 4
La Bruffière 85 . . . . 166 B 1
Brugairolles 11 . . . . 337 F 1
Le Brugeron 63 . . . . 228 D 1
Bruges 33 . . . . 237 F 5
Bruges 64 . . . . 332 B 1
Brugheas 03 . . . . 210 B 2
Brugnac 47 . . . . 257 H 5
Brugnens 32 . . . . 296 C 2
Brugny-Vaudancourt 51 . . 61 F 1
La Bruguière 30 . . . . 284 B 4
Bruguières 31 . . . . 297 H 3
Bruille-lez-Marchiennes 59 . . 9 E 5
Bruille-Saint-Amand 59 . . . 9 G 4
Bruis 05 . . . . 268 C 4
Brûlain 79 . . . . 185 E 5
Les Brulais 35 . . . . 103 G 5
Brulange 57 . . . . 66 D 2
La Brûlatte 53 . . . . 105 G 3
Bruley 54 . . . . 65 F 5
Brullemail 61 . . . . 54 D 5
Brullioles 69 . . . . 212 C 1
Brûlon 72 . . . . 107 E 5
Brumath 67 . . . . 68 D 4
Brumetz 02 . . . . 40 A 5
Brunehamel 02 . . . . 25 H 3
Brunelles 28 . . . . 85 E 5
Les Brunels 11 . . . . 319 E 3
Brunembert 62 . . . . 2 D 5
Brunémont 59 . . . . 14 A 2

Brunet 04 . . . . 307 E 1
Bruniquel 82 . . . . 278 C 5
Brunissard 05 . . . . 253 E 5
Brunoy 91 . . . . 58 D 5
Brunstatt 68 . . . . 143 F 2
Brunville 76 . . . . 10 C 5
Brunvillers-la-Motte 60 . . 22 D 5
Le Brusc 83 . . . . 327 H 5
Brusque 12 . . . . 301 E 3
Le Brusquet 04 . . . . 288 B 3
Brussey 70 . . . . 161 G 3
Brussieu 69 . . . . 230 C 1
Brusson 51 . . . . 62 D 4
Brusvily 22 . . . . 79 G 4
Brutelles 80 . . . . 11 E 3
Bruville 54 . . . . 65 F 1
Brux 86 . . . . 186 A 5
La Bruyère 70 . . . . 141 H 2
Bruyères 88 . . . . 95 H 5
Bruyères-et-Montbérault 02 . 40 D 1
Bruyères-le-Châtel 91 . . . . 87 G 2
Bruyères-sur-Fère 02 . . . . 40 C 4
Bruyères-sur-Oise 95 . . . . 38 C 5
Bruys 02 . . . . 40 D 3
Bruz 35 . . . . 104 A 4
Bry 59 . . . . 15 E 2
Bry-sur-Marne 94 . . . . . . 58 D 3
Bû 28 . . . . 57 E 4
Le Bû-sur-Rouvres 14 . . . 53 H 1
Buais 50 . . . . 81 G 2
Buanes 40 . . . . 294 A 3
Bubertré 61 . . . . 84 C 2
Bubry 56 . . . . 101 G 4
Buc 78 . . . . 58 A 4
Buc 90 . . . . 142 B 3
Bucamps 60 . . . . 38 C 3
Bucéels 14 . . . . 33 E 4
Bucey-en-Othe 10 . . . . . 114 C 2
Bucey-lès-Gy 70 . . . . . . 161 G 2

Bucey-lès-Traves 70.......140 D4
Buchelay 78.......57 F2
Buchères 10.......115 E2
Buchey 52.......92 C5
Buchy 57.......66 B2
Buchy 76.......20 D5
Bucilly 02.......25 G2
Bucquoy 62.......13 F4
Bucy-le-Long 02.......40 B2
Bucy-le-Roi 45.......111 E4
Bucy-lès-Cerny 02.......24 C5
Bucy-lès-Pierrepont 02.......25 F4
Bucy-Saint-Liphard 45.......110 C5
Budelière 23.......190 C5
Buding 57.......46 B3
Budling 57.......46 B3
Budos 33.......255 H4
Bué 18.......155 H3
Bueil 27.......56 D2
Bueil-en-Touraine 37.......130 C5
Buellas 01.......195 G5
Le Buet 74.......217 E2
Buethwiller 68.......143 E2
Buffard 25.......179 G1
Buffières 71.......194 C3
Buffignécourt 70.......140 D2
Buffon 21.......137 G4
Bugarach 11.......337 H4
Bugard 65.......315 G5
Bugeat 23.......225 F2
Bugnein 64.......313 F3
Bugnicourt 59.......14 B2
Bugnières 52.......116 D5
Bugny 25.......180 C1
Le Bugue 24.......241 E5
Buhl 67.......69 F2
Buhl 68.......120 D4
Buhl-Lorraine 57.......67 H5
Buhy 95.......37 F4
Buicourt 60.......37 G1
Buigny-l'Abbé 80.......11 H3
Buigny-lès-Gamaches 80.......11 E4
Buigny-Saint-Maclou 80.......11 G3
Buire 02.......25 G1
Buire-au-Bois 62.......12 B3
Buire-Courcelles 80.......23 H1
Buire-le-Sec 62.......6 C1
Buire-sur-l'Ancre 80.......23 E1
Buironfosse 02.......25 E1
Le Buis 87.......205 G2
Buis-les-Baronnies 26.......286 A2
Buis-sur-Damville 27.......56 B3
Buissard 05.......269 F2
La Buisse 38.......232 C5
La Buissière 38.......233 F4
Le Buisson 48.......264 A3
Le Buisson 51.......62 D4
Buisson 84.......285 G2
Le Buisson-de-Cadouin 24.......258 D1
Buissoncourt 54.......66 B5
Buissy 62.......14 A3
Bujaleuf 87.......206 C5
Bulainville 55.......63 H1
Bulan 65.......333 G2
Bulat-Pestivien 22.......77 F2
Bulcy 58.......156 B4
Buléon 56.......102 B4
Bulgnéville 88.......118 B2
Bulhon 63.......210 B4
Bullainville 28.......110 B3
Bulle 25.......180 B2
Bullecourt 62.......13 H4
Bulles 60.......38 C1
Bulligny 54.......94 B2
Bullion 78.......87 E2
Bullou 28.......109 H2
Bully 14.......33 G5
Bully 42.......211 G4
Bully 69.......212 C4
Bully 76.......20 D3
Bully-les-Mines 62.......8 A4
Bulson 08.......27 E4
Bult 88.......95 G5
Bun 65.......332 C2
Buncey 21.......138 A2
Buneville 62.......12 D2
Buno-Bonnevaux 91.......87 H5
Bunodière Hêtre de la 76.......37 E1
Bunus 64.......311 G5
Bunzac 16.......221 G1
Buoux 84.......305 H4
Burbach 67.......67 H3
La Burbanche 01.......214 C4
Burbure 62.......7 H3
Burcin 38.......232 B4
Burcy 14.......52 D3
Burcy 77.......112 A2

Burdignes 42.......248 C1
Burdignin 74.......198 A5
Bure 55.......93 F3
Bure 57.......45 F2
Buré 61.......84 A3
Bure-les-Templiers 21.......138 D3
Burelles 02.......25 F3
Bures 54.......66 D5
Bures 61.......84 A2
Bures-en-Bray 76.......20 C3
Bures-les-Monts 14.......52 C2
Bures-sur-Dives 14.......33 H4
Bures-sur-Yvette 91.......58 A5
Le Buret 53.......106 B5
Burey 27.......56 A2
Burey-en-Vaux 55.......93 H2
Burey-la-Côte 55.......94 A3
Burg 65.......315 G5
Burgalays 31.......334 B3
Burgaronne 64.......311 H3
Le Burgaud 31.......297 F2
Burgille 25.......161 G3
Burgnac 87.......223 G1
Burgy 71.......195 E3
Burie 17.......201 H5
Buriville 54.......95 H2
Burlats 81.......299 H4
Burlioncourt 57.......66 D3
Burnand 71.......194 C1
Burnevillers 25.......163 H2
Burnhaupt-le-Bas 68.......143 E2
Burnhaupt-le-Haut 68.......143 E2
Buron 63.......228 A2
Buros 64.......314 B3
Burosse-Mendousse 64.......294 C5
Burret 09.......336 A3
Bursard 61.......83 H3
Burthecourt-aux-Chênes 54.......95 E1
Burtoncourt 57.......46 B4
Bury 60.......38 C3
Burzet 07.......266 A2
Burzy 71.......194 C1
Bus 62.......13 H5
Bus-la-Mésière 80.......23 E4
Bus-lès-Artois 80.......13 E4
Bus-Saint-Rémy 27.......37 F5
Busca-Maniban Château de 32.......295 G1
Buschwiller 68.......143 H3
Busigny 59.......14 D5
Busloup 41.......131 H2
Busnes 62.......7 H3
Busque 81.......299 E3
Bussac 24.......240 B1
Bussac-Forêt 17.......237 H1
Bussac-sur-Charente 17.......201 G5
Bussaglia Plage de 2A.......346 B5
Bussang 88.......120 B5
Bussang Col de 88.......120 B5
Le Busseau 79.......184 C1
Busseau-sur-Creuse 23.......207 F2
Busseaut 21.......138 B3
Bosséol 63.......228 A1
Busserolles 24.......222 C1
Busserotte-et-Montenaille 21.......139 E4
Busset 03.......210 C2
Bussiares 02.......60 A1
La Bussière 45.......134 D4
La Bussière 86.......187 F1
Bussière-Badil 24.......222 B2
Bussière-Boffy 87.......204 D2
Bussière-Dunoise 23.......189 E5
Bussière-Galant 87.......223 F2
Bussière-Nouvelle 23.......208 B3
Bussière-Poitevine 87.......187 G5
Bussière-Saint-Georges 23.......189 H3
La Bussière-sur-Ouche 21.......159 G4
Bussières 21.......138 C3
Bussières 42.......212 A5
Bussières 63.......208 D2
Bussières 70.......161 H2
Bussières 71.......194 D4
Bussières 89.......158 B2
Bussières-et-Pruns 63.......210 A3
Bussu 80.......23 H1
Bussunarits-Sarrasquette 64.......330 C1
Bussurel 70.......142 B4
Bussus-Bussuel 80.......11 H3
Bussy 18.......173 G3
Bussy 60.......23 G5
Bussy-Albieux 42.......211 G5
Bussy-en-Othe 89.......114 A4
Bussy-la-Côte 55.......63 G3

Bussy-la-Pesle 21.......159 G2
Bussy-la-Pesle 58.......157 E4
Bussy-le-Château 51.......62 C1
Bussy-le-Grand 21.......138 A5
Bussy-le-Repos 51.......63 E2
Bussy-le-Repos 89.......113 F4
Bussy-lès-Daours 80.......22 C1
Bussy-lès-Poix 80.......21 H2
Bussy-Lettrée 51.......62 A4
Bussy-Rabutin Château de 21.......138 A5
Bussy-Saint-Georges 77.......59 E3
Bussy-Saint-Martin 77.......59 E3
Bust 67.......68 A3
Bustanico 2B.......347 F4
Bustince-Iriberry 64.......330 C1
Buswiller 67.......68 C3
Busy 25.......161 H4
Butgnéville 55.......64 D1
Buthiers 70.......162 A2
Buthiers 77.......111 H2
Butot 76.......20 A5
Butot-Vénesville 76.......19 F2
Butry-sur-Oise 95.......58 B1
Butteaux 89.......114 C5
Butten 67.......68 A2
Buverchy 80.......23 G3
La Buxerette 36.......189 F2
Buxerolles 21.......138 D3
Buxerolles 86.......186 C1
Buxerulles 55.......64 D3
Buxeuil 10.......115 G4
Buxeuil 36.......153 H5
Buxeuil 86.......169 H2
Buxières-d'Aillac 36.......189 E1
Buxières-lès-Clefmont 52.......117 G3
Buxières-les-Mines 03.......191 G5
Buxières-lès-Villiers 52.......116 D3
Buxières-sous-les-Côtes 55.......64 D3
Buxières-sous-Montaigut 63.......209 F1
Buxières-sur-Arce 10.......115 H3
Buxy 71.......177 G5
Buysscheure 59.......3 G4
Buzan 09.......335 E3
Buzançais 36.......171 F3
Buzancy 02.......40 B3
Buzancy 08.......43 F2
Buzeins 12.......281 G1
Buzet-sur-Baïse 47.......275 G2
Buzet-sur-Tarn 31.......298 B3
Buziet 64.......314 A5
Buzignargues 34.......303 E3
Buzon 65.......315 F2
Buzy 55.......44 D5
Buzy 64.......314 A5
By 25.......179 H1
Byans-sur-Doubs 25.......161 G5

C

Cabanac 65.......315 G4
Cabanac-Cazaux 31.......334 C2
Cabanac-et-Villagrains 33.......255 G3
Cabanac-Séguenville 31.......297 E2
La Cabanasse 66.......341 G4
Cabanès 12.......279 H3
Cabanès 81.......299 E3
Les Cabanes-de-Fitou 11.......339 E3
Le Cabanial 31.......318 D2
Les Cabannes 09.......336 B5
Cabannes 13.......305 E1
Les Cabannes 81.......279 F4
Cabara 33.......256 C1
Cabariot 17.......201 E3
Cabas-Loumassès 32.......316 B2
Cabasse 83.......328 C1
Cabasson 83.......328 C4
Le Cabellou 29.......100 A4
Cabestany 66.......343 F2
Cabidos 64.......294 A5
Cabourg 14.......34 A3
Cabre Col de 05.......268 D4
Cabrerets 46.......260 C5
Cabrerolles 34.......301 F5
Cabrespine 11.......320 A3
Cabrières 30.......304 A1
Cabrières 34.......301 H5
Cabrières-d'Aigues 84.......306 A4
Cabrières-d'Avignon 84.......305 F1
Cabriès 13.......326 D1
Cabris 06.......308 D3
Cachan 94.......58 C4
Cachen 40.......274 A4
Cachy 80.......22 D2
Cadalen 81.......299 E2
Cadarache Barrage de 13.......306 C3

Cadarcet 09.......336 A2
Cadarsac 33.......238 B5
Cadaujac 33.......255 G1
Cadéac 65.......333 G3
Cadeilhan 32.......296 C2
Cadeilhan-Trachère 65.......333 G4
Cadeillan 32.......316 D2
Cademène 25.......162 A5
Caden 56.......125 F4
Les Cadeneaux 13.......326 D1
Cadenet 84.......305 H3
Caderousse 84.......285 E4
La Cadière-d'Azur 83.......327 H4
La Cadière-et-Cambo 30.......302 D1
Cadillac 33.......256 B3
Cadillac-en-Fronsadais 33.......237 H4
Cadillon 64.......294 D5
Cadix 81.......280 C5
Cadolive 13.......327 F1
Cadouin 24.......258 D1
Cadours 31.......297 E3
Cadrieu 46.......261 E5
Caen 14.......33 G4
Caëstre 59.......4 A5
Caffiers 62.......2 C4
Cagnac-les-Mines 81.......279 G5
Cagnano 2B.......345 G2
Cagnes-sur-Mer 06.......309 G3
Cagnicourt 62.......13 H3
Cagnoncles 59.......14 C3
Cagnotte 40.......292 D4
Cagny 14.......33 H5
Cagny 80.......22 C2
Cahagnes 14.......32 D5

Cahagnolles 14.......32 D4
Cahaignes 27.......37 F4
Cahan 61.......53 F3
Caharet 65.......315 G5
Cahon 80.......11 F3
Cahors 46.......260 B5
Cahus 46.......243 E5
Cahuzac 11.......318 D5
Cahuzac 47.......258 B3
Cahuzac 81.......319 F2
Cahuzac-sur-Adour 32.......295 E4
Cahuzac-sur-Vère 81.......279 E5
Caignac 31.......318 C4
Le Cailar 30.......303 G4
Cailhau 11.......337 F1
Cailhavel 11.......319 F5
Cailla 11.......337 G4
Caillac 46.......259 H5
Caillavet 32.......295 H3
Caille 06.......308 C2
Caille Ponts de la 74.......215 G2
La Caillère 85.......183 H1
Cailleville 76.......19 G2
Caillouël-Crépigny 02.......23 H5
Caillouet-Orgeville 27.......56 C1
Cailloux-sur-Fontaines 69.......213 E4
Cailly 76.......20 C5
Cailly-sur-Eure 27.......36 C5
La Caine 14.......53 F1
Cairanne 84.......285 F2
Le Caire 04.......269 G5
Cairon 14.......33 F4
Caisnes 60.......39 H1
Caissargues 30.......303 H2

Caix 80.......23 E2
Caixas 66.......342 D3
Caixon 65.......315 E2
Cajarc 46.......261 E5
Cala Rossa 2A.......351 G2
Calacuccia 2B.......346 D4
Calais 62.......2 C3
Calamane 46.......259 H4
Calan 56.......101 E5
Calanhel 22.......77 E2
Calas 13.......326 D1
Calavanté 65.......315 F5
Calcatoggio 2A.......348 C2
Calce 66.......338 C5
Caldégas 66.......341 F4
Calenzana 2B.......346 C2
Calès 24.......258 D1
Calès 46.......260 B1
Calignac 47.......275 G4
Caligny 61.......53 E3
Callac 22.......77 E3
Callac 56.......124 D2
Callas 83.......308 B4
Callen 40.......273 H1
Callengeville 76.......21 E2
Calleville 27.......35 G4
Calleville-les-Deux-Églises 76.......20 A4
Callian 32.......295 G4
Callian 83.......308 C3
Calmeilles 66.......342 D3
Calmels-et-le-Viala 12.......300 C1
La Calmette 30.......303 G1
Calmont 12.......280 C2

CALAIS

Amsterdam (R. d')...DXY 3
Angleterre (Pl. d')...DX 4
Barbusse (Pl. Henri)...DX 6
Bonningue (R. du Cdt)...DX 7
Bruxelles (R. de)...DX 10
Chanzy (R. du Gén.)...DY 13
Commune-de-Paris (R. de la) CDY 16
Escaut (Quai de l')...CY 21
La-Fayette (Bd)...DY

Foch (Pl. Mar.)...CXY 22
Fontinettes (R. des)...CDY 24
Gambetta (Bd Léon)...CY
Georges-V (Pont)...CY 31
Jacquard (Bd)...CDY
Jacquard (Pont)...CY 36
Jean-Jaurès (R.)...DY 37
Londres (R. de)...DX 42
Mer (R. de la)...CX 45
Notre-Dame (R.)...CDX 46
Paix (R. de la)...CX 48
Pasteur (Bd)...DY

Paul-Bert (R.)...CDY 49
Prés.-Wilson (Av. du)...CY 54
Quatre-Coins (R. des)...CY 55
Rhin (Quai du)...CX 58
Richelieu (R.)...CX 60
Rome (R. de)...CY 61
Royale (R.)...CY 63
Soldat-Inconnu (Pl. du)...DY 64
Tamise (Quai de la)...CDY 66
Thermes (R. des)...CX 67
Varsovie (R. de)...DY 70
Vauxhall (R. du)...CY 72

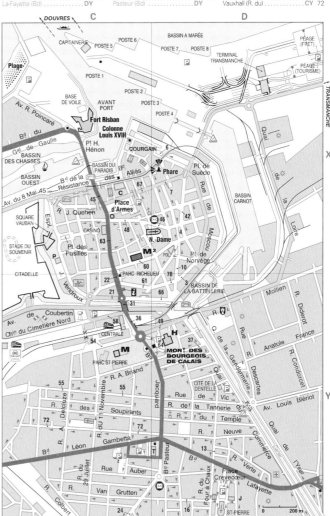

Calmont 31 ... 318 B 4
Calmoutier 70 ... 141 F 4
Caloire 42 ... 230 A 4
Calonges 47 ... 275 F 1
Calonne-Ricouart 62 ... 7 H 4
Calonne-sur-la-Lys 62 ... 8 A 3
Calorguen 22 ... 79 G 4
La Calotterie 62 ... 6 B 4
Calvaire des Dunes 50 ... 28 D 3
Calvi 2B ... 346 B 2
Calviac 46 ... 243 F 5
Calviac-en-Périgord 24 ... 259 H 1
Calvignac 46 ... 260 D 5
Calvinet 15 ... 262 B 2
Calvisson 30 ... 303 G 2
Calzan 09 ... 336 C 2
Camalès 65 ... 315 E 3
Camarade 09 ... 335 G 1
Camarès 12 ... 300 D 2
Camaret-sur-Aigues 84 ... 285 F 2
Camaret-sur-Mer 29 ... 74 D 3
Camarsac 33 ... 255 H 1
Cambayrac 46 ... 259 G 5

La Cambe 14 ... 32 B 2
Cambernard 31 ... 317 F 2
Cambernon 50 ... 31 H 5
Cambes 33 ... 255 H 2
Cambes 46 ... 261 F 3
Cambes 47 ... 257 F 3
Cambes-en-Plaine 14 ... 33 G 4
Cambia 2B ... 347 F 4
Cambiac 31 ... 318 C 2
Cambieure 11 ... 337 F 1
Camblain-Châtelain 62 ... 7 H 4
Camblain-l'Abbé 62 ... 8 A 5
Camblanes-et-Meynac 33 ... 255 G 1
Cambligneul 62 ... 8 A 5
Cambo-les-Bains 64 ... 310 E 5
Cambon 81 ... 299 G 1
Cambon-et-Salvergues 34 ... 300 A 4
Cambon-lès-Lavaur 81 ... 298 D 5
Camboulazet 12 ... 280 C 3
Camboulit 46 ... 261 F 4
Cambounès 81 ... 300 A 5
Cambounet-sur-le-Sor 81 ... 299 F 5
Le Cambout 22 ... 102 C 3
Cambrai 59 ... 14 B 3

Cambremer 14 ... 34 B 5
Cambrin 62 ... 8 B 4
Cambron 80 ... 11 G 3
Cambronne-lès-Clermont 60 ... 38 C 3
Cambronne-lès-Ribécourt 60 ... 39 G 1
Camburat 46 ... 261 F 3
Came 64 ... 292 D 5
Camélas 66 ... 342 D 2
Camelin 02 ... 40 A 1
Camembert 61 ... 54 C 3
Cametours 50 ... 31 H 5
Camiac-et-Saint-Denis 33 ... 256 B 1
Camiers 62 ... 6 B 3
Camiran 33 ... 256 D 3
Camjac 12 ... 280 B 3
Camlez 22 ... 72 D 3
Les Cammazes 81 ... 319 F 3
Camoël 56 ... 125 E 5
Camon 09 ... 337 E 2
Camon 80 ... 22 C 2
Camors 56 ... 101 H 5
Camou-Cihigue 64 ... 331 E 1
Camou-Mixe-Suhast 64 ... 311 H 4
Camous 65 ... 333 H 3

Le Camp-du-Castellet 83 ... 327 G 3
Campagna-de-Sault 11 ... 337 E 5
Campagnac 12 ... 263 H 5
Campagnac 81 ... 279 E 5
Campagnac-les-Quercy 24 ... 259 G 2
Campagnan 34 ... 302 A 5
Campagne 24 ... 241 E 5
Campagne 34 ... 303 E 2
Campagne 40 ... 293 H 1
Campagne 60 ... 23 G 4
Campagne-d'Armagnac 32 ... 295 E 1
Campagne-lès-Boulonnais 62 ... 6 D 1
Campagne-lès-Guines 62 ... 2 D 4
Campagne-lès-Hesdin 62 ... 6 C 5
Campagne-
lès-Wardrecques 62 ... 3 G 5
Campagne-sur-Arize 09 ... 335 H 1
Campagne-sur-Aude 11 ... 337 G 3
Campagnolles 14 ... 52 C 2
Campan 65 ... 333 F 2
Campana 2B ... 347 G 3
Campandré-Valcongrain 14 ... 53 E 1
Camparan 65 ... 333 G 4
Campbon 44 ... 146 D 1

Campeaux 14 ... 52 C 2
Campeaux 60 ... 21 G 5
Campel 35 ... 103 G 5
Campénéac 56 ... 103 E 4
Campes 81 ... 279 F 4
Campestre-et-Luc 30 ... 301 H 1
Campet-et-Lamolère 40 ... 293 1
Camphin-en-Carembault 59 ... 8 C 4
Camphin-en-Pévèle 59 ... 9 E 3
Campi 2B ... 347 G 4
Campigneulles-
les-Grandes 62 ... 6 B 5
Campigneulles-les-Petites 62 ... 6 B 4
Campigny 14 ... 32 D 3
Campigny 27 ... 35 F 3
Campile 2B ... 347 G 2
Campistrous 65 ... 315 H 5
Campitello 2B ... 347 F 2
Camplong 34 ... 301 H 4
Camplong-d'Aude 11 ... 338 B 1
Campneuseville 76 ... 21 F 2
Campo 2A ... 348 D 3
Campôme 66 ... 342 A 2

Campouriez 12 ... 262 D 2
Campoussy 66 ... 342 G 5
Campremy 60 ... 22 C 5
Camprond 50 ... 31 H 5
Camps 19 ... 243 F 4
Camps-en-Amiénois 80 ... 21 H 2
Camps-la-Source 83 ... 328 B 1
Camps-sur-l'Agly 11 ... 338 A 4
Camps-sur-l'Isle 33 ... 238 D 4
Campsas 82 ... 297 H 1
Campsegret 24 ... 240 B 5
Campuac 12 ... 262 D 4
Campugnan 33 ... 237 G 2
Campuzan 65 ... 315 H 4
Camuran 11 ... 336 D 5
Can Parterre 66 ... 342 C 4
Canadel Col du 83 ... 329 E 4
Canadel-sur-Mer 83 ... 329 E 4
Canaille Cap 13 ... 327 F 4
Canale-di-Verde 2B ... 347 H 4
Canals 82 ... 297 G 2
Canaples 80 ... 12 C 5
Canappeville 27 ... 36 B 5
Canapville 14 ... 34 C 3

Albert-Édouard (Jetée) .... BZ
Alexandre-III (Bd) .... X 2
Alsace (Bd) .... BDY
Anc.-Combattants-
d'Afrique-du-Nord
(Av.) .... AYZ 4
André (R. du Cdt) .... CZ
Antibes (R. d') .... BCY
Aubarède (Ch. de l') .... V 8
Bachaga-Saïd-Boualam
(Av.) .... AY 5
Beauséjour (Av.) .... DYZ
Beau-Soleil (Bd) .... X 10
Belges (R. des) .... BZ 12
Bellevue (Pl.) .... V 13
Blanc (R. Louis) .... AYZ
Bréguières (Rte des) .... V 14
Broussailles (Av. des) ... V 15
Buttura (R.) .... BZ 17
Canada (R. du) .... DZ
Cannes (Av. de) .... V 18
Cannes (R. de) .... V 19
Carnot (Bd) X
Carnot (Bd) V
Carnot (Square) .... V 20
Castre (Pl. de la) ...... AZ 21
Chabaud (R.) .... CY 22
Cheval (Av. Maurice) ... V 23
Clemenceau (Av. G.) .... V 25
Clemenceau (R. G.) ..... AZ
Collines (Ch. des) V
Coteaux (Av. des) V
Croisette (Bd de la) .... BDZ
Croix-des-Gardes (Bd) .. VX 29
Delaup (Bd) .... AY 30
Dr J. Ugo (Bd du) ...... V 56
Dr-Pierre Gazagnaire
(R.) .... AZ 32
Dr-R. Picaud (Av.) X
Dollfus (R. Jean) .... AZ 33
Doumer (Bd Paul) .... V 34
Écoles (Av. des) .... V 34
États-Unis (R. des) .... CZ 35
Favorite (Av. de la) .... X 38
Félix-Faure (R.) .... ABZ
Ferrage (Bd de la) ..... ABY 40
Fiesole (Av.) .... X 43
Foch (R. du Mar.) ...... BY 44

Four-à-Chaux (Bd du) .... V 45
Gallieni (R. du Mar.) .... BY 48
Gambetta (Bd) .... V 50
Gaulle (Av. Gén.-de) V
Gaulle (Pl. Gén.-de) .... BZ 51
Gazagnaire
(Bd Eugène) X
Golfe (Av. du) .... V 52
Grasse (Av. de) .... VX 53
Guynemer (Bd) .... AY
Hespérides (Av. des) .... X 55
Hibert (Bd Jean) .... AZ
Hibert (R.) .... AZ
Isola-Bella (Av. d') X
Jeanpierre
(Av. Maurice) .... V 58
Jean-Jaurès (R.) .... BCY
Joffre (R. du Mar.) ..... BY 60
Juin (Av. Mar.) .... DZ
Koening (Av. Gén.) ..... DZ
Lacour (Bd Alexandre) ... X 62
Latour-Maubourg (R.) ... DZ
Lattre-de-Tassigny
(Av. de) .... V 63
Laubeuf (Quai Max) ..... AZ
Lérins (Av. de) .... X 65
Liberté-Charles
de Gaulle (A. de la) .. AY 70
Lorraine (Bd de) .... CDY
Macé (R.) .... CZ 66
Madrid (Av. de) .... DZ
Mermoz (Av. Jean) ...... V 67
Meynadier (R.) .... ABY
Midi (Bd du) X
Mimont (R. de) .... BY
Monod (Bd Jacques) .... V 68
Montfleury (Bd) .... CDY 74
Monti (R. Marius) ...... AY 75
Mont-Chevalier (R. du) .. AZ 72
Mont-Joli (Av. du) ..... X 73
Noailles (Av. J.-de) X
N.-D.-des-Anges (Av.) ... V 79
Observatoire (Bd de l') .. X 84
Olivetum (Bd d') .... V 86
Olivet (Ch. de l') ..... X 85
Oxford (Bd d') .... X 87
Paillassou (Av. R. et I.) . X 64
Pantiero (La) .... ABZ

Paradis-Terrestre
(Corniches du) ...... V 88
Paris (R. de) .... V 89
Pasteur (R.) .... DZ
Pastour (R. Louis) ..... AY 90
Perier (Bd du) .... V 91
Perrissol (R. Louis) .... AZ 92
Petit-Juas (Av. du) VX
Picasso (Av. Pablo) .... V 93
Pinède (Av. de la) ..... X 94
Pins (Bd des) .... X 95
Pompidou
(Av.
Georges) .... V 96
Pompidou (Espl. G.) .... BZ
Prince-de-Galles
(Av. du) .... X 97
République (Bd de la) ... AY
République (Bd de la) ... V
Riouffe (R. Jean de) .... BY 98
Riou (Bd du) VX
Roi-Albert 1er (Av.) X
Roosevelt
(Av. Franklin) .... V 99
Rouguière (R.) .... BY 100
Rouvier (Bd Maurice) ... V 102
St-Antoine (R.) .... AZ 102
St-Nicolas (Av.) V
St-Pierre (Quai) .... AZ
St-Sauveur (R.) .... V 106
Sardou (R. Léandre) .... V 108
Serbes (R. des) .... BZ 110
Source (Bd de la) ..... X 112
Stanislas (Pl.) .... AY
Strasbourg (Bd de) .... CDY
Tapis-Vert (Av. du) .... V 113
Teisseire (R.) .... CY 114
Tuby (Bd Victor) ...... AYZ 115
Vallauris (Av. de) ..... VX 116
Vallombrosa (Bd) ...... AY 118
Vautrin (Bd Gén.) ..... DZ
Victoria (Av.) V
Victor-Hugo (R.) ...... X 119
Vidal (R. du Cdt) ..... CY 120
Wemyss
(Av. Amiral Wester) .. X 122
1ère Division-
Française (Bd de la) .. BCY 124

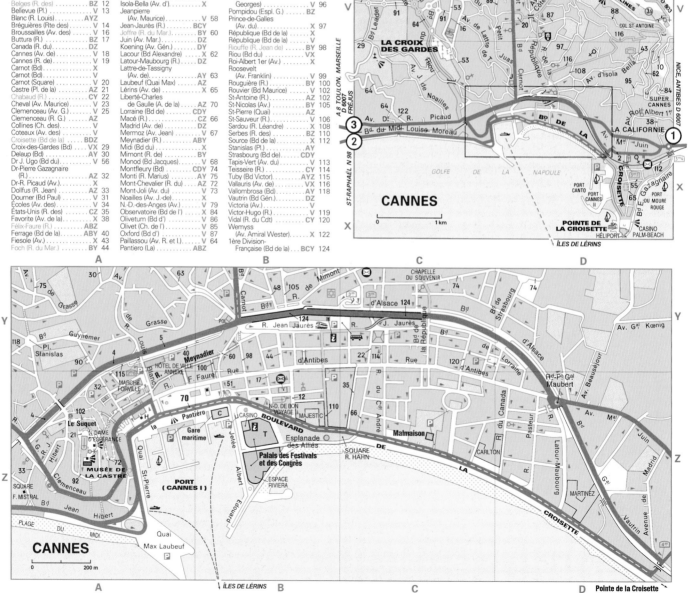

CANNES

Canapville 61......54 D 2
Canari 2B......345 F 2
Canaules-et-Argentières 30......283 H 5
Canavaggia 2B......347 F 2
Canaveilles 66......341 H 3
Cancale 35......50 D 4
Canchy 14......32 C 2
Canchy 80......11 G 2
Cancon 47......258 B 4
Candas 80......12 C 4
Candé 49......127 G 5
Candé-sur-Beuvron 41......153 E 1
Candes-Saint-Martin 37......150 D 4
Candillargues 34......303 F 4
Candor 60......23 G 5
Candresse 40......293 E 3
Canehan 76......10 D 5
Canéjan 33......255 F 1
Canens 31......317 H 5
Canenx-et-Réaut 40......273 H 5
Canet 11......320 D 5
Canet 34......302 A 5
Canet-de-Salars 12......281 E 3
Canet-en-Roussillon 66......343 F 2
Canet-Plage 66......343 F 2
Canettemont 62......12 D 2
Cangey 37......152 C 2
Caniac-du-Causse 46......260 C 3
Canigou Pic du 66......342 B 3
Canihuel 22......77 G 4
Canilhac 48......263 H 5
Canisy 50......32 A 5
Canlers 62......7 E 4
Canly 60......39 E 2
Cannectancourt 60......23 G 5
Cannelle 2A......348 C 2
Cannelle 2B......345 F 1
Cannes 06......309 F 4
Cannes-Écluse 77......89 E 5
Cannes-et-Clairan 30......303 F 1
Cannessières 80......11 G 5
Le Cannet 06......309 F 4
Le Cannet 32......294 D 4
Le Cannet-des-Maures 83......328 D 1
Canny-sur-Matz 60......23 F 5
Canny-sur-Thérain 60......21 F 5
Canohès 66......343 E 2
Canon 14......34 A 5
Le Canon 33......254 B 2
La Canonica 2B......347 H 2
La Canonica Ancienne Cathédrale de 2B......347 H 2
La Canourgue 48......264 A 5
Canouville 76......19 F 2
Cantaing-sur-Escaut 59......14 B 4
Cantaous 65......333 H 1
Cantaron 06......309 H 4
Canté 09......318 A 4
Cantebonne 54......45 F 2
Canteleu 76......36 A 2
Canteleux 62......12 D 3
Canteloup 14......34 A 5
Canteloup 50......29 G 3
Cantenac 33......237 F 3
Cantenay-Épinard 49......128 C 5
Cantiers 27......37 E 4
Cantigny 80......22 D 4
Cantillac 24......222 B 4
Cantin 59......14 A 2
Cantobre 12......282 B 5
Cantoin 12......263 F 1
Cantois 33......256 B 2
Canville-la-Rocque 50......31 F 2
Canville-les-Deux-Églises 76......19 H 3
Cany-Barville 76......19 F 3
Caorches-Saint-Nicolas 27......35 F 5
Caouënnec-Lanvézéac 22......72 D 3
Caours 80......11 G 3
Cap Corse 2B......345 G 1
Cap-Coz 29......100 A 4
Le Cap-d'Agde 34......322 C 4
Cap-d'Ail 06......309 H 5
Cap-de-l'Homy-Plage 40......272 A 4
Cap-de-Long Barrage de 65......333 F 4
Cap Ferret 33......309 H 4
Cap-Ferret 33......254 A 3
Cap-Martin 06......309 H 5
Cap Sizun Réserve du 29......98 D 2
Capbis 33......332 B 1
Capbreton 40......292 A 3
Capdenac 46......261 G 4
Capdenac-Gare 12......261 G 4
Capdrot 24......259 E 2
La Capelle 02......25 F 1
La Capelle 48......282 B 1

Capelle 59......14 D 3
La Capelle-Balaguier 12......261 F 5
La Capelle-Bleys 12......279 H 2
La Capelle-Bonance 12......263 G 5
La Capelle-et-Masmolène 30......284 C 4
Capelle-Fermont 62......13 F 2
La Capelle-lès-Boulogne 62......2 B 5
Capelle-les-Grands 27......55 E 1
Capelle-lès-Hesdin 62......11 H 1
Capendu 11......320 B 5
Capens 31......317 G 3
Capestang 34......321 E 4
Capian 33......256 B 2
Capinghem 59......8 C 2
Caplong 33......257 E 1
Capoulet-et-Junac 09......336 B 5
Cappel 57......67 F 1
La Capte 83......328 C 5
Captieux 33......274 B 2
Capula Castello de 2A......349 F 5
Capvern 65......333 G 1
Capvern-les-Bains 65......333 G 1
Carabès Col de 05......268 D 4
Caradeuc Château de 35......103 H 1
Caragoudes 31......318 C 2
Caraman 31......298 C 5
Caramany 66......338 B 5
Carantec 29......71 H 3
Carantilly 50......32 A 5
Carayac 46......261 E 4
Carbay 49......127 F 3
Carbes 81......299 F 4
Carbini 2A......351 F 2
Carbon-Blanc 33......237 G 5
Carbonne 31......317 G 4
Carbuccia 2A......348 D 2
Carcagny 14......33 E 4
Carcanières 09......337 F 5
Carcans 33......236 C 3
Carcans-Plage 33......236 B 2
Carcarès-Sainte-Croix 40......293 G 1
Carcen-Ponson 40......293 F 1
Carcès 83......307 G 5
Carcheto-Brustico 2B......347 G 3
Cardaillac 46......261 F 3
Cardan 33......255 H 2
Cardeilhac 31......316 B 5
Cardesse 64......313 H 4
Cardet 30......283 H 5
Cardo-Torgia 2A......348 D 4
Cardonnette 80......22 C 1
Le Cardonnois 80......22 D 5
Cardonville 14......32 B 2
Cardroc 35......103 H 1
Careil 14......145 H 4
Carelles 53......81 H 4
Carency 62......8 A 5
Carennac 46......242 D 5
Carentan 50......32 A 3
Carentoir 56......125 G 2
Cargèse 2A......348 A 1
Cargiaca 2A......349 E 5
Carhaix-Plouguer 29......76 D 4
Carignan 08......27 G 4
Carignan-de-Bordeaux 33......255 G 1
Carisey 89......114 C 5
Carla-Bayle 09......335 H 1
Carla-de-Roquefort 09......336 C 3
Le Carlaret 09......336 C 1
Carlat 15......244 D 5
Carlencas-et-Levas 34......301 G 4
Carlepont 60......39 H 1
Carling 57......47 E 5
Carlipa 11......319 F 4
Carlucet 24......241 H 4
Carlucet 46......260 C 2
Carlus 81......299 F 1
Carlux 24......241 H 5
Carly 62......6 B 2
Carmaux 81......279 G 5
Carnac 56......123 H 4
Carnac-Plage 56......123 H 4
Carnac-Rouffiac 46......277 G 1
Carnas 30......303 E 2
La Carneille 61......53 F 4
Carnet 50......80 D 2
Carnetin 77......59 E 3
Carneville 50......29 F 2
Carnières 59......14 C 4
Carnin 59......8 C 4
Carniol 04......286 D 5

Carnoët 22......76 D 3
Carnon-Plage 34......303 E 5
Carnoules 83......328 C 2
Carnoux-en-Provence 13......327 F 3
Carnoy 80......23 F 1
Caro 56......103 E 5
Caro 64......330 C 1
Carolles 50......51 F 4
Caromb 84......285 H 4
Carpentras 84......285 G 4
Carpineto 2B......347 G 4
Carpiquet 14......33 F 4
Carquebut 50......31 H 2
Carquefou 44......147 H 3
Carqueiranne 83......328 B 5
La Carquois 22......79 E 1
Carrépuis 80......23 F 4
Carrère 64......314 C 2
Carresse 64......293 E 5
Carrières-sous-Bois 78......58 A 2
Carrières-sous-Poissy 78......58 A 2
Carrières-sur-Seine 78......58 B 3
Carro 13......325 H 4
Les Carroz-d'Arâches 74......216 C 2
Carry-le-Rouet 13......326 C 4
Cars 33......237 F 2
Les Cars 87......223 F 1
Les Cars Ruines gallo-romaines 19......225 F 2
Carsac-Aillac 24......259 G 1
Carsac-de-Gurson 24......239 E 4
Carsan 30......284 C 2
Carsix 27......35 G 5
Cartelègue 33......237 G 2
Carteret 50......31 E 2
Carticasi 2B......347 F 4
Cartigny 80......23 H 1
Cartigny-l'Épinay 14......32 B 3
Carves 24......259 F 1
Carville 14......52 C 2
Carville-la-Folletière 76......19 H 5
Carville-Pot-de-Fer 76......19 G 3
Carvin 62......8 C 4
Cas Château de 82......278 D 3
Casabianca 2B......347 G 3
Casaglione 2A......348 C 2
Casalabriva 2A......348 D 5
Casalta 2B......347 G 3
Casamaccioli 2B......346 D 4
Casamozza 2B......347 G 2
Casanova 2B......347 E 5
Casardo Col de 2B......347 F 4
Casatorra 2B......345 G 1
Cascastel-des-Corbières 11......338 C 2
Casefabre 66......342 C 3
Caseneuve 84......306 A 1
Cases-de-Pène 66......338 C 5
Casevecchie 2B......349 G 1
Cassaber 64......293 E 5
Cassagnabère-Tournas 31......316 C 5
Cassagnas 48......283 E 2
La Cassagne 24......241 H 4
Cassagne 31......335 E 1
Cassagnes 46......259 F 4
Cassagnes 66......338 B 5
Cassagnes-Bégonhès 12......280 C 3
Cassagnoles 30......283 H 5
Cassagnoles 34......320 B 3
La Cassaigne 11......319 E 5
Cassaigne 32......295 H 1
Cassaignes 11......337 G 3
Cassaniouze 15......262 B 2
Cassano 2B......346 C 2
Cassel 59......3 H 5
Cassen 40......293 F 2
Casseneuil 47......258 B 5
Les Cassés 11......318 D 3
Casset Cascade du 05......252 A 5
Casseuil 33......256 C 3
Cassignas 47......276 C 2
La Cassine 08......27 E 5
Cassis 13......327 F 3
Casson 44......147 G 3
Cassuéjouls 12......263 F 2
Cast 29......75 H 3
Castagnac 31......317 H 5
Castagnède 31......335 E 2
Castagnède 64......311 H 3
Castagniers 06......291 E 5
Castaignos-Souslens 40......293 H 4
Castandet 40......294 B 2

Castanet 12......279 H 2
Castanet 81......279 H 1
Castanet 82......279 F 2
Castanet-le-Haut 34......301 E 4
Castanet-Tolosan 31......318 A 2
Castans 11......320 A 3
Casteide-Cami 64......314 A 2
Casteide-Candau 64......293 H 5
Casteide-Doat 64......315 E 3
Casteil 66......342 A 4
Castel-Sarrazin 40......293 F 4
Castel Vendon Rocher du 50......28 D 2
Castelbajac 65......315 H 5
Castelbiague 31......334 D 2
Castelbouc Château de 48......282 C 1
Castelculier 47......276 C 3
Le Castelet 09......336 C 5
Castelferrus 82......277 F 5
Castelfranc 46......259 F 4
Castelgaillard 31......316 D 3
Castelginest 31......297 H 4
Casteljaloux 47......275 E 1
Casteljau 07......284 A 1
Castella 47......276 C 2
Castellane 04......308 A 1
Castellar 06......291 G 5
Le Castellard 04......287 H 2
Castellare-di-Casinca 2B......347 G 2
Castellare-di-Mercurio 2B......347 F 4
Le Castellet 04......287 G 5
Le Castellet 83......327 H 3
Castellet 84......306 A 1
Castellet-les-Sausses 04......289 E 4
Castelli Pointe du 44......145 G 4
Castello 2B......345 F 2

Castello-di-Rostino 2B......347 F 3
Castelmary 12......279 H 3
Castelmaurou 31......298 A 4
Castelmayran 82......277 E 5
Castelmoron-d'Albret 33......256 D 2
Castelmoron-sur-Lot 47......275 H 1
Castelnau-Barbarens 32......296 C 5
Castelnau-Bretenoux Château de 46......243 E 5
Castelnau-Chalosse 40......293 F 3
Castelnau-d'Anglès 32......295 G 4
Castelnau-d'Arbieu 32......296 C 1
Castelnau-d'Aude 11......320 B 5
Castelnau-d'Auzan 32......275 E 5
Castelnau-de-Brassac 81......300 A 4
Castelnau-de-Guers 34......322 C 3
Castelnau-de-Lévis 81......299 F 1
Castelnau-de-Mandailles 12......263 F 4
Castelnau-de-Médoc 33......237 E 3
Castelnau-de-Montmiral 81......298 D 1
Castelnau-d'Estrétefonds 31......297 H 3
Castelnau-Durban 09......335 H 2
Castelnau-le-Lez 34......302 D 4
Castelnau-Magnoac 65......316 A 4
Castelnau-Montratier 46......277 H 2
Castelnau-Pégayrols 12......281 F 4
Castelnau-Picampeau 31......317 E 4
Castelnau-Rivière-Basse 65......295 E 5
Castelnau-sur-Gupie 47......257 F 4
Castelnau-sur-l'Auvignon 32......275 H 5
Castelnau-Tursan 40......294 B 4

Castelnau-Valence 30......284 A 5
Castelnau-de-Gratecambe 47......258 C 4
Castelnau-la-Chapelle 24......259 F 1
Castelnaudary 11......319 E 4
Castelnavet 32......295 F 4
Castelner 40......293 H 5
Castelnou 66......342 D 3
Castelpers 12......280 B 4
Castelreng 11......337 F 2
Castels 24......241 F 5
Castelsagrat 82......277 E 3
Castelsarrasin 82......277 F 5
Castelvieilh 65......315 F 4
Castelviel 33......256 C 2
Castennec Site de 56......101 H 4
Le Castéra 31......297 F 4
Castéra-Bouzet 82......276 D 5
Castéra-Lanusse 65......315 G 5
Castéra-Lectourois 32......276 B 5
Castéra-Lou 65......315 F 3
Castéra-Loubix 64......314 D 3
Castéra-Verduzan 32......295 H 2
Castéra-Vignoles 31......316 C 4
Castéras 09......335 H 1
Casterets 65......316 B 4
Castéron 32......296 D 1
Castet 64......332 A 1
Castet-Arrouy 32......276 C 5
Castetbon 64......313 F 2
Castétis 64......313 G 2
Castetnau-Camblong 64......313 F 3
Castetner 64......313 G 2
Castetpugon 64......294 C 5
Castets 40......292 D 1

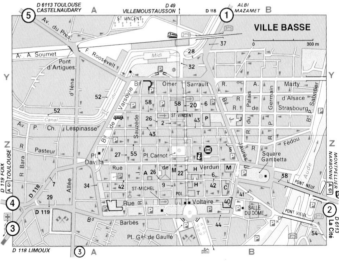

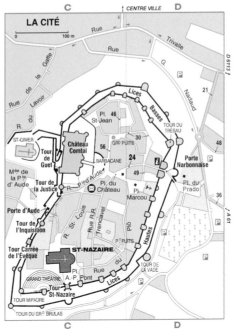

CARCASSONNE

Armagnac (R. A.)......AY 2
Barbès (R.)......BZ 5
Bringer (R. Jean)......BYZ 6
Bunau-Varilla (Av.)......AZ 7
Chartran (R.)......AZ 9
Clemenceau (R. G.)......BY 20
Combéléran (Mtée G.)......D 21
Courtejaire (R.)......BZ 22
Cros-Mayrevieille (R.)......D 24
Dr-A.-Tomey (R.)......AYZ 26
Études (R. des)......AZ 27
Foch (Av. du Mar.)......BY 28
Gout (Av. Henri)......AZ 29
Grand-Puits (R. du)......CD 30
Joffre (Av. du Mar.)......AZ 32
Marcou (Bd)......AZ 34
Médiévale (Voie)......D 36
Minervoise (Rte)......BY 37
Mullot (Av. Arthur)......AZ 38
Pelletan (Bd C.)......BZ 40
Pont-Vieux (R. du)......AZ 42
Ramon (R. A.)......ABZ 42
République (R. de la)......AYZ
Roumens (Bd du Cdt)......BZ 44
St-Jean......C 46
St-Saëns (R. C.)......AZ 48
St-Sernin (R.)......AZ 49
Semard (Av. Pierre)......AY 52
Trivalle (R.)......BZ 54
Verdun (R. de)......ABZ
Victor-Hugo (R.)......AZ 55
Viollet-le-Duc (R.)......C 56
4-Septembre (R. du)......ABY 58

A B C D E F G H I J K L M N O P Q R S T U V W X Y Z

A B C D E F G H I J K L M N O P Q R S T U V W X Y Z

Castets-en-Dorthe 33..........256 C 4
Castex 09..........317 G 5
Castex 32..........315 G 3
Castex-d'Armagnac 32..........294 D 1
Casties-Labrande 31..........317 E 4
Castiglione 2B..........347 E 3
Castifao 2B..........347 E 2
Castillon 06..........291 G 5
Castillon 14..........32 D 4
Castillon 64..........313 H 2
Castillon 64..........314 D 2
Castillon 65..........333 F 1
Castillon Barrage de 04..........308 B 1
Castillon Col de 06..........291 G 5
Castillon-de-Castets 33..........256 C 4
Castillon-de-Larboust 31..........334 A 4
Castillon-
    de-Saint-Martory 31..........334 D 1
Castillon-Debats 32..........295 G 3
Castillon-du-Gard 30..........284 D 5
Castillon-en-Auge 14..........54 B 1
Castillon-en-Couserans 09..335 E 3
Castillon-la-Bataille 33..........238 D 5
Castillon-Massas 32..........296 A 4
Castillon-Savès 32..........297 E 5
Castillonnès 47..........258 B 3
Castilly 14..........32 B 4
Castin 32..........296 A 3
Castineta 2B..........347 E 3
Castirla 2B..........347 E 4
Castres 02..........24 A 3
Castres 81..........299 G 5
Castres-Gironde 33..........255 H 2
Castries 34..........303 E 4
Le Cateau-Cambrésis 59..........14 D 4
Le Catelet 02..........14 B 5
Le Catelier 76..........20 B 3
Catenay 76..........36 C 1
Catenoy 60..........38 D 2
Cateri 2B..........346 C 2
Cathervielle 31..........334 A 4
Catheux 60..........22 A 4
Catigny 60..........23 G 4
Catillon-Fumechon 60..........38 C 1
Catillon-sur-Sambre 59..........15 E 5
Catllar 66..........342 A 2
Les Catons 73..........233 E 1
Catonvielle 32..........297 E 4
Cattenières 59..........14 C 4
Cattenom 57..........45 H 2
Catteville 50..........31 F 2
Catus 46..........259 H 4
Catz 50..........32 A 3
Caubeyres 47..........275 F 2
Caubiac 31..........297 F 3
Caubios-Loos 64..........314 B 4
Caubon-Saint-Sauveur 47..257 F 3
Caubous 31..........334 A 4
Caubous 65..........316 A 4
Caucalières 81..........299 H 5
La Cauchie 62..........13 F 3
Cauchy-à-la-Tour 62..........7 H 4
Caucourt 62..........7 H 5
Caudan 56..........101 E 5
Caudebec-en-Caux 76..........35 G 1
Caudebec-lès-Elbeuf 76..........36 A 3
Caudebronde 11..........319 H 4
Caudecoste 47..........276 C 4
Caudeval 11..........337 E 1
Caudiès-de-Conflent 66..........341 G 3
Caudiès-
    de-Fenouillèdes 66..........337 H 4
Caudon-de-Vitrac 24..........259 G 1
Caudos 33..........254 C 3
Caudrot 33..........256 C 3
Caudry 59..........14 C 4
Cauffry 60..........38 D 3
Caugé 27..........56 A 1
Caujac 31..........318 A 4
Caulaincourt 02..........23 H 2
Le Caule-Sainte-Beuve 76..21 E 3
Caulières 80..........21 G 3
Caullery 59..........14 C 4
Caulnes 22..........103 F 1
La Caume
    Panorama de 13..........304 D 3
Caumont 02..........24 A 5
Caumont 09..........335 F 2
Caumont 27..........35 H 2
Caumont 32..........294 D 3
Caumont 33..........256 D 2
Caumont 62..........12 B 2
Caumont 82..........277 E 5
Caumont Château de 32..........297 E 5
Caumont-l'Éventé 14..........32 D 5
Caumont-sur-Durance 84..305 E 1

Caumont-sur-Garonne 47...257 F 5
Caumont-sur-Orne 14..........53 F 2
Caunay 79..........185 H 5
Cauneille 40..........292 D 5
Caunes-Minervois 11..........320 A 4
La Caunette 34..........320 C 3
Caunette-sur-Lauquet 11...337 H 2
Caunettes-en-Val 11..........338 B 2
Caupenne 40..........293 G 3
Caupenne-d'Armagnac 32..294 D 2
La Caure 51..........61 E 2
Caurel 22..........77 H 5
Caurel 51..........41 H 3
Cauria Mégalithes de 2A...350 H 3
Cauro 2A..........348 D 3
Cauroir 59..........14 C 3
Cauroy 08..........42 B 3
Cauroy-lès-Hermonville 51....41 F 3
Le Causé 82..........297 E 2
Cause-de-Clérans 24..........240 C 5
Caussade 82..........278 B 3
Caussade-Rivière 65..........295 E 5
Causse-Bégon 30..........282 B 4
Causse-de-la-Selle 34..........302 B 2
Causse Noir
    Corniche du 12..........282 A 3
Caussens 32..........295 H 1
Causses-et-Veyran 34..........321 F 2
Caussidières 31..........318 B 3
Caussiniojouls 34..........301 F 5
Caussols 06..........309 E 2
Caussou 09..........336 C 5
Cauterets 65..........332 D 3
Cauverville-en-Roumois 27....35 F 3
Cauvicourt 14..........53 H 1
Cauvignac 33..........256 C 5
Cauvigny 60..........38 B 3
Cauville 14..........53 E 2
Cauville-sur-Mer 76..........18 C 5
La Cauvinière Haras 14..........54 D 1
Caux 34..........321 H 2
Caux-et-Sauzens 11..........319 G 5
Cauzac 47..........276 D 2
Cavagnac 33..........242 C 4
Cavaillon 84..........305 F 2
Cavalaire-sur-Mer 83..........329 F 3
La Cavalerie 12..........281 H 5
Cavalière 83..........329 E 4
Cavaliers Falaise des 83...307 H 2
Cavan 22..........72 D 4
Cavanac 11..........319 H 5
Cavarc 47..........258 B 2
Caveirac 30..........303 G 2
Caves 11..........339 E 3
Cavignac 33..........237 H 3
Cavigny 50..........32 B 4
Cavillargues 30..........284 C 4
Cavillon 80..........22 A 1
Cavron-Saint-Martin 62..........6 D 5
Caychax 09..........336 C 5
Cayeux-en-Santerre 80..........23 E 2
Cayeux-sur-Mer 80..........11 E 2
Le Cayla Musée 81..........279 E 5
Le Caylar 34..........301 H 2
Caylus 82..........278 D 3
La Cayolle Col de 06..........289 E 1
Cayrac 82..........278 B 4
Cayres 43..........247 E 5
Cayriech 82..........278 C 3
Le Cayrol 12..........263 E 4
Cayrols 15..........261 H 1
Cazac 31..........316 D 3
Cazalis 33..........274 A 1
Cazalis 40..........293 H 4
Cazalrenoux 11..........319 E 5
Cazals 46..........259 G 3
Cazals 82..........278 D 4
Cazals-des-Baylès 09..........337 E 1
Cazaril-Laspènes 31..........334 A 4
Cazaril-Tambourès 31..........316 A 5
Cazarilh 65..........334 A 3
Cazats 33..........256 B 5
Cazaubon 32..........294 D 1
Cazaugitat 33..........256 D 2
Cazaunous 31..........334 C 2
Cazaux 09..........336 A 2
Cazaux 33..........254 B 4
Cazaux-d'Anglès 32..........295 G 4
Cazaux-Debat 65..........333 H 3
Cazaux-Fréchet 65..........333 H 4
Cazaux-Layrisse 31..........334 B 4
Cazaux-Savès 32..........297 E 5
Cazaux-Villecomtal 32..........315 F 2
Cazavet 09..........335 E 2
La Caze Château de 48..........282 B 1
Cazeaux-de-Larboust 31..334 A 4

Cazedarnes 34..........321 E 3
Cazeneuve 32..........295 F 1
Cazeneuve-Montaut 31..........316 D 5
Cazères 31..........317 F 5
Cazères-sur-l'Adour 40..........294 B 2
Cazes-Mondenard 82..........277 E 3
Cazevieille 34..........302 C 3
Cazideroque 47..........277 E 1
Cazilhac 11..........319 H 5
Cazilhac 34..........302 C 1
Cazilhac Château de 34..301 F 3
Cazillac 46..........242 C 4
Cazoulès 24..........242 B 5
Cazouls-d'Hérault 34..........322 C 3
Cazouls-lès-Béziers 34..........321 F 3
Ceaucé 61..........82 B 3
Ceaulmont 36..........188 D 2
Céaux 50..........51 G 5
Céaux-d'Allègre 43..........247 E 2
Ceaux-en-Couhé 86..........186 B 4
Ceaux-en-Loudun 86..........169 E 1
Cébazan 34..........321 E 3
Cébazat 63..........209 H 5
Ceccia
    Site préhistorique 2A...351 G 3
Ceffia 39..........196 B 4
Ceffonds 52..........92 B 3
Ceignac 12..........280 C 2
Ceignes 01..........214 B 1
Ceilhes-et-Rocozels 34..........301 F 2
Ceillac 05..........271 E 2
Ceilloux 63..........228 C 2
Ceintrey 54..........94 D 2
La Celette 36..........190 C 1
La Celle 03..........191 E 5
La Celle 18..........173 F 4
Cellé 41..........131 E 2
La Celle 63..........208 C 5
La Celle 83..........328 B 1
La Celle-Condé 18..........172 D 4
La Celle-Dunoise 23..........189 E 4
La Celle-en-Morvan 71..........176 C 2
La Celle-Guenand 37..........170 B 2
La Celle-les-Bordes 78..........87 E 2
Celle-Lévescault 86..........186 A 3
La Celle-Saint-Avant 37..........169 H 1
La Celle-Saint-Cloud 78..........58 A 3
La Celle-Saint-Cyr 89..........113 G 5
La Celle-
    sous-Chantemerle 51..........90 B 2
La Celle-sous-Gouzon 23....207 H 1
La Celle-
    sous-Montmirail 02..........60 C 3
La Celle-sur-Loire 58..........156 A 2
La Celle-sur-Morin 77..........59 G 4
La Celle-sur-Nièvre 58..........156 C 4
La Celle-sur-Seine 77..........88 C 4
Cellefrouin 16..........203 H 4
Celles 09..........336 B 3
Celles 15..........245 G 3
Celles 17..........220 B 2
Celles 24..........239 H 1
Celles 34..........301 H 4
Celles-en-Bassigny 52..........117 H 5
Celles-lès-Condé 02..........60 D 1
Celles-sur-Aisne 02..........40 C 2
Celles-sur-Belle 79..........185 F 5
Celles-sur-Durolle 63..........210 D 4
Celles-sur-Ource 10..........115 G 4
Celles-sur-Plaine 88..........96 B 3
La Cellette 23..........189 G 3
La Cellette 63..........209 E 2
Cellettes 16..........203 F 4
Cellettes 41..........153 F 1
Le Cellier 44..........148 A 3
Cellier-du-Luc 07..........265 F 2
Celliers 73..........234 B 3
Cellieu 42..........230 C 3
Cellule 63..........209 H 3
Celon 36..........188 C 2
Celony 13..........306 A 5
Celoux 15..........246 A 2
Celsoy 52..........139 H 2
Cély 77..........88 A 4
Cembong 70..........140 C 2
Cempuis 60..........21 H 4
Cénac 33..........255 H 1
Cénac-et-Saint-Julien 24.....259 G 1
Cenans 70..........162 B 1
Le Cendre 63..........209 H 5
Cendrecourt 70..........140 D 2
Cendrey 25..........162 B 2
Cendrieux 24..........240 D 4
Cénevières 46..........260 D 5

Cenne-Monestiés 11..........319 F 4
Cenomes 12..........301 E 2
Cenon 33..........237 G 5
Cenon-sur-Vienne 86..........169 G 4
Censeau 39..........180 A 3
Cenves 69..........194 D 5
Les Cent-Acres 76..........20 B 3
Centeilles Chapelle de 34...320 B 4
Centrès 12..........280 B 3
Centuri 2B..........345 F 1
Centuri-Port 2B..........345 F 1
Cenves 69..........194 D 5
Cépet 31..........297 H 3
Cépie 11..........337 G 1
Cepoy 45..........112 C 4
Céran 32..........296 B 2
Cérans-Foulletourte 72..........129 H 2
Cerbère 66..........343 H 4
Cerbois 18..........172 C 1
Cercié 69..........212 D 1
Cercier 74..........215 F 2
Cercles 24..........221 H 5
Cercottes 45..........110 D 5
Cercoux 17..........238 C 2
Le Cercueil 61..........83 G 2
Cercy-la-Tour 58..........175 G 3
Cerdon 01..........214 B 2
Cerdon 45..........134 A 5
Cerdon Grottes du 01..........214 B 1
Cère 40..........273 H 5
Cère Pas de 15..........244 D 4
Céré-la-Ronde 37..........152 D 4
Cerelles 37..........151 H 1
Cérences 50..........51 G 2
Céreste 04..........306 B 1
Céret 66..........342 D 4
Cerfontaine 59..........15 H 2
Le Cergne 42..........212 A 1
Cergy 95..........58 A 1
Cergy-Pontoise
    Ville nouvelle 95..........58 A 1
Cérilly 03..........191 E 1
Cérilly 21..........138 A 2
Cérilly 89..........114 A 3
Cerisé 61..........83 G 4
Cerisières 52..........92 D 5
Cerisiers 89..........113 H 3
Cerisy 80..........23 E 2
Cerisy-Belle-Étoile 61..........53 E 3
Cerisy-Buleux 80..........11 F 5
Cerisy-la-Forêt 50..........32 C 4
Cerisy-la-Salle 50..........51 H 1
Cerizay 79..........167 F 3
Cérizols 09..........335 E 1
Cerizy 02..........24 B 3
La Cerlangue 76..........35 E 1
La Cerleau 08..........26 A 2
Cernans 39..........179 H 2
Cernay 14..........54 D 1
Cernay 28..........85 H 4
Cernay 68..........143 E 1
Cernay 86..........169 E 3
Cernay-en-Dormois 51..........42 D 4
Cernay-la-Ville 78..........57 H 5
Cernay-l'Église 25..........163 G 3
Cernay-lès-Reims 51..........41 H 4
Cerneux 77..........60 B 5
Cernex 74..........215 F 2
Cerniébaud 39..........180 B 4
Cernion 08..........26 C 3
Cernon 39..........196 C 3
Cernon 51..........62 A 3
Cernoy 60..........38 D 2
Cernoy-en-Berry 45..........155 G 1
Cernusson 49..........149 G 4
Cerny 91..........87 H 3
Cerny-en-Laonnois 02..........40 D 2
Cerny-lès-Bucy 02..........24 D 5
Céron 71..........193 F 5
Cérons 33..........256 B 3
Cerqueux 14..........54 D 1
Les Cerqueux 49..........167 F 1
Les Cerqueux-
    sous-Passavant 49..........149 G 5
Cerre-lès-Noroy 70..........141 G 4
Cers 34..........321 H 4
Cersay 79..........167 H 1
Cerseuil 02..........40 C 3
Cersot 71..........177 F 5
Certémery 39..........179 G 2
Certilleux 88..........94 A 5
Certines 01..........213 H 1
Cervens 74..........198 A 4
Cervières 05..........252 D 5
Cervières 42..........211 E 5
Cerville 54..........66 B 5

Cervione 2B..........347 H 4
Cervon 58..........157 G 4
Cerzat 43..........246 C 2
Cesancey 39..........196 B 5
Césarches 73..........216 A 5
Césarville-Dossainville 45....111 G 2
Cescau 09..........335 E 3
Cescau 64..........314 A 2
Cesny-aux-Vignes 14..........34 A 5
Cesny-Bois-Halbout 14..........53 G 1
Cessac 33..........256 C 2
Cessales 31..........318 C 2
Cesse 55..........43 G 1
Cesseins 01..........213 E 2
Cessenon-sur-Orb 34..........321 F 2
Cessens 73..........215 E 5
Cesseras 34..........320 C 4
Cesset 03..........192 A 5
Cesseville 27..........36 A 4
Cessey 25..........161 H 5
Cessey-sur-Tille 21..........160 C 3
Cessières 02..........24 C 5
Cessieu 38..........232 A 2
Cesson 22..........78 B 3
Cesson 77..........88 B 2
Cesson-Sévigné 35..........104 B 3
Cessoy-en-Montois 77..........89 F 3
Cessy 01..........197 F 4
Cessy-les-Bois 58..........156 C 3
Cestas 33..........255 F 1
Cestayrols 81..........279 F 5
Ceton 61..........108 D 2
Cette-Eygun 64..........331 H 4
Céüze 05..........269 F 4
Cevins 73..........234 B 2
Ceyras 34..........302 A 4
Ceyrat 63..........227 G 1
Ceyreste 13..........327 G 3
Ceyroux 23..........206 D 2
Ceyssac 43..........247 F 4
Ceyssat 63..........227 F 1
Ceyzérial 01..........214 A 1
Ceyzérieu 01..........214 D 4
Cézac 33..........237 H 3
Cézac 46..........277 H 1
Cezais 85..........184 B 1
Cézan 32..........296 A 2
Cezay 42..........211 F 5
Cézens 15..........245 F 4
Cézia 39..........196 C 3
Cézy 89..........113 G 5
Chaalis Abbaye de 60..........39 E 5
Chabanais 16..........204 C 4
La Chabanne 03..........211 E 3
La Chabasse Église de 63..228 D 1
Chabestan 05..........269 E 4
Chabeuil 26..........249 G 5
Chablis 89..........136 D 3
Chabons 38..........232 B 4
La Chabossière 44..........147 F 4
La Chabotterie
    Château de 85..........165 H 2
Chabottes 05..........269 H 2
Chabournay 86..........169 E 5
Chabrac 16..........204 C 4
Chabreloche 63..........210 D 4
Chabrières 04..........288 A 4
Chabrignac 19..........242 H 5
Chabrillan 26..........267 F 2
Chabris 36..........153 H 4
Chacé 49..........150 B 4
Chacenay 10..........115 H 3
Chacrise 02..........40 B 3
Chadeleuf 63..........227 H 3
Chadenac 17..........219 H 3
Chadenet 48..........264 D 4
Chadrac 43..........247 F 3
Chadron 43..........247 F 4
Chadurie 16..........221 F 3
Le Chaffal 26..........249 H 5
Le Chaffaut-
    Saint-Jurson 04..........287 H 4
Chaffois 25..........180 C 2
Chagey 70..........142 B 3
Chagnolet 17..........183 F 5
Chagnon 42..........230 C 3
Chagny 08..........26 D 5
Chagny 71..........177 G 2
Chahaignes 72..........130 C 3
Chahains 61..........83 F 2
Chaignay 21..........160 A 1
Chaignes 27..........56 D 1
Chail 79..........185 G 5
Chaillac 36..........188 B 3
Chaillac-sur-Vienne 87..........204 D 4
Chailland 53..........105 H 2
Chaillé-les-Marais 85..........183 G 3

Chaillé-
    sous-les-Ormeaux 85..........182 D 1
Chailles 41..........153 E 1
Chaillevette 17..........200 C 5
Chaillevois 02..........40 C 1
Chailley 89..........114 B 4
Chaillol 05..........269 H 2
Chaillon 55..........64 D 3
Chailloué 61..........54 C 5
Chailly-en-Bière 77..........88 B 4
Chailly-en-Brie 77..........60 A 4
Chailly-en-Gâtinais 45..........112 A 5
Chailly-lès-Ennery 57..........45 H 5
Chailly-sur-Armançon 21.....159 E 4
Chainaz-les-Frasses 74......215 F 5
Chaînée-des-Coupis 39......178 D 2
Chaingy 45..........133 E 2
Chaintré 71..........194 D 5
Chaintreaux 77..........112 C 2
Chaintrix-Bierges 51..........61 H 3
La Chaise 10..........92 A 4
La Chaise-Baudouin 50..........51 H 4
La Chaise-Dieu 43..........228 D 5
Chaise-Dieu-du-Theil 27.....55 G 4
Chaix 85..........183 H 3
La Chaize-Giraud 85..........165 E 5
La Chaize-le-Vicomte 85.....166 A 5
Chalabre 11..........337 E 2
Chalagnac 24..........240 C 3
Chalain Lac de 39..........179 G 5
Chalain-d'Uzore 42..........229 G 1
Chalain-le-Comtal 42..........229 H 2
Chalaines 55..........93 H 1
Chalais 16..........239 E 1
Chalais 24..........223 E 3
Chalais 36..........188 A 2
Chalais 86..........168 D 2
Chalam Crêt de 01..........197 E 5
Chalamont 01..........213 H 3
Chalampé 68..........121 G 5
Chalancey 52..........139 F 4
Chalancon 26..........268 B 4
Chalandray 86..........168 C 5
Chalandrey 50..........52 A 5
Chalandry 02..........24 D 4
Chalandry-Elaire 08..........26 D 3
Le Chalange 61..........84 A 2
Le Chalard 87..........223 F 3
Chalautre-la-Grande 77......89 H 1
Chalautre-la-Petite 77..........89 G 3
Chalautre-la-Reposte 77.....89 F 3
Chalaux 58..........158 A 3
La Chaldette 48..........263 G 2
Chaleins 01..........213 E 2
Chalencon 07..........248 C 5
Chalencon Château de 43...247 G 1
Les Chalesmes 39..........180 A 5
Châlette-sur-Loing 45..........112 C 5
Châlette-sur-Voire 10..........91 G 4
Chaley 01..........214 B 3
Chalèze 25..........162 A 3
Chalezeule 25..........162 A 3
Chaliers 15..........246 A 4
Chalifert 77..........59 F 3
Chaligny 54..........94 C 1
Chalinargues 15..........245 F 2
Chalindrey 52..........139 H 2
Chalivoy-Milon 18..........173 H 3
Challain-la-Potherie 49......127 G 4
Challans 85..........165 G 4
Challement 58..........157 F 3
Challerange 08..........42 D 3
Challes 72..........108 A 5
Challes-la-Montagne 01......214 B 1
Challes-les-Eaux 73..........233 F 2
Challet 28..........86 A 2
Challex 01..........197 F 5
Challignac 16..........220 D 4
Challonges 74..........215 E 2
Challuy 58..........174 C 2
Chalmaison 77..........89 G 3
Chalmazel 42..........229 F 1
Chalmessin 52..........139 E 4
Chalmoux 71..........193 E 1
Chalo-Saint-Mars 91..........87 F 4
Le Chalon 26..........249 G 2
Chalon-sur-Saône 71..........177 H 4
Chalonnes-
    sous-le-Lude 49..........129 H 5
Chalonnes-sur-Loire 49......149 E 2
Chalons 17..........200 D 5
Châlons 38..........231 H 4
Châlons-du-Maine 53..........106 B 2
Châlons-en-Champagne 51...62 B 2
Châlons-sur-Vesle 51..........41 F 3
Châlonvillars 70..........142 B 3
Chalou-Moulineux 91..........87 E 4

La Chalp 05............271 E 1
Chaltrait 51............61 F 2
Chalus 63............228 A 4
Châlus 87............223 E 2
Chalusset Château de 87..223 H 1
Chalvignac 15............243 H 1
Chalvraines 52............117 G 2
Chamadelle 33............238 D 3
Chamagne 88............95 E 3
Chamagnieu 38............231 H 1
Chamalières 63............209 G 5
Chamalières-sur-Loire 43..247 G 2
Chamaloc 26............268 B 1
Chamant 60............39 E 4
Chamarande 91............87 G 3
Chamarandes 52............117 E 3
Chamaret 26............267 F 5
La Chamba 42............229 E 1
Chambain 21............138 D 3
Chambeire 21............160 C 3
Chambellay 49............128 B 4
Chambéon 42............229 H 1
Chambérat 03............190 B 3
Chamberaud 23............207 F 2
Chamberet 19............224 D 3
Chambéria 39............196 B 2
Chambéry 73............233 F 2
Chambéry-le-Vieux 73........233 F 2
Chambeugle 89............135 F 2
Chambezon 43............228 A 5
Chambilly 71............193 G 5
Chamblac 27............55 F 2
Chamblanc 21............178 B 1
Chamblay 39............179 F 1
Chambles 42............230 A 4
Chamblet 03............191 E 4
Chambley-Bussières 54......65 F 1
Chambly 60............38 B 5
Chambœuf 21............159 H 4
Chambœuf 42............230 A 4
Chambois 61............54 B 4
Chambolle-Musigny 21......160 A 4
Le Chambon 07............266 A 1
Chambon 17............201 E 1
Chambon 18............173 E 4
Chambon 30............283 G 2
Chambon 37............170 A 3
Chambon Barrage du 38...251 H 3

Chamesson 21............138 A 3
Chameyrat 19............242 D 1
Chamigny 77............60 A 2
Chamilly 71............177 G 3
Chammes 53............106 C 4
Chamole 39............179 G 3
Chamonix-Mont-Blanc 74..217 E 3
Chamouillac 17............219 H 5
Chamouille 02............40 D 1
Chamouilley 52............92 D 2
Chamousset 73............233 H 1
Chamoux 89............157 G 2
Chamoux-sur-Gelon 73......233 H 2
Chamoy 10............114 D 3
Champ de Bataille
Château du 27............35 H 5
Le Champ-de-la-Pierre 61..83 E 2
Champ-d'Oiseau 21........137 H 5
Champ-Dolent 27............56 A 2
Champ-Dolent Menhir de 35..80 B 2
Champ-du-Boult 14............52 B 3
Champ-Haut 61............54 D 4
Champ-Laurent 73............233 H 1
Champ-le-Duc 88............119 H 2
Le Champ-près-Froges 38..233 F 5
Le Champ-Saint-Père 85....182 D 2
Le Champ-sur-Barse 10.....115 G 2
Champ-sur-Drac 38............250 D 3
Le Champ-sur-Layon 49....149 G 3
Champagnac 15............226 B 5
Champagnac 17............219 H 4
Champagnac-de-Belair 24..222 C 5
Champagnac-la-Noaille 19..243 F 1
Champagnac-la-Prune 19...243 F 2
Champagnac-la-Rivière 87..223 E 1
Champagnac-le-Vieux 43...228 C 5
Champagnat 23............207 H 3
Champagnat 71............196 A 2
Champagnat-le-Jeune 63...228 B 4
Champagne 07............249 E 1
Champagne 17............201 E 4
Champagne 28............57 E 4
Champagné 72............108 A 4
Champagne-
au-Mont-d'Or 69............213 E 5
Champagne-
en-Valromey 01............214 D 3

Champeaux 35............105 E 2
Champeaux 50............51 F 4
Les Champeaux 61............54 C 3
Champeaux 77............88 C 2
Champeaux 79............185 E 2
Champeaux-et-la-Chapelle-
Pommier 24............222 B 4
Champeaux-sur-Sarthe 61..84 B 2
Champeix 63............227 H 2
Champenard 27............36 C 5
La Champenoise 36............172 A 2
Champenoux 54............66 B 5
Champéon 53............82 C 4
Champétières 63............228 D 3
Champey 70............142 A 3
Champey-sur-Moselle 54...65 G 2
Champfleur 72............83 G 4
Champfleury 10............90 D 2
Champfleury 51............41 G 4
Champforgeuil 71............177 H 3
Champfromier 01............197 E 5
Champgenéteux 53............82 D 5
Champguyon 51............60 D 4
Champhol 28............86 B 3
Champien 80............23 F 4
Champier 38............232 A 4
Champigné 49............128 C 4
Champignelles 89............135 F 3
Champigneul-
Champagne 51............61 H 2
Champigneul-sur-Vence 08..26 C 4
Champigneulle 08............43 F 2
Champigneulles 54............65 H 5
Champigneulles-
en-Bassigny 52............117 F 3
Champignol-
lez-Mondeville 10............116 A 3
Champignolles 21............177 F 1
Champignolles 27............55 G 2
Champigny 51............41 G 3
Champigny 89............89 F 5
Champigny-en-Beauce 41..132 A 4
Champigny-la-Futelaye 27..56 C 3
Champigny-le-Sec 86.......168 D 5
Champigny-lès-Langres 52.117 F 5
Champigny-
sous-Varennes 52............140 A 2
Champigny-sur-Aube 10.......91 E 2
Changé 53............177 F 2

Champs-sur-Tarentaine 15..226 C 5
Champs-sur-Yonne 89........136 B 4
Champsac 87............223 E 1
Champsanglard 23............189 F 5
Champsecret 61............82 B 2
Champseru 28............86 C 3
Champsevraine 52............140 A 3
Champtercier 04............287 H 3
Champteussé-
sur-Baconne 49............128 C 4
Champtocé-sur-Loire 49....149 E 2
Champtoceaux 49............148 B 2
Champtonnay 70............161 F 2
Champvallon 89............113 G 5
Champvans 39............160 D 5
Champvans-les-Baume 25..162 C 2
Champvans-les-Moulins 25.161 H 3
Champvert 58............175 F 3
Champvoisy 51............40 D 5
Champvoux 58............156 B 5
Chamrousse 38............251 F 2
Chamvres 89............113 G 5
Chanac 48............264 B 5
Chanac-les-Mines 19........243 E 1
Chanaleilles 43............264 C 1
Chanas 38............231 E 5
Chanat-la-Mouteyre 63.....209 G 5
Chanay 01............214 D 2
Chanaz 73............215 E 4
Chançay 37............152 B 2
Chancé 35............104 D 4
Chanceaux 21............159 G 1
Chanceaux-
près-Loches 37............152 B 5
Chanceaux-
sur-Choisille 37............151 H 1
Chancelade 24............240 C 2
Chancenay 52............63 F 5
Chancey 70............161 F 3
Chancia 39............196 C 4
Chandai 61............55 G 4
Chandolas 07............284 A 1
Chandon 42............211 H 1
Chanéac 07............248 A 5
Chaneins 01............213 E 2
Chânes 71............194 D 5
Le Change 24............240 D 2
Changé 53............105 H 3

Changé 72............107 H 5
Changey 52............117 F 5
Changis-sur-Marne 77......59 H 2
Changy 42............211 F 1
Changy 51............62 D 4
Changy-Tourny 71............193 H 3
Chaniat 43............228 C 5
Chaniaux 48............265 F 3
Chaniers 17............219 G 1
Channay 21............137 H 2
Channay-sur-Lathan 37.....151 E 1
Channes 10............115 F 5
Chanonat 63............227 H 1
Chanos-Curson 26............249 F 3
Chanousse 05............286 D 1
Chanoz-Châtenay 01........213 F 1
Chanteau 45............111 E 5
Chantecoq 45............112 D 4
Chantecorps 79............185 G 2
Chanteheux 54............95 G 1
Chanteix 19............242 C 1
Chantelle 03............191 H 5
Chanteloup 27............56 A 3
Chanteloup 35............104 B 4
Chanteloup 50............51 G 2
Chanteloup 79............167 G 4
Chanteloup Pagode de 37..152 B 2
Chanteloup-en-Brie 77......59 F 3
Chanteloup-les-Bois 49....149 F 5
Chanteloup-les-Vignes 78..57 H 2
Chantemerle 05............252 C 4
Chantemerle 51............90 A 2
Chantemerle-
lès-Grignan 26............267 F 5
Chantemerle-
sur-la-Soie 17............201 G 3
Chantemesle 95............57 F 1
Chantenay-Saint-Imbert 58.174 C 5
Chantenay-Villedieu 72.....107 E 5
Chantepie 35............104 B 3
Chantérac 24............239 H 2
Chanterelle 15............227 E 5
Chantes 70............140 D 4
Chantesse 38............250 B 1
Chanteuges 43............246 C 3
Chantillac 16............220 B 5
Chantilly 60............38 D 4

Chantôme 36............188 D 3
Chantonnay 85............166 C 5
Chantraine 88............119 F 2
Chantraines 52............117 E 2
Chantrans 25............180 B 1
Chantrigné 53............82 B 4
Chanturgue Plateau de 63..209 H 5
Chanu 61............53 E 4
Chanville 57............66 C 1
Chanzeaux 49............149 F 3
Chaon 41............133 H 5
Chaouilley 54............94 C 3
Chaource 10............115 E 4
Chaourse 02............25 G 4
Chapaize 71............194 D 1
Chapareillan 38............233 F 3
Chaparon 74............215 H 4
Chapdes-Beaufort 63.......209 F 4
Chapeau 03............192 C 2
Chapeauroux 48............265 E 1
Chapeiry 74............215 F 4
Chapelaine 51............91 H 2
La Chapelaude 03............190 C 3
La Chapelle 03............210 C 2
La Chapelle 08............27 F 3
La Chapelle 16............203 E 4
La Chapelle 19............225 H 4
La Chapelle 73............234 A 4
La Chapelle-Achard 85.....182 B 1
La Chapelle-Agnon 63......228 D 2
La Chapelle-Anthenaise 53.106 A 3
La Chapelle-au-Mans 71....193 F 1
La Chapelle-au-Moine 61...53 E 4
La Chapelle-au-Riboul 53...82 C 5
La Chapelle-Aubareil 24....241 G 4
La Chapelle-aux-Bois 88....119 F 4
La Chapelle-aux-Brocs 19..242 C 1
La Chapelle-
aux-Chasses 03............175 F 5
La Chapelle-aux-Choux 72.130 A 5
La Chapelle-
aux-Filtzméens 35............80 A 4
La Chapelle-aux-Lys 85.....184 C 1
La Chapelle-aux-Naux 37...151 F 3
La Chapelle-aux-Saints 19..242 D 4
La Chapelle-Baloue 23......188 D 4
La Chapelle-Basse-Mer 44.148 A 5
La Chapelle-Bâton 17......201 H 2
La Chapelle-Bâton 79......185 E 2

Chambord 41............132 C 3
Chamboret 87............205 F 3
Chamborigaud 30............283 G 2
Chambornay-
lès-Bellevaux 70............162 A 2
Chambornay-lès-Pin 70.....161 H 2
Chambors 60............37 G 4
Chambost-Allières 69........212 B 3
Chambost-
Longessaigne 69............212 B 5
La Chambotte 73............215 E 5
Chamboulive 19............224 D 4
Chambourcy 78............58 A 3
Chambourg-sur-Indre 37....152 B 5
Chambray 27............56 A 3
Chambray 27............56 C 1
Chambray-lès-Tours 37.....151 H 3
La Chambre 73............234 A 4
Chambrecy 51............41 F 4
Les Chambres 50............51 G 4
Chambretaud 85............166 C 2
Chambrey 57............66 C 4
Chambroncourt 52............93 F 4
Chambroutet 79............167 G 3
Chambry 02............24 D 5
Chambry 77............59 G 2
Chaméane 63............228 B 3
Chamelet 69............212 C 3
Chameroy 52............139 F 2
Chamery 51............41 G 5
Chamesey 25............163 E 3
Chamesol 25............163 G 2

Champagnole 39............179 H 4
Champagnolles 17............219 G 3
Champagny 21............159 G 1
Champagny 39............179 H 2
Champagny-
en-Vanoise 73............234 D 3
Champagny-
sous-Uxelles 71............194 D 1
Champallement 58............157 E 4
Champanges 74............198 B 3
Champaubert 51............61 E 3
Champcella 05............270 C 4
Champcenest 77............60 B 5
Champcerie 61............53 H 4
Champcervon 50............51 G 3
Champcevinel 24............240 C 2
Champcevrais 89............135 E 4
Champcey 50............51 G 4
Champclause 43............247 H 4
Champcourt 52............92 C 5
Champcueil 91............88 A 3
Champdeniers-
Saint-Denis 79............185 E 2
Champdeuil 77............88 C 2
Champdieu 42............229 G 2
Champdivers 39............178 D 1
Champdolent 17............201 E 3
Champdor 01............214 C 2
Champdôtre 21............160 C 4
Champdray 88............120 A 2
Champeau-en-Morvan 21...158 B 4

Champlive 25............162 B 3
Champlon 55............64 D 1
Champlost 89............114 B 4
Champmillon 16............221 E 2
Champmotteux 91............87 H 5
Champnétery 87............206 C 5
Champneuville 55............44 B 5
Champniers 16............221 F 1
Champniers 86............186 B 5
Champniers-et-Reilhac 24..222 C 1
Champoléon 05............270 A 1
Champoly 42............211 E 4
Champosoult 61............54 C 3
Champougny 55............94 A 2
Champoulet 45............135 E 4
Champoux 25............162 A 2
Champrenard 21............159 F 2
Champrepus 50............51 H 3
Champrond 72............108 D 4
Champrond-en-Gâtine 28...85 F 4
Champrond-en-Perchet 28..85 E 2
Champrosay 91............58 C 5
Champrougier 39............179 E 3
Champs 02............40 A 1
Champs 61............84 C 2
Champs 63............209 H 2
Champs Col des 06............289 E 2
Les Champs-de-Losque 50..32 A 4
Les Champs-Géraux 22......79 H 4
Champs-Romain 24............222 D 3
Champs-sur-Marne 77......59 E 3

...S EN ...GNE

Foch (Pl. du Maréchal) ....AY 13
Gantelet (Rue du) ....AY 14
Gaulle (Av. du Gén. Charles-de)BZ 15
Godart (Pl.) ....AY 17
Jean-Jaurès
(R.) ....AZ 20
Jessaint (R. de) ....BZ 22
Libération (Pl. de la) ....AZ 24
Mariniers (Pt des) ....AZ 26
Marne (R. de la) ....AY

Martyrs-de-la-Résistance
(R. des) ....BY 29
Orfeuil (R. d.) ....AZ 31
Ormesson (Cours d') ....AZ 32
Prieur-de-la-Marne (R.) ....BY 36
Récamier (R. Juliette) ....AZ 38
République (Pl. de la) ....AZ 39
Vaux (R. de) ....AY 47
Vinetz (R. de) ....BZ 49
Viviers (Pt des) ....AY 50

..BZ 2
..ABY
..BZ 6
..AZ 9
..BY 12

CHALON-SUR-SAÔNE

CHAMBÉRY

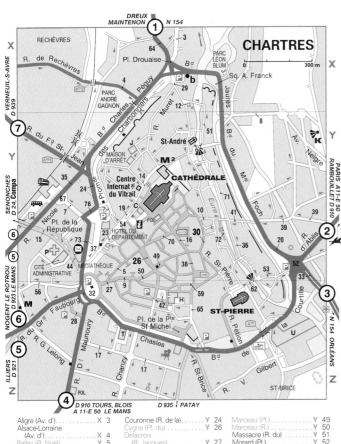

Chartres index

Aligre (Av. d').	X	3
Alsace-Lorraine (Av. d')	Y	4
Ballay (R. Noël)	Y	5
Beauce (Av. Jehan-de)	Y	7
Bethouard (Av.)	Y	8
Bois-Merrain (R. du)	Y	9
Bourg (R. du)	Y	10
Brèche (R. de la)	X	12
Cardinal-Pie (R. du)	Y	14
Casanova (R. Danièle)	Y	15
Changes (R. des)	Y	16
Châteaudun (R. de)	Z	17
Châtelet (Pl.)	Y	18
Cheval-Blanc (R. du)	Y	19
Clemenceau (Bd)	Y	20
Collin-d'Harleville (R.)	Y	23
Couronne (R. de la)	Y	24
Cygne (Pl. du)	Y	26
Delacroix (R. Jacques)	Y	27
Dr-Gibert (R. du)	Y	28
Drouaise (R. Porte)	X	29
Écuyers (R. des)	Y	30
Épars (Pl. des)	Z	32
Faubourg La Grappe (R. du)	Y	33
Félibien (R.)	Y	35
Fessard (R. G.)	Y	78
Foulerie (R. de la)	Y	36
Gaulle (Pl. Gén.-de)	Y	37
Grenets (R. des)	Y	38
Guillaume (R. du Fg)	Y	39
Guillaume (R. Porte)	Y	41
Halles (Pl. des)	Z	42
Koenig (R. du Gén.)	Y	44
Marceau (Pl.)	Y	49
Marceau (R.)	Y	50
Massacre (R. du)	Y	51
Morard (Pl.)	Z	52
Morard (R. de la Porte)	Z	53
Moulin (R. Jean)	Y	54
Péri (R. Gabriel)	Z	56
Poêle-Percée (R. de la)	Z	59
St-Hilaire (R. du Pont)	Z	62
St-Maurice (R.)	X	64
St-Michel (R.)	Z	65
Semard (Pl. Pierre)	Y	67
Soleil-d'Or (R. du)	Y	70
Tannerie (R. de la)	Y	71
Teinturiers (Q. des)	Y	72
Violette (Bd Maurice)	Y	73

Index listings

Charmes-sur-Rhône 07	249 E 5	Chârost 18	172 C 2	Chasné-sur-Illet 35	80 C 5
Charmette Col de la 38	232 D 5	Charousse 74	216 C 3	Chaspinhac 43	247 F 3
Les Charmettes 73	233 F 2	Charpentry 55	43 F 3	Chaspuzac 43	247 E 3
Charmoille 25	163 F 3	Charpey 26	249 G 4	La Chassagne 39	179 E 3
Charmoille 70	141 E 4	Charpont 28	56 D 5	Chassagne 63	227 H 4
Charmoilles 52	117 F 5	Charquemont 25	163 G 3	Chassagne-Montrachet 21	177 G 2
Charmois 54	95 F 4	Charrais 86	168 D 5	Chassagne-Saint-Denis 25	162 A 5
Charmois 90	142 C 3	Charraix 43	246 C 4	Chassagnes 07	265 H 5
Charmois-devant-Bruyères 88	119 G 2	Charras 16	221 H 3	Chassagnes 43	246 C 2
Charmois-l'Orgueilleux 88	119 E 3	Charray 28	109 H 5	Chassagny 69	230 D 2
Charmont 51	63 E 3	Charrecey 71	177 F 3	Chassaignes 24	239 F 1
Charmont 95	37 G 5	Charrey-sur-Saône 21	160 B 5	Chassal 39	196 D 3
Charmont-en-Beauce 45	111 F 2	Charrey-sur-Seine 21	115 H 5	Chassant 28	85 F 5
Charmont-sous-Barbuise 10	91 E 4	Charrin 58	175 F 4	Chassé 72	83 H 4
Les Charmontois 51	63 F 2	Charritte-de-Bas 64	313 F 3	Chasse-sur-Rhône 38	231 E 2
Charmoy 10	90 A 4	Charron 17	183 F 4	Chasselas 71	194 D 5
Charmoy 52	140 A 4	Charron 23	208 C 2	Chasselay 38	250 A 1
Charmoy 71	176 D 4	Charroux 03	209 H 1	Chasselay 69	213 E 4
Charmoy 89	113 H 5	Charroux 86	209 H 1	Chassemy 02	40 C 2
Charnas 07	231 E 5	Chars 95	37 H 5	Chassenard 03	193 F 3
Charnat 63	210 B 3	Charsonville 45	110 B 5	Chassen, euil 36	188 C 1
Charnay 25	161 H 5	Chartainvilliers 28	86 B 3	Chasseneuil-du-Poitou 86	186 C 1
Charnay 69	212 D 4	Chartèves 02	60 C 1	Chasseneuil-sur-Bonnieure 16	203 H 5
Charnay-lès-Chalon 71	178 B 2	La Chartre-sur-le-Loir 72	130 C 4	Chassenon 16	204 D 4
Charnay-lès-Mâcon 71	195 E 4	Chartrené 49	150 B 1	Chasseradès 48	265 F 4
Charnècles 38	232 C 5	Chartres 28	86 A 4	Chassey 21	159 E 1
Charnizay 37	170 B 3	Chartres-de-Bretagne 35	104 B 3	Chassey-Beaupré 55	93 G 3
Charnod 39	196 B 4	Chartrettes 77	88 B 3	Chassey-le-Camp 71	177 G 3
Charnois 08	17 F 4	Chartrier-Ferrière 19	242 B 3	Chassey-lès-Montbozon 70	141 G 5
Charnoz-sur-Ain 01	213 H 4	Chartronges 77	60 B 4	Chassey-lès-Scey 70	140 D 4
Charny 21	159 E 3	Chartuzac 17	219 H 5	Chassezac Belvédère du 48	265 F 5
Charny 77	59 F 2	Charvieu-Chavagneux 38	213 H 5	Chassiecq 16	203 H 3
Charny 89	135 F 2	Charvonnex 74	215 G 2	Chassiers 07	266 A 4
Charny-le-Bachot 10	90 D 2	Chas 63	228 A 1	Chassieu 69	213 F 5
Charny-sur-Meuse 55	44 B 5	Chaserey 10	115 E 5	Chassignelles 89	137 G 3
Charolles 71	194 A 3	Chasnais 85	183 E 2	Chassignieu 38	232 B 3
Charols 26	267 G 3	Chasnans 25	162 C 4		
Charonville 28	109 H 2	Chasnay 58	156 C 4		

Chassignolles 36	189 G 2	Châteauneuf-de-Galaure 26	249 F 1	Châtelus 38	250 B 3
Chassignolles 43	228 C 5	Châteauneuf-de-Randon 48	264 D 3	Châtelus 42	230 B 2
Chassigny 52	139 H 3	Châteauneuf-de-Vernoux 07	248 D 5	Châtelus-le-Marcheix 23	206 C 3
Chassigny-sous-Dun 71	194 A 5	Châteauneuf-d'Entraunes 06	289 F 3	Châtelus-Malvaleix 23	189 G 5
Chassillé 72	107 E 4	Châteauneuf-d'Ille-et-Vilaine 35	79 H 3	Châtenay 01	213 H 2
Chassiron Phare de 17	200 A 2	Châteauneuf-d'Oze 05	269 F 4	Châtenay 28	86 D 5
Chassors 16	220 C 1	Châteauneuf-du-Faou 29	76 B 5	Châtenay 38	231 H 5
Chassy 18	174 A 1	Châteauneuf-du-Pape 84	285	Châtenay 71	194 A 5
Chassy 71	193 G 1	Châteauneuf-du-Rhône 26	2	Châtenay-en-France 95	58 D 1
Chassy 89	135 H 2	Châteauneuf-en-Thymerais 28	8	Châtenay-Mâcheron 52	139 H 4
Le Chastang 19	242 F 2	Châteauneuf-Grasse 06	309	Châtenay-Malabry 92	58 B 4
Chastang Barrage du 19	243 F 2	Châteauneuf-la-Forêt 87	224	Châte...eine 77	89 E 4
Chastanier 48	265 E 2	Châteauneuf-le-Rouge 13	306	...52	139 H 2
Chasteaux 19	242 B 3	Châteauneuf-les-Bains 63	209		220 B 5
Chastel 43	246 B 3	Châteauneuf-les-Martigues 13	326 C 2	...gnon 87	206 B 4
Chastel-Arnaud 26	268 A 2	Châteauneuf-lès-Moustiers 04	307 H 1		141 G 3
Chastel-Nouvel 48	264 C 4	Châteauneuf-Miravail 04	287 E 3		161 E 5
Chastel-sur-Murat 15	245 F 3	Châteauneuf-sur-Charente 16	220 D 2		97 E 4
Chastellux-sur-Cure 89	157 H 2	Châteauneuf-sur-Cher 18	173 E 3		141 G 3
Chastenay 89	136 A 4	Châteauneuf-sur-Isère 26	249 F 4		94 B 5
Chasteuil 04	308 A 1	Châteauneuf-sur-Loire 45	133 H 2		142 C 4
La Châtaigneraie 85	167 E 5	Châteauneuf-sur-Sarthe 49	128 D 4		134 A 2
Chatain 86	203 H 2	Châteauneuf-Val-de-Bargis 58	156 C 4		112 B 2
Châtaincourt 28	56 C 5	Châteauneuf-Val-Saint-Donat 04	287 G 3		177 H 4
Châtas 88	96 C 4	Châteauneuf-Villevieille 06	291 F 5		177 H 4
Château 71	194 C 3	Châteauponsac 87	205 H 1		120 D 5
Château-Arnoux-Saint-Auban 04	287 G 3	Châteauredon 04	288 A 4		187 E 3
Château-Bas 13	305 G 4	Châteaurenard 13	304 D 1		1 H 3
Château-Bernard 38	250 C 4	Châteaurenaud 71	178 C 5		1 G 5
Château-Bréhain 57	66 C 3	Châteauroux 36	171 H 4		
Château-Chalon 39	179 F 4	Châteauroux-les-Alpes 05	270 C 2		
Château-Chervix 87	223 H 2	Châteauvert 83	307 F 5		
Château-Chinon 58	176 A 1	Châteauvieux 05	269 G 4		
Le Château-d'Almenêches 61	54 B 5	Châteauvieux 41	153 E 4		
Château-des-Prés 39	197 E 2	Châteauvieux 83	308 B 2		
Le Château-d'Oléron 17	200 B 4	Châteauvieux-les-Fossés 25	162 B 5		
Château-d'Olonne 85	182 A 1	Châteauvilain 38	232 A 3		
Château-du-Loir 72	130 B 4	Châteauvillain 52	116 C 4		
Château-Farine 25	161 H 4	Le Châtel 73	234 A 5		
Château-Gaillard 01	214 A 3	Châtel 74	198 D 4		
Château-Gaillard 27	36 D 4	Châtel-Censoir 89	157 F 1		
Château-Gaillard 28	111 E 3	Châtel-Chéhéry 08	43 F 3		
Château-Garnier 86	186 C 5	Châtel-de-Joux 39	196 D 2		
Château-Gombert 13	327 E 2	Châtel-de-Neuvre 03	192 A 3		
Château-Gontier 53	128 B 2	Châtel-Gérard 89	137 F 5		
Château-Guibert 85	183 E 1	Châtel-Guyon 63	209 G 4		
Château-Guillaume 36	188 A 3	Châtel-Montagne 03	210 D 2		
Château-la-Vallière 37	151 F 1	Châtel-Moron 71	177 F 4		
Château-l'Abbaye 59	9 G 4	Châtel-Saint-Germain 57	65 G 1		
Château-Lambert 70	120 A 5	Châtel-sur-Moselle 88	95 F 4		
Château-Landon 77	112 B 3	Châtelaillon-Plage 17	200 C 2		
Château-Larcher 86	186 B 3	Châtelain 53	128 C 2		
Château-l'Évêque 24	240 C 1	La Châtelaine 39	179 G 3		
Château-l'Hermitage 72	130 A 4	Châtelais 49	127 H 3		
Château-Porcien 08	42 A 1	Châtelard 23	208 C 3		
Château-Queyras 05	271 E 1	Le Châtelard 38	251 E 3		
Château-Regnault 08	26 D 2	Le Châtelard 73	233 G 1		
Château-Renard 45	112 D 5	Châtelaudren 22	73 F 5		
Château-Renault 37	131 F 5	Chatelay 39	179 F 1		
Château-Rouge 57	46 D 4	Châtelblanc 25	180 B 5		
Château-Salins 57	66 C 4	Châteldon 63	210 C 3		
Château-sur-Allier 03	174 B 4	Le Châtelet 18	190 A 1		
Château-sur-Cher 63	208 C 2	Châtelet Pont du 04	271 E 3		
Château-sur-Epte 27	37 F 4	Le Châtelet-en-Brie 77	88 C 3		
Château-Thébaud 44	147 H 5	Le Châtelet-sur-Retourne 08	42 A 2		
Château-Thierry 02	60 C 1	Le Châtelet-sur-Sormonne 08	26 B 2		
Château-Verdun 09	336 B 5	Les Châtelets 28	56 A 5		
Château-Ville-Vieille 05	271 E 1	Le Chateley 39	179 E 3		
Château-Voué 57	66 D 3	Le Châtelier 51	63 F 2		
Châteaubernard 16	220 B 1	Le Châtelier 61	53 E 5		
Châteaubleau 77	89 E 2	Châtellenot 21	159 E 4		
Châteaubourg 07	249 E 4	Châtellerault 86	169 G 4		
Châteaubourg 35	104 D 3	Le Châtellier 35	81 E 2		
Châteaubriant 44	127 E 3	Le Châtellier 61	53 E 5		
Châteaudouble 26	249 G 5	Les Châtelliers-Châteaumur 85	167 E 3		
Châteaudouble 83	308 A 4	Les Châtelliers-Notre-Dame 28	85 G 5		
Châteaudun 28	109 H 4	Châtelneuf 39	179 H 5		
Châteaufort 04	287 E 1	Châtelneuf 42	229 G 2		
Châteaufort 78	58 A 5	Chateloy 03	191 E 2		
Châteaugay 63	209 H 5	Châtelperron 03	192 D 3		
Châteaugiron 35	104 C 3	Châtelraould-Saint-Louvent 51	62 C 5		
Châteaulin 29	75 H 5	Châtelus 03	211 E 1		
Châteaumeillant 18	190 A 2				
Châteauneuf 21	159 F 4				
Châteauneuf 39	161 F 4				
Châteauneuf 42	230 D 3				
Châteauneuf 71	194 A 5				
Châteauneuf 73	233 H 2				
Châteauneuf 85	164 D 2				
Châteauneuf-de-Bordette 26	285 H 1				
Châteauneuf-de-Chabre 05	287 F 1				
Châteauneuf-de-Gadagne 84	305 E 1				

Châtenay-sur-Seine 77	89 E 4	
Châtenois 39	179 G 4
Châtenois 67	97 E 4
Châtenois 70	141 G 3
Châtenois 88	94 B 5
Châtenois-les-Forges 90	142 C 4
Châtenoy 45	134 A 2
Châtenoy 77	112 B 2
Châtenoy-en-Bresse 71	177 H 4
Châtenoy-le-Royal 71	177 H 4
Châtignac 16	220 D 5
Chatignonville 91	87 E 3
Châtillon 03	192 A 3
Châtillon 39	196 B 1
Châtillon 69	212 D 4
Châtillon 86	203 E 1
Châtillon 92	58 B 4
Châtillon-Coligny 45	135 E 5
Châtillon-en-Bazois 58	175 G 1
Châtillon-en-Diois 26	268 C 2
Châtillon-en-Dunois 28	109 H 3
Châtillon-en-Michaille 01	214 D 2
Châtillon-en-Vendelais 35	105 F 2
Châtillon-Guyotte 25	162 B 2
Châtillon-la-Borde 77	88 C 3
Châtillon-la-Palud 01	214 A 3
Châtillon-le-Duc 25	162 A 3
Châtillon-le-Roi 45	111 F 3
Châtillon-Saint-Jean 26	249 G 3
Châtillon-sous-les-Côtes 55	44 C 5
Châtillon-sur-Bar 08	43 E 1
Châtillon-sur-Broué 51	91 H 2
Châtillon-sur-Chalaronne 01	213 F 2
Châtillon-sur-Cher 41	153 F 4
Châtillon-sur-Cluses 74	216 C 1
Châtillon-sur-Colmont 53	82 A 4
Châtillon-sur-Indre 36	170 C 4
Châtillon-sur-Lison 25	162 A 5
Châtillon-sur-Loire 45	134 D 4
Châtillon-sur-Marne 51	41 E 5
Châtillon-sur-Morin 51	60 D 4
Châtillon-sur-Oise 02	24 C 3
Châtillon-sur-Saône 88	118 B 4
Châtillon-sur-Seine 21	138 A 3
Châtillon-sur-Thouet 79	168 A 5
Châtin 58	175 H 1
Chatonnay 38	231 H 3
Chatonnay 39	196 B 3
Chatonrupt 52	92 D 3
Chatou 78	58 A 3
La Châtre 36	189 G 1
La Châtre-Langlin 36	188 B 3
Châtres 10	90 C 3
Châtres 24	241 G 2
Châtres 77	59 F 5
Châtres-la-Forêt 53	106 C 1
Châtres-sur-Cher 41	154 A 4
Châtrices 51	63 F 1
Chattancourt 55	43 H 4
Chatte 38	250 A 2
Chatuzange-le-Goubet 26	249 G 4
Chaucenne 25	161 H 3
Chauchailles 48	263 H 1
Chauché 85	166 A 3
Le Chauchet 23	208 B 2
Chauchigny 10	90 D 4
Chauconin 77	59 F 2
Chauconin-Neufmontiers 77	59 F 2
Chaucre 17	200 A 2
Chaudanne Barrage de 04	308 A 1
Chaudardes 02	41 E 2
Chaudebonne 26	268 A 2
Chaudefonds-sur-Layon 49	149 F 3
Chaudefontaine 25	162 B 2
Chaudefontaine 51	43 E 5
Chaudenay 52	139 H 2
Chaudenay 71	177 G 2
Chaudenay-la-Ville 21	159 F 5

A B C D E F G H I J K L M N O P Q R S T U V W X Y Z

CLERMONT-FERRAND
AGGLOMÉRATION

0 _____ 2 km

AUBIÈRE
Cournon (Av. de) . . . . CZ
Maerte (Av. R.) . . . . CZ 55
Mont Mouchet (Av. du) . . . . BZ 64
Moulin (Av. Jean) . . . . CZ
Noellet (Av. J.) . . . . BZ 69
Roussillon (Av. du) . . . . CZ

BEAUMONT
Europe (Av. de l') . . . . BZ
Leclerc (Av. du Mar.) . . . . BZ 47
Mont Dore (Av. du) . . . . ABZ 63
Romagnat (Rte de) . . . . BZ

CHAMALIÈRES
Claussat (Av. J.) . . . . AY 16
Europe (Carrefour de l') . . . . . . AY 30
Fontmaure (Av. de) . . . . AY 33
Gambetta (Bd) . . . . AZ 37
Royat (Av. de) . . . . AY 89
Thermale (Av.) . . . . AY
Voltaire (R.) . . . . AY 120

CLERMONT-FERRAND
Agriculture (Av. de l') . . . . CY 3
Anatole-France (R.) . . . . BY
Bernard (Bd Cl.) . . . . BZ 7
Bingen (Bd J.) . . . . BCYZ
Blanzat (R. de) . . . . BY 8
Blériot (R. L.) . . . . CY 10
Blum (Av. L.) . . . . BZ
Brezet (Av. du) . . . . CY
Champfleuri (R. de) . . . . BY 13
Charcot (Bd) . . . . BY
Churchill (Bd Winston) . . . . BZ 15
Clementel (Bd E.) . . . . BY
Cugnot (R. N.-J.) . . . . CY 22
Dunant (Pl. H.) . . . . BZ 28
La-Fayette (Bd) . . . . BZ 43
Flaubert (Bd G.) . . . . CZ 32
Forest (Av. F.) . . . . CY
Jean-Moulin (Bd) . . . . CY 39
Jouhaux (Bd L.) . . . . CY 40
Kennedy (Bd J.-F.) . . . . CY 41
Kennedy (Carrefour) . . . . CY 42
Landais (Av. des) . . . . BCZ 46
Libération (Av. de la) . . . . CY 49
Limousin (Av. du) . . . . AY
Liondards (Av. des) . . . . BZ 51
Loucheur (Bd Louis) . . . . BZ 52
Mabrut (R. A.) . . . . CY 53
Margeride (Av. de la) . . . . CZ 58
Mayer (Bd D.) . . . . BY
Mermoz (Av. J.) . . . . CY
Michelin (Av. Édouard) . . . . BY
Montalembert (R.) . . . . BZ 64
Oradour (R. de l') . . . . BCZ
Pochet-Lagaye (Bd P.) . . . . BZ 76
Pompidou (Bd G.) . . . . CY
Pourchon (Bd M.) . . . . BY
Puy de Dôme (Av. du) . . . . AY 80
Quinet (Bd Edgar) . . . . CY
République (Av. de la) . . . . BY 84
St-Jean (Bd) . . . . CY 96
Sous les Vignes (R.) . . . . BY 101
Torpilleur Sirocco (R. du) . . . . . CY 110
Verne (R. Jules) . . . . CY 117
Viviani (R.) . . . . CY

DURTOL
Paix (Av. de la) . . . . AY 71

Chaudenay-le-Château 21 .. 159 F 5
Chaudeney-sur-Moselle 54 ...94 B 1
Chaudes-Aigues 15 .... 263 G 1
Chaudeyrac 48 .... 265 E 3
Chaudeyrolles 43 .... 247 H 4
La Chaudière 26 .... 268 A 3
Chaudière Col de la 26 ...... 267 H 3
Chaudon 28 ....57 E 5
Chaudon-Norante 04 .... 288 C 1
Chaudrey 10 ....91 F 3
Chaudron-lès-Mauges 49 ... 148 D 3
Chaudun 02 ....40 B 3
Chauffailles 71 .... 194 A 5
Chauffayer 05 .... 269 G 1
Chauffecourt 88 ....94 D 4
Chauffour-lès-Bailly 10 ...... 115 G 2
Chauffour-lès-Étréchy 91 ....87 F 3
Chauffour-sur-Vell 19 .... 242 C 4
Chauffours 28 ....85 H 4
Chauffourt 52 .... 117 G 5
Chauffry 77 ....60 A 4
Chaufour-lès-Bonnières 78 ...56 D 1
Chaufour-Notre-Dame 72 ... 107 G 4
Chaugey 21 .... 178 C 1
Chaulgnes 58 .... 156 C 5
Chaulhac 48 .... 246 A 5
Chaulieu 50 ....52 C 4
La Chaulme 63 .... 229 F 4
Chaulnes 80 ....23 F 2
Chaum 31 .... 334 B 3
Chaumard 58 .... 158 A 5
La Chaume 21 .... 138 C 2
La Chaume 85 .... 182 A 1
Chaume-et-Courchamp 21 .. 139 G 5
Chaume-lès-Baigneux 21 ... 138 B 5
Chaumeil 19 .... 225 E 4

Chaumercenne 70 .... 161 F 3
Chaumeré 35 .... 104 D 4
Chaumergy 39 .... 179 E 3
Chaumes-en-Brie 77 ....59 F 5
Chaumesnil 10 ....91 H 4
Chaumont 18 .... 173 H 4
Chaumont 39 .... 197 E 3
Chaumont 52 .... 117 E 3
Chaumont 61 ....54 D 3
Chaumont 74 .... 215 F 2
Chaumont 89 ....89 E 5
Chaumont
 Château de 71 .... 194 B 2
Chaumont-d'Anjou 49 .... 129 E 5
Chaumont-
 devant-Damvillers 55 ......44 B 4
Chaumont-en-Vexin 60 ....37 G 4
Chaumont-la-Ville 52 .... 117 H 3
Chaumont-le-Bois 21 .... 115 H 5
Chaumont-le-Bourg 63 ...... 229 E 4
Chaumont-Porcien 08 ....26 A 4
Chaumont-sur-Aire 55 ....63 H 2
Chaumont-sur-Loire 41 ...... 152 D 1
Chaumont-
 sur-Tharonne 41 .... 133 F 3
Chaumontel 95 ....38 C 5
Chaumot 58 .... 157 G 4
Chaumot 89 .... 113 F 4
Chaumousey 88 .... 119 E 2
Chaumoux-Marcilly 18 .... 155 H 5
Chaumussay 37 .... 170 A 3
La Chaumusse 39 .... 197 E 1
Chaumuzy 51 ....41 F 5
Chaunac 17 .... 220 B 5
Chaunay 86 .... 186 A 5
Chauny 02 ....24 A 5
Chaux 21 .... 159 H 5

Chauray 79 .... 185 E 4
Chauriat 63 .... 228 A 1
Chausey *Îles 50* ....50 D 2
La Chaussade 23 .... 207 H 3
La Chaussaire 49 .... 148 B 4
Chaussan 69 .... 230 D 2
La Chaussée 76 ....20 B 2
La Chaussée 86 .... 168 D 3
La Chaussée-d'Ivry 28 ....56 D 3
La Chaussée-
 Saint-Victor 41 .... 132 A 5
La Chaussée-sur-Marne 51 ..62 D 4
La Chaussée-Tirancourt 80 ..22 A 1
Chaussenac 15 .... 243 H 2
Chaussenans 39 .... 179 G 3
Chausseterre 42 .... 211 E 4
Chaussin 39 .... 178 D 2
Chaussoy-Epagny 80 ....22 C 3
Chaussy 45 .... 111 E 3
Chaussy 95 ....37 F 5
Le Chautay 18 .... 174 B 2
Chauvac 26 .... 286 C 1
Chauvé 44 .... 146 D 4
Chauve d'Aspremont
 Mont 06 .... 291 H 4
Chauvency-le-Château 55 ....27 H 5
Chauvency-Saint-Hubert 55 ..27 H 5
Chauvigné 35 ....80 D 4
Chauvigny 86 .... 187 E 1
Chauvigny-du-Perche 41 ... 109 F 5
Chauvincourt 27 ....37 F 3
Chauvirey-le-Châtel 70 ..... 140 B 2
Chauvirey-le-Vieil 70 .... 140 B 3
Chauvoncourt 55 ....64 C 3
Chauvry 95 ....58 B 1
Chaux 21 .... 159 H 5

La Chaux 25 .... 180 D 1
La Chaux 61 ....83 E 2
La Chaux 71 .... 178 C 3
Chaux 90 .... 142 B 2
Chaux-Champagny 39 .... 179 H 2
Chaux-des-Crotenay 39 .... 180 A 5
Chaux-des-Prés 39 .... 197 E 2
La Chaux-du-Dombief 39 ... 197 E 1
La Chaux-en-Bresse 39 ..... 179 E 3
Chaux-la-Lotière 70 .... 161 H 2
Chaux-lès-Clerval 25 .... 162 D 2
Chaux-lès-Passavant 25 ... 162 C 3
Chaux-lès-Port 70 .... 140 D 3
Chaux-Neuve 25 .... 180 B 5
Chauzon 07 .... 266 B 5
Chavagnac 15 .... 245 F 2
Chavagnac 24 .... 241 H 3
Chavagne 35 .... 104 A 3
Chavagnes 49 .... 149 H 3
Chavagnes-en-Paillers 85 . 166 A 2
Chavagnes-les-Redoux 85 . 166 D 4
Chavagneux-
 Montbertand 38 .... 231 H 1
Chavaignes 49 .... 150 C 1
Chavanac 19 .... 225 G 2
Chavanat 23 .... 207 F 3
Chavanatte 90 .... 142 D 3
Chavanay 42 .... 231 E 4
Chavanges 10 ....91 H 3
Chavaniac-Lafayette 43 .... 246 D 2
Chavannaz 74 .... 215 F 2
Chavanne 39 .... 179 E 5
Chavanne 70 .... 142 A 4
La Chavanne 73 .... 233 G 3
Chavannes 18 .... 173 H 4
Chavannes 26 .... 249 F 3

Les Chavannes-
 en-Maurienne 73 .... 234 A 4
Chavannes-les-Grands 90 . 142 D 3
Chavannes-sur-l'Étang 68 . 142 D 3
Chavannes-
 sur-Reyssouze 01 .... 195 F 3
Chavannes-sur-Suran 01 .. 196 B 5
Chavanod 74 .... 215 F 4
Chavanoz 38 .... 213 H 3
Les Chavants 74 .... 216 D 3
Chavaroux 43 .... 210 A 5
La Chavatte 80 ....23 F 3
Chaveignes 37 .... 169 F 1
Chavelot 88 ....95 F 5
Chavenat 16 .... 221 F 4
Chavenay 78 ....57 H 3
Chavençon 60 ....37 H 4
Chavenon 03 .... 191 F 3
Chavéria 39 .... 196 C 2
Chaveroche 19 .... 225 H 3
Chaveyriat 01 .... 195 G 5
Chavignol 18 .... 155 H 3
Chavignon 02 ....40 C 1
Chavigny 02 ....40 B 2
Chavigny 54 ....94 B 3
Chavigny *Château de 37* .. 150 D 5
Chavigny-Bailleul 27 ....56 B 3
Chaville 92 ....58 B 4
Chavin 36 .... 188 D 2
Chavoire 74 .... 215 G 3
Chavonne 02 ....40 D 2
La Chavonne 73 .... 233 G 3
Chavot-Courcourt 51 ....61 F 1
Chavoy 50 ....51 H 4
Chavroches 03 .... 192 C 4
Le Chay 17 .... 219 E 1

Chay 25 .... 179 G 1
Chazay-d'Azergues 69 ...... 212 D 4
La Chaze-de-Peyre 48 .... 264 A 2
Chazé-Henry 49 .... 127 G 3
Chazé-sur-Argos 49 .... 127 H 4
Chazeaux 07 .... 266 A 3
Le Chazelet 05 .... 252 A 3
Chazelet 36 .... 188 C 2
Chazelles 15 .... 246 B 3
Chazelles 16 .... 221 G 2
Chazelles 39 .... 196 A 3
Chazelles 43 .... 246 C 4
Chazelles-sur-Albe 54 ....96 A 1
Chazelles-sur-Lavieu 42 .... 229 G 3
Chazelles-sur-Lyon 42 ...... 230 B 2
Chazelot 25 .... 162 C 1
Chazemais 03 .... 190 C 3
Chazeuil 21 .... 139 G 5
Chazeuil 58 .... 157 E 4
Chazey-Bons 01 .... 214 D 5
Chazey-sur-Ain 01 .... 213 H 4
Chazilly 21 .... 159 F 5
Chazot 25 .... 163 E 2
Chazoy 25 .... 161 G 3
La Chebuette 44 .... 147 H 3
Chécy 45 .... 133 F 2
Chedde 74 .... 216 D 3
Chédigny 37 .... 152 C 4
Chef-Boutonne 79 .... 202 D 1
Chef-du-Pont 50 ....31 H 2
Chef-Haut 88 ....94 C 4
Cheffes 49 .... 128 C 5
Cheffois 85 .... 167 E 5
Cheffreville-Tonnencourt 14 .54 C 1
Le Chefresne 50 ....52 A 2
Chéhéry 08 ....27 E 4

A B C D E F G H I J K L M N O P Q R S T U V W X Y Z

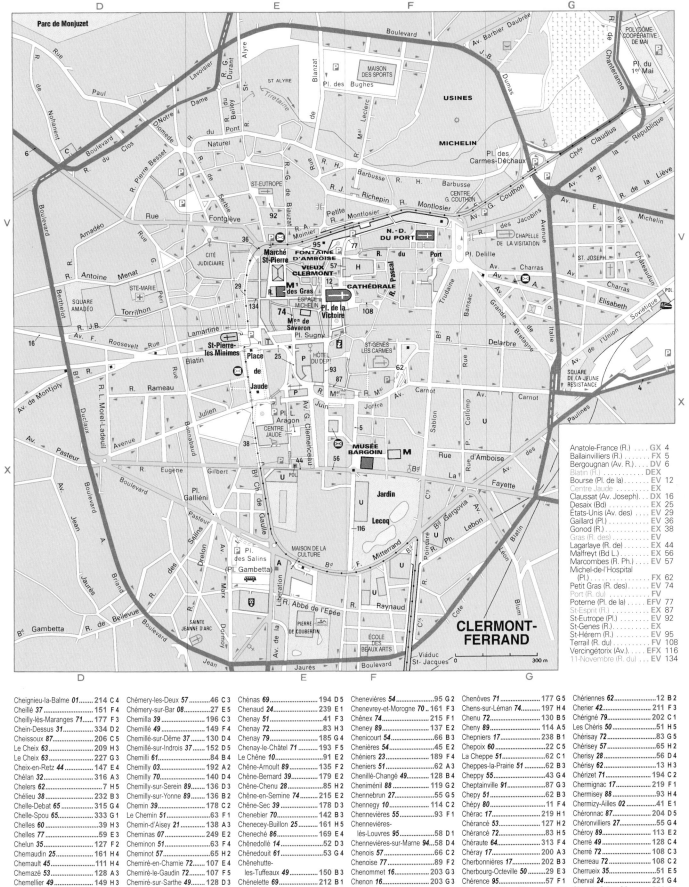

Parc de Monjuzet

CLERMONT-FERRAND

Anatole-France (R.) .... GX 4
Ballainvilliers (R.) .... FX 5
Bergougnan (Av. R.) .... DV 6
Blatin (R.) .... DEX
Bourse (Pl. de la) ...... EV 12
Centre Jaude .... EX
Claussat (Av. Joseph) .. DX 16
Desaix (Bd) .... EX 25
États-Unis (Av. des) ... EV 29
Gaillard (Pl.) .... EV 36
Gonod (R.) .... EX 38
Gras (R. des) .... EV
Lagarlaye (R. de) ...... EX 44
Malfreyt (Bd L.) .... EX 56
Marcombes (R. Ph.) ... EV 57
Michel-de-l'Hospital
  (Pl.) .... FX 62
Petit Gras (R. des) ..... EV 74
Port (R. du) .... FV
Poterne (Pl. de la) .... EFV 77
St-Esprit (R.) .... EX 87
St-Eutrope (Pl.) .... EV 92
St-Genes (R.) .... EX
St-Hérem (R.) .... EV 95
Terrail (R. du) .... FV 108
Vercingétorix (Av.) ... EFX 116
11-Novembre (R. du) .. EV 134

Cheignieu-la-Balme 01....... 214 C 4
Cheillé 37 .... 151 F 4
Cheilly-lès-Maranges 71..... 177 F 3
Chein-Dessus 31 .... 334 D 2
Cheissoux 87 .... 206 C 5
Le Cheix 63 .... 209 H 3
Le Cheix 63 .... 227 G 3
Cheix-en-Retz 44 ...... 147 H 4
Chélan 32 .... 316 A 3
Chelers 62 .... 7 H 5
Chélieu 38 .... 232 B 3
Chelle-Debat 65 .... 315 G 4
Chelle-Spou 65 .... 333 G 1
Chelles 60 .... 39 H 4
Chelles 77 .... 59 E 3
Chelun 35 .... 127 F 2
Chemaudin 25 .... 161 H 4
Chemault 45 .... 111 H 4
Chemazé 53 .... 128 A 3
Chemellier 49 .... 149 H 3
Chemenot 39 .... 179 E 3
Chémeré 44 .... 146 D 5
Chémeré-le-Roi 53 ..... 106 C 5
Chémery 41 .... 153 F 3
Chémery 57 .... 66 D 2

Chémery-les-Deux 57 .....46 C 3
Chémery-sur-Bar 08 ..... 27 E 5
Chemilla 39 .... 196 C 3
Chemillé 49 .... 149 F 4
Chemillé-sur-Dême 37 .. 130 D 4
Chemillé-sur-Indrois 37 .. 152 D 5
Chemilli 61 .... 84 B 4
Chemilly 03 .... 192 A 2
Chemilly 70 .... 140 D 4
Chemilly-sur-Serein 89 .. 136 D 3
Chemilly-sur-Yonne 89 .. 136 B 2
Chemin 39 .... 178 C 2
Le Chemin 51 .... 63 F 1
Chemin-d'Aisey 21 ..... 138 A 3
Cheminas 07 .... 249 E 3
Cheminon 51 .... 63 F 4
Cheminot 57 .... 65 H 2
Chemiré-en-Charnie 72 .. 107 E 4
Chemiré-le-Gaudin 72 .. 107 F 5
Chemiré-sur-Sarthe 49 .. 128 D 3
Chemy 59 .... 8 C 4
Chenac-Saint-Seurin-
  d'Uzet 17 .... 219 E 3
Chenailler-Mascheix 19 .. 243 E 3
La Chenalotte 25 ...... 163 F 5

Chénas 69 .... 194 D 5
Chenaud 24 .... 239 E 1
Chenay 51 .... 41 F 3
Chenay 72 .... 83 H 3
Chenay 79 .... 185 G 4
Chenay-le-Châtel 71 ... 193 F 5
Le Chêne 10 .... 91 E 2
Chêne-Arnoult 89 ...... 135 F 2
Chêne-Bernard 39 ..... 179 E 2
Chêne-Chenu 28 .... 85 H 2
Chêne-en-Semine 74 ... 215 E 2
Chêne-Sec 39 .... 178 D 3
Chenebier 70 .... 142 B 3
Chenecey-Buillon 25 ... 161 H 5
Cheneché 86 .... 169 E 4
Chênedollé 14 .... 52 D 3
Chênedouit 61 .... 53 G 4
Chênehutte-
  les-Tuffeaux 49 ...... 150 B 3
Chênelette 69 .... 212 B 1
Chénérailles 23 .... 207 H 2
Chenereilles 42 .... 229 G 4
Chenereilles 43 .... 248 A 2
Chénérilles 04 .... 287 H 4
Chenevelles 86 .... 169 H 5

Chenevières 54 .... 95 G 2
Chenevrey-et-Morogne 70.. 161 F 3
Chênex 74 .... 215 F 1
Cheney 89 .... 137 E 2
Chenicourt 54 .... 66 B 3
Chenières 54 .... 45 E 2
Chéniers 23 .... 189 F 4
Cheniers 51 .... 62 A 3
Chenillé-Changé 49 ... 128 B 4
Cheniménil 88 .... 118 G 2
Chennebrun 27 .... 55 G 5
Chennegy 10 .... 114 C 2
Chennevières 55 .... 93 F 1
Chennevières-
  lès-Louvres 95 .... 58 D 1
Chennevières-sur-Marne 94..58 D 4
Chenois 57 .... 66 C 2
Chenoise 77 .... 89 F 2
Chenommet 16 .... 203 G 3
Chenon 16 .... 203 G 3
Chenonceau
  Château de 37 .... 152 C 3
Chenonceaux 37 .... 152 C 3
Chenou 77 .... 112 B 3
Chenôve 21 .... 160 A 3

Chenôves 71 .... 177 G 5
Chens-sur-Léman 74 ... 197 H 4
Chenu 72 .... 130 B 5
Chéray 17 .... 200 A 3
Cheptainville 91 .... 87 G 3
Chepy 51 .... 62 B 3
Chépy 80 .... 11 F 4
Chérac 17 .... 219 H 1
Chérancé 53 .... 127 F 2
Chérancé 72 .... 83 H 5
Chéraute 64 .... 313 F 4
Cherbonnières 17 ...... 202 B 3
Cherbourg-Octeville 50 .. 29 E 3
Chérence 95 .... 57 F 1
Chérencé-le-Héron 50 .. 52 A 3
Chérencé-le-Roussel 50...52 B 4
Chéreng 59 .... 9 E 3
Les Chères 69 .... 212 D 4
Chérêt 02 .... 40 D 1

Chériennes 62 .... 12 B 2
Cherier 42 .... 211 F 3
Chérigné 79 .... 202 C 1
Les Chéris 50 .... 51 H 5
Chérisay 72 .... 83 G 5
Chérisey 57 .... 65 H 2
Chérisy 28 .... 56 D 4
Chérisy 62 .... 13 H 3
Chérizet 71 .... 194 C 2
Chermignac 17 .... 219 E 1
Chermisey 88 .... 93 H 4
Chermizy-Ailles 02 ..... 41 E 1
Chéronnac 87 .... 204 D 5
Chéronvilliers 27 .... 55 G 4
Chéroy 89 .... 113 E 2
Cherré 49 .... 128 C 4
Cherré 72 .... 108 C 3
Cherreau 72 .... 108 C 2
Cherrueix 35 .... 51 E 5
Cherval 24 .... 221 G 4
Cherveix-Cubas 24 ... 241 F 1
Cherves 86 .... 168 C 5
Cherves-Châtelars 16 .. 204 B 5
Cherves-de-Cognac 16 .. 202 B 5
Chervettes 17 .... 201 F 2

A B C D E F G H I J K L M N O P Q R S T U V W X Y Z

Cherveux 79.....185 E 3
Chervey 10.....115 H 3
Cherville 51.....61 H 1
Chervinges 69.....212 D 3
Chéry 18.....154 C 5
Chéry-Chartreuve 02.....40 D 4
Chéry-lès-Pouilly 02.....24 D 4
Chéry-lès-Rozoy 02.....25 C 3
Chesley 10.....115 E 5
Le Chesnay 78.....58 A 3
Le Chesne 08.....42 D 1
Le Chesne 27.....56 A 3
Chesnel 16.....202 B 5
Chesnois-Auboncourt 08.....26 C 5
Chesny 57.....65 H 1
Chessenaz 74.....215 E 2
Chessy 69.....212 C 4
Chessy 77.....59 F 3
Chessy-les-Prés 10.....114 C 4
Chéu 89.....114 B 5
Cheuge 21.....160 D 2
Cheust 65.....333 E 1
Cheux 14.....33 F 4
Chevagnes 03.....192 C 1
Chevagny-les-Chevrières 71.....194 D 4
Chevagny-sur-Guye 71.....194 B 2
Chevaigné 35.....104 B 2
Chevaigné-du-Maine 53.....82 D 4
Le Chevain 72.....83 G 4
Cheval-Blanc 84.....305 F 2
La Chevalerie 17.....200 B 4
Chevaline 74.....215 H 5
La Chevallerais 44.....147 G 1
Le Chevalon 38.....232 D 5
Chevanceaux 17.....220 C 5
Chevannay 21.....159 F 2
Chevannes 21.....159 H 5
Chevannes 45.....112 D 3
Chevannes 89.....136 A 3
Chevannes 91.....88 A 3
Chevannes-Changy 58.....157 G 4
Chevennes 02.....25 E 2
Chevenon 58.....174 D 3
Chevenoz 74.....198 C 3
Cheverny 41.....153 F 1
Cheveuges 08.....27 E 4
Chevières 08.....43 E 3
Chevigney 70.....161 E 3
Chevigney-lès-Vercel 25.....162 C 4
Chevigney-sur-l'Ognon 25.....161 G 3
Chevigny 39.....161 E 4
Chevigny-en-Valière 21.....178 A 2
Chevigny-Saint-Sauveur 21.....160 B 3
Chevillard 01.....214 C 4
Chevillé 72.....107 E 5
Chevillon 52.....92 D 2
Chevillon 89.....135 G 2
Chevillon-sur-Huillard 45.....112 B 5
La Chevillotte 25.....162 B 4
Chevilly 45.....110 D 4
Chevilly-Larue 94.....58 C 4
Chevinay 69.....212 C 5
Chevincourt 60.....39 F 1
Cheviré-le-Rouge 49.....128 D 5
Chèvre Cap de la 29.....75 E 5
Chevreaux 39.....196 A 2
Chevregny 02.....40 D 1
Chèvremont 90.....142 C 3
La Chèvrerie 16.....203 F 3
Chèvrerie Vallon de la 74.....198 B 5
Chevresis-les-Dames 02.....24 C 3
Chevresis-Monceau 02.....24 D 1
Chevreuse 78.....58 A 5
Chèvreville 50.....52 B 5
Chèvreville 60.....39 G 5
Chevrier 74.....215 G 1
Chevrières 38.....250 A 2
Chevrières 42.....230 B 2
Chevrières 60.....39 G 4
Chevroches 58.....157 F 2
La Chevrolière 44.....147 G 5
Chevrotaine 39.....179 H 5
Chevroux 01.....195 F 3
Chevroz 25.....161 H 2
Chevru 77.....60 A 4
Chevry 01.....197 F 4
Chevry 39.....196 D 3
Chevry 50.....52 A 1
Chevry-Cossigny 77.....59 E 5
Chevry-en-Sereine 77.....112 D 2
Chevry-sous-le-Bignon 45.....112 D 3
Chey 79.....185 G 4
Cheylade 15.....245 E 2
Le Cheylard 07.....248 B 5

Cheylard-l'Évêque 48.....265 E 3
Le Cheylas 38.....233 F 4
Cheyssieu 38.....231 E 4
Chezal-Benoît 18.....172 C 4
La Chèze 22.....102 C 2
Chèze 65.....332 D 3
Chézeaux 52.....140 B 2
Chezelle 03.....191 H 5
Chezelles 36.....171 G 3
Chezelles 37.....169 F 1
Chèzeneuve 38.....231 H 2
Chézery-Forens 01.....197 E 5
Chézy 03.....192 B 1
Chézy-en-Orxois 02.....40 A 5
Chézy-sur-Marne 02.....60 D 2
Chiappa Pointe la de 2A.....351 G 2
Chiatra 2B.....347 H 4
Chiché 79.....167 H 4
Chicheboville 14.....33 H 5
Chichée 89.....136 D 3
Chichery 89.....136 B 2
Chichey 51.....61 E 5
Chichilianne 38.....268 C 1
Chicourt 57.....66 C 3
Chiddes 58.....176 A 3
Chiddes 71.....194 B 3
Chidrac 63.....227 H 3
Chierry 02.....60 C 1
Chieulles 57.....45 H 5
Chigné 49.....129 H 5
Chignin 73.....233 F 4
La Chignolle 16.....203 F 5
Chigny 02.....25 E 1
Chigny-les-Roses 51.....41 G 5
Chigy 89.....113 H 2
Chilhac 43.....246 B 2
Chillac 16.....220 D 5
Chille 39.....179 E 5
Chilleurs-aux-Bois 45.....111 F 4
Le Chillou 79.....168 B 4
Chilly 08.....26 B 2
Chilly 74.....215 F 2
Chilly 80.....23 F 3
Chilly-le-Vignoble 39.....179 E 5
Chilly-Mazarin 91.....58 C 5
Chilly-sur-Salins 39.....179 H 2
Chimilin 38.....232 C 2
Le Chinaillon 74.....216 B 2
Chindrieux 73.....215 E 4
Chinon 37.....151 E 5
Chinon Centre de production nucléaire 37.....150 D 4
Chioula Col de 09.....336 D 5
Chipilly 80.....23 E 1
Chirac 16.....204 C 4
Chirac 48.....264 A 4
Chirac-Bellevue 19.....226 B 4
Chirassimont 42.....212 A 4
Chirat-l'Église 03.....191 G 5
Chiré-en-Montreuil 86.....186 A 1
Chirens 38.....232 C 4
Chirmont 80.....22 D 4
Chirols 07.....266 A 2
Chiry-Ourscamp 60.....23 G 5
Chis 65.....315 F 4
Chisa 2B.....349 F 3
Chissay-en-Touraine 41.....152 D 3
Chisseaux 37.....152 C 3
Chisséria 39.....196 C 3
Chissey-en-Morvan 71.....158 C 5
Chissey-lès-Mâcon 71.....194 D 2
Chissey-sur-Loue 39.....179 F 1
Chitenay 41.....153 E 1
Chitray 36.....188 B 1
Chitry 89.....136 C 3
Chitry-les-Mines 58.....157 G 4
Chiuni Plage de 2A.....348 A 1
Chives 17.....202 D 3
Chivres 21.....178 B 2
Chivres-en-Laonnois 02.....25 F 4
Chivres-Val 02.....40 C 2
Chivy-lès-Étouvelles 02.....40 D 1
Chizé 79.....202 B 1
Chocques 62.....7 H 3
Choignes 52.....117 E 3
Choilley-Dardenay 52.....139 G 4
Choisel 78.....57 H 5
Choiseul 52.....117 H 4
Choisey 39.....178 D 1
Choisies 59.....15 H 3
Choisy 74.....215 G 2
Choisy-au-Bac 60.....39 G 2
Choisy-en-Brie 77.....60 A 4
Choisy-la-Victoire 60.....39 E 2
Choisy-le-Roi 94.....58 C 4
Cholet 49.....166 D 1

Cholonge 38.....251 E 3
Choloy-Ménillot 54.....94 A 1
Chomelix 43.....247 E 1
Chomérac 07.....266 D 2
La Chomette 43.....246 C 1
Chonas-l'Amballan 38.....231 E 4
Chonville 55.....64 C 5
Chooz 08.....17 E 4
Choqueuse-les-Bénards 60.....22 A 4
Choranche 38.....250 B 3
Chorey 21.....177 H 1
Chorges 05.....270 A 3
Chouain 14.....33 E 4
Chouday 36.....172 C 3
Choue 41.....109 F 3
Chougny 58.....175 H 1
Chouilly 51.....61 G 1
Chouppes 86.....168 D 3
Chourgnac 24.....241 F 1
Choussy 41.....153 E 3
Chouvigny 03.....209 G 2
Chouvigny Gorges de 63.....209 G 2
Choux 39.....196 D 4
Les Choux 45.....134 C 3
Chouy 02.....40 A 4
Chouzé-sur-Loire 37.....150 D 4
Chouzelot 25.....161 H 5
Chouzy-sur-Cisse 41.....152 D 1
Choye 70.....161 G 2
Chozeau 38.....231 H 1
Chuelles 45.....112 D 5
Chuffilly-Roche 08.....42 C 1
Chuignes 80.....23 F 2
Chuignolles 80.....23 F 2
Chuisnes 28.....85 G 4
Chusclan 30.....285 E 3
Chuyer 42.....230 D 4
Chuzelles 38.....231 F 2
Ciadoux 31.....316 C 4
Ciamannacce 2A.....349 E 3
Cians Gorges du 06.....289 G 5
Ciboure 64.....310 B 3
Cideville 76.....19 H 5
Ciel 71.....178 A 3
Cier-de-Luchon 31.....334 B 4
Cier-de-Rivière 31.....334 B 1
Cierges 02.....40 D 5
Cierges-sous-Montfaucon 55.....43 G 3
Cierp-Gaud 31.....334 B 3
Cierrey 27.....56 C 1
Cierzac 17.....220 B 2
Cieurac 46.....278 B 1
Cieutat 65.....333 F 1
Cieux 87.....205 F 3
Ciez 58.....156 C 2
Cigné 53.....82 B 4
Cigogné 37.....152 B 4
Cilly 03.....25 F 3
Cinais 37.....150 D 5
Cindré 03.....192 C 4
Cinq-Chemins 74.....198 A 3
Cinq-Mars-la-Pile 37.....151 G 3
Cinquétral 39.....197 E 3
Cinqueux 60.....38 D 3
Cintegabelle 31.....318 A 4
Cintheaux 14.....53 H 1
Cintray 27.....55 H 4
Cintray 28.....86 A 4
Cintré 35.....103 H 3
Cintrey 70.....140 B 3
La Ciotat 13.....327 F 4
Cipières 06.....309 E 1
Ciral 61.....83 E 3
Ciran 37.....170 B 1
Circourt 88.....95 E 5
Circourt-sur-Mouzon 88.....94 A 5
Ciré-d'Aunis 17.....200 D 2
Cirès 31.....334 A 4
Cires-lès-Mello 60.....38 C 4
Cirey 21.....177 F 2
Cirey 70.....162 A 2
Cirey-lès-Mareilles 52.....117 F 2
Cirey-lès-Pontailler 21.....160 C 3
Cirey-sur-Blaise 52.....92 C 5
Cirey-sur-Vezouze 54.....96 B 1
Cirfontaines-en-Azois 52.....116 C 3
Cirfontaines-en-Ornois 52.....93 F 3
Cirières 79.....167 F 3
Ciron 36.....188 A 1
Cirque Belvédère du 05.....271 G 1
Ciry-le-Noble 71.....194 A 1
Ciry-Salsogne 02.....40 C 2
Cisai-Saint-Aubin 61.....54 D 4
Cisery 89.....158 B 1
Cissac-Médoc 33.....237 E 4
Cissé 86.....169 E 5
Cisternes-la-Forêt 63.....209 E 5

Cistrières 43.....228 D 5
Cîteaux Abbaye de 21.....160 B 5
Citerne 80.....11 G 5
Citers 70.....141 G 3
Citey 70.....161 G 1
Citou 11.....320 A 5
Citry 77.....60 A 2
Civaux 86.....187 E 3
Civens 42.....212 A 5
Civières 27.....37 E 5
Civrac-de-Blaye 33.....237 H 2
Civrac-en-Médoc 33.....218 D 5
Civrac-sur-Dordogne 33.....256 D 1
Civray 18.....172 D 2
Civray 86.....203 G 1
Civray-de-Touraine 37.....152 C 3
Civray-sur-Esves 37.....169 H 1
Civrieux 01.....213 E 3
Civrieux-d'Azergues 69.....212 D 4
Civry 28.....110 A 4
Civry-en-Montagne 21.....159 F 3
Civry-la-Forêt 78.....57 E 3
Civry-sur-Serein 89.....137 E 5
Cizancourt 80.....23 G 2
Cizay-la-Madeleine 49.....150 B 4
Cize 01.....196 B 5
Cize 39.....179 H 4
Cizely 58.....175 E 2
Cizos 65.....316 A 4
Clacy-et-Thierret 02.....24 D 5
Cladech 24.....259 F 1
Claira 66.....339 E 5
Clairac 47.....275 G 1
Clairavaux 23.....207 G 5
Clairefontaine-en-Yvelines 78.....87 E 2
Clairefougère 61.....52 D 3
Clairegoutte 70.....142 A 3
Clairfayts 59.....16 A 4
Clairfontaine 02.....25 G 1
Clairmarais 62.....3 F 5
Clairoix 60.....39 F 2
Clairvaux 10.....116 B 3
Clairvaux-d'Aveyron 12.....262 B 5
Clairvaux-les-Lacs 39.....196 D 1
Clairvivre 24.....223 H 5
Clairy-Saulchoix 80.....22 B 2
Clais 76.....20 D 3
Claix 16.....221 E 3
Claix 38.....250 D 2
Clam 17.....219 H 3
Clamanges 51.....61 H 3
Clamart 92.....58 B 4
Clamecy 02.....40 B 2
Clamecy 58.....157 F 2
Clamensane 04.....287 H 1
Clamerey 21.....159 E 2
Clamouse Grotte de 34.....302 B 3
Clans 06.....289 H 4
Clans 70.....141 E 4
Clansayes 26.....285 E 1
Le Claon 55.....43 F 5
Claouey 33.....254 B 1
Le Clapier 12.....301 F 2
Clapiers 34.....302 D 4
La Claquette 67.....96 D 3
Clara 66.....342 B 3
Clarac 31.....334 B 1
Clarac 65.....315 G 5
Claracq 64.....294 B 5
Clarafond 74.....215 E 2
Clarbec 14.....34 C 4
Clarens 65.....315 H 5
Clarensac 30.....303 G 2
Claret 04.....269 G 5
Claret 34.....302 D 2
Clarques 62.....7 F 2
La Clarté 22.....72 C 2
Clary 59.....14 C 5
Classun 40.....294 B 3
Clastres 02.....24 A 3
Clasville 76.....19 F 3
Le Clat 11.....337 F 5
Claudon 88.....118 C 4
Les Claux 05.....270 D 3
Le Claux 15.....245 E 2
Clavans-en-Haut-Oisans 38.....251 H 3
Clavé 79.....185 F 2
Claveisolles 69.....212 B 2
Clavette 17.....200 D 1
Claveyson 26.....249 F 1
Clavières 15.....246 A 4
Claviers 83.....308 B 4
Claville 27.....56 A 1
Claville-Motteville 76.....20 B 5
Clavy-Warby 08.....26 C 3

La Claye 85.....183 E 2
Claye-Souilly 77.....59 E 2
Clayes 35.....104 A 2
Les Clayes-sous-Bois 78.....57 H 4
La Clayette 71.....194 A 5
Clayeures 54.....95 F 3
Clazay 79.....167 G 4
Clécy 14.....53 F 2
Cléden-Cap-Sizun 29.....98 D 2
Cléden-Poher 29.....76 C 4
Cléder 29.....71 F 3
Clèdes 40.....294 B 4
Cleebourg 67.....69 E 1
Clefmont 52.....117 G 3
Clefs 49.....129 G 5
Les Clefs 74.....216 A 4
Cléguer 56.....101 E 5
Cléguérec 56.....101 H 2
Clelles 38.....250 D 5
Clémencey 21.....159 H 4
Clémensat 63.....227 H 3
Clémery 54.....65 H 3
Clémont 18.....133 H 5
Clénay 21.....160 B 2
Clenleu 62.....6 C 4
Cléon 76.....36 A 3
Cléon-d'Andran 26.....267 F 3
Cleppé 42.....211 H 5
Clérac 17.....238 C 2
Cléré-du-Bois 36.....170 C 2
Cléré-les-Pins 37.....151 F 2
Cléré-sur-Layon 49.....149 H 5
Clères 76.....20 B 5
Clérey 10.....115 F 2
Clérey-la-Côte 88.....94 A 3
Clérey-sur-Brenon 54.....94 D 2
Clergoux 19.....243 F 1
Clérieux 26.....249 F 3
Les Clérimois 89.....113 H 2
Le Clerjus 88.....119 F 4
Clerlande 63.....209 H 4
Clermain 71.....194 C 4
Clermont 09.....335 G 2
Clermont 40.....293 E 4
Clermont 60.....38 C 2
Clermont 74.....215 E 3
Clermont Abbaye de 53.....105 G 3
Clermont-Créans 72.....129 G 4
Clermont-de-Beauregard 24.....240 B 4
Clermont-Dessous 47.....275 G 2
Clermont-d'Excideuil 24.....223 F 5
Clermont-en-Argonne 55.....43 G 5
Clermont-en-Auge 14.....34 B 4
Clermont-Ferrand 63.....209 H 5
Clermont-le-Fort 31.....317 H 2
Clermont-les-Fermes 02.....25 F 4
Clermont-l'Hérault 34.....302 A 4
Clermont-Pouyguillès 32.....316 A 2
Clermont-Savès 32.....297 E 4
Clermont-Soubiran 47.....276 D 3
Clermont-sur-Lauquet 11.....337 H 2
Cléron 25.....162 A 5
Clerques 62.....2 D 5
Clerval 25.....162 D 2
Cléry 21.....161 E 2
Cléry 73.....234 A 1
Cléry-en-Vexin 95.....37 G 5
Cléry-le-Grand 55.....43 G 2
Cléry-le-Petit 55.....43 G 2
Cléry-Saint-André 45.....132 D 3
Cléry-sur-Somme 80.....23 G 1
Clesles 51.....90 C 3
Clessé 71.....195 E 3
Clessé 79.....167 H 5
Clessy 71.....193 G 2
Cléty 62.....7 F 2
Cleurie 88.....119 H 3
Cleuville 76.....19 F 4
Cléville 14.....34 A 5
Cléville 76.....19 F 5
Clévilliers 28.....86 A 3
Cleyrac 33.....256 D 2
Cleyzieu 01.....214 B 3
Clézentaine 88.....95 G 3
Clichy 92.....58 B 3
Clichy-sous-Bois 93.....58 D 3
Climbach 67.....69 E 1
Le Climont 67.....96 D 4
Clinchamp 52.....117 G 2
Clinchamps-sur-Orne 14.....33 G 5
Clion 17.....219 H 3
Clion 36.....170 D 2
Le Clion-sur-Mer 44.....146 C 5
Cliousclat 26.....267 F 2
Cliponville 76.....19 G 4
Cliron 08.....26 C 2

Clis 44.....145 G 4
La Clisse 17.....201 F 5
Clisson 44.....148 A 5
Clitourps 50.....29 G 3
Clohars-Carnoët 29.....100 C 5
Clohars-Fouesnant 29.....99 H 4
Le Cloître-Pleyben 29.....76 B 4
Le Cloître-Saint-Thégonnec 29.....76 B 4
Clomot 21.....159 E 4
Clonas-sur-Varèze 38.....231 E 4
Clos Futaie des 72.....130 C 3
Clos-Fontaine 77.....89 E 2
La Clotte 17.....238 C 2
Clouange 57.....45 G 4
Cloué 86.....186 A 3
Les Clouzeaux 85.....165 G 5
Cloyes-sur-le-Loir 28.....109 G 5
Cloyes-sur-Marne 51.....62 D 5
Clucy 39.....179 H 2
Clugnat 23.....189 H 4
Cluis 36.....189 E 2
Clumanc 04.....288 B 4
Cluny 71.....194 D 3
La Clusaz 74.....216 A 3
La Cluse 01.....214 C 1
La Cluse-et-Mijoux 25.....180 D 2
Les Cluses 66.....343 E 4
Cluses 74.....216 C 1
Clussais-la-Pommeraie 79.....203 E 1
Clux 71.....178 B 2
Coadout 22.....73 E 5
Coaraze 06.....291 F 4
Coarraze 64.....314 C 5
Coat-Méal 29.....70 C 5
Coatascorn 22.....73 E 4
Coatfrec Château de 22.....72 C 3
Coatréven 22.....72 D 3
Cobonne 26.....267 G 1
Cobrieux 59.....9 E 3
Cocalière Grotte de la 30.....283 H 2
La Cochère 61.....54 C 4
Cocheren 57.....47 F 5
Cocherel 27.....56 C 1
Cocherel 77.....59 H 1
Coclois 10.....91 F 3
Cocquerel 80.....11 H 4
Cocumont 47.....256 D 5
Cocurès 48.....282 D 1
Codalet 66.....342 A 3
Codognan 30.....303 G 3
Codolet 30.....285 E 3
Coémont 72.....130 B 4
Coësmes 35.....104 D 5
Coëtlogon 22.....102 C 2
Coëtmieux 22.....78 C 3
Coëtquidan-Saint-Cyr Camp de 56.....103 F 4
Cœuilly 94.....58 D 4
Cœuvres-et-Valsery 02.....40 A 3
Coëx 85.....165 E 4
Coggia 2A.....348 B 1
Coglès 35.....80 D 3
Cogna 39.....196 D 1
Cognac 16.....220 B 1
Cognac-la-Forêt 87.....205 E 5
Cognat-Lyonne 03.....210 A 2
Cogners 72.....130 D 2
Cognet 38.....251 E 5
Cognières 70.....162 C 1
Cognin 73.....233 E 2
Cognin-les-Gorges 38.....250 B 2
Cognocoli-Monticchi 2A.....348 D 4
Cogny 18.....173 G 3
Cogny 69.....212 C 3
Cogolin 83.....329 F 3
Cohade 43.....228 B 5
Cohan 02.....40 D 4
Cohennoz 73.....216 B 3
Cohiniac 22.....78 A 3
Cohons 52.....139 G 3
Coiffy-le-Bas 52.....118 A 5
Coiffy-le-Haut 52.....118 A 5
Coigneux 80.....13 E 4
Coignières 78.....57 H 4
Coigny 50.....31 H 2
Coimères 33.....256 B 4
Coin-lès-Cuvry 57.....65 H 1
Coin-sur-Seille 57.....65 H 2
Coinces 45.....110 C 5
Coinches 88.....96 C 5
Coincourt 54.....66 D 5
Coincy 02.....40 C 5
Coincy 57.....66 B 1
Coings 36.....171 H 3
Coingt 02.....25 G 3

Coirac 33 ..... 256 C 2
Coise 69 ..... 230 B 2
Coise-Saint-Jean-
Pied-Gauthier 73 ..... 233 G 2
Coiserette 39 ..... 197 E 4
Coisevaux 70 ..... 142 B 3
Coisia 39 ..... 196 C 4
Coisy 80 ..... 22 C 1
Coivert 17 ..... 201 H 2
Coivrel 60 ..... 22 D 5
Coizard-Joches 51 ..... 61 F 3
Colayrac-Saint-Cirq 47 ..... 275 H 3
Colembert 62 ..... 2 C 5
Coligny 01 ..... 196 A 3
Coligny 51 ..... 61 G 3
Colincamps 80 ..... 13 F 4
Collan 89 ..... 136 D 2
La Collancelle 58 ..... 157 G 5
Collandres 15 ..... 244 D 1
Collandres-Quincarnon 27 ..... 55 H 1
Collanges 63 ..... 228 A 4
Collat 43 ..... 246 D 1
La Colle-sur-Loup 06 ..... 309 F 2
Collégien 77 ..... 59 E 3
Collemiers 89 ..... 113 F 3
Colleret 59 ..... 15 H 2
Le Collet 88 ..... 120 C 3
Le Collet-d'Allevard 38 ..... 233 G 4
Le Collet-de-Dèze 48 ..... 283 F 2
Colletot 27 ..... 35 F 3
Colleville 76 ..... 19 E 3
Colleville-Montgomery 14 ..... 33 H 4
Colleville-sur-Mer 14 ..... 32 D 2
Collias 30 ..... 284 C 5
Colligis-Crandelain 02 ..... 40 D 1
Colligny 57 ..... 66 B 1
Colline-Beaumont 62 ..... 11 F 1
Collinée 22 ..... 78 D 5
Collioure 66 ..... 343 G 4
Collobrières 83 ..... 328 D 3
Collonge-en-Charollais 71 ..... 194 C 1
Collonge-la-Madeleine 71 ..... 177 E 2
Collonges 01 ..... 215 E 1
Collonges-au-Mont-d'Or 69 . 213 E 5
Collonges-la-Rouge 19 ..... 242 C 3
Collonges-lès-Bévy 21 ..... 159 H 5
Collonges-
lès-Premières 21 ..... 160 C 4
Collonges-sous-Salève 74 .. 215 G 1
Collongues 06 ..... 289 F 5
Collongues 65 ..... 315 F 4
Collorec 29 ..... 76 B 4
Collorgues 30 ..... 284 A 5
Colmar 68 ..... 121 E 3
Colmars 04 ..... 288 D 2
Colmen 57 ..... 46 C 3
Colméry 58 ..... 156 D 3
Colmesnil-Manneville 76 ..... 20 A 2
Colmey 54 ..... 44 C 2
Colmier-le-Bas 52 ..... 138 C 3
Colmier-le-Haut 52 ..... 138 D 3
Colognac 30 ..... 283 F 5
Cologne 32 ..... 297 E 3
Colomars 06 ..... 309 G 2
Colombe 38 ..... 232 B 4
La Colombe 41 ..... 132 B 2
La Colombe 50 ..... 52 A 2
Colombé-la-Fosse 10 ..... 92 B 5
Colombé-le-Sec 10 ..... 116 B 2
Colombe-lès-Bithaine 70 ..... 141 G 3
Colombe-lès-Vesoul 70 ..... 141 F 4
Colombelles 14 ..... 33 H 4
Colombes 92 ..... 58 B 2
Colombey-les-Belles 54 ..... 94 B 2
Colombey-lès-Choiseul 52 .. 117 H 3
Colombey-
les-Deux-Églises 52 ..... 116 C 2
Colombier 03 ..... 191 E 5
Colombier 21 ..... 159 F 5
Colombier 24 ..... 257 H 1
Colombier 42 ..... 230 D 5
Colombier 70 ..... 141 F 4
Colombier-Châtelot 25 ..... 142 A 5
Colombier-en-Brionnais 71 .. 194 A 4
Colombier-Fontaine 25 ..... 142 B 5
Colombier-le-Cardinal 07 .... 249 E 1
Colombier-le-Jeune 07 ..... 248 D 4
Colombier-le-Vieux 07 ..... 248 D 3
Colombier-Saugnieu 69 ..... 231 G 1
Colombière Col de la 74 ..... 216 B 2
Colombières 14 ..... 32 C 3
Colombières-sur-Orb 34 .... 301 E 5
Colombiers 17 ..... 219 G 2
Colombiers 18 ..... 173 F 5
Colombiers 34 ..... 321 F 4
Colombiers 61 ..... 83 G 3
Colombiers 86 ..... 169 F 4

Colombiers-du-Plessis 53 .... 81 H 4
Colombiers-sur-Seulles 14 .... 33 F 3
Colombiès 12 ..... 280 B 1
Colombotte 70 ..... 141 F 4
Colomby 50 ..... 29 F 5
Colomby de Gex Mont 01 .... 197 F 4
Colomby-sur-Thaon 14 ..... 33 G 3
Colomiers 31 ..... 297 H 4
Colomieu 01 ..... 214 C 5
Colonard-Corubert 61 ..... 84 C 4
Colondannes 23 ..... 188 D 5
Colonfay 02 ..... 25 E 2
Colonne 39 ..... 179 E 3
Colonzelle 26 ..... 267 F 5
Colpo 56 ..... 102 A 5
Colroy-la-Grande 88 ..... 96 C 4
Colroy-la-Roche 67 ..... 96 D 3
Coltainville 28 ..... 86 B 3
Coltines 15 ..... 245 G 3
Coly 24 ..... 241 G 3
Combaillaux 34 ..... 302 C 4
La Combe-de-Lancey 38 ..... 251 F 1
La Combe des Eparres 38 .. 232 A 3
Combe Laval 26 ..... 249 H 4
Combeaufontaine 70 ..... 140 C 3
Combefa 81 ..... 279 G 5
La Combelle 63 ..... 228 A 4
Comberanche-
et-Épeluche 24 ..... 239 G 1
Comberjon 70 ..... 141 F 4
Comberouger 82 ..... 297 F 2
Combéroumal
Prieuré de 12 ..... 281 G 3
Combertault 21 ..... 177 H 2
Les Combes 25 ..... 163 E 5
Combes 34 ..... 301 F 5
Combiers 16 ..... 221 H 3
Comblanchien 21 ..... 159 H 5
Combles 80 ..... 13 H 5
Combles-en-Barrois 55 ..... 63 G 4
Comblessac 35 ..... 103 G 5
Combleux 45 ..... 133 F 2
Comblot 61 ..... 84 C 3
Combloux 74 ..... 216 C 3
Combon 27 ..... 35 H 5
Combourg 35 ..... 80 A 3
Combourtillé 35 ..... 81 E 5
Combovin 26 ..... 249 G 5
Combrailles 63 ..... 208 D 5
Combrand 79 ..... 167 F 3
Combray 14 ..... 53 F 2
Combre 42 ..... 212 A 2
Combrée 49 ..... 127 G 3
Combres 28 ..... 85 F 5
Combres-sous-les-Côtes 55.. 64 D 1
Combressol 19 ..... 225 G 4
Combret 12 ..... 300 B 2
Combreux 45 ..... 111 H 5
Combrimont 88 ..... 96 C 5
Combrit 29 ..... 99 G 4
Combronde 63 ..... 209 H 3
Combs-la-Ville 77 ..... 58 D 5
La Comelle 71 ..... 176 B 3
Comiac 46 ..... 243 F 5
Comigne 11 ..... 320 B 5
Comines 59 ..... 4 C 5
Commana 29 ..... 76 A 2
Commarin 21 ..... 159 F 4
Commeaux 61 ..... 54 A 4
Commelle 38 ..... 231 H 4
Commelle-Vernay 42 ..... 211 G 3
Commenailles 39 ..... 178 D 4
Commenchon 02 ..... 24 A 4
Commensacq 40 ..... 273 E 2
Commentry 03 ..... 191 E 5
Commeny 95 ..... 37 G 5
Commequiers 85 ..... 165 E 4
Commer 53 ..... 106 B 2
Commercy 55 ..... 64 D 5
Commerveil 72 ..... 84 A 5
Commes 14 ..... 32 D 2
Commissey 89 ..... 137 F 2
Communailles-
en-Montagne 39 ..... 180 A 3
Communay 69 ..... 231 E 2
Compaing Pas de 15 ..... 245 E 4
Compains 63 ..... 227 F 4
Compainville 76 ..... 21 E 4
Compans 77 ..... 59 E 2
Le Compas 23 ..... 208 C 3
Compertrix 51 ..... 62 A 2
Compeyre 12 ..... 281 H 3
Compiègne 60 ..... 39 F 2
Compigny 89 ..... 89 G 5
Compolibat 12 ..... 279 H 1
La Compôte 73 ..... 233 H 1

Comprégnac 12 ..... 281 G 4
Compreignac 87 ..... 205 H 3
Comps 26 ..... 267 H 4
Comps 30 ..... 304 B 2
Comps 33 ..... 237 G 3
Comps-la-Grand-Ville 12 ..... 280 D 3
Comps-sur-Artuby 83 ..... 308 A 2
La Comté 62 ..... 7 H 5
Comus 11 ..... 336 D 4
Conan 41 ..... 132 A 3
Conand 01 ..... 214 B 4
Conat 66 ..... 342 A 3
Conca 2A ..... 349 G 5
Concarneau 29 ..... 100 A 4
Concevreux 02 ..... 41 E 2
Concèze 19 ..... 223 H 5
Conches-en-Ouche 27 ..... 56 A 2
Conches-sur-Gondoire 77 .... 59 F 3
Conchez-de-Béarn 64 ..... 294 C 5
Conchil-le-Temple 62 ..... 6 B 5
Conchy-les-Pots 60 ..... 23 F 5
Conchy-sur-Canche 62 ..... 12 C 2
Les Concluses 30 ..... 284 B 3
Concorès 46 ..... 259 H 3
Concoret 56 ..... 103 F 3
Concots 46 ..... 278 C 1
Concoules 30 ..... 283 G 1
Concourson-sur-Layon 49 ... 149 H 5
Concremiers 36 ..... 187 H 1
Concressault 18 ..... 155 G 1
Condac 16 ..... 203 F 2
Condal 71 ..... 195 H 2
Condamine 01 ..... 214 C 1
Condamine 39 ..... 178 D 5
La Condamine-
Châtelard 04 ..... 271 E 4
Condat 15 ..... 227 E 5
Condat 46 ..... 242 C 4
Condat-en-Combraille 63 .... 208 C 5
Condat-
lès-Montboissier 63 ..... 228 C 3
Condat-sur-Ganaveix 19 ..... 224 C 4
Condat-sur-Trincou 24 ..... 222 C 5
Condat-sur-Vézère 24 ..... 241 G 3
Condat-sur-Vienne 87 ..... 205 G 5
Condé 36 ..... 172 B 3
Condé-en-Barrois 55 ..... 63 H 3
Condé-en-Brie 02 ..... 60 D 1
Condé-Folie 80 ..... 11 H 4
Condé-lès-Autry 08 ..... 43 E 3
Condé-lès-Herpy 08 ..... 41 H 1
Condé-Northen 57 ..... 46 C 5
Condé-Sainte-Libiaire 77 ..... 59 F 3
Condé-sur-Aisne 02 ..... 40 C 2
Condé-sur-Huisne 61 ..... 85 E 4
Condé-sur-Ifs 14 ..... 54 A 1
Condé-sur-Iton 27 ..... 56 A 3
Condé-sur-l'Escaut 59 ..... 9 H 4
Condé-sur-Marne 51 ..... 61 H 1
Condé-sur-Noireau 14 ..... 53 F 3
Condé-sur-Risle 27 ..... 35 F 3
Condé-sur-Sarthe 61 ..... 83 G 4
Condé-sur-Seulles 14 ..... 33 E 4
Condé-sur-Suippe 02 ..... 41 F 2
Condé-sur-Vesgre 78 ..... 57 F 4
Condé-sur-Vire 50 ..... 32 B 5
Condeau 61 ..... 85 E 4
Condécourt 95 ..... 57 H 1
Condeissiat 01 ..... 213 G 1
Condéon 16 ..... 220 C 4
Condes 39 ..... 196 C 4
Condes 52 ..... 117 E 3
Condette 62 ..... 6 B 2
Condezaygues 47 ..... 258 D 5
Condillac 26 ..... 267 E 3
Condom 32 ..... 275 G 5
Condom-d'Aubrac 12 ..... 263 F 5
Condorcet 26 ..... 268 A 5
Condren 02 ..... 24 B 5
Condrieu 69 ..... 231 E 4
Conflandey 70 ..... 141 E 3
Conflans-en-Jarnisy 54 ..... 45 E 5
Conflans-Sainte-Honorine 78.58 A 2
Conflans-sur-Anille 72 ..... 108 D 5
Conflans-sur-Lanterne 70.... 141 F 2
Conflans-sur-Loing 45 ..... 112 C 5
Conflans-sur-Seine 51 ..... 90 B 2
Confolens 16 ..... 204 B 3
Confolens Cascade de 38 ... 251 G 4
Confolent-Port-Dieu 19 ..... 226 C 3
Confort 01 ..... 215 E 1
Confort-Meilars 29 ..... 99 E 2
Confracourt 70 ..... 140 C 4
Confrançon 01 ..... 195 G 5
Congé-sur-Orne 72 ..... 107 H 2
Congénies 30 ..... 303 F 2

Congerville 91 ..... 87 E 4
Congerville-Thionville 91 ..... 87 E 4
Congis-sur-Thérouanne 77 .... 59 G 1
Congrier 53 ..... 127 G 2
Conie-Molitard 28 ..... 110 A 3
Conilhac-Corbières 11 ..... 320 C 5
Conilhac-
de-la-Montagne 11 ..... 337 G 3
Conjux 73 ..... 215 E 5
Conlie 72 ..... 107 F 3
Conliège 39 ..... 179 F 5
Connac 12 ..... 280 D 5
Connangles 43 ..... 246 D 1
Connantray-Vaurefroy 51 .... 61 G 4
Connantre 51 ..... 61 F 5
Connaux 30 ..... 284 D 4
Conne-de-Labarde 24 ..... 258 B 1
Connelles 27 ..... 36 C 4
Connerré 72 ..... 108 B 4
Connezac 24 ..... 222 B 3
Connigis 02 ..... 60 C 1
Conquereuil 44 ..... 126 B 4
Conques 12 ..... 262 B 4
Conques-sur-Orbiel 11 ..... 319 H 4
Le Conquet 29 ..... 74 C 2
Conqueyrac 30 ..... 302 D 1
Cons-la-Grandville 54 ..... 44 D 2
Cons-Sainte-Colombe 74 .... 216 A 5
Consac 17 ..... 219 G 4
Conségudes 06 ..... 309 F 1
Consenvoye 55 ..... 43 H 3
Consigny 52 ..... 117 G 2
Consolation Cirque de 25 .... 163 E 4
Consolation-
Maisonnettes 25 ..... 163 E 4
Contalmaison 80 ..... 13 G 5
Contamine-Sarzin 74 ..... 215 F 2
Contamine-sur-Arve 74 ..... 216 A 1
Les Contamines-
Montjoie 74 ..... 216 D 4
Contault 51 ..... 63 E 2
Contay 80 ..... 13 E 5
Conte 39 ..... 180 A 4
Contes 06 ..... 291 F 5
Contes 62 ..... 6 D 5
Contescourt 02 ..... 24 A 3
Contest 53 ..... 82 B 5
Conteville 14 ..... 33 H 5
Conteville 27 ..... 35 E 2
Conteville 60 ..... 22 A 4
Conteville 76 ..... 21 F 4
Conteville 80 ..... 12 B 3
Conteville-en-Ternois 62 ..... 7 G 5
Conteville-lès-Boulogne 62 .... 2 B 5
Conthil 57 ..... 66 D 3
Contigné 49 ..... 128 C 3
Contigny 03 ..... 192 A 4
Contilly 72 ..... 84 A 4
Continvoir 37 ..... 151 E 2
Contis-Plage 40 ..... 272 A 3
Contoire 80 ..... 22 D 4
Contrazy 09 ..... 335 G 2
Contré 17 ..... 202 B 2
Contre 80 ..... 22 A 3
Contréglise 70 ..... 140 D 2
Contremoulins 76 ..... 19 E 3
Contres 18 ..... 173 F 3
Contres 41 ..... 153 F 2
Contreuve 08 ..... 42 C 2
Contrevoz 01 ..... 214 C 5
Contrexéville 88 ..... 118 B 2
Contrières 50 ..... 51 G 1
Contrisson 55 ..... 63 F 3
Conty 80 ..... 22 A 3
Contz-les-Bains 57 ..... 46 B 2
Conzieu 01 ..... 214 C 5
Coole 51 ..... 62 B 4
Coolus 51 ..... 62 B 2
La Copechagnière 85 ..... 166 A 3
Copponex 74 ..... 215 G 2
Coq Col du 38 ..... 233 E 5
Coquainvilliers 14 ..... 34 C 4
Coquelles 62 ..... 2 C 3
La Coquille 24 ..... 223 E 3
Corancez 28 ..... 86 B 5
Corancy 58 ..... 176 A 1
Coray 29 ..... 100 B 2
Corbara 2B ..... 344 C 5
Corbarieu 82 ..... 297 H 1
Corbas 69 ..... 231 F 1
Corbehem 62 ..... 8 D 3
Corbeil-Cerf 60 ..... 38 A 3
Corbeil-Essonnes 91 ..... 88 A 2
Corbeilles 45 ..... 112 A 4
Corbel 73 ..... 233 E 1

Corbelin 38 ..... 232 C 2
Corbenay 70 ..... 119 F 5
Corbeny 02 ..... 41 F 1
Corbère 66 ..... 342 C 2
Corbère-Abères 64 ..... 314 D 2
Corbère-les-Cabanes 66 .... 342 D 2
Corberon 21 ..... 178 A 1
Corbès 30 ..... 283 G 4
Corbie 80 ..... 22 D 2
Le Corbier 73 ..... 252 A 1
La Corbière 70 ..... 141 H 2
Corbières 04 ..... 306 C 2
Corbières 11 ..... 337 E 2
Corbigny 58 ..... 157 G 4
Corbon 14 ..... 34 A 5
Corbon 61 ..... 84 C 4
Corbonod 01 ..... 215 E 3
Corbreuse 91 ..... 87 E 3
Corcelles-Mieslot 25 ..... 162 B 2
Corcelles 01 ..... 214 C 2
Corcelles 58 ..... 174 B 2
Corcelles 70 ..... 142 A 4
Corcelles-en-Beaujolais 69 . 212 D 1
Corcelles-Ferrières 25 ..... 161 G 4
Corcelles-les-Arts 21 ..... 177 G 2
Corcelles-lès-Cîteaux 21 .... 160 B 5
Corcelles-les-Monts 21 ..... 159 H 3
Corcieux 88 ..... 120 B 2
Corcondray 25 ..... 161 G 4
Corconne 30 ..... 303 E 1
Corcoué-sur-Logne 44 ..... 165 G 1
Corcy 02 ..... 40 A 4
Cordéac 38 ..... 251 E 5
Cordebugle 14 ..... 34 D 5
Cordelle 42 ..... 211 G 3
Cordemais 44 ..... 147 E 3
Cordes-sur-Ciel 81 ..... 279 F 4
Cordes-Tolosannes 82 ..... 277 F 5
Cordesse 71 ..... 176 D 1
Cordey 14 ..... 53 H 3
Cordieux 01 ..... 213 G 4
Cordiron 25 ..... 161 G 3
Cordon 74 ..... 216 C 3
Cordonnet 70 ..... 161 H 2
Corenc 38 ..... 251 E 1
Corent 63 ..... 227 H 2
Corfélix 51 ..... 61 E 3
Corgengoux 21 ..... 178 A 2
Corgenon 01 ..... 195 G 5
Corgirnon 52 ..... 139 H 2
Corgnac-sur-l'Isle 24 ..... 223 E 5
Corgoloin 21 ..... 177 H 1
Corignac 17 ..... 237 H 1
Corlay 22 ..... 77 H 4
Corlée 52 ..... 139 G 2
Corlier 01 ..... 214 B 2
Cormainville 28 ..... 110 B 3
Cormaranche-en-Bugey 01. 214 C 3
Cormatin 71 ..... 194 D 2
Corme-Écluse 17 ..... 219 E 1
Corme-Royal 17 ..... 201 E 5
Cormeilles 27 ..... 34 D 4
Cormeilles 60 ..... 22 B 4
Cormeilles-en-Parisis 95 .... 58 B 2
Cormeilles-en-Vexin 95 ..... 37 H 5
Cormelles-le-Royal 14 ..... 33 G 5
Le Cormenier 79 ..... 184 D 5
Cormenon 41 ..... 109 E 5
Cormeray 41 ..... 153 F 1
Cormeray 50 ..... 80 D 2
Cormery 37 ..... 152 A 4
Cormes 72 ..... 108 D 3
Cormet de Roselend 73 .... 216 D 5
Cormicy 51 ..... 41 F 2
Le Cormier 27 ..... 56 C 2
Cormolain 14 ..... 32 C 5
Cormont 62 ..... 6 B 3
Cormontreuil 51 ..... 41 G 4
Cormoranche-
sur-Saône 01 ..... 195 E 5
Cormost 10 ..... 115 E 3
Cormot-le-Grand 21 ..... 177 F 2
Cormoyeux 51 ..... 41 F 5
Cormoz 01 ..... 195 H 3
Corn 46 ..... 261 E 3
Cornac 46 ..... 243 E 5
Cornant 89 ..... 113 F 3
Cornas 07 ..... 249 E 4
Cornay 08 ..... 43 E 3
Corné 49 ..... 149 H 1
Cornebarrieu 31 ..... 297 H 4
Corneilhan 34 ..... 321 G 3
Corneilla-de-Conflent 66 .... 342 A 3
Corneilla-del-Vercol 66 ..... 343 F 2
Corneilla-la-Rivière 66 ..... 342 D 2
Corneillan 32 ..... 294 C 4

Corneuil 27 ..... 56 B 3
Corneville-la-Fouquetière 27.55 G 1
Corneville-sur-Risle 27 ..... 35 F 3
Cornier 74 ..... 215 H 1
Corniéville 55 ..... 64 D 5
Cornil 19 ..... 242 D 2
Cornillac 26 ..... 268 B 5
Cornille 24 ..... 240 C 4
Cornillé 35 ..... 105 E 3
Cornillé-les-Caves 49 ..... 150 A 1
Cornillon 30 ..... 284 C 2
Cornillon-Confoux 13 ..... 305 F 5
Cornillon-en-Trièves 38 ..... 250 D 5
Cornillon-sur-l'Oule 26 ..... 268 B 5
Cornimont 88 ..... 120 A 4
Cornod 39 ..... 196 B 4
Cornot 70 ..... 140 C 4
La Cornuaille 49 ..... 148 D 1
Cornus 12 ..... 301 G 1
Cornusse 18 ..... 173 H 2
Cornusson Château de 82 ... 279 E 3
Corny 27 ..... 36 D 3
Corny-Machéroménil 08 ..... 26 B 5
Corny-sur-Moselle 57 ..... 65 G 2
Coron 49 ..... 149 F 5
Corong Gorges du 22 ..... 77 E 3
Corpe 85 ..... 183 F 2
Corpeau 21 ..... 177 G 2
Corpoyer-la-Chapelle 21 ..... 159 F 1
Corps 38 ..... 251 F 5
Corps-Nuds 35 ..... 104 B 4
Corquilleroy 45 ..... 112 B 4
Corquoy 18 ..... 172 D 3
Corrano 2A ..... 349 E 3
Corravillers 70 ..... 119 H 5
Corre 70 ..... 118 C 5
Corrençon-en-Vercors 38 .... 250 C 3
Correns 83 ..... 307 F 5
Corrèze 19 ..... 225 E 5
Corribert 51 ..... 61 E 2
Corrobert 51 ..... 60 D 5
Corrombles 21 ..... 158 C 1
Corronsac 31 ..... 318 A 2
Corroy 51 ..... 61 F 5
Corsaint 21 ..... 158 C 1
Corsavy 66 ..... 342 C 4
Corscia 2B ..... 346 D 4
Corsen Pointe de 29 ..... 74 C 2
Corsept 44 ..... 146 C 3
Corseul 22 ..... 79 F 3
Corte 2B ..... 347 E 4
Cortevaix 71 ..... 194 C 2
Cortone Col de 2A ..... 348 C 5
Cortrat 45 ..... 134 D 2
Les Corvées-les-Yys 28 ..... 85 G 5
Corveissiat 01 ..... 196 B 5
Corvol-d'Embernard 58 ..... 157 E 4
Corvol-l'Orgueilleux 58 ..... 157 E 2
Corzé 49 ..... 128 D 3
Cos 09 ..... 336 A 2
Cosges 39 ..... 178 D 4
Coslédaà-Lube-Boast 64 .... 314 C 2
Cosmes 53 ..... 105 H 5
Cosnac 19 ..... 242 C 3
Cosne-d'Allier 03 ..... 191 F 3
Cosne-sur-Loire 58 ..... 156 A 2
Cosnes-et-Romain 54 ..... 44 D 1
Cosqueville 50 ..... 29 G 2
Cossaye 58 ..... 175 E 5
Cossé-d'Anjou 49 ..... 149 F 5
Cossé-en-Champagne 53 .... 106 D 5
Cossé-le-Vivien 53 ..... 105 H 5
Cossesseville 14 ..... 53 F 2
Cosswiller 67 ..... 97 E 1
Costa 2B ..... 346 D 2
Costaros 43 ..... 247 F 5
Les Costes 05 ..... 269 G 1
Les Costes-Gozon 12 ..... 281 E 5
La Côte 70 ..... 141 H 3
Cote 304 55 ..... 43 H 4
La Côte-d'Aime 73 ..... 234 D 2
La Côte-d'Arbroz 74 ..... 198 C 5
La Côte-en-Couzan 42 ..... 211 E 5
La Côte-Saint-André 38 ..... 232 A 4
Le Coteau 42 ..... 211 G 3
Côtebrune 25 ..... 162 C 3
Les Côtes-d'Arey 38 ..... 231 F 4
Les Côtes-de-Corps 38 ..... 251 F 5
Coti-Chiavari 2A ..... 348 C 5
Cotignac 83 ..... 307 G 5
La Cotinière 17 ..... 200 A 3
Cottance 42 ..... 212 A 5
Cottenchy 80 ..... 22 C 3
Cottévrard 76 ..... 20 C 4
Cottier 25 ..... 161 G 4
Cottun 14 ..... 32 D 3

A
B
C
D
E
F
G
H
I
J
K
L
M
N
O
P
Q
R
S
T
U
V
W
X
Y
Z

COLMAR

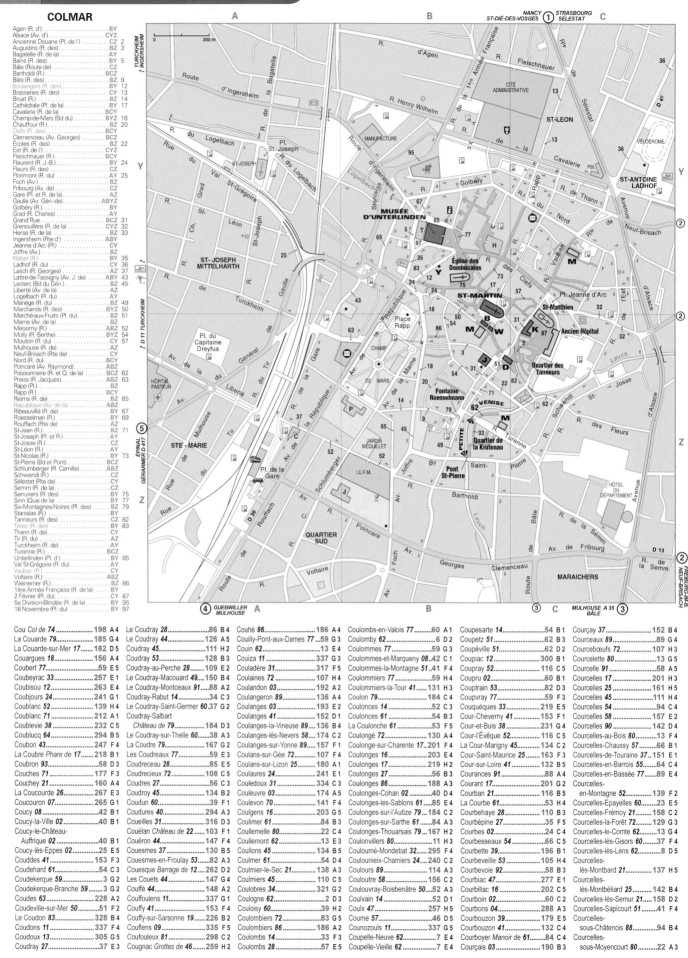

Agen (R. d')	BY
Alsace (Av. d')	CYZ
Ancienne Douane (Pl. de l')	CZ 2
Augustins (R. des)	BZ 3
Bagatelle (R. de la)	AY
Bains (R. des)	BY 5
Bâle (Route de)	CZ
Bartholdi (R.)	BCZ
Blés (R. des)	BZ 9
Boulangers (R. des)	BY 12
Brasseries (R. des)	CY 13
Bruat (R.)	BY 14
Cathédrale (Pl. de la)	BY 17
Cavalerie (R. de la)	BCY
Champ-de-Mars (Bd du)	BYZ 18
Chauffour (R.)	BZ 20
Clefs (R. des)	BCY
Clemenceau (Av. Georges)	BCZ
Écoles (R. des)	BZ 22
Est (R. de l')	CYZ
Fleischhauer (R.)	CZ
Fleurent (R. J.-B.)	BY 24
Fleurs (R. des)	BZ
Florimont (R. du)	AY 25
Foch (Av.)	BZ
Fribourg (Av. de)	CZ
Gare (Pl. et R. de la)	AZ
Gaulle (Av. Gén.-de)	ABYZ
Golbéry (R.)	BY
Grad (R. Charles)	AY
Grand'Rue	BCZ 31
Grenouillère (R. de la)	CYZ 32
Herse (R. de la)	BZ 33
Ingersheim (Rte d')	ABY
Jeanne d'Arc (Pl.)	CY
Joffre (Av.)	BZ
Kléber (R.)	BY 35
Ladhof (R. du)	CY 36
Lasch (R. Georges)	AZ 37
Lattre-de-Tassigny (Av. J. de)	ABY 43
Leclerc (Bd du Gén.)	BZ 45
Liberté (Av. de la)	AY
Logelbach (R. du)	AY
Manège (R. du)	BZ 49
Marchands (R. des)	BYZ 50
Marché-aux-Fruits (Pl. du)	BZ 51
Marne (Av. de la)	AZ
Messimy (R.)	ABZ 52
Molly (R. Berthe)	BYZ 54
Mouton (R. du)	CY 57
Mulhouse (R. de)	AZ
Neuf-Brisach (Rte de)	CY
Nord (R. du)	BCY
Poincaré (Av. Raymond)	ABZ
Poissonnerie (R. et Q. de la)	BCZ 62
Preiss (R. Jacques)	ABZ 63
Rapp (Pl.)	BZ
Rapp (R.)	BCY
Reims (R. de)	BZ 65
République (Av. de la)	ABZ
Ribeauvillé (R. de)	CY 67
Roesselman (R.)	BCY
Rouffach (Rte de)	AZ
St-Jean (R.)	BY 71
St-Joseph (Pl. et R.)	AY
St-Josse (R.)	CY
St-Léon (R.)	BY
St-Nicolas (R.)	BY 73
St-Pierre (Bd et Pont)	BCZ
Schlumberger (R. Camille)	ABZ
Schwendi (R.)	CY
Sélestat (Rte de)	CY
Semm (R. de la)	CZ
Serruriers (R. des)	BY 75
Sinn (Quai de la)	BY 77
Six-Montagnes-Noires (Pl. des)	BZ 79
Stanislas (R.)	BY
Tanneurs (R. des)	CZ 82
Têtes (R. des)	BZ 83
Thann (R. de)	CY
Tir (R. du)	AZ
Turckheim (R. de)	AY
Turenne (R.)	BCZ
Unterlinden (Pl. d')	BY 85
Val St-Grégoire (R. du)	AY
Vauban (R.)	ABZ
Voltaire (R.)	ABZ
Weinemer (R.)	BZ 86
1ère Armée Française (R. de la)	BY
2 Février (Pl. du)	CY 87
5e Division-Blindée (R. de la)	BY 95
18 Novembre (Pl. du)	BY 97

Cou *Col de* 74	198	A 4
La Couarde 79	185	G 4
La Couarde-sur-Mer 17	182	D 5
Couargues 18	156	A 4
Coubert 77	59	E 5
Coubeyrac 33	257	E 1
Coubisou 12	263	E 4
Coubjours 24	241	G 1
Coublanc 52	139	H 4
Coublanc 71	212	A 1
Coublevie 38	232	C 5
Coublucq 64	294	B 5
Coubon 43	247	F 4
La Coubre *Phare de* 17	218	B 1
Coubron 93	58	D 3
Couches 71	177	F 3
Couchey 21	160	A 4
La Coucourde 26	267	E 3
Coucouron 07	265	G 1
Coucy 08	42	B 1
Coucy-la-Ville 02	40	B 1
Coucy-le-Château-Auffrique 02	40	B 1
Coucy-lès-Eppes 02	25	E 5
Couddes 41	153	F 3
Coudehard 61	54	C 3
Coudekerque 59	3	G 2
Coudekerque-Branche 59	3	G 2
Coudes 63	228	A 2
Coudeville-sur-Mer 50	51	F 2
Le Coudon 83	328	B 4
Coudons 11	337	F 4
Coudoux 13	305	G 5
Coudray 27	37	E 3
Le Coudray 28	86	B 4
Le Coudray 44	126	A 5
Coudray 45	111	H 2
Coudray 53	128	B 3
Coudray-au-Perche 28	109	E 2
Le Coudray-Macouard 49	150	B 4
Le Coudray-Montceaux 91	88	A 2
Coudray-Rabut 14	34	C 3
Le Coudray-Saint-Germer 60	37	G 2
Coudray-Salbart *Château de* 79	184	D 3
Le Coudray-sur-Thelle 60	38	A 3
La Coudre 79	167	G 2
Le Coudreau 77	59	E 3
Coudreceau 28	85	E 5
Coudrecieux 72	108	C 5
Coudroy 45	134	B 2
Coudun 60	39	F 1
Coudures 40	294	A 3
Coueilles 31	316	D 3
Couëlan *Château de* 22	103	F 1
Couëron 44	147	H 4
Couesmes 37	130	B 5
Couesmes-en-Froulay 53	82	A 3
Couesque *Barrage de* 12	262	D 2
Les Couets 44	147	G 4
Couffé 44	148	A 2
Couffoulens 11	337	G 1
Couffy 41	153	F 4
Couffy-sur-Sarsonne 19	226	B 2
Couflens 09	335	F 5
Coufouleux 81	298	C 2
Cougnac *Grottes de* 46	259	H 2

Couhé 86	186	A 4
Couilly-Pont-aux-Dames 77	59	G 3
Couin 62	13	E 4
Couiza 11	337	G 3
Couladère 31	317	H 1
Coulaines 72	107	H 4
Coulandon 03	192	A 2
Coulangeron 89	136	A 4
Coulanges 03	193	G 2
Coulanges 41	152	D 1
Coulanges-la-Vineuse 89	136	B 4
Coulanges-lès-Nevers 58	174	C 2
Coulanges-sur-Yonne 89	157	F 1
Coulans-sur-Gée 72	107	F 4
Coulans-sur-Lizon 25	180	A 1
Couledoux 31	334	C 3
Couleuvre 03	174	A 5
Coulevon 70	141	F 4
Coulgens 16	203	G 5
Coulimer 61	84	B 3
Coullemelle 80	22	C 4
Coullemont 62	13	E 3
Coullons 45	134	B 5
Coulmer 61	54	D 4
Coulmier-le-Sec 21	138	A 3
Coulmiers 45	110	C 5
Coulobres 34	321	C 2
Coulogne 62	2	D 3
Couloisy 60	39	H 2
Coulombiers 72	83	G 5
Coulombiers 86	186	A 2
Coulombs 14	33	F 3
Coulombs 28	57	E 5

Coulombs-en-Valois 77	60	A 1
Coulomby 62	6	D 2
Coulommes 77	59	G 3
Coulommes-et-Marqueny 08	42	C 1
Coulommes-la-Montagne 51	41	F 4
Coulommiers 77	59	H 4
Coulommiers-la-Tour 41	131	H 3
Coulon 79	184	C 4
Coulonces 14	52	C 3
Coulonces 61	54	B 3
La Coulonche 61	53	H 5
Coulongé 72	130	A 4
Coulonge-sur-Charente 17	201	F 4
Coulonges 16	203	E 4
Coulonges 17	219	H 2
Coulonges 27	56	B 3
Coulonges 86	188	A 3
Coulonges-Cohan 02	40	D 4
Coulonges-les-Sablons 61	85	E 4
Coulonges-sur-l'Autize 79	184	C 2
Coulonges-sur-Sarthe 61	84	A 3
Coulonges-Thouarsais 79	167	H 2
Coulonvillers 80	11	H 3
Couloumé-Mondebat 32	295	F 4
Coulounieix-Chamiers 24	240	C 2
Coulours 89	114	A 3
Couloutre 58	156	C 2
Coulouvray-Boisbenâtre 50	52	A 3
Coulvain 14	52	D 1
Coulx 47	257	H 5
Coume 57	46	D 4
Counozouls 11	337	G 5
Coupelle-Neuve 62	7	E 4
Coupelle-Vieille 62	7	E 4

Coupesarte 14	54	B 1
Coupetz 51	62	B 3
Coupéville 51	62	D 2
Coupiac 12	300	B 1
Coupray 52	116	C 5
Coupru 02	60	B 1
Couptrain 53	82	D 3
Coupvray 77	59	F 3
Couquèques 33	219	E 5
Cour-Cheverny 41	153	F 1
Cour-et-Buis 38	231	G 4
Cour-l'Évêque 52	116	C 5
La Cour-Marigny 45	134	C 2
Cour-Saint-Maurice 25	163	F 3
Cour-sur-Loire 41	132	B 5
Courances 91	88	A 4
Courant 17	201	G 2
Courban 21	116	B 5
La Courbe 61	53	H 4
Courbehaye 28	110	B 3
Courbépine 27	35	F 3
Courbes 02	24	C 4
Courbesseaux 54	66	C 5
Courbette 39	196	B 1
Courbeveille 53	105	H 4
Courbevoie 92	58	B 3
Courbiac 47	277	E 1
Courbillac 16	202	C 5
Courboin 02	60	C 2
Courbons 28	288	A 3
Courbouzon 39	179	E 5
Courbouzon 41	132	C 4
Courboyer *Manoir de* 61	84	C 4
Courçais 03	190	B 3

Courçay 37	152	B 4
Courceaux 89	89	G 4
Courcebœufs 72	107	H 3
Courcelette 80	13	G 5
Courcelle 91	58	A 5
Courcelles 17	201	H 3
Courcelles 25	161	H 5
Courcelles 45	111	H 4
Courcelles 54	94	C 4
Courcelles 58	157	E 2
Courcelles 90	142	D 4
Courcelles-au-Bois 80	13	F 4
Courcelles-Chaussy 57	66	B 1
Courcelles-de-Touraine 37	151	E 1
Courcelles-en-Barrois 55	64	C 4
Courcelles-en-Bassée 77	89	G 4
Courcelles-en-Montagne 52	139	F 2
Courcelles-Epayelles 60	23	E 5
Courcelles-Frémoy 21	158	C 2
Courcelles-la-Forêt 72	129	G 3
Courcelles-le-Comte 62	13	G 4
Courcelles-lès-Gisors 60	37	F 4
Courcelles-lès-Lens 62	8	D 5
Courcelles-lès-Montbard 21	137	H 5
Courcelles-lès-Montbéliard 25	142	B 4
Courcelles-lès-Semur 21	158	D 2
Courcelles-Sapicourt 51	41	F 4
Courcelles-sous-Châtenois 88	94	B 4
Courcelles-sous-Moyencourt 80	22	A 3

Courcelles-sous-Thoix 80.......22 A 4
Courcelles-sur-Aire 55......63 H 2
Courcelles-sur-Aujon 52.....139 E 2
Courcelles-sur-Blaise 52.....92 C 4
Courcelles-sur-Nied 57......66 B 1
Courcelles-sur-Seine 27......36 D 5
Courcelles-sur-Vesles 02.....40 D 3
Courcelles-sur-Viosne 95.....57 H 1
Courcelles-sur-Voire 10.....91 H 3
Courcelles-
Val-d'Esnoms 52.........139 F 4
Courcemain 51...........90 C 2
Courcemont 72..........108 A 3
Courcerac 17...........202 B 4
Courcerault 61.........84 C 4
Courceroy 10...........89 H 3
Courchamp 21..........139 H 5
Courchamp 77..........89 G 2
Courchamps 02.........40 A 5
Courchamps 49.........150 B 4
Courchapon 25.........161 G 3
Courchaton 70.........141 H 5
Courchelettes 59......8 D 5
Courchevel 73.........234 C 4
Courcité 53...........83 E 5
Courcival 72..........108 A 2
Courcôme 16...........203 F 3
Courçon 17............183 H 5
Courcoué 85...........169 F 1
Courcouronnes 91......87 H 2
Courcoury 17..........219 G 1
Courcuire 70..........161 G 2
Courcy 14.............54 A 2
Courcy 50.............31 G 5
Courcy 51.............41 G 3
Courcy-aux-Loges 45...111 G 4
Courdemanche 27......56 C 4
Courdemanche 72......130 C 3
Courdemanges 51......62 C 5
Courdimanche 95......57 H 1
Courdimanche-
sur-Essonne 91......87 H 4
Couret 31.............334 C 2
Courgains 72..........83 H 5
Courgeac 16...........221 E 4
Courgenard 72.........108 D 3
Courgenay 89..........90 A 5
Courgent 78...........57 F 3
Courgeon 61...........84 C 3
Courgeoût 61..........84 B 3
Courgis 89............136 C 3
Courgivaux 51.........60 C 5
Courgoul 63...........227 G 3
Courjeonnet 51........61 F 3
Courlac 16............221 E 5
Courlandon 51.........41 E 3
Courlans 39...........179 E 5
Courlaoux 39..........179 E 5
Courlay 79............167 G 4
Courlay-sur-Mer 17....218 C 1
Courléon 49...........150 D 2
Courlon 21............139 E 4
Courlon-sur-Yonne 89..89 F 5
Courmangoux 01.......196 A 4
Courmas 51...........41 F 4
Courmelles 02.........40 B 3
Courmemin 41.........153 G 2
Courménil 61..........54 C 4
Courmes 06...........309 E 2
Courmont 02..........40 D 5
Courmont 70..........142 A 3
Cournanel 11..........337 G 2
La Courneuve 93......58 C 2
Courniou 34...........320 C 2
Cournols 63...........227 G 2
Cournon 56............125 G 3
Cournon-d'Auvergne 63..227 H 1
Cournonsec 34........302 C 5
Cournonterral 34......302 C 5
La Couronne 13.......325 H 4
La Couronne 16.......221 E 2
Courouvre 55.........64 B 3
Courpalay 77.........59 G 5
Courpiac 33..........256 C 1
Courpière 63.........228 C 1
Courpignac 17........219 H 5
Courquetaine 77......59 F 5
Courrensan 32........295 G 2
Courrières 62.........8 C 4
Courris 81............299 H 1
Courry 30............283 H 2
Cours 46.............260 B 4
Cours 47.............276 B 1
Le Cours 56..........124 D 2
Cours 58.............156 B 2
Cours 69.............212 A 2
Cours 79.............185 E 2

Cours-de-Monségur 33....257 E 3
Cours-de-Pile 24.....258 B 1
Cours-les-Bains 33....274 D 1
Cours-les-Barres 18...174 B 2
Coursac 24...........240 B 2
Coursan 11...........321 F 5
Coursan-en-Othe 10...114 C 4
Coursegoules 06......309 H 1
Courset 62............6 C 2
Courseulles-sur-Mer 14..33 F 3
Courson 14...........52 B 3
Courson Château de 91..87 F 2
Courson-les-Carrières 89..136 A 5
Courson-Monteloup 91..87 F 2
Courtanvaux
Château de 72......131 E 2
Courtaoult 10........114 C 4
Courtauly 11.........337 E 2
Courtavon 68.........143 E 5
Courtefontaine 25....163 G 2
Courtefontaine 39....161 G 5
Courteilles 27.......56 A 5
Courteix 19..........226 B 2
Courtelevant 90......142 D 4
Courtemanche 80......22 D 4
Courtemaux 45........112 D 4
Courtémont 51........43 E 5
Courtemont-Varennes 02..60 D 1
Courtempierre 45.....112 B 4
Courtenay 38.........214 A 5
Courtenay 45.........113 C 4
Courtenot 10.........115 F 3
Courteranges 10......115 F 2
Courteron 10.........115 G 4
Courtes 01...........195 G 2
Courtesoult-et-Gatey 70..140 A 4
Courtetain-et-Salans 25..162 D 3
La Courtète 11.......337 E 1
Courteuil 60.........38 D 4
Courthézon 84........285 F 4
Courthiézy 51........60 D 1
Courties 32..........295 F 5
Courtieux 60.........39 H 2
Courtillers 72.......129 E 3
Courtils 50..........51 G 5
La Courtine 23.......225 H 1
Courtisols 51........62 C 2
Courtivron 21........139 E 5
Courtoin 89..........113 E 3
Courtois-sur-Yonne 89..113 G 2
Courtomer 61.........84 A 2
Courtomer 77.........59 G 5
Courtonne-la-Meurdrac 14..34 D 5
Courtonne-
les-Deux-Églises 14..34 D 5
Courtrizy-et-Fussigny 02..41 E 1
Courtry 77...........59 E 2
Courvaudon 14........53 E 1
Courvières 25........180 A 3
Courville 51.........41 E 3
Courville-sur-Eure 28..85 H 4
Courzieu 69..........230 C 1
Cousance 39..........196 A 2
Cousances-au-Bois 55..64 C 5
Cousances-les-Forges 55..92 D 2
Cousolre 59..........16 A 3
Coussa 09............336 B 2
Coussac-Bonneval 87..223 H 3
Coussan 65...........315 F 4
Coussay 86...........168 D 3
Coussay-les-Bois 86...170 A 4
Coussegrey 10........114 D 5
Coussergues 12.......281 F 1
Cousseau-sur-Arzon 43..229 F 5
Coussey 88...........94 A 4
Coust 18.............173 G 5
Coustaussa 11........337 G 3
Coustouge 11.........338 C 2
Coustouges 66........342 C 5
Coutances 50.........31 G 5
Coutansouze 03.......209 G 1
Coutarnoux 89........137 E 5
Coutençon 77.........89 E 3
Coutens 09...........336 D 1
Couterne 61..........82 C 3
Couternon 21.........160 B 3
Couteuges 43.........246 C 2
Coutevroult 77.......59 G 3
Couthenans 70........142 B 3
Couthures-sur-Garonne 47..257 E 4
Coutiches 59.........9 E 4
Coutières 79.........185 G 2
Coutouvre 42.........211 H 2

Coutras 33...........238 C 3
Couture 16...........203 G 3
La Couture 62........8 A 3
La Couture 85........183 E 1
La Couture-Boussey 27..56 D 3
Couture-sur-Loir 41...130 D 3
Couturelle 62........13 E 3
Coutures 24..........221 G 5
Coutures 33..........256 D 3
Coutures 49..........149 H 2
Coutures 82..........297 E 1
Couvains 50..........32 B 4
Couvains 61..........55 F 3
La Couvertoirade 12...301 H 1
Couvertpuis 55.......93 F 2
Couville 50..........29 E 4
Couvonges 55.........63 G 4
Couvrelles 02........40 C 3
Couvron-et-Aumencourt 02..24 C 4
Couvrot 51...........62 C 4
Coux 07..............266 D 2
Coux 17..............219 H 5
Coux-et-Bigaroque 24..259 E 1
Couy 18..............173 H 1
La Couyère 35........104 C 5
Couzan Château de 42..229 F 1
Couze-et-Saint-Front 24..258 C 1
Couzeix 87...........205 G 4
Couziers 37..........150 D 5
Couzon 03............191 H 1
Couzon-au-Mont-d'Or 69..213 E 4
Couzou 46............260 C 2
Cox 31...............297 E 3
Coye-la-Forêt 60.....38 D 5
Coyecques 62.........7 F 3
Coyolles 02..........39 H 4
Coyrière 39..........197 E 4
Coyron 39............196 D 2
Coyviller 54.........95 E 1
Cozes 17.............219 E 2
Cozzano 2A...........349 F 3
Crach 56.............124 A 4
Craches 78...........86 D 2
Crachier 38..........231 H 3
Crain 89.............157 F 1
Craincourt 57........66 B 3
Craintilleux 42......230 A 2
Crainvilliers 88.....118 B 3
Cramaille 02.........40 C 4
Cramans 39...........179 G 1
Cramant 51...........61 G 2
Cramchaban 17........184 B 5
Craménil 61..........53 G 4
Cramoisy 60..........38 C 4
Cramont 80...........12 B 4
Crampagna 09.........336 B 2
Cran-Gevrier 74......215 G 3
Crancey 10...........90 A 3
Crançot 39...........179 F 5
Crandelles 15........244 B 4
Crannes-
en-Champagne 72....107 F 5
Crans 01.............213 H 3
Crans 39.............180 A 4
Cransac 12...........261 H 4
Crantenoy 54.........95 E 3
Cranves-Sales 74.....197 H 5
Craon 53.............127 H 2
Craon 86.............168 C 4
Craonne 02...........41 E 2
Craonnelle 02........41 E 2
Crapeaumesnil 60.....23 F 4
Craponne 69..........230 D 1
Craponne-sur-Arzon 43..229 F 5
Cras 38..............250 B 1
Cras 46..............260 B 4
Cras-sur-Reyssouze 01..195 G 4
Crastatt 67..........68 B 5
Crastes 32...........296 C 3
Crasville 27.........36 B 4
Crasville 50.........29 G 4
Crasville-la-Mallet 76..19 G 3
Crasville-la-Rocquefort 76..19 H 3
La Crau 83...........328 B 4
Cravanche 90.........142 C 3
Cravans 17...........219 F 2
Cravant 45...........132 C 3
Cravant 89...........136 C 4
Cravant-les-Côteaux 37..151 F 5
Cravencères 32.......295 E 3
Cravent 78...........57 E 2
Crayssac 46..........259 H 4
Craywick 59..........3 F 3
Craz 01..............214 D 2

Crazannes 17.........201 F 4
Cré 72...............129 F 4
Créac'h Phare de 29...74 A 1
Créances 50..........31 F 4
Créancey 21..........159 F 4
Créancey 52..........116 C 4
Crécey-sur-Tille 21...139 F 5
La Crèche 79.........185 E 4
Crêches-sur-Saône 71..195 E 5
Créchets 65..........334 A 2
Crêchy 03............192 B 5
Crécy-au-Mont 02.....40 B 1
Crécy-Couvé 28.......56 C 5
Crécy-en-Ponthieu 80..11 G 2
Crécy-la-Chapelle 77..59 G 3
Crécy-sur-Serre 02...24 D 4
Crédin 56............102 B 3
Crégols 46...........260 D 5
Crégy-lès-Meaux 77...59 G 2
Créhange 57..........66 D 1
Créhen 22............79 F 3
Creil 60.............38 D 4
Creissan 34..........321 E 3
Creissels 12.........281 H 4
Cremeaux 42..........211 F 4
Crémery 80...........23 F 3
Crémieu 38...........231 H 1
Crempigny-Bonneguête 74..215 E 3
Cremps 46............278 C 1
Crenans 39...........196 D 2
Creney-près-Troyes 10..91 E 5
Crennes-sur-Fraubée 53..82 D 4
Creno Lac de 2A......346 D 5
Créon 33.............255 H 1
Créon-d'Armagnac 40..274 C 5
Créot 71.............177 F 2
Crépand 21...........137 H 5
Crépey 54............94 C 2
Crépion 55...........44 B 4
Crépol 26............249 G 2
Crépon 14............33 F 3
Crépy 02.............24 C 5
Crépy 62.............7 F 4
Crépy-en-Valois 60...39 G 4
Créquy 62............7 E 4
Le Crès 34...........303 E 4
Cresancey 70.........161 F 2
Crésantignes 10......114 D 3
Les Cresnays 50......52 A 4
Crespian 30..........303 F 1
Crespières 78........57 H 3
Crespin 12...........279 H 3
Crespin 59...........9 H 5
Crespin 81...........279 H 5
Crespinet 81.........299 G 1
Croisances 43........246 D 5
Crespy-le-Neuf 10....91 H 4
Cressac-Saint-Genis 16..221 E 4
Cressanges 03........191 H 3
Cressat 23...........207 G 1
Cressé 17............202 C 4
Cressely 78..........58 A 5
Cressensac 46........242 B 4
Cresserons 14........33 G 3
Cresseveuille 14.....34 B 4
Cressia 39...........196 B 2
Cressin-Rochefort 01..214 D 5
La Cressonnière 14...54 D 1
Cressonsacq 60.......38 D 1
Cressy 76............20 B 3
Cressy-Omencourt 80..23 G 4
Cressy-sur-Somme 71..175 H 5
Crest 26.............267 G 2
Le Crest 63..........227 H 1
Crest-Voland 73......216 B 4
Creste 63............227 G 3
Le Crestet 84........285 D 4
Crestet 84...........285 H 2
Crestot 27...........36 A 4
Créteil 94...........58 D 4
Créton 27............56 B 3
Cretteville 50.......31 H 2
Creuë 55.............64 D 2
Creully 14...........33 F 3
La Creuse 70.........141 G 4
Creuse 80............22 D 2
Le Creusot 71........177 F 2
Creutzwald 57........46 D 4
Creuzier-le-Neuf 03..210 B 1
Creuzier-le-Vieux 03..210 B 1
Crevans-et-la-Chapelle-
lès-Granges 70......142 A 4
Crevant 36...........189 G 3
Crevant-Laveine 63...210 B 4

Crévéchamps 54.......95 E 2
Crèvecœur-en-Auge 14..34 B 5
Crèvecœur-en-Brie 77..59 G 4
Crèvecœur-le-Grand 60..22 A 5
Crèvecœur-le-Petit 60..22 D 5
Crèvecœur-sur-l'Escaut 59..14 B 4
Creveney 70..........141 F 3
Crévic 54............95 F 1
Crévin 35............104 B 5
Crévoux 05...........270 D 3
Creys-Mépieu 38......214 B 5
Creyssac 24..........222 B 5
Creysse 24...........240 B 5
Creysse 46...........242 C 5
Creysseilles 07......266 C 2
Creyssensac-et-Pissot 24..240 C 3
Crézançay-sur-Cher 18..173 E 4
Crézancy 02..........60 C 1
Crézancy-en-Sancerre 18..155 H 3
Crézières 79.........202 D 2
Crézilles 54.........94 B 2
Cricqueboeuf 14......34 C 2
Cricqueville-en-Auge 14..34 A 4
Cricqueville-en-Bessin 14..32 C 2
Criel-sur-Mer 76.....10 C 4
Crillat 39...........196 D 1
Crillon 60...........37 H 1
Crillon-le-Brave 84..285 H 3
Crimolois 21.........160 B 3
Crion 54.............95 G 1
La Crique 76.........20 B 4
Criquebeuf-en-Caux 76..18 D 3
Criquebeuf-la-Campagne 27..36 A 4
Criquebeuf-sur-Seine 27..36 B 3
Criquetot-le-Mauconduit 76..19 F 3
Criquetot-l'Esneval 76..18 D 4
Criquetot-sur-Longueville 76..20 B 3
Criquetot-sur-Ouville 76..19 H 4
Criquiers 76.........21 F 4
Crisenoy 77..........88 C 2
Crisolles 60.........23 H 5
Crissay-sur-Manse 37..151 G 5
Crissé 72............107 F 3
Crissey 39...........179 E 1
Crissey 71...........177 H 4
Cristinacce 2A.......346 C 5
Cristot 14...........33 E 4
Criteuil-la-Magdeleine 16..220 C 3
Critot 76............20 C 5
Croce 2B.............347 G 3
Crochte 59...........3 G 3
Crocicchia 2B........347 G 2
Crocq 23.............208 B 4
Le Crocq 60..........22 B 5
Crocy 14.............54 A 3
Croettwiller 67......69 F 2
Croignon 33..........255 H 1
Croisances 43........246 D 5
Croisette 62.........12 C 2
La Croisette 74......215 G 1
Le Croisic 44........145 G 4
La Croisière 23......205 H 1
La Croisille-sur-Briance 87..224 C 2
Croisilles 14........53 F 1
Croisilles 28........57 E 5
Croisilles 61........54 C 4
Croisilles 62........13 H 3
Croismare 54.........95 G 1
Croissanville 14.....34 A 5
Croissy-Beaubourg 77..59 E 3
Croissy-sur-Celle 60..22 B 4
Croissy-sur-Seine 78..58 A 3
Le Croisty 56........101 E 2
Croisy 18............173 H 2
Croisy-sur-Andelle 76..36 D 1
Croisy-sur-Eure 27...56 C 1
Croix 59.............9 E 2
Croix 90.............142 D 5
Croix Col de la 2A...346 A 4
Croix Plateau de la 74..216 D 4
La Croix-aux-Bois 08..43 E 2
La Croix-aux-Mines 88..96 C 5
Croix-Avranchin 50...80 D 2
La Croix-Blanche 47..276 C 2
La Croix-Blanche 71..194 D 4
Croix-Caluyau 59.....15 E 4
La Croix-Chapeau 17..200 D 1
La Croix-Comtesse 17..201 H 2
Croix-de-Bauzon
Col de la 07........265 H 3
La Croix-de-Berny 92..58 C 4
La Croix-de-Fer Col de 73..251 H 1
La Croix-de-la-Rochette 73..233 G 3
Croix-de-l'Homme-Mort
Col de la 42........229 F 3
Croix-de-Vie 85......164 D 4

Croix-du-Bac 59......8 B 2
La Croix-du-Perche 28..109 F 2
La Croix-en-Brie 77...89 E 2
La Croix-en-Champagne 51..62 D 1
Croix-en-Ternois 62..7 F 5
La Croix-en-Touraine 37..152 C 3
Croix-Fonsommes 02...24 B 1
La Croix-Fry Col de 74..216 A 3
Croix-Haute Col de la 26..268 D 2
La Croix-Helléan 56...102 D 4
Croix-Mare 76........19 H 5
Croix-Moligneaux 80..23 H 2
Croix-Morand ou de Diane
Col de la 63........227 F 2
Croix-Rampau 69......213 E 4
La Croix-Saint-Leufroy 27..36 C 5
Croix-Saint-Robert
Col de la 63........227 F 3
Croix Saint-Thomas 21..158 D 3
Croix-Sainte 13......325 G 3
La Croix-sur-Gartempe 87..205 E 1
La Croix-sur-Ourcq 02..40 B 5
La Croix-sur-Roudoule 06..289 F 4
La Croix-Valmer 83...329 F 3
Croixanvec 56........102 A 2
Croixdalle 76........20 D 2
La Croixille 53......105 G 2
Croixrault 80........21 H 3
Croizet-sur-Gand 42..211 H 4
Crolles 38...........233 F 5
Crollon 50...........80 D 2
Cromac 87............188 B 4
Cromary 70...........162 A 2
Cronat 71............175 G 5
Cronce 43............246 B 3
La Cropte 53.........106 C 5
Cropus 76............20 B 3
Cros 30..............283 F 5
Cros 63..............226 D 4
Le Cros 34...........301 H 2
Cros-de-Cagnes 06....309 G 3
Cros-de-Géorand 07...265 H 1
Cros-de-Montvert 15..243 G 3
Cros-de-Ronesque 15..244 D 5
Crosey-le-Grand 25...162 D 2
Crosey-le-Petit 25...162 D 2
Crosmières 72........129 F 3
Crosne 91............58 D 5
Crossac 44...........146 C 1
Crosses 18...........173 G 2
Crosville-la-Vieille 27..36 A 5
Crosville-sur-Douve 50..31 G 2
Crosville-sur-Scie 76..20 B 2
Crotelles 37.........152 A 1
Crotenay 39..........179 G 4
Croth 27.............56 D 3
Le Crotoy 80.........11 F 2
Crots 05.............270 C 3
Crottes-en-Pithiverais 45..111 F 3
Crottet 01...........195 E 5
Le Crouais 35........103 F 1
Crouay 14............32 D 3
La Croupte 14........54 D 1
Crouseilles 64.......294 D 5
Croutelle 86.........186 B 2
Les Croûtes 10.......114 C 5
Croutoy 60...........39 H 2
Crouttes 61..........54 C 2
Crouttes-sur-Marne 02..60 A 2
Crouy 02.............40 B 2
Crouy 80.............22 A 1
Crouy-en-Thelle 60...38 C 4
Crouy-sur-Cosson 41..132 C 5
Crouy-sur-Ourcq 77...59 H 1
Le Crouzet 25........180 B 4
Crouzet-Migette 25...180 A 2
La Crouzille 63......209 E 1
La Crouzille 87......205 H 3
Crouzilles 37........151 F 5
Crozant 23...........188 D 4
Croze 23.............207 G 2
Crozes-Hermitage 26..249 F 3
Crozet 01............197 F 4
Le Crozet 42.........211 E 1
Les Crozets 39.......196 D 2
Crozon 29............75 E 4
Crozon-sur-Vauvre 36..189 F 2
Cruas 07.............267 E 3
Crucey 28............56 A 4
Crucheray 41.........131 G 4
Cruéjouls 12.........263 F 5
Cruet 73.............233 G 3
Crugey 21............159 F 5
Crugny 51............41 E 4
Cruguel 56...........102 C 5
Cruis 04.............287 F 4
Crulai 61............55 F 5

A
B
C
D
E
F
G
H
I
J
K
L
M
N
O
P
Q
R
S
T
U
V
W
X
Y
Z

A B C D E F G H I J K L M N O P Q R S T U V W X Y Z

Crupies 26 .... 267 H 4
Crupilly 02 .... 25 E 1
Cruscades 11 .... 320 D 5
Cruseilles 74 .... 215 G 2
Crussol *Château de* 07 .... 249 F 4
Cruviers-Lascours 30 .... 284 A 5
Crux-la-Ville 58 .... 157 F 5
Cruzille 71 .... 195 E 2
Cruzilles-lès-Mépillat 01 .. 195 E 5
Cruzy 34 .... 321 E 3
Cruzy-le-Châtel 89 ..... 137 G 2
Cry 89 .... 137 G 4
Cubelles 43 .... 246 D 4
Cubières 48 .... 265 E 5
Cubières-sur-Cinoble 11 .. 338 A 4
Cubiérettes 48 .... 265 E 5
Cubjac 24 .... 241 E 1
Cublac 19 .... 241 H 2
Cublize 69 .... 212 B 3
Cubnezais 33 .... 237 H 3
Cubrial 25 .... 162 C 1
Cubry 25 .... 162 D 1
Cubry-lès-Faverney 70 .. 141 E 2
Cubry-lès-Soing 70 ..... 140 D 4
Cubzac-les-Ponts 33 ... 237 H 4
Cucharmoy 77 .... 89 F 2
Cucheron *Col du* 38 ... 233 E 4
Cuchery 51 .... 41 F 5
Cucq 62 .... 6 B 4
Cucugnan 11 .... 338 B 4
Cucuron 84 .... 306 A 2
Cucuruzzu *Castellu de* 2A 349 F 5
Cudos 33 .... 274 B 1
Cudot 89 .... 113 F 5
Cuébris 06 .... 289 G 5
Cuélas 32 .... 315 H 3
Cuers 83 .... 328 B 3
Cuffies 02 .... 40 B 2
Cuffy 18 .... 174 B 2
Cugand 85 .... 148 A 5
Cuges-les-Pins 13 ..... 327 G 3
Cugnaux 31 .... 297 H 5
Cugney 70 .... 161 F 2
Cugny 02 .... 24 A 4
Cugny-lès-Crouttes 02 .. 40 C 4
Cuguen 35 .... 80 B 3
Cuguron 31 .... 334 A 1
Cuhon 86 .... 168 D 4
Cuignières 60 .... 38 D 2
Cuigy-en-Bray 60 .... 37 G 2
Cuillé 53 .... 105 F 4
Cuinchy 62 .... 8 B 4
Cuincy 59 .... 8 D 5
Le Cuing 31 .... 316 B 5
Cuinzier 42 .... 212 A 1
Cuirieux 02 .... 25 E 4
Cuiry-Housse 02 .... 40 C 3
Cuiry-lès-Chaudardes 02 .. 41 E 2
Cuiry-lès-Iviers 02 ..... 25 H 3
Cuis 51 .... 61 G 2
Cuise-la-Motte 60 ...... 39 H 4
Cuiseaux 71 .... 196 A 2
Cuiserey 21 .... 160 C 2
Cuisery 71 .... 195 F 1
Cuisia 39 .... 196 A 1
Cuisiat 01 .... 196 A 4
Cuisles 51 .... 41 E 5
Cuissai 61 .... 83 G 3
Cuissy-et-Geny 02 .... 41 E 2
Cuisy 55 .... 43 G 3
Cuisy 77 .... 59 F 1
Cuisy-en-Almont 02 ..... 40 A 2
La Cula 42 .... 230 C 3
Culan 18 .... 190 B 2
Culêtre 21 .... 159 F 5
Culey 55 .... 63 H 4
Culey-le-Patry 14 .... 53 F 2
Culhat 63 .... 210 A 4
Culin 38 .... 232 A 3
Culles-les-Roches 71 .. 177 F 5
Cully 14 .... 33 F 3
Culmont 52 .... 139 H 2
Culoison 10 .... 91 E 5
Culoz 01 .... 214 D 4
Cult 70 .... 161 F 3
Cultures 48 .... 264 B 5
Cumières 51 .... 61 F 1
Cumières-le-Mort-Homme 55 .. 43 H 4
Cumiès 11 .... 318 D 4
Cumont 82 .... 296 D 1
Cunac 81 .... 299 G 1
Cunault 49 .... 150 B 2
Cuncy-lès-Varzy 58 .... 157 E 3
Cunèges 24 .... 257 G 1
Cunel 55 .... 43 G 2
Cunelières 90 .... 142 D 3

Cunfin 10 .... 116 A 4
Cunlhat 63 .... 228 C 2
Cuntorba *Castello de* 2A .. 348 D 5
Cuon 49 .... 150 B 1
Cuperly 51 .... 62 B 1
Cuq 47 .... 276 C 4
Cuq 81 .... 299 F 4
Cuq-Toulza 81 .... 298 D 5
Cuqueron 64 .... 313 H 3
Curac 16 .... 239 E 1
Curan 12 .... 281 F 3
Curbans 04 .... 269 G 5
Curbigny 71 .... 194 A 4
Curçay-sur-Dive 86 ... 168 C 1
Curchy 80 .... 23 F 3
Curciat-Dongalon 01 .. 195 G 2
Curcy-sur-Orne 14 ...... 53 F 1
Curdin 71 .... 193 F 1
La Cure 39 .... 197 F 2
Curebourse *Col de* 15 .. 244 D 4
Curel 04 .... 286 D 3
Curel 52 .... 92 D 3
Curemonte 19 .... 242 D 4
Cures 72 .... 107 F 3
Curey 50 .... 80 D 2
Curgies 59 .... 15 E 2
Curgy 71 .... 176 D 2
Curienne 73 .... 233 F 2
Curières 12 .... 263 F 3
Curis-au-Mont-d'Or 69 .. 213 E 4
Curley 21 .... 159 H 4
Curlu 80 .... 23 F 1
Curmont 52 .... 92 C 5
Curnier 26 .... 268 A 5
Cursan 33 .... 256 B 1
Curtafond 01 .... 195 G 5
Curtil-Saint-Seine 21 .. 159 H 1
Curtil-sous-Buffières 71 .. 194 C 3
Curtil-sous-Burnand 71 .. 194 C 1
Curtil-Vergy 21 .... 159 H 5
Le Curtillard 38 ...... 233 G 5
Curtin 38 .... 232 B 1
Curvalle 81 .... 300 A 1
Curzay-sur-Vonne 86 .. 185 H 2
Curzon 85 .... 183 E 2
Cusance 25 .... 162 C 1
Cuse-et-Adrisans 25 .. 162 C 1
Cusey 52 .... 139 G 4
Cussac 15 .... 245 F 4
Cussac 87 .... 222 D 1
Cussac-Fort-Médoc 33 .. 237 F 2
Cussac-sur-Loire 43 .. 247 F 4
Cussangy 10 .... 115 E 4
Cussay 37 .... 170 A 1
Cusset 03 .... 210 B 1
Cussey-les-Forges 21 .. 139 E 4
Cussey-sur-Lison 25 .. 161 H 5
Cussey-sur-l'Ognon 25 .. 161 H 2
Cussy 14 .... 32 D 3
Cussy-en-Morvan 71 .. 176 C 1
Cussy-la-Colonne 21 .. 177 F 1
Cussy-le-Châtel 21 ... 159 F 5
Cussy-les-Forges 89 .. 158 A 1
Custines 54 .... 65 H 4
Cusy 74 .... 215 F 5
Cusy 89 .... 137 F 3
Cutry 02 .... 40 A 3
Cutry 54 .... 44 D 2
Cuts 60 .... 39 H 1
Cutting 57 .... 67 F 3
Cuttoli-Corticchiato 2A .. 348 D 3
Cuttura 39 .... 196 D 3
Cuvat 74 .... 215 G 2
Cuve 70 .... 119 E 5
Cuvergnon 60 .... 39 H 5
Cuverville 14 .... 33 H 4
Cuverville 27 .... 36 D 3
Cuverville 76 .... 18 D 4
Cuverville-sur-Yères 76 .. 10 D 5
Cuvéry *Col de* 01 .... 214 D 1
Cuves 52 .... 117 G 3
Cuves 50 .... 52 A 4
Cuvier 39 .... 180 A 3
Cuvillers 59 .... 14 B 3
Cuvilly 60 .... 23 E 5
Cuvry 57 .... 65 H 1
Cuxac-Cabardès 11 ... 319 G 3
Cuxac-d'Aude 11 ...... 321 E 5
Cuy 60 .... 23 G 5
Cuy 89 .... 113 G 2
Cuy-Saint-Fiacre 76 .... 37 F 1
Cuzac 46 .... 261 G 4
Cuzals *Musée de* 46 .. 260 D 4
Cuzance 46 .... 242 B 4
Cuzieu 01 .... 214 D 4
Cuzieu 42 .... 230 A 2
Cuzion 36 .... 188 D 3

D

Dabisse 04 .... 287 G 5
Dabo 57 .... 68 A 5
Dabo *Rocher de* 57 ... 68 A 5
Dachstein 67 .... 97 F 1
Dadonville 45 .... 111 G 3
Daglan 24 .... 259 G 2
Dagneux 01 .... 213 G 4
Dagny 77 .... 60 A 5
Dagny-Lambercy 02 .... 25 G 3
Dagonville 55 .... 64 B 4
La Daguenière 49 ..... 149 H 2
Dahlenheim 67 .... 97 F 1
Daignac 33 .... 256 B 1
Daigny 08 .... 27 F 3
Daillancourt 52 .... 92 C 5
Daillecourt 52 .... 117 G 3
Dainville 62 .... 13 F 2
Dainville-Bertheléville 55 .. 93 G 3
Daix 21 .... 160 A 3
Dalem 57 .... 46 D 4
Dalhain 57 .... 66 D 3
Dalhunden 67 .... 69 F 4
Dallet 63 .... 210 A 5
Dallon 02 .... 24 A 2
Dalou 09 .... 336 B 2
Dalstein 57 .... 46 B 3
Daluis 06 .... 289 F 4
Damas-aux-Bois 88 ..... 95 F 3
Damas-et-Bettegney 88 .. 119 E 2
Damazan 47 .... 275 F 2
Dambach 67 .... 68 C 1
Dambach-la-Ville 67 ... 97 E 4
Dambelin 25 .... 163 E 2
Dambenois 25 .... 142 C 4
Dambenoît-lès-Colombe 70 .. 141 G 3
Damblain 88 .... 117 H 3
Damblainville 14 .... 54 A 2
Dambron 28 .... 110 D 3
Dame-Marie 27 .... 56 A 4
Dame-Marie 61 .... 84 C 5
Dame-Marie-les-Bois 37 .. 152 C 1
Damelevières 54 .... 95 F 2
Damérancourt 60 .... 21 H 4
Damerey 71 .... 178 A 3
Damery 51 .... 61 F 1
Damery 80 .... 23 F 3
Damgan 56 .... 124 D 5
Damiatte 81 .... 299 E 4
Damigny 61 .... 83 G 3
Damloup 55 .... 44 C 5
Dammard 02 .... 40 A 5
Dammarie 28 .... 86 A 5
Dammarie-en-Puisaye 45 .. 135 E 5
Dammarie-les-Lys 77 ... 88 B 3
Dammarie-sur-Loing 45 .. 135 E 3
Dammarie-sur-Saulx 55 .. 93 G 2
Dammartin-en-Goële 77 .. 59 E 1
Dammartin-en-Serve 78 .. 57 E 3
Dammartin-
  les-Templiers 25 ... 162 B 3
Dammartin-Marpain 39 .. 161 E 3
Dammartin-sur-Meuse 52 .. 117 H 4
Dammartin-sur-Tigeaux 77 .. 59 G 4
Damousies 59 .... 15 H 3
Damouzy 08 .... 26 D 2
Damparis 39 .... 178 D 1
Dampierre 10 .... 91 G 2
Dampierre 14 .... 52 C 1
Dampierre 39 .... 161 G 5
Dampierre 52 .... 117 G 5
Dampierre-au-Temple 51 .. 62 B 1
Dampierre-en-Bray 76 .. 37 F 1
Dampierre-en-Bresse 71 .. 178 C 3
Dampierre-en-Burly 45 .. 134 B 3
Dampierre-en-Crot 18 .. 155 G 2
Dampierre-en-Graçay 18 .. 154 B 5
Dampierre-en-Montagne 21 .. 159 E 2
Dampierre-en-Yvelines 78 .. 57 H 5
Dampierre-et-Flée 21 .. 160 D 1
Dampierre-le-Château 51 .. 63 E 1
Dampierre-les-Bois 25 .. 142 C 4
Dampierre-lès-Conflans 70 .. 141 F 2
Dampierre-Saint-Nicolas 76 .. 20 C 3
Dampierre-sous-Bouhy 58 .. 156 C 1
Dampierre-sous-Brou 28 .. 109 G 2
Dampierre-sur-Avre 28 .. 56 B 4
Dampierre-sur-Blévy 28 .. 85 G 2
Dampierre-
  sur-Boutonne 17 .. 201 H 2
Dampierre-sur-le-Doubs 25 .. 142 B 5
Dampierre-sur-Linotte 70 .. 141 F 5

Cuzorn 47 .... 259 E 4
Cuzy 71 .... 176 B 4
Cys-la-Commune 02 ..... 40 D 2
Cysoing 59 .... 9 E 3

Dampierre-sur-Loire 49 .. 150 C 4
Dampierre-sur-Moivre 51 .. 62 C 3
Dampierre-sur-Salon 70 .. 140 B 5
Dampjoux 25 .... 163 F 2
Dampleux 02 .... 40 A 4
Dampmart 77 .... 59 F 3
Dampnat 19 .... 242 C 2
Damprichard 25 .... 163 G 3
Les Damps 27 .... 36 B 3
Dampsmesnil 27 .... 37 F 5
Dampvalley-
  lès-Colombe 70 .... 141 F 4
Dampvalley-
  Saint-Pancras 70 .. 119 E 5
Dampvitoux 54 .... 65 E 2
Damrémont 52 .... 117 H 5
Damville 27 .... 56 A 3
Damvillers 55 .... 44 B 4
Damvix 85 .... 184 B 4
Dancé 42 .... 211 G 4
Dancé 61 .... 84 D 5
Dancevoir 52 .... 116 C 5
Dancharia 64 .... 310 C 4
Dancourt 76 .... 21 E 2
Dancourt-Popincourt 80 .. 23 F 4
Dancy 28 .... 110 A 3
Danestal 14 .... 34 B 3
Dangé-Saint-Romain 86 .. 169 H 2
Dangeau 28 .... 109 H 2
Dangers 28 .... 85 H 3
Dangeul 72 .... 107 H 2
Dangolsheim 67 .... 97 F 1
Dangu 27 .... 37 F 4
Dangy 50 .... 52 A 1
Danizy 02 .... 24 B 4
Danjoutin 90 .... 142 C 3
Danne-et-Quatre-Vents 57 .. 68 A 4
Dannelbourg 57 .... 68 A 4
Dannemarie 25 .... 142 C 5
Dannemarie 68 .... 143 E 3
Dannemarie 78 .... 57 E 4
Dannemarie-sur-Crète 25 .. 161 G 4
Dannemoine 89 .... 137 G 2
Dannemois 91 .... 88 A 4
Dannes 62 .... 6 B 3
Danne-et-Quatre-Vents 57 ..
Dannevoux 55 .... 43 H 3
Danvou-la-Ferrière 14 .. 53 E 2
Danzé 41 .... 131 G 2
Daon 53 .... 128 B 3
Daoulas 29 .... 75 G 3
Daoulas *Gorges du* 22 .. 77 G 5
Daours 80 .... 22 D 2
Darazac 19 .... 243 G 2
Darbonnay 39 .... 179 F 3
Darbres 07 .... 266 C 3
Darcey 21 .... 138 B 5
Dardenac 33 .... 256 B 1
Dardenay 52 .... 139 G 4
Dardez 27 .... 56 B 1
Dardilly 69 .... 213 E 5
Dareizé 69 .... 212 B 4
Dargies 60 .... 21 H 4
Dargilan *Grotte de* 48 .. 282 B 3
Dargnies 80 .... 11 E 4
Dargoire 42 .... 230 D 3
Darmannes 52 .... 117 E 2
Darmont 55 .... 44 D 5
Darnac 87 .... 187 G 5
Darnétal 76 .... 36 B 2
Darnets 19 .... 225 G 4
Darney 88 .... 118 C 3
Darney-aux-Chênes 88 .. 94 B 5
Darnieulles 88 .... 119 F 2
Darois 21 .... 159 H 2
Darvault 77 .... 112 C 2
Darvoy 45 .... 133 G 2
Dasle 25 .... 142 C 4
Daubensand 67 .... 97 H 3
Daubeuf-la-Campagne 27 .. 36 A 4
Daubeuf-près-Vatteville 27 .. 36 C 4
Daubeuf-Serville 76 .... 19 E 4
Daubèze 33 .... 256 C 2
Dauendorf 67 .... 68 D 3
Daumazan-sur-Arize 09 .. 335 G 1
Daumeray 49 .... 128 D 4
Dauphin 04 .... 306 C 1
Dausse 47 .... 276 D 1
Daux 31 .... 297 G 4
Dauzat-sur-Vodable 63 .. 227 H 4
Davayat 63 .... 209 H 4
Davayé 71 .... 194 D 4
Davejean 11 .... 338 B 3
Davenescourt 80 .... 23 E 4
Davézieux 07 .... 248 D 1
Davignac 19 .... 225 G 4
Davrey 10 .... 114 D 4
Davron 78 .... 57 H 3

Dax 40 .... 292 D 3
Deauville 14 .... 34 B 2
Deaux 30 .... 283 H 4
Débats-Rivière-d'Orpra 42 .. 211 F 5
Decazeville 12 .... 261 H 4
Dechy 59 .... 8 D 5
Décines-Charpieu 69 .. 213 F 5
Decize 58 .... 175 E 4
Dédeling 57 .... 66 D 3
La Défense 92 .... 58 B 3
Dégagnac 46 .... 259 H 3
Degré 72 .... 107 G 4
Dehault 72 .... 108 C 2
Dehéries 59 .... 14 C 5
Dehlingen 67 .... 67 H 2
Deinvillers 88 .... 95 G 3
Delain 70 .... 140 B 5
Delettes 62 .... 7 F 3
Delincourt 60 .... 37 G 4
Delle 90 .... 142 D 4
Delme 57 .... 66 B 3
Delouze 55 .... 93 G 2
Le Déluge 60 .... 38 A 3
Delut 55 .... 44 B 3
Deluz 25 .... 162 B 3
Demandolx 04 .... 308 B 1
Demange-aux-Eaux 55 .. 93 G 2
Demangevelle 70 ...... 118 C 5
Demi-Quartier 74 ...... 216 C 3
La Demie 70 .... 141 F 5
Demigny 71 .... 177 H 2
Demoiselle *Coiffée* 05 .. 271 E 1
Demoiselles *Grotte des* 34 .. 302 C 1
Demoiselles *Coiffées* 05 .. 269 H 4
Démouville 14 .... 33 H 4
Dému 32 .... 295 F 3
Démuin 80 .... 22 D 2
Denain 59 .... 14 C 2
Dénat 81 .... 299 G 2
Denazé 53 .... 128 A 2
Dénecourt *Tour* 77 .... 88 C 4
Denée 49 .... 149 G 2
Dénestanville 76 .... 20 B 3
Deneuille-lès-Chantelle 03 .. 191 H 5
Deneuille-les-Mines 03 .. 191 E 4
Deneuvre 54 .... 95 H 3
Dénezé-sous-Doué 49 .. 150 A 4
Dénezé-sous-le-Lude 49 .. 150 D 1
Denezières 39 .... 196 D 1
Denguin 64 .... 314 A 3
Denicé 69 .... 212 D 3
Denier 62 .... 13 E 2
Denipaire 88 .... 96 B 4
Denné 49 .... 149 G 2
Dennebrœucq 62 .... 7 E 3
Dennemont 78 .... 57 F 1
Denneville 50 .... 31 F 2
Dennevy 71 .... 177 F 3
Denney 90 .... 142 C 2
Denone *Château de* 63 .. 210 A 2
Denonville 28 .... 86 D 4
Denting 57 .... 46 C 5
Déols 36 .... 171 H 4
Der-Chantecoq *Lac du* 21 .. 92 A 2
Derbamont 88 .... 95 E 5
Dercé 86 .... 169 E 2
Derchigny 76 .... 10 C 5
Dercy 02 .... 24 D 4
Dernacueillette 11 .... 338 B 3
Dernancourt 80 .... 23 E 1
Derval 44 .... 126 C 4
Désaignes 07 .... 248 C 4
Désandans 25 .... 142 A 4
Descartes 37 .... 169 H 2
Le Deschaux 39 .... 179 E 2
Le Désert 14 .... 52 D 2
Le Désert 38 .... 251 G 5
Désertines 03 .... 190 D 4
Désertines 53 .... 81 H 3
Les Déserts 73 .... 233 F 1
Déservillers 25 .... 180 A 1
Desges 43 .... 246 C 4
Desingy 74 .... 215 E 3
Desmonts 45 .... 112 A 2
Desnes 39 .... 179 E 4
Desseling 57 .... 67 F 4
Dessenheim 68 .... 121 F 4
Dessia 39 .... 196 B 3
Destord 88 .... 95 H 5
La Destrousse 13 ..... 327 F 2
Destry 57 .... 66 D 2
Desvres 62 .... 6 C 2
Détain-et-Bruant 21 .. 159 G 5
Détrier 73 .... 233 G 3
Le Détroit 14 .... 53 G 3
Les Détroits 48 ...... 282 A 2
Dettey 71 .... 176 C 4

Dettwiller 67 .... 68 B 4
Deuil-la-Barre 95 ...... 58 C 2
Deuillet 02 .... 24 B 4
Les Deux-Alpes 38 .... 251 H 3
Deux Amants *Côte des* 27 .. 36 C 3
Deux-Chaises 03 ...... 191 G 4
Deux-Évailles 53 ...... 106 B 2
Les Deux-Fays 39 ..... 179 E 3
Deux-Jumeaux 14 .... 32 C 2
Deux-Verges 15 .... 263 G 1
Les Deux-Villes 08 ..... 27 H 4
Deuxnouds-aux-Bois 55 .. 64 D 2
Deuxnouds-
  devant-Beauzée 55 .. 63 H 1
Deuxville 54 .... 95 F 1
Devay 58 .... 175 F 4
Devecey 25 .... 161 H 3
Devesset 07 .... 248 B 3
Devèze 65 .... 316 A 4
Devèze *Grotte de la* 34 .. 320 C 2
Deviat 16 .... 221 E 4
Dévillac 47 .... 258 D 3
Déville-lès-Rouen 76 ... 36 A 1
La Devinière *Musée* 37 .. 150 D 5
Devise 80 .... 23 H 2
Devrouze 71 .... 178 B 4
Deycimont 88 .... 119 H 2
Deyme 31 .... 318 A 2
Deyvillers 88 .... 119 G 2
Le Dézert 50 .... 32 A 4
Dezize-lès-Maranges 71 .. 177 F 3
Dhuisy 77 .... 60 A 1
Dhuizel 02 .... 40 D 2
Dhuizon 41 .... 132 D 5
Diable *Roche du* 88 .. 120 B 3
Diable *Roches du* 29 .. 100 D 4
Diancey 21 .... 158 D 5
Diane-Capelle 57 .... 67 G 5
Diant 77 .... 113 E 2
Diarville 54 .... 94 D 4
Le Diben 29 .... 71 H 3
Diconne 71 .... 178 B 4
Dicy 89 .... 113 E 5
Didenheim 68 .... 143 F 2
Die 26 .... 268 B 1
Diebling 57 .... 47 F 5
Diebolsheim 67 .... 97 G 4
Diedendorf 67 .... 67 G 3
Dieffenbach-au-Val 67 .. 97 E 4
Dieffenbach-lès-Wœrth 67 .. 69 E 2
Dieffenthal 67 .... 97 E 4
Diefmatten 68 .... 143 E 2
Dielette 50 .... 28 C 4
Dième 69 .... 212 B 3
Diemeringen 67 .... 67 H 2
Diémoz 38 .... 231 G 2
Diénay 21 .... 160 A 1
Dienne 15 .... 245 E 2
Dienné 86 .... 186 D 3
Diennes-Aubigny 58 .. 175 F 3
Dienville 10 .... 91 H 5
Dieppe 76 .... 10 B 5
Dieppe-sous-Douaumont 55 .. 44 C 5
Dieppedalle-Croisset 76 .. 36 A 4
Dierre 37 .... 152 B 3
Dierrey-Saint-Julien 10 .. 90 C 5
Dierrey-Saint-Pierre 10 .. 90 C 5
Diesen 57 .... 46 D 5
Dietwiller 68 .... 143 F 2
Dieudonné 60 .... 38 B 4
Dieue-sur-Meuse 55 .... 64 B 1
Dieulefit 26 .... 267 G 4
Dieulivol 33 .... 257 E 2
Dieulouard 54 .... 65 G 4
Dieupentale 82 .... 297 G 2
Dieuze 57 .... 67 E 4
Diéval 62 .... 7 H 5
Diffembach-lès-Hellimer 57 .. 67 F 2
Diges 89 .... 136 A 4
Digna 39 .... 196 A 2
Dignac 16 .... 221 G 3
La Digne-d'Amont 11 .. 337 F 2
La Digne-d'Aval 11 ... 337 F 2
Digne-les-Bains 04 ... 288 A 3
Dignonville 88 .... 95 G 5
Digny 28 .... 85 G 3
Digoin 71 .... 193 F 2
Digoine *Château de* 71 .. 193 H 2
Digosville 50 .... 29 F 3
Digulleville 50 .... 28 C 2
Dijon 21 .... 160 A 3
Dilo 89 .... 114 A 4
Dimancheville 45 ..... 111 H 2
Dimbsthal 67 .... 68 B 5
Dimechaux 59 .... 15 H 3

France 383

DIJON

Aiguillottes (Bd des) A 2
Allobroges (Bd des) A 3
Bachelard (Bd Gaston) A 4
Bellevue (R. de) A 5
Bertin (Av. J.B.) B 6
Briand (Av. A.) B 8
Camus (Av. Albert) B 12
Castel (Bd du) A 13
Champollion (Av.) B 15
Chanoine-Bardy (Imp.) B 16
Chanoine-Kir (Bd) A 17
Chateaubriand (R. de) B 19
Chèvre-Morte (Bd de) A 20
Churchill (Bd W.) B 24
Clomiers (Bd des) A 26
Concorde (Av. de la) B 28
Einstein (Av. Albert) A 36
Europe (Bd de l') B 38
Europe (Rd-Pt de l') B 40
Fauconnet (R. Gén.) AB 42
Fontaine-des-Suisses (Bd) B 44
Fontaine-lès-Dijon (R.) A 43
France-Libre (Pl. de la) AB 45
Gabriel (Bd) B 46
Gallieni (Bd Mar.) AB 48
Gaulle (Crs Gén.-de) B 50
Gorgets (Bd des) A 52
Jeanne-d'Arc (Bd) B 55
Kennedy (Bd J.) A 56
Magenta (R.) B 58
Maillard (Bd) A 60
Mansard (Bd) B 62
Mont-Blanc (Av. du) B 65
Moulin (R. Jean) B 63
Nation (Rd-Pt de la) B 66
Orfèvres (R. des) A 68
Ouest (Bd de l') A 69
Parc (Cours du) B 70
Poincaré (Av. R.) B 71
Pompidou (Rd-Pt Georges) B 72
Pompon (Bd F.) A 73
Prat (Av. du Colonel) B 75
Rembrandt (Bd) B 78
Rolin (Q. Nicolas) A 79
Roosevelt (Av. F. D.) B 80
Saint-Exupéry (Pl.) B 85
Schuman (Bd Robert) B 88
Strasbourg (Bd de) B 90
Trimolet (Bd) B 91
8-Mai-1945 (Rd-Pt du) B 96
26e-Dragons (R. du) B 98

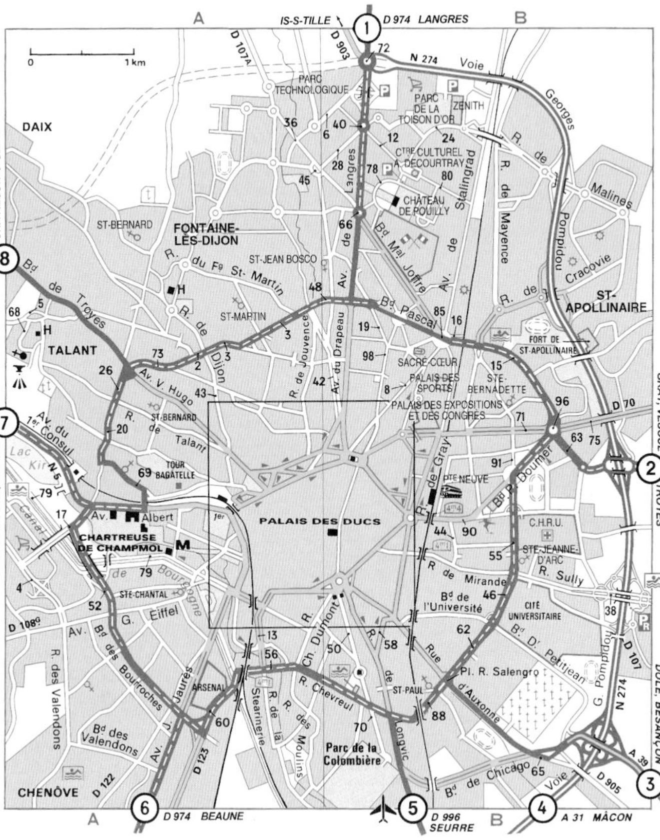

IS-S-TILLE
D 974 LANGRES
PARC TECHNOLOGIQUE
DAIX
D 971 TROYES CHÂTILLON-S-SEINE
FONTAINE-LÈS-DIJON
TALANT
ST-APOLLINAIRE
PALAIS DES DUCS
CHARTREUSE DE CHAMPMOL
A 38 AVALLON, AUTUN
GRAY, VESOUL
A 31 TROYES
DOLE, BESANÇON
Parc de la Colombière
CHENÔVE
D 974 BEAUNE
D 996 SEURRE
A 31 MÂCON

Dimont **59** 15 H 3
Dinan **22** 79 G 4
Dinan *Pointe de* **29** 75 E 4
Dinard **35** 50 B 5
Dinéault **29** 75 G 4
Dingé **35** 80 B 4
Dingsheim **67** 68 D 5
Dingy-en-Vuache **74** 215 F 1
Dingy-Saint-Clair **74** 215 H 3
Dinozé **88** 119 G 2
Dinsac **87** 187 H 5
Dinsheim **67** 97 E 1
Dinteville **52** 116 B 4
Dio-et-Valquières **34** 301 G 4
Dionay **38** 249 H 1
Dions **30** 303 G 1
Diors **36** 172 A 4
Diou **03** 193 E 2
Diou **36** 172 B 1
Dirac **16** 221 F 2
Dirinon **29** 75 G 2
Dirol **58** 157 G 3
Disneyland Paris **77** 59 F 3
Dissais **85** 183 F 1
Dissangis **89** 137 E 5
Dissay **86** 169 F 5
Dissay-sous-Courcillon **72** 130 C 4
Dissé-sous-Ballon **72** 108 A 2
Dissé-sous-le-Lude **72** 129 H 5
Distré **49** 150 B 4
Distroff **57** 45 H 3
Diusse **64** 294 C 5
Divajeu **26** 267 G 2
Dives **60** 23 G 5
Dives-sur-Mer **14** 34 A 3
Divion **62** 7 H 4
Divonne-les-Bains **01** 197 G 3
Dixmont **89** 113 H 4
Dizimieu **38** 232 A 1
Dizy **51** 61 G 1
Dizy-le-Gros **02** 25 G 4
Doazit **40** 293 H 3
Doazon **64** 313 H 2
Docelles **88** 119 H 2
Doëlan **29** 100 C 5
Dœuil-sur-le-Mignon **17** 201 G 1
Dognen **64** 313 G 4
Dogneville **88** 95 F 5
Dohem **62** 7 F 2
Dohis **02** 25 H 3
Doignies **59** 14 A 4
Doingt **80** 23 G 1
Doissat **24** 259 F 2
Doissin **38** 232 B 3
Doix **85** 184 B 3
Doizieux **42** 230 C 4
Dol-de-Bretagne **35** 80 A 2
Dolaincourt **88** 94 B 4
Dolancourt **10** 92 A 5
Dolcourt **54** 94 C 3
Dole **39** 161 E 5
Dolignon **02** 25 G 3
Dolleren **68** 142 C 1
Dollon **72** 108 C 4
Dollot **89** 113 E 2
Dolmayrac **47** 276 B 1
Dolo **22** 79 E 4
Dolomieu **38** 232 B 2
Dolus-d'Oléron **17** 200 B 3
Dolus-le-Sec **37** 152 B 5
Dolving **57** 67 G 4
Dom-le-Mesnil **08** 27 E 4
Domagné **35** 104 D 3
Domaize **63** 228 C 1
Domalain **35** 105 E 4
Domancy **74** 216 C 3
Domarin **38** 231 H 2
Domart-en-Ponthieu **80** 12 B 5
Domart-sur-la-Luce **80** 22 D 2
Domats **89** 113 E 3
Domazan **30** 304 B 1
Dombasle-devant-Darney **88** 118 D 3
Dombasle-en-Argonne **55** 43 H 5
Dombasle-en-Xaintois **88** 94 C 5
Dombasle-sur-Meurthe **54** 95 E 1
Domblain **52** 92 C 3
Domblans **39** 179 F 4
Dombras **55** 44 B 3
Dombrot-le-Sec **88** 118 B 2
Dombrot-sur-Vair **88** 94 B 5
Domecy-sur-Cure **89** 157 H 2
Domecy-sur-le-Vault **89** 157 H 1
Doméliers **60** 22 A 5
Domène **38** 251 E 1
Domérat **03** 190 C 4
Domesmont **80** 12 B 4
Domessargues **30** 283 H 5
Domessin **73** 232 D 2
Domèvre-en-Haye **54** 65 F 4
Domèvre-sous-Montfort **88** 94 C 5
Domèvre-sur-Avière **88** 119 F 2
Domèvre-sur-Durbion **88** 95 F 5
Domèvre-sur-Vezouze **54** 96 A 2
Domeyrat **43** 246 C 1
Domeyrot **23** 189 H 5
Domezain-Berraute **64** 311 H 4
Domfaing **88** 96 A 5
Domfessel **67** 67 H 2
Domfront **60** 22 D 5
Domfront **61** 82 B 2
Domfront-en-Champagne **72** 107 G 3
Domgermain **54** 94 A 1
La Dominelais **35** 126 C 3
Domino **17** 200 A 3
Dominois **80** 11 G 1
Domjean **50** 52 B 1
Domjevin **54** 95 H 1
Domjulien **88** 94 C 5
Domléger **80** 12 B 4
Domloup **35** 104 C 3
Dommarie-Eulmont **54** 94 C 3
Dommarien **52** 139 G 4
Dommartemont **54** 65 H 5
Dommartin **01** 195 F 4
Dommartin **25** 180 C 2
Dommartin **58** 175 H 1
Dommartin **69** 212 D 5
Dommartin **80** 22 C 3
Dommartin-aux-Bois **88** 119 E 2
Dommartin-Dampierre **51** 43 E 5
Dommartin-la-Chaussée **54** 65 F 2
Dommartin-la-Montagne **55** 64 D 2
Dommartin-le-Coq **10** 91 G 3
Dommartin-le-Franc **52** 92 C 4
Dommartin-le-Saint-Père **52** 92 C 4
Dommartin-lès-Cuiseaux **71** 195 H 2
Dommartin-lès-Remiremont **88** 119 H 4
Dommartin-lès-Toul **54** 94 B 1
Dommartin-lès-Vallois **88** 118 D 2
Dommartin-Lettrée **51** 62 A 4
Dommartin-sous-Amance **54** 66 B 5
Dommartin-sous-Hans **51** 43 E 5
Dommartin-sur-Vraine **88** 94 B 4
Dommartin-Varimont **51** 63 E 2
Dommary-Baroncourt **55** 44 D 4
Domme **24** 259 G 1
Dommery **08** 26 B 4
Dommiers **02** 40 A 3
Domnon-lès-Dieuze **57** 67 F 3
Domont **95** 58 C 1
Dompaire **88** 119 E 2
Dompcevrin **55** 64 C 3
Dompierre **60** 22 D 5
Dompierre **61** 53 E 5
Dompierre **88** 95 G 5
Dompierre-aux-Bois **55** 64 D 2
Dompierre-Becquincourt **80** 23 F 1
Dompierre-du-Chemin **35** 81 F 5
Dompierre-en-Morvan **21** 158 C 2
Dompierre-les-Églises **87** 188 A 5
Dompierre-les-Ormes **71** 194 B 4
Dompierre-les-Tilleuls **25** 180 B 3
Dompierre-sous-Sanvignes **71** 176 C 5
Dompierre-sur-Authie **80** 11 H 1
Dompierre-sur-Besbre **03** 192 D 2
Dompierre-sur-Chalaronne **01** 213 F 1
Dompierre-sur-Charente **17** 219 H 1
Dompierre-sur-Helpe **59** 15 G 4
Dompierre-sur-Héry **58** 157 F 4
Dompierre-sur-Mer **17** 183 G 5
Dompierre-sur-Mont **39** 196 C 1
Dompierre-sur-Nièvre **58** 156 D 4
Dompierre-sur-Veyle **01** 213 H 2
Dompierre-sur-Yon **85** 165 H 4
Dompnac **07** 265 H 4
Domprel **25** 162 D 4
Dompremy **51** 62 D 4
Domprix **54** 45 E 3
Domps **87** 224 D 2
Domptail **88** 95 G 3
Domptail-en-l'Air **54** 95 E 2
Domptin **02** 60 B 1
Domqueur **80** 12 B 4
Domremy-aux-Bois **55** 64 B 5
Domremy-en-Ornois **52** 93 E 4
Domremy-la-Canne **55** 44 D 4
Domrémy-la-Pucelle **88** 93 H 3
Domsure **01** 195 H 3
Domvallier **88** 94 D 5
Domvast **80** 11 H 2
Don **59** 8 C 3
Donazac **11** 337 F 1
Donchery **08** 27 E 4
Doncières **88** 95 H 3
Doncourt-aux-Templiers **55** 64 D 1
Doncourt-lès-Conflans **54** 45 F 5
Doncourt-lès-Longuyon **54** 44 D 2
Doncourt-sur-Meuse **52** 117 H 3
Dondas **47** 276 D 2
Donges **44** 146 C 2
Donjeux **52** 93 E 4
Donjeux **57** 66 C 3
Le Donjon **03** 193 E 4
Donnay **14** 53 G 2
Donnazac **81** 279 F 5
Donnelay **57** 67 E 4
Donnemain-Saint-Mamès **28** 110 A 3
Donnemarie **52** 117 G 3
Donnemarie-Dontilly **77** 89 F 3
Donnement **10** 91 G 3
Donnenheim **67** 68 D 4
Donnery **45** 133 G 2
Donneville **31** 318 A 2
Donnezac **33** 237 H 1
Donon *Col du* **67** 96 C 2
Dontreix **23** 208 C 3
Dontrien **51** 42 B 4
Donville-les-Bains **50** 51 F 2
Donzac **33** 256 B 3
Donzac **82** 276 D 4
Donzacq **40** 293 F 3
Le Donzeil **23** 207 F 3
Donzenac **19** 242 B 1
Donzère **26** 267 E 5
Donzy **58** 156 C 3
Donzy-le-National **71** 194 C 3
Donzy-le-Pertuis **71** 194 D 3
Donzy-le-Pré **58** 156 C 3
Doranges **63** 228 D 4
Dorans **90** 142 C 3
Dorat **63** 210 C 4
Le Dorat **87** 187 H 5
Dorceau **61** 84 D 4
Dordives **45** 112 C 3
Dore-l'Église **63** 229 E 5
La Dorée **53** 81 G 3
Dorengt **02** 24 D 1
Dorignies **59** 8 D 5
Dorlisheim **67** 97 F 2
Dormans **51** 60 D 1
Dormelles **77** 88 D 5
La Dornac **24** 241 H 3
Dornas **07** 248 B 5
Dornecy **58** 157 F 2
Dornes **58** 175 E 5
Dornot **57** 65 G 1
Dorres **66** 341 E 4
Dortan **01** 196 C 4
Dosches **10** 91 F 5
Dosnon **10** 91 F 2
Dossenheim-Kochersberg **67** 68 C 5
Dossenheim-sur-Zinsel **67** 68 B 4
Douadic **36** 170 C 5
Douai **59** 8 D 5
Douains **27** 56 D 1
Douarnenez **29** 99 F 2
Douaumont **55** 44 B 5
Doubs **25** 180 C 2
Doucelles **72** 107 H 2
Douchapt **24** 239 H 1
Douchy **02** 23 H 3
Douchy **45** 113 E 5
Douchy-lès-Ayette **62** 13 F 3
Douchy-les-Mines **59** 14 C 2
Doucier **39** 179 G 5
Doucy **73** 234 B 3
Doucy-en-Bauges **73** 233 H 1
Doudeauville **62** 6 C 3
Doudeauville **76** 21 F 5
Doudeauville-en-Vexin **27** 37 E 3
Doudelainville **80** 11 G 4
Doudeville **76** 19 H 3
Doudrac **47** 258 C 3
Doue **77** 60 A 3
Doué-la-Fontaine **49** 150 A 4
Douelle **46** 259 H 5
Le Douhet **17** 201 G 5
Douillet **72** 83 F 5
Douilly **80** 23 H 3
Doulaincourt **52** 93 E 5
Doulaize **25** 179 H 1
Doulcon **55** 43 G 2
Doulevant-le-Château **52** 92 C 4
Doulevant-le-Petit **52** 92 C 3
Doulezon **33** 256 D 1
Le Doulieu **59** 8 A 2
Doullens **80** 12 D 4
Doumely-Bégny **08** 26 A 4
Doumy **64** 314 B 2
Dounoux **88** 119 F 3
Les Dourbes **04** 288 B 4
Dourbies **30** 282 C 4
Dourdain **35** 104 D 2
Dourdan **91** 87 E 3
Dourges **62** 8 C 5
Dourgne **81** 319 F 2
Douriez **62** 11 G 1
Dourlers **59** 15 G 3
Le Dourn **81** 280 C 5
Dournazac **87** 223 E 2
Dournon **39** 179 H 2
Dours **65** 315 F 4
Doussard **74** 215 H 5
Doussay **86** 169 E 3
Douvaine **74** 197 H 4
Douville **24** 240 B 4
Douville-en-Auge **14** 34 B 3
Douville-sur-Andelle **27** 36 C 3
Douvrend **76** 20 C 2
Douvres **01** 214 A 3
Douvres-la-Délivrande **14** 33 G 3
Douvrin **62** 8 B 4
Doux **08** 42 B 1
Doux **79** 168 C 4
Douy **28** 109 H 4
Douy-la-Ramée **77** 59 G 1
Douzains **47** 257 H 3
Douzat **16** 221 E 1
La Douze **24** 240 D 3
Douzens **11** 320 B 5
Douzies **59** 15 G 2
Douzillac **24** 239 H 3
Douzy **08** 27 F 4
Doville **50** 31 G 2
Doye **39** 180 A 4
La Doye **39** 197 F 2
Doyet **03** 191 E 4
Dozulé **14** 34 A 4
Dracé **69** 212 D 1
Draché **37** 169 H 1
Drachenbronn **67** 69 E 1
Dracy **89** 135 H 3
Dracy-le-Fort **71** 177 G 4
Dracy-lès-Couches **71** 177 F 3
Dracy-Saint-Loup **71** 176 D 1
Dragey **50** 51 G 4
Draguignan **83** 308 A 4
Draillant **74** 198 A 4
Drain **49** 148 B 2
Draix **04** 288 B 3
Draize **08** 26 A 4
Drambon **21** 160 D 3
Dramelay **39** 196 B 3
Le Dramont **83** 329 H 1
Drancy **93** 58 D 2
Drap **06** 309 H 2
Dravegny **02** 40 D 4
Draveil **91** 58 C 5
Drée **21** 159 G 3
Drée *Château de* **71** 194 A 4
Drefféac **44** 146 D 1
Drémil-Lafage **31** 298 B 5
Le Drennec **29** 70 D 5
Dreslincourt **60** 39 G 1
Dreuil-Hamel **80** 11 H 5
Dreuil-lès-Amiens **80** 22 B 1
Dreuil-lès-Molliens **80** 22 A 2
Dreuilhe **09** 336 D 3
Dreux **28** 56 D 4
Drevant **18** 173 F 5
Dricourt **08** 42 C 2
Driencourt **80** 23 H 1
Drignac **15** 244 B 2
Drincham **59** 3 G 3
Drocourt **62** 8 C 5
Drocourt **78** 57 G 1
Droisy **27** 56 B 4
Droisy **74** 215 E 3
Droitaumont **54** 45 F 5
Droitfontaine **25** 163 F 3
Droiturier **03** 192 D 5
Droizy **02** 40 B 3
Drom **01** 196 A 5
Dromesnil **80** 21 G 2
Drosay **76** 19 G 3
Drosnay **51** 92 A 2
Droué **41** 109 F 4
Droue-sur-Drouette **28** 86 C 2
Drouges **35** 105 E 5
Drouilly **51** 62 C 4
Droupt-Saint-Basle **10** 90 D 3
Droupt-Sainte-Marie **10** 90 C 3
Drouville **54** 66 C 5
Drouvin-le-Marais **62** 8 A 4
Droux **87** 205 G 1
Droyes **52** 92 A 3
Drubec **14** 34 C 4
Drucat **80** 11 G 3
Drucourt **27** 35 E 5
Drudas **31** 297 F 3
Druelle **12** 280 C 1
Drugeac **15** 244 B 2
Druillat **01** 214 A 2
Drulhe **12** 261 G 5
Drulingen **67** 67 H 3
Drumettaz-Clarafond **73** 233 F 1
Drusenheim **67** 69 F 4
Druval **14** 34 B 4

A B C D E F G H I J K L M N O P Q R S T U V W X Y Z

DIJON

Adler (Pl. E.) . . . . EZ
Albert-1er (Av.) . . . . CY
Arquebuse (R. de l') . . . . . CY
Audra (R.) . . . . CY
Auxonne (R. d') . . . . EZ
Barabant (Pl. Henri) . . . . . DZ
Baudin (R. J.-B.) . . . . EYZ
Berbisey (R.) . . . . CYZ
Berlier (R.) . . . . DEY
Bordot (R.) . . . . DZ
Bossuet (R. et Pl.) . . . . . . CDY
Bouhey (Pl. J.) . . . . EX
Bourg (R. du) . . . . DY
Briand (Av. A.) . . . . EX 8
Brosses (Bd de) . . . . CY 9
Buffon (R.) . . . . DY
Cabet (R. P.) . . . . EY
Carnot (Bd) . . . . DEY
Castell (Bd du) . . . . CZ
Cellerier (R.) . . . . CY
Chabot-Charny (R.) . . . . . DYZ
Champagne (Bd de) . . . . . EX 14
Charrue (R.) . . . . DY 18
Chouette (R. de la) . . . . . DY 21
Clemenceau (Bd G.) . . . . . EX
Colmar (R. de) . . . . EX
Comte (R. A.) . . . . DY 27
Condorcet (R.) . . . . CY
Cordeliers (Pl. des) . . . . . DY
Courtépée (R.) . . . . DX
Darcy (Pl.) . . . . CY
Daubenton (R.) . . . . CZ
Davout (R.) . . . . EY
Devosge (R.) . . . . CDXY
Diderot (R.) . . . . DEY
Dr-Chaussier (R.) . . . . . . CY 32
Dubois (Pl. A.) . . . . CY 33
Dumont (R. Ch.) . . . . DZ
École-de-Droit (R.) . . . . . DY 35
Égalité (R. de l') CX
Févret (R.) . . . . DZ
Foch (Av. Mar.) . . . . CY 43
Fontaine-lès-Dijon (R.) . . . CX
Forges (R. des) . . . . DY
Fremiet (R.) . . . . DX
Gagnereaux (R.) . . . . DX
Garibaldi (Av.) . . . . DX
Gaulle
  (Crs Général-de) . . . . . DZ
Godrans (R. des) . . . . . . DY 51
Grangier (Pl.) . . . . DY 54
Gray (R. de) . . . . EY
Guillaume-Tell (R.) . . . . . CY
Hôpital (R. de l') . . . . CZ
Ille (R. de l') . . . . CZ
Jeannin (R.) . . . . DEY
Jean-Jaurès (Av.) . . . . . . CZ
Jouvence (R. de) . . . . DX
J.-J.-Rousseau (R.) . . . . . DY
Ledru-Rollin (R.) . . . . EXY
Libération (Pl. de la) . . . . DY 57
Liberté (R. de la) . . . . CDY
Longvic (R. de) . . . . DEZ
Magenta (R.) . . . . EZ 58
Manutention (R. de la) . . . CZ
Marceau (R.) . . . . DX
Mariotte (R.) . . . . CY
Marne (Bd de la) . . . . EX
Metz (R. de) . . . . EY
Michelet (R.) . . . . CY 64
Mirande (R. de) . . . . EY
Monge (R.) . . . . CY
Montchapet (R. de) CX
Mulhouse (R. de) . . . . . . EXY
Musette (R.) . . . . DY
Parmentier (R.) . . . . EX
Pasteur (R.) . . . . DYZ
Perrières (R. des) . . . . . . CY
Perspective (Pl. de la) . . . CZ
Petit-Citeaux (R. du) . . . . CZ
Petit-Potet (R. du) . . . . . . DY 71
Piron (R.) . . . . DY
Préfecture (R. de la) . . . . DY
Prés.-Wilson (Pl.) . . . . . . DZ

Prévert (Pl. J.) . . . . CZ
Raines (R. du Fg) . . . . . . CYZ
Rameau (R.) . . . . DY 77
République (Pl. de la) . . . DX
Rolin (Quai N.) . . . . CZ
Roses (R. des) CX
Roussin (R. Amiral) . . . . . DY
Rude (Pl. F.) . . . . DY

Rude (R. F.) . . . . DY 81
Ste-Anne (R.) . . . . DYZ
St-Bénigne (Pl.) . . . . CY 82
St-Bernard (Pl.) . . . . DY 83
St-Michel (Pl.) . . . . DY 86
Sambin (R.) . . . . DX
Sévigné (Bd de) . . . . CY
Suquet (Pl.) . . . . CZ

Tanneries (Rd-Pt des) . . . . CZ
Théâtre (Pl. du) . . . . DY
Thibert (R. M.) . . . . EZ
Thiers (Bd) . . . . EY
Tivoli (R. de) . . . . CDZ
Transvaal (R. du) . . . . CDZ
Trémouille (Bd de la) . . . . DXY
Turgot (R.) . . . . D

Vaillant (R.) . . . . DY 92
Vannerie (R.) . . . . DY
Vauban (R.) . . . . DY
Verdun (Bd de) . . . . EX 93
Verrerie (R.) . . . . DY
Victor-Hugo (Av.) . . . . . . CXY
Voltaire (Bd) . . . . EYZ
Zola (Pl. E.) . . . . CY

1er-Mai (Pl. du) . . . . CZ 94
1re-Armée-Française
  (Av.) . . . . CY 95
26e-Dragons (R. du) . . . . . EX 98
30-Octobre (Pl. du) . . . . . EY

Druy-Parigny 58 . . . . 175 E 3
Druye 37 . . . . 151 G 3
Druyes-
  les-Belles-Fontaines 89 . . 157 E 1
Dry 45 . . . . 132 D 3
Duault 22 . . . . .77 E 3
Ducey 50 . . . . .51 H 5
Duclair 76 . . . . .35 H 1
Ducy-Sainte-Marguerite 14 . .33 E 4
Duerne 69 . . . . 230 C 1
Duesme 21 . . . . 138 B 4
Duffort 32 . . . . 315 H 3
Dugny 93 . . . . .58 C 2
Dugny-sur-Meuse 55 . . . . . . .64 B 1
Duhort-Bachen 40 . . . . 294 B 3
Duilhac-
  sous-Peyrepertuse 11 . . . 338 D 4
Duingt 74 . . . . 215 H 4
Duisans 62 . . . . 13 G 2
Dullin 73 . . . . 232 D 2
Dumes 40 . . . . 293 H 3
Dun 09 . . . . 336 D 2
Dun-le-Palestel 23 . . . . 189 E 4
Dun-le-Poëlier 36 . . . . 153 H 5
Dun-les-Places 58 . . . . 158 A 4
Dun-sur-Auron 18 . . . . 173 G 3

Dun-sur-Grandry 58 . . . . . . 175 H 1
Dun-sur-Meuse 55 . . . . .43 G 2
Duneau 72 . . . . 108 B 4
Dunes 82 . . . . 276 C 4
Dunet 36 . . . . 188 B 3
Dung 25 . . . . 142 B 4
Dunière-sur-Eyrieux 07 . . . 266 D 1
Dunières 43 . . . . 248 B 1
Dunkerque 59 . . . . .3 G 2
Duntzenheim 67 . . . . .68 C 5
Duppigheim 67 . . . . .97 G 2
Duran 32 . . . . 296 A 4
Durance 47 . . . . 275 E 3
Duranus 06 . . . . 291 E 4
Duranville 27 . . . . .35 E 5
Duras 47 . . . . 257 F 2
Duravel 46 . . . . 259 F 4
Durban 32 . . . . 296 A 5
Durban-Corbières 11 . . . . . 338 D 2
Durban-sur-Arize 09 . . . . . 335 H 2
Durbans 46 . . . . 260 D 3
Durbelière
  Château de la 79 . . . . . . 167 F 2
Durcet 61 . . . . .53 F 4
Durdat-Larequille 03 . . . . . 191 G 5
Dureil 72 . . . . 129 F 2

Durenque 12 . . . . 280 D 4
Durette 69 . . . . 212 C 1
Durfort 09 . . . . 318 A 5
Durfort 81 . . . . 319 F 2
Durfort-et-Saint-Martin-
  de-Sossenac 30 . . . . 283 G 5
Durfort-Lacapelette 82 . . . . 277 F 3
Durlinsdorf 68 . . . . 143 F 4
Durmenach 68 . . . . 143 F 4
Durmignat 63 . . . . 209 F 1
Durnes 25 . . . . 162 B 5
Durningen 67 . . . . .68 C 5
Durrenbach 67 . . . . .69 E 2
Durrenentzen 68 . . . . 121 F 2
Durstel 67 . . . . .67 H 3
Durtal 49 . . . . 129 E 4
Durtol 63 . . . . 209 G 5
Dury 02 . . . . .23 H 3
Dury 62 . . . . .14 A 3
Dury 80 . . . . .22 B 2
Dussac 24 . . . . 223 F 5
Duttlenheim 67 . . . . .97 F 2
Duvy 60 . . . . .39 G 4
Duzey 55 . . . . .44 D 3
Dyé 89 . . . . 136 D 2
Dyo 71 . . . . 194 A 4

E

Eancé 35 . . . . 127 F 2
Eaubonne 95 . . . . .58 B 2
Eaucourt-sur-Somme 80 . . . .11 H 4
Eaunes 31 . . . . 317 H 3
Eaux-Bonnes 64 . . . . 332 A 2
Eaux-Chaudes 64 . . . . 332 A 2
Eaux-Puiseaux 10 . . . . 114 C 3
Eauze 32 . . . . 295 F 1
Ébange 57 . . . . .45 G 3
Ébaty 21 . . . . 177 G 2
Ébaupinaye Château d' 79 . 167 H 1
Ebblinghem 59 . . . . .3 G 5
Ébéon 17 . . . . 201 H 4
Eberbach-Seltz 67 . . . . .69 G 2
Eberbach-Wœrth 67 . . . . . . .68 D 2
Ebersheim 67 . . . . .97 F 4
Ebersmunster 67 . . . . .97 F 4
Ébersviller 57 . . . . .46 B 4
Éblange 57 . . . . .46 C 4
Ébouleau 02 . . . . .25 F 4
Ébréon 16 . . . . 203 E 3
Ébreuil 03 . . . . 209 H 2
L'Écaille 08 . . . . .41 H 2
Écaillon 59 . . . . .9 E 5

Écajeul 14 . . . . .54 A 1
Écalgrain Baie d' 50 . . . . . . .28 C 2
Écalles-Alix 76 . . . . .19 H 5
Écaquelon 27 . . . . .35 G 3
Écardenville-
  la-Campagne 27 . . . . .35 H 5
Écardenville-sur-Eure 27 . . . .36 C 5
Écausseville 50 . . . . .29 G 5
Écauville 27 . . . . .36 A 5
Eccica-Suarella 2A . . . . 348 C 3
Eccles 59 . . . . .15 H 3
Échalas 69 . . . . 230 D 3
Échallat 16 . . . . 220 D 1
Échallon 01 . . . . 196 D 5
Échalot 21 . . . . 138 D 5
Échalou 61 . . . . .53 F 4
Échandelys 63 . . . . 228 C 3
Échannay 21 . . . . 159 F 3
Écharcon 91 . . . . .87 F 2
Les Écharmeaux 69 . . . . . . 212 B 1
Échassières 03 . . . . 209 F 1
Échauffour 61 . . . . .54 D 4
Échavanne 70 . . . . 142 B 3
Échay 25 . . . . 179 H 1
Échebrune 17 . . . . 219 H 2
L'Échelle 08 . . . . .26 B 2

L'Échelle-Saint-Aurin 80 . . . .23 E 4
Les Échelles 73 . . . . 232 D 4
Échemines 10 . . . . .90 C 4
Échemiré 49 . . . . 129 F 5
Échenans 25 . . . . 142 B 4
Échenans-
  sous-Mont-Vaudois 70 . . . 142 B 3
Échenay 52 . . . . .93 F 3
Échenevex 01 . . . . 197 F 4
Échenon 21 . . . . 160 C 5
Échenoz-la-Méline 70 . . . . . 141 E 4
Échenoz-le-Sec 70 . . . . 141 E 5
Échery 68 . . . . .96 D 5
Les Échets 01 . . . . 213 F 4
Échevannes 21 . . . . 160 B 1
Échevannes 25 . . . . 162 B 5
Échevis 26 . . . . 250 B 3
Échevronne 21 . . . . 159 H 5
Échigey 21 . . . . 160 B 4
Échillais 17 . . . . 200 D 4
Échilleuses 45 . . . . 112 A 3
Échinghen 62 . . . . .6 B 2
Échiré 79 . . . . 185 E 3
Échirolles 38 . . . . 250 D 2
Échouboulains 77 . . . . .88 D 4

Échourgnac 24 ..... 239 F 2
Eckartswiller 67 ..... 68 B 4
Eckbolsheim 67 ..... 97 G 1
Eckmühl Phare d' 29 ..... 99 F 5
Eckwersheim 67 ..... 68 D 5
Éclaibes 59 ..... 15 G 3
Éclaires 51 ..... 63 F 1
Éclance 10 ..... 92 A 5
Éclans 39 ..... 161 E 5
Éclaron 52 ..... 92 B 2
Éclassan 07 ..... 249 E 2
Écleux 39 ..... 179 G 1
Éclimeux 62 ..... 7 F 5
Éclose 38 ..... 232 A 3
Écluse Défilé de l' 74 ..... 215 E 1
Éclusier-Vaux 80 ..... 23 F 1
Écluzelles 28 ..... 56 D 5
Écly 08 ..... 26 A 5
Écoche 42 ..... 212 A 1
Écoivres 62 ..... 12 C 2
École 73 ..... 233 H 1
École-Valentin 25 ..... 161 H 3
Écollemont 51 ..... 92 A 2
Écoman 41 ..... 132 A 2
Écommoy 72 ..... 130 A 2
Écomusée
de Haute-Alsace 68 ..... 121 E 5
Écoquenéauville 50 ..... 31 H 2
Écorcei 61 ..... 55 F 5
Les Écorces 25 ..... 163 G 3
Écorches 61 ..... 54 B 3
Écordal 08 ..... 26 C 5
Écorpain 72 ..... 108 C 5
Écos 27 ..... 37 E 5
Écot 25 ..... 142 B 5
Écot-la-Combe 52 ..... 117 F 2
Écotay-l'Olme 42 ..... 229 G 2
Écots 14 ..... 54 B 1
Écouché 61 ..... 54 A 4
Écouen 95 ..... 58 C 1
Écouflant 49 ..... 149 G 1
Écouis 27 ..... 36 D 3
Écourt-Saint-Quentin 62 ..... 14 A 3
Écoust-Saint-Mein 62 ..... 13 H 3
Écouves Forêt d' 61 ..... 83 G 2
Écouviez 55 ..... 44 B 1
L'Écouvotte 25 ..... 162 B 2
Écoyeux 17 ..... 201 H 5
Ecquedecques 62 ..... 7 H 3
Ecques 62 ..... 7 F 2
Ecquetot 27 ..... 36 A 5
Ecquevilly 78 ..... 57 H 2
Écrainville 76 ..... 18 D 4
Écrammeville 14 ..... 32 C 2
Les Écrennes 77 ..... 88 D 3
Écretteville-lès-Baons 76 ..... 19 G 4
Écretteville-sur-Mer 76 ..... 19 E 3
Écriennes 51 ..... 62 D 5
Écrille 39 ..... 196 C 4
Écromagny 70 ..... 141 H 2
Écrosnes 28 ..... 86 C 3
Écrouves 54 ..... 94 B 1
Ectot-l'Auber 76 ..... 20 A 4
Ectot-lès-Baons 76 ..... 19 H 4
Écublé 28 ..... 85 H 2
Écueil 51 ..... 41 G 4
Écueillé 36 ..... 171 E 1
Écuélin 59 ..... 15 G 3
Écuelle 70 ..... 140 A 5
Écuelles 71 ..... 178 A 2
Écuelles 77 ..... 88 C 3
Écuillé 49 ..... 128 C 5
Écuires 62 ..... 6 C 4
Écuisses 71 ..... 177 F 4
Éculleville 50 ..... 28 D 2
Écully 69 ..... 213 E 5
Écuras 16 ..... 222 B 1
Écurat 17 ..... 201 F 5
Écurcey 25 ..... 142 B 5
Écurey-en-Verdunois 55 ..... 44 B 3
Écurie 62 ..... 13 G 2
Écury-le-Repos 51 ..... 61 G 4
Écury-sur-Coole 51 ..... 62 A 3
Écutigny 21 ..... 177 F 1
Écuvilly 60 ..... 23 G 4
Edern 29 ..... 100 A 2
Édon 16 ..... 221 G 3
Les Éduts 17 ..... 202 C 3
Eecke 59 ..... 4 A 5
Effiat 63 ..... 210 A 2
Effincourt 52 ..... 93 E 3
Effry 02 ..... 25 G 1
Égat 66 ..... 341 F 4
Égleny 89 ..... 135 H 3
Égletons 19 ..... 225 F 5
Égligny 77 ..... 89 F 4
Eglingen 68 ..... 143 E 2

L'Église-aux-Bois 19 ..... 225 E 2
Église-Neuve-de-Vergt 24 ..... 240 C 3
Église-Neuve-d'Issac 24 ..... 239 H 4
Égliseneuve-
d'Entraigues 63 ..... 227 F 5
Égliseneuve-des-Liards 63 ..... 228 B 3
Égliseneuve-près-Billom 63 ..... 228 B 1
Les Églises d'Argenteuil 17 ..... 201 H 3
Églisolles 63 ..... 229 F 4
Les Églisottes-
et-Chalaures 33 ..... 238 D 3
Égly 91 ..... 87 G 2
Égreville 77 ..... 112 D 3
Égriselles-le-Bocage 89 ..... 113 F 3
Égry 45 ..... 111 H 4
Éguelshardt 57 ..... 68 B 1
Éguenigue 90 ..... 142 C 2
L'Éguille 17 ..... 218 D 1
Éguilles 13 ..... 305 H 5
Éguilly 21 ..... 159 E 3
Éguilly-sous-Bois 10 ..... 115 H 3
Éguisheim 68 ..... 121 E 3
Éguzon 36 ..... 188 D 3
Éguzon Barrage d' 36 ..... 188 D 3
Éhuns 70 ..... 141 G 2
Eichhoffen 67 ..... 97 F 3
Eincheville 57 ..... 66 D 2
Einvaux 54 ..... 95 F 2
Einville-au-Jard 54 ..... 95 F 1
Eix 55 ..... 44 C 5
Élan 08 ..... 26 D 4
Élancourt 78 ..... 57 H 4
Elbach 68 ..... 142 D 3
Elbeuf 76 ..... 36 A 3
Elbeuf-en-Bray 76 ..... 37 F 1
Elbeuf-sur-Andelle 76 ..... 36 D 1
Élencourt 60 ..... 21 H 4
Élesmes 59 ..... 15 H 2
Életot 76 ..... 19 E 3
Éleu-Dit-Leauwette 62 ..... 8 B 5
Élincourt 59 ..... 14 C 5
Élincourt-
Sainte-Marguerite 60 ..... 39 F 1
Élisabethville 78 ..... 57 G 2
Élise-Daucourt 51 ..... 63 E 1
Elizaberry 64 ..... 310 D 3
Ellecourt 76 ..... 21 F 3
Elliant 29 ..... 100 A 3
Ellon 14 ..... 33 E 4
Elne 66 ..... 343 F 3
Elnes 62 ..... 7 E 2
Éloie 90 ..... 142 C 2
Éloise 74 ..... 215 E 1
Éloyes 88 ..... 119 H 3
Elsenheim 67 ..... 121 F 2
Elvange 57 ..... 66 D 1
Elven 56 ..... 124 D 3
Elzange 57 ..... 45 H 3
Émagny 25 ..... 161 G 3
Émalleville 27 ..... 36 B 5
Émancé 78 ..... 86 C 2
Émanville 27 ..... 55 H 1
Émanville 76 ..... 20 A 5
Emberménil 54 ..... 95 H 1
Embourie 16 ..... 203 E 2
Embres-et-Castelmaure 11 ..... 338 D 3
Embreville 80 ..... 11 E 4
Embrun 05 ..... 270 C 3
Embry 62 ..... 6 D 4
Émerainville 77 ..... 59 E 4
Émerchicourt 59 ..... 14 B 2
Émeringes 69 ..... 194 D 5
Éméville 60 ..... 39 H 3
Émiéville 14 ..... 33 H 5
Emlingen 68 ..... 143 F 3
Emmerin 59 ..... 8 C 3
Émondeville 50 ..... 29 G 5
Empeaux 31 ..... 297 F 5
Empurany 07 ..... 248 D 4
Empuré 16 ..... 203 E 2
Empury 58 ..... 157 H 3
Encausse 31 ..... 297 E 3
Encausse-les-Thermes 31 ..... 334 C 2
Enchanet Barrage d' 15 ..... 243 H 3
Enchastrayes 04 ..... 271 E 5
Enchenberg 57 ..... 68 A 1
L'Enclave-
de-la-Martinière 79 ..... 185 G 4
Encourtiech 09 ..... 335 F 3
Encrenaz Col de l' 74 ..... 198 C 5
Endoufielle 32 ..... 297 E 5
Énencourt-le-Sec 60 ..... 37 H 3
Énencourt-Léage 60 ..... 37 G 3
Enfer Gouffre d' 42 ..... 230 B 4
Enfer Portes d' 86 ..... 187 G 4
Enfonvelle 52 ..... 118 B 5
Engarran Château de l' 34 ..... 302 D 5

Engayrac 47 ..... 276 D 2
Engayresque Col d' 12 ..... 281 G 2
Engente 10 ..... 92 B 5
Engenthal 67 ..... 68 A 5
Engenville 45 ..... 111 G 2
Engins 38 ..... 250 D 2
Englancourt 02 ..... 25 E 1
Englebelmer 80 ..... 13 F 5
Englefontaine 59 ..... 15 E 3
Englesqueville-en-Auge 14 ..... 34 C 3
Englesqueville-la-Percée 14 ..... 32 C 2
Englos 59 ..... 8 C 2
Engomer 09 ..... 335 E 3
Engraviès 09 ..... 336 C 2
Enguinegatte 62 ..... 7 F 3
Enguiller 67 ..... 68 C 3
Ennemain 80 ..... 23 G 2
Ennery 57 ..... 45 H 4
Ennery 95 ..... 58 A 1
Ennetières-en-Weppes 59 ..... 8 C 2
Ennevelin 59 ..... 8 D 3
Ennezat 63 ..... 210 A 4
Ennordres 18 ..... 155 E 2
Enquin-les-Mines 62 ..... 7 F 3
Enquin-sur-Baillons 62 ..... 6 C 3
Ens 65 ..... 333 G 4
Ensérune Oppidum d' 34 ..... 321 F 5
Ensigné 79 ..... 202 C 2
Ensisheim 68 ..... 121 E 5
Ensuès-la-Redonne 13 ..... 326 C 2
Entrages 04 ..... 288 A 4
Entraigues 38 ..... 251 F 4
Entraigues 63 ..... 210 A 4
Entraigues-
sur-la-Sorgue 84 ..... 285 G 5
Entrains-sur-Nohain 58 ..... 156 D 2
Entrammes 53 ..... 106 A 4
Entrange 57 ..... 45 G 2
Entraunes 06 ..... 289 E 2
Entraygues-sur-Truyère 12 ..... 262 D 3
Entre-deux-Eaux 88 ..... 96 B 5
Entre-deux-Guiers 38 ..... 232 D 4
Entre-deux-Monts 39 ..... 180 A 5
Entrecasteaux 83 ..... 307 G 5
Entrechaux 84 ..... 285 H 2
Entremont 74 ..... 216 A 3
Entremont-le-Vieux 73 ..... 233 E 3
Entrepierres 04 ..... 287 G 2
Entressen 13 ..... 305 E 4
Entrevaux 04 ..... 289 F 5
Entrevennes 04 ..... 287 G 5
Entrevernes 74 ..... 215 H 4
Entzheim 67 ..... 97 G 1
Enval 63 ..... 209 G 4
Enveitg 66 ..... 341 E 4
Envermeu 76 ..... 20 C 2
Environvelle 76 ..... 19 G 4
Eoulx 04 ..... 308 B 1
Éourres 05 ..... 287 E 2
Eoux 31 ..... 316 D 4
Épagne 10 ..... 91 G 4
Épagne-Épagnette 80 ..... 11 G 4
Épagny 02 ..... 40 A 1
Épagny 21 ..... 160 A 1
Épagny 74 ..... 215 G 3
Épaignes 27 ..... 35 E 3
Épaney 14 ..... 53 H 2
Épannes 79 ..... 184 C 5
Éparcy 02 ..... 25 G 2
Les Éparges 55 ..... 64 D 1
Épargnes 17 ..... 219 E 3
Les Éparres 38 ..... 232 A 3
Epau Abbaye de l' 72 ..... 107 H 5
Épaumesnil 80 ..... 11 G 5
Épaux-Bézu 02 ..... 40 B 5
Épeautrolles 28 ..... 85 H 5
Épécamps 80 ..... 12 B 4
Épégard 27 ..... 35 H 4
Épehy 80 ..... 14 A 5
Épeigné-les-Bois 37 ..... 152 C 4
Épeigné-sur-Dême 37 ..... 130 D 4
Épénancourt 80 ..... 23 G 2
Épenède 16 ..... 204 B 2
Épenouse 25 ..... 162 C 4
Épenoy 25 ..... 162 C 5
Épense 51 ..... 63 E 2
Épercieux-Saint-Paul 42 ..... 211 H 5
Éperlecques 62 ..... 3 E 4
Épernay 51 ..... 61 G 1
Épernay-sous-Gevrey 21 ..... 160 A 4
Épernon 28 ..... 86 C 2
Éperrais 61 ..... 84 B 4
Épersy 73 ..... 215 F 5
Épertully 71 ..... 177 F 2
Épervans 71 ..... 177 H 2
Les Épesses 85 ..... 166 D 3

Épeugney 25 ..... 162 A 5
Epfig 67 ..... 97 F 4
Épiais 41 ..... 132 A 3
Épiais-lès-Louvres 95 ..... 58 D 1
Épiais-Rhus 95 ..... 38 A 5
Épieds 02 ..... 40 C 5
Épieds 27 ..... 56 D 2
Épieds 49 ..... 150 C 5
Épieds-en-Beauce 45 ..... 110 B 5
Épierre 73 ..... 234 A 3
Épiez-sur-Chiers 54 ..... 44 C 2
Épiez-sur-Meuse 55 ..... 93 H 2
Épinac 71 ..... 177 E 2
Épinal 88 ..... 119 F 2
Épinant 52 ..... 117 G 4
Épinay 27 ..... 55 F 2
Épinay-Champlâtreux 95 ..... 58 C 1
L'Épinay-le-Comte 61 ..... 81 H 3
Épinay-sous-Sénart 91 ..... 58 D 5
Épinay-sur-Duclair 76 ..... 35 H 1
Épinay-sur-Odon 14 ..... 33 E 5
Épinay-sur-Orge 91 ..... 58 C 5
Épinay-sur-Seine 93 ..... 58 C 2
L'Épine 05 ..... 268 D 5
L'Épine 51 ..... 62 B 2
L'Épine 85 ..... 164 B 1
Épine Col de l' 73 ..... 233 E 2
L'Épine-aux-Bois 02 ..... 60 C 3
Épineau-les-Voves 89 ..... 113 H 5
Épineu-le-Chevreuil 72 ..... 107 E 4
Épineuil 89 ..... 137 E 2
Épineuil-le-Fleuriel 18 ..... 190 D 2
Épineuse 60 ..... 38 D 2
Épineux-le-Seguin 53 ..... 106 D 5
Épiniac 35 ..... 80 B 2
Épinonville 55 ..... 43 G 3
Épinouze 26 ..... 231 F 5
Épinoy 62 ..... 14 B 3
Épire 49 ..... 149 F 2
Épiry 58 ..... 157 G 5
Épisy 77 ..... 88 C 5
Épizon 52 ..... 93 F 4
Éplessier 80 ..... 21 H 3
Épluches 95 ..... 58 A 1
Éply 54 ..... 65 H 3
Époisses 21 ..... 158 C 1
Épône 78 ..... 57 G 2
Épothémont 10 ..... 92 A 4
Épouville 76 ..... 18 C 5
Époye 51 ..... 42 A 3
Eppe-Sauvage 59 ..... 16 A 4
Eppes 02 ..... 25 E 5
Eppeville 80 ..... 23 H 3
Epping 57 ..... 48 B 5
Épretot 76 ..... 18 D 5
Épreville 76 ..... 19 E 4
Épreville-en-Lieuvin 27 ..... 35 F 4
Épreville-en-Roumois 27 ..... 35 G 3
Épreville-
près-le-Neubourg 27 ..... 35 H 5
Épron 14 ..... 33 G 4
Eps 62 ..... 7 F 4
Épuisay 41 ..... 131 F 2
Équancourt 80 ..... 14 A 5
Équemauville 14 ..... 34 C 2
Équennes-Éramecourt 80 ..... 21 H 3
Équeurdreville-
Hainneville 50 ..... 29 E 3
Équevilley 70 ..... 141 F 3
Équevillon 39 ..... 179 H 4
Équihen-Plage 62 ..... 6 A 2
Équilly 50 ..... 51 G 3
Équirre 62 ..... 7 F 4
Éragny 95 ..... 58 A 1
Éragny-sur-Epte 60 ..... 37 G 3
Eraines 14 ..... 53 H 2
Éramecourt 80 ..... 21 H 4
Éraville 16 ..... 220 D 2
Erbajolo 2B ..... 347 F 5
Erbalunga 2B ..... 345 G 3
Erbéviller-sur-Amezule 54 ..... 66 C 5
Erbray 44 ..... 126 D 2
Erbrée 35 ..... 105 F 3
Ercé 09 ..... 335 G 4
Ercé-en-Lamée 35 ..... 126 D 2
Ercé-près-Liffré 35 ..... 80 C 5
Erceville 45 ..... 111 F 2
Erches 80 ..... 23 E 4
Ercheu 80 ..... 23 G 4
Erchin 59 ..... 14 B 2
Erching 57 ..... 48 B 5
Erckartswiller 67 ..... 68 B 3
Ercourt 80 ..... 11 F 4
Ercuis 60 ..... 38 B 4
Erdeven 56 ..... 123 G 3
Éréac 22 ..... 103 E 1
Ergersheim 67 ..... 97 F 1

Ergnies 80 ..... 12 B 4
Ergny 62 ..... 6 D 3
Ergué-Gabéric 29 ..... 99 H 3
Érigné 49 ..... 149 G 2
Érin 62 ..... 7 F 5
Éringes 21 ..... 138 A 5
Eringhem 59 ..... 3 G 3
Érize-la-Brûlée 55 ..... 63 H 3
Érize-la-Grande 55 ..... 63 H 2
Érize-la-Petite 55 ..... 63 H 2
Érize-Saint-Dizier 55 ..... 63 H 3
Erlon 02 ..... 25 E 3
Erloy 02 ..... 25 E 1
Ermenonville 60 ..... 39 E 5
Ermenonville-la-Grande 28 ..... 86 A 5
Ermenonville-la-Petite 28 ..... 85 H 5
Ermenouville 76 ..... 19 H 3
Ermitage-
du-Frère-Joseph 88 ..... 120 B 5
Ermont 95 ..... 58 B 2
Ernecourt 55 ..... 64 B 5
Ernée 53 ..... 81 G 5
Ernemont-Boutavent 60 ..... 21 G 5
Ernemont-la-Villette 76 ..... 37 F 1
Ernemont-sur-Buchy 76 ..... 36 D 1
Ernes 14 ..... 54 A 1
Ernestviller 57 ..... 67 G 1
Erneville-aux-Bois 55 ..... 64 B 3
Ernolsheim-Bruche 67 ..... 97 F 1
Ernolsheim-lès-Saverne 67 ..... 68 B 4
Erny-Saint-Julien 62 ..... 7 F 3
Érôme 26 ..... 249 E 2
Érondelle 80 ..... 11 G 4
Érone 2B ..... 347 F 3
Éroudville 50 ..... 29 G 5
Erp 09 ..... 335 F 3
Erquery 60 ..... 38 D 2
Erquières 62 ..... 12 B 2
Erquinghem-le-Sec 59 ..... 8 C 3
Erquinghem-Lys 59 ..... 8 B 2
Erquinvillers 60 ..... 38 D 1
Erquy 22 ..... 78 D 2
Err 66 ..... 341 F 5
Erre 59 ..... 9 F 5
Errevet 70 ..... 142 B 2
Errouville 54 ..... 45 F 2
Ersa 2B ..... 345 F 1
Erstein 67 ..... 97 G 3
Erstroff 57 ..... 67 E 2
Ervauville 45 ..... 113 E 4
Ervillers 62 ..... 13 G 4
Ervy-le-Châtel 10 ..... 114 C 4
Esbareich 65 ..... 334 A 3
Esbarres 21 ..... 160 C 5
Esbly 77 ..... 59 F 3
Esboz-Brest 70 ..... 141 G 2
Escala 65 ..... 333 H 1
Escalans 40 ..... 274 D 5
Les Escaldes 66 ..... 341 F 4
L'Escale 04 ..... 287 G 4
Escales 11 ..... 320 C 5
Escalette Pas de l' 34 ..... 301 H 2
Escalles 62 ..... 2 B 3
Escalquens 31 ..... 318 A 2
Escames 60 ..... 21 G 5
Escamps 46 ..... 278 C 1
Escamps 89 ..... 136 A 4
Escandolières 12 ..... 262 B 5
Escanecrabe 31 ..... 316 C 4
Escardes 51 ..... 60 C 5
L'Escarène 06 ..... 291 F 5
Escarmain 59 ..... 14 D 3
Escaro 66 ..... 342 A 4
Escassefort 47 ..... 257 F 4
Escatalens 82 ..... 277 G 5
Escaudain 59 ..... 14 C 2
Escaudes 33 ..... 274 B 1
Escaudœuvres 59 ..... 14 B 3
Escaufourt 59 ..... 14 D 5
Escaunets 65 ..... 314 D 3
Escautpont 59 ..... 9 G 5
Escazeaux 82 ..... 297 E 2
Eschau 67 ..... 97 G 2
Eschbach 67 ..... 68 D 3
Eschbach-au-Val 68 ..... 120 D 3
Eschbourg 67 ..... 68 A 3
Eschène-Autrage 90 ..... 142 C 3
Eschentzwiller 68 ..... 143 G 2
Escherange 57 ..... 45 G 2
Esches 60 ..... 38 A 4
Eschwiller 67 ..... 67 H 3
Esclagne 09 ..... 336 D 2
Esclainvillers 80 ..... 22 C 4
Esclanèdes 48 ..... 264 B 5
Esclassan-Labastide 32 ..... 316 A 2
Esclauzels 46 ..... 260 C 5

Esclavelles 76 ..... 20 D 4
Esclavolles-Lurey 51 ..... 90 A 2
Escles 88 ..... 118 D 3
Escles-Saint-Pierre 60 ..... 21 G 3
Esclimont 28 ..... 86 D 3
Esclottes 47 ..... 257 E 2
Escobecques 59 ..... 8 C 2
Escœuilles 62 ..... 2 D 5
Escoire 24 ..... 240 D 2
Escolives-
Sainte-Camille 89 ..... 136 B 4
Escombres-
et-le-Chesnois 08 ..... 27 G 4
Esconac 33 ..... 255 G 2
Escondeaux 65 ..... 315 F 3
Esconnets 65 ..... 333 G 1
Escorailles 15 ..... 244 B 2
Escornebœuf 32 ..... 296 D 4
Escorpain 28 ..... 56 B 5
Escos 64 ..... 311 H 3
Escosse 09 ..... 336 A 1
Escot 64 ..... 331 H 2
Escots 65 ..... 333 G 1
Escou 64 ..... 331 H 1
Escoubès 64 ..... 314 C 2
Escoubès-Pouts 65 ..... 333 E 1
Escoublère Manoir de l' 53 ..... 128 C 3
Escoulis 31 ..... 335 E 1
Escouloubre 11 ..... 337 F 5
Escource 40 ..... 272 D 3
Escoussans 33 ..... 256 B 2
Escoussens 81 ..... 319 G 2
Escout 64 ..... 331 H 1
Escoutoux 63 ..... 210 C 5
Escoville 14 ..... 33 H 4
Escragnolles 06 ..... 308 D 2
Escrennes 45 ..... 111 G 3
Escrignelles 45 ..... 134 D 4
Escrinet Col de l' 07 ..... 266 C 2
Escroux 81 ..... 300 B 3
Escueillens 11 ..... 337 E 1
Escurès 64 ..... 314 D 2
Escures-sur-Favières 14 ..... 54 A 1
Escurolles 03 ..... 210 A 1
Ésery 74 ..... 215 H 1
Eslettes 76 ..... 20 A 5
Esley 88 ..... 118 C 2
Eslourenties-Daban 64 ..... 314 D 4
Esmans 77 ..... 88 D 5
Esmery-Hallon 80 ..... 23 H 4
Esmoulières 70 ..... 119 H 5
Esmoulins 70 ..... 161 E 2
Esnandes 17 ..... 183 F 5
Esnans 25 ..... 162 C 2
Esnes 59 ..... 14 C 4
Esnes-en-Argonne 55 ..... 43 H 4
Esnoms-au-Val 52 ..... 139 F 4
Esnon 89 ..... 114 A 5
Esnouveaux 52 ..... 117 F 3
Espagnac 19 ..... 243 E 1
Espagnac-
Sainte-Eulalie 46 ..... 261 E 4
Espagnols Pointe des 29 ..... 75 E 3
Espalais 82 ..... 276 D 4
Espalem 43 ..... 246 A 1
Espalion 12 ..... 263 E 4
Espaly-Saint-Marcel 43 ..... 247 F 3
Espanès 31 ..... 318 A 2
Espaon 32 ..... 316 D 3
Esparron 05 ..... 269 F 4
Esparron 31 ..... 316 C 4
Esparron 83 ..... 306 D 4
Esparron-de-Verdon 04 ..... 307 E 2
Esparron-la-Bâtie 04 ..... 287 H 1
Esparros 65 ..... 333 G 2
Esparsac 82 ..... 297 E 1
Espartignac 19 ..... 224 C 4
Espas 32 ..... 295 E 2
Espaubourg 60 ..... 37 G 2
Espèche 65 ..... 333 G 1
Espéchède 64 ..... 314 C 3
Espédaillac 46 ..... 260 D 3
Espelette 64 ..... 310 D 4
Espeluche 26 ..... 267 F 4
Espenel 26 ..... 268 A 2
Espérausses 81 ..... 300 A 4
Espéraza 11 ..... 337 G 3
Esperce 31 ..... 317 H 4
Espère 46 ..... 259 H 4
L'Espérou 30 ..... 282 C 4
Espès-Undurein 64 ..... 313 F 4
Espeyrac 12 ..... 262 C 3
Espeyroux 46 ..... 261 E 2
Espezel 11 ..... 337 E 4
Espieilh 65 ..... 333 G 1
Espiens 47 ..... 275 G 3
Espiet 33 ..... 256 B 1

A
B
C
D
E
F
G
H
I
J
K
L
M
N
O
P
Q
R
S
T
U
V
W
X
Y
Z

Espinas 82 .... 279 E 3
Espinasse 15 .... 245 G 5
Espinasse 63 .... 209 E 3
Espinasse-Vozelle 03 .... 210 A 2
Espinasses 05 .... 270 A 4
Espinchal 63 .... 227 F 5
Espinouse 04 .... 287 H 4
Espins 14 .... 53 G 1
Espira-de-Conflent 66 .... 342 B 3
Espira-de-l'Agly 66 .... 338 D 5
Espirat 63 .... 228 B 1
Espiute 64 .... 311 H 4
Esplantas 43 .... 246 C 5
Esplas 09 .... 318 A 5
Esplas-de-Sérou 09 .... 335 H 3
Espoey 64 .... 314 C 4
Espondeilhan 34 .... 321 G 2
Esprels 70 .... 141 G 5
Esquay-Notre-Dame 14 ..... 33 F 5
Esquay-sur-Seulles 14 ..... 33 E 3
Esquéhéries 02 .... 25 E 1
Esquelbecq 59 .... 3 G 4
Esquennoy 60 .... 22 B 4
Esquerchin 59 .... 8 D 5
Esquerdes 62 .... 7 F 2
Esquibien 29 .... 98 D 2
Esquièze-Sère 65 .... 333 E 3
Esquillon Pointe de l' 06 .... 309 E 5
Esquiule 64 .... 331 G 1
Essalois Château d' 42 ..... 230 A 4
Les Essards 16 .... 239 E 1
Les Essards 17 .... 201 F 5
Les Essards 37 .... 151 E 3
Les Essards-Taignevaux 39 ...... 178 D 2
Essarois 21 .... 138 C 3
Essars 62 .... 8 A 3
Les Essarts 27 .... 56 A 3
Les Essarts 41 .... 131 E 4
Les Essarts 76 .... 36 A 3
Les Essarts 85 .... 166 B 4
Les Essarts-le-Roi 78 ..... 57 G 5
Les Essarts-le-Vicomte 51 ...60 D 5
Les Essarts-lès-Sézanne 51 ..60 D 4
Les Essarts-Varimprê 76 ..... 21 E 2
Essavilly 39 .... 180 A 4
Essay 61 .... 83 H 2
Esse 16 .... 204 C 2
Essé 35 .... 104 D 5
Essegney 88 .... 95 E 4
Les Esseintes 33 .... 256 D 3
Essert 89 .... 136 D 5
Essert 90 .... 142 B 3
Essert-Romand 74 .... 198 C 5
Essertaux 80 .... 22 B 3
Essertenne 71 .... 177 F 4
Essertenne-et-Cecey 70 ...... 160 D 2
Essertines-en-Châtelneuf 42 .... 229 G 2
Essertines-en-Donzy 42 .... 212 A 5
Esserts-Blay 73 .... 234 B 1
Esserts-Salève 74 .... 215 H 1
Esserval-Combe 39 .... 180 A 3
Esserval-Tartre 39 .... 180 A 3
Essey 21 .... 159 E 4
Essey-et-Maizerais 54 ..... 65 E 3
Essey-la-Côte 54 .... 95 F 3
Essey-les-Eaux 52 .... 117 G 4
Essey-lès-Nancy 54 ..... 65 H 5
Essey-les-Ponts 52 ..... 116 C 4
Essia 39 .... 196 B 1
Essigny-le-Grand 02 .... 24 B 3
Essigny-le-Petit 02 .... 24 B 2
Essises 02 .... 60 C 2
Essômes-sur-Marne 02 ..... 60 B 1
Esson 14 .... 53 F 2
Essoyes 10 .... 115 H 4
Essuiles 60 .... 38 B 1
Les Estables 43 .... 247 H 5
Estables 48 .... 264 C 3
Establet 26 .... 268 B 4
Estadens 31 .... 334 D 2
Estagel 66 .... 338 C 5
Estaing 12 .... 262 D 4
Estaing 65 .... 332 C 3
Estaires 59 .... 8 B 2
Estal 46 .... 243 E 5
Estampes 32 .... 315 G 3
Estampures 65 .... 315 G 3
Estancarbon 31 .... 334 C 1
Estandeuil 63 .... 228 B 1
Estang 32 .... 294 D 1
L'Estaque 13 .... 326 D 2
Estarvielle 65 .... 333 H 4
Estavar 66 .... 341 F 4
Esteil 63 .... 228 B 4
Estenc 06 .... 289 E 2

Esténos 31 .... 334 B 3
Estensan 65 .... 333 G 4
Estérençuby 64 .... 330 C 1
Esterre 65 .... 333 E 3
Estevelles 62 .... 8 C 4
Esteville 76 .... 20 C 5
Estézargues 30 .... 304 B 1
Estialescq 64 .... 313 H 4
Estibeaux 40 .... 293 F 4
Estigarde 40 .... 274 C 5
Estillac 47 .... 276 B 3
Estipouy 32 .... 295 H 5
Estirac 65 .... 295 E 5
Estissac 10 .... 114 C 2
Estivals 19 .... 242 B 4
Estivareilles 03 .... 190 D 3
Estivareilles 42 .... 229 G 4
Estivaux 19 .... 242 B 1
Estoher 66 .... 342 B 3
Estoublon 04 .... 288 A 5
Estouches 91 .... 87 F 5
Estourmel 59 .... 14 C 4
Estouteville-Écalles 76 .... 20 C 5
Estouy 45 .... 111 H 3
Estrablin 38 .... 231 F 3
Estramiac 32 .... 296 D 2
Estrebay 08 .... 26 A 2
Estrébœuf 80 .... 11 F 3
L'Estréchure 30 .... 283 E 4
Estrée 62 .... 6 C 4
Estrée-Blanche 62 .... 7 G 3
Estrée-Cauchy 62 .... 8 A 5
Estrée-Wamin 62 .... 12 D 2
Estréelles 62 .... 6 C 4
Estrées 02 .... 24 B 1
Estrées 59 .... 14 A 2
Estrées-Deniécourt 80 .... 23 F 2
Estrées-en-Chaussée 80 ...... 23 H 2
Estrées-la-Campagne 14 ...... 53 H 1
Estrées-lès-Crécy 80 .... 11 H 2
Estrées-Saint-Denis 60 ...... 39 E 2
Estrées-sur-Noye 80 ...... 22 C 3
Estrennes 88 .... 94 C 5
Estreux 59 .... 9 H 5
Estry 14 .... 52 D 2
Esves-le-Moutier 37 .... 170 B 1
Esvres 37 .... 152 A 4
Eswars 59 .... 14 B 3
Étable 73 .... 233 H 3
Étables 07 .... 249 E 3
Étables-sur-Mer 22 .... 73 H 4
Étagnac 16 .... 204 D 4
Étaimpuis 76 .... 20 B 4
Étain 55 .... 44 D 5
Étaing 62 .... 13 H 2
Étainhus 76 .... 18 D 5
Étais 21 .... 137 H 4
Étais-la-Sauvin 89 .... 156 D 1
Étalans 25 .... 162 C 4
Étalante 21 .... 138 C 4
Étalle 08 .... 26 B 2
Étalleville 76 .... 19 H 3
Étalon 80 .... 23 F 3
Étalondes 76 .... 10 D 4
Étampes 91 .... 87 F 4
Étampes-sur-Marne 02 .... 60 C 1
L'Étang-Bertrand 50 .... 29 E 5
L'Étang-la-Ville 78 .... 58 A 3
Étang-sur-Arroux 71 .... 176 C 3
L'Étang-Vergy 21 .... 159 H 5
Les Étangs 57 .... 46 B 5
Étaples 62 .... 6 B 4
Étaule 89 .... 158 A 1
Étaules 17 .... 200 C 5
Étaules 21 .... 159 H 2
Étauliers 33 .... 237 G 1
Étaves-et-Bocquiaux 02 ...... 24 C 1
Étavigny 60 .... 39 G 5
Etcharry 64 .... 311 H 4
Etchebar 64 .... 331 E 2
Éteaux 74 .... 215 H 1
Éteignières 08 .... 26 B 2
Éteimbes 68 .... 142 D 2
Étel 56 .... 123 G 3
Ételfay 80 .... 23 E 4
L'Etelon 03 .... 190 D 1
Éternoz 25 .... 180 A 1
Éterpigny 62 .... 13 H 3
Éterpigny 80 .... 23 G 2
Éterville 14 .... 33 G 5
Étevaux 21 .... 160 C 3
Eth 59 .... 15 E 2
Étienville 50 .... 31 G 2

Étigny 89 .... 113 G 3
Les Étilleux 28 .... 108 D 2
Étinehem 80 .... 23 E 1
Étiolles 91 .... 88 A 2
Étival 39 .... 196 D 2
Étival-Clairefontaine 88 ...... 96 A 4
Étival-lès-le-Mans 72 .... 107 G 5
Étivey 89 .... 137 F 4
Étobon 70 .... 142 A 3
Étoges 51 .... 61 F 3
L'Étoile 39 .... 179 E 4
L'Étoile 80 .... 12 B 5
Étoile-Saint-Cyrice 05 ...... 286 D 1
Étoile-sur-Rhône 26 .... 267 F 1
Éton 55 .... 44 D 4
Étormay 21 .... 138 B 5
Étouars 24 .... 222 B 2
Étourvy 10 .... 115 E 5
Étoutteville 76 .... 19 G 4
Étouvans 25 .... 142 B 5
Étouvelles 02 .... 40 D 1
Étouvy 14 .... 52 C 2
Étrabonne 25 .... 161 G 4
Étrappe 25 .... 142 A 5
L'Étrat 42 .... 230 B 3
Étray 25 .... 162 C 5
Étraye 55 .... 44 B 3
Étréaupont 02 .... 25 F 1
Étrechet 36 .... 172 A 4
Étréchy 18 .... 155 H 5
Étréchy 51 .... 61 G 3
Étréchy 91 .... 87 G 3
Étréham 14 .... 32 D 3
Étreillers 02 .... 24 A 2
Étréjust 80 .... 11 H 5
Étrelles 35 .... 105 E 4
Étrelles-et-la-Montbleuse 70 ...... 161 G 1
Étrelles-sur-Aube 10 .... 90 C 2
Étrembières 74 .... 197 H 5
Étrépagny 27 .... 37 E 3
Étrepigney 39 .... 161 F 5
Étrépigny 08 .... 26 D 4
Étrépilly 02 .... 60 B 1
Étrépilly 77 .... 59 G 1
Étrepy 51 .... 63 E 4
Étretat 76 .... 18 C 3
Étreux 02 .... 15 E 5
Étreval 54 .... 94 C 3
Étréville 27 .... 35 F 2
Étrez 01 .... 195 H 4
Étriac 16 .... 220 D 3
Étriché 49 .... 128 D 4
Étricourt-Manancourt 80 ...... 13 H 5
Étrigny 71 .... 195 E 1
Étrochey 21 .... 138 A 2
Étrœungt 59 .... 15 G 5
Étroitefontaine 70 .... 141 H 5
Étroussat 03 .... 192 A 5
Étrun 62 .... 13 F 2
Etsaut 64 .... 331 H 4
Ettendorf 67 .... 68 C 3
Etting 57 .... 67 H 1
Étueffont 90 .... 142 C 2
Étupes 25 .... 142 C 4
Éturqueraye 27 .... 35 G 2
Étusson 79 .... 167 G 1
Étuz 70 .... 161 H 2
Etzling 57 .... 47 F 5
Eu 76 .... 10 D 4
Euffigneix 52 .... 116 D 3
Eugénie-les-Bains 40 ...... 294 B 3
Euilly-et-Lombut 08 .... 27 G 4
Eulmont 54 .... 65 H 5
Eup 31 .... 334 B 3
Eurre 26 .... 267 G 1
Eurville-Bienville 52 .... 92 D 2
Eus 66 .... 342 B 2
Euvezin 54 .... 65 E 3
Euville 55 .... 64 D 5
Euvy 51 .... 61 G 5
Euzet 30 .... 284 A 4
Évaillé 72 .... 130 D 2
Évans 39 .... 161 G 4
Évaux-et-Ménil 88 .... 95 E 4
Évaux-les-Bains 23 .... 208 C 1
Ève 60 .... 59 E 1
Évecquemont 78 .... 57 H 1
Évenos 83 .... 327 H 4
Évergnicourt 02 .... 41 G 2
Everly 77 .... 89 G 3
Évette-Salbert 90 .... 142 B 2
Éveux 69 .... 212 D 5
Évian-les-Bains 74 .... 198 B 3
Évigny 08 .... 26 D 3
Évillers 25 .... 180 B 1

Évin-Malmaison 62 .... 8 D 5
Évires 74 .... 215 H 2
Évisa 2A .... 346 C 5
Évosges 01 .... 214 B 3
Évran 22 .... 79 H 5
Évrange 57 .... 45 H 1
Évrecy 14 .... 33 F 5
Èvres 55 .... 63 G 1
Évreux 27 .... 56 B 1
Évricourt 60 .... 23 G 5
Évriguet 56 .... 102 D 3
Évron 53 .... 106 C 3
Évry 89 .... 113 G 2
Évry 91 .... 87 H 2
Évry-Grégy-sur-Yerres 77 .... 59 E 5
Excenevex 74 .... 198 A 3
Excideuil 24 .... 223 F 5
Exermont 08 .... 43 F 3
Exideuil 16 .... 204 C 4
Exincourt 25 .... 142 C 4
Exireuil 79 .... 185 F 3
Exmes 61 .... 54 C 4
Exoudun 79 .... 185 G 4
Expiremont 17 .... 220 B 5
Expo Faune Lorraine 88 ...... 120 B 3
Eybens 38 .... 251 E 2
Eybouleuf 87 .... 206 B 5
Eyburie 19 .... 224 C 4
Eycheil 09 .... 335 F 3
Eydoche 38 .... 232 A 4
Eygalayes 26 .... 286 D 2
Eygalières 13 .... 305 E 2
Eygaliers 26 .... 286 A 2
Eygliers 05 .... 270 D 2
Eygluy-Escoulin 26 .... 267 H 1
Eyguians 05 .... 287 E 1
Eyguières 13 .... 305 E 3
Eygurande 19 .... 226 C 2
Eygurande-Gardedeuil 24 .... 239 E 3
Eyharce 64 .... 311 E 5
Eyjeaux 87 .... 205 H 5
Eyliac 24 .... 240 D 2
Eymet 24 .... 257 G 3
Eymeux 26 .... 249 H 3
Eymouthiers 16 .... 222 B 2
Eymoutiers 87 .... 224 D 1
Eyne 66 .... 341 G 4
Eyne 2600 66 .... 341 G 4
Eynesse 33 .... 257 E 1
Eyragues 13 .... 304 D 2
Eyrans 33 .... 237 G 2
Eyrein 19 .... 225 F 5
Eyres-Moncube 40 .... 293 H 3
Eyrenville 24 .... 258 B 2
Eyroles 26 .... 268 A 5
Eysines 33 .... 237 F 5
Eysson 25 .... 162 D 4
Eysus 64 .... 331 H 4
Eyvirat 24 .... 222 C 5
Eywiller 67 .... 67 H 3
Eyzahut 26 .... 267 G 4
Eyzerac 24 .... 223 E 5
Les Eyzies-de-Tayac 24 ..... 241 E 5
Eyzin-Pinet 38 .... 231 G 3
Ézanville 95 .... 58 C 1
Èze 06 .... 309 H 2
Ézy-sur-Eure 27 .... 56 D 3

F

Fa 11 .... 337 G 3
Fabas 09 .... 335 H 1
Fabas 31 .... 316 D 4
Fabas 82 .... 297 H 2
Fabras 07 .... 266 A 3
Fabrègues 34 .... 302 C 5
Fabrezan 11 .... 338 C 1
Faches-Thumesnil 59 .... 8 D 3
Fâchin 58 .... 176 A 3
Facture 33 .... 254 C 2
Fades Viaduc des 63 .... 209 E 3
Fage Gouffre de la 19 .... 242 B 3
La Fage-Montivernoux 48 ... 263 H 2
La Fage-Saint-Julien 48 ...... 264 A 1
Fageole Col de la 15 .... 245 H 3
Le Faget 31 .... 298 D 5
Faget-Abbatial 32 .... 316 B 2
Fagnières 51 .... 62 A 2
Fagnon 08 .... 26 C 3
Fahy-lès-Autrey 70 .... 160 D 1
Failly 57 .... 45 H 5
Faimbe 25 .... 142 A 5
Fain-lès-Montbard 21 .... 137 H 5
Fain-lès-Moutiers 21 .... 137 G 5
Fains 27 .... 56 D 2
Fains-la-Folie 28 .... 110 C 2
Fains-les-Sources 55 .... 63 G 4

Faissault 08 .... 26 B 5
Fajac-en-Val 11 .... 338 A 1
Fajac-la-Relenque 11 .... 318 C 4
Fajoles 46 .... 259 H 1
Fajolles 82 .... 277 E 5
Falaise 08 .... 42 D 2
Falaise 14 .... 53 H 2
La Falaise 78 .... 57 G 2
Falck 57 .... 46 D 4
Faleyras 33 .... 256 B 1
Falga 31 .... 318 D 2
Le Falgoux 15 .... 244 D 2
Falicon 06 .... 309 H 2
Falkwiller 68 .... 143 E 2
Fallencourt 76 .... 21 E 2
Fallerans 25 .... 162 C 5
Falleron 85 .... 165 F 2
Falletans 39 .... 161 E 5
Fallières 88 .... 119 G 4
Fallon 70 .... 141 H 5
La Faloise 80 .... 22 C 4
Fals 47 .... 276 B 4
Falvy 80 .... 23 G 2
Famechon 62 .... 13 E 4
Famechon 80 .... 22 A 3
Fameck 57 .... 45 G 4
Familly 14 .... 54 D 2
Fampoux 62 .... 13 H 2
Fanget Col du 04 .... 288 B 1
Fanjeaux 11 .... 319 E 5
Fanlac 24 .... 241 F 3
Le Faou 29 .... 75 G 3
Le Faouët 22 .... 73 F 4
Le Faouët 56 .... 100 D 3
Faramans 01 .... 213 G 4
Faramans 38 .... 231 H 4
Farbus 62 .... 8 B 5
Farceaux 27 .... 37 E 3
Farcheville Château de 91 ...... 87 G 4
La Fare-en-Champsaur 05 .. 269 G 2
La Fare-les-Oliviers 13 ...... 305 G 5
Farébersviller 57 .... 47 F 5
Fareins 01 .... 213 E 2
Faremoutiers 77 .... 59 H 4
Farges 01 .... 197 E 5
Farges-Allichamps 18 ...... 173 E 4
Farges-en-Septaine 18 ...... 173 G 1
Farges-lès-Chalon 71 .... 177 H 3
Farges-lès-Mâcon 71 .... 195 E 2
Fargniers 02 .... 24 B 4
Fargues 33 .... 256 B 4
Fargues 40 .... 294 A 3
Fargues 46 .... 277 G 1
Fargues-Saint-Hilaire 33 ...... 255 H 1
Fargues-sur-Ourbise 47 ...... 275 E 2
Farincourt 52 .... 140 B 4
Farinole 2B .... 345 F 4
La Farlède 83 .... 328 B 4
Farnay 42 .... 230 C 3
Faron Mont 83 .... 328 A 4
Farrou 12 .... 279 F 1
Farschviller 57 .... 67 F 1
Fatines 72 .... 108 A 4
Fatouville-Grestain 27 ...... 34 D 2
Le Fau 15 .... 244 D 3
Fau-de-Peyre 48 .... 264 A 2
Fauch 81 .... 299 G 2
Faucigny 74 .... 216 A 1
La Faucille Col de 01 .... 197 F 3
Faucogney-et-la-Mer 70 ...... 141 H 2
Faucompierre 88 .... 119 H 2
Faucon 84 .... 285 H 2
Faucon-de-Barcelonnette 04 ...... 270 D 5
Faucon-du-Caire 04 .... 269 H 5
Faucoucourt 02 .... 40 C 1
Faudoas 82 .... 297 E 2
Le Fauga 31 .... 317 G 3
Faugères 07 .... 265 H 5
Faugères 34 .... 301 G 5
Fauguernon 14 .... 34 D 4
Fauguerolles 47 .... 257 F 5
Fauillet 47 .... 257 F 5
Le Faulq 14 .... 34 D 4
Faulquemont 57 .... 66 D 1
Faulx 54 .... 65 H 4
Faumont 59 .... 8 D 4
Fauquembergues 62 .... 7 E 3
La Faurie 05 .... 269 E 3
Faurilles 24 .... 258 C 2
Fauroux 82 .... 277 E 2

Faussergues 81 .... 280 C 5
La Faute-sur-Mer 85 .... 183 E 4
Fauverney 21 .... 160 B 4
Fauville 27 .... 56 B 1
Fauville-en-Caux 76 .... 19 F 4
Faux 08 .... 26 B 5
Faux 24 .... 258 B 1
Faux de Verzy 51 .... 41 H 5
Faux-Fresnay 51 .... 61 G 5
Faux-la-Montagne 23 .... 225 F 1
Faux-Mazuras 23 .... 206 D 4
Faux-Vésigneul 51 .... 62 B 4
Faux-Villecerf 10 .... 90 B 5
Favalello 2B .... 347 F 4
Favars 19 .... 242 D 1
La Favède 30 .... 283 G 3
Faveraye-Mâchelles 49 ...... 149 G 4
Faverdines 18 .... 190 C 1
Faverelles 45 .... 135 E 5
Faverges 74 .... 216 A 5
Faverges-de-la-Tour 38 ...... 232 C 2
Faverney 70 .... 141 E 3
Faverois 90 .... 142 D 4
Faverolles 02 .... 40 A 4
Faverolles 15 .... 245 H 5
Faverolles 28 .... 57 E 5
Faverolles 36 .... 153 F 5
Faverolles 52 .... 117 E 5
Faverolles 61 .... 53 G 5
Faverolles 80 .... 23 E 4
Faverolles-et-Coëmy 51 ...... 41 E 4
Faverolles-la-Campagne 27 ...55 H 1
Faverolles-lès-Lucey 21 ..... 138 D 2
Faverolles-les-Mares 27 ..... 35 E 5
Faverolles-sur-Cher 41 ...... 152 D 3
La Favière 39 .... 180 A 4
La Favière 83 .... 329 E 4
La Favière Plage de 83 ...... 329 E 4
Favières 25 .... 85 H 3
Favières 54 .... 94 B 3
Favières 77 .... 59 F 4
Favières 80 .... 11 F 2
Favone 2A .... 349 H 4
Favresse 51 .... 62 D 4
Favreuil 62 .... 13 G 4
Favrieux 78 .... 57 F 2
Le Favril 27 .... 35 F 4
Le Favril 28 .... 85 G 3
Le Favril 59 .... 15 F 4
Fay 61 .... 55 E 5
Le Fay 71 .... 178 D 5
Fay 72 .... 107 G 4
Fay 80 .... 23 F 2
Fay-aux-Loges 45 .... 111 F 5
Fay-de-Bretagne 44 .... 147 F 1
Fay-en-Montagne 39 .... 179 G 4
Fay-le-Clos 26 .... 249 F 1
Fay-les-Étangs 60 .... 37 H 4
Fay-lès-Marcilly 10 .... 90 A 4
Fay-lès-Nemours 77 .... 112 B 2
Le Fay-Saint-Quentin 60 ...... 38 B 2
Fay-sur-Lignon 43 .... 248 A 4
Faycelles 46 .... 261 F 4
La Faye 16 .... 203 F 2
La Faye 41 .... 131 H 3
La Faye Pas de 06 .... 308 D 2
Faye-d'Anjou 49 .... 149 G 3
Faye-la-Vineuse 37 .... 169 F 2
Faye-l'Abbesse 79 .... 167 H 3
Faye-sur-Ardin 79 .... 184 D 3
Le Fayel 60 .... 39 E 2
Fayence 83 .... 308 C 3
Fayet 02 .... 24 A 2
Fayet 12 .... 301 E 2
Le Fayet 74 .... 216 D 3
Fayet-le-Château 63 .... 228 B 1
Fayet-Ronaye 63 .... 228 C 4
Fayl-Billot 52 .... 140 A 3
Faymont 70 .... 142 A 3
Faymoreau 85 .... 184 C 1
Fays 24 .... 259 F 1
Fays 52 .... 92 D 3
Fays 88 .... 119 H 2
Fays-la-Chapelle 10 .... 114 D 3
Fayssac 81 .... 299 E 1
Féas 64 .... 331 G 1
Febvin-Palfart 62 .... 7 G 3
Fécamp 76 .... 19 E 3
Féchain 59 .... 14 B 2
Fêche-l'Église 90 .... 142 D 4
La Féclaz 73 .... 233 F 1
Fécocourt 54 .... 94 C 4
Fédry 70 .... 140 C 4
Fégersheim 67 .... 97 G 2
Fégréac 44 .... 125 H 4
Feigères 74 .... 215 G 3
Feigneux 60 .... 39 G 4

A B C D E F G H I J K L M N O P Q R S T U V W X Y Z

Feignies 59................15 G 2
Feillens 01...............195 E 4
Feings 41.................153 E 2
Feings 61.................84 C 2
Feins 35..................80 B 4
Feins-en-Gâtinais 45.....135 E 4
Feissons-sur-Isère 73....234 B 2
Feissons-sur-Salins 73...234 C 3
Le Fel 12................262 C 3
Fel 61....................54 B 4
Felce 2B.................347 G 4
Feldbach 68..............143 F 4
Feldkirch 68.............121 E 5
Feliceto 2B..............346 C 2
Félines 07...............231 E 5
Félines 43...............247 E 1
Félines-Minervois 34.....320 B 4
Félines-sur-Rimandoule 26.267 G 3
Félines-Termenès 11......338 B 2
Felleries 59..............15 H 4
Fellering 68.............120 B 5
Felletin 23..............207 G 4
Felluns 66...............338 A 5
Felon 90.................142 D 2
Felzins 46...............261 G 3
Fenain 59.................9 F 5
Fénay 21.................160 A 4
Fendeille 11.............319 E 4
Fénery 79................167 H 5
Fénétrange 57............67 G 3
Feneu 49.................128 C 5
Féneyrols 82.............279 E 4
Féniers 23...............225 G 1
Féniers Abbaye de 15.....227 E 5
Fenioux 17...............201 G 4
Fenioux 79...............184 D 2
Fenneviller 54............96 A 2
Fénols 81................299 E 2
Le Fenouiller 85.........164 D 4
Fenouillet 31............297 H 4
Fenouillet 66............337 H 5
Fenouillet Sommet du 83..328 B 4
Fenouillet-du-Razès 11...337 E 1
Fépin 08..................17 E 5
Fer à Cheval Cirque du 74.217 E 1
Ferayola 2B..............346 B 3
Fercé 44.................127 E 2
Fercé-sur-Sarthe 72......129 G 2
Ferdrupt 88..............119 H 5
La Fère 02...............24 B 4
Fère Château de 02.......40 C 4
Fère-Champenoise 51......61 G 4
Fère-en-Tardenois 02.....40 C 4
Fèrebrianges 51..........61 F 3
La Férée 08..............26 A 3
Férel 56.................125 E 5
Ferfay 62.................7 G 4
Féricy 77................88 C 4
Férin 59.................14 A 2
Fermanville 50...........29 F 2
Ferme de Navarin
  Monument de la 51......42 C 4
La Fermeté 58...........174 D 2
Ferney-Voltaire 01......197 G 4
Fernoël 63...............208 B 5
Férolles 45..............133 G 3
Férolles-Attilly 77......59 E 5
Féron 59.................15 H 5
Ferques 62...............2 C 4
Ferrals-les-Corbières 11.338 C 1
Ferrals-les-Montagnes 34.320 B 3
Ferran 11................337 F 1
Ferrassières 26.........286 C 3
Le Ferré 35..............81 E 3
Ferrensac 47............258 B 3
Ferrère 65..............334 A 3
Les Ferres 06...........309 F 1
Ferrette 68.............143 F 4
Ferreux 10...............90 A 4
La Ferrière 22..........102 C 2
La Ferrière 37..........131 E 5
La Ferrière 38..........233 G 5
La Ferrière-Airoux 86...186 C 4
La Ferrière-au-Doyen 14..52 D 1
La Ferrière-au-Doyen 61..55 E 5
La Ferrière-aux-Étangs 61.53 F 5
La Ferrière-Béchet 61....83 G 2
La Ferrière-Bochard 61...83 F 4
La Ferrière-de-Flée 49...128 A 3
La Ferrière-Duval 61.....53 E 2
La Ferrière-
  en-Parthenay 79........168 B 3
La Ferrière-et-Lafolie 52.92 D 4
La Ferrière-Harang 14....52 C 1
Ferrière-la-Grande 59....15 H 2
Ferrière-la-Petite 59....15 H 3

Ferrière-Larçon 37.......170 B 2
Ferrière-sur-Beaulieu 37.152 C 5
La Ferrière-sur-Risle 27..55 G 2
Ferrières 17.............183 H 5
Ferrières 50.............81 G 2
Ferrières 54.............95 E 2
Ferrières 60.............22 D 5
Ferrières 65............332 B 2
Ferrières 74............215 G 3
Ferrières 80.............22 B 2
Ferrières 81............300 A 4
Ferrières-en-Brie 77.....59 E 4
Ferrières-en-Bray 76.....37 F 1
Ferrières-en-Gâtinais 45.112 C 4
Ferrières-Haut-Clocher 27.56 A 1
Ferrières-la-Verrerie 61..54 D 5
Ferrières-le-Lac 25.....163 G 3
Ferrières-les-Bois 25...161 G 4
Ferrières-lès-Ray 70....140 C 5
Ferrières-lès-Scey 70...140 D 4
Ferrières-les-Verreries 34.302 C 1
Ferrières-Poussarou 34..320 D 2
Ferrières-Saint-Hilaire 27.55 F 1
Ferrières-Saint-Mary 15.245 G 2
Ferrières-sur-Ariège 09.336 B 3
Ferrières-sur-Sichon 03.210 D 3
Ferrussac 43............246 B 3
Fertans 25..............180 A 1
La Ferté 39.............179 F 2
La Ferté-Alais 91........87 H 3
La Ferté-Beauharnais 41.154 A 1
La Ferté-Bernard 72.....108 C 2
La Ferté-Chevresis 02....24 D 3
La Ferté-Frênel 61.......55 E 3
La Ferté-Gaucher 77......60 B 4
La Ferté-Hauterive 03...192 A 3
La Ferté-Imbault 41.....154 B 3
La Ferté-Loupière 89....135 G 2
La Ferté-Macé 61.........82 D 2
La Ferté-Milon 02........39 H 5
La Ferté-Saint-Aubin 45.133 F 4
La Ferté-Saint-Cyr 41...132 D 4
La Ferté-Saint-Samson 76.21 E 5
La Ferté-sous-Jouarre 77.60 A 2
La Ferté-sur-Chiers 08...27 H 5
La Ferté-Vidame 28.......85 E 2
La Ferté-Villeneuil 28..109 H 5
Fertrève 58.............175 F 2
Fervaches 50.............52 B 1
Fervaques 14.............54 D 1
Fescamps 80..............23 E 4
Fesches-le-Châtel 25....142 C 4
Fesmy-le-Sart 02.........15 E 5
Fesques 76...............21 E 3
Fessanvilliers-
  Mattanvilliers 28......56 A 5
Fessenheim 68...........121 G 4
Fessenheim-le-Bas 67.....68 C 5
Fessevillers 25.........163 G 3
Les Fessey 70...........141 H 2
Fessy 74................198 A 4
Festalemps 24...........239 F 1
Festes-et-Saint-André 11.337 F 3
Festieux 02..............41 E 1
Festigny 51..............61 E 1
Festigny 89.............157 F 1
Festre Col du 05........269 F 2
Festubert 62.............8 B 3
Le Fête 21..............159 E 5
Féternes 74.............198 B 3
Fétigny 39..............196 C 2
Feucherolles 78..........57 H 3
Feuchy 62................13 G 2
Feugarolles 47..........275 G 3
Feugères 50..............31 H 4
Feuges 10................91 E 4
Feuguerolles 27..........36 A 5
Feuguerolles-sur-Orne 14.33 G 5
Feuguerolles-sur-Seulles 14.33 E 5
Feuilla 11..............338 D 3
Feuillade 16............221 H 2
La Feuillade 24.........241 H 3
La Feuillée 29...........76 B 3
Feuillères 80............23 F 1
La Feuillie 50...........31 G 4
La Feuillie 76...........37 E 1
Feule 25................163 F 2
Feuquières 60............21 G 4
Feuquières-en-Vimeu 80...11 E 4
Feurs 42................229 H 1
Feusines 36.............189 H 2
Feux 18.................156 A 4
Fèves 57.................45 G 5
Féy 57...................65 G 2
Fey-en-Haye 54...........65 F 3
Feyt 19.................226 C 1
Feytiat 87..............205 H 5

Feyzin 69...............231 E 1
Fiac 81.................298 D 3
Ficaja 2B...............347 G 3
Ficajola 2A.............346 A 5
Ficheux 62..............13 G 3
Fichous-Riumayou 64....294 A 5
Le Fidelaire 27.........55 H 2
Le Fied 39.............179 G 4
Le Fief-Sauvin 49......148 C 4
Fieffes 80..............12 C 5
Fiefs 62................7 G 4
Fiennes 62..............2 C 4
Fienvillers 80.........12 C 4
Fier Gorges du 74......215 F 3
Fierville-la-Campagne 14.53 H 1
Fierville-les-Mines 50..29 E 5
Fierville-les-Parcs 14..34 C 4
Le Fieu 33.............238 D 3
Fieulaine 02...........24 C 2
Fieux 47...............275 G 4
Figanières 83..........308 A 4
Figareto 2B............347 H 3
Figari 2A..............351 F 3
Figarol 31.............334 D 1
Figeac 46..............261 F 3
Fignévelle 88..........118 B 4
Fignières 80...........23 E 4
Filain 02..............40 D 1
Filain 70.............141 F 5
Filitosa (Station
  Préhistorique de) 2A.348 D 5
Fillé 72...............129 H 2
Fillières 54...........45 E 3
Fillièvres 62..........12 B 2
Fillinges 74..........198 A 5
Fillols 66............342 A 3
Filstroff 57...........46 C 3
Fiménil 88............119 H 2
Finestret 66..........342 B 3
Finhan 82.............297 G 1
Finiels Col de 48.....265 E 5
Les Fins 25...........163 E 5
Fins 80................14 A 5
Fiquefleur-Équainville 27.34 D 2
Firbeix 24............223 E 2
Firfol 14.............34 D 5
Firmi 12..............262 B 4
Firminy 42............230 A 5
Fislis 68.............143 G 4
Fismes 51.............40 D 3
Fitignieu 01..........214 D 3
Fitilieu 38...........232 C 2
Fitou 11..............339 E 3
Fitz-James 60.........38 C 2
Fix-Saint-Geneys 43...246 D 2
Fixem 57..............45 H 2
Fixin 21..............160 A 4
Flabas 55.............44 B 4
Flacé-lès-Mâcon 71....195 E 4
Flacey 21.............160 B 2
Flacey 28.............109 H 3
Flacey-en-Bresse 71...196 A 1
La Flachère 38........233 F 4
Flachères 38..........232 A 3
Flacourt 78...........57 F 2
Flacy 89..............114 A 2
Flagey 25.............180 A 1
Flagey 52.............139 G 3
Flagey-Echézeaux 21...160 A 5
Flagey-lès-Auxonne 21.160 D 5
Flagey-Rigney 25......162 B 1
Flagnac 12............261 H 3
Flagy 70..............141 F 3
Flagy 71..............194 C 2
Flagy 77..............88 D 5
Flaignes-Havys 08.....26 B 2
Flaine 74.............216 C 2
Flainval 54...........95 F 1
Flamanville 50........28 C 4
Flamanville 76........19 H 4
Flamarens 32..........276 C 5
La Flamengrie 02......15 G 5
La Flamengrie 59......15 F 2
Flamets-Frétils 76....21 E 3
Flammerans 21.........160 D 4
Flammerécourt 52......92 D 4
Flancourt-Catelon 27..35 G 3
Flangebouche 25.......162 D 4
Flaran Abbaye de 32...295 H 1
Flassan 84............286 A 4
Flassans-sur-Issole 83.328 C 1
Flassigny 55..........44 B 2
Flastroff 57..........46 C 3
Flat 63...............228 A 3
Flaucourt 80..........23 G 1
Flaugeac 24...........257 H 2

Flaugnac 46...........277 H 2
Flaujac-Gare 46.......260 D 2
Flaujac-Poujols 46....278 B 1
Flaujagues 33.........257 E 1
Flaumont-Waudrechies 59.15 G 4
Flaux 30..............284 C 5
Flavacourt 60.........37 G 3
Flaviac 07............266 D 2
Flavignac 87..........223 F 1
Flavignerot 21........159 H 3
Flavigny 18...........173 H 2
Flavigny 51...........61 G 2
Flavigny-le-Grand-
  et-Beaurain 02......24 D 2
Flavigny-sur-Moselle 54.94 D 2
Flavigny-sur-Ozerain 21.159 E 1
Flavin 12.............280 D 2
Flavy-le-Martel 02....24 A 4
Flavy-le-Meldeux 60...23 H 4
Flaxieu 01............214 D 4
Flaxlanden 68.........143 F 2
Flayat 23.............208 B 5
Flayosc 83............308 A 5
Fléac 16..............221 E 1
Fléac-sur-Seugne 17...219 G 3
La Flèche 72..........129 G 4
Fléchères Château de 01.212 D 2
Fléchin 62............7 F 3
Fléchy 60.............22 B 4
Fleckenstein Château de 67.68 D 1
Flée 21...............158 D 2
Flée 72...............130 C 3
Fleigneux 08..........27 F 3
Fleisheim 57..........67 H 4
Le Fleix 24...........239 F 5
Fleix 86..............187 F 2
Fléré-la-Rivière 36...170 C 2
Flers 61..............53 E 4
Flers 62..............12 C 2
Flers 80..............13 G 5
Flers-en-Escrebieux 59.8 D 5
Flers-sur-Noye 80.....22 B 3
Flesquières 59........14 A 4
Flesselles 80.........12 C 5
Fléty 58..............176 A 4
Fleurac 16............220 D 1
Fleurac 24............241 E 4
Fleurance 32..........296 B 2
Fleurat 23............189 E 5
Fleurbaix 62..........8 B 2
Fleuré 61.............54 A 5
Fleuré 86.............186 D 2
Fleurey 25............163 F 2
Fleurey-lès-Faverney 70.141 E 3
Fleurey-lès-Lavoncourt 70.140 C 4
Fleurey-lès-Saint-Loup 70.119 E 5
Fleurey-sur-Ouche 21..159 H 3
Fleurie 69............212 D 1
Fleurieu-sur-Saône 69.213 E 4
Fleurieux-sur-l'Arbresle 69.212 D 4
Fleurigné 35..........81 F 4
Fleurigny 89..........89 G 5
Fleurines 60..........39 E 4
Fleurville 71.........195 E 3
Fleury 02.............40 A 4
Fleury 11.............321 F 5
Fleury 50.............51 H 3
Fleury 57.............65 H 1
Fleury 60.............37 H 4
Fleury 62.............7 F 5
Fleury 80.............22 A 3
Fleury-
  devant-Douaumont 55.44 B 5
Fleury-en-Bière 77....88 A 4
Fleury-la-Forêt 27....37 E 2
Fleury-la-Montagne 71.211 H 1
Fleury-la-Rivière 51..41 F 5
Fleury-la-Vallée 89...136 A 2
Fleury-les-Aubrais 45.111 E 5
Fleury-Mérogis 91.....87 H 2
Fleury-sur-Aire 55....63 G 1
Fleury-sur-Andelle 27.36 D 2
Fleury-sur-Loire 58...174 D 4
Fleury-sur-Orne 14....33 G 5
Flévieu 01............214 B 5
Fléville 08...........43 F 3
Fléville-devant-Nancy 54.94 D 1
Fléville-Lixières 54..45 E 4
Flévy 57..............45 H 4
Flexanville 78........57 F 3
Flexbourg 67..........97 E 1
Fley 71...............177 F 5
Fleys 89..............136 D 3
Flez-Cuzy 58..........157 F 3

Fligny 08.............26 A 2
Flin 54...............95 H 2
Flines-lès-Mortagne 59.9 G 4
Flines-lez-Raches 59..9 E 5
Flins-Neuve-Église 78.57 E 3
Flins-sur-Seine 78....57 G 2
Flipou 27.............36 C 3
Flirey 54.............65 E 3
Flixecourt 80.........12 B 5
Flize 08..............26 D 4
La Flocellière 85.....166 D 3
Flocourt 57...........66 C 2
Flocques 76...........10 D 4
Flogny-la-Chapelle 89.114 C 5
Floing 08.............27 E 3
Floirac 17............219 F 3
Floirac 33............237 G 5
Floirac 46............242 C 5
Florac 48.............282 D 1
Florange 57...........45 G 3
Florémont 88..........95 E 4
Florensac 34..........322 C 4
Florent-en-Argonne 51.43 F 5
Florentia 39..........196 A 3
Florentin 81..........299 E 1
Florentin-la-Capelle 12.262 D 3
Floressas 46..........259 F 5
Florimont 90..........142 D 4
Florimont-Gaumier 24..259 G 2
Floringhem 62.........7 G 4
Flornoy 52............92 C 3
La Flotte 17..........183 E 5
Flottemanville 50.....29 F 5
Flottemanville-Hague 50.28 D 3
Floudès 33............256 D 4
Floure 11.............320 A 5
Flourens 31...........298 A 5
Floursies 59..........15 G 3
Floyon 59.............15 G 5
Flumet 73.............216 B 4
Fluquières 02.........24 A 3
Fluy 80...............22 A 4
Foameix 55............44 D 4
Foce 2A...............351 E 2
Focicchia 2B..........347 F 5
Foëcy 18..............154 C 5
Le Fœil 22............78 A 4
Foisches 08...........17 E 4
Foissac 12............261 F 4
Foissac 30............284 A 4
Foissiat 01...........195 H 3
Foissy 21.............159 F 5
Foissy-lès-Vézelay 89.157 G 2
Foissy-sur-Vanne 89...113 H 2
Foix 09...............336 B 3
Folcarde 31...........318 C 3
Folelli 2B............347 H 3
Folembray 02..........40 B 1
Folgensbourg 68.......143 G 3
Le Folgoët 29.........71 E 4
La Folie 14...........32 C 3
Folies 80.............23 E 3
Folkling 57...........47 F 5
Follainville-Dennemont 78.57 F 1
Folles 87.............206 B 2
La Folletière 76......19 H 5
La Folletière Château de 27.56 D 2
La Folletière-Abenon 14.55 E 2
Folleville 27.........35 E 5
Folleville 80.........22 C 4
Folligny 50...........51 G 3
Folpersviller 57......47 H 5
Folschviller 57.......66 D 1
Fomerey 88............119 E 2
Fomperron 79..........185 G 2
Fonbeauzard 31........298 A 4
Foncegrive 21.........139 F 5
Fonches-Fonchette 80..23 F 3
Foncine-le-Bas 39.....180 A 5
Foncine-le-Haut 39....180 A 5
Foncquevillers 62.....13 F 4
Fond-de-France 38.....233 G 5
Fondamente 12.........301 F 1
Fondettes 37..........151 H 2
Fondremand 70.........162 A 1
Fongalop 24...........259 E 2
Fongrave 47...........275 H 1
Fonguenuesmare 76.....18 D 4
Fonroque 24...........257 H 2
Fons 07...............266 B 3
Fons 30...............303 G 1
Fons 46...............261 F 3
Fons-sur-Lussan 30....284 B 3
Fonsommes 02..........24 B 1
Fonsorbes 31..........297 G 5
Font-Romeu-Odeillo-Via 66.341 F 4
Fontain 25............162 A 4

Fontaine 10...........116 A 2
Fontaine 38...........250 D 1
Fontaine 90...........142 D 2
Fontaine-au-Bois 59...15 E 4
Fontaine-au-Pire 59...14 C 4
Fontaine-Bellenger 27.36 C 4
Fontaine-Bonneleau 60.22 A 4
Fontaine-Chaalis 60...39 E 5
Fontaine-Chalendray 17.202 C 3
Fontaine-Couverte 53..105 F 5
Fontaine-Daniel 53....82 A 5
Fontaine-de-Vaucluse 84.305 F 1
Fontaine-Denis-Nuisy 51.90 B 2
Fontaine-en-Bray 76...20 D 4
Fontaine-en-Dormois 51.42 D 4
Fontaine-Étoupefour 14.33 F 5
Fontaine-Fourches 77..89 H 4
Fontaine-Française 21.160 D 1
Fontaine-Guérard
  Abbaye de 27........36 C 3
Fontaine-Guérin 49....150 B 1
Fontaine-Henry 14.....33 F 3
Fontaine-Heudebourg 27.36 C 5
Fontaine-la-Gaillarde 89.113 G 2
Fontaine-la-Guyon 28..85 H 3
Fontaine-la-Louvet 27.35 E 5
Fontaine-la-Mallet 76.18 C 5
Fontaine-la-Rivière 91.87 F 5
Fontaine-la-Soret 27..35 G 5
Fontaine-l'Abbé 27....35 G 5
Fontaine-Lavaganne 60.21 H 5
Fontaine-le-Bourg 76..20 B 5
Fontaine-le-Comte 86..186 B 2
Fontaine-le-Dun 76....19 H 2
Fontaine-le-Pin 14....53 H 2
Fontaine-le-Port 77...88 C 3
Fontaine-le-Puits 73..234 B 3
Fontaine-le-Sec 80....11 G 5
Fontaine-les-Bassets 61.54 B 3
Fontaine-lès-Boulans 62.7 F 4
Fontaine-lès-Cappy 80.23 F 2
Fontaine-lès-Clercs 02.24 A 3
Fontaine-lès-Clerval 25.162 D 1
Fontaine-les-Coteaux 41.131 E 3
Fontaine-lès-Croisilles 62.13 H 3
Fontaine-lès-Dijon 21.160 A 3
Fontaine-les-Grès 10..90 C 4
Fontaine-lès-Hermans 62.7 G 4
Fontaine-lès-Luxeuil 70.141 G 2
Fontaine-les-Ribouts 28.56 C 5
Fontaine-lès-Vervins 02.25 F 2
Fontaine-l'Étalon 62..12 B 2
Fontaine-Luyères 10...91 E 4
Fontaine-Mâcon 10.....89 H 3
Fontaine-Milon 49.....150 A 1
Fontaine-Notre-Dame 02.24 C 2
Fontaine-Notre-Dame 59.14 B 4
Fontaine-Raoul 41.....109 G 5
Fontaine-Saint-Lucien 60.38 A 1
La Fontaine-Saint-Martin 72.129 H 2
Fontaine-Simon 28.....85 F 3
Fontaine-sous-Jouy 27.56 C 1
Fontaine-
  sous-Montaiguillon 77.89 F 1
Fontaine-sous-Montdidier 80.22 D 4
Fontaine-sous-Préaux 76.36 B 1
Fontaine-sur-Ay 51....61 G 1
Fontaine-sur-Coole 51.62 B 4
Fontaine-sur-Maye 80..11 H 2
Fontaine-sur-Somme 80.11 H 4
Fontaine-Uterte 02....24 B 1
Fontainebleau 77......88 B 4
Fontainebrux 39.......178 D 5
Fontaines 71..........177 G 3
Fontaines 85..........183 H 5
Fontaines 89..........135 H 4
Fontaines-d'Ozillac 17.219 H 4
Fontaines-en-Duesmois 21.138 A 4
Fontaines-en-Sologne 41.153 G 1
Fontaines-les-Sèches 21.137 H 3
Fontaines-Saint-Clair 55.43 H 2
Fontaines-Saint-Martin 69.213 E 4
Fontaines Salées
  Fouilles des 89.....157 H 2
Fontaines-sur-Marne 52.92 D 3
Fontaines-sur-Saône 69.213 E 4
Les Fontainettes 60...37 H 2
Fontains 77...........89 E 3
Fontan 06.............291 H 3
Fontanès 30...........303 F 2
Fontanès 34...........302 D 2
Fontanès 42...........230 B 3
Fontanès 48...........265 E 1
Fontanès-de-Sault 11..337 F 5
Fontanes-du-Causse 46.260 C 3
Fontanges 15..........244 C 3

A
B
C
D
E
F
G
H
I
J
K
L
M
N
O
P
Q
R
S
T
U
V
W
X
Y
Z

A
B
C
D
E
F
G
H
I
J
K
L
M
N
O
P
Q
R
S
T
U
V
W
X
Y
Z

Fontangy 21 ..... 158 D 3
Fontanières 23 ..... 208 C 2
Fontanil-Cornillon 38 ..... 250 D 1
Fontannes 43 ..... 246 B 1
Fontans 48 ..... 264 B 2
Fontarèches 30 ..... 284 C 4
Fontcaude Abbaye de 34 ..... 321 F 3
Fontclaireau 16 ..... 203 F 4
Fontcouverte 11 ..... 320 C 5
Fontcouverte 17 ..... 201 G 5
Fontcouverte-la-Toussuire 73 ..... 252 A 1
Fontdouce Abbaye de 17 ..... 201 H 5
La Fontelaye 76 ..... 20 A 4
Fontenai-les-Louvets 61 ..... 83 F 3
Fontenai-sur-Orne 61 ..... 54 A 4
Fontenailles 77 ..... 88 D 2
Fontenailles 89 ..... 136 A 5
Fontenay 27 ..... 37 E 4
Fontenay 36 ..... 171 H 1
Fontenay 50 ..... 52 B 5
Fontenay 71 ..... 194 A 2
Fontenay 76 ..... 18 C 5
Fontenay 88 ..... 95 G 5
Fontenay Abbaye de 21 ..... 137 H 5
Fontenay-aux-Roses 92 ..... 58 B 4
Fontenay-de-Bossery 10 ..... 89 H 4
Fontenay-en-Parisis 95 ..... 58 D 1
Fontenay-le-Comte 85 ..... 184 B 2
Fontenay-le-Fleury 78 ..... 58 A 4
Fontenay-le-Marmion 14 ..... 33 G 5
Fontenay-le-Pesnel 14 ..... 33 E 4
Fontenay-le-Vicomte 91 ..... 87 H 3
Fontenay-lès-Briis 91 ..... 87 F 2
Fontenay-Mauvoisin 78 ..... 57 F 2
Fontenay-près-Chablis 89 ..... 136 D 2
Fontenay-près-Vézelay 89 ..... 157 G 2
Fontenay-Saint-Père 78 ..... 57 F 1
Fontenay-sous-Bois 94 ..... 58 D 3
Fontenay-sous-Fouronnes 89 ..... 136 B 5
Fontenay-sur-Conie 28 ..... 110 C 3
Fontenay-sur-Eure 28 ..... 86 A 4
Fontenay-sur-Loing 45 ..... 112 C 4
Fontenay-sur-Mer 50 ..... 29 G 4
Fontenay-sur-Vègre 72 ..... 107 E 5
Fontenay-Torcy 60 ..... 21 G 5
Fontenay-Trésigny 77 ..... 59 G 5
Fontenelle 02 ..... 15 G 5
Fontenelle 21 ..... 160 D 1
La Fontenelle 35 ..... 80 C 3
La Fontenelle 41 ..... 109 F 4
Fontenelle 90 ..... 142 C 5
Fontenelle Château de 04 ..... 287 H 4
Fontenelle-en-Brie 02 ..... 60 C 2
Fontenelle-Montby 25 ..... 162 C 1
Les Fontenelles 25 ..... 163 F 4
Fontenelles Abbaye des 85 ..... 165 G 5
Fontenermont 14 ..... 52 A 3
Fontenet 17 ..... 201 H 4
Fontenille 16 ..... 203 F 4
Fontenille 79 ..... 202 D 1
Fontenilles 31 ..... 297 F 5
Les Fontenis 70 ..... 162 A 1
Fontenois-la-Ville 70 ..... 118 D 5
Fontenois-lès-Montbozon 70 ..... 162 B 1
Fontenotte 25 ..... 162 C 2
Fontenouilles 89 ..... 135 F 2
Fontenoy 02 ..... 40 A 2
Fontenoy 89 ..... 135 H 5
Fontenoy-la-Joûte 54 ..... 95 H 3
Fontenoy-le-Château 88 ..... 119 E 4
Fontenoy-sur-Moselle 54 ..... 65 G 5
Fontenu 39 ..... 179 G 5
Fonteny 39 ..... 179 H 2
Fonteny 57 ..... 66 C 3
Fonters-du-Razès 11 ..... 318 D 5
Fontès 34 ..... 301 H 5
Fontet 33 ..... 256 D 4
Fontette 10 ..... 116 A 4
Fontevraud-l'Abbaye 49 ..... 150 C 5
Fontfreide 63 ..... 227 G 2
Fontfroide Abbaye de 11 ..... 338 D 1
Fontgombault 36 ..... 170 B 5
Fontguenand 36 ..... 153 G 4
Fontienne 04 ..... 287 E 4
Fontiers-Cabardès 11 ..... 319 G 3
Fontiès-d'Aude 11 ..... 320 A 4
Fontjoncouse 11 ..... 338 C 2
Fontoy 57 ..... 45 F 3
Fontpédrouse 66 ..... 341 G 4
Fontrabiouse 66 ..... 341 G 2
Fontrailles 65 ..... 315 H 3
Fontvannes 10 ..... 90 C 5
Fontvieille 13 ..... 304 C 3
Forbach 57 ..... 47 F 5

Força Réal Ermitage de 66 . 338 C 5
Forcalqueiret 83 ..... 328 B 2
Forcalquier 04 ..... 287 E 5
La Force 11 ..... 319 F 5
La Force 24 ..... 239 G 5
Forcé 53 ..... 106 A 4
Forcelles-Saint-Gorgon 54 ..... 94 D 3
Forcelles-sous-Gugney 54 ..... 94 C 4
Forceville 80 ..... 13 E 5
Forceville-en-Vimeu 80 ..... 11 G 5
Forcey 52 ..... 117 F 3
Forciolo 2A ..... 349 E 4
La Forclaz 74 ..... 198 C 3
Forclaz Col de la 74 ..... 215 H 4
Forest-en-Cambrésis 59 ..... 15 E 4
Forest-l'Abbaye 80 ..... 11 G 2
La Forest-Landerneau 29 ..... 75 G 2
Forest-Montiers 80 ..... 11 F 2
Forest-Saint-Julien 05 ..... 269 H 2
Forest-sur-Marque 59 ..... 9 E 2
Foreste 02 ..... 23 H 3
La Forestière 51 ..... 60 D 5
Forestière Aven de la 30 ..... 284 B 1
La Forêt 33 ..... 237 F 5
La Forêt-Auvray 61 ..... 53 G 3
La Forêt-de-Tessé 16 ..... 203 E 2
La Forêt-du-Parc 27 ..... 56 C 2
La Forêt-du-Temple 23 ..... 189 F 3
La Forêt-Fouesnant 29 ..... 100 A 4
Forêt-la-Folie 27 ..... 37 E 4
La Forêt-le-Roi 91 ..... 87 F 3
La Forêt-Sainte-Croix 91 ..... 87 G 4
La Forêt-sur-Sèvre 79 ..... 167 F 4
Forfry 77 ..... 59 F 1
La Forge 88 ..... 119 H 3
Forgès 19 ..... 243 E 2
Forges 49 ..... 150 A 4
Les Forges 56 ..... 102 C 3
Forges 61 ..... 83 G 3
Les Forges 77 ..... 88 D 4
Les Forges 79 ..... 185 H 2
Les Forges 88 ..... 119 F 2
Les Forges-de-Paimpont 35 103 F 4
Forges-la-Forêt 35 ..... 127 F 2
Forges-les-Bains 91 ..... 87 F 2
Forges-les-Eaux 76 ..... 21 E 5
Forges-sur-Meuse 55 ..... 43 H 3
Forgevieille 23 ..... 188 D 4
Forgues 31 ..... 317 E 2
La Forie 63 ..... 229 E 2
Forléans 21 ..... 158 C 1
Formentin 14 ..... 34 C 4
Formerie 60 ..... 21 F 4
Formigny 14 ..... 32 C 2
Formiguères 66 ..... 341 G 3
Fornex 09 ..... 317 G 5
Fors 79 ..... 185 E 5
Forstfeld 67 ..... 69 G 3
Forstheim 67 ..... 68 D 2
Fort-Bloqué 56 ..... 123 E 2
Fort-du-Plasne 39 ..... 180 A 5
Fort-Louis 67 ..... 69 G 3
Fort-Mahon-Plage 80 ..... 11 E 1
Fort-Mardyck 59 ..... 3 G 2
Fort-Médoc 33 ..... 237 F 2
Fort-Moville 27 ..... 35 E 3
Fortan 41 ..... 131 F 2
Fortel-en-Artois 62 ..... 12 C 3
La Forteresse 38 ..... 232 B 5
Fortschwihr 68 ..... 121 F 2
Fos 31 ..... 334 C 4
Fos 34 ..... 301 G 5
Fos-sur-Mer 13 ..... 325 G 3
Le Fossat 09 ..... 317 H 5
Fossé 08 ..... 43 F 1
Fossé 41 ..... 132 A 5
Fossé 66 ..... 338 A 4
Le Fossé 76 ..... 21 E 5
La Fosse Hameau troglodytique de 49 ..... 150 A 4
La Fosse Arthour 50 ..... 52 D 5
La Fosse-Corduan 10 ..... 90 A 4
La Fosse-de-Tigné 49 ..... 149 H 4
Fossemagne 24 ..... 241 E 3
Fossemanant 80 ..... 22 B 3
Les Fosses 79 ..... 202 B 1
Fosses 95 ..... 58 D 1
Fossés-et-Baleyssac 33 ..... 257 E 3
La Fossette 83 ..... 329 E 4
Fosseuse 60 ..... 38 B 4
Fosseux 62 ..... 13 E 3
Fossieux 57 ..... 66 B 3
Fossoy 02 ..... 60 C 1
Fou Gorges de la 66 ..... 342 C 4
Foucarmont 76 ..... 21 E 2

Foucart 76 ..... 19 F 5
Foucarville 50 ..... 29 H 5
Foucaucourt-en-Santerre 80 ..23 F 2
Foucaucourt-Hors-Nesle 80 ... 11 F 5
Foucaucourt-sur-Thabas 55 ...63 G 1
Fouchécourt 70 ..... 140 D 2
Fouchécourt 88 ..... 118 B 4
Foucherans 25 ..... 162 B 4
Foucherans 39 ..... 160 D 5
Fouchères 10 ..... 115 F 3
Fouchères 89 ..... 113 F 3
Fouchères-aux-Bois 55 ..... 63 H 5
Foucherolles 45 ..... 113 E 4
Fouchy 67 ..... 96 D 4
Foucrainville 27 ..... 56 C 2
Fouday 67 ..... 96 D 3
Fouencamps 80 ..... 22 C 2
Fouesnant 29 ..... 99 H 4
Foufflin-Ricametz 62 ..... 12 D 2
Foug 54 ..... 94 A 1
Fougaron 31 ..... 334 D 2
Fougax-et-Barrineuf 09 ..... 336 D 4
Fougeré 49 ..... 129 F 5
Fougeré 85 ..... 166 A 5
Fougères 35 ..... 81 F 4
Fougères-sur-Bièvre 41 ..... 153 E 2
Les Fougerêts 56 ..... 125 G 3
Fougerolles 36 ..... 189 F 2
Fougerolles 70 ..... 119 F 5
Fougerolles-du-Plessis 53 .....81 G 3
Fougueyrolles 24 ..... 239 F 5
La Fouillade 12 ..... 279 F 3
Fouilleuse 60 ..... 38 D 2
Fouillouse 05 ..... 269 G 4
La Fouillouse 42 ..... 230 A 3
Le Fouilloux 17 ..... 238 C 2
Fouillouze 04 ..... 271 E 3
Fouilloy 21 ..... 21 G 3
Fouilloy 80 ..... 22 D 2
Fouju 77 ..... 88 C 2
Foulain 52 ..... 117 E 4
Foulangues 60 ..... 38 C 4
Foulayronnes 47 ..... 276 B 2
Foulbec 27 ..... 35 E 2
Foulcrey 57 ..... 96 A 1
Fouleix 24 ..... 240 C 4
Foulenay 39 ..... 179 E 3
Fouligny 57 ..... 66 C 1
Foulognes 14 ..... 32 D 5
Foulzy 08 ..... 26 A 2
Fouquebrune 16 ..... 221 F 3
Fouquenies 60 ..... 38 A 1
Fouquereuil 62 ..... 8 A 4
Fouquerolles 60 ..... 38 B 1
Fouquescourt 80 ..... 23 F 3
Fouqueure 16 ..... 203 E 4
Fouqueville 27 ..... 36 A 4
Fouquières-lès-Béthune 62 .....8 A 4
Fouquières-lès-Lens 62 ..... 8 C 5
Four 38 ..... 231 H 2
Fouras 17 ..... 200 C 3
Fourbanne 25 ..... 162 C 2
Fourcatier-et-Maison-Neuve 25 ..... 180 C 4
Fourcès 32 ..... 275 F 5
Fourchambault 58 ..... 174 B 2
Fourchaud Château de 03 .. 192 A 3
Fourches 14 ..... 54 A 3
Fourcigny 80 ..... 21 G 3
Fourdrain 02 ..... 24 C 5
Fourdrinoy 80 ..... 22 A 1
Fourg 25 ..... 161 G 5
Fourges 27 ..... 37 F 5
Les Fourgs 25 ..... 180 D 3
Fourilles 03 ..... 191 H 5
Fourmagnac 46 ..... 261 F 3
Fourmetot 27 ..... 35 F 2
Fourmies 59 ..... 15 H 5
Fournaudin 89 ..... 114 A 3
Fourneaux 23 ..... 207 G 3
Fourneaux 42 ..... 212 A 3
Fourneaux 45 ..... 133 E 2
Fourneaux 50 ..... 52 B 1
Fourneaux 73 ..... 252 D 1
Fourneaux-le-Val 14 ..... 53 H 3
Fournels 48 ..... 263 H 1
Fournes 30 ..... 304 B 1
Fournes-Cabardès 11 ..... 319 H 4
Fournes-en-Weppes 59 ..... 8 C 3
Le Fournet 14 ..... 34 B 4
Fournet-Blancheroche 25 ... 163 G 4
Fournets-Luisans 25 ..... 163 E 5
Fourneville 14 ..... 34 C 2
Fournival 60 ..... 38 C 1
Fournols 63 ..... 228 D 3
Fournoulès 15 ..... 261 H 3
Fouronnes 89 ..... 136 B 5

Fourques 30 ..... 304 B 3
Fourques 66 ..... 342 D 3
Fourques-sur-Garonne 47 .. 257 E 5
Fourqueux 78 ..... 58 A 3
Fourquevaux 31 ..... 318 B 2
Fours 33 ..... 237 F 2
Fours 58 ..... 175 G 4
Fours-en-Vexin 27 ..... 37 E 4
Fourtou 11 ..... 337 H 3
Foussais-Payré 85 ..... 184 C 2
Foussemagne 90 ..... 142 D 3
Le Fousseret 31 ..... 317 E 4
Foussignac 16 ..... 220 D 1
Foussignargues 30 ..... 283 H 2
Fouvent-le-Bas 70 ..... 140 B 4
Fouvent-le-Haut 70 ..... 140 B 4
La Foux 83 ..... 329 F 2
La Foux-d'Allos 04 ..... 288 D 1
Fouzilhon 34 ..... 321 G 2
Foville 57 ..... 66 B 3
Fox-Amphoux 83 ..... 307 F 4
La Foye-Monjault 79 ..... 184 D 5
Fozières 34 ..... 301 H 3
Fozzano 2A ..... 349 E 5
Fragnes 71 ..... 177 H 3
Frahier-et-Chatebier 70 ..... 142 B 3
Fraignot-et-Vesvrotte 21 ..... 138 D 4
Fraillicourt 08 ..... 25 H 4
Fraimbois 54 ..... 95 G 2
Frain 88 ..... 118 B 3
Frais 90 ..... 142 D 3
Frais-Marais 59 ..... 8 D 5
Fraisans 39 ..... 161 G 5
Fraisnes-en-Saintois 54 ..... 94 C 4
Fraisse 24 ..... 239 G 5
Fraisse-Cabardès 11 ..... 319 G 4
Fraissé-des-Corbières 11 ..... 338 D 3
Fraisse-sur-Agout 34 ..... 300 C 5
Fraisses 42 ..... 230 A 5
Fraissines 81 ..... 300 A 1
Fraissinet-de-Fourques 48 .. 282 C 3
Fraissinet-de-Lozère 48 ..... 283 E 1
Fraize 88 ..... 120 B 2
Fralignes 10 ..... 115 G 3
La Framboisière 28 ..... 85 F 2
Frambouhans 25 ..... 163 F 3
Framecourt 62 ..... 12 D 2
Framerville-Rainecourt 80 .... 23 E 2
Framicourt 80 ..... 11 F 5
Framont 70 ..... 140 A 5
Frampas 52 ..... 92 B 3
Francalmont 70 ..... 141 F 2
Francaltroff 57 ..... 67 E 2
Francardo 2B ..... 347 E 3
Francarville 31 ..... 298 C 5
Francastel 60 ..... 22 A 5
Françay 41 ..... 131 H 5
Francazal 31 ..... 335 E 2
Francescas 47 ..... 275 G 4
Francheleins 01 ..... 213 E 2
Franchesse 03 ..... 191 G 1
Francheval 08 ..... 27 E 3
Franchevelle 70 ..... 141 H 3
La Francheville 08 ..... 26 D 3
Francheville 21 ..... 159 H 1
Francheville 27 ..... 55 H 4
Francheville 39 ..... 179 E 3
Francheville 51 ..... 62 C 3
Francheville 54 ..... 65 F 5
Francheville 61 ..... 54 A 5
Francheville 69 ..... 231 E 1
Francières 60 ..... 39 E 2
Francières 80 ..... 11 H 4
Francillon 36 ..... 171 G 2
Francillon-sur-Roubion 26 ... 267 H 3
Francilly-Selency 02 ..... 24 A 2
Francin 73 ..... 233 G 3
Franclens 74 ..... 215 E 2
François 79 ..... 185 E 3
Francon 31 ..... 317 E 4
Franconville 95 ..... 58 B 2
Franconville 54 ..... 95 F 2
Francoulès 46 ..... 260 B 4
Francourt 70 ..... 140 B 4
Francourville 28 ..... 86 C 4
Francs 33 ..... 238 D 4
Francueil 37 ..... 152 C 3
Franey 25 ..... 161 G 3
Frangy 74 ..... 215 F 2
Frangy-en-Bresse 71 ..... 178 D 4
Franken 68 ..... 143 F 3
Franleu 80 ..... 11 F 3
Franois 25 ..... 161 H 4
Franqueville 02 ..... 25 E 2
Franqueville 27 ..... 35 G 4
Franqueville 80 ..... 12 B 4

Franqueville-Saint-Pierre 76...36 B 2
La Franqui 11 ..... 339 E 3
Frans 01 ..... 213 E 3
Fransart 80 ..... 23 F 3
Fransèches 23 ..... 207 F 3
Fransu 80 ..... 12 B 4
Fransures 80 ..... 22 B 4
Franvillers 80 ..... 22 D 1
Franxault 21 ..... 178 C 1
Frapelle 88 ..... 96 C 4
Fraquelfing 57 ..... 96 B 1
Fraroz 39 ..... 180 A 4
Frasnay-Reugny 58 ..... 175 F 2
Frasne 25 ..... 180 B 3
Frasne-le-Château 70 ..... 161 H 1
Frasne-les-Meulières 39 ..... 161 E 4
La Frasnée 39 ..... 196 D 1
Le Frasnois 39 ..... 179 H 5
Frasnoy 59 ..... 15 E 2
La Frasse 74 ..... 216 C 1
Frasseto 2A ..... 349 E 3
Frauenberg 57 ..... 47 H 5
Frausseilles 81 ..... 279 E 5
Fravaux 10 ..... 116 A 2
Le Fraysse 81 ..... 299 H 1
Frayssinet 46 ..... 260 B 3
Frayssinet-le-Gélat 46 ..... 259 F 4
Frayssinhes 46 ..... 243 F 5
Frazé 28 ..... 109 G 2
Fréauville 76 ..... 20 D 2
Frebécourt 88 ..... 93 H 4
Frébuans 39 ..... 179 E 5
Le Frêche 40 ..... 294 C 1
Fréchède 65 ..... 315 G 3
Fréchencourt 80 ..... 22 C 1
Fréchendets 65 ..... 333 G 1
Le Fréchet 31 ..... 316 D 5
Fréchet-Aure 65 ..... 333 H 3
Le Fréchou 47 ..... 275 G 4
Fréchou-Fréchet 65 ..... 315 F 5
Frécourt 52 ..... 117 G 5
Frédéric-Fontaine 70 ..... 142 A 3
La Frédière 17 ..... 201 G 4
Frédille 36 ..... 171 F 2
Frégimont 47 ..... 275 H 2
Frégouville 32 ..... 297 E 5
Fréhel 22 ..... 79 E 2
Fréhel Cap 22 ..... 79 E 1
Freigné 49 ..... 127 G 5
Freissinières 05 ..... 270 C 1
La Freissinouse 05 ..... 269 G 4
Freistroff 57 ..... 46 C 4
Freix-Anglards 15 ..... 244 B 4
Fréjairolles 81 ..... 299 G 1
Fréjeville 81 ..... 299 F 5
Fréjus 83 ..... 329 G 1
Fréjus Parc zoologique 83 . 308 C 5
Fréjus Tunnel du 73 ..... 252 D 1
Fréland 68 ..... 120 D 2
Frelinghien 59 ..... 4 C 5
Frémainville 95 ..... 57 G 1
Frémécourt 95 ..... 37 H 5
Fréménil 54 ..... 95 H 3
Frémeréville-sous-les-Côtes 55 ..... 64 D 4
Frémery 57 ..... 66 C 3
Frémestroff 57 ..... 67 E 1
Frémicourt 62 ..... 13 H 4
Fremifontaine 88 ..... 95 H 5
Frémontiers 80 ..... 22 A 3
Frémonville 54 ..... 96 A 1
La Frénaye 76 ..... 35 F 1
Frencq 62 ..... 6 B 3
Frêne Col du 73 ..... 233 G 2
Frenelle-la-Grande 88 ..... 94 D 4
Frenelle-la-Petite 88 ..... 94 C 4
Frênes 61 ..... 53 E 4
Freneuse 76 ..... 36 B 3
Freneuse 78 ..... 57 E 1
Freneuse-sur-Risle 27 ..... 35 G 4
Freney 73 ..... 252 C 1
Le Freney-d'Oisans 38 ..... 251 H 3
Fréniches 60 ..... 23 H 4
Frénois 21 ..... 159 H 1
Frénois 88 ..... 118 D 2
Frénouse Musée de la 53 ... 105 H 5
Frénouville 14 ..... 33 H 5
Frépillon 95 ..... 58 B 1
Fresles 76 ..... 20 D 3
La Fresnaie-Fayel 61 ..... 54 C 3
La Fresnais 35 ..... 50 D 5
Fresnay 10 ..... 92 B 5
Fresnay-en-Retz 44 ..... 165 E 1
Fresnay-le-Comte 28 ..... 86 A 5
Fresnay-le-Gilmert 28 ..... 86 A 3
Fresnay-le-Long 76 ..... 20 B 4
Fresnay-le-Samson 61 ..... 54 C 3

Fresnay-l'Evêque 28 ..... 110 D 2
Fresnay-sur-Sarthe 72 ..... 83 G 5
La Fresnaye-au-Sauvage 61..53 H 4
La Fresnaye-sur-Chédouet 72 ..... 83 H 4
Le Fresne 27 ..... 56 A 2
Le Fresne 51 ..... 62 D 2
Le Fresne-Camilly 14 ..... 33 F 3
Fresné-la-Mère 14 ..... 54 A 2
Fresne-l'Archevêque 27 ..... 36 D 3
Fresne-le-Plan 76 ..... 36 C 2
Fresne-Léguillon 60 ..... 37 H 4
Le Fresne-Poret 50 ..... 52 C 4
Fresne-Saint-Mamès 70 ..... 140 C 5
Le Fresne-sur-Loire 44 ..... 148 D 2
Fresneaux-Montchevreuil 60...37 H 3
Fresnes 02 ..... 24 B 5
Fresnes 21 ..... 138 A 5
Fresnes 41 ..... 153 F 2
Fresnes 89 ..... 137 E 3
Fresnes 94 ..... 58 C 4
Fresnes-au-Mont 55 ..... 64 B 3
Fresnes-en-Saulnois 57 ..... 66 C 4
Fresnes-en-Tardenois 02 ..... 40 D 5
Fresnes-en-Woëvre 55 ..... 64 D 1
Fresnes-lès-Montauban 62 .. 13 H 2
Fresnes-lès-Reims 51 ..... 41 H 3
Fresnes-Mazancourt 80 ..... 23 G 2
Fresnes-sur-Apance 52 ..... 118 B 5
Fresnes-sur-Escaut 59 ..... 9 H 5
Fresnes-sur-Marne 77 ..... 59 F 2
Fresnes-Tilloloy 80 ..... 11 G 5
Fresneville 80 ..... 21 G 2
Fresney 27 ..... 56 C 2
Fresney-le-Puceux 14 ..... 53 G 1
Fresney-le-Vieux 14 ..... 53 G 1
Fresnicourt-le-Dolmen 62 ..... 8 A 5
Fresnières 60 ..... 23 F 5
Fresnois-la-Montagne 54 ..... 44 D 2
Fresnoy 62 ..... 7 E 5
Fresnoy-Andainville 80 ..... 11 G 5
Fresnoy-au-Val 80 ..... 22 A 2
Fresnoy-en-Bassigny 52 ..... 118 A 4
Fresnoy-en-Chaussée 80 ..... 23 E 3
Fresnoy-en-Gohelle 62 ..... 8 C 5
Fresnoy-en-Thelle 60 ..... 38 B 4
Fresnoy-Folny 76 ..... 20 D 2
Fresnoy-la-Rivière 60 ..... 39 G 3
Fresnoy-le-Château 10 ..... 115 F 2
Fresnoy-le-Grand 02 ..... 24 B 1
Fresnoy-le-Luat 60 ..... 39 F 4
Fresnoy-lès-Roye 80 ..... 23 F 3
Frespech 47 ..... 276 D 2
Fresquiennes 76 ..... 20 A 5
Fressac 30 ..... 283 F 5
Fressain 59 ..... 14 B 2
Fressancourt 02 ..... 24 C 4
Fresse 70 ..... 142 A 1
Fresse-sur-Moselle 88 ..... 120 A 5
Fresselines 23 ..... 189 E 4
Fressenneville 80 ..... 11 E 4
Fressies 59 ..... 14 B 3
Fressin 62 ..... 7 E 4
Fressines 79 ..... 185 E 4
Le Frestoy-Vaux 60 ..... 23 E 5
Fresville 50 ..... 29 G 5
Le Fret 29 ..... 75 E 3
Fréterive 73 ..... 233 H 2
Fréteval 41 ..... 131 H 2
Fréthun 62 ..... 2 C 3
Fretigney-et-Velloreille 70 ... 161 H 1
Frétigny 28 ..... 85 F 4
Fretin 59 ..... 8 D 3
Frétoy 77 ..... 60 A 5
Frétoy-le-Château 60 ..... 23 G 4
La Frette 38 ..... 232 A 4
La Frette 71 ..... 178 A 5
La Frette-sur-Seine 95 ..... 58 B 2
Frettecuisse 80 ..... 11 G 5
Frettemeule 80 ..... 11 F 4
Frettemolle 80 ..... 21 G 3
Fretterans 71 ..... 178 C 2
Frettes 70 ..... 140 A 4
Le Fréty 08 ..... 26 A 3
Freulleville 76 ..... 20 C 2
Frévent 62 ..... 12 C 2
Fréville 76 ..... 19 H 5
Fréville 88 ..... 93 H 5
Fréville-du-Gâtinais 45 ..... 112 A 4
Frévillers 62 ..... 7 H 5
Frévin-Capelle 62 ..... 13 F 2
Freybouse 57 ..... 67 E 2
Freycenet-la-Cuche 43 ..... 247 H 5
Freycenet-la-Tour 43 ..... 247 G 5
Freychenet 09 ..... 336 C 3
Freyming-Merlebach 57 ..... 47 E 5

Freyssenet 07 .... 266 C 2
Friaize 28 .... 85 G 4
Friardel 14 .... 54 D 1
Friaucourt 80 .... 11 E 3
Friauville 54 .... 45 E 5
Fribourg 57 .... 67 F 4
Fricamps 80 .... 21 H 2
Frichemesnil 76 .... 20 B 5
Fricourt 80 .... 13 F 5
Fridefont 15 .... 245 H 5
Friedolsheim 67 .... 68 C 5
Frières-Faillouël 02 .... 24 A 4
Friesen 68 .... 143 E 3
Friesenheim 67 .... 97 G 4
Frignicourt 51 .... 62 C 5
Le Friolais 25 .... 163 F 3
Frise 80 .... 23 F 1
Friville-Escarbotin 80 .... 11 E 3
Frizon 88 .... 95 F 5
Froberville 76 .... 18 D 3
Frocourt 60 .... 38 A 2
Frœningen 68 .... 143 F 2
Frœschwiller 67 .... 68 D 2
Froges 38 .... 233 F 5
Frohen-le-Grand 80 .... 12 C 3
Frohen-le-Petit 80 .... 12 C 3
Frohmuhl 67 .... 68 A 2
Froideconche 70 .... 141 G 2
Froidefontaine 39 .... 180 B 4
Froidefontaine 90 .... 142 C 4
Froidestrées 02 .... 25 F 1
Froideterre 70 .... 141 H 3
Froidevaux 25 .... 163 F 3
Froideville 39 .... 179 E 3
Froidfond 85 .... 165 F 2
Froidmont-Cohartille 02 .... 25 E 4
Froidos 55 .... 63 G 1
Froissy 60 .... 22 B 5
Frôlois 21 .... 159 F 1
Frolois 54 .... 94 D 2
Fromelennes 08 .... 17 F 4
Fromelles 59 .... 8 B 3
Fromental 87 .... 205 H 1
Fromentières 51 .... 61 E 3
Fromentières 53 .... 128 B 2
Fromentine 85 .... 164 C 2
Fromentine Pont de 85 .... 164 C 2
Fromeréville-les-Vallons 55 .... 43 H 4
Fromezey 55 .... 44 C 5
Fromont 77 .... 112 A 2
Fromy 08 .... 27 H 5
Froncles-Buxières 52 .... 93 E 5
Fronsac 31 .... 334 B 3
Fronsac 33 .... 238 B 5
Frontenac 33 .... 256 C 2
Frontenac 46 .... 261 F 4
Frontenard 71 .... 178 B 2
Frontenas 69 .... 212 C 3
Frontenaud 71 .... 195 H 1
Frontenay 39 .... 179 F 4
Frontenay-Rohan-Rohan 79 .... 184 D 5
Frontenex 73 .... 234 A 1
Frontignan 34 .... 323 E 3
Frontignan-de-Comminges 31 .... 334 B 2
Frontignan-Plage 34 .... 323 E 3
Frontignan-Savès 31 .... 316 B 2
Fronton 31 .... 297 H 2
Frontonas 38 .... 231 H 1
Fronville 52 .... 93 E 4
Frossay 44 .... 146 D 3
Frotey-lès-Lure 70 .... 141 H 4
Frotey-lès-Vesoul 70 .... 141 E 4
Frouard 54 .... 65 H 5
Frouville 95 .... 38 A 5
Frouzins 31 .... 317 H 2
Froville 54 .... 95 E 3
Froyelles 80 .... 11 H 2
Frozes 86 .... 168 D 5
Frucourt 80 .... 11 G 4
Frugères-les-Mines 43 .... 228 A 5
Fruges 62 .... 7 E 4
Frugières-le-Pin 43 .... 246 C 1
Fruncé 28 .... 85 H 4
Fry 76 .... 37 E 1
Fuans 25 .... 163 E 5
Fublaines 77 .... 59 G 2
Le Fugeret 04 .... 288 D 4
Le Fuilet 49 .... 148 C 3
Fuilla 66 .... 342 A 3
Fuissé 71 .... 194 D 5
Fuligny 10 .... 92 A 5
Fulleren 68 .... 143 E 3
Fultot 76 .... 19 H 3
Fulvy 89 .... 137 F 3

Fumay 08 .... 17 E 5
Fumel 47 .... 259 E 5
Fumichon 14 .... 34 D 4
Furchhausen 67 .... 68 B 4
Furdenheim 67 .... 97 F 1
Fures 38 .... 232 B 5
Furiani 2B .... 345 G 4
Furmeyer 05 .... 269 F 4
Fussey 21 .... 159 H 5
Fussy 18 .... 155 E 5
La Fuste 04 .... 306 D 2
Fustérouau 32 .... 295 E 3
Fustignac 31 .... 317 E 4
Futeau 55 .... 43 F 5
Futuroscope 86 .... 169 F 5
Fuveau 13 .... 327 F 1
Fyé 72 .... 83 G 5
Fyé 89 .... 136 D 3

G

Gaas 40 .... 292 D 4
Gabarnac 33 .... 256 B 3
Gabarret 40 .... 274 D 5
Gabas 64 .... 332 A 3
Gabaston 64 .... 314 C 3
Gabat 64 .... 311 G 4
Gabian 34 .... 321 G 2
Gabillou 24 .... 241 F 2
Gabre 09 .... 335 H 1
Gabriac 12 .... 263 E 5
Gabriac 48 .... 283 E 3
Gabrias 48 .... 264 B 4
Gacé 61 .... 54 D 4
La Gacilly 56 .... 125 G 2
Gâcogne 58 .... 157 H 4
Gadancourt 95 .... 57 G 1
Gadencourt 27 .... 56 D 2
Gaël 35 .... 103 F 2
Gageac-et-Rouillac 24 .... 257 G 1
Gages-le-Haut 12 .... 281 E 1
Gagnac-sur-Cère 46 .... 243 E 5
Gagnac-sur-Garonne 31 .... 297 H 3
Gagnières 30 .... 283 H 2
Gagny 93 .... 58 D 3
Gahard 35 .... 80 C 5
Gailhan 30 .... 303 E 2
Gaillac 81 .... 298 D 1
Gaillac-d'Aveyron 12 .... 281 F 1
Gaillac-Toulza 31 .... 318 A 4
Gaillagos 65 .... 332 C 2
Gaillan-en-Médoc 33 .... 218 D 5
Gaillard 74 .... 197 H 5
Gaillardbois-Cressenville 27 .... 36 D 3
La Gaillarde 76 .... 19 H 2
Gaillefontaine 76 .... 21 F 4
Gaillères 40 .... 274 A 5
Gaillon 27 .... 36 C 5
Gaillon-sur-Montcient 78 .... 57 G 1
Gainneville 76 .... 34 D 1
Gaja-et-Villedieu 11 .... 337 G 1
Gaja-la-Selve 11 .... 318 D 5
Gajac 33 .... 256 C 5
Gajan 09 .... 335 F 2
Gajan 30 .... 303 G 1
Gajoubert 87 .... 204 D 2
Galametz 62 .... 12 B 2
Galamus Gorges de 11 .... 338 A 4
Galan 65 .... 315 H 5
Galapian 47 .... 275 G 2
Galargues 34 .... 303 E 3
La Galère 06 .... 309 E 5
Galéria 2B .... 346 A 4
Galey 09 .... 334 D 3
Galez 65 .... 315 H 5
Galfingue 68 .... 143 E 2
Galgan 12 .... 261 G 5
Galgon 33 .... 238 B 4
Galiax 32 .... 295 E 4
Galibier Col du 05 .... 252 B 3
Galié 31 .... 334 B 2
Galinagues 11 .... 337 E 4
Gallardon 28 .... 86 C 3
Gallargues-le-Montueux 30 .... 303 F 3
Gallerande Château de 72 .... 129 G 4
Le Gallet 60 .... 22 A 5
Galluis 78 .... 57 G 4
Gamaches 80 .... 11 E 5
Gamaches-en-Vexin 27 .... 37 F 4
Gamarde-les-Bains 40 .... 293 F 3
Gamarthe 64 .... 311 F 5
Gambais 78 .... 57 F 4
Gambaiseuil 78 .... 57 F 4
Gambsheim 67 .... 69 F 5
Gan 64 .... 314 B 4
Ganac 09 .... 336 A 3
Ganagobie 04 .... 287 F 4
Ganagobie Prieuré de 04 .... 287 F 5

Gancourt-Saint-Étienne 76 .... 21 F 5
Gandelain 61 .... 83 F 3
Gandelu 02 .... 40 A 5
Gandrange 57 .... 45 G 4
Ganges 34 .... 302 C 1
Gannat 03 .... 209 H 2
Gannay-sur-Loire 03 .... 175 F 5
Gannes 60 .... 22 C 5
Les Gannes 63 .... 226 C 2
Gans 33 .... 256 C 5
Ganties 31 .... 334 C 1
Ganzeville 76 .... 19 E 3
Gap 05 .... 269 H 3
Gapennes 80 .... 11 H 2
Gâprée 61 .... 84 A 2
Garabit Viaduc de 15 .... 245 H 4
Garac 31 .... 297 F 4
Garancières 78 .... 57 F 4
Garancières-en-Beauce 28 .... 87 E 4
Garancières-en-Drouais 28 .... 56 C 5
Garanou 09 .... 336 C 5
Garat 16 .... 221 G 2
Garcelles-Secqueville 14 .... 33 H 5
Garche 57 .... 45 H 3
Garchizy 58 .... 174 C 1
Garchy 58 .... 156 B 4
Gardanne 13 .... 327 E 1
La Garde 04 .... 308 B 1
La Garde 38 .... 251 G 3
La Garde 48 .... 246 A 5
La Garde 83 .... 328 B 4
La Garde-Adhémar 26 .... 285 E 1
La Garde-Freinet 83 .... 329 E 2
La Garde-Guérin 48 .... 265 F 5
Gardefort 18 .... 155 H 4
Gardegan-et-Tourtirac 33 .... 238 D 5
Gardères 65 .... 314 A 4
Les Gardes 49 .... 149 E 5
Gardes-le-Pontaroux 16 .... 221 G 3
Gardie 11 .... 337 G 1
Gardonne 24 .... 257 G 1
Gardouch 31 .... 318 B 3
Garein 40 .... 273 G 4
Garencières 27 .... 56 C 2
La Garenne-Colombes 92 .... 58 B 3
Garennes-sur-Eure 27 .... 56 D 3
Garentreville 77 .... 112 A 2
Garéoult 83 .... 328 B 2
La Garette 79 .... 184 C 4
Gargan Mont 87 .... 224 C 2
Garganvillar 82 .... 277 F 5
Gargas 31 .... 298 A 3
Gargas 84 .... 305 H 1
Gargenville 78 .... 57 G 2
Garges-lès-Gonesse 95 .... 58 C 2
Gargilesse-Dampierre 36 .... 188 D 2
Garidech 31 .... 298 A 3
Gariès 82 .... 297 E 2
Garigny 18 .... 174 A 1
Garin 31 .... 334 A 4
Garindein 64 .... 311 H 5
Garlan 29 .... 72 A 4
Garléde-Mondebat 64 .... 294 B 5
Garlin 64 .... 294 C 5
Le Garn 30 .... 284 C 2
La Garnache 85 .... 165 E 3
Garnat-sur-Engièvre 03 .... 192 D 1
Garnay 28 .... 56 C 5
Garnerans 01 .... 195 E 5
Garnetot 14 .... 54 B 2
La Garonne 83 .... 328 B 5
Garons 30 .... 304 A 2
Garos 64 .... 294 A 5
Garravet 32 .... 316 D 3
Garrebourg 57 .... 68 A 5
Garrevaques 81 .... 319 E 2
Garrey 40 .... 293 F 3
Le Garric 81 .... 279 G 5
Garrigues 34 .... 303 E 2
Garrigues 81 .... 298 C 4
Garrigues-Sainte-Eulalie 30 .... 284 B 5
Garris 64 .... 311 G 4
Garrosse 40 .... 273 E 5
Gars 06 .... 308 D 1
Gartempe 23 .... 206 D 1
Gas 28 .... 86 C 2
Gaschney 68 .... 120 C 3
Gasny 27 .... 57 E 1
Gasques 82 .... 276 D 3
Gassin 83 .... 329 F 3
Le Gast 14 .... 52 B 3
Gastes 40 .... 272 C 1
Gastines 53 .... 105 F 5
Gastins 77 .... 89 E 2
Gasville-Oisème 28 .... 86 B 3

Gâtelles 28 .... 85 H 3
Gatey 39 .... 178 D 2
Gathemo 50 .... 52 B 4
Gatteville-le-Phare 50 .... 29 H 2
Gattières 06 .... 309 G 2
Gatuzières 48 .... 282 C 3
Gaubertin 45 .... 111 H 3
La Gaubretière 85 .... 166 C 2
Gauchin-Légal 62 .... 7 H 5
Gauchin-Verloingt 62 .... 7 G 5
Gauchy 02 .... 24 A 2
La Gaudaine 28 .... 85 E 5
La Gaude 06 .... 309 G 2
Gaudechart 60 .... 21 H 5
Gaudent 65 .... 334 A 2
Gaudiempré 62 .... 13 E 3
Gaudiès 09 .... 318 C 5
Gaudonville 32 .... 296 D 1
Gaudreville-la-Rivière 27 .... 56 A 2
Gaugeac 24 .... 258 D 3
Gaujac 30 .... 284 D 4
Gaujac 32 .... 316 D 2
Gaujac 47 .... 257 E 4
Gaujacq 40 .... 293 G 4
Gauré 31 .... 298 B 4
Gauriac 33 .... 237 G 3
Gauriaguet 33 .... 237 H 3
Gaussan 65 .... 316 A 5
Gausson 22 .... 78 B 5
Les Gautherets 71 .... 194 A 1
Gauville 80 .... 21 G 3
Gauville-la-Campagne 27 .... 56 B 1
Gavarnie 65 .... 332 D 5
Gavarnie Port de 65 .... 332 D 5
Gavarret-sur-Aulouste 32 .... 296 B 3
Gavaudun 47 .... 258 C 2
Gavet 38 .... 251 F 3
Gavignano 2B .... 347 F 3
Gavisse 57 .... 45 H 2
La Gavotte 13 .... 326 D 2
Gavray 50 .... 51 H 2
Le Gâvre 44 .... 126 B 5
Gavrelle 62 .... 13 H 2
Gâvres 56 .... 123 F 3
Gavrinis Cairn de 56 .... 124 A 4
Gavrus 14 .... 33 F 5
Gayan 65 .... 315 E 4
Gaye 51 .... 61 F 5
Gayon 64 .... 314 C 2
Gazaupouy 32 .... 275 H 5
Gazave 65 .... 333 H 2
Gazax-et-Baccarisse 32 .... 295 F 4
Gazeran 78 .... 86 D 2
Gazinet 33 .... 255 E 1
Gazost 65 .... 333 E 2
Geaune 40 .... 294 B 4
Geay 17 .... 201 F 4
Geay 79 .... 167 H 3
Gèdre 65 .... 333 E 4
Gée 49 .... 150 A 1
Gée-Rivière 32 .... 294 C 3
Geffosses 50 .... 31 F 4
Géfosse-Fontenay 14 .... 32 B 2
Gehée 36 .... 171 F 1
Geishouse 68 .... 120 C 5
Geispitzen 68 .... 143 G 2
Geispolsheim 67 .... 97 G 2
Geiswasser 68 .... 121 G 4
Geiswiller 67 .... 68 C 4
Gélacourt 54 .... 95 H 2
Gélannes 10 .... 90 B 3
Gélaucourt 54 .... 94 C 3
Gellainville 28 .... 86 B 4
Gellenoncourt 54 .... 68 C 4
Gelles 63 .... 209 E 5
Gellin 25 .... 180 C 4
Gelos 40 .... 314 B 4
Geloux 40 .... 273 G 5
Gelucourt 57 .... 67 E 4
Gelvécourt-et-Adompt 88 .... 118 D 2
Gémages 61 .... 84 C 5
Gemaingoutte 88 .... 96 C 5
Gembrie 65 .... 334 A 2
Gemeaux 21 .... 160 B 1
Gémenos 13 .... 327 F 1
Gémigny 45 .... 110 C 5
Gémil 31 .... 298 B 3
Gemmelaincourt 88 .... 94 C 5
Gémonval 25 .... 142 A 4
Gémonville 54 .... 94 B 4
Gémozac 17 .... 219 F 2

Genac 16 .... 203 E 5
Genainville 95 .... 37 F 5
Genas 69 .... 231 G 1
Génat 09 .... 336 A 4
Genay 21 .... 158 C 1
Genay 69 .... 213 E 4
Gençay 86 .... 186 C 4
Gendreville 88 .... 118 A 2
Gendrey 39 .... 161 F 4
Gené 49 .... 128 A 4
Génébrières 82 .... 278 B 5
Geneslay 61 .... 82 C 3
Le Genest 53 .... 105 H 3
Genestelle 07 .... 266 B 2
Geneston 44 .... 147 H 5
La Genête 71 .... 195 F 1
La Genétouze 17 .... 238 D 1
La Genétouze 85 .... 165 G 4
Genêts 50 .... 51 G 4
Les Genettes 61 .... 55 F 5
Geneuille 25 .... 161 H 3
La Genevraie 61 .... 54 D 5
La Genevraye 77 .... 88 C 3
Genevreuille 70 .... 141 G 4
Genevrey 70 .... 141 G 3
Genevrières 52 .... 140 A 3
La Genevroye 52 .... 92 D 5
Geney 25 .... 142 A 5
La Geneytouse 87 .... 206 B 5
Génicourt 95 .... 58 A 1
Génicourt-sous-Condé 55 .... 63 G 3
Génicourt-sur-Meuse 55 .... 64 B 2
Geniac 42 .... 230 C 3
Genillé 37 .... 152 C 5
Génin Lac 01 .... 196 D 5
Génis 24 .... 223 G 5
Génissac 33 .... 238 B 5
Génissiat Barrage de 01 .... 215 E 2
Génissieux 26 .... 249 G 3
Genod 39 .... 196 B 4
Génois Pont 2B .... 346 D 3
Génois Pont 2B .... 347 F 5
Génolhac 30 .... 283 G 1
Génos 31 .... 334 B 2
Génos 65 .... 333 H 4
Genouillac 16 .... 204 B 4
Genouillac 23 .... 189 G 4
Genouillé 17 .... 201 F 2
Genouillé 86 .... 203 G 2
Genouilleux 01 .... 213 E 1
Genouilly 18 .... 154 A 5
Genouilly 71 .... 177 F 5
Genrupt 52 .... 118 A 5
Gensac 33 .... 257 E 1
Gensac 65 .... 315 E 2
Gensac 82 .... 297 E 1
Gensac-de-Boulogne 31 .... 316 B 4
Gensac-la-Pallue 16 .... 220 C 1
Gensac-sur-Garonne 31 .... 317 F 5
Genté 16 .... 220 B 2
Gentelles 80 .... 22 D 2
Gentilly 94 .... 58 C 4
Gentioux 23 .... 207 F 5
Genvry 60 .... 23 G 5
Georfans 70 .... 141 H 5
Géovreisset 01 .... 196 C 5
Géovreissiat 01 .... 196 C 5
Ger 50 .... 52 D 5
Ger 64 .... 314 D 4
Ger 65 .... 332 D 1
Geraise 39 .... 179 H 2
Gérardmer 88 .... 120 B 3
Géraudot 10 .... 91 F 5
Gérauvilliers 55 .... 93 H 2
Gerbaix 73 .... 232 D 2
Gerbamont 88 .... 120 A 4
Gerbécourt 57 .... 66 C 3
Gerbécourt-et-Haplemont 54 .... 94 D 3
Gerbépal 88 .... 120 B 2

Gerberoy 60 .... 37 G 1
Gerbéviller 54 .... 95 G 2
Gerbier de Jonc Mont 07 .... 266 A 1
Gercourt-et-Drillancourt 55 .... 43 H 3
Gercy 02 .... 25 F 2
Gerde 65 .... 333 F 1
Gerderest 64 .... 314 C 2
Gère-Bélesten 64 .... 332 A 2
Gergny 02 .... 25 F 1
Gergovie Plateau de 63 .... 227 H 1
Gergueil 21 .... 159 H 4
Gergy 71 .... 178 A 3
Gerland 21 .... 160 A 5
Germ 65 .... 333 H 4
Germagnat 01 .... 196 B 4
Germagny 71 .... 177 F 5
Germaine 02 .... 23 H 3
Germaine 51 .... 41 G 5
Germaines 52 .... 139 E 3
Germainville 28 .... 56 D 4
Germainvilliers 52 .... 117 H 3
Germay 52 .... 93 F 4
Germéfontaine 25 .... 162 D 3
Germenay 58 .... 157 F 4
Germignac 17 .... 220 B 2
Germigney 39 .... 179 F 1
Germigny 70 .... 161 E 2
Germigny 51 .... 41 F 4
Germigny 89 .... 114 C 5
Germigny-des-Prés 45 .... 133 H 2
Germigny-l'Évêque 77 .... 59 G 2
Germigny-l'Exempt 18 .... 174 A 3
Germigny-sous-Coulombs 77 .... 60 A 1
Germigny-sur-Loire 58 .... 61 H 3
Germiny 54 .... 94 C 2
Germisay 52 .... 93 F 4
Germolles Château de 71 .... 177 G 4
Germolles-sur-Grosne 71 .... 194 C 5
Germond-Rouvre 79 .... 185 E 3
Germondans 25 .... 162 B 2
Germont 08 .... 43 E 1
Germonville 54 .... 94 D 3
Gernelle 08 .... 27 E 3
Gernicourt 02 .... 41 F 2
Géronce 64 .... 313 G 4
Gerponville 76 .... 19 F 3
Gerrots 14 .... 34 B 4
Gerstheim 67 .... 97 G 3
Gertwiller 67 .... 97 F 3
Geruge 39 .... 179 E 5
Gervans 26 .... 249 E 3
Gerville 76 .... 18 D 4
Gerville-la-Forêt 50 .... 31 G 3
Géry 55 .... 63 H 4
Gerzat 63 .... 209 H 5
Gesnes 53 .... 106 B 3
Gesnes-en-Argonne 55 .... 43 G 3
Gesnes-le-Gandelin 72 .... 83 G 5
Gespunsart 08 .... 27 E 2
Gestas 64 .... 313 F 3
Gesté 49 .... 148 C 2
Gestel 56 .... 100 D 5
Gestiès 09 .... 336 A 5
Gesvres 53 .... 83 E 4
Gesvres-le-Chapitre 77 .... 59 G 1
Gétigné 44 .... 148 B 5
Les Gets 74 .... 198 C 5
Geu 65 .... 332 D 2
Geudertheim 67 .... 69 E 4
Géus-d'Arzacq 64 .... 294 A 5
Geüs-d'Oloron 64 .... 313 G 4
Gévezé 35 .... 80 A 5
Gevigney-et-Mercey 70 .... 140 D 2
Gevingey 39 .... 179 E 5
Gevresin 25 .... 180 A 2
Gevrey-Chambertin 21 .... 160 A 4
Gevrolles 21 .... 116 B 5
Gevry 39 .... 178 D 3
Gex 01 .... 197 F 4
Geyssans 26 .... 249 G 2
Gez 65 .... 332 D 2
Gez-ez-Angles 65 .... 333 E 1
Gézaincourt 80 .... 12 D 4
Gezier-et-Fontenelay 70 .... 161 H 2
Gézoncourt 54 .... 65 G 4
Ghisonaccia 2B .... 349 G 2
Ghisoni 2B .... 349 F 1
Ghissignies 59 .... 15 E 3
Ghyvelde 59 .... 3 H 1
Giat 63 .... 208 C 5
Gibeaumeix 54 .... 94 A 2
Gibel 31 .... 318 B 4
Gibercourt 02 .... 24 B 3
Giberville 14 .... 33 H 4

A
B
C
D
E
F
G
H
I
J
K
L
M
N
O
P
Q
R
S
T
U
V
W
X
Y
Z

Gibles 71............194 A 4
Gibourne 17............202 B 3
Gibret 40............293 F 3
Le Gicq 17............202 C 3
Gidy 45............110 D 5
Giel-Courteilles 61............53 H 4
Gien 45............134 C 4
Gien-sur-Cure 58............158 B 5
Giens 83............328 C 5
Gières 51............251 E 1
La Giettaz 73............216 B 4
Giéville 50............52 B 1
Gièvres 41............153 H 4
Giey-sur-Aujon 52............116 D 5
Giez 74............215 H 5
Gif-sur-Yvette 91............58 A 5
Giffaumont-Champaubert 51...92 B 2
Gigean 34............323 E 3
Gignac 30............302 B 4
Gignac 46............242 B 4
Gignac 84............306 A 1
Gignac-la-Nerthe 13............326 C 1
Gignat 63............228 A 4
Gignéville 88............118 B 3
Gigney 88............95 E 5
Gigny 39............196 B 2
Gigny 89............137 G 3
Gigny-Bussy 51............91 H 2
Gigny-sur-Saône 71............178 A 5
Gigondas 84............285 G 3
Gigors 04............269 H 5
Gigors-et-Lozeron 26............267 H 1
Gigouzac 46............260 B 4
Gijounet 81............300 B 3
Gildwiller 68............143 E 2
Gilette 06............291 E 5
Gilhac-et-Bruzac 07............249 E 5
Gilhoc-sur-Ormèze 07............248 D 4
Gillancourt 52............116 C 3
Gillaumé 52............93 F 3
Gilles 28............57 E 3
Gilley 25............162 D 5
Gilley 52............140 A 4
Gillois 39............180 A 4
Gillonnay 38............232 A 4
Gilly-lès-Cîteaux 21............160 A 5
Gilly-sur-Isère 73............234 A 1
Gilly-sur-Loire 71............193 E 2
Gilocourt 60............39 G 3
Gimat 82............297 E 2
Gimbrède 32............276 C 5
Gimbrett 67............68 D 5
Gimeaux 63............209 H 4
Gimécourt 55............64 B 4
Gimel-les-Cascades 19............243 E 1
Gimeux 16............220 B 2
La Gimond 42............230 B 3
Gimont 32............296 D 4
Gimouille 58............174 B 2
Ginai 61............54 C 4
Ginals 82............279 E 3
Ginasservis 83............306 D 3
Ginchy 80............13 G 5
Gincla 11............337 H 5
Gincrey 55............44 C 4
Gindou 46............259 G 3
Ginestas 11............320 D 4
Ginestet 24............239 H 5
Gingsheim 67............68 C 4
Ginoles 11............337 H 4
Ginouillac 46............260 B 2
Gintrac 46............242 D 5
Giocatojo 2B............347 G 3
Gionges 51............61 G 2
Giou-de-Mamou 15............244 C 5
Gioux 23............207 G 5
Gipcy 03............191 G 2
Girac 46............243 E 5
Girancourt 88............119 E 2
Giraumont 54............45 F 5
Giraumont 60............39 F 1
Girauvoisin 55............64 D 4
Gircourt-lès-Viéville 88............94 D 4
Girecourt-sur-Durbion 88...95 G 5
Girefontaine 70............118 D 5
Giremoutiers 77............59 H 3
Girgols 15............244 C 4
Giriviller 54............95 F 3
Girmont 88............95 F 5
Girmont-Val-d'Ajol 88............119 G 4
Girolles 45............112 C 4
Girolles 89............157 H 1
Giromagny 90............142 B 2
Giron 01............196 D 5
Gironcourt-sur-Vraine 88...94 B 5
Gironde-sur-Dropt 33............256 C 3
Girondelle 08............26 B 2

Gironville 77............112 A 3
Gironville-et-Neuville 28...86 A 2
Gironville-sous-les-Côtes 55...64 D 4
Gironville-sur-Essonne 91...87 H 5
Le Girouard 85............182 C 1
Giroussens 81............298 C 3
Giroux 36............172 B 1
Girovillers-sous-Montfort 88...94 C 5
Giry 58............157 E 4
Gisay-la-Coudre 27............55 F 2
Giscaro 32............296 D 4
Giscos 33............274 C 2
Gisors 27............37 G 3
Gissac 12............301 E 2
Gissey-le-Vieil 21............159 E 3
Gissey-sous-Flavigny 21............159 F 1
Gissey-sur-Ouche 21............159 G 4
Gisy-les-Nobles 89............113 F 2
Giuncaggio 2B............347 G 5
Giuncheto 2A............350 D 3
Givardon 18............173 H 4
Givarlais 03............190 D 3
Givenchy-en-Gohelle 62............8 B 5
Givenchy-le-Noble 62............13 E 2
Givenchy-lès-la-Bassée 62............8 B 4
Giverny 27............57 E 1
Giverville 27............35 F 4
Givet 08............17 F 4
Givonne 08............27 F 3
Givors 69............231 E 2
Givraines 45............111 H 3
Givrand 85............164 D 5
Givrauval 55............93 F 1
Le Givre 85............182 D 2
Givrezac 17............219 G 3
Givron 08............26 A 4
Givry 08............42 C 1
Givry 71............177 G 4
Givry 89............157 H 1
Givry-en-Argonne 51............63 E 2
Givry-lès-Loisy 51............61 F 3
Givrycourt 57............67 F 2
Gizaucourt 51............63 E 1
Gizay 86............186 C 3
Gizeux 37............151 E 2
Gizia 39............196 A 2
Gizy 02............25 E 5
La Glacerie 50............29 E 3
Glacière Grotte de la 25............162 C 3
Glageon 59............15 H 5
Glaignes 60............39 F 4
Glainans 25............163 E 2
Glaine-Montaigut 63............228 B 1
Glaire 08............27 E 3
Le Glaizil 05............269 G 1
Glamondans 25............162 C 3
Gland 02............60 C 1
Gland 89............137 G 3
Glandage 26............268 D 2
Glandon Col du 73............251 H 1
Glanes 46............243 E 5
Glanges 87............224 B 2
Glannes 51............62 C 5
Glanon 21............178 B 1
Glanville 14............34 B 3
Glatens 82............296 D 1
Glatigny 50............31 F 3
Glatigny 57............46 B 5
Glatigny 60............37 H 1
Glay 25............142 C 5
Gleizé 69............212 D 3
Glénac 56............125 G 3
Glénat 15............243 H 5
Glénay 79............168 A 3
Glénic 23............189 G 5
Glennes 02............41 E 3
Glénouze 86............168 C 2
Glère 25............163 H 2
Glicourt 76............10 C 5
Glisolles 27............56 A 2
Glisy 80............22 C 2
Glomel 22............77 E 5
Glonville 54............95 H 3
Glos 14............34 D 5
Glos-la-Ferrière 61............55 F 3
Glos-sur-Risle 27............35 G 3
Gluges 46............242 C 5
Gluiras 07............266 C 1
Glun 07............249 E 1
Glux-en-Glenne 58............176 B 2
Goas 82............296 C 2
La Godefroy 50............51 H 4
Godenvillers 60............22 D 5
Goderville 76............19 E 4
Godewaersvelde 59............4 A 5

Godisson 61............54 C 5
La Godivelle 63............227 F 5
Godoncourt 88............118 B 4
Goerlingen 67............67 H 4
Gœrsdorf 67............69 E 2
Goès 64............331 H 1
Goetzenbruck 57............68 B 2
Gœulzin 59............14 A 2
Gogney 54............96 A 1
Gognies-Chaussée 59............15 G 2
La Gohannière 50............51 H 4
Gohier 49............149 H 2
Gohory 28............109 H 3
Goin 57............65 H 2
Goincourt 60............38 A 2
Golancourt 60............23 H 4
Golbey 88............119 F 2
Goldbach 68............120 C 5
Golfech 82............276 D 4
Golfe-Juan 06............309 F 4
Golinhac 12............262 D 3
Golleville 50............29 F 5
Gombergean 41............131 G 5
Gomelange 57............46 C 4
Gomené 22............102 D 2
Gomer 64............314 C 4
Gometz-la-Ville 91............58 A 5
Gometz-le-Châtel 91............58 A 5
Gomiécourt 62............13 G 4
Gommecourt 62............13 F 4
Gommecourt 78............57 E 1
Gommegnies 59............15 F 2
Gommenec'h 22............73 F 4
Gommersdorf 68............143 E 2
Gommerville 28............87 E 5
Gommerville 76............18 D 5
Gomméville 21............115 H 5
Gomont 08............41 H 1
Gonaincourt 52............117 H 2
Goncelin 38............233 T 5
Goncourt 52............117 H 2
Gond-Pontouvre 16............221 F 1
Gondecourt 59............8 C 3
Gondenans-les-Moulins 25...162 C 1
Gondenans-Montby 25............162 D 1
Gondeville 16............220 C 1
Gondrecourt-Aix 54............45 E 4
Gondrecourt-le-Château 55...93 G 3
Gondreville 45............112 B 4
Gondreville 54............65 F 5
Gondreville 60............39 G 4
Gondrexange 57............67 G 5
Gondrexon 54............95 H 1
Gondrin 32............295 G 1
Les Gonds 17............219 G 1
Gonesse 95............58 D 2
Gonez 65............315 F 4
Gonfaron 83............328 D 2
Gonfreville 50............31 H 3
Gonfreville-Caillot 76............19 E 4
Gonfreville-l'Orcher 76............34 C 1
La Gonfrière 61............55 E 3
Gonnehem 62............7 H 3
Gonnelieu 59............14 B 5
Gonnetot 76............19 H 3
Gonneville 50............29 F 3
Gonneville-en-Auge 14............33 H 4
Gonneville-la-Mallet 76............18 C 4
Gonneville-sur-Honfleur 14...34 D 2
Gonneville-sur-Mer 14............34 A 3
Gonneville-sur-Scie 76............20 B 3
Gonsans 25............162 C 4
Gontaud-de-Nogaret 47............257 F 5
La Gonterie-Boulouneix 24...222 B 5
Gonvillars 70............142 A 4
Gonzeville 76............19 H 3
Goos 40............293 F 3
Gorbio 06............291 G 5
Gorcy 54............44 D 1
Gordes 84............305 G 1
Gorenflos 80............12 B 4
Gorges 44............148 A 5
Gorges 50............31 G 3
Gorges 80............12 C 4
La Gorgue 59............8 A 2
Gorhey 88............119 E 2
Gornac 33............256 C 2
Gorniès 34............302 B 1
Gorre 87............223 E 4
Gorrevod 01............195 F 3
Gorron 53............81 H 4
Gorses 46............261 F 1
Gorze 57............65 G 1
Gosnay 62............7 H 4
Gosné 35............80 D 5
Gosselming 57............67 G 4
Gotein-Libarrenx 64............331 E 1

Gottenhouse 67............68 B 5
Gottesheim 67............68 C 4
Gouaix 77............89 G 3
Goualade 33............274 C 1
Gouarec 22............77 G 5
Gouaux 65............333 H 4
Gouaux-de-Larboust 31............334 A 4
Gouaux-de-Luchon 31............334 B 4
Gouberville 50............29 G 2
Gouchaupre 76............10 C 5
Goudargues 30............284 C 3
Goudelancourt-
  lès-Berrieux 02............41 F 1
Goudelancourt-
  lès-Pierrepont 02............25 F 4
Goudelin 22............73 F 5
Goudet 43............247 F 5
Goudex 31............317 E 3
Goudon 65............315 G 4
Goudourville 82............276 D 4
Gouesnach 29............99 H 4
La Gouesnière 35............50 D 5
Gouesnou 29............70 C 5
Gouex 86............187 E 4
Gougenheim 67............68 C 5
Gouhelans 25............162 C 1
Gouhenans 70............141 H 4
Gouillons 28............86 D 5
Gouise 03............192 B 3
Goujounac 46............259 G 4
La Goulafrière 27............55 E 2
Goulaine Château de 44............147 H 4
Goulet 61............54 A 4
Goulien 29............98 D 2
Goulier 09............336 A 5
Goulles 19............243 G 4
Les Goulles 21............138 D 2
Gouloux 58............158 B 4
Goult 84............305 G 1
Goulven 29............71 E 4
Goumois 25............163 H 3
Goupillières 14............53 F 1
Goupillières 27............35 G 5
Goupillières 76............20 A 5
Goupillières 78............57 G 3
Gouraincourt 55............44 D 4
Le Gouray 22............78 D 5
Gourbera 40............292 D 2
Gourbesville 50............29 G 5
Gourbit 09............336 A 4
Gourchelles 60............21 G 3
Gourdan-Polignan 31............334 A 1
Gourdièges 15............245 F 5
Gourdon 06............309 E 2
Gourdon 07............266 B 2
Gourdon 46............259 H 2
Gourdon 71............194 B 1
Gourdon-Murat 19............225 E 3
Gourette 64............332 B 4
Gourfaleur 50............32 B 5
Gourfouran Gouffre de 05...270 C 1
Gourgançon 51............61 G 5
Gourgé 79............168 B 5
Gourgeon 70............140 C 3
Gourhel 56............103 E 4
Gourin 56............76 C 5
Gourlizon 29............99 G 2
Gournay 36............189 E 1
Gournay 76............34 C 1
Gournay 79............202 D 1
Gournay-en-Bray 76............37 F 1
Gournay-le-Guérin 27............55 G 5
Gournay-sur-Aronde 60............39 E 1
Gournay-sur-Marne 93............58 D 3
Les Gours 16............202 D 3
Gours 33............238 D 4
Gourvieille 11............318 C 4
Gourville 16............202 D 5
Gourvillette 17............202 C 4
Goury 50............28 C 2
Gourzon 52............92 D 2
Goussaincourt 55............94 A 3
Goussainville 28............57 E 4
Goussainville 95............58 D 1
Goussancourt 02............40 D 5
Gousse 40............293 F 2
Goussonville 78............57 G 2
Goustranville 14............34 A 4
La Goutelle 63............209 E 5
Goutevernisse 31............317 F 5
Goutrens 12............262 B 5
Gouts 40............293 F 2
Gouts 82............277 E 1
Gouts-Rossignol 24............221 G 4
Gouttières 27............55 G 1

Gouttières 63............209 E 2
Goutz 32............296 C 2
Gouvernes 77............59 E 3
Gouves 62............13 F 2
Gouvets 50............52 B 2
Gouvieux 60............38 C 4
Gouville 27............56 A 3
Gouville-sur-Mer 50............31 F 5
Goux 32............295 E 4
Goux 39............179 E 1
Goux-lès-Dambelin 25............163 E 2
Goux-les-Usiers 25............180 C 1
Goux-sous-Landet 25............161 H 5
Gouy 02............14 B 5
Gouy 76............36 B 3
Gouy-en-Artois 62............13 F 3
Gouy-en-Ternois 62............12 D 2
Gouy-les-Groseillers 60............22 B 4
Gouy-l'Hôpital 80............21 H 2
Gouy-Saint-André 62............6 D 5
Gouy-Servins 62............8 A 5
Gouy-sous-Bellonne 62............14 A 2
Gouzangrez 95............37 H 5
Gouze 64............313 G 2
Gouzeaucourt 59............14 A 5
Gouzens 31............317 F 5
Gouzon 23............207 H 1
Gouzougnat 23............207 H 1
Goven 35............104 A 4
Goviller 54............94 C 3
Goxwiller 67............97 F 3
Goyencourt 80............23 F 3
Goyrans 31............317 H 2
Grabels 34............302 D 4
Graçay 18............154 A 5
Grace-Uzel 22............102 B 1
Grâces 22............73 E 5
Gradignan 33............255 F 1
Graffigny-Chemin 52............117 H 2
Gragnague 31............298 B 4
Graignes 50............32 A 3
Grailhen 65............333 H 4
Graimbouville 76............18 D 5
Graincourt-
  lès-Havrincourt 62............14 A 4
Grainville 27............36 D 3
Grainville-la-Teinturière 76...19 F 3
Grainville-Langannerie 14...53 H 1
Grainville-sur-Odon 14............33 F 5
Grainville-sur-Ry 76............36 C 1
Grainville-Ymauville 76............19 E 4
Le Grais 61............53 E 5
Graissac 12............263 E 2
Graissessac 34............301 F 4
Graix 42............230 C 5
Le Grallet 17............218 C 1
Gramat 46............260 D 2
Gramazie 11............337 F 1
Grambois 84............306 B 2
Grammond 42............230 B 3
Grammont 70............141 H 5
Gramond 12............280 B 2
Gramont 82............296 C 1
Granace 2A............351 E 2
Grancey-le-Château 21............139 E 4
Grancey-sur-Ource 21............116 A 4
Grand 88............93 G 4
Le Grand-Abergement 01............214 D 2
Grand-Auverné 44............127 E 5
Grand-Ballon 68............120 C 4
Grand Bois ou de la République
  Col du 42............230 C 5
Le Grand-Bornand 74............216 A 3
Le Grand-Bourg 23............206 C 1
Grand-Brassac 24............239 H 1
Grand-Camp 27............55 E 1
Grand-Camp 76............19 F 5
Grand-Castang 24............240 C 5
Le Grand-Celland 50............52 A 5
Grand-Champ 56............124 B 2
Grand-Charmont 25............142 C 4
Grand-Châtel 39............196 D 3
Le Grand-Combe 30............283 G 3
Grand-Corent 01............196 B 5
Grand-Couronne 76............36 A 3
La Grand-Croix 42............230 C 3
Grand-Failly 54............44 C 2
Grand-Fayt 59............15 F 4
Grand Fenestrez 01............214 D 4
Grand-Fort-Philippe 59............3 E 2
Le Grand-Fougeray 35............126 B 3
Grand-Laviers 80............11 G 3
Le Grand-Lemps 38............232 B 4
Le Grand-Lucé 72............130 C 2
Le Grand-Madieu 16............203 H 3
Grand Phare 85............164 A 4

Le Grand Piquey 33............254 B 2
Le Grand-Pressigny 37............170 A 3
Grand-Puch
  Château du 33............238 B 5
Le Grand-Quevilly 76............36 A 2
Grand-Rozoy 02............40 B 4
Grand-Rullecourt 62............13 E 3
Le Grand-Serre 26............249 G 1
Grand Taureau 25............180 D 2
Le Grand-Vabre 12............262 B 3
Le Grand-Valtin 88............120 B 3
Goux-lès-Dambelin (?)............24 D 1
Le Grand-Village-Plage 17...200 B 4
Grandcamp-Maisy 14............32 B 2
Grandchain 27............55 G 1
Grandchamp 08............26 B 4
Grandchamp 52............139 H 3
Grandchamp 72............83 H 5
Grandchamp 78............57 E 5
Grandchamp 89............135 G 2
Grandchamp-
  des-Fontaines 44............147 G 2
Grandchamp-le-Château 14...34 B 5
Grand'Combe-Châteleu 25...181 E 1
Grand'Combe-des-Bois 25...163 G 4
Grandcourt 76............11 E 5
Grandcourt 80............13 F 5
Grande Chartreuse
  Couvent de la 38............233 E 5
La Grande-Fosse 88............96 C 4
La Grande-Motte 34............303 F 5
La Grande-Paroisse 77............88 D 4
La Grande-Résie 70............161 E 3
Grande-Rivière 39............197 E 1
Grande-Synthe 59............3 F 2
La Grande-Verrière 71............176 B 2
Grandecourt 70............140 C 4
Les Grandes-Armoises 08...27 E 5
Les Grandes-Chapelles 10...90 D 3
Les Grandes-Dalles 76............19 F 2
Les Grandes-Loges 51............62 A 1
Les Grandes-Rivières 17...183 G 5
Les Grandes-Ventes 76............20 C 3
Grandeyrolles 63............227 G 3
Grandfontaine 25............161 H 4
Grandfontaine 67............96 C 2
Grandfontaine-
  sur-Creuse 25............162 D 4
Grandfresnoy 60............39 E 2
Grandham 08............43 E 3
Grandjean 17............201 G 4
Grand'Landes 85............165 F 3
Grandlup-et-Fay 02............25 E 4
Grandmesnil 14............54 B 2
Grandménil 54............94 A 1
Grandouet 14............34 B 5
Grandpré 08............43 E 3
Grandpuits 77............88 D 2
Grandrieu 48............264 D 1
Grandrieux 02............25 H 3
Grandrif 63............229 E 3
Grandris 69............212 B 2
Grandrû 60............23 H 5
Grandrupt 88............96 C 4
Grandrupt-de-Bains 88............118 D 3
Les Grands-Chézeaux 87...188 B 4
Grandsaigne 19............225 E 4
Grandval 03............228 D 2
Grandval Barrage de 15...245 H 5
Grandvals 48............263 G 2
Grandvaux 71............194 A 2
Grandvelle-
  et-le-Perrenot 70............161 H 1
Grandvillars 90............142 D 4
La Grandville 08............26 D 3
Grandville 10............91 F 2
Grandvillers 88............95 H 5
Grandvillers-aux-Bois 60...39 E 2
Grandvilliers 27............56 A 4
Grandvilliers 60............21 H 4
Grane 26............267 F 2
Granès 11............337 G 3
La Grange 25............163 E 3
Grange-de-Vaivre 39............179 G 1
Grange-le-Bocage 89............89 H 5
Grangent Barrage de 42...230 A 4
Grangermont 45............111 H 3
Granges 01............196 B 5
Les Granges 10............115 G 4
Granges 71............177 H 4
Les Granges Château 58...156 B 3
Granges-d'Ans 24............241 F 2
Granges-de-Vienney 25...162 B 4
Granges-Gontardes 26...267 E 5
Granges-la-Ville 70............142 A 4
Granges-le-Bourg 70............142 A 4
Les Granges-le-Roi 91............87 E 3

Granges-l'Église 25............180 C 2
Granges-les-Beaumont 26.............249 G 3
Granges-lès-Valence 07.....249 F 4
Granges-Maillot 25.............180 B 1
Granges-Narboz 25.............180 C 2
Granges-Sainte-Marie 25.....180 C 3
Granges-sur-Aube 51...........90 C 2
Granges-sur-Baume 39........179 F 4
Granges-sur-Lot 47............275 H 1
Granges-sur-Vologne 88......120 A 2
Les Grangettes 25.............180 C 3
Grangues 14.......................34 A 3
Granier 73.........................234 C 2
Granier Col du 73..............233 F 3
Granieu 38........................232 C 2
Granon Col de 05...............252 C 4
Grans 13...........................305 F 4
Granville 50........................51 F 3
Granzay-Gript 79..............184 D 5
Gras 07............................266 C 5
Les Gras 25......................181 E 1
Gras Plateau des 07..........284 C 1
Grassac 16.......................221 H 2
Grasse 06.........................309 E 3
Grassendorf 67...................68 C 3

Grateloup-
  Saint-Gayrand 47......257 G 5
Gratens 31........................317 F 4
Gratentour 31...................297 H 3
Gratibus 80........................22 D 4
Gratot 50...........................31 G 5
Gratreuil 51.......................42 D 4
Grattepanche 80.................22 B 3
Le Gratteris 25.................162 B 4
Grattery 70.......................141 E 4
Le Grau-d'Agde 34............322 C 5
Grau de Maury 66.............338 B 4
Le Grau-du-Roi 30.............303 F 5
Graufthal 67.......................68 A 3
Les Graulges 24................221 H 3
Graulhet 81.......................299 E 3
Grauves 51.........................61 G 2
Gréalou 46........................261 E 4
Gréasque 13......................327 F 1
Grébault-Mesnil 80..............11 F 4
Grécourt 80........................23 G 3
La Grée-Penvins 56...........124 C 5
La Grée-Saint-Laurent 56...102 D 4
Gréez-sur-Roc 72..............108 D 3
Greffeil 11........................337 H 1
Grèges 76...........................10 B 5
Grégy-sur-Yerres 77...........59 E 5

Graves-Saint-Amant 16......220 D 2
Graveson 13.....................304 C 2
Gravières 07.....................265 H 5
Gravigny 27........................56 B 1
Gravon 77...........................89 F 4
Gray 70............................161 E 1
Gray-la-Ville 70................161 E 1
Grayan-et-l'Hôpital 33........218 C 4
Grazac 31.........................318 A 4
Grazac 43..........................247 H 2
Grazac 81.........................298 D 2
Grazay 53...........................82 C 5
Gréalou 46........................261 E 4
Gréasque 13......................327 F 1
Grebault-Mesnil 80..............11 F 4
Grécourt 80........................23 G 3
Gredisans 39....................161 E 5
Gréolières 06...................309 E 1
Gréolières-les-Neiges 06....309 E 1
Gréoux-les-Bains 04..........306 D 2
Grépiac 31........................318 A 3
Le Grès 31........................297 F 3
Grésigny-Sainte-Reine 21...138 A 5
Gresin 73..........................232 D 2

Grémecey 57.......................66 C 4
Grémévillers 60..................21 H 5
Gremilly 55........................44 C 4
Grémonville 76...................19 H 4
Grenade 31.......................297 G 3
Grenade-sur-l'Adour 40......294 A 2
Grenant 52.......................139 H 3
Grenant-lès-Sombernon 21.159 G 4
Grenay 38........................231 G 1
Grenay 62............................8 B 4
Grendelbruch 67.................97 E 2
Greneville-en-Beauce 45....111 F 3
Grenier-Montgon 43...........245 H 1
Gréning 57..........................67 F 2
Grenoble 38......................250 D 1
Grenois 58........................157 F 3
Grentheville 14...................33 H 5
Grentzingen 68..................143 F 3
Greny 76............................10 C 5
Gréolières 06...................309 E 1
Gréolières-les-Neiges 06....309 E 1
Gréoux-les-Bains 04..........306 D 2
Grépiac 31........................318 A 3
Le Grès 31........................297 F 3
Grésigny-Sainte-Reine 21...138 A 5
Gresin 73..........................232 D 2

La Gresle 42.....................212 A 2
Gresse-en-Vercors 38........250 C 5
Gressey 78..........................57 E 3
Gresswiller 67....................97 E 2
Gressy 77............................59 E 2
Grésy-sur-Aix 73...............215 F 5
Grésy-sur-Isère 73............233 H 2
Greucourt 70.....................140 C 5
Greuville 76........................19 H 2
Greux 88............................93 H 3
La Grève-sur-Mignon 17....184 B 5
Les Grèves 22.....................78 C 3
Gréville-Hague 50...............28 D 2
Grévillers 62........................13 G 4
Grevilly 71........................195 E 2
Le Grez 72........................107 E 2
Grez-en-Bouère 53............128 C 2
Grez-Neuville 49...............128 B 5
Grez-sur-Loing 77...............88 B 5
Grézac 17..........................219 E 2
Grézels 46........................259 F 5
Grézet-Cavagnan 47..........275 E 1
Grézian 65........................333 G 4
Grézieu-la-Varenne 69.......212 D 5
Grézieu-le-Marché 69.........230 B 2
Grézieux-le-Fromental 42...229 H 2
Grézillac 33......................256 C 1
Grézillé 49.........................149 H 3
Grézolles 42.....................211 F 4
Gries 67..............................69 E 4
Griesbach 67......................68 D 2
Griesbach-au-Val 68...........120 D 3
Griesbach-le-Bastberg 67....68 B 3
Griesheim-près-Molsheim 67.97 F 2
Griesheim-sur-Souffel 67.....68 D 5
Grignan 26.......................267 F 5
Grigneuseville 76................20 B 4
Grignols 24......................240 B 3
Grignols 33......................274 D 1
Grignon 21.......................137 H 5
Grignon 73.......................234 A 1
Grignoncourt 88................118 B 5
Grigny 62............................7 E 5

A B C D E F **G** H I J K L M N O P Q R S T U V W X Y Z

GRENOBLE

Alsace-Lorraine (Av.).....DYZ 3
Barnavel (R.)..................EFY 5
Bayard (R.)......................FY 6
Belgique
  (Av. Albert-1er-de)....EFZ 7
Belgrade (R. de)...........EY 9
Bistesi (R.)....................FZ 10
Blanchard (R. P.)............EYZ
Bonne (R. de)...............EZ 12
Brenier (R. C.).............DY 13
Brocherie (R.)...............EY 15
Casimir-Périer (R.).......EZ 16
Champollion (R.)...........FZ 17
Chenoise (R.)...............EFY 18
Clot-Bey (R.)................EYZ 21
Diables-Bleus (Bd des)....FZ 24
Dr-Girard (Pl.)..............FY 26
Driant (Bd Col.)............FZ 27
Dubedout (Pl. H.)..........DY 28
Fantin-Latour (R.).........FZ 32
Flandrin (R. J.)............GZ 33
Foch (Bd Mar.).............DEZ
Fourier (R.)...................FZ 34
Grande-Rue...................EY 37
Grenette (Pl.)................EY
Lavalette (Pl.)...............FY 40
La Fayette (R.)...............FY 39
L'Herminier (R. Cdt).......FY 41
Lyautey (Bd Mar.).........EZ 42
Montorge (R.)................EY 43
Palanka (R.)..................EY 44
Pasteur (Pl.).................FZ 45
Perrière (Q.).................EY 46
Poulat (R. F.)................EY 48
Rivet (Pl. G.).................EZ 53
Rousseau (R. J.-J.)........EY 55
Ste-Claire (Pl.).............EY 57
St-André (Pl.)...............EY 56
Servan (R.)...................FY 59
Strasbourg (R. de)........EFZ 62
Très-Cloître (R.)...........FY 63
Vicat (R.).......................EZ 66
Victor-Hugo
  (Pl.)...........................EZ
Voltaire (R.)..................FY 68

A B C D E F G H I J K L M N O P Q R S T U V W X Y Z

Grigny 69.............231 E 2
Grigny 91.............58 C 5
La Grigonnais 44.....126 C 5
Grillemont Château de 37...170 A 1
Grillon 84.............267 E 3
Grilly 01.............197 G 4
Grimaucourt-en-Woëvre 55....44 C 5
Grimaucourt-près-Sampigny 55.....64 C 4
Grimaud 83.............329 F 2
La Grimaudière 86.....168 C 4
Grimault 89.............137 E 4
Grimbosq 14.............53 F 1
Grimesnil 50.............51 H 1
Grimone 26.............268 D 2
Grimone Col de 26.....268 D 2
Grimonviller 54.........94 C 4
Grincourt-lès-Pas 62.....13 E 4
Grindorff-Bizing 57.....46 C 2
Gripp 65.............333 F 3
La Gripperie-Saint-Symphorien 17.....200 D 5
Gripport 54.............95 E 3
Gris-Nez Cap 62.............2 A 4
Griscourt 54.............65 G 4
Griselles 21.............137 H 2
Griselles 45.............112 C 4
Grisolles 02.............40 B 5
Grisolles 82.............297 G 2
Grisy 14.............54 A 1
Grisy-les-Plâtres 95.....38 A 5
Grisy-Suisnes 77.....59 E 5
Grisy-sur-Seine 77.....89 G 4
La Grive 38.............231 H 2
Grives 24.............259 F 2
Grivesnes 80.............22 D 4
Grivillers 80.............23 E 4
Grivy-Loisy 08.............42 C 2
Groffliers 62.............6 B 5
La Groise 59.............15 E 5
Groises 18.............155 H 4
Groissiat 01.............196 C 5
Groisy 74.............215 G 2
Groix 56.............123 E 3
Grolejac 24.............259 H 1
Gron 18.............155 H 5
Gron 89.............113 G 3
Gronard 02.............25 F 3
Le Gros Cerveau 83.....327 H 4
Gros-Chastang 19.....243 F 2
Gros-Réderching 57.....67 H 1
Le Gros-Theil 27.....35 H 4
Grosbliederstroff 57.....47 G 5
Grosbois 25.............162 C 2
Grosbois Château de 94.....58 D 5
Grosbois-en-Montagne 21.....159 F 3
Grosbois-lès-Tichey 21.....178 C 1
Grosbreuil 85.............182 B 1
Les Groseillers 79.....185 E 2
Groslay 95.............58 C 2
Groslée 01.............232 C 1
Grosley-sur-Risle 27.....55 H 1
Grosmagny 90.............142 C 2
Grosne 90.............142 D 3
Grospierres 07.............284 A 1
Grosrouvre 78.............57 F 4
Grosrouvres 54.............65 E 4
Grossa 2A.............350 D 2
Grosseto-Prugna 2A.....348 D 4
Grossœuvre 27.............56 B 2
Grossouvre 18.............174 A 3
Grostenquin 57.............67 E 2
Grosville 50.............28 D 4
Le Grouanec 29.............70 D 4
Grouches-Luchuel 80.....12 D 3
Grougis 02.............24 C 1
Grouin Pointe du 35.....50 D 4
La Groulais Château de 44.....147 F 1
La Groutte 18.............173 F 5
Grozon 39.............179 F 2
Gruchet-le-Valasse 76.....19 E 5
Gruchet-Saint-Siméon 76.....19 H 2
Grues 85.............183 E 3
Gruey-lès-Surance 88.....118 D 4
Gruffy 74.............215 G 5
Grugé-l'Hopital 49.....127 G 3
Grugies 02.............24 A 3
Grugny 76.............20 B 5
Gruissan 11.............339 F 1
Gruissan-Plage 11.....339 F 1
Grumesnil 76.............21 F 5
Grun-Bordas 24.............240 B 3
Grundviller 57.............67 G 1
Gruny 80.............23 F 3
Grury 71.............176 A 5
Gruson 59.............9 E 3
Grusse 39.............196 B 1

Grussenheim 68.............121 F 2
Grust 65.............332 D 3
Gruyères 08.............26 C 3
Le Gua 17.............200 D 5
Le Gua 38.............250 D 3
Guagno 2A.............348 D 1
Guagno-les-Bains 2A.....348 C 1
Guainville 28.............57 E 2
Guarbecque 62.............7 H 3
Guargualé 2A.............348 D 4
Guchan 65.............333 G 4
Guchen 65.............333 G 4
Gudas 09.............336 B 2
Gudmont 52.............93 E 5
Le Gué-d'Alleré 17.....183 H 5
Le Gué-de-la-Chaîne 61.....84 B 4
Le Gué-de-Longroi 28.....86 C 3
Le Gué-de-Velluire 85.....183 H 3
Gué-d'Hossus 08.............26 C 1
Le Gué-du-Loir 41.....131 F 3
Le Gué-Lian 72.............107 G 2
Guebenhouse 57.............67 F 1
Gueberschwihr 68.............121 E 3
Guébestroff 57.............67 E 4
Guéblange-lès-Dieuze 57.....67 E 4
Guébling 57.............67 E 3
Guebwiller 68.............120 D 5
Guécélard 72.............129 H 2
Le Guédéniau 49.....150 C 1
Guégon 56.............102 C 4
Guéhébert 50.............51 H 1
Guéhenno 56.............102 C 5
Gueltas 56.............102 B 2
Guémappe 62.............13 H 3
Guémar 68.............97 E 5
Guémené-Penfao 44.....126 A 4
Guémené-sur-Scorff 56.....101 F 2
Guémicourt 80.............21 F 3
Guemps 62.............2 D 3
Guénange 57.............45 H 4
Guengat 29.............99 G 2
Guénin 56.............101 H 4
Guénouvry 44.............126 B 4
Guenroc 22.............79 G 5
Guenrouet 44.............125 H 5
Guentrange 57.............45 G 4
Guenviller 57.............47 E 5
Guêprei 61.............54 B 3
Guer 56.............103 F 5
Guérande 44.............145 H 4
Guérard 77.............59 G 4
Guerbigny 80.............23 E 4
La Guerche 37.............170 A 3
La Guerche-de-Bretagne 35.....105 E 5
La Guerche-sur-l'Aubois 18.....174 A 2
Guercheville 77.............112 A 2
Guerchy 89.............136 A 2
Guéreins 01.............213 E 1
Guéret 23.............207 E 1
Guerfand 71.............178 A 4
Guérigny 58.............174 C 1
Guérin 47.............257 E 5
La Guérinière 85.....164 B 1
Guerlédan Lac de 22.....77 H 5
Guerlesquin 29.............72 B 5
Guermange 57.............67 E 3
Guermantes 77.............59 E 3
Guern 56.............101 G 3
Guernanville 27.............55 H 3
Guernes 78.............57 F 1
Le Guerno 56.............125 E 4
Guerny 27.............37 F 4
Guéron 14.............33 E 3
La Guéroulde 27.............55 H 4
Guerpont 55.............63 H 4
Guerquesalles 61.....54 C 2
Les Guerreaux 71.....193 F 2
Guerstling 57.............46 D 3
Guerting 57.............46 D 5
Guerville 76.............11 E 5
Guerville 78.............57 F 2
Guéry Col de 63.............227 F 2
Gueschart 80.............11 H 2
Guesnain 59.............8 D 5
Guesnes 86.............168 D 2
Guessling-Hémering 57.....66 D 1
Guéthary 64.............310 C 3
Le Guétin 18.............174 B 2
Gueudecourt 80.............13 G 5
Gueugnon 71.............193 G 1
Gueures 76.............20 A 2
Gueutteville 76.............20 A 4
Gueutteville-les-Grès 76.....19 G 2
Gueux 51.............41 F 4
Guevenatten 68.............142 D 2
Guewenheim 68.............142 D 1

Gueynard 33.............237 H 3
Gueytes-et-Labastide 11.....337 E 2
Gueyze 47.............275 E 4
Gugnécourt 88.............95 H 5
Gugney 54.............94 C 4
Gugney-aux-Aulx 88.....95 E 5
Guibeville 91.............87 G 2
Guibermesnil 80.............21 G 2
Guichainville 27.............56 B 2
Guiche 64.............292 C 5
La Guiche 71.............194 B 2
Guichen 35.............104 A 4
Guiclan 29.............71 G 5
Guidel 56.............100 D 5
Guidon du Bouquet 30.....284 A 3
La Guierche 72.............107 H 3
Guignecourt 80.............22 B 2
Guignemicourt 80.............22 B 2
Guignen 35.............103 H 5
Guignes 77.............88 C 2
Guigneville 45.............111 G 2
Guigneville-sur-Essonne 91.....87 H 3
Guignicourt 02.............41 G 2
Guignicourt-sur-Vence 08.....26 C 4
La Guignière 37.............151 H 2
Guignonville 45.............111 F 3
Guigny 62.............11 H 1
Guilberville 50.............52 C 1
Le Guildo 22.............50 A 5
Guiler-sur-Goyen 29.....99 F 2
Guilers 29.............75 E 2
Guilherand-Granges 07.....249 F 4
Guilhac 33.............256 C 1
Guillac 56.............102 D 5
Guillaucourt 80.............23 E 2
Guillaumes 06.............289 F 3
Guillemont 80.............13 G 5
La Guillermie 03.............210 D 3
Guillerval 91.............87 F 5
Guillestre 05.............270 D 2
Guilleville 28.............110 D 2
Guilliers 56.............102 D 3
Guilligomarc'h 29.....101 E 4
Guillon 89.............158 B 1
Guillon-les-Bains 25.....162 C 2
Guillonville 28.............110 C 4
Guillos 33.............255 G 4
Guilly 36.............171 H 1
Guilly 45.............133 H 3
Guilmécourt 76.............10 C 5
Guilvinec 29.............99 F 5
Guimaëc 29.............72 A 4
Guimiliau 29.............71 G 5
Guimps 16.............220 C 4
Guinarthe-Parenties 64.....311 H 3
Guincourt 08.............26 C 5
Guindrecourt-aux-Ormes 52.....92 D 3
Guindrecourt-sur-Blaise 52.....92 C 5
Guinecourt 62.............12 C 2
Guînes 62.............2 C 4
Guingamp 22.............73 E 5
Guinglange 57.............66 C 1
Guinkirchen 57.............46 C 4
Guinzeling 57.............67 F 3
Guipavas 29.............75 F 2
Guipel 35.............80 B 5
Guipronvel 29.............70 C 5
Guipry 35.............126 A 2
Guipy 58.............157 F 4
Guirlange 57.............46 C 4
Guiry-en-Vexin 95.....37 G 5
Guiscard 60.............23 H 4
Guiscriff 56.............100 C 2
Guise 02.............24 D 1
Guiseniers 27.............37 E 4
Le Guislain 50.............52 A 1
Guissény 29.............70 D 4
Guisy 62.............6 D 5
Guitalens 81.............299 E 4
Guitera-les-Bains 2A.....349 E 3
Guitinières 17.............219 G 4
Guitrancourt 78.............57 G 1
Guîtres 33.............238 C 3
Guitry 27.............37 E 4
Guitté 22.............103 G 1
Guivry 02.............23 H 4
Guizancourt 80.............21 H 3
Guizengeard 16.............220 D 5
Guizerix 65.............315 H 4
Gujan-Mestras 33.............254 C 2
Gumbrechtshoffen 67.....68 D 2
Gumery 10.............89 H 4
Gumiane 26.............268 A 4
Gumières 42.............229 G 3
Gumond 19.............243 F 2
Gundershoffen 67.............68 D 2
Gundolsheim 68.............121 E 4

Gungwiller 67.............67 H 3
Gunsbach 68.............120 D 3
Gunstett 67.............69 E 2
Guntzviller 57.............67 H 5
Guny 02.............40 A 1
Guran 31.............334 B 3
Gurat 16.............221 G 4
Gurcy-le-Châtel 77.....89 E 3
Gurgy 89.............136 B 2
Gurgy-la-Ville 21.....138 D 2
Gurgy-le-Château 21.....138 D 2
Gurmençon 64.............331 H 1
Gurs 64.............313 G 4
Gurunhuel 22.............72 D 5
Gury 60.............23 F 5
Gussainville 55.............44 D 5
Gussignies 59.............15 F 2
Guyancourt 78.............58 A 4
Guyans-Durnes 25.....162 B 5
Guyans-Vennes 25.....163 E 4
Guyencourt 02.............41 F 2
Guyencourt-Saulcourt 80.....14 A 5
Guyencourt-sur-Noye 80.....22 C 3
La Guyonnière 85.....166 A 2
Guyonvelle 52.............140 B 2
Guzargues 34.............303 E 3
Guzet-Neige 09.............335 G 5
Gy 70.............161 G 2
Gy-en-Sologne 41.....153 G 3
Gy-les-Nonains 45.....112 D 5
Gy-l'Évêque 89.............136 B 4
Gye 54.............94 B 1
Gyé-sur-Seine 10.....115 G 4

H

Habarcq 62.............13 F 2
Habas 40.............293 E 4
Habère-Lullin 74.....198 B 4
Habère-Poche 74.....198 B 4
L'Habit 27.............56 D 3
L'Habitarelle 48.............264 D 3
L'Habitarelle 48.............265 F 5
Hablainville 54.............95 H 2
Habloville 61.............53 H 4
Habonville 54.............45 H 4
Haboudange 57.............66 D 3
Habsheim 68.............143 G 1
Hachan 65.............315 H 4
Hâcourt 52.............117 H 2
Hacqueville 27.............37 E 3
Hadancourt-le-Haut-Clocher 60.....37 G 5
Hadigny-les-Verrières 88.....95 F 4
Hadol 88.............119 G 3
Hadonville-lès-Lachaussée 55.....65 E 1
Haegen 67.............68 B 5
Hagécourt 88.............94 D 5
Hagedet 65.............295 E 5
Hagen 57.............45 H 1
Hagenbach 68.............143 E 2
Hagenthal-le-Bas 68.....143 G 4
Hagenthal-le-Haut 68.....143 G 4
Haget 32.............315 F 2
Hagetaubin 64.............293 H 5
Hagetmau 40.............293 H 4
Hagéville 54.............65 F 2
Hagnéville-et-Roncourt 88.....94 A 5
Hagnicourt 08.............26 C 5
Hagondange 57.............45 H 4
La Hague Usine atomique de 50.....28 C 2
Haguenau 67.............69 E 3
La Haie-Fouassière 44.....147 H 4
La Haie-Longue 49.....149 F 3
La Haie-Traversaine 53.....82 B 4
Les Haies 69.............231 E 3
Haignerville 54.............95 E 3
Haillainville 88.............95 F 4
Le Haillan 33.............237 F 5
Hailles 80.............22 C 3
Haillicourt 62.............7 H 4
Haimps 17.............202 C 4
Haims 86.............187 G 2
Hainvillers 60.............23 E 5
Haironville 55.............63 G 5
Haisnes 62.............8 B 4
Haleine 61.............82 C 3
Halinghen 62.............6 B 3
Hallencourt 80.............11 G 5
Hallennes-lez-Haubourdin 59.....8 C 3
Hallering 57.............46 D 5
Les Halles 69.............230 C 4
Halles-sous-les-Côtes 55.....43 G 1
Hallignicourt 52.............63 E 5
Hallines 62.............7 F 2
Halling-lès-Boulay 57.....46 C 5

Hallivillers 80.............22 B 4
La Hallotière 76.............36 D 1
Halloville 54.............96 A 2
Halloy 60.............21 H 4
Halloy 62.............12 D 4
Halloy-lès-Pernois 80.....12 C 5
Hallu 80.............23 F 3
Halluin 59.............4 D 5
Halsou 64.............310 D 3
Halstroff 57.............46 C 2
Le Ham 14.............34 A 4
Le Ham 50.............29 G 5
Le Ham 53.............82 D 4
Ham 80.............23 H 3
Ham Roches de 50.....52 B 1
Ham-en-Artois 62.....7 H 3
Ham-les-Moines 08.....26 C 2
Ham-sous-Varsberg 57.....46 D 5
Ham-sur-Meuse 08.....17 E 4
Hamars 14.............53 F 1
Hambach 57.............67 G 1
Hambers 53.............106 C 2
Hamblain-les-Prés 62.....13 H 2
Hambye 50.............51 H 2
Hambye Abbaye de 50.....51 H 2
Hameau-de-la-Mer 50.....29 E 2
Hamel 59.............14 A 2
Le Hamel 60.............21 H 4
Le Hamel 80.............22 D 2
Hamelet 80.............22 D 1
Hamelin 50.............81 F 2
Hamelincourt 62.............13 G 3
Hames-Boucres 62.....2 C 4
Hammeville 54.............94 C 2
Hamonville 54.............65 E 4
Hampigny 10.............91 H 3
Hampont 57.............66 D 4
Han-devant-Pierrepont 54.....44 D 3
Han-lès-Juvigny 55.....43 H 1
Han-sur-Meuse 55.....64 C 4
Han-sur-Nied 57.............66 C 2
Hanau Étang de 57.....68 C 1
Hanc 79.............203 E 2
Hanches 28.............86 C 2
Hancourt 80.............23 H 1
Handschuheim 67.....97 F 1
Hangard 80.............22 D 2
Hangenbieten 67.............97 G 1
Hangest-en-Santerre 80.....23 E 3
Hangest-sur-Somme 80.....22 A 1
Hangviller 57.............68 A 4
Hannaches 60.............21 G 5
Hannapes 02.............24 D 1
Hannappes 08.............25 H 2
Hannescamps 62.............13 F 4
Hannocourt 57.............66 C 3
Hannogne-Saint-Martin 08.....27 E 4
Hannogne-Saint-Rémy 08.....25 H 5
Hannonville-sous-les-Côtes 55.....64 D 2
Hannonville-Suzémont 54.....65 E 1
Le Hanouard 76.............19 G 3
Hans 51.............42 D 5
Hantay 59.............8 B 3
Hantz Col du 88.....96 C 3
Hanvec 29.............75 H 3
Hanviller 57.............48 C 5
Haplincourt 62.............13 H 4
Happencourt 02.............24 A 3
Happonvilliers 28.............85 G 5
Harambels 64.............311 G 5
Haramont 02.............39 H 3
Haraucourt 08.............27 F 4
Haraucourt 54.............95 E 1
Haraucourt-sur-Seille 57.....66 D 4
Haraumont 55.............43 H 2
Haravesnes 62.............12 B 2
Haravilliers 95.............38 A 5
Harbonnières 80.............23 E 2
Harbouey 54.............96 A 1
Harcanville 76.............19 G 3
Harchéchamp 88.............94 A 4
Harcigny 02.............25 G 3
Harcourt 27.............35 G 5
Harcy 08.............26 C 2
Hardancourt 88.............95 G 4
Hardanges 53.............82 C 5
Hardecourt-aux-Bois 80.....23 F 1
Hardelot-Plage 62.............6 B 3
Hardencourt-Cocherel 27.....56 C 1
Hardifort 59.............3 H 4
Hardinghen 62.............2 D 4
Hardivillers 60.............22 C 5
Hardivillers-en-Vexin 60.....37 H 3
La Hardoye 08.............25 H 4

Hardricourt 78.............57 G 1
La Harengère 27.............36 A 4
Haréville 88.............118 C 2
Harfleur 76.............34 C 1
Hargarten-aux-Mines 57.....46 D 4
Hargeville 78.............57 F 3
Hargeville-sur-Chée 55.....63 H 3
Hargicourt 02.............24 A 1
Hargicourt 80.............22 D 4
Hargnies 08.............17 E 5
Hargnies 59.............15 G 2
Haricourt 27.............37 E 5
Harly 02.............24 B 2
Harméville 52.............93 F 3
Harmonville 88.............94 B 3
La Harmoye 22.............77 H 4
Harnes 62.............8 C 4
Harol 88.............119 E 2
Haroué 54.............94 D 3
Harponville 80.............12 D 5
Harprich 57.............66 D 2
Harquency 27.............37 E 4
Harreberg 57.............67 H 5
Harréville-les-Chanteurs 52.....93 H 5
Harricourt 08.............43 F 1
Harricourt 52.............92 C 5
Harsault 88.............118 E 3
Harskirchen 67.............67 G 2
Hartennes-et-Taux 02.....40 B 3
Hartmannswiller 68.....120 D 5
Hartzviller 57.............67 H 5
Harville 55.............65 E 1
Hary 02.............25 F 3
Haselbourg 57.............68 A 5
Hasnon 59.............9 F 5
Hasparren 64.............311 E 3
Haspelschiedt 57.............48 C 5
Haspres 59.............14 C 3
Hastingues 40.............292 D 5
Hatrize 54.............45 F 5
Hatten 67.............69 F 2
Hattencourt 80.............23 F 3
Hattenville 76.............19 F 4
Hattigny 57.............96 B 1
Hattmatt 67.............68 B 4
Hattonchâtel 55.............64 D 2
Hattonville 55.............64 D 2
Hattstatt 68.............121 E 3
Hauban 65.............333 F 1
Haubourdin 59.............8 C 3
Hauconcourt 57.............45 H 4
Haucourt 60.............37 H 1
Haucourt 62.............13 H 3
Haucourt 76.............21 F 4
Haucourt-en-Cambrésis 59.....14 C 4
Haucourt-la-Rigole 55.....44 D 4
Haucourt-Moulaine 54.....45 E 2
Haudainville 55.............64 B 1
Haudiomont 55.............64 C 1
Haudivillers 60.............38 B 1
Haudonville 54.............95 G 2
Haudrecy 08.............26 C 3
Haudricourt 76.............21 F 3
Haulchin 59.............14 D 2
Haulies 32.............296 B 5
Haulmé 08.............26 D 2
Haumont-près-Samogneux 55.....44 B 4
Hauriet 40.............293 G 3
Hausgauen 68.............143 F 3
Haussez 76.............21 F 5
Haussignémont 51.....63 E 4
Haussimont 51.............61 H 4
Haussonville 54.............95 E 2
Haussy 59.............14 D 3
Haut-Asco 2B.............346 C 3
Haut-Barr Château du 67.....68 B 4
Haut-Clocher 57.............67 G 4
Le Haut-Corlay 22.....77 H 4
Haut-de-Bosdarros 64.....314 B 5
Le Haut-du-Them 70.....142 B 1
Haut-Kœnigsbourg Château du 67.....97 E 5
Haut-Lieu 59.............15 G 4
Haut-Loquin 62.............2 D 5
Haut-Mainil 62.............12 B 2
Haut-Mauco 40.............293 H 2
Le Haut Planet Balcon 78.....57 F 5
Hautaget 65.............333 H 1
Hautbos 60.............21 G 5
Haute-Avesnes 62.............13 F 2
La Haute-Beaume 05.....268 D 3
La Haute-Chapelle 61.....82 B 2
Haute-Epine 60.............21 H 5
Haute-Goulaine 44.....147 H 4
Haute-Isle 95.............57 F 1

Le Havre (map)

SANVIC · **FORT DE STE-ADRESSE** · **FORT DE TOURNEVILLE** · **STE-JEANNE D'ARC** · **STE-MARIE**

Digue-Promenade · Plage · Porte Océane · AVENUE FOCH · ANSE DES RÉGATES · Digue Nord · ANSE DE JOINVILLE · PORT · AVANT-PORT · ANSE FRASCATI · Sémaphore · CAPITAINERIE

ST-VINCENT-DE-PAUL · ST-MICHEL · SQUARE ST-ROCH · QUARTIER ST-JOSEPH · ESPACE COTY · CASINO · Espace Oscar-Niemeyer · QUARTIER MODERNE · Notre-Dame · MUSÉE MALRAUX

Bassin du Commerce · BASSIN DU ROI · ST-FRANÇOIS · Maison de l'Armateur · BASSIN DE LA BARRE · CENTRE DE COMMERCE INTAL · DOUANES · CENTRE ADMTF DU PORT AUTONOME · BASSIN DE LA CITADELLE · Pont des Docks · BASSIN VAUBAN · Quai Frissard · Bassin Paul Vatine · TERMINAL DE GRANDE-BRETAGNE CAR FERRIES · BASSIN DE LA MANCHE · Q. de Southampton · Q. de la Saône · LEURE

LE HAVRE 0 — 300 m

Alma (R. de l') .... EY 3
Anfray (R.) .... GZ 5
Archinard (Av. Gén.) .... GZ 9
Bernardin-de-St-Pierre (R.) .... FZ 13
La Bourdonnais (R.) .... EY 54
Bretagne (R. de) .... FORT Z 14
Brand (R. A.) .... HY
Brindeau (R. L.) .... EFZ 15

Churchill (Bd W.) .... HZ 24
Delavigne (Quai C.) .... GZ 29
Delavigne (R. C.) .... GHY
Drapiers (R. des) .... FZ 32
Étretat (R. d') .... EY
Faidherbe (R. Gén.) .... GZ 36
Féré (Quai Michel) .... FZ 37

François le Chevalier (Passerelle) .... GZ 39
Fratacci (Crs Cdt) .... HZ 18
Gaulle (Pl. Gén.-de) .... FGZ 41
Genestal (R. H.) .... FY 43
Honegger (R. A.) .... FZ 46
Hôtel-de-Ville (Pl. de l') .... FYZ 47
Huet (R. A.-A.) .... FY 49

Ile (Quai de l') .... GZ 51
Joffre (R. Maréchal) .... GHY
Kennedy (Chée J.) .... EFZ 53
Lamblardie (Quai) .... FGZ 57
Leclerc (Av. Gén.) .... FZ 58
Lemaître (R. F.) .... EZ 60
Louer (R. J.) .... FY 63
Massillon (R.) .... HY 65

Maupassant (R. G.-de) .... EY 67
Neustrie (R. de) .... HY 71
Notre-Dame (Quai) .... FZ 72
Paris (R. de) .... FZ
Pasteur (R.) .... HY 75
Perret (Pl. Auguste) .... FZ 76
Pompidou (Chée G.) .... GZ 78
République (Cours de la) .... HY

Risson (R. F.) .... GY 80
Le Testu (Quai G.) .... FZ 61
Victor-Hugo (R.) .... FZ 91
Videcoq (Quai) .... FZ 92
Voltaire (R.) .... EFZ 94
Wilson (R. Président) .... EY 96
24e-Territorial (Chée du) .... GZ 97

Haute-Kontz 57 .... 46 B 2
La Haute-Maison 77 .... 59 H 3
Haute Provence
  Observatoire de 04 .... 287 E 5
Haute-Rivoire 69 .... 230 B 1
Haute-Vigneulles 57 .... 66 D 1
Hautecloque 62 .... 12 D 2
Hautecombe Abbaye de 73 . 215 E 5
Hautecôte 62 .... 12 C 2
Hautecour 39 .... 196 D 1
Hautecour 73 .... 234 C 3
Hautecourt-lès-Broville 55 .... 44 C 5
Hautecourt-Romanèche 01 . 214 B 1
Hautefage 19 .... 243 F 3
Hautefage-la-Tour 47 .... 276 C 1
Hautefaye 24 .... 221 H 3
Hautefeuille 77 .... 59 G 4
Hautefond 71 .... 193 H 3
Hautefontaine 60 .... 39 H 2
Hautefort 24 .... 241 F 1
Hauteluce 73 .... 216 C 5
Hautepierre-le-Châtelet 25 . 180 C 1
Hauterive 03 .... 210 B 2
Hauterive 61 .... 83 H 3
Hauterive 89 .... 114 A 5
Hauterive-la-Fresse 25 .... 180 D 1
Hauterives 26 .... 249 G 1
Hauteroche 21 .... 159 F 1
Hautes-Duyes 04 .... 287 H 2
Les Hautes-Rivières 08 .... 27 E 1
Hautesvignes 47 .... 257 G 5
Hautevelle 70 .... 141 F 2
Hautevesnes 02 .... 40 A 5

Hauteville 02 .... 24 C 2
Hauteville 08 .... 26 A 5
Hauteville 51 .... 63 E 5
Hauteville 62 .... 13 E 2
Hauteville 73 .... 233 H 2
La Hauteville 78 .... 57 E 5
Hauteville-Gondon 73 .... 234 D 1
Hauteville-la-Guichard 50 .... 31 H 5
Hauteville-lès-Dijon 21 .... 160 A 2
Hauteville-Lompnes 01 .... 214 C 3
Hauteville-sur-Fier 74 .... 215 F 3
Hauteville-sur-Mer 50 .... 51 F 1
L'Hautil 78 .... 57 H 2
Haution 02 .... 25 F 2
Hautmont 59 .... 15 G 3
Hautmougey 88 .... 119 E 4
Hautot-l'Auvray 76 .... 19 G 3
Hautot-le-Vatois 76 .... 19 G 4
Hautot-Saint-Sulpice 76 .... 19 G 4
Hautot-sur-Mer 76 .... 20 A 2
Hautot-sur-Seine 76 .... 36 A 2
Hautteville-Bocage 50 .... 29 F 5
Hautvillers 51 .... 61 F 1
Hautvillers-Ouville 80 .... 11 G 3
Hauville 27 .... 35 G 2
Hauviné 08 .... 42 B 3
Haux 33 .... 255 H 2
Haux 64 .... 331 F 2
Havelu 28 .... 57 E 4
Haveluy 59 .... 9 F 5
Havernas 80 .... 12 C 5
Haverskerque 59 .... 7 H 2

Le Havre 76 .... 34 C 1
Le Havre-Antifer
  Port pétrolier 76 .... 18 C 4
Havrincourt 62 .... 14 A 4
Havys 08 .... 26 B 2
Hayange 57 .... 45 G 3
Haybes 08 .... 17 E 5
La Haye 76 .... 36 D 1
La Haye 88 .... 119 E 3
La Haye-Aubrée 27 .... 35 G 2
La Haye-Bellefond 50 .... 52 A 1
La Haye-de-Calleville 27 .... 35 G 4
La Haye-de-Routot 27 .... 35 G 2
La Haye-d'Ectot 50 .... 28 D 5
La Haye-du-Puits 50 .... 31 F 3
La Haye-du-Theil 27 .... 35 H 4
La Haye-le-Comte 27 .... 36 B 4
La Haye-Malherbe 27 .... 36 A 4
La Haye-Pesnel 50 .... 51 G 3
La Haye-Saint-Sylvestre 27 .... 55 F 2
Les Hayes 41 .... 131 E 4
Hayes 57 .... 46 B 5
Les Hays 39 .... 178 D 2
Hazebrouck 59 .... 3 H 5
Hazembourg 57 .... 67 F 2
Héas 65 .... 333 E 5
Le Heaulme 95 .... 37 H 5
Héauville 50 .... 28 D 3
Hébécourt 27 .... 37 F 3
Hébécourt 80 .... 22 B 3
Hébécrevon 50 .... 32 A 5

Héberville 76 .... 19 H 3
Hébuterne 62 .... 13 F 4
Hèches 65 .... 333 H 2
Hecken 68 .... 143 E 2
Hecmanville 27 .... 35 F 4
Hécourt 27 .... 56 D 2
Hécourt 60 .... 37 G 1
Hecq 59 .... 15 E 3
Hectomare 27 .... 36 A 4
Hédauville 80 .... 13 E 5
Hédé 35 .... 80 A 5
Hédouville 95 .... 38 B 5
Hegeney 67 .... 68 D 2
Hégenheim 68 .... 143 H 3
Heidolsheim 67 .... 97 F 5
Heidwiller 68 .... 143 F 2
Heiligenberg 67 .... 97 E 2
Heiligenstein 67 .... 97 F 3
Heillecourt 54 .... 94 D 1
Heilles 60 .... 38 B 3
Heilly 80 .... 22 D 1
Heiltz-le-Hutier 51 .... 63 E 5
Heiltz-le-Maurupt 51 .... 63 E 4
Heiltz-l'Évêque 51 .... 62 D 4
Heimersdorf 68 .... 13 F 3
Heimsbrunn 68 .... 143 E 2
Heining-lès-Bouzonville 57 .... 46 D 3
Heippes 55 .... 63 H 1
Heiteren 68 .... 121 F 4
Heiwiller 68 .... 143 F 3
Hélesmes 59 .... 9 F 5
Hélette 64 .... 311 F 4
Helfaut 62 .... 7 F 2

Helfrantzkirch 68 .... 143 G 3
Helléan 56 .... 102 D 4
Hellemmes-Lille 59 .... 8 D 2
Hellenvilliers 27 .... 56 B 4
Helleville 50 .... 28 D 4
Hellimer 57 .... 67 F 2
Héloup 61 .... 83 G 4
Helstroff 57 .... 46 C 5
Hem 59 .... 9 E 2
Hem-Hardinval 80 .... 12 C 4
Hem-Lenglet 59 .... 14 B 3
Hem-Monacu 80 .... 23 F 1
Hémevez 50 .... 29 F 5
Hémévillers 60 .... 39 E 1
Hémilly 57 .... 66 C 1
Héming 57 .... 67 G 5
Hémonstoir 22 .... 102 A 2
Hénaménil 54 .... 66 D 5
Hénanbihen 22 .... 79 E 2
Hénansal 22 .... 79 E 3
Hendaye 64 .... 310 A 3
Hendecourt-
  lès-Cagnicourt 62 .... 13 H 3
Hendecourt-lès-Ransart 62 . 13 G 3
Hénencourt 80 .... 13 E 5
Henflingen 68 .... 143 F 3
Hengoat 22 .... 73 E 3
Hengwiller 67 .... 68 B 5
Hénin-Beaumont 62 .... 8 C 5
Hénin-sur-Cojeul 62 .... 13 G 3
Héninel 62 .... 13 G 3
Hennebont 56 .... 101 F 5

Hennecourt 88 .... 119 E 2
Hennemont 55 .... 64 D 1
Henneveux 62 .... 2 C 5
Hennezel 88 .... 118 D 3
Hennezis 27 .... 36 D 4
Hénon 22 .... 78 C 4
Hénonville 60 .... 38 A 4
Henrichemont 18 .... 155 F 3
Henridorff 57 .... 68 A 4
Henriville 57 .... 67 F 1
Hénu 62 .... 13 E 4
Henvic 29 .... 71 H 4
L'Herbaudière 85 .... 164 B 1
Herbault 41 .... 131 H 5
Herbeauvilliers 77 .... 112 A 2
Herbécourt 80 .... 23 F 1
Herbelles 62 .... 7 F 2
L'Herbergement 85 .... 165 H 2
Herbeuval 08 .... 27 H 4
Herbeuville 55 .... 64 D 2
Herbeville 78 .... 57 G 3
Herbéviller 54 .... 95 H 2
Herbeys 38 .... 251 E 2
Les Herbiers 85 .... 166 C 3
Herbignac 44 .... 146 B 1
Herbinghen 62 .... 2 D 5
Herbisse 10 .... 91 E 2
Herbitzheim 67 .... 67 G 1
Herblay 95 .... 58 A 2
Herbsheim 67 .... 97 G 4
Hercé 53 .... 81 H 4

A B C D E F G H I J K L M N O P Q R S T U V W X Y Z

Herchies 60 ....37 H 1
La Hérelle 60 ....22 C 5
Hérenguerville 50 ....51 G 1
Hérépian 34 ....301 F 5
Hères 65 ....295 E 5
Hergnies 59 ....9 G 4
Hergugney 88 ....94 D 4
Héric 44 ....147 G 1
Héricourt 62 ....12 C 2
Héricourt 70 ....142 B 3
Héricourt-en-Caux 76 ....19 G 4
Héricourt-sur-Thérain 60 ....21 G 5
Héricy 77 ....88 C 4
La Hérie 02 ....25 G 2
Le Hérie-la-Viéville 02 ....24 D 2
Hériménil 54 ....95 F 2
Hérimoncourt 25 ....142 C 5
Hérin 59 ....9 G 5
Hérisson 03 ....191 E 2
Hérisson *Cascades du* 39 ...179 H 5
Herleville 80 ....23 F 2
La Herlière 62 ....13 E 3
Herlies 59 ....8 B 3
Herlin-le-Sec 62 ....7 G 5
Herlincourt 62 ....12 C 2
Herly 62 ....6 D 3
Herly 80 ....23 G 3
L'Herm 09 ....336 B 3
Herm 40 ....292 D 4
L'Herm *Château de* 24 ....241 E 3
Hermanville 76 ....20 A 2
Hermanville-sur-Mer 14 ....33 G 3
Les Hermaux 48 ....263 H 4
Hermaville 62 ....13 F 2
Hermé 77 ....89 G 3
Hermelange 57 ....67 G 5
Hermelinghen 62 ....2 C 5
L'Hermenault 85 ....183 H 2
Herment 63 ....226 D 1
Hermeray 78 ....86 C 2
Hermerswiller 67 ....69 F 2
Hermes 60 ....38 B 3
Hermeville 76 ....18 D 5
Herméville-en-Woëvre 55 ....44 C 5
Hermies 62 ....14 A 4
Hermillon 73 ....234 A 5
Hermin 62 ....7 H 5
L'Hermitage 35 ....104 A 2
L'Hermitage-Lorge 22 ....78 A 5
Les Hermites 37 ....131 E 4
L'Hermitière 61 ....84 C 5
Hermival-les-Vaux 14 ....34 D 5
Hermonville 51 ....41 F 3
Hernicourt 62 ....7 G 5
Herny 57 ....66 C 2
Le Héron 76 ....36 D 1
Héronchelles 76 ....36 D 1
Hérouville 95 ....38 A 5
Hérouville-Saint-Clair 14 ....33 G 4
Hérouvillette 14 ....33 H 4
Herpelmont 88 ....119 H 2
La Herpinière *Moulin* 49 ...150 C 4
Herpont 51 ....62 D 1
Herpy-l'Arlésienne 08 ....41 H 1
Herqueville 27 ....36 C 4
Herqueville 50 ....28 C 2
Herran 31 ....334 D 2
Herré 40 ....274 D 5
Herrère 64 ....331 H 1
Herrin 59 ....8 C 3
Herrlisheim 67 ....69 F 4
Herrlisheim-près-Colmar 68 ....121 E 3
Herry 18 ....156 A 4
Hersbach 67 ....96 D 2
Herserange 54 ....45 E 1
Hersin-Coupigny 62 ....8 A 4
Hertzing 57 ....67 G 5
Hervelinghen 62 ....2 B 4
Hervilly 80 ....23 H 1
Héry 58 ....157 F 4
Héry 89 ....136 B 2
Héry-sur-Alby 74 ....215 F 5
Herzeele 59 ....3 H 4
Hesbécourt 80 ....23 H 1
Hescamps-Saint-Clair 80 ...21 G 3
Hesdigneul-lès-Béthune 62 ...8 A 4
Hesdigneul-lès-Boulogne 62 ....6 B 2
Hesdin 62 ....7 E 5
Hesdin-l'Abbé 62 ....6 B 2
Hésingue 68 ....143 H 3
Hesmond 62 ....6 D 4
Hesse 57 ....67 G 5
Hessenheim 67 ....97 F 5
Hestroff 57 ....46 C 4

Hestrud 59 ....16 A 3
Hestrus 62 ....7 G 4
Hétomesnil 60 ....22 A 5
Hettange-Grande 57 ....45 G 2
Hettenschlag 68 ....121 F 3
Heubécourt-Haricourt 27 ...37 E 5
Heuchin 62 ....7 F 4
Heucourt-Croquoison 80 ...11 G 5
Heudebouville 27 ....36 C 4
Heudicourt 27 ....37 F 3
Heudicourt 80 ....14 A 5
Heudicourt-sous-les-Côtes 55 ....64 D 3
Heudreville-en-Lieuvin 27 ...35 E 4
Heudreville-sur-Eure 27 ....36 B 5
Heugas 40 ....292 D 3
Heugleville-sur-Scie 76 ....20 B 3
Heugnes 36 ....171 F 2
Heugon 61 ....54 D 3
Heugueville-sur-Sienne 50 ...31 G 5
Heuilley-Cotton 52 ....139 G 3
Heuilley-le-Grand 52 ....139 H 3
Heuilley-sur-Saône 21 ....160 D 3
Heuland 14 ....34 B 3
Heume-l'Église 63 ....227 E 1
La Heunière 27 ....56 D 1
Heuqueville 27 ....36 C 3
Heuqueville 76 ....18 C 5
Heuringhem 62 ....7 F 2
Heurteauville 76 ....35 H 2
Heurtevent 14 ....54 C 2
Heussé 50 ....81 H 3
Heutrégiville 51 ....42 A 3
Heuzecourt 80 ....12 C 4
Hévilliers 55 ....93 F 2
Heyrieux 38 ....231 G 2
Hézecques 62 ....7 F 4
Le Hézo 56 ....124 C 4
Hoc *Pointe du* 14 ....32 C 2
Hochfelden 67 ....68 C 4
Hochstatt 68 ....143 F 2
Hochstett 67 ....68 D 4
Hocquigny 50 ....51 G 3
Hocquincourt 80 ....11 G 4
Hocquinghen 62 ....2 D 5
Hodenc-en-Bray 60 ....37 H 1
Hodenc-l'Evêque 60 ....38 A 3
Hodeng-au-Bosc 76 ....21 F 2
Hodeng-Hodenger 76 ....37 E 1
Hœdic 56 ....144 D 4
Hœnheim 67 ....69 E 5
Hœrdt 67 ....69 E 5
Hoéville 54 ....66 C 5
Hoffen 67 ....69 F 2
Les Hogues 27 ....36 D 2
La Hoguette 14 ....53 H 3
Hohatzenheim 67 ....68 D 4
Hohfrankenheim 67 ....68 C 4
Hohneck 68 ....120 C 3
Hohrod 68 ....120 C 3
Hohrodberg 68 ....120 C 3

Le Hohwald 67 ....97 E 3
Hohwiller 67 ....69 F 2
Holacourt 57 ....66 C 2
Holling 57 ....46 C 4
Holnon 02 ....24 A 2
Holque 59 ....3 F 4
Holtzheim 67 ....97 G 1
Holtzwihr 68 ....121 F 2
Holving 57 ....67 G 1
Hombleux 80 ....23 G 3
Homblières 02 ....24 B 2
Hombourg 68 ....143 G 1
Hombourg-Budange 57 ....46 B 4
Hombourg-Haut 57 ....47 E 5
L'Hôme-Chamondot 61 ....84 D 2
Homécourt 54 ....45 F 4
Hommarting 57 ....67 H 4
L'Homme-d'Armes 26 ....267 E 3
Hommert 57 ....67 H 5
Hommes 37 ....151 E 2
Le Hommet-d'Arthenay 50 ...32 A 4
Homps 11 ....320 C 4
Homps 32 ....296 D 2
Hon-Hergies 59 ....15 F 2
Hondainville 60 ....38 B 3
Hondeghem 59 ....3 H 5
Hondevilliers 77 ....60 B 3
Hondouville 27 ....36 B 5
Hondschoote 59 ....3 H 2
Honfleur 14 ....34 C 2
Honguemare-Guenouville 27..35 H 2
Honnechy 59 ....14 D 5
Honnecourt-sur-Escaut 59 ...14 B 5
L'Honor-de-Cos 82 ....277 H 4
Honskirch 57 ....67 G 2
Hontanx 40 ....294 C 2
L'Hôpital 22 ....78 C 4
L'Hôpital 48 ....283 E 1
L'Hôpital 57 ....47 E 5
Hôpital-Camfrout 29 ....75 G 3
L'Hôpital-d'Orion 64 ....313 F 2
L'Hôpital-du-Grosbois 25 ...162 B 4
L'Hôpital-le-Grand 42 ....229 H 2
L'Hôpital-le-Mercier 71 ....193 G 3
L'Hôpital-Saint-Blaise 64 .....313 F 4
L'Hôpital-Saint-Lieffroy 25 ...162 D 2
L'Hôpital-sous-Rochefort 42 211 F 5
L'Hôpital-sur-Rhins 42 ....211 H 3
Les Hôpitaux-Neufs 25 ....180 D 4
Les Hôpitaux-Vieux 25 ....180 D 3
Horbourg 68 ....121 E 3
Hordain 59 ....14 C 2
La Horgne 08 ....26 D 4
Horgues 65 ....315 E 5
L'Horme 42 ....230 C 3
Hornaing 59 ....9 F 5
Hornoy 80 ....21 H 2
Le Horps 53 ....82 C 4
Horsarrieu 40 ....293 H 3
Hortes 52 ....140 A 2
Horville-en-Ornois 55 ....93 G 3
Les Hosmes 27 ....56 A 4
Hospice de France 31 ....334 B 5
L'Hospitalet 04 ....287 E 4
L'Hospitalet 46 ....260 C 1
L'Hospitalet-du-Larzac 12 ...282 A 5
L'Hospitalet-près-l'Andorre 09 ....340 D 3
Hossegor 40 ....292 A 3
Hosta 64 ....330 D 1
Hostens 33 ....255 F 4
Hostias 01 ....214 C 4
Hostun 26 ....249 H 3
L'Hôtellerie 14 ....35 E 5
L'Hôtellerie-de-Flée 49 ....128 A 3
Hotonnes 01 ....214 D 2
Hotot-en-Auge 14 ....34 A 4
Hottot-les-Bagues 14 ....33 E 4
Hottviller 57 ....68 A 1
La Houblonnière 14 ....34 B 5
Les Houches 74 ....216 D 3
Houchin 62 ....8 A 4
Houdain 62 ....7 H 4
Houdain-lez-Bavay 59 ....15 F 2
Houdancourt 60 ....39 E 3
Houdelaincourt 55 ....93 G 2
Houdelaucourt-sur-Othain 55..44 D 4
Houdemont 54 ....94 C 2
Houdemont 54 ....94 D 1
Houdetot 76 ....19 H 2
Houdilcourt 08 ....41 H 2
Houdreville 54 ....94 D 2
Houécourt 88 ....94 B 5
Houeillès 47 ....274 D 3
Houesville 50 ....31 H 2

Houetteville 27 ....36 B 5
Houéville 88 ....94 A 4
Houeydets 65 ....315 H 5
Le Houga 32 ....294 C 2
Houilles 78 ....58 B 2
Houlbec-Cocherel 27 ....56 D 1
Houlbec-près-le-Gros-Theil 27 ....35 H 4
Houldizy 08 ....26 D 2
Houlette 16 ....202 C 5
Houlgate 14 ....34 A 3
Houlle 62 ....3 F 5
Le Houlme 76 ....36 A 1
L'Houmeau 17 ....183 F 5
Hounoux 11 ....337 E 1
Houplin-Ancoisne 59 ....8 C 3
Houplines 59 ....8 C 2
Houppeville 76 ....36 B 1
Houquetot 76 ....19 E 5
Hourc 65 ....315 F 4
Le Hourdel 80 ....11 E 2
Hourges 51 ....41 E 3
Hours 64 ....314 C 4
Hourtin 33 ....236 C 1
Hourtin-Plage 33 ....236 B 1
Hourtous *Roc des* 48 ....282 A 2
Houssay 41 ....131 F 3
Houssay 53 ....106 A 5
La Houssaye 27 ....55 H 2
La Houssaye-Béranger 76 ...20 B 4
La Houssaye-en-Brie 77 ....59 G 4
Le Housseau 53 ....82 C 3
Houssen 68 ....121 E 2
Housset 02 ....25 E 3
Housséville 54 ....94 D 3
La Houssière 88 ....120 A 2
La Houssoye 60 ....37 H 3
Houtaud 25 ....180 C 2
Houtkerque 59 ....4 A 4
Houtteville 50 ....31 H 2
Houville-en-Vexin 27 ....36 D 3
Houville-la-Branche 28 ....86 C 4
Houvin-Houvigneul 62 ....12 D 2
Houx 28 ....86 B 2
Hoymille 59 ....3 H 3
Huanne-Montmartin 25 ....162 C 1
Hubersent 62 ....6 B 3
Hubert-Folie 14 ....33 G 5
Huberville 50 ....29 F 4
Huby-Saint-Leu 62 ....7 E 5
Huchenneville 80 ....11 G 4
Huclier 62 ....7 G 5
Hucqueliers 62 ....6 D 3
Hudimesnil 50 ....51 G 2
Hudiviller 54 ....95 F 1
Huelgoat 29 ....76 C 3
Huest 27 ....56 B 1
Huêtre 45 ....110 D 4
Huez 38 ....251 G 2
Hugier 70 ....161 F 3
Hugleville-en-Caux 76 ....20 A 4
Huillé 49 ....129 E 4
Huilliécourt 52 ....117 H 2
Huilly-sur-Seille 71 ....195 G 1
Huiron 51 ....62 C 5
Huismes 37 ....151 E 4
Huisnes-sur-Mer 50 ....51 G 5
D'Huison-Longueville 91 ....87 H 4
Huisseau-en-Beauce 41 ....131 G 4
Huisseau-sur-Cosson 41 ....132 B 5
Huisseau-sur-Mauves 45 ....132 D 2
L'Huisserie 53 ....106 A 4
Hulluch 62 ....8 B 4
Hultehouse 57 ....68 A 5
Humbauville 51 ....62 B 5
Humbécourt 52 ....92 C 2
Humbercamps 62 ....13 E 3
Humbercourt 80 ....13 E 3
Humberville 52 ....93 F 5
Humbligny 18 ....155 G 4
La Hume 33 ....254 B 2
Humerœuille 62 ....7 F 5
Humes 52 ....117 F 5
Humières 62 ....7 F 5
Hunaudaye *Château de la* 22 ...79 E 3
Hunawihr 68 ....121 E 2
Hundling 57 ....47 G 5
Hundsbach 68 ....143 F 3
Huningue 68 ....143 H 3
Hunspach 67 ....69 F 2
Hunting 57 ....46 B 2
Huos 31 ....334 B 1
Huparlac 12 ....263 E 2

Huppain 14 ....32 D 2
Huppy 80 ....11 G 4
Hurbache 88 ....96 B 4
Hure 33 ....256 D 4
Hurecourt 70 ....118 D 5
Huriel 03 ....190 C 4
Hurigny 71 ....195 E 4
Hurtières 38 ....233 F 5
Hurtigheim 67 ....97 F 1
Husseren-les-Châteaux 68...121 E 3
Husseren-Wesserling 68 ....120 C 5
Hussigny-Godbrange 54 ....45 E 2
Husson 50 ....81 H 2
La Hutte 72 ....83 G 5
Huttendorf 67 ....68 D 3
Huttenheim 67 ....97 G 3
Hyds 03 ....191 F 5
Hyémondans 25 ....163 E 2
Hyencourt-le-Grand 80 ....23 F 2
Hyenville 50 ....51 G 1
Hyères 83 ....328 C 4
Hyères-Plage 83 ....328 C 5
Hyet 70 ....162 A 1
Hyèvre-Magny 25 ....162 D 2
Hyèvre-Paroisse 25 ....162 D 2
Hymont 88 ....94 D 5

Ibarrolle 64 ....311 G 5
Ibarron 64 ....310 C 4
Ibigny 57 ....96 A 1
Ibos 65 ....315 E 4
Ichtratzheim 67 ....97 G 2
Ichy 77 ....112 A 2
Idaux-Mendy 64 ....331 E 1
Idrac-Respaillès 32 ....296 A 5
Idron 64 ....314 B 4
Ids-Saint-Roch 18 ....172 D 5
If *Château d'* 13 ....326 D 3
Iffendic 35 ....103 G 2
Les Iffs 35 ....80 A 5
Ifs 14 ....33 G 5
Les Ifs 76 ....19 E 4
Igé 61 ....84 B 5
Igé 71 ....194 D 3
Ignaucourt 80 ....22 D 2
Ignaux 09 ....336 D 5
Igney 54 ....96 A 1
Igney 88 ....95 F 5
Ignol 18 ....174 A 2
Igny 70 ....161 G 1
Igny 91 ....58 B 4
Igny-Comblizy 51 ....61 E 1
Igon 64 ....314 C 5
Igornay 71 ....176 D 1
Igoville 27 ....36 B 3
Iguerande 71 ....193 G 5
Iholdy 64 ....311 F 5
Île-aux-Moines 56 ....124 B 4
L'Île-Bouchard 37 ....151 F 5
Île-d'Aix 17 ....200 C 2
Île-d'Arz 56 ....124 B 4
Île-de-Batz 29 ....71 G 3
Île-de-Bréhat 22 ....73 G 2
Île-de-Sein 29 ....98 B 2
L'Île-d'Elle 85 ....183 G 4
Île-d'Houat 56 ....144 D 3
L'Île-d'Olonne 85 ....182 A 1
L'Île d'Yeu 85 ....164 A 4
Île-Molène 29 ....74 B 2
L'Île-Rousse 2B ....344 C 5
L'Île-Saint-Denis 93 ....58 C 2
Île-Tudy 29 ....99 G 4
Ilhan 65 ....333 H 4
Ilharre 64 ....311 G 3
Ilhat 09 ....336 C 3
Les Ilhes 11 ....319 H 3
Ilhet 65 ....333 H 2
Ilheu 65 ....334 B 2
Illange 57 ....45 H 3
Illartein 09 ....335 E 3
Las Illas 66 ....342 D 5
Illats 33 ....255 H 3
Ille-sur-Têt 66 ....342 C 4
Illeville-sur-Montfort 27 ....35 G 3
Illfurth 68 ....143 F 2
Illhaeusern 68 ....97 F 5
Illiat 01 ....213 E 1
Illier-et-Laramade 09 ....336 A 5
Illiers-Combray 28 ....85 H 5
Illiers-l'Évêque 27 ....56 C 4
Illies 59 ....8 B 3
Illifaut 22 ....103 E 2
Illkirch-Graffenstaden 67 ....97 G 1
Illois 76 ....21 F 3
Illoud 52 ....117 H 2
Illy 08 ....27 F 3
Illzach 68 ....143 F 1
Ilonse 06 ....289 H 4
Imbleville 76 ....20 A 4
Imbsheim 67 ....68 B 4
Imécourt 08 ....43 F 2
Imling 57 ....67 G 5
Immonville 54 ....45 E 4
Imphy 58 ....174 D 3
Imsthal *Étang d'* 67 ....68 A 3
Inaumont 08 ....26 A 5
Incarville 27 ....36 B 4
Incheville 76 ....11 E 4
Inchy 59 ....14 D 4
Inchy-en-Artois 62 ....14 A 3
Incourt 62 ....7 E 5
Indevillers 25 ....163 H 2
Indre 44 ....147 F 4
Ineuil 18 ....172 D 4
Les Infournas 05 ....269 H 2
Infreville 27 ....35 H 3
Ingenheim 67 ....68 C 4
Ingersheim 68 ....121 E 2
Inghem 62 ....7 F 2
Inglange 57 ....46 B 3
Ingolsheim 67 ....69 F 1
Ingouville 76 ....19 G 2
Ingrandes 36 ....187 G 1
Ingrandes 49 ....148 D 2
Ingrandes 86 ....169 G 3
Ingrandes-de-Touraine 37 ...151 E 3
Ingrannes 45 ....111 G 5
Ingré 45 ....133 E 2
Inguiniel 56 ....101 F 3
Ingwiller 67 ....68 B 3
Injoux-Génissiat 01 ....215 E 2
Innenheim 67 ....97 F 2
Innimond 01 ....214 C 5
Inor 55 ....27 G 5
Insming 57 ....67 F 2
Insviller 57 ....67 F 3
Intraville 76 ....10 C 5
Intres 07 ....248 B 4
Intréville 28 ....87 E 5
Inval-Boiron 80 ....21 G 2
Inxent 62 ....6 C 3
Inzinzac-Lochrist 56 ....101 F 5
Ippécourt 55 ....63 H 1
Ippling 57 ....47 G 5
Irai 61 ....55 G 5
Irais 79 ....168 B 3
Irancy 89 ....136 C 4
Iré-le-Sec 55 ....44 B 2
Iré-les-Prés 55 ....44 B 2
Irigny 69 ....231 E 1
Irissarry 64 ....311 F 5
Irles 80 ....13 G 4
Irmstett 67 ....97 F 1
Irodouër 35 ....103 H 1
Iron 02 ....24 D 1
Irouléguy 64 ....330 B 1
Irreville 27 ....36 B 5
Irvillac 29 ....75 G 3
Is-en-Bassigny 52 ....117 G 4
Is-sur-Tille 21 ....160 B 1
Isbergues 62 ....7 H 2
Isches 88 ....118 B 4
Isdes 45 ....133 H 4
Isenay 58 ....175 G 3
Iseran *Col de l'* 73 ....235 F 3
Isigny-le-Buat 50 ....52 A 5
Isigny-sur-Mer 14 ....32 B 3
Island 89 ....157 H 1
Isle 87 ....205 G 5
L'Isle-Adam 95 ....38 B 5
L'Isle-Arné 32 ....296 C 4
Isle-Aubigny 10 ....91 F 3
Isle-Aumont 10 ....115 E 2
L'Isle-Bouzon 32 ....296 C 1
Isle-Briand *Haras de l'* 49 ...128 B 4
L'Isle-d'Abeau 38 ....231 H 2
L'Isle-d'Abeau
   Ville nouvelle 38 ....231 H 2
L'Isle-de-Noé 32 ....295 H 5
L'Isle-d'Espagnac 16 ....221 F 1
L'Isle-en-Dodon 31 ....316 D 3
Isle-et-Bardais 03 ....173 H 5
L'Isle-Jourdain 32 ....297 F 4
L'Isle-Jourdain 86 ....187 E 5
Isle-Saint-Georges 33 ....255 G 2
Isle-Savary *Château d'* 36 ...170 D 2
L'Isle-sur-la-Sorgue 84 ....305 F 1
L'Isle-sur-le-Doubs 25 ....142 A 5
Isle-sur-Marne 51 ....62 D 5
L'Isle-sur-Serein 89 ....137 E 5

Les Isles-Bardel 14.............53 G 3
Isles-les-Meldeuses 77.......59 H 2
Isles-lès-Villenoy 77..........59 F 3
Isles-sur-Suippe 51............41 H 2
Les Islettes 55...................43 F 5
Isneauville 76....................36 B 1
Isola 06............................289 G 2
Isola 2000 06....................289 H 2
Isolaccio-di-Fiumorbo 2B....349 F 2
Isômes 52.........................139 G 4
Ispagnac 48......................282 C 1
Ispe 40.............................254 B 5
Ispoure 64........................330 C 1
Isques 62............................6 B 2
Issac 24............................239 H 4
Les Issambres 83..............329 G 1
Issamoulenc 07.................266 C 1
Issancourt-et-Rumel 08........27 E 3
Issanlas 07.......................265 G 2
Issans 25..........................142 B 4
Les Issards 09...................336 C 1
Issarlès 07........................265 G 1
Issé 44.............................126 D 4
Isse 51...............................61 H 1
Issel 11.............................319 E 3
Issendolus 46....................260 D 2
Issenhausen 67...................68 C 3
Issenheim 68.....................120 D 5
Issepts 46.........................261 F 3
Isserpent 03......................210 D 1
Isserteaux 63.....................228 B 2
Issigeac 24........................258 B 2
Issirac 30..........................284 C 2
Issoire 63..........................228 A 3
Issolud Puy d' 46..............242 D 4
Issoncourt 55......................63 H 2
Issor 64............................331 G 2
Issou 78..............................57 G 2
Issoudun 36......................172 B 2
Issoudun-Létrieix 23..........207 G 2
Issus 31............................318 A 3
Issy-les-Moulineaux 92........58 B 4
Issy-l'Évêque 71................176 A 5
Istres 13...........................305 E 5
Les Istres-et-Bury 51...........61 H 2
Isturits 64.........................311 F 4
Itancourt 02........................24 B 3
Iteuil 86............................186 B 2
Ithorots-Olhaïby 64............311 H 4
Ittenheim 67........................97 G 1
Itterswiller 67......................97 E 3
Itteville 91..........................87 H 3
Itxassou 64.......................310 D 4
Itzac 81............................279 E 5
Ivergny 62..........................12 D 3
Iverny 77............................59 F 2
Iviers 02.............................25 H 3
Iville 27..............................35 H 5
Ivors 60..............................39 H 4
Ivory 39............................179 H 2
Ivoy-le-Pré 18...................155 F 3
Ivrey 39............................179 H 1
Ivry Obélisque d' 27............56 D 2
Ivry-en-Montagne 21..........177 F 1
Ivry-la-Bataille 27................56 D 3
Ivry-le-Temple 60................37 H 4
Ivry-sur-Seine 94.................58 C 4
Iwuy 59..............................14 C 3
Izaourt 65..........................334 B 3
Izaut-de-l'Hôtel 31.............334 C 2
Izaux 65............................333 H 1
Izé 53...............................106 D 2
Izeaux 38..........................232 B 5
Izel-lès-Équerchin 62.............8 C 5
Izel-les-Hameaux 62............13 E 2
Izenave 01........................214 B 2
Izernore 01........................196 C 5
Izeron 38..........................250 B 2
Izeste 64...........................332 A 1
Izeure 21...........................160 B 5
Izier 21.............................160 B 3
Izieu 01.............................232 C 1
Izoard Col d' 05.................253 E 5
Izon 33..............................237 H 5
Izon-la-Bruisse 26.............286 D 2
Izotges 32..........................295 E 4
Izy 45...............................111 F 3

J

Jablines 77.........................59 F 2
Jabreilles-les-Bordes 87.....206 B 3
Jabrun 15..........................263 G 1
Jacob-Bellecombette 73......233 F 2
Jacou 34...........................302 D 4
Jacque 65.........................315 F 3
Jagny-sous-Bois 95.............58 D 1
Jaignes 77..........................59 H 2

Jaillans 26........................249 H 3
La Jaille-Yvon 49..............128 B 3
Jaillon 54............................65 F 5
Jailly 58............................175 E 1
Jailly-les-Moulins 21..........159 F 1
Jainvillotte 88.....................94 A 5
Jalesches 23.....................189 H 5
Jaleyrac 15.......................244 B 1
Jallais 49..........................148 D 4
Jallanges 21......................178 B 2
Jallans 28..........................110 A 4
Jallaucourt 57.....................66 B 4
Jallerange 25.....................161 F 3
Jalognes 18.......................155 H 4
Jalogny 71.........................194 C 3
Jâlons 51............................61 H 1
La Jalousie 14.....................33 G 5
Jambles 71........................177 G 4
Jambville 78........................57 G 1
Jaméricourt 60....................37 G 3
Jametz 55............................44 B 2
Jameyzieu 38.....................231 H 1
Janailhac 87......................223 G 2
Janaillat 23........................206 D 2
Jancigny 21.......................160 D 2
Jandun 08...........................26 C 4
Janneyrias 38....................213 G 5
Jans 44.............................126 C 4
Jansac 26..........................268 B 3
Janville 14...........................34 A 4
Janville 28.........................110 D 2
Janville 60...........................39 G 1
Janville-sur-Juine 91............87 G 3
Janvilliers 51.......................60 D 3
Janvry 51............................41 F 4
Janvry 91............................58 A 5
Janzé 35............................104 C 4
Jarcieu 38.........................231 F 5
La Jard 17.........................219 G 1
Jard-sur-Mer 85................182 C 2
Le Jardin 19......................225 F 5
Jardin 38...........................231 F 3
Jardres 86.........................186 D 1
Jargeau 45........................133 G 2
Jarjayes 05........................269 H 4
Jarménil 88.......................119 G 3
Jarnac 16..........................220 C 1
Jarnac-Champagne 17.......219 H 2
Jarnages 23.......................207 G 1
La Jarne 17.......................200 C 1
Jarnioux 69.......................212 C 3
Jarnosse 42......................211 H 2
Jarny 54..............................45 F 5
Jarret 65...........................333 E 1
La Jarrie 17.......................200 D 1
Jarrie 38...........................251 E 2
La Jarrie-Audouin 17.........201 H 2
Jarrier 73..........................234 A 5
Jars 18.............................155 G 2
Jarsy 73............................233 H 1
Jarville-la-Malgrange 54.......94 D 1
Jarzé 49............................129 E 5
Jas 42..............................230 A 1
Jasney 70..........................118 D 5
Jassans-Riottier 01............213 E 3
Jasseines 10.......................91 G 3
Jasseron 01.......................196 A 5
Jasses 64..........................313 G 3
Jatxou 64..........................310 D 3
Jau Col de 11....................341 H 2
Jau-Dignac-et-Loirac 33....218 D 4
Jaucourt 10.........................91 F 1
La Jaudonnière 85.............166 D 5
Jaudrais 28.........................85 G 2
Jaujac 07..........................266 A 3
Jauldes 16.........................203 G 5
Jaulges 89.........................114 C 5
Jaulgonne 02......................60 C 1
Jaulnay 37.........................169 F 2
Jaulnes 77...........................89 G 4
Jaulny 54............................65 F 2
Jaulzy 60............................39 H 2
Jaunac 07.........................248 B 5
Jaunay-Clan 86.................169 F 5
Jaures 24..........................240 B 3
Jausiers 04........................271 E 5
Jaux 60..............................39 F 2
Jauzé 72...........................108 A 2
Javaugues 43....................246 C 1
Javené 35............................81 E 5
Javerdat 87.......................205 E 3
Javerlhac-et-la-Chapelle-
  Saint-Robert 24.............222 B 3
Javernant 10......................114 D 3
La Javie 04........................288 B 2
Javols 48..........................264 B 2

Javrezac 16.......................220 B 1
Javron 53............................82 D 4
Jax 43...............................246 D 2
Jaxu 64..............................311 F 5
Jayac 24............................241 H 4
Jayat 01............................195 G 3
Jazeneuil 86......................185 H 3
Jazennes 17......................219 G 2
Jeancourt 02.......................24 A 1
Jeandelaincourt 54..............65 H 4
Jeandelize 54......................45 E 5
Jeanménil 88.......................95 H 4
Jeansagnière 42................229 E 1
Jeantes 02..........................25 G 3
Jebsheim 68......................121 F 2
Jegun 32...........................296 A 3
La Jemaye 24....................239 F 2
Jenlain 59...........................15 E 2
Jenzat 03..........................209 H 1
Jésonville 88......................118 D 3
Jessains 10.........................91 H 5
Jettersviller 67....................68 B 5
Jettingen 68.......................143 G 3
Jeu-les-Bois 36..................172 A 5
Jeu-Maloches 36...............171 F 1
Jeufosse 78.........................57 E 1
Jeugny 10..........................114 D 3
Jeumont 59.........................15 H 2
Jeurre 39...........................196 D 3
Jeux-lès-Bard 21................158 C 1
Jeuxey 88..........................119 G 2
Jevoncourt 54......................94 D 3
Jezainville 54......................65 G 3
Jézeau 65..........................333 H 3
Joannas 07.......................266 A 4
Job 63...............................229 E 2
Jobourg 50..........................28 C 2
Jobourg Nez de 50..............28 C 2
Joch 66.............................342 B 3
Jœuf 54..............................45 G 4
Joganville 50.......................29 G 5
Joigny 89...........................113 H 5
Joigny-sur-Meuse 08...........26 D 2
Joinville 52...........................92 D 3
Joinville-le-Pont 94..............58 D 4
Joiselle 51...........................60 C 4
Jolimetz 59..........................15 E 3
Jolivet 54.............................95 G 1
Jonage 69.........................213 G 5
Joncels 34.........................301 G 3
La Jonchère 85..................182 D 2
La Jonchère-
  Saint-Maurice 87..........206 B 3
Jonchères 26......................268 B 3
Joncherey 90.....................142 D 4
Jonchery 52.......................116 D 3
Jonchery-sur-Suippe 51.......42 B 5
Jonchery-sur-Vesle 51..........41 E 3
Joncourt 02.........................24 B 1
Joncreuil 10.........................92 A 3
Joncy 71...........................194 C 1
Jongieux 73.......................215 E 5
Jonquerets-de-Livet 27.........55 F 1
Jonquerettes 84.................285 G 5
Jonquery 51........................41 E 5
Jonquières 11....................338 C 2
Jonquières 34....................302 A 4
Jonquières 60......................39 F 2
Jonquières 81....................299 F 4
Jonquières 84....................285 F 4
Jonquières-
  Saint-Vincent 30...........304 B 2
Jons 69.............................213 G 5
Jonval 08............................26 D 5
Jonvelle 70........................118 C 5
Jonville-en-Woëvre 55..........65 E 1
Jonzac 17..........................219 H 4
Jonzier-Épagny 74.............215 F 2
Jonzieux 42.......................230 B 5
Joppécourt 54......................45 F 5
Jorquenay 52.....................117 F 5
Jort 14................................54 A 2
Jorxey 88............................95 E 5
Josat 43............................246 D 2
Josnes 41..........................132 C 3
Josse 40............................292 C 4
Josselin 56........................102 C 4
Jossigny 77.........................59 F 3
Jou-sous-Monjou 15..........244 D 5
Jouac 87...........................188 A 4
Jouaignes 02.......................40 C 3
Jouancy 89........................137 E 4
Jouarre 77...........................60 A 2
Jouars-Pontchartrain 78.......57 H 4
Jouaville 54.........................45 F 5
Joucas 84..........................305 G 1
Joucou 11..........................337 F 4

Joudes 71.........................196 A 2
Joudreville 54......................45 E 4
Joué-du-Bois 61..................83 E 2
Joué-du-Plain 61.................54 A 5
Joué-en-Charnie 72...........107 E 4
Joué-Étiau 49....................149 F 4
Joué-l'Abbé 72..................107 H 3
Joué-lès-Tours 37..............151 H 3
Joué-sur-Erdre 44.............147 H 1
Jouet-sur-l'Aubois 18.........174 B 1
Jouey 21...........................159 E 5
Jougne 25.........................180 D 4
Jouhe 39...........................161 E 5
Jouhet 86..........................187 F 2
Jouillat 23.........................189 G 5
Jouques 13........................306 B 4
Jouqueviel 81....................279 G 3
Jourgnac 87......................223 G 1
Journans 01.......................214 A 1
Journet 86.........................187 G 3
Journiac 24.......................240 D 4
Journy 62.............................2 D 5
Jours-en-Vaux 21..............177 F 1
Jours-lès-Baigneux 21........138 B 5
Joursac 15........................245 G 2
Joussé 86..........................186 C 5
Jouvençon 71....................195 G 1
La Jouvente 35....................50 C 5
Joux 69.............................212 B 4
Joux Château de 25...........180 C 2
Joux Forêt de la 39............180 A 3
Joux-la-Ville 39..................136 D 5
Joux Plane Col de la 74......216 D 1
Joux Verte Col de la 74.......198 D 5
Jouy 28...............................86 B 3
Jouy 89.............................112 D 3
Jouy-aux-Arches 57.............65 G 1
Jouy-en-Argonne 55............43 H 5
Jouy-en-Josas 78................58 B 4
Jouy-en-Pithiverais 45.......111 F 3
Jouy-le-Châtel 77................60 A 5
Jouy-le-Moutier 95..............58 A 1
Jouy-le-Potier 45...............133 E 3
Jouy-lès-Reims 51...............41 F 4
Jouy-Mauvoisin 78..............57 F 2
Jouy-sous-les-Côtes 55.......64 D 5
Jouy-sous-Thelle 60............37 H 3
Jouy-sur-Eure 27.................56 C 1
Jouy-sur-Morin 77...............60 B 4
Joyeuse 07........................266 A 5
Joyeux 01..........................213 G 3
Joze 63.............................210 A 4
Jozerand 63......................209 H 3
Jû-Belloc 32......................295 E 5
Juan-les-Pins 06...............309 F 4
Juaye-Mondaye 14..............33 E 4
Jubainville 88......................94 A 3
La Jubaudière 49...............148 D 4
Jubécourt 55.......................43 G 5
Jublains 53........................106 C 2
Le Juch 29..........................99 G 2
Jugazan 33........................256 C 1
Jugeals-Nazareth 19..........242 C 3
Jugon-les-Lacs 22...............79 E 4
Jugy 71.............................195 E 1
Juicq 17............................201 G 4
Juif 71...............................178 B 5
Juignac 16.........................221 F 5
Juigné-des-Moutiers 44......127 F 4
Juigné-sur-Loire 49............149 G 2
Juigné-sur-Sarthe 72.........129 E 2
Juignettes 27......................55 F 3
Juillac 19...........................223 H 5
Juillac 32...........................295 F 5
Juillac 33...........................257 E 1
Juillac-le-Coq 16...............220 B 2
Juillaguet 16......................221 F 4
Juillan 65..........................315 E 5
Juillé 16............................203 F 3
Juillé 72............................107 G 2
Juillé 79............................202 C 1
Juillenay 21.......................158 C 3
Juilles 32..........................296 D 4
Juilley 50............................51 H 5
Juilly 21............................158 D 1
Juilly 77..............................59 E 1
Jujols 66............................341 H 4
Jujurieux 01.......................214 B 2
Julianges 48......................246 A 5
Juliénas 69........................194 D 5
Julienne 16........................220 C 1
Julienrupt 88.....................119 H 3
Julianges 43......................247 E 1
Julié 69.............................194 D 5
Jullié 69............................194 D 5
Julliouville 50......................51 F 3
July 89..............................137 G 3
Jully-lès-Buxy 71...............177 G 5

Jully-sur-Sarce 10.............115 F 3
Julos 65............................333 E 1
Julvécourt 55.......................43 H 5
Jumeauville 78....................57 G 3
Jumeaux 63.......................228 B 4
Les Jumeaux 79................168 B 4
Jumel 80.............................22 C 3
Jumelles 27.........................56 B 2
Jumelles 49.......................150 B 2
La Jumellière 49................149 F 3
Jumencourt 02.....................40 B 1
Jumièges 76........................35 H 2
Jumigny 02..........................41 E 2
Jumilhac-le-Grand 24........223 F 3
Junas 30...........................303 F 3
Junay 89...........................137 E 2
Juncalas 65.......................333 E 1
Jungholtz 68......................120 D 5
Junhac 15.........................262 C 2
Les Junies 46....................259 G 4
Juniville 08..........................42 B 2
Jupilles 72.........................130 B 3
Jurançon 64......................314 B 5
Juranville 45......................112 A 4
Jurignac 16........................220 D 3
Jurques 14..........................52 D 1
Jury 57..............................65 H 1
Juscorps 79......................185 E 5
Jusix 47............................257 E 4
Jussac 15..........................244 B 4
Jussarupt 88......................120 A 2
Jussas 17..........................238 B 1
Jussecourt-Minecourt 51......63 E 4
Jussey 70..........................140 C 2
Jussy 02..............................24 A 4
Jussy 57..............................65 G 1
Jussy 74............................215 G 2
Jussy 89............................136 B 4
Jussy-Champagne 18........173 G 2
Jussy-le-Chaudrier 18........156 A 5
Justian 32.........................295 G 2
Justine-Herbigny 08............26 A 5
Justiniac 09.......................318 A 5
Jutigny 77...........................89 F 3
Juvaincourt 88....................94 C 4
Juvancourt 10....................116 B 3
Juvanzé 10..........................91 H 5
Juvardeil 49.......................128 C 4
Juvelize 57..........................66 D 4
Juvignac 34.......................302 D 4
Juvigné 53.........................105 G 2
Juvignies 60........................38 A 1
Juvigny 02...........................40 B 2
Juvigny 51...........................61 G 1
Juvigny 74.........................197 H 5
Juvigny-en-Perthois 55........93 E 2
Juvigny-le-Tertre 50............52 B 5
Juvigny-sous-Andaine 61.....82 C 2
Juvigny-sur-Loison 55..........44 B 2
Juvigny-sur-Orne 61............54 B 4
Juvigny-sur-Seulles 14........33 E 4
Juville 57............................66 B 3
Juvinas 07.........................266 A 4
Juvincourt-et-Damary 02......41 F 2
Juvisy-sur-Orge 91..............58 C 5
Juvrecourt 54......................66 D 5
Juxue 64...........................311 G 5
Juzanvigny 10.....................91 H 4
Juzennecourt 52................116 C 2
Juzes 31............................318 C 2
Juzet-de-Luchon 31...........334 B 4
Juzet-d'Izaut 31.................334 C 2
Juziers 78............................57 G 2

K

Kalhausen 57.......................67 H 1
Kaltenhouse 67...................69 E 3
Kanfen 57...........................45 G 2
Kappelen 68......................143 G 3
Kappelkinger 57..................67 F 2
Les Karellis 73...................252 B 1
Katzenthal 68....................121 E 2
Kauffenheim 67...................69 E 3
Kaysersberg 68.................120 D 2
Kédange-sur-Canner 57.......46 B 3
Keffenach 67.......................69 E 2
Kembs 68..........................143 G 2
Kembs-Loéchlé 68.............143 H 2
Kemplich 57........................46 B 3
Kerazan Manoir de 29..........99 G 4
Kerbach 57.........................47 F 5
Kerbors 22..........................73 E 2
Kercœur 68.......................194 D 5
Kerdéniel Pointe de 29.........75 F 3
Kerdévot Chapelle de 29....100 A 3
Kerfany-les-Pins 29...........100 B 5

Kerfons Chapelle de 22........72 C 3
Kerfot 22............................73 F 3
Kerfourn 56.......................102 A 3
Kergloff 29..........................76 D 4
Kergonadeac'h
  Château de 29................71 F 4
Kergrist 56........................101 H 2
Kergrist Château de 22........72 C 3
Kergrist-Moëlou 22..............77 H 1
Kergroadès
  Château de 29................70 B 5
Kerguehennec
  Château de 56...............102 B 5
Kerien 22............................77 G 3
Kérity 29..............................99 F 5
Kerjean Château de 29.........71 F 4
Kerlaz 29............................99 G 2
Kerling-lès-Sierck 57............46 B 2
Kerlouan 29.........................70 D 3
Kermaria 56.......................102 A 5
Kermaria Chapelle 22...........73 G 4
Kermaria-Sulard 22.............72 D 3
Kermoroc'h 22.....................73 E 4
Kernascléden 56................101 F 3
Kernével 29.......................100 B 3
Kernilis 29...........................70 D 4
Kernouës 29........................70 D 4
Kérouzéré Château de 29.....71 G 3
Kerpape 56........................123 F 2
Kerpert 22...........................77 G 3
Kerprich-aux-Bois 57...........67 G 4
Kersaint 29..........................70 B 4
Kersaint-Plabennec 29.........70 D 5
Kertzfeld 67.........................97 F 3
Kervignac 56.....................123 G 2
Keskastel 67........................67 G 2
Kesseldorf 67......................69 G 2
Kienheim 67........................68 H 5
Kientzheim 68....................121 E 2
Kientzville 67.......................97 F 4
Kiffis 68............................143 G 5
Killem 59...............................3 H 3
Kilstett 67............................69 E 5
Kindwiller 67.......................68 C 3
Kingersheim 68..................143 F 1
Kintzheim 67.......................97 E 5
Kirchberg 68......................142 C 1
Kirchheim 67.......................97 F 1
Kirrberg 67..........................67 H 3
Kirrwiller 67.........................68 C 3
Kirsch-lès-Sierck 57............46 B 2
Kirschnaumen 57.................46 B 2
Kirviller 57...........................67 G 2
Klang 57..............................46 B 3
Kleinfrankenheim 67............68 C 5
Kleingœft 67........................68 B 5
Klingenthal 67......................97 E 2
Knœringue 68....................143 G 4
Knœrsheim 67.....................68 B 5
Knutange 57........................45 G 3
Kœking 57...........................45 H 2
Kœnigsmacker 57...............45 H 2
Kœstlach 68......................143 F 4
Kœtzingue 68....................143 G 2
Kœur-la-Grande 55.............64 C 4
Kœur-la-Petite 55...............64 C 4
Kogenheim 67.....................97 F 4
Kolbsheim 67......................97 F 1
Krautergersheim 67.............97 F 2
Krautwiller 67......................68 D 4
Le Kremlin-Bicêtre 94..........58 C 4
Kreuzweg Col du 67............96 D 3
Kriegsheim 67......................68 D 4
Kruth 68............................120 B 4
Kuhlendorf 67......................69 F 2
Kunheim 68.......................121 F 3
Kuntzig 57...........................45 H 3
Kurtzenhouse 67.................69 E 4
Kuttolsheim 67....................68 C 5
Kutzenhausen 67................69 E 2

L

Laà-Mondrans 64...............313 G 2
Laas 32.............................315 G 3
Laas 45.............................111 G 3
Laàs 64.............................313 F 3
Labalme 01........................214 B 2
Labarde 33........................237 F 3
Labaroche 68....................120 D 2
Labarrère 32......................275 E 5
Labarthe 32.......................316 B 2
Labarthe 82.......................277 H 3
Labarthe Moulin de 33........256 D 1
Labarthe-Bleys 81.............279 E 4
Labarthe-Inard 31.............334 D 1
Labarthe-Rivière 31...........334 B 1
Labarthe-sur-Lèze 31.........317 H 2

A B C D E F G H I J K L M N O P Q R S T U V W X Y Z

Labarthète 32......294 D 4
Labassère 65......333 E 1
Labastide 65......333 H 2
Labastide-Beauvoir 31......318 B 2
Labastide-Castel-Amouroux 47......275 E 1
Labastide-Cézéracq 64......313 H 3
Labastide-Chalosse 40......293 H 4
Labastide-Clermont 31......317 F 3
Labastide-d'Anjou 11......318 D 3
Labastide-d'Armagnac 40......274 B 5
Labastide-de-Lévis 81......299 E 1
Labastide-de-Penne 82......278 C 2
Labastide-de-Virac 07......284 B 1
Labastide-Dénat 81......299 G 2
Labastide-du-Haut-Mont 46......261 G 1
Labastide-du-Temple 82......277 G 4
Labastide-du-Vert 46......259 G 4
Labastide-en-Val 11......338 A 1
Labastide-Esparbairenque 11......319 H 3
Labastide-Gabausse 81......279 G 5
Labastide-Marnhac 46......277 H 1
Labastide-Monréjeau 64......314 A 2
Labastide-Murat 46......260 C 3
Labastide-Paumès 31......316 D 3
Labastide-Rouairoux 81......320 B 2
Labastide-Saint-Georges 81......298 D 3
Labastide-Saint-Pierre 82......297 H 1
Labastide-Saint-Sernin 31......298 A 3
Labastide-Savès 32......297 E 5
Labastide-sur-Bésorgues 07......266 A 2
Labastide-Villefranche 64......311 G 3
Labastidette 31......317 G 2
Labathude 46......261 F 2
Labatie-d'Andaure 07......248 C 4
Labatmale 64......314 C 5
Labatut 09......318 A 4
Labatut 40......293 E 5
Labatut 64......315 E 4
Labatut-Rivière 65......295 E 5
Labbeville 95......38 A 5
Labeaume 07......266 A 5
Labécède-Lauragais 11......319 E 3
Labège 31......298 A 5
Labégude 07......266 B 3
Labéjan 32......296 A 5
Labenne 40......292 A 4
Labenne-Océan 40......292 A 4
Labergement-du-Navois 25......180 A 1
Labergement-Foigney 21......160 C 4
Labergement-lès-Auxonne 21......160 D 5
Labergement-lès-Seurre 21......178 B 2
Labergement-Sainte-Marie 25......180 C 4
Laberlière 60......23 F 5
Labescau 33......256 C 5
Labesserette 15......262 C 2
Labessette 63......226 C 4
Labessière-Candeil 81......299 E 2
Labets-Biscay 64......311 G 3
Labeuville 55......65 E 1
Labeuvrière 62......7 H 4
Labeyrie 64......293 H 5
Lablachère 07......266 A 5
Laboissière-en-Santerre 80......23 E 4
Laboissière-en-Thelle 60......38 A 3
Laboissière-Saint-Martin 80......21 G 2
Laborde 65......333 G 2
Laborel 26......286 D 1
Labosse 60......37 H 3
Labouheyre 40......273 E 2
Labouiche Rivière souterraine de 09......336 B 2
Laboulbène 81......299 G 4
Laboule 07......265 H 3
Labouquerie 24......258 D 2
Labouret Col du 04......288 B 2
Labourgade 82......297 F 1
Labourse 62......8 A 4
Laboutarie 81......299 F 3
Labretonie 47......257 G 5
Labrihe 32......296 D 3
Labrit 40......273 H 4
Labroquère 31......334 A 2
Labrosse 45......111 H 2
Labrousse 15......262 C 1
Labroye 62......11 H 1
Labruguière 81......299 G 5
Labruyère 21......178 B 1
Labruyère 60......38 D 3
Labruyère-Dorsa 31......318 A 3
Labry 54......45 F 5

Labuissière 62......7 H 4
Laburgade 46......278 B 1
Lac-des-Rouges-Truites 39......197 F 1
Le Lac-d'Issarlès 07......265 H 1
Lacabarède 81......320 B 2
Lacadée 64......293 H 5
Lacajunte 40......294 A 4
Lacalm 12......263 F 2
Lacam-d'Ourcet 46......261 F 1
Lacanau 33......236 C 4
Lacanau-de-Mios 33......254 D 2
Lacanau-Océan 33......236 B 3
Lacanche 21......177 F 1
Lacapelle-Barrès 15......245 C 5
Lacapelle-Biron 47......258 D 3
Lacapelle-Cabanac 46......259 F 5
Lacapelle-del-Fraisse 15......262 C 1
Lacapelle-Livron 82......278 D 2
Lacapelle-Marival 46......261 E 2
Lacapelle-Pinet 81......280 B 4
Lacapelle-Ségalar 81......279 F 4
Lacapelle-Viescamp 15......243 H 5
Lacarre 64......330 C 1
Lacarry-Arhan-Charritte-de-Haut 64......331 E 2
Lacassagne 65......315 F 3
Lacaugne 31......317 G 4
Lacaune 81......300 C 3
Lacaussade 47......258 D 4
Lacave 09......335 E 2
Lacave 46......260 C 1
Lacelle 19......225 E 2
Lacenas 69......212 D 3
Lachaise 16......220 C 3
Lachalade 55......43 F 4
Lachambre 57......67 E 1
Lachamp 48......264 B 3
Lachamp-Raphaël 07......266 A 1
Lachapelle 47......257 F 4
Lachapelle 54......96 A 3
Lachapelle 80......21 H 3
Lachapelle 82......276 D 5
Lachapelle-aux-Pots 60......37 H 2
Lachapelle-Auzac 46......242 B 5
Lachapelle-en-Blaisy 52......116 C 2
Lachapelle-Graillouse 07......265 G 1
Lachapelle-Saint-Pierre 60......38 B 4
Lachapelle-sous-Aubenas 07......266 B 4
Lachapelle-sous-Chanéac 07......248 A 4
Lachapelle-sous-Chaux 90......142 B 2
Lachapelle-sous-Gerberoy 60......37 G 1
Lachapelle-sous-Rougemont 90......142 D 2
Lachassagne 69......212 D 3
Lachau 26......286 D 2
Lachaussée 55......65 E 2
Lachaussée-du-Bois-d'Écu 60......22 B 5
Lachaux 63......210 C 3
Lachelle 60......39 F 2
Lachy 51......61 E 4
Lacollonge 90......142 C 2
Lacombe 11......319 G 3
Lacommande 64......314 A 4
Lacoste 34......302 A 4
Lacoste 84......305 G 2
Lacougotte-Cadoul 81......298 D 4
Lacour 82......277 E 2
Lacour-d'Arcenay 21......158 C 3
Lacourt 09......335 F 3
Lacourt-Saint-Pierre 82......277 G 5
Lacq 64......313 H 2
Lacquy 40......274 A 3
Lacrabe 40......293 H 4
Lacres 62......6 C 3
Lacroisille 81......298 D 5
Lacroix-Barrez 12......262 D 1
Lacroix-Falgarde 31......317 H 2
Lacroix-Saint-Ouen 60......39 F 3
Lacroix-sur-Meuse 55......64 C 2
Lacropte 24......240 D 4
Lacrost 71......195 F 1
Lacrouzette 81......299 H 4
Lacs 36......189 G 1
Ladapeyre 23......189 H 5
Ladaux 33......256 B 2
Ladern-sur-Lauquet 11......337 H 1
Ladevèze-Rivière 32......295 E 5
Ladevèze-Ville 32......295 E 5
Ladignac-le-Long 87......223 F 2
Ladignac-sur-Rondelles 19......243 E 1
Ladinhac 15......262 C 2

Ladirat 46......261 F 1
Ladiville 16......220 D 3
Ladoix 21......177 H 1
Ladoix-Serrigny 21......177 H 1
Ladon 45......112 A 5
Lados 33......256 C 5
Ladoye-sur-Seille 39......179 F 4
Laduz 89......136 A 2
Lafage 11......318 D 5
Lafage-sur-Sombre 19......243 G 1
Lafare 84......285 G 3
Lafarre 07......248 C 3
Lafarre 43......265 G 1
Lafat 23......188 D 4
Lafauche 52......93 G 5
Laféline 03......191 H 4
Laferté-sur-Amance 52......140 B 2
Laferté-sur-Aube 52......116 B 3
Lafeuillade-en-Vézie 15......262 C 1
Laffaux 02......40 C 2
Laffite-Toupière 31......316 D 5
Laffrey 38......251 E 3
Lafite Rothschild Château de 33......237 E 1
Lafitole 65......315 E 2
Lafitte 82......277 F 5
Lafitte-sur-Lot 47......275 H 1
Lafitte-Vigordane 31......317 F 4
Lafosse 33......237 G 3
Lafox 47......276 C 3
Lafrançaise 82......277 G 4
Lafraye 60......38 B 1
Lafresnoye 80......21 G 2
Lafrimbolle 57......96 B 1
Lagamas 34......302 A 4
Lagarde 09......336 D 2
Lagarde 31......318 C 3
Lagarde 32......275 H 5
Lagarde 57......67 E 5
Lagarde 65......315 E 4
Lagarde d'Apt 84......286 C 5
Lagarde-Enval 19......243 E 2
Lagarde-Hachan 32......316 A 3
Lagarde-Paréol 84......285 F 2
Lagarde-sur-le-Né 16......220 C 3
Lagardelle 46......259 F 5
Lagardelle-sur-Lèze 31......317 H 3
Lagardère 32......295 H 2
Lagardiolle 81......319 F 2
Lagarrigue 47......275 G 2
Lagarrigue 81......299 H 5
Lagatjar Alignements de 29......74 D 3
Lageon 79......168 A 4
Lagery 51......41 E 4
Lagesse 10......115 E 4
Laghet 06......309 H 2
Lagleygeolle 19......242 D 3
Laglorieuse 40......294 B 1
Lagnes 84......305 F 1
Lagnicourt-Marcel 62......13 H 4
Lagnieu 01......214 A 4
Lagny 60......23 G 5
Lagny-le-Sec 60......59 F 1
Lagny-sur-Marne 77......59 E 3
Lagor 64......313 H 3
Lagorce 07......266 B 5
Lagorce 33......238 C 3
Lagord 17......183 F 5
Lagos 64......314 C 5
Lagrâce-Dieu 31......317 H 3
Lagrand 05......287 E 1
Lagrange 40......274 C 5
Lagrange 65......333 H 1
Lagrange 90......142 D 2
Lagrasse 11......338 B 1
Lagraulas 32......295 G 3
Lagraulet-du-Gers 32......295 G 1
Lagraulet-Saint-Nicolas 31......297 F 2
Lagraulière 19......224 C 5
Lagrave 81......299 E 1
Laguenne 19......243 E 1
Laguépie 82......279 F 4
Laguian-Mazous 32......315 G 2
Laguinge-Restoue 64......331 F 2
Laguiole 12......263 F 3
Lagupie 47......257 E 4
Lahage 31......317 E 2
Laharie 40......272 D 4
Laharmand 52......116 D 3
Lahas 32......296 D 5
Lahaye-Saint-Romain 80......21 H 4
Lahaymeix 55......64 B 3
Lahayville 55......65 E 3
Laheycourt 55......63 F 2
Lahitère 31......335 F 1

Lahitte 32......296 B 4
Lahitte 65......333 G 1
Lahitte-Toupière 65......315 E 2
Lahonce 64......292 B 5
Lahontan 64......293 E 5
Lahosse 40......293 F 3
Lahourcade 64......313 H 3
Lahoussoye 80......22 D 1
Laifour 08......26 D 1
Laigné 53......128 A 2
Laigné-en-Belin 72......130 A 2
Laignelet 35......81 F 4
Laignes 21......137 H 2
Laigneville 60......38 C 3
Laigny 02......25 F 2
Laillé 35......104 A 4
Lailly 89......114 A 2
Lailly-en-Val 45......132 D 3
Laimont 55......63 G 3
Lain 89......135 H 5
Laines-aux-Bois 10......114 D 2
Lains 39......196 B 3
Lainsecq 89......156 D 1
Lainville-en-Vexin 78......57 G 1
Laire 25......142 B 4
Laires 62......7 F 3
Lairière 11......338 A 2
Lairoux 85......183 E 2
Laissac 12......281 F 1
Laissaud 73......233 G 3
Laissey 25......162 B 3
Laître-sous-Amance 54......66 B 5
Laives 71......177 H 5
Laix 54......45 E 2
Laiz 01......195 E 5
Laizé 71......195 E 3
Laize-la-Ville 14......33 G 5
Laizy 71......176 C 3
Lajo 48......264 B 1
Lajoux 39......197 F 3
Lalacelle 61......83 E 3
Lalande 89......135 H 4
Lalande-de-Pomerol 33......238 C 4
Lalande-en-Son 60......37 G 2
Lalandelle 60......37 G 2
Lalandusse 47......257 H 3
Lalanne 32......296 B 2
Lalanne 65......316 A 4
Lalanne-Arqué 32......316 B 3
Lalanne-Trie 65......315 H 4
Lalaye 67......96 D 4
Lalbarède 81......299 E 4
Lalbenque 46......278 B 1
Laleu 61......84 A 2
Laleu 80......11 H 5
Lalevade-d'Ardèche 07......266 A 3
Lalheue 71......177 H 5
Lalinde 24......258 C 1
Lalizolle 03......209 G 1
Lallaing 59......9 E 5
Lalleu 35......126 D 2
Lalley 38......268 D 1
Lalleyriat 01......214 D 1
Lalobbe 08......26 A 4
Lalœuf 54......94 C 3
Lalongue 64......314 C 2
Lalonquette 64......294 B 5
Laloubère 65......315 E 5
Lalouret-Laffiteau 31......316 B 5
Lalouvesc 07......248 C 2
Laluque 40......293 E 2
Lama 2B......345 E 2
Lamadeleine-Val-des-Anges 90......142 C 1
Lamagdelaine 46......260 B 5
Lamagistère 82......276 D 4
Lamaguère 32......316 B 2
Lamaids 03......190 B 5
Lamairé 79......168 B 4
Lamalou-les-Bains 34......301 F 5
Lamancine 52......116 D 2
Lamanère 66......342 B 5
Lamanon 13......305 F 3
Lamarche 88......118 A 3
Lamarche-en-Woëvre 55......65 E 3
Lamarche-sur-Saône 21......160 D 3
Lamargelle 21......159 H 1
Lamargelle-aux-Bois 52......139 E 4
Lamaronde 80......21 H 3
Lamarque 33......237 F 2
Lamarque-Pontacq 65......314 D 5
Lamarque-Rustaing 65......315 G 4
Lamasquère 31......317 G 2
Lamastre 07......248 C 4
Lamath 54......95 F 2
Lamativie 46......243 F 5

Lamayou 64......315 E 3
Lamazère 32......295 H 5
Lamazière-Basse 19......225 G 5
Lamazière-Haute 19......226 B 2
Lambach 57......68 A 1
Lambader 29......71 G 4
Lamballe 22......78 D 3
Lambersart 59......8 D 2
Lambert 04......288 A 2
Lamberville 50......32 C 5
Lamberville 76......20 A 3
Lambesc 13......305 G 4
Lamblore 28......85 E 2
Lambres 62......7 G 3
Lambres-lez-Douai 59......8 D 5
Lambrey 70......140 D 3
Lambruisse 04......288 C 4
Laméac 65......315 G 3
Lamécourt 60......38 D 2
Lamelouze 30......283 G 3
Lamenay-sur-Loire 58......175 F 4
Lamérac 16......220 C 4
Lametz 08......26 D 5
Lamillarié 81......299 F 2
Lammerville 76......20 A 3
Lamnay 72......108 D 3
Lamongerie 19......224 C 3
Lamontélarié 81......300 B 4
Lamontgie 63......228 A 4
Lamontjoie 47......275 H 4
Lamonzie-Montastruc 24......240 B 5
Lamonzie-Saint-Martin 24......257 G 1
Lamorlaye 60......38 C 5
Lamorville 55......64 C 3
Lamothe 40......293 H 2
Lamothe 43......246 B 1
Lamothe-Capdeville 82......277 H 4
Lamothe-Cassel 46......260 B 3
Lamothe-Cumont 82......296 D 1
Lamothe-en-Blaisy 52......116 C 2
Lamothe-Fénelon 46......259 H 1
Lamothe-Goas 32......296 A 2
Lamothe-Landerron 33......257 E 4
Lamothe-Montravel 24......238 D 5
Lamothe-Beuvron 41......133 F 5
Lamotte-Brebière 80......22 C 2
Lamotte-Buleux 80......11 G 2
Lamotte-du-Rhône 84......284 D 2
Lamotte-Warfusée 80......23 E 2
Lamouilly 55......27 H 5
Lamoura 39......197 F 3
Lampaul 29......74 A 1
Lampaul-Guimiliau 29......71 G 5
Lampaul-Plouarzel 29......70 A 4
Lampaul-Ploudalmézeau 29......70 B 4
Lamperthem 67......68 D 5
Lampertsloch 67......69 E 2
Lamure-sur-Azergues 69......212 B 2
Lanans 25......162 D 3
Lanarce 07......265 G 2
Lanarvily 29......70 D 4
Lanas 07......266 B 4
Lancé 41......131 G 4
Lanchères 80......11 E 3
Lanches-Saint-Hilaire 80......12 B 4
Lanchy 02......23 H 2
Lancié 69......212 D 1
Lancieux 22......50 B 5
Lançon 08......43 E 3
Lançon 65......333 H 1
Lançon-Provence 13......305 F 4
Lancrans 01......215 E 1
Landal Château de 35......80 B 2
Landange 57......67 G 5
Landas 59......9 F 4
Landaul 56......123 H 2
Landaville 88......94 A 5
Landavran 35......105 E 2
La Lande-Chasles 49......150 C 1
La Lande-d'Airou 50......51 H 4
La Lande-de-Fronsac 33......237 H 4
La Lande-de-Goult 61......83 F 2
La Lande-de-Lougé 61......53 H 5
La Lande-Patry 61......53 E 4
La Lande-Saint-Léger 27......34 D 3
La Lande-Saint-Siméon 61......53 F 3
La Lande-sur-Drôme 14......32 C 5
La Lande-sur-Eure 61......85 E 2
La Lande-Vaumont 14......52 C 4

Landeleau 29......76 C 4
Landelles 28......85 G 3
Landelles-et-Coupigny 14......52 B 2
Landemont 49......148 B 3
Landepéreuse 27......55 F 1
Landerneau 29......75 G 2
Landeronde 85......165 G 5
Landerrouat 33......257 E 2
Landerrouet-sur-Ségur 33......256 D 3
Landersheim 67......68 C 5
Landes 17......201 G 3
Les Landes-Genusson 85......166 B 2
Landes-le-Gaulois 41......131 H 5
Landes-sur-Ajon 14......33 E 5
Landes-Vieilles-et-Neuves 76......21 F 3
Landévant 56......123 H 2
Landévennec 29......75 G 3
Landevieille 85......165 E 5
Landéville 52......93 F 4
Landeyrat 15......245 F 1
Landifay-et-Bertaignemont 02......24 D 2
Landigou 61......53 F 4
Le Landin 27......35 H 2
Landiras 33......255 H 3
Landisacq 61......53 E 4
Landivisiau 29......71 F 5
Landivy 53......81 G 3
Landogne 63......208 D 4
Landonvillers 57......46 B 5
Landorthe 31......334 C 1
Landos 43......265 F 1
Landouge 87......205 G 5
Landouzy-la-Cour 02......25 G 2
Landouzy-la-Ville 02......25 G 2
Landrais 17......201 E 2
Le Landreau 44......148 A 4
Landrecourt 55......64 B 1
Landrellec 22......72 C 2
Landremont 54......65 H 4
Landres 54......45 E 3
Landres-et-Saint-Georges 08......43 E 3
Landresse 25......162 D 3
Landrethun-le-Nord 62......2 C 4
Landrethun-lès-Ardres 62......2 D 4
Landrévarzec 29......99 H 2
Landreville 10......115 H 4
Landrichamps 08......17 F 4
Landricourt 02......40 B 1
Landricourt 51......92 B 2
Landroff 57......66 D 2
Landry 73......234 D 2
Landser 68......143 G 2
Landudal 29......100 A 2
Landudec 29......99 H 2
Landujan 35......103 H 1
Landunvez 29......70 B 4
Lanéria 39......196 A 3
Lanespède 65......315 G 5
Lanessan Château de 33......237 E 2
Lanester 56......123 F 2
Laneuvelle 52......118 A 3
Laneuvelotte 54......66 B 5
Laneuville-aux-Bois 54......95 H 1
Laneuveville-derrière-Foug 54......65 E 5
Laneuveville-devant-Bayon 54......95 E 3
Laneuveville-devant-Nancy 54......94 D 1
Laneuveville-en-Saulnois 57......66 C 3
Laneuveville-lès-Lorquin 57......67 G 5
Laneuville-à-Bayard 52......92 D 2
Laneuville-à-Rémy 52......92 C 3
Laneuville-au-Bois 52......93 G 4
Laneuville-au-Pont 52......63 G 4
Laneuville-au-Rupt 55......64 D 5
Laneuville-sur-Meuse 55......43 G 1
Laneuvilleroy 60......38 D 1
Lanfains 22......78 A 4
Lanfroicourt 54......66 B 4
Langan 35......80 A 5
Langast 22......78 C 5
Langatte 57......67 G 4
Langé 36......171 F 1
Langeac 43......246 C 3
Langeais 37......151 F 3
Langensoultzbach 67......68 D 2
Langeron 58......174 B 4
Langesse 45......134 C 3
Langey 28......109 G 4
Langlade 30......303 G 2
Langley 88......95 E 4
Langoat 22......72 D 3

Langoëlan 56.....101 F 2
Langogne 48.....265 F 2
Langoiran 33.....255 H 2
Langolen 29.....100 A 2
Langon 33.....256 B 4
Langon 35.....126 A 3
Langon 41.....154 A 4
Le Langon 85.....183 G 3
Langonnet 56.....100 D 2
Langonnet Abbaye de 56.....101 E 2
Langouet 35.....80 A 5
Langourla 22.....78 D 5
Langres 52.....139 G 2
Langrolay-sur-Rance 22.....79 H 3
Langrune-sur-Mer 14.....33 G 3
Languédias 22.....79 F 4
Languenan 22.....79 G 3
Langueux 22.....78 B 3
Languevoisin-Quiquery 80.....23 G 3
Languidic 56.....101 G 5
Languidou Chapelle de 29.....99 F 4
Languimberg 57.....67 F 4
Languivoa Chapelle de 29.....99 F 4
Langy 03.....192 C 5
Lanhélin 35.....80 A 3
Lanhères 55.....44 D 5
Lanhouarneau 29.....71 E 4
Lanildut 29.....70 A 5
Laning 57.....67 E 1
Laniscat 22.....77 G 5
Lanleff 22.....73 H 4
Lanloup 22.....73 G 3
Lanmérin 22.....72 D 3
Lanmeur 29.....72 A 4
Lanmodez 22.....73 F 2
Lann-Bihoué 56.....123 F 2
Lanne 65.....315 E 5
Lanne-en-Barétous 64.....331 F 2
Lanne-Soubiran 32.....294 D 3
Lannéanou 29.....76 C 2
Lannebert 22.....73 F 4
Lannecaube 64.....314 C 2
Lannédern 29.....76 B 4
Lannemaignan 32.....294 C 1
Lannemezan 65.....333 H 1
Lannepax 32.....295 G 2
Lanneplaà 64.....313 F 2
Lanneray 28.....109 H 4
Lannes 47.....275 F 5
Lannes 52.....117 F 5
Lanneuffret 29.....71 E 5
Lannilis 29.....70 C 4
Lannion 22.....72 C 3
Lannoy 59.....9 E 2
Lannoy-Cuillère 60.....21 F 4
Lannux 32.....294 C 4
Lano 2B.....347 F 3
Lanobre 15.....226 C 4
Lanouaille 24.....223 F 5
Lanouée 56.....102 C 4
Lanoux 09.....335 H 1
Lanquais 24.....258 C 1
Lanques-sur-Rognon 52.....117 F 3
Lanquetot 76.....19 F 5
Lanrelas 22.....103 E 1
Lanrigan 35.....80 B 4
Lanrivain 22.....77 G 3
Lanrivoaré 29.....70 B 5
Lanrodec 22.....77 H 2
Lans 71.....177 H 4
Lans-en-Vercors 38.....250 C 2
Lansac 33.....237 G 3
Lansac 65.....315 F 5
Lansac 66.....338 B 5
Lansargues 34.....303 F 4
Lanslebourg-Mont-Cenis 73.....235 E 5
Lanslevillard 73.....235 F 5
Lanta 31.....298 B 5
Lantabat 64.....311 G 4
Lantages 10.....115 F 4
Lantan 18.....173 G 3
Lantéfontaine 54.....45 F 4
Lantenay 01.....214 C 2
Lantenay 21.....159 H 3
Lantenne-Vertière 25.....161 G 4
Lantenot 70.....141 H 3
La Lanterne-et-les-Armonts 70.....141 H 2
Lanteuil 19.....242 C 3
Lanthenans 25.....163 E 2
Lanthes 21.....178 C 1
Lantheuil 14.....33 F 3
Lantic 22.....73 G 5
Lantignié 69.....212 C 1
Lantillac 56.....102 B 4

Lantilly 21.....158 D 1
Lanton 33.....254 C 2
Lantosque 06.....291 F 3
Lantriac 43.....247 G 4
Lanty 58.....175 H 4
Lanty-sur-Aube 52.....116 B 4
Lanuéjols 30.....282 B 4
Lanuéjols 48.....264 D 5
Lanuéjouls 12.....261 G 5
Lanvallay 22.....79 G 4
Lanvaudan 56.....101 F 4
Lanvellec 22.....72 B 4
Lanvénégen 56.....100 D 3
Lanvéoc 29.....75 E 3
Lanvézéac 22.....72 D 3
Lanvollon 22.....73 G 4
Lanzac 46.....242 B 5
Laon 02.....24 D 5
Laons 28.....56 B 5
Laouzas Barrage de 81.....300 C 4
Lapalisse 03.....192 D 5
Lapalud 84.....284 D 1
Lapan 18.....172 D 3
Lapanouse 12.....281 G 1
Lapanouse-de-Cernon 12.....281 H 5
Laparade 47.....275 H 1
Laparrouquial 81.....279 F 4
Lapège 09.....336 A 4
Lapenche 82.....278 C 3
Lapenne 09.....336 C 1
Lapenty 50.....81 G 2
Laperche 47.....257 G 4
Laperrière-sur-Saône 21.....160 D 5
Lapeyre 65.....315 H 3
Lapeyrère 31.....317 G 5
Lapeyrouse 01.....213 F 3
Lapeyrouse 63.....191 F 5
Lapeyrouse-Fossat 31.....298 A 4
Lapeyrouse-Mornay 26.....231 G 5
Lapeyrugue 15.....262 C 2
Lapleau 19.....243 G 1
Laplume 47.....275 H 4
Lapoutroie 68.....120 D 2
Lapouyade 33.....238 B 3
Lappion 02.....25 G 5
Laprade 11.....319 G 2
Laprade 16.....239 F 1
Lapradelle 11.....337 G 4
Laprugne 03.....211 E 3
Laps 63.....228 A 2
Lapte 43.....248 A 2
Lapugnoy 62.....7 H 4
Laquenexy 57.....66 B 1
Laqueuille 63.....227 E 2
Laragne-Montéglin 05.....287 F 1
Larajasse 69.....230 C 2
Laramière 46.....279 E 1
Laran 65.....316 A 5
Larbey 40.....293 G 4
Larbont 09.....335 H 2
Larbroye 60.....23 G 5
Larcan 31.....316 C 5
Larçay 37.....152 A 3
Larceveau-Arros-Cibits 64.....311 G 5
Larchamp 53.....81 G 4
Larchamp 61.....53 E 5
Larchant 77.....112 B 2
Larche 04.....271 F 4
Larche 19.....241 H 3
Larche Col de 04.....271 F 4
Le Larderet 39.....179 H 3
Lardier-et-Valença 05.....269 G 5
Lardiers 04.....287 E 4
Le Lardin-Saint-Lazare 24.....241 G 4
Lardy 91.....87 G 3
Larée 32.....295 E 1
Laréole 31.....297 E 3
Largeasse 79.....167 G 5
Largentière 07.....266 A 4
Largillay-Marsonnay 39.....196 C 1
Largitzen 68.....143 E 3
Largny-sur-Automne 02.....39 H 4
Largoët Forteresse de 56.....124 D 3
Larians-et-Munans 70.....162 B 1
Larivière 90.....142 D 2
Larivière-sur-Apance 52.....118 A 4
Larmor-Baden 56.....124 A 4
Larmor-Plage 56.....123 F 2
Larnage 26.....249 F 3
Larnagol 46.....260 D 5
Larnas 07.....266 D 5
Larnat 09.....336 B 5
Larnaud 39.....179 E 5
Larnod 25.....161 H 4
Laroche-près-Feyt 19.....226 C 1
Laroche-Saint-Cydroine 89.113 H 5

Larochemillay 58.....176 A 3
Larodde 63.....226 C 3
Laroin 64.....314 A 4
Larone Col de 2A.....349 G 4
Laronxe 54.....95 G 1
Laroque 33.....256 B 2
Laroque 34.....302 C 1
Laroque-de-Fa 11.....338 B 3
Laroque-des-Albères 66.....343 F 4
Laroque-des-Arcs 46.....260 B 5
Laroque-d'Olmes 09.....336 D 3
Laroque-Timbaut 47.....276 C 2
Laroquebrou 15.....243 H 4
Laroquevieille 15.....244 C 4
Larouillies 59.....15 G 5
Larra 31.....297 G 3
Larrau 64.....331 E 3
Larrazet 82.....297 F 1
Larré 56.....124 D 3
Larré 61.....83 H 3
Larressingle 32.....295 G 1
Larressore 64.....310 D 3
Larret 29.....70 B 5
Larret 70.....140 A 4
Larreule 64.....314 A 2
Larreule 65.....315 E 2
Larrey 21.....137 H 2
Larribar-Sorhapuru 64.....311 H 4
Larringes 74.....198 B 3
Larrivière-Saint-Savin 40.....294 A 2
Larrivoire 39.....196 D 4
Larroque 31.....316 B 5
Larroque 65.....316 A 4
Larroque 81.....278 D 5
Larroque-Engalin 32.....275 H 5
Larroque-Saint-Sernin 32.....296 A 2
Larroque-sur-l'Osse 32.....275 F 5
Larroque-Toirac 46.....261 F 4
Lartigue 32.....296 C 5
Lartigue 33.....274 C 2
Laruns 64.....332 A 2
Laruscade 33.....238 B 2
Larzac 24.....259 E 2
Larzicourt 51.....62 D 5
Lasalle 30.....283 F 5
Lasbordes 11.....319 E 4
Lascabanes 46.....277 H 1
Lascaux 19.....223 H 5
Lascaux Grotte de 24.....241 G 3
Lascazères 65.....295 E 5
Laschamps-de-Chavanat 23.....207 E 1
Lasclaveries 64.....314 B 2
Lasfaillades 81.....300 A 5
Lasgraisses 81.....299 E 2
Laslades 65.....315 F 5
Lassales 65.....316 A 5
Lassay-les-Châteaux 53.....82 C 3
Lassay-sur-Croisne 41.....153 G 3
Lasse 49.....150 C 1
Lasse 64.....330 B 1
Lasserade 32.....295 E 4
Lasséran 32.....296 A 5
Lasserre 31.....297 F 4
Lasserre 47.....275 G 4
Lasserre 64.....294 D 5
Lasserre-de-Prouille 11.....319 F 5
Lasseube 64.....314 A 4
Lasseube-Propre 32.....296 B 5
Lasseubetat 64.....314 A 5
Lassicourt 10.....91 H 4
Lassigny 60.....23 F 5
Lasson 14.....33 F 4
Lasson 89.....114 C 4
Lassouts 12.....263 F 5
Lassur 09.....336 C 5
Lassy 14.....53 E 2
Lassy 35.....103 H 4
Lassy 95.....38 D 5
Lastelle 50.....31 G 3
Lastic 15.....246 A 3
Lastic 63.....226 D 1
Lastioulles Barrage de 15.....226 D 5
Lastours 11.....319 H 4
Lataule 60.....39 E 1
Le Latet 39.....179 H 3
La Latette 39.....180 A 4
Lathuile 74.....215 H 5
Lathus 86.....187 G 4
Latillé 86.....185 H 1
Latilly 02.....40 B 5
Latoue 31.....316 C 5
Latouille-Lentillac 46.....261 F 1
Latour 31.....317 G 5
Latour-Bas-Elne 66.....343 F 3

Latour-de-Carol 66.....341 E 4
Latour-de-France 66.....338 B 5
Latour-en-Woëvre 55.....65 E 1
Latrape 31.....317 G 5
Latrecey 52.....116 C 5
Latresne 33.....255 G 1
Latrille 40.....294 C 4
Latronche 19.....243 H 1
Latronquière 46.....261 G 1
Lattainville 60.....37 G 4
La Lauch Lac de 68.....120 C 4
Lattes 34.....302 D 5
Lattre-Saint-Quentin 62.....13 E 2
Lau-Balagnas 65.....332 D 2
Laubach 67.....68 D 3
Laubert 48.....264 D 4
Les Laubies 48.....264 B 2
Laubressel 10.....91 F 5
Laubrières 53.....105 F 5
Laucourt 80.....23 F 4
Laudrefang 57.....66 D 1
Laudun-l'Ardoise 30.....284 D 4
Laugnac 47.....276 B 2
Laujuzan 32.....294 D 2
Laulne 50.....31 G 3
Laumesfeld 57.....46 C 3
Launac 31.....297 F 3
Launaguet 31.....298 A 4
Launay 27.....35 G 5
Launay-Villiers 53.....105 G 3
Launois-sur-Vence 08.....26 A 4
Launoy 02.....40 B 4
Launstroff 57.....46 C 2
La Laupie 26.....267 F 3
Laurabuc 11.....319 E 5
Laurac 11.....319 E 5
Laurac-en-Vivarais 07.....266 A 4
Lauraët 32.....295 G 1
Lauraguel 11.....337 F 1
Laure-Minervois 11.....320 A 4
Laurède 40.....293 G 2
Laurenan 22.....102 D 1
Laurens 34.....301 G 5
Lauresses 46.....261 G 2
Lauret 34.....302 D 2
Lauret 40.....294 B 5
Laurie 15.....245 H 1
Laurière 24.....240 D 1
Laurière 87.....206 B 2
Lauris 84.....305 H 3
Lauroux 34.....301 G 3
Laussac 12.....263 E 1
Laussonne 43.....247 G 4
Laussou 47.....258 D 4
Lautaret Col du 05.....252 B 3
Lautenbach 68.....120 D 4
Lautenbachzell 68.....120 D 4
Lauterbourg 67.....69 H 1
Lauthiers 86.....187 E 1
Lautignac 31.....317 E 3
Lautrec 81.....299 F 3
Lauw 68.....142 D 1
Lauwin-Planque 59.....8 D 5
Laux-Montaux 26.....286 C 1
Lauzach 56.....124 D 4
Lauzerte 82.....277 F 2
Lauzerville 31.....298 B 5
Lauzès 46.....260 C 4
Le Lauzet-Ubaye 04.....270 B 5
Lauzières 17.....183 F 5
Lauzun 47.....257 H 3
Lava Col de 2A.....346 A 5
Lava Golfe de 2A.....348 B 3
Lavacquerie 60.....22 A 4
Laval 38.....251 F 1
Laval 53.....106 A 3
Laval Chalets de 05.....252 C 3
Laval-Atger 48.....264 D 1
Laval-d'Aix 26.....268 B 2
Laval-d'Aurelle 07.....265 G 4
Laval-de-Cère 46.....243 F 5
Laval-du-Tarn 48.....282 B 1
Laval-en-Brie 77.....89 E 4
Laval-en-Laonnois 02.....40 D 1
Laval-le-Prieuré 25.....163 E 4
Laval-Morency 08.....26 B 2
Laval-Pradel 30.....283 H 3
Laval-Roquecezière 12.....300 B 2
Laval-Saint-Roman 30.....284 C 2
Laval-sur-Doulon 43.....228 C 5
Laval-sur-Luzège 19.....243 G 1
Laval-sur-Tourbe 51.....42 D 5
Laval-sur-Vologne 88.....119 H 4
Lavaldens 38.....251 F 4
Lavalette 11.....319 G 5

Lavalette 31.....298 B 4
Lavalette 34.....301 G 4
Lavalette Barrage de 43.....247 H 2
Lavallée 55.....64 B 4
Le Lavancher 74.....217 E 2
Lavancia-Epercy 39.....196 C 3
Le Lavandou 83.....329 E 4
Lavangeot 39.....161 F 5
Lavannes 51.....41 H 3
Lavans-lès-Dole 39.....161 F 5
Lavans-lès-Saint-Claude 39 196 D 3
Lavans-Quingey 25.....161 H 5
Lavans-sur-Valouse 39.....196 C 4
Lavans-Vuillafans 25.....162 B 5
Lavaqueresse 02.....25 E 1
Lavardac 47.....275 F 3
Lavardens 32.....296 A 3
Lavardin 41.....131 F 3
Lavardin 72.....107 G 4
Lavaré 72.....108 C 4
Lavars 38.....250 D 5
Lavasina 2B.....345 G 3
Lavastrie 15.....245 G 5
Lavatoggio 2B.....346 C 2
Lavau 10.....91 E 5
Lavau 89.....135 F 5
Lavau-sur-Loire 44.....146 D 3
Lavaudieu 43.....246 C 1
Lavaufranche 23.....190 A 4
Lavault-de-Frétoy 58.....176 A 1
Lavault-Sainte-Anne 03.....190 D 4
Les Lavaults 89.....158 B 3
Lavaur 24.....259 E 3
Lavaur 81.....298 D 3
Lavaurette 82.....278 C 3
Lavausseau 86.....185 H 1
Lavaveix-les-Mines 23.....207 G 2
Lavazan 33.....256 C 5
Laveissenet 15.....245 F 3
Laveissière 15.....245 E 3
Lavelanet 09.....336 D 3
Lavelanet-de-Comminges 31.....317 F 4
Laveline-devant-Bruyères 88.....120 A 2
Laveline-du-Houx 88.....119 H 2
Lavenay 72.....130 D 3
Laventie 62.....8 B 2
Lavéra 13.....325 G 4
Laveraët 32.....295 G 5
Lavercantière 46.....259 H 3
Laverdines 18.....173 H 1
Lavergne 46.....260 D 1
Lavergne 47.....257 G 3
Lavernat 72.....130 B 4
Lavernay 25.....161 G 3
Lavernhe 12.....281 G 2
Lavernose-Lacasse 31.....317 G 3
Lavernoy 52.....117 H 5
Laverrière 60.....21 H 4
Laversine 02.....40 A 3
Laversines 60.....38 B 2
Laveyron 26.....249 E 1
Laveyrune 07.....265 F 3
Laveyssière 24.....239 H 5
Lavieu 42.....229 G 3
Laviéville 80.....22 D 1
Lavigerie 15.....245 E 2
Lavignac 87.....223 F 1
Lavigney 70.....140 C 3
Lavignolle 33.....255 E 3
Lavigny 39.....179 F 4
Lavillatte 07.....265 G 2
Laville-aux-Bois 52.....117 E 3
Lavilledieu 07.....266 C 4
Lavilleneuve 52.....117 G 4
Lavilleneuve-au-Roi 52.....116 C 3
Lavilleneuve-aux-Fresnes 52.....116 B 2
Lavilletertre 60.....37 H 4
Lavincourt 55.....63 G 5
Laviolle 07.....266 B 1
Laviron 25.....163 E 3
Lavit-de-Lomagne 82.....296 D 1
Lavoine 03.....210 D 3
Lavoncourt 70.....140 C 4
Lavours 01.....214 D 4
Lavoûte-Chilhac 43.....246 B 2
Lavoûte-sur-Loire 43.....247 F 3
Lavoux 86.....186 D 1
Lavoye 55.....63 G 1
Lawarde-Mauger-l'Hortoy 80..22 B 4
Laxou 54.....65 H 5
Lay 42.....211 H 3
Lay-Lamidou 64.....313 G 4

Lay-Saint-Christophe 54.....65 H 5
Lay-Saint-Remy 54.....94 A 1
Laye 05.....269 G 2
Laymont 32.....317 E 3
Layrac 47.....276 B 2
Layrac-sur-Tarn 31.....298 A 2
Layrisse 65.....315 E 5
Lays-sur-le-Doubs 71.....178 C 2
Laz 29.....76 B 5
Lazenay 18.....172 C 1
Lazer 05.....287 F 1
Léalvillers 80.....13 E 5
Léaupartie 14.....34 B 4
Léaz 01.....215 E 1
Lebetain 90.....142 D 4
Lebeuville 54.....95 E 3
Lebiez 62.....6 D 4
Leboulin 32.....296 B 4
Lebreil 46.....277 F 1
Lebucquière 62.....13 H 4
Lécaude 14.....34 B 5
Lecci 2A.....349 G 5
Lecelles 59.....9 F 4
Lecey 52.....139 H 2
Lechâtelet 21.....178 B 1
Léchelle 62.....13 H 5
Léchelle 77.....89 G 2
La Léchère 73.....234 B 2
Les Lèches 24.....239 G 4
Lechiagat 29.....99 F 5
Lécluse 59.....14 A 2
Lécourt 52.....117 H 4
Lécousse 35.....81 E 4
Lecques 30.....303 F 2
Les Lecques 83.....327 G 4
Lect 39.....196 C 3
Lectoure 32.....296 B 1
Lecumberry 64.....330 C 1
Lécussan 31.....316 A 5
Lédas-et-Penthiès 81.....280 B 4
le Lédat 47.....258 B 5
Lédenon 30.....304 A 1
Lédergues 12.....280 C 4
Lederzeele 59.....3 G 4
Leudeuix 64.....313 H 4
Lédignan 30.....283 H 5
Ledinghem 62.....6 D 2
Ledringhem 59.....3 G 4
Lée 64.....314 B 4
Leers 59.....9 E 2
Legé 44.....165 G 2
Lège 31.....334 B 3
Lège-Cap-Ferret 33.....254 B 1
Légéville-et-Bonfays 88.....118 D 2
Léglantiers 60.....38 D 1
Légna 39.....196 C 3
Légny 69.....212 C 4
Léguevin 31.....297 G 5
Léguillac-de-Cercles 24.....221 H 5
Léguillac-de-l'Auche 24.....240 B 2
Lehaucourt 02.....24 B 1
Léhélec Château de 56.....125 F 4
Léhon 22.....79 G 4
Leigné-les-Bois 86.....169 H 4
Leigné-sur-Usseau 86.....169 G 3
Leignes-sur-Fontaine 86.....187 F 2
Leigneux 42.....229 G 1
Leimbach 68.....142 D 1
Leintrey 54.....95 H 1
Leiterswiller 67.....69 F 2
Lélex 01.....197 E 4
Lelin-Lapujolle 32.....294 D 3
Lelling 57.....67 E 1
Lemainville 54.....94 D 2
Lembach 67.....69 E 1
Lemberg 57.....68 B 1
Lembeye 64.....314 D 2
Lembras 24.....239 H 5
Lemé 02.....25 E 2
Lème 64.....294 B 5
Leménil-Mitry 54.....95 E 3
Lemeré 37.....169 E 1
Lemmecourt 88.....94 A 5
Lemmes 55.....43 H 5
Lemoncourt 57.....66 B 3
Lempaut 81.....299 F 5
Lempdes 63.....209 H 5
Lempdes-sur-Allagnon 43.....228 A 5
Lempire 02.....24 A 1

A B C D E F G H I J K L M N O P Q R S T U V W X Y Z

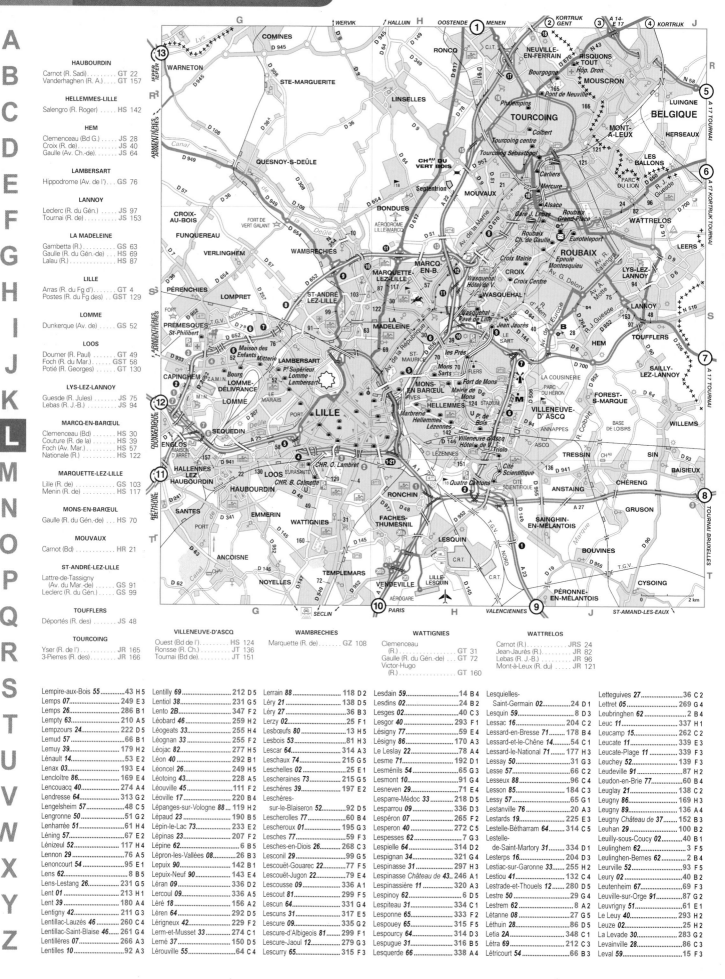

A B C D E F G H I J K L M N O P Q R S T U V W X Y Z

HAUBOURDIN
Carnot (R. Sadi) . . . . GT 22
Vanderhaghen (R. A.) . . . . GT 157

HELLEMMES-LILLE
Salengro (R. Roger) . . . . . HS 142

HEM
Clemenceau (Bd G.) . . . . . JS 28
Croix (R. de) . . . . JS 40
Gaulle (Av. Ch.-de). . . . . . JS 64

LAMBERSART
Hippodrome (Av. de l') . . . GS 76

LANNOY
Leclerc (R. du Gén.) . . . . . JS 97
Tournai (R. de) . . . . JS 153

LA MADELEINE
Gambetta (R.) . . . . GS 63
Gaulle (R. du Gén.-de) . . . HS 69
Lalau (R.) . . . . HS 87

LILLE
Arras (R. du Fg d') . . . . . . GT 4
Postes (R. du Fg des) . . . GST 129

LOMME
Dunkerque (Av. de) . . . . . . GS 52

LOOS
Doumer (R. Paul) . . . . GT 49
Foch (R. du Mar.) . . . . . . GST 58
Potié (R. Georges) . . . . . . GT 130

LYS-LEZ-LANNOY
Guesde (R. Jules) . . . . JS 75
Lebas (R. J.-B.) . . . . JS 94

MARCQ-EN-BARŒUL
Clemenceau (Bd) . . . . HS 30
Couture (R. de la) . . . . HS 39
Foch (Av. Mar.) . . . . HS 57
Nationale (R.) . . . . HS 122

MARQUETTE-LEZ-LILLE
Lille (R. de) . . . . GS 103
Menin (R. de) . . . . HS 117

MONS-EN-BARŒUL
Gaulle (R. du Gén.-de) . . . HS 70

MOUVAUX
Carnot (Bd) . . . . HR 21

ST-ANDRÉ-LEZ-LILLE
Lattre-de-Tassigny
(Av. du Mar.-de) . . . . . GS 91
Leclerc (R. du Gén.) . . . . . GS 99

TOUFFLERS
Déportés (R. des) . . . . JS 48

TOURCOING
Yser (R. de l') . . . . JR 165
3-Pierres (R. des) . . . . JR 166

VILLENEUVE-D'ASCQ
Ouest (Bd de l') . . . . HS 124
Ronsse (R. Ch.) . . . . JT 136
Tournai (Bd de) . . . . JT 151

WAMBRECHIES
Marquette (R. de) . . . . GZ 108

WATTIGNIES
Clemenceau
(R.) . . . . GT 31
Gaulle (R. du Gén.-de) . . . GT 72
Victor-Hugo
(R.) . . . . GT 160

WATTRELOS
Carnot (R.) . . . . JRS 24
Jean-Jaurès (R.) . . . . JR 82
Lebas (R. J.-B.) . . . . JR 96
Mont-à-Leux (R. du) . . . . . JR 121

Lempire-aux-Bois 55 . . . . 43 H 5	Lentilly 69 . . . . 212 D 5	Lerrain 88 . . . . 118 D 2
Lemps 07 . . . . 249 E 3	Lentiol 38 . . . . 231 G 5	Léry 21 . . . . 138 D 5
Lemps 26 . . . . 286 B 1	Lento 2B . . . . 347 F 2	Léry 27 . . . . 36 B 3
Lempty 63 . . . . 210 A 5	Léobard 46 . . . . 259 H 2	Lerzy 02 . . . . 25 F 1
Lempzours 24 . . . . 222 D 5	Léogeats 33 . . . . 255 H 4	Lesbœufs 80 . . . . 13 H 5
Lemud 57 . . . . 66 B 1	Léognan 33 . . . . 255 F 2	Lesbois 53 . . . . 81 H 3
Lemuy 39 . . . . 179 H 2	Léojac 82 . . . . 277 H 5	Lescar 64 . . . . 314 A 3
Lénault 14 . . . . 53 E 2	Léon 40 . . . . 292 B 1	Leschaux 74 . . . . 215 G 5
Lencloître 86 . . . . 169 E 4	Léoncel 26 . . . . 249 H 5	Leschelles 02 . . . . 25 E 1
Lencouacq 40 . . . . 274 A 4	Léotoing 43 . . . . 228 A 5	Lescheraines 73 . . . . 215 G 5
Lendresse 64 . . . . 313 G 2	Léouville 45 . . . . 111 F 2	Leschères 39 . . . . 197 E 2
Lengelsheim 57 . . . . 48 C 5	Léoville 17 . . . . 220 B 4	Leschères-
Lengronne 50 . . . . 51 G 2	Lépanges-sur-Vologne 88 . . 119 H 2	sur-le-Blaiseron 52 . . . . 92 D 5
Lenharrée 51 . . . . 61 H 4	Lépin-le-Lac 73 . . . . 233 E 2	Lescherolles 77 . . . . 60 B 4
Léning 57 . . . . 67 E 2	Lépinas 23 . . . . 207 F 2	Lescheroux 01 . . . . 195 G 3
Lénizeul 52 . . . . 117 H 4	Lépine 62 . . . . 6 B 5	Lesches 77 . . . . 59 F 3
Lennon 29 . . . . 76 A 5	Lépron-les-Vallées 08 . . . . 26 B 3	Lesches-en-Diois 26 . . . . 268 C 3
Lenoncourt 54 . . . . 95 E 1	Lepuix 90 . . . . 142 B 1	Lesconil 29 . . . . 99 G 5
Lens 62 . . . . 8 B 5	Lepuix-Neuf 90 . . . . 143 E 4	Lescouët-Gouarec 22 . . . . 77 F 5
Lens-Lestang 26 . . . . 231 G 5	Léran 09 . . . . 336 D 2	Lescouët-Jugon 22 . . . . . 79 E 4
Lent 01 . . . . 213 H 1	Lercoul 09 . . . . 336 A 5	Lescousse 09 . . . . 336 A 1
Lent 39 . . . . 180 A 4	Léré 18 . . . . 156 A 2	Lescout 81 . . . . 299 F 5
Lentigny 42 . . . . 211 G 3	Léren 64 . . . . 292 D 5	Lescun 64 . . . . 331 G 4
Lentillac-Lauzès 46 . . . . . 260 C 4	Lérigneux 42 . . . . 229 F 2	Lescuns 31 . . . . 317 E 5
Lentillac-Saint-Blaise 46 . . 261 G 4	Lerm-et-Musset 33 . . . . . 274 C 1	Lescure 09 . . . . 335 G 2
Lentillères 07 . . . . 266 A 3	Lerné 37 . . . . 150 D 5	Lescure-d'Albigeois 81 . . . 299 F 1
Lentilles 10 . . . . 92 A 3	Lérouville 55 . . . . 64 C 4	Lescure-Jaoul 12 . . . . . . 279 G 3
		Lescurry 65 . . . . 315 F 3

Lesdain 59 . . . . 14 B 4	Lesquielles-	Letteguives 27 . . . . 36 C 2
Lesdins 02 . . . . 24 B 2	Saint-Germain 02 . . . . . 24 D 1	Lettret 05 . . . . 269 G 4
Lesges 02 . . . . 40 C 3	Lesquin 59 . . . . 8 D 3	Leubringhen 62 . . . . 2 B 4
Lesgor 40 . . . . 293 F 1	Lessac 16 . . . . 204 C 2	Leuc 11 . . . . 337 H 1
Lésigny 77 . . . . 59 E 4	Lessard-en-Bresse 71 . . . . 178 B 4	Leucamp 15 . . . . 262 C 2
Lésigny 86 . . . . 170 A 3	Lessard-le-Chêne 14 . . . . 54 C 1	Leucate 11 . . . . 339 E 3
Le Leslay 22 . . . . 78 A 4	Lessard-le-National 71 . . . 177 H 3	Leucate-Plage 11 . . . . . . 339 F 3
Lesme 71 . . . . 192 D 1	Lessay 50 . . . . 31 G 3	Leuchey 52 . . . . 139 F 3
Lesménils 54 . . . . 65 G 3	Lesse 57 . . . . 66 C 2	Leudeville 91 . . . . 87 H 2
Lesmont 10 . . . . 91 G 4	Lesseux 88 . . . . 96 C 4	Leudon-en-Brie 77 . . . . . 60 B 4
Lesneven 29 . . . . 71 E 4	Lesson 85 . . . . 184 C 3	Leuglay 21 . . . . 138 C 2
Lesparre-Médoc 33 . . . . . 218 C 5	Lessy 57 . . . . 65 G 1	Leugny 86 . . . . 169 H 3
Lesparrou 09 . . . . 336 D 3	Lestanville 76 . . . . 20 A 3	Leugny 89 . . . . 136 A 4
Lesperon 40 . . . . 265 F 2	Lestards 19 . . . . 225 E 3	Leugny Château de 37 . . . 152 B 3
Lesperon 40 . . . . 272 C 5	Lestelle-Bétharram 64 . . . 314 C 5	Leugny 23 . . . . 100 B 2
Lespesses 62 . . . . 7 G 3	Lestelle-	Leuilly-sous-Coucy 02 . . . 40 B 1
Lespielle 64 . . . . 314 D 2	de-Saint-Martory 31 . . . 334 D 1	Leulinghem 62 . . . . 3 F 5
Lespignan 34 . . . . 321 G 4	Lesterps 16 . . . . 204 D 3	Leulinghen-Bernes 62 . . . 2 B 4
Lespinasse 31 . . . . 297 H 3	Lestiac-sur-Garonne 33 . . 255 H 2	Leurville 52 . . . . 93 F 5
Lespinasse Château de 43 . . 246 A 1	Lestiou 41 . . . . 132 C 4	Leury 02 . . . . 40 B 2
Lespinassière 11 . . . . 320 A 3	Lestrade-et-Thouels 12 . . 280 D 5	Leutenheim 67 . . . . 69 F 3
Lespinoy 62 . . . . 6 D 5	Lestre 50 . . . . 29 G 4	Leuville-sur-Orge 91 . . . . 87 G 2
Lespiteau 31 . . . . 334 C 1	Lestrem 62 . . . . 8 A 2	Leuvrigny 51 . . . . 61 E 1
Lespouey 65 . . . . 315 F 5	Létanne 08 . . . . 27 G 5	Le Leuy 40 . . . . 293 H 2
Lespourcy 64 . . . . 314 C 2	Léthuin 28 . . . . 86 D 5	Leuze 02 . . . . 25 H 2
Lespugue 31 . . . . 316 B 5	Letia 2A . . . . 348 C 1	La Levade 30 . . . . 283 G 2
Lesquerde 66 . . . . 338 A 4	Létra 69 . . . . 212 C 3	Levainville 28 . . . . 86 C 3
	Létricourt 54 . . . . 66 B 3	Leval 59 . . . . 15 F 3

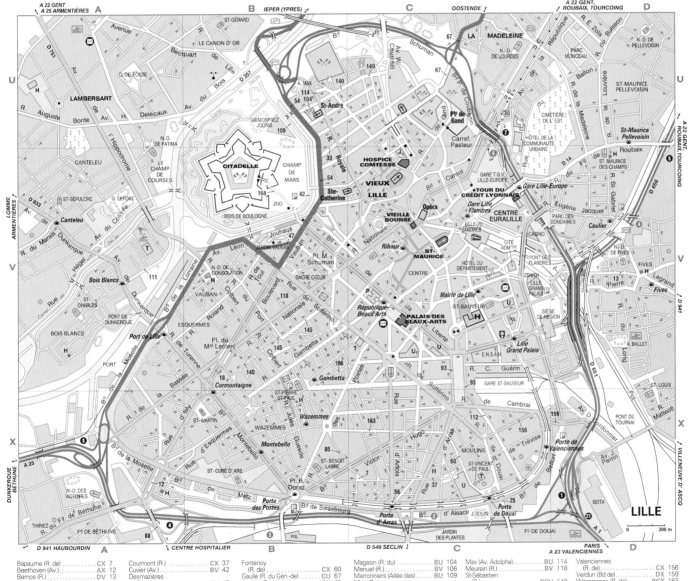

Leval 90	142 D 2	
Levallois-Perret 92	58 B 3	
Levant Île du 83	329 E 5	
Levaré 53	81 H 4	
Levécourt 52	117 H 3	
Levens 06	291 E 4	
Levergies 02	24 B 1	
Levernois 21	177 H 2	
Lèves 28	86 A 3	
Les Lèves-et-Thoumeyragues 33	257 F 1	
Levesville-la-Chenard 28	86 D 5	
Levet 18	173 E 3	
Levie 2A	349 F 5	
Levier 25	180 B 2	
Lévignac 31	297 G 4	
Lévignac-de-Guyenne 47	257 F 3	
Lévignacq 40	272 C 4	
Lévignen 60	39 G 4	
Lévigny 10	92 A 5	
Levis 89	135 H 5	
Lévis-Saint-Nom 78	57 H 5	
Levoncourt 55	64 B 4	
Levoncourt 68	143 E 5	
Levroux 36	171 G 2	
Lewarde 59	14 B 2	
Lexos 82	279 E 4	
Lexy 54	44 D 1	
Ley 57	66 D 5	
Leychert 09	336 C 3	
Leydé Pointe de 29	75 F 5	
Leyme 46	261 E 1	
Leymen 68	143 G 4	
Leyment 01	214 A 3	
Leynes 71	194 D 5	
Leynhac 15	261 H 2	
Leyr 54	66 B 4	
Leyrat 23	190 A 4	
Leyrieu 38	213 H 5	
Leyritz-Moncassin 47	275 E 1	
Leyssard 01	214 B 1	
Leyvaux 15	245 G 1	
Lez 31	334 B 3	
Lez-Fontaine 59	15 H 3	
Lézan 30	283 G 5	
Lézardrieux 22	73 F 3	
Lézat 39	197 E 2	
Lézat-sur-Lèze 09	317 H 5	
Lezay 79	185 H 5	
Lezennes 59	8 D 3	
Lézéville 52	93 F 3	
Lezey 57	66 D 4	
Lézignac-Durand 16	204 C 5	
Lézignan 65	333 E 1	
Lézignan-Corbières 11	320 C 5	
Lézignan-la-Cèbe 34	322 C 3	
Lézigné 49	129 E 4	
Lézigneux 42	229 G 3	
Lézinnes 89	137 F 3	
Lezoux 63	210 B 5	
Lhéraule 60	37 H 1	
Lherm 31	317 G 2	
Lherm 46	259 G 4	
Lhéry 51	41 E 4	
Lhez 65	315 F 5	
Lhommaizé 86	186 D 3	
Lhomme 72	130 C 3	
Lhôpital 01	214 D 2	
Lhor 57	67 F 3	
Lhospitalet 46	277 H 1	
Lhoumois 79	168 B 5	
Lhuis 01	214 C 5	
Lhuître 10	91 F 2	
Lhuys 02	40 D 3	
Liac 65	315 F 2	
Liancourt 60	38 D 3	
Liancourt-Fosse 80	23 G 3	
Liancourt-Saint-Pierre 60	37 H 4	
Liart 08	26 A 3	
Lias 32	297 F 5	
Lias-d'Armagnac 32	294 D 1	
Liausson 34	301 H 4	
Libaros 65	315 H 4	
Libération Croix de la 71	176 D 2	
Libercourt 62	8 C 4	
Libermont 60	23 G 4	
Libourne 33	238 B 5	
Librecy 08	26 B 3	
Licey-sur-Vingeanne 21	160 D 1	
Lichans-Sunhar 64	331 F 2	
Lichères 16	203 F 4	
Lichères-près-Aigremont 89	136 D 4	
Lichères-sur-Yonne 89	157 F 1	
Lichos 64	313 F 3	
Lichtenberg 67	68 B 2	
Licourt 80	23 G 2	
Licq-Athérey 64	331 F 2	
Licques 62	2 D 5	
Licy-Clignon 02	40 B 5	
Lidrezing 57	67 E 3	
Liebenswiller 68	143 G 4	
Liebsdorf 68	143 F 4	
Liebvillers 25	163 F 2	
Liederschiedt 57	48 C 5	
Lieffrans 70	140 D 5	
Le Liège 37	152 C 4	
Liéhon 57	65 H 2	
Liencourt 62	13 E 2	
Lieoux 31	316 C 5	
Liépvre 68	96 D 5	
Liéramont 80	14 A 5	
Liercourt 80	11 H 4	
Lières 62	7 G 3	
Liergues 69	212 D 3	
Liernais 21	158 C 4	
Liernolles 03	193 E 3	
Lierval 02	40 D 1	
Lierville 60	37 G 4	
Lies 65	333 F 1	
Liesle 25	179 G 1	
Liesse-Notre-Dame 02	25 E 5	
Liessies 59	15 H 4	
Liesville-sur-Douve 50	31 H 2	
Liettres 62	7 G 3	
Lieu-Saint-Amand 59	14 C 2	
Lieuche 06	289 G 4	
Lieucourt 70	161 F 2	
Lieudieu 38	231 H 4	
Lieurac 09	336 C 2	
Lieuran-Cabrières 34	301 H 5	
Lieuran-lès-Béziers 34	321 G 3	
Lieurey 27	35 E 4	
Lieuron 35	103 H 5	
Lieury 14	54 B 1	
Lieusaint 50	29 F 5	
Lieusaint 77	88 A 2	
Lieutadès 15	263 F 1	
Lieuvillers 60	38 D 1	
Liévans 70	141 G 4	
Liévin 62	8 B 5	
Lièvremont 25	180 D 1	
Liez 02	24 B 4	
Liez 85	184 B 3	
Liffol-le-Grand 88	93 H 5	
Liffol-le-Petit 52	93 G 5	
Liffré 35	104 C 2	
Ligardes 32	275 H 5	
Ligescourt 80	11 G 1	
Liget Chartreuse du 37	152 D 5	
Liginiac 19	226 B 4	
Liglet 86	187 H 2	
Lignac 36	188 A 3	
Lignairolles 11	337 E 1	
Lignan-de-Bazas 33	256 B 5	
Lignan-de-Bordeaux 33	255 H 1	
Lignan-sur-Orb 34	321 F 3	
Lignareix 19	225 H 2	
Ligné 16	203 E 4	
Ligné 44	148 A 2	
Lignères 61	54 D 4	
Lignereuil 62	13 E 2	
Lignerolles 03	190 D 5	
Lignerolles 21	138 D 2	
Lignerolles 27	56 C 3	
Lignerolles 61	189 H 2	
Lignerolles 61	84 C 2	
Lignéville 88	118 C 2	
Ligneyrac 19	242 C 3	
Lignières 10	114 D 5	
Lignières 18	172 D 5	
Lignières 41	131 H 2	
Lignières 80	23 E 4	
Lignières-Châtelain 80	21 G 3	
Lignières-de-Touraine 37	151 F 3	
Lignières-en-Vimeu 80	11 H 4	
Lignières-la-Carelle 72	83 H 4	
Lignières-Orgères 53	83 E 2	
Lignières-Sonneville 16	220 C 3	
Lignières-sur-Aire 55	64 B 4	
Lignol 56	101 F 3	
Lignol-le-Château 10	116 B 2	
Lignorelles 89	53 G 5	
Lignou 61	53 G 5	
Ligny-en-Barrois 55	93 F 4	
Ligny-en-Brionnais 71	193 H 5	
Ligny-en-Cambrésis 59	14 C 4	
Ligny-le-Châtel 89	136 C 2	
Ligny-le-Ribault 45	133 E 4	
Ligny-lès-Aire 62	7 G 3	
Ligny-Saint-Flochel 62	7 G 5	
Ligny-sur-Canche 62	12 C 2	
Ligny-Thilloy 62	13 G 4	
Ligré 37	151 E 5	
Ligron 72	129 G 3	
Ligsdorf 68	143 F 4	
Ligueil 37	170 A 1	
Ligueux 24	240 D 1	
Ligueux 33	257 F 1	
Ligugé 86	186 B 2	
Lihons 80	23 F 4	

A B C D E F G H I J K **L** M N O P Q R S T U V W X Y Z

LILLE

Bapaume (R. de)	CX 7	
Beethoven (Av.)	AX 12	
Bernos (R.)	DV 13	
Bigo-Danel (Bd)	BV 18	
Carrel (R. Armand)	CX 25	
Colpin (R. du Lt)	BV 33	
Courmont (R.)	CX 37	
Cuvier (Av.)	BV 42	
Desmazières (R. de)	BX 47	
Esplanade (Façade de l')	BUV 54	
Février (Pl. J.)	CX 56	
Fontenoy (R. de)	CX 60	
Gaulle (R. du Gén.-de)	CU 67	
Justice (R. de la)	BX 85	
Lambret (Av. Oscar)	AX 88	
Lebas (Bd J.-B.)	CV 93	
Magasin (R. du)	BU 104	
Manuel (R.)	BV 106	
Marronniers (Allée des)	BU 109	
Marx-Dormoy (Av.)	AV 111	
Maubeuge (R. de)	CX 112	
Max (Av. Adolphe)	BU 114	
Meurein (R.)	BV 118	
St-Sébastien (R.)	BCU 140	
Schuman (Pl. Maurice)	BV	
Stations (R. des)	BV 145	
Valenciennes (R. de)	CX 156	
Verdun (Bd de)	DX 159	
Wazemmes (R. de)	BCX 163	
43e-Régt d'Infanterie (Av. du)	BV 168	

Lihus 60....22 A5
Les Lilas 93....58 C3
Lilhac 31....316 C4
Lilignod 01....214 D3
Lille 59....8 D2
Lillebonne 76....35 F1
Lillemer 35....80 A2
Lillers 62....7 H3
Lilly 27....37 E2
Limalonges 79....203 F1
Limans 04....287 E5
Limanton 58....175 G2
Limas 69....212 D3
Limay 78....57 F2
Limbrassac 09....336 D2
Limé 02....40 D3
Limeil-Brévannes 94....58 D4
Limendous 64....314 C4
Limeray 37....152 C2
Limersheim 67....97 G2
Limerzel 56....125 E4
Limésy 76....20 A5
Limetz-Villez 78....57 E1
Limeuil 24....240 D5
Limeux 18....172 C1
Limeux 80....11 G4
Limey-Remenauville 54....65 F3
Limeyrat 24....241 E2
Limoges 87....205 G5
Limoges-Fourches 77....88 B2
Limogne-en-Quercy 46....278 D1
Limoise 03....174 B5
Limon 58....175 E2
Limonest 69....213 E4
Limons 63....210 B3
Limont-Fontaine 59....15 G3
Limony 07....231 E5
Limours-en-Hurepoix 91....87 F2
Limousis 11....319 H4
Limoux 11....337 G2
La Limouzinière 44....165 G1
La Limouzinière 85....166 A5
Limpiville 76....19 E4
Linac 46....261 G3
Linard 23....189 F4

Linards 87....224 C1
Linars 16....221 E1
Linas 91....87 G2
Linay 08....27 H4
Linazay 86....203 F1
Lincel 04....306 C1
Lincheux-Hallivillers 80....21 H2
Lindebeuf 76....19 H4
Le Lindois 16....222 B1
Lindre-Basse 57....67 E4
Lindre-Haute 57....67 E4
Lindry 89....136 A3
Linexert 70....141 H3
Lingé 36....170 C4
Lingeard 50....52 B4
Lingèvres 14....33 E4
Linghem 62....7 G3
Lingolsheim 67....97 G1
Lingreville 50....51 F1
Linguizzetta 2B....347 H4
Linières-Bouton 49....150 D1
Liniers 86....186 D1
Liniez 36....171 H2
Linsdorf 68....143 G4
Linselles 59....4 D5
Linthal 68....120 C4
Linthelles 51....61 F5
Linthes 51....61 F4
Lintot 76....19 F5
Lintot-les-Bois 76....20 B3
Linxe 40....272 B5
Liny-devant-Dun 55....43 H2
Linzeux 62....12 C2
Liocourt 57....66 B3
Liomer 80....21 G2
Le Lion-d'Angers 49....128 B4
Lion-devant-Dun 55....43 H2
Lion-en-Beauce 45....111 E3
Lion-en-Sullias 45....134 B4
Lion-sur-Mer 14....33 G3
Liorac-sur-Louyre 24....240 B5
Le Lioran 15....245 E3
Liouc 30....303 E1
Le Liouquet 13....327 G4
Liourdres 19....243 E5

Liouville 55....64 D4
Lioux 84....286 B5
Lioux-les-Monges 23....208 C3
Liposthey 40....273 E1
Lipsheim 67....97 G2
Lirac 30....285 E4
Liré 49....148 B2
Lirey 10....114 D3
Lironcourt 88....118 B4
Lironville 54....65 F3
Liry 08....42 D3
Lisbourg 62....7 H4
Liscia Golfe de la 2A....348 B2
Lisieux 14....34 C5
Lisle 24....240 B1
Lisle 41....131 H2
Lisle-en-Barrois 55....63 G2
Lisle-en-Rigault 55....63 G4
Lisle-sur-Tarn 81....298 C2
Lislet 02....25 G4
Lison 14....32 B3
Lison Source du 25....180 A2
Lisores 14....54 C2
Lisors 27....36 D3
Lissac 09....318 A4
Lissac-et-Mouret 46....261 F3
Lissac-sur-Couze 19....242 B3
Lissay-Lochy 18....173 E2
Lisse 47....275 F4
Lisse-en-Champagne 51....62 D3
Lisses 91....87 H2
Lisseuil 63....209 F2
Lissey 55....44 B3
Lissieu 69....212 D4
Lissy 77....88 B2
Listrac-de-Durèze 33....257 E1
Listrac-Médoc 33....237 E3
Lit-et-Mixe 40....272 B4
Lithaire 50....31 G3
Litteau 14....32 C4
Littenheim 67....68 C4
Littry 14....32 C4
Livaie 61....83 F3

Livarot 14....54 C1
Liverdun 54....65 G5
Liverdy-en-Brie 77....59 F5
Livernon 46....261 E3
Livers-Cazelles 81....279 F5
Livet 53....106 C3
Livet-en-Saosnois 72....83 H4
Livet-et-Gavet 38....251 E2
Livet-sur-Authou 27....35 F4
Livilliers 95....58 A1
Livinhac-le-Haut 12....261 H4
La Livinière 34....320 B4
Livré 53....105 G5
Livron 64....314 D4
Livron-sur-Drôme 26....267 F1
Livry 14....32 D5
Livry 58....174 B4
Livry-Gargan 93....58 D2
Livry-Louvercy 51....42 A5
Livry-sur-Seine 77....88 B3
Lixhausen 67....68 C4
Lixheim 57....67 H4
Lixières 54....65 H3
Lixing-lès-Rouhling 57....47 G5
Lixing-lès-Saint-Avold 57....67 E1
Lixy 89....113 E2
Lizac 82....277 F4
Lizant 86....203 G2
Lizeray 36....172 A2
Lizières 23....206 C1
Lizine 25....180 A1
Lizines 77....89 F3
Lizio 56....102 C5
Lizos 65....315 F4
Lizy 02....40 C1
Lizy-sur-Ourcq 77....59 H1
La Llagonne 66....341 G4
Llauro 66....342 D3
Llo 66....341 F4
Llous 66....341 F5
Llupia 66....342 D2
Lobsann 67....69 E2
Loc-Brévalaire 29....70 D4
Loc Dieu Ancienne
    Abbaye de 12....279 E1
Loc-Eguiner 29....71 F5
Loc-Eguiner-
    Saint-Thégonnec 29....76 A2
Loc-Envel 22....72 C5
Locarn 22....77 E4
Loché 71....194 D5
Loché-sur-Indrois 37....170 D1
Loches 37....152 C5
Loches-sur-Ource 10....115 H4
Le Locheur 14....33 F5
Lochieu 01....214 D3
Lochwiller 67....68 B5
Locmalo 56....101 G2
Locmaria 22....72 C5
Locmaria 56....144 C4
Locmaria Chapelle de 29....70 D5
Locmaria-Berrien 29....76 C3
Locmaria-Grand-Champ 56....124 B2
Locmaria-Plouzané 29....74 D2
Locmariaquer 56....124 A4
Locmélar 29....75 H2
Locminé 56....102 A5
Locmiquélic 56....123 F2
Locoal-Mendon 56....123 H3
Locon 62....8 A3
Loconville 60....37 H4
Locqueltas 56....124 B2
Locquémeau 22....72 B3
Locquénolé 29....71 H4
Locquignol 59....15 F3
Locquirec 29....72 B3
Locronan 29....99 G2
Loctudy 29....99 G5
Locunolé 29....100 D4
Loddes 03....193 E5
Lodes 31....316 B5
Lodève 34....301 H3
Lods 25....180 B1
Lœuilley 70....160 D1
Lœuilly 80....22 B3
Loëx 74....197 H5
Loffre 59....9 E5
La Loge 62....7 E5
La Loge-aux-Chèvres 10....91 G5
La Loge des Gardes 03....211 E3
Loge-Fougereuse 85....184 C1
La Loge-Pomblin 10....114 D4
Logelbach 68....121 E3
Logelheim 68....121 F3
Les Loges 14....52 D1
Les Loges 52....139 H3

Les Loges 72....108 C5
Les Loges 76....18 D4
Les Loges-en-Josas 78....58 A4
Les Loges-Marchis 50....81 F2
Les Loges-Margueron 10....115 E4
Les Loges-Saulces 14....53 G3
Les Loges-sur-Brécey 50....52 A4
Le Logis-du-Pin 06....308 B2
Le Logis-Neuf 01....195 G5
Le Logis-Neuf 13....327 E2
Lognes 77....59 E3
Logny-Bogny 08....26 B3
Logny-lès-Aubenton 02....25 H2
Logny-lès-Chaumont 08....25 H4
Logonna-Daoulas 29....75 D3
Logrian-Florian 30....303 E1
Logron 28....109 H3
Loguivy-de-la-Mer 22....73 F2
Loguivy-Plougras 22....72 C5
Lohéac 35....103 H5
Lohitzun-Oyhercq 64....311 H5
Lohr 67....68 A3
Lohuec 22....76 D2
Loigné-sur-Mayenne 53....128 B2
Loigny-la-Bataille 28....110 C3
Loiré 49....127 H4
Loire-les-Marais 17....200 D2
Loiré-sur-Nie 17....202 B3
Loire-sur-Rhône 69....231 E3
Loiron 53....105 G4
Loisail 61....84 C3
Loisey-Culey 55....63 H4
Loisia 39....196 B2
Loisieux 73....232 D1
Loisin 74....197 H4
Loison 55....44 D4
Loison-sous-Lens 62....8 C5
Loison-sur-Créquoise 62....6 D5
Loisy 54....65 G3
Loisy 71....195 F1
Loisy-en-Brie 51....61 F3
Loisy-sur-Marne 51....62 C4
Loivre 51....41 G3
Loix 17....182 D5
Loizé 79....202 D1
Lolif 50....51 G4
Lolme 24....258 D2
Lombard 25....161 G5
Lombard 39....179 E4
Lombers 81....299 F2
Lombez 32....316 D2
Lombia 64....314 D3
Lombray 02....39 H1
Lombreuil 45....112 B5
Lombron 72....108 A4
Lomener 56....123 E2
Lomme 59....8 C2
Lommerange 57....45 F3
Lommoye 78....57 E2
Lomné 65....333 G2
Lomont 70....142 A3
Lomont-sur-Crête 25....162 D2
Lompnas 01....214 B5
Lompnieu 01....214 D3
Lompret 59....8 C2
Lonçon 64....314 A2
La Londe 76....36 A3
La Londe-les-Maures 83....328 D4
Londigny 16....203 F2
Londinières 76....20 D2
Long 80....11 H4
Longages 31....317 G3
Longaulnay 35....79 H5
Longavesnes 80....23 H1
Longchamp 21....160 C4
Longchamp 52....117 G3
Longchamp 73....234 A4
Longchamp 88....95 G5
Longchamp-
    sous-Châtenois 88....94 B5
Longchamp-sur-Aujon 10....116 B3
Longchamps 02....24 D1
Longchamps 27....37 F3
Longchamps-sur-Aire 55....64 B3
Longchaumois 39....197 E2
Longcochon 39....180 A4
Longeau 52....139 G3
Longeault 21....160 C4
Longeaux 55....63 H5
Longechaux 25....162 D4
Longechenal 38....232 A4
Longecourt-en-Plaine 21....160 B4
Longecourt-lès-Culêtre 21....159 F5
Longefoy 73....234 C2
Longemaison 25....162 D5
Longemer 88....120 B3

Longepierre 71....178 C2
Le Longeron 49....166 C1
Longes 69....230 D3
Longessaigne 69....212 B5
Longeville 70....141 H4
Longeville-lès-Russey 25....163 E3
Longeville-sur-Doubs 25....142 A5
Longèves 17....183 G5
Longèves 85....183 H2
La Longeville 25....180 D1
Longeville-en-Barrois 55....63 H4
Longeville-lès-Metz 57....65 G1
Longeville-lès-Saint-Avold 57....46 D2
Longeville-sur-la-Laines 52....92 A3
Longeville-sur-Mer 85....182 C2
Longevilles-Mont-d'Or 25....180 C4
Longfossé 62....6 C2
La Longine 70....119 H5
Longjumeau 91....58 B5
Longlaville 54....45 E1
Longmesnil 76....21 E3
Longnes 72....107 F4
Longnes 78....57 E2
Longny-au-Perche 61....84 D3
Longperrier 77....59 E1
Longpont 02....40 A4
Longpont-sur-Orge 91....87 G2
Longpré-le-Sec 10....115 H2
Longpré-les-Corps-Saints 80....11 H4
Longraye 14....33 E4
Longré 16....203 E3
Longroy 76....11 E5
Longsols 10....91 F4
Longué 49....150 B2
Longueau 80....22 C2
Longuefuye 53....128 C2
Longueil 76....20 A3
Longueil-Annel 60....39 G1
Longueil-Sainte-Marie 60....39 F3
Longuenesse 62....3 F5
Longuenoë 61....83 F3
Longuerue 76....20 C5
Longues 63....228 A2
Longues-sur-Mer 14....33 E2
Longuesse 95....57 H1
Longueval 80....13 G5
Longueval-Barbonval 02....40 D3
Longueville 14....32 C2
Longueville 47....257 F5
Longueville 50....51 F2
La Longueville 59....15 G2
Longueville 62....2 D5
Longueville 77....89 F3
Longueville-sur-Aube 10....90 C2
Longueville-sur-Scie 76....20 B3
Longuevillette 80....12 C4
Longuyon 54....44 C2
Longvic 21....160 A3
Longvillers 14....53 E1
Longvilliers 80....12 B4
Longvilliers 62....6 B3
Longvilliers 78....87 E2
Longwé 08....43 E2
Longwy 54....45 E1
Longwy-sur-le-Doubs 39....178 D2
Lonlay-l'Abbaye 61....52 D5
Lonlay-le-Tesson 61....53 G5
Lonnes 16....203 F3
Lonny 08....26 C2
Lonrai 61....83 G3
Lons 64....314 A3
Lons-le-Saunier 39....179 E5
Lonzac 17....219 H2
Le Lonzac 19....224 D4
Looberghe 59....3 F5
Loon-Plage 59....3 F2
Loos 59....8 C3
Loos-en-Gohelle 62....8 B4
Looze 89....113 H5
Lopérec 29....75 H4
Loperhet 29....75 G2
Lopigna 2A....348 C1
Loqueffret 29....76 B3
Lor 02....41 G1
Loray 25....162 D4
Lorcières 15....246 A4
Lorcy 45....112 A4
Lordat 09....336 C5
Loré 61....82 B3
Lorentzen 67....67 H2
Loreto-di-Casinca 2B....347 G1
Loreto-di-Tallano 2A....349 E5
Lorette 42....230 C3
Le Loreur 50....51 G2
Loreux 41....154 A2

LIMOGES

Aine (Pl. d')....BZ 2
Allois (R. des)....DZ 6
Amphithéâtre (R. de l')....BY 8
Barreyrrette (Pl. de la)....CZ 12
Bénédictins (Av. des)....DY 14
Betoulle (Pl. L.)....CZ 16
Boucherie (R. de la)....CZ 18
Cathédrale (R. de la)....DZ 23
Clocher (R. du)....CZ 25
Collège (R. du)....CZ 26
Consulat (R. du)....CZ
Coopérateurs (R. des)....BY 27

Dupuytren (R.)....CZ 30
Ferrerie (R.)....CZ 33
Fonderie (R. de la)....BY 35
Fontaine-des-Barres (Pl.)....CY 37
Gambetta (Bd)....BCZ
Giraudoux (Square Jean)....CY 42
Haute-Cité (R.)....DZ 46
Jacobins (Pl. des)....CZ 49
Jean-Jaurès (R.)....CYZ
Louis-Blanc (Bd)....CZ
Louvrier-de-Lajolais (R.)....BY 55
Manigne (R.)....
Maupas (R. du)....DY 59
Michels (R. Charles)....CZ 63
Motte (Pl. de la)....CZ 66

Périn (Bd G.)....CY 71
Préfecture (R. de la)....CY 83
Raspail (R.)....DZ 89
Réforme (R. de la)....CY 91
République (Pl. de la)....CY 95
St-Martial (R.)....CY 107
St-Maurice (Bd)....DZ 109
St-Pierre (Pl.)....CZ 110
Stalingrad (Pl.)....CY 113
Temple (Cour du)....CZ 115
Temple (R. du)....CZ 116
Tourny (Carrefour)....CZ 118
Victor-Hugo (Bd)....BY 120
Vigne-de-Fer (R.)....CZ 122
71e-Mobile (R. du)....DZ 125

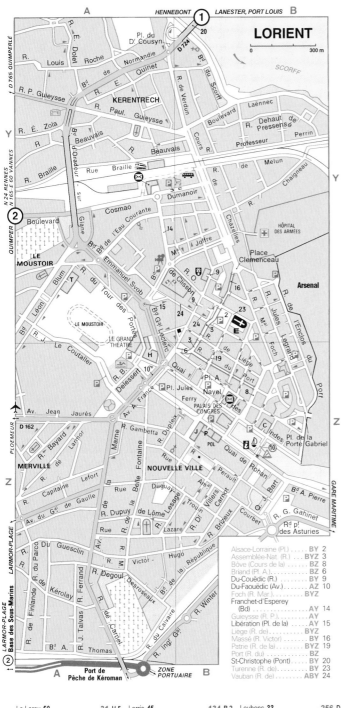

LORIENT

Alsace-Lorraine (Pl.) . . . . . **BY** 2
Assemblée-Nat. (R.) . . . **BYZ** 3
Bôve (Cours de la) . . . . . **BZ** 8
Briand (Pl. A.) . . . . **BZ** 6
Du-Couëdic (R.) . . . . **BY** 9
Du-Faouëdic (Av.) . . . . . . **AZ** 10
Foch (R. Mar.) . . . . **BYZ**
Franchet-d'Esperey
(Bd) . . . . **AY** 14
Guieysse (R. P.) . . . . **AY**
Libération (Pl. de la) . . . . **AY** 15
Liège (R. de) . . . . **BYZ**
Massé (R. Victor) . . . . . . **BY** 16
Patrie (R. de la) . . . . . . **BYZ** 19
Port (R. du) . . . . **BZ**
St-Christophe (Pont) . . . . **BY** 20
Turenne (R. de) . . . . **BY** 23
Vauban (R. de) . . . . **ABY** 24

Loudun 86 .... 168 D 2
Loué 72 .... 107 E 4
La Loue Source de 25 .... 180 C 1
Louens 33 .... 237 F 4
Louer 40 .... 293 F 2
Louerre 49 .... 150 A 3
Louesme 21 .... 138 C 2
Louesme 89 .... 135 G 2
Louestault 37 .... 130 D 5
Loueuse 60 .... 21 G 5
Louey 65 .... 315 E 5
Lougé-sur-Maire 61 .... 53 H 5
Lougratte 47 .... 258 B 4
Lougres 25 .... 142 B 5
Louhans 71 .... 178 C 5
Louhossoa 64 .... 311 E 4
Louignac 19 .... 241 G 1
Louin 79 .... 168 B 4
Louisfert 44 .... 126 D 4
Louit 65 .... 315 F 4
Loulans-Verchamp 70 ... 162 B 4
Loulay 17 .... 201 H 2
Loulle 39 .... 179 H 4
La Loupe 28 .... 85 F 3
Loupeigne 02 .... 40 C 4
Loupershouse 57 .... 67 F 1
Loupes 33 .... 255 H 1
Loupfougères 53 .... 82 D 5
Loupia 11 .... 337 F 2
Loupiac 12 .... 261 F 4
Loupiac 15 .... 244 B 3
Loupiac 33 .... 256 B 3
Loupiac 46 .... 260 B 1
Loupiac 81 .... 298 C 2
Loupiac-de-la-Réole 33 .. 256 D 4
Loupian 34 .... 322 D 3
Louplande 72 .... 107 G 5
Loupmont 55 .... 64 D 3
Louppy-le-Château 55 .. 63 G 3
Louppy-sur-Chée 55 .... 63 G 3
Louppy-sur-Loison 55 ... 44 B 2
Loups du Gévaudan
Parc des 48 .... 264 A 3
La Louptière-Thénard 10 . 89 H 4
Lourches 59 .... 14 C 2
Lourde 31 .... 334 B 2
Lourdes 65 .... 332 D 1
Lourdios-Ichère 64 ...... 331 G 2
Lourdoueix-Saint-Michel 36 . 189 E 3
Lourdoueix-Saint-Pierre 23 . 189 F 3
Lourenties 64 .... 314 C 4
Loures-Barousse 65 ..... 334 B 2
Louresse-Rochemenier 49 . 150 A 4
Lourmais 35 .... 80 B 3
Lourmarin 84 .... 305 H 2
Lournand 71 .... 194 D 3
Lourouer-Saint-Laurent 36 . 189 G 1
Le Louroux 37 .... 152 A 5
Le Louroux-Béconnais 49 . 148 D 1
Louroux-Bourbonnais 03 . 191 F 2
Louroux-de-Beaune 03 .. 191 F 5
Louroux-de-Bouble 03 .. 191 G 5
Louroux-Hodement 03 ... 191 E 3
Lourquen 40 .... 293 G 3
Lourties-Monbrun 32 .... 316 A 2
Loury 45 .... 111 F 5
Louslitges 32 .... 295 F 4
Loussous-Débat 32 ...... 295 E 4
Loutehel 35 .... 103 G 4
Loutremange 57 .... 46 C 5
Loutzviller 57 .... 48 C 5
Louvagny 14 .... 54 A 2
Louvaines 49 .... 128 A 4
Louvatange 39 .... 161 F 4
Louveciennes 78 .... 58 A 3
Louvemont 52 .... 92 C 2
Louvemont-
Côte-du-Poivre 55 ..... 44 B 5
Louvencourt 80 .... 13 E 4
Louvenne 39 .... 196 B 3
Louvergny 08 .... 26 D 5
Louverné 53 .... 106 A 3
Le Louverot 39 .... 179 F 4
Louversey 27 .... 55 H 2
Louvetot 76 .... 19 G 5
Louvie-Juzon 64 .... 332 A 1
Louvie-Soubiron 64 ..... 332 A 2
La Louvière-Lauragais 11 . 318 C 4
Louvières 14 .... 32 C 2
Louvières 52 .... 117 F 4
Louvières-en-Auge 61 .. 54 B 3
Louviers 27 .... 36 B 4
Louvigné 53 .... 106 B 4
Louvigné-de-Bais 35 ... 104 D 4
Louvigné-du-Désert 35 . 81 F 3
Louvignies-Bavay 59 ... 15 F 2
Louvignies-Quesnoy 59 . 15 E 3

Louvigny 14 .... 33 G 4
Louvigny 57 .... 65 H 2
Louvigny 64 .... 294 A 5
Louvigny 72 .... 83 H 5
Louvil 59 .... 9 E 3
Louville-la-Chenard 28 .. 86 D 5
Louvilliers-en-Drouais 28 . 56 C 5
Louvilliers-lès-Perche 28 . 85 F 2
Louvois 51 .... 41 H 5
Louvrechy 80 .... 22 C 3
Louvres 95 .... 58 D 1
Louvroil 59 .... 15 G 2
Louye 27 .... 56 C 4
Louzac 16 .... 219 H 1
Louze 52 .... 92 A 4
Louzes 72 .... 84 A 4
Louzignac 17 .... 202 C 4
Louzouer 45 .... 112 D 4
Louzy 79 .... 168 B 1
Lovagny 74 .... 215 F 3
Loxéville 55 .... 64 B 5
La Loye 39 .... 179 E 1
La Loyère 71 .... 177 H 3
Loyat 56 .... 103 E 4
Loye-sur-Arnon 18 ...... 190 B 1
Loyettes 01 .... 213 H 5
Lozanne 69 .... 212 D 4
Lozari 2B .... 344 D 5
Lozay 17 .... 201 G 2
Loze 82 .... 278 D 2
Lozère Mont 48 .... 265 E 5
Lozinghem 62 .... 7 H 4
Lozon 50 .... 31 H 4
Lozzi 2B .... 346 D 4
Luant 36 .... 171 G 5
Le Luart 72 .... 108 C 4
Lubbon 40 .... 274 D 4
Lubécourt 57 .... 66 C 3
Lubersac 19 .... 223 H 4
Lubey 54 .... 45 E 4
Lubilhac 43 .... 246 A 1
Lubine 88 .... 96 C 4
Lublé 37 .... 151 E 1
Lubret-Saint-Luc 65 .... 315 G 4
Luby-Betmont 65 .... 315 G 4
Luc 48 .... 265 F 3
Luc 65 .... 315 F 5
Le Luc 83 .... 328 D 1
Luc-Armau 64 .... 314 D 2
Luc-en-Diois 26 .... 268 B 3
Luc-la-Primaube 12 .... 280 C 2
Luc-sur-Aude 11 .... 337 G 3
Luc-sur-Mer 14 .... 33 G 3
Luc-sur-Orbieu 11 ...... 320 C 5
Lucarré 64 .... 314 D 2
Luçay-le-Libre 36 ...... 172 A 4
Luçay-le-Mâle 36 ...... 153 F 5
Lucbardez-et-Bargues 40 . 274 A 5
Lucciana 2B .... 347 G 2
Lucé 28 .... 86 A 4
Lucé 61 .... 82 B 2
Lucé-sous-Ballon 72 .... 107 H 2
Luceau 72 .... 130 B 4
Lucelle 68 .... 143 F 5
Lucenay 69 .... 212 D 4
Lucenay-le-Duc 21 ..... 138 A 5
Lucenay-lès-Aix 58 ..... 175 F 5
Lucenay-l'Évêque 71 ... 176 C 1
Lucéram 06 .... 291 F 4
Lucerne Abbaye de la 50 . 51 G 3
La Lucerne-d'Outremer 50 . 51 G 3
Lucey 21 .... 138 C 2
Lucey 54 .... 65 E 5
Lucey 73 .... 215 E 5
Lucgarier 64 .... 314 C 5
Luchapt 86 .... 204 D 1
Luchat 17 .... 219 F 1
Luché-Pringé 72 .... 129 H 4
Luché-sur-Brioux 79 ... 202 D 1
Luché-Thouarsais 79 ... 167 H 3
Lucheux 80 .... 12 D 3
Luchy 60 .... 22 A 5
Lucinges 74 .... 197 H 5
Lucmau 33 .... 274 B 1
Luçon 85 .... 183 F 2
Lucq-de-Béarn 64 ...... 313 G 4
Lucquy 08 .... 26 B 5
Les Lucs-sur-Boulogne 85 . 165 H 3
Lucy 51 .... 61 F 2
Lucy 57 .... 66 C 2
Lucy 76 .... 20 D 3
Lucy-le-Bocage 02 ..... 60 B 1
Lucy-le-Bois 89 .... 157 H 1
Lucy-sur-Cure 89 ...... 136 C 5
Lucy-sur-Yonne 89 ..... 157 F 1
Le Lude 72 .... 129 H 4
Ludes 51 .... 41 G 5

Ludesse 63 .... 227 H 2
Ludiès 09 .... 336 C 1
Ludon-Médoc 33 .... 237 G 4
Ludres 54 .... 94 D 1
Lüe 40 .... 272 D 2
Lué-en-Baugeois 49 ... 150 A 1
Luemschwiller 68 ...... 143 F 2
Luère Col de la 69 ..... 212 D 5
Lugagnac 46 .... 278 D 1
Lugagnan 65 .... 332 D 1
Lugaignac 33 .... 256 C 1
Lugan 12 .... 261 H 5
Lugan 81 .... 298 C 3
Lugarde 15 .... 245 E 1
Lugasson 33 .... 256 C 1
Luglon 40 .... 273 F 4
Lugny 02 .... 25 E 3
Lugny 71 .... 195 E 2
Lugny-Bourbonnais 18 . 173 H 3
Lugny-Champagne 18 .. 155 H 5
Lugny-lès-Charolles 71 . 193 H 3
Lugo-di-Nazza 2B ...... 349 G 1
Lugon-et-l'Ile-du-Carnay 33 . 238 B 4
Lugos 33 .... 254 D 4
Lugrin 74 .... 198 C 3
Lugy 62 .... 7 F 4
Le Luhier 25 .... 163 E 4
Luigné 49 .... 149 H 3
Luigny 28 .... 109 F 2
Luisans 25 .... 163 E 5
Luisant 28 .... 86 A 4
Luisetaines 77 .... 89 F 3
Luitré 35 .... 81 F 5
Lullin 74 .... 198 B 4
Lully 74 .... 198 A 4
Lumbin 38 .... 233 F 5
Lumbres 62 .... 7 E 2
Lumeau 28 .... 110 D 3
Lumes 08 .... 26 D 3
Luméville-en-Ornois 55 . 93 G 3
Lumigny 77 .... 59 G 4
Lumio 2B .... 346 C 2
Lunac 12 .... 279 G 3
Lunan 46 .... 261 G 3
Lunaret Zoo de 34 ..... 302 D 4
Lunas 24 .... 239 G 5
Lunas 34 .... 301 G 3
Lunax 31 .... 316 B 3
Lunay 41 .... 131 F 3
Luneau 03 .... 193 F 4
Lunegarde 46 .... 260 D 2
Lunel 34 .... 303 F 4
Lunel-Viel 34 .... 303 F 4
Luneray 76 .... 19 H 2
Lunery 18 .... 172 D 3
Lunéville 54 .... 95 F 1
Le Luot 50 .... 51 H 4
Lupcourt 54 .... 94 D 1
Lupé 42 .... 230 D 5
Lupersat 23 .... 208 B 3
Lupiac 32 .... 295 F 3
Luplanté 28 .... 86 A 5
Luppé-Violles 32 .... 294 D 3
Luppy 57 .... 66 B 2
Lupsault 16 .... 202 D 3
Lupstein 67 .... 68 C 4
Luquet 65 .... 314 D 4
Lurais 36 .... 170 B 5
Luray 28 .... 56 D 5
Lurbe-Saint-Christau 64 . 331 H 2
Lurcy 01 .... 213 E 2
Lurcy-le-Bourg 58 ..... 157 E 5
Lurcy-Lévis 03 .... 174 A 5
Luré 42 .... 211 F 4
Lure 70 .... 141 H 3
Lureuil 36 .... 170 C 5
Luri 2B .... 345 G 2
Luriecq 42 .... 229 G 4
Lurs 04 .... 287 F 5
Lury-sur-Arnon 18 ..... 154 C 5
Lus-la-Croix-Haute 26 .. 268 D 2
Lusanger 44 .... 126 C 4
Lusans 25 .... 162 B 2
Luscan 31 .... 334 B 2
Lusignac 24 .... 221 G 5
Lusignan 86 .... 186 A 3
Lusignan-Petit 47 ...... 275 H 2
Lusigny 03 .... 192 C 1
Lusigny-sur-Barse 10 .. 115 F 2
Lusigny-sur-Ouche 21 .. 177 F 1
Lussac 16 .... 203 H 4
Lussac 17 .... 219 H 3
Lussac 33 .... 238 D 4
Lussac-les-Châteaux 86 . 187 E 3
Lussac-les-Églises 87 .. 188 A 4
Lussagnet 40 .... 294 C 2
Lussagnet-Lusson 64 ... 314 C 2

Le Lorey 50 .... 31 H 5
Lorey 54 .... 95 E 2
Lorges 41 .... 132 B 3
Lorgies 62 .... 8 B 3
Lorgues 83 .... 307 H 5
La Lorie Château de 49 ... 128 A 4
Lorient 56 .... 123 F 2
Loriges 03 .... 192 B 5
Lorignac 17 .... 219 F 3
Lorigné 79 .... 203 E 1
Loriol-du-Comtat 84 ...... 285 G 4
Loriol-sur-Drôme 26 ...... 267 E 1
Lorlanges 43 .... 228 A 5
Lorleau 27 .... 37 E 2
Lormaison 60 .... 38 A 4
Lormaye 28 .... 57 E 5
Lormes 58 .... 157 H 4
Lormont 33 .... 237 G 5
Lornay 74 .... 215 E 3
Loromontzey 54 .... 95 F 3
Le Loroux 35 .... 81 G 4
Le Loroux-Bottereau 44 .. 148 A 4
Lorp-Sentaraille 09 ...... 335 F 2
Lorquin 57 .... 67 G 5
Lorrez-le-Bocage 77 ..... 112 D 2

Lorris 45 .... 134 B 2
Lorry-lès-Metz 57 .... 45 G 5
Lorry-Mardigny 57 .... 65 G 2
Lortet 65 .... 333 H 2
Loscouët-sur-Meu 22 .... 103 F 2
Losne 21 .... 160 C 5
Losse 40 .... 274 C 4
Lostanges 19 .... 242 D 3
Lostroff 57 .... 67 F 3
Lothey 29 .... 75 H 5
Lottinghen 62 .... 6 D 2
Le Lou-du-Lac 35 .... 103 H 4
Louailles 72 .... 129 E 3
Louan 77 .... 89 H 2
Louannec 22 .... 72 D 2
Louans 37 .... 152 A 5
Louargat 22 .... 72 D 5
Louâtre 02 .... 40 A 4
Loubajac 65 .... 332 D 1
Loubaresse 07 .... 265 G 3
Loubaresse 15 .... 246 A 5
Loubaut 09 .... 317 G 5
Loubédat 32 .... 295 E 3
Loubejac 24 .... 259 F 4
Loubens 09 .... 336 A 2

Loubens 33 .... 256 D 3
Loubens-Lauragais 31 ... 298 C 5
Loubers 81 .... 279 E 5
Loubersan 32 .... 316 A 2
Loubès-Bernac 47 .... 257 G 2
Loubeyrat 63 .... 209 G 4
Loubieng 64 .... 313 G 2
La Loubière 12 .... 280 C 1
Loubières 09 .... 336 B 2
Loubigné 79 .... 202 D 2
Loubillé 79 .... 202 D 2
Loublande 79 .... 167 E 2
Loubressac 46 .... 243 E 5
Loucé 61 .... 54 A 5
Loucelles 14 .... 33 E 4
Louchats 33 .... 255 G 4
Louches 62 .... 2 D 4
Louchy-Montfand 03 .... 192 A 4
Loucrup 65 .... 333 E 1
Loudéac 22 .... 102 B 2
Loudervielle 65 .... 333 H 4
Loudes 43 .... 247 E 3
Loudet 31 .... 316 A 5
Loudrefing 57 .... 67 F 3

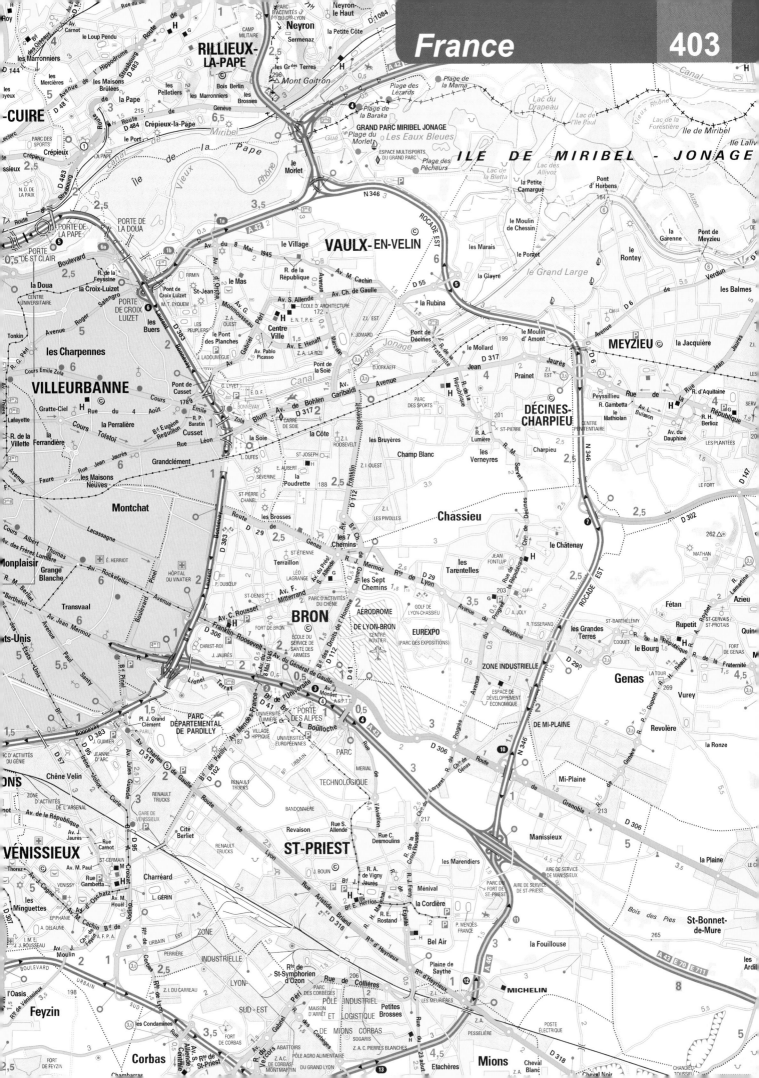

A
B
C
D
E
F
G
H
I
J
K
L
M
N
O
P
Q
R
S
T
U
V
W
X
Y
Z

LYON

Annonciade (R. de l') . . . . FV 5
Antiquaille (R. de l') . . . . EY 7
Basses Verchères
(R. des) . . . . EY 10
Bonaparte (Pt) . . . . FV 12
Burdeau (R.) . . . . EY 16
Carmélites (Mtée des) . . . . . . FV 21
Churchill (Pt W.) . . . . GV 31
Courmont (Q. J.) . . . . FX 33

Croix Rousse
(Gde-R. de la) . . . . GZ 35
Duvivier (R. P.) . . . . GZ 180
Épargne (R. de l') . . . . HZ 41
Farges (R. de l') . . . . EY 46
Favre (Bd J.) . . . . HX 48
Joffre (Quai Mar.) . . . . GX 88
La-Fayette (Pont) . . . . GX 88
Ferry (Pl. J.) . . . . HX 51
France (Bd A.) . . . . FV 57
Gallieni (Pt) . . . . FY 65
Gerlier (R. Cardinal) . . . . EY 69

Grenette (R.) . . . . FX 71
Guillotière (Grande-R. de la) . GYZ
Herbouville (Cours d') . . . . . . FV 75
Jean-Jaurès (Av.) . . . . GY
Juin (Pont Alphonse) . . . . . . EY 84
Kitchener Marchand
(Pt) . . . . EY 85
Koening (Pt Gén.) . . . . EV 86
Lassagne (Quai A.) . . . . FV 93

Lattre-de-Tassigny (Pt de) . . . FV 164
Marius-Vivier-Merle (Bd) . . . . HY 101
Morand (Pont) . . . . FVX 107
Moulin (Quai J.) . . . . FX 109
La Part Dieu . . . . HXY
Pradel (Pl. L.) . . . . FX 123
Prés.-Édouard-Herriot
(R. du) . . . . FX 127
Repos (R. du) . . . . GZ 131
République (R. de la) . . . . . . FXY 136
Rolland (Quai Romain) . . . . . FX 140

St-Antoine (Q.) . . . . FX 147
St-Barthélémy
(Montée) . . . . EX 149
Sarrail (Quai du Gén.) . . . . . . GX 157
Terme (R. de l') . . . . FV 166
Université (Pont de l') . . . . . . FV 171
Université (R. de l') . . . . GY 172
Victor-Hugo (R.) . . . . FY 176
Villette (R. de la) . . . . HY 178
Vitton (Cours) . . . . HV
Wilson (Pont) . . . . FY 182

1re Div.-Fr.-Libre (Av. de la) . . . EY 186

VILLEURBANNE

Dutrievos (Av. A.) . . . . HV 39
Galline (Av.) . . . . HV
Philip (Cours A.) . . . . HV
Rossellini (Av. R.) . . . . HV 144
Tonkin (R. du). . . . . HV
Zola (Cours Émile) . . . . HV
11 Novembre 1918 (Bd du) . . HV

Lussan 30	284	B 3
Lussan 32	296	C 4
Lussan-Adeilhac 31	316	D 4
Lussant 17	201	E 3
Lussas 07	266	C 3
Lussas-et-Nontronneau 24	222	B 3
Lussat 23	208	B 1
Lussat 63	210	A 5
Lussault-sur-Loire 37	152	B 2
Lusse 88	96	C 4
Lusseray 79	202	C 1
Lustar 65	315	G 4
Lustrac Moulin de 47	258	D 5
Luthenay-Uxeloup 58	174	D 3
Luthézieu 01	214	D 3
Lutilhous 65	333	G 1
Luttange 57	46	B 4
Luttenbach-près-Munster 68	120	C 3
Lutter 68	143	G 4
Lutterbach 68	143	F 1
Lutz-en-Dunois 28	110	A 4
Lutzelbourg 57	68	A 4
Lutzelhouse 67	96	D 2
Luvigny 88	96	C 2
Lux 21	160	B 1
Lux 31	318	C 2
Lux 71	177	H 4
Luxé 16	203	F 4
Luxe-Sumberraute 64	311	G 4
Luxémont-et-Villotte 51	62	D 5
Luxeuil-les-Bains 70	141	G 2
Luxey 40	273	H 2
Luxiol 25	162	C 2
Luyères 10	91	F 4
Luynes 13	306	A 5
Luynes 37	151	G 2
Luz-Ardiden 65	332	D 3
Luz-Saint-Sauveur 65	333	E 3
Luzancy 77	60	A 2
Luzarches 95	38	C 5
Luzay 79	168	A 2
Luzé 37	169	F 1
Luze 70	142	B 3
Luzech 46	259	G 5
Luzenac 09	336	C 5
Luzeret 36	188	B 2
La Luzerne 50	32	B 4
Luzillat 63	210	B 3
Luzillé 37	152	C 4
Luzinay 38	231	F 2
Luzoir 02	25	F 1
Luzy 58	176	A 4
Luzy-Saint-Martin 55	27	G 5
Luzy-sur-Marne 52	117	E 4
Ly-Fontaine 02	24	B 3
Lyas 07	266	D 1
Lyaud 74	198	B 3
Lye 36	153	F 4
Lynde 59	7	G 2
Lyoffans 70	142	A 3
Lyon 69	213	E 5
Lyon-Saint-Exupéry Aéroport de 69	231	G 1
Lyons-la-Forêt 27	36	D 2
Lys 58	157	F 3
Lys 64	314	B 5
Lys-Chantilly 60	38	C 5
Lys-lez-Lannoy 59	9	E 2
Lys-Saint-Georges 36	189	F 1

M

Maast-et-Violaine 02	40	C 3
Maâtz 52	139	H 4
Mably 42	211	G 2
Macau 33	237	F 3
Macaye 64	311	E 4
Macé 61	54	C 5
Macey 10	90	C 5
Macey 50	80	D 2
Machault 08	42	B 2
Machault 77	88	C 4
Maché 85	165	F 4
Machecoul 44	165	E 1
Mâchecourt 02	25	F 4
Machemont 60	39	G 1
Macheren 57	67	E 1
Machézal 42	212	A 4
Machiel 80	11	G 1
Machilly 74	197	H 4
La Machine 58	175	E 4
Machine Col de la 26	250	A 4
Machy 10	114	D 3
Machy 80	11	G 1
Macinaggio 2B	345	G 1
Mackenheim 67	97	G 5
Mackwiller 67	67	H 2

Maclas 42	230	D 5
Maclaunay 51	60	D 3
Macogny 02	40	A 5
Mâcon 71	195	E 4
Maconcourt 52	93	E 4
Maconcourt 88	94	B 4
Maconge 21	159	F 4
Macornay 39	179	E 5
Mâcot-la-Plagne 73	234	D 2
Macqueville 17	202	C 5
Macquigny 02	24	C 2
Madaillan 47	276	B 2
Madecourt 88	94	D 5
Madegney 88	95	E 5
La Madelaine-sous-Montreuil 62	6	C 4
La Madeleine 44	147	H 3
La Madeleine 54	95	E 1
La Madeleine 59	8	D 2
Madeleine Col de la 73	234	A 3
Madeleine Grotte de la 07	284	C 1
La Madeleine-Bouvet 61	85	E 3
La Madeleine-de-Nonancourt 27	56	B 4
La Madeleine-sur-Loing 77	112	B 2
La Madeleine-Villefrouin 41	132	B 3
Madeloc Tour 66	343	G 4
Madic 15	226	C 5
Madière 09	336	A 1
Madières 34	302	B 2
Madirac 33	255	H 1
Madiran 65	294	D 5
Madone de Fenestre 06	291	F 2
Madonne-et-Lamerey 88	119	E 2
La Madrague 83	327	G 4
La Madrague-de-la-Ville 13	326	D 2
La Madrague-de-Montredon 13	326	D 3
Madranges 19	224	D 4
Madré 53	82	D 3
Madriat 63	227	H 4
Maël-Carhaix 22	77	E 4
Maël-Pestivien 22	77	F 3
Maennolsheim 67	68	B 5
Maffliers 95	58	C 1
Maffrécourt 51	43	E 5
Magagnosc 06	309	E 3
Magalas 34	321	G 2
La Magdeleine 16	203	E 2
La Magdeleine Chapelle de 44	126	B 5
La Magdeleine-sur-Tarn 31	298	A 2
Le Mage 61	84	D 3
Magenta 51	61	G 1
Les Mages 30	283	H 2
Magescq 40	292	C 2
Magland 74	216	C 2
Magnac-Bourg 87	224	B 2
Magnac-Laval 87	188	A 5
Magnac-Lavalette-Villars 16	221	F 3
Magnac-sur-Touvre 16	221	F 1
Magnan 32	294	D 2
Magnant 10	115	G 3
Magnanville 78	57	F 2
Magnas 32	296	C 1
Magnat-l'Étrange 23	207	H 5
Magné 79	184	D 4
Magné 86	186	C 4
Magnet 03	192	C 5
Magneux 51	41	E 3
Magneux 52	92	C 3
Magneux-Haute-Rive 42	229	H 1
Magneville 50	29	F 5
Magnicourt 10	91	G 3
Magnicourt-en-Comte 62	7	H 5
Magnicourt-sur-Canche 62	12	D 2
Magnien 21	159	E 5
Magnières 54	95	G 3
Magnieu 01	214	D 5
Les Magnils-Reigniers 85	183	E 2
Magnivray 70	141	H 2
Magnoncourt 70	119	E 5
Le Magnoray 70	141	E 5
Magny 28	85	H 5
Le Magny 36	189	G 2
Magny 68	142	D 3
Les Magny 70	141	H 5
Le Magny 88	118	D 4
Magny 89	158	A 1
Magny-Châtelard 25	162	C 4
Magny-Cours 58	174	C 3
Magny-Danigon 70	142	A 2
Magny-en-Bessin 14	33	E 3
Magny-en-Vexin 95	37	G 5
Magny-Fouchard 10	115	H 2
Magny-Jobert 70	142	A 3

Magny-la-Campagne 14	54	A 1
Magny-la-Fosse 02	24	A 1
Magny-la-Ville 21	158	D 1
Magny-Lambert 21	138	B 4
Magny-le-Désert 61	82	D 2
Magny-le-Freule 14	34	A 5
Magny-le-Hongre 77	59	F 3
Magny-lès-Aubigny 21	160	B 5
Magny-les-Hameaux 78	58	A 4
Magny-lès-Jussey 70	140	D 2
Magny-lès-Villers 21	159	H 5
Magny-Lormes 58	157	G 3
Magny-Montarlot 21	160	D 4
Magny-Saint-Médard 21	160	C 2
Magny-sur-Tille 21	160	B 3
Magny-Vernois 70	141	H 4
Magoar 22	77	G 3
Magrie 11	337	G 2
Magrin 81	298	D 5
Magstatt-le-Bas 68	143	G 2
Magstatt-le-Haut 68	143	G 3
Maguelone 34	302	D 5
Mahalon 29	99	E 2
Mahéru 61	55	E 5
Maîche 25	163	G 3
Maidières 54	65	G 3
Maignaut-Tauzia 32	295	H 1
Maigné 72	107	F 5
Maignelay-Montigny 60	22	D 5
Mailhac 11	320	D 4
Mailhac-sur-Benaize 87	188	B 4
Mailhoc 81	279	G 5
Mailholas 31	317	G 4
Maillane 13	304	C 2
Maillas 40	274	B 2
Maillat 01	214	B 1
Maillé 37	169	G 1
Maillé 85	184	B 4
Maillé 86	168	D 5
Maillé Château de 29	71	F 4
Maillebois 28	85	G 2
La Mailleraye-sur-Seine 76	35	G 1
Maillères 40	273	H 4
Mailleroncourt-Charette 70	141	F 3
Mailleroncourt-Saint-Pancras 70	118	D 5
Maillet 03	190	D 3
Maillet 36	189	E 2
Mailley-et-Chazelot 70	141	E 5
Maillezais 85	184	B 3
Maillot 89	113	G 3
Mailly 71	193	G 5
Mailly-Champagne 51	41	H 5
Mailly-la-Ville 89	136	C 5
Mailly-le-Camp 10	61	H 5
Mailly-le-Château 89	136	B 5
Mailly-Maillet 80	13	F 5
Mailly-Raineval 80	22	D 3
Mailly-sur-Seille 54	65	H 3
Les Maillys 21	160	C 5
Maimbeville 60	38	D 2
Mainbresson 08	25	H 3
Mainbressy 08	25	H 4
Maincourt-sur-Yvette 78	57	H 5
Maincy 77	88	B 3
Maine-de-Boixe 16	203	F 4
Mainfonds 16	221	E 3
Maing 59	14	D 2
Mainneville 27	37	F 2
Mainsat 23	208	B 2
Maintenay 62	6	C 5
Maintenon 28	86	B 2
Mainterne 28	56	B 5
Mainville 54	45	E 4
Mainvillers 57	66	D 2
Mainvilliers 28	86	A 4
Mainvilliers 45	87	G 5
Mainxe 16	220	C 2
Mainzac 16	221	H 3
Mairé 86	170	A 3
Mairé-Levescault 79	203	E 1
Mairieux 59	15	H 2
Mairy 08	27	F 4
Mairy-Mainville 54	45	E 4
Mairy-sur-Marne 51	62	B 3
Maisdon-sur-Sèvre 44	148	A 5
Maisey-le-Duc 21	138	B 2
Maisières-Notre-Dame 25	162	A 5
Maisnières 80	11	F 4
Le Maisnil 59	8	C 3
Maisnil 62	12	D 2
Maisnil-lès-Ruitz 62	8	A 4
Maisod 39	196	C 2
Maison-des-Champs 10	115	H 2
La Maison-Dieu 58	157	G 2
Maison-du-Roy 05	270	D 2
Maison-Feyne 23	189	E 4

Maison-Jeannette 24	240	B 4
Maison-Maugis 61	84	D 4
Maison-Neuve 07	284	A 1
Maison-Neuve 16	221	G 2
Maison-Ponthieu 80	12	B 3
Maison-Roland 80	11	H 3
Maison-Rouge 77	89	F 2
Maisoncelle 62	7	E 4
Maisoncelle-et-Villers 08	27	E 5
Maisoncelle-Saint-Pierre 60	38	A 1
Maisoncelle-Tuilerie 60	22	B 5
Maisoncelles 52	117	G 3
Maisoncelles 72	108	C 5
Maisoncelles-du-Maine 53	106	A 5
Maisoncelles-en-Brie 77	59	H 3
Maisoncelles-en-Gâtinais 77	112	B 3
Maisoncelles-la-Jourdan 14	52	C 3
Maisoncelles-Pelvey 14	53	E 1
Maisoncelles-sur-Ajon 14	53	F 1
Maisonnais 18	190	A 1
Maisonnais 79	202	D 1
Maisonnais-sur-Tardoire 87	222	C 1
Maisonneuve 86	168	C 5
Maisonnisses 23	207	E 2

Maisons 11	338	B 3
Maisons 14	32	D 3
Maisons 28	86	D 4
Maisons-Alfort 94	58	C 4
Les Maisons Blanches 79	203	F 1
Maisons-du-Bois 25	180	D 1
Maisons-en-Champagne 51	62	C 4
Maisons-Laffitte 78	58	A 2
Maisons-lès-Chaource 10	115	E 4
Maisons-lès-Soulaines 10	92	B 5
Maisonsgoutte 67	96	D 4
Maisontiers 79	168	A 4
Maisse 91	87	H 4
Maissemy 02	24	A 2
Maixe 54	95	F 1
Maizeray 55	64	D 1
Maizeroy 57	66	C 1
Maizery 57	66	B 1
Maizet 14	33	F 5
Maizey 55	64	C 3
Maizicourt 80	12	B 3
Maizière 58	156	B 4
Maizières 14	53	H 1
Maizières 52	92	B 3
Maizières 54	94	C 2

Maizières 62	13	E 2
Maizières 70	161	H 1
Maizières-la-Grande-Paroisse 10	90	B 3
Maizières-lès-Brienne 10	91	H 4
Maizières-lès-Metz 57	45	H 4
Maizières-lès-Vic 57	67	E 5
Maizières-sur-Amance 52	140	A 2
Maizilly 42	211	H 1
Maizy 02	41	E 2
Majastres 04	288	B 5
Malabat 32	315	F 2
La Malachère 70	162	A 1
Malafretaz 01	195	G 4
Mâlain 21	159	G 3
Malaincourt 88	118	A 2
Malaincourt-sur-Meuse 52	117	H 2
Malakoff 92	58	B 4
Malancourt 55	43	G 4
Malancourt-la-Montagne 57	45	G 5
Malandry 08	27	G 5
Malange 39	161	F 4
Malans 25	180	A 1
Malans 70	161	E 3
Malansac 56	125	F 3

A B C D E F G H I J K **L** M N O P Q R S T U V W X Y Z

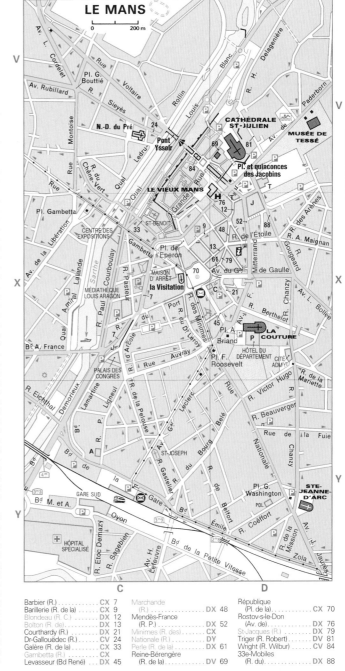

LE MANS

0 200 m

Barbier (R.)	CX	7
Barillerie (R. de la)	CX	9
Blondeau (R. C.)	DX	12
Bolton (R. de)	DX	13
Courthardy (R.)	DX	21
Dr-Galouëdec (R.)	CV	24
Galère (R. de la)	DX	33
Gambetta (R.)	CX	
Levasseur (Bd René)	DX	45
Marchande (R.)	DX	48
Mendès-France (R. P.)	DX	52
Minimes (R des)	CX	
Nationale (R.)	DY	
Perle (R. de la)	DX	61
Reine-Bérengère (R. de la)	DV	69
République (Pl. de la)	CX	70
Rostov-s-le-Don (Av. de)	DX	76
St-Jacques (R.)	DX	79
Triger (R. Robert)	DV	81
Wright (R. Wilbur)	CV	84
33e-Mobiles (R. du)	DX	88

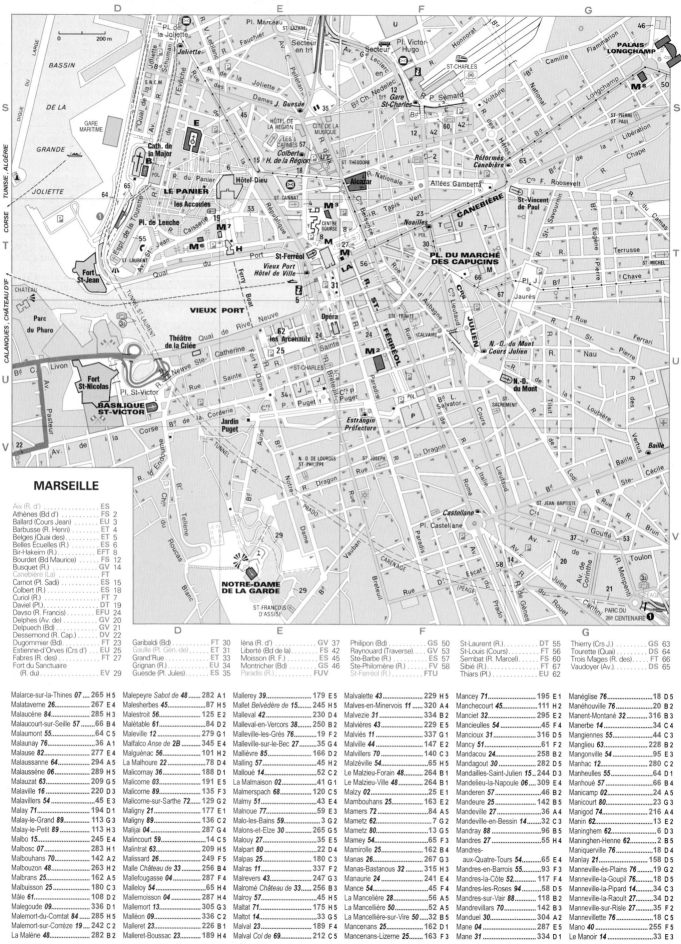

A B C D E F G H I J K L M N O P Q R S T U V W X Y Z

MARSEILLE

Aix (R. d') . . . . ES
Athènes (Bd d') . . . . FS 2
Ballard (Cours Jean) . . . . . . EU 3
Barbusse (R. Henri) . . . . . ET 4
Belges (Quai des) . . . . ET 5
Belles Écuelles (R.) . . . . . . ES 6
Bir-Hakeim (R.) . . . . EFT 8
Bourdet (Bd Maurice) . . . . . FS 12
Busquet (R.) . . . . GV 14
Canebière (La) . . . . FT
Carnot (Pl. Sadi) . . . . ES 15
Colbert (R.) . . . . ES 18
Curiol (R.) . . . . FT 7
Daviel (Pl.) . . . . DT 19
Davso (R. Francis) . . . . . . EFU 24
Delphes (Av. de) . . . . GV 20
Delpuech (Bd) . . . . GV 21
Dessemond (R. Cap.) . . . . . DV 22
Dugommier (Bd) . . . . FT 23
Estienne-d'Orves (Crs d') . . EU 25
Fabres (R. des) . . . . FT 27
Fort du Sanctuaire
  (R. du) . . . . EV 29

Garibaldi (Bd) . . . . FT 30
Gaulle (Pl. Gén.-de) . . . . . . ET 31
Grand'Rue . . . . ET 33
Grignan (R.) . . . . EU 34
Guesde (Pl. Jules) . . . . ES 35

Iéna (R. d') . . . . GV 37
Liberté (Bd de la) . . . . FS 42
Moisson (R. F.) . . . . ES 45
Montricher (Bd) . . . . GS 46

Philipon (Bd) . . . . GS 50
Raynouard (Traverse) . . . . GV 53
Ste-Barbe (R.) . . . . ES 57
Ste-Philomène (R.) . . . . . . FV 58
Paradis (R.) . . . . FUV

St-Laurent (R.) . . . . DT 55
St-Louis (Cours) . . . . FT 56
Sembat (R. Marcel) . . . . . . FS 60
Sibié (R.) . . . . FT 67
Thiars (Pl.) . . . . EU 62

Thierry (Crs J.) . . . . GS 63
Tourette (Quai) . . . . DS 64
Trois Mages (R. des) . . . . . FT 66
Vaudoyer (Av.) . . . . DS 65

Malarce-sur-la-Thines 07 .... 265 H 5
Malataverne 26................... 267 E 4
Malaucène 84...................... 285 H 3
Malaucourt-sur-Seille 57 ..... 66 B 4
Malaumont 55.................... 64 C 5
Malaunay 76....................... 36 A 1
Malause 82....................... 277 E 4
Malaussanne 64................. 294 A 5
Malaussène 06.................. 289 H 5
Malauzat 63..................... 209 G 5
Malaville 16..................... 220 D 3
Malavillers 54.................... 45 E 3
Malay 71........................ 194 D 1
Malay-le-Grand 89............ 113 G 3
Malay-le-Petit 89............. 113 H 3
Malbo 15........................ 245 E 4
Malbosc 07..................... 283 H 1
Malbouzon 48.................. 263 H 2
Malbrans 25..................... 162 A 5
Malbuisson 25.................. 180 C 3
Mâle 61.......................... 108 D 2
Malegoude 09.................. 336 D 1
Malemort-du-Comtat 84.... 285 H 5
Malemort-sur-Corrèze 19 .. 242 C 2
La Malène 48................... 282 B 2

Malepeyre Sabot de 48...... 282 A 1
Malesherbes 45.................. 87 H 5
Malestroit 56................... 125 E 2
Malétable 61...................... 84 D 2
Malfalco Anse de 2B.......... 345 E 4
Malguénac 56................... 101 H 2
La Malhoure 22.................. 78 D 4
Malicornay 36................... 188 D 1
Malicorne 03.................... 191 E 5
Malicorne 89.................... 135 F 3
Malicorne-sur-Sarthe 72.... 129 G 2
Maligny 21...................... 177 E 1
Maligny 89...................... 136 C 2
Malijai 04....................... 287 G 4
Malincourt 59.................... 14 C 5
Malintrat 63.................... 209 H 5
Malissard 26.................... 249 F 5
Malle Château de 33......... 256 B 4
Mallefougasse 04.............. 287 F 4
Malleloy 54........................ 65 H 4
Mallemoisson 04............... 287 H 4
Mallemort 13................... 305 G 3
Malléon 09...................... 336 C 2
Malleret 23...................... 226 B 1
Malleret-Boussac 23......... 189 H 4

Mallerey 39...................... 179 E 5
Mallet Belvédère de 15...... 245 H 5
Malleval 42...................... 230 D 4
Malleval-en-Vercors 38...... 250 B 2
Malleville-les-Grès 76......... 19 F 2
Malleville-sur-le-Bec 27...... 35 G 4
Mallièvre 85.................... 166 D 3
Malloué 14........................ 52 C 2
La Malmaison 02................ 41 G 1
Malmerspach 68............... 120 C 5
Malmy 51.......................... 43 E 4
Malnoue 77........................ 59 E 3
Malo-les-Bains 59................ 3 G 2
Malons-et-Elze 30............. 265 G 5
Malouy 27......................... 35 E 5
Malpart 80........................ 22 D 4
Malpas 25........................ 180 C 3
Malras 11........................ 337 F 2
Malrevers 43.................... 247 G 3
Malromé Château de 33...... 256 B 3
Malroy 57.......................... 45 H 5
Maltat 71........................ 175 H 5
Maltot 14.......................... 33 G 5
Malval 23........................ 189 F 4
Malval Col de 69............... 212 C 5

Malvalette 43................... 229 H 5
Malves-en-Minervois 11.... 320 A 4
Malvezie 31...................... 334 B 2
Malvières 43.................... 229 E 5
Malviès 11....................... 337 G 1
Malville 44...................... 147 E 2
Malvillers 70.................... 140 C 3
Malzéville 54..................... 65 H 5
Le Malzieu-Forain 48......... 264 B 1
Le Malzieu-Ville 48........... 264 B 1
Malzy 02........................... 25 E 1
Mambouhans 25............... 163 E 2
Mamers 72........................ 84 A 5
Mametz 62.......................... 7 G 2
Mametz 80......................... 13 G 5
Mamey 54.......................... 65 F 3
Mamirolle 25................... 162 B 4
Manas 26........................ 267 G 3
Manas-Bastanous 32........ 315 H 3
Manaurie 24.................... 241 E 4
Mance 54........................... 45 F 4
La Mancelière 28................ 56 A 5
La Mancellière 50............... 52 E 5
La Mancellière-sur-Vire 50 .. 32 B 5
Mancenans 25................. 162 D 1
Mancenans-Lizerne 25..... 163 F 3

Mancey 71....................... 195 E 1
Manchecourt 45................ 111 H 2
Manciet 32...................... 295 E 2
Mancieulles 54.................. 45 F 4
Mancioux 31.................... 316 D 5
Mancy 51........................... 61 F 2
Mandacou 24................... 258 B 2
Mandagout 30................. 282 D 5
Mandailles-Saint-Julien 15 .. 244 D 3
Mandelieu-la-Napoule 06 .. 309 E 4
Manderen 57...................... 46 B 2
Mandeure 25................... 142 B 5
Mandeville 27.................... 36 A 4
Mandeville-en-Bessin 14.... 32 C 3
Mandray 88....................... 96 B 5
Mandres 27....................... 55 H 4
Mandres-
  aux-Quatre-Tours 54......... 65 E 4
Mandres-en-Barrois 55....... 93 F 3
Mandres-la-Côte 52.......... 117 F 4
Mandres-les-Roses 94........ 58 D 5
Mandres-sur-Vair 88........ 118 B 2
Mandrevillars 70.............. 142 B 3
Manduel 30..................... 304 A 2
Mane 04.......................... 287 E 5
Mane 31.......................... 334 D 1

Manéglise 76...................... 18 D 5
Manéhouville 76.................. 20 B 2
Manent-Montané 32......... 316 B 3
Manerbe 14........................ 34 C 4
Mangiennes 55................... 44 C 3
Manglieu 63.................... 228 B 2
Mangonville 54.................. 95 E 3
Manhac 12...................... 280 C 2
Manheulles 55................... 64 D 1
Manhoué 57....................... 66 B 4
Manicamp 02..................... 24 A 5
Manicourt 80..................... 23 G 3
Manigod 74..................... 216 A 4
Manin 62........................... 13 E 2
Maningham 62..................... 6 D 1
Maninghen-Henne 62.......... 2 B 5
Maniquerville 76................ 18 D 4
Manlay 21....................... 158 D 5
Manneville-ès-Plains 76...... 19 G 2
Manneville-la-Goupil 76..... 18 D 5
Manneville-la-Pipard 14...... 34 C 5
Manneville-la-Raoult 27..... 34 D 2
Manneville-sur-Risle 27...... 35 F 2
Mannevillette 76................ 18 C 5
Mano 40......................... 255 F 5
Le Manoir 14...................... 33 E 3

MARSEILLE

Aix (R. d') . . . . BY
Briançon (Bd de) . . . . BX 13
Canebière (La) . . . . BY
Catalans (R. des) . . . . AY 16
Chartreux (Av. des) . . . . CY 17
Guesde (Pl. Jules) . . . . BY 35
Guigou (Bd) . . . . BX 36
Lesseps (Bd Ferdinand de) . . . . AX 40
Moulin (Bd Jean) . . . . CY 47
Paradis (R.) . . . . BYZ
Pologne (Pl. de) . . . . CY 51
Pompidou (Prom. Georges) . . . . BZ 52
Sartre (Av. Jean-Paul) . . . . CX 59
Strasbourg (Bd) . . . . BX 61
Verdun (R. de) . . . . CY 70

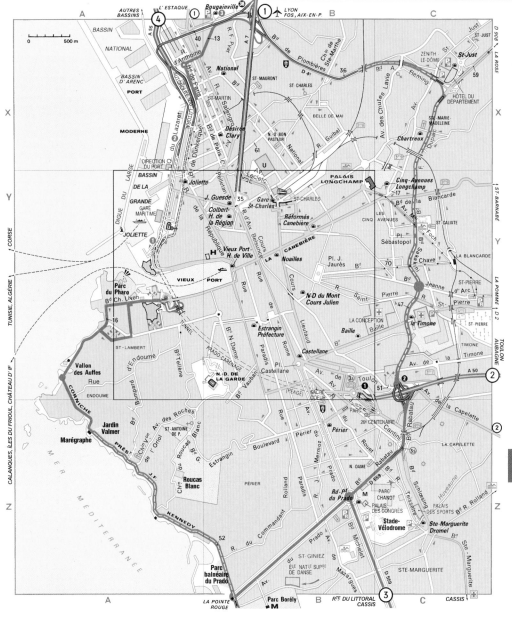

Le Manoir 27 . . . . 36 B 3
Manois 52 . . . . 93 F 5
Manom 57 . . . . 45 H 3
Manoncourt-en-Vermois 54 . . . 95 E 1
Manoncourt-en-Woëvre 54 . . . 65 F 4
Manoncourt-sur-Seille 54 . . . . 65 H 3
Manonville 54 . . . . 65 F 4
Manonviller 54 . . . . 95 H 1
Manosque 04 . . . . 306 C 1
Manot 16 . . . . 204 C 3
Manou 28 . . . . 85 F 3
Manre 08 . . . . 42 D 3
Le Mans 72 . . . . 107 H 4
Mansac 19 . . . . 241 H 2
Mansan 65 . . . . 315 F 3
Mansat-la-Courrière 23 . . . . . 207 E 3
Manse Col de 05 . . . . 269 H 3
Mansempuy 32 . . . . 296 C 3
Mansencôme 32 . . . . 295 H 1
Manses 09 . . . . 336 C 1
Mansigné 72 . . . . 129 H 3
Mansle 16 . . . . 203 F 4
Manso 2B . . . . 346 B 4
Mansonville 82 . . . . 276 D 5
Manspach 68 . . . . 143 E 3
Mant 40 . . . . 294 A 4
Mantaille Château de 26 . . . . 249 F 1
Mantallot 22 . . . . 72 D 3
Mantenay-Montlin 01 . . . . 195 G 3
Mantes-la-Jolie 78 . . . . 57 F 2
Mantes-la-Ville 78 . . . . 57 F 2
Mantet 66 . . . . 341 H 4
Manteyer 05 . . . . 269 G 4
Manthelan 37 . . . . 152 A 5

Manthelon 27 . . . . 56 A 2
Manthes 26 . . . . 231 G 5
Mantilly 61 . . . . 82 A 2
Mantoche 70 . . . . 161 E 2
Mantry 39 . . . . 179 E 4
Manvieux 14 . . . . 33 E 3
Many 57 . . . . 66 C 2
Manzac-sur-Vern 24 . . . . 240 B 3
Manzat 63 . . . . 209 F 3
Manziat 01 . . . . 195 F 4
Marac 52 . . . . 117 E 5
Marainville-sur-Madon 88 . . . . 94 D 4
Marainviller 54 . . . . 95 G 1
Le Marais Château 91 . . . . 87 F 2
Le Marais-la-Chapelle 14 . . . . 54 A 3
Marais-Vernier 27 . . . . 35 E 2
Marambat 32 . . . . 295 G 2
Marandeuil 21 . . . . 160 C 3
Marange-Silvange 57 . . . . 45 G 5
Marange-Zondrange 57 . . . . . . 66 C 1
Marangea 39 . . . . 196 C 2
Marans 17 . . . . 183 G 4
Marans 49 . . . . 128 A 4
Maransin 33 . . . . 238 B 3
Marant 62 . . . . 6 C 4
Maranville 52 . . . . 116 C 3
Maranwez 08 . . . . 26 A 3
Marast 70 . . . . 141 G 5
Marat 63 . . . . 228 D 2
Marat-la-Grande 55 . . . . 63 H 3
Marault 52 . . . . 116 D 2
Maraussan 34 . . . . 321 F 3
Maravat 32 . . . . 296 C 3

Maray 41 . . . . 154 A 4
Maraye-en-Othe 10 . . . . 114 C 3
Marbache 54 . . . . 65 G 4
Marbaix 59 . . . . 15 F 4
Marbeuf 27 . . . . 36 A 5
Marbéville 52 . . . . 92 D 5
Marbotte 55 . . . . 64 D 4
Marboué 28 . . . . 109 H 3
Marboz 01 . . . . 195 H 4
Marby 08 . . . . 26 B 2
Marc-la-Tour 19 . . . . 243 E 2
Marçais 18 . . . . 173 E 5
Marçay 37 . . . . 151 E 5
Marçay 86 . . . . 186 B 3
Marcé 49 . . . . 129 E 5
Marcé-sur-Esves 37 . . . . 169 H 1
Marcei 61 . . . . 54 B 5
Marcelcave 80 . . . . 22 D 2
Marcellaz 74 . . . . 216 A 1
Marcellaz-Albanais 74 . . . . . . 215 F 4
Marcellois 21 . . . . 159 F 3
Marcellus 47 . . . . 257 E 5
Marcenais 33 . . . . 238 B 3
Marcenat 03 . . . . 192 B 5
Marcenat 15 . . . . 245 F 1
Marcenay 21 . . . . 137 H 2
Marcenod 42 . . . . 230 B 2
Marcevol 66 . . . . 342 B 2
Marcey-les-Grèves 50 . . . . . . 51 G 4
Marchainville 61 . . . . 85 E 2
Marchais 02 . . . . 25 E 5
Marchais-Beton 89 . . . . 135 F 3
Marchais-en-Brie 02 . . . . 60 C 3
Marchal 15 . . . . 226 D 4

Marchamp 01 . . . . 214 C 5
Marchampt 69 . . . . 212 C 1
Marchastel 15 . . . . 245 E 1
Marchastel 48 . . . . 263 H 3
Marchaux 03 . . . . 162 A 3
Marché-Allouarde 80 . . . . 23 G 3
Marchélepot 80 . . . . 23 G 2
Marchemaisons 61 . . . . 84 A 3
Marchémoret 77 . . . . 59 F 1
Marchenoir 41 . . . . 132 B 3
Marcheprime 33 . . . . 254 D 2
Marches 26 . . . . 249 H 4
Les Marches 73 . . . . 233 F 3
Marcheseuil 21 . . . . 158 D 5
Marchésieux 50 . . . . 31 H 4
Marchéville 28 . . . . 85 H 5
Marchéville 80 . . . . 14 D 1
Marchéville-en-Woëvre 55 . . . 64 D 1
Marchezais 28 . . . . 57 E 4
Marchiennes 59 . . . . 9 E 4
Marchon 01 . . . . 196 C 4
Marciac 32 . . . . 295 F 5
Marcieu 38 . . . . 250 D 4
Marcieux 73 . . . . 232 D 2
Marcigny 71 . . . . 193 G 5
Marcigny-sous-Thil 21 . . . . . . 158 D 2
Marcillac-sur-Célé 46 . . . . . . 260 D 4
Marcillac 33 . . . . 237 G 1
Marcillac-la-Croisille 19 . . . . . 243 F 1
Marcillac-la-Croze 19 . . . . . . 242 D 4
Marcillac-Lanville 16 . . . . 203 E 4
Marcillac-Saint-Quentin 24 . . 241 G 4
Marcillac-Vallon 12 . . . . 262 C 5

Marcillat 63 . . . . 209 G 2
Marcillat-en-Combraille 03 . . 208 D 1
Marcillé-la-Ville 53 . . . . 82 C 5
Marcillé-Raoul 35 . . . . 80 C 4
Marcillé-Robert 35 . . . . 104 D 5
Marcilloles 38 . . . . 231 H 5
Marcilly 50 . . . . 51 H 5
Marcilly 77 . . . . 59 G 1
Marcilly-d'Azergues 69 . . . . . 212 D 4
Marcilly-en-Bassigny 52 . . . . 117 H 5
Marcilly-en-Beauce 41 . . . . . . 131 G 3
Marcilly-en-Gault 41 . . . . 154 A 2
Marcilly-en-Villette 45 . . . . . . 133 F 3
Marcilly-et-Dracy 21 . . . . 159 E 2
Marcilly-la-Campagne 27 . . . . 56 B 3
Marcilly-la-Gueurce 71 . . . . . 194 A 3
Marcilly-le-Châtel 42 . . . . 229 G 1
Marcilly-le-Hayer 10 . . . . 90 A 5
Marcilly-lès-Buxy 71 . . . . 177 F 5
Marcilly-Ogny 21 . . . . 158 D 4
Marcilly-sur-Eure 27 . . . . 56 C 3
Marcilly-sur-Maulne 37 . . . . . 130 A 5
Marcilly-sur-Seine 51 . . . . 90 B 2
Marcilly-sur-Tille 21 . . . . 160 B 1
Marcilly-sur-Vienne 37 . . . . . . 169 G 1
Marck 62 . . . . 2 D 3
Marckolsheim 67 . . . . 121 F 2
Marclopt 42 . . . . 229 H 2
Marcoing 59 . . . . 14 B 4
Marcolès 15 . . . . 262 B 1
Marcollin 38 . . . . 231 G 5
Marcols-les-Eaux 07 . . . . 266 B 1
Marçon 72 . . . . 130 C 4
Marconnay Château de 86 . . . 185 H 2

Marconne 62 . . . . 7 E 5
Marconnelle 62 . . . . 6 D 5
Marcorignan 11 . . . . 321 E 5
Marcoule 30 . . . . 285 E 3
Marcoussis 91 . . . . 87 G 2
Marcoux 04 . . . . 288 A 3
Marcoux 42 . . . . 229 G 1
Marcq 08 . . . . 43 F 3
Marcq 78 . . . . 57 G 3
Marcq-en-Barœul 59 . . . . 8 D 2
Marcq-en-Ostrevant 59 . . . . . 14 B 2
Marcy 02 . . . . 24 B 2
Marcy 58 . . . . 157 E 3
Marcy 69 . . . . 212 D 4
Marcy-l'Étoile 69 . . . . 212 D 5
Marcy-sous-Marle 02 . . . . 25 E 3
Mardeuil 51 . . . . 61 F 1
Mardié 45 . . . . 133 G 2
Mardilly 61 . . . . 54 D 3
Mardor 52 . . . . 139 F 2
Mardore 69 . . . . 212 A 2
Mardyck 59 . . . . 3 F 2
La Mare-d'Ovillers 60 . . . . 38 B 4
Mareau-aux-Bois 45 . . . . 111 G 4
Mareau-aux-Prés 45 . . . . 133 E 2
Marèges Barrage de 19 . . . . . 226 B 5
Mareil-en-Champagne 72 . . . 107 E 5
Mareil-en-France 95 . . . . 58 C 1
Mareil-le-Guyon 78 . . . . 57 G 4
Mareil-Marly 78 . . . . 58 A 3
Mareil-sur-Loir 72 . . . . 129 G 4
Mareil-sur-Mauldre 78 . . . . . . 57 G 3
Mareilles 52 . . . . 117 F 2
Marenla 62 . . . . 6 C 4

A B C D E F G H I J K L M N O P Q R S T U V W X Y Z

Marennes 17 .... 200 C 4
Marennes 69 .... 231 F 2
Maresché 72 .... 107 G 2
Maresches 59 .... 15 E 2
Maresquel-Ecquemicourt 62 .... 6 D 5
Marest 62 .... 7 G 4
Marest-Dampcourt 02 .... 24 A 5
Marest-sur-Matz 60 .... 39 F 1
Marestaing 32 .... 297 E 5
Marestmontiers 80 .... 22 D 4
Maresville 62 .... 6 B 4
Les Marêts 77 .... 60 B 5
Maretz 59 .... 14 C 5
Mareugheol 63 .... 227 H 4
Mareuil 16 .... 202 C 5
Mareuil 24 .... 221 H 4
Mareuil-Caubert 80 .... 11 G 4
Mareuil-en-Brie 51 .... 61 E 2
Mareuil-en-Dôle 02 .... 40 D 4
Mareuil-la-Motte 60 .... 39 F 1
Mareuil-le-Port 51 .... 61 E 1
Mareuil-lès-Meaux 77 .... 59 G 2
Mareuil-sur-Arnon 18 .... 172 C 3
Mareuil-sur-Ay 51 .... 61 G 1
Mareuil-sur-Cher 41 .... 153 E 4
Mareuil-sur-Lay 85 .... 183 E 1
Mareuil-sur-Ourcq 60 .... 39 H 5
Marey 88 .... 118 B 3
Marey-lès-Fussey 21 .... 159 H 5
Marey-sur-Tille 21 .... 139 E 5
Marfaux 51 .... 41 F 5
Marfontaine 02 .... 25 E 3
Margaux 33 .... 237 F 3
Margencel 74 .... 198 A 3
Margency 95 .... 58 B 2
Margerides 19 .... 226 B 4
Margerie-Chantagret 42 .... 229 G 3
Margerie-Hancourt 51 .... 91 H 2
Margès 26 .... 249 G 2
Margilley 70 .... 140 A 5
Margival 02 .... 40 B 2
Le Margnès 81 .... 300 B 4
Margny 08 .... 27 H 4
Margny 51 .... 60 D 2
Margny-aux-Cerises 60 .... 23 G 4
Margny-lès-Compiègne 60 .... 39 F 2
Margny-sur-Matz 60 .... 39 F 1
Margon 28 .... 85 E 5
Margon 34 .... 321 H 2
Margouët-Meymes 32 .... 295 F 3
Margueray 50 .... 52 A 2
Marguerittes 30 .... 304 A 2
Margueron 33 .... 257 F 1
Marguestau 32 .... 295 E 1
Margut 08 .... 27 H 5
Mariac 07 .... 248 B 5
Mariaud 04 .... 288 C 1
Maricourt 80 .... 23 F 1
Marie 06 .... 289 H 4
Marienthal 67 .... 69 E 4
Marieulles 57 .... 65 G 2
Marieux 80 .... 12 D 4
Marigna-sur-Valouse 39 .... 196 B 3
Marignac 17 .... 219 H 3
Marignac 31 .... 334 B 3
Marignac 82 .... 296 D 2
Marignac-en-Diois 26 .... 268 A 1
Marignac-Lasclares 31 .... 317 F 4
Marignac-Laspeyres 31 .... 317 E 5
Marignana 2A .... 346 C 5
Marignane 13 .... 326 C 1
Marigné 49 .... 128 C 2
Marigné-Laillé 72 .... 130 B 3
Marigné-Peuton 53 .... 128 A 2
Marignier 74 .... 216 B 1
Marignieu 01 .... 214 D 5
Marigny 03 .... 191 H 1
Marigny 39 .... 179 G 5
Marigny 50 .... 32 A 5
Marigny 51 .... 61 F 5
Marigny 71 .... 177 E 5
Marigny 79 .... 185 E 5
Marigny-Brizay 86 .... 169 F 4
Marigny-Chemereau 86 .... 186 A 3
Marigny-en-Orxois 02 .... 60 A 1
Marigny-le-Cahouët 21 .... 159 E 1
Marigny-le-Châtel 10 .... 90 B 4
Marigny-l'Église 58 .... 158 A 4
Marigny-lès-Reullée 21 .... 178 A 1
Marigny-les-Usages 45 .... 111 E 5
Marigny-Marmande 37 .... 169 G 2
Marigny-Saint-Marcel 74 .... 215 F 4
Marigny-sur-Yonne 58 .... 157 G 4
Marillac-le-Franc 16 .... 221 H 1
Le Marillais 49 .... 148 C 2
Marillet 85 .... 184 C 1
Marimbault 33 .... 256 B 5

Marimont-lès-Bénestroff 57 .... 67 E 3
Marin 74 .... 198 B 3
Marines 95 .... 37 H 5
Les Marines-de-Cogolin 83 .... 329 F 2
Maringes 42 .... 230 A 4
Maringues 63 .... 210 A 4
Mariol 03 .... 210 C 3
Marions 33 .... 274 C 1
Marissel 60 .... 38 A 2
Marizy 71 .... 194 B 1
Marizy-Saint-Mard 02 .... 40 A 5
Marizy-Sainte-Geneviève 02 .... 40 A 5
Le Markstein 68 .... 120 C 4
Marle 02 .... 25 E 3
Marlemont 08 .... 26 A 3
Marlens 74 .... 216 A 5
Marlers 80 .... 21 G 3
Marles-en-Brie 77 .... 59 G 5
Marles-les-Mines 62 .... 7 H 4
Marles-sur-Canche 62 .... 6 C 4
Marlhes 42 .... 248 B 1
Marliac 31 .... 318 A 5
Marliens 21 .... 160 B 4
Marlieux 01 .... 213 G 2
Marlioz 74 .... 215 F 2
Marly 57 .... 65 H 1
Marly 59 .... 9 G 5
Marly-Gomont 02 .... 25 E 1
Marly-la-Ville 95 .... 58 D 1
Marly-le-Roi 78 .... 58 A 3
Marly-sous-Issy 71 .... 176 A 5
Marly-sur-Arroux 71 .... 193 H 1
Marmagne 18 .... 172 D 1
Marmagne 21 .... 137 H 5
Marmagne 71 .... 176 D 3
Marmande 47 .... 257 E 4
Marmanhac 15 .... 244 C 4
Marmeaux 89 .... 137 F 5
Marmesse 52 .... 116 C 4
Marminiac 46 .... 259 G 3
Marmont-Pachas 47 .... 276 B 4
Marmouillé 61 .... 54 C 5
Marmoutier 67 .... 68 B 5
Marnac 24 .... 259 E 1
Marnand 69 .... 212 A 2
Marnans 38 .... 231 H 5
Marnaves 81 .... 279 E 4
Marnay 70 .... 161 G 3
Marnay 71 .... 178 A 5
Marnay 86 .... 186 B 3
Marnay-sur-Marne 52 .... 117 E 4
Marnay-sur-Seine 10 .... 90 A 3
Marnaz 74 .... 216 B 1
La Marne 44 .... 165 F 1
Marne-la-Vallée 11 .... 59 E 3
Marnefer 61 .... 55 F 3
Marnes 79 .... 168 C 3
Marnes-la-Coquette 92 .... 58 B 3
Marnézia 39 .... 196 C 1
Marnhagues-et-Latour 12 .... 301 F 2
Marnoz 39 .... 179 G 2
Marœuil 62 .... 13 F 2
Maron 54 .... 94 C 1
Maroncourt 88 .... 94 D 5
Marœué 02 .... 78 D 4
Maroutière
   Château de la 53 .... 128 B 2
Marpain 39 .... 161 E 3
Marpaps 40 .... 293 G 4
Marpent 59 .... 15 H 2
Marpiré 35 .... 104 D 2
Marquaix 80 .... 23 H 4
Marquay 24 .... 241 F 5
Marquay 62 .... 7 G 5
Marquefave 31 .... 317 G 4

Marquéglise 60 .... 39 F 1
Marquein 11 .... 318 C 4
Marquenterre Parc du 80 .... 11 E 1
Marquerie 65 .... 315 F 4
Marques 76 .... 21 F 3
Marquette-en-Ostrevant 59 .... 14 B 2
Marquette-lez-Lille 59 .... 8 D 2
Marquigny 08 .... 26 D 5
Marquillies 59 .... 8 C 3
Marquise 62 .... 2 B 4
Marquivillers 80 .... 23 E 4
Marquixanes 66 .... 342 B 2
Marray 37 .... 130 D 5
La Marre 39 .... 179 F 4
Marre 55 .... 43 H 4
Mars 07 .... 248 A 4
Les Mars 23 .... 208 C 3
Mars 30 .... 282 D 5
Mars 42 .... 212 A 1
Mars-la-Tour 54 .... 65 F 1
Mars-sous-Bourcq 08 .... 42 C 2
Mars-sur-Allier 58 .... 174 B 3
Marsa 11 .... 337 F 4
Marsac 16 .... 221 E 1
Marsac 23 .... 206 C 2
Marsac 65 .... 315 E 3
Marsac 82 .... 296 D 1
Marsac-en-Livradois 63 .... 229 E 4
Marsac-sur-Don 44 .... 126 C 4
Marsac-sur-l'Isle 24 .... 240 C 2
Marsainvilliers 45 .... 111 G 2
Marsais 17 .... 201 G 1
Marsais-
   Sainte-Radégonde 85 .... 183 H 1
Marsal 57 .... 66 D 4
Marsal 81 .... 299 G 1
Marsalès 24 .... 258 D 2
Marsan 32 .... 296 C 4
Marsaneix 24 .... 240 D 3
Marsangis 51 .... 90 C 2
Marsangy 89 .... 113 G 3
Marsannay-la-Côte 21 .... 160 A 3
Marsannay-le-Bois 21 .... 160 B 2
Marsanne 26 .... 267 F 3
Marsas 33 .... 237 H 3
Marsas 65 .... 333 G 1
Marsat 63 .... 209 H 4
Marsaz 26 .... 249 F 2
Marseillan 32 .... 315 G 2
Marseillan 34 .... 322 C 4
Marseillan 65 .... 315 F 4
Marseillan-Plage 34 .... 322 D 5
Marseille 13 .... 326 D 3
Marseille-en-Beauvaisis 60 .... 21 H 5
Marseille-lès-Aubigny 18 .... 174 B 1
Marseillette 11 .... 320 A 5
Marsillargues 34 .... 303 G 4
Marsilly 17 .... 183 F 5
Marsilly 57 .... 66 B 1
Marsinval 78 .... 57 H 2
Marsolan 32 .... 296 A 1
Marson 51 .... 62 C 2
Marson-sur-Barboure 55 .... 93 G 1
Marsonnas 01 .... 195 G 4
Marsoulas 31 .... 335 E 1
Marsous 65 .... 332 C 2
Marspich 57 .... 45 G 3
Marssac-sur-Tarn 81 .... 299 E 1
Martagny 27 .... 37 F 2
Martailly-lès-Brancion 71 .... 195 E 2
Martainneville 80 .... 11 F 4
Martainville 14 .... 53 G 2
Martainville 27 .... 35 E 3
Martainville-Épreville 76 .... 36 C 1
Martaizé 86 .... 168 C 3
Martel 46 .... 242 C 5
Marthemont 54 .... 94 C 2
Marthille 57 .... 66 D 3
Marthod 73 .... 216 A 5
Marthon 16 .... 221 H 2
Martiel 12 .... 279 E 1
Martigna 39 .... 196 D 3
Martignac 46 .... 259 F 4
Martignargues 30 .... 284 A 5
Martignas-sur-Jalle 33 .... 237 E 5
Martignat 01 .... 196 C 5
Martigné-Briand 49 .... 149 H 4
Martigné-Ferchaud 35 .... 127 E 2
Martigné-sur-Mayenne 53 .... 106 A 2
Martigny 02 .... 25 H 2
Martigny 50 .... 52 A 5
Martigny 76 .... 20 B 2
Martigny-Courpierre 02 .... 40 D 1
Martigny-le-Comte 71 .... 194 A 2
Martigny-les-Bains 88 .... 118 B 3
Martigny-les-Gerbonvaux 88 .... 94 A 3

Martigny-sur-l'Ante 14 .... 53 H 2
Martigues 13 .... 325 H 3
Martillac 33 .... 255 G 2
Martimpré Col de 88 .... 120 B 3
Martin-Église 76 .... 10 B 5
Martincourt 54 .... 65 F 4
Martincourt 60 .... 37 H 1
Martincourt-sur-Meuse 55 .... 27 G 5
Le Martinet 30 .... 283 H 2
Martinet 85 .... 165 F 5
Martinpuich 62 .... 13 G 5
Martinvast 50 .... 29 E 3
Martinvelle 88 .... 118 C 4
Martisserre 31 .... 316 D 3
Martizay 36 .... 170 C 4
Martot 27 .... 36 A 3
Martragny 14 .... 33 E 3
La Martre 83 .... 308 B 2
Martres 33 .... 256 C 2
Les Martres-d'Artière 63 .... 210 A 5
Martres-de-Rivière 31 .... 334 B 1
Les Martres-de-Veyre 63 .... 227 H 1
Martres-sur-Morge 63 .... 210 A 4
Martres-Tolosane 31 .... 317 E 5
Martrin 12 .... 300 B 1
Martrois 21 .... 159 E 3
La Martyre 29 .... 75 H 2
Les Martys 11 .... 319 G 3
Maruéjols-lès-Gardon 30 .... 283 H 5
Marval 87 .... 222 D 2
Marvaux-Vieux 08 .... 42 D 3
Marvejols 48 .... 264 A 4
Marvelise 25 .... 142 A 4
Marville 55 .... 44 B 2
Marville-les-Bois 28 .... 85 H 2
Marville-Moutiers-Brûlé 28 .... 56 D 5
Mary 71 .... 194 B 1
Mary-sur-Marne 77 .... 59 H 1
Marzal Aven de 07 .... 284 C 1
Marzan 56 .... 125 F 5
Marzens 81 .... 298 D 4
Marzy 58 .... 174 C 2
Le Mas 06 .... 289 H 5
Mas-Blanc-des-Alpilles 13 .... 304 D 2
Mas-Cabardès 11 .... 319 H 3
Mas Camargues 48 .... 283 F 1
Le Mas-d'Agenais 47 .... 257 F 5
Le Mas-d'Artige 23 .... 225 H 1
Mas-d'Auvignon 32 .... 296 A 1
Le Mas-d'Azil 09 .... 335 H 1
Mas-d'Azil Grotte du 09 .... 335 H 1
Mas-de-Londres 34 .... 302 C 2
Le Mas-de-Tence 43 .... 248 B 3
Mas-des-Cours 11 .... 337 H 1
Mas-d'Orcières 48 .... 265 E 5
Mas-Grenier 82 .... 297 G 1
Mas-Saint-Chély 48 .... 282 B 2
Mas-Saintes-Puelles 11 .... 318 D 4
Le Mas-Soubeyran 30 .... 283 G 4
Mas-Thibert 13 .... 304 C 5
Masbaraud-Mérignat 23 .... 206 D 3
Mascaraàs-Haron 64 .... 294 C 5
Mascaras 32 .... 295 G 5
Mascaras 65 .... 315 F 5
Mascarville 31 .... 298 C 5
Masclat 46 .... 259 H 1
Maslacq 64 .... 313 G 2
Masléon 87 .... 224 C 1
Maslives 41 .... 132 B 5
Masmejan 48 .... 283 E 2
Le Masnau-Massuguiès 81 .... 300 A 3
Masnières 59 .... 14 B 4
Masny 59 .... 9 E 5
Los Masos 66 .... 342 B 3
Masparraute 64 .... 311 G 3
Maspie-Lalonquère-
   Juillacq 64 .... 314 D 2
Masquières 47 .... 277 E 1
Massabrac 31 .... 317 H 5
Massac 11 .... 338 B 3
Massac 17 .... 202 C 4
Massac-Séran 81 .... 298 D 4
Massaguel 81 .... 319 F 2
Massais 79 .... 167 H 1
Massals 81 .... 300 A 2
Massanes 30 .... 283 H 5
Massangis 89 .... 137 E 5
Massat 09 .... 335 H 3
Massay 18 .... 154 B 5
Le Massegros 48 .... 281 H 2
Masseilles 33 .... 256 D 5
Massels 47 .... 276 D 2
Massérac 44 .... 126 A 4
Masseret 19 .... 224 B 3
Masseube 32 .... 316 A 2
Massiac 15 .... 246 A 1

Massieu 38 .... 232 C 4
Massieux 01 .... 213 E 4
Massiges 51 .... 42 D 4
Massignac 16 .... 204 C 5
Massignieu-de-Rives 01 .... 214 D 5
Massilly 71 .... 194 D 2
Massingy 21 .... 116 A 5
Massingy 74 .... 215 F 4
Massingy-lès-Semur 21 .... 158 D 1
Massingy-lès-Vitteaux 21 .... 159 F 2
Massognes 86 .... 168 C 4
Massoins 06 .... 289 H 5
Massongy 74 .... 198 A 4
Massoulès 47 .... 276 D 1
Massugas 33 .... 257 E 1
Massy 71 .... 194 C 2
Massy 76 .... 20 D 4
Massy 91 .... 58 B 5
Mastaing 59 .... 14 C 2
Matafelon-Granges 01 .... 196 C 5
Les Matelles 34 .... 302 D 3
Matemale 66 .... 341 G 3
Matha 17 .... 202 B 4
Mathaux 10 .... 91 H 4
Mathay 25 .... 142 B 5
Mathenay 39 .... 179 F 2
Les Mathes 17 .... 200 C 5
Mathieu 14 .... 33 G 3
Mathons 52 .... 92 D 4
Mathonville 76 .... 20 D 5
Matignicourt-Goncourt 51 .... 62 D 5
Matignon 22 .... 50 A 5
Matigny 80 .... 23 H 3
Matougues 51 .... 62 A 2
Matour 71 .... 194 B 4
Matra 2B .... 347 G 4
Matringhem 62 .... 7 F 3
Mattaincourt 88 .... 94 D 5
Mattexey 54 .... 95 G 3
Matton-et-Clémency 08 .... 27 G 4
Mattstall 67 .... 68 D 1
Matzenheim 67 .... 97 G 3
Maubec 38 .... 232 A 2
Maubec 82 .... 296 D 2
Maubec 84 .... 305 F 1
Maubert-Fontaine 08 .... 26 B 2
Maubeuge 59 .... 15 G 2
Maubourguet 65 .... 315 E 2
Maubuisson 33 .... 236 B 3
Mauchamps 91 .... 87 G 3
Maucomble 76 .... 20 C 4
Maucor 64 .... 314 B 3
Maucourt 60 .... 23 H 4
Maucourt 80 .... 23 F 3
Maucourt-sur-Orne 55 .... 44 C 4
Maudétour-en-Vexin 95 .... 37 G 5
Mauguio 34 .... 303 E 4
Maulain 52 .... 117 H 4
Maulais 79 .... 168 B 2
Maulan 55 .... 63 H 5
Maulay 86 .... 169 E 2
Maulde 59 .... 9 G 4
Mauléon 79 .... 167 E 2
Mauléon-Barousse 65 .... 334 A 3
Mauléon-d'Armagnac 32 .... 294 D 1
Mauléon-Licharre 64 .... 311 H 5
Maulers 60 .... 22 A 5
Maulette 78 .... 57 E 4
Maulévrier 49 .... 167 E 1
Maulévrier-
   Sainte-Gertrude 76 .... 19 G 5
Maulichères 32 .... 294 D 3
Maumusson 44 .... 148 C 1
Maumusson 82 .... 296 D 1
Maumusson-Laguian 32 .... 294 D 4
Mauny 76 .... 35 H 2
Maupas 10 .... 115 E 3
Le Maupas 21 .... 158 D 4
Maupas 32 .... 294 D 2
Maupas Château de 18 .... 155 G 4
Mauperthuis 77 .... 59 H 4
Maupertuis 50 .... 52 A 1
Maupertus-sur-Mer 50 .... 29 F 3
Mauprévoir 86 .... 204 B 1
Mauquenchy 76 .... 20 D 5
Mauran 31 .... 317 E 5
Maure 64 .... 314 D 5
Maure Col de 04 .... 288 B 1
Maure-de-Bretagne 35 .... 103 G 5
Maurecourt 78 .... 58 A 2
Mauregard 77 .... 59 E 1
Mauregny-en-Haye 02 .... 41 E 1
Maureilhan 34 .... 321 F 3
Maureillas-las-Illas 66 .... 343 E 4
Mauremont 31 .... 318 B 2

Maurens 24 .... 239 H 5
Maurens 31 .... 318 C 2
Maurens 32 .... 296 D 5
Maurens-Scopont 81 .... 298 C 5
Maurepas 78 .... 57 H 4
Maurepas 80 .... 23 F 1
Mauressac 31 .... 317 H 4
Mauressargues 30 .... 283 H 5
Maureville 31 .... 298 C 5
Mauriac 15 .... 244 B 2
Mauriac 33 .... 256 D 2
Mauries 40 .... 294 B 4
Maurin 04 .... 271 F 3
Maurin 34 .... 302 D 5
Maurines 15 .... 245 H 5
Maurois 59 .... 14 D 5
Mauron 56 .... 103 E 3
Mauroux 32 .... 296 C 1
Mauroux 46 .... 259 E 5
Maurrin 40 .... 294 B 2
Maurs 15 .... 261 H 2
Maurupt-le-Montois 51 .... 63 E 4
Maury 64 .... 338 B 4
Maury Barrage de 12 .... 262 D 3
Mausoléo 2B .... 346 D 2
Maussac 19 .... 225 G 4
Maussane-les-Alpilles 13 .... 304 D 3
Maussans 70 .... 162 B 1
Mousson Château de 53 .... 81 G 3
Mautes 23 .... 208 B 4
Mauvages 55 .... 93 G 2
Mauvaisin 31 .... 318 A 3
Mauves 07 .... 249 E 3
Mauves-sur-Huisne 61 .... 84 C 4
Mauves-sur-Loire 44 .... 148 A 3
Mauvezin 31 .... 316 D 3
Mauvezin 32 .... 296 D 3
Mauvezin 65 .... 333 G 1
Mauvezin-d'Armagnac 40 .... 274 C 5
Mauvezin-de-Prat 09 .... 335 E 2
Mauvezin-
   de-Sainte-Croix 09 .... 335 G 1
Mauvezin-sur-Gupie 47 .... 257 E 4
Mauvières 36 .... 187 H 4
Mauvilly 21 .... 138 B 4
Maux 58 .... 175 H 1
Mauzac 31 .... 317 G 3
Mauzac-et-Saint-Meyme-
   de-Rozens 24 .... 240 D 5
Mauzé-sur-le-Mignon 79 .... 184 C 5
Mauzé-Thouarsais 79 .... 168 A 2
Mauzens-et-Miremont 24 .... 241 E 4
Mauzun 63 .... 228 B 1
Mavaleix 24 .... 223 E 3
Maves 41 .... 132 A 4
Mavilly-Mandelot 21 .... 177 G 1
La Maxe 57 .... 45 H 5
Maxent 35 .... 103 G 4
Maxéville 54 .... 65 H 5
Maxey-sur-Meuse 88 .... 94 A 3
Maxey-sur-Vaise 55 .... 93 H 2
Maxilly-sur-Léman 74 .... 198 C 3
Maxilly-sur-Saône 21 .... 160 D 3
Maxou 46 .... 260 B 4
Maxstadt 57 .... 67 E 1
May-en-Multien 77 .... 59 H 1
Le May-sur-Èvre 49 .... 148 D 5
May-sur-Orne 14 .... 33 G 5
Mayac 24 .... 241 E 1
Mayenne 53 .... 82 B 5
Le Mayet-de-Montagne 03 .... 210 D 2
Le Mayet-d'École 03 .... 210 A 1
Maylis 40 .... 293 G 3
Maynal 39 .... 196 A 1
Les Mayons 83 .... 328 D 2
Mayot 02 .... 24 B 4
Mayrac 46 .... 242 C 5
Mayran 12 .... 280 B 1
La Mayrand 63 .... 227 G 4
Mayrègne 31 .... 334 A 4
Mayres 07 .... 248 A 4
Mayres 07 .... 265 H 3
Mayres 63 .... 228 D 5
Mayres-Savel 38 .... 250 D 5
Mayreste Belvédère de 04 .... 307 H 2
Mayreville 11 .... 318 D 5
Mayrinhac-Lentour 46 .... 261 E 1
Mayronnes 11 .... 338 A 2
Maysel 60 .... 38 C 4
Mazamet 81 .... 319 H 2
Mazan 84 .... 285 H 4
Mazan-l'Abbaye 07 .... 265 H 2
Mazangé 41 .... 131 F 3
Mazaugues 83 .... 328 A 2
Mazaye 63 .... 209 F 5
Mazé 49 .... 150 A 1

Le Mazeau *85* .... 184 C 4
Mazeirat *23* .... 207 F 1
Mazeley *88* .... 95 E 5
Mazerat-Aurouze *43* ...... 246 C 2
Mazeray *17* .... 201 G 4
Mazères *09* .... 318 B 4
Mazères *33* .... 256 B 4
Mazères *Église de 65* ...... 295 E 5
Mazères-de-Neste *65* ...... 334 A 1
Mazères-Lezons *64* ...... 314 B 4
Mazères-sur-Salat *31* ...... 335 E 1
Mazerier *03* .... 209 H 2
Mazerny *08* .... 26 C 5
Mazerolles *16* .... 222 B 1
Mazerolles *17* .... 219 G 3
Mazerolles *40* .... 294 A 1
Mazerolles *64* .... 314 A 2
Mazerolles *65* .... 315 G 3
Mazerolles *86* .... 187 E 3
Mazerolles-du-Razès *11* ...... 337 F 1
Mazerolles-le-Salin *25* ...... 161 G 4
Mazerulles *54* .... 66 B 5
Mazet-Saint-Voy *43* ...... 248 A 3
Mazeuil *86* .... 168 D 4
Mazeyrat-d'Allier *43* ...... 246 C 4
Mazeyrolles *24* .... 259 E 3
La Mazière-
  aux-Bons-Hommes *23* ...... 208 C 4
Mazières *16* .... 204 B 5
Mazières-de-Touraine *37* ...... 151 F 2
Mazières-en-Gâtine *79* ...... 185 E 2
Mazières-en-Mauges *49* ...... 167 E 1
Mazières-Naresse *47* ...... 258 C 3
Mazières-sur-Béronne *79* ...... 185 F 3
Mazille *71* .... 194 C 3
Mazingarbe *62* .... 8 A 4
Mazinghem *62* .... 7 G 3
Mazinghien *59* .... 15 E 5
Mazion *33* .... 237 G 2
Mazirat *03* .... 190 C 5
Mazirot *88* .... 94 D 4
Le Mazis *80* .... 21 G 2
Mazoires *63* .... 227 G 5
Mazouau *65* .... 333 H 2
Mazuby *11* .... 337 E 4
Les Mazures *08* .... 26 C 1
Mazzola *2B* .... 347 F 4
Méailles *04* .... 288 D 4
Méallet *15* .... 244 B 1
Méasnes *23* .... 189 E 3
Meaucé *28* .... 85 F 3
Meaudre *38* .... 250 C 2
La Meauffe *50* .... 32 B 4
La Méaugon *22* .... 78 B 3
Meaulne *03* .... 190 D 1
Méaulte *80* .... 23 E 1
Méautis *50* .... 31 H 3
Meaux *77* .... 59 G 2
Meaux-la-Montagne *69* ...... 212 B 4
Meauzac *82* .... 277 G 4
Mecé *35* .... 81 E 5
Mechmont *46* .... 260 B 4
Mécleuves *57* .... 65 H 1
Mecquignies *59* .... 15 F 2
Mécrin *55* .... 64 C 4
Mécringes *51* .... 60 C 3
Médan *78* .... 57 H 2
Médavy *61* .... 54 B 5
La Mède *13* .... 325 H 4
Medeyrolles *63* .... 229 E 4
Médière *25* .... 142 A 5
Médillac *16* .... 239 E 1
Médis *17* .... 218 D 1
Médonnet *Chapelle du 74* ...... 216 C 3
Médonville *88* .... 118 A 2
Médous *Grotte de 65* ...... 333 F 2
Médréac *35* .... 103 G 1
Le Mée *28* .... 110 A 5
Mée *53* .... 128 A 2
Le Mée-sur-Seine *77* ...... 88 B 3
Les Mées *04* .... 287 G 4
Mées *40* .... 292 D 4
Les Mées *72* .... 83 H 5
Mégange *57* .... 46 C 4
Mégève *74* .... 216 C 4
Mégevette *74* .... 198 B 5
Mégrit *22* .... 79 F 5
Méharicourt *80* .... 23 F 3
Méharin *64* .... 311 F 4
Méhers *41* .... 153 F 3
Méhoncourt *54* .... 95 F 2
Méhoudin *61* .... 82 D 3
Mehun-sur-Yèvre *18* ...... 154 D 5
La Meignanne *49* ...... 149 F 1
Meigné *49* .... 150 A 4
Meigné-le-Vicomte *49* ...... 151 E 1
Meigneux *77* .... 89 E 3

Meigneux *80* .... 21 H 3
Meilhac *87* .... 223 G 1
Meilhan *32* .... 316 B 2
Meilhan *40* .... 293 G 1
Meilhan-sur-Garonne *47* ...... 256 D 4
Meilhards *19* .... 224 C 3
Meilhaud *63* .... 227 H 3
Meillac *35* .... 80 A 3
Meillant *18* .... 173 F 4
Meillard *03* .... 192 A 4
Le Meillard *80* .... 12 C 4
La Meilleraie-Tillay *85* ...... 166 D 4
Meilleray *77* .... 60 C 4
La Meilleraye-
  de-Bretagne *44* ...... 127 E 5
Meillerie *74* .... 198 C 2
Meillers *03* .... 191 H 2
Meillier-Fontaine *08* ...... 26 D 2
Meillon *64* .... 314 B 4
Meillonnas *01* .... 196 A 5
Meilly-sur-Rouvres *21* ...... 159 F 4
Meisenthal *57* .... 68 A 2
Meistratzheim *67* ...... 97 F 2
Le Meix *21* .... 138 D 5
Le Meix-Saint-Epoing *51* ...... 60 D 5
Le Meix-Tiercelin *51* ...... 62 B 5
Méjanes *13* .... 304 A 5
Méjannes-le-Clap *30* ...... 284 B 2
Méjannes-lès-Alès *30* ...... 283 H 4
Mela *2A* .... 349 E 5
Mélagues *12* .... 301 E 3
Mélamare *76* .... 19 E 5
Melan *04* .... 287 H 2
Melay *49* .... 149 F 4
Melay *52* .... 118 B 5
Melay *71* .... 193 G 5
Le Mêle-sur-Sarthe *61* ...... 84 A 3
Mélecey *70* .... 141 H 5
Melesse *35* .... 104 B 2
Melgven *29* .... 100 B 4
Mélicocq *60* .... 39 F 1
Mélicourt *27* .... 55 E 2
Méligny-le-Grand *55* ...... 93 G 1
Méligny-le-Petit *55* ...... 93 G 1
Melin *70* .... 140 C 3
Melincourt *70* .... 118 D 5
Mélisey *70* .... 142 A 2
Mélisey *89* .... 115 E 5
Meljac *12* .... 280 C 4
Mellac *29* .... 100 D 4
Mellé *35* .... 81 F 3
Melle *79* .... 185 G 5
Mellecey *71* .... 177 G 4
Melleran *79* .... 203 E 1
Melleray *72* .... 108 D 3
Melleray *Abbaye de 44* ...... 127 E 5
Melleray-la-Vallée *53* ...... 82 B 3
Melleville *76* .... 11 E 5
Melles *31* .... 334 C 4
Melleville *76* .... 11 E 5
Mellionnec *22* .... 77 F 5
Mello *60* .... 38 C 4
Meloisey *21* .... 177 G 1
Melrand *56* .... 101 G 4
Melsheim *67* .... 68 C 4
Melun *77* .... 88 B 3
Melve *04* .... 287 G 1
Melz-sur-Seine *77* ...... 89 H 3
Membrey *70* .... 140 B 4
La Membrolle-
  sur-Choisille *37* ...... 151 H 2
La Membrolle-
  sur-Longuenée *49* ...... 128 B 5
Membrolles *41* .... 110 A 5
Méménil *88* .... 95 G 5
Memmelshoffen *67* ...... 69 E 2
Le Mémont *25* .... 163 F 4
Mémorial Canadien *62* ...... 8 B 5
Menades *89* .... 157 H 2
Ménarmont *88* .... 95 H 3
Menars *41* .... 132 B 5
Menat *63* .... 209 F 2
Menaucourt *55* .... 93 F 1
Mencas *62* .... 7 E 3
Menchhoffen *67* .... 68 C 3
Mende *48* .... 264 C 4
Mendionde *64* .... 311 E 4
Menditte *64* .... 331 E 1
Mendive *64* .... 330 C 1
Ménéac *56* .... 102 D 2
Menée *Col de 38* ...... 268 D 1
Ménerbes *84* .... 305 G 2
Ménerville *78* .... 57 E 2
Menesble *21* .... 138 D 3
Méneslies *80* .... 11 E 4
Ménesplet *24* .... 239 E 4

Ménesqueville *27* .... 36 D 2
Ménessaire *21* .... 158 B 5
Menestreau *58* .... 156 D 2
Ménestreau-en-Villette *45* ...... 133 F 4
Menet *15* .... 244 D 1
Menetou-Couture *18* ...... 174 A 1
Menetou-Râtel *18* .... 155 H 3
Menetou-Salon *18* .... 155 F 4
Menetou-sur-Nahon *36* ...... 153 H 4
Ménétréol-
  sous-Sancerre *18* ...... 156 A 3
Ménétréol-sur-Sauldre *18* ...... 155 E 2
Ménétréols-sous-Vatan *36* ...... 172 A 2
Ménétreuil *71* .... 195 G 1
Ménétreux-le-Pitois *21* ...... 138 A 5
Ménétrol *63* .... 209 H 4
Menétru-le-Vignoble *39* ...... 179 F 4
Menétrux-en-Joux *39* ...... 179 G 5
Ménévillers *60* .... 39 E 1
Ménez-Bré *22* .... 72 D 5
Ménez-Hom *29* .... 75 G 4
Ménez-Meur *Domaine de 29*...75 H 3
Menglon *26* .... 268 C 2
Ménigoute *79* .... 185 G 2
Ménil *53* .... 128 B 3
Le Ménil *88* .... 120 A 5
Ménil-Annelles *08* .... 42 B 1
Ménil-aux-Bois *55* ...... 64 C 4
Le Ménil-Bérard *61* ...... 55 E 5
Le Ménil-Broût *61* .... 83 H 3
Le Ménil-Ciboult *61* ...... 52 D 4
Le Ménil-de-Briouze *61* ...... 53 G 5
Ménil-de-Senones *88* ...... 96 B 3
Ménil-en-Xaintois *88* ...... 94 C 5
Ménil-Erreux *61* .... 83 H 3
Ménil-Froger *61* .... 54 D 4
Ménil-Glaise *61* .... 53 H 4
Ménil-Gondouin *61* ...... 53 G 4
Le Ménil-Guyon *61* ...... 84 A 2
Ménil-Hermei *61* .... 53 G 3
Ménil-Hubert-en-Exmes *61* ...54 C 3
Ménil-Hubert-sur-Orne *61* ...53 G 3
Ménil-Jean *61* .... 53 H 4
Ménil-la-Horgne *55* ...... 64 C 5
Ménil-la-Tour *54* .... 65 F 5
Ménil-Lépinois *08* ...... 42 A 2
Le Ménil-Scelleur *61* ...... 83 F 2
Ménil-sur-Belvitte *88* ...... 95 H 3
Ménil-sur-Saulx *55* ...... 63 H 5
Le Ménil-Vicomte *61* ...... 54 D 4
Ménil-Vin *61* .... 53 G 3
Ménilles *27* .... 56 D 1
Ménillot *54* .... 94 A 1
La Ménitré *49* .... 150 A 2
Mennecy *91* .... 87 H 2
Mennessis *02* .... 24 A 4
Mennetou-sur-Cher *41* ...... 154 A 4
Menneval *27* .... 35 F 5
Menneville *02* .... 41 G 2
Menneville *62* .... 6 C 2
Mennevret *02* .... 24 D 1
Mennouveaux *52* .... 117 G 3
Ménoire *19* .... 242 D 3
Menomblet *85* .... 167 E 4
Menoncourt *90* .... 142 C 2
Ménonval *76* .... 21 E 3
Menotey *39* .... 161 G 4
Menou *58* .... 156 D 3
Menouville *95* .... 38 A 5
Le Menoux *36* .... 188 D 2
Menoux *70* .... 141 E 2
Mens *38* .... 251 E 5
Mensignac *24* .... 240 B 1
Menskirch *57* .... 46 B 3
Mentheville *76* .... 19 E 4
Menthon-Saint-Bernard *74*...215 H 4
Menthonnex-en-Bornes *74*..215 G 2
Menthonnex-
  sous-Clermont *74* ...... 215 F 3
Mentières *15* .... 245 H 3
Menton *06* .... 291 G 5
Mentque-Nortbécourt *62* ...... 3 E 5
Menucourt *95* .... 57 H 1
Les Menuires *73* .... 234 C 5
Les Menus *61* .... 85 E 3
Menville *31* .... 297 G 4
Méobecq *36* .... 171 F 5
Méolans *04* .... 270 C 4
Méolans-Revel *04* ...... 270 C 5
Méon *49* .... 150 D 1
Méounes-lès-Montrieux *83*..328 A 2
Mépieu *38* .... 214 B 5
Mer *41* .... 132 C 4
Mer de Sable *La 60* ...... 39 E 5
Méracq *64* .... 294 B 5
Méral *53* .... 105 G 5
Méras *09* .... 317 G 5

Mercatel *62* .... 13 G 3
Mercenac *09* .... 335 E 2
Merceuil *21* .... 177 H 2
Mercey *21* .... 159 E 5
Mercey *27* .... 56 D 1
Mercey-le-Grand *25* ...... 161 F 4
Mercey-sur-Saône *70* ...... 140 B 5
Mercin-et-Vaux *02* ...... 40 B 2
Merck-Saint-Liévin *62* ...... 7 E 2
Merckeghem *59* .... 3 F 4
Mercœur *19* .... 243 F 4
Mercœur *43* .... 246 A 2
Mercuer *07* .... 266 B 3
Mercuès *46* .... 259 H 5
Mercurey *71* .... 177 G 3
Mercurol *26* .... 249 F 3
Mercury *73* .... 234 A 1
Mercus-Garrabet *09* ...... 336 B 4
Mercy *03* .... 192 C 3
Mercy *89* .... 114 A 4
Mercy-le-Bas *54* .... 45 E 3
Mercy-le-Haut *54* .... 45 E 3
Merdrignac *22* .... 102 D 1
Méré *78* .... 57 G 4
Méré *89* .... 136 D 2
Méreau *18* .... 154 C 5
Méréaucourt *80* .... 21 H 3
Méréglise *28* .... 85 G 5
Mérélessart *80* .... 11 G 5
Mérens *32* .... 296 A 3
Mérens-les-Vals *09* ...... 341 G 2
Mérenvielle *31* .... 297 F 4
Méreuil *05* .... 269 E 5
Méréville *54* .... 94 D 1
Méréville *91* .... 87 F 5
Merey *27* .... 56 D 2
Mérey-sous-Montrond *25* ...162 A 4
Mérey-Vieilley *25* ...... 162 A 2
Merfy *51* .... 41 F 3
Mergey *10* .... 90 D 4
Meria *2B* .... 345 G 2
Mérial *11* .... 337 E 5

Méribel *73* .... 234 C 4
Méribel-Mottaret *73* ...... 234 C 4
Méricourt *62* .... 8 B 5
Méricourt *78* .... 57 F 1
Méricourt-en-Vimeu *80* ...... 21 H 2
Méricourt-l'Abbé *80* ...... 22 D 1
Méricourt-sur-Somme *80* ...23 E 1
Mérifons *34* .... 301 H 4
Mérignac *16* .... 220 D 1
Mérignac *17* .... 220 B 5
Mérignac *33* .... 237 F 5
Mérignas *33* .... 256 D 1
Mérignat *01* .... 214 B 2
Mérignies *59* .... 8 D 4
Mérigny *36* .... 187 G 1
Mérigon *09* .... 335 F 1
Mérilheu *65* .... 333 F 1
Mérillac *22* .... 103 E 1
Mérindol *84* .... 305 G 3
Mérindol-les-Oliviers *26* ...285 H 2
Mérinville *45* .... 112 D 4
Le Mériot *10* .... 89 H 3
Méritein *64* .... 313 G 3
Merkwiller-Pechelbronn *67*...69 E 2
Merlande *Prieuré de 24* ...... 240 B 1
Merlas *38* .... 232 D 4
La Merlatière *85* ...... 166 A 4
Merle *Tours de 19* ...... 243 F 4
Merle-Leignec *42* ...... 229 G 5
Le Merlerault *61* ...... 54 D 5
Merles *82* .... 277 E 4
Merles-sur-Loison *55* ...... 44 C 3
Merlette *05* .... 270 A 2
Merlevenez *56* .... 123 G 2
Merlieux-et-Fouquerolles *02*...40 C 1
Merlimont *62* .... 6 B 4
Merlimont-Plage *62* ...... 6 A 4
Merlines *19* .... 226 C 2

Mernel *35* .... 103 H 5
Mérobert *91* .... 87 E 4
Méron *49* .... 150 B 5
Mérona *39* .... 196 C 1
Mérouville *28* .... 86 D 5
Meroux *90* .... 142 C 3
Merpins *16* .... 220 B 1
Merrey *52* .... 117 H 4
Merrey-sur-Arce *10* ...... 115 G 3
Merri *61* .... 54 A 3
Merris *59* .... 4 A 5
Merry-la-Vallée *89* ...... 135 H 3
Merry-Sec *89* .... 136 A 4
Merry-sur-Yonne *89* ...... 136 C 5
Mers-les-Bains *80* ...... 10 D 4
Mers-sur-Indre *36* ...... 189 F 1
Merschweiller *57* .... 46 B 2
Mersuay *70* .... 141 E 2
Merten *57* .... 46 D 4
Mertrud *52* .... 92 C 4
Mertzen *68* .... 143 E 3
Mertzwiller *67* .... 68 D 3
Méru *60* .... 38 A 4
Merval *02* .... 41 E 2
Mervans *71* .... 178 B 4
Mervent *85* .... 184 B 2
Merviel *09* .... 336 C 2
Mervilla *31* .... 318 A 2
Merville *31* .... 297 G 3
Merville *59* .... 8 A 2
Merville-Franceville-Plage *14*...33 H 3
Merviller *54* .... 96 A 2
Merxheim *68* .... 121 E 5
Méry *73* .... 233 F 1
Méry-Corbon *14* .... 34 A 5
Méry-ès-Bois *18* ...... 155 E 3
Méry-la-Bataille *60* ...... 23 E 5
Méry-Prémecy *51* ...... 41 F 4
Méry-sur-Cher *18* ...... 154 B 4
Méry-sur-Marne *77* ...... 60 A 2
Méry-sur-Oise *95* ...... 58 B 1
Méry-sur-Seine *10* ...... 90 C 3

METZ

Allemands (R. des) .... DV 2
Ambroise-Thomas (R.) ..... CV 3
Armes (Pl. d') .... DV 5
Augustins (R. des) .... DX 6
Chambière (R.) .... DV 10
Chambre (Pl. de) .... DV 12
Champé (R. du) .... DV 13
Chanoine-Collin (R. du) ... DV 15
Charlemagne (R.) .... CX 17
Chèvre (R. de la) .... DX 19
Clercs (R. des) CV
Coëtlosquet (R. du) .... CX 22
Coislin (R.) .... CX 23
Enfer (R. d') .... DV 25
En Fournirue ....
Fabert (R.) .... CV 26

Faisan (R. du) .... CV 27
La-Fayette (R.) .... CX 47
Fontaine (R. de la) .... DX 29
Gaulle (Pl. du Gén.-de) ... DX 31
Grande-Armée (R. de la) .. DV 34
Hache (R. de la) .... DV 39
Jardins (R. des) .... DV
Juge-Pierre-Michel (R. du) ... CV 46
Lasalle (R.) .... DX 49
Lattre-de-T. (Av. de) ..... CX 51
Leclerc-de-H. (Av.) ...... CX 52
Mondon (Pl. R.) .... CX 57
Paix (R. de la) .... CV 61
Palais (R. du) .... CV 62
Paraiges (Pl. des) .... DV 63
Parmentiers (R. des) ..... DV 64
Petit-Paris (R. du) ...... DV 65
Pierre-Hardie (R. de la) ... CV 66
Pont-Moreau (R. du) ..... CDV 70

Prés.-Kennedy (Av. J.-F.) ... CX 73
République (Pl. de la) ..... CX 75
Ste-Croix (Pl.) .... DV 83
Ste-Marie (R.) .... DV 84
St-Eucaire (R.) .... DV 76
St-Gengoulf (R.) .... DV 77
St-Georges (R.) .... CV 78
St-Louis (Pl.) .... DVX
St-Simplice (R.) .... DV 80
St-Thiébault (Pl.) .... DV 82
Salis (R. de) .... DX 86
Schuman (Av. R.) CX
Sérot (Bd Robert) .... CV 87
Serpenoise (R.) CV
Taison (R.) .... DV 88
Tanneurs (R. des) .... DV 90
Tête d'Or (R. de la) ..... DV
Trinitaires (R. des) ..... DV 93
Verlaine (R.) .... CX 97

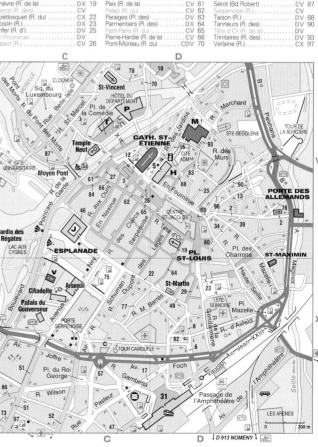

A
B
C
D
E
F
G
H
I
J
K
L
M
N
O
P
Q
R
S
T
U
V
W
X
Y
Z

Le Merzer 22 ....73 F 5
Mésandans 25 ....162 C 1
Mésanger 44 ....148 B 1
Mésangueville 76 ....21 E 5
Mesbrecourt-Richecourt 02 ....24 C 4
Meschers-sur-Gironde 17 ....218 D 2
Mescla Balcons de la 04 .....307 H 2
Mescoules 24 ....257 H 2
Le Mesge 80 ....22 A 1
Mesgrigny 10 ....90 C 3
Mésigny 74 ....215 F 2
Meslan 56 ....101 E 3
Mesland 41 ....152 D 1
Meslay 14 ....53 G 2
Meslay 41 ....131 G 3
Meslay Grange de 37 ....152 A 2
Meslay-du-Maine 53 ....106 B 5
Meslay-le-Grenet 28 ....86 A 5
Meslay-le-Vidame 28 ....110 A 2
Meslières 25 ....142 C 5
Meslin 22 ....78 C 4
Mesmay 25 ....179 G 1
Mesmont 08 ....26 B 5
Mesmont 21 ....159 G 3
Mesnac 16 ....202 B 5
Mesnard-la-Barotière 85 ...166 C 3
Mesnay 39 ....179 G 2
Les Mesneux 51 ....41 G 4
La Mesnière 61 ....84 B 3
Mesnières-en-Bray 76 ......20 D 3
Le Mesnil 50 ....31 E 2
Le Mesnil-Adelée 50 ....52 B 4
Le Mesnil-Amand 50 ....51 H 2
Le Mesnil-Amelot 77 ....59 E 1
Le Mesnil-Amey 50 ....32 A 5
Le Mesnil-Angot 50 ....32 A 4
Le Mesnil-au-Grain 14 ......53 E 1
Le Mesnil-au-Val 50 ....29 F 3
Le Mesnil-Aubert 50 ....51 G 2
Le Mesnil-Aubry 95 ....58 C 1
Le Mesnil-Auzouf 14 ....52 D 1
Le Mesnil-Bacley 14 ....54 C 1
Le Mesnil-Benoist 14 ....52 B 3
Le Mesnil-Bœufs 50 ....52 A 5
Le Mesnil-Bonant 50 ....51 H 2
Mesnil-Bruntel 80 ....23 G 2
Le Mesnil-Caussois 14 ......52 B 3
Mesnil-Clinchamps 14 ......52 B 3
Le Mesnil-Conteville 60 ....22 A 4
Mesnil-Domqueur 80 ....12 B 4
Le Mesnil-Drey 50 ....51 G 3
Le Mesnil-Durand 14 ....54 C 1
Le Mesnil-Durdent 76 ....19 G 2
Mesnil-en-Arrouaise 80 .....13 H 5
Le Mesnil-en-Thelle 60 .....38 B 5
Le Mesnil-en-Vallée 49 .....148 D 2
Le Mesnil-Esnard 76 ....36 B 2
Le Mesnil-Eudes 14 ....34 C 5
Mesnil-Eudin 80 ....21 F 2
Le Mesnil-Eury 50 ....32 A 4
Mesnil-Follemprise 76 ......20 C 3
Le Mesnil-Fuguet 27 ....56 B 1
Le Mesnil-Garnier 50 ....51 H 2
Le Mesnil-Germain 14 ......54 C 1
Le Mesnil-Gilbert 50 ....52 B 4
Le Mesnil-Guillaume 14 ....34 D 5
Le Mesnil-Hardray 27 ....56 A 2
Le Mesnil-Herman 50 ....52 A 1
Le Mesnil-Hue 50 ....51 H 2
Le Mesnil-Jourdain 27 ......36 B 5
Mesnil-la-Comtesse 10 .....91 E 3
Le Mesnil-le-Roi 78 ....58 A 2
Mesnil-Lettre 10 ....91 F 3
Le Mesnil-Lieubray 76 ......37 E 1
Mesnil-Martinsart 80 ....13 F 5
Le Mesnil-Mauger 14 ....34 B 5
Mesnil-Mauger 76 ....21 E 4
Le Mesnil-Opac 50 ....52 B 1
Le Mesnil-Ozenne 50 ....51 H 5
Mesnil-Panneville 76 ....19 H 5
Le Mesnil-Patry 14 ....33 F 4
Le Mesnil-Rainfray 50 ......52 B 5
Mesnil-Raoul 76 ....36 C 2
Le Mesnil-Raoult 50 ....52 B 1
Le Mesnil-Réaume 76 ....10 D 5
Le Mesnil-Robert 14 ....52 C 3
Le Mesnil-Rogues 50 ....51 G 2
Mesnil-Rousset 27 ....55 F 3
Le Mesnil-Rouxelin 50 ......32 B 4
Le Mesnil-Saint-Denis 78 ...57 H 4
Le Mesnil-Saint-Firmin 60 ..22 C 5
Mesnil-Saint-Georges 80 ...22 D 4
Mesnil-Saint-Laurent 02 ....24 B 2
Mesnil-Saint-Loup 10 ....90 B 5
Mesnil-Saint-Nicaise 80 ....23 G 3
Mesnil-Saint-Père 10 ....115 G 2
Mesnil-Sellières 10 ....91 F 5

Le Mesnil-Simon 14 ....34 B 5
Le Mesnil-Simon 28 ....57 E 3
Le Mesnil-sous-Jumièges 76 ..35 H 2
Le Mesnil-sous-les-Côtes 55 ..64 C 1
Mesnil-sous-Vienne 27 ......37 F 2
Le Mesnil-sur-Blangy 14 ....34 D 3
Le Mesnil-sur-Bulles 60 ....38 C 1
Mesnil-sur-l'Estrée 27 ......56 C 4
Le Mesnil-sur-Oger 51 ......61 G 2
Le Mesnil-Thébault 50 ......52 A 5
Le Mesnil-Théribus 60 ......37 H 3
Le Mesnil-Thomas 28 ....85 G 2
Le Mesnil-Tôve 50 ....52 B 4
Mesnil-Val 76 ....10 D 4
Le Mesnil-Véneron 50 ......32 A 4
Mesnil-Verclives 27 ....36 D 3
Le Mesnil-Vigot 50 ....31 H 4
Le Mesnil-Villeman 50 .....51 H 2
Le Mesnil-Villement 14 .....53 G 3
Le Mesnilbus 50 ....31 H 4
Le Mesnillard 50 ....52 B 5
Mesnois 39 ....196 C 1
Les Mesnuls 78 ....57 G 4
Mespaul 29 ....71 G 4
Mesplède 64 ....293 G 5
Mesples 03 ....190 B 3
Mespuits 91 ....87 G 5
Mesquer 44 ....145 H 3
Messac 17 ....220 B 5
Messac 35 ....126 B 2
Messais 86 ....168 C 2
Messanges 21 ....159 H 5
Messanges 40 ....292 B 2
Messas 45 ....132 C 3
Messé 79 ....186 A 5
Messei 61 ....53 F 4
Messein 54 ....94 D 1
Messeix 63 ....226 C 2
Messemé 86 ....168 D 1
Messery 74 ....197 H 3
Messeux 16 ....203 G 2
Messey-sur-Grosne 71 .....177 G 5
Messia-sur-Sorne 39 ....179 E 5
Messigny-et-Vantoux 21 ...160 A 2
Messilhac Château de 15 ..244 D 5
Messimy 69 ....230 D 1
Messimy-sur-Saône 01 ....213 E 2
Messincourt 08 ....27 G 4
Messon 10 ....114 C 2
Messy 77 ....59 E 2
Mesterrieux 33 ....256 D 3
Mestes 19 ....226 B 3
Mesves-sur-Loire 58 ....156 B 4
Mesvres 71 ....176 C 3
Métabief 25 ....180 C 4
Les Métairies 16 ....220 C 1
Métairies-Saint-Quirin 57 ...96 B 1
Méteren 59 ....4 A 5
Méthamis 84 ....286 A 5
Métigny 80 ....11 H 5
Metting 57 ....68 A 4
Mettray 37 ....151 H 2
Metz 57 ....65 H 1
Metz-en-Couture 62 ....14 A 5
Metz-le-Comte 58 ....157 G 2
Metz-Robert 10 ....115 E 4
Metz-Tessy 74 ....215 G 3
Metzeral 68 ....120 C 4
Metzeresche 57 ....46 B 4
Metzervisse 57 ....45 H 3
Metzing 57 ....47 F 5
Meucon 56 ....124 B 3
Meudon 92 ....58 B 4
Meulan 78 ....57 H 1
Meulers 76 ....20 C 2
Meulin 71 ....194 B 4
Meulles 14 ....54 D 2
Meulson 21 ....138 D 4
Meunet-Planches 36 ....172 B 4
Meunet-sur-Vatan 36 ......172 A 1
Meung-sur-Loire 45 ....132 C 2
Meurcé 72 ....107 H 2
Meurchin 62 ....8 C 4
Meurcourt 70 ....141 F 4
La Meurdraquière 50 ....51 G 3
Meures 52 ....116 D 2
Meurival 02 ....41 E 3
Meursac 17 ....219 E 1
Meursanges 21 ....178 A 2
Meursault 21 ....177 G 2
Meurville 10 ....116 A 2
Meuse 52 ....117 H 4
Meusnes 41 ....153 F 4
Meussia 39 ....196 D 2
Meuvaines 14 ....33 F 3
Meuvy 52 ....117 H 3

Meux 17 ....220 B 4
Le Meux 60 ....39 F 2
Meuzac 87 ....224 B 3
Mévoisins 28 ....86 B 3
Mévouillon 26 ....286 C 2
Mexy 54 ....45 E 1
Mey 57 ....45 H 5
Meyenheim 68 ....121 E 4
Meylan 38 ....251 E 1
Meylan 47 ....275 E 4
Meymac 19 ....225 G 3
Meynes 30 ....304 B 1
Meyrals 24 ....241 F 5
Meyrand Col de 07 ....265 H 3
Meyrannes 30 ....283 H 2
Meyrargues 13 ....306 B 4
Meyras 07 ....266 A 2
Meyreuil 13 ....306 A 5
Meyriat 01 ....214 A 1
Meyrié 38 ....232 A 2
Meyrieu-les-Étangs 38 ....231 H 3
Meyrieux-Trouet 73 ....233 E 1
Meyrignac-l'Église 19 .....225 E 5
Meyronne 46 ....242 C 5
Meyronnes 04 ....271 E 4
Meyrueis 48 ....282 B 3
Meys 69 ....230 B 1
Meyssac 19 ....242 D 3
Meysse 07 ....267 E 3
Meyssiez 38 ....231 G 3
Meythet 74 ....215 G 3
La Meyze 87 ....223 G 2
Meyzieu 69 ....213 G 5
Mézangers 53 ....106 C 2
Mézaugon 14 ....53 F 4
Mézel 04 ....288 A 4
Mezel 63 ....228 A 1
Mézenc Mont 43 ....247 H 5
Mézens 81 ....298 B 3
Mézeray 72 ....129 G 2
Mézères 43 ....247 G 2
Mézériat 01 ....195 G 5
Mézerolles 80 ....12 C 3
Mézerville 11 ....318 C 4
Mézidon 14 ....34 A 5
La Mézière 35 ....104 A 2
Mézières-au-Perche 28 ....109 H 2
Mézières-en-Brenne 36 ...170 D 4
Mézières-en-Drouais 28 ....56 D 5
Mézières-en-Gâtinais 45 ..112 A 4
Mézières-en-Santerre 80 ...22 D 3
Mézières-en-Vexin 27 ......37 E 5
Mézières-lez-Cléry 45 .....133 E 3
Mézières-sous-Lavardin 72 ..107 G 3
Mézières-sur-Couesnon 35 ..80 D 5
Mézières-sur-Issoire 87 ...205 E 2
Mézières-sur-Oise 02 ....24 B 3
Mézières-sur-Ponthouin 72 ..108 A 2
Mézières-sur-Seine 78 .....57 G 2
Mézilhac 07 ....266 B 1
Mézilles 89 ....135 G 4
Mézin 47 ....275 E 4
Méziré 90 ....142 C 4
Mézos 40 ....272 C 4
Mézy-Moulins 02 ....60 C 1
Mézy-sur-Seine 78 ....57 G 2
Mezzavia 2A ....348 C 3
Mhère 58 ....157 H 4
Mialet 24 ....223 E 3
Mialet 30 ....283 G 4
Mialos 64 ....294 B 5
Miannay 80 ....11 F 3
Michaugues 58 ....157 F 4
Michelbach 68 ....143 E 1
Michelbach-le-Bas 68 .....143 G 3
Michelbach-le-Haut 68 ....143 G 3
Michery 89 ....89 F 5
Midi de Bigorre Pic du 65 ...333 F 3
Midrevaux 88 ....93 H 4
Mièges 39 ....180 A 4
Miel Maison du 63 ....209 G 4
Miélan 32 ....315 G 2
Miellin 70 ....142 B 1
Miermaigne 28 ....109 F 2
Miers 46 ....260 D 1
Miéry 39 ....179 F 3
Mietesheim 67 ....68 D 3
Mieussy 74 ....216 B 1
Mieuxcé 61 ....83 G 4
Mifaget 64 ....332 B 1
Migé 89 ....136 B 4
Migennes 89 ....114 A 5
Miglos 09 ....336 B 5
Mignafans 70 ....141 H 5
Mignaloux-Beauvoir 86 ...186 C 2
Mignavillers 70 ....141 H 5

Migné 36 ....171 E 5
Migné-Auxances 86 ....186 B 1
Mignères 45 ....112 B 4
Mignerette 45 ....112 B 4
Migneville 54 ....96 A 2
Mignières 28 ....86 A 5
Mignovillard 39 ....180 B 3
Migny 36 ....172 C 2
Migré 17 ....201 G 2
Migron 17 ....201 H 5
Mijanès 09 ....337 E 5
Mijoux 01 ....197 F 3
La Milesse 72 ....107 G 4
Milhac 46 ....259 H 1
Milhac-d'Auberoche 24 ...241 E 3
Milhac-de-Nontron 24 .....222 D 4
Milhaguet 87 ....222 D 2
Milhars 81 ....279 E 4
Milhaud 30 ....303 H 2
Milhavet 81 ....279 F 5
Milizac 29 ....70 C 5
Millac 86 ....204 C 1
Millam 59 ....3 F 4
Millançay 41 ....153 H 2
Millas 66 ....342 D 2
Millau 12 ....281 H 4
Millay 58 ....176 A 3
Millebosc 76 ....11 E 5
Millemont 78 ....57 F 4
Millencourt 80 ....13 F 5
Millencourt-en-Ponthieu 80 ..11 H 3
Millery 21 ....158 D 1
Millery 54 ....65 H 4
Millery 69 ....231 E 2
Les Milles 13 ....305 H 5
Millevaches 19 ....225 G 2
Millières 50 ....31 G 4
Millières 52 ....117 G 3
Millonfosse 59 ....9 F 5
Milly 50 ....52 B 5
Milly 89 ....136 C 3
Milly-la-Forêt 91 ....88 A 4
Milly-Lamartine 71 ....194 D 4
Milly-sur-Bradon 55 ....43 H 2
Milly-sur-Thérain 60 ....37 H 1
Milon-la-Chapelle 78 ....58 A 5
Mimbaste 40 ....293 E 4
Mimet 13 ....327 E 1
Mimeure 21 ....159 E 5
Mimizan 40 ....272 B 2
Mimizan-Plage 40 ....272 B 2
Minard Pointe de 22 ....73 G 3
Minaucourt-le-Mesnil-
  lès-Hurlus 51 ....42 D 4
Mindin 44 ....146 C 3
Minerve 34 ....320 C 3
Mingot 65 ....315 F 3
Mingoval 62 ....7 H 5
Miniac-Morvan 35 ....79 H 3
Miniac-sous-Bécherel 35 ..103 H 1
Minier Col du 30 ....282 C 4
Les Minières 27 ....56 B 3
Le Minihic-sur-Rance 35 ...50 C 5
Minihy-Tréguier 22 ....73 E 3
Minorville 54 ....65 F 4
Minot 21 ....138 D 4
Minversheim 67 ....68 D 4
Minzac 24 ....239 E 4
Minzier 74 ....215 F 2
Miolans Château de 73 ...233 F 1
Miolles 81 ....300 A 1
Miomo 2B ....345 G 4
Mionnay 01 ....213 F 4
Mions 69 ....231 F 1
Mios 33 ....254 D 3
Miossens-Lanusse 64 .....314 B 2
Mirabeau 04 ....287 H 4
Mirabeau 84 ....306 C 3
Mirabel 07 ....266 C 3
Mirabel 82 ....277 H 4
Mirabel
  Parc d'attractions 63 ....209 H 4
Mirabel-aux-Baronnies 26 ..285 H 1
Mirabel-et-Blacons 26 .....267 H 2
Miradoux 32 ....276 C 5
Miramar 06 ....309 E 5
Miramas 13 ....305 E 5
Mirambeau 17 ....219 G 4
Mirambeau 31 ....316 D 3
Miramont-d'Astarac 32 ....296 A 5
Miramont-
  de-Comminges 31 ....334 C 1
Miramont-de-Guyenne 47 ..257 G 3
Miramont-de-Quercy 82 ...277 F 3
Miramont-Latour 32 ....296 B 3
Miramont-Sensacq 40 .....294 B 4

Mirande 32 ....295 H 5
Mirandol-Bourgnounac 81 ..279 G 4
Mirannes 32 ....295 H 4
Miraumont 80 ....13 G 4
Miraval-Cabardès 11 ......319 H 3
Mirbel 52 ....92 D 5
Miré 49 ....128 D 3
Mirebeau 86 ....168 D 4
Mirebeau-sur-Bèze 21 ....160 C 2
Mirebel 39 ....179 G 5
Mirecourt 88 ....94 D 5
Mireclairs 63 ....228 A 1
Miremont 31 ....317 H 3
Miremont 63 ....209 E 4
Mirepeisset 11 ....320 D 4
Mirepeix 64 ....314 C 5
Mirepoix 09 ....336 D 1
Mirepoix 32 ....296 B 3
Mirepoix-sur-Tarn 31 ......298 B 2
Mireval 34 ....323 F 3
Mireval-Lauragais 11 ......319 E 4
Mirmande 26 ....267 F 2
Le Miroir 71 ....196 A 2
Miromesnil Château de 76 ..20 B 2
Mirvaux 80 ....12 D 5
Mirville 76 ....19 E 5
Miscon 26 ....268 C 3
Miserey 27 ....56 C 1
Miserey-Salines 25 ....161 H 3
Misérieux 01 ....213 E 3
Misery 80 ....23 G 2
Mison 04 ....287 F 2
Missé 79 ....168 A 2
Missècle 81 ....299 E 3
Missègre 11 ....337 H 2
Missery 21 ....158 D 3
Missillac 44 ....125 G 5
Missiriac 56 ....103 E 5
Misson 40 ....293 E 4
Missy 14 ....33 F 5
Missy-aux-Bois 02 ....40 A 3
Missy-lès-Pierrepont 02 ...25 E 4
Missy-sur-Aisne 02 ....40 C 2
Misy-sur-Yonne 77 ....89 E 5
Mitry-le-Neuf 77 ....59 E 2
Mitry-Mory 77 ....59 E 2
Mitschdorf 67 ....69 E 2
Mittainville 78 ....57 F 5
Mittainvillers 28 ....85 H 3
Mittelbergheim 67 ....97 F 3
Mittelbronn 57 ....68 A 4
Mittelhausbergen 67 ....97 G 1
Mittelhausen 67 ....68 D 5
Mittelschaeffolsheim 67 ...68 D 5
Mittelwihr 68 ....121 E 2
Mittersheim 57 ....67 F 3
Mittlach 68 ....120 C 4
Mittois 14 ....54 B 1
Mitzach 68 ....120 C 5
Mizérieux 42 ....211 H 5
Mizoën 38 ....251 H 3
Mobecq 50 ....31 G 3
Moca-Croce 2A ....349 E 4
Modane 73 ....252 D 1
Modène 84 ....285 H 4
Moëlan-sur-Mer 29 ....100 C 5
Les Moëres 59 ....3 H 2
Mœrnach 68 ....143 F 4
Mœslains 52 ....92 C 2
Mœurs-Verdey 51 ....61 E 5
Mœuvres 59 ....14 A 4
Mœze 17 ....200 D 3
Moffans-et-Vacheresse 70 ..141 H 4
La Mogère Château de 34 ..303 E 4
Mogeville 55 ....44 C 4
Mognard 73 ....215 F 5
Mogneneins 01 ....213 E 1
Mognéville 55 ....63 F 4
Mogneville 60 ....38 D 3
Mogues 08 ....28 A 2
Mohon 56 ....102 D 3
Moidieu-Détourbe 38 .....231 G 3
Moidrey 50 ....80 C 2
Moigné 35 ....104 A 3
Moigny-sur-École 91 ....88 A 4
Moimay 70 ....141 G 5
Moineville 54 ....45 F 5
Moings 17 ....220 B 3
Moingt 42 ....229 G 2
Moinville-la-Jeulin 28 ......86 C 4
Moirans 38 ....232 C 5
Moirans-en-Montagne 39 ..196 D 3
Moirax 47 ....276 B 3

Moiré 69 ....212 C 3
Moiremont 51 ....43 E 5
Moirey 55 ....44 B 4
Moiron 39 ....179 E 5
Moiry 08 ....27 H 5
Moisdon-la-Rivière 44 ....127 E 4
Moisenay 77 ....88 C 2
Moislains 80 ....23 G 1
Moissac 82 ....277 F 4
Moissac-Bellevue 83 ......307 G 3
Moissac-
  Vallée-Française 48 ......283 E 3
Moissannes 87 ....206 C 4
Moissat 63 ....210 B 5
Moisselles 95 ....58 C 1
Moissey 39 ....161 E 4
Moissieu-sur-Dolon 38 ....231 G 4
Moisson 78 ....57 F 1
Moissy-Cramayel 77 ....88 B 2
Moissy-Moulinot 58 ....157 G 3
Moisville 27 ....56 B 3
Moisy 41 ....132 A 2
Moïta 2B ....347 G 4
Les Moitiers-d'Allonne 50 ..28 D 5
Les Moitiers-en-Bauptois 50 ..31 G 2
Moitron 21 ....138 C 4
Moitron-sur-Sarthe 72 ....107 G 2
Moivre 51 ....62 D 2
Moivrons 54 ....65 H 4
Molac 56 ....125 E 3
Molagnies 76 ....37 F 1
Molain 02 ....14 D 5
Molain 39 ....179 G 3
Molamboz 39 ....179 F 2
Molandier 11 ....318 C 5
Molas 31 ....316 C 3
Molay 39 ....178 D 1
Molay 70 ....140 B 3
Molère 65 ....333 H 1
Le Molay-Littry 14 ....32 C 3
La Môle 83 ....329 E 3
Moléans 28 ....110 A 3
Molèdes 15 ....245 G 1
Molène Île 29 ....74 B 2
Molère 65 ....333 G 1
Molesme 21 ....115 G 5
Molesmes 89 ....136 A 5
Molezon 48 ....282 D 3
Moliens 60 ....21 G 4
Molières 24 ....258 D 1
Molières 46 ....261 F 1
Molières 82 ....277 H 3
Les Molières 91 ....58 A 5
Molières-Cavaillac 30 ....282 D 5
Molières-Glandaz 26 ......268 B 2
Molières-sur-Cèze 30 .....283 H 2
Moliets-et-Maa 40 ....292 B 1
Moliets-Plage 40 ....292 B 1
Molinchart 02 ....24 C 5
Molines-en-Queyras 05 ...271 E 1
Molinet 03 ....193 F 3
Molineuf 41 ....131 H 5
Molinges 39 ....196 D 3
Molinghem 62 ....7 G 3
Molinons 89 ....114 A 2
Molinot 21 ....177 F 1
Molins-sur-Aube 10 ....91 G 4
Molitg-les-Bains 66 ....342 A 2
Mollans 70 ....141 G 4
Mollans-sur-Ouvèze 26 ...285 H 2
Mollard Col du 73 ....252 A 1
Mollau 68 ....120 B 5
Mollégès 13 ....305 E 2
Molles 03 ....210 C 2
Les Mollettes 73 ....233 G 3
Molleville 11 ....318 D 4
Molliens-au-Bois 80 ....22 C 1
Molliens-Dreuil 80 ....21 H 2
La Mollière 80 ....11 E 2
Mollkirch 67 ....97 E 2
Molompize 15 ....245 H 1
Molosmes 89 ....137 E 2
Moloy 21 ....159 H 1
Molphey 21 ....158 C 3
Molpré 39 ....180 A 4
Molring 57 ....67 F 3
Molsheim 67 ....97 F 1
Moltifao 2B ....347 E 4
Les Molunes 39 ....197 E 3
Momas 64 ....314 A 2
Mombrier 33 ....237 G 3
Momères 65 ....315 E 5
Momerstroff 57 ....46 C 5
Mommenheim 67 ....68 D 4
Momuy 40 ....293 H 4
Momy 64 ....314 D 3
Mon Idée 08 ....26 A 2

Monacia-d'Aullène 2A .... 351 E 3
Monacia-d'Orezza 2B .... 347 G 3
Monampteuil 02 .... 40 D 1
Monassut-Audiracq 64 .... 314 C 2
Le Monastère 12 .... 280 D 1
Le Monastier 48 .... 264 A 4
Le Monastier-sur-Gazeille 43 .... 247 G 5
Monay 39 .... 179 F 3
Monbadon 33 .... 238 D 4
Monbahus 47 .... 257 H 4
Monbalen 47 .... 276 C 2
Monbardon 32 .... 316 B 3
Monbazillac 24 .... 257 H 1
Monbéqui 82 .... 297 G 1
Monblanc 32 .... 317 E 2
Monbos 24 .... 257 G 2
Monbouan *Château de* 35 .... 104 D 4
Monbrun 32 .... 297 E 4
Moncale 2B .... 346 C 2
Moncassin 32 .... 316 A 2
Moncaup 31 .... 334 B 2
Moncaup 64 .... 314 D 2
Moncaut 47 .... 275 H 3
Moncayolle-Larrory-Mendibieu 64 .... 313 F 4
Moncé-en-Belin 72 .... 130 A 2
Moncé-en-Saosnois 72 .... 84 A 5
Monceau-le-Neuf-et-Faucouzy 02 .... 24 D 3
Monceau-le-Waast 02 .... 25 E 5
Monceau-lès-Leups 02 .... 24 C 4
Monceau-Saint-Waast 59 .... 15 G 3
Monceau-sur-Oise 02 .... 25 E 1
Les Monceaux 14 .... 34 C 5
Monceaux 60 .... 38 D 3
Monceaux-au-Perche 61 .... 84 D 3
Monceaux-en-Bessin 14 .... 33 E 3
Monceaux-l'Abbaye 60 .... 21 G 4
Monceaux-le-Comte 58 .... 157 G 3
Monceaux-sur-Dordogne 19 .... 243 E 3
Moncel-lès-Lunéville 54 .... 95 G 1
Moncel-sur-Seille 54 .... 66 C 4
Moncel-sur-Vair 88 .... 94 A 4
La Moncelle 08 .... 27 F 4
Moncetz-l'Abbaye 51 .... 62 D 5
Moncetz-Longevas 51 .... 62 B 2
Moncey 25 .... 162 A 2
Monchaux 80 .... 11 E 1
Monchaux-Soreng 76 .... 11 E 5
Monchaux-sur-Écaillon 59 .... 14 D 2
Moncheaux 59 .... 8 D 4
Moncheaux-lès-Frévent 62 .... 12 D 2
Monchecourt 59 .... 14 B 2
Monchel-sur-Canche 62 .... 12 C 2
Moncheux 57 .... 66 B 3
Monchiet 62 .... 13 F 3
Monchy-au-Bois 62 .... 13 F 3
Monchy-Breton 62 .... 7 H 5
Monchy-Cayeux 62 .... 7 F 5
Monchy-Humières 60 .... 39 F 1
Monchy-Lagache 80 .... 23 H 2
Monchy-le-Preux 62 .... 13 H 2
Monchy-Saint-Éloi 60 .... 38 D 3
Monchy-sur-Eu 76 .... 10 D 4
Moncla 64 .... 294 C 4
Monclar 32 .... 294 D 1
Monclar 47 .... 257 H 5
Monclar-de-Quercy 82 .... 278 C 5
Monclar-sur-Losse 32 .... 295 H 5
Moncley 25 .... 161 H 3
Moncontour 22 .... 78 C 4
Moncontour 86 .... 168 C 3
Moncorneil-Grazan 32 .... 316 B 2
Moncourt 57 .... 66 D 5
Moncoutant 79 .... 167 F 4
Moncrabeau 47 .... 275 G 5
Moncy 61 .... 53 E 3
Mondavezan 31 .... 317 E 5
Mondelange 57 .... 45 H 4
Mondement-Montgivroux 51 .... 61 E 4
Mondescourt 60 .... 23 H 5
Mondevert 35 .... 105 F 3
Mondeville 14 .... 33 H 4
Mondeville 91 .... 87 H 3
Mondicourt 62 .... 13 E 4
Mondigny 08 .... 26 C 3
Mondilhan 31 .... 316 B 4
Mondion 86 .... 169 G 2
Mondon 25 .... 162 C 1
Mondonville 31 .... 297 G 4
Mondonville-Saint-Jean 28 .... 86 D 5
Mondorff 57 .... 45 H 1
Mondoubleau 41 .... 109 E 5
Mondouzil 31 .... 298 A 4
Mondragon 84 .... 285 E 2
Mondrainville 14 .... 33 F 5
Mondrecourt 55 .... 63 H 1
Mondrepuis 02 .... 25 G 1
Mondreville 77 .... 112 B 3
Mondreville 78 .... 57 E 3
Monein 64 .... 313 H 3
Monès 31 .... 317 E 3
Monesple 09 .... 336 A 1
Monestier 03 .... 191 H 5
Monestier 07 .... 248 C 2
Monestier 24 .... 257 G 1
Le Monestier 63 .... 228 D 3
Monestier-d'Ambel 38 .... 269 F 1
Monestier-de-Clermont 38 .... 250 D 4
Le Monestier-du-Percy 38 .... 268 D 1
Monestier-Merlines 19 .... 226 C 2
Monestier-Port-Dieu 19 .... 226 C 4
Monestiés 81 .... 279 G 4
Monestrol 31 .... 318 B 4
Monétay-sur-Allier 03 .... 192 A 4
Monétay-sur-Loire 03 .... 193 E 3
Monéteau 89 .... 136 B 2
Monêtier-Allemont 05 .... 269 F 5
Le Monêtier-les-Bains 05 .... 252 C 3
Monfaucon 24 .... 239 F 5
Monfaucon 65 .... 315 F 2
Monferran-Plavès 32 .... 316 B 2
Monferran-Savès 32 .... 297 E 5
Monflanquin 47 .... 258 C 4
Monfort 32 .... 296 D 2
Monfréville 14 .... 32 B 3
Mongaillard 47 .... 275 F 3
Mongausy 32 .... 316 C 2
Mongauzy 33 .... 256 D 4
Monget 40 .... 294 A 5
La Mongie 65 .... 333 F 3
Monguilhem 32 .... 294 C 1
Monheurt 47 .... 275 G 1
Monhoudou 72 .... 84 A 5
Monieux 84 .... 286 B 4
Monistrol-d'Allier 43 .... 246 D 4
Monistrol-sur-Loire 43 .... 247 H 1
Monlaur-Bernet 32 .... 316 A 3
Monléon-Magnoac 65 .... 316 A 4
Monlet 43 .... 247 E 2
Monlezun 32 .... 315 G 2
Monlezun-d'Armagnac 32 .... 294 D 2
Monlong 65 .... 315 H 5
Monmadalès 24 .... 258 B 1
Monmarvès 24 .... 258 B 2
Monnai 61 .... 55 E 3
Monnaie 37 .... 152 A 1
Monneren 57 .... 46 B 3
La Monnerie-le-Montel 63 .... 210 D 4
Monnerville 91 .... 87 F 5
Monnes 02 .... 40 A 5
Monnet-la-Ville 39 .... 179 G 4
Monnetay 39 .... 196 B 2
Monnetier-Mornex 74 .... 197 H 5
Monneville 60 .... 37 H 4
Monnières 39 .... 160 D 5
Monnières 44 .... 148 A 5
Monoblet 30 .... 283 F 5
Monpardiac 32 .... 315 G 2
Monpazier 24 .... 258 D 2
Monpezat 64 .... 294 D 5
Monplaisant 24 .... 259 E 1
Monprimblanc 33 .... 256 B 3
Mons 16 .... 202 D 4
Mons 17 .... 202 B 5
Mons 30 .... 283 H 4
Mons 31 .... 298 B 4
Mons 34 .... 301 E 5
Mons 63 .... 210 B 3
Mons 83 .... 308 C 3
Mons-Boubert 80 .... 11 F 3
Mons-en-Barœul 59 .... 8 D 2
Mons-en-Chaussée 80 .... 23 H 2
Mons-en-Laonnois 02 .... 40 D 1
Mons-en-Montois 77 .... 89 F 3
Mons-en-Pévèle 59 .... 8 D 4
Monsac 24 .... 258 C 1
Monsaguel 24 .... 258 B 2
Monsec 24 .... 222 B 4
Monségur 33 .... 257 E 3
Monségur 40 .... 293 H 4
Monségur 47 .... 258 D 5
Monségur 64 .... 315 E 2
La Monselie 15 .... 226 C 5
Monsempron-Libos 47 .... 259 E 5
Monsireigne 85 .... 166 D 4
Monsols 69 .... 194 C 5
Monsteroux-Milieu 38 .... 231 F 4
Monsures 80 .... 22 B 4
Monswiller 67 .... 68 B 4
Mont 64 .... 313 H 2
Mont 65 .... 333 H 4
Mont 71 .... 193 E 1
Le Mont 88 .... 96 B 3
Mont *Signal de* 71 .... 193 E 1
Mont-Bernanchon 62 .... 8 A 3
Mont-Bertrand 14 .... 52 C 1
Mont Blanc *Tunnel du* 74 .... 217 E 3
Mont-Bonvillers 54 .... 45 E 3
Le Mont-Caume 83 .... 328 A 4
Mont-Cauvaire 76 .... 20 B 5
Mont-Cenis *Col du* 73 .... 235 F 5
Mont-Cindre 69 .... 213 E 5
Mont-d'Astarac 32 .... 316 A 4
Mont-Dauphin 05 .... 270 D 2
Mont-de-Galié 31 .... 334 B 2
Mont-de-Lans 38 .... 251 H 3
Mont-de-Laval 25 .... 163 E 4
Mont-de-l'If 76 .... 19 H 5
Mont-de-Marrast 32 .... 315 H 3
Mont-de-Marsan 40 .... 294 A 1
Mont-de-Vougney 25 .... 163 F 3
Mont des Cats 59 .... 4 A 5
Mont-devant-Sassey 55 .... 43 G 2
Le Mont-Dieu 08 .... 27 E 5
Mont-Disse 64 .... 294 D 5
Mont-Dol 35 .... 80 A 2
Le Mont-Dore 63 .... 227 E 3
Mont-d'Origny 02 .... 24 C 2
Mont du Chat 73 .... 233 E 1
Mont-et-Marré 58 .... 175 G 1
Mont-Laurent 08 .... 42 B 1
Mont-le-Franois 70 .... 140 A 5
Mont-le-Vernois 70 .... 141 E 4
Mont-le-Vignoble 54 .... 94 B 1
Mont-lès-Lamarche 88 .... 118 B 4
Mont-lès-Neufchâteau 88 .... 93 H 4
Mont-lès-Seurre 71 .... 178 B 2
Mont-l'Étroit 54 .... 94 A 3
Mont-l'Évêque 60 .... 39 E 4
Mont-Louis 66 .... 341 G 4
Mont Noir 59 .... 4 A 5
Mont-Notre-Dame 02 .... 40 C 3
Mont-Ormel 61 .... 54 C 3
Mont-près-Chambord 41 .... 153 F 1
Mont-Roc 81 .... 299 H 2
Mont Roland *Sanctuaire du* 39 .... 161 E 5
Mont-Rond *Sommet du* 01 .... 197 F 3
Le Mont-Saint-Adrien 60 .... 37 H 2
Mont-Saint-Aignan 76 .... 36 B 1
Mont-Saint-Éloi 62 .... 8 A 5
Mont-Saint-Jean 02 .... 25 H 3
Mont-Saint-Jean 21 .... 158 D 3
Mont-Saint-Jean 72 .... 107 F 2
Mont-Saint-Léger 70 .... 140 C 4
Mont-Saint-Martin 02 .... 40 D 3
Mont-Saint-Martin 08 .... 42 D 3
Mont-Saint-Martin 38 .... 232 D 5
Mont-Saint-Martin 54 .... 45 E 1
Le Mont-Saint-Michel 50 .... 51 F 5
Mont-Saint-Père 02 .... 60 C 1
Mont-Saint-Remy 08 .... 42 B 2
Mont-Saint-Sulpice 89 .... 114 A 5
Mont-Saint-Vincent 71 .... 194 B 1
Mont-Saxonnex 74 .... 216 B 2
Mont-sous-Vaudrey 39 .... 179 F 1
Mont-sur-Courville 51 .... 41 E 4
Mont-sur-Meurthe 54 .... 95 F 2
Mont-sur-Monnet 39 .... 179 G 4
Mont Thou 69 .... 213 E 4
Mont-Villers 55 .... 64 C 1
Montabard 61 .... 54 A 3
Montabès *Puy de* 12 .... 262 D 3
Montabon 72 .... 130 B 4
Montabot 50 .... 52 A 2
Montacher-Villegardin 89 .... 113 E 3
Montadet 32 .... 316 D 2
Montady 34 .... 321 F 5
Montagagne 09 .... 335 H 3
Montagna-le-Reconduit 39 .... 196 A 2
Montagna-le-Templier 39 .... 196 B 4
Montagnac 04 .... 307 F 2
Montagnac 30 .... 303 F 1
Montagnac 34 .... 322 C 3
Montagnac-d'Auberoche 24 .... 241 E 2
Montagnac-la-Crempse 24 .... 240 B 4
Montagnac-sur-Auvignon 47 .... 275 H 3
Montagnac-sur-Lède 47 .... 258 D 4
Montagnat 01 .... 213 H 1
Montagne 33 .... 238 C 5
Montagne 38 .... 249 H 2
La Montagne 44 .... 147 F 4
La Montagne 70 .... 119 H 5
Montagne de Dun 71 .... 194 A 5
Montagne-Fayel 80 .... 11 H 5
Montagney 25 .... 162 C 1
Montagney 70 .... 161 F 3
Montagnieu 01 .... 214 B 5
Montagnieu 38 .... 232 B 3
Montagnol 12 .... 301 E 2
Montagnole 73 .... 233 F 2
Montagny 42 .... 211 H 2
Montagny 69 .... 231 E 2
Montagny 73 .... 234 C 3
Montagny-en-Vexin 60 .... 37 G 4
Montagny-lès-Beaune 21 .... 177 H 2
Montagny-lès-Buxy 71 .... 177 G 5
Montagny-les-Lanches 74 .... 215 G 4
Montagny-lès-Seurre 21 .... 178 C 1
Montagny-près-Louhans 71 .... 178 C 5
Montagny-Sainte-Félicité 60 .... 39 F 5
Montagny-sur-Grosne 71 .... 194 C 4
Montagoudin 33 .... 256 D 3
Montagrier 24 .... 239 H 1
Montagudet 82 .... 277 F 2
Montagut 64 .... 294 A 5
Montaignac-Saint-Hippolyte 19 .... 225 F 5
Montaigu 02 .... 41 F 1
Montaigu 39 .... 179 E 5
Montaigu 85 .... 166 A 1
Montaigu *Butte de* 53 .... 106 C 2
Montaigu-de-Quercy 82 .... 277 E 1
Montaigu-la-Brisette 50 .... 29 G 4
Montaigu-le-Blin 03 .... 192 C 5
Montaigu-les-Bois 50 .... 51 H 2
Montaiguët-en-Forez 03 .... 193 E 5
Montaigut 63 .... 209 E 1
Montaigut-le-Blanc 23 .... 206 D 2
Montaigut-le-Blanc 63 .... 227 H 3
Montaigut-sur-Save 31 .... 297 G 4
Montaillé 72 .... 108 C 5
Montailleur 73 .... 233 H 1
Montaillou 09 .... 336 D 5
Montaimont 73 .... 234 A 4
Montain 39 .... 179 E 4
Montaïn 82 .... 297 F 1
Montainville 28 .... 110 B 2
Montainville 78 .... 57 G 3
Montal *Château de* 46 .... 261 E 1
Montalba-d'Amélie 66 .... 342 D 4
Montalba-le-Château 66 .... 342 C 2
Montalembert 79 .... 203 F 1
Montalet-le-Bois 78 .... 57 G 1
Montalieu-Vercieu 38 .... 214 B 5
Montalivet-les-Bains 33 .... 218 B 4
Montalzat 82 .... 278 B 3
Montamat 32 .... 316 D 2
Montambert 58 .... 175 G 4
Montamel 46 .... 260 B 3
Montamisé 86 .... 186 C 1
Montamy 14 .... 52 D 1
Montanay 69 .... 213 E 4
Montanceix 24 .... 240 B 2
Montancy 25 .... 163 H 2
Montandon 25 .... 163 G 2
Montanel 50 .... 80 D 3
Montaner 64 .... 315 E 3
Montanges 01 .... 214 D 1
Montangon 10 .... 91 G 4
Montans 81 .... 298 D 2
Montapas 58 .... 175 F 1
Montarcher 42 .... 229 G 4
Montardit 09 .... 335 F 1
Montardon 64 .... 314 B 3
Montaren-et-Saint-Médiers 30 .... 284 B 5
Montargis 45 .... 112 C 5
Montarlot 77 .... 88 D 5
Montarlot-lès-Champlitte 70 .... 140 A 4
Montarlot-lès-Rioz 70 .... 161 H 2
Montarnaud 34 .... 302 C 4
Montaron 58 .... 175 G 3
Montastruc 47 .... 257 H 5
Montastruc 65 .... 315 H 5
Montastruc 82 .... 277 G 4
Montastruc-de-Salies 31 .... 334 D 2
Montastruc-la-Conseillère 31 .... 298 B 3
Montastruc-Savès 31 .... 317 E 3
Le Montat 46 .... 278 B 1
Montataire 60 .... 38 C 4
Montauban 82 .... 277 H 5
Montauban-de-Bretagne 35 .... 103 G 2
Montauban-de-Luchon 31 .... 334 B 4
Montauban-de-Picardie 80 .... 13 G 5
Montauban-sur-l'Ouvèze 26 .... 286 C 2
Montaud 34 .... 303 E 3
Montaud 38 .... 250 C 1
Montaudin 53 .... 81 G 4
Montaulieu 26 .... 286 A 1
Montaulin 10 .... 115 E 2
Montaure 27 .... 36 B 4
Montauriol 11 .... 318 D 4
Montauriol 47 .... 258 B 3
Montauriol 66 .... 342 D 3
Montauriol 81 .... 280 B 4
Montauroux 83 .... 308 D 3
Montaut 09 .... 318 B 5
Montaut 24 .... 258 B 2
Montaut 31 .... 317 G 3
Montaut 32 .... 315 H 3
Montaut 40 .... 293 H 3
Montaut 47 .... 258 C 3
Montaut 64 .... 314 C 5
Montaut-les-Créneaux 32 .... 296 B 3
Montautour 35 .... 105 F 2
Montauville 54 .... 65 G 3
Montay 59 .... 14 D 4
Montayral 47 .... 259 E 5
Montazeau 24 .... 239 E 5
Montazels 11 .... 337 G 3
Montbard 21 .... 137 H 5
Montbarla 82 .... 277 F 3
Montbarrey 39 .... 179 F 1
Montbarrois 45 .... 111 H 4
Montbartier 82 .... 297 G 1
Montbavin 02 .... 40 C 1
Montbazens 12 .... 261 H 5
Montbazin 34 .... 302 C 5
Montbazon 37 .... 151 H 4
Montbel 09 .... 337 E 3
Montbel 48 .... 265 E 4
Montbéliard 25 .... 142 B 4

MONACO MONTE-CARLO

Albert II (Av.) .... CZ 42
Albert I (Bd) .... CYZ
Armes (Pl. d') .... CZ 2
Basse (R.) .... CDZ 3
Castro (R. Col.-de) .... CZ 7
Comte-Félix-Gastaldi (R.) .... DZ 10
Crovetto-Frères (Av.) .... CZ 12
Gaulle (Av. du Gén.-de) .... DX 14
Grimaldi (R.) .... CYZ
Kennedy (Av. J.-F.) .... DY 23
Larvotto (Bd du) .... DX 25
Leclerc (Bd du Gén.) .... DX 26
Libération (Pl. de la) .... DX 27
Madone (Av. de la) .... DX 28
Major (Rampe) .... CZ 29
Monte-Carlo (Av. de) .... DY 30
Moulins (Bd des) .... DX 32
Notari (R. L.) .... CYZ 33
Ostende (Av. d') .... DY 34
Palais (Pl. du) .... CZ 35
Papalins (Av. des) .... CZ 36
Pêcheurs (Ch. des) .... DZ 40
Porte-Neuve (Av. de la) .... DZ 41
Princesse-Antoinette (Av.) .... CY 46
Princesse-Caroline (R.) .... CZ 48
Princesse-Charlotte (Bd) .... DXY
Princesse-Marie-de-Lorraine (R.) .... DZ 54
Prince-Pierre (Av.) .... CZ 44
République (Bd de la) .... DX 58
Ste-Dévote (Pl.) .... CY 63
Spélugues (Av. des) .... DX 62
Suffren-Reymond (R.) .... CZ 64

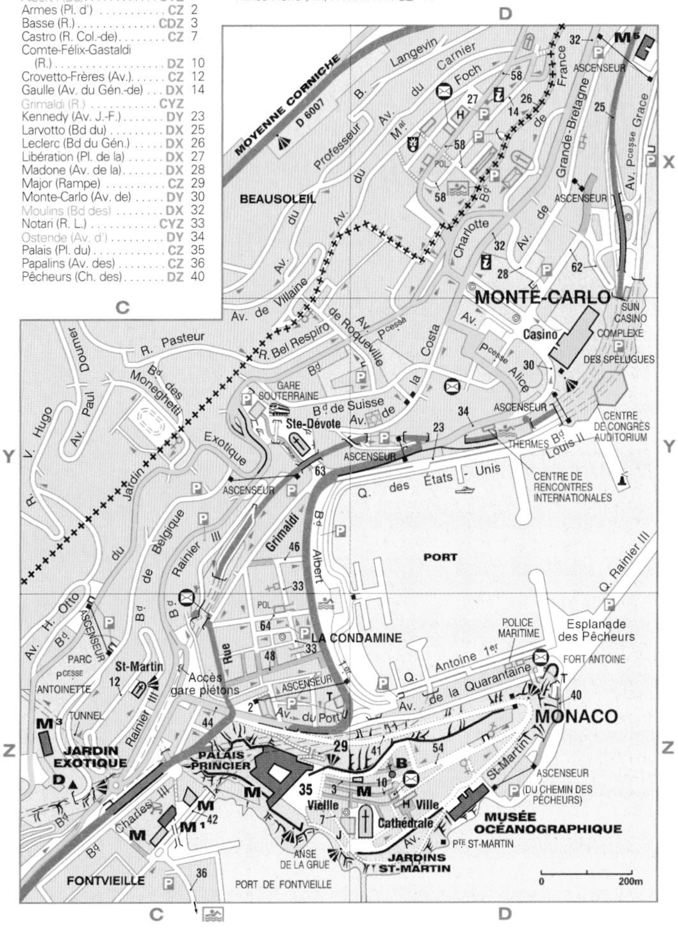

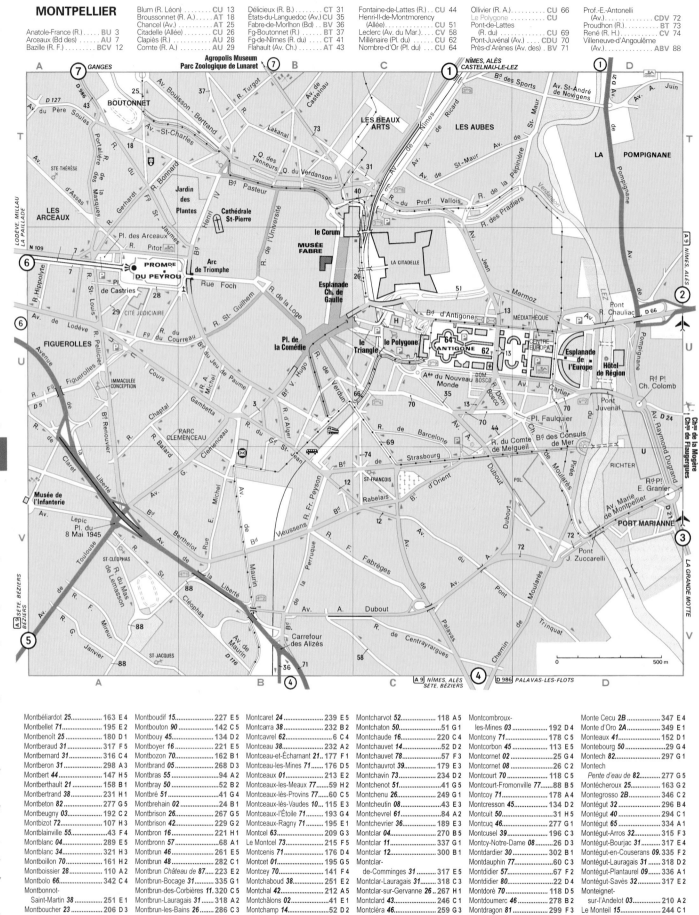

MONTPELLIER

Anatole-France (R.) .... **BU** 3
Arceaux (Bd des) ..... **AU** 7
Bazille (R. F.) .... **BCV** 12
Blum (R. Léon) .... **CU** 13
Broussonnet (R. A.) .... **AT** 18
Chancel (Av.) .... **AT** 25
Citadelle (Allée) ..... **CU** 26
Clapiès (R.) .... **AU** 28
Comte (R. A.) .... **AU** 29
Délicieux (R. B.) ...... **CT** 31
États-du-Languedoc (Av.) **CU** 35
Fabre-de-Morlhon (Bd) .. **BV** 36
Fg-Boutonnet (R.) ..... **BT** 37
Fg-de-Nîmes (R. du) .... **CT** 41
Flahault (Av. Ch.) ..... **AT** 43
Fontaine-de-Lattes (R.) . **CU** 44
Henri-II-de-Montmorency
(Allée) .... **CU** 51
Leclerc (Av. du Mar.) .. **CV** 58
Millénaire (Pl. du) ..... **CU** 62
Nombre-d'Or (Pl. du) ... **CU** 64
Ollivier (R. A.) .... **CU** 66
Le Polygone .... **CU**
Pont-de-Lattes
(R. du) .... **CU** 69
Pont-Juvénal (Av.) .... **CDU** 70
Près-d'Arènes (Av. des) . **BV** 71
Prof.-E.-Antonelli
(Av.) .... **CDV** 72
Proudhon (R.) .... **BT** 73
René (R. H.) .... **CV** 74
Villeneuve-d'Angoulême
(Av.) .... **ABV** 88

Montbéliardot 25 .... 163 E 4
Montbellet 71 .... 195 E 2
Montbenoît 25 .... 180 D 1
Montberaud 31 .... 317 F 5
Montbernard 31 .... 316 C 4
Montberon 31 .... 298 A 3
Montbert 44 .... 147 H 5
Montberthault 21 .... 158 B 1
Montbertrand 38 .... 231 H 1
Montbeton 82 .... 277 H 4
Montbeugny 03 .... 192 C 2
Montbizot 72 .... 107 H 3
Montblainville 55 .... 43 F 4
Montblanc 04 .... 289 E 5
Montblanc 34 .... 321 H 3
Montboillon 70 .... 161 H 2
Montboissier 28 .... 110 A 2
Montbolo 66 .... 342 C 4
Montbonnot-
Saint-Martin 38 .... 251 E 1
Montboucher 23 .... 206 D 3
Montboucher-
sur-Jabron 26 .... 267 E 4
Montboudif 15 .... 227 E 5
Montbouton 90 .... 142 C 5
Montbouy 45 .... 134 D 2
Montboyer 16 .... 221 E 5
Montbozon 70 .... 162 B 1
Montbrand 05 .... 268 D 3
Montbras 55 .... 94 A 2
Montbray 50 .... 52 B 2
Montbré 51 .... 41 G 4
Montbrehain 02 .... 24 B 1
Montbrison 26 .... 267 G 5
Montbrison 42 .... 229 G 2
Montbron 16 .... 221 H 1
Montbronn 57 .... 68 A 1
Montbrun 46 .... 261 E 5
Montbrun 48 .... 282 C 1
Montbrun Château de 87 .... 223 E 2
Montbrun-Bocage 31 .... 335 G 1
Montbrun-des-Corbières 11. 320 C 5
Montbrun-Lauragais 31 ..... 318 A 2
Montbrun-les-Bains 26 ...... 286 C 3
Montcabrier 46 .... 259 F 4
Montcabrier 81 .... 298 C 4
Montcaret 24 .... 239 E 5
Montcarra 38 .... 232 B 2
Montcavrel 62 .... 6 C 4
Montceau 38 .... 232 A 2
Montceau-et-Écharnant 21.. 177 F 1
Montceau-les-Mines 71 ..... 176 D 5
Montceaux 01 .... 213 E 2
Montceaux-les-Meaux 77 ... 59 H 2
Montceaux-lès-Provins 77 ... 60 C 5
Montceaux-lès-Vaudes 10 .. 115 E 3
Montceaux-l'Étoile 71 .... 193 G 4
Montceaux-Ragny 71 .... 195 E 1
Montcel 63 .... 209 G 3
Le Montcel 73 .... 215 F 5
Montcenis 71 .... 176 D 4
Montcet 01 .... 195 G 5
Montcey 70 .... 141 H 4
Montchaboud 38 .... 251 E 2
Montchal 42 .... 212 A 5
Montchâlons 02 .... 41 E 1
Montchamp 14 .... 52 D 2
Montchamp 15 .... 246 A 3
Montchanin 71 .... 177 E 4
Montcharvot 52 .... 118 A 5
Montchaton 50 .... 51 G 1
Montchaude 16 .... 220 C 4
Montchauvet 14 .... 52 D 2
Montchauvet 78 .... 57 F 3
Montchauvrot 39 .... 179 E 3
Montchavin 73 .... 234 D 2
Montchenot 51 .... 41 G 5
Montchenu 26 .... 249 G 1
Montcheutin 08 .... 43 E 3
Montchevrel 61 .... 84 A 2
Montchevrier 36 .... 189 E 3
Montclar 04 .... 270 B 5
Montclar 11 .... 337 G 1
Montclar 12 .... 300 B 1
Montclar-
de-Comminges 31 .... 317 E 5
Montclar-Lauragais 31 ..... 318 C 3
Montclar-sur-Gervanne 26 . 267 H 1
Montclard 43 .... 246 C 1
Montcléra 46 .... 259 G 3
Montclus 05 .... 268 D 5
Montclus 30 .... 284 B 2
Montcombroux-
les-Mines 03 .... 192 D 4
Montcony 71 .... 178 C 5
Montcorbon 45 .... 113 E 5
Montcornet 02 .... 25 G 4
Montcornet 08 .... 26 C 2
Montcourt 70 .... 118 C 5
Montcourt-Fromonville 77... 88 B 5
Montcoy 71 .... 178 A 4
Montcresson 45 .... 134 D 2
Montcuit 50 .... 31 H 5
Montcuq 46 .... 277 G 1
Montcusel 39 .... 196 C 3
Montcy-Notre-Dame 08 .... 26 D 3
Montdardier 30 .... 302 B 1
Montdauphin 77 .... 60 C 3
Montdidier 57 .... 67 F 2
Montdidier 80 .... 22 D 4
Montdoré 70 .... 118 D 5
Montdoumerc 46 .... 278 B 2
Montdragon 81 .... 299 F 3
Montdurausse 81 .... 298 A 1
Monte 2B .... 347 G 2
Monte Cecu 2B .... 347 E 4
Monte d'Oro 2A .... 349 E 1
Monteaux 41 .... 152 D 1
Montebourg 50 .... 29 G 4
Montech 82 .... 297 G 1
Montech
Pente d'eau de 82 ...... 277 G 5
Montécheroux 25 .... 163 G 2
Montegrosso 2B .... 346 C 2
Monteignard 32 .... 296 B 4
Montégut 32 .... 296 B 4
Montégut 40 .... 294 C 1
Montégut 65 .... 334 A 1
Montégut-Arros 32 .... 315 F 3
Montégut-Bourjac 31 ...... 317 E 4
Montégut-Lauragais 31 .... 318 D 2
Montégut-en-Couserans 09.335 F 2
Montégut-Plantaurel 09 ... 336 A 1
Montégut-Savès 32 .... 317 E 2
Monteignet-
sur-l'Andelot 03 .... 210 A 2
Le Monteil 15 .... 244 C 1
Le Monteil 43 .... 247 F 3
Le Monteil-au-Vicomte 23 . 207 F 4

Monteille 14....................34 B 5
Monteils 12....................279 F 2
Monteils 30....................284 A 4
Monteils 82....................278 C 3
Montel-de-Gelat 63..........208 D 4
Montéléger 26................249 F 5
Montélier 26....................249 G 4
Montélimar 26................267 E 4
Le Montellier 01............213 G 3
Montels 09....................336 A 2
Montels 34....................321 E 4
Montels 81....................298 D 1
Montemaggiore 2B........346 C 2
Montembœuf 16............204 B 5
Montenach 57................46 B 2
Montenay 53..................81 H 5
Montendre 17................219 H 5
Montendry 73................233 H 2
Montenescourt 62..........13 F 2
Monteneuf 56................103 F 5
Montenils 77..................60 C 3
Montenois 25................142 A 4
Montenoison 58............157 E 4
Montenoy 54..................65 H 4
Montépilloy 60................39 E 4
Monteplain 39................161 F 4
Montépreux 51................61 H 5
Monterblanc 56............124 C 2
Montereau 45................134 B 2
Montereau-Fault-Yonne 77....88 D 4
Montereau-sur-le-Jard 77....88 B 2
Monterfil 35..................103 H 3
Montérolier 76................20 D 4
Monterrein 56................103 E 5
Montertelot 56..............102 D 5
Montescot 66................343 F 3
Montescourt-Lizerolles 02....24 A 3
Montespan 31................334 D 1
Montesquieu 34............301 G 5
Montesquieu 47............275 H 3
Montesquieu 82............277 F 3
Montesquieu-Avantès 09....335 F 2
Montesquieu-des-Albères 66....343 E 4
Montesquieu-Guittaut 31....316 C 3
Montesquieu-Lauragais 31....318 B 3
Montesquieu-Volvestre 31....317 G 5
Montesquiou 32............295 G 5
Montessaux 70..............141 H 3
Montesson 52................140 B 2
Montesson 78................58 A 3
Montestruc-sur-Gers 32....296 B 2
Montestrucq 64............313 F 2
Le Montet 03................191 G 3
Montet-et-Bouxal 46......261 F 2
Monteton 47................257 F 3
Montets *Col des* 74......217 E 2
Monteux 84..................285 G 4
Montévrain 77................59 F 3
Monteynard 38............250 D 4
Montézic 12..................262 D 2
Montfa 09....................335 G 1
Montfa 81....................299 G 4
Montfalcon 38..............249 H 1
Montfarville 50..............29 H 3
Montfaucon 02..............60 C 2
Montfaucon 25..............162 A 4
Montfaucon 30..............285 E 4
Montfaucon 46..............260 C 2
Montfaucon-d'Argonne 55....43 G 3
Montfaucon-en-Velay 43....248 A 2
Montfaucon-montigné 49....148 B 5
Montfavet 84................304 D 1
Montfermeil 93..............58 D 3
Montfermier 82............277 H 3
Montfermy 63................209 E 4
Montferney 25..............162 C 1
Montferrand 11............318 D 3
Montferrand 63............209 H 5
Montferrand-du-Périgord 24....258 D 2
Montferrand-la-Fare 26....286 C 1
Montferrand-le-Château 25....161 H 4
Montferrat 38................232 C 3
Montferrat 83................308 A 4
Montferrer 66................342 C 5
Montferrier 09..............336 C 3
Montferrier-sur-Lez 34....302 D 4
Montfey 10..................114 C 4
Montfiquet 14................32 C 4
Montfleur 39................196 B 4
Montflours 53..............106 A 2
Montflovin 25..............180 D 1
Montfort 04..................287 G 4
Montfort 24..................259 G 1
Montfort 25..................179 H 1
Montfort 49..................150 A 4

Montfort 64..................313 F 3
Montfort-en-Chalosse 40....293 F 3
Montfort-l'Amaury 78......57 G 4
Montfort-le-Gesnois 72....108 A 4
Montfort-sur-Argens 83....307 F 5
Montfort-sur-Boulzane 11....337 H 5
Montfort-sur-Meu 35......103 H 2
Montfort-sur-Risle 27......35 G 3
Montfranc 12................300 B 2
Montfrin 30..................304 B 1
Montfroc 26..................286 D 3
Montfuron 04................306 C 1
Montgaillard 09............336 B 3
Montgaillard 11............338 B 3
Montgaillard 40............294 A 3
Montgaillard 65............333 F 1
Montgaillard 81............298 B 1
Montgaillard 82............296 D 1
Montgaillard-de-Salies 31....334 D 2
Montgaillard-Lauragais 31....318 C 2
Montgaillard-sur-Save 31....316 C 4
Montgardin 05..............270 A 3
Montgardon 50..............31 F 3
Montgaroult 61..............54 A 4
Montgauch 09..............335 E 2
Montgaudry 61..............84 A 4
Montgazin 31................317 G 4
Montgé-en-Goële 77......59 F 1
Montgeard 31................318 B 3
Montgellafrey 73............234 A 4
Montgenèvre 05............252 D 4
Montgenost 51..............90 A 2
Montgeoffroy *Château de* 49....150 A 1
Montgérain 60................38 D 1
Montgermont 35............104 B 2
Montgeron 91................58 D 5
Montgeroult 95..............57 H 1
Montgesoye 25............162 B 5
Montgesty 46................259 G 4
Montgey 81..................318 D 2
Montgibaud 19............224 B 3
Montgilbert 73..............234 A 2
Montgirod 73................234 C 2
Montgiscard 31............318 B 2
Montgivray 36..............189 G 1
Montgobert 02..............40 A 3
Montgon 08..................42 D 1
Montgothier 50..............52 A 5
Montgradail 11............337 E 1
Montgras 31................317 E 2
Montgreleix 15............227 F 5
Montgru-Saint-Hilaire 02....40 B 4
Montguers 26................286 C 2
Montgueux 10................90 D 5
Montguillon 49............128 B 3
Montguyon 17..............238 C 1
Les Monthairons 55......64 B 2
Montharville 28............109 H 3
Monthault 35................81 F 2
Monthaut 11................337 F 1
Monthelie 21................177 G 2
Monthelon 51................61 F 2
Monthelon 71................176 C 2
Monthenault 02............40 D 1
Montheries 52..............116 C 3
Montherlant 60............38 A 3
Monthermé 08..............26 D 1
Monthiers 02................40 B 5
Monthieux 01..............213 F 3
Monthion 73................234 A 1
Monthodon 37............131 E 4
Monthoiron 86............169 H 5
Monthois 08..................42 D 3
Montholier 39..............179 F 2
Monthou-sur-Bièvre 41....153 E 1
Monthou-sur-Cher 41......153 E 3
Monthuchon 50............31 G 5
Monthurel 02................60 D 1
Monthureux-le-Sec 88....118 C 2
Monthureux-sur-Saône 88....118 C 4
Monthyon 77................59 F 1
Monti 06....................291 G 5
Monticello 2B..............344 C 5
Montier-en-Der 52........92 B 3
Montier-en-l'Isle 10......116 A 2
Montiéramey 10............115 F 2
Montierchaume 36........171 H 3
Montiers 60..................38 D 1
Montiers-sur-Saulx 55....93 E 2
Monties 32..................316 B 3
Montignac 24................241 F 3
Montignac 33................256 B 2
Montignac 65................315 F 5
Montignac-Charente 16....203 F 5
Montignac-de-Lauzun 47....257 H 4
Montignac-le-Coq 16......221 F 5

Montignac-Toupinerie 47....257 G 4
Montignargues 30..........303 G 1
Montigné 16..................202 D 5
Montigné 79..................185 F 5
Montigné-le-Brillant 53....105 H 4
Montigné-lès-Rairies 49....129 F 5
Montigné-sur-Moine 49....148 B 5
Montigny 14..................53 F 1
Montigny 18..................155 G 4
Montigny 45..................111 F 3
Montigny 50..................52 A 5
Montigny 54..................96 A 2
Montigny 72..................83 H 3
Montigny 76..................36 A 1
Montigny 79..................167 F 4
Montigny-aux-Amognes 58....174 D 1
Montigny-devant-Sassey 55....43 G 1
Montigny-en-Arrouaise 02....24 C 1
Montigny-en-Cambrésis 59....14 C 4
Montigny-en-Gohelle 62....8 C 5
Montigny-en-Morvan 58....157 H 5
Montigny-en-Ostrevant 59....9 E 5
Montigny-la-Resle 89......136 C 2
Montigny-l'Allier 02........39 H 5
Montigny-le-Bretonneux 78....57 H 4
Montigny-le-Chartif 28....85 G 5
Montigny-le-Franc 02......25 F 4
Montigny-le-Gannelon 28....109 H 5
Montigny-le-Guesdier 77....89 G 4
Montigny-le-Roi 52........117 G 4
Montigny-Lencoup 77......89 E 4
Montigny-Lengrain 02......39 H 2
Montigny-lès-Arsures 39....179 G 2
Montigny-lès-Cherlieu 70....140 C 2
Montigny-lès-Condé 02....60 D 2
Montigny-lès-Cormeilles 95....58 B 2
Montigny-lès-Jongleurs 80....12 B 3
Montigny-lès-Metz 57......65 H 1
Montigny-lès-Monts 10....114 D 3
Montigny-lès-Vaucouleurs 55.93 H 2
Montigny-lès-Vesoul 70....141 E 4
Montigny-Montfort 21......137 H 5
Montigny-Saint-Barthélemy 21........158 C 2
Montigny-sous-Marle 02....25 E 3
Montigny-sur-Armançon 21.158 D 2
Montigny-sur-Aube 21......116 B 5
Montigny-sur-Avre 28......56 A 5
Montigny-sur-Canne 58....175 G 3
Montigny-sur-Chiers 54....44 D 2
Montigny-sur-Crécy 02....24 D 4
Montigny-sur-l'Ain 39......179 G 4
Montigny-sur-l'Hallue 80....22 D 1
Montigny-sur-Loing 77....88 C 5
Montigny-sur-Meuse 08....17 E 5
Montigny-sur-Vence 08....26 C 4
Montigny-sur-Vesle 51....41 E 3
Montigny-sur-Vingeanne 21........139 H 5
Montilliers 49................149 G 4
Montillot 89..................157 G 1
Montilly 03..................192 A 1
Montilly-sur-Noireau 61....53 E 3
Montils 17..................219 H 1
Les Montils 41............153 E 1
Montipouret 36............189 F 1
Montirat 11..................320 A 5
Montirat 81..................279 G 3
Montireau 28................85 F 4
Montiron 32................296 D 5
Montivernage 25..........162 D 2
Montivilliers 76............18 C 5
Montjardin 11..............337 E 2
Montjaux 12................281 F 4
Montjavoult 60............37 G 4
Montjay 05..................286 D 1
Montjay 71..................178 C 4
Montjay-la-Tour 77........59 E 3
Montjean 16................203 F 2
Montjean 53................105 G 4
Montjean-sur-Loire 49....149 E 2
Montjézieu 48..............264 A 5
Montjoi 11..................338 A 2
Montjoi 82..................276 D 3
Montjoie 63..................209 E 1
Montjoie-en-Couserans 09....335 F 2
Montjoie-le-Château 25....163 G 2
Montjoie-Saint-Martin 50....81 E 2
Montjoire 31................298 A 3
Montjouvent 39............196 C 2
Montjoux 26................267 H 4
Montjoyer 26................267 F 5
Montjustin 04..............306 H 1
Montjustin-et-Velotte 70....141 G 4
Montlandon 28..............85 F 4
Montlandon 52..............139 H 2
Montlaur 11................338 B 1

Montlaur 12..................300 D 1
Montlaur 31..................318 B 2
Montlaur-en-Diois 26......268 B 3
Montlaux 04..................287 F 4
Montlauzun 46..............277 G 2
Montlay-en-Auxois 21......158 C 3
Montlebon 25..............181 E 1
Montlegun 11................319 H 5
Montlevicq 36..............189 F 2
Montlevon 02................60 D 2
Montléry 91..................87 G 2
Montliard 45................111 H 4
Montlieu-la-Garde 17......238 B 1
Montlignon 95................58 B 1
Montliot-et-Courcelles 21....138 A 2
Montlivault 41..............132 B 5
Montlognon 60..............39 E 5
Montloué 02..................25 G 4
Montlouet 28................86 C 3
Montlouis 18................172 D 4
Montlouis-sur-Loire 37....152 A 2
Montluçon 03..............190 D 4
Montluel 01..................213 G 4
Montmachoux 77..........89 E 5
Montmacq 60................39 G 1
Montmagny 95..............58 C 2
Montmahoux 25............180 A 1
Montmain 21................178 A 1
Montmain 76................36 C 2
Montmajour *Abbaye de* 13....304 C 3
Montmalin 39..............179 F 2
Montmançon 21............160 D 2
Montmarault 03............191 G 4
Montmarlon 39............179 H 3
Montmarquet 80............21 G 3
Montmartin 60..............39 E 1
Montmartin-en-Graignes 50....32 A 3
Montmartin-le-Haut 10....115 H 2
Montmartin-sur-Mer 50....51 F 1
Montmaur 05................269 F 3
Montmaur 11................318 D 3
Montmaur-en-Diois 26....268 B 2
Montmaurin 31............316 B 5
Montmédy 55................44 B 1
Montmeillant 08............26 A 4
Montmelard 71............194 B 4
Montmelas-Saint-Sorlin 69....212 C 3
Montmélian 73............233 G 3
Montmerle-sur-Saône 01....212 D 2
Montmerrei 61..............54 B 5
Montmeyan 83............307 F 3
Montmeyran 26............267 G 1
Montmin 74................215 H 4
Montmirail 51................60 D 3
Montmirail 72..............108 D 3
Montmiral 26................249 H 2
Montmirat 30................303 F 1
Montmirat *Col de* 48......264 C 5
Montmirey-la-Ville 39....161 E 4
Montmirey-le-Château 39....161 E 4
Montmoreau-Saint-Cybard 16........221 E 4
Montmorency 95............58 C 2
Montmorency-Beaufort 10....91 H 3
Montmorillon 86............187 F 3
Montmorin 05..............268 C 5
Montmorin 63..............228 B 1
Montmorot 39..............179 E 5
Montmort 51..................61 F 2
Montmort 71..............176 B 5
Montmotier 88..............118 D 4
Montmoyen 21............138 C 3
Montmuran *Château de* 35....80 A 5
Montner 66..................338 C 5
Montoillot 21................159 F 4
Montoir-de-Bretagne 44....146 C 2
Montoire-sur-le-Loir 41....131 F 3
Montois-la-Montagne 57....45 G 5
Montoison 26................267 F 1
Montoldre 03................192 B 4
Montolieu 11................319 G 4
Montolivet 77................60 C 3
Montonvillers 80..........22 B 1
Montord 03..................192 A 5
Montory 64..................331 F 2
Montot 21..................160 C 5
Montot 70..................140 A 4
Montot-sur-Rognon 52....93 F 5
Montouliers 34..............320 D 4
Montoulieu 09..............336 B 3
Montoulieu 34..............302 C 1
Montoulieu-Saint-Bernard 31........316 C 5
Montournais 85............167 E 4
Montours 35..................81 E 3
Montourtier 53..............106 B 2

Montoussé 65................333 H 1
Montoussin 31..............317 E 4
Montoy-Flanville 57........66 B 1
Montpascal 73..............234 A 5
Montpellier 34..............302 D 4
Montpellier-de-Médillan 17....219 F 2
Montpellier-la-Paillade 34....302 D 4
Montpellier-le-Vieux
Chaos de 12................282 A 4
Montpensier 63............210 A 2
Montperreux 25............180 C 3
Montpeyroux 12............263 F 3
Montpeyroux 24............239 E 5
Montpeyroux 34............302 A 3
Montpeyroux 63............228 A 2
Montpezat 04................307 F 2
Montpezat 30................303 F 2
Montpézat 32................317 E 3
Montpezat-d'Agenais 47....275 H 1
Montpezat-de-Quercy 82....278 B 2
Montpezat-sous-Bauzon 07....266 A 2
Montpinchon 50..............51 H 1
Montpinçon 14................54 B 2
Montpinier 81..............299 G 4
Montpitol 31................298 B 3
Montplonne 55..............63 H 5
Montpollin 49..............129 F 5
Montpon-Ménestérol 24....239 F 4
Montpont-en-Bresse 71....195 G 1
Montpothier 10..............89 H 2
Montpoupon
Château de 37............152 D 5
Montrabé 31................298 A 4
Montrabot 50................32 C 5
Montracol 01................195 G 5
Montravers 79..............167 E 3
Montréal 07..................266 A 4
Montréal 11..................319 F 5
Montréal 32................275 F 5
Montréal 89..................158 B 1
Montréal *Château de* 24....239 H 4
Montréal-la-Cluse 01......196 C 5
Montréal-les-Sources 26....268 A 5
Montrécourt 59..............14 D 3
Montredon 11..............319 H 5
Montredon 46..............261 H 3
Montredon-
des-Corbières 11............321 E 5
Montredon-Labessonnié 81.299 H 3
Montregard 43..............248 B 2
Montréjeau 31..............334 A 1
Montrelais 44..............148 D 2
Montrelet 80................12 C 4
Montrem 24................240 B 2
Montrésor 37................152 D 5
Montret 71..................178 B 5
Montreuil 28................56 D 4
Montreuil 53................82 C 4
Montreuil 62................6 C 4
Montreuil 85................183 H 3
Montreuil 93................58 D 3
Montreuil-au-Houlme 61....53 H 5
Montreuil-aux-Lions 02....60 A 1
Montreuil-Bellay 49......150 B 5
Montreuil-Bonnin 86......186 A 2
Montreuil-des-Landes 35....81 E 5
Montreuil-en-Auge 14....34 B 4
Montreuil-en-Caux 76....20 B 4
Montreuil-en-Touraine 37....152 B 1
Montreuil-Juigné 49......149 G 1
Montreuil-la-Cambe 61....54 B 3
Montreuil-l'Argillé 27......55 E 2
Montreuil-le-Chétif 72....107 F 2
Montreuil-le-Gast 35......80 B 5
Montreuil-le-Henri 72....130 D 2
Montreuil-sous-Pérouse 35....105 E 2
Montreuil-sur-Barse 10....115 F 2
Montreuil-sur-Blaise 52....92 C 3
Montreuil-sur-Brêche 60....38 B 1
Montreuil-sur-Epte 95....37 F 5
Montreuil-sur-Ille 35......80 B 5
Montreuil-sur-Loir 49......128 D 5
Montreuil-sur-Lozon 50....32 A 4
Montreuil-sur-Maine 49....128 B 4
Montreuil-sur-Thérain 60....38 B 3
Montreuil-sur-Thonnance 52.93 E 3
Montreuillon 58............157 H 5
Montreux 54................96 A 2
Montreux-Château 90....142 D 3
Montreux-Jeune 68......142 D 3
Montreux-Vieux 68......142 D 3
Montrevault 49............148 C 3
Montrevel 38................232 B 3
Montrevel 39................196 B 3
Montrevel-en-Bresse 01....195 G 4

Montrichard 41..............152 D 3
Montricher-Albanne 73....252 B 1
Montricoux 82..............278 C 4
Montrieux-en-Sologne 41....153 H 1
Montrigaud 26..............249 H 1
Montriond 74................198 C 5
Montroc *Lac de* 74........198 D 5
Montroc-le-Planet 74......217 E 2
Montrodat 48................264 B 4
Montrol-Sénard 87........205 E 3
Montrollet 16................205 E 3
Montromant 69............230 C 1
Montrond 05..................269 E 5
Montrond 39................179 G 4
Montrond 73................252 A 1
Montrond-le-Château 25....162 A 5
Montrond-les-Bains 42....230 A 2
Montrosier 81..............279 E 4
Montrottier 69..............212 B 5
Montroty 76..................37 F 2
Montrouge 92................58 C 4
Montrouveau 41............131 E 4
Montroy 17..................200 D 1
Montrozier 12................281 E 1
Montry 77..................59 F 3
Monts 37....................151 H 4
Monts 60....................37 H 4
Monts-de-Vaux 39........179 G 3
les Monts d'Olmes 09....336 C 4
Monts-en-Bessin 14......33 E 5
Monts-en-Ternois 62......12 D 2
Monts-sur-Guesnes 86....169 E 2
Montsalès 12................261 F 5
Montsalier 04................286 D 4
Montsalvy 15................262 C 2
Montsaon 52................116 D 3
Montsapey 73..............234 A 2
Montsauche-les-Settons 58.158 B 4
Montsaugeon 52............139 G 4
Montsaunès 31............334 D 1
Montsec 55..................65 E 3
Montsecret 61..............53 E 3
Montségur 09................336 D 4
Montségur-sur-Lauzon 26....285 F 1
Montselgues 07............265 G 4
Montséret 11................338 D 1
Montsérié 65................333 H 2
Montseron 09..............335 G 2
Montseveroux 38..........231 F 4
Montsoreau 49............150 C 4
Montsoué 40................294 A 3
Montsoult 95................58 C 1
Montsûrs 53................106 B 3
Montsurvent 50............31 G 5
Montsuzain 10..............91 E 4
Montureux-et-Prantigny 70.161 F 1
Montureux-lès-Baulay 70....140 D 2
Montursin 25................163 H 2
Montussaint 25............162 C 1
Montussan 33..............237 H 5
Montvalen 81..............298 B 2
Montvalent 46..............242 C 5
Montvalezan 73............235 E 1
Montvendre 26............249 G 5
Montverdun 42............229 G 1
Montvernier 73............234 A 5
Montvert 15................243 G 4
Montvicq 03..................191 E 4
Montviette 14................54 B 1
Montville 76..................20 B 5
Montviron 50................51 G 4
Monviel 47..................257 H 4
Monze 11..................338 A 1
Moon-sur-Elle 50..........32 B 4
Moosch 68..................120 C 5
Mooslargue 68............143 E 4
Moraches 58................157 F 4
Moragne 17................201 E 3
Morains 51..................61 G 4
Morainville 28..............86 A 3
Morainville-Jouveaux 27....35 E 4
Morainvilliers 78..........57 H 2
Morancé 69................212 D 4
Morancez 28................86 A 4
Morancourt 52..............92 C 4
Morand 37..................131 G 5
Morangis 51..................61 F 2
Morangis 91..................58 C 5
Morangles 60................38 B 4
Morannes 49................128 D 3
Moranville 55................44 C 5
Moras 38....................231 H 1
Moras-en-Valloire 26......231 G 5
Morbecque 59................7 H 2

A
B
C
D
E
F
G
H
I
J
K
L
M
N
O
P
Q
R
S
T
U
V
W
X
Y
Z

A B C D E F G H I J K L **M** N O P Q R S T U V W X Y Z

MULHOUSE

Altkrich (Av. d') . . . . FZ 4
Anvers (R. d') . . . . FY 5
Augustins
 (Passage des) . . . . EY 6
Bonbonnière (R.) . . . . EY 13
Bonnes-Gens (R. des) . . . FY 14
Bons-Enfants (R. des) . . . FY 17
Boulangers (R. des) . . . . . FY 18
Briand (Av. Aristide) . . . . EY 20
Cloche (Quai de la) . . . . . EY 24
Colmar (Av. de) . . . . EFXY
Dollfus (Av. Gustave) . . . . GY 27
Dreyfus (R. du Capit.) . . . FX 29
Engelmann (R.) . . . . FY 30
Ensisheim (R. d') . . . . FX 33
Fleurs (R. des) . . . . FYZ 37
Foch (Av. du Mar.) . . . . . . FZ 38
Fonderie (R. de la) . . . . . . EZ 39
Franciscains (R. des) . . . . EY 40
Gaulle (Pl. du Gén.-de) . . . FZ 43
Guillaume-Tell
 (Pl. et R.) . . . . FY 48
Halles (R. des) . . . . FZ 50
Henner (R. J.-J.) . . . . FZ 53
Henriette (R.) . . . . FY 56
Jardin-Zoologique
 (R. du) . . . . GZ 64
Joffre (Av. du Mar.) . . . . FYZ 65
Lambert (R.) . . . . FY
Lattre-de-Tassigny
 (Av. Mar.-de) . . . . FY 71
Loisy (R. du Lt de) . . . . . FX 77
Lorraine (R. de la) . . . . . . EY 78
Maréchaux (R. des) . . . . . FY 82
Montagne (R. de la) . . . . . FZ 88
Moselle (R. de la) . . . . . . FY 91
Président-Kennedy
 (Av. du) . . . . EFY
Raisin (R. du) . . . . FY 109
République (Pl. de la) . . . FY 112
Riedisheim (Pont de) . . . . FZ 119
Ste-Claire (R.) . . . . EZ 137
Ste-Thérèse (R.) . . . . FY 140
Sauvage (R. du) . . . . FY 145
Schoen (R. Anna) . . . . . . EX 146
Somme (R. de la) . . . . FY 147
Stalingrad (R. de) . . . . . . FY 149
Stoessel (Bd Charles) . . . EYZ 152
Tanneurs (R. des) . . . . . . EFY 153
Teutonique (Passage) . . . FY 154
Tour-du-Diable (R.) . . . . . EY 156
Trois-Rois (R. des) . . . . . . EY 157
Victoires (Pl. des) . . . . . . FY 160
Wicky (Av. Auguste) . . . . FZ 165
Wilson (R.) . . . . FYZ 166
Zuber (R.) . . . . FY 172
17-Novembre (R. du) . . . . FZ 177

Morbier 39 . . . . 197 F 1
Morcenx 40 . . . . 273 E 4
Morchain 80 . . . . 23 G 3
Morchamps 25 . . . . 162 C 1
Morchies 62 . . . . 13 H 4
Morcourt 02 . . . . 24 B 2
Morcourt 80 . . . . 23 E 2
Mordelles 35 . . . . 104 A 3
Moréac 56 . . . . 102 A 4
Morée 41 . . . . 131 H 2
Moreilles 85 . . . . 183 F 3
Morello Col de 2B . . . . 347 F 5
Morelmaison 88 . . . . 94 B 5
Morembert 10 . . . . 91 F 3
Moréno Col de la 63 . . . . . 227 G 1
Morestel 38 . . . . 232 B 1
Moret-sur-Loing 77 . . . . 88 C 5
Morêtel-de-Mailles 38 . . . 233 G 4
Morette 38 . . . . 232 B 5
Moreuil 80 . . . . 22 D 3
Morey 54 . . . . 65 H 4
Morey 70 . . . . 140 B 3
Morey 71 . . . . 177 F 4
Morey-Saint-Denis 21 . . . 160 A 4
Morez 39 . . . . 197 F 1
Morfontaine 54 . . . . 45 E 2
Morganx 40 . . . . 293 H 4
Morgat 29 . . . . 75 E 4
Morgemoulin 55 . . . . 44 C 4
Morgny 27 . . . . 37 E 2
Morgny-en-Thiérache 02 . . . 25 G 3
Morgny-la-Pommeraye 76 . . . 36 C 1
Morhange 57 . . . . 66 D 3

Moriani-Plage 2B . . . . 347 H 3
Moriat 63 . . . . 228 A 4
Morienne 76 . . . . 21 F 3
Morienval 60 . . . . 39 G 3
Morières-lès-Avignon 84 . . . 285 F 5
Moriers 28 . . . . 110 A 2
Morieux 22 . . . . 78 C 3
Moriez 04 . . . . 288 C 5
Morigny 50 . . . . 52 B 2
Morigny-Champigny 91 . . . 87 G 4
Morillon 74 . . . . 216 C 1
Morimond Abbaye de 52 . . 118 A 4
Moringhem 62 . . . . 3 E 5
Moriond 73 . . . . 234 D 4
Morionvilliers 52 . . . . 93 G 4
Morisel 80 . . . . 22 D 3
Moriville 88 . . . . 95 F 4
Morizécourt 88 . . . . 118 B 3
Morizès 33 . . . . 256 C 3
Morlaàs 64 . . . . 314 C 3
Morlac 18 . . . . 173 E 5
Morlaincourt 55 . . . . 93 F 1
Morlaix 29 . . . . 71 H 4
Morlancourt 80 . . . . 23 E 1
Morley 55 . . . . 93 G 2
Morlhon-le-Haut 12 . . . . . 279 G 2
Morlincourt 60 . . . . 23 H 5
Mormaison 85 . . . . 165 H 2
Mormant 77 . . . . 88 D 2
Mormant-sur-Vernisson 45 . . 112 C 5

Mormès 32 . . . . 294 D 2
Mormoiron 84 . . . . 286 A 4
Mornac 16 . . . . 221 G 1
Mornac-sur-Seudre 17 . . . 218 D 1
Mornand-en-Forez 42 . . . 229 H 1
Mornans 26 . . . . 267 H 3
Mornant 69 . . . . 230 D 2
Mornas 84 . . . . 285 E 3
Mornay 21 . . . . 139 H 5
Mornay-Berry 18 . . . . 174 A 1
Mornay-sur-Allier 18 . . . . 174 B 4
Moroges 71 . . . . 177 G 4
Morogues 18 . . . . 155 G 4
Morosaglia 2B . . . . 347 F 3
Morre 25 . . . . 162 A 4
Morsain 02 . . . . 40 A 2
Morsains 51 . . . . 60 D 4
Morsalines 50 . . . . 29 G 4
Morsan 27 . . . . 35 F 4
Morsang-sur-Orge 91 . . . . 58 C 5
Morsang-sur-Seine 91 . . . . 88 A 2
Morsbach 57 . . . . 47 F 5
Morsbronn-les-Bains 67 . . . 68 D 2
Morschwiller 67 . . . . 68 D 3
Morschwiller-le-Bas 68 . . . 120 A 2
Morsiglia 2B . . . . 345 F 1
Le Mort-Homme 55 . . . . . . 43 H 4
Mortagne 88 . . . . 96 A 5
Mortagne-au-Perche 61 . . . 84 C 3
Mortagne-du-Nord 59 . . . . . 9 G 4
Mortagne-sur-Gironde 17 . . 219 E 3
Mortagne-sur-Sèvre 85 . . 166 D 1

Mortain 50 . . . . 52 C 5
Mortcerf 77 . . . . 59 G 4
La Morte 38 . . . . 251 F 3
Morteau 25 . . . . 163 E 5
Morteaux-Coulibœuf 14 . . . 54 A 2
Mortefontaine 02 . . . . 39 H 3
Mortefontaine 60 . . . . 39 E 5
Mortefontaine-en-Thelle 60 . . 38 B 4
Mortemart 87 . . . . 205 E 2
Mortemer 60 . . . . 23 E 5
Mortemer 76 . . . . 21 E 3
Mortemer Abbaye de 27 . . . 37 E 2
Morterolles-sur-Semme 87 . . 205 H 1
Mortery 77 . . . . 89 G 2
Morthemer 86 . . . . 186 D 3
Morthomiers 18 . . . . 172 D 1
Mortiers 02 . . . . 24 D 4
Mortiers 17 . . . . 220 B 4
Morton 86 . . . . 150 C 5
Mortrée 61 . . . . 54 B 5
Mortroux 23 . . . . 189 F 4
Mortzwiller 68 . . . . 142 D 2
Morval 39 . . . . 196 B 3
Morval 62 . . . . 13 H 5
Morvillars 90 . . . . 142 C 4
Morville 50 . . . . 29 F 5
Morville 88 . . . . 118 A 2
Morville-en-Beauce 45 . . . 111 G 2
Morville-lès-Vic 57 . . . . 66 D 4
Morville-sur-Andelle 76 . . . 36 D 1
Morville-sur-Nied 57 . . . . . 66 C 2
Morville-sur-Seille 54 . . . . 65 H 3
Morvillers 60 . . . . 21 G 5

Morvillers-Saint-Saturnin 80 . . 21 G 3
Morvilliers 10 . . . . 92 A 4
Morvilliers 28 . . . . 55 H 5
Mory 62 . . . . 13 G 4
Mory-Montcrux 60 . . . . 22 C 5
Morzine 74 . . . . 198 C 5
Mosles 14 . . . . 32 D 3
Moslins 51 . . . . 61 F 2
Mosnac 16 . . . . 220 D 2
Mosnac 17 . . . . 219 G 3
Mosnay 36 . . . . 188 D 1
Mosnes 37 . . . . 152 C 2
Mosset 66 . . . . 342 A 2
Mosson 21 . . . . 116 A 5
Mostuéjouls 12 . . . . 282 A 3
Motey-Besuche 70 . . . . . . 161 F 3
Motey-sur-Saône 70 . . . . . 140 B 5
La Mothe-Achard 85 . . . . . 165 F 5
La Mothe-Saint-Héray 79 . . 185 G 4
Mothern 67 . . . . 69 G 2
Motreff 29 . . . . 76 D 5
La Motte 22 . . . . 102 B 1
La Motte 83 . . . . 308 B 5
La Motte-au-Bois 59 . . . . . . 7 H 2
La Motte-Chalancon 26 . . 268 B 4
La Motte-d'Aigues 84 . . . . 306 A 2
La Motte-d'Aveillans 38 . . 251 E 4
La Motte-de-Galaure 26 . . 249 F 2
La Motte-en-Bauges 73 . . 233 G 1
La Motte-
 en-Champsaur 05 . . . . . 269 G 1
La Motte-Fanjas 26 . . . . . 250 A 3

La Motte-Feuilly 36 . . . . . 189 H 2
La Motte-Fouquet 61 . . . . . 82 D 2
La Motte-Saint-Jean 71 . . 193 F 2
La Motte-Saint-Martin 38 . . 250 D 4
La Motte-Servolex 73 . . . . 233 E 3
La Motte-Ternant 21 . . . . 158 D 3
La Motte-Tilly 10 . . . . 89 H 3
Mottereau 28 . . . . 109 G 2
Motteville 76 . . . . 19 H 4
Mottier 38 . . . . 232 A 4
Motz 73 . . . . 215 E 3
Mouacourt 54 . . . . 66 D 5
Mouais 35 . . . . 126 C 3
Mouans-Sartoux 06 . . . . . 309 E 3
Mouaville 54 . . . . 45 E 5
Mouazé 35 . . . . 80 B 5
Mouchamps 85 . . . . 166 C 4
Mouchan 32 . . . . 295 G 4
Mouchard 39 . . . . 179 G 1
La Mouche 50 . . . . 51 H 3
Mouchès 32 . . . . 295 H 5
Mouchin 59 . . . . 9 F 4
Mouchy-le-Châtel 60 . . . . . 38 B 3
Moudeyres 43 . . . . 247 H 4
Mouen 14 . . . . 33 F 5
Mouettes 27 . . . . 56 D 5
Mouffy 89 . . . . 136 B 4
Mouflaines 27 . . . . 37 E 4
Mouflers 80 . . . . 12 B 5
Mouflières 80 . . . . 11 F 5
Mougins 06 . . . . 309 E 4
Mougon 79 . . . . 185 F 4
Mouguerre 64 . . . . 292 A 5

Mouhers 36 .... 189 E 2
Mouhet 36 .... 188 C 4
Mouhous 64 .... 294 C 5
Mouillac 33 .... 238 B 4
Mouillac 82 .... 278 C 2
La Mouille 39 .... 197 F 2
Mouilleron 52 .... 139 F 4
Mouilleron-en-Pareds 85 .... 166 D 5
Mouilleron-le-Captif 85 .... 165 H 4
Mouilly 55 .... 64 C 2
Moulainville 55 .... 44 C 5
Moularès 81 .... 279 H 4
Moulay 53 .... 82 B 5
Moulayrès 81 .... 299 E 3
Moulédous 65 .... 315 G 5
Moulès 13 .... 304 C 4
Moulès-et-Baucels 34 .... 302 C 1
Mouleydier 24 .... 240 B 5
Moulézan 30 .... 303 F 1
Moulhard 28 .... 109 F 2
Moulicent 61 .... 84 D 2
Moulidars 16 .... 220 D 1
Mouliets-et-Villemartin 33 .... 256 D 1
Mouliherne 49 .... 150 C 1
Moulin *Château du 41* .... 153 G 3
Moulin-Chabaud 01 .... 214 B 1
Le Moulin-des-Ponts 01 .... 196 A 4
Moulin-Mage 81 .... 300 D 3
Moulin-Neuf 09 .... 337 E 1
Moulin-Neuf 24 .... 239 E 4
Moulin-Neuf *Petit Musée auvergnat 63* .... 227 G 3
Moulin-sous-Touvent 60 .... 39 H 1
Moulineaux 76 .... 36 A 3
Moulines 14 .... 53 G 1
Moulines 50 .... 81 G 2
Moulinet 06 .... 291 G 3
Moulinet 47 .... 258 B 4
Le Moulinet-sur-Solin 45 .... 134 C 2
Moulins 02 .... 41 E 2
Moulins 03 .... 192 A 2
Moulins 35 .... 104 D 4
Moulins 79 .... 167 E 2
Moulins-en-Tonnerrois 89 .... 137 E 4
Moulins-Engilbert 58 .... 175 H 2
Moulins-la-Marche 61 .... 55 E 5
Moulins-le-Carbonnel 72 .... 83 F 4
Moulins-lès-Metz 57 .... 65 G 1
Moulins-Saint-Hubert 55 .... 27 G 5
Moulins-sur-Céphons 36 .... 171 G 2
Moulins-sur-Orne 61 .... 54 A 4
Moulins-sur-Ouanne 89 .... 135 H 4
Moulins-sur-Yèvre 18 .... 173 F 1
Moulis 09 .... 335 F 3
Moulis-en-Médoc 33 .... 237 E 3
Moulismes 86 .... 187 F 4
Moulle 62 .... 3 F 5
Le Moulleau 33 .... 254 B 2
Moulon 33 .... 238 B 5
Moulon 45 .... 112 B 4
Moulot 58 .... 157 E 2
Moulotte 55 .... 65 E 1
Moult 14 .... 33 H 5
Moumoulous 65 .... 315 G 3
Moumour 64 .... 313 G 4
Mounes-Prohencoux 12 .... 300 D 3
Mourède 32 .... 295 G 2
Mourens 33 .... 256 C 3
Mourenx 64 .... 313 H 3
Mouret 12 .... 262 C 4
Moureuille 63 .... 209 F 1
Mourèze 34 .... 301 H 4
Mouriès 13 .... 304 D 3
Mouriez 62 .... 11 H 1
Le Mourillon 83 .... 328 A 4
Mourioux-Vieilleville 23 .... 206 C 2
Mourjou 15 .... 262 B 2
Mourmelon-le-Grand 51 .... 42 B 5
Mourmelon-le-Petit 51 .... 42 B 5
Mournans-Charbonny 39 .... 180 A 4
Mouron 08 .... 43 E 3
Mouron-sur-Yonne 58 .... 157 G 5
Mouroux 77 .... 59 H 4
Mours 95 .... 38 B 5
Mours-Saint-Eusèbe 26 .... 249 G 3
Le Mourtis 31 .... 334 C 3
Mourvilles-Basses 31 .... 318 C 2
Mourvilles-Hautes 31 .... 318 D 3
Mouscardès 40 .... 293 F 4
Moussac 30 .... 284 A 5
Moussac 86 .... 187 E 5
Moussages 15 .... 244 C 1
Moussan 11 .... 321 E 5
Moussé 35 .... 105 E 5
Les Mousseaux 78 .... 57 G 4
Mousseaux-lès-Bray 77 .... 89 F 2
Mousseaux-Neuville 27 .... 56 C 3

Mousseaux-sur-Seine 78 .... 57 F 1
Moussey 10 .... 115 E 2
Moussey 57 .... 67 E 5
Moussey 88 .... 96 B 3
Les Moussières 39 .... 197 E 4
Mousson 54 .... 65 G 3
Moussonvilliers 61 .... 84 D 2
Moussoulens 11 .... 319 G 4
Moussy 51 .... 61 F 1
Moussy 58 .... 157 E 5
Moussy 95 .... 37 H 5
Moussy-le-Neuf 77 .... 59 E 1
Moussy-le-Vieux 77 .... 59 E 1
Moussy-Verneuil 02 .... 40 D 2
Moustajon 31 .... 334 A 4
Mousterlin 29 .... 99 H 4
Moustéru 22 .... 73 E 5
Moustey 40 .... 273 F 1
Le Moustier 24 .... 241 F 4
Moustier 47 .... 257 G 3
Moustier-en-Fagne 59 .... 16 A 4
Moustier-Ventadour 19 .... 225 G 5
Moustiers-Sainte-Marie 04 .... 307 G 1
Le Moustoir 22 .... 76 D 4
Moustoir-Ac 56 .... 102 A 5
Moustoir-Remungol 56 .... 102 A 3
La Moutade 63 .... 209 H 3
Moutaine 39 .... 179 H 2
Moutardon 16 .... 203 G 2
Le Moutaret 38 .... 233 G 4
Moutchic 33 .... 236 B 3
Mouterhouse 57 .... 68 B 2
Mouterre-Silly 86 .... 168 C 2
Mouterre-sur-Blourde 86 .... 204 D 1
Mouthe 25 .... 180 B 4
Le Moutherot 25 .... 161 F 4
Mouthier-en-Bresse 71 .... 178 D 3
Mouthier-Haute-Pierre 25 .... 180 C 1
Mouthiers-sur-Boëme 16 .... 221 E 3
Mouthoumet 11 .... 338 A 3
Moutier-d'Ahun 23 .... 207 G 2
Moutier-Malcard 23 .... 189 G 4
Moutier-Rozeille 23 .... 207 H 4
Moutiers 28 .... 86 D 5
Moutiers 35 .... 105 E 4
Moutiers 54 .... 45 F 4
Moûtiers 73 .... 234 C 3
Les Moutiers-en-Auge 14 .... 54 B 2
Les Moutiers-en-Cinglais 14 .... 53 G 1
Moutiers-en-Puisaye 89 .... 135 G 5
Les Moutiers-en-Retz 44 .... 146 D 5
Les Moutiers-Hubert 14 .... 54 D 2
Moutiers-les-Mauxfaits 85 .... 182 D 2
Moutiers-Saint-Jean 21 .... 137 G 5
Moutiers-sous-Argenton 79 .... 167 H 2
Moutiers-sous-Chantemerle 79 .... 167 F 5
Moutiers-sur-le-Lay 85 .... 183 F 1
Mouton 16 .... 203 F 4
Mouton Rothschild *Château de 33* .... 237 E 1
Moutonne 39 .... 196 B 2
La Moutonne 83 .... 328 B 4
Moutonneau 16 .... 203 F 4
Moutoux 39 .... 179 H 4
Moutrot 54 .... 94 B 1
Mouvaux 59 .... 8 D 2
Moux 11 .... 320 B 5
Moux-en-Morvan 58 .... 158 C 5
Mouxy 73 .... 233 F 1
Mouy 60 .... 38 C 3
Mouy-sur-Seine 77 .... 89 F 4
Mouzay 37 .... 170 B 1
Mouzay 55 .... 43 H 1
Mouzeil 44 .... 148 A 1
Mouzens 24 .... 259 E 1
Mouzens 81 .... 298 D 5
Mouzeuil-Saint-Martin 85 .... 183 G 2
Mouzieys-Panens 81 .... 279 E 4
Mouzieys-Teulet 81 .... 299 G 2
Mouzillon 44 .... 148 A 5
Mouzon 08 .... 27 G 4
Mouzon 16 .... 204 B 5
Moval 90 .... 142 C 3
Moy-de-l'Aisne 02 .... 24 B 3
Moyaux 14 .... 34 D 4
Moydans 05 .... 268 C 5
Moye 74 .... 215 E 4
Moyemont 88 .... 95 G 4
Moyen 54 .... 95 G 3
Moyencourt 80 .... 23 G 4
Moyencourt-lès-Poix 80 .... 22 A 3
Moyenmoutier 88 .... 96 B 3
Moyenneville 60 .... 39 E 1
Moyenneville 62 .... 13 G 3
Moyenneville 80 .... 11 G 4

Moyenvic 57 .... 66 D 4
Moyeuvre-Grande 57 .... 45 G 4
Moyeuvre-Petite 57 .... 45 G 4
Moyon 50 .... 52 A 1
Moyrazès 12 .... 280 C 1
Moyvillers 60 .... 39 E 2
Mozac 63 .... 209 H 4
Mozé-sur-Louet 49 .... 149 G 2
Muchedent 76 .... 20 B 3
Mudaison 34 .... 303 E 4
Muel 35 .... 103 F 2
Muespach 68 .... 143 G 4
Muespach-le-Haut 68 .... 143 G 4
Mugron 40 .... 293 G 2
Muhlbach-sur-Bruche 67 .... 96 D 2
Muhlbach-sur-Munster 68 .... 120 C 3
Muides-sur-Loire 41 .... 132 C 4
Muidorge 60 .... 38 A 1
Muids 27 .... 36 C 4
Muille-Villette 80 .... 23 H 3
Muirancourt 60 .... 23 H 4
Muizon 51 .... 41 F 3
Les Mujouls 06 .... 289 F 5
La Mulatière 69 .... 231 E 1
Mulcent 78 .... 57 F 3
Mulcey 57 .... 67 E 4
Mulhausen 67 .... 68 C 3
Mulhouse 68 .... 143 F 1
Mulsanne 72 .... 130 A 2
Mulsans 41 .... 132 B 4
Mun 65 .... 315 G 4
Munchhausen 67 .... 69 G 2
Muncq-Nieurlet 62 .... 3 E 4
Mundolsheim 67 .... 68 D 5
Muneville-le-Bingard 50 .... 31 G 5
Muneville-sur-Mer 50 .... 51 G 2
Le Mung 17 .... 201 F 4
Munster 57 .... 67 F 3
Munster 68 .... 120 D 3
Muntzenheim 68 .... 121 F 2
Munwiller 68 .... 121 E 4
Mur-de-Barrez 12 .... 262 D 1
Mur-de-Bretagne 22 .... 77 H 5
Mur-de-Sologne 41 .... 153 G 2
Muracciole 2B .... 349 F 1
Murasson 12 .... 300 C 3
Murat 03 .... 191 F 3
Murat 15 .... 245 F 3
Murat-le-Quaire 63 .... 227 E 2
Murat-sur-Vèbre 81 .... 300 D 4
Murato 2B .... 345 F 5
La Muraz 74 .... 215 H 1
Murbach 68 .... 120 D 4
La Mure 04 .... 288 C 4
La Mure 38 .... 251 E 4
Mureaumont 60 .... 21 G 5
Les Mureaux 78 .... 57 H 2
Mureils 26 .... 249 F 1
Mûres 74 .... 215 G 4
Muret 31 .... 317 H 2
Le Muret 40 .... 255 E 5
Muret-et-Crouttes 02 .... 40 C 3
Muret-le-Château 12 .... 262 D 5
La Murette 38 .... 232 C 4
Murianette 38 .... 251 E 1
Murinais 38 .... 250 A 1
Murles 34 .... 302 C 4
Murlin 58 .... 156 C 5
Muro 2B .... 346 C 4
Murol 63 .... 227 F 3
Murols 12 .... 262 D 2
Muron 17 .... 201 E 2
Mûrs-Erigné 49 .... 149 G 2
Murs 36 .... 170 D 3
Murs 84 .... 286 A 5
Mûrs-Erigné 49 .... 149 G 2
Murs-et-Gélignieux 01 .... 232 D 1
Martin-et-Bogny 08 .... 26 C 2
Murvaux 55 .... 43 H 4
Murviel-lès-Béziers 34 .... 321 F 2
Murviel-lès-Montpellier 34 .... 302 C 4
Murville 54 .... 45 E 4
Murzo 2A .... 348 C 1
Mus 30 .... 303 G 3
Muscourt 02 .... 41 E 2
Musculdy 64 .... 331 E 1
Musièges 74 .... 215 F 2
Musigny 21 .... 159 E 5
Musseau 52 .... 139 F 4
Mussey 55 .... 63 G 3
Mussey-sur-Marne 52 .... 93 E 4
Mussidan 24 .... 239 G 3
Mussig 67 .... 97 F 5
Mussy-la-Fosse 21 .... 159 E 1
Mussy-sous-Dun 71 .... 194 A 3
Mussy-sur-Seine 10 .... 115 H 5
Mutigney 39 .... 161 E 3

Mutigny 51 .... 61 G 1
Mutrécy 14 .... 53 G 1
Muttersholtz 67 .... 97 F 4
Mutzenhouse 67 .... 68 C 4
Mutzig 67 .... 97 F 2
Le Muy 83 .... 308 B 5
Muzeray 55 .... 44 D 3
Muzillac 56 .... 124 D 5
Muzy 27 .... 56 C 4
Myans 73 .... 233 F 3
Myennes 58 .... 156 A 2
Myon 25 .... 179 H 1

N

Nabas 64 .... 313 F 3
Nabinaud 16 .... 239 F 1
Nabirat 24 .... 259 H 2
Nabringhen 62 .... 2 C 5
Nachamps 17 .... 201 G 2
Nadaillac 24 .... 241 H 4
Nadaillac-de-Rouge 46 .... 260 B 1
Nades 03 .... 209 G 1
Nadillac 46 .... 260 B 4
Naftel 50 .... 52 A 5
Nagel-Séez-Mesnil 27 .... 55 H 2
Nages 81 .... 300 C 4
Nages-et-Solorgues 30 .... 303 G 2
Nahuja 66 .... 341 F 5
Nailhac 24 .... 241 F 1
Naillat 23 .... 188 D 5
Nailloux 31 .... 318 B 3
Nailly 89 .... 113 F 2
Naintré 86 .... 169 G 4
Nainville-les-Roches 91 .... 88 A 3
Naisey 25 .... 162 B 4
Naives-devant-Bar 55 .... 63 H 3
Naives-en-Blois 55 .... 93 G 1
Naix-aux-Forges 55 .... 93 F 1
Naizin 56 .... 102 A 4
Najac 12 .... 279 F 3
Nalliers 85 .... 183 G 2
Nalliers 86 .... 187 F 1
Nalzen 09 .... 336 C 3
Nambsheim 68 .... 121 G 4
Nampcel 60 .... 39 H 1
Nampcelles-la-Cour 02 .... 25 G 3
Nampont-Saint-Martin 80 .... 11 G 1
Namps-au-Mont 80 .... 22 A 3
Namps-au-Val 80 .... 22 A 3
Nampteuil-sous-Muret 02 .... 40 C 3
Nampty 80 .... 22 B 3
Nan-Sous-Thil 21 .... 158 D 2
Nanc-lès-Saint-Amour 39 .... 196 A 3
Nançay 18 .... 154 D 3
Nance 39 .... 178 D 4
Nances 73 .... 233 E 2
Nanclars 16 .... 203 F 4
Nançois-le-Grand 55 .... 64 B 5
Nançois-sur-Ornain 55 .... 64 B 5
Nancras 17 .... 201 E 5
Nancray 25 .... 162 B 3
Nancray-sur-Rimarde 45 .... 111 H 4
Nancuise 39 .... 196 B 2
Nancy 54 .... 65 H 5
Nancy-sur-Cluses 74 .... 216 C 2
Nandax 42 .... 211 H 2
Nandy 77 .... 88 A 2
Nangeville 45 .... 87 H 5
Nangis 77 .... 89 E 2
Nangy 74 .... 197 H 5
Nannay 58 .... 156 C 4
Nans 25 .... 162 C 1
Les Nans 39 .... 179 H 4
Nans-les-Pins 83 .... 327 H 2
Nans-sous-Sainte-Anne 25 .... 180 A 1
Nant 12 .... 282 A 5
Nant-le-Grand 55 .... 63 H 5
Nant-le-Petit 55 .... 63 H 5
Nanteau-sur-Essonne 77 .... 87 H 5
Nanteau-sur-Lunain 77 .... 112 C 2
Nanterre 92 .... 58 B 3
Nantes 44 .... 147 G 4
Nantes-en-Ratier 38 .... 251 E 4
Nanteuil 79 .... 185 F 3
Nanteuil-Auriac-de-Bourzac 24 .... 221 G 5
Nanteuil-en-Vallée 16 .... 203 G 3
Nanteuil-la-Forêt 51 .... 41 F 5
Nanteuil-la-Fosse 02 .... 40 C 2
Nanteuil-le-Haudouin 60 .... 39 F 5
Nanteuil-lès-Meaux 77 .... 59 G 2
Nanteuil-Notre-Dame 02 .... 40 C 4
Nanteuil-sur-Aisne 08 .... 42 A 1
Nanteuil-sur-Marne 77 .... 60 A 2
Nantey 39 .... 196 A 3
Nantheuil 24 .... 223 E 4
Nanthiat 24 .... 223 E 4

Nantiat 87 .... 205 G 3
Nantillé 17 .... 201 H 4
Nantillois 55 .... 43 G 3
Nantilly 70 .... 161 E 1
Nantoin 38 .... 232 A 4
Nantois 55 .... 93 F 1
Nanton 71 .... 195 E 1
Nantouard 70 .... 161 F 1
Nantouillet 77 .... 59 E 2
Nantoux 21 .... 177 G 1
Nantua 01 .... 214 C 1
Naours 80 .... 12 C 5
La Napoule 06 .... 309 E 4
Napt 01 .... 196 B 5
Narbéfontaine 57 .... 46 C 5
Narbief 25 .... 163 F 4
Narbonne 11 .... 321 E 5
Narbonne-Plage 11 .... 321 G 5
Narcastet 64 .... 314 B 4
Narcy 52 .... 92 D 2
Narcy 58 .... 156 B 4
Nargis 45 .... 112 C 3
Narnhac 15 .... 245 E 5
Narp 64 .... 313 F 3
Narrosse 40 .... 293 E 2
La Nartelle 83 .... 329 G 2
Narthoux 81 .... 279 F 4
Nasbinals 48 .... 263 G 3
Nassandres 27 .... 35 G 5
Nassiet 40 .... 293 G 4
Nassigny 03 .... 190 D 2
Nastringues 24 .... 239 E 5
Nattages 01 .... 214 D 5
Natzwiller 67 .... 96 D 3
Naucelle 12 .... 280 B 3
Naucelles 15 .... 244 B 4
Naujac-sur-Mer 33 .... 236 C 1
Naujan-et-Postiac 33 .... 256 C 1
Naurouze *Seuil de 11* .... 318 D 3
Nauroy 02 .... 24 A 1
Naussac 12 .... 261 G 4
Naussac 48 .... 265 F 2
Naussac *Barrage de 48* .... 265 F 2
Naussannes 24 .... 258 C 2
Nauvay 72 .... 108 A 2
Nauviale 12 .... 262 B 4
Nauzan 17 .... 218 C 1
Navacelles 30 .... 284 A 3
Navacelles *Cirque de 34* .... 302 A 1
Navailles-Angos 64 .... 314 B 2
Navarosse 40 .... 254 B 5
Navarrenx 64 .... 313 G 3
Naveil 41 .... 131 G 3
Navenne 70 .... 141 F 4
Naves 03 .... 209 H 1
Naves 07 .... 283 H 1
Naves 19 .... 242 D 1
Naves 59 .... 14 C 3
Naves 73 .... 234 B 2
Navès 81 .... 299 G 5
Nâves-Parmelan 74 .... 215 H 3
Navilly 71 .... 178 B 2
Nay 50 .... 31 H 3
Nay 64 .... 314 C 5
Nayemont-les-Fosses 88 .... 96 B 4
Le Nayrac 12 .... 262 D 3
Nazelles-Négron 37 .... 152 B 2
Néac 33 .... 238 C 4
Néant-sur-Yvel 56 .... 103 E 4
Neau 53 .... 106 C 3
Neaufles-Auvergny 27 .... 55 G 3
Neaufles-Saint-Martin 27 .... 37 F 3
Neauphe-sous-Essai 61 .... 83 H 2
Neauphe-sur-Dive 61 .... 54 B 3
Neauphle-le-Château 78 .... 57 H 4
Neauphle-le-Vieux 78 .... 57 G 4
Neauphlette 78 .... 57 E 2
Neaux 42 .... 211 H 3
Nébian 34 .... 302 A 4
Nébias 11 .... 337 F 3
Nébing 57 .... 67 E 3
Nébouzat 63 .... 227 F 1
Nécy 61 .... 54 A 3
Nedde 87 .... 225 E 1
Nédon 62 .... 7 G 4
Nédonchel 62 .... 7 G 4
Neewiller-près-Lauterbourg 67 .... 69 G 2
Neffes 05 .... 269 G 4
Neffiès 34 .... 301 H 5
Néfiach 66 .... 342 C 2
Nègrepelisse 82 .... 278 B 4
Nègreville 50 .... 29 F 4
Négron 37 .... 152 B 2
Négrondes 24 .... 222 D 5
Néhou 50 .... 29 F 5
Nehwiller 67 .... 68 D 2

Nelling 57 .... 67 F 2
Nemours 77 .... 112 B 2
Nempont-Saint-Firmin 62 .... 6 B 5
Nénigan 31 .... 316 B 3
Nenon 39 .... 161 E 5
Néons-sur-Creuse 36 .... 170 B 4
Néoules 83 .... 328 B 2
Néoux 23 .... 207 H 4
Nepvant 55 .... 27 H 5
Nérac 47 .... 275 G 3
Nerbis 40 .... 293 G 2
Nercillac 16 .... 220 C 1
Néré 17 .... 202 C 3
Néret 36 .... 189 H 2
Nérigean 33 .... 238 B 5
Nérignac 86 .... 187 E 5
Néris-les-Bains 03 .... 190 D 5
Nermier 39 .... 196 C 2
Nernier 74 .... 197 H 3
Néron 28 .... 86 B 2
Néronde 42 .... 212 A 5
Néronde-sur-Dore 63 .... 210 C 5
Nérondes 18 .... 173 H 2
Ners 30 .... 283 H 5
Nersac 16 .... 221 E 2
Nervieux 42 .... 211 H 5
Nerville-la-Forêt 95 .... 58 B 1
Néry 60 .... 39 F 3
Neschers 63 .... 227 H 2
Nescus 09 .... 335 H 2
Nesle 80 .... 23 G 3
Nesle-et-Massoult 21 .... 137 H 3
Nesle-Hodeng 76 .... 21 E 4
Nesle-la-Reposte 51 .... 90 A 2
Nesle-le-Repons 51 .... 61 E 1
Nesle-l'Hôpital 80 .... 11 F 5
Nesle-Normandeuse 76 .... 11 F 5
Nesles 62 .... 6 B 2
Nesles 77 .... 59 G 5
Nesles-la-Montagne 02 .... 60 C 1
Nesles-la-Vallée 95 .... 38 B 5
Neslette 80 .... 11 F 5
Nesmy 85 .... 182 D 1
Nesploy 45 .... 111 H 5
Nespouls 19 .... 242 B 3
Nessa 2B .... 346 C 2
Nestier 65 .... 334 A 1
Nettancourt 55 .... 63 F 3
Netzenbach 67 .... 96 D 2
Neublans 39 .... 178 C 2
Neubois 67 .... 97 E 4
Le Neubourg 27 .... 35 H 5
Neuchâtel-Urtière 25 .... 163 F 2
Neuf-Berquin 59 .... 8 A 2
Neuf-Brisach 68 .... 121 F 3
Neuf-Église 63 .... 209 F 2
Neuf-Marché 76 .... 37 F 2
Neuf-Mesnil 59 .... 15 G 2
Neufbosc 76 .... 20 D 4
Le Neufbourg 50 .... 52 C 5
Neufchâteau 88 .... 94 A 4
Neufchâtel-en-Bray 76 .... 20 D 3
Neufchâtel-en-Saosnois 72 .... 83 H 4
Neufchâtel-Hardelot 62 .... 6 B 3
Neufchâtel-sur-Aisne 02 .... 41 G 2
Neufchef 57 .... 45 G 3
Neufchelles 60 .... 39 H 5
Neuffons 33 .... 256 D 3
Neuffontaines 58 .... 157 G 3
Neufgrange 57 .... 67 G 1
Neuflieux 02 .... 24 A 5
Neuflize 08 .... 42 A 2
Neufmaison 08 .... 26 B 3
Neufmaisons 54 .... 96 A 3
Neufmanil 08 .... 26 D 2
Neufmesnil 50 .... 31 G 2
Neufmoutier-en-Brie 77 .... 59 F 4
Le Neufour 55 .... 43 F 5
Neufvillage 57 .... 67 E 2
Neufvy-sur-Aronde 60 .... 39 E 2
Neugartheim 67 .... 68 C 5
Neugartheim-Ittlenheim 67 .... 68 C 5
Neuhaeusel 67 .... 69 G 3
Neuil 37 .... 151 G 5
Neuilh 65 .... 333 E 1
Neuillac 17 .... 219 H 3
Neuillay-les-Bois 36 .... 171 H 4
Neuillé 49 .... 150 C 3
Neuillé-le-Lierre 37 .... 152 B 1
Neuillé-Pont-Pierre 37 .... 151 G 3
Neuilly 27 .... 56 D 2
Neuilly 58 .... 157 F 4
Neuilly 89 .... 136 A 2
Neuilly-en-Donjon 03 .... 193 F 4
Neuilly-en-Dun 18 .... 173 H 4

NANCY

Adam (R. Sigisbert)	BX 2
Albert-1er (Bd)	DV 3
Anatole-France (Av.)	DV 6
Armée-Patton (R.)	DV 7
Auxonne (R. d')	DV 8
Barrès (R. Maurice)	CY 10
Barthou (Bd L.)	EX 12
Bazin (R. H.)	CY 13
Benit (R.)	BY 14
Blandan (R. du Sergent)	DX 15
Braconnot (R.)	BX 19
Carmes (R. des)	BY 20
Chanoine-Jacob (R.)	AX 23
Chanzy (R.)	AY 24
Cheval-Blanc (R. du)	BY 25
Clemenceau (Bd G.)	EX 26
Craffe (R. de la)	AX 27
Croix de Bourgogne (Espl.)	AZ 28
Dominicains (R. des)	BY 29
Doumer (Av. P.)	EX 30
Erignac (R. C.)	BY 31
Europe (Av. de l')	DX 32
Europe (Bd de l')	DEY 33
La-Fayette (Pl. de)	BY 47
Foch (Av.)	DV 34
Frère (R. Gén.)	DY 35
Gambetta (R.)	BY 36

Gaulle (Pl. Gén.-de)	BX 37
Grande-Rue	BXY
Haussonville (Bd d')	DX 38
Haut-Bourgeois (R.)	AX 39
Héré (R.)	BY 40
Ile de Corse (R. de l')	CY 41
Jeanne-d'Arc (Av.)	DEY 45
Jeanne-d'Arc (R.)	DEX 44
Jean-Jaurès (R.)	DXY 42
Jean-Jaurès (Bd)	EX 43
Keller (R. Ch.)	AX 46
Leclerc (Av. Gén.)	DY 48
Linnois (R.)	EX 49
Louis (R. Baron)	AXY 50
Loups (R. des)	AY 51
Majorelle (R. Louis)	DX 52
Mazagran (R.)	AY 54
Mengin (Pl. Henri)	BY 55
Mgr-Ruch (Pl.)	CY 63
Molitor (R.)	CZ 60
Monnaie (R. de la)	BY 62
Mon-Désert (R. de)	ABZ 61
Mouja (R. du Pont)	BY 64
Nabécor (R.)	EX 65
Oudinot (R. Maréchal)	EX 68
Poincaré (R. H.)	AY 69
Poincaré (R. R.)	DX 71
Poincaré (R. R.)	AY 70
Point-Central	BY 72
Ponts (R. des)	BYZ 73

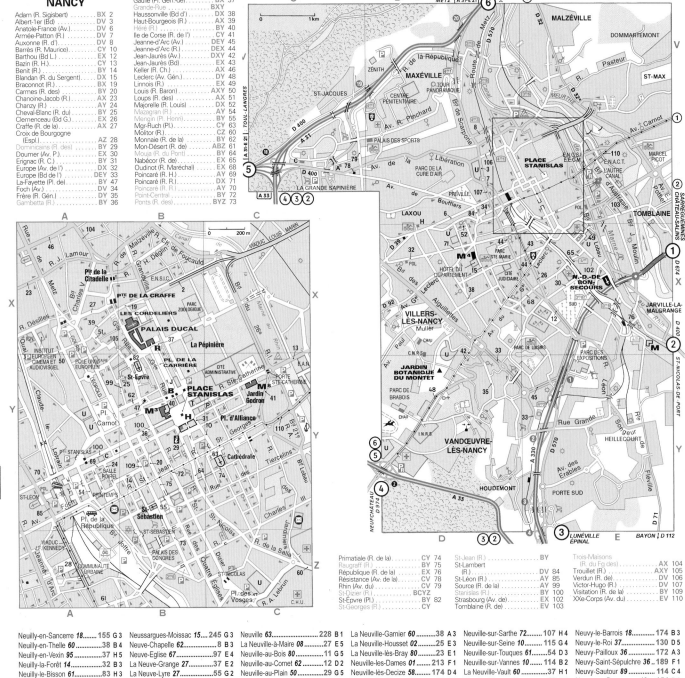

Primatiale (R. de la)	CY 74
Raugraff (R.)	BY 75
République (R. de la)	EX 76
Résistance (Av. de la)	DV 78
Rhin (Av. du)	CY 79
St-Dizier (R.)	BCYZ
St-Épvre (Pl.)	BY 82
St-Georges (R.)	CY

St-Jean (R.)	BY
St-Lambert (R.)	DV 84
St-Léon (R.)	AY 85
Source (R. de la)	AY 99
Stanislas (R.)	BY 100
Strasbourg (Av. de)	EX 102
Tomblaine (R. de)	EV 103

Trois-Maisons (R. du Fg des)	AX 104
Trouillet (R.)	AXY 105
Verdun (R. de)	DV 106
Victor-Hugo (R.)	DV 107
Visitation (R. de la)	CY 109
XXe-Corps (Av. du)	EV 110

Neuilly-en-Sancerre 18	155	G 3
Neuilly-en-Thelle 60	38	B 4
Neuilly-en-Vexin 95	37	H 5
Neuilly-la-Forêt 14	32	B 3
Neuilly-le-Bisson 61	83	H 3
Neuilly-le-Brignon 37	170	A 2
Neuilly-le-Dien 80	12	B 3
Neuilly-le-Malherbe 14	33	F 5
Neuilly-le-Réal 03	192	B 3
Neuilly-le-Vendin 53	82	D 3
Neuilly-lès-Dijon 21	160	B 3
Neuilly-l'Évêque 52	117	G 5
Neuilly-l'Hôpital 80	11	G 3
Neuilly-Plaisance 93	58	D 3
Neuilly-Saint-Front 02	40	A 5
Neuilly-sous-Clermont 60	38	C 3
Neuilly-sur-Eure 61	85	E 3
Neuilly-sur-Marne 93	58	D 3
Neuilly-sur-Seine 92	58	B 3
Neuilly-sur-Suize 52	117	E 4
Neulette 62	7	F 5
Neulise 42	211	H 4
Neulles 17	219	H 3
Neulliac 56	101	H 2
Neung-sur-Beuvron 41	154	A 1
Neunhoffen 67	68	C 1
Neunkirchen-lès-Bouzonville 57	46	C 3
Neure 03	174	B 5
Neurey-en-Vaux 70	141	F 3
Neurey-lès-la-Demie 70	141	F 5
Neussargues-Moissac 15	245	G 3
Neuve-Chapelle 62	8	B 3
Neuve-Eglise 67	97	E 4
La Neuve-Grange 27	37	E 2
La Neuve-Lyre 27	55	G 2
Neuve-Maison 02	25	G 1
Neuvecelle 74	198	C 3
Neuvéglise 15	245	G 5
Neuvelle-lès-Champlitte 70	140	A 5
Neuvelle-lès-Cromary 70	162	A 4
Neuvelle-lès-Grancey 21	139	E 4
Neuvelle-lès-la-Charité 70	140	D 5
La Neuvelle-lès-Lure 70	141	H 3
La Neuvelle-lès-Scey 70	140	D 3
Neuvelle-lès-Voisey 52	140	C 2
La Neuveville-devant-Lépanges 88	119	H 2
La Neuveville-sous-Châtenois 88	94	B 5
La Neuveville-sous-Montfort 88	118	C 2
Neuvic 19	225	H 5
Neuvic 24	239	H 3
Neuvic-Entier 87	224	C 1
Neuvicq 17	238	C 1
Neuvicq-le-Château 17	202	C 5
Neuvillalais 72	107	F 3
Neuville 03	191	H 2
Neuville 19	243	E 3
La Neuville 59	8	D 4
Neuville 63	228	B 1
La Neuville-à-Maire 08	27	E 5
Neuville-au-Bois 80	11	G 5
Neuville-au-Cornet 62	12	D 2
Neuville-au-Plain 50	29	G 5
La Neuville-au-Pont 51	43	E 5
La Neuville-aux-Bois 45	111	F 4
La Neuville-aux-Bois 51	63	E 2
La Neuville-aux-Joûtes 08	25	H 1
La Neuville-aux-Larris 51	41	F 5
Neuville-aux-Tourneurs 08	26	A 2
Neuville-Bosc 60	37	H 4
La Neuville-Bosmont 02	25	F 4
Neuville-Bourjonval 62	14	A 5
La Neuville-Chant-d'Oisel 76	36	C 2
La Neuville-Coppegueule 80	21	G 2
La Neuville-d'Aumont 60	38	A 3
La Neuville-Day 08	42	D 1
La Neuville-de-Poitou 86	169	E 5
La Neuville-du-Bosc 27	35	H 4
Neuville-en-Avesnois 59	15	E 3
Neuville-en-Beaumont 50	31	F 2
La Neuville-en-Beine 02	24	A 4
Neuville-en-Ferrain 59	5	E 5
La Neuville-en-Hez 60	38	C 2
La Neuville-en-Tourne-à-Fuy 08	42	B 3
Neuville-en-Verdunois 55	63	H 2
Neuville-Ferrières 76	20	D 4
La Neuville-Garnier 60	38	A 3
La Neuville-Housset 02	25	E 3
La Neuville-lès-Bray 80	23	E 1
Neuville-les-Dames 01	213	F 1
Neuville-lès-Decize 58	174	D 4
Neuville-lès-Dieppe 76	10	B 5
La Neuville-lès-Dorengt 02	24	D 1
La Neuville-lès-Lœuilly 80	22	B 3
La Neuville-lès-This 08	26	C 3
Neuville-lès-Vaucouleurs 55	93	H 2
La Neuville-lès-Wasigny 08	26	A 4
Neuville-près-Sées 61	54	C 5
Neuville-Saint-Amand 02	24	B 2
La Neuville-Saint-Pierre 60	38	B 1
La Neuville-Saint-Rémy 59	14	B 3
La Neuville-Saint-Vaast 62	8	B 5
La Neuville-Sire-Bernard 80	22	D 3
Neuville-sous-Arzillières 51	62	D 5
Neuville-sous-Montreuil 62	6	C 4
Neuville-sur-Ailette 02	41	E 1
Neuville-sur-Ain 01	214	A 2
Neuville-sur-Authou 27	35	F 4
Neuville-sur-Brenne 37	131	F 5
Neuville-sur-Escaut 59	14	C 2
La Neuville-sur-Essonne 45	111	H 3
Neuville-sur-Margival 02	40	B 1
Neuville-sur-Oise 95	58	A 1
Neuville-sur-Ornain 55	63	G 4
La Neuville-sur-Oudeuil 60	21	H 5
La Neuville-sur-Ressons 60	23	F 5
Neuville-sur-Saône 69	213	E 4
Neuville-sur-Sarthe 72	107	H 4
Neuville-sur-Seine 10	115	G 4
Neuville-sur-Touques 61	54	D 3
Neuville-sur-Vannes 10	114	B 2
La Neuville-Vault 60	37	H 1
Neuville-Vitasse 62	13	G 3
Neuviller-la-Roche 67	96	D 3
Neuviller-lès-Badonviller 54	96	A 2
Neuviller-sur-Moselle 54	95	E 3
Neuvillers-sur-Fave 88	96	C 5
Neuvillette 02	24	C 2
La Neuvillette 51	41	G 3
Neuvillette 80	12	D 3
Neuvillette-en-Charnie 72	107	E 3
Neuvilley 39	179	F 2
Neuvilly 59	14	D 4
Neuvilly-en-Argonne 55	43	G 4
Neuvireuil 62	8	C 5
Neuvizy 08	26	C 4
Neuvy 03	192	A 2
Neuvy 41	153	G 1
Neuvy 51	60	C 4
Neuvy-au-Houlme 61	53	H 3
Neuvy-Bouin 79	167	G 5
Neuvy-deux-Clochers 18	155	G 4
Neuvy-en-Beauce 28	110	D 2
Neuvy-en-Champagne 72	107	F 4
Neuvy-en-Dunois 28	110	B 2
Neuvy-en-Mauges 49	149	E 2
Neuvy-en-Sullias 45	133	H 3
Neuvy-Grandchamp 71	193	F 1
Neuvy-le-Barrois 18	174	B 3
Neuvy-le-Roi 37	130	D 5
Neuvy-Pailloux 36	172	A 3
Neuvy-Saint-Sépulchre 36	189	F 1
Neuvy-Sautour 89	114	C 4
Neuvy-sur-Barangeon 18	154	D 3
Neuvy-sur-Loire 58	156	A 1
Neuwiller 68	143	H 4
Neuwiller-lès-Saverne 67	68	B 3
Neuzy 71	193	G 2
Névache 05	252	C 3
Nevers 58	174	C 2
Névez 29	100	B 5
Néville 76	19	G 2
Néville-sur-Mer 50	29	G 2
Nevoy 45	134	C 4
Nevy-lès-Dole 39	179	E 1
Nevy-sur-Seille 39	179	F 4
Nexon 87	223	G 1
Ney 39	179	H 4
Neydens 74	215	G 1
Neyrac-les-Bains 07	266	A 3
Les Neyrolles 01	214	C 1
Neyron 01	213	F 5
Nézel 78	57	G 2
Nézignan-l'Évêque 34	321	H 3
Niafles 53	127	H 2
Niaux 09	336	B 4
Niaux Grotte de 09	336	B 4
Nibas 80	11	E 3

A B C D E F G H I J K L M N O P Q R S T U V W X Y Z

NANTES

Aiguillon (Q. d') . . . . BX 2
Anglais (Bd des) . . . . BV 4
Beaujoire (Bd de la) . . . . . . CV 10
Belges (Bd des) . . . . CV 12
Bocquerel (Bd H.) . . . . BV 14
Bouley Paty (Bd) . . . . BV 22
Cassin (Bd R.) . . . . BV 34
Chapelle-sur-Erdre (Rte) . . . BV 39
Cholet (Bd Bâtonnier) . . . . . BX 42

Churchill (Bd W.) . . . . BX 43
Clemenceau (Pont G.) . . . . . CX 45
Coty (Bd R.) . . . . BX 55
Courbet (Bd Amiral) . . . . CV 58
Dalby (Bd E.) . . . . CV 61
Dos-d'Ane (R.) . . . . CX 68
Doulon (Bd de) . . . . CV 70
Dreyfus
  (R. Commandant A.) . . . . . CV 71
Einstein (Bd A.) . . . . BV 75
Fraternité (Bd de la) . . . . BX 84

Gabory (Bd E.) . . . . CX 85
Gaulle (Bd Gén.-de) . . . . CX 87
Jean XXIII (Bd) . . . . BV 100
Jouhaux (Bd L.) . . . . BX 102
Juin (Bd Mar.) . . . . BX 103
Koenig (Bd Gén.) . . . . BX 107
Landreau (R. du) . . . . CV 108
Le Lasseur
  (Bd) . . . . BV 112
Lauriol (Bd G.) . . . . BV 110
Liberté (Bd de la) . . . . BX 115

Luther-King (Bd M.) . . . . CV 118
Michelet (Bd) . . . . CV 127
Mollet (Bd G.) . . . . CV 128
Monod (Bd du Prof.-J.) . . . . . CV 130
Orieux (Bd) . . . . CV 133
Petite Baratte
  (R.) . . . . CV 141
Pirmil (Pont de) . . . . CX 145
Poilus (Bd des) . . . . CV 147
Roch (Gustave) . . . . CX 160
Romanet (Bd E.) . . . . BX 163

St-Jacques (R.) . . . . CX 169
St-Joseph (Rte de) . . . . CV 171
St-Sébastien
  (Côte) . . . . CX 178
Sarrebrück (Bd de) . . . . CX 184
Say (R. L.) . . . . BV 186
Stalingrad (Bd de) . . . . CX 190
Tertre (Bd du) . . . . BX 193
Tortière (Pont de la) . . . . CV 196
Victor-Hugo (Bd) . . . . CX 201
Viviani (R. René) . . . . CX 204

ORVAULT

Ferrière (Av. de la) . . . . BV 80
Goupil (Av. A.) . . . . BV 88
Mendès-France
  (Bd) . . . . BV 124
Rennes (Rte de) . . . . BV 156

REZÉ

Gaulle (Bd Gén.-de) . . . . CX 87

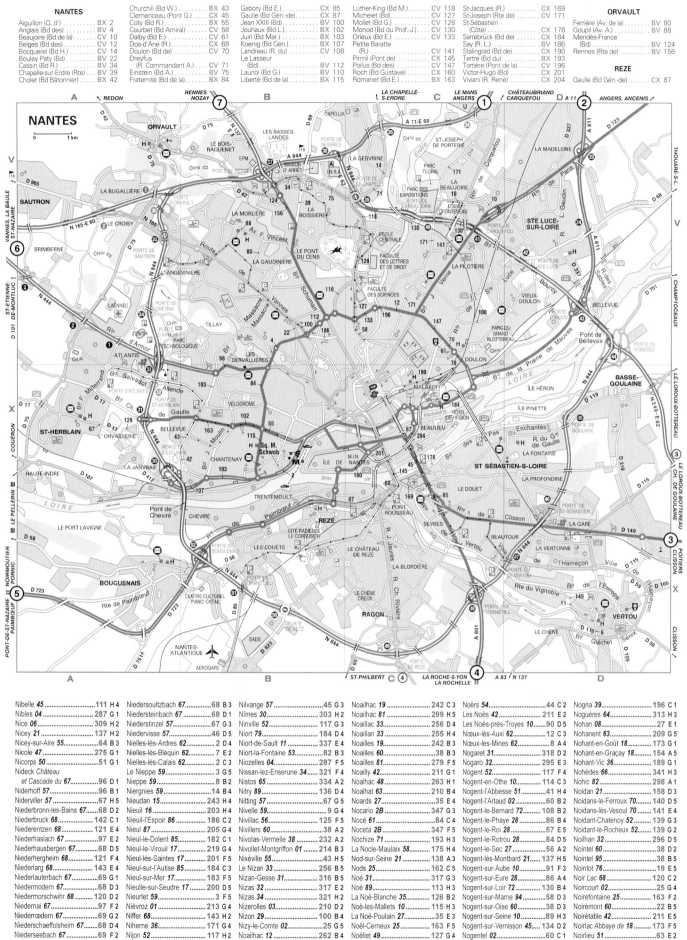

Nibelle **45** . . . . 111 H 4
Nibles **04** . . . . 287 G 1
Nice **06** . . . . 309 H 2
Nicey **21** . . . . 137 H 2
Nicey-sur-Aire **55** . . . . .64 B 3
Nicole **47** . . . . 275 G 1
Nicorps **50** . . . . .51 G 1
Nideck *Château*
  et Cascade du **67** . . . . .96 B 1
Niderhoff **57** . . . . .96 B 1
Niderviller **57** . . . . .67 H 5
Niederbronn-les-Bains **67** . . . .68 D 2
Niederbruck **68** . . . . 142 C 1
Niederentzen **68** . . . . 121 E 4
Niederhaslach **67** . . . . .97 E 2
Niederhausbergen **67** . . . . . . .68 D 5
Niederhergheim **68** . . . . 121 F 4
Niederlarg **68** . . . . 143 E 4
Niederlauterbach **67** . . . . .69 G 1
Niedermodern **67** . . . . .68 D 3
Niedermorschwihr **68** . . . . . . 120 D 2
Niedernai **67** . . . . .97 F 2
Niederrœdern **67** . . . . .69 G 2
Niederschaeffolsheim **67** . . . .68 D 4
Niederseebach **67** . . . . .69 F 2

Niedersoultzbach **67** . . . . .68 B 3
Niedersteinbach **67** . . . . .68 D 1
Niederstinzel **57** . . . . .67 G 3
Niedervisse **57** . . . . .46 D 5
Nielles-lès-Ardres **62** . . . . .2 D 4
Nielles-lès-Bléquin **62** . . . . .7 E 2
Nielles-lès-Calais **62** . . . . .2 C 3
Le Nieppe **59** . . . . .3 G 5
Nieppe **59** . . . . .8 B 2
Niergnies **59** . . . . .14 B 4
Nieudan **15** . . . . 243 H 4
Nieuil **16** . . . . 203 H 4
Nieuil-l'Espoir **86** . . . . 186 C 2
Nieul **87** . . . . 205 G 4
Nieul-le-Dolent **85** . . . . 182 C 1
Nieul-le-Virouil **17** . . . . 219 G 4
Nieul-lès-Saintes **17** . . . . 201 F 5
Nieul-sur-l'Autise **85** . . . . 184 C 3
Nieul-sur-Mer **17** . . . . 183 F 5
Nieulle-sur-Seudre **17** . . . . . . 200 D 5
Nieurlet **59** . . . . .3 F 5
Niévroz **01** . . . . 213 G 4
Niffer **68** . . . . 143 H 2
Niherne **36** . . . . 171 G 4
Nijon **52** . . . . 117 H 2

Nilvange **57** . . . . .45 G 3
Nîmes **30** . . . . 303 H 2
Ninville **52** . . . . 117 G 3
Niort **79** . . . . 184 D 4
Niort-de-Sault **11** . . . . 337 E 4
Niort-la-Fontaine **53** . . . . .82 B 3
Niozelles **04** . . . . 287 F 5
Nissan-lez-Enserune **34** . . . . 321 F 4
Nistos **65** . . . . 334 A 2
Nitry **89** . . . . 136 D 4
Nitting **57** . . . . .67 G 5
Nivelle **59** . . . . .9 G 4
Nivillac **56** . . . . 125 F 5
Nivillers **60** . . . . .38 A 2
Nivolas-Vermelle **38** . . . . 232 A 2
Nivollet-Montgriffon **01** . . . . . . 214 B 3
Nixéville **55** . . . . .43 H 5
Le Nizan **33** . . . . 256 B 5
Nizan-Gesse **31** . . . . 316 B 5
Nizas **32** . . . . 317 E 2
Nizas **34** . . . . 321 H 2
Nizerolles **03** . . . . 210 D 2
Nizon **29** . . . . 100 B 4
Nizy-le-Comte **02** . . . . .25 G 5
Noailhac **12** . . . . 262 B 4

Noailhac **19** . . . . 242 C 3
Noailhac **81** . . . . 299 H 5
Noaillac **33** . . . . 256 D 4
Noaillan **33** . . . . 255 H 4
Noailles **19** . . . . 242 B 3
Noailles **60** . . . . .38 B 3
Noailles **81** . . . . 279 F 5
Noailly **42** . . . . 211 G 1
Noalhac **48** . . . . 263 H 1
Noalhat **63** . . . . 210 B 4
Noards **27** . . . . .35 E 4
Nocario **2B** . . . . 347 G 3
Nocé **61** .84 C 4
Noceta **2B** . . . . 347 F 5
Nochize **71** . . . . 193 H 3
La Nocle-Maulaix **58** . . . . 175 H 4
Nod-sur-Seine **21** . . . . 138 A 3
Nods **25** . . . . 162 C 5
Noé **31** . . . . 317 G 3
Noé **89** . . . . 113 H 3
La Noë-Blanche **35** . . . . 126 B 2
Noé-les-Mallets **10** . . . . 115 H 3
La Noë-Poulain **27** . . . . .35 E 3
Noël-Cerneux **25** . . . . 163 F 5
Noëllet **49** . . . . 127 G 4

Noërs **54** . . . . .44 C 2
Les Noës **42** . . . . 211 E 2
Les Noës-près-Troyes **10** . . . . .90 D 5
Nœux-lès-Auxi **62** . . . . .12 C 3
Nœux-les-Mines **62** . . . . .8 A 4
Nogaret **31** . . . . 318 D 2
Nogaro **32** . . . . 295 E 3
Nogent **52** . . . . 117 F 4
Nogent-en-Othe **10** . . . . 114 C 3
Nogent-l'Abbesse **51** . . . . .41 H 4
Nogent-l'Artaud **02** . . . . .60 B 2
Nogent-le-Bernard **72** . . . . . . 108 B 2
Nogent-le-Phaye **28** . . . . .86 B 4
Nogent-le-Roi **28** . . . . .57 E 5
Nogent-le-Rotrou **28** . . . . .84 D 5
Nogent-le-Sec **27** . . . . .56 A 2
Nogent-lès-Montbard **21** . . . . 137 H 5
Nogent-sur-Aube **10** . . . . .91 F 3
Nogent-sur-Eure **28** . . . . .86 A 4
Nogent-sur-Marne **94** . . . . .58 D 3
Nogent-sur-Oise **60** . . . . .38 D 3
Nogent-sur-Seine **10** . . . . .89 H 3
Nogent-sur-Vernisson **45** . . . . 134 D 2
Nogentel **02** . . . . .60 C 1

Nogna **39** . . . . 196 C 1
Noguères **64** . . . . 313 H 3
Nohan **08** . . . . .27 E 1
Nohant-en-Goût **18** . . . . 173 G 1
Nohant-en-Graçay **18** . . . . . . 154 A 5
Nohant-Vic **36** . . . . 189 G 1
Nohèdes **66** . . . . 341 H 3
Nohic **82** . . . . 298 A 1
Noidan **21** . . . . 158 D 3
Noidans-le-Ferroux **70** . . . . . . 140 D 5
Noidans-lès-Vesoul **70** . . . . . . 141 E 4
Noidant-Chatenoy **52** . . . . 139 G 3
Noidant-le-Rocheux **52** . . . . . . 139 G 2
Noilhan **32** . . . . 296 D 5
Nointel **60** . . . . .38 D 2
Nointel **95** . . . . .38 B 5
Nointot **76** . . . . .19 E 5
Noir *Lac* **68** . . . . 120 C 2
Noircourt **02** . . . . .25 G 4
Noirefontaine **25** . . . . 163 F 2
Noirémont **60** . . . . .22 B 5
Noirétable **42** . . . . 211 E 5
Noirlac *Abbaye de* **18** . . . . . . 173 F 5
Noirlieu **51** . . . . .63 E 2

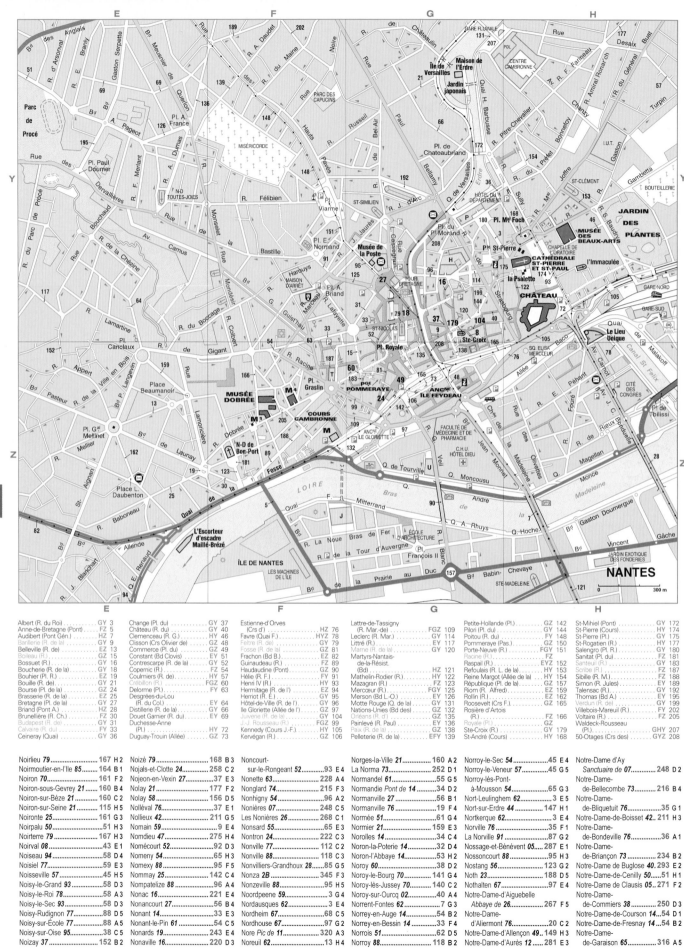

A B C D E F G H I J K L M N O P Q R S T U V W X Y Z

Albert (R. du Roi) .... GY 3
Anne-de-Bretagne (Pont) .... FZ 5
Audibert (Pont Gén.) ..... HZ 7
Barillerie (R. de la) ..... GY 9
Belleville (R. de) ..... GZ 13
Boileau (R.) ..... GZ 15
Bossuet (R.) ..... GZ 16
Boucherie (R. de la) ..... GY 18
Bouhier (Pl. R.) ..... EZ 19
Bouille (R. de) ..... GY 21
Bourse (Pl. de la) ..... GZ 24
Brasserie (R. de la) ..... EZ 25
Bretagne (Pl. de la) ..... GY 27
Briand (Pont A.) ..... HZ 28
Brunellière (R. Ch.) ..... EZ 30
Budapest (R. de) ..... GY 31
Calvaire (R. du) ..... FY 33
Ceineray (Quai) ..... GY 36

Change (Pl. du) ..... GY 37
Château (R. du) ..... GY 40
Clemenceau (R. G.) ..... HY 46
Clisson (Crs Olivier de) ..... GZ 48
Commerce (Pl. du) ..... GZ 49
Constant (Bd Clovis) ..... EY 51
Contrescarpe (R. de la) ..... GY 52
Copernic (R.) ..... FZ 54
Coulmiers (R. de) ..... HY 57
Crébillon (R.) ..... FGZ 60
Delorme (Pl.) ..... FY 63
Desgrées-du-Lou
  (R. du Col.) ..... EY 64
Distillerie (R. de la) ..... GY 66
Douet Garnier (R. du) ..... EY 69
Duchesse-Anne
  (Pl.) ..... HY 72
Duguay-Trouin (Allée) ..... GZ 73

Estienne-d'Orves
  (Crs d') ..... HZ 76
Favre (Quai F.) ..... HYZ 78
Feltre (R. de) ..... GY 79
Fosse (R. de la) ..... GZ 81
Frachon (Bd B.) ..... EZ 82
Guinaudeau (Pont) ..... EZ 89
Haudaudine (Pont) ..... FZ 90
Hélie (R. F.) ..... FY 91
Henri IV (R.) ..... HY 93
Hermitage (R. de l') ..... EZ 94
Herriot (R. E.) ..... GY 95
Hôtel-de-Ville (R. de l') ..... GY 96
Ile Gloriette (Allée de l') ..... GZ 97
Juvente (R. de la) ..... GY 104
J.-J. Rousseau (R.) ..... FGZ 105
Kennedy (Cours J.-F.) ..... HY 105
Kervégan (R.) ..... GZ 106

Lattre-de-Tassigny
  (R. Mar.-de) ..... FGZ 109
Leclerc (R. Mar.) ..... GY 114
Littré (R.) ..... EY 117
Littré (R.) ..... GY 120
Martyrs-Nantais-
  de-la-Résist.
  (Bd) ..... HZ 121
Mathelin-Rodier (R.) ..... HY 122
Mazagran (R.) ..... FZ 123
Mercoeur (R.) ..... FGY 125
Merson (Bd L.-O.) ..... EY 126
Motte Rouge (Q. de la) ..... GY 131
Nations-Unies (Bd des) ..... GZ 132
Orléans (R. d') ..... GY 135
Painlevé (R. Paul) ..... EY 136
Paix (R. de la) ..... GY 138
Pelleterie (R. de la) ..... EFY 139

Petite-Hollande (Pl.) ..... GZ 142
Pilori (Pl. du) ..... GY 144
Poitou (R. du) ..... FY 148
Porte-Neuve (R.) ..... FGY 151
Racine (R.) ..... FZ
Raspail (R.) ..... EYZ 152
Refoulais (R. L. de la) ..... HY 153
Reine Margot (Allée de la) ..... GY 154
République (Pl. de la) ..... GZ 157
Riom (R. Alfred) ..... EZ 159
Rollin (R.) ..... EZ 162
Roosevelt (Crs F.) ..... GZ 165
Rosière d'Artois
  (R.) ..... FZ 166
Royale (Pl.) ..... GZ
Ste-Croix (R.) ..... GY 179
St-André (Cours) ..... HY 168

St-Mihiel (Pont) ..... GY 172
St-Pierre (Cours) ..... HY 174
St-Pierre (Pl.) ..... GY 175
St-Rogatien (R.) ..... GY 177
Salengro (Pl. R.) ..... GY 180
Sanitat (R. du) ..... FZ 181
Santeuil (R.) ..... FZ 183
Scribe (R.) ..... FZ 187
Sibille (R. M.J.) ..... FZ 188
Simon (R. Jules) ..... EY 189
Talensac (R.) ..... GY 192
Thomas (Bd A.) ..... EY 195
Verdun (R. de) ..... GY 199
Villebois-Mareuil (R.) ..... FY 202
Voltaire (R.) ..... FZ 205
Waldeck-Rousseau
  (Pl.) ..... GHY 207
50-Otages (Crs des) ..... GYZ 208

Noirlieu 79 ..... 167 H 2
Noirmoutier-en-l'Île 85 ..... 164 B 1
Noiron 70 ..... 161 F 2
Noiron-sous-Gevrey 21 ..... 160 B 4
Noiron-sur-Bèze 21 ..... 160 C 2
Noiron-sur-Seine 21 ..... 115 H 5
Noironte 25 ..... 161 G 3
Noirpalu 50 ..... 51 H 3
Noirterre 79 ..... 167 H 3
Noirval 08 ..... 43 E 1
Noiseau 94 ..... 58 D 4
Noisiel 77 ..... 59 E 3
Noisseville 57 ..... 45 H 5
Noisy-le-Grand 93 ..... 58 D 3
Noisy-le-Roi 78 ..... 58 A 3
Noisy-le-Sec 93 ..... 58 D 3
Noisy-Rudignon 77 ..... 88 D 5
Noisy-sur-École 77 ..... 88 A 5
Noisy-sur-Oise 95 ..... 38 C 5
Noizay 37 ..... 152 B 2

Noizé 79 ..... 168 B 3
Nojals-et-Clotte 24 ..... 258 C 2
Nojeon-en-Vexin 27 ..... 37 E 3
Nolay 21 ..... 177 F 2
Nolay 58 ..... 156 D 5
Nolléval 76 ..... 37 E 1
Nollieux 42 ..... 211 G 5
Nomain 59 ..... 9 E 4
Nomdieu 47 ..... 275 H 4
Nomécourt 52 ..... 92 D 3
Nomeny 54 ..... 65 H 3
Nomexy 88 ..... 95 F 5
Nommay 25 ..... 142 C 4
Nompatelize 88 ..... 96 A 4
Nonac 16 ..... 221 E 4
Nonancourt 27 ..... 56 B 4
Nonant 14 ..... 33 E 3
Nonant-le-Pin 61 ..... 54 C 5
Nonards 19 ..... 243 E 4
Nonaville 16 ..... 220 D 3

Noncourt-
  sur-le-Rongeant 52 ..... 93 E 4
Nonette 63 ..... 228 A 4
Nonglard 74 ..... 215 F 3
Nonhigny 54 ..... 96 A 2
Nonières 07 ..... 248 C 5
Nonsard 55 ..... 65 E 3
Nonville 77 ..... 112 C 2
Nonville 88 ..... 118 C 3
Nonvilliers-Grandhoux 28 ..... 85 G 5
Nonza 2B ..... 345 F 3
Nonzeville 88 ..... 95 H 5
Noordpeene 59 ..... 3 G 4
Nordausques 62 ..... 3 E 4
Nordheim 67 ..... 68 C 5
Nordhouse 67 ..... 97 G 2
Nore Pic de 11 ..... 320 A 3
Noreuil 62 ..... 13 H 4

Norges-la-Ville 21 ..... 160 A 2
La Norma 73 ..... 252 D 1
Normandel 61 ..... 55 G 5
Normandie Pont de 14 ..... 34 D 2
Normanville 27 ..... 56 B 1
Normanville 76 ..... 19 F 4
Normée 51 ..... 61 G 4
Normier 21 ..... 159 E 3
Norolles 14 ..... 34 C 4
La Norville 91 ..... 87 G 2
Noron-la-Poterie 14 ..... 32 D 4
Noron-l'Abbaye 14 ..... 53 H 2
Noroy 60 ..... 38 D 2
Noroy-le-Bourg 70 ..... 141 G 4
Noroy-lès-Jussey 70 ..... 140 C 2
Noroy-sur-Ourcq 02 ..... 40 A 4
Norrent-Fontes 62 ..... 7 G 3
Norrey-en-Auge 14 ..... 54 B 2
Norrey-en-Bessin 14 ..... 33 F 4
Norrois 51 ..... 62 D 5
Norroy 88 ..... 118 B 2

Norroy-le-Sec 54 ..... 45 E 4
Norroy-le-Veneur 57 ..... 45 G 5
Norroy-lès-Pont-
  à-Mousson 54 ..... 65 G 3
Nort-Leulinghem 62 ..... 3 E 5
Nort-sur-Erdre 44 ..... 147 H 1
Nortkerque 62 ..... 3 F 5
Norville 76 ..... 35 F 1
Nossage-et-Bénévent 05 ..... 287 E 1
Nossoncourt 88 ..... 95 H 3
Nostang 56 ..... 123 G 2
Noth 23 ..... 188 D 5
Nothalten 67 ..... 97 E 4
Notre-Dame-d'Aiguebelle
  Abbaye de 26 ..... 267 F 5
Notre-Dame-
  d'Aliermont 76 ..... 20 C 2
Notre-Dame-d'Allençon 49 ..... 149 H 3
Notre-Dame-d'Aurès 12 ..... 281 E 3

Notre-Dame d'Ay
  Sanctuaire de 07 ..... 248 D 2
Notre-Dame-
  de-Bellecombe 73 ..... 216 B 4
Notre-Dame-
  de-Bliquetuit 76 ..... 35 H 3
Notre-Dame-de-Boisset 42 ..... 211 H 3
Notre-Dame-
  de-Bondeville 76 ..... 36 A 1
Notre-Dame-
  de-Briançon 73 ..... 234 B 2
Notre-Dame de Buglose 40 ..... 293 E 2
Notre-Dame-de-Cenilly 50 ..... 51 H 1
Notre-Dame de Clausis 05 ..... 271 F 2
Notre-Dame-
  de-Commiers 38 ..... 250 D 3
Notre-Dame-de-Courson 14 ..... 54 D 1
Notre-Dame-de-Fresnay 14 ..... 54 C 1
Notre-Dame-
  de-Garaison 65 ..... 316 A 5

A B C D E F G H I J K L M N O P Q R S T U V W X Y Z

Notre-Dame-de-Grace 44.... **126** A 5	Notre-Dame-de-Londres 34................. **302** C 2
Notre-Dame-de-Gravenchon 76............**35** F 1	Notre-Dame-de-Lorette 62 ......**8** A 5
Notre-Dame de Kérinec *Chapelle 29*.................**99** F 2	Notre-Dame de l'Ormeau *Chapelle 83*................. **308** C 3
Notre-Dame-de-la-Cour 22....**73** G 5	Notre-Dame-de-l'Osier 38 ....**250** B 1
Notre-Dame-de-la-Gorge 74................. **216** D 4	Notre-Dame de Lure *Monastère de 04*................. **287** E 3
Notre-Dame-de-la-Grainetière *Abbaye de 85*................. **166** C 3	Notre-Dame-de-Mésage 38. **251** E 3
Notre-Dame-de-la-Mer *Chapelle 78*.................**57** E 1	Notre-Dame-de-Montplacé *Chapelle 49*................. **129** F 5
Notre-Dame-de-la-Rouvière 30 .... **283** E 5	Notre-Dame-de-Monts 85........ **164** C 5
Notre-Dame-de-la-Salette 38 .... **251** G 5	Notre-Dame-de-Piétat *Chapelle de 64*................. **314** B 5
Notre Dame de la Serra *Belvédère de 2B*............. **346** B 2	Notre-Dame-de-Riez 85.... **164** D 4
Notre-Dame-de-l'Aillant 71.. **176** B 1	Notre-Dame-de-Sanilhac 24................. **240** C 3
Notre-Dame-de-Laus 05............. **269** H 4	Notre-Dame-de-Timadeuc *Abbaye de 56*................. **102** B 3
Notre-Dame-de-l'Espérance 22.............**73** H 4	Notre-Dame-de-Tréminou *Chapelle 29*.................**99** F 4
Notre-Dame-de-l'Isle 27............**36** D 5	Notre-Dame-de-Tronoën 29....**99** F 4
Notre-Dame-de-Livaye 14....**34** B 5	Notre-Dame de Valvert *Chapelle de 04*................. **288** D 5
Notre-Dame-de-Livoye 50......**52** A 4	Notre-Dame-de-Vaulx 38.... **251** E 4
Notre-Dame de Vie *Ermitage 06*................. **309** E 4	Notre-Dame-du-Groseau *Chapelle 84*................. **285** H 3
Notre-Dame-d'Elle 50............**32** C 5	Notre-Dame-du-Guildo 22....**50** A 5
Notre-Dame-d'Épine 27.............**35** F 4	Notre-Dame-du-Hamel 27....**55** E 3
Notre-Dame-des-Anges *Prieuré 83*................. **328** D 2	Notre-Dame du Haut *Chapelle 22*.................**78** C 5
Notre-Dame-des-Dombes *Abbaye de 01*................. **213** G 2	Notre-Dame-du-Mai *Chapelle 83*................. **327** H 5
Notre-Dame des Fontaines *Chapelle 06*................. **291** H 2	Notre-Dame-du-Parc 76.........**20** B 3
Notre-Dame-des-Landes 44................. **147** F 2	Notre-Dame-du-Pé 72............ **129** E 3
Notre-Dame-des-Millières 73................. **234** A 1	Notre-Dame-du-Pré 73............ **234** C 2
Notre-Dame-des-Misères *Chapelle de 82*................. **278** B 4	Notre-Dame-du-Rocher 61....**53** G 4
Notre-Dame-d'Estrées 14.... **34** B 5	Notre-Dame-du-Touchet 50....**81** G 2
Notre-Dame-d'Igny *Abbaye 51*................. **41** E 4	Nottonville 28................. **110** B 3
Notre-Dame-d'Oé 37............. **151** H 2	La Nouaille 23................. **207** G 5
Notre-Dame-d'Or 86............. **168** C 4	Nouaillé-Maupertuis 86......... **186** C 2
Notre-Dame-du-Bec 76............**18** C 5	Nouainville 50.................**29** E 3
Notre-Dame-du-Crann *Chapelle 29*.................**76** C 5	Nouan-le-Fuzelier 41............. **154** B 1
Notre-Dame-du-Cruet 73..... **234** A 4	Nouan-sur-Loire 41............. **132** C 4
	Nouans 72................. **107** H 2
	Nouans-les-Fontaines 37..... **153** E 5
	Nouart 08.................**43** F 1
	Nouâtre 37................. **169** G 1
	La Nouaye 35................. **104** C 2
	La Noue 17................. **200** A 1
La Noue 51..................**60** D 4	Nouzerines 23................. **189** H 4
Noueilles 31................. **318** A 3	Nouzerolles 23................. **189** E 4
Nougaroulet 32................. **296** C 3	Nouziers 23................. **189** G 3
Nouhant 23................. **190** B 5	Nouzilly 37................. **152** A 1
Nouic 87................. **205** E 2	Nouzonville 08.................**26** D 2
Nouilhan 65................. **315** E 2	Novacelles 63................. **228** D 4
Les Nouillers 17................. **201** F 3	Novalaise 73................. **233** E 2
Nouillonpont 55.................**44** D 3	Novale 2B................. **347** G 2
Nouilly 57................. **45** H 5	Novéant-sur-Moselle 57....**65** G 2
Noulens 32................. **295** F 2	Novel 74................. **198** D 3
Nourard-le-Franc 60.........**38** C 1	Novella 2B................. **345** E 5
Nourray 41................. **131** G 4	Noves 13................. **304** D 1
Nousse 40................. **293** H 3	Noviant-aux-Prés 54.........**65** F 4
Nousseviller-lès-Bitche 57....**48** B 5	Novillard 90................. **142** D 3
Nousseviller-Saint-Nabor 57....**47** G 5	Novillars 25................. **162** A 3
Nousty 64................. **314** C 4	Novillers 60.................**38** B 4
La Nouaille 23................. **207** G 5	Novion-Porcien 08.................**26** B 5
Nouvelle-Église 62................. **3** E 1	Novy-Chevrières 08.................**26** B 5
Nouvion-en-Ponthieu 80............ **11** G 2	Noyal 22.................**78** D 4
Le Nouvion-en-Thiérache 02.. **15** F 3	Noyal-Châtillon-sur-Seiche 35................. **104** B 3
Nouvion-et-Catillon 02.........**24** C 4	Noyal-Muzillac 56................. **125** E 4
Nouvion-le-Comte 02.........**24** C 4	Noyal-Pontivy 56................. **102** A 3
Nouvion-le-Vineux 02.........**40** D 1	Noyal-sous-Bazouges 35......**80** B 3
Nouvion-sur-Meuse 08.........**26** D 2	Noyal-sur-Brutz 44............. **127** E 3
Nouvoitou 35................. **104** C 4	
Nouvron-Vingré 02.........**40** A 2	

NICE

Alberti (R.) . . . . GHY 2	
Alsace-Lorraine (Jardin d') . . . . EZ 3	
Armée-du-Rhin (Pl. de l') . . . . JX 5	
Auriol (Pont V.) . . . . JV 7	
Bellanda (Av.) . . . . HV 10	
Berlioz (R.) . . . . FY 12	
Bonaparte (R.) . . . . JY 13	
Carnot (Bd) . . . . JZ 15	
Desambrois (Av.) . . . GHX 18	
Diables-Bleus (Av. des) . . . . JX 19	
Europe (Parvis de l') . . . JX 21	
Félix-Faure (Av.) . . . . . . JZ 22	
France (R. de) . . . . DFZ	
Gallieni (Av.) . . . . HJX 24	
Gambetta (Bd) . . . . EXZ	
Gautier (Pl. P.) . . . . HZ 25	
Gioffredo (R.) . . . . HY	
Hôtel-des-Postes (R. de l') . . . . HY 30	
Ile-de-Beauté (Pl.) . . . . . . JZ 31	
Jean-Jaurès (Bd) . . . . . HYZ 32	
Liberté (R. de la) . . . . . . GZ 35	
Lunel (Quai) . . . . JZ 37	
Masséna (Pl. et Espace) . . . GZ	
Masséna (R.) . . . . FGZ 43	Moulin (Pl. J.) . . . . . . HY 47	Phocéens (Av. des) . . . . . GZ 59	St-François-de-Paule (R.) . . . . GHZ 72	Sauvan (R. H.) . . . . EZ 84
Médecin (Av. J.) . . . . . FGY 44	Paradis (R.) . . . . GZ 55	Ray (Av. du) . . . . FV 63	St-Jean-Baptiste (Av.) . . HY 73	Verdun (Av. de) . . . . . . FGZ 89
Meyerbeer (R.) . . . . . . FZ 45	Passy (R. F.) . . . . EY 57	République (Av. de la) . . JXY 64	Saleya (Cours) . . . . HZ 82	Walesa (Bd Lech) . . . . JYZ 91
Monastère (Av. Pl.) . . . . HV 46	Pastorelli (R.) . . . . GY 58	Rivoli (R. de) . . . . FZ 65		Wilson (Pl.) . . . . HY 92

Noyal-sur-Vilaine 35......... 104 C 3
Noyales 02.................... 24 C 2
Noyalo 56.................... 124 C 4
Noyant 49.................... 150 D 1
Noyant-d'Allier 03.......... 191 H 3
Noyant-de-Touraine 37...... 151 G 5
Noyant-et-Aconin 02......... 40 B 3
Noyant-la-Gravoyère 49..... 127 H 3
Noyant-la-Plaine 49........ 149 H 3
Noyarey 38................... 250 D 1
Noyelle-Vion 62............. 13 E 2
Noyelles-en-Chaussée 80.... 11 H 2
Noyelles-Godault 62......... 8 C 5
Noyelles-lès-Humières 62.... 7 F 5
Noyelles-lès-Seclin 59...... 8 D 3
Noyelles-lès-Vermelles 62... 8 A 4
Noyelles-sous-Bellonne 62... 14 A 2
Noyelles-sous-Lens 62....... 8 B 5
Noyelles-sur-Escaut 59..... 14 B 4
Noyelles-sur-Mer 80........ 11 F 2
Noyelles-sur-Sambre 59..... 15 F 4
Noyelles-sur-Selle 59....... 14 C 2
Noyellette 62................ 13 F 2
Noyen-sur-Sarthe 72........ 129 F 2
Noyen-sur-Seine 77.......... 89 G 4
Le Noyer 05................. 269 G 2

Le Noyer 14................... 34 D 2
Le Noyer 18................. 155 G 3
Le Noyer 73................. 233 G 1
Noyer Col du 05............ 269 G 2
Le Noyer-en-Ouche 27....... 55 G 1
Noyers 27.................... 37 F 4
Noyers 45................... 134 B 2
Noyers 52................... 117 G 4
Noyers 89................... 137 E 4
Noyers-Bocage 14............ 33 F 5
Noyers-le-Val 55............ 63 F 3
Noyers-
   Pont-Maugis 08........... 27 F 4
Noyers-Saint-Martin 60..... 22 B 5
Noyers-sur-Cher 41......... 153 F 4
Noyers-sur-Jabron 04....... 287 F 3
Noyon 60.................... 23 H 5
Nozay 10..................... 91 E 3
Nozay 44................... 126 C 5
Nozay 91.................... 58 B 5
Nozeroy 39................. 180 A 4
Nozières 07................ 248 C 3
Nozières 18................ 173 E 5
Nuaillé 49................. 149 E 5
Nuaillé-d'Aunis 17......... 183 H 5
Nuaillé-sur-Boutonne 17... 201 H 2

Nuars 58.................... 157 G 2
Nubécourt 55................ 63 H 1
Nuces 12................... 262 C 5
Nucourt 95.................. 37 G 5
Nueil-les-Aubiers 79....... 167 F 2
Nueil-sous-Faye 86......... 169 E 2
Nueil-sur-Argent 79........ 167 F 2
Nueil-sur-Layon 49......... 149 H 5
Nuelles 69................. 212 C 4
Nuillé-le-Jalais 72........ 108 B 4
Nuillé-sur-Ouette 53....... 106 B 4
Nuillé-sur-Vicoin 53....... 105 H 4
Nuisement-
   sur-Coole 51............. 62 A 3
Nuits 89................... 137 G 4
Nuits-Saint-Georges 21.... 160 A 5
Nullemont 76................ 21 F 3
Nully 52.................... 92 B 4
Nuncq 62.................... 12 C 2
Nuret-le-Ferron 36......... 171 F 5
Nurieux-Volognat 01....... 214 B 1
Nurlu 80.................... 14 A 5
Nuzéjouls 46............... 259 H 4
Nyer 66.................... 341 H 3
Nyoiseau 49................ 127 H 3
Nyons 26................... 285 H 1

NÎMES

Arènes (Bd des) .... CV 2
Aspic (R. de l') .... CUV
Auguste (R.) .... CU 4
Bernis (R. de) .... CV 6
Chapitre (R. du) .... CU 12
Courbet (Bd Amiral) .... DUV 14
Crémieux (R.) .... DU 16
Curaterie (R.) .... DU 17
Daudet (Bd Alphonse) .... CU 18
Fontaine (Quai de la) ...... CU 20
Gambetta (Bd) .... CDU
Grand'Rue .... DU 24
Guizot (R.) .... CU 26
Halles (R. des) .... CU 27
Horloge (R. de l') .... CU 28
Libération (Bd de la) ...... DV 30
Madeleine (R. de la) .... CU 32

Maison Carrée
   (Pl. de la) .... CU 33
Marchands (R. des) .... CU 35
Nationale (R.) .... CDU
Perrier (R. Gén.) .... CU
Prague (Bd de) .... DV 42
République (R. de la) ...... CU 43
Saintenac (Bd St.) .... DV 45
Victor-Hugo (Bd) .... CUV
Violettes (R.) .... CV 49

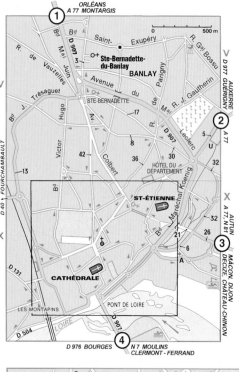

NEVERS

Ardilliers (R. des) .... Y 2
Banlay (R. du) .... V 3
Barre (R. de la) .... Y 4
Bourgeois (R. Mlle) .... V 5
Champ-de-Foire (R. du).. Z 6
Charnier (R. du) .... Y 7
Chauvelles (R. des) .... V 8
Cloître-St-Cyr (R. du) .. Z 9
Colbert (Av.) .... Y 10
Coquille (Pl. G.) .... Y 12
Docks (R. des) .... Y 13
Fer (R. du) .... Y 47
Fonmorigny (R.) .... V 48
Francs-Bourgeois
   (R. des) .... Y 14
Jacobins (R. des) .... Z 16
Lattre-de-Tassigny
   (Bd Mar.-de) .... V 17
Mancini (Pl.) .... V 50
Mantoue (Quai de) .... Z 18
Marceau (Av.) .... Y 19
Midi (R. du) .... Y 20
Mirangron (R.) .... Y 49
Nièvre (R. de) .... Y 21
Ouches (R. des) .... YZ 22
Passière (Rue de la) .... Y 23
Pelleterie (R. de la) ...... Y 24
Petit-Mouësse (R. du) ... X 26
Porte-du-Croux (R. de la). Z 51
Préfecture (R. de la) ...... Z 27
Récollets (R. des) .... Z 52
Remigny (R. de) .... V 28
Renardats (R. des) .... V 30
République (Bd de la) ... VX 32
République (Pl. de la) ..... Z 34
Roy (R. Ch.) .... Y 36
St-Martin (R.) .... Y 38
St-Sébastien (Pl.) .... Y 39
Tillier (R. C.) .... Y 40
Vaillant-Couturier
   (R. Paul) .... V 42
14-Juillet (R. du) .... Z 45

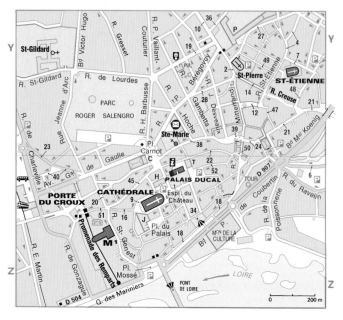

O

O Château d' 61 .... 54 B 5
Obenheim 67 .... 97 G 3
Oberbronn 67 .... 68 C 2
Oberbruck 68 .... 142 C 1
Oberdorf 68 .... 143 F 3
Oberdorf-Spachbach 67 ...... 69 E 2
Oberdorff 67 .... 46 D 4
Oberentzen 68 .... 121 E 4
Obergailbach 57 .... 47 H 5
Oberhaslach 67 .... 97 E 1
Oberhausbergen 67 .... 97 G 1
Oberhergheim 68 .... 121 E 4
Oberhoffen-
   lès-Wissembourg 67 ...... 69 F 1
Oberhoffen-sur-Moder 67 .... 69 E 4
Oberkutzenhausen 67 .... 69 E 2
Oberlarg 68 .... 143 F 5
Oberlauterbach 67 .... 69 G 2
Obermodern 67 .... 68 C 3
Obermorschwihr 68 .... 121 E 3
Obermorschwiller 68 .... 143 F 2
Obernai 67 .... 97 E 2
Oberroedern 67 .... 69 F 2
Obersaasheim 68 .... 121 G 4
Oberschaeffolsheim 67 ...... 97 G 1
Obersoultzbach 67 .... 68 B 3
Obersteigen 67 .... 68 A 5
Obersteinbach 67 .... 68 D 1
Oberstinzel 57 .... 67 G 4
Obervisse 57 .... 46 D 5
Obies 59 .... 15 F 2
Objat 19 .... 241 H 1
Oblinghem 62 .... 8 A 3
Obrechies 59 .... 15 H 3
Obreck 57 .... 66 D 3
Obsonville 77 .... 112 A 2
Obterre 36 .... 170 C 3
Obtrée 21 .... 115 H 5
Ocana 2A .... 348 D 3
Occagnes 61 .... 54 A 4
Occey 52 .... 139 G 5
Occhiatana 2B .... 346 D 2
Occoches 80 .... 12 C 4
Ochancourt 80 .... 11 F 3
Oches 08 .... 43 F 1
Ochey 54 .... 94 B 2
Ochiaz 01 .... 214 D 1
Ochtezeele 59 .... 3 G 4
Ocquerre 77 .... 59 H 1
Ocqueville 76 .... 19 G 3
Octeville 50 .... 29 E 3
Octeville-l'Avenel 50 ...... 29 G 4
Octeville-sur-Mer 76 .... 18 C 5
Octon 34 .... 301 H 4
Odars 31 .... 298 B 5
Odeillo 66 .... 341 F 4

Odenas 69 .... 212 D 2
Oderen 68 .... 120 B 5
Odival 52 .... 117 F 4
Odomez 59 .... 9 G 4
Odos 65 .... 315 E 5
Odratzheim 67 .... 97 F 1
Oeillon Crêt de l' 42 ..... 230 D 4
Œlleville 88 .... 94 C 4
Oermingen 67 .... 67 H 2
Œting 57 .... 47 F 5
Œtre Roche d' 61 .... 53 G 3
Œuf-en-Ternois 62 .... 7 F 5
Œuilly 02 .... 41 E 2
Œuilly 51 .... 61 E 1
Œutrange 57 .... 45 G 2
Œÿ 55 .... 93 F 1
Oeyregave 40 .... 292 D 5
Oeyreluy 40 .... 292 D 3
Offekerque 62 .... 3 E 3
Offemont 90 .... 142 C 2
Offendorf 67 .... 69 F 4
Offignies 80 .... 21 G 3
Offin 62 .... 6 D 4
Offlanges 39 .... 161 E 4
Offoy 60 .... 22 A 4
Offoy 80 .... 23 H 3
Offranville 76 .... 20 A 2
Offrethun 62 .... 2 B 5
Offroicourt 88 .... 94 C 5
Offwiller 67 .... 68 C 2
Ogenne-Camptort 64 .... 313 G 3
Oger 51 .... 61 G 2
Ogeu-les-Bains 64 .... 314 A 4
Ogéviller 54 .... 95 H 2
Ogliastro 2B .... 345 F 2
Ognes 02 .... 24 A 5
Ognes 51 .... 61 F 5
Ognes 60 .... 39 F 5
Ognéville 54 .... 94 C 3
Ognolles 60 .... 23 G 4
Ognon 60 .... 39 E 4
Ogy 57 .... 66 B 1
Ohain 59 .... 16 A 5
Oherville 76 .... 19 G 3
Ohis 02 .... 25 G 1
Ohlungen 67 .... 68 D 3
Ohnenheim 67 .... 97 F 5
L'Oie 85 .... 166 B 3
Oigney 70 .... 140 C 3
Oignies 62 .... 8 C 4
Oigny 21 .... 138 C 5
Oigny 41 .... 109 E 4
Oigny-en-Valois 02 .... 40 A 4
Oingt 69 .... 212 C 4
Oinville-Saint-Liphard 28 . 111 E 2
Oinville-sous-Auneau 28 .... 86 C 3
Oinville-sur-Montcient 78 .. 57 G 1
Oiron 79 .... 168 B 2

Oiry 51 .... 61 G 1
Oiselay-et-Grachaux 70 .... 161 H 2
Oisemont 80 .... 11 G 5
Oisilly 21 .... 160 D 2
Oisly 41 .... 153 E 2
Oison 45 .... 111 E 3
Oisseau 53 .... 82 A 4
Oisseau-le-Petit 72 .... 83 G 5
Oissel 76 .... 36 B 3
Oissery 77 .... 59 F 1
Oissy 80 .... 22 A 1
Oisy 02 .... 15 E 5
Oisy 58 .... 157 E 1
Oisy 59 .... 9 G 5
Oisy-le-Verger 62 .... 14 A 3
Oizé 72 .... 129 H 3
Oizon 18 .... 155 F 2
OK Corral
   Parc d'attractions 13... 327 G 3
Olargues 34 .... 300 D 5
Olby 63 .... 227 F 1
Olcani 2B .... 345 F 2
Oléac-Debat 65 .... 315 F 4
Oléac-Dessus 65 .... 315 F 5
Olemps 12 .... 280 C 1
Olendon 14 .... 53 H 2
Oléron Île d' 17 .... 200 B 4
Oléron Viaduc d' 17 .... 200 C 4
Oletta 2B .... 345 F 5
Olette 66 .... 341 H 3
Olhain Château d' 62 .... 8 A 5
Olivese 2A .... 349 E 4
Olivet 45 .... 133 E 2
Olivet 53 .... 105 H 3
Olizy 08 .... 42 D 2
Olizy 51 .... 41 E 5
Olizy-sur-Chiers 55 .... 27 H 5
Ollainville 88 .... 94 A 5
Ollainville 91 .... 87 G 2
Ollans 25 .... 162 B 1
Ollé 28 .... 85 H 4
Ollencourt 60 .... 39 H 1
Olley 54 .... 45 E 5
Ollezy 02 .... 24 A 3
Ollières 55 .... 44 D 3
Les Ollières 74 .... 215 H 2
Ollières 83 .... 306 D 5
Les Ollières-sur-Eyrieux 07. 266 D 1
Olliergues 63 .... 228 D 1
Ollioules 83 .... 327 H 4
Olloix 63 .... 227 G 2
Les Olmes 69 .... 212 C 4
Olmet 63 .... 228 C 1
Olmet-et-Villecun 34 ...... 301 H 3
Olmeta-di-Capocorso 2B .... 345 F 5
Olmeta-di-Tuda 2B .... 345 F 5
Olmeto 2A .... 348 D 5
Olmi-Cappella 2B .... 346 D 2

Olmiccia 2A .... 349 E 5
Olmo 2B .... 347 G 2
Olonne-sur-Mer 85 .... 182 A 1
Olonzac 34 .... 320 C 4
Oloron-Sainte-Marie 64 ...... 331 H 1
Ols-et-Rinhodes 12 .... 261 F 5
Oltingue 68 .... 143 G 4
Olwisheim 67 .... 68 D 5
Omaha Beach 14 .... 32 D 2
Omblèze 26 .... 250 A 5
Omécourt 60 .... 21 G 5
Omelmont 54 .... 94 D 2
Les Omergues 04 .... 286 D 3
Omerville 95 .... 37 F 5
Omessa 2B .... 347 F 4
Omet 33 .... 256 B 3
Omex 65 .... 332 D 1
Omey 51 .... 62 D 3
Omicourt 08 .... 27 E 4
Omiécourt 80 .... 23 F 3
Omissy 02 .... 24 B 2
Omméel 61 .... 54 C 4
Ommeray 57 .... 67 E 5
Ommoy 61 .... 54 A 3
Omont 08 .... 26 D 5
Omonville 76 .... 20 A 3
Omonville-la-Petite 50 .... 28 C 2
Omonville-la-Rogue 50 .... 28 D 2
Omps 15 .... 243 H 5
Oms 66 .... 342 D 3
Onans 25 .... 142 A 4
Onard 40 .... 293 F 2
Onay 70 .... 161 F 2
Oncieu 01 .... 214 B 3
Oncourt 88 .... 95 F 5
Oncy-sur-École 91 .... 88 A 4
Ondefontaine 14 .... 53 E 1
Ondes 31 .... 297 G 3
Ondres 40 .... 292 A 4
Ondreville-sur-Essonne 45 ... 111 H 4
Onesse-et-Laharie 40 .... 272 C 4
Onet-le-Château 12 .... 280 D 1
Oneux 80 .... 11 H 3
Ongles 04 .... 287 E 4
Onglières 39 .... 180 A 3
Onival 80 .... 10 D 3
Onjon 10 .... 91 F 4
Onlay 58 .... 176 A 2
Onnaing 59 .... 9 H 5
Onnion 74 .... 198 B 5
Onoz 39 .... 196 C 2
Ons-en-Bray 60 .... 37 H 2
Ontex 73 .... 215 E 5
Onville 54 .... 65 F 2
Onvillers 80 .... 23 E 5
Onzain 41 .... 152 D 1
Oô 31 .... 334 A 4
Oost-Cappel 59 .... 4 A 3
Opio 06 .... 309 G 4
Opme 63 .... 227 H 1
Opoul-Périllos 66 .... 338 D 4
Oppède 84 .... 305 G 2
Oppède-le-Vieux 84 .... 305 F 2
Oppedette 04 .... 286 D 5
Oppenans 70 .... 141 G 4
Oppy 62 .... 13 H 2
Optevoz 38 .... 214 A 5
Or Mont d' 25 .... 180 C 4
Oraàs 64 .... 311 H 3
Oradour 15 .... 245 F 5
Oradour 16 .... 202 D 4
Oradour-Fanais 16 .... 204 D 2
Oradour-Saint-Genest 87 ..... 187 H 5
Oradour-sur-Glane 87 .... 205 F 4
Oradour-sur-Vayres 87 .... 222 D 1
Orain 21 .... 139 H 5
Orainville 02 .... 41 G 2
Oraison 04 .... 287 G 5
Orange 84 .... 285 F 3
Orbagna 39 .... 196 B 1
Orbais-l'Abbaye 51 .... 61 E 2
Orban 81 .... 299 F 2
Orbec 14 .... 55 E 1
Orbeil 63 .... 228 A 3
Orbessan 32 .... 296 B 5
Orbey 68 .... 120 D 2
Orbigny 37 .... 152 D 4
Orbigny-au-Mont 52 .... 139 H 2
Orbigny-au-Val 52 .... 139 H 2
Orbois 14 .... 33 E 5
L'Orbrie 85 .... 184 B 2
Orçay 41 .... 154 C 4
Orcemont 78 .... 86 D 2
Orcenais 18 .... 173 E 5
Orcet 63 .... 227 H 1
Orcevaux 52 .... 139 G 3
Orchaise 41 .... 131 H 5

Orchamps 39 .... 161 F 5
Orchamps-Vennes 25 .... 163 E 5
Orches 86 .... 169 E 3
Orcières 59 .... 9 E 4
Orcier 74 .... 198 B 4
Orcinas 26 .... 267 H 4
Orcines 63 .... 209 G 5
Orcival 63 .... 227 F 1
Orconte 51 .... 62 D 5
Ordan-Larroque 32 .... 296 A 3
Ordiarp 64 .... 331 E 1
Ordizan 65 .... 333 F 1
Ordonnac 33 .... 219 E 5
Ordonnaz 01 .... 214 C 4
Ore 31 .... 334 B 2
Orègue 64 .... 311 G 3
Oreilla 66 .... 341 H 3
Orelle 73 .... 252 C 1
Oresmaux 80 .... 22 B 3
Orezza Couvent d' 2B .... 347 G 3
Organ 65 .... 316 A 4
Orgeans 25 .... 163 F 3
Orgedeuil 16 .... 221 H 1
Orgeix 09 .... 341 E 2
Orgelet 39 .... 196 C 2
Orgères 35 .... 104 B 4
Orgères 61 .... 54 D 4
Orgères-en-Beauce 28 .... 110 C 3
Orgères-la-Roche 53 .... 83 E 2
Orgerus 78 .... 57 F 3
Orges 52 .... 116 C 3
Orgeux 21 .... 160 B 2
Orgeval 02 .... 41 E 1
Orgeval 78 .... 57 H 2
Orgibet 09 .... 334 D 3
Orglandes 50 .... 29 F 5
Orgnac Aven d' 07 .... 284 B 1
Orgnac-l'Aven 07 .... 284 B 2
Orgnac-sur-Vézère 19 .... 224 B 5
Orgon 13 .... 305 F 2
Orgueil 82 .... 297 H 1
Oricourt 70 .... 141 G 4
Orient Forêt d' 10 .... 91 G 5
Orieux 65 .... 315 G 5
Orignac 65 .... 333 F 1
Origne 33 .... 255 G 4
Origne 61 .... 54 A 3
Orignolles 17 .... 238 C 1
Origny 21 .... 138 B 4
Origny-en-Thiérache 02 .... 25 G 1
Origny-le-Butin 61 .... 84 B 4
Origny-le-Roux 61 .... 84 A 5
Origny-le-Sec 10 .... 90 B 3
Origny-Sainte-Benoite 02 ..... 24 C 2
Orin 64 .... 313 G 4
Orincles 65 .... 333 E 1
Oriocourt 57 .... 66 C 3
Oriol-en-Royans 26 .... 250 A 4
Oriolles 16 .... 220 C 5
Orion 64 .... 313 F 2
Oris-en-Rattier 38 .... 251 F 4
Orist 40 .... 292 C 4
Orival 16 .... 239 E 1
Orival 76 .... 36 A 3
Orival 80 .... 21 G 3
Orléans 45 .... 133 E 2
Orléat 63 .... 210 B 4
Orleix 65 .... 315 F 5
Orliac 24 .... 259 F 2
Orliac-de-Bar 19 .... 224 D 5
Orliaguet 24 .... 241 H 5
Orliénas 69 .... 230 D 1
Orlu 09 .... 341 E 2
Orlu 28 .... 87 E 5
Orly 94 .... 58 C 4
Orly-sur-Morin 77 .... 60 A 3
Ormancey 52 .... 117 E 5
Ormeaux 77 .... 59 H 5
Ormenans 70 .... 162 B 1
Ormersviller 57 .... 48 B 5
Ormes 10 .... 91 E 4
Ormes 27 .... 56 A 4
Ormes 45 .... 110 D 5
Ormes 51 .... 41 G 4
Ormes 71 .... 195 F 1
Les Ormes 86 .... 169 H 2
Les Ormes 89 .... 135 H 2
Ormes-et-Ville 54 .... 94 D 3
Les Ormes-sur-Voulzie 77 ..... 89 F 3
Ormesson 77 .... 112 B 2
Ormesson-sur-Marne 94 .... 58 D 4
Ormoiche 70 .... 141 F 2
Ormoy 28 .... 86 A 2
Ormoy 70 .... 118 C 5
Ormoy 89 .... 114 A 5
Ormoy 91 .... 88 A 2

Ormoy-la-Rivière 91 .... 87 F 4
Ormoy-le-Davien 60 .... 39 G 4
Ormoy-lès-Sexfontaines 52 ... 116 D 2
Ormoy-sur-Aube 52 .... 116 B 4
Ormoy-Villers 60 .... 39 F 4
Ornacieux 38 .... 231 H 4
Ornaisons 11 .... 320 D 5
Ornans 25 .... 162 B 5
Ornel 55 .... 44 D 4
Ornes 55 .... 44 C 4
Ornex 01 .... 197 G 4
Ornézan 32 .... 296 B 5
Orniac 46 .... 260 C 4
Ornolac-Ussat-
les-Bains 09 .... 336 B 4
Ornon 38 .... 251 F 3
Ornon Col d' 38 .... 251 F 3
Orny 57 .... 65 H 2
Oroër 60 .... 38 A 1
Oroix 65 .... 314 D 4
Oron 57 .... 66 C 3
Oroux 79 .... 168 B 5
Orphin 78 .... 86 D 2
Orpierre 05 .... 287 E 1
Orquevaux 52 .... 93 F 5
Les Orres 05 .... 270 C 4
Orret 21 .... 138 C 5
Orriule 64 .... 313 F 2
Orrouer 28 .... 85 H 4
Orrouy 60 .... 39 G 3
Orry-la-Ville 60 .... 38 D 5
Ors 59 .... 15 H 4
Orsan 30 .... 284 D 3
Orsanco 64 .... 311 G 4
Orsans 11 .... 319 E 5
Orsans 25 .... 162 C 3
Orsay 91 .... 58 B 5
Orschwihr 68 .... 120 D 4
Orschwiller 67 .... 97 E 5
Orsennes 36 .... 189 E 1
Orsinval 59 .... 15 E 2
Orsonnette 63 .... 228 A 4
Orsonville 78 .... 86 D 3
Ortaffa 66 .... 343 F 3
Ortale 2B .... 347 G 4
Orthevielle 40 .... 292 B 4
Orthez 64 .... 293 G 5
Orthoux-Sérignac-
Quilhan 30 .... 303 E 1
Ortillon 10 .... 91 F 4
Ortiporio 2B .... 347 G 3
Orto 2A .... 348 D 1
Ortoncourt 88 .... 95 G 4
Orus 09 .... 336 A 5
Orval 09 .... 173 F 5
Orval 50 .... 51 G 1
Orvault 44 .... 147 G 3
Orvaux 27 .... 56 A 2
Orve 25 .... 163 E 2
Orveau 91 .... 87 G 4
Orveau-Bellesauve 45 .... 111 H 2
Orville 21 .... 139 F 5
Orville 36 .... 154 A 5
Orville 45 .... 111 H 2
Orville 61 .... 54 D 3
Orville 62 .... 12 D 4
Orvillers-Sorel 60 .... 23 E 5
Orvilliers 78 .... 57 F 3
Orvilliers-Saint-Julien 10 ... 90 C 4
Orx 40 .... 292 B 4
Os-Marsillon 64 .... 313 H 4
Osani 2A .... 346 A 4
Osches 55 .... 63 H 1
Osenbach 68 .... 120 D 4
Oslon 71 .... 177 H 4
Osly-Courtil 02 .... 40 A 2
Osmanville 14 .... 32 B 2
Osmery 18 .... 173 G 3
Osmets 65 .... 315 G 4
Osmoy 18 .... 173 F 1
Osmoy 78 .... 57 F 2
Osmoy-Saint-Valery 76 .... 20 C 3
Osne-le-Val 52 .... 93 E 3
Osnes 08 .... 27 G 4
Osny 95 .... 58 A 1
L'Ospédale 2A .... 351 F 2
Osquich Col d' 64 .... 311 G 5
Ossages 40 .... 293 F 5
Ossas-Suhare 64 .... 331 E 1
Osse 25 .... 162 B 3
Ossé 35 .... 104 D 3
Osse-en-Aspe 64 .... 331 H 3
Osséja 66 .... 341 F 5
Osselle 25 .... 161 G 5
Osselle Grottes d' 25 .... 161 G 5
Ossen 65 .... 332 D 1
Ossenx 64 .... 313 F 3

Osserain-Rivareyte 64 .... 311 H 4
Ossès 64 .... 311 E 5
Ossey-les-Trois-Maisons 10 ... 90 B 4
Ossun 65 .... 314 D 5
Ossun-ez-Angles 65 .... 333 E 1
Ostabat-Asme 64 .... 311 G 5
Ostel 02 .... 40 D 2
Ostheim 68 .... 121 E 2
Osthoffen 67 .... 97 F 1
Osthouse 67 .... 97 G 3
Ostreville 62 .... 7 G 5
Ostricourt 59 .... 8 D 4
Ostwald 67 .... 97 H 1
Ota 2A .... 346 B 5
Othe 54 .... 44 B 2
Othis 77 .... 59 E 1
Ottange 57 .... 45 F 2
Ottersthal 67 .... 68 B 4
Otterswiller 67 .... 68 B 4
Ottmarsheim 68 .... 143 G 1
Ottonville 57 .... 46 C 4
Ottrott 67 .... 97 E 2
Ottwiller 67 .... 68 A 3
Ouagne 58 .... 157 E 2
Ouainville 76 .... 19 F 3
Ouanne 89 .... 136 A 4
Ouarville 28 .... 86 D 5
Les Oubeaux 14 .... 32 B 3
Ouchamps 41 .... 153 E 2
Ouches 42 .... 211 G 3
Oucques 41 .... 132 A 3
Oudalle 76 .... 34 D 1
Oudan 58 .... 156 D 3
Oudeuil 60 .... 21 H 5
Oudezeele 59 .... 3 H 4
Oudincourt 52 .... 116 D 2
Oudon 44 .... 148 A 2
Oudrenne 57 .... 46 B 3
Oudry 71 .... 193 H 1
Oueilloux 65 .... 315 F 5
Ouerre 28 .... 56 D 5
Ouessant Île d' 29 .... 74 A 1
Ouézy 14 .... 34 A 5
Ouffières 14 .... 53 F 1
Ouge 70 .... 140 B 2
Ouges 21 .... 160 A 4
Ougney 39 .... 161 F 4
Ougney-Douvot 25 .... 162 C 2
Ougny 58 .... 175 G 1
Ouhans 25 .... 180 C 1
Ouides 43 .... 247 E 5
Ouillat Col de l' 66 .... 343 F 4
Ouillon 64 .... 314 C 3
Ouilly-du-Houley 14 .... 34 D 5
Ouilly-le-Tesson 14 .... 53 H 1
Ouilly-le-Vicomte 14 .... 34 C 4
Ouistreham 14 .... 33 H 3
Oulches 36 .... 188 B 1
Oulches-la-Vallée-Foulon 02 .. 41 E 2
Oulchy-la-Ville 02 .... 40 B 4
Oulchy-le-Château 02 .... 40 B 4
Oulins 28 .... 56 D 3
Oulles 38 .... 251 F 3
Oullins 69 .... 231 E 1
Oulmes 85 .... 184 C 3
Oulon 58 .... 157 E 5
Ounans 39 .... 179 F 1
Oupia 34 .... 320 C 4
Our 39 .... 161 F 5
Ourcel-Maison 60 .... 22 B 5

Ourches 26 .... 267 G 1
Ourches-sur-Meuse 55 .... 94 A 1
Ourde 65 .... 334 A 3
Ourdis-Cotdoussan 65 .... 333 E 1
Ourdon 65 .... 333 E 2
Ourouër 58 .... 174 D 1
Ourouer-les-Bourdelins 18 ... 173 H 3
Ouroux 69 .... 194 C 3
Ouroux-en-Morvan 58 .... 158 A 5
Ouroux-sous-le-Bois-
Sainte-Marie 71 .... 194 A 4
Ouroux-sur-Saône 71 .... 178 A 5
Ourscamps Abbaye d' 60 .... 39 G 1
Les Oursinières 83 .... 328 B 5
Ourtigas Col de l' 34 .... 301 E 4
Ourton 62 .... 7 H 4
Ourville-en-Caux 76 .... 19 F 3
Ousse 64 .... 314 C 4
Ousse-Suzan 40 .... 273 F 5
Oussières 39 .... 179 E 2
Ousson-sur-Loire 45 .... 134 D 5
Oussoy-en-Gâtinais 45 .... 134 C 2
Oust 09 .... 335 G 4
Oust-Marest 80 .... 10 D 4
Ousté 65 .... 333 E 1
Outarville 45 .... 111 E 2
Outines 51 .... 92 A 2
Outreau 62 .... 6 A 2
Outrebois 80 .... 12 C 3
Outremécourt 52 .... 118 A 2
Outrepont 51 .... 62 D 4
Outriaz 01 .... 214 C 2
Outtersteene 59 .... 4 A 5
Ouvans 25 .... 162 D 3

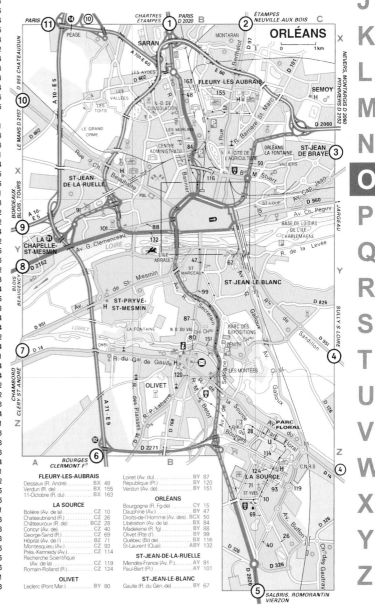

ORLÉANS

FLEURY-LES-AUBRAIS
Dessaux (R. André) .... BX 48
Verdun (R. de) .... BX 155
11-Octobre (R. du) .... BX 163

LA SOURCE
Bolière (Av. de la) .... CZ 10
Chateaubriand (R.) .... CZ 26
Châteauroux (R. de) .... BCZ 28
Concyr (Av. de) .... CZ 40
George-Sand (R.) .... CZ 69
Hôpital (Av. de l') .... BZ 71
Montesquieu (Av.) .... CZ 114
Prés.-Kennedy (Av.) .... CZ 114
Recherche Scientifique
(Av. de la) .... CZ 119
Romain-Rolland (R.) .... CZ 124

OLIVET
Leclerc (Pont Mar.) .... BY 80

Loiret (Av. du) .... BY 87
République (Pl.) .... BY 120
Verdun (Av. du) .... BY 151

ORLÉANS
Bourgogne (R. Fg-de) .... CY 15
Dauphine (Av.) .... BY 47
Droits-de-l'Homme (Av. des) . BCX 50
Libération (Av. de la) ...... BX 84
Madeleine (R. fg) .... BY 88
Québec (Bd de) .... BX 116
St-Laurent (Quai) .... ABY 132

ST-JEAN-DE-LA-RUELLE
Mendès-France (Av. P.) ...... AY 91
Paul-Bert (R.) .... AY 101

ST-JEAN-LE-BLANC
Gaulle (R. du Gén.) .... BY 67

A B C D E F G H I J K L M N O P Q R S T U V W X Y Z

ORLÉANS

Antigna (R.)	DY	4
Bannier (R.)	DY	
Bothereau (R. R.)	FY	14
Bourgogne (Fg de)	FZ	15
Bourgogne (R. de)	EFZ	
Brésil (R. du)	FY	16
Bretonnerie (R. de la)	DEY	17
Briand (Bd A.)	FY	19
Champ-de-Mars (Av.)	DZ	25
Charpenterie (R. de la)	EZ	34
Châtelet (Square du)	EZ	32
Chollet (R. Théophile)	EY	36
Claye (R. de la)	FY	38
Coligny (R.)	FZ	39
Croix-de-la-Pucelle (R.)	EZ	43
Dauphine (Av.)	EZ	47
Dolet (R. Étienne)	EZ	49
Ducerceau (R.)	EZ	51
Dupanloup (R.)	EFY	53
Escures (R. d')	EY	56
Étape (Pl. de l')	EY	56
Ételon (R.)	FY	57
Folie (R. de la)	FZ	58
Fort-des-Tourelles (R.)	EZ	60
Gaulle (Pl. du Gén.-de)	DZ	65
Hallebarde (R. de la)	DY	70
Hôtelleries (R. des)	EZ	71
Jeanne d'Arc (R.)	EY	
Lin (R. au)	EZ	81
Loire (Pl. de la)	EZ	85
Madeleine (R. Fg)	DZ	88
Manufacture (R. de la)	FY	89
Motte-Sanguin (Bd de la)	FZ	95
N.-D.-de-Recouvrance (R.)	DZ	97
Oriflamme (R. de l')	EZ	98
Parisie (R.)	EZ	100
Poirier (R. du)	EZ	106
Pothier (R.)	EZ	112
Prague (Quai)	DZ	113
Pressoir (R. du)	FY	115
Pte-Madeleine (R.)	DY	108
Pte-St-Jean (R.)	DY	109
Rabier (R. F.)	EZ	117
République (Pl.)	EZ	121
République (R. de la)	EY	
Roquet (R.)	EZ	124
Royale (R.)	EZ	125
Ste-Catherine (R.)	EZ	135
Ste-Croix (Pl.)	EYZ	139
St-Euverte (Bd)	FYZ	126
St-Euverte (R.)	FY	127
Secrétain (Av. R.)	DZ	140
Segellé (Bd P.)	FY	141
Tabour (R. du)	EZ	145
Tour Neuve (R. de la)	FZ	147
Verdun (Bd de)	DY	152
Vieux-Marché (Pl.)	DZ	159
Weiss (R. L.)	FY	160
6-Juin 1944 (Pl. du)	FY	162

Ouve-Wirquin 62	7 E 2	Ozon 65	315 G 5
Ouveillan 11	321 E 4	Ozouer-le-Repos 77	88 D 2
Ouville 50	51 H 1	Ozouer-le-Voulgis 77	59 F 5
Ouville-la-Bien-Tournée 14	54 A 1	Ozourt 40	293 F 3
Ouville-la-Rivière 76	20 A 2		
Ouville-l'Abbaye 76	19 H 4	**P**	
Ouvrouer-		Paars 02	40 D 3
les-Champs 45	133 H 3	Pabu 22	73 E 5
Ouzilly 86	169 F 4	La Pacaudière 42	211 F 1
Ouzilly-Vignolles 86	168 C 3	Pacé 35	104 A 2
Ouzouer-		Pacé 61	83 F 3
des-Champs 45	134 C 2	Pact 38	231 G 5
Ouzouer-le-Doyen 41	109 H 5	Pacy-sur-Armançon 89	137 F 3
Ouzouer-le-Marché 41	132 C 2	Pacy-sur-Eure 27	56 D 1
Ouzouer-		Padern 11	338 B 4
sous-Bellegarde 45	112 A 5	Padiès 81	280 B 5
Ouzouer-sur-Loire 45	134 B 3	Padirac 46	260 D 1
Ouzouer-sur-Trézée 45	134 D 4	Padirac Gouffre de 46	260 D 1
Ouzous 65	332 D 2	Padoux 88	95 G 5
Ovanches 70	140 D 4	Pageas 87	223 E 1
Ovillers-la-Boisselle 80	13 F 5	Pagney 39	161 F 3
Oxelaëre 59	3 H 5	Pagney-derrière-Barine 54	65 F 5
Oxocelhaya et Isturits		Pagnoz 39	179 G 2
Grottes d' 64	311 F 4	Pagny-la-Blanche-Côte 55	94 A 2
Oyé 71	193 H 4	Pagny-la-Ville 21	178 B 1
Oye-et-Pallet 25	180 C 3	Pagny-le-Château 21	178 B 1
Oye-Plage 62	3 E 3	Pagny-lès-Goin 57	65 H 2
Oyes 51	61 E 4	Pagny-sur-Meuse 55	94 A 1
Oyeu 38	232 B 4	Pagny-sur-Moselle 54	65 G 2
Oyonnax 01	196 C 5	Pagolle 64	311 H 5
Oyré 86	169 H 3	Pailhac 65	333 H 3
Oyrières 70	140 A 5	Pailharès 07	248 C 3
Oysonville 28	87 E 4	Pailherols 15	244 D 5
Oytier-Saint-Oblas 38	231 G 2	Pailhès 09	335 H 1
Oz 38	251 G 2	Pailhès 34	321 G 2
Ozan 01	195 F 3	Paillart 60	22 C 4
Oze 05	269 E 4	Paillé 17	202 B 3
Ozenay 71	195 E 2	Paillencourt 59	14 B 3
Ozenx 64	313 F 2	Paillet 33	255 H 2
Ozerailles 54	45 E 4	Pailloles 47	258 B 5
Ozeville 50	29 G 4	Le Pailly 52	139 H 4
Ozières 52	117 G 2	Pailly 89	89 G 5
Ozillac 17	219 H 4	Paimbœuf 44	146 D 3
Ozoir-la-Ferrière 77	59 E 4	Paimpol 22	73 F 3
Ozoir-le-Breuil 28	110 A 5	Paimpont 35	103 H 3
Ozolles 71	194 A 4	Pain de Sucre 14	53 F 2
Ozon 07	249 E 2		

Painblanc 21	159 F 5	Pallud 73	234 A 1
Pair-et-Grandrupt 88	96 B 5	Palluel 62	14 A 2
Pairis 68	120 C 2	Palmas 12	281 F 1
Paissy 02	41 E 2	La Palme 11	339 E 3
Paisy-Cosdon 10	114 B 2	La Palmyre 17	218 B 1
Paizay-le-Chapt 79	202 C 2	Palneca 2A	349 F 3
Paizay-le-Sec 86	187 F 1	Palogneux 42	229 F 1
Paizay-le-Tort 79	202 C 1	Palombaggia Plage de 2A	351 G 3
Paizay-Naudouin 16	203 E 2	La Palud-sur-Verdon 04	307 H 2
le Pal Parc d'attractions		Paluden 29	70 C 4
et animalier 03	192 D 2	Paluel 76	19 F 2
Paladru 38	232 C 3	Pamfou 77	88 D 4
Palagaccio 2B	345 G 4	Pamiers 09	336 B 1
Palaggiu Alignements de 2A	350 D 3	Pampelonne 81	279 H 4
Palairac 11	338 B 3	Pamplie 79	184 D 2
Le Palais 56	144 B 4	Pamproux 79	185 G 3
Le Palais-sur-Vienne 87	205 H 4	Panassac 32	316 A 3
Palaiseau 91	58 B 5	Panazol 87	205 H 5
Palaiseul 52	139 H 3	Pancé 35	104 B 5
Palaja 11	319 H 5	Pancey 52	93 F 3
Palaminy 31	317 E 5	Pancheraccia 2B	347 G 5
Palante 70	142 A 3	Pancy-Courtecon 02	40 D 1
Palantine 25	161 H 5	Pandrignes 19	243 E 2
Palasca 2B	344 D 5	Pange 57	66 B 1
Palau-de-Cerdagne 66	341 F 5	Panges 21	159 G 2
Palau-del-Vidre 66	343 F 3	Panilleuse 27	37 E 5
Palavas-les-Flots 34	303 E 5	Panissage 38	232 B 3
Palazinges 19	242 D 2	Panissières 42	212 A 5
Paley 77	112 D 2	Panjas 32	294 D 2
Paleyrac 24	259 E 1	Panlatte 27	56 A 4
Palhers 48	264 A 4	Pannecé 44	148 B 1
Palinges 71	193 H 2	Pannecière 45	87 F 5
Pâlis 10	90 B 5	Pannes 45	112 B 4
Palise 25	162 A 2	Pannes 54	65 E 3
Palisse 19	225 H 4	Pannesière-Chaumard	
Palladuc 63	210 D 4	Barrage de 58	157 H 5
Pallanne 32	295 G 5	Pannessières 39	179 F 5
Palleau 71	178 A 2	Panon 72	84 A 5
Pallegney 88	95 F 5	Panossas 38	231 H 1
Le Pallet 44	148 A 5	Panzoult 37	151 F 5
Palleville 81	319 E 2	Pantin 93	58 C 3
La Pallu 53	82 D 3	La Pâquelais 44	147 F 2
Palluau 85	165 G 3	Paradou 13	304 C 3
Palluau-sur-Indre 36	171 E 2	Paramé 35	50 C 5
Palluaud 16	221 F 5	Parassy 18	155 F 4

Parata 2B	347 G 3	Pargny-Resson 08	42 B 1
Parata Pointe de la 2A	348 B 4	Pargny-sous-Mureau 88	93 H 4
Paray-Douaville 78	86 D 4	Pargny-sur-Saulx 51	63 E 4
Paray-le-Frésil 03	192 C 1	Pargues 10	115 F 4
Paray-le-Monial 71	193 G 3	Parignargues 30	303 G 1
Paray-sous-Briailles 03	192 B 5	Parigné 35	81 F 3
Paray-Vieille-Poste 91	58 C 5	Parigné-le-Pôlin 72	129 H 2
Paraza 11	320 D 4	Parigné-l'Évêque 72	108 A 5
Parbayse 64	313 H 3	Parigné-sur-Braye 53	82 B 5
Parc-d'Anxtot 76	19 E 5	Parigny 42	211 G 3
Parçay-les-Pins 49	150 D 2	Parigny 50	81 G 2
Parçay-Meslay 37	152 A 2	Parigny-la-Rose 58	157 E 3
Parçay-sur-Vienne 37	151 G 5	Parigny-les-Vaux 58	174 C 1
Parcé 35	81 E 5	Pariou Puy de 63	209 G 5
Parcé-sur-Sarthe 72	129 F 2	Paris 75	58 C 3
Parcey 39	179 E 1	Paris-Charles-de-Gaulle	
Parcieux 01	213 E 4	Aéroport 95	58 D 1
Parcoul 24	239 E 2	Paris-l'Hôpital 71	177 F 2
Le Parcq 62	7 E 5	Paris-Orly Aéroport de 91	58 C 5
Parcy-et-Tigny 02	40 B 4	Parisot 81	298 D 2
Pardailhan 34	320 D 2	Parisot 82	279 E 2
Pardaillan 47	257 F 3	Parlan 15	261 G 1
Pardies 64	313 H 3	Parleboscq 40	274 D 5
Pardies-Piétat 64	314 B 5	Parly 89	135 H 3
Pardines 63	227 H 3	Parmain 95	38 B 5
Paréac 65	333 E 1	Parmilieu 38	214 A 4
Pareid 55	64 D 1	Parnac 36	188 C 3
Parempuyre 33	237 F 4	Parnac 46	259 H 5
Parennes 72	107 E 3	Parnans 26	249 H 2
Parent 63	228 A 2	Parnay 18	173 G 3
Parentignat 63	228 A 3	Parnay 49	150 C 4
Parentis-en-Born 40	272 D 1	Parné-sur-Roc 53	106 A 4
Parenty 62	6 C 3	Parnes 60	37 F 4
Parey-Saint-Césaire 54	94 C 2	Parnot 52	117 H 4
Parey-sous-Montfort 88	94 C 5	Les Paroches 55	64 C 3
Parfondeval 02	25 H 3	Parois 55	43 G 5
Parfondeval 61	84 B 3	Paron 89	113 F 3
Parfondru 02	41 E 1	Paroy 25	179 H 1
Parfondrupt 55	44 D 5	Paroy 77	89 F 3
Parfouru-l'Éclin 14	32 D 5	Paroy-en-Othe 89	114 A 4
Parfouru-sur-Odon 14	33 E 5	Paroy-sur-Saulx 52	93 E 3
Pargnan 02	41 E 2	Paroy-sur-Tholon 89	113 H 5
Pargny 80	23 G 3	Parpeçay 36	153 H 4
Pargny-Filain 02	40 D 1	Parpeville 02	24 C 3
Pargny-la-Dhuys 02	60 D 2	Parranquet 47	258 D 3
Pargny-les-Bois 02	24 D 3	Parroy 54	66 D 5
Pargny-lès-Reims 51	41 F 4	Pars-lès-Chavanges 10	91 H 3

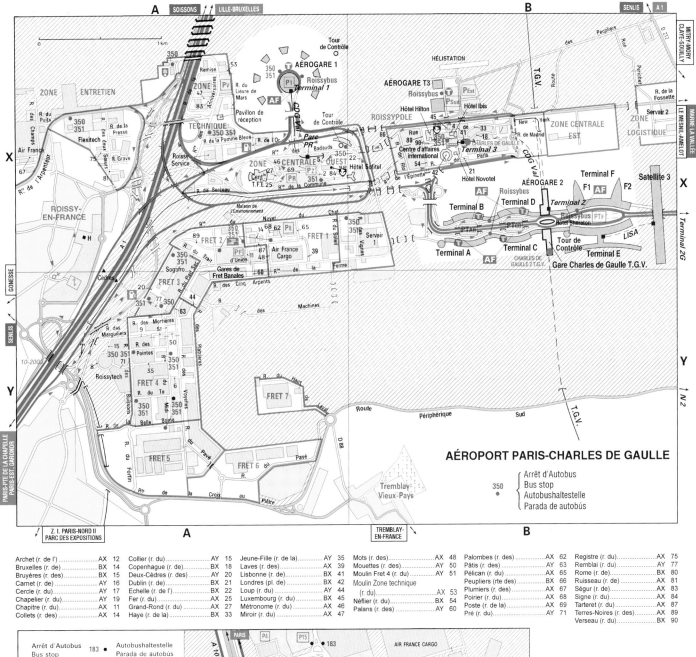

AÉROPORT PARIS-CHARLES DE GAULLE

350 •
- Arrêt d'Autobus
- Bus stop
- Autobushaltestelle
- Parada de autobús

Archet (r. de l') ....AX 12	Collier (r. du) ....AY 15	Jeune-Fille (r. de la) ....AY 35	Mots (r. des) ....AX 48	Palombes (r. des) ....AX 62	Registre (r. du) ....AX 75
Bruxelles (r. de) ....BX 14	Copenhague (r. de) ....BX 18	Laves (r. des) ....AX 39	Mouettes (r. des) ....AY 50	Pâtis (r. des) ....AY 63	Remblai (r. du) ....AY 77
Bruyères (r. des) ....BX 15	Deux-Cèdres (r. des) ....AY 20	Lisbonne (r. de) ....BX 41	Moulin Fret 4 (r. du) ....AY 51	Pélican (r. du) ....AX 65	Rome (r. de) ....BX 80
Carnet (r. de) ....AY 16	Dublin (r. de) ....BX 21	Londres (pl. de) ....BX 42	Moulin Zone technique	Peupliers (rte des) ....BX 66	Ruisseau (r. de) ....AX 81
Cercle (r. du) ....AY 17	Echelle (r. de l') ....BX 22	Loup (r. du) ....AY 44	(r. du) ....AX 53	Plumiers (r. des) ....AX 67	Ségur (r. du) ....AX 83
Chapelier (r. du) ....AY 19	Fer (r. du) ....AX 25	Luxembourg (r. du) ....BX 45	Néflier (r. du) ....BX 54	Poirier (r. du) ....AX 68	Signe (r. du) ....AX 84
Chapitre (r. du) ....AX 11	Grand-Rond (r. du) ....AX 27	Métronome (r. du) ....AX 46	Palans (r. des) ....AY 60	Poste (r. de la) ....AX 69	Tarteret (r. du) ....AX 87
Collets (r. des) ....AX 14	Haye (r. de la) ....BX 33	Miroir (r. du) ....AX 47		Pré (r. du) ....AY 71	Terres-Noires (r. des) ....AX 89
					Verseau (r. du) ....BX 90

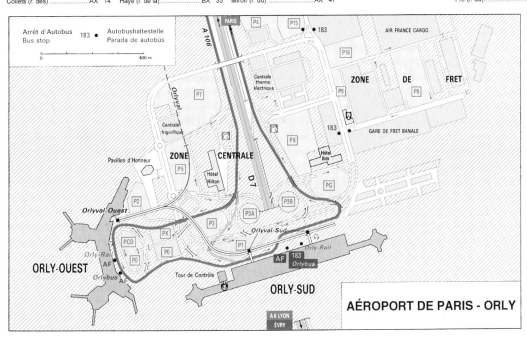

Arrêt d'Autobus
Bus stop
183 • Autobushaltestelle
Parada de autobús

0 ————— 400 m

AÉROPORT DE PARIS - ORLY

A
B
C
D
E
F
G
H
I
J
K
L
M
N
O
P
Q
R
S
T
U
V
W
X
Y
Z

CLICHY

COURBEVOIE

LEVALLOIS-PERRET

PORTE DE CLICHY

PORTE DE ST-OUEN

PORTE POUCHET

17ᴱ

BATIGNOLLES

PORTE D'ASNIÈRES

LA DÉFENSE

CAEN ROUEN

PUTEAUX

NEUILLY-S-SEINE

PORTE DE CHAMPERRET

PORTE DE VILLIERS

PORTE DE COURCELLES

PORTE DES TERNES

PL. DE CLICHY

PARC MONCEAU

VILLIERS

GARE ST-LAZARE

PORTE DE NEUILLY

PORTE DES SABLONS

PORTE MAILLOT

PALAIS DES CONGRÈS

TERNES

PORTE DE PUTEAUX

PORTE ST-JAMES

PORTE DE BAGATELLE

PORTE DE LA SEINE

PORTE DE MADRID

ARC DE TRIOMPHE

ÉTOILE

STE-MARIE-MADELEINE

8ᴱ

PORTE DAUPHINE

Foch

Pl. Ch. de Gaulle

Champs-Élysées

BOIS DE BOULOGNE

PORTE DE LA MUETTE

16ᴱ

LA MUETTE

TROCADÉRO

PALAIS DE CHAILLOT

PALAIS DE TOKYO

GRAND PALAIS

PETIT PALAIS

OBÉLISQUE

JARDIN DES TUILERIES

ASSEMBLÉE NATIONALE

MUSÉE D'ORSAY

PORTE DE PASSY

PASSY

MUSÉE DU QUAI BRANLY

TOUR EIFFEL

CHAMP DE MARS

HÔTEL DES INVALIDES

7ᴱ

ST-GERMAIN DES PRÉS

MAISON DE RADIO-FRANCE

ÉCOLE MILITAIRE

PORTE D'AUTEUIL

ROLAND GARROS

AUTEUIL

BEAUGRENELLE

15ᴱ

VAUGIRARD

PORTE MOLITOR

PARC DES PRINCES

GARE MONTPARNASSE

TOUR MAINE MONTPARNASSE

MONTPARNASSE

PORTE DE ST-CLOUD

QUAI D'ISSY

PORTE DE SÈVRES

PARIS EXPO

PORTE D'ISSY LES-MOULINEAUX

PORTE DE VERSAILLES

PORTE DE PLAISANCE

DENFERT ROCHEREAU

ALÉSIA

BOULOGNE-BILLANCOURT

Ile de St-Germain

Ile de Billancourt

PORTE DE LA PLAINE

PORTE BRANCION

PORTE DE VANVES

PORTE DIDOT

PORTE DE MONTROUGE

PORTE DE CHÂTILLON

VANVES

MALAKOFF

PORTE D'ORLÉANS

ISSY-LES-MOULINEAUX

MONTROUGE

0   1 km

A B C D E F G H I J K L M N O **P** Q R S T U V W X Y Z

ST-OUEN · LILLE ST-DENIS · PORTE DE LA CHAPELLE · PORTE D'AUBERVILLIERS · AUBERV

PORTE DE CLIGNANCOURT · PORTE DES POISSONNIERS · BOULEVARD PÉRIPHÉRIQUE · PANTIN

CITÉ DES SCIENCES ET DE L'INDUSTRIE · ZENITH · PARC DE LA VILLETTE · GRANDE HALLE · PORTE DE PANTIN · LE PRÉ-ST-GERVAIS

SACRÉ-CŒUR · MONTMARTRE · PIGALLE · 18E

GARE DU NORD · GARE DE L'EST · 19E · BUTTES CHAUMONT · PORTE DE CHAUMONT · PORTE BRUNET · PORTE DU PRÉ ST GERVAIS · LES LILAS · PORTE DES LILAS

OPÉRA GARNIER · BOURSE · 9E · 10E · BELLEVILLE · MÉNILMONTANT · PORTE DE MÉNILMONTANT · BAGNOLET

2E · SENTIER · RÉPUBLIQUE · 11E · PORTE DE BAGNOLET

PALAIS ROYAL · ST EUSTACHE · LES HALLES · FORUM · 1ER · CENTRE POMPIDOU · BEAUBOURG · VOLTAIRE · PÈRE LACHAISE · CHARONNE · 20E · PORTE DE MONTREUIL

MUSÉE DU LOUVRE · CHÂTELET · HÔTEL DE VILLE · 4E · BASTILLE · PORTE DE MONTREUIL · MONTREUIL

CONCIERGERIE · NOTRE-DAME · OPÉRA BASTILLE · NATION · PORTE DE VINCENNES

ODÉON · SÉNAT · 6E · LUXEMBOURG · PANTHÉON · QUARTIER LATIN · 5E · JARDIN DES PLANTES · MUSEUM · PORTE DE ST-MANDÉ

GARE D'AUSTERLITZ · GARE DE LYON · 12E · PORTE DE REUILLY · PORTE DE MONTEMPOIVRE · ST-MANDÉ

PALAIS OMNISPORT · BERCY · B.N.F. F. MITTERRAND · PORTE DORÉE · BOIS DE VINCENNES

ITALIE · 13E · PORTE DE CHARENTON · PORTE DE BERCY · QUAI D'IVRY

PORTE DE GENTILLY · STADE CHARLÉTY · PORTE D'ITALIE · PORTE D'IVRY · PORTE DE CHOISY · IVRY-S-SEINE · CHARENTON-LE-PONT

GENTILLY · LE KREMLIN-BICÊTRE · LYON · SEINE · MARNE

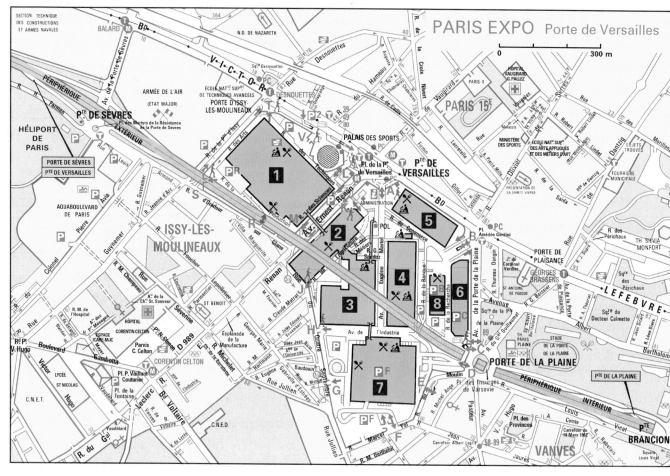

Pars-lès-Romilly 10 .... 90 B 3
Parsac 23 .... 207 G 1
Parsac 33 .... 238 D 5
Parthenay 79 .... 168 A 5
Parthenay-de-Bretagne 35.. 104 A 2
Partinello 2A .... 346 B 4
Parux 54 .... 96 B 2
Parves 01 .... 214 D 5
Parville 27 .... 56 B 1
Parvillers-le-Quesnoy 80 ...... 23 F 3
Parzac 16 .... 203 H 3
Les Pas 50 .... 51 G 5
Le Pas 53 .... 82 A 3
Pas-de-Jeu 79 .... 168 C 2
Pas de la Graille 04 .... 287 F 3
Pas de l'Echelle 74 .... 197 G 5
Pas de l'Ours 11 .... 336 D 4
Pas-des-Lanciers 13 .... 326 C 1
Pas-en-Artois 62 .... 13 E 4
Le Pas-Saint-l'Homer 61 ..... 85 E 3
Pasciolo Fort de 2B .... 347 E 5
Pasilly 89 .... 137 F 4
Paslières 63 .... 210 C 4
Pasly 02 .... 40 B 2
Pasques 21 .... 159 H 2
Le Pasquier 39 .... 179 H 3
Passa 66 .... 343 E 4
Le Passage 38 .... 232 C 3
Le Passage 47 .... 276 B 3
Passais 61 .... 82 A 2
Passavant 25 .... 162 C 3
Passavant-en-Argonne 51 .... 63 F 1
Passavant-la-Rochère 70 .... 118 C 4
Passavant-sur-Layon 49 ..... 149 H 5
Passay 44 .... 147 G 5
Passel 60 .... 23 G 5
Passenans 39 .... 179 F 4
Passin 01 .... 214 D 3
Passins 38 .... 232 B 1
Passirac 16 .... 220 D 5
Passonfontaine 25 .... 162 D 5
Passy 71 .... 194 C 2
Passy 74 .... 216 C 3
Passy 89 .... 113 G 3
Passy-en-Valois 02 .... 40 A 5
Passy-Grigny 51 .... 41 E 5
Passy-sur-Marne 02 .... 60 D 1

Passy-sur-Seine 77 .... 89 G 4
Pastricciola 2A .... 348 D 1
Patay 45 .... 110 C 4
Patornay 39 .... 196 D 1
Patrimonio 2B .... 345 F 4
Pau 64 .... 314 B 5
Paucourt 45 .... 112 C 4
Paudy 36 .... 172 B 1
Paugnat 63 .... 209 G 4
Pauilhac 32 .... 296 B 1
Pauillac 33 .... 237 E 1
Paule 22 .... 77 E 4
Paulhac 15 .... 245 F 4
Paulhac 31 .... 298 A 3
Paulhac 43 .... 246 B 1
Paulhac-en-Margeride 48 ... 246 B 5
Paulhaguet 43 .... 246 C 2
Paulhan 34 .... 302 A 5
Paulhe 12 .... 281 H 3
Paulhenc 15 .... 245 F 5
Paulhiac 47 .... 258 D 4
Pauliac Puy de 19 .... 242 D 2
Pauligne 11 .... 337 F 1
Paulin 24 .... 241 H 4
La Pauline 83 .... 328 B 4
Paulinet 81 .... 300 A 2
Paulmy 37 .... 170 A 2
Paulnay 36 .... 170 D 3
Paulx 44 .... 165 F 1
Paunat 24 .... 240 D 5
Pause Col de 09 .... 335 F 5
Pavezin 42 .... 230 D 4
Pavie 32 .... 296 B 4
Pavillon Col du 69 .... 212 A 2
Le Pavillon-Sainte-Julie 10 ... 90 C 4
Les Pavillons-sous-Bois 93 ... 58 D 3
Pavilly 76 .... 20 A 5
Pavin Lac 63 .... 227 F 3
Payns 10 .... 90 D 4
Payra-sur-l'Hers 11 .... 318 D 4
Payrac 46 .... 260 B 1
Payré 86 .... 186 A 4
Payrignac 46 .... 259 H 2

Payrin-Augmontel 81 .... 319 H 2
Payros-Cazautets 40 .... 294 B 4
Payroux 86 .... 186 C 5
Payssous 31 .... 334 B 2
Payzac 07 .... 265 H 5
Payzac 24 .... 223 G 5
Pazayac 24 .... 241 H 3
Paziols 11 .... 338 C 4
Pazy 58 .... 157 G 4
Le Péage 38 .... 231 G 2
Le Péage-de-Roussillon 38 .. 231 E 5
Péas 51 .... 61 E 4
Peaugres 07 .... 249 E 1
Péaule 56 .... 125 E 4
Péault 85 .... 183 E 2
Pébées 32 .... 317 E 2
Pébrac 43 .... 246 C 4
Pech 09 .... 336 B 5
Pech-Luna 11 .... 318 D 5
Pech Merle Grotte du 46 .... 260 C 4
Péchabou 31 .... 318 A 2
Pécharic-et-le-Py 11 .... 318 D 5
Péchaudier 81 .... 299 E 5
Pechbonnieu 31 .... 298 A 3
Pechbrunet 31 .... 298 A 5
Le Pêchereau 36 .... 188 D 1
Pécorade 40 .... 294 B 4
Le Pecq 78 .... 58 A 3
Pecquencourt 59 .... 9 E 5
Pecqueuse 91 .... 87 F 2
Pécy 77 .... 59 H 5
Pédernec 22 .... 72 D 5
Pégairolles-de-Buèges 34 .. 302 B 2
Pégairolles-
de-l'Escalette 34 .... 301 H 2
Pégomas 06 .... 309 E 4
Le Pègue 26 .... 267 G 4
Péguilhan 31 .... 316 C 4
Peigney 52 .... 139 G 2
Peillac 56 .... 125 G 3
Peille 06 .... 291 G 5
Peillon 06 .... 291 F 5
Peillonnex 74 .... 216 A 1
Peintre 39 .... 161 E 4
Les Peintures 33 .... 238 D 3
Peipin 04 .... 287 G 3
Peïra-Cava 06 .... 291 F 4

Peisey-Nancroix 73 .... 234 D 2
Pel-et-Der 10 .... 91 G 4
Pélissanne 13 .... 305 F 4
Pellafol 38 .... 269 F 1
Pelleautier 05 .... 269 G 4
Pellefigue 32 .... 316 C 2
Pellegrue 33 .... 257 E 2
Pelleport 31 .... 297 F 3
Pellerey 21 .... 159 G 1
Le Pellerin 44 .... 147 F 4
La Pellerine 49 .... 150 D 1
La Pellerine 53 .... 81 G 5
Pellevoisin 36 .... 171 F 2
Pellouailles-les-Vignes 49 . 149 H 1
Pelonne 26 .... 268 B 5
Pelouse 48 .... 264 D 4
Pelousey 25 .... 161 H 3
Peltre 57 .... 65 H 1
Pélussin 42 .... 230 D 4
Pelves 62 .... 13 H 2
Pelvoux 05 .... 252 C 5
Pelvoux Belvédère du 05 ... 252 C 5
Pen-Guen 22 .... 50 A 5
Pen-Lan Pointe de 56 .... 124 D 5
Penchard 77 .... 59 G 2
Pencran 29 .... 75 G 2
Pendé 80 .... 11 E 3
Pendu Col du 07 .... 265 G 3
Pénestin 56 .... 124 D 5
Penguily 22 .... 78 D 4
Penhir Pointe de 29 .... 74 D 4
Penhors 29 .... 99 E 3
Penin 62 .... 13 E 2
Penly 76 .... 10 C 5
Penmarch 29 .... 99 F 5
Pennautier 11 .... 319 H 5
La Penne 06 .... 289 G 5
La Penne 81 .... 278 D 4
Penne-d'Agenais 47 .... 276 D 1
La Penne-
sur-Huveaune 13 .... 327 F 3
La Penne-sur-l'Ouvèze 26 .. 286 A 2
Pennedepie 14 .... 34 C 2
Pennes-le-Sec 26 .... 268 A 3
Les Pennes-Mirabeau 13 ... 326 D 1
Pennesières 70 .... 162 A 1
Penol 38 .... 231 H 4

Pensol 87 .... 222 D 2
Penta-Acquatella 2B .... 347 G 2
Penta-di-Casinca 2B .... 347 G 2
Penthièvre 56 .... 123 H 4
Pentrez-Plage 29 .... 75 F 4
Penvénan 22 .... 72 D 2
Penvins Pointe de 56 .... 124 C 5
Péone 06 .... 289 F 3
Pépieux 11 .... 320 C 4
Pérassay 36 .... 189 H 3
Peray 72 .... 108 A 2
Perceneige 89 .... 89 H 5
Percey 89 .... 114 C 5
Percey-le-Grand 70 .... 139 H 5
Percey-le-Pautel 52 .... 139 G 3
Percey-
sous-Montormentier 52 ... 139 G 5
Le Perchay 95 .... 37 H 5
La Perche 18 .... 190 D 1
Perchède 32 .... 294 D 2
Le Percy 38 .... 268 D 1
Percy 50 .... 52 A 2
Percy-en-Auge 14 .... 54 A 1
Perdreauville 78 .... 57 F 2
Perdrix Crêt de la 42 .... 230 C 5
Péré 17 .... 201 E 1
Péré 65 .... 333 G 1
Péréandre Roche 07 .... 248 D 1
Péreille 09 .... 336 C 3
Perelli 2B .... 347 G 4
Pérenchies 59 .... 8 C 2
Pérenchies 59 .... 8 C 2
Pérouges 01 .... 213 H 4
Péret 34 .... 301 H 5
Péret-Bel-Air 19 .... 225 F 4
Péreuil 16 .... 220 D 3
Péreyres 07 .... 266 A 1
Pergain-Taillac 32 .... 276 B 4
Peri 2A .... 348 D 2
Le Périer 38 .... 251 F 4
Périers 50 .... 31 G 4
Périers-en-Auge 14 .... 34 A 3
Périers-sur-le-Dan 14 .... 33 G 3
Pérignac 16 .... 221 E 4
Pérignac 17 .... 219 H 2
Pérignat-lès-Sarliève 63 .... 227 H 1
Pérignat-sur-Allier 63 .... 228 A 1
Périgné 79 .... 202 C 1
Périgneux 42 .... 229 H 4

Périgny 03 .... 192 C 5
Périgny 14 .... 53 E 2
Périgny 17 .... 200 C 1
Périgny 41 .... 131 H 4
Périgny 94 .... 58 D 5
Périgny-la-Rose 10 .... 90 A 3
Périgueux 24 .... 240 C 2
Périllos 66 .... 338 D 3
Périssac 33 .... 238 B 3
Perles 02 .... 40 D 3
Perles-et-Castelet 09 .... 336 C 5
Pern 46 .... 277 H 1
Pernand-Vergelesses 21 .... 177 H 1
Pernant 02 .... 40 A 2
Pernay 37 .... 151 G 2
La Pernelle 50 .... 29 G 3
Pernes 62 .... 7 G 4
Pernes-lès-Boulogne 62 ...... 2 B 5
Pernes-les-Fontaines 84 .... 285 H 5
Pernois 80 .... 12 C 5
Pero Plage de 2A .... 348 A 1
Pero-Casevecchie 2B .... 347 G 3
Pérols 34 .... 303 E 5
Pérols-sur-Vézère 19 .... 225 F 3
Péron 01 .... 197 E 5
Péronnas 01 .... 213 H 1
Péronne 71 .... 195 E 3
Péronne 80 .... 23 G 1
Péronne-en-Mélantois 59 ..... 9 E 3
Péronville 28 .... 110 B 4
Pérouges 01 .... 213 H 4
La Pérouille 36 .... 171 F 3
Pérouse 90 .... 142 C 3
Pérouse Rocher de la 89 ... 158 A 3
Péroy-les-Gombries 60 .... 39 F 5
Perpezac-le-Blanc 19 .... 241 H 2
Perpezac-le-Noir 19 .... 224 C 5
Perpezat 63 .... 227 E 1
Perpignan 66 .... 343 E 2
Les Perques 50 .... 29 E 5
Perquie 40 .... 294 C 1
Perrancey-
les-Vieux-Moulins 52 ...... 139 G 2
Le Perray-en-Yvelines 78 .... 57 G 3
Perrecy-les-Forges 71 .... 193 H 1
La Perrena 39 .... 180 A 5
Le Perréon 69 .... 212 C 2

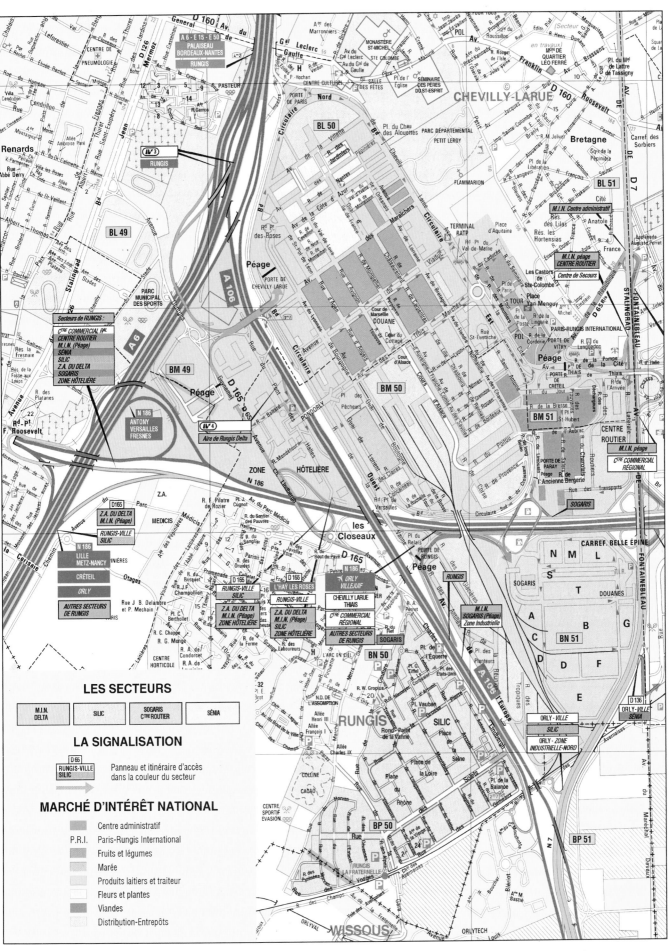

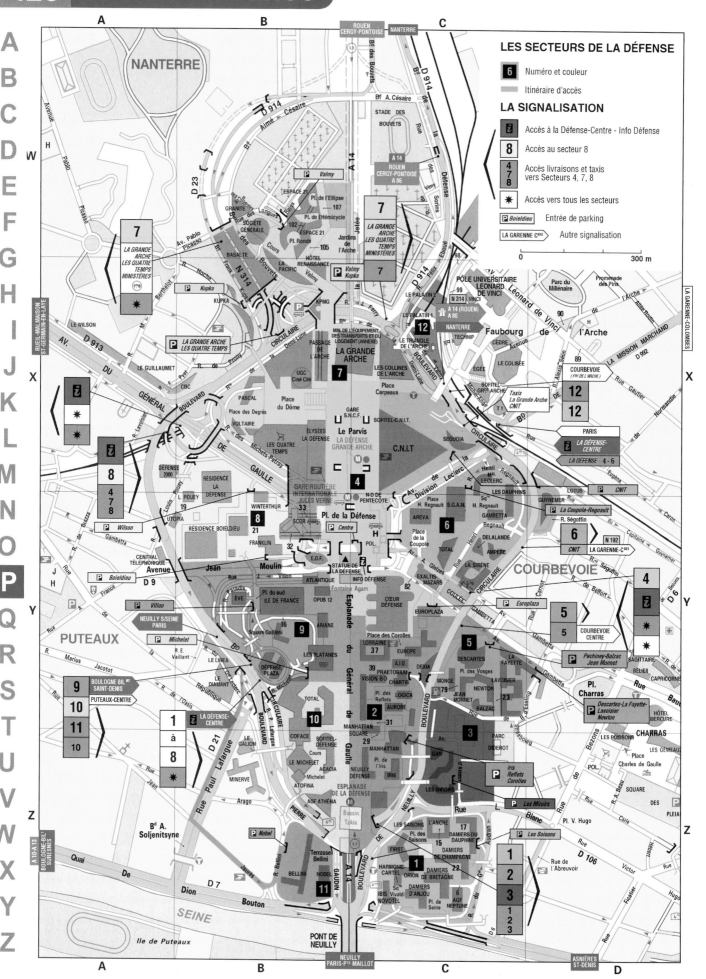

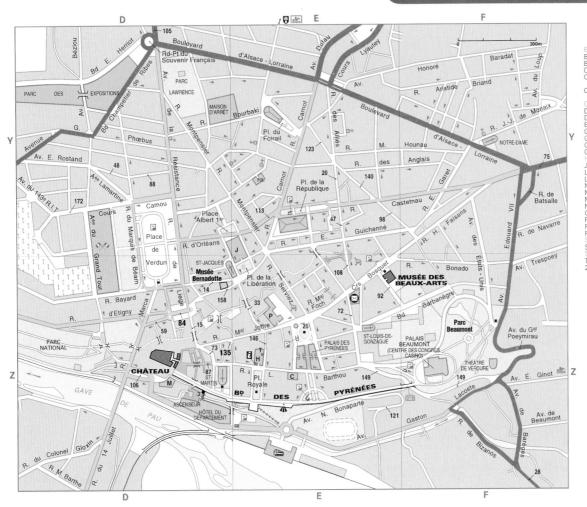

PAU

Barthou (R. Louis) .... EFZ
Bernadotte (R.) .... DZ 14
Bordenave-d'Abère (R.) .... DZ 15
Cassin (R. René) .... EY 20
Clemenceau
  (Pl. Georges) .... EZ 25
Clemenceau
  (R. Georges) .... FZ 28
Cordeliers (R. des) .... EZ 33
Despourrins (R.) .... EY 47
Ducasse (R. Amiral) ...... DY 48
Espalungue (R. d') .... DZ 59
Gambetta (R.) .... DZ 72
Gassion (R.) .... DZ 73
Gaulle (Av. Gén. de) ..... FY 75
Gramont (Pl.) .... DZ 84
Henri-IV (R.) .... DZ 87
Jeanne-d'Arc (R.) .... DY 88
Lalanne (R. Mathieu) ..... EZ 92
Lespy (R.) .... EFY 98
Mermoz (Av. Jean) .... DY 105
Monnaie (Pl. de la) ...... DZ 106
Monnet (R. J.) .... EYZ 108
Nogue (R.) .... EY 113
Ossau (Av. d') .... EZ 121
Palassou (R.) .... EY 123
Reine-Marguerite (Pl.) ... EZ 135
Réveil (R. Jean) .... EY 140
St-Louis (R.) .... EZ 146
Say (Av. L.) .... EFZ 149
Serviez (R.) .... EZ
Tran (R.) .... EZ 158
218e-R.I. (R. du) .... DY 172

Perret 22 ....77 G 5
Perreuil 71 ....177 F 4
Perreuse 89 ....156 C 1
Perreux 42 ....211 H 2
Perreux 89 ....135 G 2
Le Perreux-sur-Marne 94 ....58 D 3
Perrex 01 ....195 F 5
Perrier 63 ....227 H 3
Le Perrier 85 ....164 D 3
La Perrière 61 ....84 B 4
La Perrière 73 ....234 C 3
Perrières 14 ....54 A 2
Perriers-en-Beauficel 50 ...52 B 4
Perriers-la-Campagne 27 ....35 G 5
Perriers-sur-Andelle 27 ....36 D 2
Perrignier 74 ....198 A 4
Perrigny 39 ....179 F 5
Perrigny 89 ....136 B 3
Perrigny-lès-Dijon 21 ......160 A 4
Perrigny-sur-Armançon 89 ..137 G 4
Perrigny-sur-l'Ognon 21 ....160 D 3
Perrigny-sur-Loire 71 ......193 E 2
Perrogney 52 ....139 F 2
Le Perron 50 ....32 C 5
Perros-Guirec 22 ....72 C 2
Perrou 61 ....82 B 2
Perrouse 70 ....162 A 2
Perroy 58 ....156 C 2
Perruel 27 ....36 D 2
Perrusse 52 ....117 G 3
Perrusson 37 ....170 C 1
Pers 15 ....243 H 3
Pers 79 ....185 H 5
Pers-en-Gâtinais 45 ....112 D 3
Pers-Jussy 74 ....215 H 1
Persac 86 ....187 E 4
Persan 95 ....38 B 5
Perse Église de 12 ....263 H 4
Persquen 56 ....101 G 3
Pertain 80 ....23 G 3
Perthes 08 ....42 A 1
Perthes 52 ....63 E 5
Perthes 77 ....88 A 3
Perthes-lès-Brienne 10 .....91 H 4
Pertheville-Ners 14 ....54 A 3

Le Perthus 66 ....343 E 4
Le Pertre 35 ....105 G 4
Le Pertuis 43 ....247 G 3
Pertuis 84 ....306 A 3
Pertuis Col du 63 ....210 D 5
Le Pertuiset 42 ....230 A 4
Pertuset 42 ....58 D 3
La Péruse 16 ....204 B 4
Perven 04 ....287 H 3
Pervenchères 61 ....84 B 4
Perville 82 ....276 D 3
Pescadoires 46 ....259 F 5
Peschadoires 63 ....210 C 5
Le Pescher 19 ....242 D 3
Péseux 25 ....163 F 2
Peseux 39 ....178 D 1
Peslières 63 ....228 C 4
Pesmes 70 ....161 E 3
Pessac 33 ....255 F 1
Pessac-sur-Dordogne 33 ....257 E 1
Pessan 32 ....296 B 4
Pessans 25 ....161 H 5
Pessat-Villeneuve 63 ......209 H 4
La Pesse 39 ....197 A 4
Pessines 17 ....201 F 5
Pessoulens 32 ....296 D 2
Pesteils Château de 15 ....244 D 5
Petersbach 67 ....68 A 3
Le Petit-Abergement 01 ....214 C 2
Petit-Appeville 76 ....10 A 5
Petit-Auverné 44 ....127 F 4
Petit Ballon 68 ....120 C 4
Petit-Bersac 24 ....239 F 1
Le Petit-Bornand-
  les-Glières 74 ....216 A 2
Le Petit-Celland 50 ....52 A 4
Petit-Cœur 73 ....234 B 2
Petit-Couronne 76 ....36 A 2
Petit-Croix 90 ....142 D 3
Le Petit Drumont 88 ....120 B 5
Petit-Ébersviller 57 ......67 E 1
Petit-Failly 54 ....44 C 2
Petit-Fayt 59 ....15 F 4
Petit-Fort-Philippe 59 ....3 E 2
Le Petit-Fougeray 35 ......104 B 5

Petit-Landau 68 ....143 H 1
Petit-Mars 44 ....147 H 2
Le Petit-Mercey 39 ....161 G 4
Petit-Mesnil 10 ....91 H 5
Petit Minou Pointe du 29 ..74 D 3
Petit-Noir 39 ....178 D 2
Petit-Palais-
  et-Cornemps 33 ....238 D 4
Le Petit-Pressigny 37 .....170 B 3
Le Petit-Quevilly 76 ......36 A 2
Petit-Réderching 57 ....68 A 1
Petit Saint-Bernard
  Col du 73 ....217 E 5
Petit-Tenquin 57 ....67 F 2
Petit-Verly 02 ....24 C 1
Petit-Xivry 54 ....44 C 2
La Petite-Boissière 79 ....167 E 3
Petite-Chaux 25 ....180 B 5
La Petite-Forêt 59 ....9 G 5
La Petite-Fosse 88 ....96 C 4
La Petite-Marche 03 ....208 D 1
La Petite-Pierre 67 ....68 A 3
La Petite-Raon 88 ....96 B 3
Petite-Rosselle 57 ....47 F 4
La Petite-Synthe 59 ....3 G 2
La Petite-Verrière 71 .....176 C 1
Petitefontaine 90 ....142 D 2
Les Petites-Armoises 08 ...43 E 1
Les Petites-Dalles 76 .....19 F 2
Les Petites-Loges 51 ......42 A 5
Petitmagny 90 ....142 C 2
Petitmont 54 ....96 B 1
Les Petits-Robins 26 ......267 E 1
Petiville 14 ....33 H 4
Petiville 76 ....35 F 1
Petosse 85 ....183 H 2
Petreto-Bicchisano 2A .....348 D 5
Pettoncourt 57 ....66 C 4
Pettonville 54 ....95 H 2
Peujard 33 ....237 H 3
Peumérit 29 ....99 F 3
Peumerit-Quintin 22 ....77 F 3
Peuplingues 62 ....2 C 3
Peuton 53 ....128 A 2
Peuvillers 55 ....44 B 3

Peux-et-Couffouleux 12 ....300 D 3
Pévange 57 ....66 D 3
Pévy 51 ....41 F 3
Pexiora 11 ....319 E 4
Pexonne 54 ....96 A 2
Pey 40 ....292 C 4
Peymeinade 06 ....308 D 3
Peynier 13 ....327 G 1
Peypin 13 ....327 F 1
Peypin-d'Aigues 84 ....306 B 2
Peyrabout 23 ....207 E 2
Le Peyrat 09 ....336 D 3
Peyrat-de-Bellac 87 ......205 F 1
Peyrat-la-Nonière 23 .....207 H 2
Peyrat-le-Château 87 .....206 D 3
La Peyratte 79 ....168 B 5
Peyraube 65 ....315 G 5
Peyraud 07 ....231 E 5
Peyre 40 ....293 H 5
Peyre-Haute
  Table d'orientation de 05 .270 D 2
Peyrecave 32 ....276 D 5
Peyrefitte-du-Razès 11 ....337 E 2
Peyrefitte-sur-l'Hers 11 ..318 D 5
Peyregoux 81 ....299 G 4
Peyrehorade 40 ....292 D 5
Peyreleau 12 ....282 A 3
Peyrelevade 19 ....225 G 1
Peyrelongue-Abos 64 ......314 D 2
Peyremale 30 ....283 H 2
Peyrens 11 ....319 E 3
Peyrepertuse
  Château de 11 ....338 B 4
Peyresourde 65 ....333 H 4
Peyresourde Col de 31 ....333 H 4
Peyrestortes 66 ....338 D 5
Peyret-Saint-André 65 ....316 A 4
Peyriac-de-Mer 11 ....339 E 1
Peyriac-Minervois 11 .....320 B 4
Peyriat 01 ....214 B 1
Peyrière 47 ....257 G 4
Peyrieu 01 ....232 D 1
Peyrignac 24 ....241 G 2
Peyriguère 65 ....315 G 4

Peyrilhac 87 ....205 F 3
Peyrillac-et-Millac 24 ...241 H 5
Peyrilles 46 ....259 H 3
Peyrins 26 ....249 G 3
Peyrissac 19 ....224 D 3
Peyrissas 31 ....316 D 4
Peyro-Clabado Rocher 81 ..299 H 4
Peyrol Pas de 15 ....244 D 3
Peyrole 81 ....298 D 2
Peyrolles 11 ....337 H 3
Peyrolles 30 ....283 F 4
Peyrolles-en-Provence 13 .306 B 4
Peyroules 04 ....308 B 1
Peyrouse 65 ....332 D 1
Peyrouzet 31 ....316 D 5
Peyruis 04 ....287 G 4
Peyrun 65 ....315 F 3
Peyrus 26 ....249 H 5
Peyrusse 15 ....245 G 2
Peyrusse-Grande 32 ....295 G 4
Peyrusse-le-Roc 12 ....261 G 5
Peyrusse-Massas 32 ....296 A 3
Peyrusse-Vieille 32 ......295 F 4
Peyssies 31 ....317 F 4
Peyzac-le-Moustier 24 ....241 F 4
Peyzieux-sur-Saône 01 ....213 E 1
Pézarches 77 ....59 H 4
Pezé-le-Robert 72 ....107 F 2
Pézenas 34 ....322 C 3
Pézènes-les-Mines 34 .....301 G 5
Pezens 11 ....319 G 4
Pézilla-de-Conflent 66 ...338 A 5
Pézilla-la-Rivière 66 ....342 D 2
Pezou 41 ....131 H 2
Pezuls 24 ....240 D 5
Pézy 28 ....86 B 5
Pfaffenheim 68 ....121 E 4
Pfaffenhoffen 67 ....68 C 3
Pfalzweyer 67 ....68 A 4
Pfastatt 68 ....143 F 1
Pfetterhouse 68 ....143 E 4
Pfettisheim 67 ....68 D 5
Pfulgriesheim 67 ....68 D 5
Phaffans 90 ....142 C 2
Phalempin 59 ....8 D 4

Phalsbourg 57 ....68 A 4
Philippsbourg 57 ....68 C 1
Philondenx 40 ....294 A 5
Phlin 54 ....66 B 3
Pia 66 ....339 E 5
Piacé 72 ....107 G 2
Le Pian-Médoc 33 ....237 F 4
Le Pian-sur-Garonne 33 ...256 B 3
Piana 2A ....346 A 5
Pianella Pont de 2A ......346 B 5
Pianello 2B ....347 G 4
Piano 2B ....347 G 4
Pianottoli-Caldarello 2A .351 F 4
Les Piards 39 ....197 E 2
La Piarre 05 ....268 D 4
Piau-Engaly 65 ....333 F 4
Piazzali 2B ....347 G 4
Piazzole 2B ....347 G 3
Piblange 57 ....46 B 4
Pibrac 31 ....297 G 4
Picarreau 39 ....179 G 4
Picarrou 31 ....318 B 4
Picauville 50 ....31 H 2
Pichanges 21 ....160 B 1
Picherande 63 ....227 E 4
Picquigny 80 ....22 A 1
Pie-d'Orezza 2B ....347 G 3
Pied-de-Borne 48 ....265 G 1
Pied-la-Viste
  Table d'orientation de 05 .270 D 2
Piedicorte-di-Gaggio 2B ..347 G 5
Piedicroce 2B ....347 G 3
Piedigriggio 2B ....347 E 3
Piedipartino 2B ....347 G 3
Piégon 26 ....285 H 1
Piégros-la-Clastre 26 ....267 H 2
Piégut 04 ....269 H 4
Piégut-Pluviers 24 ......222 C 2
Piémanson Plage de 13 ....325 F 4
Piencourt 27 ....35 E 5
Piennes 54 ....45 E 4
Piennes 80 ....23 E 5
Piépape 52 ....139 G 3
Pierlas 06 ....289 G 4
La Pierre 38 ....233 F 5

Pierre-Bénite 69 ..... 231 E 1
Pierre-Buffière 87 ..... 223 H 1
Pierre-Carrée Col de la 74 ..... 216 C 2
Pierre-Châtel 38 ..... 251 E 4
La Pierre Couverte
  Dolmen de 49 ..... 129 G 5
Pierre d'Avenon 83 ..... 329 E 4
Pierre-de-Bresse 71 ..... 178 C 3
Pierre Frite Menhir de 49 ..... 127 F 3
Pierre-Gourde
  Château de 07 ..... 249 E 5
Pierre-la-Treiche 54 ..... 94 B 1
Pierre-Levée 77 ..... 59 H 3
Pierre-Morains 51 ..... 61 G 3
Pierre-Percée 54 ..... 96 B 2
Pierre-Perthuis 89 ..... 157 H 2
La Pierre Plantée 48 ..... 264 D 4
Pierre-Plantée Col de la 48 ..... 264 D 3
Pierre-qui-Vire
  Abbaye de la 89 ..... 158 B 3
Pierreclos Château de 71 ..... 194 D 4
Pierrecourt 70 ..... 140 A 4
Pierrecourt 76 ..... 21 F 2
Pierrefaites 52 ..... 140 B 2
Pierrefeu 06 ..... 309 F 1
Pierrefeu-du-Var 83 ..... 328 C 3
Pierrefiche 12 ..... 263 G 5
Pierrefiche 48 ..... 265 E 2
Pierrefiques 76 ..... 18 D 4
Pierrefitte 19 ..... 224 C 4
Pierrefitte 23 ..... 207 H 1
Pierrefitte 79 ..... 168 A 3
Pierrefitte 88 ..... 118 D 2
Pierrefitte-en-Auge 14 ..... 34 C 3
Pierrefitte-en-Beauvaisis 60 ..... 37 H 1
Pierrefitte-en-Cinglais 14 ..... 53 G 2
Pierrefitte-ès-Bois 45 ..... 155 H 1
Pierrefitte-Nestalas 65 ..... 332 D 2
Pierrefitte-sur-Aire 55 ..... 64 B 3
Pierrefitte-sur-Loire 03 ..... 193 E 2
Pierrefitte-sur-Sauldre 41 ..... 154 C 1
Pierrefitte-sur-Seine 93 ..... 58 C 2
Pierrefonds 60 ..... 39 G 3
Pierrefontaine-
  lès-Blamont 25 ..... 163 G 2
Pierrefontaine-
  les-Varans 25 ..... 163 E 4
Pierrefontaines 52 ..... 139 F 3
Pierrefort 15 ..... 245 F 5
Pierregot 80 ..... 12 D 5

Pierrelatte 26 ..... 285 E 1
Pierrelaye 95 ..... 58 A 1
Pierrelongue 26 ..... 286 A 2
Pierremande 02 ..... 24 A 5
Pierremont 62 ..... 7 F 5
Pierrepont 02 ..... 25 E 4
Pierrepont 14 ..... 53 G 2
Pierrepont 54 ..... 44 D 2
Pierrepont-sur-Avre 80 ..... 22 D 4
Pierrepont-sur-l'Arentèle 88 ..... 95 H 5
Pierrerue 04 ..... 287 F 5
Pierrerue 34 ..... 321 E 2
Pierres 14 ..... 52 D 3
Pierres 28 ..... 86 B 2
Pierreval 76 ..... 20 C 5
Pierrevert 04 ..... 306 C 2
Pierreville 50 ..... 28 D 5
Pierreville 54 ..... 94 D 2
Pierrevillers 57 ..... 45 G 4
Pierric 44 ..... 126 B 3
Pierry 51 ..... 61 F 1
Pietra-di-Verde 2B ..... 347 G 4
Pietracorbara 2B ..... 345 G 3
Pietralba 2B ..... 347 E 2
Pietranera 2B ..... 345 G 4
Pietraserena 2B ..... 347 G 5
Pietricaggio 2B ..... 347 G 4
Pietrosella 2A ..... 348 C 4
Piets-Plasence-
  Moustrou 64 ..... 294 A 5
Pieusse 11 ..... 337 G 1
Les Pieux 50 ..... 28 D 4
Piffonds 89 ..... 113 F 4
Le Pigeon 46 ..... 242 B 5
Pigeonnier Col du 67 ..... 69 E 1
Pigerolles 23 ..... 207 G 5
Pigna 2B ..... 344 C 5
Pignan 34 ..... 302 C 5
Pignans 83 ..... 328 C 2
Pignicourt 02 ..... 41 G 2
Pignols 63 ..... 228 A 2
Pigny 18 ..... 155 F 5
Pihem 62 ..... 7 F 2
Pihen-lès-Guînes 62 ..... 2 C 4
Pila-Canale 2A ..... 348 D 4
Pilat Mont 42 ..... 230 C 4
Pilat-Plage 33 ..... 254 B 3
Le Pilhon 26 ..... 268 D 3

Pillac 16 ..... 221 F 5
Pillemoine 39 ..... 179 H 5
Les Pilles 26 ..... 285 H 1
Pillon 55 ..... 44 C 3
Pimbo 40 ..... 294 B 5
Pimelles 89 ..... 137 G 2
Pimorin 39 ..... 196 B 2
Pimprez 60 ..... 39 G 1
Le Pin 03 ..... 193 F 3
Le Pin 14 ..... 34 D 4
Le Pin 17 ..... 220 B 5
Le Pin 30 ..... 284 C 4
Le Pin 38 ..... 232 C 3
Le Pin 39 ..... 179 E 5
Le Pin 44 ..... 127 F 5
Le Pin 77 ..... 59 E 3
Le Pin 79 ..... 167 F 3
Le Pin 82 ..... 277 E 5
Pin Haras du 61 ..... 54 C 4
Le Pin-au-Haras 61 ..... 54 C 4
Pin-Balma 31 ..... 298 A 4
Le Pin-en-Mauges 49 ..... 148 D 4
Le Pin-la-Garenne 61 ..... 84 B 4
Pin-Moriès 48 ..... 264 A 5
Le Pin-Murelet 31 ..... 317 E 3
Pinarellu 2A ..... 349 G 5
Pinas 65 ..... 333 H 1
Pinay 42 ..... 211 H 4
Pincé 72 ..... 128 D 3
Pinçon Mont 14 ..... 53 E 1
Pindères 47 ..... 274 D 2
Pindray 86 ..... 187 F 2
Les Pineaux 85 ..... 183 F 1
Pinel-Hauterive 47 ..... 258 B 5
Pinet 34 ..... 322 C 4
Pineuilh 33 ..... 257 F 1
Piney 10 ..... 91 G 4
Pino 2B ..... 345 F 2
Pinols 43 ..... 246 B 3
Pinon 02 ..... 40 C 1
Les Pins 16 ..... 203 H 5
Pins-Justaret 31 ..... 317 H 2
Pinsac 46 ..... 260 B 1
Pinsaguel 31 ..... 317 H 2
Pinsot 38 ..... 233 G 4
Pintac 65 ..... 315 E 4
Pinterville 27 ..... 36 B 4
Pintheville 55 ..... 64 D 1
Les Pinthières 28 ..... 57 E 5

Piobetta 2B ..... 347 G 4
Pioggiola 2B ..... 346 D 2
Piolenc 84 ..... 285 E 3
Pionnat 23 ..... 207 F 1
Pionsat 63 ..... 208 D 2
Pioussay 79 ..... 203 E 2
Pipriac 35 ..... 126 A 2
Piquecos 82 ..... 277 H 4
Pirajoux 01 ..... 196 A 3
Piré-sur-Seiche 35 ..... 104 D 4
Pirey 25 ..... 161 H 3
Piriac-sur-Mer 44 ..... 145 G 3
Pirmil 72 ..... 107 F 5
Pirou 50 ..... 31 F 4
Pis 32 ..... 296 C 2
Pisany 17 ..... 219 E 1
Piscop 95 ..... 58 C 1
Piseux 27 ..... 56 A 4
Pisieu 38 ..... 231 G 4
Pisse Cascade de la 38 ..... 251 H 3
Pisseleu 60 ..... 38 A 1
Pisseleux 02 ..... 39 H 4
Pisseloup 52 ..... 140 B 2
La Pisseure 70 ..... 141 F 2
Pissos 40 ..... 273 F 1
Pissotte 85 ..... 184 B 2
Pissy 80 ..... 22 A 2
Pissy-Pôville 76 ..... 36 A 1
Pitgam 59 ..... 3 G 3
Pithiviers 45 ..... 111 G 3
Pithiviers-le-Vieil 45 ..... 111 G 3
Pithon 02 ..... 23 H 3
Pîtres 27 ..... 36 C 3
Pittefaux 62 ..... 2 B 5
Pizançon 26 ..... 249 G 3
Pizay 01 ..... 213 G 4
Pizieux 72 ..... 84 A 5
Le Pizou 24 ..... 239 E 4
Le Pla 09 ..... 337 F 5
Pla-d'Adet 65 ..... 333 G 4
Plabennec 29 ..... 70 D 5
Placé 53 ..... 82 A 5
Les Places 27 ..... 35 E 5
La Placette Col de 38 ..... 232 D 5
Placey 25 ..... 161 G 3
Plachy-Buyon 80 ..... 22 B 2
Placy 14 ..... 53 G 1
Placy-Montaigu 50 ..... 52 C 1
Le Plagnal 07 ..... 265 G 2

Plagne 01 ..... 196 D 5
Plagne 31 ..... 317 E 5
La Plagne 73 ..... 234 D 2
Plagnole 31 ..... 317 E 3
Plagny 58 ..... 174 C 2
Plaigne 11 ..... 318 C 5
Plailly 60 ..... 39 E 5
Plaimbois-du-Miroir 25 ..... 163 E 4
Plaimbois-Vennes 25 ..... 163 E 4
Plaimpied-Givaudins 18 ..... 173 F 2
La Plaine 49 ..... 167 F 1
Plaine 67 ..... 96 C 3
Plaine-de-Walsch 57 ..... 67 H 5
Plaine-Haute 22 ..... 78 A 3
Plaine-Joux 74 ..... 216 D 2
La Plaine-sur-Mer 44 ..... 146 B 4
Plainemont 70 ..... 141 F 2
Plaines-Saint-Lange 10 ..... 115 H 5
Plainfaing 88 ..... 120 C 2
Plainoiseau 39 ..... 179 E 4
Plainpalais Col de 73 ..... 233 F 1
Les Plains-
  et-Grands-Essarts 25 ..... 163 G 2
Plaintel 22 ..... 78 A 4
Plainval 60 ..... 38 C 1
Plainville 27 ..... 35 E 5
Plainville 60 ..... 22 D 5
Plaisance 12 ..... 300 A 1
Plaisance 32 ..... 295 E 4
Plaisance 34 ..... 301 E 4
Plaisance 86 ..... 187 F 4
Plaisance-du-Touch 31 ..... 297 G 5
Plaisia 39 ..... 196 C 1
Plaisians 26 ..... 286 B 2
Plaisir 78 ..... 57 H 4
Plaisir Fontaine
  Grotte de 25 ..... 162 B 5
Plaissan 34 ..... 302 A 5
Plaizac 16 ..... 202 D 5
Plampinet 05 ..... 252 D 3
Le Plan 31 ..... 317 F 5
Le Plan 38 ..... 232 B 5
Plan-d'Aups 83 ..... 327 G 2
Plan-de-Baix 26 ..... 267 H 1
Plan-de-Campagne 13 ..... 326 D 1
Plan-de-Cuques 13 ..... 327 E 2
Le Plan-de-Grasse 06 ..... 309 E 3
Plan-de-la-Tour 83 ..... 329 F 2
Plan-d'Orgon 13 ..... 305 E 2
Plan-du-Var 06 ..... 291 E 5

Planaise 73 ..... 233 G 3
Planay 21 ..... 137 H 3
Planay 73 ..... 234 D 3
La Planche 44 ..... 165 H 1
Plancher-Bas 70 ..... 142 B 2
Plancher-les-Mines 70 ..... 142 B 1
Plancherine 73 ..... 234 A 1
Les Planches 27 ..... 36 B 5
Planches 61 ..... 54 D 5
Les Planches-
  en-Montagne 39 ..... 180 A 5
Les Planches-
  près-Arbois 39 ..... 179 G 3
Planchez 58 ..... 158 A 5
Plancoët 22 ..... 79 F 3
Plancy-l'Abbaye 10 ..... 90 D 4
La Planée 25 ..... 180 C 3
Planès 66 ..... 341 G 4
Planèzes 66 ..... 338 B 5
Planfoy 42 ..... 230 B 5
Planguenoual 22 ..... 78 C 3
Planioles 46 ..... 261 F 3
Le Planois 71 ..... 178 D 4
Le Planquay 27 ..... 35 E 5
Planquery 14 ..... 32 D 4
Les Planques 62 ..... 7 E 3
Les Planques Église de 81 ..... 279 H 4
Planrupt 52 ..... 92 B 3
Les Plans 30 ..... 284 A 3
Les Plans 34 ..... 301 E 3
Le Plantay 01 ..... 213 G 2
Les Plantiers 30 ..... 283 E 4
Le Plantis 61 ..... 84 A 2
Planty 10 ..... 114 A 2
Planzolles 07 ..... 265 H 5
Plappeville 57 ..... 45 G 5
Plascassier 06 ..... 309 E 3
Plasne 39 ..... 179 F 4
Plasnes 27 ..... 35 F 5
Plassac 17 ..... 219 G 3
Plassac 33 ..... 237 F 2
Plassac-Rouffiac 16 ..... 221 E 3
Plassay 17 ..... 201 F 4
Plateau-d'Assy 74 ..... 216 D 3
Plats 07 ..... 249 E 4
Plaudren 56 ..... 124 C 2
Plauzat 63 ..... 227 H 2
Plavilla 11 ..... 336 D 1
Plazac 24 ..... 241 F 4
Pleaux 15 ..... 243 H 3

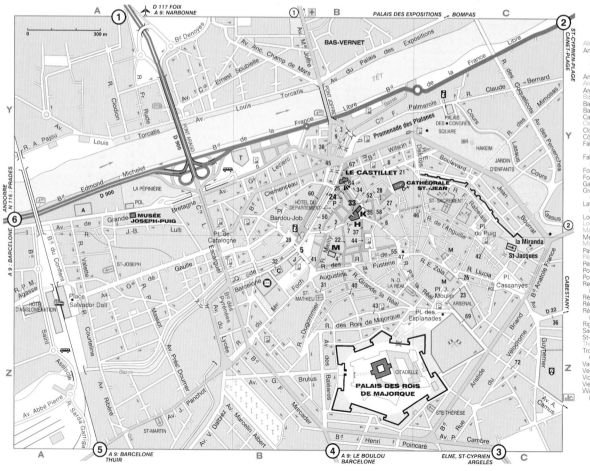

PERPIGNAN

Alsace-Lorraine (R.) ..... BY 2
Anciens-
Combattants-
d'Indochine
(Pl. des) ..... BY 3
Ange (R. de l') ..... BZ 4
Arago (Pl.) ..... BZ 5
Argenterie (R. de l') ..... BY 6
Barre (R. de la) ..... BY 7
Bartissol (R. E.) ..... BY 8
Batllo (Quai F.) ..... BY 9
Castillet (R. du) ..... BY 21
Clemenceau (Bd G.) ..... BY
Cloche d'Or (R. de la) ..... BYZ 22
Côte des Carmes (R.) ..... CZ 23
Fabriques d'En Nabot
(R. des) ..... BY 24
Fabriques d'En Nadal
(R. des) ..... BY 25
Fontaine-Neuve (R.) ..... CZ 26
Fontfroide (R.) ..... BY 27
Gambetta (Pl.) ..... BY 28
Grande la Monnaie
(R.) ..... BZ 31
Lattre-de-Tassigny
(Quai de) ..... BZ 32
Loge (R. et Pl. de la) ..... BY 33
Louis-Blanc (R.) ..... ABY 34
Marchands (R. des) ..... BY 35
Mermoz (Av. J.) ..... CZ 36
Mirabeau (R.) ..... BY 37
Payra (R. J.) ..... BZ 38
Pén (Pl. Gabriel) ..... BZ 39
Petite la Monnaie (R.) ..... BZ 40
Porte d'Assaut (R.) ..... BZ 41
Porte de Canet (R.) ..... CZ 42
Remparts la Réal
(R. des) ..... BZ 43
République (Pl. de la) ..... BY 44
Résistance (Pl. de la) ..... BY 45
Révolution Française
(R. de la) ..... CY 46
Rigaud (R.) ..... BZ 47
Sadi-Carnot (Quai) ..... BY 50
St-Jean (R.) ..... BY 52
Théâtre (R. du) ..... BZ 55
Trois-Journées
(R. des) ..... BY 58
Vauban (Quai) ..... BY 60
Verdun (Pl. de) ..... BY 64
Victoire (Pl. de la) ..... BY 67
Vielledent (R. J.) ..... CZ 69
Waldeck-Rousseau
(R.) ..... CZ 72

POITIERS

Abbé-Frémont (Bd)	DY 2
Alexandre (R. J.)	DZ 4
Blossac (R. de)	CZ 10
Boncenne (R.)	CDY 12
Bouchet (R. Jean)	DY 14
Bretonnerie (R. de la)	DY 16
Carnot (R.)	CZ 17
Chaine (R. de la)	DY 19
Champagne (R. de)	DY 21
Clos-des-Carmes (Pl. du)	DZ 22
Coligny (Bd)	DZ 23
Cordeliers (R. des)	DY 25
Descartes (R. René)	DY 28
Fg-du-Pont-Neuf	DZ 30
Gabillet (R. H.)	DY 34
Gambetta (R.)	DY 35
Gaulle (R. Ch.-de)	DY 36
Grand-Rue	DY
Grignon-de-Montfort (R.)	DY 40
Hôtel-Dieu (R. de l')	DY 45
Intendant-le-Nain (R. de l')	DY 46
Jeanne-d'Arc (Bd)	DY 47
Jean-de-Berry (Pl.)	DY 48
Leclerc (Pl. du Mar.)	DZ 49
Libération (Av. de la)	CZ 50
Liberté (Av. de la)	BV 51
Liberté (Pl. de la)	DY 52
Macé (R. Jean)	DY 53
Marché-Notre-Dame (R. du)	DYZ 55
Marne (R. de la)	CY 56
Mouton (R. du)	DY 63
Oudin (R. H.)	DY 67
Puygarreau (R. du)	DZ 70
Rat (R. Pierre)	DY 71
Riffault (R.)	DY 74
St-Cyprien (R.)	DZ 76
St-Germain (R.)	DY 77
Solférino (Bd)	CY 89
Thezard (R. Léopold)	CZ 90
Tison (Bd de)	CZ 92
Verdun (Bd de)	CY 94
3-Rois (R. des)	DY 95
125e-R.-I. (R. du)	CZ 97

Pléboulle 22	79	E 2
Pléchâtel 35	104	A 5
Plédéliac 22	79	E 4
Plédran 22	78	B 4
Pléguien 22	73	G 4
Pléhédel 22	73	F 4
Pleine-Fougères 35	80	C 2
Pleine-Selve 02	24	C 3
Pleine-Selve 33	219	G 5
Pleine-Sève 76	19	G 2
Pleines-Œuvres 14	52	B 2
Plélan-le-Grand 35	103	G 4
Plélan-le-Petit 22	79	F 4
Plélauff 22	77	G 5
Plélo 22	73	G 5
Plémet 22	102	C 2
Plémy 22	78	C 5
Plénée-Jugon 22	79	E 5
Pléneuf Pointe de 22	78	D 2
Pléneuf-Val-André 22	78	D 2
Plénise 39	180	A 3
Plénisette 39	180	A 2
Plerguer 35	80	A 2
Plérin 22	78	B 3
Plerneuf 22	78	A 3
Plescop 56	124	B 3
Plesder 35	79	H 4
Plésidy 22	77	G 2
Pleslin 22	79	G 3
Plesnois 57	45	G 5
Plesnoy 52	117	G 5
Plessala 22	78	C 5
Plessé 44	126	A 4
Plessier-de-Roye 60	23	F 5
Le Plessier-Huleu 02	40	B 4
Le Plessier-Rozainvillers 80	22	D 3
Le Plessier-sur-Bulles 60	38	C 1
Le Plessier-sur-Saint-Just 60	38	D 1
Le Plessis-aux-Bois 77	59	F 2
Plessis-Barbuise 10	90	A 2
Le Plessis-Belleville 60	59	F 1
Le Plessis-Bouchard 95	58	B 2
Le Plessis Bourré Château 49	128	C 5
Le Plessis-Brion 60	39	G 1
Le Plessis-Chenet 91	88	A 2
Le Plessis-Dorin 41	109	E 4
Plessis-du-Mée 89	89	G 5
Le Plessis-Feu-Aussoux 77	59	H 5
Le Plessis-Gassot 95	58	C 1
Le Plessis-Grammoire 49	149	H 1
Le Plessis-Grimoult 14	53	E 2
Le Plessis-Grohan 27	56	B 2
Le Plessis-Hébert 27	56	D 2
Le Plessis-Josso Château 56	124	D 4
Le Plessis-Lastelle 50	31	G 3
Le Plessis-l'Échelle 41	132	B 3
Le Plessis-l'Évêque 77	59	F 1
Le Plessis-Luzarches 95	38	D 5
Le Plessis-Macé 49	128	B 5
Le Plessis-Pâté 91	87	H 2
Le Plessis-Patte-d'Oie 60	23	H 4
Le Plessis-Picard 77	88	B 2
Le Plessis-Placy 77	59	H 1
Le Plessis-Robinson 92	58	B 4
Plessis-Saint-Benoist 91	87	E 4
Plessis-Saint-Jean 89	89	G 5
Le Plessis-Sainte-Opportune 27	55	H 1
Le Plessis-Trévise 94	58	D 4
Plessix-Balisson 22	79	G 3
Plestan 22	78	D 4
Plestin-les-Grèves 22	72	B 4
Pleubian 22	73	F 2
Pleucadeuc 56	125	E 2
Pleudaniel 22	73	E 2
Pleudihen-sur-Rance 22	79	H 3
Pleugriffet 56	102	B 4
Pleugueneuc 35	79	H 4
Pleumartin 86	170	A 5
Pleumeleuc 35	103	H 2
Pleumeur-Bodou 22	72	C 2
Pleumeur-Gautier 22	73	E 2
Pleure 39	178	D 2
Pleurs 51	61	F 5
Pleurtuit 35	50	B 5
Pleuven 29	99	H 4
Pleuvezain 88	94	B 4
Pleuville 16	204	B 2
Pléven 22	79	E 3
Plévenon 22	79	E 1
Plévin 22	76	D 5
Pleyben 29	76	A 4
Pleyber-Christ 29	71	H 5
Le Pleyney 38	233	F 1
Pliboux 79	203	F 1
Plichancourt 51	62	D 4
Plieux 32	296	C 1
Plivot 51	61	G 1
Ploaré 29	99	F 2
Plobannalec-Lesconil 29	99	G 5
Plobsheim 67	97	H 2
Ploemel 56	123	H 3
Ploemeur 56	123	F 2
Ploërdut 56	101	F 2
Ploeren 56	124	B 3
Ploërmel 56	102	D 4
Plœuc-sur-Lié 22	78	B 5
Ploéven 29	75	G 5
Ploëzal 22	73	E 3
Plogastel-Saint-Germain 29	99	F 3
Plogoff 29	98	D 2
Plogonnec 29	99	G 2
Ploisy 02	40	B 3
Plomb 50	51	H 4
Plombières-les-Bains 88	119	G 4
Plombières-lès-Dijon 21	160	A 3
Plomelin 29	99	G 3
Plomeur 29	99	F 4
Plomion 02	25	G 2
Plomodiern 29	75	G 5
Plonéis 29	99	G 2
Plonéour-Lanvern 29	99	F 4
Plonévez-du-Faou 29	76	B 4
Plonévez-Porzay 29	75	G 5
Plorec-sur-Arguenon 22	79	E 4
Plottes 71	195	E 2
Plou 18	172	C 1
Plouagat 22	73	F 5
Plouaret 22	72	C 4
Plouarzel 29	74	C 2
Plouasne 22	103	H 1
Plouay 56	101	E 4
Ploubalay 22	50	B 5
Ploubazlanec 22	73	F 2
Ploubezre 22	72	C 3
Ploudalmézeau 29	70	B 4
Ploudaniel 29	71	E 5
Ploudiry 29	75	H 2
Plouëc-du-Trieux 22	73	E 4
Plouédern 29	71	E 5
Plouégat-Guérand 29	72	A 4
Plouégat-Moysan 29	72	B 5
Plouénan 29	71	H 4
Plouër-sur-Rance 22	79	H 3
Plouescat 29	71	F 3
Plouézec 22	73	G 3
Plouezoc'h 29	71	H 4
Ploufragan 22	78	B 3
Plougar 29	71	F 4
Plougasnou 29	72	A 3
Plougastel-Daoulas 29	75	F 2
Plougonvelin 29	74	C 3
Plougonven 29	72	A 5
Plougonver 22	77	F 2
Plougoulm 29	71	G 3
Plougoumelen 56	124	A 3
Plougourvest 29	71	F 5
Plougras 22	72	B 5
Plougrescant 22	73	E 2
Plouguenast 22	78	B 5
Plouguerneau 29	70	C 4
Plouguernével 22	77	F 5
Plouguiel 22	73	E 2
Plouguin 29	70	C 5
Plouha 22	73	G 4
Plouharnel 56	123	H 4
Plouhinec 29	99	E 2
Plouhinec 56	123	G 3
Plouider 29	71	E 4
Plouigneau 29	72	A 5
Plouisy 22	73	E 5
Ploulec'h 22	72	C 3
Ploumagoar 22	73	E 5
Ploumanach 22	72	C 2
Ploumilliau 22	72	C 4
Ploumoguer 29	74	D 2
Plounéour-Ménez 29	76	B 2
Plounéour-Trez 29	71	E 3
Plounérin 22	72	B 5
Plounéventer 29	71	E 5
Plounévez-Lochrist 29	71	E 4
Plounévez-Moëdec 22	72	C 5
Plounévez-Quintin 22	77	F 4
Plounévézel 29	76	D 4
Plouray 56	101	E 2
Plourhan 22	73	G 4
Plourin 29	70	B 5
Plourin-lès-Morlaix 29	72	A 5
Plourivo 22	73	F 3
Plouvain 62	13	H 2
Plouvara 22	78	A 3
Plouvien 29	70	D 5
Plouvorn 29	71	G 4
Plouyé 29	76	C 3
Plouzané 29	74	D 2
Plouzélambre 22	72	B 4
Plouzévédé 29	71	F 4
Plovan 29	99	F 3
Ployart-et-Vaurseine 02	41	E 1
Le Ployron 60	23	E 5
Plozévet 29	99	E 3
Pludual 22	73	G 4
Pluduno 22	79	F 3
Plufur 22	72	B 4
Pluguffan 29	99	G 3
Pluherlin 56	125	E 3
Plumaudan 22	79	G 5
Plumaugat 22	103	F 1
Plumelec 56	102	C 5
Pluméliau 56	101	H 4
Plumelin 56	102	A 5
Plumergat 56	124	A 2
Plumetot 14	33	G 3
Plumieux 56	102	C 2
Plumont 39	161	F 5
Pluneret 56	124	A 3
Plurien 22	79	E 2
Plusquellec 22	77	E 3
Plussulien 22	77	H 4
Pluvault 21	160	C 4
Pluvet 21	160	C 4
Pluvigner 56	124	A 2
Pluzunet 22	72	D 4
Pocancy 51	61	H 2
Pocé-les-Bois 35	105	E 3
Pocé-sur-Cisse 37	152	C 2
Podensac 33	255	H 3
Le Poët 05	287	F 1
Le Poët-Célard 26	267	H 3
Le Poët-en-Percip 26	286	B 2
Le Poët-Laval 26	267	G 4
Le Poët-Sigillat 26	286	A 1
Pœuilly 80	23	H 2
Poey-de-Lescar 64	314	A 3
Poey-d'Oloron 64	313	G 4
Poëzat 03	210	A 2
Poggio-di-Nazza 2B	349	G 2
Poggio-di-Venaco 2B	347	F 5
Poggio-Marinaccio 2B	347	G 3
Poggio-Mezzana 2B	347	H 3
Poggiolo 2A	348	D 1
Pogny 51	62	B 3
Poids-de-Fiole 39	196	C 1
Poigny 77	89	G 3
Poigny-la-Forêt 78	57	F 5
Le Poil 04	288	A 5
Poil 58	176	B 3
Poilcourt-Sydney 08	41	H 2
Poilhes 34	321	F 4
Poillé-sur-Vègre 72	106	D 5
Poilley 35	81	E 3
Poilley 50	51	H 5
Poilly 51	41	F 4
Poilly-lez-Gien 45	134	C 4
Poilly-sur-Serein 89	136	D 3
Poilly-sur-Tholon 89	136	A 2
Poinchy 89	136	C 3
Poinçon-lès-Larrey 21	137	F 2
Le Poinçonnet 36	171	H 4
Poincy 77	59	G 2
Poinsenot 52	139	E 4
Poinson-lès-Fayl 52	140	A 3
Poinson-lès-Grancey 52	139	E 4
Poinson-lès-Nogent 52	117	E 4
Point Sublime 04	307	H 2
Point-Sublime 48	282	A 2
Pointel 61	53	G 5
Pointis-de-Rivière 31	334	B 1
Pointis-Inard 31	334	C 1
Pointre 39	161	E 4
Pointvillers 25	161	H 5
Poinville 28	111	E 3
Le Poiré-sur-Velluire 85	183	H 3
Le Poiré-sur-Vie 85	165	G 4
Poiroux 85	182	C 2
Poisat 38	251	E 2
Poiseul 52	117	G 5
Poiseul-la-Grange 21	138	C 5
Poiseul-la-Ville-et-Laperrière 21	138	B 5
Poiseul-lès-Saulx 21	139	E 5
Poiseux 58	156	D 5
Poisieux 18	172	C 1
Le Poislay 41	109	F 4
Poisoux 39	196	A 3
Poisson 71	193	H 4
Poissons 52	93	E 4
Poissy 78	58	A 2
Poisvilliers 28	86	A 3
Poisy 74	215	G 3
La Poitevinière 49	148	D 4
Poitiers 86	186	B 1
Poivres 10	62	A 5
Poix 51	62	C 2
Poix-de-Picardie 80	21	H 3
Poix-du-Nord 59	15	E 3
Poix-Terron 08	26	C 4
Le Poizat 01	214	D 1
Pol Chapelle 29	71	E 3
Polaincourt-et-Clairefontaine 70	118	D 5
Polastron 31	317	E 4
Polastron 32	296	D 5
Poleymieux-au-Mont-d'Or 69	213	E 4
Poliénas 38	250	B 1
Polignac 43	247	F 3
Poligné 35	104	B 5
Poligny 05	269	G 2
Poligny 10	115	H 3
Poligny 39	179	F 3
Poligny 77	112	C 2
Polincove 62	3	E 4
Polisot 10	115	G 4
Polisy 10	115	G 4
Pollestres 66	343	E 2
Polliat 01	195	G 5
Pollieu 01	214	D 5
Pollionnay 69	212	D 5
Polminhac 15	244	D 5
Polveroso 2B	347	G 3
Pomacle 51	41	H 3
La Pomarède 11	319	E 3
Pomarède 46	259	F 4
Pomarez 40	293	F 4
Pomas 11	337	G 1
Pomay Château de 03	192	B 1
Pomayrols 12	263	G 5
Pomerol 33	238	C 4
Pomérols 34	322	C 4
Pomeys 69	230	B 2
Pommard 21	177	G 1
Pommera 62	12	D 4
La Pommeraie-sur-Sèvre 85	167	E 3
La Pommeraye 14	53	F 2
La Pommeraye 49	149	E 2
Pommeret 22	78	C 3
Pommereuil 59	15	E 4
Pommereux 76	21	F 5
Pommeréval 76	20	C 3
Pommerieux 53	128	A 2
Pommérieux 57	65	H 2
Pommerit-Jaudy 22	73	E 3
Pommerit-le-Vicomte 22	73	F 4
Pommerol 26	268	C 5
Pommeuse 77	59	H 4
Pommevic 82	276	D 4
Pommier 62	13	F 3
Pommier-de-Beaurepaire 38	231	H 4
Pommiers 02	40	B 2
Pommiers 30	302	B 1
Pommiers 36	189	E 2
Pommiers 42	211	G 5
Pommiers 69	212	D 3
Pommiers-la-Placette 38	232	D 5
Pommiers-Moulons 17	220	B 5
Pomoy 70	141	G 4
Pompaire 79	185	F 2
Pompéjac 33	256	B 5
Pompertuzat 31	318	A 2
Pompey 54	65	H 4
Pompia 32	317	E 2
Le Pompidou 48	282	D 2
Pompierre 88	94	A 5
Pompierre-sur-Doubs 25	162	D 1
Pompiey 47	275	F 3
Pompignac 33	237	H 5
Pompignan 30	302	D 1
Pompignan 82	297	G 2
Pompogne 47	274	D 2
Pomponne 77	59	E 4
Pomport 24	257	H 1
Pomps 64	293	H 5
Pomy 11	337	G 1
Poncé-sur-le-Loir 72	130	D 3
Poncey-lès-Athée 21	160	D 4
Poncey-sur-l'Ignon 21	159	G 1
Le Ponchel 62	12	B 3
Ponches-Estruval 80	11	H 1
Ponchon 60	38	B 3
Poncin 01	214	A 2
Poncins 42	229	H 1
Pondaurat 33	256	C 4
Le Pondy 18	173	G 4
Ponet-et-Saint-Auban 26	268	A 1
Ponlat-Taillebourg 31	334	B 1
Pons 12	262	C 2
Pons 17	219	G 2
Ponsampère 32	315	H 2
Ponsan-Soubiran 32	316	A 3
Ponsas 26	249	E 2
Ponson-Debat-Pouts 64	314	D 3
Ponson-Dessus 64	314	D 3
Ponsonnas 38	251	E 5
Pont 21	160	C 4
Pont-à-Bucy 02	24	C 4
Pont-à-la-Planche 87	205	E 4
Pont-à-Marcq 59	8	D 4
Pont-à-Mousson 54	65	G 3
Pont-à-Vendin 62	8	C 4
Pont-Arcy 02	40	D 2
Pont-Audemer 27	35	E 2
Pont-Authou 27	35	G 4
Pont-aux-Moines 45	133	G 2
Pont-Aven 29	100	B 5
Pont-Bellanger 14	52	B 2
Pont-Calleck Château et Forêt de 56	101	E 3
Le Pont-Chrétien-Chabenet 36	188	C 1
Pont-Croix 29	99	E 2
Pont-d'Ain 01	214	A 2
Pont-d'Arc 07	284	B 1
Le Pont-d'Ardres 62	2	D 3
Pont-de-Barret 26	267	G 3
Le Pont-de-Beauvoisin 38	232	D 4
Le Pont-de-Beauvoisin 73	232	D 3
Pont-de-Braye 72	130	D 3
Pont-de-Briques 62	6	B 2

Pont-de-Buis-
 lès-Quimerch 29 ....75 H 4
Pont-de-Chazey-Villieu 01...213 H 4
Pont-de-Chéruy 38 ....213 H 5
Le Pont-de-Claix 38.......250 D 2
Pont-de-Crau 13.......304 B 4
Pont-de-Dore 63.......210 C 5
Pont de Gau (Parc
 ornithologique du) 13...324 B 3
Pont-de-la-Chaux 39 ....179 H 5
Pont-de-la-Maye 33.......255 G 1
Pont-de-Labeaume 07.......266 A 3
Pont-de-l'Arche 27.......36 B 3
Pont-de-Larn 81.......319 H 2
Pont-de-l'Étoile 13.......327 F 2
Pont-de-l'Isère 26.......249 F 4
Pont-de-Lunel 34.......303 G 2
Pont-de-Menat 63.......209 F 2
Pont-de-Metz 80.......22 B 2
Le Pont-de-Montvert 48.......283 E 1
Pont-de-Pany 21.......159 G 3
Le Pont-de-Planches 70.......140 D 5
Pont-de-Poitte 39.......196 C 1
Pont-de-Roide 25.......163 F 2
Pont-de-Ruan 37.......151 G 4
Pont-de-Salars 12.......281 E 2
Pont-de-Vaux 01.......195 F 3
Pont-de-Veyle 01.......195 E 5
Pont-des-Pierres 01.......215 E 1
Pont-d'Espagne 65.......332 C 4
Pont-d'Hérault 30.......283 E 5
Pont-d'Héry 39.......179 H 3
Pont-d'Ouche 21.......159 G 5
Pont-d'Ouilly 14.......53 G 3
Pont-du-Bois 70.......118 D 4
Pont-du-Casse 47.......276 B 2
Pont-du-Château 63.......210 A 5
Pont-du-Châtel 29.......71 E 4
Pont du Diable
 Gorges du 74.......198 C 4
Pont du Dognon 87.......206 B 4
Pont-du-Fossé 05.......270 A 2
Pont du Gard 30.......304 A 1
Pont-du-Loup 06.......309 E 2
Pont-du-Navoy 39.......179 G 4
Pont-en-Royans 38.......250 A 3
Pont-et-Massène 21.......158 D 1
Pont-Évêque 38.......231 F 3
Pont-Farcy 14.......52 B 2
Pont-Hébert 50.......32 A 4
Pont-James 44.......165 G 1
Pont-la-Ville 52.......116 C 3
Pont-l'Abbé 29.......99 G 4
Pont-l'Abbé 50.......31 G 2
Pont-l'Abbé-d'Arnoult 17.......201 E 4
Pont-lès-Bonfays 88.......118 D 2
Pont-les-Moulins 25.......162 C 2
Pont-l'Évêque 14.......34 C 3
Pont-l'Évêque 60.......23 G 5
Pont-Melvez 22.......77 F 2
Pont-Noyelles 80.......22 C 1
Pont-Péan 35.......104 B 4
Pont-Réan 35.......104 A 4
Pont-Remy 80.......11 H 4
Pont-Royal 13.......305 G 3
Pont-Saint-Esprit 30.......284 D 2
Pont-Saint-Mard 02.......40 B 1
Pont-Saint-Martin 44.......147 G 5
Pont-Saint-Pierre 27.......36 C 3
Pont-Saint-Vincent 54.......94 D 1
Pont-Sainte-Marie 10.......91 E 5
Pont-Sainte-Maxence 60.......39 E 3
Pont-Salomon 43.......230 A 5
Pont-Scorff 56.......101 E 5
Pont-sur-l'Ognon 70.......141 G 5
Pont-sur-Madon 88.......94 D 4
Pont-sur-Meuse 55.......64 C 4
Pont-sur-Sambre 59.......15 G 3
Pont-sur-Seine 10.......90 A 3
Pont-sur-Vanne 89.......113 H 4
Pont-sur-Yonne 89.......89 F 5
Pont-Trambouze 69.......212 A 2
Pontacq 64.......314 D 5
Pontaillac 17.......218 C 1
Pontailler-sur-Saône 21.......160 D 3
Pontaix 26.......268 A 1
Pontamafrey 73.......234 A 5
Pontanevaux 71.......195 E 5
Pontarion 23.......207 E 3
Pontarlier 25.......180 C 2
Pontarmé 60.......38 D 5
Pontaubault 50.......51 H 5
Pontaubert 89.......157 H 1
Pontaumur 63.......208 D 4
Pontavert 02.......41 F 2
Pontcarré 77.......59 E 4

Pontcey 70.......140 D 4
Pontchardon 61.......54 D 2
Pontcharra 38.......233 G 4
Pontcharra-sur-Turdine 69..212 B 4
Pontcharraud 23.......207 H 4
Pontchartrain 78.......57 H 4
Pontchâteau 44.......146 C 1
Pontcirq 46.......259 G 4
Ponte-Leccia 2B.......347 E 3
Ponte Nuovo 2B.......347 F 2
Pontécoulant 14.......53 E 3
Ponteilla 66.......343 E 2
Ponteils-et-Brésis 30.......283 G 1
Pontempeyrat 43.......229 F 5
Pontenx-les-Forges 40.......272 C 2
Le Pontet 33.......237 G 2
Le Pontet 73.......233 H 3
Le Pontet 84.......285 F 5
Les Pontets 25.......180 B 4
Pontevès 83.......307 F 4
Ponteyraud 24.......239 F 2
Pontfaverger-
 Moronvilliers 51.......42 A 4
Pontgibaud 63.......209 F 5
Pontgouin 28.......85 G 3
Ponthévrard 78.......87 E 3
Ponthierry 77.......88 A 3
Ponthion 51.......62 D 4
Ponthoile 80.......11 F 2
Le Ponthou 29.......72 B 5
Ponthoux 39.......196 D 3
Pontiacq-Viellepinte 64.......314 D 3
Pontigné 49.......129 G 5
Pontigny 89.......136 C 2
Pontis 04.......270 B 4
Pontivy 56.......101 H 3
Pontlevoy 41.......153 E 2
Pontmain 53.......81 G 3
Pontoise 95.......58 A 1
Pontoise-lès-Noyon 60.......23 H 5
Pontonx-sur-l'Adour 40.......293 E 2
Pontorson 50.......80 C 2
Pontours 24.......258 C 1
Pontoux 71.......178 B 2
Pontoy 57.......66 B 2
Pontpierre 57.......66 D 1
Pontpoint 60.......39 E 3
Pontrieux 22.......73 E 4
Pontru 02.......24 A 1
Pontruet 02.......24 A 1
Ponts 50.......51 H 4
Les Ponts-de-Cé 49.......149 G 2
Ponts-et-Marais 76.......10 D 4
Les Ponts-Neufs 22.......78 C 3
Pontvallain 72.......130 A 3
Popian 34.......302 A 4
Popolasca 2B.......347 E 3
Porcaro 56.......103 F 5
Porcelette 57.......46 D 5
Porchères 33.......238 D 3
Porcheresse 16.......221 E 4
La Porcherie 87.......224 C 3
Porcheux 60.......37 H 3
Porcheville 78.......57 G 2
Porcieu-Amblagnieu 38.......214 B 4
Pordic 22.......73 H 5
Le Porge 33.......236 C 5
Pornic 44.......146 C 5
Pornichet 44.......145 H 5
Porquéricourt 60.......23 G 5
Porquerolles Île de 83.......328 C 5
Porri 2B.......347 G 3
Pors-Even 29.......73 F 2
Porsmilin 29.......74 D 2
Porspoder 29.......70 A 5
Port 01.......214 C 1
Le Port 09.......335 H 4
Port Col de 09.......336 A 3
Port-à-Binson 51.......61 E 1
Port-Barcarès 66.......339 E 4
Port-Blanc 22.......72 D 2
Port-Brillet 53.......105 G 3
Port-Camargue 30.......303 F 5
Port-Coton Aiguilles de 56...144 B 4
Port-Cros Île de 83.......329 E 5
Port-d'Atelier 70.......140 D 3
Port-de-Bouc 13.......325 G 3
Port-de-Carhaix 29.......76 D 4
Port-de-Gagnac 46.......243 E 5
Port-de-Groslée 01.......232 C 1
Port-de-la-Meule 85.......164 A 4
Port-de-Lanne 40.......292 C 4
Port-de-Miramar 83.......328 D 4
Port-de-Piles 86.......169 H 2
Port-d'Envaux 17.......201 F 4
Port-des-Barques 17.......200 C 3

Port-Donnant 56.......144 B 4
Port-en-Bessin 14.......32 D 2
Port-Goulphar 56.......144 B 4
Port-Haliguen 56.......123 H 5
Port-Jérôme 76.......35 F 1
Port-Joinville 85.......164 A 4
Port-la-Nouvelle 11.......339 F 2
Port-Launay 29.......75 H 4
Port-Lauragais 31.......318 C 3
Port-le-Grand 80.......11 G 3
Port-Lesney 39.......179 G 1
Port-Leucate 11.......339 F 4
Port-Louis 56.......123 F 2
Port-Manech 29.......100 B 5
Port-Maria 56.......144 C 4
Le Port-Marly 78.......58 A 3
Port-Miou 13.......327 F 3
Port-Mort 27.......36 D 5
Port-Navalo 56.......124 A 4
Port Royal des Champs
 Abbaye de 78.......57 H 4
Port-Saint-Louis-
 du-Rhône 13.......325 F 4
Port-Saint-Père 44.......147 F 5
Port-Sainte-Foy-
 et-Ponchapt 24.......257 F 1
Port-Sainte-Marie 47.......275 G 2
Port-sur-Saône 70.......141 E 4
Port-sur-Seille 54.......65 H 3
Port-Vendres 66.......343 G 4
Port-Villez 78.......57 E 1
Porta 66.......341 E 4
La Porta 2B.......347 G 3
Portbail 50.......31 E 2
Porte Col de 38.......233 E 5
Porte-Joie 27.......36 C 4
Porté-Puymorens 66.......341 E 4
Le Portel 62.......6 A 2
Portel Sommet de 09.......335 H 3
Portel-des-Corbières 11.......338 D 2
Portes ......56 A 1
Portes 30.......283 G 2
Portes Calvaire de 01.......214 B 4
Portes Chartreuse de 01.......214 B 4
Les Portes-en-Ré 17.......182 C 4
Portes-en-Valdaine 26.......267 F 4
Portes-lès-Valence 26.......249 F 5
Portet 64.......294 C 5
Portet-d'Aspet 31.......334 D 3
Portet d'Aspet Col de 31.......334 D 3
Portet-de-Luchon 31.......334 A 4
Portet-sur-Garonne 31.......297 H 5
Portets 33.......255 H 2
Porticcio 2A.......348 C 4
Porticciolo Marine de 2B.......345 G 2
Portiragnes 34.......321 H 4
Portiragnes-Plage 34.......321 H 4
Portivy 56.......123 G 5
Porto 2A.......346 B 5
Porto-Pollo 2A.......348 C 5
Porto-Vecchio 2A.......351 G 2
Ports 37.......169 G 1
Portsall 29.......70 B 4
Posanges 21.......159 E 2
Poses 27.......36 C 3
Possesse 51.......63 E 3
La Possonnière 49.......149 F 2
La Possonnière Manoir 41...130 D 3
La Postolle 89.......113 H 2
Postroff 67.......67 H 3
Potangis 51.......90 A 2
Potelières 30.......284 A 3
Potelle 59.......15 E 3
La Poterie 22.......78 D 3
La Poterie-au-Perche 61.......84 D 2
La Poterie-Cap-d'Antifer 76...18 C 4
La Poterie-Mathieu 27.......35 E 4
Pothières 21.......115 H 5
Potigny 14.......53 H 2
Potte 80.......23 G 3
Pouan-les-Vallées 10.......90 D 3
Pouançay 86.......168 B 1
Pouancé 49.......127 F 3
Pouant 86.......169 E 2
Poubeau 31.......334 A 4
Poucharramet 31.......317 F 3
Pouchergues 65.......333 H 4
Poudenas 47.......275 F 4
Poudenx 40.......293 H 4
Poudis 81.......299 E 5
Poudrey Gouffre de 25.......162 B 4
Poueyferré 65.......332 D 1
Pouffonds 79.......185 G 5

La Pouge 23.......207 F 3
Le Pouget 34.......302 A 5
Pougnadoires Cirque de 48..282 B 1
Pougnadoresse 30.......284 C 4
Pougne 16.......203 G 3
Pougne-Hérisson 79.......167 H 5
Pougny 01.......215 F 1
Pougny 58.......156 B 3
Pougues-les-Eaux 58.......174 C 1
Pougy 10.......91 G 4
Pouillac 17.......238 B 1
Pouillat 01.......196 B 4
Pouillé 41.......153 E 3
Pouillé 85.......183 H 2
Pouillé 86.......186 D 2
Pouillé-les-Côteaux 44.......148 B 1
Pouillenay 21.......159 E 1
Pouilley-Français 25.......161 G 4
Pouilley-les-Vignes 25.......161 H 3
Pouillon 40.......293 E 4
Pouillon 51.......41 F 3
Pouilloux 71.......194 A 1
Pouilly 57.......65 H 1
Pouilly 60.......38 A 4
Pouilly-en-Auxois 21.......159 F 4
Pouilly-en-Bassigny 52.......117 H 4
Pouilly-le-Fort 77.......88 B 2
Pouilly-le-Monial 69.......212 D 3
Pouilly-lès-Feurs 42.......211 H 5
Pouilly-les-Nonains 42.......211 F 2
Pouilly-sous-Charlieu 42.......211 G 1
Pouilly-sur-Loire 58.......156 A 4
Pouilly-sur-Meuse 55.......27 G 5
Pouilly-sur-Saône 21.......178 B 1
Pouilly-sur-Serre 02.......24 D 4
Pouilly-sur-Vingeanne 21...139 H 5
Le Poujol-sur-Orb 34.......301 F 4
Poujols 34.......301 H 3
Poul-Fétan 56.......101 G 4
Poulaines 36.......153 H 5
Poulains Pointe des 56.......144 B 3
Poulainville 80.......22 C 1
Poulan-Pouzols 81.......299 F 2
Poulangy 52.......117 E 4
Poulay 53.......82 C 4
Pouldavid 29.......99 F 2
Pouldergat 29.......99 F 2
Pouldouran 22.......73 E 3
Pouldreuzic 29.......99 F 3
Le Pouldu 29.......123 E 2
Poule-les-Écharmeaux 69...212 B 1
Pouliacq 64.......294 B 5
Les Poulières 88.......120 A 2
Pouligney 25.......162 B 2
Pouligny-Notre-Dame 36.......189 G 2
Pouligny-Saint-Martin 36.......189 G 2
Pouligny-Saint-Pierre 36.......170 C 5
Le Pouliguen 44.......145 H 5
Poullan-sur-Mer 29.......99 E 2
Poullaouen 29.......76 C 3
Poullignac 16.......220 D 4
Poulx 30.......303 H 1
Poumarous 65.......315 F 5
Poupas 82.......276 D 5
Poupry 28.......110 D 4
Pouques-Lormes 58.......157 H 3
Pourcharesses 48.......265 F 5
Pourchères 07.......266 C 2
Pourcieux 83.......306 D 5
Pourcy 51.......41 F 5
Pourlans 71.......178 C 2
Pournoy-la-Chétive 57.......65 H 2
Pournoy-la-Grasse 57.......65 H 2
Pourrain 89.......136 A 3
Pourrières 83.......306 C 5
Poursac 16.......203 G 3
Poursay-Garnaud 17.......201 H 3
Poursiugues-Boucoue 64...294 B 5
Pourtalet Col du 64.......332 A 4
Pouru-aux-Bois 08.......27 G 3
Pouru-Saint-Remy 08.......27 G 4
Pourville-sur-Mer 76.......10 A 5
Poussan 34.......323 E 3
Poussanges 23.......207 H 3
Poussay 88.......94 D 4
Pousseaux 58.......157 F 1
Poussignac 47.......275 E 4
Poussy-la-Campagne 14.......33 H 5
Pousthomy 12.......300 B 2
Le Pout 33.......255 H 1
Pouvrai 61.......84 B 5
Pouxeux 88.......119 G 3
Pouy 65.......316 A 4
Pouy-de-Touges 31.......317 E 3
Pouy-Loubrin 32.......316 B 2
Pouy-Roquelaure 32.......275 H 5
Pouy-sur-Vannes 10.......90 A 5

Pouyastruc 65.......315 F 4
Pouydesseaux 40.......274 A 5
Pouydraguin 32.......295 E 4
Pouylebon 32.......295 G 5
Le Pouzat 07.......248 B 4
Pouzauges 85.......166 D 4
Pouzilhac 30.......284 D 4
Pouzol 63.......209 G 2
Pouzolles 34.......321 G 2
Pouzols 34.......302 A 4
Pouzols-Minervois 11.......320 D 4
Pouzy-Mésangy 03.......174 B 5
Poyanne 40.......293 F 2
Poyans 70.......160 D 1
Poyartin 40.......293 F 3
Poyols 26.......268 B 3
Pozières 80.......13 G 5
Pra-Loup 04.......270 D 5
Le Pradal 34.......301 F 4
Les Pradeaux 63.......228 A 3
Pradeaux Col des 63.......229 E 3
Pradel Col de 11.......336 D 5
Pradelle 26.......268 A 3
Pradelles 43.......265 F 1
Pradelles 59.......4 A 5
Pradelles-Cabardès 11.......320 A 3
Pradelles-en-Val 11.......338 A 1
Pradère-les-Bourguets 31...297 F 4
Prades 07.......266 A 3
Prades 09.......336 D 5
Prades 43.......246 D 4
Prades 48.......282 C 1
Prades 66.......342 A 3
Prades 81.......299 E 4
Prades-d'Aubrac 12.......263 G 4
Prades-de-Salars 12.......281 E 2
Prades-le-Lez 34.......302 D 3
Prades-sur-Vernazobre 34..321 E 2
Le Pradet 83.......328 B 4
Pradettes 09.......336 C 2
Pradières 09.......336 B 3
Pradiers 15.......245 F 1
Pradinas 12.......279 H 3
Pradines 19.......225 E 3
Pradines 42.......211 H 3
Pradines 46.......259 H 5
Pradons 07.......266 B 5
Prads 04.......288 C 2
Prafrance
 Bambouseraie de 30.......283 G 4
Pragnères Centrale de 65...333 E 4
Prahecq 79.......185 E 5
Prailly 74.......185 F 4
Pralognan-la-Vanoise 73.......234 D 4
Prâlon 21.......159 G 3
Pralong 42.......229 G 2
Pramousquier 83.......329 E 4
Pramouton 05.......270 C 4
Prangey 52.......139 G 3
Pranles 07.......266 C 1
Pranzac 16.......221 G 1
Prapoutel-les-Sept-Laux 38..251 F 1
Le Prarion 74.......216 D 3
Praslay 52.......139 F 3
Praslin 10.......115 F 4
Prasville 28.......110 C 2
Prat 22.......72 D 4
Prat-Bonrepaux 09.......335 E 2
Prat de Bouc 15.......245 E 3
Prato-di-Giovellina 2B.......347 E 3
Prats-de-Carlux 24.......241 H 5
Prats-de-Mollo-
 la-Preste 66.......342 B 5
Prats-de-Sournia 66.......338 A 5
Prats-du-Périgord 24.......259 F 2
Pratviel 81.......298 D 4
Pratz 39.......196 D 3
Pratz 52.......116 C 2
Prauthoy 52.......139 G 4
Pray 41.......131 H 4
Praye 54.......94 D 3
Prayol Col du 38.......268 D 1
Prayols 09.......336 B 3
Prayssac 46.......259 G 5
Prayssas 47.......275 H 2
La Praz 73.......252 C 1
Le Praz 73.......234 C 3
Praz-Coutant 74.......216 D 3
Les Praz-de-Chamonix 74.......217 E 3
Praz-sur-Arly 74.......216 C 4
Le Pré-d'Auge 14.......34 C 5
Pré de Madame Carle 05...252 B 4

Pré-en-Pail 53.......83 E 3
Pré-Saint-Évroult 28.......110 A 3
Le Pré-Saint-Gervais 93.......58 C 3
Pré-Saint-Martin 28.......110 A 2
Préaux 07.......248 D 2
Les Préaux 27.......35 E 3
Préaux 36.......171 E 2
Préaux 53.......106 C 5
Préaux 76.......36 C 1
Préaux 77.......112 D 2
Préaux-Bocage 14.......53 F 1
Préaux-du-Perche 61.......84 D 5
Prébois 38.......268 D 1
Précey 50.......51 G 5
Préchac 32.......296 B 2
Préchac 33.......255 H 5
Préchac 65.......332 D 2
Préchac-sur-Adour 32.......295 E 4
Préchacq-Josbaig 64.......313 G 4
Préchacq-les-Bains 40.......293 F 2
Préchacq-Navarrenx 64.......313 G 4
Précieux 42.......229 H 2
Précigné 72.......129 E 3
Précilhon 64.......331 H 1
Précorbin 50.......32 C 5
Précy 18.......174 A 1
Précy-le-Sec 89.......136 D 5
Précy-Notre-Dame 10.......91 G 4
Précy-Saint-Martin 10.......91 G 4
Précy-sous-Thil 21.......158 D 2
Précy-sur-Marne 77.......59 F 2
Précy-sur-Oise 60.......38 C 4
Précy-sur-Vrin 89.......113 G 5
Prédefin 62.......7 F 4
Préfailles 44.......146 B 4
Préfontaines 45.......112 B 3
Prégilbert 89.......136 C 5
Préguillac 17.......219 G 1
Préhy 89.......136 C 3
Preignac 33.......256 B 3
Preignan 32.......296 B 3
Preigney 70.......140 C 3
Preixan 11.......337 G 1
Prélenfrey 38.......250 D 3
Prelles 05.......252 C 5
Prémanon 39.......197 F 2
Premeaux-Prissey 21.......159 H 5
Prémery 58.......156 D 5
Prémesques 59.......8 C 2
Prémeyzel 01.......232 D 1
Prémian 34.......300 D 5
Premières 21.......160 C 4
Prémierfait 10.......90 D 3
Prémilhat 03.......190 C 4
Prémillieu 01.......214 C 4
Prémont 02.......14 C 5
Prémontré 02.......24 C 5
Prendeignes 46.......261 G 2
Préneron 32.......295 G 3
La Prénessaye 22.......102 C 1
Prenois 21.......159 H 2
Prénouvellon 41.......110 B 5
Prénovel 39.......197 E 2
Prény 54.......65 G 2
Préporché 58.......175 H 3
Prépotin 61.......84 C 2
Les Prés 26.......268 D 4
Présailles 43.......247 G 5
Préseau 59.......15 E 2
Présentevillers 25.......142 B 4
Préserville 31.......298 B 5
Présilly 39.......196 C 1
Présilly 74.......215 G 1
Presle 70.......141 F 5
Presle 73.......233 G 3
Presles 14.......52 D 3
Presles 38.......250 B 3
Presles 95.......38 B 5
Presles-en-Brie 77.......59 F 5
Presles-et-Boves 02.......40 D 2
Presles-et-Thierry 02.......40 D 1
Presly 18.......155 E 2
Presnoy 45.......112 A 5
Pressac 86.......204 B 1
Pressagny-l'Orgueilleux 27...36 D 5
Pressiat 01.......196 A 4
Pressignac 16.......204 C 5
Pressignac-Vicq 24.......240 C 5
Pressigny 52.......140 B 3
Pressigny 79.......168 B 4
Pressigny-les-Pins 45.......134 D 2
Pressins 38.......232 C 3
Pressy 62.......7 G 4
Pressy-sous-Dondin 71.......194 B 2
La Preste 66.......342 A 5

La Prétière 25......142 A 5
Pretin 39......179 G 2
Prétot-Sainte-Suzanne 50......31 G 2
Prétot-Vicquemare 76......19 H 3
Prêtreville 14......54 D 1
Prêty 71......195 F 2
Pretz-en-Argonne 55......63 G 2
Preuilly 18......172 D 1
Preuilly Abbaye de 77......89 E 4
Preuilly-la-Ville 36......170 B 5
Preuilly-sur-Claise 37......170 B 3
Preures 62......6 C 3
Preuschdorf 67......69 E 2
Preuseville 76......21 E 2
Preutin-Higny 54......45 E 3
Preux-au-Bois 59......15 E 4
Preux-au-Sart 59......15 E 2
Préval 72......108 C 2
Prévelles 72......108 B 3
Prévenchères 48......265 F 4
Préveranges 18......190 A 3
Prévessin-Moëns 01......197 G 4
La Prévière 49......127 F 3
Prévillers 60......21 H 5
Prévocourt 57......66 C 3
Prey 27......56 C 2
Prey 88......119 H 2
Preyssac-d'Excideuil 24......223 F 5
Prez 08......26 A 2
Prez-sous-Lafauche 52......93 G 5
Prez-sur-Marne 52......92 D 2
Priaires 79......201 G 1
Priay 01......214 A 2
Priez 02......40 B 5
Prignac 17......202 B 4
Prignac-en-Médoc 33......218 D 5
Prignac-et-Marcamps 33......237 G 3
Prigonrieux 24......239 G 5
Primarette 38......231 G 4
Primat 08......42 D 2
La Primaube 12......280 D 2
Primel-Trégastel 29......72 A 3
Primelin 29......98 D 2
Primelles 18......172 D 3
Prin-Deyrançon 79......184 C 5
Prinçay 86......169 E 2
Princé 35......105 F 2
Pringé 72......129 H 4
Pringy 51......62 C 4
Pringy 74......215 G 3
Pringy 77......88 A 3
Prinquiau 44......146 D 2
Prinsuéjols 48......263 H 3
Printzheim 67......68 C 4
Prisces 02......25 F 3
Prisches 59......15 F 4
Prissac 36......188 B 2
Prissé 71......194 D 4
Prissé-la-Charrière 79......201 H 1
Pritz 53......106 A 3
Privas 07......266 D 2
Privezac 12......279 H 1
Prix-lès-Mézières 08......26 D 3
Priziac 56......101 E 2
Prizy 71......193 H 4
La Proiselière-et-Langle 70..141 H 2
Proissans 24......241 G 5
Proisy 02......25 E 1
Proix 02......24 D 1
Projan 32......294 C 4
Promilhanes 46......279 E 1
Prompsat 63......209 H 4
Prondines 63......226 D 1
Pronleroy 60......38 D 1
Pronville 62......14 A 3
Propiac 26......286 A 2
Propières 69......212 B 1
Propriano 2A......350 D 2
Prosnes 51......42 A 4
Prouais 28......57 E 5
Prouilly 51......41 F 3
Proumeyssac
  Gouffre de 24......241 E 5
Proupiary 31......316 D 5
Proussy 14......53 F 2
Prouvais 02......41 G 1
Prouville 80......12 B 4
Prouvy 59......14 D 2
Prouzel 80......22 B 2
Provemont 27......37 F 3
Provenchère 25......163 E 3
Provenchère 70......141 E 3
Provenchères-
  lès-Darney 88......118 C 3
Provenchères-sur-Fave 88...96 C 4
Provenchères-sur-Marne 52..92 D 5

Provenchères-
  sur-Meuse 52......117 H 4
Provency 89......158 A 1
Proverville 10......116 A 2
Proveysieux 38......250 D 1
Proville 59......14 B 4
Provin 59......8 C 4
Provins 77......89 G 2
Proviseux-et-Plesnoy 02......41 G 1
Proyart 80......23 E 2
Prudemanche 28......56 B 5
Prudhomat 46......243 E 5
Prugnanes 66......338 A 4
Prugny 10......114 D 2
Pruillé 49......128 B 5
Pruillé-le-Chétif 72......107 G 5
Pruillé-l'Éguillé 72......130 B 2
Pruines 12......262 C 4
Prunay 51......41 H 4
Prunay-Belleville 10......90 B 5
Prunay-Cassereau 41......131 F 4
Prunay-en-Yvelines 78......86 D 3
Prunay-le-Gillon 28......86 C 5
Prunay-le-Temple 78......57 F 3
Prunay-sur-Essonne 91......87 H 5
Prunelli-di-Casacconi 2B...347 G 2
Prunelli-di-Fiumorbo 2B....349 G 2
Prunet 07......266 A 3
Prunet 15......262 C 1
Prunet 31......298 C 5
Prunet-et-Belpuig 66......342 C 3
Pruniers 2B......347 H 4
Pruniers 05......270 A 3
Prunières 38......251 E 5
Prunières 48......264 B 1
Pruniers 36......172 C 4
Pruniers 49......149 G 1
Pruniers-en-Sologne 41......153 H 3
Pruno 2B......347 G 3
Prunoy 89......135 G 2
Prusly-sur-Ource 21......138 B 2
Prusy 10......114 D 5
Pruzilly 71......194 D 5
Puberg 67......68 A 2
Publier 74......198 B 3
Publy 39......179 F 5
Puceul 44......126 C 5
Le Puch 09......337 F 5
Puch-d'Agenais 47......275 F 1
Puchay 27......37 E 3
Puchevillers 80......12 D 5
Le Puech 34......301 H 4
Puéchabon 34......302 B 3
Puéchoursi 81......318 D 2
Puechredon 30......303 F 1
Puellemontier 52......92 A 3
Puessans 25......162 C 1
Puget 84......305 G 2
Puget-Rostang 06......289 G 4
Puget-sur-Argens 83......308 C 5
Puget-Théniers 06......289 F 5
Puget-Ville 83......328 C 2
Pugey 25......161 H 4
Pugieu 01......214 C 4
Puginier 31......318 D 3
Pugnac 33......237 G 3
Pugny 79......167 G 4
Pugny-Chatenod 73......233 F 1
Puichéric 11......320 B 5
Le Puid 88......96 C 3
Puigmal 66......341 G 5
Puihardy 79......184 D 2
Puilacher 34......302 A 5
Puilaurens 11......337 G 5
Puilboreau 17......183 F 5
Puilly-et-Charbeaux 08......27 H 4
Puimichel 04......287 G 5
Puimisson 34......321 G 2
Puimoisson 04......307 F 1
La Puisaye 28......85 F 2
Puiseaux 45......112 A 2
Puiselet-le-Marais 91......87 G 4
Puisenval 76......21 E 2
Le Puiset 28......110 D 2
Le Puiset-Doré 49......148 C 4
Puiseux 08......26 C 5
Puiseux 28......86 A 4
Puiseux-en-Bray 60......37 G 2
Puiseux-en-France 95......58 D 1
Puiseux-en-Retz 02......40 A 3
Puiseux-le-Hauberger 60...38 B 4
Puiseux-Pontoise 95......57 H 1
Puisieulx 51......41 H 4
Puisieux 62......13 F 4
Puisieux 77......59 G 1
Puisieux-et-Clanlieu 02......24 D 2
Puissalicon 34......321 G 2

Puisseguin 33......238 D 5
Puisserguier 34......321 E 3
Puits 21......138 A 3
Le Puits-des-Mèzes 52......117 F 3
Puits-et-Nuisement 10......115 H 2
Puits-la-Vallée 60......22 B 5
Pujaudran 32......297 F 5
Pujaut 30......285 E 5
Pujo 65......315 E 3
Pujo-le-Plan 40......294 B 1
Les Pujols 09......336 C 1
Pujols 33......256 D 1
Pujols 47......276 C 1
Pujols-sur-Ciron 33......255 H 4
Le Puley 71......177 F 5
Puligny-Montrachet 21......177 G 2
Pullay 27......55 H 4
Pulligny 54......94 D 2
Pulney 54......94 C 4
Pulnoy 54......66 B 5
Pulvérières 63......209 F 4
Pulversheim 68......121 E 5
Punchy 80......23 F 3
Punerot 88......94 A 3
Puntous 85......316 A 4
Puntous de Laguian 32......315 G 2
Pupillin 39......179 G 3
Pure 08......27 G 4
Purgerot 70......140 D 3
Pusey 70......141 E 4
Pusignan 69......213 G 5
Pussay 91......87 E 3
Pussigny 37......169 G 2
Pussy 73......234 B 2
Pusy-et-Épenoux 70......141 E 4
Putanges-Pont-Écrepin 61...53 H 4
Puteaux 92......58 B 3
Putot-en-Auge 14......34 A 4
Putot-en-Bessin 14......33 F 4
Puttelange-aux-Lacs 57......67 F 1
Puttelange-lès-Thionville 57..45 H 1
Puttigny 57......66 D 3
Puxe 54......45 E 5
Puxieux 54......65 F 1
Le Puy 25......162 B 2
Le Puy 33......257 E 3
Puy Crapaud 85......167 E 4
Puy-d'Arnac 19......242 D 4
Puy de Dôme 63......209 G 5
Puy-de-Serre 85......184 C 3
Puy du Fou Château du 85.166 D 2
Puy-du-Lac 17......201 F 3
Le Puy-en-Velay 43......247 F 3
Puy-Guillaume 63......210 C 3
Puy-l'Évêque 46......259 F 4
Puy-Malsignat 23......207 H 3
Le Puy-Notre-Dame 49......150 A 5
Puy-Saint-André 05......252 C 4
Puy-Saint-Eusèbe 05......270 B 3
Puy-Saint-Gulmier 63......208 D 5
Puy-Saint-Martin 26......267 G 3
Puy-Saint-Pierre 05......252 C 4
Puy-Saint-Vincent 05......252 C 5
Le Puy-
  Sainte-Réparade 13......306 A 3
Puy-Sanières 05......270 C 3
Puybarban 33......256 D 4
Puybegon 81......298 D 2
Puybrun 46......242 D 5
Puycalvel 81......299 F 4
Puycasquier 32......296 C 3
Puycelci 81......278 D 5
Puycornet 82......277 H 4
Puydaniel 31......317 H 4
Puydarrieux 65......315 H 4
Puydrouard 17......201 F 4
La Puye 86......187 F 1
Puygaillard-
  de-Lomagne 82......276 D 5
Puygaillard-de-Quercy 82...278 C 5
Puygiron 26......267 F 4
Puygouzon 81......299 F 1
Puygros 73......233 G 2
Puyguilhem 24......257 G 2
Puyguilhem Château de 24.222 C 4
Puyjourdes 46......279 E 1
Puylagarde 82......279 E 2
Puylaroque 82......278 C 5
Puylaurens 81......299 E 5
Puylausic 32......316 D 2
Puyloubier 13......306 C 5
Puymangou 24......239 E 2
Puymartin Château de 24...241 F 5
Puymaurin 31......316 C 3
Puyméras 84......285 H 2

Puymiclan 47......257 G 4
Puymirol 47......276 C 3
Puymoyen 16......221 F 2
Puynormand 33......238 D 4
Puyol-Cazalet 40......294 B 4
Puyôô 64......293 E 5
Puyravault 17......201 E 1
Puyravault 85......183 F 3
Puyréaux 16......203 F 4
Puyrenier 24......221 H 4
Puyricard 13......306 A 4
Puyrolland 17......201 G 2
Puys 76......10 B 5
Puységur 32......296 B 3
Puysségur 31......297 E 3
Puysserampion 47......257 G 3
Puyvalador 66......341 G 2
Puyvert 84......305 H 2
Puzeaux 80......23 F 3
Puzieux 57......66 B 3
Puzieux 88......94 D 4
Py 66......342 A 4
Pyla-sur-Mer 33......254 B 2
La Pyle 27......35 H 4
Pyrénées 2000 66......341 F 4
Pys 80......13 G 4

Q

Quaëdypre 59......3 H 3
Quaix-en-Chartreuse 38......250 D 1
Quantilly 18......155 F 4
Quarante 34......321 E 3
Quarouble 59......9 H 5
Quarré-les-Tombes 89......158 A 3
La Quarte 70......140 B 3
Le Quartier 63......209 E 2
Quasquara 2A......349 E 3
Quatre-Champs 08......42 D 1
Les Quatre Chemins 85......183 F 2
Quatre-Routes-
  d'Albussac 19......242 D 3
Les Quatre-Routes-
  du-Lot 46......242 C 4
Quatre Vios Col des 07......266 B 1
Quatremare 27......36 B 4
Quatzenheim 67......68 C 5
Quéant 62......13 H 3
Queaux 86......187 E 4
Québriac 35......80 A 4
Quédillac 35......103 F 1
Queige 73......216 B 5
Quelaines-Saint-Gault 53...105 H 5
Les Quelles 67......96 C 3
Quelmes 62......3 E 5
Quelneuc 56......125 H 2
Quéménéven 29......75 H 5
Quemigny-Poisot 21......159 H 4
Quemigny-sur-Seine 21......138 B 4
Quemper-Guézennec 22......73 F 3
Quemperven 22......72 D 3
Quend 80......11 F 1
Quend-Plage-les-Pins 80....11 E 1
Quenne 89......136 C 3
Quenoche 70......162 A 1
Quenza 2A......349 F 5
Quercamps 62......3 E 5
Querciolo 2B......347 H 2
Quercitello 2B......347 G 3
Quérénaing 59......14 D 2
Quéribus
  Château de 11......338 B 4
Quérigut 09......341 G 2
Quernes 62......7 G 3
Quéroy Grottes du 16......221 G 2
Querqueville 50......29 E 2
Querré 49......128 C 4
Querrien 29......100 D 4
Querrieu 80......22 C 1
Quers 70......141 G 3
Quesmy 60......23 H 4
Quesnay-Guesnon 14......32 D 4
Le Quesne 80......21 G 2
Le Quesnel 80......23 E 3
Le Quesnel-Aubry 60......38 C 1
Le Quesnoy 59......15 E 3
Le Quesnoy 80......23 E 3
Le Quesnoy-en-Artois 62...12 B 2
Quesnoy-le-Montant 80......11 F 3
Quesnoy-sur-Airaines 80....11 H 5
Quesnoy-sur-Deûle 59......4 C 5
Quesques 62......3 E 4
Quessigny 27......56 C 2
Quessoy 22......78 C 4
Quessy 02......24 B 4
Questembert 56......125 E 3
Questrecques 62......6 C 2

Quet-en-Beaumont 38......251 F 5
Quetigny 21......160 B 3
Quettehou 50......29 G 3
Quettetot 50......29 E 4
Quetteville 14......34 C 3
Quettreville-sur-Sienne 50...51 G 1
Queudes 51......61 E 5
La Queue-en-Brie 94......58 D 4
La Queue-les-Yvelines 78...57 G 4
Queuille 63......209 F 3
Quevauvillers 80......22 A 2
Quéven 56......101 E 5
Quevert 22......79 G 4
Quevillon 76......36 A 2
Quevilloncourt 54......94 D 3
Quévreville-la-Poterie 76....36 B 3
Queyrac 33......218 D 4
Queyrières 43......247 H 3
Queyssac 24......240 B 5
Queyssac-les-Vignes 19.....242 D 4
Quézac 15......261 H 2
Quézac 48......282 C 1
Quiberon 56......123 H 5
Quiberville 76......20 A 2
Quibou 50......32 A 5
Quié 09......336 B 4
Quiers 77......88 D 2
Quiers-sur-Bézonde 45......111 H 5
Quiéry-la-Motte 62......8 C 5
Quierzy 02......24 A 5
Quiestède 62......7 G 2
Quiévelon 59......15 H 3
Quiévrechain 59......9 H 5
Quiévrecourt 76......20 D 3
Quiévy 59......14 D 4
Quilen 62......6 D 4
Quilinen Calvaire de 29......99 H 2
Quillan 11......337 F 4
Quillebeuf-sur-Seine 27......35 F 1
Le Quillio 22......102 A 1
Quilly 08......42 C 2
Quilly 44......146 D 1
Quily 56......102 D 5
Quimerch 29......75 H 4
Quimiac 44......145 G 3
Quimper 29......99 H 3
Quimperlé 29......100 D 4
Quincampoix 76......36 B 1
Quincampoix-Fleuzy 60......21 G 3
Quinçay 86......186 B 1
Quincerot 21......137 G 5
Quincerot 89......115 E 5
Quincey 10......90 A 3
Quincey 21......160 A 5
Quincey 70......141 F 4
Quincié-en-Beaujolais 69....212 C 1
Quincieu 38......250 B 1
Quincieux 69......213 E 4
Quincy 18......154 C 5
Quincy-Basse 02......40 B 1
Quincy-Landzécourt 55......43 H 1
Quincy-le-Vicomte 21......137 G 5
Quincy-sous-le-Mont 02......40 D 3
Quincy-sous-Sénart 91......58 D 5
Quincy-Voisins 77......59 G 3
Quinéville 50......29 G 4
Quingey 25......161 H 5
Quinquempoix 60......22 C 5
Quins 12......280 B 3
Quinsac 24......222 C 4
Quinsac 33......255 G 1
Quinsac 87......223 G 4
Quinson 04......307 F 3
Quinssaines 03......190 C 4
Quint-Fonsegrives 31......298 A 5
Quintal 74......215 G 4
La Quinte 72......107 G 4
Quintenas 07......248 D 2
Quintenic 22......79 E 3
Quintigny 39......179 E 4
Quintillan 11......338 C 3
Quintin 22......78 A 4
Le Quiou 22......79 H 5
Quirbajou 11......337 F 4
Quiry-le-Sec 80......22 C 4
Quissac 30......303 E 1
Quissac 46......260 D 3
Quistinic 56......101 G 4
Quittebeuf 27......36 A 5
Quitteur 70......140 B 5
Quivières 80......23 H 2
Quœux-Haut-Maînil 62......12 B 2

R

Rabastens 81......298 C 2
Rabastens-de-Bigorre 65...315 F 3

Rabat-
  les-Trois-Seigneurs 09.....336 A 4
La Rabatelière 85......166 A 3
Rablay-sur-Layon 49......149 G 3
Rabodanges 61......53 G 3
Rabodanges Barrage de 61..53 G 4
Le Rabot 41......133 F 5
Rabou 05......269 G 3
Rabouillet 66......337 H 5
Racécourt 88......94 D 5
Rachecourt-sur-Marne 52...92 D 3
Rachecourt-Suzémont 52....92 C 3
Raches 59......8 D 5
Racines 10......114 C 4
La Racineuse 71......178 B 3
Racou-Plage 66......343 G 3
Racquinghem 62......7 G 2
Racrange 57......67 E 3
Raddon-et-Chapendu 70.....141 H 2
Radenac 56......102 B 4
Radepont 27......36 C 3
Radinghem 62......7 E 3
Radinghem-en-Weppes 59...8 C 3
Radon 61......83 G 3
Radonvilliers 10......91 H 4
Radule Bergeries de 2B......346 C 4
Raedersdorf 68......143 G 4
Raedersheim 68......121 E 5
Raffetot 76......19 F 5
Rageade 15......246 A 3
Raguenès-Plage 29......100 B 5
Rahart 41......131 G 2
Rahay 72......108 D 5
Rahling 57......67 H 2
Rahon 25......163 E 2
Rahon 39......178 D 1
Rai 61......55 F 4
Raids 50......31 H 4
Raillencourt-Sainte-Olle 59..14 B 3
Railleu 66......341 G 3
Raillicourt 08......26 C 4
Raillimont 02......25 H 4
Raimbeaucourt 59......8 D 4
Rainans 39......161 E 5
Raincheval 80......12 D 5
Raincourt 70......140 C 2
Le Raincy 93......58 D 3
Rainfreville 76......20 A 3
Rainneville 80......22 C 1
Rainsars 59......15 H 4
Rainville 88......94 B 4
Rainvillers 60......37 H 2
Les Rairies 49......129 F 4
Raismes 59......9 G 5
Raissac 09......336 C 1
Raissac-d'Aude 11......320 D 5
Raissac-sur-Lampy 11......319 F 4
Raix 16......203 F 3
Raizeux 78......86 C 2
Ramasse 01......196 A 5
Ramatuelle 83......329 G 3
Ramaz Col de la 74......198 B 5
Rambaud 05......269 H 3
Rambervillers 88......95 H 4
Rambluzin-
  et-Benoite-Vaux 55......64 B 2
Rambouillet 78......86 D 2
Rambucourt 55......65 E 4
Ramburelles 80......11 F 5
Rambures 80......11 F 5
Ramecourt 62......7 G 5
Ramecourt 88......94 D 5
Ramerupt 10......91 F 3
Ramicourt 02......24 B 1
Ramillies 59......14 B 3
Rammersmatt 68......142 D 1
Ramonchamp 88......120 A 5
Ramonville-Saint-Agne 31...298 A 5
Ramoulu 45......111 G 2
Ramous 64......293 F 5
Ramousies 59......15 H 4
Ramouzens 32......295 F 2
Rampan 50......32 A 4
Rampieux 24......258 D 2
Rampillon 77......89 E 3
Rampont 55......43 H 5
Rampoux 46......259 H 3
Rancé 01......213 E 3
Rancenay 25......161 H 4
Rancennes 08......17 E 4
Rances 10......91 H 3
Ranchal 69......212 B 1
Ranchette 39......196 B 3
Ranchicourt 62......7 H 5
Ranchot 39......161 F 5
Ranchy 14......32 D 3
Rancogne 16......221 H 1

Rançon 76......19 G 5
Rancon 87......205 G 1
Rançonnières 52......117 H 5
Rancoudray 50......52 C 5
Rancourt 80......13 H 5
Rancourt 88......118 D 2
Rancourt-sur-Ornain 55......63 F 3
Rancy 71......195 G 4
Randan 63......210 B 3
Randanne 63......227 F 1
Randens 73......234 A 2
Randevillers 25......162 D 3
Randonnai 61......55 F 5
Rânes 61......53 H 5
Rang 25......142 A 5
Rang-du-Fliers 62......6 B 5
Rangecourt 52......117 G 4
Rangen 67......68 C 5
Ranguevaux 57......45 G 4
Rannée 35......105 E 5
Ranrupt 67......96 D 3
Rans 39......161 F 5
Ransart 62......13 F 3
Ranspach 68......120 C 5
Ranspach-le-Bas 68......143 G 3
Ranspach-le-Haut 68......143 G 3
Rantechaux 25......162 C 5
Rantigny 60......38 D 3
Ranton 86......168 C 2
Rantzwiller 68......143 G 2
Ranville 14......33 H 4
Ranville-Breuillaud 16......202 D 4
Ranzevelle 70......118 C 5
Ranzières 55......64 C 2

Raon-aux-Bois 88......119 G 3
Raon-lès-Leau 54......96 C 2
Raon-l'Étape 88......96 A 3
Raon-sur-Plaine 88......96 C 2
Rapaggio 2B......347 G 5
Rapale 2B......345 F 5
Rapey 88......95 E 4
Raphèle-les-Arles 13......304 C 4
Rapilly 14......53 G 3
Rapsécourt 51......63 E 1
Raray 60......39 F 4
Rarécourt 55......43 G 5
Rasiguères 66......338 B 5
Raslan 86......150 C 5
Rasteau 84......285 G 2
Ratenelle 71......195 F 2
Ratières 26......249 F 2
Ratilly Château de 89......156 C 1
Ratte 71......178 C 5
Ratzwiller 67......68 A 2
Raucoules 43......248 A 2
Raucourt 54......65 H 3
Raucourt-au-Bois 59......15 E 3
Raucourt-et-Flaba 08......27 F 5
Raulecourt 55......65 E 4
Raulhac 15......244 D 5
Rauret 43......265 E 1
Rauville-la-Bigot 50......29 E 4
Rauville-la-Place 50......31 G 2
Rauwiller 67......67 H 4
Rauzan 33......256 C 1
Raveau 58......156 B 5
Ravel 63......210 B 5

Ravel 69......230 D 2
Ravel-et-Ferriers 26......268 C 2
Ravenel 60......38 D 1
Ravennefontaines 52......117 H 4
Ravenoville 50......29 H 5
Raves 88......96 C 5
Raviège Lac de la 81......300 B 5
Ravières 89......137 G 4
Ravigny 53......83 F 3
Raville 57......66 C 1
Raville-sur-Sânon 54......95 F 1
Ravilloles 39......196 D 3
La Ravoire 73......233 F 2
Ray-sur-Saône 70......140 C 5
Raye-sur-Authie 62......11 H 1
Rayet 47......258 C 3
Raymond 18......173 G 2
Raynans 25......142 B 4
Rayol-Canadel-sur-Mer 83......329 E 4
Rayssac 81......299 H 2
Raz Pointe du 29......98 C 2
Razac-de-Saussignac 24......257 F 1
Razac-d'Eymet 24......257 H 2
Razac-sur-l'Isle 24......240 B 2
Raze 70......140 D 5
Razecueillé 31......334 C 3
Razengues 32......297 E 4
Razès 87......205 H 3
Razimet 47......275 F 1
Razines 37......169 F 2
Ré Île de 17......182 D 5
Réal 66......341 G 2
Réalcamp 76......21 F 2
Réallon 05......270 B 3

Réalmont 81......299 G 3
Réalville 82......278 B 4
Réans 32......295 E 1
Réau 77......88 B 2
Réau (Ancienne Abbaye de la) 86......204 B 1
Réaumont 38......232 C 4
Réaumur 85......167 E 4
Réaup 47......275 E 4
Réaux 17......220 B 3
Les Réaux Château 37......150 D 4
Rebais 77......60 A 3
Rebecques 62......7 G 2
Rébénacq 64......314 A 5
Rebergues 62......2 D 5
Rebets 76......36 D 1
Rebeuville 88......94 A 4
Rebigue 31......318 A 2
Rebouc 65......333 H 2
Rebouillon 83......308 A 4
Rebourguil 12......300 C 1
Reboursaux 89......114 B 5
Reboursin 36......172 A 1
Rebréchien 45......111 F 5
Rebreuve-Ranchicourt 62......7 H 5
Rebreuve-sur-Canche 62......12 D 2
Rebreuviette 62......12 D 3
Recanoz 39......179 E 3
Recey-sur-Ource 21......138 D 3
Réchésy 90......143 E 4
Réchicourt 55......44 D 3
Réchicourt-la-Petite 54......66 D 5
Réchicourt-le-Château 57......67 F 5

Récicourt 55......43 G 5
Réclainville 28......86 C 5
Reclesne 71......176 C 1
Reclinghem 62......7 F 3
Réclonville 54......95 H 2
Recloses 77......88 B 5
Recologne 25......161 G 3
Recologne 70......140 C 5
Recologne-lès-Rioz 70......161 H 1
Recoules-d'Aubrac 48......263 G 2
Recoules-de-Fumas 48......264 B 3
Recoules-Prévinquières 12......281 G 1
Récourt 52......117 G 5
Récourt 62......14 A 3
Récourt-le-Creux 55......64 B 2
La Recousse 62......3 E 4
Recouvrance 90......142 D 2
Le Recoux 48......281 H 1
Recques-sur-Course 62......6 C 4
Recques-sur-Hem 62......3 E 4
Recquignies 59......15 H 2
Le Reculey 14......52 C 2
Reculfoz 25......180 B 4
Recurt 65......315 H 5
Recy 51......62 A 2
Rédange 57......45 F 2
Rédené 29......100 D 5
Réderis Cap 66......343 G 4
Redessan 30......304 A 2
Réding 57......67 H 4
Redon 35......125 G 4
La Redorte 11......320 B 4
Redortiers 04......286 D 4

Réez-Fosse-Martin 60......39 G 5
Reffannes 79......185 F 2
Reffroy 55......93 G 1
Reffuveille 50......52 A 5
Refranche 25......180 A 1
Régades 31......334 C 2
Régat 09......336 D 2
Regnauville 62......11 H 1
Regnéville 88......118 C 4
Regnéville-sur-Mer 50......51 F 1
Regnéville-sur-Meuse 55......44 B 4
Regney 88......95 E 5
Régnié-Durette 69......212 D 1
Regnière-Écluse 80......11 G 1
Regniowez 08......26 B 1
Regny 02......24 C 2
Régny 42......211 H 3
La Regrippière 44......148 B 4
Réguiny 56......102 B 4
Réguisheim 68......121 E 5
Régusse 83......307 F 3
Rehaincourt 88......95 F 4
Rehainviller 54......95 F 2
Rehaupal 88......119 H 2
Reherrey 54......95 H 2
Réhon 54......45 E 1
Reichsfeld 67......97 E 3
Reichshoffen 67......68 D 2
Reichstett 67......69 E 5
Reignac 16......220 C 4
Reignac 33......237 G 1
Reignac-sur-Indre 37......152 B 4
Reignat 63......228 B 1
Reigneville-Bocage 50......29 F 5

REIMS

Alsace-Lorraine (R. d') .... CX 2
Anatole-France (Cours) ... BY 3
Arbalète (R. de l') .... BY 4
Boulard (R.) .... BY 6
Boulingrin (Pl. du) .... BX 7
Brébant (Av.) .... AY 8
Buirette (R.) .... AY 12
Cadran St-Pierre (R.) ...... BY 13
Carmes (R. des) .... BZ 16
Carnégie (Pl.) .... BY 17
Carnot (R.) .... BY 19
Champagne (Av. de) ...... CZ 22
Chemin Vert (R. du) .... CZ 23
Colbert (R.) .... BXY 26
Desteuque (R. E.) .... BY 31
Dieu-Lumière (R.) .... CZ 32
Dr-Jacquin (R.) .... BXY 33
Dr-Knoéri (Pl. du) .... CX 34
Dr-Lemoine (R.) .... BX 35
Droits-de-l'Homme (Pl. des) .... CZ 37
Drouet d'Erlon (Pl.) .... AY 38
Dubois (R. Th.) .... AY 39
Étape (R. de l') .... AY 40
Farman (Av. H.) .... CZ 43
Foch (Bd) .... ABX 46
Forum (Pl.) .... BY 47
Gerbert (R.) .... BCY 50
Gouraud (Pl. Gén.) .... CZ 51
Grand-Cerf (R. du) .... BZ 52
Herduin (R. Lt.) .... BY 53
Houzeau-Muiron (R.) ..... CY 54
Jamot (R. Paul) .... BY 56
Jean-Jaurès (Av.) .... BCX
J.-J.-Rousseau (R.) .... BX 57
Lambert (Bd Victor) ...... CZ 58
Langlet (Crs J.-B.) .... BY 59
Laon (Av. de) .... ABX
Leclerc (Bd Général) ..... AX 60
Lefèbvre (R. E.) .... CX 61
Louvois (R. de) .... BZ 62
Magdeleine (R.) .... AY 63
Martyrs-de-la-
  Résistance (Pl. des) .... BY 65
Montlaurent (R.) .... CY 67
Myron-Herrick (Pl.) .... CZ 68
Philipe (R. Gérard) .... CZ 70
Prés.-F.-Roosevelt (R.) .... AX 72
République (Pl. de la) ..... BX 73
Rockefeller (R.) .... BY 75
St-Nicaise (Pl.) .... CZ 78
Salines (R. des) .... CZ 80
Sarrail (R. Gén.) .... BX 82
Strasbourg (R. de) .... CX 84
Talleyrand (R. de) .... ABY
Temple (R. du) .... BX 85
Thillois (R. de) .... AY 86
Université (R. de l') ...... BY 88
Vesle (R. de) .... ABY
Victor-Hugo (Bd) .... CZ 90
Zola (R. Émile) .... AX 92
16e-et-22e-Dragons
  (R. des) .... CY 94

Reignier 74..............215 H 1
Reigny 18..............190 B 2
Reilhac 15..............244 B 4
Reilhac 43..............246 C 3
Reilhac 46..............260 D 2
Reilhaguet 46..............260 B 2
Reilhanette 26..............286 C 3
Reillanne 04..............306 B 1
Reillon 54..............95 H 1
Reilly 60..............37 G 4
Reimerswiller 67..............69 E 2
Reims 51..............41 G 4
Reims-la-Brûlée 51..............62 D 4
Reine Jeanne
 Pont de la 04..............287 G 2
Reinhardsmunster 67..............68 A 5
Reiningue 68..............143 E 1
Reipertswiller 67..............68 B 2
Reithouse 39..............196 B 1
Reitwiller 67..............68 D 5
Réjaumont 32..............296 A 2
Réjaumont 65..............315 H 5
Rejet-de-Beaulieu 59..............15 E 5
Relanges 88..............118 C 3
Relans 39..............179 E 4
Le Relecq-Kerhuon 29..............75 F 2
Relevant 01..............213 F 2
Rely 62..............7 G 3
Remaisnil 80..............12 C 3
Rémalard 61..............84 D 4
Remaucourt 02..............24 B 2
Remaucourt 08..............25 H 5
La Remaudière 44..............148 B 4
Remaugies 80..............23 E 5
Remauville 77..............112 C 2
Rembercourt-aux-Pots 55..............63 H 2
Rembercourt-sur-Mad 54..............65 E 2
Rémécourt 60..............38 D 2
Remelange 57..............45 G 3
Rémelfang 57..............46 C 4
Rémelfing 57..............47 G 5
Rémeling 57..............46 C 2
Remennecourt 55..............63 F 3
Remenoville 54..............95 F 3
Rémérangles 60..............38 B 2
Réméréville 54..............66 C 5
Rémering 57..............46 D 4
Rémering-lès-Puttelange 57..............67 F 1
Remicourt 51..............63 E 2
Remicourt 88..............94 C 5
Remiencourt 80..............22 C 3
Remies 02..............24 C 4
La Remigeasse 17..............200 B 3
Remigny 02..............24 B 4
Remigny 71..............177 G 3
Rémilly 57..............66 B 2
Rémilly 58..............175 H 4
Remilly-Aillicourt 08..............27 F 4
Remilly-en-Montagne 21..............159 G 3
Remilly-les-Pothées 08..............26 C 5
Remilly-sur-Lozon 50..............32 A 4
Remilly-sur-Tille 21..............160 B 3
Remilly-Wirquin 62..............7 F 2
Réminiac 56..............103 F 5
Remiremont 88..............119 G 4
Remoiville 55..............44 B 2
Remollon 05..............269 H 4
Remomeix 88..............96 B 5
Remoncourt 54..............67 E 5
Remoncourt 88..............94 C 5
Rémondans-Vaivre 25..............163 F 2
Rémonville 08..............43 F 2
Remoray-Boujeons 25..............180 C 4
Remouillé 44..............166 A 1
Remoulins 30..............304 B 1
Removille 88..............94 B 4
Rempnat 87..............225 E 1
La Remuée 76..............35 E 1
Remungol 56..............102 A 4
Rémuzat 26..............268 B 5
Remy 60..............39 E 2
Rémy 62..............13 H 3
Renac 35..............125 H 3
Renage 38..............232 B 5
Renaison 42..............211 F 2
La Renaissance 17..............200 D 3
Renansart 02..............24 C 3
Renaucourt 70..............140 C 4
La Renaudie 63..............229 E 1
La Renaudière 49..............148 C 5
Renauvoid 88..............119 F 2
Renay 41..............131 H 2
Renazé 53..............127 G 2
Rencurel 38..............250 B 2
René 72..............83 H 5
Renédale 25..............180 C 1
Renescure 59..............3 G 5

Renève 21..............160 D 2
Réning 57..............67 F 2
Rennemoulin 78..............58 A 3
Rennepont 52..............116 B 3
Rennes 35..............104 B 3
Rennes-en-Grenouilles 53..............82 C 3
Rennes-le-Château 11..............337 G 3
Rennes-les-Bains 11..............337 H 3
Rennes-sur-Loue 25..............179 G 1
Renneval 02..............25 G 3
Renneville 08..............25 H 4
Renneville 27..............36 C 2
Renneville 31..............318 C 3
Renno 2A..............346 C 5
Le Renouard 61..............54 B 2
Rentières 63..............227 H 4
Renty 62..............7 E 3
Renung 40..............294 B 3
Renwez 08..............26 C 2
La Réole 33..............256 D 3
La Réorthe 85..............183 G 1
Réotier 05..............270 D 2
Repaix 54..............96 A 1
La Répara-Auriples 26..............267 G 3
Réparsac 16..............220 C 1
Repel 88..............94 C 4
Repentigny 14..............34 B 4
Replonges 01..............195 E 4
Le Reposoir 74..............216 B 2
Les Repôts 39..............178 D 5
Reppe 90..............142 D 2
Requeil 72..............129 H 3
Réquista 12..............280 C 5
Résenlieu 61..............54 D 4
La Résie-Saint-Martin 70..............161 E 3
Résigny 02..............25 H 3
Resson 55..............63 H 4
Ressons-l'Abbaye 60..............38 A 3
Ressons-le-Long 02..............40 A 2
Ressons-sur-Matz 60..............39 F 1
Les Ressuintes 28..............85 E 2
Restigné 37..............151 E 4
Restinclières 34..............303 E 3
Restonica Gorges de la 2B..............347 E 5
Le Retail 79..............184 D 1
Reterre 23..............208 C 2
Rethel 08..............42 A 1
Retheuil 02..............39 H 3
Rethondes 60..............39 G 2
Rethonvillers 80..............23 G 3
Réthoville 50..............29 G 2
Retiers 35..............104 D 5
Retjons 40..............274 B 4
Retonfey 57..............46 B 5
Rétonval 76..............21 E 2
Retournac 43..............247 G 2
Retournemer Lac de 88..............120 B 3
Retschwiller 67..............69 E 2
Rettel 57..............46 B 2
Rety 62..............2 C 5
Retzwiller 68..............142 D 3
Reugney 25..............180 B 1
Reugny 03..............190 D 3
Reugny 37..............152 B 1
Reuil 51..............61 E 1
Reuil-en-Brie 77..............60 A 2
Reuil-sur-Brêche 60..............38 B 1
Reuilly 27..............56 C 1
Reuilly 36..............172 C 1
Reuilly-Sauvigny 02..............60 D 1
Reulle-Vergy 21..............159 H 4
Reumont 59..............14 D 4
La Réunion 47..............275 E 2
Reutenbourg 67..............68 B 5
Reuves 51..............61 F 4
Reuville 76..............19 H 3
Reux 14..............34 C 3
Revard Mont 73..............233 F 1
Réveillon 51..............60 C 4
Réveillon 61..............84 C 3
Revel 31..............319 E 2
Revel 38..............251 F 1
Revel-Tourdan 38..............231 G 4
Revelles 80..............22 A 2
Revémont 54..............44 D 2
Revens 30..............282 A 4
Reventin-Vaugris 38..............231 H 4
Revercourt 28..............56 B 5
Revest-des-Brousses 04..............287 E 5
Revest-du-Bion 04..............286 C 4
Le Revest-les-Eaux 83..............328 A 4
Revest-les-Roches 06..............289 H 5
Revest-Saint-Martin 04..............287 F 4
La Revêtizon 79..............184 D 5
Reviers 14..............33 F 3
Revigny 39..............179 F 5

Revigny-sur-Ornain 55..............63 F 3
Réville 50..............29 H 3
Réville-aux-Bois 55..............44 B 3
Révillon 02..............41 E 2
Revin 08..............26 C 1
Revollat Croix de 38..............251 F 1
Revonnas 01..............214 A 1
Rexingen 67..............67 H 3
Rexpoëde 59..............3 H 3
Reyersviller 57..............68 B 1
Reygade 19..............243 E 4
Reynel 52..............93 F 5
Reynès 66..............342 D 4
Reynier 04..............287 H 1
Reyniès 82..............297 H 1
Reyrevignes 46..............261 E 3
Reyrieux 01..............213 E 3
Les Reys-de-Saulce 26..............267 E 2
Reyssouze 01..............195 F 3
Reyvroz 74..............198 B 3
Rezay 18..............172 D 5
Rezé 44..............147 G 4
Rézentières 15..............245 H 3
Rezonville 57..............65 F 1
Rezza 2A..............348 D 1
Rhèges 10..............90 D 2
Le Rheu 35..............104 A 3
Le Rhien 70..............142 A 2
Rhinau 67..............97 H 4
Rhodes 57..............67 F 4
Rhodon 41..............132 A 4
Rhodon 78..............58 A 5
Rhuis 60..............39 E 3
Ri 61..............54 A 4
Ria-Sirach 66..............342 A 3
Riaillé 44..............127 E 5
Le Rialet 81..............300 A 5
Rians 18..............155 G 5
Rians 83..............306 C 4
Riantec 56..............123 F 2
Riau Château du 03..............192 A 1
Riaucourt 52..............117 E 2
Riaville 55..............64 D 1
Ribagnac 24..............257 H 1
Ribarrouy 64..............294 C 5
Ribaute 11..............338 B 1
Ribaute-les-Tavernes 30..............283 H 5
Le Ribay 53..............82 C 4
Ribeaucourt 55..............93 F 2
Ribeaucourt 80..............12 B 4
Ribeauville 02..............25 H 2
Ribeauvillé 68..............97 E 5
Ribécourt 60..............39 G 1
Ribécourt-la-Tour 59..............14 A 4
Ribemont 02..............24 C 3
Ribemont-sur-Ancre 80..............22 D 1
Ribennes 48..............264 B 3
Ribérac 24..............239 G 1
Ribes 07..............266 A 5
Ribeyret 05..............268 C 5
Ribiers 05..............287 F 2
Ribouisse 11..............318 D 5
Riboux 83..............327 H 2
La Ricamarie 42..............230 B 4
Ricarville 76..............19 F 4
Ricarville-du-Val 76..............20 C 3
Ricaud 11..............318 D 3
Ricaud 65..............315 G 5
Les Riceys 10..............115 G 5
La Richardais 35..............50 C 5
Richardménil 54..............94 D 1
Richarville 91..............87 E 4
La Riche 37..............151 H 2
Riche 57..............66 D 3
Richebourg 52..............116 B 4
Richebourg 62..............8 B 3
Richebourg 78..............57 F 4
Richecourt 55..............65 E 3
Richelieu 37..............169 E 1
Richeling 57..............67 G 1
Richemont 16..............220 B 1
Richemont 57..............45 H 4
Richemont 76..............21 F 3
Richemont Col de 01..............214 D 2
Richerenches 84..............285 F 1
Richet 40..............273 F 1
Richeval 57..............96 A 1
Richeville 27..............37 E 4
Richtolsheim 67..............97 G 5
Richwiller 68..............143 F 1
Ricourt 32..............315 F 2
Ricquebourg 60..............23 F 5
Riec-sur-Belon 29..............100 C 5
Riedheim 68..............67 G 3
Riedisheim 68..............143 F 1
Riedseltz 67..............69 F 1
Riedwihr 68..............121 F 2

Riel-les-Eaux 21..............116 A 5
Riencourt 80..............22 A 1
Riencourt-lès-Bapaume 62..............13 H 4
Riencourt-lès-Cagnicourt 62..............13 H 3
Riervescemont 90..............142 C 1
Riespach 68..............143 F 4
Rieucazé 31..............334 C 1
Rieucros 09..............336 C 1
Rieulay 59..............9 E 5
Rieumajou 31..............318 C 4
Rieumes 31..............317 F 3
Rieupeyroux 12..............279 H 2
Rieussec 34..............320 C 3
Rieutort-de-Randon 48..............264 C 3
Rieux 31..............317 G 4
Rieux 51..............60 C 3
Rieux 56..............125 G 4
Rieux 60..............38 D 3
Rieux 62..............7 H 3
Rieux 76..............11 E 5
Rieux-de-Pelleport 09..............336 B 2
Rieux-en-Cambrésis 59..............14 C 3
Rieux-en-Val 11..............338 A 1
Rieux-Minervois 11..............320 B 4
Riez 04..............307 F 1

Rigarda 66..............342 B 2
Rigaud 06..............289 G 4
Rignac 12..............279 H 1
Rignac 46..............260 D 1
Rignat 01..............214 A 1
Rignaucourt 55..............63 H 2
Rigné 79..............168 A 2
Rigney 25..............162 B 2
Rignieux-le-Franc 01..............213 H 3
Rignosot 25..............162 B 2
Rignovelle 70..............141 H 2
Rigny 70..............161 F 1
Rigny-la-Nonneuse 10..............90 B 4
Rigny-la-Salle 55..............94 A 1
Rigny-le-Ferron 10..............114 A 2
Rigny-Saint-Martin 55..............94 A 1
Rigny-sur-Arroux 71..............193 G 2
Rigny-Ussé 37..............151 E 4
Riguepeu 32..............295 H 4
Riguepeyroux... Riguepeyroux
Rilhac-Lastours 87..............223 F 2
Rilhac-Rancon 87..............205 H 4
Rilhac-Treignac 19..............224 D 3
Rilhac-Xaintrie 19..............243 H 2
Rillans 25..............162 C 1
Rillé 37..............151 E 2

Rilleux-la-Pape 69..............213 F 5
Rilly-la-Montagne 51..............41 G 5
Rilly-Sainte-Syre 10..............90 D 4
Rilly-sur-Aisne 08..............42 C 1
Rilly-sur-Loire 41..............152 D 2
Rilly-sur-Vienne 37..............169 G 1
Rimaucourt 52..............93 F 5
Rimbach-
 près-Guebwiller 68..............120 D 5
Rimbach-
 près-Masevaux 68..............142 C 1
Rimbachzell 68..............120 D 5
Rimbez-et-Baudiets 40..............274 D 4
Rimboval 62..............6 D 4
Rimeize 48..............264 B 2
Rimling 57..............48 B 5
Rimogne 08..............26 C 4
Rimon-et-Savel 26..............268 A 2
Rimondeix 23..............189 H 5
Rimons 33..............256 D 2
Rimont 09..............335 G 2
Rimou 35..............80 C 4
Rimplas 06..............289 H 3
Rimsdorf 67..............67 H 2
Ringeldorf 67..............68 C 3

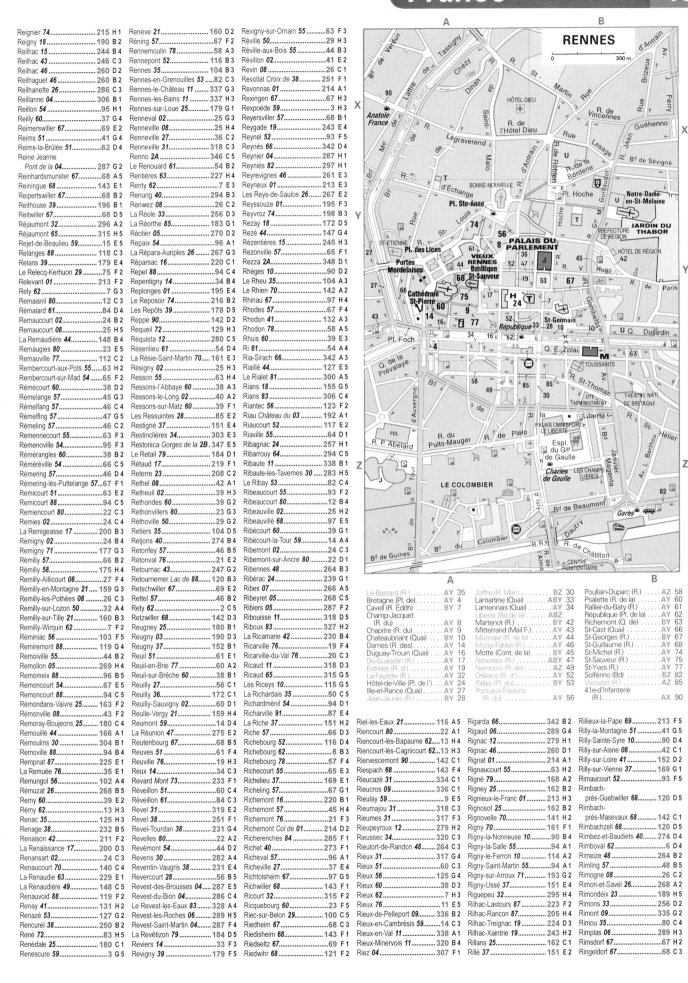

Le-Bastard (R.)..............AY 35
Bretagne (Pl. de)..............AY 4
Cavell (R. Édith)..............BY 7
Champ-Jacquet
 (R. du)..............AY 8
Chapitre (R. du)..............AY 9
Chateaubriant (Quai)..............BY 10
Dames (R. des)..............AY 14
Duguay-Trouin (Quai)..............AY 16
Du-Guesclin (R.)..............AY 17
Estrées (R. d')..............AY 19
La-Fayette (R.)..............AY 22
Hôtel-de-Ville (Pl. de l')..............AY 24
Ille-et-Rance (Quai)..............AY 27
Jean-Jaurès (R.)..............BY 28

Joffre (R. Mar.)..............BZ 30
Lamartine (Quai)..............ABY 33
Lamennais (Quai)..............AY 34
Liberté (Bd de la)..............ABZ
Martenot (R.)..............BY 42
Mitterrand (Mail F.)..............AY 43
Monnaie (R. de la)..............AY 44
Motte-Fablet (R.)..............AY 46
Motte (Cont. de la)..............AY 45
Nationale (R.)..............ABY 47
Nemours (R. de)..............AZ 49
Orléans (R. d')..............AY 52
Palais (Pl. du)..............BY 53
Pont-aux-Foulons
 (R. du)..............AY 56

Poullain-Duparc (R.)..............AZ 58
Psalette (R. de la)..............AY 60
Rallier-du-Baty (R.)..............AY 61
République (Pl. de la)..............AY 62
Richemont (Q. de)..............BY 63
St-Cast (Quai)..............AY 66
St-Georges (R.)..............BY 67
St-Guillaume (R.)..............AY 68
St-Michel (R.)..............AY 74
St-Sauveur (R.)..............AY 75
St-Yves (R.)..............AY 77
Solférino (Bd)..............BZ 82
Vasselot (R.)..............AZ 85
41e-d'Infanterie
 (R.)..............AX 90

A B C D E F G H I J K L M N O P Q R S T U V W X Y Z

Ringendorf 67..............68 C 3
Rinxent 62....................2 B 4
Riocaud 33..............257 F 1
Riolan *Clue du 06*......289 G 5
Riolas 31..................316 D 3
Riols 34....................320 C 2
Le Riols 81..............279 E 3
Riom 63....................209 H 4
Riom-ès-Montagnes 15...244 D 1
Rioms 26..................286 C 2
Rion-des-Landes 40....273 E 5
Rions 33..................255 H 2
Riorges 42................211 G 2
Riotord 43................248 B 1
Rioupéroux 38............251 F 2
Rioupes *Col de 05*....269 F 2
Rioux 17..................219 F 2
Rioux-Martin 16..........238 D 1
Rioz 70....................162 A 1
Ripaille *Domaine de 74*...198 B 3
Riquet *Obélisque de 11*...318 D 3
Riquewihr 68............121 E 2
Ris 23......................210 C 3
Ris 65......................333 H 3
Ris-Orangis 91............58 C 5
Riscle 32..................294 D 4
Risoul 05..................270 D 2
Risoul 1850 05..........270 D 2
Ristolas 05................271 F 1
Ristz *Château du 03*....192 A 3
Rittershoffen 67..........69 F 2
Ritzing 57..................46 C 2

Riunoguès 66............343 E 4
Riupeyroux 64............314 C 2
Riva-Bella 14................33 H 3
Rivarennes 36............188 B 1
Rivarennes 37............151 F 4
Rivas 42....................230 A 2
Rivau *Château du 37*....151 E 5
Rive-de-Gier 42..........230 D 3
Rivecourt 60................39 F 3
Rivedoux-Plage 17......200 B 1
Rivehaute 64..............313 F 3
Rivel 11....................337 E 3
Riventosa 2B..............347 F 5
Rivèrenert 09............335 G 3
Riverie 69..................230 C 2
Rivery 80....................22 C 2
Les Rives 34..............301 G 2
Rives 38....................232 C 5
Rives 47....................258 C 3
Le Rivier 38..............232 B 4
La Rivière 33..............238 B 4
Rivière 37................151 E 5
La Rivière 38............250 C 1
Rivière 62....................13 F 3
La Rivière-de-Corps 10....90 D 5
La Rivière-Drugeon 25...180 B 3
La Rivière-Enverse 74...216 C 1
Rivière-Saas-et-Gourby 40...292 D 3
Rivière-Saint-Sauveur 14...34 D 2
Rivière-sur-Tarn 12......281 H 3

La Rivière-Thibouville 27...35 G 5
Rivières 16................203 G 5
Rivières 30................284 A 2
Rivières 81................299 E 1
Les Rivières-Henruel 51...62 C 5
Rivières-le-Bois 52......139 H 3
Rivolet 69................212 C 3
Rix 39......................180 A 4
Rix 58......................157 E 2
La Rixouse 39............197 E 2
Rizaucourt 52..............92 C 5
Roaillan 33................256 B 4
Roaix 84....................285 G 2
Roanne 42................211 G 2
Roannes-Saint-Mary 15...262 B 1
Robécourt 88..............118 A 3
Robecq 62....................7 H 3
Robehomme 14............34 A 4
Robersart 59..............15 E 4
Robert-Espagne 55......63 G 4
Robert-le-Diable
   Château de 76........36 A 3
Robert-Magny 52..........92 B 3
Robertot 76................19 G 3
Roberval 60................39 E 3
Robiac-Rochessadoule 30...283 H 2
Robien *Château 22*......78 A 4
La Robine-sur-Galabre 04...288 A 2
Robion 04..................308 A 1

Robion 84..................305 F 1
Le Roc 46..................260 B 1
Le Roc-Saint-André 56...102 D 5
Rocamadour 46............260 C 1
Rocbaron 83................328 B 2
Rocé 41....................131 H 3
Roche 38....................231 H 2
Roche 41....................132 B 3
Roche 42....................229 F 2
Roche aux Fées 35......104 C 5
Roche-Béranger 38......251 F 2
La Roche-Bernard 56....125 F 5
La Roche-Blanche 44....148 C 1
La Roche-Blanche 63....227 H 1
La Roche-Canillac 15....263 G 2
La Roche-Canillac 19....243 F 2
Roche-Chalais 24........238 D 2
Roche-Charles 63........227 G 4
La Roche-Clermault 37...151 E 5
La Roche Courbon
   Château de 17........201 E 4
Roche-d'Agoux 63........208 D 2
La Roche-de-Glun 26....249 F 4
La Roche-de-Rame 05...270 C 1
La Roche-Derrien 22......73 E 3
La Roche-des-Arnauds 05...269 G 3
Roche du Prêtre 25......163 E 4
La Roche-en-Brenil 21...158 C 2
Roche-en-Régnier 43....247 F 1
Roche-et-Raucourt 70...140 B 4
La Roche-Guyon 95........57 F 1
La Roche-Jagu
   Château de 22........73 E 3
Roche-la-Molière 42....230 A 4
La Roche-l'Abeille 87....223 G 2
Roche-le-Peyroux 19....226 B 4
Roche-lès-Clerval 25....162 D 2
Roche-lez-Beaupré 25...162 A 3
La Roche-Mabile 61......83 F 3
La Roche-Maurice 29......71 E 5
La Roche-Noire 63........228 A 1
La Roche-Posay 86......170 A 4
La Roche-qui-Boit
   Barrage de 50..........51 H 5
La Roche-Racan
   Château 37............130 C 5
La Roche-Rigault 86......168 D 2
Roche-Saint-Secret-
   Béconne 26..............267 G 4
La Roche-sur-Foron 74...215 H 1
La Roche-sur-Grane 26...267 F 2
La Roche-sur-le-Buis 26...286 B 2
Roche-sur-Linotte-
   et-Sorans-les-Cordiers 70...162 B 1
La Roche-sur-Yon 85....165 H 5
La Roche-Vanneau 21....159 E 1
La Roche-Vineuse 71....194 D 4
Rochebaudin 26..........267 G 3
La Rochebeaucourt-
   et-Argentine 24..........221 G 3
Rochebloine 07............248 C 3
Rochebonne
   Château de 07........248 B 4
Rochebrune 05............269 H 4
Rochebrune 26............286 A 1
Rochebrune
   Château de 16........204 D 4
Rochechinard 26........250 A 3
Rochechouart 87........204 D 5
Rochecolombe 07........266 B 4
Rochecorbon 37..........152 A 2
Rochefort 17................200 D 3
Rochefort 21................138 B 3
Rochefort 73................232 D 2
Rochefort *Rocher de 42*...211 F 3
Rochefort-du-Gard 30...285 E 5
Rochefort-en-Terre 56...125 F 3
Rochefort-en-Valdaine 26...267 F 4
Rochefort-en-Yvelines 78...87 E 2
Rochefort-Montagne 63...227 E 1
Rochefort-Samson 26...249 H 4
Rochefort-sur-la-Côte 52...117 E 2
Rochefort-sur-Loire 49...149 F 2
Rochefort-sur-Nenon 39...161 E 5
La Rochefoucauld 16....221 H 1
Rochefourchat 26........268 A 3
La Rochegiron 04........286 D 4
Rochegude 26............285 F 2
Rochegude 30............284 A 2
Rochejean 25..............180 C 4
La Rochelambert
   Château de 43........247 E 3
La Rochelle 17............200 C 1
La Rochelle 70............140 B 3
La Rochelle-Normande 50...51 G 4
Rochemaure 07............267 E 3
La Rochénard 79........184 C 5

Rochepaule 07............248 B 3
La Rochepot 21............177 G 2
Rocher 07..................266 A 4
Rocher-Portail
   Château du 35..........80 D 3
Le Rochereau 86........168 D 5
Les Rochers-Sévigné
   Château 35............105 E 3
Roches 23..................189 G 5
Roches Blanches
   Panorama des 83....329 E 2
Les Roches-
   de-Condrieu 38........231 E 4
Roches-lès-Blamont 25...142 C 5
Les Roches-l'Évêque 41...131 H 4
Roches-Prémarie-
   Andillé 86................186 C 2
Roches-sur-Marne 52....92 D 2
Roches-sur-Rognon 52...93 E 5
Rocheservière 85........165 G 2
Rochessauve 07..........266 D 2
Rochesson 88............120 A 4
Rochetaillée 42..........230 B 4
Rochetaillée 52..........139 F 2
Rochetaillée-sur-Saône 69...213 E 4
Rochetoirin 38............232 B 2
Rochetrejoux 85........166 C 4
La Rochette 05............289 F 5
La Rochette 05............269 H 3
La Rochette 16............203 G 3
La Rochette 23............207 G 3
La Rochette 73............233 G 3
La Rochette 77............88 B 3
La Rochette-du-Buis 26...286 B 2
Rocheville 50................29 E 4
Rochonvillers 57..........45 G 2
Rochy-Condé 60..........38 B 2
Rocles 03..................191 G 3
Rocles 07..................266 A 4
Rocles 48..................265 E 2
Roclincourt 62..............13 G 2
Rocourt 88..................118 A 3
Rocourt-Saint-Martin 02...40 B 5
Rocquancourt 14..........33 G 5
La Rocque 14................53 E 2
Rocquefort 76..............19 G 4
Rocquemont 60............39 F 4
Rocquemont 76............20 C 5
Rocquencourt 60..........22 C 4
Rocquencourt 78..........58 A 3
Rocques 14..................34 C 4
Rocquigny 02................15 H 5
Rocquigny 08................26 A 4
Rocquigny 62................13 H 5
Rocroi 08....................26 B 1
Rodalbe 57..................67 E 3
Rodelinghem 62............2 D 4
Rodelle 12..................262 D 5
Rodemack 57................45 H 2
Roden 68......................97 E 5
Rodern 68....................97 E 5
Rodès 66....................342 C 2
Rodez 12....................280 D 1
Rodilhan 30................304 A 2
Rodome 11................337 F 5
La Roë 53..................105 F 5
Roëllecourt 62..............7 G 5
Rœschwoog 67............69 G 3
Rœulx 59....................14 C 2
Rœulx 62....................13 H 2
Rœux 62......................13 G 2
Roézé-sur-Sarthe 72....129 H 2
Roffey 89....................137 E 2
Roffiac 15..................245 G 3
Rogalle 09..................335 F 3
Rogécourt 02................24 C 4
Rogerville 76................34 D 1
Rogéville 54................65 F 4
Roggenhouse 68........121 F 5
Rogliano 2B..............345 G 1
Rogna 39..................196 D 4
Rognac 13................305 H 3
Rognaix 73................234 B 2
Rognes 13................305 H 3
Rognon 25................162 C 1
Rognonas 13..............304 D 1
Rogny 02....................25 E 3
Rogny-les-Sept-Écluses 89...135 E 4
Rogues 34..................302 B 1
Rogy 80......................22 B 4
Rohaire 28..................55 H 5
Rohan 56..................102 B 3
Rohr 67......................68 C 5
Rohrbach-lès-Bitche 57...68 A 1
Rohrwiller 67................69 F 4

Roiffé 86..................150 C 5
Roiffieux 07..............248 D 1
Roiglise 80..................23 F 4
Roilly 21....................158 D 2
Roinville 28..................86 C 4
Roinville 91................87 F 3
Roinvilliers 91..............87 G 5
Roisel 80....................23 H 1
Les Roises 55..............93 H 3
Roisey 42..................230 D 4
Roissard 38................250 D 5
Roissy-en-Brie 77........59 E 4
Roissy-en-France 95......58 D 2
Roiville 61..................54 C 3
Roizy 08......................41 H 2
Rolampont 52............117 F 5
Rolbing 57....................48 C 4
Rollainville 88..............94 A 4
Rollancourt 62..............7 E 5
Rolland 33..................238 D 3
Rolleboise 78................57 E 1
Rolleville 76................18 C 5
Rollot 80......................23 E 5
Rom 79......................186 A 4
Romagnat 63..............227 H 1
La Romagne 08............26 A 4
Romagné 35..................81 E 4
La Romagne 49............166 C 1
Romagne 86................186 B 5
Romagne-sous-les-Côtes 55...44 B 4
Romagne-
   sous-Montfaucon 55...43 G 3
Romagnieu 38............232 D 2
Romagny 50................52 B 5
Romagny 68..............142 D 3
Romagny-
   sous-Rougemont 90...142 C 2
Romain 25..................162 C 1
Romain 39................161 F 4
Romain 51....................41 E 3
Romain 54....................95 E 2
Romain-aux-Bois 88....118 A 3
Romain-sur-Meuse 52...117 H 2
Romaines 10................91 F 3
Romainville 93............58 C 3
Roman 27....................56 A 3
Romanèche 01............196 B 5
Romanèche-Thorins 71...212 D 1
Romange 39................161 E 5
Romans 01................213 F 1
Romans 79................185 F 4
Romans-sur-Isère 26...249 G 3
Romanswiller 67..........68 B 5
Romazières 17............202 C 3
Romazy 35....................80 C 4
Rombach-le-Franc 68...96 C 4
Rombas 57..................45 G 4
Rombies-et-Marchipont 59...9 H 5
Rombly 62....................7 G 3
Romegoux 17............201 E 4
Romelfing 57................68 A 3
Romenay 71................195 G 2
Romeny-sur-Marne 02...60 B 2
Romeries 59..................14 D 3
Romery 02....................25 E 2
Romery 51....................41 F 5
Romescamps 60............21 G 4
Romestaing 47............256 D 5
Romette 05................269 H 3
Romeyer 26................268 B 1
Le Romieu 32..............275 H 5
Romigny 51..................41 E 5
Romiguières 34..........301 G 2
Romillé 35..................103 H 2
Romilly 41..................109 F 5
Romilly-la-Puthenaye 27...55 H 1
Romilly-sur-Aigre 28...109 H 5
Romilly-sur-Andelle 27...36 C 3
Romilly-sur-Seine 10...90 B 3
Romont 88....................95 G 4
Romorantin-Lanthenay 41...153 H 3
Rompon 07................267 E 1
Rônai 61......................54 A 3
Ronce-les-Bains 17....200 C 5
Roncenay 10..............114 D 2
Le Roncenay-Authenay 27...56 A 3
Roncey 50....................51 H 1
Ronchamp 70............142 A 2
Ronchaux 25..............179 H 1
Ronchères 02................40 D 5
Ronchères 89............135 G 4
Roncherolles-en-Bray 76...20 D 5
Roncherolles-sur-le-Vivier 76...36 B 1
Ronchin 59....................8 D 3
Ronchois 76..................21 F 3
Roncourt 57..................45 G 5

LA ROCHELLE

Admyrault (R. G.)..........CYZ 2
Aufrédy (R.)..................CY 4
Augustins (R. des)........CDY 6
Balangerie (R.)..............CZ 7
Bancs (Pl. des Petits)....CZ 8
Barentin (Pl.)................CZ 10
Bletterie (R.)................DZ 12
Carmes (R. des)............CZ 14
Chaîne (R. de la)..........CZ 16
Champ-de-Mars (Av. du)...DY 17
Chaudrier (R.)..............CY
Chef-de-Ville (R.)..........CZ 21
Commanderie (Cour de la)...CZ 27
Dames (Cours des)........CZ 31
Dupaty (R.)..................CY 35
Duperré (Quai)............CZ 37
Escale (R. de l')............CZ 39

Fabrique (R. de la)........DZ 41
Fagots (R. des)..............CZ 43
Ferté (R. de la)..............DZ 45
Fonderies (R. des)........DYZ 49
Fromentin (R. E.)..........CY 51
Gargoulleau (R.)............CY 53
Gentilshommes
   (R. des)....................CDZ 55
Grille (R. de la)............DYZ 57
Hôtel-de-Ville (R. de l')...CDZ 60
Marché (R. du)..............DY
Maubec (Quai)..............DZ 66
Merciers (Gde R. des)....CZ 70
Minage (R. du)..............DY
Monnaie (Av. de la)......CY 75
Noue (R. de la)............CY 75
Palais (R. du)................CZ 77

Pas-du-Minage (R. du)....DY 79
Pernelle (R.)................CY 81
Port (Petite R. du)........CZ 83
Port (R. du)..................CZ 85
St-Côme (R.)................CY 94
St-François (R.)............DY 96
St-Jean-du-Pérot
   (R.)..........................CZ 98
St-Nicolas (R.)............DZ 99
St-Sauveur (R.)............DZ 100
St-Yon (R.)..................DY
Sur-les-Murs (R.)........CZ 110
Temple (Cour du)........CZ 112
Temple (R. du)............CZ 115
Vespucci (Av. Amerigo)...CZ 117
11-Novembre-1918
   (Av. du)....................DY 121

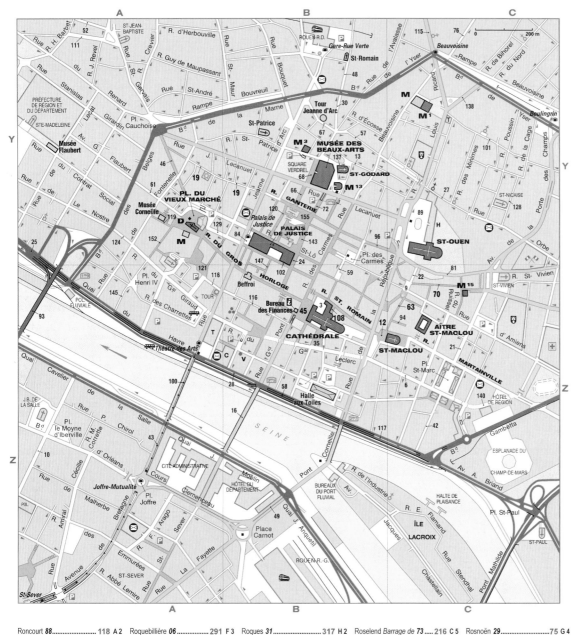

ROUEN

Albane (Cour d')	BZ	3
Alsace-Lorraine (R. d')	CZ	6
Aubert (Pl. du Lieutenant)	CZ	9
Barbey-d'Aurevilly (R.)	AZ	10
Barthélemy (Pl.)	BZ	12
Belfroy (R.)	BY	13
Boieldieu (Pont)	BZ	16
Bons-Enfants (R. des)	ABY	19
Boucheries-Saint-Ouen (R. des)	CZ	22
Boudin (R. E.)	BY	24
Boulet (Quai G.)	AY	25
Bourg-l'Abbé (R.)	CY	27
Bourse (Quai de la)	BZ	28
Bouvreuil (R. St-André)	BY	30
Calende (Pl. de la)	BZ	35
Carmes (R. des)	BYZ	
Carrel (R. A.)	CZ	42
Cartier (Av. Jacques)	AZ	43
Cathédrale (Pl. de la)	BZ	45
Cauchoise (R.)	AY	46
Champlain (Av.)	AZ	49
Champ-des-Oiseaux (R. du)	BY	48
Chasselièvre (R.)	AY	52
Cordier (R. du)	BY	56
Corneille (Quai Pierre)	BZ	57
Croix-de-Fer (R.)	BYZ	59
Crosne (R. de)	AY	61
Damiette (R.)	CZ	63
Delacroix (Allée Eugène)	BY	66
Donjon (R. du)	BY	67
Duchamp (Espl. M.)	BY	68
Eau-de-Robec (R.)	CZ	70
Écureuil (R. de l')	BY	72
Ernemont (R. d')	CY	76
Faulx (R. des)	CZ	81
Foch (Pl.)	BY	84
Ganterie (R.)	BY	
Gaulle (Pl. Général-de)	CY	89
Grand-Pont (R.)	BZ	
Gros-Horloge (R. du)	ABYZ	
Guillaume-le-Conquérant (Pont)	AZ	93
Hauts-Mariages (Impasse des)	CZ	94
Hôpital (R. de l')	BY	96
Jeanne-d'Arc (Pont)	AZ	100
Jeanne-d'Arc (R.)	BYZ	
Joyeuse (R.)	CY	101
Juifs (R. aux)	BYZ	102
Leclerc (R. du Gén')	BZ	
Libraires (Cour des)	BZ	108
Mesnager (R. Nicolas)	AY	111
Neufchatel (Rte de)	CY	115
Ours (R. aux)	ABZ	116
Paris (Quai de)	BZ	117
Pie (R. de la)	AY	119
Poterne (R. de la)	BY	120
Pucelle-d'Orléans (Pl. de la)	AZ	121
Racine (R.)	AY	124
République (R. de la)	BZ	
Requis (R. des)	CY	128
Rollon (R.)	AY	129
Ste-Marie (R.)	CY	138
Saint-Godard (Pl.)	BY	137
Schuman (R. Robert)	CS	140
Socrate (R.)	BY	143
Thouret (R.)	BYZ	147
Vieux-Marché (Pl. du)	AY	
Vieux-Palais (R. du)	AY	152
19-Avril-1944 (Pl. du)	BY	155

Roncourt 88	118 A 2	Roquebillière 06	291 F 3	Roques 31	317 H 2	Roselend Barrage de 73	216 C 5	Rosnoën 29	75 G 4	Rou-Marson 49	150 B 4
Roncq 59	4 D 5	Roquebrun 34	321 E 2	Roques 32	295 G 2	Roselier Pointe du 22	73 H 5	Rosny-sous-Bois 93	58 D 3	Rouairoux 81	320 B 2
La Ronde 17	184 B 4	Roquebrune 32	295 G 3	Roquesérière 31	298 B 3	Rosenau 44	143 H 2	Rosny-sur-Seine 78	57 F 2	Rouans 44	147 E 4
La Ronde 79	167 F 4	Roquebrune 33	256 D 3	Roquessels 34	301 G 5	Rosendaël 59	3 G 2	Rosoy 60	38 D 3	La Rouaudière 53	127 F 2
La Ronde-Haye 50	31 G 5	Roquebrune-Cap-Martin 06	291 G 5	Roquesteron 06	289 G 5	Rosenwiller 67	97 E 2	Rosoy 89	113 G 3	Roubaix 59	9 E 2
Rondefontaine 25	180 B 4	Roquebrune-sur-Argens 83	308 C 5	Roquesteron-Grasse 06	289 G 5	Roset-Fluans 25	161 G 4	Rosoy-en-Multien 60	39 H 5	Roubia 11	320 D 5
Ronel 81	299 G 2	La Roquebrussanne 83	328 A 2	Roquetaillade 11	337 G 2	Rosey 70	141 E 5	Rosoy-le-Vieil 45	112 D 3	Roubion 06	289 H 3
Ronfeugerai 61	53 F 4	Roquecor 82	277 E 1	Roquetaillade Château de 33	256 B 4	Rosey 71	177 G 4	Rosoy-sur-Amance 52	140 A 2	Roucamps 14	53 E 2
Rongères 03	192 B 5	Roquecourbe 81	299 G 4	Roquetoire 62	7 G 2	Rosheim 67	97 F 2	Rospez 22	72 D 3	Roucourt 59	14 A 2
Ronnet 03	209 E 1	Roquecourbe-Minervois 11	320 B 5	La Roquette 27	36 D 4	La Rosière 70	119 H 5	Rospigliani 2B	347 F 5	Roucy 02	41 E 2
Ronno 69	212 B 3	Roquedols Château de 48	282 C 3	La Roquette-sur-Siagne 06	309 E 4	La Rosière-1850 73	235 E 1	Rosporden 29	100 B 3	Roudouallec 56	100 C 2
Ronquerolles 95	38 B 5	Roquedur 30	282 D 5	La Roquette-sur-Var 06	291 E 5	Rosières 07	266 A 5	Rossay 86	168 D 2	Rouécourt 52	92 D 5
Ronsenac 16	221 F 4	Roquefère 11	319 H 3	Roquettes 31	317 H 2	Rosières 18	172 D 2	Rosselange 57	45 G 4	Rouède 31	334 D 2
Ronssoy 80	24 A 1	Roquefeuil 11	337 E 4	Roquevaire 13	327 F 2	Rosières 43	247 G 2	Rossfeld 67	97 G 4	Rouelle 61	82 A 2
Rontalon 69	230 D 1	Roquefort 32	296 B 3	Roquevidal 81	298 D 4	Rosières 60	39 F 4	Rossillon 01	214 C 4	Rouelles 52	139 E 3
Ronthon 50	51 G 4	Roquefort 40	274 A 4	Roquiague 64	331 F 1	Rosières 81	279 G 5	Rosteig 67	68 A 2	Rouelles 76	34 C 1
Rontignon 64	314 B 4	Roquefort 47	276 B 3	La Roquille 33	257 F 1	Rosières-aux-Salines 54	95 E 1	Rostrenen 22	77 F 5	Rouen 76	36 B 2
Ronvaux 55	64 C 1	Roquefort-de-Sault 11	337 G 5	Rorbach-lès-Dieuze 57	67 F 4	Rosières-devant-Bar 55	63 H 3	Rosult 59	9 F 4	Rouessé-Fontaine 72	83 G 5
Roôcourt-la-Côte 52	117 E 2	Roquefort-des-Corbières 11	339 E 2	Rorschwihr 68	97 E 5	Rosières-en-Blois 55	93 G 2	Rosureux 25	163 F 3	Rouessé-Vassé 72	107 E 3
Roost-Warendin 59	8 D 5	Roquefort-la-Bédoule 13	327 F 3	Rorthais 79	167 F 2	Rosières-en-Haye 54	65 G 4	Rotalier 39	196 B 1	Rouet 34	302 C 2
Roppe 90	142 C 2	Roquefort-les-Cascades 09	336 C 3	Les Rosaires 22	73 H 5	Rosières-en-Santerre 80	23 E 2	Rotangy 60	22 A 5	Rouez 72	107 E 3
Roppenheim 67	69 G 3	Roquefort-les-Pins 06	309 F 3	Rosanbo Château de 22	72 B 4	Rosières-près-Troyes 10	115 E 2	Rothau 67	96 D 3	Rouffach 68	121 E 4
Roppentzwiller 68	143 F 3	Roquefort-sur-Garonne 31	317 E 5	Rosans 05	268 C 5	Rosières-sur-Barbèche 25	163 E 2	Rothbach 67	68 C 2	Rouffange 39	161 F 4
Roppeviller 57	48 C 5	Roquefort-sur-Soulzon 12	281 G 5	Rosay 39	196 B 2	Rosières-sur-Mance 70	140 C 2	Rothéneuf 35	50 C 4	Rouffiac 15	243 G 4
La Roque-Alric 84	285 H 3	Roquelaure 32	296 B 3	Rosay 76	20 C 4	Rosiers-de-Juillac 19	241 H 1	Rotherens 73	233 G 3	Rouffiac 16	239 E 1
La Roque-Baignard 14	34 B 4	Roquelaure Château de 12	263 F 5	Rosay 78	57 F 3	Rosiers-d'Égletons 19	225 F 5	La Rothière 10	91 H 5	Rouffiac 17	219 H 1
La Roque-d'Anthéron 13	305 H 3	Roquelaure-Saint-Aubin 32	297 E 4	Rosay-sur-Lieure 27	36 D 2	Rosis 34	301 E 4	Rothois 60	21 H 5	Rouffiac 81	299 F 1
La Roque-Esclapon 83	308 B 2	Roquemaure 30	285 E 4	Rosazia 2A	348 C 1	Rosnay 36	170 D 5	Rothonay 39	196 B 2	Rouffiac-d'Aude 11	337 G 2
La Roque-Gageac 24	259 G 1	Roquemaure 81	298 B 2	Rosbruck 57	47 F 5	Rosnay 51	41 F 4	Les Rotours 61	53 H 4	Rouffiac-des-Corbières 11	338 B 4
La Roque-Sainte-Marguerite 12	282 A 4	Roquepine 32	296 A 1	Roscanvel 29	75 E 3	Rosnay 85	183 E 1	Rots 14	33 F 4	Rouffiac-Tolosan 31	298 A 4
La Roque-sur-Cèze 30	284 C 3	Roqueredonde 34	301 G 2	Roscoff 29	71 G 3	Rosnay-l'Hôpital 10	91 H 3	Rott 67	69 E 1	Rouffignac 17	219 H 5
La Roque-sur-Pernes 84	285 H 5			Rosel 14	33 F 4	Rosnes 55	63 H 3	Rottier 26	268 B 4	Rouffignac 24	241 E 3
								Rottelsheim 67	68 D 4	Rouffignac Grotte de 24	241 E 4

A
B
C
D
E
F
G
H
I
J
K
L
M
N
O
P
Q
R
S
T
U
V
W
X
Y
Z

Rouffignac-de-Sigoulès *24*...257 H 1
Rouffigny *50*..............51 H 3
Rouffilhac *46*............259 H 1
Rouffillac *24*.............241 H 5
Rouffy *51*...................61 H 2
Rougé *44*..................126 D 2
La Rouge *61*...............84 D 5
Rouge-Perriers *27*.......35 H 5
Rougefay *62*................12 C 2
Rougegoutte *90*.........142 C 2
Rougemont *21*...........137 G 4
Rougemont *25*...........162 C 1
Rougemont-le-Château *90*..142 C 2
Rougemontiers *27*........35 G 2
Rougemontot *25*........162 B 2
Rougeou *41*...............153 G 3
Rougeries *02*...............25 E 3
Les Rouges-Eaux *88*......96 A 5
Le Rouget *15*.............261 H 1
Rouget *Cascade du 74*..216 D 2
Rougeux *52*...............140 A 2
Rougiers *83*...............327 H 1
Rougiville *88*...............96 A 5
Rougnac *16*...............221 G 3
Rougnat *23*...............208 C 2
Rougon *04*................307 H 2
Rouhe *25*..................161 H 5
Rouhling *57*................47 G 5
Rouillac *16*................202 D 5
Rouillac *22*..................79 E 5
Rouillas-Bas *63*..........227 G 2
Rouillé *86*.................185 H 3
Rouillon *72*...............107 G 4
Rouilly *77*...................89 G 2
Rouilly-Sacey *10*..........91 F 5
Rouilly-Saint-Loup *10*...115 E 2
Roujan *34*.................321 H 2
Roulans *25*...............162 B 3
Le Roulier *88*............119 H 2
Roullée *72*..................84 A 3
Roullens *11*...............319 G 4
Roullet *16*................221 E 2
Roullours *14*................52 C 3
Roumagne *47*............257 G 3
Roumare *76*................36 A 1
Roumazières *16*.........204 B 4
Roumazières-Loubert *16*..204 B 4
Roumégoux *15*..........261 H 1
Roumégoux *81*..........299 G 2
Roumengoux *09*........336 D 1
Roumens *31*.............318 D 2
Roumoules *04*...........307 F 1
Rountzenheim *67*.........69 F 3
Roupeldange *57*..........46 C 4
Rouperroux *61*............83 F 2
Rouperroux-le-Coquet *72*..108 B 2
Roupy *02*....................24 A 3
La Rouquette *12*........279 F 2
Roure *06*..................289 H 3
Le Rouret *06*.............309 E 3
Rousies *59*.................15 H 2
Roussac *87*...............205 G 2
Roussas *26*...............267 E 5
Roussay *49*...............148 C 5
Roussayrolles *81*........279 E 4
Rousseloy *60*..............38 C 3
Roussennac *12*..........261 H 5
Roussent *62*.................6 C 5
Les Rousses *39*..........197 F 2
Rousses *48*...............282 D 3
Rousset *05*................270 A 4
Rousset *13*................306 B 5
Le Rousset *71*...........194 B 1
Rousset *Col de 26*......250 B 5
Rousset-les-Vignes *26*..267 G 5
La Roussière *27*...........55 F 2
Roussieux *26*.............286 C 1
Roussillon *38*.............231 E 5
Roussillon *84*.............305 G 1
Roussillon-en-Morvan *71*..176 B 1
Roussines *16*.............222 B 1
Roussines *36*.............188 B 3
Rousson *30*...............283 H 3
Rousson *89*...............113 G 4
Roussy-le-Village *57*.....45 H 2
Routelle *25*...............161 G 4
Routes *76*...................19 G 3
Routier *11*.................337 F 1
Routot *27*...................35 G 2
Rouvenac *11*.............337 F 3
Rouves *54*...................65 H 3
La Rouvière *30*..........303 G 1
Rouvignies *59*.............14 D 2
Rouville *60*.................39 G 4
Rouville *76*.................19 E 5
Rouvillers *60*..............39 E 2
Rouvray *21*...............158 B 2

Rouvray *27*.................56 C 1
Rouvray *89*...............136 C 2
Rouvray-Catillon *76*......21 E 5
Rouvray-Saint-Denis *28*..111 E 2
Rouvray-Saint-Florentin *28*.110 B 2
Rouvray-Sainte-Croix *45*..110 C 4
Rouvre *79*.................185 E 3
Rouvrel *80*..................22 C 3
Rouvres *14*.................53 H 1
Rouvres *28*.................56 D 3
Rouvres *77*.................59 F 1
Rouvres-en-Multien *60*..39 H 5
Rouvres-en-Plaine *21*..160 B 4
Rouvres-en-Woëvre *55*..44 D 5
Rouvres-en-Xaintois *88*..94 C 5
Rouvres-la-Chétive *88*...94 A 5
Rouvres-les-Bois *36*....171 H 1
Rouvres-les-Vignes *10*..116 B 2
Rouvres-Saint-Jean *45*...87 G 5
Rouvres-sous-Meilly *21*.159 F 4
Rouvrois-sur-Meuse *55*..64 C 3
Rouvrois-sur-Othain *55*..44 D 3
Rouvroy *02*..................24 B 2
Rouvroy *62*....................8 C 5
Rouvroy-en-Santerre *80*..23 E 3
Rouvroy-les-Merles *60*...22 C 4
Rouvroy-Ripont *51*........42 D 4
Rouvroy-sur-Audry *08*....26 B 3
Rouvroy-sur-Marne *52*...93 E 4
Rouvroy-sur-Serre *02*....25 H 3
Le Roux *07*................265 H 2
Rouxeville *50*...............32 C 5
La Rouxière *44*...........148 C 1
Rouxmesnil-Bouteilles *76*..10 B 5
Rouy *58*....................175 F 1
Rouy-le-Grand *80*.........23 G 3
Rouy-le-Petit *80*...........23 G 3
Rouze *09*..................337 F 5
Rouzède *16*...............222 B 1
Rouziers *15*...............261 H 1
Rouziers-de-Touraine *37*..151 H 1
Le Rove *13*................326 C 2
Roville-aux-Chênes *88*...95 G 4
Roville-devant-Bayon *54*..95 E 3
Rovon *38*..................250 B 1
Roy-Boissy *60*.............21 H 5
Royan *17*..................218 C 2
Royas *38*..................231 G 3
Royat *63*..................227 G 1
Royaucourt *60*.............22 D 5
Royaucourt-et-Chailvet *02*..40 C 1
Royaumeix *54*.............65 F 4
Royaumont *Abbaye de 95*..38 C 5
Roybon *38*................250 A 1
Roye *70*...................141 H 4
Roye *80*.....................23 F 4
Roye *71*...................195 E 1
Roye-sur-Matz *60*........23 F 5
Royer *71*..................194 D 1
Royère-de-Vassivière *23*..207 E 5
Royères *87*...............206 B 4
Roynac *26*................267 F 3
Royon *62*.....................6 D 4
Royville *76*.................20 A 3
Roz-Landrieux *35*.........80 A 2
Roz-sur-Couesnon *35*....51 F 5
Rozay-en-Brie *77*.........59 G 5
Le Rozel *50*................28 D 4
Rozelieures *54*.............95 F 3
Rozérieulles *57*...........65 G 1
Rozès *32*..................295 H 2
Rozet-Saint-Albin *02*.....40 B 4
Le Rozier *48*..............282 A 3
Rozier-Côtes-d'Aurec *42*..229 H 5
Rozier-en-Donzy *42*.....212 A 5
Rozières *52*.................92 B 4
Rozières-en-Beauce *45*..110 C 5
Rozières-sur-Crise *02*....40 B 3
Rozières-sur-Mouzon *88*..118 A 3
Roziers-Saint-Georges *87*..224 C 1
Rozoy-Bellevalle *02*......60 C 2
Rozoy-sur-Serre *02*.......25 H 4
Ruages *58*................157 G 3
Ruan *45*...................111 E 3
Ruan-sur-Egvonne *41*..109 G 4
Ruaudin *72*...............107 H 5
Rubécourt-et-Lamécourt *08*..27 F 4
Rubelles *77*.................88 B 2
Rubempré *80*..............12 D 5
Rubercy *14*.................32 C 3
Rubescourt *80*.............22 D 5
Rubigny *08*.................25 H 4
Rubrouck *59*.................3 G 4
Ruca *22*.....................79 E 2
Ruch *33*...................256 D 1

Rucqueville *14*............33 E 3
Rudeau-Ladosse *24*....222 B 4
Rudelle *46*................261 E 2
Rue *80*.......................11 F 1
La Rue-Saint-Pierre *60*..38 B 2
La Rue-Saint-Pierre *76*..20 C 5
Ruederbach *68*..........143 F 3
Rueil-la-Gadelière *28*....56 A 5
Rueil-Malmaison *92*......58 B 3
Ruelisheim *68*...........143 F 1
Ruelle-sur-Touvre *16*...221 F 1
Les Rues-des-Vignes *59*..14 B 4
Ruesnes *59*.................15 E 2
Rueyres *46*................261 E 2
Ruffec *16*..................203 F 2
Ruffec *36*..................188 A 1
Ruffey-le-Château *25*...161 G 3
Ruffey-lès-Beaune *21*..177 H 1
Ruffey-lès-Echirey *21*..160 A 2
Ruffey-sur-Seille *39*....179 E 4
Ruffiac *47*.................274 D 1
Ruffiac *56*.................125 F 2
Ruffieu *01*.................214 D 2
Ruffieux *73*...............215 E 4
Ruffigné *44*...............126 D 3
Rugles *27*...................55 G 3
Rugney *88*..................95 E 4
Rugny *89*..................137 F 2
Rugy *57*.....................45 H 5
Ruhans *70*................162 A 1
Ruillé-en-Champagne *72*..107 F 4
Ruillé-Froid-Fonds *53*..106 A 5
Ruillé-le-Gravelais *53*..105 G 4
Ruillé-sur-Loir *72*.......130 D 3
Ruisseauville *62*.............7 E 4
Ruitz *62*......................8 A 4
Rullac-Saint-Cirq *12*....280 C 4
Rully *14*.....................52 D 3
Rully *60*.....................39 F 4
Rully *71*...................177 G 3
Rumaisnil *80*...............22 A 3
Rumaucourt *62*...........14 A 3
Rumegies *59*.................9 F 4
Rumengol *29*..............75 H 3
Rumersheim *67*...........68 D 5
Rumersheim-le-Haut *68*..121 F 5
Rumesnil *14*................34 B 4
Rumigny *08*.................26 A 2
Rumigny *80*................22 B 3
Rumilly *62*....................6 D 3
Rumilly *74*................215 F 4
Rumilly-en-Cambrésis *59*..14 B 4
Rumilly-lès-Vaudes *10*..115 F 3
Ruminghem *62*..............3 E 4
Rumont *55*.................63 H 3
Rumont *77*................112 A 2
Runan *22*...................73 E 4
Rungis *94*...................58 C 4
Ruoms *07*.................266 B 5
Rupéreux *77*..............89 G 2
Ruppes *88*...................94 A 3
Rupt *52*......................92 D 4
Rupt-aux-Nonains *55*....63 G 5
Rupt-devant-Saint-Mihiel *55*..64 B 3
Rupt-en-Woëvre *55*.......64 C 2
Rupt-sur-Moselle *88*....119 H 5
Rupt-sur-Othain *55*.......44 C 2
Rupt-sur-Saône *70*......140 D 4
Rurange-lès-Thionville *57*..45 H 4
Rurey *25*...................162 A 5
Rusio *2B*..................347 F 4
Russ *67*.....................96 D 2
Russange *57*..............45 F 2
Le Russey *25*.............163 F 4
Russy *14*....................32 D 2
Russy-Bémont *60*.........39 G 4
Rustenhart *68*............121 F 4
Rustiques *11*.............320 A 5
Rustrel *84*.................306 A 1
Rustroff *57*................46 B 2
Rutali *2B*..................345 G 5
Ruvigny *10*.................91 E 5
Ruy *38*.....................232 A 2
Ruyaulcourt *62*............14 A 4
Ruynes-en-Margeride *15*..246 A 4
Ry *76*.........................36 D 1
Rye *39*.....................178 D 3
Ryes *14*.....................33 E 3

S

Saâcy-sur-Marne *77*.....60 A 2
Saales *67*...................96 C 1
Saales *Col de 67*..........96 C 1
Saâne-Saint-Just *76*......20 A 3
Saasenheim *67*............97 G 5
Sabadel-Latronquière *46*..261 G 2
Sabadel-Lauzès *46*......260 C 4

Sabaillan *32*..............316 C 2
Sabalos *65*................315 F 4
Sabarat *09*................335 H 1
Sabarros *65*..............315 H 4
Sabazan *32*...............295 E 3
Sablé-sur-Sarthe *72*....129 E 2
Les Sables-d'Olonne *85*..182 A 2
Sables-d'Or-les-Pins *22*...79 E 2
Sablet *84*..................285 G 3
Les Sablettes *83*........328 A 5
Sablières *07*..............265 H 4
Sablonceaux *17*.........219 E 1
Sablonnières *77*...........60 B 3
Sablons *33*................238 C 3
Sablons *38*................231 E 5
Sabonnères *31*..........317 E 2
La Sabotterie *08*..........26 D 5
Sabran *30*.................284 C 3
Sabres *40*.................273 F 3
Saccourvielle *31*.........334 A 4
Sacé *53*....................106 A 2
Saceda-Saint-Martin *36*..188 B 2
Saché *37*..................151 G 4
Sachin *62*.....................7 G 4
Sachy *08*....................27 G 4
Sacierges-Saint-Martin *36*..188 B 2
Saclas *91*....................87 F 5
Saclay *91*...................58 B 5
Saconin-et-Breuil *02*.....40 A 3
Sacoué *65*.................334 A 2
Le Sacq *27*.................56 A 3
Sacquenay *21*............139 G 5
Sacquenville *27*...........56 A 1
Sacy *51*......................41 G 4
Sacy *89*...................136 D 4
Sacy-le-Grand *60*.........38 D 3
Sacy-le-Petit *60*...........39 E 3
Sadeillan *32*..............315 H 3
Sadillac *24*................257 H 2
Sadirac *33*.................255 H 1
Sadournin *65*..............315 H 4
Sadroc *19*.................242 C 1
Saessolsheim *67*..........68 C 5
Saffais *54*...................95 E 2
Saffloz *39*.................179 H 5
Saffré *44*..................147 G 1
Saffres *21*.................159 F 2
Sagelat *24*................259 E 1
Sagnat *23*.................188 D 5
Sagnes-et-Goudoulet *07*..266 A 1
Sagone *2A*................348 B 1
Sagonne *18*...............173 H 3
Sagy *71*....................196 A 1
Sagy *95*.....................57 H 1
Saïguède *31*..............297 F 5
Sahorre *66*................342 A 3
Sahune *26*................268 A 5
Sahurs *76*...................36 A 2
Sai *61*........................54 B 4
Saignes *15*................226 C 5
Saignes *46*................261 E 1
Saigneville *80*.............11 F 3
Saignon *84*...............306 A 1
Saiguède *31*..............297 F 5
Sail-les-Bains *42*........193 E 5
Sail-sous-Couzan *42*...229 F 1
Sailhan *65*................333 G 4
Saillac *19*..................242 C 4
Saillac *46*..................278 D 1
Saillagouse *66*...........341 F 4
Saillans *26*................267 H 2
Saillans *33*................238 B 4
Saillant *63*................229 F 4
Saillat-sur-Vienne *87*...204 D 4
Saillé *44*...................145 H 4
Saillenard *71*.............178 D 5
Sailly *08*.....................27 G 4
Sailly *52*.....................93 E 3
Sailly *71*...................194 C 2
Sailly *78*.....................57 G 1
Sailly-Achâtel *57*..........66 B 3
Sailly-au-Bois *62*..........13 F 4
Sailly-en-Ostrevent *62*..13 H 2
Sailly-Flibeaucourt *80*...11 G 2
Sailly-Labourse *62*.........8 A 4
Sailly-Laurette *80*........23 E 1
Sailly-le-Sec *80*...........22 D 1
Sailly-lez-Cambrai *59*...14 B 3
Sailly-lez-Lannoy *59*.......9 E 2
Sailly-Saillisel *80*.........13 H 5
Sailly-sur-la-Lys *62*........8 B 2
Sain-Bel *69*...............212 C 5
Saincaize-Meauce *58*...174 B 3
Sainghin-en-Mélantois *59*..9 E 3
Sainghin-en-Weppes *59*...8 C 3
Sainneville *76*..............18 D 5
Sainpuits *89*..............156 D 1
Sains *35*.....................80 C 2

Sains-du-Nord *59*.........15 H 4
Sains-en-Amiénois *80*....22 C 2
Sains-en-Gohelle *62*.......8 A 4
Sains-lès-Fressin *62*.......7 E 4
Sains-lès-Marquion *62*..14 A 3
Sains-lès-Pernes *62*.......7 G 4
Sains-Morainvillers *60*...22 D 5
Sains-Richaumont *02*....25 E 2
Le Saint *56*...............100 D 2
Saint-Aaron *22*............78 D 3
Saint-Abit *64*.............314 B 5
Saint-Abraham *56*......102 D 5
Saint-Acheul *80*...........12 C 3
Saint-Adjutory *16*........203 H 5
Saint-Adrien *22*............77 G 2
Saint-Adrien *Roches de 76*..36 B 2
Saint-Affrique *12*.........300 D 1
Saint-Affrique-
les-Montagnes *81*.....299 G 5
Saint-Agathon *22*.........73 F 5
Saint-Agil *41*.............109 E 4
Saint-Agnan *02*............60 D 1
Saint-Agnan *58*..........158 B 3
Saint-Agnan *71*..........193 F 2
Saint-Agnan *81*..........298 C 4
Saint-Agnan *89*............89 E 5
Saint-Agnan-de-Cernières *27*..55 E 2
Saint-Agnan-en-Vercors *26*..250 B 4
Saint-Agnan-le-Malherbe *14*..53 E 1
Saint-Agnan-sur-Erre *61*..84 D 5
Saint-Agnan-sur-Sarthe *61*..84 B 2
Saint-Agnant *17*..........200 D 4
Saint-Agnant-
de-Versillat *23*..........188 C 5
Saint-Agnant-
près-Crocq *23*..........208 B 5
Saint-Agnant-
sous-les-Côtes *55*......64 D 4
Saint-Agne *24*............258 B 1
Saint-Agnet *40*...........294 C 4
Saint-Agnin-sur-Bion *38*..231 H 3
Saint-Agoulin *63*.........209 H 2
Saint-Agrève *07*..........248 B 4
Saint-Aignan *08*...........27 E 4
Saint-Aignan *33*..........238 B 4
Saint-Aignan *41*.........153 E 4
Saint-Aignan *56*...........77 H 5
Saint-Aignan *72*..........108 A 2
Saint-Aignan *82*..........277 F 5
Saint-Aignan-
de-Couptrain *53*.........82 D 3
Saint-Aignan-
de-Cramesnil *14*.........33 H 5
Saint-Aignan-des-Gués *45*..134 A 2
Saint-Aignan-
des-Noyers *18*...........173 H 4
Saint-Aignan-Grandlieu *44*..147 G 5
Saint-Aignan-le-Jaillard *45*..134 B 4
Saint-Aignan-sur-Roë *53*..127 G 2
Saint-Aignan-sur-Ry *76*...36 D 1
Saint-Aigny *36*...........187 H 1
Saint-Aigulin *17*..........238 D 2
Saint-Ail *54*.................45 F 5
Saint-Albain *71*..........195 E 3
Saint-Alban *01*...........214 B 1
Saint-Alban *22*.............78 D 2
Saint-Alban *31*...........297 H 4
Saint-Alban-Auriolles *07*..266 A 5
Saint-Alban-d'Ay *07*....248 D 2
Saint-Alban-de-Montbel *73*..233 E 2
Saint-Alban-de-Roche *38*..231 H 2
Saint-Alban-
des-Hurtières *73*........234 A 3
Saint-Alban-des-Villards *73*..233 H 5
Saint-Alban-du-Rhône *38*..231 E 4
Saint-Alban-
en-Montagne *07*........265 F 2
Saint-Alban-les-Eaux *42*..211 F 3
Saint-Alban-Leysse *73*..233 F 2
Saint-Alban-
sur-Limagnole *48*.......264 B 1
Saint-Albin-
de-Vaulserre *38*.........232 D 3
Saint-Alexandre *30*......284 D 2
Saint-Algis *02*..............25 E 1
Saint-Allouestre *56*......102 B 4
Saint-Alpinien *23*........207 H 3
Saint-Alyre-d'Arlanc *63*..228 D 5
Saint-Alyre-
ès-Montagne *63*.........227 G 5
Saint-Amadou *09*.........336 C 1
Saint-Amancet *81*........319 G 5
Saint-Amand *23*..........207 H 3
Saint-Amand *50*...........52 C 1
Saint-Amand *62*...........13 E 4
Saint-Amand-de-Belvès *24*..259 E 2
Saint-Amand-de-Coly *24*..241 G 3

Saint-Amand-de-Vergt *24*..240 C 4
Saint-Amand-
des-Hautes-Terres *27*...36 A 4
Saint-Amand-
en-Puisaye *58*...........156 B 1
Saint-Amand-Jartoudeix *23*..206 C 4
Saint-Amand-le-Petit *87*..206 D 5
Saint-Amand-Longpré *41*..131 G 4
Saint-Amand-
Magnazeix *87*...........205 H 1
Saint-Amand-Montrond *18*..173 F 5
Saint-Amand-sur-Fion *51*...62 C 3
Saint-Amand-sur-Ornain *55*..93 F 1
Saint-Amand-sur-Sèvre *79*..167 E 3
Saint-Amandin *15*.......227 E 5
Saint-Amans *09*..........336 A 1
Saint-Amans *11*..........318 D 5
Saint-Amans *48*..........264 C 3
Saint-Amans-
de-Pellagal *82*...........277 F 3
Saint-Amans-des-Cots *12*..262 D 2
Saint-Amans-du-Pech *82*..276 D 2
Saint-Amans-Soult *81*..320 A 2
Saint-Amans-Valtoret *81*..320 A 2
Saint-Amant *16*..........221 F 4
Saint-Amant-
de-Boixe *16*..............203 F 5
Saint-Amant-
de-Bonnieure *16*........203 G 4
Saint-Amant-de-Graves *16*..220 D 2
Saint-Amant-de-Nouère *16*..203 E 5
Saint-Amant-
Roche-Savine *63*........228 D 3
Saint-Amarin-Tallende *63*..227 H 2
Saint-Amarin *68*..........120 C 5
Saint-Ambreuil *71*.......177 H 5
Saint-Ambroix *18*........172 C 3
Saint-Ambroix *30*........284 A 2
Saint-Amé *88*.............119 H 4
Saint-Amour *39*..........196 A 3
Saint-Amour-Bellevue *71*..194 D 5
Saint-Anastaise *63*......227 G 4
Saint-Andelain *58*........156 A 3
Saint-Andéol *26*..........268 A 1
Saint-Andéol *38*..........250 C 4
Saint-Andéol-de-Berg *07*..266 C 4
Saint-Andéol-
de-Clerguemort *48*.....283 F 2
Saint-Andéol-
de-Fourchades *07*......266 A 1
Saint-Andéol-de-Vals *07*..266 B 2
Saint-Andeux *21*.........158 B 2
Saint-Andiol *13*..........305 E 2
Saint-Androche *70*......140 B 4
Saint-André *16*...........219 H 1
Saint-André *31*...........316 D 4
Saint-André *32*...........296 D 5
Saint-André *66*...........343 F 4
Saint-André *73*...........252 C 1
Saint-André *81*...........300 A 1
Saint-André *Chapelle 46*..259 G 3
Saint-André-Capcèze *48*..265 G 5
Saint-André-d'Allas *24*..241 F 5
Saint-André-d'Apchon *42*..211 F 2
Saint-André-de-Bâgé *01*..195 F 4
Saint-André-de-Boëge *74*..198 A 5
Saint-André-de-Bohon *50*..32 A 3
Saint-André-de-Briouze *61*..53 G 4
Saint-André-de-Buèges *34*..302 B 2
Saint-André-
de-Chalencon *43*........247 G 1
Saint-André-de-Corcy *01*..213 G 4
Saint-André-
de-Cruzières *07*.........284 A 1
Saint-André-de-Cubzac *33*..237 H 4
Saint-André-de-Double *24*..239 G 2
Saint-André-
de-la-Marche *49*........148 C 5
Saint-André-
de-la-Roche *06*..........309 H 2
Saint-André-de-Lancize *48*..283 F 2
Saint-André-de-l'Épine *50*..32 B 4
Saint-André-de-l'Eure *27*..56 C 3
Saint-André-de-Lidon *17*..219 F 2
Saint-André-
de-Majencoules *30*.....282 D 5
Saint-André-de-Messei *61*..53 F 5
Saint-André-de-Najac *12*..279 F 3
Saint-André-
de-Roquelongue *11*....338 D 1
Saint-André-
de-Roquepertuis *30*....284 C 2
Saint-André-de-Rosans *05*..268 C 5
Saint-André-
de-Sangonis *34*.........302 A 4

Saint-André-de-Seignanx 40............ 292 B 4
Saint-André-de-Valborgne 30............ 283 E 3
Saint-André-de-Vézines 12. 282 A 3
Saint-André-d'Embrun 05.... 270 C 3
Saint-André-des-Eaux 22....... 79 H 5
Saint-André-des-Eaux 44.... 146 B 2
Saint-André-d'Hébertot 14....34 D 3
Saint-André-d'Huiriat 01...... 195 F 5
Saint-André-d'Olérargues 30............... 284 C 3
Saint-André-du-Bois 33....... 256 C 3
Saint-André-en-Barrois 55.....63 H 1
Saint-André-en-Bresse 71... 178 B 5
Saint-André-en-Morvan 58... 157 H 2
Saint-André-en-Royans 38.. 250 A 3
Saint-André-en-Terre-Plaine 89............... 158 B 1
Saint-André-en-Vivarais 07. 248 B 3
Saint-André-et-Appelles 33. 257 F 1
Saint-André-Farivillers 60....22 B 5
Saint-André-Goule-d'Oie 85 166 B 3
Saint-André-la-Côte 69....... 230 C 2
Saint-André-Lachamp 07... 265 H 4
Saint-André-le-Bouchoux 01...... 213 G 1
Saint-André-le-Coq 63....... 210 A 3
Saint-André-le-Désert 71.... 194 C 2
Saint-André-le-Gaz 38....... 232 C 2
Saint-André-le-Puy 42....... 230 A 2
Saint-André-les-Alpes 04.... 288 C 5
Saint-André-les-Vergers 10...90 D 5
Saint-André-lez-Lille 59......... 8 D 2
Saint-André-sur-Cailly 76.....20 C 5
Saint-André-sur-Orne 14.....33 G 5
Saint-André-sur-Sèvre 79... 167 F 4
Saint-André-sur-Vieux-Jonc 01............... 213 G 1
Saint-André-Treize-Voies 85............... 165 H 2
Saint-André-Val-de-Fier 74.. 215 E 3
Saint-Androny 33............... 237 F 1
Saint-Ange-et-Torçay 28......56 B 5
Saint-Ange-le-Viel 77....... 112 D 2
Saint-Angeau 16............... 203 G 4
Saint-Angel 03............... 191 E 4
Saint-Angel 19............... 225 H 3
Saint-Angel 63............... 209 F 3
Saint-Anthème 63............... 229 F 3
Saint-Anthot 21............... 159 F 3
Saint-Antoine 05............... 252 C 5
Saint-Antoine 13............... 326 D 2
Saint-Antoine 15............... 262 B 2
Saint-Antoine 25............... 180 C 3
Saint-Antoine 29.......71 H 4
Saint-Antoine 32............... 276 D 5
Saint-Antoine 33............... 237 H 3
Saint-Antoine-Cumond 24.. 239 F 1
Saint-Antoine-d'Auberoche 24............... 241 E 2
Saint-Antoine-de-Breuilh 24............... 257 E 1
Saint-Antoine-de-Ficalba 47... 276 C 1
Saint-Antoine-du-Queyret 33....... 256 D 1
Saint-Antoine-du-Rocher 37............... 151 H 1
Saint-Antoine-la-Forêt 76... 19 E 5
Saint-Antoine-l'Abbaye 38.. 249 H 2
Saint-Antoine-sur-l'Isle 33.. 239 E 3
Saint-Antonin 06............... 289 G 5
Saint-Antonin 32............... 296 C 3
Saint-Antonin-de-Lacalm 81............... 299 G 4
Saint-Antonin-de-Sommaire 27.......55 F 3
Saint-Antonin-du-Var 83...... 307 H 5
Saint-Antonin-Noble-Val 82. 278 D 3
Saint-Antonin-sur-Bayon 13............... 306 B 5
Saint-Aoustrille 36............... 172 B 2
Saint-Août 36............... 172 B 5
Saint-Apollinaire 05............... 270 B 3
Saint-Apollinaire 21............... 160 B 3
Saint-Apollinaire-de-Rias 07............... 248 D 5
Saint-Appolinaire 69............... 212 B 3
Saint-Appolinard 38............... 250 A 2
Saint-Appolinard 42............... 230 D 2
Saint-Aquilin 24............... 239 H 2
Saint-Aquilin-d'Augerons 27...55 E 2
Saint-Aquilin-de-Corbion 61...55 E 5
Saint-Aquilin-de-Pacy 27.....56 D 1
Saint-Araille 31............... 317 E 3
Saint-Arailles 32............... 295 H 4

Saint-Arcons-d'Allier 43....... 246 C 3
Saint-Arcons-de-Barges 43. 265 F 1
Saint-Arey 38............... 251 E 5
Saint-Armel 35............... 104 B 4
Saint-Armel 56............... 124 C 4
Saint-Armou 64............... 314 B 2
Saint-Arnac 66............... 338 A 5
Saint-Arnoult 14.......34 B 3
Saint-Arnoult 41............... 131 F 4
Saint-Arnoult 60.......21 G 5
Saint-Arnoult 78.......35 G 1
Saint-Arnoult-des-Bois 28....85 H 3
Saint-Arnoult-en-Yvelines 78..87 E 2
Saint-Aroman 32............... 316 A 2
Saint-Aroman 65............... 333 H 2
Saint-Arroumex 82............... 277 E 5
Saint-Astier 24............... 239 H 2
Saint-Astier 47............... 257 F 2
Saint-Auban 04............... 287 G 4
Saint-Auban 06............... 308 C 1
Saint-Auban-d'Oze 05....... 269 F 4
Saint-Auban-sur-l'Ouvèze 26............... 286 B 1
Saint-Aubert 59.......14 C 3
Saint-Aubert-sur-Orne 61.....53 G 4
Saint-Aubin 02.......40 A 1
Saint-Aubin 10.......90 A 3
Saint-Aubin 21............... 177 G 2
Saint-Aubin 36............... 172 B 3
Saint-Aubin 39............... 178 C 1
Saint-Aubin 40............... 293 G 3
Saint-Aubin 47............... 258 D 5
Saint-Aubin 59.......15 G 3
Saint-Aubin 62......... 6 B 4
Saint-Aubin 91.......58 A 5
Saint-Aubin-Celloville 76.....36 B 2
Saint-Aubin-Château-Neuf 89............... 135 H 3
Saint-Aubin-d'Appenai 61.....84 A 3
Saint-Aubin-d'Arquenay 14....33 H 3
Saint-Aubin-d'Aubigné 35.....80 B 5
Saint-Aubin-de-Baubigné 79............... 167 F 2
Saint-Aubin-de-Blaye 33.... 237 G 1
Saint-Aubin-de-Bonneval 61..54 D 2
Saint-Aubin-de-Branne 33... 256 C 1
Saint-Aubin-de-Cadelech 24............... 257 H 2
Saint-Aubin-de-Courteraie 61.84 B 2
Saint-Aubin-de-Crétot 76.....19 F 5
Saint-Aubin-de-Lanquais 24............... 258 B 1
Saint-Aubin-de-Locquenay 72.......83 G 5
Saint-Aubin-de-Luigné 49... 149 F 3
Saint-Aubin-de-Médoc 33... 237 F 5
Saint-Aubin-de-Nabirat 24.. 259 G 2
Saint-Aubin-de-Scellon 27....35 E 4
Saint-Aubin-de-Terregatte 50.81 G 2
Saint-Aubin-d'Écrosville 27...36 A 5
Saint-Aubin-des-Bois 14......52 A 3
Saint-Aubin-des-Bois 28......86 A 3
Saint-Aubin-des-Châteaux 44............... 126 D 3
Saint-Aubin-des-Chaumes 58............... 157 G 2
Saint-Aubin-des-Coudrais 72............... 108 C 3
Saint-Aubin-des-Grois 61.....84 C 5
Saint-Aubin-des-Hayes 27....55 G 1
Saint-Aubin-des-Landes 35. 105 E 3
Saint-Aubin-des-Ormeaux 85............... 166 C 1
Saint-Aubin-des-Préaux 50....51 F 3
Saint-Aubin-du-Cormier 35....80 D 5
Saint-Aubin-du-Désert 53.....83 E 5
Saint-Aubin-du-Pavail 35.... 104 C 4
Saint-Aubin-du-Perron 50.....31 H 4
Saint-Aubin-du-Plain 79..... 167 G 2
Saint-Aubin-du-Thenney 27...55 E 1
Saint-Aubin-en-Bray 60.......37 G 2
Saint-Aubin-en-Charollais 71............... 193 H 2
Saint-Aubin-Épinay 76.......36 B 2
Saint-Aubin-Fosse-Louvain 53.......81 H 3
Saint-Aubin-la-Plaine 85..... 183 G 2
Saint-Aubin-le-Cauf 76.......20 B 2
Saint-Aubin-le-Cloud 79..... 167 H 5
Saint-Aubin-le-Dépeint 37... 130 B 5
Saint-Aubin-le-Guichard 27...55 G 1
Saint-Aubin-le-Monial 03.... 191 G 2
Saint-Aubin-le-Vertueux 27...55 F 1
Saint-Aubin-Lébizay 14.......34 B 4
Saint-Aubin-lès-Elbeuf 76....36 A 3
Saint-Aubin-les-Forges 58.. 156 C 5
Saint-Aubin-Montenoy 80....21 H 2

Saint-Aubin-Rivière 80............21 G 2
Saint-Aubin-Routot 76............34 D 1
Saint-Aubin-sous-Erquery 60.38 D 2
Saint-Aubin-sur-Aire 55............64 C 5
Saint-Aubin-sur-Algot 14.....34 B 5
Saint-Aubin-sur-Gaillon 27...36 C 5
Saint-Aubin-sur-Loire 71..... 193 E 2
Saint-Aubin-sur-Mer 14............33 G 3
Saint-Aubin-sur-Mer 76............19 H 2
Saint-Aubin-sur-Quillebeuf 27............35 F 1
Saint-Aubin-sur-Scie 76............20 B 2
Saint-Aubin-sur-Yonne 89... 113 G 5
Saint-Augustin 03............... 174 B 4
Saint-Augustin 17............... 218 C 1
Saint-Augustin 19............... 225 E 4
Saint-Augustin 77.......59 H 4
Saint-Augustin-des-Bois 49. 149 E 1
Saint-Aulaire 19............... 241 H 1
Saint-Aulais-la-Chapelle 16. 220 D 4
Saint-Aulaye 24............... 239 E 2
Saint-Aunès 34............... 303 E 4
Saint-Aunix-Lengros 32..... 295 E 5
Saint-Aupre 38............... 232 D 4
Saint-Austremoine 43....... 246 B 3
Saint-Auvent 87............... 205 E 5
Saint-Avaugourd-des-Landes 85............... 182 C 1
Saint-Avé 56............... 124 C 3
Saint-Aventin 31............... 334 A 4
Saint-Avertin 37............... 152 A 3
Saint-Avit 16............... 239 E 1
Saint-Avit 26............... 249 F 2
Saint-Avit 40............... 273 H 5
Saint-Avit 41............... 109 E 4
Saint-Avit 47............... 257 F 4
Saint-Avit 47............... 258 D 4
Saint-Avit 63............... 208 C 4
Saint-Avit 81............... 319 F 2
Saint-Avit-de-Soulège 33.... 257 E 1
Saint-Avit-de-Tardes 23..... 207 H 4
Saint-Avit-de-Vialard 24..... 240 D 5
Saint-Avit-Frandat 32....... 276 B 5
Saint-Avit-le-Pauvre 23..... 207 F 3
Saint-Avit-les-Guespières 28............... 109 H 2
Saint-Avit-Rivière 24............... 258 D 2
Saint-Avit-Saint-Nazaire 33. 239 F 5
Saint-Avit-Sénieur 24............... 258 D 1
Saint-Avold 57.......67 E 1
Saint-Avre 73............... 234 A 4
Saint-Ay 45............... 132 D 2
Saint-Aybert 59......... 9 H 4
Saint-Aygulf 83............... 329 G 1
Saint-Babel 63............... 228 A 2
Saint-Baldoph 73............... 233 F 2
Saint-Bandry 02.......40 A 2
Saint-Baraing 39............... 178 D 2
Saint-Barbant 87............... 204 D 1
Saint-Bard 23............... 208 B 4
Saint-Bardoux 26............... 249 F 3
Saint-Barnabé 22............... 102 B 2
Saint-Barthélemy 38............... 231 G 5
Saint-Barthélemy 40............... 292 B 5
Saint-Barthélemy 50.......52 C 5
Saint-Barthélemy 56............... 101 H 4
Saint-Barthélemy 70............... 142 A 2
Saint-Barthélemy 77.......60 B 4
Saint-Barthélemy-d'Agenais 47............... 257 G 4
Saint-Barthélemy-d'Anjou 49............... 149 G 1
Saint-Barthélemy-de-Bellegarde 24............... 239 F 3
Saint-Barthélemy-de-Bussière 24............... 222 C 2
Saint-Barthélemy-de-Séchilienne 38............... 251 E 3
Saint-Barthélemy-de-Vals 26............... 249 F 2
Saint-Barthélemy-Grozon 07............... 248 D 5
Saint-Barthélemy-le-Meil 07............... 248 C 5
Saint-Barthélemy-le-Plain 07............... 249 E 3
Saint-Barthélemy-Lestra 42. 230 A 1
Saint-Basile 07............... 248 C 4
Saint-Baslemont 88............... 118 C 2
Saint-Baudel 18............... 172 D 4
Saint-Baudelle 53.......82 B 5
Saint-Baudille-de-la-Tour 38............... 214 A 5
Saint-Baudille-et-Pipet 38... 269 E 1
Saint-Bauld 37............... 152 A 5
Saint-Baussant 54.......65 E 3
Saint-Bauzeil 09............... 336 B 1

Saint-Bauzély 30............... 303 G 1
Saint-Bauzile 07............... 266 D 2
Saint-Bauzile 48............... 264 C 5
Saint-Bauzille-de-la-Sylve 34............... 302 B 4
Saint-Bauzille-de-Montmel 34............... 303 E 3
Saint-Bauzille-de-Putois 34. 302 C 1
Saint-Bazile 87............... 222 D 1
Saint-Bazile-de-la-Roche 19............... 243 F 2
Saint-Bazile-de-Meyssac 19............... 242 D 3
Saint-Béat 31............... 334 B 3
Saint-Beaulize 12............... 301 F 1
Saint-Beauzeil 82............... 276 D 1
Saint-Beauzély 12............... 281 G 3
Saint-Beauzire 43............... 246 A 1
Saint-Beauzire 63............... 209 H 5
Saint-Bénigne 01............... 195 F 3
Saint-Benin 59.......14 D 5
Saint-Benin-d'Azy 58............... 175 E 2
Saint-Benin-des-Bois 58.... 157 E 1
Saint-Benoist-sur-Mer 85... 182 D 3
Saint-Benoist-sur-Vanne 10............... 114 B 2
Saint-Benoît 01............... 232 C 1
Saint-Benoît 04............... 289 E 5
Saint-Benoît 11............... 337 F 2
Saint-Benoît 28............... 109 F 4
Saint-Benoît 86............... 186 B 2
Saint-Benoît-de-Carmaux 81............... 279 G 5
Saint-Benoît-des-Ombres 27...35 F 4
Saint-Benoît-des-Ondes 35....34 D 3
Saint-Benoît-d'Hébertot 14....34 D 3
Saint-Benoît-du-Sault 36.... 188 B 3
Saint-Benoît-en-Diois 26.... 268 A 2
Saint-Benoît-en-Woëvre 55....65 E 2
Saint-Benoît-la-Chipotte 88....95 H 4
Saint-Benoît-la-Forêt 37.... 151 E 4
Saint-Benoît-sur-Loire 45... 134 A 3
Saint-Benoît-sur-Seine 10....90 D 4
Saint-Bérain 43............... 246 D 4
Saint-Bérain-sous-Sanvignes 71............... 176 D 5
Saint-Bérain-sur-Dheune 71............... 177 F 3
Saint-Bernard 01............... 212 D 3
Saint-Bernard 21............... 160 A 5
Saint-Bernard 38............... 233 F 5
Saint-Bernard 57.......46 B 4
Saint-Bernard 68............... 143 E 2
Saint-Berthevin 53............... 105 H 3
Saint-Berthevin-la-Tannière 53.......81 G 4
Saint-Bertrand-de-Comminges 31............... 334 A 2
Saint-Biez-en-Belin 72............... 130 A 2
Saint-Bihy 22.......77 H 3
Saint-Blaise 06............... 291 E 5
Saint-Blaise 74............... 215 G 2
Saint-Blaise Fouilles de 13.. 325 G 3
Saint-Blaise-du-Buis 38..... 232 C 4
Saint-Blaise-la-Roche 67.....96 C 1
Saint-Blancard 32............... 316 B 3
Saint-Blimont 80............... 11 E 3
Saint-Blin 52.......93 G 5
Saint-Boès 64............... 293 F 5
Saint-Bohaire 41............... 132 A 5
Saint-Boil 71............... 177 G 5
Saint-Boingt 54.......95 F 3
Saint-Bois 01............... 232 C 1
Saint-Bomer 28............... 109 E 2
Saint-Bômer-les-Forges 61....53 E 5
Saint-Bon 51.......60 C 5
Saint-Bon-Tarentaise 73.... 234 C 3
Saint-Bonnet 16............... 220 D 3
Saint-Bonnet Signal de 69. 212 C 2
Saint-Bonnet-Avalouze 19.. 243 E 1
Saint-Bonnet-Briance 87.... 224 B 1
Saint-Bonnet-de-Bellac 87. 205 E 1
Saint-Bonnet-de-Chavagne 38............... 250 A 2
Saint-Bonnet-de-Condat 15. 245 E 1
Saint-Bonnet-de-Cray 71... 193 H 5
Saint-Bonnet-de-Four 03.... 191 F 4
Saint-Bonnet-de-Joux 71... 194 B 2
Saint-Bonnet-de-Montauroux 48............... 265 E 1
Saint-Bonnet-de-Mure 69.. 231 G 1
Saint-Bonnet-de-Rochefort 03............... 209 H 1

Saint-Bonnet-de-Salendrinque 30............... 283 F 5
Saint-Bonnet-de-Salers 15.. 244 C 2
Saint-Bonnet-de-Valclérieux 26............... 249 H 1
Saint-Bonnet-de-Vieille-Vigne 71............... 193 H 2
Saint-Bonnet-des-Bruyères 69............... 194 B 5
Saint-Bonnet-des-Quarts 42............... 211 E 1
Saint-Bonnet-du-Gard 30... 304 A 1
Saint-Bonnet-Elvert 19............... 243 E 2
Saint-Bonnet-en-Bresse 71. 178 B 3
Saint-Bonnet-en-Champsaur 05............... 269 G 2
Saint-Bonnet-la-Rivière 19.. 241 H 1
Saint-Bonnet-le-Bourg 63... 228 D 4
Saint-Bonnet-le-Chastel 63. 228 D 4
Saint-Bonnet-le-Château 42............... 229 G 4
Saint-Bonnet-le-Courreau 42............... 229 F 2
Saint-Bonnet-le-Froid 43.... 248 B 2
Saint-Bonnet-le-Troncy 69.. 212 B 2
Saint-Bonnet-l'Enfantier 19. 242 B 1
Saint-Bonnet-lès-Allier 63... 228 A 1
Saint-Bonnet-les-Oules 42.. 230 A 3
Saint-Bonnet-les-Tours-de-Merle 19............... 243 G 3
Saint-Bonnet-près-Bort 19.. 226 B 3
Saint-Bonnet-près-Orcival 63............... 227 F 1
Saint-Bonnet-près-Riom 63. 209 H 4
Saint-Bonnet-sur-Gironde 17............... 219 F 5
Saint-Bonnet-Tronçais 03... 190 D 1
Saint-Bonnot 58............... 156 D 4
Saint-Bouize 18............... 156 A 4
Saint-Brancher 89............... 158 A 2
Saint-Branchs 37............... 152 A 4
Saint-Brandan 22.......78 A 4
Saint-Brès 30............... 284 A 2
Saint-Brès 32............... 296 C 2
Saint-Brès 34............... 303 E 4
Saint-Bresson 30............... 302 B 1
Saint-Bresson 70............... 119 G 5
Saint-Bressou 46............... 261 F 2
Saint-Brevin-les-Pins 44.... 146 C 3
Saint-Brevin-l'Océan 44..... 146 C 3
Saint-Briac-sur-Mer 35.......50 B 5
Saint-Brice 16............... 220 B 1
Saint-Brice 33............... 256 C 2
Saint-Brice 50.......51 H 4
Saint-Brice 53............... 128 D 2
Saint-Brice 61.......82 B 2
Saint-Brice 77.......89 G 2
Saint-Brice-Courcelles 51....41 G 3
Saint-Brice-de-Landelles 50...81 F 2
Saint-Brice-en-Coglès 35.....80 D 3
Saint-Brice-sous-Forêt 95....58 C 2
Saint-Brice-sous-Rânes 61....53 H 5
Saint-Brice-sur-Vienne 87... 205 E 4
Saint-Brieuc 22.......78 B 3
Saint-Brieuc-de-Mauron 56. 103 E 3
Saint-Brieuc-des-Iffs 35.......80 A 5
Saint-Bris-des-Bois 17............... 201 H 5
Saint-Bris-le-Vineux 89..... 136 C 3
Saint-Brisson 58............... 158 B 4
Saint-Brisson-sur-Loire 45.. 134 C 5
Saint-Broing 70............... 161 F 1
Saint-Broing-les-Moines 21. 138 D 4
Saint-Broingt-le-Bois 52.... 139 H 3
Saint-Broingt-les-Fosses 52............... 139 G 3
Saint-Broladre 35.......51 E 5
Saint-Bueil 38............... 232 D 3
Saint-Cado 56............... 123 G 3
Saint-Calais 72............... 108 D 5
Saint-Calais-du-Désert 53.....83 E 3
Saint-Calez-en-Saosnois 72....84 A 5
Saint-Cannat 13............... 305 H 4
Saint-Caprais 03............... 191 E 2
Saint-Caprais 18............... 172 D 2
Saint-Caprais 32............... 296 C 5
Saint-Caprais 46............... 259 F 3
Saint-Caprais-de-Blaye 33.. 219 G 5
Saint-Caprais-de-Bordeaux 33............... 255 H 1
Saint-Caprais-de-Lerm 47... 276 C 3
Saint-Capraise-de-Lalinde 24............... 258 B 1
Saint-Capraise-d'Eymet 24. 257 H 2
Saint-Caradec 22............... 102 A 1
Saint-Caradec-Trégomel 56............... 101 E 2

Saint-Carreuc 22.......78 B 4
Saint-Cassien 24............... 258 D 2
Saint-Cassien 38............... 232 C 5
Saint-Cassien 86............... 168 D 2
Saint-Cassin 73............... 233 F 2
Saint-Cast-le-Guildo 22.......50 A 5
Saint-Castin 64............... 314 B 3
Saint-Célerin 72............... 108 B 3
Saint-Cénerê 53............... 106 B 3
Saint-Céneri-le-Gérei 61......83 F 4
Saint-Céols 18............... 155 G 4
Saint-Céré 46............... 261 E 1
Saint-Cergues 74............... 197 H 5
Saint-Cernin 15............... 244 B 3
Saint-Cernin 46............... 260 C 4
Saint-Cernin-de-Labarde 24............... 258 B 1
Saint-Cernin-de-Larche 19.. 241 H 3
Saint-Cernin-de-l'Herm 24.. 259 E 3
Saint-Cernin-de-Reilhac 24. 241 E 4
Saint-Césaire 17............... 201 H 5
Saint-Césaire 30............... 303 H 2
Saint-Césaire-de-Gauzignan 30............... 284 A 5
Saint-Cézaire Grottes de 06............... 308 D 3
Saint-Cézaire-sur-Siagne 06............... 308 D 3
Saint-Cézert 31............... 297 G 3
Saint-Chabrais 23............... 207 H 1
Saint-Chaffrey 05............... 252 C 4
Saint-Chamant 15............... 244 C 3
Saint-Chamant 19............... 243 E 3
Saint-Chamarand 46............... 260 B 3
Saint-Chamas 13............... 305 F 5
Saint-Chamassy 24............... 241 E 5
Saint-Chamond 42............... 230 C 4
Saint-Champ 01............... 214 D 5
Saint-Chaptes 30............... 284 A 5
Saint-Charles 54.......45 E 1
Saint-Charles-de-Percy 14....52 D 2
Saint-Charles-la-Forêt 53... 106 B 5
Saint-Chartier 36............... 189 G 1
Saint-Chartres 86............... 168 C 3
Saint-Chef 38............... 232 A 2
Saint-Chels 46............... 260 D 4
Saint-Chély-d'Apcher 48.... 264 A 1
Saint-Chély-d'Aubrac 12.... 263 F 4
Saint-Chély-du-Tarn 48..... 282 B 1
Saint-Chéron 51.......62 C 5
Saint-Chéron 91.......87 F 3
Saint-Chéron-des-Champs 28.......86 A 2
Saint-Chinian 34............... 321 E 3
Saint-Christ-Briost 80.......23 G 2
Saint-Christau 64............... 331 H 2
Saint-Christaud 31............... 317 F 5
Saint-Christaud 32............... 295 G 5
Saint-Christo-en-Jarez 42... 230 C 3
Saint-Christol 07............... 248 B 5
Saint-Christol 34............... 303 F 3
Saint-Christol 84............... 286 C 4
Saint-Christol-de-Rodières 30............... 284 C 2
Saint-Christol-lès-Alès 30... 283 H 4
Saint-Christoly-de-Blaye 33. 237 G 2
Saint-Christoly-Médoc 33... 219 E 5
Saint-Christophe 03............... 210 C 1
Saint-Christophe 16............... 239 E 1
Saint-Christophe 17............... 200 D 3
Saint-Christophe 23............... 207 E 2
Saint-Christophe 28............... 110 A 3
Saint-Christophe 69............... 194 C 5
Saint-Christophe 81............... 279 F 3
Saint-Christophe-à-Berry 02...40 A 2
Saint-Christophe-d'Allier 43. 265 E 1
Saint-Christophe-de-Chaulieu 61.......52 D 4
Saint-Christophe-de-Double 33............... 238 D 3
Saint-Christophe-de-Valains 35.......80 D 4
Saint-Christophe-des-Bardes 33............... 238 C 5
Saint-Christophe-des-Bois 35............... 105 E 2
Saint-Christophe-Dodinicourt 10.......91 H 4
Saint-Christophe-du-Bois 49............... 166 D 1
Saint-Christophe-du-Foc 50.......28 D 4
Saint-Christophe-du-Jambet 72............... 107 G 2
Saint-Christophe-du-Ligneron 85............... 165 E 3

A
B
C
D
E
F
G
H
I
J
K
L
M
N
O
P
Q
R
S
T
U
V
W
X
Y
Z

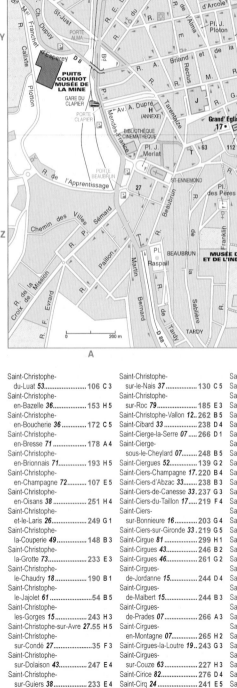

ST-ÉTIENNE

Albert-1er (Bd)	ABX	3
Anatole-France (Pl.)	BZ	7
Badouillère (R. de la)	CZ	9
Barrouse (R. H.)	CZ	12
Bérard (R.)	BCY	14
Bergson (R.)	BX	16
Boivin (Pl.)	BY	17
Chavanelle (R.)	CZ	18
Clovis-Hugues (R.)	BX	20
Comte (Pl. Louis)	BZ	21
Denfert-Rochereau (Av.)	CY	26
Descours (R.)	AZ	27
Dorian (Pl.)	BY	33
Dormoy (R. M.)	BXY	34
Dupré (R. G.)	BY	37
Durafour (R. A.)	CZ	38
Escoffier (R. D.)	BY	39
Fougerolle (R.)	CZ	41
Fourneyron (Pl.)	CY	42
Foy (R. Gén.)	BY	44
Frappa (R. J.)	BZ	47
Gambetta (R.)	BZ	
Gaulle (R. Ch.-de)	BXY	
Gérentet (R.)	BY	49
Gervais (R. E.)	CY	50
Gillet (R. F.)	BZ	52
Grand Moulin (R. du)	BY	53
Gris (R. de lin)	CY	54
Guesde (Pl. J.)	BY	56
Hôtel-de-Ville (Pl. de l')	BY	57
Jacob (R.)	CX	58
Krummow (Bd F.)	AY	61
Leclerc (R. du Gén.)	BZ	62
Libération (Av. de la)	BCY	
Loubet (Av. du Président E.)	BZ	63
Martyrs-de-Vingré (R. des)	BYZ	66
Michelet (R.)	BYZ	
Moine (Pl. Antonin)	CYZ	68
Moulin (Pl. J.)	CY	72
Mulatière (R. de la)	CZ	75
Neuve (R.)	BZ	77
Peuple (Pl. du)	BZ	86
Pointe-Cadet (R.)	BCZ	87
Président-Wilson (R.)	BY	89
République (R. de la)	BCY	
Résistance (R. de la)	BY	91
Rivière (R. du Sergent)	CX	93
Robert (R.)	BY	94
Ruel (R. A.)	AX	99
Sadi-Carnot (Pl.)	BX	100
St-Jean (R.)	BY	102
Sauzéa (Cours H.)	CY	103
Servet (R. M.)	BY	106
Stalingrad (Square de)	CY	109
Théâtre (R. du)	BYZ	112
Thomas (Pl. A.)	BZ	113
Tilleuls (R. des)	AX	116
Ursules (Pl. des)	BZ	117
Valbenoite (Bd)	CZ	119
Villeboeuf (R.)	CZ	123
Ville (R. de la)	BY	122
11-Novembre (R. du)	BZ	128

Saint-Christophe-du-Luat 53 .... 106 C 3
Saint-Christophe-en-Bazelle 36 .... 153 H 5
Saint-Christophe-en-Boucherie 36 .... 172 C 5
Saint-Christophe-en-Bresse 71 .... 178 A 4
Saint-Christophe-en-Brionnais 71 .... 193 H 5
Saint-Christophe-en-Champagne 72 .... 107 E 5
Saint-Christophe-en-Oisans 38 .... 251 H 4
Saint-Christophe-et-le-Laris 26 .... 249 G 1
Saint-Christophe-la-Couperie 49 .... 148 B 3
Saint-Christophe-la-Grotte 73 .... 233 E 3
Saint-Christophe-le-Chaudry 18 .... 190 B 1
Saint-Christophe-le-Jajolet 61 .... 54 B 5
Saint-Christophe-les-Gorges 15 .... 243 H 3
Saint-Christophe-sur-Avre 27.55 H 5
Saint-Christophe-sur-Condé 27 .... 35 F 3
Saint-Christophe-sur-Dolaison 43 .... 247 E 4
Saint-Christophe-sur-Guiers 38 .... 233 E 4

Saint-Christophe-sur-le-Nais 37 .... 130 C 5
Saint-Christophe-sur-Roc 79 .... 185 E 3
Saint-Christophe-Vallon 12.. 262 B 5
Saint-Cibard 33 .... 238 D 4
Saint-Cierge-la-Serre 07 .... 266 D 1
Saint-Cierge-sous-le-Cheylard 07 .... 248 B 5
Saint-Ciergues 52 .... 139 G 2
Saint-Ciers-Champagne 17.220 B 4
Saint-Ciers-d'Abzac 33 .... 238 D 3
Saint-Ciers-de-Canesse 33. 237 G 3
Saint-Ciers-du-Taillon 17 .... 219 F 4
Saint-Ciers-sur-Bonnieure 16 .... 203 G 4
Saint-Ciers-sur-Gironde 33 .219 G 5
Saint-Cirgue 81 .... 299 H 1
Saint-Cirgues 43 .... 246 B 2
Saint-Cirgues 46 .... 261 G 2
Saint-Cirgues-de-Jordanne 15 .... 244 D 4
Saint-Cirgues-de-Malbert 15 .... 244 B 3
Saint-Cirgues-de-Prades 07 .... 266 A 3
Saint-Cirgues-en-Montagne 07 .... 265 H 2
Saint-Cirgues-la-Loutre 19.. 243 G 3
Saint-Cirgues-sur-Couze 63 .... 227 H 3
Saint-Cirice 82 .... 276 D 4
Saint-Cirq 24 .... 241 E 5

Saint-Cirq 82 .... 278 C 4
Saint-Cirq-Lapopie 46 .... 260 C 5
Saint-Cirq-Madelon 46 .... 259 H 1
Saint-Cirq-Souillaguet 46 .... 260 B 2
Saint-Civran 36 .... 188 B 2
Saint-Clair 07 .... 248 D 1
Saint-Clair 46 .... 259 H 2
Saint-Clair 82 .... 277 E 3
Saint-Clair 83 .... 329 E 4
Saint-Clair 86 .... 168 C 3
Saint-Clair-d'Arcey 27 .... 55 F 1
Saint-Clair-de-Halouze 61 .... 53 E 5
Saint-Clair-de-la-Tour 38 .... 232 B 2
Saint-Clair-du-Rhône 38 .... 231 E 4
Saint-Clair-sur-Epte 95 .... 37 F 4
Saint-Clair-sur-Galaure 38 .. 249 H 1
Saint-Clair-sur-l'Elle 50 .... 32 B 4
Saint-Clair-sur-les-Monts 76.. 19 H 5
Saint-Clar 32 .... 296 C 1
Saint-Clar-de-Rivière 31 .... 317 G 2
Saint-Claud 16 .... 203 H 4
Saint-Claude 39 .... 197 E 3
Saint-Claude-de-Diray 41 .... 132 B 5
Saint-Clément 02 .... 25 G 3
Saint-Clément 03 .... 210 D 2
Saint-Clément 07 .... 248 A 4
Saint-Clément 15 .... 224 D 5
Saint-Clément 30 .... 303 E 2
Saint-Clément 50 .... 52 C 5
Saint-Clément 54 .... 95 G 2
Saint-Clément 89 .... 113 G 2
Saint-Clément-à-Arnes 08 ...... 42 B 3

Saint-Clément-de-la-Place 49 .... 149 F 1
Saint-Clément-de-Régnat 63 .... 210 A 3
Saint-Clément-de-Rivière 34 .... 302 D 4
Saint-Clément-de-Valorgue 63 .... 229 F 3
Saint-Clément-de-Vers 69 .. 194 B 5
Saint-Clément-des-Baleines 17 .... 182 C 5
Saint-Clément-des-Levées 49 .... 150 B 3
Saint-Clément-les-Places 69 .... 212 B 5
Saint-Clément-sur-Durance 05 .... 270 C 2
Saint-Clément-sur-Guye 71.194 C 1
Saint-Clément-sur-Valsonne 69 .... 212 B 4
Saint-Clémentin 79 .... 167 G 2
Saint-Clet 22 .... 73 E 4
Saint-Cloud 92 .... 58 B 3
Saint-Cloud-en-Dunois 28 .. 110 A 4
Saint-Colomb-de-Lauzun 47 .... 257 H 3
Saint-Colomban 44 .... 165 G 1
Saint-Colomban-des-Villards 73 .... 233 H 5
Saint-Côme 33 .... 256 C 5
Saint-Côme Chapelle de 29 .. 75 G 5
Saint-Côme-de-Fresné 14 ...... 33 E 2
Saint-Côme-d'Olt 12 .... 263 F 4

Saint-Côme-du-Mont 50 .... 31 H 2
Saint-Côme-et-Maruéjols 30 .... 303 G 2
Saint-Congard 56 .... 125 F 2
Saint-Connan 22 .... 77 H 3
Saint-Connec 22 .... 102 A 1
Saint-Constant 15 .... 261 H 3
Saint-Contest 14 .... 33 G 4
Saint-Corneille 72 .... 108 A 4
Saint-Cornier-des-Landes 61.52 D 4
Saint-Cosme 68 .... 142 D 2
Saint-Cosme-en-Vairais 72 ...84 B 5
Saint-Couat-d'Aude 11 .... 320 B 5
Saint-Couat-du-Razès 11 .... 337 F 2
Saint-Coulitz 29 .... 75 H 5
Saint-Coulomb 35 .... 50 C 4
Saint-Coutant 16 .... 203 H 3
Saint-Coutant 79 .... 185 H 5
Saint-Coutant-le-Grand 17 .. 201 F 3
Saint-Créac 32 .... 296 C 1
Saint-Créac 65 .... 333 E 1
Saint-Crépin 05 .... 270 D 1
Saint-Crépin 17 .... 201 F 2
Saint-Crépin-aux-Bois 60 ...... 39 G 2
Saint-Crépin-d'Auberoche 24 .... 240 D 3
Saint-Crépin-de-Richemont 24 .... 222 B 4
Saint-Crépin-et-Carlucet 24. 241 G 4
Saint-Crépin-Ibouvillers 60 .. 38 A 4
Saint-Crespin 14 .... 34 B 5
Saint-Crespin 76 .... 20 B 3
Saint-Crespin-sur-Moine 49 148 B 5

Saint-Cricq 32 .... 297 E 5
Saint-Cricq-Chalosse 40 .. 293 E 4
Saint-Cricq-du-Gave 40 .... 293 E 5
Saint-Cricq-Villeneuve 40 .. 294 B 1
Saint-Cybardeaux 16 .... 202 D 5
Saint-Cybranet 24 .... 259 G 1
Saint-Cyprien 19 .... 241 H 1
Saint-Cyprien 24 .... 241 F 5
Saint-Cyprien 42 .... 230 A 3
Saint-Cyprien 46 .... 277 G 2
Saint-Cyprien-Plage 66 .... 343 F 4
Saint-Cyprien-sur-Dourdou 12 .... 262 B 4
Saint-Cyr 07 .... 249 E 1
Saint-Cyr 39 .... 179 G 2
Saint-Cyr 50 .... 29 F 4
Saint-Cyr 71 .... 177 H 5
Saint-Cyr 86 .... 169 F 5
Saint-Cyr 87 .... 205 E 5
Saint-Cyr Mont 46 .... 260 B 5
Saint-Cyr-au-Mont-d'Or 69.. 213 E 5
Saint-Cyr-de-Favières 42 .. 211 G 3
Saint-Cyr-de-Salerne 27 ...... 35 G 4
Saint-Cyr-de-Valorges 42 .. 212 A 4
Saint-Cyr-des-Gâts 85 .... 183 H 1
Saint-Cyr-du-Bailleul 50 ...... 82 A 2
Saint-Cyr-du-Doret 17 .... 183 H 5
Saint-Cyr-du-Gault 41 .... 131 G 5
Saint-Cyr-du-Ronceray 14....54 D 1
Saint-Cyr-en-Arthies 95 ...... 57 F 1
Saint-Cyr-en-Bourg 49 .... 150 C 4
Saint-Cyr-en-Pail 53 .... 83 E 4

Saint-Cyr-en-Retz **44**............ 165 E 1
Saint-Cyr-
en-Talmondais **85**........ 183 E 2
Saint-Cyr-en-Val **45**......... 133 F 3
Saint-Cyr-la-Campagne **27**....36 A 4
Saint-Cyr-la-Lande **79**........ 168 B 1
Saint-Cyr-la-Rivière **91**........87 F 5
Saint-Cyr-la-Roche **19**........ 241 H 1
Saint-Cyr-la-Rosière **61**......84 C 5
Saint-Cyr-le-Chatoux **69**..... 212 C 2
Saint-Cyr-le-Gravelais **53**... 105 G 4
Saint-Cyr-l'École **78**..........58 A 4
Saint-Cyr-
les-Champagnes **24**........ 223 H 5
Saint-Cyr-les-Colons **89**.. 136 C 3
Saint-Cyr-les-Vignes **42**.... 230 A 1
Saint-Cyr-sous-Dourdan **91**...87 F 2
Saint-Cyr-sur-le-Rhône **69**. 231 E 3
Saint-Cyr-sur-Loire **37**...... 151 H 2
Saint-Cyr-sur-Menthon **01**... 195 F 5
Saint-Cyr-sur-Mer **83**........ 327 G 4
Saint-Cyr-sur-Morin **77**......60 A 3
Saint-Cyran-du-Jambot **36**.. 170 D 2
Saint-Dalmas-de-Tende **06**.. 291 H 2
Saint-Dalmas-
le-Selvage **06**................. 289 F 1
Saint-Dalmas-
Valdeblore **06**.............. 291 E 2
Saint-Daunès **46**............... 277 G 1
Saint-Denis **11**................. 319 G 3
Saint-Denis **30**................. 284 A 2
Saint-Denis **79**............... 185 E 2
Saint-Denis **89**.............. 113 G 2
Saint-Denis **93**...............58 C 2
Saint-Denis-Catus **46**....... 259 H 4
Saint-Denis-
Combarnazat **63**........ 210 A 2
Saint-Denis-d'Aclon **76**........20 A 2
Saint-Denis-d'Anjou **53**....... 128 D 3
Saint-Denis-d'Augerons **27**...55 E 2
Saint-Denis-d'Authou **28**......85 F 5
Saint-Denis-
de-Cabanne **42**........... 211 H 1
Saint-Denis-de-Gastines **53**..81 H 4
Saint-Denis-de-Jouhet **36**... 189 F 2
Saint-Denis-de-l'Hôtel **45**... 133 G 2
Saint-Denis-de-Mailloc **14**....34 D 5
Saint-Denis-de-Méré **14**.......53 F 3
Saint-Denis-de-Palin **18**..... 173 F 3
Saint-Denis-de-Pile **33**...... 238 C 4
Saint-Denis-de-Vaux **71**...... 177 G 4
Saint-Denis-de-Villenette **61**..82 B 3
Saint-Denis-
des-Coudrais **72**......... 108 B 3
Saint-Denis-des-Monts **27**....35 H 4
Saint-Denis-des-Murs **87**.... 206 C 5
Saint-Denis-des-Puits **28**......85 G 4
Saint-Denis-d'Oléron **17**.... 200 A 2
Saint-Denis-d'Orques **72**... 106 D 4
Saint-Denis-du-Béhélan **27**...56 A 4
Saint-Denis-du-Maine **53**... 106 B 5
Saint-Denis-du-Payré **85**... 183 E 3
Saint-Denis-du-Pin **17**...... 201 H 4
Saint-Denis du Tertre
Chapelle **72**................ 108 A 4
Saint-Denis-en-Bugey **01**... 214 A 3
Saint-Denis-
en-Margeride **48**......... 264 C 2
Saint-Denis-en-Val **45**....... 133 F 2
Saint-Denis-
la-Chevasse **85**........... 166 A 3
Saint-Denis-le-Ferment **27**...37 H 3
Saint-Denis-le-Gast **50**......51 H 2
Saint-Denis-le-Thiboult **76**...36 D 1
Saint-Denis-le-Vêtu **50**.......51 G 1
Saint-Denis-lès-Bourg **01**... 195 H 5
Saint-Denis-lès-Martel **46**... 242 C 5
Saint-Denis-lès-Ponts **28**... 109 H 4
Saint-Denis-lès-Rebais **77**...60 A 3
Saint-Denis-Maisoncelles **14**..52 C 1
Saint-Denis-sur-Coise **42**... 230 B 2
Saint-Denis-sur-Huisne **61**...84 B 3
Saint-Denis-sur-Loire **41**..... 132 B 5
Saint-Denis-sur-Ouanne **89**. 135 G 3
Saint-Denis-sur-Sarthon **61**..83 F 3
Saint-Denis-sur-Scie **76**......20 B 4
Saint-Deniscourt **60**..........21 G 5
Saint-Denœux **62**..............6 D 4
Saint-Denoual **22**..............79 E 3
Saint-Derrien **29**..............71 F 5
Saint-Désert **71**............... 177 G 4
Saint-Désir **14**.................34 C 5
Saint-Désirat **07**............... 249 E 1
Saint-Désiré **03**............... 190 B 2
Saint-Dézery **19**............. 226 B 3
Saint-Dézéry **30**............. 284 A 5
Saint-Didier **21**................. 158 C 3

Saint-Didier **35**............ 104 D 3
Saint-Didier **39**............ 179 E 5
Saint-Didier **58**............ 157 F 3
Saint-Didier **84**............ 285 H 5
Saint-Didier-
au-Mont-d'Or **69**......... 213 E 5
Saint-Didier-d'Allier **43**.... 246 D 4
Saint-Didier-d'Aussiat **01**... 195 G 4
Saint-Didier-
de-Bizonnes **38**......... 232 A 3
Saint-Didier-
de-Formans **01**......... 213 E 3
Saint-Didier-de-la-Tour **38**. 232 B 2
Saint-Didier-des-Bois **27**......36 A 4
Saint-Didier-en-Bresse **71**.. 178 B 3
Saint-Didier-
en-Brionnais **71**.......... 193 H 4
Saint-Didier-en-Donjon **03**.. 193 E 3
Saint-Didier-en-Velay **43**... 248 A 1
Saint-Didier-la-Forêt **03**... 192 B 5
Saint-Didier-
sous-Aubenas **07**....... 266 B 3
Saint-Didier-
sous-Écouves **61**..........83 F 2
Saint-Didier-
sous-Riverie **69**......... 230 C 2
Saint-Didier-sur-Arroux **71**.. 176 B 4
Saint-Didier-
sur-Beaujeu **69**......... 212 C 1
Saint-Didier-
sur-Chalaronne **01**...... 213 E 1
Saint-Didier-sur-Doulon **43**. 246 C 1
Saint-Didier-
sur-Rochefort **42**......... 211 E 5
Saint-Dié-des-Vosges **88**...... 96 B 5
Saint-Dier-d'Auvergne **63**.. 228 C 1
Saint-Diéry **63**............. 227 G 3
Saint-Dionizy **30**........... 303 G 2
Saint-Disdier **05**........... 269 F 1
Saint-Divy **29**..............75 F 2
Saint-Dizant-du-Bois **17**... 219 G 4
Saint-Dizant-du-Gua **17**... 219 F 4
Saint-Dizier **52**..............63 F 5
Saint-Dizier-en-Diois **26**... 268 C 4
Saint-Dizier-la-Tour **23**...... 207 G 1
Saint-Dizier-
les-Domaines **23**......... 189 G 4
Saint-Dizier-l'Évêque **90**... 142 D 5
Saint-Dizier-Leyrenne **23**... 206 D 3
Saint-Dolay **56**............. 125 G 5
Saint-Domet **23**........... 207 H 2
Saint-Domineuc **35**..........80 A 4
Saint-Donan **22**..............78 A 3
Saint-Donat **63**............. 227 E 4
Saint-Donat Église de **04**... 287 G 4
Saint-Donat-
sur-l'Herbasse **26**....... 249 G 2
Saint-Dos **64**............... 292 D 5
Saint-Doulchard **18**......... 173 E 1
Saint-Drézéry **34**........... 303 E 3
Saint-Dyé-sur-Loire **41**... 132 B 4
Saint-Eble **43**............. 246 C 3
Saint-Ébremond-
de-Bonfossé **50**............32 A 5
Saint-Edmond **71**........... 193 H 5
Saint-Égrève **38**........... 250 D 1
Saint-Éliph **28**..............85 F 4
Saint-Élix **32**.............. 316 C 2
Saint-Élix-le-Château **31**... 317 F 4
Saint-Élix-Séglan **31**...... 316 D 5
Saint-Élix-Theux **32**...... 316 A 2
Saint-Ellier **49**............. 149 H 3
Saint-Ellier-du-Maine **53**....81 G 4
Saint-Ellier-les-Bois **61**......83 F 3
Saint-Éloi **01**............... 213 H 3
Saint-Éloi **23**................72 D 4
Saint-Éloi **23**............... 207 E 2
Saint-Éloi **58**.............. 174 C 2
Saint-Éloi-de-Fourques **27**....35 H 4
Saint-Éloy **29**...............75 H 3
Saint-Éloy-d'Allier **03**... 190 B 3
Saint-Éloy-de-Gy **18**...... 155 E 5
Saint-Éloy-la-Glacière **63**.. 228 C 3
Saint-Éloy-les-Mines **63**... 209 F 1
Saint-Éloy-les-Tuileries **19**. 223 H 4
Saint-Éman **28**..............85 G 5
Saint-Émiland **71**.......... 177 E 3
Saint-Émilion **33**.......... 238 C 5
Saint-Ennemond **03**....... 175 E 5
Saint-Épain **37**............. 151 G 5
Saint-Epvre **57**..............66 C 2
Saint-Erblon **35**........... 104 B 4
Saint-Erblon **53**........... 127 G 2
Saint-Erme-Outre-
et-Ramecourt **02**..........41 F 1

Saint-Escobille **91**...........87 E 4
Saint-Esteben **64**............ 311 F 4
Saint-Estèphe **16**........... 221 E 2
Saint-Estèphe **24**........... 222 C 2
Saint-Estèphe **33**........... 237 E 1
Saint-Estève **66**............. 343 E 2
Saint-Estève-Janson **13**... 305 H 3
Saint-Étienne **42**........... 230 B 4
Saint-Étienne-à-Arnes **08**......42 B 3
Saint-Étienne-au-Mont **62**......6 B 2
Saint-Étienne-au-Temple **51**..62 B 1
Saint-Étienne-aux-Clos **19**.. 226 C 3
Saint-Étienne-Cantalès **15**.. 243 H 5
Saint-Étienne-Cantalès
Barrage de **15**............. 243 H 5
Saint-Étienne-
d'Albagnan **34**........... 300 D 5
Saint-Étienne-
de-Baïgorry **64**........... 330 B 1
Saint-Étienne-
de-Boulogne **07**......... 266 C 2
Saint-Étienne-
de-Brillouet **85**.......... 183 G 2
Saint-Étienne-de-Carlat **15**.. 244 D 5
Saint-Étienne-
de-Chigny **37**............. 151 G 3
Saint-Étienne-
de-Chomeil **15**.......... 226 D 5
Saint-Étienne-de-Crossey **38**... 232 D 4
Saint-Étienne-
de-Cuines **73**............. 234 A 4
Saint-Étienne-
de-Fontbellon **07**....... 266 B 3
Saint-Étienne-
de-Fougères **47**......... 258 B 5
Saint-Étienne-
de-Fursac **23**............ 206 B 1
Saint-Étienne-
de-Gourgas **34**........... 301 H 3
Saint-Étienne-de-Lisse **33**.. 238 C 5
Saint-Étienne-de-l'Olm **30**.. 284 A 4
Saint-Étienne-
de-Lugdarès **07**......... 265 G 3
Saint-Étienne-de-Maurs **15**. 261 H 4
Saint-Étienne-
de-Mer-Morte **44**....... 165 F 2
Saint-Étienne-
de-Montluc **44**........... 147 F 3
Saint-Étienne-
de-Puycorbier **24**....... 239 G 3
Saint-Étienne-de-Saint-Geoirs **38**... 232 A 5
Saint-Étienne-de-Serre **07**... 266 C 1
Saint-Étienne-de-Tinée **06**.. 289 F 1
Saint-Étienne-
de-Tulmont **82**........... 278 B 5
Saint-Étienne-de-Valoux **07**. 249 E 1
Saint-Étienne-de-Vicq **03**... 210 C 1
Saint-Étienne-
de-Villeréal **47**........... 258 C 3
Saint-Étienne-
des-Champs **63**......... 208 D 5
Saint-Étienne-
des-Guérets **41**......... 131 G 5
Saint-Étienne-
des-Oullières **69**......... 212 D 2
Saint-Étienne-des-Sorts **30**. 285 E 4
Saint-Étienne-d'Orthe **40**.. 292 C 4
Saint-Étienne-du-Bois **01**... 196 A 4
Saint-Étienne-du-Bois **85**... 165 G 3
Saint-Étienne-du-Grès **13**.. 304 C 2
Saint-Étienne-
du-Gué-de-l'Isle **22**..... 102 C 2
Saint-Étienne-
du-Rouvray **76**...36 B 2
Saint-Étienne-
du-Valdonnez **48**....... 264 C 5
Saint-Étienne-du-Vauvray **27**..36 C 4
Saint-Étienne-du-Vigan **43**.. 265 F 1
Saint-Étienne-
en-Bresse **71**........... 178 A 5
Saint-Étienne-en-Coglès **35**..81 E 4
Saint-Étienne-
en-Dévoluy **05**.......... 269 F 2
Saint-Étienne-
Estréchoux **34**........... 301 F 4
Saint-Étienne-
la-Cigogne **79**........... 201 H 1
Saint-Étienne-
la-Geneste **19**........... 226 B 4
Saint-Étienne-la-Thillaye **14**..34 C 3
Saint-Étienne-
la-Varenne **69**........... 212 C 2
Saint-Étienne-l'Allier **27**.....35 F 3
Saint-Étienne-Lardeyrol **43**. 247 G 3
Saint-Étienne-le-Laus **05**... 269 H 4

Saint-Étienne-le-Molard **42**. 229 G 1
Saint-Étienne-
les-Orgues **04**.......... 287 E 4
Saint-Étienne-
lès-Remiremont **88**...... 119 H 4
Saint-Étienne-Roilaye **60**......39 H 3
Saint-Étienne-
sous-Bailleul **27**...........36 D 5
Saint-Étienne-
sous-Barbuise **10**..........91 E 3
Saint-Étienne-sur-Blesle **43**. 245 H 1
Saint-Étienne-
sur-Chalaronne **01**...... 213 E 1
Saint-Étienne-
sur-Reyssouze **01**....... 195 F 3
Saint-Étienne-sur-Suippe **51**..41 H 2
Saint-Étienne-
sur-Usson **63**........... 228 B 3
Saint-Étienne-
Vallée-Française **48**..... 283 F 3
Saint-Eugène **02**..............60 C 1
Saint-Eugène **17**.......... 220 B 3
Saint-Eugène **71**.......... 176 C 5
Saint-Eulien **51**...............63 E 5
Saint-Euphraise-
et-Clairizet **51**.............41 F 4
Saint-Euphrône **21**......... 158 D 1
Saint-Eusèbe **71**........... 177 E 5
Saint-Eusèbe **74**........... 215 F 3
Saint-Eusèbe-
en-Champsaur **05**........ 269 G 2
Saint-Eustache **74**......... 215 G 4
Saint-Eustache Col de **2A**.. 349 E 5
Saint-Eustache-la-Forêt **76**...19 E 5
Saint-Eutrope **16**........... 221 E 4
Saint-Eutrope-de-Born **47**.. 258 C 4
Saint-Évarzec **29**.............99 H 3
Saint-Evroult-de-Montfort **61**..54 D 3
Saint-Evroult-
Notre-Dame-du-Bois **61**....55 E 4
Saint-Exupéry **33**......... 256 C 3
Saint-Exupéry-
les-Roches **19**............ 226 B 3
Saint-Fargeau **89**.......... 135 F 5
Saint-Fargeau-Ponthierry **77**..88 A 3
Saint-Fargeol **03**........... 208 D 1
Saint-Faust **64**............. 314 A 4
Saint-Félicien **07**......... 248 D 3
Saint-Féliu-d'Amont **66**..... 342 D 2
Saint-Féliu-d'Avall **66**...... 342 D 2
Saint-Félix **03**............. 192 C 5
Saint-Félix **16**............. 220 D 5
Saint-Félix **17**............. 201 G 2
Saint-Félix **46**............. 261 G 3
Saint-Félix **60**...............38 B 3
Saint-Félix **74**............. 215 F 4
Saint-Félix-
de-Bourdeilles **24**....... 222 B 4
Saint-Félix-
de-Foncaude **33**......... 256 C 3
Saint-Félix-de-l'Héras **34**... 301 G 2
Saint-Félix-de-Lodez **34**... 302 A 4
Saint-Félix-de-Lunel **12**... 262 C 4
Saint-Félix-de-Montceau
Ancienne Abbaye de **34**... 323 E 4
Saint-Félix-de-Pallières **30**. 283 G 5
Saint-Félix-de-Reillac-
et-Mortemart **24**......... 241 E 4
Saint-Félix-de-Rieutord **09**. 336 B 2
Saint-Félix-de-Sorgues **12**. 301 E 1
Saint-Félix-
de-Tournegat **09**......... 336 C 1
Saint-Félix-de-Villadeix **24**. 240 C 5
Saint-Félix-Lauragais **31**.... 318 D 2
Saint-Fergeux **08**............25 H 5
Saint-Ferjeux **70**........... 141 H 5
Saint-Ferme **33**........... 257 E 2
Saint-Ferréol **31**........... 316 C 3
Saint-Ferréol **31**........... 319 E 2
Saint-Ferréol **74**........... 216 A 5
Saint-Ferréol-d'Auroure **43**. 230 A 5
Saint-Ferréol-des-Côtes **63**. 228 D 3
Saint-Ferréol-
Trente-Pas **26**........... 268 A 5
Saint-Ferriol **11**........... 337 G 4
Saint-Fiacre **22**..............77 H 2
Saint-Fiacre **56**........... 100 D 3
Saint-Fiacre **77**..............59 G 2
Saint-Fiacre-sur-Maine **44**.. 147 H 5
Saint-Fiel **23**............... 207 E 1
Saint-Firmin **05**........... 269 G 1
Saint-Firmin **54**..............94 D 3
Saint-Firmin **58**........... 175 E 1
Saint-Firmin **71**........... 177 E 3
Saint-Firmin-des-Bois **45**... 112 D 5
Saint-Firmin-des-Prés **41**... 131 H 2
Saint-Firmin-sur-Loire **45**... 134 D 5

Saint-Flavy **10**...............90 B 4
Saint-Florent **45**........... 134 B 4
Saint-Florent **79**........... 184 D 4
Saint-Florent **2B**.......... 345 F 4
Saint-Florent-des-Bois **85**.. 183 E 1
Saint-Florent-le-Vieil **49**... 148 C 2
Saint-Florent-
sur-Auzonnet **30**........ 283 H 2
Saint-Florent-sur-Cher **18**.. 172 D 2
Saint-Florentin **36**......... 171 H 1
Saint-Florentin **89**......... 114 B 5
Saint-Floret **63**............ 227 H 3
Saint-Floris **62**.................7 H 2
Saint-Flour **15**............. 245 H 4
Saint-Flour **63**............. 228 C 1
Saint-Flour-
de-Mercoire **48**......... 265 F 2
Saint-Flovier **37**........... 170 C 2
Saint-Floxel **50**..............29 G 4
Saint-Folquin **62**...............3 E 3
Saint-Fons **69**............. 231 E 1
Saint-Forgeot **71**.......... 176 D 2
Saint-Forget **78**..............57 H 5
Saint-Forgeux **69**.......... 212 B 4
Saint-Forgeux-
Lespinasse **42**........... 211 F 1
Saint-Fort **53**............. 128 B 3
Saint-Fort-sur-Gironde **17**. 219 F 3
Saint-Fort-sur-le-Né **16**... 220 B 2
Saint-Fortunat-
sur-Eyrieux **07**.......... 266 D 1
Saint-Fraigne **16**.......... 203 E 3
Saint-Fraimbault **61**..........82 A 3
Saint-Fraimbault-
de-Prières **53**...............82 B 4
Saint-Frajou **31**............ 316 D 3
Saint-Franc **73**............ 232 D 3
Saint-Franchy **58**.......... 157 E 5
Saint-François-
de-Sales **73**............ 233 G 1
Saint-François-Lacroix **57**....46 C 3
Saint-François-
Longchamp **73**.......... 234 A 4
Saint-Frégant **29**............70 D 4
Saint-Fréjoux **19**.......... 226 B 3
Saint-Frézal-d'Albuges **48**.. 265 E 4
Saint-Frézal-
de-Ventalon **48**......... 283 F 2
Saint-Frichoux **11**......... 320 A 4
Saint-Frion **23**............. 207 H 4
Saint-Fromond **50**............32 B 4
Saint-Front **16**............ 203 G 4
Saint-Front **43**............. 247 H 4
Saint-Front-d'Alemps **24**.. 222 D 5
Saint-Front-de-Pradoux **24**. 239 G 3
Saint-Front-la-Rivière **24**... 222 C 4
Saint-Front-
sur-Lémance **47**......... 259 E 4
Saint-Front-sur-Nizonne **24**. 222 B 4
Saint-Froult **17**........... 200 C 3
Saint-Fulgent **85**.......... 166 B 3
Saint-Fulgent-des-Ormes **61**..84 B 5
Saint-Fuscien **80**............22 C 2
Saint-Gabriel Chapelle **13**.. 304 C 2
Saint-Gabriel-Brécy **14**......33 F 3
Saint-Gal **48**.............. 264 B 3
Saint-Gal-sur-Sioule **63**... 209 G 2
Saint-Galmier **42**.......... 230 A 2
Saint-Gand **70**............. 140 C 5
Saint-Ganton **35**.......... 126 A 3
Saint-Gatien-des-Bois **14**....34 C 2
Saint-Gaudens **31**......... 334 C 1
Saint-Gaudent **86**......... 203 G 4
Saint-Gaudéric **11**......... 337 E 1
Saint-Gault **53**............ 105 H 5
Saint-Gaultier **36**......... 188 C 4
Saint-Gauzens **81**........ 298 D 3
Saint-Gayrand **47**......... 275 G 1
Saint-Gein **40**............. 294 B 2
Saint-Gelais **79**........... 185 E 3
Saint-Gelven **22**.............77 G 5
Saint-Gély-du-Fesc **34**.... 302 D 3
Saint-Génard **79**.......... 202 D 1
Saint-Gence **87**........... 205 F 4
Saint-Généroux **79**........ 168 B 3
Saint-Genès-
Champanelle **63**......... 227 G 1
Saint-Genès-
Champespe **63**.......... 227 E 4
Saint-Genès-de-Blaye **33**.. 237 F 2
Saint-Genès-
de-Castillon **33**......... 238 D 5
Saint-Genès-
de-Fronsac **33**.......... 238 B 3
Saint-Genès-
de-Lombaud **33**......... 255 H 1
Saint-Genès-du-Retz **63**... 210 A 2

Saint-Genès-la-Tourette **63**. 228 C 3
Saint-Genest **03**.......... 190 D 5
Saint-Genest **88**.............95 G 4
Saint-Genest-d'Ambière **86**. 169 F 4
Saint-Genest-
de-Beauzon **07**......... 265 H 5
Saint-Genest-
de-Contest **81**........... 299 F 3
Saint-Genest-Lachamp **07**. 266 B 1
Saint-Genest-Lerpt **42**..... 230 A 4
Saint-Genest-Malifaux **42**.. 230 B 5
Saint-Genest-
sur-Roselle **87**.......... 224 B 1
Saint-Geneys-
près-Saint-Paulien **43**... 247 E 2
Saint-Gengoulph **02**.........40 A 5
Saint-Gengoux-
de-Scissé **71**............. 194 D 2
Saint-Gengoux-
le-National **71**.......... 194 D 1
Saint-Geniès **24**.......... 241 G 4
Saint-Geniès-
de-Comolas **30**......... 285 E 4
Saint-Geniès-
de-Fontedit **34**.......... 321 G 2
Saint-Geniès-
de-Malgoirès **30**........ 303 G 1
Saint-Geniès-
de-Varensal **34**......... 301 E 4
Saint-Geniès-
des-Mourgues **34**....... 303 E 3
Saint-Geniez **04**.......... 287 G 2
Saint-Geniez-d'Olt **12**...... 263 G 5
Saint-Geniez-ô-Merle **19**.. 243 G 3
Saint-Genis **05**............ 269 E 5
Saint-Genis **38**............ 251 E 5
Saint-Genis-de-Blanzac **16**. 221 E 4
Saint-Genis-
de-Saintonge **17**........ 219 G 3
Saint-Genis-
des-Fontaines **66**........ 343 F 3
Saint-Genis-d'Hiersac **16**.. 203 E 5
Saint-Genis-du-Bois **33**... 256 C 2
Saint-Genis-l'Argentière **69**. 230 C 1
Saint-Genis-Laval **69**...... 231 E 1
Saint-Genis-les-Ollières **69**. 212 D 5
Saint-Genis-Pouilly **01**.... 197 F 5
Saint-Genis-
sur-Menthon **01**........ 195 F 4
Saint-Genix-sur-Guiers **73**. 232 C 2
Saint-Genou **36**........... 171 E 3
Saint-Genouph **37**......... 151 H 2
Saint-Geoire-
en-Valdaine **38**......... 232 D 3
Saint-Geoirs **38**........... 232 A 5
Saint-Georges **15**......... 245 H 4
Saint-Georges **16**......... 203 G 3
Saint-Georges **32**......... 296 D 3
Saint-Georges **33**......... 238 C 5
Saint-Georges **47**......... 259 E 5
Saint-Georges **57**...........67 G 5
Saint-Georges **62**.............7 E 5
Saint-Georges **82**......... 278 C 3
Saint-Georges
Gorges de **11**............ 337 G 5
Saint-Georges-Armont **25**.. 163 E 2
Saint-Georges-
Blancaneix **24**.......... 239 G 5
Saint-Georges-Buttavent **53**..82 A 3
Saint-Georges-
d'Annebecq **61**...........53 H 5
Saint-Georges-d'Aunay **14**...53 E 1
Saint-Georges-d'Aurac **43**.. 246 D 4
Saint-Georges-
de-Baroille **42**.......... 211 H 4
Saint-Georges-de-Bohon **50**..31 H 3
Saint-Georges-
de-Chesné **35**.............81 E 5
Saint-Georges-
de-Commiers **38**........ 250 D 3
Saint-Georges-
de-Cubillac **17**.......... 219 H 3
Saint-Georges-
de-Didonne **17**.......... 218 D 2
Saint-Georges-
de-Gréhaigne **35**..........80 C 2
Saint-Georges-
de-la-Couée **72**......... 130 D 2
Saint-Georges-
de-la-Rivière **50**...........31 E 2
Saint-Georges-
de-Lévéjac **48**.......... 282 A 2
Saint-Georges-
de-Livoye **50**..............52 A 4
Saint-Georges-
de-Longuepierre **17**..... 202 B 2

A B C D E F G H I J K L M N O P Q R S T U V W X Y Z

A B C D E F G H I J K L M N O P Q R S T U V W X Y Z

Saint-Georges-de-Luzençon *12*............... 281 G 4
Saint-Georges-de-Mons *63*. 209 F 4
Saint-Georges-de-Montaigu *85*............ 166 A 2
Saint-Georges-de-Montclard *24*............ 240 B 5
Saint-Georges-de-Noisné *79*............ 185 F 2
Saint-Georges-de-Pointindoux *85*............ 165 F 5
Saint-Georges-de-Poisieux *18*............ 173 F 5
Saint-Georges-de-Reintembault *35*............ 81 E 2
Saint-Georges-de-Reneins *69*............ 212 D 2
Saint-Georges-de-Rex *79*............ 184 C 4
Saint-Georges-de-Rouelley *50*............ 82 A 2
Saint-Georges-d'Elle *50*............ 32 C 4
Saint-Georges-des-Agoûts *17*............ 219 F 4
Saint-Georges-des-Coteaux *17*............ 201 F 5
Saint-Georges-des-Gardes *49*............ 149 E 5
Saint-Georges-des-Groseillers *61*............ 53 E 4
Saint-Georges-des-Hurtières *73*............ 234 A 3
Saint-Georges-des-Sept-Voies *49*............ 150 A 3
Saint-Georges-d'Espéranche *38*............ 231 G 2
Saint-Georges-d'Oléron *17*. 200 A 3
Saint-Georges-d'Orques *34*............ 302 C 4
Saint-Georges-du-Bois *17*.. 201 F 1
Saint-Georges-du-Bois *49*. 150 A 1
Saint-Georges-du-Bois *72*. 107 G 5
Saint-Georges-du-Mesnil *27*.. 35 F 4
Saint-Georges-du-Rosay *72*............ 108 B 2
Saint-Georges-du-Vièvre *27*.. 35 F 4
Saint-Georges-en-Auge *14*.. 54 B 1
Saint-Georges-en-Couzan *42*............ 229 F 1
Saint-Georges-Haute-Ville *42*............ 229 H 3
Saint-Georges-la-Pouge *23*. 207 F 3
Saint-Georges-Lagricol *43*.. 247 F 1
Saint-Georges-le-Fléchard *53*............ 106 B 4
Saint-Georges-le-Gaultier *72*. 83 F 5
Saint-Georges-lès-Baillargeaux *86*............ 169 F 5
Saint-Georges-les-Bains *07*............ 249 E 5
Saint-Georges-les-Landes *87*............ 188 B 4
Saint-Georges-Montcocq *50*.. 32 B 5
Saint-Georges-Motel *27*............ 56 D 4
Saint-Georges-Nigremont *23*............ 207 H 5
Saint-Georges-sur-Allier *63*. 228 A 1
Saint-Georges-sur-Arnon *36*............ 172 C 2
Saint-Georges-sur-Baulche *89*............ 136 B 3
Saint-Georges-sur-Cher *41*. 152 D 3
Saint-Georges-sur-Erve *53*. 106 D 2
Saint-Georges-sur-Eure *28*.. 85 H 4
Saint-Georges-sur-Fontaine *76*............ 20 B 5
Saint-Georges-sur-la-Prée *18*............ 154 B 4
Saint-Georges-sur-l'Aa *59*............ 3 F 3
Saint-Georges-sur-Layon *49*............ 149 H 4
Saint-Georges-sur-Loire *49*. 149 E 2
Saint-Georges-sur-Moulon *18*............ 155 E 5
Saint-Georges-sur-Renon *01*............ 213 G 1
Saint-Geours-d'Auribat *40*. 293 F 2
Saint-Geours-de-Maremne *40*............ 292 C 3
Saint-Gérand *56*............ 102 A 2
Saint-Gérand-de-Vaux *03*.. 192 B 4
Saint-Gérand-le-Puy *03*... 192 C 5
Saint-Géraud *47*............ 257 E 2
Saint-Géraud-de-Corps *24*.. 239 F 4
Saint-Géréon *44*............ 148 B 2
Saint-Germain *07*............ 266 C 4
Saint-Germain *10*............ 114 D 2
Saint-Germain *54*............... 95 E 3

Saint-Germain *70*............... 141 H 3
Saint-Germain *86*............... 187 G 2
Saint-Germain *Ermitage de 74*............... 215 H 4
Saint-Germain-au-Mont-d'Or *69*............ 213 E 4
Saint-Germain-Beaupré *23*............... 188 D 4
Saint-Germain-Chassenay *58*............ 175 E 4
Saint-Germain-d'Anxure *53*............... 106 A 2
Saint-Germain-d'Arcé *72*............ 130 A 5
Saint-Germain-d'Aunay *61*.... 54 D 2
Saint-Germain-de-Belvès *24*............... 259 F 1
Saint-Germain-de-Calberte *48*............... 283 E 3
Saint-Germain-de-Clairefeuille *61*............... 54 C 5
Saint-Germain-de-Confolens *16*............ 204 C 2
Saint-Germain-de-Coulamer *53*............... 83 E 5
Saint-Germain-de-Fresney *27*............... 56 C 2
Saint-Germain-de-Grave *33*............ 256 B 3
Saint-Germain-de-Joux *01*.. 196 D 5
Saint-Germain-de-la-Coudre *61*............... 84 C 5
Saint-Germain-de-la-Grange *78*............... 57 H 3
Saint-Germain-de-la-Rivière *33*............ 238 B 4
Saint-Germain-de-Livet *14*... 34 C 5
Saint-Germain-de-Longue-Chaume *79*............ 167 H 5
Saint-Germain-de-Lusignan *17*............ 219 H 4
Saint-Germain-de-Marencennes *17*............ 201 F 2
Saint-Germain-de-Martigny *61*............... 84 B 2
Saint-Germain-de-Modéon *21*............... 158 B 2
Saint-Germain-de-Montbron *16*............ 221 H 2
Saint-Germain-de-Montgommery *14*............... 54 C 2
Saint-Germain-de-Pasquier *27*............... 36 A 4
Saint-Germain-de-Prinçay *85*............... 166 C 4
Saint-Germain-des-Salles *03*............... 210 A 1
Saint-Germain-de-Tallevende-la-Lande-Vaumont *14*............... 52 C 3
Saint-Germain-de-Tournebut *50*............... 29 G 4
Saint-Germain-de-Varreville *50*............... 29 H 5
Saint-Germain-de-Vibrac *17*............ 220 B 4
Saint-Germain-d'Ectot *14*.... 32 D 5
Saint-Germain-d'Elle *50*....... 32 C 5
Saint-Germain-des-Angles *27*............... 36 B 5
Saint-Germain-des-Bois *18*. 173 F 3
Saint-Germain-des-Bois *58*. 157 F 3
Saint-Germain-des-Champs *89*............... 158 A 2
Saint-Germain-des-Essourts *76*............... 36 C 1
Saint-Germain-des-Fossés *03*............... 210 B 1
Saint-Germain-des-Grois *61*.. 85 E 4
Saint-Germain-des-Prés *24*. 223 E 5
Saint-Germain-des-Prés *45*. 112 D 5
Saint-Germain-des-Prés *49*. 149 E 2
Saint-Germain-des-Prés *81*. 299 F 5
Saint-Germain-des-Vaux *50*... 28 C 2
Saint-Germain-d'Esteuil *33*. 219 E 5
Saint-Germain-d'Étables *76*... 20 B 2
Saint-Germain-du-Bel-Air *46*............ 260 B 3
Saint-Germain-du-Bois *71*.. 178 C 4
Saint-Germain-du-Corbéis *61*............... 83 G 4
Saint-Germain-du-Crioult *14*.. 53 E 3
Saint-Germain-du-Pert *14*..... 32 B 2
Saint-Germain-du-Pinel *35*.. 105 F 4
Saint-Germain-du-Plain *71*.. 178 A 4
Saint-Germain-du-Puch *33*.. 238 B 5
Saint-Germain-du-Puy *18*.. 173 F 1
Saint-Germain-du-Salembre *24*............... 239 H 2

Saint-Germain-du-Seudre *17*............... 219 F 3
Saint-Germain-du-Teil *48*.... 263 H 5
Saint-Germain-du-Val *72*..... 129 G 4
Saint-Germain-en-Brionnais *71*............ 194 A 4
Saint-Germain-en-Coglès *35*..81 E 4
Saint-Germain-en-Laye *78*... 58 A 3
Saint-Germain-en-Montagne *39*............ 179 H 4
Saint-Germain-et-Mons *24*.. 258 B 1
Saint-Germain-la-Blanche-Herbe *14*............... 33 G 4
Saint-Germain-la-Campagne *27*............... 55 E 1
Saint-Germain-la-Chambotte *73*............... 215 E 5
Saint-Germain-la-Gâtine *28* ..86 A 3
Saint-Germain-la-Montagne *42*............ 212 A 1
Saint-Germain-la-Poterie *60*...37 H 2
Saint-Germain-la-Ville *51*....... 62 B 3
Saint-Germain-l'Aiguiller *85*. 166 D 5
Saint-Germain-Langot *14*..... 53 G 2
Saint-Germain-Laprade *43*.. 247 G 3
Saint-Germain-Laval *42*...... 211 G 5
Saint-Germain-Laval *77*....... 89 E 4
Saint-Germain-Lavolps *19*... 225 H 2
Saint-Germain-Laxis *77*....... 88 D 2
Saint-Germain-le-Châtelet *90*............... 142 C 2
Saint-Germain-le-Fouilloux *53*............ 105 H 3
Saint-Germain-le-Gaillard *28*..85 H 4
Saint-Germain-le-Gaillard *50*..28 D 4
Saint-Germain-le-Guillaume *53*............ 105 H 2
Saint-Germain-le-Rocheux *21*............ 138 B 3
Saint-Germain-le-Vasson *14*..53 G 1
Saint-Germain-le-Vieux *61*....84 A 2
Saint-Germain-Lembron *63*. 228 A 4
Saint-Germain-lès-Arlay *39*. 179 E 4
Saint-Germain-lès-Arpajon *91*............... 87 G 2
Saint-Germain-les-Belles *87*............ 224 B 2
Saint-Germain-lès-Buxy *71*. 177 G 5
Saint-Germain-lès-Corbeil *91*.88 A 2
Saint-Germain-les-Paroisses *01*............ 214 C 5
Saint-Germain-lès-Senailly *21*............ 137 G 5
Saint-Germain-les-Vergnes *19*............ 242 C 1
Saint-Germain-Lespinasse *42*............ 211 F 2
Saint-Germain-l'Herm *63*... 228 C 4
Saint-Germain-près-Herment *63*............ 226 D 1
Saint-Germain-sous-Cailly *76*............... 20 C 5
Saint-Germain-sous-Doue *77*.60 A 4
Saint-Germain-sur-Avre *27*....56 C 4
Saint-Germain-sur-Ay *50*....... 31 F 3
Saint-Germain-sur-Bresle *80*.. 21 F 2
Saint-Germain-sur-Eaulne *76*.21 F 3
Saint-Germain-sur-École *77*....88 A 3
Saint-Germain-sur-Ille *35*...... 80 B 5
Saint-Germain-sur-l'Arbresle *69*............ 212 C 4
Saint-Germain-sur-Meuse *55*.93 H 1
Saint-Germain-sur-Moine *49*............... 148 B 5
Saint-Germain-sur-Morin *77*...59 G 3
Saint-Germain-sur-Renon *01*............ 213 G 2
Saint-Germain-sur-Rhône *74*............... 215 E 2
Saint-Germain-sur-Sarthe *72*.83 G 5
Saint-Germain-sur-Sèves *50*.. 31 H 3
Saint-Germain-sur-Vienne *37*............... 150 D 4
Saint-Germain-Village *27*...... 35 E 3
Saint-Germainmont *08*........ 41 H 1
Saint-Germé *32*............ 294 D 3
Saint-Germer-de-Fly *60*........ 37 G 2
Saint-Germier *31*............ 318 C 2
Saint-Germier *32*............ 297 E 4
Saint-Germier *79*............ 185 G 3
Saint-Germier *81*............ 299 G 4
Saint-Géron *43*............ 228 A 5
Saint-Gérons *15*............ 243 H 5
Saint-Gervais *16*............ 203 G 3
Saint-Gervais *30*............ 284 D 3
Saint-Gervais *33*............ 237 H 3
Saint-Gervais *38*............ 250 B 1

Saint-Gervais *85*............... 164 D 2
Saint-Gervais *95*............... 37 G 5
Saint-Gervais-d'Auvergne *63*............ 209 E 3
Saint-Gervais-de-Vic *72*.. 131 E 2
Saint-Gervais-des-Sablons *61*............ 54 B 2
Saint-Gervais-du-Perron *61* ..83 H 2
Saint-Gervais-en-Belin *72*.. 130 A 2
Saint-Gervais-en-Vallière *71*............ 178 A 2
Saint-Gervais-la-Forêt *41*... 132 A 5
Saint-Gervais-les-Bains *74*. 216 D 3
Saint-Gervais-les-Trois-Clochers *86*....... 169 F 3
Saint-Gervais-sous-Meymont *63*............ 228 D 1
Saint-Gervais-sur-Couches *71*............ 177 F 2
Saint-Gervais-sur-Mare *34*. 301 E 4
Saint-Gervais-sur-Roubion *26*............ 267 F 3
Saint-Gervasy *30*............ 304 A 1
Saint-Gervazy *63*............ 228 A 4
Saint-Géry *24*............ 239 G 4
Saint-Géry *46*............ 260 C 5
Saint-Géry *Château de 81*.. 298 C 2
Saint-Geyrac *24*............ 241 E 3
Saint-Gibrien *51*............... 62 A 2
Saint-Gildas *22*............... 77 H 3
Saint-Gildas *Pointe de 44*... 146 B 4
Saint-Gildas-de-Rhuys *56*.. 124 B 5
Saint-Gildas-des-Bois *44*.. 125 H 5
Saint-Gilles *30*............ 304 A 4
Saint-Gilles *35*............ 104 A 2
Saint-Gilles *36*............ 188 C 3
Saint-Gilles *50*............... 32 A 5
Saint-Gilles *51*............... 40 D 3
Saint-Gilles *71*............ 177 F 3
Saint-Gilles-Croix-de-Vie *85*............ 164 D 4
Saint-Gilles-de-Crétot *76*...... 19 F 5
Saint-Gilles-de-la-Neuville *76*.19 E 5
Saint-Gilles-des-Marais *61*...82 A 2
Saint-Gilles-du-Mené *22*... 102 C 1
Saint-Gilles-les-Bois *22*....... 73 F 4
Saint-Gilles-les-Forêts *87*... 224 C 2
Saint-Gilles-Pligeaux *22*....... 77 H 3
Saint-Gilles-Vieux-Marché *22*............ 77 H 5
Saint-Gineis-en-Coiron *07*.. 266 C 3
Saint-Gingolph *74*............ 198 D 3
Saint-Girod *73*............ 215 F 5
Saint-Girons *09*............ 335 F 2
Saint-Girons-d'Aiguevives *33*............ 237 G 2
Saint-Girons-en-Béarn *64*.. 293 F 5
Saint-Girons-Plage *40*....... 272 A 5
Saint-Gladie-Arrive-Munein *64*....... 311 H 4
Saint-Glen *22*............... 78 D 5
Saint-Goazec *29*............... 76 B 5
Saint-Gobain *02*............... 24 B 5
Saint-Gobert *02*............... 25 E 3
Saint-Goin *64*............ 313 G 4
Saint-Gondon *45*............ 134 B 4
Saint-Gondran *35*............ 80 A 5
Saint-Gonéry *Chapelle 22*... 73 E 2
Saint-Gonlay *35*............ 103 G 3
Saint-Gonnery *56*............ 102 A 2
Saint-Gor *40*............ 274 B 4
Saint-Gorgon *56*............ 125 F 4
Saint-Gorgon *88*............... 95 H 4
Saint-Gorgon-Main *25*...... 180 C 1
Saint-Gouéno *22*............ 102 C 1
Saint-Gourgon *41*............ 131 G 4
Saint-Gourson *16*............ 203 G 3
Saint-Goussaud *23*............ 206 C 2
Saint-Gratien *80*............... 22 C 1
Saint-Gratien *95*............... 58 B 2
Saint-Gratien-Savigny *58*... 175 G 3
Saint-Gravé *56*............ 125 F 3
Saint-Grégoire *35*............ 104 B 2
Saint-Grégoire *81*............ 299 G 1
Saint-Grégoire-d'Ardennes *17*............ 219 H 3
Saint-Grégoire-du-Vièvre *17* ..35 F 4
Saint-Griède *32*............ 294 D 3
Saint-Groux *16*............ 203 F 4
Saint-Guen *22*............ 102 A 1
Saint-Guénolé *29*............... 99 F 5
Saint-Guilhem-le-Désert *34*. 302 B 3
Saint-Guillaume *38*............ 250 C 4
Saint-Guinoux *35*............... 80 A 4
Saint-Guiraud *34*............ 302 A 4
Saint-Guyomard *56*............ 124 D 2
Saint-Haon *43*............ 265 E 1

Saint-Haon-le-Châtel *42*... 211 F 2
Saint-Haon-le-Vieux *42*..... 211 F 2
Saint-Héand *42*............ 230 B 3
Saint-Hélen *22*............... 79 H 4
Saint-Hélier *21*............ 159 F 2
Saint-Hellier *76*............... 20 B 3
Saint-Herblain *44*............ 147 F 4
Saint-Herblon *44*............ 148 C 2
Saint-Herbot *29*............... 76 B 3
Saint-Hérent *63*............ 227 H 4
Saint-Hernin *29*............... 76 C 5
Saint-Hervé *22*............... 78 A 5
Saint-Hilaire *03*............ 191 G 2
Saint-Hilaire *11*............ 337 H 1
Saint-Hilaire *16*............ 220 C 4
Saint-Hilaire *25*............ 162 B 2
Saint-Hilaire *31*............ 317 G 3
Saint-Hilaire *38*............ 233 F 5
Saint-Hilaire *43*............ 228 B 5
Saint-Hilaire *63*............ 208 D 2
Saint-Hilaire *91*............... 87 F 4
Saint-Hilaire-au-Temple *51*...62 B 1
Saint-Hilaire-Bonneval *87*.. 223 H 1
Saint-Hilaire-Cottes *62*....... 7 G 3
Saint-Hilaire-Cusson-la-Valmitte *42*.. 229 G 5
Saint-Hilaire-de-Beauvoir *34*............ 303 E 3
Saint-Hilaire-de-Brens *38*... 232 A 1
Saint-Hilaire-de-Brethmas *30*............ 283 H 4
Saint-Hilaire-de-Briouze *61*..53 G 4
Saint-Hilaire-de-Chaléons *44*............ 147 E 5
Saint-Hilaire-de-Clisson *44*. 166 A 1
Saint-Hilaire-de-Court *18*... 154 B 5
Saint-Hilaire-de-Gondilly *18*............ 174 A 1
Saint-Hilaire-de-la-Côte *38*.. 232 A 4
Saint-Hilaire-de-la-Noaille *33*............ 256 D 3
Saint-Hilaire-de-Lavit *48*... 283 F 2
Saint-Hilaire-de-Loulay *85*.. 166 A 1
Saint-Hilaire-de-Lusignan *47*............ 275 H 3
Saint-Hilaire-de-Riez *85*.... 164 D 4
Saint-Hilaire-de-Villefranche *17*....... 201 G 4
Saint-Hilaire-de-Voust *85*... 184 C 1
Saint-Hilaire-des-Landes *35*...80 D 4
Saint-Hilaire-des-Loges *85*. 184 C 2
Saint-Hilaire-d'Estissac *24*.. 239 H 4
Saint-Hilaire-d'Ozilhan *30*.. 284 D 5
Saint-Hilaire-du-Bois *17*.... 219 H 4
Saint-Hilaire-du-Bois *49*.... 149 G 5
Saint-Hilaire-du-Bois *85*.... 166 D 5
Saint-Hilaire-du-Harcouët *50*..81 F 2
Saint-Hilaire-du-Maine *53*... 105 G 2
Saint-Hilaire-du-Rosier *38*.. 250 A 2
Saint-Hilaire-en-Lignières *18*............ 172 D 5
Saint-Hilaire-en-Morvan *58*. 176 A 1
Saint-Hilaire-en-Woëvre *55*...64 D 1
Saint-Hilaire-Foissac *19*.... 225 G 5
Saint-Hilaire-Fontaine *58*... 175 G 4
Saint-Hilaire-la-Croix *63*... 209 G 2
Saint-Hilaire-la-Forêt *85*... 182 C 2
Saint-Hilaire-la-Gérard *61*... 83 G 2
Saint-Hilaire-la-Gravelle *41*. 109 G 5
Saint-Hilaire-la-Palud *79*... 184 B 5
Saint-Hilaire-la-Plaine *23*... 207 F 2
Saint-Hilaire-la-Treille *87*... 188 B 5
Saint-Hilaire-le-Château *23*. 207 E 3
Saint-Hilaire-le-Châtel *61*....84 B 2
Saint-Hilaire-le-Grand *51*.... 42 B 4
Saint-Hilaire-le-Lierru *72*... 108 B 3
Saint-Hilaire-le-Petit *51*...... 42 B 3
Saint-Hilaire-le-Vouhis *85*.. 166 B 5
Saint-Hilaire-les-Andrésis *45*............ 113 E 4
Saint-Hilaire-les-Courbes *19*............ 225 E 2
Saint-Hilaire-les-Monges *63*............ 208 D 5
Saint-Hilaire-les-Places *87*. 223 G 2
Saint-Hilaire-lez-Cambrai *59*..14 C 3
Saint-Hilaire-Luc *19*........ 225 H 5
Saint-Hilaire-Petitville *50*..... 32 A 3
Saint-Hilaire-Peyroux *19*... 242 C 2
Saint-Hilaire-Saint-Florent *49*............ 150 B 4
Saint-Hilaire-Saint-Mesmin *45*............ 133 E 2
Saint-Hilaire-sous-Charlieu *42*............ 211 H 1

Saint-Hilaire-sous-Romilly *10*............... 90 B 3
Saint-Hilaire-sur-Benaize *36*............... 187 H 2
Saint-Hilaire-sur-Erre *61*......84 D 5
Saint-Hilaire-sur-Helpe *59*.. 15 G 4
Saint-Hilaire-sur-Puiseaux *45*............... 134 C 2
Saint-Hilaire-sur-Risle *61*.... 55 E 4
Saint-Hilaire-sur-Yerre *28*... 109 H 4
Saint-Hilaire-Taurieux *19*... 243 E 3
Saint-Hilarion *78*............... 86 C 2
Saint-Hilliers *77*............... 89 G 2
Saint-Hippolyte *12*............ 262 D 2
Saint-Hippolyte *15*............ 245 E 2
Saint-Hippolyte *17*............ 201 E 5
Saint-Hippolyte *25*............ 163 G 2
Saint-Hippolyte *33*............ 238 C 5
Saint-Hippolyte *37*............ 170 C 1
Saint-Hippolyte *63*............ 209 G 4
Saint-Hippolyte *66*............ 339 E 5
Saint-Hippolyte *68*............... 97 E 5
Saint-Hippolyte-de-Caton *30*............... 284 A 4
Saint-Hippolyte-de-Montaigu *30*............... 284 C 5
Saint-Hippolyte-du-Fort *30*............... 283 F 5
Saint-Hippolyte-le-Graveyron *84*............... 285 H 3
Saint-Honorat *Île 06*......... 309 F 5
Saint-Honoré *38*............ 251 E 2
Saint-Honoré *76*............... 20 B 3
Saint-Honoré-les-Bains *58*.. 175 H 3
Saint-Hostien *43*............ 247 G 3
Saint-Hubert *57*............... 46 B 4
Saint-Hubert *78*............... 57 G 5
Saint-Huruge *71*............ 194 C 1
Saint-Hymer *14*............... 34 C 4
Saint-Hymetière *39*............ 196 C 3
Saint-Igeaux *22*............... 77 G 4
Saint-Ignan *31*............ 316 B 5
Saint-Ignat *63*............ 210 A 4
Saint-Igneuc *22*............... 79 E 4
Saint-Igny-de-Roche *71*.... 212 A 1
Saint-Igny-de-Vers *69*...... 194 B 5
Saint-Illide *15*............ 244 B 3
Saint-Illiers-la-Ville *78*....... 57 E 2
Saint-Illiers-le-Bois *78*....... 57 E 2
Saint-Ilpize *43*............ 246 B 2
Saint-Imoges *51*............... 41 G 5
Saint-Inglevert *62*............... 2 C 4
Saint-Isidore *06*............ 309 G 4
Saint-Isle *53*............ 105 H 3
Saint-Ismier *38*............ 251 E 1
Saint-Izaire *12*............ 281 E 5
Saint-Jacques *04*............ 288 B 5
Saint-Jacques *06*............ 309 E 3
Saint-Jacques-d'Aliermont *76*............... 20 C 2
Saint-Jacques-d'Ambur *63*.. 209 E 4
Saint-Jacques-d'Atticieux *07*............ 230 D 5
Saint-Jacques-de-la-Lande *35*............ 104 B 3
Saint-Jacques-de-Néhou *50*...29 H 4
Saint-Jacques-de-Thouars *79*............ 168 A 2
Saint-Jacques-des-Arrêts *69*............ 194 C 5
Saint-Jacques-des-Blats *15*............ 245 E 3
Saint-Jacques-des-Guérets *41*............ 131 E 3
Saint-Jacques-en-Valgodemard *05*... 269 G 1
Saint-Jacques-sur-Darnétal *76*............... 36 C 2
Saint-Jacut-de-la-Mer *22*....50 A 5
Saint-Jacut-du-Mené *22*...... 78 D 5
Saint-Jacut-les-Pins *56*.... 125 G 3
Saint-Jal *19*............ 224 C 5
Saint-James *50*............... 81 E 2
Saint-Jammes *64*............ 314 C 3
Saint-Jans-Cappel *59*............ 4 A 5
Saint-Jean *06*............ 309 E 4
Saint-Jean *31*............ 298 A 4
Saint-Jean *Chapelle 27*...... 36 D 2
Saint-Jean *Chapelle 29*...... 75 F 2
Saint-Jean *Col 04*............ 270 B 5
Saint-Jean *Église 2B*........ 347 E 4
Saint-Jean-aux-Amognes *58*............... 174 D 2
Saint-Jean-aux-Bois *08*...... 26 A 3
Saint-Jean-aux-Bois *60*....... 39 G 3
Saint-Jean-Balanant *29*....... 70 D 5

Saint-Jean-Baptiste
Chapelle de 2A.................. 349 E 5
Saint-Jean-
Bonnefonds 42..................... 230 B 4
Saint-Jean-Brévelay 56........ 102 B 5
Saint-Jean-Cap-Ferrat 06...... 309 H 2
Saint-Jean-Chambre 07...... 248 C 5
Saint-Jean-d'Abbetot 76........35 E 1
Saint-Jean-
d'Aigues-Vives 09............. 336 D 3
Saint-Jean-d'Alcapiès 12..... 301 E 1
Saint-Jean-d'Angély 17...... 201 H 3
Saint-Jean-d'Angle 17....... 200 D 4
Saint-Jean-d'Ardières 69..... 212 D 1
Saint-Jean-d'Arves 73........ 252 A 1
Saint-Jean-d'Arvey 73......... 233 F 2
Saint-Jean-d'Assé 72........... 107 G 3
Saint-Jean-d'Ataux 24.......... 239 H 2
Saint-Jean-d'Aubrigoux 43.. 229 E 5
Saint-Jean-d'Aulps 74........ 198 C 4
Saint-Jean-d'Avelanne 38.... 232 D 3
Saint-Jean-de-Barrou 11..... 338 D 3
Saint-Jean-de-Bassel 57........67 G 4
Saint-Jean-
de-Beauregard 91...............58 A 5
Saint-Jean-de-Belleville 73.. 234 B 3
Saint-Jean-de-Beugné 85.... 183 G 2
Saint-Jean-de-Blaignac 33.. 256 C 1
Saint-Jean-de-Bœuf 21....... 159 G 4
Saint-Jean-de-Boiseau 44.... 147 F 4
Saint-Jean-de-Bonneval 10. 114 D 4
Saint-Jean-de-Bournay 38... 231 H 3
Saint-Jean-de-Braye 45........ 133 F 2
Saint-Jean-de-Buèges 34..... 302 B 2
Saint-Jean-
de-Ceyrargues 30............. 284 A 4
Saint-Jean-de-Chevelu 73.... 233 E 1
Saint-Jean-de-Côle 24........ 222 D 4
Saint-Jean-de-Corcoué 44.. 165 G 1
Saint-Jean-de-Cornies 34.... 303 E 3
Saint-Jean-de-Couz 73........ 233 E 3
Saint-Jean-de-Crieulon 30.. 283 G 5
Saint-Jean-de-Cuculles 34... 302 D 3
Saint-Jean-de-Daye 50..........32 A 3
Saint-Jean-de-Duras 47....... 257 G 2
Saint-Jean-de-Folleville 76......35 E 1
Saint-Jean-de-Fos 34........... 302 B 3
Saint-Jean-de-Gonville 01... 197 F 5
Saint-Jean-
de-la-Blaquière 34........... 301 H 3
Saint-Jean-de-la-Croix 49... 149 G 2
Saint-Jean-de-la-Forêt 61.....84 C 4
Saint-Jean-de-la-Haize 50.....51 H 4
Saint-Jean-
de-la-Léqueraye 27...........35 F 4
Saint-Jean-de-la-Motte 72... 129 H 3
Saint-Jean-de-la-Neuville 76..19 E 5
Saint-Jean-de-la-Porte 73... 233 G 2
Saint-Jean-de-la-Rivière 06. 291 E 4
Saint-Jean-de-la-Ruelle 45.. 133 E 2
Saint-Jean-de-Laur 46........ 261 E 5
Saint-Jean-de-Lier 40.......... 293 F 2
Saint-Jean-de-Linières 49.... 149 F 1
Saint-Jean-de-Liversay 17... 183 H 4
Saint-Jean-de-Livet 14..........34 C 5
Saint-Jean-de-Losne 21....... 160 C 5
Saint-Jean-de-Luz 64.......... 310 B 3
Saint-Jean-de-Marcel 81..... 279 H 5
Saint-Jean-de-Marsacq 40.. 292 C 4
Saint-Jean-de-Maruéjols-
et-Avéjan 30..................... 284 A 2
Saint-Jean-
de-Maurienne 73.............. 234 A 5
Saint-Jean-
de-Minervois 34................ 320 D 3
Saint-Jean-de-Moirans 38... 232 D 4
Saint-Jean-de-Monts 85...... 164 C 3
Saint-Jean-de-Muzols 07.... 249 E 3
Saint-Jean-de-Nay 43........ 246 D 3
Saint-Jean-de-Niost 01....... 213 H 4
Saint-Jean-de-Paracol 11.... 337 F 3
Saint-Jean-
de-Pourcharesse 07......... 265 H 5
Saint-Jean-
de-Rebervilliers 28..............85 H 2
Saint-Jean-de-Rives 81....... 298 C 3
Saint-Jean-de-Sauves 86..... 168 D 3
Saint-Jean-de-Savigny 50......32 B 4
Saint-Jean-de-Serres 30...... 283 H 5
Saint-Jean-de-Sixt 74......... 216 A 3
Saint-Jean-de-Soudain 38... 232 B 2
Saint-Jean-de-Tholome 74... 216 A 1
Saint-Jean-de-Thouars 79.... 168 A 2
Saint-Jean-de-Thurac 47..... 276 C 3
Saint-Jean-
de-Thurigneux 01.............. 213 E 3
Saint-Jean-de-Touslas 69.... 230 D 2

Saint-Jean-de-Trézy 71........ 177 F 3
Saint-Jean-
de-Valériscle 30................. 283 H 2
Saint-Jean-de-Vals 81........ 299 G 4
Saint-Jean-de-Vaulx 38....... 251 E 3
Saint-Jean-de-Vaux 71........ 177 H 4
Saint-Jean-de-Védas 34...... 302 D 5
Saint-Jean-de-Verges 09...... 336 B 2
Saint-Jean-Delnous 12........ 280 C 5
Saint-Jean-
des-Échelles 72................. 108 D 3
Saint-Jean-des-Essartiers 14.52 D 1
Saint-Jean-
des-Mauvrets 49............... 149 H 2
Saint-Jean-des-Ollières 63.. 228 B 2
Saint-Jean-des-Vignes 69... 212 D 4
Saint-Jean-d'Estissac 24...... 239 H 4
Saint-Jean-d'Étreux 39........ 196 A 3
Saint-Jean-
devant-Possesse 51............63 E 3
Saint-Jean-d'Eyraud 24....... 239 H 4
Saint-Jean-d'Hérans 38....... 251 E 5
Saint-Jean-d'Heurs 63......... 210 B 5
Saint-Jean-d'Illac 33............ 255 E 1
Saint-Jean-d'Ormont 88........96 B 4
Saint-Jean-du-Bois 72......... 129 G 2
Saint-Jean-du-Bouzet 82..... 276 D 5
Saint-Jean-du-Bruel 12....... 282 B 5
Saint-Jean-du-Cardonnay 76.36 A 1
Saint-Jean-
du-Castillonnais 09........... 334 D 3
Saint-Jean-du-Corail 50........52 C 5
Saint-Jean-du-Corail-
des-Bois 50........................52 A 4
Saint-Jean-du-Doigt 29.........72 A 3
Saint-Jean-du-Falga 09....... 336 B 1
Saint-Jean-du-Gard 30........ 283 F 4
Saint-Jean-du-Marché 88.... 119 H 2
Saint-Jean-du-Pin 30........... 283 G 4
Saint-Jean-du-Thenney 27......55 E 1
Saint-Jean-en-Royans 26.... 250 A 3
Saint-Jean-en-Val 63........... 228 B 3
Saint-Jean-
et-Saint-Paul 12................ 301 E 1
Saint-Jean-Froidmentel 41.. 109 H 5
Saint-Jean-Kerdaniel 22.........73 F 5
Saint-Jean-Kourtzerode 57.....67 H 4
Saint-Jean-la-Bussière 69... 212 A 3
Saint-Jean-la-Fouillouse 48. 264 D 2
Saint-Jean-la-Poterie 56...... 125 G 4
Saint-Jean-la-Rivière 06...... 291 E 4
Saint-Jean-la-Vêtre 42......... 211 E 5
Saint-Jean-Lachalm 43....... 247 E 4
Saint-Jean-Lagineste 46...... 261 E 1
Saint-Jean-Lasseille 66........ 343 E 3
Saint-Jean-le-Blanc 14..........53 E 2
Saint-Jean-le-Blanc 45........ 133 F 2
Saint-Jean-le-Centenier 07.. 266 C 3
Saint-Jean-le-Comtal 32...... 296 A 5
Saint-Jean-le-Priche 71........ 195 E 4
Saint-Jean-le-Thomas 50......51 F 4
Saint-Jean-le-Vieux 01........ 214 A 2
Saint-Jean-le-Vieux 38........ 251 F 1
Saint-Jean-le-Vieux 64........ 330 C 1
Saint-Jean-lès-Buzy 55..........44 D 5
Saint-Jean-
lès-Deux-Jumeaux 77..........59 H 2
Saint-Jean-lès-Longuyon 54..44 B 2
Saint-Jean-Lespinasse 46.... 261 E 1
Saint-Jean-Lherm 31........... 298 B 3
Saint-Jean-Ligoure 87......... 223 H 1
Saint-Jean-Mirabel 46........ 261 G 3
Saint-Jean-Pied-de-Port 64. 330 C 1
Saint-Jean-Pierre-Fixte 28.....85 E 5
Saint-Jean-
Pla-de-Corts 66................. 343 E 4
Saint-Jean-Poudge 64......... 294 C 5
Saint-Jean-Poutge 32......... 295 H 3
Saint-Jean-Rohrbach 57........67 F 1
Saint-Jean-Roure 07........... 248 B 4
Saint-Jean-
Saint-Germain 37............. 170 C 1
Saint-Jean-
Saint-Gervais 63............... 228 B 4
Saint-Jean-Saint-Maurice-
sur-Loire 42..................... 211 G 3
Saint-Jean-
Saint-Nicolas 05............... 270 A 2
Saint-Jean-Saverne 67..........68 B 4
Saint-Jean-Soleymieux 42 .. 229 G 3
Saint-Jean-sur-Couesnon 35.80 D 5
Saint-Jean-sur-Erve 53....... 106 C 4
Saint-Jean-sur-Mayenne 53 106 A 3
Saint-Jean-sur-Moivre 51.......62 C 2

Saint-Jean-
sur-Reyssouze 01............. 195 G 3
Saint-Jean-sur-Tourbe 51.......42 D 5
Saint-Jean-sur-Veyle 01...... 195 F 5
Saint-Jean-sur-Vilaine 35.... 104 D 3
Saint-Jean-Trolimon 29..........99 F 4
Saint-Jeannet 04................. 287 H 5
Saint-Jeannet 06................. 309 F 2
Saint-Jeanvrin 18................. 190 A 1
Saint-Jeoire 74.................... 216 B 1
Saint-Jeoire-Prieuré 73....... 233 F 2
Saint-Jeure-d'Andaure 07... 248 B 3
Saint-Jeure-d'Ay 07............ 248 D 2
Saint-Jeures 43................... 247 H 3
Saint-Joachim 44................ 146 B 2
Saint-Jodard 42.................. 211 H 4
Saint-Joire 55.......................93 F 2
Saint-Jores 50......................31 G 3
Saint-Jorioz 74.................... 215 G 4
Saint-Jory 31....................... 297 H 3
Saint-Jory-de-Chalais 24.... 222 D 3
Saint-Jory-las-Bloux 24....... 223 E 5
Saint-Joseph 42.................. 230 D 3
Saint-Joseph 50.................... 6 B 4
Saint-Joseph-de-Rivière 38. 232 D 4
Saint-Joseph-
des-Bancs 07.................... 266 B 2
Saint-Josse 62....................... 6 B 4
Saint-Jouan-de-l'Isle 22...... 103 F 1
Saint-Jouan-des-Guérets 35..50 C 5
Saint-Jouin 14.......................34 B 4
Saint-Jouin-Bruneval 76.......18 C 4
Saint-Jouin-de-Blavou 61.....84 B 4
Saint-Jouin-de-Marnes 79... 168 B 3
Saint-Jouin-de-Milly 79....... 167 F 4
Saint-Jouvent 87................. 205 G 3
Saint-Juan 25...................... 162 C 3
Saint-Judoce 22....................79 H 5
Saint-Juéry 12..................... 300 C 1
Saint-Juéry 48..................... 263 H 1
Saint-Juéry 81..................... 299 G 1
Saint-Juire-Champgillon 85. 183 G 1
Saint-Julia 31....................... 318 D 2
Saint-Julia-de-Bec 11.......... 337 G 4
Saint-Julien 21.................... 160 B 2
Saint-Julien 22......................78 B 3
Saint-Julien 34.................... 301 E 5
Saint-Julien 39.................... 196 B 3
Saint-Julien 56.................... 123 H 5
Saint-Julien 69.................... 212 D 2
Saint-Julien 70.................... 140 B 3
Saint-Julien 88.................... 118 B 4
Saint-Julien-aux-Bois 19..... 243 G 3
Saint-Julien-
Beychevelle 33................. 237 F 2
Saint-Julien-Boutières 07.... 248 B 4
Saint-Julien-Chapteuil 43.... 247 G 4
Saint-Julien-d'Ance 43........ 247 F 1
Saint-Julien-
d'Armagnac 40................. 274 C 5
Saint-Julien-d'Arpaon 48.... 282 D 2
Saint-Julien-d'Asse 04........ 287 H 5
Saint-Julien-
de-Bourdeilles 24............. 222 B 5
Saint-Julien-de-Briola 11.... 319 E 5
Saint-Julien-
de-Cassagnas 30.............. 284 A 3
Saint-Julien-de-Chédon 41.. 152 D 3
Saint-Julien-de-Civry 71...... 193 H 4
Saint-Julien-
de-Concelles 44............... 148 A 3
Saint-Julien-de-Coppel 63.. 228 A 1
Saint-Julien-
de-Crempse 24................. 239 H 4
Saint-Julien-
de-Gras-Capou 09........... 336 D 2
Saint-Julien-de-Jonzy 71.... 193 H 5
Saint-Julien-
de-Jordanne 15................ 244 D 3
Saint-Julien-de-la-Liègue 27.36 C 5
Saint-Julien-de-la-Nef 30.... 283 E 2
Saint-Julien-de-Lampon 24. 259 H 1
Saint-Julien-de-l'Escap 17.. 201 H 3
Saint-Julien-de-l'Herms 38.. 231 G 4
Saint-Julien-de-Mailloc 14... 34 D 5
Saint-Julien-
de-Peyrolas 30................. 284 D 2
Saint-Julien-de-Raz 38....... 232 D 5
Saint-Julien-de-Toursac 15.. 261 H 2
Saint-Julien-
de-Vouvantes 44............. 127 F 4
Saint-Julien-
des-Chazes 43................. 246 D 3
Saint-Julien-des-Landes 85. 165 F 5
Saint-Julien-des-Points 48.. 283 G 2
Saint-Julien-d'Eymet 24...... 257 H 2
Saint-Julien-d'Oddes 42..... 211 G 4

Saint-Julien-du-Gua 07...... 266 B 1
Saint-Julien-du-Pinet 43..... 247 G 2
Saint-Julien-du-Puy 81....... 299 F 3
Saint-Julien-du-Sault 89..... 113 G 4
Saint-Julien-du-Serre 07..... 266 B 3
Saint-Julien-du-Terroux 53....82 C 3
Saint-Julien-du-Tournel 48.. 264 D 5
Saint-Julien-du-Verdon 04.. 288 D 5
Saint-Julien-
en-Beauchêne 05............. 269 E 3
Saint-Julien-en-Born 40...... 272 B 4
Saint-Julien-
en-Champsaur 05............. 269 H 2
Saint-Julien-
en-Genevois 74................ 215 G 1
Saint-Julien-en-Jarez 42..... 230 C 4
Saint-Julien-en-Quint 26.... 250 A 5
Saint-Julien-
en-Saint-Alban 07............ 266 D 2
Saint-Julien-en-Vercors 26.. 250 B 3
Saint-Julien-Gaulène 81..... 280 B 5
Saint-Julien-la-Geneste 63.. 209 E 2
Saint-Julien-la-Genête 23... 208 C 1
Saint-Julien-la-Vêtre 42...... 211 E 5
Saint-Julien-Labrousse 07... 248 C 5
Saint-Julien-l'Ars 86........... 186 D 2
Saint-Julien-le-Châtel 23.... 207 H 2
Saint-Julien-le-Faucon 14.....54 B 1
Saint-Julien-
le-Montagnier 83.............. 307 E 3
Saint-Julien-le-Pèlerin 19... 243 G 4
Saint-Julien-le-Petit 87....... 206 D 5
Saint-Julien-le-Roux 07...... 248 D 5
Saint-Julien-
le-Vendômois 19.............. 223 H 4
Saint-Julien-lès-Gorze 54.....65 F 2
Saint-Julien-lès-Metz 57.......45 H 5
Saint-Julien-
lès-Montbéliard 25........... 142 B 4
Saint-Julien-lès-Rosiers 30.. 283 H 3
Saint-Julien-lès-Russey 25.. 163 F 4
Saint-Julien-les-Villas 10......91 E 5
Saint-Julien-Maumont 19... 242 D 4
Saint-Julien-
Molhesabate 43............... 248 B 2
Saint-Julien-
Molin-Molette 42.............. 230 D 5
Saint-Julien-Mont-Denis 73. 234 B 5
Saint-Julien-près-Bort 19.... 226 B 4
Saint-Julien-
Puy-Lavèze 63.................. 226 D 2
Saint-Julien-
sous-les-Côtes 55...............64 D 4
Saint-Julien-sur-Bibost 69... 212 C 5
Saint-Julien-sur-Calonne 14..34 C 3
Saint-Julien-sur-Cher 41..... 153 H 4
Saint-Julien-sur-Dheune 71. 177 F 4
Saint-Julien-
sur-Garonne 31................ 317 F 5
Saint-Julien-
sur-Reyssouze 01............. 195 G 3
Saint-Julien-sur-Sarthe 61....84 A 3
Saint-Julien-sur-Veyle 01.... 195 F 5
Saint-Julien-Vocance 07..... 248 C 2
Saint-Junien 87................... 205 E 4
Saint-Junien-la-Bregère 23. 206 D 4
Saint-Junien-
les-Combes 87................. 205 F 2
Saint-Jure 57........................65 H 3
Saint-Jurs 04...................... 307 G 1
Saint-Just 01....................... 195 H 5
Saint-Just 07....................... 284 D 2
Saint-Just 15....................... 246 A 5
Saint-Just 18....................... 173 F 2
Saint-Just 24....................... 221 H 5
Saint-Just 27.........................36 D 5
Saint-Just 34....................... 303 F 4
Saint-Just 35....................... 126 A 2
Saint-Just 63....................... 229 E 4
Saint-Just-Chaleyssin 38..... 231 G 2
Saint-Just-d'Avray 69......... 212 B 3
Saint-Just-
de-Bélengard 11.............. 337 E 1
Saint-Just-de-Claix 38........ 250 A 3
Saint-Just-en-Bas 42.......... 229 F 1
Saint-Just-en-Brie 77............89 E 2
Saint-Just-en-Chaussée 60...38 C 1
Saint-Just-en-Chevalet 42.. 211 E 4
Saint-Just-et-le-Bézu 11..... 337 G 4
Saint-Just-
et-Vacquières 30.............. 284 A 4
Saint-Just-Ibarre 64............ 330 D 1
Saint-Just-la-Pendue 42..... 212 A 4
Saint-Just-le-Martel 87....... 205 H 4
Saint-Just-Luzac 17............ 200 D 5
Saint-Just-Malmont 43....... 230 A 5
Saint-Just-près-Brioude 43.. 246 B 1

Saint-Just-
Saint-Rambert 42............. 230 A 3
Saint-Just-Sauvage 51..........90 B 2
Saint-Just-sur-Dive 49........ 150 B 5
Saint-Just-sur-Viaur 12....... 280 B 4
Saint-Justin 32.................... 315 F 2
Saint-Justin 40.................... 274 B 5
Saint-Juvat 22.......................79 G 5
Saint-Juvin 08.......................43 F 3
Saint-Lactencin 36.............. 171 F 3
Saint-Lager 69..................... 212 D 1
Saint-Lager-Bressac 07....... 267 E 2
Saint-Lamain 39.................. 179 F 4
Saint-Lambert 14..................53 F 2
Saint-Lambert 78..................57 H 5
Saint-Lambert-
des-Levées 49.................. 150 B 3
Saint-Lambert-du-Lattay 49. 149 F 3
Saint-Lambert-
et-Mont-de-Jeux 08............42 C 1
Saint-Lambert-
la-Potherie 49.................. 149 F 1
Saint-Lambert-sur-Dive 61....54 B 3
Saint-Langis-
lès-Mortagne 61.................84 B 3
Saint-Lanne 65.................... 294 D 4
Saint-Laon 86..................... 168 C 2
Saint-Lary 09...................... 334 D 3
Saint-Lary 32...................... 296 A 3
Saint-Lary-Boujean 31........ 316 C 5
Saint-Lary-Soulan 65......... 333 G 4
Saint-Lattier 38................... 249 H 3
Saint-Launeuc 22................ 103 E 1
Saint-Laure 63.................... 210 A 4
Saint-Laurent 08...................26 D 3
Saint-Laurent 18................. 154 D 4
Saint-Laurent 22...................73 E 4
Saint-Laurent 23................. 207 F 1
Saint-Laurent 31................. 316 C 4
Saint-Laurent 47................. 275 G 2
Saint-Laurent 74................. 216 A 2
Saint-Laurent-
Chabreuges 43................. 246 B 1
Saint-Laurent-d'Agny 69.... 230 D 2
Saint-Laurent-d'Aigouze 30. 303 G 4
Saint-Laurent-
d'Andenay 71................... 177 E 4
Saint-Laurent-
de-Belzagot 16................. 221 E 4
Saint-Laurent-
de-Brèvedent 76................18 D 5
Saint-Laurent-
de-Carnols 30.................. 284 C 3
Saint-Laurent-
de-Cerdans 66................. 342 C 5
Saint-Laurent-de-Céris 16.. 203 H 3
Saint-Laurent-
de-Chamousset 69.......... 230 B 1
Saint-Laurent-
de-Cognac 16.................. 219 H 1
Saint-Laurent-de-Condel 14..53 G 1
Saint-Laurent-de-Cuves 50....52 A 4
Saint-Laurent-de-Gosse 40. 292 C 5
Saint-Laurent-
de-Jourdes 86.................. 186 D 3
Saint-Laurent-
de-la-Barrière 17.............. 201 F 2
Saint-Laurent-
de-la-Cabrerisse 11.......... 338 C 1
Saint-Laurent-
de-la-Côte 73................... 234 B 3
Saint-Laurent-de-la-Mer 22..73 H 5
Saint-Laurent-
de-la-Plaine 49................ 149 E 3
Saint-Laurent-
de-la-Prée 17.................... 200 D 3
Saint-Laurent-
de-la-Salanque 66............ 339 E 5
Saint-Laurent-
de-la-Salle 85.................... 183 H 1
Saint-Laurent-
de-Lévézou 12.................. 281 G 3
Saint-Laurent-de-Lin 37...... 151 E 1
Saint-Laurent-de-Mure 69.. 231 G 1
Saint-Laurent-de-Muret 48.. 264 A 3
Saint-Laurent-
de-Neste 65...................... 334 A 1
Saint-Laurent-
de-Terregatte 50.................81 E 2
Saint-Laurent-
de-Trèves 48..................... 282 D 2
Saint-Laurent-de-Vaux 69.. 230 D 1
Saint-Laurent-
de-Veyrès 48..................... 263 H 2

Saint-Laurent-
des-Arbres 30................... 285 E 4
Saint-Laurent-
des-Autels 49................... 148 B 3
Saint-Laurent-
des-Bâtons 24.................. 240 C 4
Saint-Laurent-des-Bois 27.....56 C 3
Saint-Laurent-des-Bois 41... 132 B 2
Saint-Laurent-
des-Combes 16................ 221 E 5
Saint-Laurent-
des-Combes 33................ 238 C 5
Saint-Laurent-
des-Hommes 24............... 239 F 3
Saint-Laurent-
des-Mortiers 53................ 128 C 3
Saint-Laurent-
des-Vignes 24.................. 257 H 1
Saint-Laurent-d'Oingt 69... 212 C 3
Saint-Laurent-d'Olt 12....... 263 H 5
Saint-Laurent-d'Onay 26.... 249 G 2
Saint-Laurent-du-Bois 33... 256 C 5
Saint-Laurent-du-Cros 05... 269 H 2
Saint-Laurent-du-Mont 14....34 B 5
Saint-Laurent-du-Mottay 49. 148 D 2
Saint-Laurent-du-Pape 07... 267 E 1
Saint-Laurent-du-Plan 33... 256 C 3
Saint-Laurent-du-Pont 38... 232 D 4
Saint-Laurent-
du-Tencement 27................55 E 3
Saint-Laurent-du-Var 06..... 309 G 3
Saint-Laurent-
du-Verdon 04.................... 307 F 3
Saint-Laurent-
en-Beaumont 38.............. 251 F 5
Saint-Laurent-
en-Brionnais 71............... 194 A 5
Saint-Laurent-en-Caux 76....19 H 3
Saint-Laurent-
en-Gâtines 37.................. 131 E 5
Saint-Laurent-
en-Grandvaux 39............. 197 E 1
Saint-Laurent-
en-Royans 26................... 250 A 3
Saint-Laurent-
la-Conche 42................... 229 H 1
Saint-Laurent-la-Gâtine 28....57 E 5
Saint-Laurent-la-Roche 39.. 196 B 1
Saint-Laurent-la-Vallée 24.. 259 F 2
Saint-Laurent-
la-Vernède 30................... 284 C 4
Saint-Laurent-l'Abbaye 58.. 156 B 3
Saint-Laurent-le-Minier 30.. 302 B 1
Saint-Laurent-
les-Bains 07...................... 265 G 3
Saint-Laurent-
les-Églises 87................... 206 B 3
Saint-Laurent-les-Tours 46.. 243 E 5
Saint-Laurent-Lolmie 46..... 277 G 2
Saint-Laurent-Médoc 33..... 237 E 2
Saint-Laurent-Nouan 41..... 132 C 4
Saint-Laurent-Rochefort 42. 211 F 4
Saint-Laurent-
sous-Coiron 07................. 266 C 3
Saint-Laurent-sur-Gorre 87. 205 E 5
Saint-Laurent-sur-Mer 14......32 C 2
Saint-Laurent-sur-Othain 55..44 C 3
Saint-Laurent-sur-Oust 56... 125 G 2
Saint-Laurent-
sur-Saône 01.................... 195 E 4
Saint-Laurent-sur-Sèvre 85. 166 D 2
Saint-Laurs 79.................... 184 C 2
Saint-Léger 06.................... 289 F 4
Saint-Léger 16.................... 221 E 4
Saint-Léger 17.................... 219 G 2
Saint-Léger 47.................... 275 G 2
Saint-Léger 50......................51 G 3
Saint-Léger 53.................... 106 C 3
Saint-Léger 62......................13 G 3
Saint-Léger 73.................... 234 A 3
Saint-Léger 77......................60 A 3
Saint-Léger Pont de 06...... 289 F 4
Saint-Léger-aux-Bois 60.......39 G 1
Saint-Léger-aux-Bois 76.......21 E 2
Saint-Léger-Bridereix 23.... 188 D 5
Saint-Léger-de-Balson 33... 255 G 5
Saint-Léger-
de-Fougeret 58................. 176 A 1
Saint-Léger-
de-la-Martinière 79.......... 185 G 4
Saint-Léger-
de-Montbrillais 86............ 168 C 1
Saint-Léger-
de-Montbrun 79............... 168 B 2
Saint-Léger-de-Peyre 48.... 264 A 4

A B C D E F G H I J K L M N O P Q R S T U V W X Y Z

Saint-Léger-de-Rôtes 27 ....35 F 5
Saint-Léger-des-Aubées 28 ...86 C 4
Saint-Léger-des-Bois 49 ....149 F 1
Saint-Léger-des-Prés 35 ....80 B 4
Saint-Léger-des-Vignes 58 ..175 E 4
Saint-Léger-du-Bois 71 .....177 E 1
Saint-Léger-du-Bourg-Denis 76 ....36 B 2
Saint-Léger-du-Gennetey 27..35 G 3
Saint-Léger-du-Malzieu 48..246 A 5
Saint-Léger-du-Ventoux 84..286 A 2
Saint-Léger-Dubosq 14 ....34 A 4
Saint-Léger-en-Bray 60 ....37 H 2
Saint-Léger-en-Yvelines 78 ...57 G 5
Saint-Léger-la-Montagne 87 ....206 B 3
Saint-Léger-le-Guérétois 23 ....207 E 1
Saint-Léger-le-Petit 18 ..156 B 5
Saint-Léger-lès-Authie 80 ......13 E 4
Saint-Léger-lès-Domart 80 .....12 B 5
Saint-Léger-les-Mélèzes 05 ....269 H 2
Saint-Léger-lès-Paray 71 ...193 G 2
Saint-Léger-les-Vignes 44 ..147 F 5
Saint-Léger-Magnazeix 87 ..188 A 5
Saint-Léger-près-Troyes 10 ....115 E 2
Saint-Léger-sous-Beuvray 71 ....176 B 3
Saint-Léger-sous-Brienne 10 ....91 H 4
Saint-Léger-sous-Cholet 49 ....148 D 5
Saint-Léger-sous-la-Bussière 71 ....194 C 4
Saint-Léger-sous-Margerie 10 ....91 H 3
Saint-Léger-sur-Bonneville 14 ....34 D 3
Saint-Léger-sur-Bresle 80 .....21 F 2
Saint-Léger-sur-Dheune 71.177 F 3
Saint-Léger-sur-Roanne 42.211 G 2
Saint-Léger-sur-Sarthe 61 ...84 A 3
Saint-Léger-sur-Vouzance 03 ....193 F 3
Saint-Léger-Triey 21 ......160 D 3
Saint-Léger-Vauban 89 ...158 B 2
Saint-Léomer 86 ....187 G 3
Saint-Léon 03 ....192 D 3
Saint-Léon 31 ....318 A 3
Saint-Léon 33 ....256 B 1
Saint-Léon 47 ....275 F 2
Saint-Léon-d'Issigeac 24 ...258 C 2
Saint-Léon-sur-l'Isle 24 ....239 H 3
Saint-Léon-sur-Vézère 24 ...241 F 4
Saint-Léonard 32 ....296 C 2
Saint-Léonard 51 ....41 H 4
Saint-Léonard 62 ....6 B 2
Saint-Léonard 76 ....18 D 3
Saint-Léonard 88 ....96 B 5
Saint-Léonard-de-Noblat 87 ....206 B 5
Saint-Léonard-des-Bois 72...83 F 4
Saint-Léonard-des-Parcs 61 ..54 D 5
Saint-Léonard-en-Beauce 41 ....132 B 3
Saint-Léons 12 ....281 G 3
Saint-Léopardin-d'Augy 03..174 C 5
Saint-Léry 56 ....103 F 3
Saint-Leu-d'Esserent 60 ......38 C 4
Saint-Leu-la-Forêt 95 ......58 B 1
Saint-Lézer 65 ....315 E 3
Saint-Lézin 49 ....149 E 4
Saint-Lieux-Lafenasse 81 ...299 G 3
Saint-Lieux-lès-Lavaur 81 ..298 C 3
Saint-Liguaire 79 ....184 D 4
Saint-Lin 79 ....185 F 2
Saint-Lions 04 ....288 B 4
Saint-Lizier 09 ....335 F 2
Saint-Lizier-du-Planté 32...317 E 3
Saint-Lô 50 ....32 B 5
Saint-Lô-d'Ourville 50 .....31 F 2
Saint-Lon-les-Mines 40 ....292 D 4
Saint-Longis 72 ....84 A 5
Saint-Lormel 22 ....79 F 3
Saint-Lothain 39 ....179 F 3
Saint-Loube 32 ....317 E 2
Saint-Loubert 33 ....256 C 4
Saint-Loubès 33 ....237 H 5
Saint-Loubouer 40 ....294 A 3
Saint-Louet-sur-Seulles 14...33 E 5
Saint-Louet-sur-Vire 50 ....52 B 1
Saint-Louis 57 ....67 H 5
Saint-Louis 68 ....143 H 1
Saint-Louis-de-Montferrand 33 ....237 G 4

Saint-Louis-en-l'Isle 24 ....239 G 3
Saint-Louis-et-Parahou 11..337 H 4
Saint-Louis-lès-Bitche 57 ....68 A 2
Saint-Loup 03 ....192 B 4
Saint-Loup 17 ....201 G 3
Saint-Loup 23 ....207 H 1
Saint-Loup 39 ....178 C 1
Saint-Loup 50 ....51 H 5
Saint-Loup 51 ....61 F 4
Saint-Loup 58 ....156 B 2
Saint-Loup 69 ....212 B 4
Saint-Loup 82 ....276 D 2
Saint-Loup Pic 34 ....302 D 3
Saint-Loup-Cammas 31 ......298 A 4
Saint-Loup-de-Buffigny 10 ....90 A 4
Saint-Loup-de-Fribois 14 ....34 B 5
Saint-Loup-de-Gonois 45 ...112 D 4
Saint-Loup-de-Naud 77 ....89 F 3
Saint-Loup-de-Varennes 71 ....177 H 5
Saint-Loup-des-Chaumes 18 ....173 E 4
Saint-Loup-des-Vignes 45....111 H 4
Saint-Loup-d'Ordon 89 .....113 F 4
Saint-Loup-du-Dorat 53 ....128 D 2
Saint-Loup-du-Gast 53 ......82 B 4
Saint-Loup-en-Champagne 08 ....41 H 1
Saint-Loup-en-Comminges 31 ....316 A 4
Saint-Loup-Géanges 71 ....177 H 2
Saint-Loup-Hors 14 ....33 E 3
Saint-Loup-Lamairé 79 .....168 B 4
Saint-Loup-Nantouard 70 ...161 F 2
Saint-Loup-sur-Aujon 52 ...139 E 2
Saint-Loup-sur-Cher 41 ....154 A 4
Saint-Loup-sur-Semouse 70 ....119 E 5
Saint-Loup-Terrier 08 ......26 C 5
Saint-Loyer-des-Champs 61...54 B 5
Saint-Lubin-de-Cravant 28 ...56 B 5
Saint-Lubin-de-la-Haye 28 ...57 E 4
Saint-Lubin-des-Joncherets 28 ....56 B 4
Saint-Lubin-en-Vergonnois 41 ....131 H 5
Saint-Luc 27 ....56 C 2
Saint-Lucien 28 ....57 E 5
Saint-Lucien 76 ....36 D 1
Saint-Lumier-en-Champagne 51 ....62 D 4
Saint-Lumier-la-Populeuse 51 ....63 E 4
Saint-Lumine-de-Clisson 44 ....148 A 5
Saint-Lumine-de-Coutais 44 ....147 F 5
Saint-Lunaire 35 ....50 B 5
Saint-Luperce 28 ....85 H 4
Saint-Lupicin 39 ....196 D 3
Saint-Lupien 10 ....90 B 5
Saint-Lyé 10 ....90 D 5
Saint-Lyé-la-Forêt 45 ....111 E 4
Saint-Lyphard 44 ....146 B 1
Saint-Lys 31 ....317 F 2
Saint-Macaire 33 ....256 B 4
Saint-Macaire-du-Bois 49 ...150 A 5
Saint-Macaire-en-Mauges 49 ....148 C 5
Saint-Maclou 27 ....35 E 2
Saint-Maclou-de-Folleville 76..20 B 4
Saint-Maclou-la-Brière 76 ....19 E 4
Saint-Macoux 86 ....203 F 1
Saint-Maden 22 ....79 G 5
Saint-Magne 33 ....255 F 4
Saint-Magne-de-Castillon 33 ....238 D 5
Saint-Maigner 63 ....208 D 2
Saint-Maigrin 17 ....220 B 4
Saint-Maime 04 ....306 D 1
Saint-Maime-de-Péreyrol 24 ....240 B 4
Saint-Maixant 23 ....207 H 3
Saint-Maixant 33 ....256 B 3
Saint-Maixent 72 ....108 C 4
Saint-Maixent-de-Beugné 79 ....184 C 2
Saint-Maixent-l'École 79 ...185 F 3
Saint-Maixent-sur-Vie 85 ..165 E 4
Saint-Maixme-Hauterive 28 ...85 G 2
Saint-Malo 35 ....50 C 5
Saint-Malo-de-Beignon 56 ..103 F 4
Saint-Malo-de-Guersac 44 ..146 C 2
Saint-Malo-de-la-Lande 50 ...31 F 5
Saint-Malo-de-Phily 35 ....104 A 5
Saint-Malo-des-Trois-Fontaines 56 ....102 D 3

Saint-Malô-du-Bois 85 ....166 D 2
Saint-Malo-en-Donziois 58 ...156 D 3
Saint-Malon-sur-Mel 35 ....103 G 3
Saint-Mamert 38 ....231 F 4
Saint-Mamert 69 ....194 C 5
Saint-Mamert-du-Gard 30 ...303 G 1
Saint-Mamet 31 ....334 B 5
Saint-Mamet-la-Salvetat 15.261 H 1
Saint-Mammès 77 ....88 C 4
Saint-Mandé 94 ....58 C 3
Saint-Mandé-sur-Brédoire 17 ....202 B 2
Saint-Mandrier-sur-Mer 83..328 A 5
Saint-Manvieu-Bocage 14 .....52 B 3
Saint-Manvieu-Norrey 14 ....33 F 4
Saint-Marc 15 ....245 H 5
Saint-Marc 44 ....146 B 3
Saint-Marc-à-Frongier 23 ...207 G 4
Saint-Marc-à-Loubaud 23 ...207 F 5
Saint-Marc-du-Cor 41 ......109 E 5
Saint-Marc-Jaumegarde 13..306 B 5
Saint-Marc-la-Lande 79 ....185 E 2
Saint-Marc-le-Blanc 35 ......80 D 4
Saint-Marc-sur-Couesnon 35.80 D 5
Saint-Marc-sur-Seine 21 ...138 B 4
Saint-Marcan 35 ....51 E 5
Saint-Marceau 26 ....26 D 3
Saint-Marceau 72 ....107 G 2
Saint-Marcel 08 ....26 C 3
Saint-Marcel 27 ....36 D 5
Saint-Marcel 36 ....188 C 1
Saint-Marcel 54 ....65 F 1
Saint-Marcel 56 ....125 E 2
Saint-Marcel 70 ....140 C 2
Saint-Marcel 71 ....177 H 4
Saint-Marcel 73 ....234 C 2
Saint-Marcel 81 ....279 F 4
Saint-Marcel-Bel-Accueil 38 ....231 H 1
Saint-Marcel-d'Ardèche 07...284 D 1
Saint-Marcel-de-Careiret 30 ....284 C 3
Saint-Marcel-de-Félines 42..211 H 4
Saint-Marcel-du-Périgord 24 ....240 C 5
Saint-Marcel-d'Urfé 42 ....211 F 4
Saint-Marcel-en-Dombes 01 ....213 F 3
Saint-Marcel-en-Marcillat 03 ....208 D 1
Saint-Marcel-en-Murat 03....191 G 4
Saint-Marcel-l'Éclairé 69 ..212 B 4
Saint-Marcel-lès-Annonay 07 ....248 D 1
Saint-Marcel-lès-Sauzet 26.267 E 3
Saint-Marcel-lès-Valence 26 ....249 F 4
Saint-Marcel-Paulel 31 ....298 B 4
Saint-Marcel-sur-Aude 11...321 E 5
Saint-Marcelin-de-Cray 71..194 C 1
Saint-Marcellin 38 ....250 A 2
Saint-Marcellin-de-Vars 05..270 D 2
Saint-Marcellin-en-Forez 42.229 H 3
Saint-Marcellin-lès-Vaison 84 ....285 H 2
Saint-Marcet 31 ....316 C 5
Saint-Marcory 24 ....259 E 2
Saint-Marcouf 14 ....32 C 3
Saint-Marcouf 50 ....29 G 1
Saint-Mard 02 ....40 D 2
Saint-Mard 17 ....201 F 2
Saint-Mard 54 ....95 E 2
Saint-Mard 77 ....59 E 1
Saint-Mard 80 ....23 F 4
Saint-Mard-de-Réno 61 ......84 C 3
Saint-Mard-de-Vaux 71 ....177 G 4
Saint-Mard-lès-Rouffy 51 ....61 H 2
Saint-Mard-sur-Auve 51 .....62 D 1
Saint-Mard-sur-le-Mont 51 ...63 E 2
Saint-Mards 76 ....20 A 3
Saint-Mards-de-Blacarville 27.35 E 2
Saint-Mards-de-Fresne 27 ....55 E 1
Saint-Mards-en-Othe 10 ....114 C 3
Saint-Marien 23 ....190 A 3
Saint-Mariens 33 ....237 H 2
Saint-Mars-de-Coutais 44 ..147 F 5
Saint-Mars-de-Locquenay 72.108 B 5
Saint-Mars-d'Égrenne 61 ....82 A 2
Saint-Mars-d'Outillé 72 ...130 B 2
Saint-Mars-du-Désert 44 ...147 H 2
Saint-Mars-du-Désert 53 ....83 E 5
Saint-Mars-en-Brie 77 ......60 B 4
Saint-Mars-la-Brière 72 ...108 A 4
Saint-Mars-la-Jaille 44 ...127 F 5
Saint-Mars-la-Réorthe 85 ..166 D 3
Saint-Mars-sous-Ballon 72..107 H 3
Saint-Mars-sur-Colmont 53 ...82 A 4

Saint-Mars-sur-la-Futaie 53...81 G 3
Saint-Marsal 66 ....342 C 3
Saint-Marsault 79 ....167 F 4
Saint-Martial 07 ....248 A 5
Saint-Martial 15 ....245 G 5
Saint-Martial 16 ....221 E 5
Saint-Martial 17 ....201 H 2
Saint-Martial 30 ....283 E 5
Saint-Martial 33 ....256 C 3
Saint-Martial-d'Albarède 24.223 F 5
Saint-Martial-d'Artenset 24.239 F 4
Saint-Martial-de-Gimel 19..243 E 1
Saint-Martial-de-Mirambeau 17 ....219 G 4
Saint-Martial-de-Nabirat 24.259 G 2
Saint-Martial-de-Valette 24..222 C 3
Saint-Martial-de-Vitaterne 17 ....219 H 4
Saint-Martial-Entraygues 19 ....243 F 3
Saint-Martial-le-Mont 23 ...207 G 2
Saint-Martial-le-Vieux 23 ..225 H 2
Saint-Martial-sur-Isop 87 ..204 D 1
Saint-Martial-sur-Né 17 ...220 B 2
Saint-Martial-Viveyrol 24 ..221 G 5
Saint-Martin 32 ....295 H 5
Saint-Martin 50 ....51 F 2
Saint-Martin 54 ....95 H 1
Saint-Martin 56 ....125 F 3
Saint-Martin 65 ....315 E 5
Saint-Martin 66 ....338 A 5
Saint-Martin 67 ....96 D 4
Saint-Martin 83 ....306 D 4
Saint Martin Casella 2B...347 F 4
Saint-Martin-au-Bosc 76 .....21 F 2
Saint-Martin-au-Laërt 62 ......3 F 5
Saint-Martin-aux-Arbres 76...19 H 4
Saint-Martin-aux-Bois 60 .....38 D 1
Saint-Martin-aux-Buneaux 76.19 F 2
Saint-Martin-aux-Champs 51..62 C 5
Saint-Martin-aux-Chartrains 14 ....34 C 3
Saint-Martin-Belle-Roche 71 ....195 E 3
Saint-Martin-Bellevue 74 ...215 G 3
Saint-Martin-Boulogne 62 .....2 B 5
Saint-Martin-Cantalès 15 ...243 H 3
Saint-Martin-Château 23 ...207 E 5
Saint-Martin-Chennetron 77...89 H 2
Saint-Martin-Choquel 62 ......6 D 2
Saint-Martin-d'Abbat 45 ....133 H 2
Saint-Martin-d'Ablois 51 ....61 F 1
Saint-Martin-d'Août 26 ....249 G 1
Saint-Martin-d'Arberoue 64..311 F 4
Saint-Martin-d'Arc 73 .....252 B 1
Saint-Martin-d'Arcé 49 ....129 F 5
Saint-Martin-d'Ardèche 07..284 D 2
Saint-Martin-d'Armagnac 32 ....294 D 3
Saint-Martin-d'Arrossa 64..311 E 5
Saint-Martin-d'Ary 17 .....238 C 1
Saint-Martin-d'Aubigny 50 ...31 H 4
Saint-Martin-d'Audouville 50.29 G 4
Saint-Martin-d'Auxigny 18 ..155 E 5
Saint-Martin-d'Auxy 71 ....177 F 5
Saint-Martin-de-Bavel 01 ...214 D 4
Saint-Martin-de-Beauville 47 ....276 D 3
Saint-Martin-de-Belleville 73 ....234 B 4
Saint-Martin-de-Bernegoue 79 ....185 E 5
Saint-Martin-de-Bienfaite 14...54 D 1
Saint-Martin-de-Blagny 14 ...32 C 3
Saint-Martin-de-Bonfossé 50.32 A 5
Saint-Martin-de-Boscherville 76 ....36 A 2
Saint-Martin-de-Bossenay 10.90 B 4
Saint-Martin-de-Boubaux 48 ....283 F 3
Saint-Martin-de-Bréthencourt 78 ....87 E 3
Saint-Martin-de-Brômes 04.307 E 2
Saint-Martin-de-Caralp 09 ..336 A 2
Saint-Martin-de-Castillon 84 ....306 A 1
Saint-Martin-de-Cenilly 50 ...51 H 1
Saint-Martin-de-Clelles 38...250 D 5
Saint-Martin-de-Commune 71 ....177 E 3
Saint-Martin-de-Connée 53.107 E 2
Saint-Martin-de-Cornas 69..230 D 2
Saint-Martin-de-Coux 17 ...238 D 2
Saint-Martin-de-Crau 13 ...304 D 4
Saint-Martin-de-Curton 47..274 D 1
Saint-Martin-de-Fenollar Chapelle de 66 ....343 E 4

Saint-Martin-de-Fontenay 14..33 G 5
Saint-Martin-de-Fraigneau 85 ....184 B 3
Saint-Martin-de-Fresnay 14..54 B 2
Saint-Martin-de-Fressengeas 24 ....222 D 4
Saint-Martin-de-Fugères 43 ....247 F 5
Saint-Martin-de-Goyne 32...275 H 5
Saint-Martin-de-Gurson 24..239 E 4
Saint-Martin-de-Hinx 40 ...292 C 4
Saint-Martin-de-Juillers 17..202 B 3
Saint-Martin-de-Jussac 87..205 E 4
Saint-Martin-de-la-Brasque 84 ....306 B 2
Saint-Martin-de-la-Cluze 38.250 D 4
Saint-Martin-de-la-Coudre 17 ....201 G 2
Saint-Martin-de-la-Lieue 14...34 C 5
Saint-Martin-de-la-Mer 21 ..158 C 4
Saint-Martin-de-la-Place 49.150 B 3
Saint-Martin-de-la-Porte 73.252 B 1
Saint-Martin-de-Lamps 36...171 G 2
Saint-Martin-de-Landelles 50.81 F 2
Saint-Martin-de-Lansuscle 48 ....283 E 3
Saint-Martin-de-l'Arçon 34..301 E 5
Saint-Martin-de-Laye 33 ...238 C 3
Saint-Martin-de-Lenne 12...263 G 5
Saint-Martin-de-Lerm 33 ...256 D 3
Saint-Martin-de-Lixy 71 ...211 H 1
Saint-Martin-de-Londres 34.302 C 2
Saint-Martin-de-Mâcon 79..168 B 1
Saint-Martin-de-Mailloc 14...34 D 5
Saint-Martin-de-Mieux 14 ....53 H 3
Saint-Martin-de-Nigelles 28...86 B 2
Saint-Martin-de-Peille Église 06 ....291 G 5
Saint-Martin-de-Queyrières 05 ....252 C 5
Saint-Martin-de-Ré 17 .....182 D 5
Saint-Martin-de-Ribérac 24.239 G 1
Saint-Martin-de-Saint-Maixent 79 ....185 F 3
Saint-Martin-de-Salencey 71 ....194 B 2
Saint-Martin-de-Sallen 14 ...53 F 2
Saint-Martin-de-Sanzay 79..168 A 1
Saint-Martin-de-Seignanx 40 ....292 B 5
Saint-Martin-de-Sescas 33..256 C 3
Saint-Martin-de-Tallevende 14 ....52 C 2
Saint-Martin-de-Valamas 07 ....248 B 5
Saint-Martin-de-Valgalgues 30 ....283 H 3
Saint-Martin-de-Varreville 50...29 H 5
Saint-Martin-de-Vaulserre 38 ....232 D 3
Saint-Martin-de-Vers 46 ...260 C 4
Saint-Martin-de-Villeréal 47.258 D 3
Saint-Martin-de-Villereglan 11 ....337 G 1
Saint-Martin-d'Écublei 61 ...55 G 4
Saint-Martin-d'Entraigues 79 ....202 D 1
Saint-Martin-d'Entraunes 06 ....289 E 3
Saint-Martin-des-Besaces 14.52 C 1
Saint-Martin-des-Bois 41 ..131 E 4
Saint-Martin-des-Champs 18 ....156 A 5
Saint-Martin-des-Champs 29.71 H 4
Saint-Martin-des-Champs 50.51 H 5
Saint-Martin-des-Champs 77.60 B 4
Saint-Martin-des-Champs 78.57 F 3
Saint-Martin-des-Champs 89 ....135 F 4
Saint-Martin-des-Combes 24 ....240 B 4
Saint-Martin-des-Entrées 14..33 E 3
Saint-Martin-des-Fontaines 85 ....183 H 1
Saint-Martin-des-Lais 03 ...175 G 5
Saint-Martin-des-Landes 61..83 E 2
Saint-Martin-des-Monts 72..108 C 3
Saint-Martin-des-Noyers 85.166 B 4
Saint-Martin-des-Olmes 63..229 E 3
Saint-Martin-des-Pézerits 61..55 F 5
Saint-Martin-des-Plains 63..228 A 4
Saint-Martin-des-Prés 22 ....78 A 5
Saint-Martin-des-Puits 11 ..338 B 2
Saint-Martin-des-Tilleuls 85.166 C 2
Saint-Martin-d'Estréaux 42..211 E 1
Saint-Martin-d'Hardinghem 62.7 E 3
Saint-Martin-d'Hères 38 ...251 E 1

Saint-Martin-d'Heuille 58 ....174 D 1
Saint-Martin-d'Ollières 63....228 B 4
Saint-Martin-Don 14 ....52 C 2
Saint-Martin-d'Oney 40 ....273 G 5
Saint-Martin-d'Ordon 89 ...113 F 4
Saint-Martin-d'Oydes 09 ...318 A 5
Saint-Martin-du-Bec 76 .....18 C 5
Saint-Martin-du-Bois 33 ...238 B 3
Saint-Martin-du-Bois 49 ...128 B 4
Saint-Martin-du-Boschet 77...60 C 4
Saint-Martin-du-Canigou Abbaye de 66 ....342 A 4
Saint-Martin-du-Clocher 16.203 F 2
Saint-Martin-du-Fouilloux 49 ....149 F 2
Saint-Martin-du-Fouilloux 79 ....185 G 1
Saint-Martin-du-Frêne 01 ...214 C 1
Saint-Martin-du-Lac 71 ....193 G 5
Saint-Martin-du-Limet 53 ..127 H 2
Saint-Martin-du-Manoir 76 ...18 D 5
Saint-Martin-du-Mesnil-Oury 14 ....54 C 1
Saint-Martin-du-Mont 01 ...214 A 1
Saint-Martin-du-Mont 21 ...159 G 2
Saint-Martin-du-Mont 71 ...195 H 1
Saint-Martin-du-Puy 33 ....256 D 2
Saint-Martin-du-Puy 58 ....157 H 3
Saint-Martin-du-Tartre 71 ..194 C 1
Saint-Martin-du-Tertre 89 ..113 G 2
Saint-Martin-du-Tertre 95 ...38 C 5
Saint-Martin-du-Tilleul 27 ...35 F 5
Saint-Martin-du-Touch 31 ..297 H 5
Saint-Martin-du-Var 06 ....291 E 5
Saint-Martin-du-Vieux-Bellême 61 ....84 B 4
Saint-Martin-du-Vivier 76 ....36 B 1
Saint-Martin-d'Uriage 38 ...251 E 2
Saint-Martin-en-Bière 77 ....88 A 4
Saint-Martin-en-Bresse 71 ..178 A 4
Saint-Martin-en-Campagne 76 ....10 C 5
Saint-Martin-en-Coailleux 42 ....230 C 4
Saint-Martin-en-Gâtinois 71 ....178 A 4
Saint-Martin-en-Haut 69 ...230 C 1
Saint-Martin-en-Vercors 26.250 B 3
Saint-Martin-Gimois 32 ....296 C 5
Saint-Martin-la-Campagne 27 ....56 A 1
Saint-Martin-la-Garenne 78...57 F 1
Saint-Martin-la-Méanne 19..243 F 2
Saint-Martin-la-Patrouille 71.194 C 1
Saint-Martin-la-Plaine 42 ..230 C 4
Saint-Martin-la-Sauveté 42..211 F 5
Saint-Martin-Labouval 46 ..260 D 5
Saint-Martin-Lacaussade 33 ....237 F 2
Saint-Martin-Laguépie 81 ..279 F 4
Saint-Martin-l'Aiguillon 61...83 E 2
Saint-Martin-Lalande 11 ...319 E 4
Saint-Martin-l'Ars 86 ......186 D 5
Saint-Martin-Lars-en-Sainte-Hermine 85 ....183 G 1
Saint-Martin-l'Astier 24 ...239 G 3
Saint-Martin-le-Beau 37 ...152 B 3
Saint-Martin-le-Bouillant 50..52 A 3
Saint-Martin-le-Châtel 01 ..195 G 4
Saint-Martin-le-Colonel 26..250 A 4
Saint-Martin-le-Gaillard 76...10 D 3
Saint-Martin-le-Gréard 50 ...29 E 4
Saint-Martin-le-Hébert 50 ...29 E 4
Saint-Martin-le-Mault 87 ..188 A 4
Saint-Martin-le-Nœud 60 ....38 A 2
Saint-Martin-le-Pin 24 ....222 B 3
Saint-Martin-le-Redon 46 ..259 E 4
Saint-Martin-le-Supérieur 07 ....266 D 3
Saint-Martin-le-Vieil 11 ...319 F 4
Saint-Martin-le-Vieux 87 ..223 F 1
Saint-Martin-le-Vinoux 38..250 D 1
Saint-Martin-les-Eaux 04 ..306 C 1
Saint-Martin-lès-Langres 52 ....139 G 2
Saint-Martin-lès-Melle 79 ..185 F 5
Saint-Martin-lès-Seyne 04..270 A 5
Saint-Martin-Lestra 42 ....230 A 1
Saint-Martin-l'Heureux 51 ...42 B 4
Saint-Martin-l'Hortier 76 ....20 D 3
Saint-Martin-Longueau 60 ...39 F 4
Saint-Martin-Lys 11 ....337 G 5
Saint-Martin-Osmonville 76...20 C 4
Saint-Martin-Petit 47 .....257 E 4
Saint-Martin-Rivière 02 .....14 D 5
Saint-Martin-Saint-Firmin 27..35 F 3

Saint-Martin-
Sainte-Catherine 23.........206 C 3
Saint-Martin-Sepert 19......224 B 4
Saint-Martin-
sous-Montaigu 71..........177 G 4
Saint-Martin-
sous-Vigouroux 15..........245 E 5
Saint-Martin-
sur-Armançon 89.........137 F 2
Saint-Martin-sur-Arve 74....216 C 3
Saint-Martin-sur-Cojeul 62.....13 G 3
Saint-Martin-sur-Ecaillon 59...14 D 3
Saint-Martin-
sur-la-Chambre 73.........234 A 4
Saint-Martin-
sur-la-Renne 52..........116 C 3
Saint-Martin-sur-le-Pré 51.....62 A 2
Saint-Martin-sur-Nohain 58.156 B 3
Saint-Martin-sur-Ocre 45....134 C 4
Saint-Martin-sur-Ocre 89....135 H 3
Saint-Martin-sur-Oreuse 89....89 G 5
Saint-Martin-
sur-Ouanne 89.............135 F 2
Saint-Martin-Terressus 87...206 B 4
Saint-Martin-Valmeroux 15..244 B 3
Saint-Martin-Vésubie 06......291 E 2
Saint-Martinien 03..........190 C 4
Saint-Martory 31...........334 D 1
Saint-Mary 16..............203 H 5
Saint-Mary-le-Plain 15......245 H 2
Saint-Masmes 51............42 A 3
Saint-Mathieu 87...........222 C 1
Saint-Mathieu Pointe de 29...74 C 3
Saint-Mathieu-
de-Tréviers 34.............302 D 3
Saint-Mathurin 85..........182 B 1
Saint-Mathurin-
Léobazel 19...............243 F 4
Saint-Mathurin-sur-Loire 49.150 A 2
Saint-Matré 46.............277 F 1
Saint-Maudan 22...........102 B 2
Saint-Maudez 22............79 F 4
Saint-Maugan 35...........103 G 2
Saint-Maulvis 80............11 G 5
Saint-Maur 18..............190 A 1
Saint-Maur 32..............315 H 2
Saint-Maur 36..............171 G 4
Saint-Maur 39..............196 C 1
Saint-Maur 60..............21 H 5
Saint-Maur-de-Glanfeuil
Abbaye de 49.............150 A 2
Saint-Maur-des-Bois 50.......52 A 3
Saint-Maur-des-Fossés 94.....58 D 4
Saint-Maur-sur-le-Loir 28....110 A 3
Saint-Maurice 52...........139 H 2
Saint-Maurice 58...........175 F 1
Saint-Maurice 63...........228 A 2
Saint-Maurice 67............97 E 4
Saint-Maurice 94............58 C 4
Saint-Maurice-
aux-Forges 54..............96 A 2
Saint-Maurice-
aux-Riches-Hommes 89....89 H 5
Saint-Maurice-
Colombier 25..............142 A 5
Saint-Maurice-Crillat 39....197 E 1
Saint-Maurice-
d'Ardèche 07..............266 B 4
Saint-Maurice-
de-Beynost 01.............213 F 4
Saint-Maurice-
de-Cazevieille 30..........284 A 5
Saint-Maurice-
de-Gourdans 01...........213 H 5
Saint-Maurice-
de-Laurençanne 17........219 H 5
Saint-Maurice-
de-Lestapel 47............258 B 4
Saint-Maurice-
de-Lignon 43..............247 H 1
Saint-Maurice-
de-Rémens 01.............214 A 3
Saint-Maurice-
de-Rotherens 73...........232 D 2
Saint-Maurice-
de-Satonnay 71...........195 E 3
Saint-Maurice-
de-Tavernole 17...........219 H 4
Saint-Maurice-
de-Ventalon 48............283 F 1
Saint-Maurice-
des-Champs 71............194 C 4
Saint-Maurice-
des-Lions 16..............204 C 3
Saint-Maurice-
des-Noues 85.............184 B 1
Saint-Maurice-d'Ételan 76.....35 F 1

Saint-Maurice-d'Ibie 07.......266 C 4
Saint-Maurice-du-Désert 61..82 D 2
Saint-Maurice-
en-Chalencon 07............248 D 5
Saint-Maurice-
en-Cotentin 50...............28 D 5
Saint-Maurice-
en-Gourgois 42.............229 H 4
Saint-Maurice-
en-Quercy 46...............261 F 2
Saint-Maurice-
en-Rivière 71..............178 A 3
Saint-Maurice-
en-Trièves 38..............268 D 1
Saint-Maurice-
en-Valgodemard 05.........269 G 1
Saint-Maurice-
la-Clouère 86..............186 C 4
Saint-Maurice-
la-Fougereuse 79...........167 G 1
Saint-Maurice-
la-Souterraine 23..........206 B 1
Saint-Maurice-le-Girard 85..167 E 5
Saint-Maurice-le-Vieil 89....135 H 3
Saint-Maurice-
les-Brousses 87...........223 G 1
Saint-Maurice-
lès-Charencey 61............55 G 5
Saint-Maurice-
lès-Châteauneuf 71.........193 H 5
Saint-Maurice-
lès-Couches 71............177 F 3
Saint-Maurice-l'Exil 38......231 E 4
Saint-Maurice-
Montcouronne 91...........87 F 2
Saint-Maurice-
Navacelles 34.............302 A 2
Saint-Maurice-
près-Crocq 23.............208 B 4
Saint-Maurice-
près-Pionsat 63............208 D 2
Saint-Maurice-
Saint-Germain 28...........85 F 3
Saint-Maurice-
sous-les-Côtes 55...........64 D 2
Saint-Maurice-
sur-Adour 40..............294 A 2
Saint-Maurice-
sur-Aveyron 45.............135 E 2
Saint-Maurice-
sur-Dargoire 69............230 D 2
Saint-Maurice-
sur-Eygues 26.............285 G 1
Saint-Maurice-
sur-Fessard 45............112 B 5
Saint-Maurice-sur-Huisne 61..84 D 3
Saint-Maurice-
sur-Mortagne 88............95 G 4
Saint-Maurice-
sur-Moselle 88............120 A 5
Saint-Maurice-
sur-Vingeanne 21..........139 H 5
Saint-Maurice-
Thizouaille 89.............135 H 2
Saint-Maurin 47............276 D 3
Saint-Max 54...............65 H 5
Saint-Maxent 80.............11 F 4
Saint-Maximin 30...........284 C 5
Saint-Maximin 38...........233 G 4
Saint-Maximin 60............38 D 4
Saint-Maximin-
la-Sainte-Baume 83........327 H 1
Saint-Maxire 79.............184 D 3
Saint-May 26..............268 A 5
Saint-Mayeux 22............77 H 5
Saint-Méard 87.............224 C 2
Saint-Méard-de-Drône 24....239 H 1
Saint-Méard-de-Gurçon 24..239 F 2
Saint-Médard 16............220 C 3
Saint-Médard 17............220 B 4
Saint-Médard 23............207 G 2
Saint-Médard 31............334 D 1
Saint-Médard 32............316 A 2
Saint-Médard 36............170 D 2
Saint-Médard 40............294 A 1
Saint-Médard 46............259 G 4
Saint-Médard 57............66 D 4
Saint-Médard 64............293 H 5
Saint-Médard 79............185 F 5
Saint-Médard-d'Aunis 17....200 D 1
Saint-Médard-
de-Guizières 33...........238 D 4
Saint-Médard-
de-Mussidan 24...........239 G 3
Saint-Médard-
de-Presque 46............261 E 1
Saint-Médard-des-Prés 85..184 B 2

Saint-Médard-
d'Excideuil 24..............223 F 5
Saint-Médard-d'Eyrans 33...255 G 2
Saint-Médard-en-Forez 42...230 B 2
Saint-Médard-en-Jalles 33...237 F 5
Saint-Médard-Nicourby 46...261 F 2
Saint-Médard-sur-Ille 35......80 B 5
Saint-Méen 29..............71 E 4
Saint-Méen-le-Grand 35.....103 F 2
Saint-Melaine 35...........104 D 3
Saint-Melaine-
sur-Aubance 49............149 G 2
Saint-Mélany 07............265 H 4
Saint-Méloir-des-Bois 22......79 F 4
Saint-Méloir-des-Ondes 35...50 C 5
Saint-Même-le-Tenu 44.....165 E 1
Saint-Même-
les-Carrières 16............220 C 2
Saint-Memmie 51............62 B 2
Saint-Menge 88.............94 C 5
Saint-Menges 08............27 E 3
Saint-Menoux 03...........191 H 1
Saint-Merd-de-Lapleau 19...243 G 1
Saint-Merd-la-Breuille 23....226 B 1
Saint-Merd-
les-Oussines 19...........225 F 2
Saint-Méry 77..............88 C 2
Saint-Meslin-du-Bosc 27......35 H 4
Saint-Mesmes 77............59 E 2
Saint-Mesmin 10............90 C 4
Saint-Mesmin 21...........159 F 3
Saint-Mesmin 24...........223 G 5
Saint-Mesmin 85...........167 E 4
Saint-Mexant 19............242 C 1
Saint-Mézard 32............275 H 5
Saint-M'Hervé 35...........105 F 2
Saint-M'Hervon 35.........103 G 1
Saint-Micaud 71............177 F 5
Saint-Michel 02.............25 H 1
Saint-Michel 09............336 A 1
Saint-Michel 16............221 E 2
Saint-Michel 31............317 F 5
Saint-Michel 32............315 H 2
Saint-Michel 34............301 H 2
Saint-Michel 45............111 H 4
Saint-Michel 52............139 G 3
Saint-Michel 64............330 C 1
Saint-Michel 82............277 E 5
Saint-Michel-Chef-Chef 44..146 C 4
Saint-Michel-d'Aurance 07..248 C 5
Saint-Michel-
de-Bannières 46...........242 D 4
Saint-Michel-
de-Boulogne 07............266 B 2
Saint-Michel-
de-Castelnau 33...........274 C 2
Saint-Michel-
de-Chabrillanoux 07........266 D 1
Saint-Michel-de-Chaillol 05.269 H 2
Saint-Michel-
de-Chavaignes 72..........108 C 4
Saint-Michel-de-Cuxa
Abbaye de 66.............342 A 3
Saint-Michel-de-Dèze 48....283 F 2
Saint-Michel-de-Double 24...239 G 3
Saint-Michel-de-Feins 53....128 C 3
Saint-Michel-de-Frigolet
Abbaye 13................304 C 1
Saint-Michel-
de-Fronsac 33.............238 B 4
Saint-Michel-
de-la-Pierre 50.............31 H 4
Saint-Michel-de-la-Roë 53...105 F 5
Saint-Michel-de-Lanès 11....318 C 4
Saint-Michel-
de-Lapujade 33............257 E 3
Saint-Michel-de-Livet 14.....54 C 1
Saint-Michel-de-Llotes 66...342 C 4
Saint-Michel-
de-Maurienne 73..........252 B 1
Saint-Michel-
de-Montaigne 24..........238 D 5
Saint-Michel-de-Montjoie 50..52 B 4
Saint-Michel-de-Mourcairol
Château de 34............301 F 5
Saint-Michel-de-Plélan 22....79 F 4
Saint-Michel-
de-Rieufret 33.............255 H 4
Saint-Michel-de-Rivière 24..238 D 2
Saint-Michel-
de-Saint-Geoirs 38........232 A 5
Saint-Michel-de-Vax 81.....278 D 4
Saint-Michel-de-Veisse 23..207 G 3
Saint-Michel-
de-Villadeix 24............240 C 1
Saint-Michel-
de-Volangis 18............155 F 5

Saint-Michel-
des-Andaines 61..........82 C 2
Saint-Michel-des-Loups 50...51 F 4
Saint-Michel-d'Euzet 30.....284 C 3
Saint-Michel-d'Halescourt 76.21 F 5
Saint-Michel-
en-Beaumont 38...........251 F 5
Saint-Michel-en-Brenne 36...170 D 4
Saint-Michel-en-Grève 22....72 B 3
Saint-Michel-en-l'Herm 85...183 E 3
Saint-Michel-Escalus 40.....292 C 1
Saint-Michel-
et-Chanveaux 49..........127 G 4
Saint-Michel-Labadié 81....280 C 5
Saint-Michel-le-Cloucq 85...184 B 2
Saint-Michel-l'Écluse-
et-Léparon 24.............239 E 2
Saint-Michel-les-Portes 38...250 C 5
Saint-Michel-
l'Observatoire 04..........306 C 1
Saint-Michel-Loubéjou 46...243 E 5
Saint-Michel-
Mont-Mercure 85..........166 D 3
Saint-Michel-Peyresq 04....288 E 2
Saint-Michel-sous-Bois 62.....6 D 4
Saint-Michel-sur-Loire 37....151 F 3
Saint-Michel-sur-Meurthe 88..96 B 4
Saint-Michel-sur-Orge 91....87 G 2
Saint-Michel-sur-Rhône 42..231 E 4
Saint-Michel-
sur-Savasse 26............249 H 2
Saint-Michel-sur-Ternoise 62..7 G 5
Saint-Michel-Tubœuf 61......55 G 4
Saint-Mihiel 55.............64 C 3
Saint-Mitre-
les-Remparts 13...........325 G 3
Saint-Molf 44...............145 H 3
Saint-Momelin 59............3 F 5
Saint-Mont 32..............294 D 4
Saint-Montan 07............266 D 5
Saint-Moré 89..............136 D 5
Saint-Moreil 23.............206 D 5
Saint-Morel 08...............42 D 3
Saint-Morillon 33...........255 G 3
Saint-Mury-
Monteymond 38...........251 F 1
Saint-Myon 63..............209 H 3
Saint-Nabor 67..............97 E 3
Saint-Nabord 88............119 G 3
Saint-Nabord-sur-Aube 10....91 F 3
Saint-Nauphary 82..........297 H 1
Saint-Nazaire 30............284 D 3
Saint-Nazaire 33............239 G 5
Saint-Nazaire 44............146 B 3
Saint-Nazaire 66............343 F 2
Saint-Nazaire Pont de 44....146 C 2
Saint-Nazaire Site de 19....226 B 4
Saint-Nazaire-d'Aude 11....320 D 5
Saint-Nazaire-
de-Ladarez 34.............321 F 2
Saint-Nazaire-
de-Pézan 34...............303 F 4
Saint-Nazaire-
de-Valentane 82...........277 E 3
Saint-Nazaire-
des-Gardies 30............283 G 5
Saint-Nazaire-
en-Royans 26.............250 A 3
Saint-Nazaire-
le-Désert 26...............268 A 3
Saint-Nazaire-
les-Eymes 38..............251 E 1
Saint-Nazaire-
sur-Charente 17...........200 C 3
Saint-Nectaire 63...........227 G 2
Saint-Nexans 24............258 B 1
Saint-Nic 29................75 G 4
Saint-Nicodème 22...........77 F 3
Saint-Nicodème
Chapelle 56...............101 H 4
Saint-Nicolas 62.............13 G 2
Saint-Nicolas Cascade 68...120 B 5
Saint-Nicolas Chapelle 56...101 E 3
Saint-Nicolas-aux-Bois 02....24 C 5
Saint-Nicolas-aux-Bois
Abbaye de 02.............24 C 5
Saint-Nicolas-
d'Aliermont 76............20 C 2
Saint-Nicolas-d'Attez 27.....55 H 4
Saint-Nicolas-
de-Bliquetuit 76...........35 G 1
Saint-Nicolas-
de-Bourgueil 37...........150 D 3
Saint-Nicolas-de-Brem 85...165 E 5
Saint-Nicolas-
de-la-Balerme 47..........276 C 4

Saint-Nicolas-
de-la-Grave 82............277 E 4
Saint-Nicolas-de-la-Haie 76...19 F 5
Saint-Nicolas-de-la-Taille 76...35 E 1
Saint-Nicolas-
de-Macherin 38............232 C 4
Saint-Nicolas-
de-Pierrepont 50...........31 F 2
Saint-Nicolas-de-Port 54.....95 E 1
Saint-Nicolas-de-Redon 44.125 H 4
Saint-Nicolas-
de-Sommaire 61............55 F 4
Saint-Nicolas-
de-Véroce 74..............216 D 4
Saint-Nicolas-des-Biefs 03...211 E 2
Saint-Nicolas-des-Bois 50....52 A 4
Saint-Nicolas-des-Bois 61....83 G 3
Saint-Nicolas-des-Eaux 56...101 H 4
Saint-Nicolas-des-Laitiers 61.55 E 3
Saint-Nicolas-
des-Motets 37.............131 G 5
Saint-Nicolas-du-Bosc 27....35 H 4
Saint-Nicolas-
du-Bosc-l'Abbé 27..........55 F 1
Saint-Nicolas-du-Pélem 22...77 G 4
Saint-Nicolas-du-Tertre 56...125 G 2
Saint-Nicolas-en-Forêt 57.....45 G 3
Saint-Nicolas-la-Chapelle 10..89 H 3
Saint-Nicolas-
la-Chapelle 73.............216 B 4
Saint-Nizier-d'Azergues 69..212 B 2
Saint-Nizier-de-Fornas 42...229 G 4
Saint-Nizier-
du-Moucherotte 38........250 D 2
Saint-Nizier-
le-Bouchoux 01...........195 G 2
Saint-Nizier-le-Désert 01....213 G 2
Saint-Nizier-
sous-Charlieu 42..........211 H 1
Saint-Nizier-sur-Arroux 71..176 C 4
Saint-Nolff 56..............124 C 3
Saint-Nom-la-Bretèche 78...57 H 3
Saint-Offenge-Dessous 73..215 F 5
Saint-Offenge-Dessus 73...215 F 5
Saint-Omer 14...............53 F 2
Saint-Omer 44..............147 E 1
Saint-Omer 62...............3 F 5
Saint-Omer-Capelle 62........3 E 3
Saint-Omer-en-Chaussée 60.37 H 1
Saint-Ondras 38............232 C 3
Saint-Onen-la-Chapelle 35..103 F 2
Saint-Oradoux-
de-Chirouze 23............226 B 1
Saint-Oradoux-
près-Crocq 23.............208 B 4
Saint-Orens 32.............296 D 3
Saint-Orens-
de-Gameville 31...........298 A 5
Saint-Orens-Pouy-Petit 32..295 H 1
Saint-Ost 32...............316 A 3
Saint-Osvin 50...............51 H 4
Saint-Ouen 17..............202 C 4
Saint-Ouen 41..............131 G 3
Saint-Ouen 80...............12 B 5
Saint-Ouen 93...............58 C 3
Saint-Ouen-d'Attez 27.......56 A 4
Saint-Ouen-d'Aunis 17......183 G 5
Saint-Ouen-de-la-Cour 61....84 C 4
Saint-Ouen-de-Mimbré 72....83 G 5
Saint-Ouen-de-Pontcheuil 27.36 A 4
Saint-Ouen-
de-Sécherouvre 61..........84 B 2
Saint-Ouen-
de-Thouberville 27.........35 H 2
Saint-Ouen-des-Alleux 35....80 D 4
Saint-Ouen-des-Besaces 14...52 C 1
Saint-Ouen-des-Champs 27..35 F 2
Saint-Ouën-des-Toits 53....105 H 3
Saint-Ouen-des-Vallons 53..106 B 2
Saint-Ouen-Domprot 51.....91 G 2
Saint-Ouen-du-Breuil 76.....20 A 4
Saint-Ouen-
du-Mesnil-Oger 14.........34 A 5
Saint-Ouen-du-Tilleul 27.....36 A 3
Saint-Ouen-en-Belin 72.....130 A 2
Saint-Ouen-en-Brie 77.......88 D 2
Saint-Ouen-
en-Champagne 72.........107 E 5
Saint-Ouen-l'Aumône 95.....58 A 1
Saint-Ouen-le-Brisoult 61....82 D 3
Saint-Ouen-le-Houx 14......54 C 2
Saint-Ouen-le-Mauger 76....20 A 4
Saint-Ouen-le-Pin 14.........34 B 5
Saint-Ouen-lès-Parey 88....118 A 2

Saint-Ouen-les-Vignes 37...152 C 2
Saint-Ouen-Marchefroy 28....57 F 3
Saint-Ouen-sous-Bailly 76....10 C 5
Saint-Ouen-
sur-Gartempe 87..........205 F 1
Saint-Ouen-sur-Iton 61......55 G 4
Saint-Ouen-sur-Loire 58....174 D 3
Saint-Ouen-sur-Maire 61....53 H 5
Saint-Ouen-sur-Morin 77....60 A 3
Saint-Oulph 10..............90 C 3
Saint-Ours 63...............209 F 5
Saint-Ours 73...............215 F 5
Saint-Outrille 18............154 A 5
Saint-Oyen 73..............234 B 3
Saint-Oyen-Montbellet 71...195 E 2
Saint-Pabu 29...............70 C 4
Saint-Paër 27...............37 F 3
Saint-Paër 76...............35 H 1
Saint-Pair 14...............33 H 4
Saint-Pair-du-Mont 14.......34 B 5
Saint-Pair-sur-Mer 50........51 H 5
Saint-Pal-de-Chalencon 43.229 F 5
Saint-Pal-de-Mons 43......248 A 1
Saint-Pal-de-Senouire 43...246 D 1
Saint-Palais 03.............190 A 3
Saint-Palais 18.............155 E 4
Saint-Palais 33.............219 G 5
Saint-Palais 64.............311 G 4
Saint-Palais-
de-Négrignac 17..........238 C 1
Saint-Palais-de-Phiolin 17...219 G 3
Saint-Palais-du-Né 16.......220 B 3
Saint-Palais-sur-Mer 17.....218 C 1
Saint-Pancrace 04..........306 C 2
Saint-Pancrace 06..........309 G 2
Saint-Pancrace 24..........222 C 4
Saint-Pancrace 73..........234 A 5
Saint-Pancrace 2B..........346 D 4
Saint-Pancrasse 38.........233 E 5
Saint-Pancré 54.............44 D 1
Saint-Pandelon 40..........292 D 3
Saint-Pantaléon 46.........277 G 1
Saint-Pantaléon 71.........176 D 2
Saint-Pantaléon 84.........305 G 1
Saint-Pantaléon-
de-Lapleau 19............225 H 5
Saint-Pantaléon-
de-Larche 19.............242 B 2
Saint-Pantaléon-
les-Vignes 26.............267 G 5
Saint-Pantaly-d'Ans 24.....241 E 1
Saint-Pantaly-
d'Excideuil 24............223 E 5
Saint-Papoul 11............319 E 4
Saint-Pardon-
de-Conques 33...........256 C 4
Saint-Pardoult 17..........201 H 3
Saint-Pardoux 63...........209 G 2
Saint-Pardoux 79...........185 E 1
Saint-Pardoux 87...........205 H 2
Saint-Pardoux-Corbier 19...224 C 3
Saint-Pardoux-d'Arnet 23...208 B 4
Saint-Pardoux-
de-Drône 24..............239 H 1
Saint-Pardoux-du-Breuil 47.257 F 5
Saint-Pardoux-et-Vielvic 24.259 E 1
Saint-Pardoux-Isaac 47.....257 G 3
Saint-Pardoux-
la-Croisille 19.............243 F 1
Saint-Pardoux-
la-Rivière 24..............222 C 3
Saint-Pardoux-le-Neuf 19...226 B 2
Saint-Pardoux-le-Neuf 23...207 H 4
Saint-Pardoux-le-Vieux 19..225 H 4
Saint-Pardoux-
les-Cards 23..............207 G 2
Saint-Pardoux-l'Ortigier 19..242 C 1
Saint-Pardoux-
Morterolles 23............207 E 4
Saint-Pargoire 34..........302 A 5
Saint-Parize-en-Viry 58.....175 E 4
Saint-Parize-le-Châtel 58...174 C 3
Saint-Parres-aux-Tertres 10..91 E 5
Saint-Parres-
lès-Vaudes 10.............115 F 3
Saint-Parthem 12..........262 B 3
Saint-Pastour 47...........258 B 5
Saint-Pastous 65...........332 D 2
Saint-Paterne 72............83 G 4
Saint-Paterne-Racan 37....130 C 5
Saint-Pathus 77.............59 F 1
Saint-Patrice 37............151 E 3
Saint-Patrice-de-Claids 50...31 G 3
Saint-Patrice-du-Désert 61..82 D 2
Saint-Paul 06..............309 H 2
Saint-Paul 19..............243 E 2
Saint-Paul 33..............237 G 2

A
B
C
D
E
F
G
H
I
J
K
L
M
N
O
P
Q
R
S
T
U
V
W
X
Y
Z

A B C D E F G H I J K L M N O P Q R S T U V W X Y Z

Saint-Paul 60..............37 H 2
Saint-Paul 61..............53 E 4
Saint-Paul 65............334 A 1
Saint-Paul 73............233 E 1
Saint-Paul 87............224 B 1
Saint-Paul 88..............94 B 4
Saint-Paul-aux-Bois 02......40 A 1
Saint-Paul-
Cap-de-Joux 81......299 E 4
Saint-Paul-de-Baïse 32......295 H 2
Saint-Paul-de-Fenouillet 66. 338 A 4
Saint-Paul-de-Fourques 27...35 H 4
Saint-Paul-de-Jarrat 09......336 B 3
Saint-Paul-
de-Loubressac 46......278 B 2
Saint-Paul-de-Salers 15......244 C 3
Saint-Paul-de-Serre 24......240 B 3
Saint-Paul-de-Tartas 43......265 F 1
Saint-Paul-de-Varax 01......213 G 1
Saint-Paul-de-Varces 38......250 D 3
Saint-Paul-de-Vern 46......261 F 1
Saint-Paul-de-Vézelin 42......211 G 4
Saint-Paul-des-Landes 15......244 B 5
Saint-Paul-d'Espis 82......277 E 3
Saint-Paul-d'Izeaux 38......232 B 5
Saint-Paul-d'Oueil 31......334 A 4
Saint-Paul-du-Bois 49......167 G 1
Saint-Paul-du-Vernay 14......32 D 4
Saint-Paul-d'Uzore 42......229 G 1
Saint-Paul-en-Born 40......272 C 2
Saint-Paul-en-Chablais 74.. 198 C 3
Saint-Paul-en-Cornillon 42.. 230 A 4
Saint-Paul-en-Forêt 83......308 C 4
Saint-Paul-en-Gâtine 79......167 F 5
Saint-Paul-en-Jarez 42......230 C 3
Saint-Paul-en-Pareds 85......166 C 3
Saint-Paul-et-Valmalle 34... 302 C 4
Saint-Paul-la-Coste 30......283 E 3
Saint-Paul-la-Roche 24......223 E 4
Saint-Paul-le-Froid 48......264 D 1
Saint-Paul-le-Gaultier 72.....83 F 5
Saint-Paul-le-Jeune 07......283 H 1
Saint-Paul-lès-Dax 40......292 D 3
Saint-Paul-les-Fonts 30......284 D 4
Saint-Paul-
lès-Monestier 38......250 D 4
Saint-Paul-lès-Romans 26.. 249 H 3
Saint-Paul-lez-Durance 13.. 306 C 3
Saint-Paul-Lizonne 24......221 G 5
Saint-Paul-Mont-Penit 85... 165 F 3
Saint-Paul-sur-Isère 73......234 B 2
Saint-Paul-sur-Risle 27......35 F 3
Saint-Paul-sur-Save 31......297 G 3
Saint-Paul-sur-Ubaye 04......271 E 3
Saint-Paul-
Trois-Châteaux 26......285 E 1
Saint-Paulet 11......318 D 3
Saint-Paulet-
de-Caisson 30......284 D 2
Saint-Paulien 43......247 E 2
Saint-Pavace 72......107 H 4
Saint-Pé-d'Ardet 31......334 B 2
Saint-Pé-de-Bigorre 65......332 C 1
Saint-Pé-de-Léren 64......292 D 5
Saint-Pé-Delbosc 31......316 B 4
Saint-Pé-Saint-Simon 47......275 E 5
Saint-Pée-sur-Nivelle 64......310 C 4
Saint-Pellerin 28......109 G 4
Saint-Pellerin 50......32 A 3
Saint-Péran 35......103 G 3
Saint-Péravy-Épreux 45......111 E 2
Saint-Péravy-
la-Colombe 45......110 C 5
Saint-Péray 07......249 F 4
Saint-Perdon 40......293 H 1
Saint-Perdoux 24......258 B 2
Saint-Perdoux 46......261 F 3
Saint-Père 35......50 C 5
Saint-Père 58......156 A 2
Saint-Père 89......157 G 2
Saint-Père-en-Retz 44......146 D 4
Saint-Père-sur-Loire 45......134 A 3
Saint-Péreuse 58......175 H 1
Saint-Pern 35......103 H 1
Saint-Perreux 56......125 G 3
Saint-Péver 22......77 H 2
Saint-Pey-d'Armens 33......238 C 5
Saint-Pey-de-Castets 33.... 256 D 1
Saint-Phal 10......114 D 3
Saint-Philbert-
de-Bouaine 85......165 G 1
Saint-Philbert-
de-Grand-Lieu 44......165 G 1
Saint-Philbert-
des-Champs 14......34 D 4
Saint-Philbert-
du-Peuple 49......150 C 2

Saint-Philbert-
du-Pont-Charrault 85......166 C 5
Saint-Philbert-
en-Mauges 49......148 C 5
Saint-Philbert-
sur-Boissey 27......35 G 4
Saint-Philbert-sur-Orne 61.....53 G 3
Saint-Philbert-sur-Risle 27.....35 F 3
Saint-Philbert 21......160 A 4
Saint-Philbert 56......124 A 4
Saint-Philibert-
d'Entremont 38......233 E 4
Saint-Philippe-d'Aiguille 33. 238 D 5
Saint-Philippe-
du-Seignal 33......257 F 1
Saint-Piat 28......86 B 3
Saint-Pierre 04......289 G 5
Saint-Pierre 15......226 B 5
Saint-Pierre 31......298 B 4
Saint-Pierre 39......197 E 1
Saint-Pierre 51......62 A 2
Saint-Pierre 67......97 F 3
Saint-Pierre-à-Arnes 08......42 B 3
Saint-Pierre-à-Champ 79......167 H 1
Saint-Pierre-à-Gouy 80......22 A 1
Saint-Pierre-Aigle 02......40 A 3
Saint-Pierre-Avez 05......287 E 2
Saint-Pierre-Azif 14......34 B 4
Saint-Pierre-Bellevue 23......207 E 4
Saint-Pierre-Bénouville 76......20 A 3
Saint-Pierre-Bois 67......97 E 4
Saint-Pierre-Brouck 59......3 F 3
Saint-Pierre-Canivet 14......53 H 2
Saint-Pierre-Chérignat 23... 206 C 3
Saint-Pierre-Colamine 63... 227 G 3
Saint-Pierre-d'Albigny 73... 233 H 2
Saint-Pierre-d'Allevard 38... 233 G 4
Saint-Pierre-d'Alvey 73......232 D 1
Saint-Pierre-d'Amilly 17......201 G 1
Saint-Pierre-d'Argençon 05. 268 D 4
Saint-Pierre-d'Arthéglise 50...28 D 5
Saint-Pierre-d'Aubézies 32.. 295 F 4
Saint-Pierre-d'Aurillac 33... 256 C 3
Saint-Pierre-de-Autils 27......36 D 5
Saint-Pierre-de-Bailleul 27...36 D 5
Saint-Pierre-de-Bat 33......256 B 2
Saint-Pierre-
de-Belleville 73......233 H 3
Saint-Pierre-de-Bœuf 42......231 E 4
Saint-Pierre-
de-Bressieux 38......232 A 5
Saint-Pierre-de-Buzet 47......275 F 2
Saint-Pierre-de-Caubel 47......258 B 5
Saint-Pierre-de-Cernières 27. 55 E 2
Saint-Pierre-
de-Chandieu 69......231 G 2
Saint-Pierre-
de-Chartreuse 38......233 E 5
Saint-Pierre-
de-Chérennes 38......250 B 2
Saint-Pierre-de-Chevillé 72. 130 B 4
Saint-Pierre-de-Chignac 24. 240 D 3
Saint-Pierre-de-Clairac 47... 276 C 3
Saint-Pierre-de-Côle 24......222 D 5
Saint-Pierre-
de-Colombier 07......266 A 4
Saint-Pierre-
de-Cormeilles 27......35 E 4
Saint-Pierre-
de-Coutances 50......51 G 1
Saint-Pierre-de-Curtille 73.. 215 E 5
Saint-Pierre-de-Frugie 24... 223 E 3
Saint-Pierre-de-Fursac 23.. 206 B 1
Saint-Pierre-
de-Genebroz 73......232 D 3
Saint-Pierre-de-Jards 36......172 B 1
Saint-Pierre-de-Juillers 17... 202 B 3
Saint-Pierre-de-la-Fage 34.. 302 A 2
Saint-Pierre-de-Lages 31......298 B 5
Saint-Pierre-de-Lamps 36... 171 F 2
Saint-Pierre-de-l'Île 17......201 H 2
Saint-Pierre-de-Maillé 86... 170 A 5
Saint-Pierre-de-Mailloc 14....54 D 1
Saint-Pierre-
de-Manneville 76......36 A 2
Saint-Pierre-de-Méaroz 38.. 251 E 5
Saint-Pierre-de-Mésage 38. 251 E 3
Saint-Pierre-
de-Mézoargues 13......304 B 1
Saint-Pierre-de-Mons 33... 256 B 4
Saint-Pierre-de-Nogaret 48. 263 H 5
Saint-Pierre-de-Plesguen 35. 79 H 4
Saint-Pierre-de-Rivière 09... 336 A 3
Saint-Pierre-de-Salerne 27....35 F 4
Saint-Pierre-de-Semilly 50....32 B 5
Saint-Pierre-de-Soucy 73.... 233 G 3
Saint-Pierre-de-Trivisy 81... 300 A 3

Saint-Pierre-
de-Varengeville 76......36 A 1
Saint-Pierre-
de-Varennes 71......177 E 3
Saint-Pierre-de-Vassols 84.. 285 H 4
Saint-Pierre-
dels-Forcats 66......341 G 4
Saint-Pierre-
d'Entremont 38......233 E 4
Saint-Pierre-d'Entremont 61... 53 E 3
Saint-Pierre-
d'Entremont 73......233 E 4
Saint-Pierre-des-Bois 72......107 E 5
Saint-Pierre-
des-Champs 11......338 B 2
Saint-Pierre-des-Corps 37... 152 A 2
Saint-Pierre-des-Échaubrognes 79......167 E 1
Saint-Pierre-des-Fleurs 27....36 A 4
Saint-Pierre-des-Ifs 14......34 C 5
Saint-Pierre-des-Ifs 27......35 F 3
Saint-Pierre-
des-Jonquières 76......20 D 2
Saint-Pierre-des-Landes 53....81 G 5
Saint-Pierre-des-Loges 61....55 E 4
Saint-Pierre-des-Nids 53......83 F 4
Saint-Pierre-des-Ormes 72....84 A 5
Saint-Pierre-
des-Tripiers 48......282 A 3
Saint-Pierre-d'Exideuil 86... 203 G 1
Saint-Pierre-
d'Extravache 73......253 E 1
Saint-Pierre-d'Eyraud 24... 257 G 1
Saint-Pierre-d'Irube 64......292 A 5
Saint-Pierre-d'Oléron 17... 200 B 3
Saint-Pierre-
du-Bosguérard 27......35 H 4
Saint-Pierre-du-Bû 14......53 H 1
Saint-Pierre-du-Champ 43.. 247 F 1
Saint-Pierre-du-Chemin 85. 167 F 5
Saint-Pierre-du-Fresne 14....52 D 1
Saint-Pierre-du-Jonquet 14...34 A 4
Saint-Pierre-du-Lorouër 72. 130 C 3
Saint-Pierre-du-Mesnil 27....55 F 2
Saint-Pierre-du-Mont 14......32 C 2
Saint-Pierre-du-Mont 40......294 A 1
Saint-Pierre-du-Mont 58......157 E 2
Saint-Pierre-du-Palais 17... 238 C 2
Saint-Pierre-du-Perray 91......88 A 2
Saint-Pierre-du-Regard 61... 53 F 3
Saint-Pierre-du-Val 27......34 D 2
Saint-Pierre-du-Vauvray 27...36 C 4
Saint-Pierre-Église 50......29 G 2
Saint-Pierre-
en-Faucigny 74......216 A 1
Saint-Pierre-en-Port 76......19 E 2
Saint-Pierre-en-Val 76......10 D 4
Saint-Pierre-en-Vaux 21......177 E 1
Saint-Pierre-es-Champs 60....37 F 2
Saint-Pierre-Eynac 43......247 G 3
Saint-Pierre-
la-Bourlhonne 63......229 E 1
Saint-Pierre-la-Bruyère 61....84 D 5
Saint-Pierre-la-Cour 53......105 G 3
Saint-Pierre-la-Garenne 27...36 D 5
Saint-Pierre-la-Noaille 42... 211 G 1
Saint-Pierre-la-Palud 69......212 C 5
Saint-Pierre-la-Rivière 61......54 C 3
Saint-Pierre-la-Roche 07......266 D 3
Saint-Pierre-la-Vieille 14......53 E 2
Saint-Pierre-Lafeuille 46......260 B 4
Saint-Pierre-Langers 50......51 G 3
Saint-Pierre-Laval 03......211 E 1
Saint-Pierre-Lavis 76......19 F 4
Saint-Pierre-le-Bost 23......190 A 3
Saint-Pierre-le-Chastel 63... 209 F 5
Saint-Pierre-
le-Déchausselat 07......265 H 5
Saint-Pierre-le-Moûtier 58... 174 C 4
Saint-Pierre le Potier 53......106 A 4
Saint-Pierre-le-Vieux 48......264 A 1
Saint-Pierre-le-Vieux 71......194 C 5
Saint-Pierre-le-Vieux 76......19 H 2
Saint-Pierre-le-Vieux 85......184 B 3
Saint-Pierre-le-Viger 76......19 H 2
Saint-Pierre-
les-Aubagne 13......327 F 2
Saint-Pierre-lès-Bitry 60......39 H 2
Saint-Pierre-les-Bois 18......190 A 1
Saint-Pierre-lès-Elbeuf 76......36 A 4
Saint-Pierre-les-Étieux 18... 173 G 5
Saint-Pierre-
lès-Franqueville 02......25 E 2
Saint-Pierre-
lès-Nemours 77......112 B 2
Saint-Pierre-Montlimart 49.. 148 C 3
Saint-Pierre-Quiberon 56... 123 H 5

Saint-Pierre-Roche 63......227 F 1
Saint-Pierre-sur-Dives 14......54 A 1
Saint-Pierre-sur-Doux 07... 248 B 2
Saint-Pierre-sur-Dropt 47... 257 F 3
Saint-Pierre-sur-Erve 53......106 C 4
Saint-Pierre-sur-Mer 11......321 G 5
Saint-Pierre-sur-Orthe 53... 107 E 2
Saint-Pierre-sur-Vence 08....26 D 4
Saint-Pierre-Tarentaine 14....52 D 2
Saint-Pierre-Toirac 46......261 F 4
Saint-Pierremont 02......25 F 3
Saint-Pierremont 08......43 F 1
Saint-Pierremont 88......95 G 3
Saint-Pierreville 07......266 C 1
Saint-Pierrevillers 55......44 D 3
Saint-Plaisir 03......191 G 1
Saint-Plancard 31......316 A 5
Saint-Planchers 50......51 F 3
Saint-Plantaire 36......189 E 3
Saint-Point 71......194 C 4
Saint-Point-Lac 25......180 C 3
Saint-Pois 50......52 B 4
Saint-Poix 53......105 G 5
Saint-Pol-de-Léon 29......71 G 3
Saint-Pol-sur-Mer 59......3 G 2
Saint-Pol-sur-Ternoise 62......7 G 5
Saint-Polgues 42......211 F 4
Saint-Polycarpe 11......337 G 2
Saint-Pompain 79......184 C 3
Saint-Pompon 24......259 F 2
Saint-Poncy 15......245 H 2
Saint-Pons 04......270 D 5
Saint-Pons 07......266 D 3
Saint-Pons Parc de 13......327 G 2
Saint-Pons-
de-Mauchiens 34......302 A 5
Saint-Pons-
de-Thomières 34......320 C 2
Saint-Pons-la-Calm 30......284 D 4
Saint-Pont 03......210 A 1
Saint-Porchaire 17......201 E 4
Saint-Porquier 82......277 F 5
Saint-Pôtan 22......79 F 3
Saint-Pouange 10......114 D 2
Saint-Pourçain-
sur-Besbre 03......192 D 3
Saint-Pourçain-
sur-Sioule 03......192 A 4
Saint-Prancher 88......94 C 4
Saint-Préjet-Armandon 43.. 246 C 1
Saint-Préjet-d'Allier 43......246 D 5
Saint-Prest 28......86 B 3
Saint-Preuil 16......220 C 2
Saint-Priest 07......266 C 2
Saint-Priest 23......208 B 2
Saint-Priest 69......231 F 1
Saint-Priest-Bramefant 63.. 210 B 3
Saint-Priest-d'Andelot 03... 209 H 2
Saint-Priest-des-Gimel 19... 243 E 1
Saint-Priest-
des-Champs 63......209 E 3
Saint-Priest-en-Jarez 42......230 B 4
Saint-Priest-en-Murat 03... 191 F 4
Saint-Priest-la-Feuille 23... 206 C 1
Saint-Priest-la-Marche 18... 190 A 3
Saint-Priest-la-Plaine 23... 206 C 1
Saint-Priest-la-Prugne 42... 211 E 3
Saint-Priest-la-Roche 42... 211 G 4
Saint-Priest-la-Vêtre 42... 211 E 5
Saint-Priest-les-Betoux 87... 205 G 1
Saint-Priest-
les-Fougères 24......239 F 1
Saint-Priest-Ligoure 87......223 H 2
Saint-Priest-Palus 23......206 C 4
Saint-Priest-sous-Aixe 87... 205 F 5
Saint-Priest-Taurion 87......205 H 4
Saint-Prim 38......231 E 4
Saint-Privat 07......266 B 3
Saint-Privat 19......243 G 3
Saint-Privat 34......301 H 3
Saint-Privat-d'Allier 43......246 D 4
Saint-Privat-
de-Champclos 30......284 B 2
Saint-Privat-
de-Vallongue 48......283 F 2
Saint-Privat-des-Prés 24... 239 F 1
Saint-Privat-des-Vieux 30... 283 H 3
Saint-Privat-du-Dragon 43.. 246 B 2
Saint-Privat-du-Fau 48......246 B 5
Saint-Privat-la-Montagne 57...45 G 5
Saint-Privé 71......177 F 5
Saint-Privé 89......135 F 4
Saint-Prix 03......192 D 5
Saint-Prix 07......248 C 4
Saint-Prix 71......176 B 2
Saint-Prix 95......58 B 1
Saint-Prix-lès-Arnay 21......159 E 5

Saint-Projet 15......262 B 3
Saint-Projet 46......260 B 2
Saint-Projet 82......278 D 2
Saint-Projet-de-Salers 15... 244 C 3
Saint-Projet-
Saint-Constant 16......221 G 1
Saint-Prouant 85......166 D 4
Saint-Pryvé-
Saint-Mesmin 45......133 E 2
Saint-Puy 32......296 A 1
Saint-Python 59......14 D 3
Saint-Quantin-
de-Rançanne 17......219 G 3
Saint-Quay-Perros 22......72 C 2
Saint-Quay-Portrieux 22......73 H 4
Saint-Quentin-au-Bosc 76......10 C 5
Saint-Quentin-de-Baron 33. 256 B 1
Saint-Quentin-de-Blavou 61....84 B 3
Saint-Quentin-
de-Caplong 33......257 E 1
Saint-Quentin-
de-Chalais 16......239 E 1
Saint-Quentin-des-Isles 27....55 F 1
Saint-Quentin-des-Prés 60....37 G 1
Saint-Quentin-du-Dropt 47.. 258 B 2
Saint-Quentin-
en-Mauges 49......148 D 3
Saint-Quentin-
en-Tourmont 80......11 E 1
Saint-Quentin-en-Yvelines 78.57 H 4
Saint-Quentin-Fallavier 38... 231 G 2
Saint-Quentin-la-Motte-
Croix-au-Bailly 80......10 D 4
Saint-Quentin-la-Poterie 30. 284 C 4
Saint-Quentin-la-Tour 09... 336 D 2
Saint-Quentin-le-Petit 08......25 G 5
Saint-Quentin-le-Verger 51....90 B 2
Saint-Quentin-les-Anges 53 128 A 3
Saint-Quentin-
lès-Beaurepaire 49......129 F 5
Saint-Quentin-
les-Chardonnets 61......52 D 4
Saint-Quentin-les-Marais 51. 62 D 4
Saint-Quentin-lès-Troo 41... 131 E 3
Saint-Quentin-
sur-Charente 16......204 C 5
Saint-Quentin-sur-Coole 51....62 A 3
Saint-Quentin-sur-Indrois 37 152 C 2
Saint-Quentin-
sur-le-Homme 50......51 H 5
Saint-Quentin-
sur-Nohain 58......156 B 3
Saint-Quentin-
sur-Sauxillanges 63......228 B 3
Saint-Quentin-sur-Sioule 63. 209 G 2
Saint-Quirc 09......318 A 4
Saint-Quirin 57......96 C 1
Saint-Rabier 24......241 F 2
Saint-Racho 71......194 A 5
Saint-Rambert-d'Albon 26... 249 E 1
Saint-Rambert-
en-Bugey 01......214 B 3
Saint-Rambert-
l'Ile-Barbe 69......213 E 5
Saint-Raphaël 24......241 F 1
Saint-Raphaël 83......329 H 1
Saint-Régis-du-Coin 42......248 B 1
Saint-Règle 37......152 C 2
Saint-Remèze 07......284 C 1
Saint-Remimont 54......95 E 2
Saint-Remimont 88......94 B 5
Saint-Rémy 01......195 H 5
Saint-Rémy 12......279 F 1
Saint-Rémy 14......53 F 2
Saint-Rémy 19......225 H 2
Saint-Rémy 21......137 G 5
Saint-Rémy 24......239 F 4
Saint-Rémy 71......177 H 4
Saint-Rémy 79......184 D 3
Saint-Rémy 88......96 A 4
Saint-Rémy-au-Bois 62......6 C 5
Saint-Rémy-aux-Bois 54......95 F 3
Saint-Rémy-Blanzy 02......40 B 4
Saint-Rémy-Boscrocourt 76....10 D 4
Saint-Rémy-Chaussée 59......15 G 3
Saint-Remy-de-Blot 63......209 F 2
Saint-Rémy-
de-Chargnat 63......228 A 3
Saint-Rémy-
de-Chaudes-Aigues 15... 263 G 2
Saint-Rémy-
de-Maurienne 73......233 H 4

Saint-Rémy-
de-Provence 13......304 D 2
Saint-Rémy-de-Salers 15... 244 C 3
Saint-Rémy-de-Sillé 72......107 F 2
Saint-Rémy-des-Landes 50....31 F 3
Saint-Rémy-des-Monts 72....84 A 5
Saint-Remy-du-Nord 59......15 G 3
Saint-Rémy-du-Plain 35......80 C 4
Saint-Rémy-du-Val 72......83 H 5
Saint-Remy-en-Bouzemont-
Saint-Genest-et-Isson 51... 62 D 5
Saint-Rémy-en-l'Eau 60......38 C 1
Saint-Rémy-en-Mauges 49. 148 C 3
Saint-Rémy-
en-Montmorillon 86......187 G 5
Saint-Rémy-en-Rollat 03......210 B 1
Saint-Rémy-la-Calonne 55....64 C 5
Saint-Rémy-la-Vanne 77......60 A 4
Saint-Remy-la-Varenne 49.. 150 A 2
Saint-Remy-le-Petit 08......42 A 2
Saint-Rémy-
lès-Chevreuse 78......58 A 5
Saint-Rémy-l'Honoré 78......57 G 4
Saint-Rémy-
sous-Barbuise 10......91 E 3
Saint-Rémy-sous-Broyes 51. 61 E 5
Saint-Rémy-sur-Avre 28......56 C 4
Saint-Rémy-sur-Bussy 51......62 C 1
Saint-Rémy-sur-Creuse 86.. 169 H 2
Saint-Rémy-sur-Durolle 63.. 210 C 4
Saint-Renan 29......74 D 2
Saint-René 22......78 C 3
Saint-Restitut 26......285 E 1
Saint-Révérend 85......165 E 4
Saint-Révérien 58......157 F 4
Saint-Rieul 22......79 E 4
Saint-Rigomer-des-Bois 72....83 H 4
Saint-Rimay 41......131 F 3
Saint-Riquier 80......11 H 3
Saint-Riquier-en-Rivière 76....21 E 2
Saint-Riquier-ès-Plains 76....19 G 2
Saint-Rirand 42......211 E 2
Saint-Rivoal 29......76 A 3
Saint-Robert 19......241 H 1
Saint-Robert 47......276 C 2
Saint-Roch 37......151 G 2
Saint-Roch-sur-Égrenne 61....82 A 2
Saint-Rogatien 17......200 C 1
Saint-Romain 16......239 F 1
Saint-Romain 21......177 G 2
Saint-Romain 63......229 F 3
Saint-Romain 86......186 C 5
Saint-Romain Mont 71......194 D 2
Saint-Romain-
au-Mont-d'Or 69......213 E 4
Saint-Romain-d'Ay 07......248 D 2
Saint-Romain-de-Benet 17.. 219 E 1
Saint-Romain-de-Colbosc 76.18 D 5
Saint-Romain-
de-Jalionas 38......213 H 5
Saint-Romain-de-Lerps 07.. 249 E 4
Saint-Romain-
de-Monpazier 24......258 C 2
Saint-Romain-de-Popey 69. 212 C 4
Saint-Romain-de-Surieu 38. 231 F 4
Saint-Romain-des-Îles 71... 213 E 1
Saint-Romain-d'Urfé 42......211 E 4
Saint-Romain-en-Gal 69......231 E 3
Saint-Romain-en-Gier 69... 230 D 2
Saint-Romain-en-Jarez 42.. 230 C 3
Saint-Romain-
en-Viennois 84......285 H 2
Saint-Romain-
et-Saint-Clément 24......222 D 4
Saint-Romain-la-Virvée 33. 237 H 4
Saint-Romain-Lachalm 43... 248 A 1
Saint-Romain-le-Noble 47... 276 C 3
Saint-Romain-le-Preux 89... 113 G 5
Saint-Romain-le-Puy 42......229 H 4
Saint-Romain-
les-Atheux 42......230 B 5
Saint-Romain-
sous-Gourdon 71......194 B 1
Saint-Romain-
sous-Versigny 71......193 H 1
Saint-Romain-sur-Cher 41.. 153 F 2
Saint-Romain-sur-Gironde 17......219 F 4
Saint-Roman 26......268 B 2
Saint-Roman
Abbaye de 30......304 B 2
Saint-Roman-de-Bellet 06.. 309 G 2
Saint-Roman-
de-Codières 30......283 E 5
Saint-Roman-
de-Malegarde 84......285 G 2

Saint-Romans 38.................250 A 2
Saint-Romans-
  des-Champs 79 ....185 E 5
Saint-Romans-
  lès-Melle 79 ....185 F 5
Saint-Rome 31 ....318 B 3
Saint-Rome-de-Cernon 12 ..281 G 5
Saint-Rome-de-Dolan 48......282 A 2
Saint-Rome-de-Tarn 12.......281 F 5
Saint-Romphaire 50 ....52 B 1
Saint-Rouin Ermitage de 55...63 F 1
Saint-Rustice 31 ....297 H 2
Saint-Saëns 76..................20 C 4
Saint-Saire 79...................21 E 4
Saint-Salvadou 12 ....279 G 2
Saint-Salvadour 19 ....224 D 5
Saint-Salvi-de-Carcavès 81.300 B 2
Saint-Salvy 47 ....275 H 2
Saint-Salvy-de-la-Balme 81.299 H 5
Saint-Samson 14................34 A 4
Saint-Samson 53................83 E 3
Saint-Samson-
  de-Bonfossé 50..............32 A 5
Saint-Samson-
  de-la-Roque 27..............35 E 2
Saint-Samson-la-Poterie 60...21 F 5
Saint-Samson-sur-Rance 22..79 G 3
Saint-Sandoux 63 ....227 H 2
Saint-Santin 12.................261 H 3
Saint-Santin-Cantalès 15 ...243 H 4
Saint-Santin-de-Maurs 15...261 H 4
Saint-Sardos 47 ....275 H 1
Saint-Sardos 82.................297 F 1
Saint-Sardos-
  de-Laurenque 47............258 D 4
Saint-Satur 18 ....156 A 3
Saint-Saturnin 15 ....245 E 1
Saint-Saturnin 16 ....221 E 1
Saint-Saturnin 18...............190 A 4
Saint-Saturnin 48..............282 A 1
Saint-Saturnin 51................90 C 2
Saint-Saturnin 63 ....227 H 2
Saint-Saturnin 72...............107 G 4
Saint-Saturnin-
  de-Lenne 12 ....263 G 5
Saint-Saturnin-
  de-Lucian 34.................302 A 1
Saint-Saturnin-du-Bois 17...201 G 1
Saint-Saturnin-du-Limet 53.127 G 2
Saint-Saturnin-lès-Apt 84...286 B 5
Saint-Saturnin-
  lès-Avignon 84...............285 G 5
Saint-Saturnin-sur-Loire 49.149 H 4
Saint-Saud-Lacoussière 24.222 D 3
Saint-Sauflieu 80................22 B 3
Saint-Saulge 58.................175 F 1
Saint-Saulve 59...................9 G 5
Saint-Saury 15..................261 G 1
Saint-Sauvant 17...............103 H 4
Saint-Sauvant 86...............185 H 4
Saint-Sauves-
  d'Auvergne 63...............226 D 2
Saint-Sauveur 05...............270 C 3
Saint-Sauveur 21...............160 D 2
Saint-Sauveur 24...............240 B 5
Saint-Sauveur 29................76 A 2
Saint-Sauveur 31...............297 H 3
Saint-Sauveur 33...............237 E 1
Saint-Sauveur 38...............250 A 2
Saint-Sauveur 54................96 B 2
Saint-Sauveur 60................39 F 3
Saint-Sauveur 70...............141 G 4
Saint-Sauveur 79...............167 H 3
Saint-Sauveur 80................22 B 1
Saint-Sauveur 86...............169 H 4
Saint-Sauveur Chapelle 64.330 D 2
Saint-Sauveur-
  Campriac 30.................282 C 4
Saint-Sauveur-d'Aunis 17...183 H 5
Saint-Sauveur-
  de-Carrouges 61.............83 F 2
Saint-Sauveur-
  de-Chaulieu 50..............52 C 4
Saint-Sauveur-
  de-Cruzières 07.............284 A 2
Saint-Sauveur-de-Flée 49..128 A 3
Saint-Sauveur-
  de-Ginestoux 48............264 D 5
Saint-Sauveur-
  de-Landemont 49...........148 B 3
Saint-Sauveur-
  de-Meilhan 47...............256 D 5
Saint-Sauveur-
  de-Montagut 07.............266 C 1
Saint-Sauveur-de-Peyre 48.264 A 3
Saint-Sauveur-
  de-Pierrepont 50.............31 F 2

Saint-Sauveur-
  de-Puynormand 33.........238 D 4
Saint-Sauveur-
  d'Émalleville 76...............18 D 5
Saint-Sauveur-
  des-Landes 35................81 E 4
Saint-Sauveur-en-Diois 26..267 H 2
Saint-Sauveur-
  en-Puisaye 89...............135 G 5
Saint-Sauveur-en-Rue 42...248 C 1
Saint-Sauveur-
  Gouvernet 26................286 B 1
Saint-Sauveur-
  la-Pommeraye 50............51 G 3
Saint-Sauveur-la-Sagne 63.228 D 5
Saint-Sauveur-la-Vallée 46..260 C 3
Saint-Sauveur-Lalande 24...239 F 4
Saint-Sauveur-le-Vicomte 50.31 G 2
Saint-Sauveur-Lendelin 50...31 G 4
Saint-Sauveur-les-Bains 65.333 E 4
Saint-Sauveur-lès-Bray 77....89 F 4
Saint-Sauveur-Levasville 28..85 H 2
Saint-Sauveur-sur-École 77..88 A 3
Saint-Sauveur-
  sur-Tinée 06..................289 H 3
Saint-Sauvier 03................190 B 4
Saint-Sauvy 32..................296 D 3
Saint-Savin 33...................237 H 2
Saint-Savin 38...................232 A 2
Saint-Savin 65...................332 D 2
Saint-Savin 86...................187 F 2
Saint-Savinien 17...............201 F 4
Saint-Saviol 86..................203 G 1
Saint-Savournin 13.............327 F 1
Saint-Sébastien 23.............188 D 4
Saint-Sébastien 38.............251 E 5
Saint-Sébastien Chapelle 29..75 H 4
Saint-Sébastien-
  d'Aigrefeuille 30............283 G 4
Saint-Sébastien-
  de-Morsent 27................56 B 1
Saint-Sébastien-de-Raids 50.31 H 4
Saint-Sébastien-
  sur-Loire 44..................147 H 4
Saint-Secondin 86.............186 D 4
Saint-Ségal 29...................75 H 4
Saint-Séglin 35..................103 G 5
Saint-Seine 58...................175 H 5
Saint-Seine-en-Bâche 21...160 D 5
Saint-Seine-l'Abbaye 21....159 G 2
Saint-Seine-
  sur-Vingeanne 21...........160 D 1
Saint-Selve 33...................255 G 2
Saint-Senier-de-Beuvron 50..81 E 2
Saint-Senier-
  sous-Avranches 50..........51 H 4
Saint-Senoch 37................170 B 1
Saint-Senoux 35................104 A 5
Saint-Sériès 34..................303 F 3
Saint-Sernin 07.................266 B 4
Saint-Sernin 11.................318 C 1
Saint-Sernin 47.................277 F 2
Saint-Sernin-du-Bois 71.....177 E 3
Saint-Sernin-du-Plain 71....177 F 3
Saint-Sernin-lès-Lavaur 81.299 E 5
Saint-Sernin-sur-Rance 12..300 B 1
Saint-Sérotin 89................113 F 2
Saint-Servais 22..................77 E 3
Saint-Servais 29..................71 F 5
Saint-Servant 56................102 C 5
Saint-Setiers 19.................225 G 1
Saint-Seurin-de-Bourg 33..237 G 3
Saint-Seurin-
  de-Cadourne 33.............219 E 5
Saint-Seurin-de-Cursac 33.237 F 2
Saint-Seurin-
  de-Palenne 17...............219 G 2
Saint-Seurin-de-Prats 24...257 E 1
Saint-Seurin-d'Uzet 17.......219 E 3
Saint-Seurin-lès-l'Isle 33...238 D 4
Saint-Sève 33...................256 D 3
Saint-Sever 40..................293 H 2
Saint-Sever-Calvados 14....50 C 5
Saint-Sever-de-Rustan 65..315 G 3
Saint-Sever-
  de-Saintonge 17............219 H 1
Saint-Sever-
  du-Moustier 12..............300 C 3
Saint-Séverin 16................221 F 5
Saint-Séverin-
  d'Estissac 24................239 H 3
Saint-Séverin-
  sur-Boutonne 17............201 H 2
Saint-Siffret 30.................284 C 5
Saint-Sigismond 45...........110 C 5
Saint-Sigismond 49...........148 D 1

Saint-Sigismond 74...........216 C 1
Saint-Sigismond 85...........184 B 4
Saint-Sigismond-
  de-Clermont 17.............219 G 4
Saint-Silvain-
  Bas-le-Roc 23...............190 A 4
Saint-Silvain-Bellegarde 23.207 H 3
Saint-Silvain-Montaigut 23..206 D 1
Saint-Silvain-sous-Toulx 23.190 A 5
Saint-Siméon 27.................35 F 3
Saint-Siméon 61.................82 A 3
Saint-Siméon 77.................60 A 4
Saint-Siméon-
  de-Bressieux 38.............232 A 5
Saint-Simeux 16................220 D 2
Saint-Simon 02..................24 A 3
Saint-Simon 15.................244 C 4
Saint-Simon 16.................220 D 2
Saint-Simon 46.................261 E 2
Saint-Simon-de-Bordes 17..219 H 4
Saint-Simon-
  de-Pellouaille 17............219 F 2
Saint-Sixt 74.....................216 A 2
Saint-Sixte 42...................211 G 5
Saint-Sixte 47...................276 C 4
Saint-Solen 22....................79 H 4
Saint-Solve 19..................241 H 1
Saint-Sorlin 69..................230 D 2
Saint-Sorlin-d'Arves 73......251 H 1
Saint-Sorlin-de-Conac 17...219 F 5
Saint-Sorlin-de-Morestel 38.232 B 2
Saint-Sorlin-de-Vienne 38...231 F 3
Saint-Sorlin-en-Bugey 01...214 A 4
Saint-Sorlin-en-Valloire 26..231 F 5
Saint-Sornin 03..................191 G 3
Saint-Sornin 16..................221 H 1
Saint-Sornin 17..................200 D 5
Saint-Sornin 85..................182 D 2
Saint-Sornin-la-Marche 87..205 E 1
Saint-Sornin-Lavolps 19......223 H 5
Saint-Sornin-Leulac 87.......205 H 1
Saint-Soulan 32.................316 D 2
Saint-Souplet 59.................14 D 5
Saint-Souplet-sur-Py 51......42 B 4
Saint-Soupplets 77.............59 F 1
Saint-Sozy 46...................242 C 5
Saint-Stail 88.....................96 C 3
Saint-Suliac 35...................79 H 3
Saint-Sulpice 01................195 G 4
Saint-Sulpice 46................260 D 4
Saint-Sulpice 49................149 H 2
Saint-Sulpice 53................106 A 5
Saint-Sulpice 58................174 D 1
Saint-Sulpice 60.................38 A 3
Saint-Sulpice 63................226 D 2
Saint-Sulpice 70................141 H 5
Saint-Sulpice 73................233 E 2
Saint-Sulpice 81................298 B 3
Saint-Sulpice-d'Arnoult 17..201 E 5
Saint-Sulpice-
  de-Cognac 16...............202 B 5
Saint-Sulpice-
  de-Faleyrens 33............238 C 5
Saint-Sulpice-de-Favières 91.87 G 3
Saint-Sulpice-
  de-Grimbouville 27..........35 E 2
Saint-Sulpice-
  de-Guilleragues 33.........257 E 3
Saint-Sulpice-
  de-Mareuil 24................221 H 4
Saint-Sulpice-
  de-Pommeray 41............132 A 5
Saint-Sulpice-
  de-Pommiers 33.............256 C 2
Saint-Sulpice-
  de-Roumagnac 24...........239 G 2
Saint-Sulpice-de-Royan 17.218 D 1
Saint-Sulpice-de-Ruffec 16.203 D 4
Saint-Sulpice-
  des-Landes 35...............126 C 3
Saint-Sulpice-
  des-Landes 44...............127 F 5
Saint-Sulpice-
  des-Rivoires 38.............232 C 3
Saint-Sulpice-
  d'Excideuil 24...............223 E 5
Saint-Sulpice-
  en-Pareds 85.................183 H 4
Saint-Sulpice-
  et-Cameyrac 33.............237 H 5
Saint-Sulpice-la-Forêt 35....104 C 2
Saint-Sulpice-Laurière 87...206 B 2
Saint-Sulpice-le-Dunois 23.189 E 5
Saint-Sulpice-
  le-Guérétois 23..............207 E 1
Saint-Sulpice-le-Verdon 85..165 H 2
Saint-Sulpice-les-Bois 19...225 G 2

Saint-Sulpice-
  les-Champs 23...............207 F 3
Saint-Sulpice-
  les-Feuilles 87...............188 B 4
Saint-Sulpice-sur-Lèze 31..317 H 4
Saint-Sulpice-sur-Risle 61...55 F 4
Saint-Supplet 54.................44 D 3
Saint-Sylvain 14.................53 H 1
Saint-Sylvain 19................243 E 2
Saint-Sylvain 76.................19 G 2
Saint-Sylvain-d'Anjou 17....149 H 1
Saint-Sylvestre 07.............249 E 4
Saint-Sylvestre 74.............215 F 4
Saint-Sylvestre 87.............205 H 3
Saint-Sylvestre-Cappel 59.....3 H 5
Saint-Sylvestre-
  de-Cormeilles 27.............35 E 4
Saint-Sylvestre-
  Pragoulin 63.................210 B 2
Saint-Sylvestre-sur-Lot 47..276 D 1
Saint-Symphorien 18.........173 E 4
Saint-Symphorien 27...........35 E 3
Saint-Symphorien 33.........255 G 5
Saint-Symphorien 35...........80 A 5
Saint-Symphorien 37..........151 H 2
Saint-Symphorien 48.........264 D 1
Saint-Symphorien 72.........107 F 4
Saint-Symphorien 79.........184 D 5
Saint-Symphorien-
  d'Ancelles 71.................194 D 3
Saint-Symphorien-
  de-Lay 42.....................211 H 3
Saint-Symphorien-
  de-Mahun 07................248 C 2
Saint-Symphorien-
  de-Marmagne 71............176 D 3
Saint-Symphorien-
  de-Thénières 12.............263 E 2
Saint-Symphorien-
  des-Bois 71...................194 A 4
Saint-Symphorien-
  des-Bruyères 61.............55 F 4
Saint-Symphorien-
  des-Monts 50.................81 G 2
Saint-Symphorien-
  d'Ozon 69.....................231 E 2
Saint-Symphorien-
  le-Château 28.................86 C 3
Saint-Symphorien-
  le-Valois 50....................31 F 3
Saint-Symphorien-
  les-Buttes 50..................52 C 1
Saint-Symphorien-
  sous-Chomérac 07..........267 E 2
Saint-Symphorien-
  sur-Coise 69.................230 B 2
Saint-Symphorien-
  sur-Couze 87.................205 G 2
Saint-Symphorien-
  sur-Saône 21.................160 C 5
Saint-Thégonnec 29............71 G 5
Saint-Thélo 02...................102 A 1
Saint-Théodorit 30.............303 F 1
Saint-Théoffrey 38.............251 E 4
Saint-Thibaud-de-Couz 73.233 E 3
Saint-Thibault 10...............115 E 2
Saint-Thibault 18...............156 A 3
Saint-Thibault 21...............159 E 2
Saint-Thibault 60.................21 G 4
Saint-Thibault-
  des-Vignes 77.................59 E 3
Saint-Thibaut 02.................40 D 3
Saint-Thibéry 34................322 C 4
Saint-Thiébaud 39.............179 H 2
Saint-Thiébault 52.............117 H 2
Saint-Thierry 51..................41 G 3
Saint-Thois 29....................76 A 5
Saint-Thomas 02.................41 E 1
Saint-Thomas 31...............297 F 5
Saint-Thomas Col de 42.....211 E 4
Saint-Thomas-
  de-Conac 17.................219 F 4
Saint-Thomas-
  de-Courceriers 53............82 D 5
Saint-Thomas-
  en-Argonne 51................43 E 4
Saint-Thomas-
  en-Royans 26................250 A 3
Saint-Thomas-la-Garde 42.229 G 3
Saint-Thomé 07................266 D 4
Saint-Thonan 29.................70 D 5
Saint-Thual 35....................79 H 4
Saint-Thurial 35.................103 H 4
Saint-Thuriau 56...............101 H 3
Saint-Thurien 27.................35 F 2
Saint-Thurien 29...............100 C 3

Saint-Thurin 42.................211 F 5
Saint-Thyrse Chapelle 04...308 A 1
Saint-Tricat 62.....................2 C 3
Saint-Trimoël 22.................78 D 4
Saint-Trinit 84...................286 C 2
Saint-Trivier-de-Courtes 01.195 G 2
Saint-Trivier-
  sur-Moignans 01.............213 F 2
Saint-Trojan 33.................237 G 3
Saint-Trojan-les-Bains 17...200 B 4
Saint-Tropez 83.................329 G 2
Saint-Tugdual 56...............101 E 2
Saint-Tugen 29...................98 D 2
Saint-Uniac 35..................103 G 2
Saint-Ulphace 72...............108 D 3
Saint-Ulrich 68..................143 E 3
Saint-Urbain 29...................75 G 2
Saint-Urbain 85.................164 D 2
Saint-Urbain-sur-Marne 52...93 E 4
Saint-Urcisse 47................276 D 3
Saint-Urcisse 81................298 B 1
Saint-Urcize 15..................263 G 2
Saint-Ursin 50....................51 G 3
Saint-Usage 10..................116 A 3
Saint-Usage 21..................160 C 5
Saint-Usuge 71..................178 C 5
Saint-Utin 51......................91 H 2
Saint-Uze 26.....................249 C 2
Saint-Vaast-de-Longmont 60.39 F 3
Saint-Vaast-d'Équiqueville 76.20 C 2
Saint-Vaast-Dieppedalle 76..19 G 3
Saint-Vaast-du-Val 76..........20 A 4
Saint-Vaast-en-Auge 14......34 B 3
Saint-Vaast-
  en-Cambrésis 59.............14 C 3
Saint-Vaast-en-Chaussée 80.22 B 1
Saint-Vaast-la-Hougue 50....29 H 3
Saint-Vaast-lès-Mello 60......38 C 4
Saint-Vaast-sur-Seulles 14...33 E 5
Saint-Vaize 17...................201 G 5
Saint-Valbert 70.................142 B 3
Saint-Valentin 36...............172 A 2
Saint-Valérien 85...............183 H 2
Saint-Valérien 89...............113 E 3
Saint-Valery 60...................21 F 3
Saint-Valery-en-Caux 76......19 G 2
Saint-Valery-sur-Somme 80...11 F 2
Saint-Vallerin 71................177 G 5
Saint-Vallier 16..................238 D 1
Saint-Vallier 26..................249 E 2
Saint-Vallier 71..................194 A 1
Saint-Vallier 88...................95 E 5
Saint-Vallier-de-Thiey 06....308 D 2
Saint-Vallier-sur-Marne 52..139 H 2
Saint-Varent 79.................168 A 3
Saint-Vaury 23..................206 D 1
Saint-Venant 62....................7 H 2
Saint-Venec Chapelle 29......75 H 5
Saint-Vénérand 43.............246 D 5
Saint-Vérain 58.................156 B 1
Saint-Véran 05..................271 F 1
Saint-Vérand 38................250 A 2
Saint-Vérand 69................212 C 4
Saint-Vérand 71................194 D 5
Saint-Vert 43....................228 C 5
Saint-Viance 19.................242 B 2
Saint-Viâtre 41..................154 B 1
Saint-Viaud 44..................146 D 3
Saint-Victeur 72.................83 G 5
Saint-Victor 03..................190 D 4
Saint-Victor 07..................248 D 3
Saint-Victor 15..................243 H 4
Saint-Victor 24..................239 H 1
Saint-Victor-de-Buthon 28...85 F 4
Saint-Victor-de-Cessieu 38.232 B 3
Saint-Victor-
  de-Chrétienville 27...........55 E 1
Saint-Victor-de-Malcap 30..284 A 2
Saint-Victor-de-Morestel 38.232 B 1
Saint-Victor-de-Réno 61......84 D 3
Saint-Victor-d'Épine 27.......35 F 4
Saint-Victor-des-Oules 30...284 C 4
Saint-Victor-en-Marche 23..207 E 2
Saint-Victor-et-Melvieu 12..281 F 5
Saint-Victor-la-Coste 30.....284 D 4
Saint-Victor-la-Rivière 63....227 F 3
Saint-Victor-l'Abbaye 76......20 B 4
Saint-Victor-Malescours 43.248 A 1
Saint-Victor-
  Montvianeix 63..............210 D 4
Saint-Victor-Rouzaud 09....336 A 1
Saint-Victor-sur-Arlanc 43..229 E 5
Saint-Victor-sur-Avre 27......55 H 5
Saint-Victor-sur-Loire 42....230 A 4
Saint-Victor-sur-Ouche 21..159 G 4
Saint-Victor-sur-Rhins 42...212 A 3
Saint-Victoret 13...............326 C 1

Saint-Victour 19................226 B 4
Saint-Victurnien 87............205 E 4
Saint-Vidal 43...................247 E 3
Saint-Vigor 27....................56 C 1
Saint-Vigor-des-Mézerets 14..53 E 2
Saint-Vigor-des-Monts 50....52 B 2
Saint-Vigor-d'Ymonville 76...34 D 1
Saint-Vigor-le-Grand 14......33 E 3
Saint-Vincent 31...............318 C 2
Saint-Vincent 43...............247 F 2
Saint-Vincent 63...............227 H 3
Saint-Vincent 64...............314 C 5
Saint-Vincent 82...............278 B 3
Saint-Vincent-Bragny 71....193 H 2
Saint-Vincent-Cramesnil 76..34 D 1
Saint-Vincent-
  de-Barbeyrargues 34......302 D 3
Saint-Vincent-de-Barrès 07.267 E 3
Saint-Vincent-
  de-Boisset 42................211 H 3
Saint-Vincent-
  de-Connezac 24.............239 H 2
Saint-Vincent-de-Cosse 24.259 F 1
Saint-Vincent-de-Durfort 07.266 D 1
Saint-Vincent-
  de-Lamontjoie 47............275 H 4
Saint-Vincent-
  de-Mercuze 38..............233 F 4
Saint-Vincent-de-Paul 33....237 H 4
Saint-Vincent-de-Paul 40....293 E 2
Saint-Vincent-
  de-Pertignas 33.............256 C 1
Saint-Vincent-de-Reins 69.212 B 2
Saint-Vincent-de-Salers 15.244 C 2
Saint-Vincent-
  de-Tyrosse 40...............292 B 3
Saint-Vincent-des-Bois 27...56 D 1
Saint-Vincent-
  des-Landes 44...............126 D 4
Saint-Vincent-des-Prés 71..194 C 2
Saint-Vincent-des-Prés 72...84 A 5
Saint-Vincent-
  d'Olargues 34................300 D 5
Saint-Vincent-du-Boulay 27..35 E 5
Saint-Vincent-
  du-Lorouër 72...............130 C 2
Saint-Vincent-du-Pendit 46.261 E 1
Saint-Vincent-
  en-Bresse 71.................178 B 5
Saint-Vincent-
  Jalmoutiers 24..............239 F 2
Saint-Vincent-la-Châtre 79..185 G 5
Saint-Vincent-
  la-Commanderie 26........249 H 4
Saint-Vincent-le-Paluel 24..241 G 5
Saint-Vincent-les-Forts 04...270 B 4
Saint-Vincent-
  Lespinasse 82...............277 E 4
Saint-Vincent-
  Puymaufrais 85.............183 F 1
Saint-Vincent-Rive-d'Olt 46.259 G 5
Saint-Vincent-
  Sterlanges 85................166 C 4
Saint-Vincent-sur-Graon 85.182 D 2
Saint-Vincent-
  sur-Jabron 04................287 E 3
Saint-Vincent-sur-Jard 85..182 C 3
Saint-Vincent-sur-l'Isle 24..240 D 1
Saint-Vincent-sur-Oust 56..125 G 3
Saint-Vinnemer 89............137 F 2
Saint-Vit 25......................161 G 4
Saint-Vital 73...................234 A 1
Saint-Vite 47....................259 E 5
Saint-Vitte 18....................190 C 2
Saint-Vitte-sur-Briance 87..224 C 2
Saint-Vivien 17.................200 D 2
Saint-Vivien 24.................239 E 5
Saint-Vivien-de-Blaye 33...237 G 2
Saint-Vivien-de-Médoc 33..218 C 4
Saint-Vivien-
  de-Monségur 33............257 E 3
Saint-Voir 03....................192 C 3
Saint-Vougay 29.................71 F 4
Saint-Vrain 51....................63 E 5
Saint-Vrain 91....................87 H 3
Saint-Vran 22....................102 D 1
Saint-Vulbas 01................214 A 4
Saint-Waast 59...................15 F 2
Saint-Wandrille-Rançon 76...35 G 1
Saint-Witz 95......................58 D 1
Saint-Xandre 17................183 F 5
Saint-Yaguen 40...............293 G 1
Saint-Yan 71....................193 G 3
Saint-Ybard 19.................224 B 4
Saint-Ybars 09..................317 H 5
Saint-Ylie 39....................178 D 1
Saint-Yon 91......................87 G 2

A B C D E F G H I J K L M N O P Q R S T U V W X Y Z

A B C D E F G H I J K L M N O P Q R S T U V W X Y Z

Saint-Yorre 03.................. 210 C 2
Saint-Yrieix-
la-Montagne 23.............. 207 F 4
Saint-Yrieix-la-Perche 87 .... 223 G 3
Saint-Yrieix-le-Déjalat 19 .... 225 F 4
Saint-Yrieix-les-Bois 23.......... 207 F 2
Saint-Yrieix-sous-Aixe 87...... 205 F 4
Saint-Yrieix-
sur-Charente 16.............. 221 E 1
Saint-Ythaire 71................ 194 C 1
Saint-Yvi 29...................... 100 A 3
Saint-Yvoine 63................ 228 A 2
Saint-Yzan-de-Soudiac 33 .. 237 H 2
Saint-Yzans-de-Médoc 33.... 219 E 5
Saint-Zacharie 83.............. 327 G 1
Sainte-Adresse 76.............. 34 B 1
Sainte-Agathe 63.............. 210 D 5
Sainte-Agathe-
d'Aliermont 76................ 20 C 2
Sainte-Agathe-
en-Donzy 42.................. 212 A 5
Sainte-Agathe-
la-Bouteresse 42............ 229 G 1
Sainte-Agnès 06............... 291 G 5
Sainte-Agnès 38............... 251 F 1
Sainte-Agnès 39............... 196 B 1
Sainte-Alauzie 46............. 277 H 2
Sainte-Alvère 24............... 240 D 5
Sainte-Anastasie 15.......... 245 G 2
Sainte-Anastasie 30.......... 303 H 1
Sainte-Anastasie-
sur-Issole 83................ 328 C 2
Sainte-Anne 04................ 271 E 4
Sainte-Anne 25................ 180 A 2
Sainte-Anne 32................ 297 E 3
Sainte-Anne 41................ 131 G 3
Sainte-Anne-d'Auray 56..... 124 A 3
Sainte-Anne-d'Evenos 83... 327 H 4
Sainte-Anne-
du-Castellet 83.............. 327 H 3
Sainte-Anne-
la-Condamine 04 .... 271 E 4
Sainte-Anne-la-Palud 29....75 G 5
Sainte-Anne-
Saint-Priest 87................ 224 D 1
Sainte-Anne-sur-Brivet 44... 146 D 1
Sainte-Anne-
sur-Gervonde 38.......... 231 H 3
Sainte-Anne-sur-Vilaine 35. 126 B 3
Sainte-Aulde 77..................60 A 2
Sainte-Aurence-Cazaux 32. 315 H 3
Sainte-Austreberthe 62........ 7 E 5
Sainte-Austreberthe 76........ 20 A 5
Sainte-Avoye 56................ 124 A 3
Sainte-Barbe 57..................46 B 5
Sainte-Barbe 88..................95 H 3
Sainte-Barbe
Alignements de 56.......... 100 D 3
Sainte-Barbe-sur-Gaillon 27 ...36 C 5
Sainte-Baume
Gorge de la 07.............. 266 D 5
La Sainte-Baume
Massif de 93................ 327 G 2
Sainte-Bazeille 47............ 257 E 4
Sainte-Beuve-
en-Rivière 76..................21 E 3
Sainte-Blandine 38............ 232 B 2
Sainte-Blandine 79............ 185 F 5
Sainte-Brigitte 56..............77 G 5
Sainte-Camelle 11............ 318 C 4
Sainte-Catherine 62............ 13 G 2
Sainte-Catherine 63.......... 228 C 4
Sainte-Catherine 69.......... 230 C 2
Sainte-Catherine-
de-Fierbois 37.............. 151 H 5
Sainte-Cécile 36.............. 153 H 5
Sainte-Cécile 50................52 A 3
Sainte-Cécile 71.............. 194 C 3
Sainte-Cécile 85.............. 166 B 4
Sainte-Cécile-
d'Andorge 30................ 283 G 2
Sainte-Cécile-
du-Cayrou 81................ 278 D 5
Sainte-Cécile-
les-Vignes 84................ 285 F 2
Sainte-Céronne-
lès-Mortagne 61..............84 B 2
Sainte-Cérotte 72............ 130 D 2
Sainte-Christie 32............ 296 B 3
Sainte-Christie-
d'Armagnac 32.............. 295 E 2
Sainte-Christine 49.......... 149 E 3
Sainte-Christine 63.......... 209 F 2
Sainte-Christine 85.......... 184 C 4
Sainte-Christine
Chapelle 29..................75 F 3
Sainte-Colombe 05.......... 286 D 1

Sainte-Colombe 16.......... 203 G 5
Sainte-Colombe 17.......... 238 B 1
Sainte-Colombe 25.......... 180 C 2
Sainte-Colombe 33.......... 238 D 5
Sainte-Colombe 35.......... 104 C 5
Sainte-Colombe 40.......... 293 H 3
Sainte-Colombe 46.......... 261 F 2
Sainte-Colombe 50............ 29 F 5
Sainte-Colombe 69.......... 231 F 3
Sainte-Colombe 76............ 19 G 3
Sainte-Colombe 77............ 89 G 3
Sainte-Colombe 89.......... 137 E 5
Sainte-Colombe-
de-Duras 47................ 257 E 2
Sainte-Colombe-
de-la-Commanderie 66.... 342 D 3
Sainte-Colombe-
de-Peyre 48................ 264 A 2
Sainte-Colombe-
de-Villeneuve 47.......... 276 B 1
Sainte-Colombe-
des-Bois 58................ 156 C 3
Sainte-Colombe-
en-Auxois 21.............. 159 E 2
Sainte-Colombe-
en-Bruilhois 47............ 275 H 3
Sainte-Colombe-
la-Commanderie 27........ 36 A 5
Sainte-Colombe-
près-Vernon 27.............. 36 C 5
Sainte-Colombe-
sur-Gand 42................ 212 A 4
Sainte-Colombe-
sur-Guette 11.............. 337 G 5
Sainte-Colombe-
sur-l'Hers 11.............. 337 E 3
Sainte-Colombe-
sur-Loing 89................ 135 G 5
Sainte-Colombe-
sur-Seine 21................ 138 A 2
Sainte-Colome 64............ 332 A 1
Sainte-Consorce 69.......... 212 D 5
Sainte-Croix 01.............. 213 G 4
Sainte-Croix 02................ 41 E 1
Sainte-Croix 12.............. 261 F 5
Sainte-Croix 24.............. 258 D 2
Sainte-Croix 26.............. 268 A 1
Sainte-Croix 46.............. 277 F 1
Sainte-Croix 71.............. 195 H 1
Sainte-Croix 81.............. 279 G 5
Sainte-Croix Barrage de 83. 307 F 2
Sainte-Croix Prieuré de 60.... 39 G 2
Sainte-Croix-à-Lauze 04.... 306 B 1
Sainte-Croix-aux-Mines 68... 96 D 5
Sainte-Croix-de-Caderle 30. 283 F 4
Sainte-Croix-de-Mareuil 24. 221 H 4
Sainte-Croix-
de-Quintillargues 34...... 302 D 3
Sainte-Croix-du-Mont 33.... 256 B 3
Sainte-Croix-du-Verdon 04.. 307 F 2
Sainte-Croix-en-Jarez 42.... 230 D 3
Sainte-Croix-en-Plaine 68... 121 E 3
Sainte-Croix-
Grand-Tonne 14............ 33 F 4
Sainte-Croix-Hague 50........ 28 D 3
Sainte-Croix-sur-Aizier 27.... 35 F 2
Sainte-Croix-sur-Buchy 76.... 20 D 5
Sainte-Croix-sur-Mer 14...... 33 F 3
Sainte-Croix-sur-Orne 61.... 53 G 4
Sainte-Croix-
Vallée-Française 48........ 283 E 3
Sainte-Croix-Volvestre 09.... 335 F 1
Sainte-Dode 32.............. 315 H 2
Sainte-Eanne 79.............. 185 G 3
Sainte-Engrâce 64............ 331 F 3
Sainte-Enimie 48............ 282 B 1
Sainte-Eugénie-
de-Villeneuve 43.......... 246 D 2
Sainte-Eulalie 07............ 265 H 1
Sainte-Eulalie 11............ 319 G 5
Sainte-Eulalie 15............ 244 B 3
Sainte-Eulalie 33............ 237 H 5
Sainte-Eulalie 48............ 264 C 1
Sainte-Eulalie-d'Ans 24.... 241 E 1
Sainte-Eulalie-
de-Cernon 12.............. 281 H 5
Sainte-Eulalie-d'Eymet 24.. 257 G 2
Sainte-Eulalie-d'Olt 12...... 263 G 5
Sainte-Eulalie-en-Born 40.. 272 C 2
Sainte-Eulalie-
en-Royans 26.............. 250 A 3
Sainte-Euphémie 01........ 213 E 3
Sainte-Euphémie-
sur-Ouvèze 26.............. 286 B 1
Sainte-Eusoye 60.............. 22 B 5
Sainte-Fauste 36............ 172 A 3

Sainte-Féréole 19............ 242 C 1
Sainte-Feyre 23.............. 207 E 1
Sainte-Feyre-
la-Montagne 23............ 207 H 4
Sainte-Flaive-
des-Loups 85.............. 165 G 5
Sainte-Florence 33.......... 256 D 1
Sainte-Florence 85.......... 166 B 3
Sainte-Florine 43............ 228 A 4
Sainte-Foi 09.............. 336 D 1
Sainte-Fortunade 19........ 242 D 2
Sainte-Foy 40.............. 294 B 1
Sainte-Foy 71.............. 193 H 5
Sainte-Foy 85.............. 182 B 1
Sainte-Foy-
d'Aigrefeuille 31............ 298 B 5
Sainte-Foy-de-Belvès 24.... 259 E 1
Sainte-Foy-de-Longas 24.... 240 C 5
Sainte-Foy-
de-Montgommery 14........ 54 C 2
Sainte-Foy-
de-Peyrolières 31.......... 317 F 2
Sainte-Foy-des-Vignes 24.... 239 H 5
Sainte-Foy-la-Grande 33.... 257 F 1
Sainte-Foy-la-Longue 33.... 256 C 3
Sainte-Foy-l'Argentière 69.. 230 B 1
Sainte-Foy-lès-Lyon 69...... 231 E 1
Sainte-Foy-
Saint-Sulpice 42............ 211 H 5
Sainte-Foy-Tarentaise 73.... 235 E 1
Sainte-Gauburge 61............ 55 E 5
Sainte-Gauburge-
Sainte-Colombe 61.......... 55 E 5
Sainte-Gemme 17............ 201 E 5
Sainte-Gemme 32............ 296 C 2
Sainte-Gemme 33............ 257 E 3
Sainte-Gemme 36............ 171 E 3
Sainte-Gemme 51.............. 40 D 5
Sainte-Gemme 79............ 168 A 3
Sainte-Gemme 81............ 279 H 4
Sainte-Gemme-
en-Sancerrois 18.......... 155 H 2
Sainte-Gemme-
la-Plaine 85................ 183 F 2
Sainte-Gemme-
Martaillac 47................ 275 E 1
Sainte-Gemme-Moronval 28.. 56 D 4
Sainte-Gemmes 41.......... 132 A 3
Sainte-Gemmes-
d'Andigné 49.............. 128 A 4
Sainte-Gemmes-
le-Robert 53................ 106 D 2
Sainte-Gemmes-
sur-Loire 49................ 149 G 2
Sainte-Geneviève 02.......... 25 G 3
Sainte-Geneviève 50.......... 29 G 3
Sainte-Geneviève 54.......... 65 G 3
Sainte-Geneviève 60.......... 38 B 3
Sainte-Geneviève 76.......... 20 D 4
Sainte-Geneviève-
des-Bois 45................ 134 D 3
Sainte-Geneviève-
des-Bois 91.................. 87 H 2
Sainte-Geneviève-
lès-Gasny 27................ 57 E 1
Sainte-Geneviève-
sur-Argence 12............ 263 E 1
Sainte-Hélène 33............ 236 D 4
Sainte-Hélène 48............ 264 D 4
Sainte-Hélène 56............ 123 G 2
Sainte-Hélène 71............ 177 F 4
Sainte-Hélène 88.............. 95 H 5
Sainte-Hélène-Bondeville 76.. 19 E 3
Sainte-Hélène-du-Lac 73.... 233 G 3
Sainte-Hélène-sur-Isère 73. 234 A 1
Sainte-Hermine 85.......... 183 G 1
Sainte-Honorine-de-Ducy 14.. 32 D 5
Sainte-Honorine-
des-Pertes 14................ 32 D 2
Sainte-Honorine-du-Fay 14.. 33 F 5
Sainte-Honorine-
la-Chardonne 61............ 53 F 3
Sainte-Honorine-
la-Guillaume 61.............. 53 G 4
Sainte-Innocence 24........ 257 G 2
Sainte-Jalle 26.............. 286 A 1
Sainte-Jamme-
sur-Sarthe 72.............. 107 H 3
Sainte-Juliette 82............ 277 F 2
Sainte-Juliette-
sur-Viaur 12................ 280 C 3
Sainte-Léocadie 66.......... 341 F 5
Sainte-Lheurine 17.......... 220 B 3
Sainte-Livière 52.............. 92 B 2
Sainte-Livrade 31............ 297 F 4

Sainte-Livrade-sur-Lot 47.... 276 B 1
Sainte-Lizaigne 36.......... 172 B 2
Sainte-Luce 38.............. 251 F 5
Sainte-Luce-sur-Loire 44.... 147 H 3
Sainte-Lucie-
de-Porto-Vecchio 2A...... 349 G 5
Sainte-Lucie-de-Tallano 2A. 349 E 5
Sainte-Lunaise 18.......... 173 E 3
Sainte-Magnance 89........ 158 B 2
Sainte-Marguerite 43........ 246 D 2
Sainte-Marguerite 88.......... 96 B 5
Sainte-Marguerite Île 06.... 309 F 4
Sainte-Marguerite
Presqu'île de 29............ 70 C 4
Sainte-Marguerite-
de-Carrouges 61............ 83 E 2
Sainte-Marguerite-
de-l'Autel 27................ 55 H 3
Sainte-Marguerite-
de-Viette 14................ 54 B 1
Sainte-Marguerite-d'Elle 14.. 32 B 4
Sainte-Marguerite-
des-Loges 14................ 54 C 1
Sainte-Marguerite-
en-Ouche 27................ 55 F 1
Sainte-Marguerite-
Lafigère 07................ 265 G 5
Sainte-Marguerite-
sur-Duclair 76.............. 35 H 1
Sainte-Marguerite-
sur-Fauville 76.............. 19 F 4
Sainte-Marguerite-
sur-Mer 76.................. 10 A 5
Sainte-Marie 05............ 268 C 4
Sainte-Marie 08.............. 42 D 2
Sainte-Marie 15............ 245 F 5
Sainte-Marie 16............ 239 E 1
Sainte-Marie 25............ 142 B 4
Sainte-Marie 32............ 296 D 4
Sainte-Marie 35............ 125 H 3
Sainte-Marie 44............ 146 C 5
Sainte-Marie 58............ 175 E 1
Sainte-Marie 65............ 334 B 2
Sainte-Marie 66............ 339 E 5
Sainte-Marie Col de 88........ 96 C 5
Sainte-Marie-à-Py 51.......... 42 C 4
Sainte-Marie-au-Bosc 76...... 18 C 4
Sainte-Marie-aux-Anglais 14.. 54 B 1
Sainte-Marie-aux-Chênes 57. 45 F 5
Sainte-Marie-aux-Mines 68... 96 D 5
Sainte-Marie-Cappel 59........ 3 H 5
Sainte-Marie-d'Alloix 73.... 233 F 4
Sainte-Marie-d'Alvey 73.... 232 D 2
Sainte-Marie-
de-Campan 65.............. 333 F 2
Sainte-Marie-
de-Chignac 24............ 240 D 2
Sainte-Marie-de-Cuines 73. 234 A 5
Sainte-Marie-de-Gosse 40.. 292 C 4
Sainte-Marie-de-Ré 17...... 200 B 1
Sainte-Marie-de-Vars 05.... 270 D 3
Sainte-Marie-
de-Vatimesnil 27............ 37 E 4
Sainte-Marie-de-Vaux 87.... 205 F 4
Sainte-Marie-
des-Champs 76.............. 19 G 5
Sainte-Marie-
des-Chazes 43............ 246 D 3
Sainte-Marie-du-Bois 50.... 81 H 2
Sainte-Marie-du-Bois 53...... 82 C 3
Sainte-Marie-
du-Lac-Nuisement 51........ 92 B 2
Sainte-Marie du Ménez-Hom
Chapelle 29..................75 G 4
Sainte-Marie-du-Mont 38.... 233 F 4
Sainte-Marie-du-Mont 50...... 32 A 2
Sainte-Marie-
en-Chanois 70............ 141 H 2
Sainte-Marie-en-Chaux 70.. 141 G 2
Sainte-Marie-Kerque 62........ 3 E 3
Sainte-Marie-la-Blanche 21. 177 H 2
Sainte-Marie-la-Robert 61.... 53 H 5
Sainte-Marie-
Lapanouze 19.............. 226 B 4
Sainte-Marie-Laumont 14.... 52 C 2
Sainte-Marie-Outre-l'Eau 14.. 52 B 2
Sainte-Marie-Sicché 2A...... 348 D 4
Sainte-Marie-sur-Ouche 21. 159 G 3
Sainte-Marine 29.............. 99 G 4
Sainte-Marthe 27.............. 55 H 2
Sainte-Marthe 47............ 257 E 5
Sainte-Maure 10.............. 90 D 5
Sainte-Maure-
de-Peyriac 47.............. 275 E 5
Sainte-Maure-
de-Touraine 37............ 151 H 5
Sainte-Maxime 83............ 329 G 2

Sainte-Même 17............ 201 H 4
Sainte-Menehould 51.......... 43 E 5
Sainte-Mère 32.............. 276 B 5
Sainte-Mère-Église 50........ 29 G 5
Sainte-Mesme 78.............. 87 E 3
Sainte-Mondane 24.......... 259 H 1
Sainte-Montaine 18.......... 155 E 1
Sainte-Nathalène 24........ 241 G 5
Sainte-Néomaye 79.......... 185 F 3
Sainte-Odile Mont 67.......... 97 E 3
Sainte-Olive 01.............. 213 F 2
Sainte-Opportune 61.......... 53 F 4
Sainte-Opportune-
du-Bosc 27.................. 35 H 5
Sainte-Opportune-
la-Mare 27.................. 35 F 2
Sainte-Orse 24.............. 241 F 2
Sainte-Osmane 72.......... 130 D 2
Sainte-Ouenne 79............ 184 D 3
Sainte-Pallaye 89............ 136 C 5
Sainte-Paule 69.............. 212 C 3
Sainte-Pazanne 44.......... 147 E 5
Sainte-Pexine 85............ 183 F 1
Sainte-Pezenne 79.......... 184 D 4
Sainte-Pience 50.............. 51 H 4
Sainte-Pôle 54.................. 96 A 2
Sainte-Preuve 02.............. 25 F 5
Sainte-Radegonde 12........ 280 D 1
Sainte-Radegonde 17........ 201 E 4
Sainte-Radegonde 24........ 258 C 2
Sainte-Radegonde 32........ 296 B 2
Sainte-Radegonde 33........ 256 D 1
Sainte-Radegonde 71........ 176 B 5
Sainte-Radegonde 79........ 168 A 2
Sainte-Radegonde 86........ 187 E 1
Sainte-Radegonde-
des-Noyers 85.............. 183 G 3
Sainte-Ramée 17............ 219 F 4
Sainte-Reine 70.............. 161 G 1
Sainte-Reine 73.............. 233 G 2
Sainte-Reine-
de-Bretagne 44............ 146 C 1
Sainte-Restitude 2B........ 346 C 2
Sainte-Roseline
Chapelle 83................ 308 B 5
Sainte-Ruffine 57.............. 65 G 1
Sainte-Sabine 21............ 159 F 4
Sainte-Sabine 24............ 258 C 2
Sainte-Sabine-
sur-Longève 72............ 107 G 3
Sainte-Savine 10.............. 90 D 5
Sainte-Scolasse-
sur-Sarthe 61................ 84 A 2
Sainte-Segrée 80.............. 21 H 3
Sainte-Sève 29................ 71 H 5
Sainte-Sévère 16............ 202 C 5
Sainte-Sévère-sur-Indre 36. 189 H 3
Sainte-Sigolène 43.......... 248 A 1
Sainte-Solange 18............ 155 F 5
Sainte-Soline 79............ 185 H 5
Sainte-Souline 16............ 220 D 5
Sainte-Soulle 17............ 183 G 5
Sainte-Suzanne 09.......... 317 H 5
Sainte-Suzanne 25.......... 142 B 4
Sainte-Suzanne 53.......... 106 D 3
Sainte-Suzanne 64.......... 313 F 2
Sainte-Suzanne-
en-Bauptois 50.............. 31 G 3
Sainte-Suzanne-sur-Vire 50 ...32 B 5
Sainte-Terre 33.............. 256 C 1
Sainte-Thérence 03.......... 190 C 5
Sainte-Thorette 18.......... 172 D 1
Sainte-Tréphine 22............ 77 G 4
Sainte-Trie 24.............. 241 G 1
Sainte-Tulle 04.............. 306 C 2
Sainte-Valière 11............ 320 D 4
Sainte-Vaubourg 08.......... 42 C 1
Sainte-Verge 79............ 168 A 1
Sainte-Vertu 89............ 137 E 3
Santeny 50.................. 31 H 3
Saintes 17.................. 201 G 5
Saintes-Maries-
de-la-Mer 13................ 324 C 3
Saintines 60.................. 39 F 3
Saintry-sur-Seine 91.......... 88 A 2
Saints 77.................... 59 H 4
Saints-Geosmes 52.......... 139 G 2
Sainville 28.................. 86 D 4
Saires 86.................. 169 E 3
Saires-la-Verrerie 61.......... 53 F 5
Saisies Col des 73.......... 216 B 5
Saissac 11.................. 319 F 3
Saisseval 80.................. 22 A 2
Saisy 71.................... 177 F 2
Saivres 79.................. 185 F 3
Le Saix 05.................. 269 F 4

Saïx 81.................... 299 G 5
Saix 86.................... 150 C 5
Saizenay 39.................. 179 H 2
Saizerais 54.................. 65 G 4
Saizy 58.................... 157 G 3
Sajas 31.................. 317 E 3
Salagnac 24................ 241 G 1
Salagnon 38................ 232 A 1
Salaise-sur-Sanne 38........ 231 E 5
Salans 39.................. 161 G 4
Salasc 34.................. 301 H 4
Salaunes 33.................. 237 E 4
Salavas 07.................. 284 B 1
Salavre 01.................. 196 A 3
Salazac 30.................. 284 C 2
Salbris 41.................. 154 C 2
Les Salces 48.............. 263 H 4
Saléchan 65................ 334 B 3
Saleich 31.................. 335 E 2
Saleignes 17................ 202 C 3
Saleilles 66.................. 343 F 2
Les Salelles 07.............. 265 H 5
Les Salelles 48.............. 264 A 5
Salency 60.................. 23 H 5
Salenthal 67.................. 68 B 5
Saléon 05.................. 287 E 1
Salérans 05.................. 287 E 2
Salerm 31.................. 316 C 4
Salernes 83.................. 307 G 4
Salers 15.................. 244 C 3
Sales 74.................. 215 F 4
Salesches 59.................. 15 E 3
La Salette-Fallavaux 38...... 251 G 5
Salettes 26.................. 267 G 4
Salettes 43.................. 247 G 5
Saleux 80.................. 22 B 2
Salève Mont 74............ 215 G 1
Salice 2A.................. 348 C 1
Saliceto 2B.................. 347 F 3
Saliès 81.................. 299 F 1
Salies-de-Béarn 64.......... 311 H 3
Salies-du-Salat 31.......... 334 D 1
Salignac 04.................. 287 G 3
Salignac 33.................. 237 H 3
Salignac-de-Mirambeau 17. 219 H 5
Salignac-Eyvigues 24........ 241 H 4
Salignac-sur-Charente 17... 219 H 1
Saligney 39.................. 161 F 4
Saligny 85.................. 165 H 3
Saligny 89.................. 113 G 2
Saligny-le-Vif 18............ 173 H 1
Saligny-sur-Roudon 03...... 193 E 3
Saligos 65.................. 332 D 3
Salin-de-Badon 13.......... 324 C 3
Salin-de-Giraud 13.......... 325 E 3
Salindres 30.................. 283 H 3
Saline Royale d'Arc-
et-Cenans 25.............. 179 G 1
Salinelles 30.................. 303 F 2
Salins 15.................. 244 B 2
Salins 77.................... 89 E 4
Les Salins-d'Hyères 83...... 328 C 4
Salins-les-Bains 39.......... 179 H 2
Salins-les-Thermes 73...... 234 C 3
Salives 21.................. 138 D 5
Sallagriffon 06.............. 289 F 5
Sallanches 74.............. 216 C 3
Sallaumines 62................ 8 C 5
La Salle 71.................. 195 E 3
La Salle 88.................. 96 A 4
La Salle-de-Vihiers 49...... 149 F 5
La Salle-en-Beaumont 38... 251 F 5
La Salle-
et-Chapelle-Aubry 49...... 148 D 3
La Salle-les-Alpes 05........ 252 C 4
La Salle-Prunet 48.......... 282 D 2
Sallebœuf 33.............. 237 H 5
Sallèdes 63.................. 228 A 2
Sallèles-Cabardès 11........ 319 H 4
Sallèles-d'Aude 11.......... 321 E 4
Sallen 14.................... 32 D 5
Sallenelles 14................ 33 H 3
Sallenôves 74.............. 215 F 2
Sallertaine 85.............. 164 D 2
Les Salles 33.............. 238 D 5
Salles 33.................. 254 D 4
Les Salles 42.............. 211 E 5
Salles 47.................. 258 D 4
Salles 65.................. 332 D 4
Salles 79.................. 185 G 3
Salles 81.................. 279 F 4
Salles-Adour 65............ 315 G 5
Salles-Arbuissonnas-
en-Beaujolais 69.......... 212 D 2
Salles-Courbatiès 12........ 261 G 5
Salles-Curan 12............ 281 E 3
Salles-d'Angles 16.......... 220 B 2

Salles-d'Armagnac 32........295 E 2
Salles-d'Aude 11........321 F 5
Salles-de-Barbezieux 16....220 C 4
Salles-de-Belvès 24........259 E 2
Salles-de-Villefagnan 16...203 F 3
Les Salles-du-Gardon 30....283 G 3
Salles-en-Toulon 86........187 E 2
Salles-et-Pratviel 31......334 B 4
Salles-la-Source 12........262 C 5
Salles-Lavalette 16........221 F 5
Les Salles-Lavauguyon 87..222 C 1
Salles-Mongiscard 64......293 F 5
Salles-sous-Bois 26.......267 F 5
Salles-sur-Garonne 31.....317 H 4
Salles-sur-l'Hers 11......318 C 4
Salles-sur-Mer 17.........200 D 1
Les Salles-sur-Verdon 83..307 G 2
Sallespisse 64............293 G 5
Salmagne 55...............64 B 5
Salmaise 21...............159 F 1
Salmbach 67...............69 G 1
Salmiech 12...............280 D 3
Salomé 59.................8 B 3
Salon 10..................61 G 5
Salon 24..................240 C 4
Salon-de-Provence 13......305 F 4
Salon-la-Tour 19..........224 B 3
Salonnes 57...............66 C 4
Salornay-sur-Guye 71......194 C 2
Salouël 80................22 B 2
Salperwick 62.............3 F 5
Salsein 09................335 E 3
Salses-le-Château 66......339 E 4
Salsigne 11...............319 H 4
Salt-en-Donzy 42..........230 A 1
Les Salvages 81...........299 G 4
Salvagnac 81..............298 C 1
Salvagnac-Cajarc 12.......261 E 5
Salvagnac-Saint-Loup 12...261 F 4
La Salvetat-Belmontet 82..298 A 1
La Salvetat-Lauragais 31..298 C 5
La Salvetat-Peyralès 12...279 H 3
La Salvetat-Saint-Gilles 31..297 G 5
La Salvetat-sur-Agout 34..300 C 5
Salvezines 11.............337 H 5
Salvi Col de 2B...........346 C 2
Salviac 46................259 G 3
Salvizinet 42.............212 A 5
Salza 11..................338 A 2
Salzuit 43................246 C 2
Samadet 40................294 A 4
Saman 31..................316 C 5
Samara 80.................22 B 1
Samaran 32................316 A 3
Samatan 32................316 D 2
Samazan 47................257 E 5
Sambin 41.................153 E 2
Sambourg 89...............137 E 3
Le Sambuc 13..............304 C 5
Saméon 59.................9 F 4
Samer 62..................6 C 2
Samerey 21................160 D 5
Sames 64..................292 C 5
Sammarçolles 86...........168 D 1
Sammeron 77...............59 F 4
Samoëns 74................216 D 1
Samognat 01...............196 C 5
Samogneux 55..............44 B 4
Samois-sur-Seine 77.......88 C 4
Samonac 33................237 G 3
Samoreau 77...............88 C 4
Samouillan 31.............316 D 4
Samoussy 02...............25 E 5
Sampans 39................160 D 5
Sampigny 55...............64 C 4
Sampigny-lès-Maranges 71.177 F 3
Sampolo 2A................349 E 3
Sampzon 07................266 B 5
Samson 25.................179 H 1
Samsons-Lion 64...........314 D 2
Samuran 65................334 B 2
San Cervone Col de 2B.....347 F 4
San-Damiano 2B............347 G 3
San-Gavino-
  d'Ampugnani 2B..........347 G 3
San-Gavino-di-Carbini 2A.349 F 5
San-Gavino-
  di-Fiumorbo 2B..........349 F 2
San-Giovanni-
  di-Moriani 2B...........347 H 3
San-Giuliano 2B...........347 H 4
San-Lorenzo 2B............347 H 3
San-Martino-di-Lota 2B....345 G 4
San Michele de Murato
  Église 2B...............345 F 5

San-Nicolao 2B............347 H 3
San-Peïre-sur-Mer 83......329 G 2
San-Pellegrino 2B.........347 H 2
San Quilico Chapelle de 2A 351 F 3
San Quilico de Cambia
  Chapelle 2B.............347 F 3
San Stefano Col de 2B.....345 F 5
Sana 31...................317 E 5
Sanadoire Roche 63........227 F 2
Sanary-sur-Mer 83.........327 H 4
Sancergues 18.............156 A 5
Sancerre 18...............155 H 3
Sancey-le-Grand 25........163 E 3
Sancey-le-Long 25.........163 E 3
Sancheville 28............110 B 3
Sanchey 88................119 F 2
Sancoins 18...............174 A 4
Sancourt 27...............37 F 3
Sancourt 59...............14 B 3
Sancourt 80...............23 H 3
Sancy 54..................45 F 3
Sancy 77..................59 G 3
Sancy Puy de 63...........227 E 3
Sancy-les-Cheminots 02....40 C 2
Sancy-lès-Provins 77......60 C 5
Sand 67...................97 G 3
Sandarville 28............85 H 5
Sandaucourt 88............94 B 5
Sandillon 45..............133 F 2
Sandouville 76............34 D 1
Sandrans 01...............213 F 2
Sangatte 62...............2 C 3
Sanghen 62................2 D 5
Sanguinaires Îles 2A......348 A 4
Sanguinet 40..............254 C 4
Sanilhac 07...............266 A 4
Sanilhac-Sagriès 30.......284 C 5
Sannat 23.................208 B 2
Sannerville 14............33 H 4
Sannes 84.................306 A 2
Sannois 95................58 B 2
Sanous 65.................315 E 3
Sanry-lès-Vigy 57.........45 H 5
Sanry-sur-Nied 57.........66 B 1
Sans-Vallois 88...........118 D 2
Sansa 66..................341 G 3
Sansac-de-Marmiesse 15....244 B 5
Sansac-Veinazès 15........262 C 2
Sansais 79................184 C 5
Sansan 32.................296 B 5
Sanssac-l'Église 43.......247 E 3
Sanssat 03................192 C 5
Santa-Lucia-
  di-Mercurio 2B..........347 F 4
Santa-Lucia-di-Moriani 2B.347 H 3
Santa-Maria 2B............345 G 3
Santa-Maria-di-Lota 2B....345 G 4
Santa-Maria-Figaniella 2A.349 E 5
Santa-Maria-Poggio 2B.....347 F 3
Santa-Maria-Poggio 2B.....347 H 4
Santa-Reparata-
  di-Balagna 2B...........344 C 5
Santa-Reparata-
  di-Moriani 2B...........347 G 3
Sant'Andréa-di-Bozio 2B...347 F 4
Sant'Andréa-di-Cotone 2B..347 H 4
Sant'Andréa-d'Orcino 2A...348 C 2
Santans 39................179 F 1
Sant'Antonino 2B..........346 C 2
Sant'Appiano
  Cathédrale 2A...........348 B 1
Santeau 45................111 F 4
Santec 29.................71 G 3
Santenay 21...............177 G 3
Santenay 41...............131 H 5
Santeny 94................58 D 5
Santes 59.................8 C 3
Santeuil 28...............86 C 4
Santeuil 95...............37 H 5
Santigny 89...............137 F 5
Santilly 28...............110 D 3
Santilly 71...............194 D 1
Santo-Pietro-di-Tenda 2B..345 F 5
Santo-Pietro-di-Venaco 2B.347 E 5
Santoche 25...............162 D 1
Santosse 21...............177 F 1
Santranges 18.............155 H 1
Sanvensa 12...............279 F 3
Sanvignes-les-Mines 71....176 D 5
Sanxay 86.................185 H 2
Sanzay 79.................167 H 2
Sanzey 54.................65 E 5
Saon 14...................32 D 3
Saône 25..................162 A 4
Saonnet 14................32 C 3
Saorge 06.................291 H 3

Saosnes 72................83 H 5
Saou 26...................267 G 3
Le Sap 61.................54 D 3
Le Sap-André 61...........54 D 3
Le Sapey 38...............251 E 3
Sapignicourt 51...........63 E 5
Sapignies 62..............13 G 4
Sapogne-et-Feuchères 08...27 E 4
Sapogne-sur-Marche 08.....27 H 5
Sapois 39.................179 H 4
Sapois 88.................120 A 4
Saponay 02................40 C 4
Saponcourt 70.............118 C 5
Le Sappey 74..............215 G 1
Le Sappey-
  en-Chartreuse 38........251 E 1
Saramon 32................296 C 5
Saran 45..................110 D 5
Sarbazan 40...............274 A 5
Sarcè 72..................130 A 4
Sarceaux 61...............54 A 4
Sarcelles 95..............58 C 2
Sarcenas 38...............233 E 5
Sarcey 52.................117 F 4
Sarcey 69.................212 C 4
Sarcicourt 52.............116 D 3
Sarcos 32.................316 B 3
Sarcy 51..................41 F 4
Sardan 30.................303 E 1
Sardent 23................207 E 2
Sardieu 38................231 H 5
Sardon 63.................210 A 3
Sardy-lès-Epiry 58........157 G 5
Sare 64...................310 C 4
Sargé-lès-le-Mans 72......107 H 4
Sargé-sur-Braye 41........109 E 5
Sari-d'Orcino 2A..........348 C 2
Sari-Solenzara 2A.........349 G 4
Sariac-Magnoac 65.........316 A 4
Sarlabous 65..............333 G 1
Sarlande 24...............223 F 4
Sarlat-la-Canéda 24.......241 G 5
Sarliac-sur-l'Isle 24.....240 D 1
Sarniguet 65..............315 E 3
Sarnois 60................21 H 4
Saron-sur-Aube 51.........90 B 2
Sarp 65...................334 A 2
Sarpourenx 64.............313 G 2
Sarragachies 32...........294 D 3
Sarrageois 25.............180 B 4
Sarraguzan 32.............315 G 3
Les Sarraix 63............210 D 4
Sarralbe 57...............67 G 2
Sarraltroff 57............67 G 4
Sarran 19.................225 F 4
Sarrance 64...............331 H 2
Sarrancolin 65............333 H 2
Sarrans Barrage de 12.....263 E 1
Sarrant 32................296 D 3
Sarras 07.................249 E 2
Sarrazac 24...............223 E 4
Sarrazac 46...............242 C 4
Sarraziet 40..............294 A 3
Sarre-Union 67............67 H 2
Sarrebourg 57.............67 G 4
Sarrecave 31..............316 B 5
Sarreguemines 57..........47 G 5
Sarreinsberg 57...........68 B 2
Sarreinsming 57...........67 H 1
Sarremezan 31.............316 B 5
Sarrewerden 67............67 H 2
Sarrey 52.................117 G 4
Sarriac-Bigorre 65........315 F 3
Sarrians 84...............285 G 4
Sarrigné 49...............149 H 1
Sarrogna 39...............196 C 2
Sarrola-Carcopino 2A......348 C 2
Sarron 40.................294 C 4
Sarron 60.................39 E 3
Sarrouilles 65............315 F 4
Sarroux 19................226 C 4
Sarry 51..................62 B 2
Sarry 71..................193 G 4
Sarry 89..................137 F 4
Le Sars 62................13 G 5
Sars-et-Rosières 59.......9 F 4
Sars-le-Bois 62...........12 D 2
Sars-Poteries 59..........15 H 3
Le Sart 59................15 F 5
Sartène 2A................350 D 2
Sartes 88.................94 A 5
Sartilly 50...............51 G 4
Sarton 62.................12 D 4
Sartrouville 78...........58 A 2
Sarzay 36.................189 F 1

Sarzeau 56................124 B 5
Sasnières 41..............131 F 4
Sassangy 71...............177 F 5
Sassay 41.................153 F 2
Sassegnies 59.............15 F 3
Sassenage 38..............250 D 1
Sassenay 71...............177 H 3
Sassetot-le-Malgardé 76...19 H 3
Sassetot-le-Mauconduit 76.19 F 2
Sasseville 76.............19 G 3
Sassey 27.................56 C 1
Sassey-sur-Meuse 55.......43 G 3
Sassierges-
  Saint-Germain 36........172 A 4
Sassis 65.................332 D 3
Sassy 14..................54 A 1
Sathonay-Camp 69..........213 E 5
Sathonay-Village 69.......213 F 4
Satillieu 07..............248 D 2
Satolas-et-Bonce 38.......231 G 1
Saturargues 34............303 F 3
Saubens 31................317 H 2
Saubion 40................292 B 3
Saubole 64................314 D 3
Saubrigues 40.............292 B 4
Saubusse 40...............292 C 3
Saucats 33................255 F 2
Saucède 64................313 G 4
La Saucelle 28............85 F 2
Sauchay 76................10 C 5
Sauchy-Cauchy 62..........14 A 3
Sauchy-Lestrée 62.........14 A 3
Sauclières 12.............282 B 5
Saucourt-sur-Rognon 52....93 E 5
Saudemont 62..............14 A 3
Saudoy 51.................61 E 5
Saudron 52................93 F 3
Saudrupt 55...............63 G 5
Saugeot 39................196 D 1
Saugnac-et-Cambran 40.....293 E 3
Saugnacq-et-Muret 40......255 E 5
Saugnieu 69...............231 G 1
Saugon 33.................237 G 2
Saugues 43................246 C 4
Sauguis-Saint-Étienne 64..331 E 1
Saugy 18..................172 C 2
Saujac 12.................261 E 5
Saujon 17.................218 D 1
La Saulce 05..............269 G 5
Saulce-sur-Rhône 26.......267 E 2
Saulces-Champenoises 08...42 B 1
Saulces-Monclin 08........26 B 5
Saulcet 03................192 A 4
Saulchery 02..............60 B 2
Le Saulchoy 60............22 A 5
Saulchoy 62...............11 G 1
Saulchoy-sous-Poix 80.....21 H 3
Saulcy 10.................92 B 5
Le Saulcy 88..............96 C 3
Saulcy-sur-Meurthe 88.....96 B 5
Saules 25.................162 B 5
Saules 71.................177 G 5
Saulgé 86.................187 G 4
Saulgé-l'Hôpital 49.......149 H 3
Saulges 53................106 C 5
Saulgond 16...............204 D 3
Sauliac-sur-Célé 46.......260 D 4
Saulieu 21................158 C 4
Saulles 52................140 A 3
Saulmory-et-Villefranche 55..43 G 1
Saulnay 36................171 E 3
Saulnes 54................45 E 1
Saulnières 28.............56 C 5
Saulnières 35.............104 B 5
Saulnot 70................142 A 4
Saulny 57.................45 G 5
Saulon-la-Chapelle 21.....160 B 4
Saulon-la-Rue 21..........160 A 4
La Saulsotte 10...........89 H 3
Sault 84..................286 B 4
Sault-Brénaz 01...........214 B 4
Sault-de-Navailles 64.....293 G 5
Sault-lès-Rethel 08.......42 A 1
Sault-Saint-Remy 08.......41 H 2
Saultain 59...............15 E 2
Saulx 70..................141 F 3
Saulx-en-Barrois 55.......64 C 5
Saulx-en-Woëvre 55........64 D 1
Saulx-le-Duc 21...........139 E 5
Saulx-les-Chartreux 91....58 B 5
Saulx-Marchais 78.........57 G 3
Saulxerotte 54............94 B 3
Saulxures 54..............117 H 5
Saulxures 67..............96 C 3
Saulxures-
  lès-Bulgnéville 88......118 B 2

Saulxures-lès-Nancy 54....66 B 5
Saulxures-lès-Vannes 54...94 A 2
Saulxures-
  sur-Moselotte 88........120 A 4
Saulzais-le-Potier 18.....190 C 1
Saulzet 03................210 A 1
Saulzet-le-Chaud 63.......227 G 1
Saulzet-le-Froid 63.......227 F 2
Saulzoir 59...............14 D 3
Saumane 04................287 E 4
Saumane 30................283 E 4
Saumane-de-Vaucluse 84....305 F 1
Sauméjan 47...............274 D 2
Saumeray 28...............109 H 2
Saumont 47................275 H 4
Saumont-la-Poterie 76.....21 F 5
Saumos 33.................236 C 4
Saumur 49.................150 B 4
Saunay 37.................131 F 5
La Saunière 23............207 F 1
Saurais 79................178 B 3
Sauret-Besserve 63........209 E 3
Saurier 63................227 G 3
Saurat 09.................336 A 4
Saussan 34................302 C 5
Saussay 28................56 D 3
Saussay 76................20 A 4
Saussay-la-Campagne 27....37 E 3
La Saussaye 27............36 A 4
Saussemesnil 50...........29 F 4
Saussenac 81..............279 H 5
Saussens 31...............298 C 5
Saussey 21................159 H 1
Saussey 50................51 G 1
Saussignac 24.............257 G 1
Saussines 34..............303 F 3
Saussy 21.................159 H 1
Saut de la Mounine 12.....261 E 5
Saut des Cuves 88.........120 B 3
Sautel 09.................336 C 3
Sauternes 33..............255 H 4
Sautet Barrage du 38......251 F 5
Sauteyrargues 34..........302 D 2
Sauto 66..................341 G 4
Sautron 44................147 F 3
Sauvage-Magny 52..........92 B 4
La Sauvagère 61...........53 F 5
Les Sauvages 69...........212 B 4
Sauvagnac 16..............222 C 1
Sauvagnas 47..............276 C 2
Sauvagnat 63..............208 D 5
Sauvagnat-
  Sainte-Marthe 63........228 A 2
Sauvagney 25..............161 H 3
Sauvagnon 64..............314 B 2
Sauvagny 03...............191 E 3
Sauvain 42................229 F 1
Sauvat 15.................244 C 1
Sauve 30..................303 E 1
La Sauve 33...............256 B 1
Sauvelade 64..............313 G 2
Sauverny 01...............197 G 4
Sauvessanges 63...........229 F 5
La Sauvetat 43............265 F 1
La Sauvetat 63............227 H 2
La Sauvetat-de-Savères 47.276 C 3
La Sauvetat-du-Dropt 47...257 G 3
La Sauvetat-sur-Lède 47...258 C 5
Sauveterre 30.............285 E 5
Sauveterre 65.............315 F 2
Sauveterre 81.............320 A 2
Sauveterre 82.............277 G 2
Sauveterre-de-Béarn 64....311 H 3
Sauveterre-
  de-Comminges 31.........334 B 2
Sauveterre-de-Guyenne 33..256 D 2
Sauveterre-
  de-Rouergue 12.........280 B 3
Sauveterre-la-Lémance 47..259 E 4
Sauveterre-Saint-Denis 47.276 C 3
Sauviac 32................315 H 3
Sauviac 33................256 C 5
Sauvian 34................321 G 4
Sauviat 63................228 C 1
Sauviat-sur-Vige 87.......206 C 4
Sauvignac 16..............238 D 1

Sauvigney-lès-Pesmes 70...161 E 3
Sauvigny 55...............94 A 3
Sauvigny-le-Beuréal 89....158 B 1
Sauvigny-le-Bois 89.......158 A 1
Sauvigny-les-Bois 58......174 D 2
Sauville 08...............27 E 5
Sauville 88...............118 A 2
Sauvillers-Mongival 80....22 D 4
Sauvimont 32..............317 E 2
Sauvoy 55.................93 H 1
Saux 46...................277 F 1
Saux-et-Pomarède 31.......316 C 5
Sauxillanges 63...........228 B 3
Le Sauze 04...............270 D 5
Sauze 06..................289 F 3
Le Sauze-du-Lac 05........270 A 4
Sauzé-Vaussais 79.........203 E 1
Sauzelle 17...............200 B 3
Sauzelles 36..............170 C 5
Sauzet 26.................267 E 3
Sauzet 30.................284 A 5
Sauzet 46.................259 G 5
La Sauzière-Saint-Jean 81.298 B 1
Sauzon 56.................144 B 3
Savignac 09...............336 A 4
Savarthès 31..............334 C 1
Savas 07..................230 D 5
Savas-Mépin 38............231 G 3
Savasse 26................267 E 3
Savenay 44................146 D 2
Savenès 82................297 G 2
Savennes 23...............207 E 2
Savennes 63...............226 C 2
Savennières 49............149 F 2
Saverdun 09...............318 B 5
Savères 31................317 F 3
Saverne 67................68 A 4
Saverne Col de 67.........68 A 4
Saveuse 80................22 B 2
Savianges 71..............177 F 5
Savières 10...............90 D 4
Savigna 39................196 C 3
Savignac 12...............279 F 1
Savignac 33...............256 C 4
Savignac-de-Duras 47......257 F 2
Savignac-de-l'Isle 33.....238 B 4
Savignac-de-Miremont 24...241 E 4
Savignac-de-Nontron 24....222 C 3
Savignac-Lédrier 24.......223 G 5
Savignac-les-Églises 24...241 E 1
Savignac-les-Ormeaux 09...336 C 5
Savignac-Mona 32..........317 E 2
Savignac-sur-Leyze 47.....258 C 5
Savignargues 30...........283 H 5
Savigné 86................203 G 1
Savigné-l'Évêque 72.......108 A 4
Savigné-sous-le-Lude 72...129 H 5
Savigné-sur-Lathan 37.....151 F 2
Savigneux 01..............213 E 3
Savigneux 42..............229 G 2
Savignies 60..............37 H 1
Savigny 50................31 H 5
Savigny 52................140 B 3
Savigny 69................212 C 5
Savigny 74................215 F 2
Savigny 88................95 E 4
Savigny-en-Revermont 71...178 D 5
Savigny-en-Sancerre 18....155 H 2
Savigny-en-Septaine 18....173 F 1
Savigny-en-Terre-Plaine 89.158 B 4
Savigny-en-Véron 37.......150 D 4
Savigny-le-Sec 21.........160 A 4
Savigny-le-Temple 77......88 B 2
Savigny-le-Vieux 50.......81 G 2
Savigny-lès-Beaune 21.....177 H 1
Savigny-Lévescault 86.....186 C 2
Savigny-Poil-Fol 58.......175 H 4
Savigny-sous-Faye 86......169 G 3
Savigny-sous-Mâlain 21....159 G 3
Savigny-sur-Aisne 08......42 D 2
Savigny-sur-Ardres 51.....41 E 4
Savigny-sur-Braye 41......131 E 2
Savigny-sur-Clairis 89....113 E 4
Savigny-sur-Grosne 71.....194 D 1
Savigny-sur-Orge 91.......58 C 5
Savigny-sur-Seille 71.....195 G 1
Savilly 21................158 C 5
Savine Col de la 39.......197 F 1
Savines-le-Lac 05.........270 B 3
Savins 77.................89 F 3
Savoillan 84..............286 C 3
Savoisy 21................137 H 3
Savolles 21...............160 C 2
Savonnières 37............151 G 3
Savonnières-devant-Bar 55.63 H 4
Savonnières-en-Perthois 55.92 D 3
Savonnières-en-Woëvre 55..64 D 3

A B C D E F G H I J K L M N O P Q R S T U V W X Y Z

A B C D E F G H I J K L M N O P Q R S T U V W X Y Z

Savouges 21 ...... 160 A 4
Savournon 05 ...... 269 E 5
Savoyeux 70 ...... 140 B 5
Savy 02 ...... 24 A 2
Savy-Berlette 62 ...... 7 H 5
Saxel 74 ...... 198 A 4
Saxi-Bourdon 58 ...... 175 E 1
Saxon-Sion 54 ...... 94 C 3
Sayat 63 ...... 209 G 5
Saze 30 ...... 304 C 1
Sazeray 36 ...... 189 H 3
Sazeret 03 ...... 191 G 4
Sazilly 37 ...... 151 F 5
Sazos 65 ...... 332 D 3
Scaër 29 ...... 100 C 3
Les Scaffarels 04 ...... 289 E 5
Scata 2B ...... 347 G 3
Sceau-Saint-Angel 24 ...... 222 C 4
Sceautres 07 ...... 266 D 3
Sceaux 89 ...... 158 A 1
Sceaux 92 ...... 58 B 4
Sceaux-d'Anjou 49 ...... 128 C 5
Sceaux-du-Gâtinais 45 ...... 112 B 4
Sceaux-sur-Huisne 72 ...... 108 C 3
Scey-en-Varais 25 ...... 162 A 5
Scey-sur-Saône-
et-Saint-Albin 70 ...... 140 D 4
Schaeferhof 57 ...... 68 A 5
Schaeffersheim 67 ...... 97 G 3
Schaffhouse-près-Seltz 67 ...69 G 2
Schaffhouse-sur-Zorn 67 ...... 68 C 4
Schalbach 57 ...... 67 H 3
Schalkendorf 67 ...... 68 C 3
Scharrachbergheim 67 ...... 97 F 1
Scheibenhard 67 ...... 69 G 1
Scherlenheim 67 ...... 68 C 4
Scherwiller 67 ...... 97 E 4
Schillersdorf 67 ...... 68 C 3
Schiltigheim 67 ...... 97 H 1
Schirmeck 67 ...... 96 D 2
Schirrhein 67 ...... 69 F 3
Schirrhoffen 67 ...... 69 F 3
Schleithal 67 ...... 69 G 1
Schlierbach 68 ...... 143 G 2
Schlucht Col de la 88 ...... 120 C 3
Schmittviller 57 ...... 67 H 1
Schneckenbusch 57 ...... 67 H 5
Schnepfenried 68 ...... 120 C 4
Schnersheim 67 ...... 68 C 5
Schœnau 67 ...... 97 G 5
Schœnbourg 67 ...... 68 A 3
Schœneck 57 ...... 47 F 4
Schœnenbourg 67 ...... 69 F 2
Schopperten 67 ...... 67 G 2
Schorbach 57 ...... 48 C 5
Schwabwiller 67 ...... 69 E 2
Schweighouse 68 ...... 120 D 4
Schweighouse-sur-Moder 67 .68 D 3
Schweighouse-Thann 68 ...... 143 E 1
Schwenheim 67 ...... 68 B 5
Schwerdorff 57 ...... 46 D 3
Schweyen 57 ...... 48 C 5
Schwindratzheim 67 ...... 68 C 4
Schwoben 68 ...... 143 F 4
Schwobsheim 67 ...... 97 G 5
Sciecq 79 ...... 184 D 3
Scientrier 74 ...... 216 A 1
Scieurac-et-Flourès 32 ...... 295 F 5
Sciez 74 ...... 198 A 3
Scillé 79 ...... 184 D 1
Scionzier 74 ...... 216 B 1
Scolca 2B ...... 347 G 2
Scorbé-Clairvaux 86 ...... 169 F 4
Scoury 36 ...... 188 B 1
Scrignac 29 ...... 76 C 2
Scrupt 51 ...... 63 E 4
Scy-Chazelles 57 ...... 65 G 1
Scye 70 ...... 141 E 4
Séailles 32 ...... 295 F 3
La Séauve-sur-Semène 43.248 A 1
Sébazac-Concourès 12 ...... 280 D 1
Sébécourt 27 ...... 55 H 2
Sébeville 50 ...... 31 H 2
Seboncourt 02 ...... 24 C 1
Sebourg 59 ...... 15 E 2
Sébouville 45 ...... 111 F 3
Sébrazac 12 ...... 262 D 4
Séby 64 ...... 314 B 2
Secenans 70 ...... 142 A 4
Séchault 08 ...... 42 D 3
Sécheras 07 ...... 249 E 2
Sécheval 08 ...... 26 C 2
Le Séchier 05 ...... 269 G 1
Séchilienne 38 ...... 251 E 3
Séchin 25 ...... 162 C 2
Seclin 59 ...... 8 D 3
Secondigné-sur-Belle 79 ...... 202 B 1

Secondigny 79 ...... 185 E 1
Secourt 57 ...... 66 B 2
Secqueville-en-Bessin 14 ...... 33 F 4
Sedan 08 ...... 27 F 3
Sédeilhac 31 ...... 316 A 5
Séderon 26 ...... 286 C 2
Sedze-Maubecq 64 ...... 314 D 3
Sedzère 64 ...... 314 C 3
Seebach 67 ...... 69 F 1
Sées 61 ...... 83 H 2
Séez 73 ...... 234 D 1
Le Ségala 11 ...... 318 D 4
Ségalas 47 ...... 257 H 3
Ségalas 65 ...... 315 F 3
La Ségalassière 15 ...... 243 H 5
Séglien 56 ...... 101 G 2
Ségny 01 ...... 197 F 4
Segonzac 16 ...... 220 C 2
Segonzac 19 ...... 241 G 1
Segonzac 24 ...... 239 H 2
Ségos 32 ...... 294 C 4
Ségoufielle 32 ...... 297 F 4
Segré 49 ...... 128 A 4
Ségreville 31 ...... 318 C 2
Ségrie 72 ...... 107 G 2
Ségrie-Fontaine 61 ...... 53 G 3
Segrois 21 ...... 159 H 5
Ségry 36 ...... 172 C 3
La Séguinière 49 ...... 166 D 1
Ségur 12 ...... 281 F 2
Le Ségur 81 ...... 279 G 4
Ségur-le-Château 19 ...... 223 H 4
Ségur-les-Villas 15 ...... 245 F 2
Ségura 09 ...... 336 B 2
Séguret 84 ...... 285 G 3
Ségus 65 ...... 332 D 1
Séhar Pointe de 22 ...... 72 B 3
Seich 65 ...... 334 A 2
Seichamps 54 ...... 66 B 5
Seichebrières 45 ...... 111 G 5
Seicheprey 54 ...... 65 E 3
Seiches-sur-le-Loir 49 ...... 128 D 5
Seignalens 11 ...... 337 E 1
Seigné 17 ...... 202 C 3
Seignelay 89 ...... 136 B 2
Seigneulles 55 ...... 63 H 3
Seignosse 40 ...... 292 B 3
Seigny 21 ...... 138 A 5
Seigy 41 ...... 153 F 4
Seilhac 19 ...... 224 D 5
Seilhan 31 ...... 334 A 2
Seillac 41 ...... 152 D 1
Seillans 83 ...... 308 C 3
Seillonnaz 01 ...... 214 B 5
Seillons-Source-
d'Argens 83 ...... 306 D 5
Sein Île de 29 ...... 98 B 2
Seine Sources de la 21 ...... 159 G 1
Seine-Port 77 ...... 88 A 3
Seingbouse 57 ...... 47 F 5
Seissan 32 ...... 316 B 2
Seix 09 ...... 335 F 4
Le Sel-de-Bretagne 35 ...... 104 B 5
Selaincourt 54 ...... 94 C 3
Selens 02 ...... 40 A 1
Sélestat 67 ...... 97 F 5
Séligné 79 ...... 202 B 1
Séligney 39 ...... 179 E 2
Selincourt 80 ...... 21 H 2
La Selle-Craonnaise 53 ...... 127 G 2
La Selle-en-Coglès 35 ...... 81 E 3
La Selle-en-Hermoy 45 ...... 112 D 5
La Selle-en-Luitré 35 ...... 81 F 5
La Selle-Guerchaise 35 ...... 105 F 5
La Selle-la-Forge 61 ...... 53 F 4
La Selle-sur-le-Bied 45 ...... 112 D 4
Selles 27 ...... 35 E 3
Selles 51 ...... 42 A 3
Selles 62 ...... 6 D 2
Selles 70 ...... 118 D 4
Selles-Saint-Denis 41 ...... 154 B 3
Selles-sur-Cher 41 ...... 153 G 4
Selles-sur-Nahon 36 ...... 171 F 2
Sellières 39 ...... 179 E 3
Selommes 41 ...... 131 H 3
Seloncourt 25 ...... 142 C 5
Selongey 21 ...... 139 F 5
Selonnet 04 ...... 270 A 5
Seltz 67 ...... 69 G 2
La Selve 02 ...... 25 G 5
La Selve 12 ...... 280 C 4
Selvigny 59 ...... 14 C 1
Sem 09 ...... 336 A 5
Sémalens 81 ...... 299 F 5
Semallé 61 ...... 83 H 3
Semarey 21 ...... 159 F 4

Sembadel 43 ...... 246 D 1
Sembadel-Gare 43 ...... 247 E 1
Sembas 47 ...... 276 B 1
Semblançay 37 ...... 151 G 1
Sembleçay 36 ...... 153 H 4
Semboués 32 ...... 315 F 2
Séméac 65 ...... 315 F 4
Séméacq-Blachon 64 ...... 294 D 5
Sémécourt 57 ...... 45 G 5
Sémelay 58 ...... 175 H 3
Sémène 43 ...... 230 A 5
Semens 33 ...... 256 B 3
Sementron 89 ...... 135 H 5
Séméries 59 ...... 15 H 4
Semerville 41 ...... 110 A 5
Semezanges 21 ...... 159 H 4
Sémézies-Cachan 32 ...... 296 C 5
Semide 08 ...... 42 C 3
Semillac 17 ...... 219 G 4
Semilly 52 ...... 93 G 5
Semmadon 70 ...... 140 C 3
Semnoz Montagne du 74 ...... 215 G 5
Semoine 10 ...... 61 H 5
Semond 21 ...... 138 B 4
Semondans 25 ...... 142 B 4
Semons 38 ...... 231 H 4
Semousies 59 ...... 15 G 3
Semoussac 17 ...... 219 G 4
Semoutiers 52 ...... 116 D 4
Semoy 45 ...... 111 E 5
Sempesserre 32 ...... 276 B 5
Sempigny 60 ...... 23 G 5
Sempy 62 ...... 6 C 4
Semur-en-Auxois 21 ...... 158 D 1
Semur-en-Brionnais 71 ...... 193 G 5
Semur-en-Vallon 72 ...... 108 C 4
Semussac 17 ...... 218 D 2
Semuy 08 ...... 42 D 1
Le Sen 40 ...... 273 H 3
Sénac 65 ...... 315 F 3
Senaide 88 ...... 118 B 4
Sénaillac-Latronquière 46 ...261 G 1
Sénaillac-Lauzès 46 ...... 260 C 3
Senailly 21 ...... 137 G 5
Senan 89 ...... 135 H 2
Sénanque Abbaye de 84 ...... 305 G 1
Senantes 28 ...... 57 E 5
Senantes 60 ...... 37 G 1
Senard 55 ...... 63 F 1
Sénarens 31 ...... 317 E 3
Senargent 70 ...... 141 H 5
Senarpont 80 ...... 21 F 2
Sénart 11 ...... 88 A 2
Sénas 13 ...... 305 F 3
Senaud 39 ...... 196 A 3
Senaux 81 ...... 300 B 3
Sencenac-Puy-
de-Fourches 24 ...... 222 C 5
Senconac 09 ...... 336 C 5
Sendets 33 ...... 256 C 5
Sendets 64 ...... 314 C 4
Séné 56 ...... 124 C 4
Sène Mont de 71 ...... 177 G 2
Sénéchas 30 ...... 283 G 1
Sénèque Tour de 2B ...... 345 F 2
Senergues 12 ...... 262 C 3
Sénestis 47 ...... 257 F 5
Séneujols 43 ...... 247 E 4
Senez 04 ...... 288 B 5
Sénezergues 15 ...... 262 B 2
Sengouagnet 31 ...... 334 C 2
Séniergues 46 ...... 260 B 2
Senillé 86 ...... 169 H 4
Seninghem 62 ...... 7 E 2
Senlecques 62 ...... 6 D 2
Senlis 60 ...... 39 E 4
Senlis 62 ...... 7 E 3
Senlis-le-Sec 80 ...... 13 E 5
Senlisse 78 ...... 57 H 5
Sennecey 18 ...... 173 F 2
Sennecé-lès-Mâcon 71 ...... 195 E 4
Sennecey-le-Grand 71 ...... 177 H 5
Sennecey-lès-Dijon 21 ...... 160 B 3
Sennely 45 ...... 133 G 4
Sennevières 37 ...... 170 C 1
Senneville-sur-Fécamp 76 .....19 E 3
Sennevoy-le-Bas 89 ...... 137 G 3
Sennevoy-le-Haut 89 ...... 137 G 3
Senon 55 ...... 44 D 4
Senonches 28 ...... 85 F 2
Senoncourt 70 ...... 141 E 2
Senoncourt-les-Maujouy 55 ...64 B 2
Senones 88 ...... 96 B 3
Senonges 88 ...... 118 C 2
Senonnes 53 ...... 127 F 2
Senonville 55 ...... 64 D 3

Senots 60 ...... 37 H 4
Senouillac 81 ...... 299 E 1
Sénoville 50 ...... 28 D 5
Senozan 71 ...... 195 E 3
Sens 89 ...... 113 G 2
Sens-Beaujeu 18 ...... 155 H 3
Sens-de-Bretagne 35 ...... 80 C 4
Sens-sur-Seille 71 ...... 178 C 4
Sentein 09 ...... 334 D 4
Sentelie 80 ...... 22 A 3
Sentenac-de-Sérou 09 ...... 335 H 3
Sentenac-d'Oust 09 ...... 335 F 4
Sentheim 68 ...... 142 D 1
Sentilly 61 ...... 54 A 4
La Sentinelle 59 ...... 9 G 5
Sentous 65 ...... 315 H 4
Senuc 08 ...... 43 E 3
Senven-Léhart 22 ...... 77 H 3
La Séoube 65 ...... 333 G 2
Sépeaux 89 ...... 113 F 5
Sepmeries 59 ...... 14 D 2
Sepmes 37 ...... 169 H 1
Seppois-le-Bas 68 ...... 143 E 4
Seppois-le-Haut 68 ...... 143 E 4
Sept-Fons Abbaye de 03 ...... 192 D 2
Sept-Forges 61 ...... 82 B 3
Sept-Frères 14 ...... 52 B 3
Sept-Meules 76 ...... 10 D 5
Sept-Saulx 51 ...... 42 A 5
Sept-Sorts 77 ...... 59 H 2
Sept-Vents 14 ...... 32 D 5
Septème 38 ...... 231 G 3
Septèmes-les-Vallons 13 ...... 326 D 1
Septeuil 78 ...... 57 F 3
Septfonds 82 ...... 278 C 3
Septfonds 89 ...... 135 F 4
Septfontaines 25 ...... 180 B 1
Septmoncel 39 ...... 197 E 3
Septmonts 02 ...... 40 B 3
Septsarges 55 ...... 43 G 3
Septvaux 02 ...... 24 B 5
Sepvigny 55 ...... 93 H 2
Sepvret 79 ...... 185 G 4
Sepx 31 ...... 316 D 5
Sequedin 59 ...... 8 C 2
Sequehart 02 ...... 24 B 1
Le Sequestre 81 ...... 299 F 1
Serain 02 ...... 14 C 5
Seraincourt 08 ...... 25 H 5
Seraincourt 95 ...... 57 G 1
Sérandon 19 ...... 226 B 5
Séranon 06 ...... 308 C 2
Serans 60 ...... 37 G 4
Serans 61 ...... 54 A 4
Seranville 54 ...... 95 G 3
Séranvillers-Forenville 59 ...... 14 B 4
Seraucourt 55 ...... 63 H 2
Seraucourt-le-Grand 02 ...... 24 A 3
Seraumont 88 ...... 93 H 3
Serazereux 28 ...... 86 A 2
Serbannes 03 ...... 210 B 2
Serbonnes 89 ...... 89 F 5
Serches 02 ...... 40 C 3
Sercœur 88 ...... 95 G 5
Sercus 59 ...... 7 H 2
Sercy 71 ...... 194 D 1
Serdinya 66 ...... 342 A 3
Sère 32 ...... 316 B 3
Sère-en-Lavedan 65 ...... 332 D 2
Sère-Lanso 65 ...... 333 E 1
Sère-Rustaing 65 ...... 315 G 4
Serécourt 88 ...... 118 B 4
Séreilhac 87 ...... 205 F 5
Sérémange-Erzange 57 ...... 45 G 3
Sérempuy 32 ...... 296 D 3
Sérénac 81 ...... 299 H 1
Sérent 56 ...... 124 D 2
Sérévillers 60 ...... 22 C 4
Séreyrède Col de la 30 ...... 282 C 4
Serez 27 ...... 56 D 2
Sérézin-de-la-Tour 38 ...... 232 A 2
Sérézin-du-Rhône 69 ...... 231 E 2
Sergeac 24 ...... 241 F 4
Sergenaux 39 ...... 179 E 3
Sergenon 39 ...... 178 D 2
Sergines 89 ...... 89 G 5
Sergy 01 ...... 197 F 4
Sergy 02 ...... 40 D 4
Séricourt 62 ...... 12 D 2
Sériers 15 ...... 245 G 4
Sérifontaine 60 ...... 37 G 3
Sérignac 16 ...... 239 E 1
Sérignac 46 ...... 259 F 5
Sérignac 82 ...... 297 E 1
Sérignac-Péboudou 47 ...... 257 H 3
Sérignac-sur-Garonne 47 ...275 H 3
Sérignan 34 ...... 321 G 4

Sérignan-du-Comtat 84 ...... 285 F 3
Sérignan-Plage 34 ...... 321 H 4
Sérigné 85 ...... 183 H 2
Sérigny 61 ...... 84 C 4
Sérigny 86 ...... 169 F 3
Sérilhac 19 ...... 242 D 3
Séringes-et-Nesles 02 ...... 40 C 4
Séris 41 ...... 132 B 3
Serley 71 ...... 178 C 4
Sermages 58 ...... 175 H 1
Sermaise 49 ...... 150 B 1
Sermaise 91 ...... 87 F 3
Sermaises 45 ...... 87 G 5
Sermaize 60 ...... 23 G 5
Sermaize-les-Bains 51 ...... 63 F 4
Sermamagny 90 ...... 142 C 2
Sermange 39 ...... 161 F 4
Sermano 2B ...... 347 F 4
Sermentizon 63 ...... 228 C 1
Sermérieu 38 ...... 232 B 1
Sermersheim 67 ...... 97 F 4
Sermesse 71 ...... 178 B 3
Sermizelles 89 ...... 157 H 1
Sermoise 02 ...... 40 C 2
Sermoise-sur-Loire 58 ...... 174 C 2
Sermoyer 01 ...... 195 F 2
Sermur 23 ...... 208 B 3
Sernhac 30 ...... 304 B 1
Serocourt 88 ...... 118 B 3
Séron 65 ...... 314 D 3
Serpaize 38 ...... 231 F 3
La Serpent 11 ...... 337 F 3
Serques 62 ...... 3 F 5
Serqueux 52 ...... 118 A 4
Serqueux 76 ...... 21 E 5
Serquigny 27 ...... 35 G 5
Serra-di-Ferro 2A ...... 348 C 5
Serra-di-Fiumorbo 2B ...... 349 G 2
Serra di Pigno 2B ...... 345 G 4
Serra-di-Scopamène 2A ...... 349 E 5
Serrabone Prieuré de 66 ...... 342 C 3
Serralongue 66 ...... 342 C 5
Serrant Château de 49 ...... 149 F 2
Serraval 74 ...... 216 A 4
La Serre 12 ...... 300 C 1
La Serre Col de 15 ...... 245 E 3
La Serre-Bussière-
Vieille 23 ...... 208 B 2
Serre-Chevalier 05 ...... 252 C 4
Serre-les-Moulières 39 ...... 161 F 4
Serre-les-Sapins 25 ...... 161 H 4
Serre-Nerpol 38 ...... 250 B 1
Serre-Ponçon Barrage
et Lac de 93 ...... 270 A 4
Serres 05 ...... 269 E 5
Serres 11 ...... 337 H 3
Serres 54 ...... 66 C 5
Serres-Castet 64 ...... 314 B 3
Serres-et-Montguyard 24 ... 257 H 2
Serres-Gaston 40 ...... 294 A 4
Serres-Morlaàs 64 ...... 314 C 3
Serres-Sainte-Marie 64 ...... 313 H 2
Serres-sur-Arget 09 ...... 336 A 3
Serreslous-et-Arribans 40 ...293 H 3
Serriera 2A ...... 346 B 5
Serrières 07 ...... 231 E 5
Serrières 54 ...... 65 H 4
Serrières 71 ...... 194 D 4
Serrières-de-Briord 01 ...... 214 B 5
Serrières-en-Chautagne 73.215 E 4
Serrières-sur-Ain 01 ...... 214 B 1
Serrigny 89 ...... 137 E 2
Serrigny-en-Bresse 71 ...... 178 B 3
Serris 77 ...... 59 F 3
Serrouville 54 ...... 45 F 3
Serruelles 18 ...... 173 E 3
Sers 16 ...... 221 G 2
Sers 65 ...... 333 E 3
Servais 02 ...... 24 B 5
Serval 02 ...... 41 E 3
Servance 70 ...... 142 A 1
Servanches 24 ...... 239 F 2
Servant 63 ...... 209 F 1
Servas 01 ...... 213 H 1
Servas 30 ...... 284 A 3
Servaville-Salmonville 76 ...36 C 1
Serverette 48 ...... 264 B 2
Serves-sur-Rhône 26 ...... 249 E 2
Servian 34 ...... 321 H 2
Servières 48 ...... 264 B 4
Servières-le-Château 19 ...243 F 3
Serviers-et-Labaume 30 ...284 B 5
Serviès 81 ...... 299 E 4
Serviès-en-Val 11 ...... 338 A 1
Servignat 01 ...... 195 G 3

Servigney 25 ...... 162 C 1
Servigney 70 ...... 141 F 3
Servigny 50 ...... 31 G 5
Servigny-lès-Raville 57 ...... 66 C 1
Servigny-
lès-Sainte-Barbe 57 ...... 45 H 5
Serville 28 ...... 56 D 4
Servilly 03 ...... 192 C 5
Servin 25 ...... 162 D 3
Servins 62 ...... 8 A 5
Servon 08 ...... 26 B 3
Servon 50 ...... 51 G 5
Servon 77 ...... 59 E 5
Servon-Melzicourt 51 ...... 43 E 4
Servon-sur-Vilaine 35 ...... 104 C 3
Servoz 74 ...... 216 D 3
Séry 08 ...... 26 A 5
Séry 89 ...... 136 C 5
Séry-lès-Mézières 02 ...... 24 C 3
Séry-Magneval 60 ...... 39 F 4
Serzy-et-Prin 51 ...... 41 E 4
Sessenheim 67 ...... 69 F 3
Sète 34 ...... 323 E 4
Setques 62 ...... 3 E 5
Les Settons 58 ...... 158 B 4
Seudre Pont de la 17 ...... 200 C 4
Seugy 95 ...... 38 C 5
Seuil 08 ...... 42 B 1
Seuillet 03 ...... 210 C 1
Seuilly 37 ...... 150 D 5
Seur 41 ...... 153 E 1
Le Seure 17 ...... 202 B 5
Seurre 21 ...... 178 B 1
Seux 80 ...... 22 A 2
Seuzey 55 ...... 64 C 2
Sevelinges 42 ...... 212 A 2
Sevenans 90 ...... 142 C 3
Sévérac 44 ...... 125 G 5
Sévérac-le-Château 12 ...... 281 H 2
Sévérac-l'Église 12 ...... 281 F 1
Seveux 70 ...... 140 B 5
Sevi Col de 2A ...... 346 C 5
Sévignac 22 ...... 79 E 5
Sévignacq 64 ...... 314 C 2
Sévignacq-Meyracq 64 ...... 332 A 1
Sévigny 61 ...... 54 A 4
Sévigny-la-Forêt 08 ...... 26 B 1
Sévigny-Waleppe 08 ...... 25 G 5
Sévis 76 ...... 20 B 4
Sevrai 61 ...... 53 H 5
Sevran 93 ...... 58 D 2
Sèvres 92 ...... 58 B 4
Sèvres-Anxaumont 86 ...... 186 C 1
Sevrey 71 ...... 177 H 4
Sévrier 74 ...... 215 G 4
Sévry 18 ...... 155 H 5
Sewen 68 ...... 142 C 1
Sexcles 19 ...... 243 F 4
Sexey-aux-Forges 54 ...... 94 C 1
Sexey-les-Bois 54 ...... 65 G 5
Sexfontaines 52 ...... 116 D 2
Seychalles 63 ...... 210 B 5
Seyches 47 ...... 257 G 4
Seyne 04 ...... 270 B 5
La Seyne-sur-Mer 83 ...... 328 A 4
Seynes 30 ...... 284 A 4
Seynod 74 ...... 215 G 3
Seyre 31 ...... 318 B 3
Seyresse 40 ...... 292 B 3
Seyssel 01 ...... 215 E 3
Seyssel 74 ...... 215 E 3
Seysses 31 ...... 317 G 2
Seysses-Savès 32 ...... 317 E 2
Seyssinet-Pariset 38 ...... 250 D 2
Seyssins 38 ...... 250 D 2
Seyssuel 38 ...... 231 E 3
Seythenex 74 ...... 216 A 5
Seytroux 74 ...... 198 C 4
Sézanne 51 ...... 61 E 5
Sézéria 39 ...... 196 C 2
Siarrouy 65 ...... 315 E 3
Siaugues-Saint-Romain 43.246 D 3
Sibiril 29 ...... 71 G 3
Sibiville 62 ...... 12 D 2
La Sicaudais 44 ...... 146 D 4
Siccieu-Saint-Julien-
et-Carisieu 38 ...... 214 A 5
Sichamps 58 ...... 156 D 5
Sickert 68 ...... 142 C 1
Sideville 50 ...... 29 E 3
Sidiailles 18 ...... 190 B 2
Siecq 17 ...... 202 C 4
Siegen 67 ...... 69 G 1
Sièges 39 ...... 196 D 4
Les Sièges 89 ...... 114 A 3
Sierck-les-Bains 57 ...... 46 B 2
Sierentz 68 ...... 143 G 2

Siersthal 57...68 A1
Sierville 76...20 A5
Siest 40...292 D3
Sieurac 81...299 F2
Sieuras 09...317 H5
Siévoz 38...251 E5
Siewiller 67...67 H3
Sigale 06...289 G5
Sigalens 33...256 D5
Sigean 11...339 E2
Sigean
  Réserve africaine de 11...339 E2
Sigloy 45...133 H3
Signac 81...334 B3
Signes 83...327 H2
Signéville 52...93 F5
Signy-l'Abbaye 08...26 B4
Signy-le-Petit 08...26 A1
Signy-Montlibert 08...27 H5
Signy-Signets 77...59 H2
Sigogne 16...220 C1
Sigolsheim 68...121 E2
Sigonce 04...287 F5
Sigottier 05...268 D5
Sigoulès 24...257 G2
Sigournais 85...166 C5
Sigoyer 04...287 G1
Sigoyer 05...269 G4
Siguer 09...336 A5
Sigy 77...89 F3
Sigy-en-Bray 76...21 E5
Sigy-le-Châtel 71...194 C2
Silfiac 56...101 G2
Silhac 07...248 D5
Sillans 38...232 B5
Sillans-la-Cascade 83...307 G4
Sillars 86...187 F3
Sillas 33...274 D1
Sillé-le-Guillaume 72...107 E2
Sillé-le-Philippe 72...108 A3
Sillegny 57...65 H2
Sillery 51...41 H4
Silley-Amancey 25...180 B1
Silley-Bléfond 25...162 C2
Sillingy 74...215 F3
Silly-en-Gouffern 61...54 B4
Silly-en-Saulnois 57...66 B2
Silly-la-Poterie 02...40 A4
Silly-le-Long 60...39 F5
Silly-sur-Nied 57...46 B5
Silly-Tillard 60...38 A3
Silmont 55...63 H4
Siltzheim 67...67 G1
Silvacane Ancienne
  Abbaye de 13...305 H3
Silvareccio 2B...347 G3
Silvarouvres 52...116 B4
Simacourbe 64...314 C2
Simandre 71...195 F1
Simandre-sur-Suran 01...196 A5
Simandres 69...231 F2
Simard 71...178 B5
Simencourt 62...13 F3
Simeyrols 24...241 H5
Simiane-Collongue 13...327 E1
Simiane-la-Rotonde 04...286 D5
Simorre 32...316 C2
Simplé 53...105 H5
Le Simserhof Fort 57...68 B1
Sin-le-Noble 59...8 D5
Sinard 38...250 D4
Sinceny 02...24 A5
Sincey-lès-Rouvray 21...158 B2
Sindères 40...272 D4
Singles 63...226 C3
Singleyrac 24...257 H2
Singly 08...26 D4
Singrist 67...68 B5
Sinsat 09...336 B5
Sinzos 65...315 F5
Sion 32...295 E3
Sion 54...94 C3
Sion-les-Mines 44...126 C3
Sion-sur-l'Océan 85...164 D4
Sioniac 19...243 E4
Sionne 88...93 H4
Sionviller 54...95 G1
Siorac-de-Ribérac 24...239 G2
Siorac-en-Périgord 24...259 E1
Siouville-Hague 50...28 C3
Sirac 32...297 E3
Siracourt 62...7 F5
Siradan 65...334 B2
Siran 15...243 E5
Siran 34...320 B4
Siran Château 33...237 F3
Sireix 65...332 C2

Sireuil 16...221 E2
Sireuil 24...241 F5
Sirod 39...180 A4
Siros 64...314 A3
Sisco 2B...345 G2
Sissonne 02...25 F5
Sissy 02...24 C3
Sistels 82...276 C4
Sisteron 04...287 G2
Sivergues 84...305 H2
Sivignon 71...194 B3
Sivry 54...65 H4
Sivry-Ante 51...63 E1
Sivry-Courtry 77...88 C3
Sivry-la-Perche 55...43 H5
Sivry-sur-Meuse 55...43 H3
Six-Fours-les-Plages 83...327 H5
Sixt-Fer-à-Cheval 74...216 D1
Sixt-sur-Aff 35...125 H2
Sizun 29...75 H2
Smarves 86...186 B2
Smermesnil 76...20 D2
Soccia 2A...348 C1
Sochaux 25...142 C4
Socoa 64...310 B3
Socourt 88...95 E4
Socx 59...3 G3
Sode 31...334 B4
Sœurdres 49...128 C3
Sognes 89...89 H5
Sognolles-en-Montois 77...89 F3
Sogny-aux-Moulins 51...62 B2
Sogny-en-l'Angle 51...63 E3
Soilly 51...60 D1
Soindres 78...57 F2
Soing 70...140 C5
Soings-en-Sologne 41...153 G2
Soirans 21...160 C4
Soissons 02...40 B2
Soissons-sur-Nacey 21...160 D3
Soisy-Bouy 77...89 G3
Soisy-sous-Montmorency 95...58 B2
Soisy-sur-École 91...88 A3
Soisy-sur-Seine 91...58 D5
Soize 02...25 G4
Soizé 28...109 E3
Soizy-aux-Bois 51...61 E4
Solaize 69...231 E2
Solaro 2B...349 G3
Solbach 67...96 D3
Soleilhas 04...308 B1
Solemont 25...163 F2
Solente 60...23 G4
Solenzara 2A...349 G4
Le Soler 66...342 D2
Solérieux 26...285 F1
Solers 77...59 F5
Solesmes 59...14 D3
Solesmes 72...129 E2
Soleymieu 38...232 A1
Soleymieux 42...229 G3
Solférino 40...273 E3
Solgne 57...66 B2
Soliers 14...33 H5
Solignac 87...223 G1
Solignac-sous-Roche 43...247 G1
Solignac-sur-Loire 43...247 F4
Solignat 63...227 H3
Soligny-la-Trappe 61...84 B2
Soligny-les-Étangs 10...89 H4
Sollacaro 2A...348 D5
Sollières-Sardières 73...235 E5
Solliès-Pont 83...328 B3
Solliès-Toucas 83...328 B3
Solliès-Ville 83...328 B4
Sologny 71...194 D4
Solomiac 32...296 D2
Solre-le-Château 59...15 H3
Solrinnes 59...15 H3
Solterre 45...134 D2
Solutré-Pouilly 71...194 D4
Somain 59...9 E5
Sombacour 25...180 C2
Sombernon 21...159 G3
Sombrin 62...13 E3
Sombrun 65...315 E2
Sommaing 59...14 D2
Sommaisne 55...63 G2
Sommancourt 52...92 D3
Sommant 71...176 C1
Sommauthe 08...43 F1
Somme-Bionne 51...42 D5
Somme-Suippe 51...42 C5

Somme-Tourbe 51...42 D5
Somme-Vesle 51...62 C1
Somme-Yèvre 51...62 D2
Sommecaise 89...135 G2
Sommedieue 55...64 C1
Sommeilles 55...63 F2
Sommelans 02...40 B5
Sommelonne 55...63 G5
Sommepy-Tahure 51...42 C4
Sommerance 08...43 F3
Sommerécourt 52...117 H2
Sommereux 60...21 H4
Sommermont 52...92 D3
Sommeron 02...25 F1
Sommervieu 14...33 E3
Sommerviller 54...95 E1
Sommery 76...20 D5
Sommesnil 76...19 G4
Sommesous 51...61 H4
Sommet-Bucher 05...271 E1
La Sommette 25...162 D4
Sommette-Eaucourt 02...23 H3
Sommeval 10...114 D3
Sommeville 52...92 D2
Sommevoire 52...92 B4
Sommières 30...303 F2
Sommières-du-Clain 86...186 B5
Somont 79...184 D4
Sompt 79...202 D1
Sompuis 51...62 B5
Somsois 51...91 H2
Son 08...26 A5
Sonac 46...261 E2
Sonchamp 78...86 D2
Soncourt 88...94 B4
Soncourt-sur-Marne 52...116 D2
Sondernach 68...120 C4
Sondersdorf 68...143 F4
La Sône 38...250 A2
Songeons 60...21 G5
Songeson 39...179 G5
Songieu 01...214 D3
Songy 51...62 C4
Sonnac 12...261 G4
Sonnac 17...202 B4
Sonnac-sur-l'Hers 11...337 E2
Sonnay 38...231 F5
Sonnaz 73...233 F1
Sonneville 16...202 D5
Sons-et-Ronchères 02...24 D3
Sonthonnax-
  la-Montagne 01...196 B5
Sonzay 37...151 G1
Soorts-Hossegor 40...292 B3
Sophia-Antipolis 06...309 F3
Soppe-le-Bas 68...142 D2
Soppe-le-Haut 68...142 D2
Sor 09...335 E3
Sorans-lès-Breurey 70...162 A2
Sorba Col de 2B...349 F1
Sorbais 02...25 F1
Sorbets 32...295 E3
Sorbets 40...294 B4
Sorbey 55...44 C3
Sorbey 57...66 B1
Sorbier 03...192 D4
Sorbiers 05...268 C5
Sorbiers 42...230 B3
Sorbo-Ocagnano 2B...347 G2
Sorbollano 2A...349 E5
Sorbon 08...26 A5
Sorbs 34...301 H1
Sorcy-Bauthémont 08...26 C5
Sorcy-Saint-Martin 55...64 D5
Sorde-l'Abbaye 40...292 D5
Sore 40...273 G1
Soréac 65...315 F4
Sorède 66...343 F3
Sorel 80...14 A5
Sorel-en-Vimeu 80...11 H4
Sorel-Moussel 28...56 D3
Sorèze 81...319 F2
Sorgeat 09...336 D5
Sorges 24...240 D1
Sorgues 84...285 F5
Sorigny 37...151 H4
Les Sorinières 44...147 G4
Sorio 2B...345 F5
Sormery 89...114 B4
Sormonne 08...26 C2
Sornac 19...225 H2
Sornay 70...161 F3
Sornay 71...195 G1
Sornéville 54...66 C5
Sorquainville 76...19 F4
Sorrus 62...6 B4
Sort-en-Chalosse 40...293 E3

Sortosville 50...29 F5
Sortosville-en-Beaumont 50...28 D5
Sos 47...275 E4
Sospel 06...291 G4
Sossais 86...169 F3
Sost 65...334 A3
Sotta 2A...351 F3
Sottevast 50...29 E4
Sotteville 50...28 D4
Sotteville-lès-Rouen 76...36 B3
Sotteville-sous-le-Val 76...36 B3
Sotteville-sur-Mer 76...19 H2
Soturac 46...259 E5
Sotzeling 57...66 D3
Souain-Perthes-
  lès-Hurlus 51...42 C4
Soual 81...299 F5
Souancé-au-Perche 28...109 E2
Souanyas 66...341 H3
Souastre 62...13 E4
Soubès 34...301 H1
Soubise 17...200 D3
Soublecause 65...295 E5
Soubran 17...219 G5
Soubrebost 23...207 E3
Soucé 53...82 B3
Soucelles 49...128 D5
La Souche 07...265 H3
Souché 79...184 D4
Souchez 62...8 B5
Soucht 57...68 A2
Soucia 39...196 D1
Soucieu-en-Jarrest 69...230 D1
Soucirac 46...260 B2
Souclin 01...214 B4
Soucy 02...39 H3
Soucy 89...113 G2
Soudaine-Lavinadière 19...224 D3
Soudan 44...127 E3
Soudan 79...185 G3
Soudat 24...222 B2
Souday 41...109 E4
Soudé 51...62 A4
Soudeilles 19...225 G4
Soudorgues 30...283 F4
Soudron 51...61 H3
Soueich 31...334 C2
Soueix-Rogalle 09...335 G3
Souel 81...279 F5
Soues 65...315 F5
Soues 80...22 A1
Souesmes 41...154 D2
Souffelweyersheim 67...69 E5
Soufflenheim 67...69 F3
Souffrignac 16...221 H2
Sougé 36...171 F2
Sougé 41...131 E3
Sougé-le-Ganelon 72...83 F5
Sougéal 35...80 C2
Sougères-en-Puisaye 89...156 D1
Sougères-sur-Sinotte 89...136 B2
Sougraigne 11...337 H3
Sougy 45...110 D4
Sougy-sur-Loire 58...175 E3
Les Souhesmes 55...43 H5
Souhey 21...158 D1
Le Souich 62...12 D3
Souilhanels 11...318 D3
Souilhe 11...318 D3
Souillac 46...242 B5
Souillé 72...107 H3
Souilly 55...63 H1
Souilly 77...59 E2
Soula 09...336 B3
Soulac-sur-Mer 33...218 C3
Soulages 15...246 A3
Soulages-Bonneval 12...263 E3
Soulaincourt 52...93 F3
Soulaines-Dhuys 10...92 A4
Soulaines-sur-Aubance 49...149 G2
Soulaire-et-Bourg 49...128 C5
Soulaires 28...86 B3
Soulan 09...335 G3
Soulanges 51...62 C4
Soulangis 18...155 F5
Soulangy 14...53 H2
Soulatgé 11...338 A4
Soulaucourt-
  sur-Mouzon 52...118 A2
Soulaures 24...259 E3
Soulce-Cernay 25...163 G2
Soulgé-sur-Ouette 53...106 B4
Le Soulié 34...300 C5
Soulières 51...61 F3
Soulièvres 79...168 B3
Soulignac 33...256 B2
Souligné-Flacé 72...107 F5

Souligné-sous-Ballon 72...107 H3
Soulignonne 17...201 E5
Souligny 10...114 D2
Soulitré 72...108 B4
Soullans 85...164 D3
Soulom 65...332 D2
Soulomès 46...260 C3
Soulosse-
  sous-Saint-Élophe 88...94 A4
Soultz-Haut-Rhin 68...120 D5
Soultz-les-Bains 67...97 F1
Soultz-sous-Forêts 67...69 E2
Soultzbach-les-Bains 68...120 D3
Soultzeren 68...120 C3
Soultzmatt 68...120 D4
Soulvache 44...126 D2
Soumaintrain 89...114 C4
Soumans 23...190 B5
Soumensac 47...257 G2
Souméras 17...219 H5
Soumont 34...301 H3
Soumont-Saint-Quentin 14...53 H2
Soumoulou 64...314 C4
Soupex 11...318 D3
Souppes-sur-Loing 77...112 C3
Souprosse 40...293 G2
Le Souquet 40...272 C5
Souraïde 64...310 D4
Sourans 25...142 A5
La Source 45...133 F3
Source-Seine 21...159 F1
Sourcieux-les-Mines 69...212 D5
Le Sourd 02...25 E2
Sourdeval 50...52 C4
Sourdeval-les-Bois 50...51 H2
Sourdon 80...22 C4
Sourdun 77...89 G3
Le Sourn 56...101 H3
Sournia 66...338 A5
Sourniac 15...244 B1
Sourribes 04...287 G3
Sours 28...86 B4
Soursac 19...243 H1
Sourzac 24...239 G3
Sous-la-Tour 22...78 B3
Sous-Parsat 23...207 F2
Sousceyrac 46...243 F5
Sousmoulins 17...220 B5
Souspierre 26...267 G4
Soussac 33...256 D2
Soussans 33...237 F3
Soussey-sur-Brionne 21...159 E3
Soustelle 30...283 G3
Soustons 40...292 B2
Sousville 38...251 E4
Souternon 42...211 G4
La Souterraine 23...188 C5
Soutiers 79...185 F1
Souvans 39...179 H1
Souvigné 16...203 E3
Souvigné 37...151 F1
Souvigné 79...185 F3
Souvigné-sur-Même 72...108 C2
Souvigné-sur-Sarthe 72...128 D2
Souvigny 03...191 H2
Souvigny-de-Touraine 37...152 C2
Souvigny-en-Sologne 41...133 G5
Souyeaux 65...315 F4
Souzay-Champigny 49...150 C4
Souzy 69...230 B1
Souzy-la-Briche 91...87 F3
Soveria 2B...347 E4
Soyans 26...267 G3
Soyaux 16...221 F2
Soye 25...162 D1
Soye-en-Septaine 18...173 F2
Soyécourt 80...23 F2
Soyers 52...140 B2
Soyons 07...249 F5
Spada 55...64 C3
Sparsbach 67...68 B3
Spay 72...107 G5
Spechbach-le-Bas 68...143 E2
Spechbach-le-Haut 68...143 E2
Speloncato 2B...346 D2
Spelunca Gorges de 2A...346 B5
Spéracèdes 06...308 D3
Spézet 29...76 C3
Spicheren 57...47 F4
Spin'a Cavallu
  Pont génois 2A...350 D2
Spincourt 55...44 D3

Sponville 54...65 E1
Spoy 10...116 A2
Spoy 21...160 B1
Spycker 59...3 G3
Squiffiec 22...73 E4
Staffelfelden 68...121 E5
Stains 93...58 C2
Stainville 55...63 H5
Stangala Site du 29...99 H2
Staple 59...3 H5
Stattmatten 67...69 F3
Stazzona 2B...347 G3
Steenbecque 59...7 H2
Steene 59...3 G3
Steenvoorde 59...3 H4
Steenwerck 59...8 B2
Steige 67...96 D4
Steinbach 68...143 E1
Steinbourg 67...68 B4
Steinbrunn-le-Bas 68...143 F2
Steinbrunn-le-Haut 68...143 F2
Steinseltz 67...69 F1
Steinsoultz 68...143 F3
Stella-Plage 62...6 A4
Stenay 55...43 G1
Sternenberg 68...142 D2
Stetten 68...143 G3
Stigny 89...137 G3
Still 67...97 E1
Stiring-Wendel 57...47 F4
Stonne 08...27 F5
Storckensohn 68...120 B5
Stosswihr 68...120 C3
Stotzheim 67...97 F3
Strasbourg 67...97 H1
Strazeele 59...4 A5
Strenquels 46...242 C4
Strueth 68...143 E3
Struth 67...68 A3
Stuckange 57...45 H3
Stundwiller 67...69 F2
Sturzelbronn 57...68 C1
Stutzheim-Offenheim 67...68 D5
Suarce 90...142 D3
Suaucourt-et-Pisseloup 70...140 B4
Suaux 16...203 H4
Le Subdray 18...172 D2
Sublaines 37...152 C4
Subles 14...32 D3
Subligny 18...155 H2
Subligny 50...51 H4
Subligny 89...113 F3
Suc-au-May 19...225 E4
Suc-et-Sentenac 09...336 A5
Succieu 38...232 A3
Sucé-sur-Erdre 44...147 H2
Sucy-en-Brie 94...58 D4
Suèvres 41...132 B4
Sugères 63...228 B2
Sugny 08...42 D2
Suhescun 64...311 F5
Suilly-la-Tour 58...156 B3
Suin 71...194 B3
Suippes 51...42 C5
Suisse 57...66 D2
Suizy-le-Franc 51...61 E2
Sully 14...32 D3
Sully 60...21 G5
Sully 71...177 E2
Sully-la-Chapelle 45...111 G5
Sully-sur-Loire 45...134 A3
Sulniac 56...124 D3
Sumène 30...283 E5
Sundhoffen 68...121 F3
Sundhouse 67...97 G5
Super-Barèges 65...333 F3
Super-Besse 63...227 F3
Super-Bolquère 66...341 G4
Super-Lioran 15...245 E3
Super-Sauze 04...270 D5
Superbagnères 31...334 A5
Superdévoluy 05...269 F2
Supeyres Col des 63...229 E2
Supt 39...179 H3
Le Suquet 06...291 E4
Surat 63...210 A4
Surba 09...336 B4
Surbourg 67...69 E2
Surcamps 80...12 B5
Surdoux 87...224 C2
Suré 61...84 A4
Suresnes 92...58 B3
Surfonds 72...108 B5
Surfontaine 02...24 C3
Surgères 17...201 F1

A B C D E F G H I J K L M N O P Q R S T U V W X Y Z

A B C D E F G H I J K L M N O P Q R S T U V W X Y Z

STRASBOURG

Abreuvoir (R. de l') .... LZ 3
Arc-en-Ciel (R.) .... KLY 7
Austerlitz (R. d') .... KZ 10
Auvergne (Pont d') .... LY 12
Bateliers (R. des) .... LZ 14
Bonnes-Gens (R. des) .... JY 19
Bouclier (R. du) .... JZ 20
Castelnau (R. Gén.-de) .... KY 25
Cathédrale (Pl. de la) .... KY 26
Chaudron (R. du) .... JZ 29
Cheveux (R. des) .... JZ 29
Corbeau (Pl. du) .... KZ 31

Cordiers (R. des) .... KZ 32
Courtine (R. de la) .... LY 34
Dentelles (R. des) .... JZ 36
Division-Leclerc (R.) .... JKZ
Écarlate (R.) .... JZ 43
Escarpée (R.) .... JZ 45
Étudiants (R. et Pl. des) .... KY 46
Faisan (Pont du) .... JZ 47
Fonderie (Pont de la) .... KY 52
Fossés-des-Treize (R. du) .... KY 58
Fossé-des-Tanneurs (R. du) .... JZ 57
Francs-Bourgeois (R. des) .... JZ 60
Frey (Quai Charles) .... JZ 63
Grande-Boucherie (Pl. de la) .... KZ 76

Gutenberg (R.) .... JKZ 78
Hallebardes (R. des) .... KZ 80
Haute-Montée (R.) .... JY 82
Homme de Fer (Pl. de l') .... JY 90
Hôpital-Militaire (R. de l') .... LZ 91
Humann (R.) .... HZ 94
Ill (Quai de l') .... HZ 95
Kellermann (Quai) .... JY 100
Krutenau (R. de la) .... LZ 106
Kuss (Pont) .... HY 108
Lezay-Marnésia (Quai) .... LY 114
Luther (R. Martin) .... JZ 117
Maire Kuss (R.) .... HY 120

Marché-aux-Cochons-de-Lait (Pl.) .... KZ 124
Marché-aux-Poissons (R. du) .... KZ 125
Marché-Gayot (Pl. du) .... KYZ 126
Marché-Neuf (Pl. du) .... KYZ 127
Maroquin (R. du) .... KZ 129
Mercière (R.) .... KZ 135
Mésange (R. de la) .... JKY 136
Monnaie (R. de la) .... JZ 141
Munch (R. Ernest) .... LZ 142
Noyer (R. du) .... JY 147
Nuée-Bleue (R. de la) .... KY
Obernai (R. d') .... HZ 150
Outre (R. de l') .... KY 153
Paix (Av. de la) .... KLY 154

Parchemin (R. du) .... KY 156
Pierre (R. du Fg-de) .... JY 160
Pontonniers (R. des) .... LY 167
Récollets (R. des) .... KLY 172
Ste-Madeleine (Pont et R.) .... KLZ 192
St-Étienne (Quai) .... LY 183
St-Michel (R.) .... HZ 187
St-Nicolas (Pont) .... KZ 189
St-Pierre-le-Jeune (Pl.) .... JKY 190
Salzmann (R.) .... JZ 193
Sanglier (R. du) .... KY 194
Saverne (Pont de) .... HY 195
Schoelcher (Av. Victor) .... KY 199
Sébastopol (R. de) .... JKZ 202
Serruriers (R. des) .... JKZ 205

Temple-Neuf (Pl. du) .... KY 213
Temple-Neuf (R. du) .... KY 214
Théâtre (Pont du) .... KY 216
Thomann (R. des) .... JY 217
Tonneliers (R. des) .... KZ 220
Turckheim (Quai) .... HZ 225
Vieil-Hôpital (R. du) .... KZ 228
Vieux-Marché-aux-Poissons (R. du) .... KZ 229
Vieux-Marché-aux-Vins (R. et Pl. du) .... JY 230
Vieux-Seigle (R. du) .... JZ 231
Wasselonne (R.) .... HZ 238
Wodli (R. Georges) .... HY 242
22-Novembre (R. du) .... HJYZ

Surgy 58 .... 157 F 1
Suriauville 88 .... 118 B 2
Surin 79 .... 184 D 2
Surin 86 .... 203 H 2
Suris 16 .... 204 C 4
Surjoux 01 .... 215 E 2
Surmont 25 .... 163 E 3
Surques 62 .... 2 D 5
Surrain 14 .... 32 C 2
Surtainville 50 .... 28 D 5
Surtauville 27 .... 36 A 4
Survie 61 .... 54 C 3
Surville 14 .... 34 C 3
Surville 27 .... 36 B 4
Surville 50 .... 31 F 3
Survilliers 95 .... 38 D 5
Sury 08 .... 26 C 3
Sury-aux-Bois 45 .... 111 H 5
Sury-en-Vaux 18 .... 155 H 3
Sury-ès-Bois 18 .... 155 H 2
Sury-le-Comtal 42 .... 229 H 3
Sury-près-Léré 18 .... 156 A 1
Surzur 56 .... 124 C 4
Sus 64 .... 313 F 3
Sus-Saint-Léger 62 .... 12 D 3
Suscinio Château de 56 .... 124 C 5
Susmiou 64 .... 313 F 3
Sussac 87 .... 224 C 2
Sussargues 34 .... 303 E 3
Sussat 03 .... 209 G 1
Sussey 21 .... 158 D 4
Susville 38 .... 251 E 4
Sutrieu 01 .... 214 C 3
Suzan 09 .... 335 H 2
Suzanne 08 .... 42 C 4
Suzanne 80 .... 23 F 1
Suzannecourt 52 .... 93 E 3
Suzay 27 .... 37 E 3

Suze 26 .... 267 H 1
Suze-la-Rousse 26 .... 285 F 2
La Suze-sur-Sarthe 72 .... 129 G 2
Suzette 84 .... 285 H 3
Suzoy 60 .... 23 G 5
Suzy 02 .... 24 C 5
Sy 08 .... 43 E 1
Syam 39 .... 179 H 5
Sylvains-les-Moulins 27 .... 56 B 2
Sylvanès 12 .... 301 E 2
Le Syndicat 88 .... 119 H 4

T

Tabaille-Usquain 64 .... 311 H 4
Tabanac 33 .... 255 H 2
La Table 73 .... 233 H 3
Le Tablier 85 .... 183 E 1
Tabre 09 .... 336 D 2
La Tâche 16 .... 203 G 4
Tachoires 32 .... 316 B 2
Tacoignières 78 .... 57 F 3
Taconnay 58 .... 157 E 3
Taden 22 .... 79 H 4
Tadousse-Ussau 64 .... 294 C 5
Taglio-Isolaccio 2B .... 347 G 3
La Tagnière 71 .... 176 C 4
Tagnon 08 .... 42 A 2
Tagolsheim 68 .... 143 F 2
Tagsdorf 68 .... 143 F 3
Tailhac 43 .... 246 C 4
Taillades 84 .... 305 F 2
Le Taillan-Médoc 33 .... 237 F 5
Taillancourt 55 .... 94 A 2
Taillant 17 .... 201 G 4
Taillebois 61 .... 53 F 3
Taillebourg 17 .... 201 G 4
Taillebourg 47 .... 257 F 5
Taillecavat 33 .... 257 E 3

Taillecourt 25 .... 142 C 4
La Taillée 85 .... 183 H 3
Taillefontaine 02 .... 39 H 3
Taillepied 50 .... 31 F 2
Taillet 66 .... 342 C 4
Taillette 08 .... 26 B 1
Tailleville 14 .... 33 G 3
Taillis 35 .... 105 E 2
Tailly 08 .... 43 G 1
Tailly 21 .... 177 H 2
Tailly 80 .... 11 H 5
Tain-l'Hermitage 26 .... 249 E 3
Taingy 89 .... 136 A 5
Taintrux 88 .... 96 B 5
Taisnières-en-Thiérache 59 .... 15 F 4
Taisnières-sur-Hon 59 .... 15 F 2
Taisnil 80 .... 22 A 3
Taissy 51 .... 41 H 4
Taïx 81 .... 279 G 5
Taizé 71 .... 194 D 2
Taizé 79 .... 168 B 2
Taizé-Aizie 16 .... 203 G 2
Taizy 08 .... 42 A 1
Tajan 65 .... 315 H 5
Talairan 11 .... 338 B 2
Talais 33 .... 218 C 3
Talange 57 .... 45 H 4
Talant 21 .... 160 A 3
Talasani 2B .... 347 H 3
Talau 66 .... 341 H 3
La Talaudière 42 .... 230 B 4
Talazac 65 .... 315 E 3
Talcy 41 .... 132 B 3
Talcy 89 .... 137 F 5
Talence 33 .... 255 G 1
Talencieux 07 .... 249 E 1
Talensac 35 .... 103 H 3
Talissieu 01 .... 214 D 4

Talizat 15 .... 245 G 3
Tallans 25 .... 162 C 1
Tallard 05 .... 269 G 4
Tallenay 25 .... 162 A 3
Tallende 63 .... 227 H 2
Taller 40 .... 292 D 1
Talloires 74 .... 215 H 4
Tallone 2B .... 347 G 5
Le Tallud 79 .... 185 F 1
Tallud-Sainte-Gemme 85 .... 166 D 5
Talmas 80 .... 12 D 5
Talmay 21 .... 160 D 2
Talmont-Saint-Hilaire 85 .... 182 B 2
Talmont-sur-Gironde 17 .... 218 D 3
Talmontiers 60 .... 37 F 2
Taloire 04 .... 308 A 1
Talon 58 .... 157 F 3
Talus-Saint-Prix 51 .... 61 E 3
Taluyers 69 .... 230 D 2
Tamaris-sur-Mer 83 .... 328 A 5
La Tamarissière 34 .... 322 C 5
Tamerville 50 .... 29 F 4
Tamié Abbaye de 73 .... 234 A 1
Tamnay-en-Bazois 58 .... 175 G 1
Tamniès 24 .... 241 F 4
Tanavelle 15 .... 245 G 4
Tanay 21 .... 160 C 2
Tancarville 76 .... 35 E 1
Tancarville Pont de 76 .... 35 E 1
Tancoigné 49 .... 149 H 4
Tancon 71 .... 212 A 1
Tanconville 54 .... 96 B 1
Tancrou 77 .... 59 H 2
Tangry 62 .... 7 G 4
Tanis 50 .... 51 G 5
Tanlay 89 .... 137 F 2

Tannay 08 .... 27 E 5
Tannay 58 .... 157 F 3
Tanneron 83 .... 308 D 4
Tannerre-en-Puisaye 89 .... 135 G 4
La Tannière 53 .... 81 G 4
Tannières 02 .... 40 D 3
Tannois 55 .... 63 H 4
Tanques 61 .... 54 A 3
Tantonville 54 .... 94 D 3
Le Tanu 50 .... 51 H 3
Tanus 81 .... 280 B 4
Tanville 61 .... 83 F 2
Tanzac 17 .... 219 G 2
Taponas 69 .... 213 E 1
Taponnat-Fleurignac 16 .... 203 H 5
Tappa Site préhistorique 2A .... 351 F 3
Tarabel 31 .... 318 B 2
Taradeau 83 .... 308 A 5
Tarare 69 .... 212 B 4
Tarascon 13 .... 304 B 2
Tarascon-sur-Ariège 09 .... 336 B 4
Tarasteix 65 .... 315 E 3
Tarbes 65 .... 315 E 4
Tarcenay 25 .... 162 A 4
Tardes 23 .... 208 B 1
Tardets-Sorholus 64 .... 331 F 1
La Tardière 85 .... 167 E 5
Tardinghen 62 .... 2 B 4
Tarentaise 42 .... 230 C 5
Tarentaise Belvédère de la 73 .... 235 F 3
Targassonne 66 .... 341 F 4
Targé 86 .... 169 G 4
Target 03 .... 191 G 5
Targon 33 .... 256 B 2

Tarnac 19 .... 225 F 1
Tarnès 33 .... 237 H 4
Tarnos 40 .... 292 A 5
Taron-Sadirac-Viellenave 64 .... 294 C 5
Tarquimpol 57 .... 67 E 4
Tarrano 2B .... 347 G 4
Tarsac 32 .... 294 D 4
Tarsacq 64 .... 313 H 3
Tarsul 21 .... 160 A 1
Tart-l'Abbaye 21 .... 160 C 4
Tart-le-Bas 21 .... 160 C 4
Tart-le-Haut 21 .... 160 B 4
Tartaras 42 .... 230 D 3
Tartécourt 70 .... 140 D 2
Tartiers 02 .... 40 A 2
Tartigny 60 .... 22 C 5
Tartonne 04 .... 288 B 4
Le Tartre 71 .... 178 D 4
Le Tartre-Gaudran 78 .... 57 E 5
Tarzy 08 .... 26 A 2
Tasdon 17 .... 200 C 1
Tasque 32 .... 295 E 4
Tassé 72 .... 129 F 2
Tassenières 39 .... 179 E 2
Tassillé 72 .... 107 F 4
Tassin-la-Demi-Lune 69 .... 213 E 5
Tasso 2A .... 349 E 3
Tatinghem 62 .... 3 F 5
Le Tâtre 16 .... 220 C 4
Taugon 17 .... 183 H 4
Taulanne 04 .... 308 A 1
Taulé 29 .... 71 H 4
Taulignan 26 .... 267 G 5
Taulis 66 .... 342 C 4
Taupont 56 .... 102 D 4
Tauriac 33 .... 237 G 3

Tauriac 46...................242 D 5
Tauriac 81...................298 B 1
Tauriac-de-Camarès 12.......301 E 3
Tauriac-de-Naucelle 12......279 H 3
Tauriers 07..................266 A 4
Taurignan-Castet 09.........335 F 2
Taurignan-Vieux 09..........335 F 2
Taurinya 66..................342 B 3
Taurize 11...................338 A 1
Taussac 12...................262 D 1
Taussac-la-Billière 34......301 F 4
Taussat 33...................254 C 2
Tautavel 66..................338 C 4
Tauves 63....................226 D 3
Tauxières-Mutry 51............41 H 5
Tauxigny 37..................152 A 4
Tavaco 2A....................348 D 2
Tavant 37....................151 F 5
Tavaux 39....................178 D 1
Tavaux-et-Pontséricourt 02 ...25 F 3
Tavel 30.....................285 E 5
Tavera 2A....................348 D 2
Tavernay 71..................176 C 1
Tavernes 83..................307 E 4
Taverny 95....................58 B 1
Tavers 45....................132 C 3
Tavey 70.....................142 B 4
Taxat-Senat 03...............209 H 1
Taxenne 39...................161 F 4
Tayac 33.....................238 D 4
Taybosc 32...................296 C 2
Tayrac 12....................279 H 3
Tayrac 47....................276 D 3
Tazilly 58...................176 A 4
Le Tech 66...................342 B 5
Tèche 38.....................250 B 2
Técou 81.....................299 E 2
Teghime Col de 2B............345 G 4
Le Teich 33..................254 C 3
Teigny 58....................157 G 2
Le Teil 07...................266 D 4
Teilhède 63..................209 G 3
Teilhet 09...................336 C 1
Teilhet 63...................209 E 2
Teillay 35...................126 D 2
Teillay-le-Gaudin 45.........111 E 3
Teillay-Saint-Benoît 45......111 F 3
Teillé 44....................148 A 1
Teillé 72....................107 H 2
Teillet 81...................299 H 2
Teillet-Argenty 03...........190 C 5
Le Teilleul 50................81 H 2
Teillots 24..................241 G 1
Teissières-de-Cornet 15......244 B 4
Teissières-lès-Bouliès 15....262 C 1
Télégraphe Col du 73.........252 B 1
Telgruc-sur-Mer 29............75 F 4
Tellancourt 54................44 D 1
Tellecey 21..................160 C 3
Tellières-le-Plessis 61.......84 A 2
Teloché 72...................130 A 2
Le Temple 33.................236 C 5
Le Temple 41.................109 E 5
Le Temple 79.................167 E 2
Le Temple-de-Bretagne 44.....147 F 2
Temple-Laguyon 24............241 F 1
Le Temple-sur-Lot 47.........275 H 1
Templemars 59..................8 D 3
La Templerie 35...............81 F 5
Templeuve 59...................9 E 4
Templeux-la-Fosse 80..........23 H 1
Templeux-le-Guérard 80........24 A 1
Tenaille Ancienne
   Abbaye de la 17...........219 G 4
Tenay 01.....................214 B 3
Tence 43.....................248 A 3
Tencin 38....................233 F 5
Tende 06.....................291 H 2
Tende Col de 06..............291 H 2
Tendon 88....................119 H 2
Tendron 18...................174 A 2
Tendu 36.....................188 D 1
Teneur 62......................7 F 4
Tennie 72....................107 F 3
Tenteling 57..................47 F 5
Tercé 86.....................186 D 2
Tercillat 23.................189 H 3
Tercis-les-Bains 40..........292 D 3
Terdeghem 59...................3 H 5
Térénez 29....................71 H 3
Térénez Pont de 29............75 G 4
Tergnier 02...................24 B 4
Terjat 03....................208 D 1
Termes 08.....................43 E 3
Termes 11....................338 B 2
Termes 48....................263 H 1
Termes-d'Armagnac 32.........295 E 4

Termignon 73.................235 E 5
Terminiers 28................110 C 4
Ternand 69...................212 C 3
Ternant 17...................201 G 3
Ternant 21...................159 H 4
Ternant 58...................175 H 4
Ternant-les-Eaux 63..........227 H 4
Ternas 62.....................12 D 2
Ternat 52....................117 E 5
Ternay 41....................131 E 4
Ternay 69....................231 E 2
Ternay 86....................168 C 1
Ternay Barrage du 07.........230 D 5
Les Ternes 15................245 G 4
Ternuay-Melay-
   et-Saint-Hilaire 70.......142 A 1
Terny-Sorny 02................40 D 2
Terramesnil 80................12 D 4
Terrans 71...................178 C 3
La Terrasse 38...............233 F 5
Terrasse
   Panorama de la 69.........212 C 1
La Terrasse-sur-Dorlay 42....230 C 4
Terrasson-Lavilledieu 24.....241 H 3
Terrats 66...................342 D 3
Terraube 32..................296 A 1
Terre-Clapier 81.............299 G 2
Terrebasse 31................317 E 5
Terrefondrée 21..............138 D 3
Terrehault 72................108 A 2
Terrenoire 42................230 B 4
Les Terres-de-Chaux 25.......163 F 2
La Terrisse 12...............263 F 2
Terroles 11..................337 H 2
Terron-sur-Aisne 08...........42 D 1
Terrou 46....................261 F 1
Tersanne 26..................249 G 1
Tersannes 87.................187 H 5
Terssac 81...................299 F 1
Le Tertre Rouge
   Parc zoologique 72........129 G 4
Le Tertre-Saint-Denis 78......57 E 2
Tertry 80.....................23 H 2
Terves 79....................167 G 4
Terville 57...................45 G 3
Tessancourt-sur-Aubette 78...57 H 1
Tessé-Froulay 61..............82 C 2
Tessé-la-Madeleine 61.........82 C 2
Tessel 14.....................33 E 4
Tessens 73...................234 C 2
Tessonnière 79...............168 A 4
La Tessoualle 49.............167 E 1
Tessy-sur-Vire 50.............52 B 1
La Teste-de-Buch 33..........254 B 3
Tétaigne 08...................27 G 4
Tête des Cuveaux 88..........119 H 3
Téteghem 59....................3 G 2
Téterchen 57..................46 D 4
Téthieu 40...................293 E 2
Teting-sur-Nied 57............66 D 1
Teuillac 33..................237 G 3
Teulat 81....................298 C 4
Le Teulet 19.................243 G 4
Teurthéville-Bocage 50........29 G 3
Teurthéville-Hague 50.........28 D 3
Teyjat 24....................222 B 2
Teyran 34....................303 E 4
Teyssières 26................267 H 5
Teyssieu 46..................243 F 5
Teyssode 81..................298 D 4
Thaas 51......................61 F 5
Thaims 17....................219 E 2
Thairé 17....................200 D 2
Thaix 58.....................175 G 3
Thal-Drulingen 67.............67 H 3
Thal-Marmoutier 67............68 B 5
Thalamy 19...................226 C 3
Thann 68.....................142 D 1
Thannenkirch 68...............97 E 5
Thanville 67..................97 E 4
Thaon 14......................33 F 3
Thaon-les-Vosges 88...........95 F 5
Tharaux 30...................284 B 2
Tharoiseau 89................157 H 2
Tharon-Plage 44..............146 C 4
Tharot 89.....................157 H 1
Thaumiers 18.................173 G 4
Thauron 23...................207 E 3
Thauvenay 18.................156 A 3
Thèbe 65.....................334 A 3
Théding 57....................47 F 5
Thédirac 46..................259 H 3
Thégra 46....................260 D 1
Théhillac 56.................125 G 5
Le Theil 03..................191 H 4
Le Theil 15..................244 C 3

Le Theil 23..................206 C 3
Le Theil 50...................29 F 3
Le Theil 61..................108 C 2
Le Theil-Bocage 14............52 D 2
Le Theil-de-Bretagne 35......104 D 5
Le Theil-en-Auge 14...........34 D 3
Le Theil-Nolent 27............35 F 5
Theil-Rabier 16..............203 E 2
Theil-sur-Vanne 89...........113 H 3
Theillay 41..................154 B 3
Theillement 27................35 H 3
Theix 56.....................124 C 4
Theizé 69....................212 C 3
Thel 69......................212 B 1
Théligny 72..................108 D 3
Thélis-la-Combe 42...........230 C 5
Thélod 54.....................94 C 2
Thelonne 08...................27 F 4
Thélus 62......................8 B 5
Théméricourt 95...............57 H 1
Thémines 46..................261 E 2
Théminettes 46...............261 E 2
Thenailles 02.................25 F 2
Thenay 36....................188 C 1
Thenay 41....................153 E 2
Thenelles 02..................24 C 2
Thénésol 73..................216 A 5
Theneuil 37..................169 F 1
Theneuille 03................191 F 1
Thénezay 79..................168 C 5
Thénioux 18..................154 B 4
Thenissey 21.................159 F 1
Thénisy 77....................89 F 3
Thennelières 10...............91 E 5
Thennes 80....................22 D 3
Thenon 24....................241 F 2
Thénorgues 08.................43 F 2
Théoule-sur-Mer 06...........309 E 5
Therdonne 60..................38 A 2
Théret Château du 23........207 F 2
Thérines 60...................21 H 5
Thermes-Magnoac 65...........316 B 5
Thérondels 12................245 E 5
Thérouanne 57.................45 G 3
Thérouanne 62..................7 F 2
Thérouldeville 76.............19 F 3
Thervay 39...................161 F 4
Thésée 41....................153 E 3
Thésy 39.....................179 H 2
Theuley 70...................140 C 4
Théus 05.....................269 H 4
Theuville 28..................86 B 5
Theuville 95..................38 A 5
Theuville-aux-Maillots 76.....19 F 3
Theuvy-Achères 28.............85 H 2
Thevet-Saint-Julien 36.......189 H 1
Théville 50...................29 G 3
Thevray 27....................55 G 2
They-sous-Montfort 88........118 C 2
They-sous-Vaudemont 54........94 C 4
Theys 38.....................233 F 4
Théza 66.....................343 F 2
Thézac 47....................219 E 1
Thézac 17....................259 E 5
Thézan-des-Corbières 11......338 C 1
Thézan-lès-Béziers 34........321 F 3
Thèze 64.....................287 F 1
Thèze 04.....................314 B 2
Thézey-Saint-Martin 54........66 B 3
Théziers 30..................304 B 1
Thézillieu 01................214 C 4
Thézy-Glimont 80..............22 C 3
Thiais 94.....................58 C 4
Thiancourt 90................142 D 4
Thianges 58..................175 F 3
Thiant 59.....................14 D 2
Thiat 87.....................187 G 5
Thiaucourt-Regniéville 54.....65 F 3
Thiaville-sur-Meurthe 54......96 A 3
Thiberville 27................35 E 5
Thibie 51.....................62 A 2
Thibivillers 60...............37 H 3
Thibouville 27................35 G 5
Thicourt 57...................66 D 2
Thiébauménil 54...............95 G 1
Thiéblemont-Farémont 51.......62 D 5
Thiébouhans 25...............163 G 3
Thieffrain 10................115 G 2
Thieffrans 70................141 G 5
Thiéfosse 88.................120 A 4
Thiel-sur-Acolin 03..........192 C 2
Thiembronne 62.................7 E 3
Thiénans 70..................162 B 1
Thiennes 59....................7 H 2
Thiepval 80...................13 F 5
Thiergeville 76...............19 E 3

Thiernu 02....................25 E 3
Thiers 63....................210 C 4
Thiers-sur-Thève 60...........38 D 5
Thierville 27.................35 G 4
Thierville-sur-Meuse 55.......44 B 5
Thiéry 06....................289 G 4
Thiescourt 60.................23 G 5
Thiétreville 76...............19 F 3
Le Thieulin 28................85 G 4
Thieulloy-la-Ville 80.........21 H 3
Thieulloy-l'Abbaye 80.........21 H 2
Thieuloy-Saint-Antoine 60.....21 H 4
La Thieuloye 62................7 G 5
Thieux 60.....................38 C 1
Thieux 77.....................59 E 1
Thiéville 14..................54 A 1
Thièvres 62...................13 E 4
Thiézac 15...................244 D 4
Thignonville 45..............111 G 2
Thil 01......................213 G 5
Thil 10.......................92 B 5
Le Thil 27....................37 E 3
Thil 31......................297 F 3
Thil 51.......................41 G 3
Thil 54.......................45 F 2
Thil-la-Ville 21.............158 D 2
Thil-Manneville 76............20 A 2
Le Thil-Riberpré 76...........21 E 4
Thil-sur-Arroux 71...........176 B 4
Thilay 08.....................27 E 2
Le Thillay 95.................58 D 2
Thilleux 52...................92 B 4
Les Thilliers-en-Vexin 27.....37 E 4
Thillois 51...................41 G 4
Thillombois 55................64 B 3
Thillot 55....................64 D 2
Le Thillot 88................120 A 5
Thilouze 37..................151 G 4
Thimert 28....................85 H 2
Thimonville 57................66 B 2
Thimory 45...................134 C 2
Thin-le-Moutier 08............26 B 3
Thines 07....................265 G 5
Thiolières 63................228 D 2
Thionne 03...................192 C 3
Thionville 57.................45 H 3
Thionville-sur-Opton 78.......57 E 4
Thiouville 76.................19 F 4
Thiraucourt 88................94 C 5
Thiré 85.....................183 G 1
Thiron Gardais 28.............85 F 5
This 08.......................26 C 3
Thise 25.....................162 A 3
Thivars 28....................86 A 4
Thivencelle 59.................9 H 4
Thiverny 60...................38 C 4
Thiverval-Grignon 78..........57 H 3
Thivet 52....................117 F 4
Thiviers 24..................223 E 4
Thiville 28..................110 A 4
Thizay 36....................172 B 3
Thizay 37....................150 D 5
Thizy 69.....................212 A 2
Thizy 89.....................137 F 5
Thoard 04....................287 H 3
Thodure 38...................231 H 5
Thoigné 72....................83 H 5
Thoiras 30...................283 F 4
Thoiré-sous-Contensor 72......83 H 5
Thoiré-sur-Dinan 72..........130 C 3
Thoires 21...................116 A 5
Thoirette 39.................196 B 4
Thoiria 39...................196 D 1
Thoiry 01....................197 F 5
Thoiry 73....................233 G 2
Thoiry 78.....................57 G 3
Thoissey 01..................213 E 1
Thoissia 39..................196 A 3
Thoisy-la-Berchère 21........158 D 4
Thoisy-le-Désert 21..........159 E 4
Thoix 80......................22 A 4
Thol-lès-Millières 52........117 G 3
Thollet 86...................187 H 3
Thollon-les-Mémises 74.......198 C 3
Le Tholonet 13...............306 A 5
Le Tholy 88..................120 A 3
Thomer-la-Sôgne 27............56 B 3
Thomery 77....................88 C 4
Thomirey 21..................177 F 1
Thonac 24....................241 F 4
Thônes 74....................216 A 3
Thonnance-lès-Joinville 52....93 E 3
Thonnance-les-Moulins 52......93 F 2
Thonne-la-Long 55.............44 B 1
Thonne-le-Thil 55.............44 B 1
Thonne-les-Prés 55............44 B 1
Thonnelle 55..................44 B 1
Thonville 57..................66 A 3

Thonon-les-Bains 74..........198 B 3
Les Thons 88.................118 B 4
Thonville 57..................66 D 2
Le Thor 84...................305 E 1
Thoraille 45.................112 D 4
Thoraise 25..................161 H 4
Thorame-Basse 04.............288 C 3
Thorame-Haute 04.............288 D 3
Thorame-Haute-Gare 04........288 D 4
Thoras 43....................246 C 5
Thoré-la-Rochette 41.........131 F 3
Thoré-les-Pins 72............129 H 4
Thorenc 06...................308 D 1
Thorens-Glières 74...........215 H 2
Thorey 89....................137 F 2
Thorey-en-Plaine 21..........160 B 4
Thorey-Lyautey 54............94 C 3
Thorey-sous-Charny 21........159 E 3
Thorey-sur-Ouche 21..........159 G 5
Thorigné 79..................185 F 4
Thorigné-d'Anjou 49..........128 B 4
Thorigné-en-Charnie 53.......106 D 4
Thorigné-Fouillard 35........104 C 2
Thorigné-sur-Dué 72..........108 B 4
Thorigny 85..................183 E 1
Thorigny-sur-le-Mignon 79....201 G 1
Thorigny-sur-Marne 77.........59 E 3
Thorigny-sur-Oreuse 89........89 H 5
Le Thoronet 83...............307 H 5
Thoronet Abbaye du 83........307 H 5
Thorrenc 07..................249 E 1
Thors 10......................92 B 5
Thors 17.....................202 B 4
Thory 80......................22 C 4
Thory 89.....................137 E 5
Thoste 21....................158 C 2
Le Thot 24...................241 F 4
Le Thou 17...................201 E 1
Thou 18......................155 G 2
Thou 45......................135 E 5
Thouarcé 49..................149 G 3
Thouaré-sur-Loire 44.........147 H 3
Thouars 79...................168 A 2
Thouars-sur-Arize 09.........317 G 5
Thouars-sur-Garonne 47.......275 G 2
Thouarsais-Bouildroux 85.....183 H 1
Le Thoult-Trosnay 51..........61 E 3
Le Thour 08...................25 G 3
Le Thoureil 49...............150 A 2
Thourie 35...................126 D 2
Thouron 87...................205 G 3
Thourotte 60..................39 G 1
Thoury 41....................132 C 5
Thoury-Férottes 77............88 D 5
Thoux 32.....................297 E 4
Thubœuf 53....................82 C 3
Le Thuel 02...................25 G 4
Thuellin 38..................232 B 1
Thuès-entre-Valls 66.........341 H 4
Thueyts 07...................266 A 2
Thugny-Trugny 08..............42 B 1
La Thuile 73.................233 G 2
Les Thuiles 04...............270 C 5
Thuilley-aux-Groseilles 54....94 C 2
Thuillières 88...............118 C 2
Thuir 66.....................342 D 2
Thuisy 10....................114 C 2
Le Thuit 27...................36 D 4
Thuit-Hébert 27...............35 H 3
Le Thuit-Signol 27............36 A 4
Le Thuit-Simer 27.............35 H 4
Thulay 25....................142 C 5
Thumeréville 54...............45 E 5
Thumeries 59...................8 D 4
Thun-l'Évêque 59..............14 C 3
Thun-Saint-Amand 59............9 G 4
Thun-Saint-Martin 59..........14 C 3
Thurageau 86.................169 E 4
Thuré 86.....................169 F 4
Thuret 63....................210 A 3
Thurey 71....................178 B 4
Thurey-le-Mont 25............162 A 2
Thurins 69...................230 D 1
Thury 21.....................177 E 1
Thury 89.....................135 H 5
Thury-en-Valois 60............39 H 5
Thury-Harcourt 14.............53 F 1
Thury-sous-Clermont 60........38 C 3
Thusy 74.....................215 F 3
Thyez 74.....................216 B 1
Thyl 73......................234 A 2
Tibiran-Jaunac 65............334 A 2
Ticheville 61.................54 D 2
Tichey 21....................178 C 1
Tieffenbach 67................68 A 3

Tiercé 49....................128 D 5
Tiercelet 54..................45 E 2
Le Tiercent 35................80 D 4
Tierceville 14................33 F 3
Tieste-Uragnoux 32...........295 E 5
La Tieule 48.................281 H 1
Tiffauges 85.................166 C 1
Tigeaux 77....................59 G 4
Tigery 91.....................88 A 2
Tignac 09....................336 C 5
Tigné 49.....................149 H 4
Tignécourt 88................118 B 4
Tignes 73....................235 E 3
Tignes Barrage de 73.........235 F 2
Le Tignet 06.................308 D 3
Tignieu-Jameyzieu 38.........213 H 5
Tigny-Noyelle 62...............6 B 5
Tigy 45......................133 H 3
Til-Châtel 21................160 B 1
Tilh 40......................293 H 4
Tilhouse 65..................333 G 1
Tillac 32....................315 G 2
Tillay-le-Péneux 28..........110 D 3
Tillé 60......................38 A 1
Tillenay 21..................160 D 4
Le Tilleul 76.................18 C 4
Tilleul-Dame-Agnès 27.........55 H 1
Le Tilleul-Lambert 27.........56 A 1
Le Tilleul-Othon 27...........35 G 5
Tilleux 88....................94 A 5
Tillières 49.................148 B 5
Tillières-sur-Avre 27.........56 A 4
Tilloloy 80...................23 F 4
Tillou 79....................202 D 1
Tilloy-et-Bellay 51...........62 C 1
Tilloy-Floriville 80..........11 F 5
Tilloy-lès-Conty 80...........22 B 3
Tilloy-lès-Hermaville 62......13 E 2
Tilloy-lès-Mofflaines 62......13 G 2
Tilloy-lez-Cambrai 59.........14 B 3
Tilloy-lez-Marchiennes 59......9 F 5
Tilly 27......................37 E 5
Tilly 36.....................188 A 3
Tilly 78......................57 E 3
Tilly-Capelle 62..............7 F 4
Tilly-la-Campagne 14.........33 G 5
Tilly-sur-Meuse 55...........64 B 2
Tilly-sur-Seulles 14.........33 E 4
Tilques 62.....................3 F 5
Tincey-et-Pontrebeau 70......140 C 5
Tinchebray 61.................52 D 4
Tincourt-Boucly 80............23 H 1
Tincques 62....................7 H 5
Tincry 57.....................66 C 3
Les Tines 74.................217 E 2
Tingry 62......................6 B 3
Tinqueux 51...................41 G 4
Tinténiac 35..................80 A 4
Tintry 71....................177 E 2
Tintury 58...................175 F 2
Tiranges 43..................247 G 1
Tirent-Pontéjac 32...........296 C 5
Tirepied 50...................51 H 4
Tissey 89....................136 D 2
Le Titre 80...................11 G 2
Tiuccia 2A...................348 B 2
Tivernon 45..................111 E 3
Tiviers 15...................245 H 3
Tivolaggio 2A................350 D 2
Tizac-de-Curton 33...........256 B 1
Tizac-de-Lapouyade 33........238 B 3
Tizzano 2A...................350 D 3
Tocane-Saint-Apre 24.........239 H 1
Tocqueville 27................35 F 2
Tocqueville 50................29 G 2
Tocqueville-en-Caux 76........19 H 3
Tocqueville-les-Murs 76.......19 E 4
Tocqueville-sur-Eu 76.........10 C 4
Tœufles 80....................11 F 4
Toges 08......................42 D 2
Togny-aux-Bœufs 51............62 B 3
Tolla 2A.....................348 D 3
Tollaincourt 88..............118 A 3
Tollent 62....................11 H 1
Tollevast 50..................29 E 3
La Tombe 77...................89 E 4
Tombebœuf 47.................257 H 4
Tomblaine 54..................65 H 5
Tomino 2B....................345 G 2
Les Tonils 26................267 H 3
Tonnac 81....................279 E 4
Tonnay-Boutonne 17...........201 F 3
Tonnay-Charente 17...........201 E 3
Tonneins 47..................275 G 1
Tonnerre 89..................137 E 2
Tonneville 50.................28 D 3
Tonnoy 54.....................95 E 2

A
B
C
D
E
F
G
H
I
J
K
L
M
N
O
P
Q
R
S
T
U
V
W
X
Y
Z

Tonquédec 22.............72 D 4
Tonquédec *Château de 22*....72 C 4
Torcé 35.............105 E 3
Torcé-en-Vallée 72.............108 A 3
Torcé-Viviers-
en-Charnie 53.............106 D 3
Torcenay 52.............139 H 2
Torchamp 61.............82 A 2
Torchefelon 38.............232 B 3
Torcheville 57.............67 F 3
Torcieu 01.............214 A 3
Torcy 62.............6 D 4
Torcy 71.............177 E 4
Torcy 77.............59 E 3
Torcy-en-Valois 02.............60 B 1
Torcy-et-Pouligny 21.............158 C 1
Torcy-le-Grand 10.............91 E 3
Torcy-le-Grand 76.............20 D 3
Torcy-le-Petit 10.............91 E 3
Torcy-le-Petit 76.............20 B 2
Tordères 66.............342 D 3
Tordouet 14.............54 D 1
Torfou 49.............166 B 1
Torfou 91.............87 G 3
Torigni-sur-Vire 50.............52 B 1
Tornac 30.............283 G 5
Tornay 52.............140 A 4
Le Torp-Mesnil 76.............19 H 4

Torpes 25.............161 H 4
Torpes 71.............178 D 3
Le Torpt 27.............34 D 3
Le Torquesne 14.............34 C 4
Torre 2A.............351 G 2
Torreilles 66.............339 E 5
Torsac 16.............221 F 3
Torsiac 43.............228 A 5
Tortebesse 63.............226 D 1
Tortefontaine 62.............11 H 1
Tortequesne 62.............14 A 2
Torteron 18.............174 B 2
Torteval-Quesnay 14.............32 D 5
Tortezais 03.............191 F 3
Tortisambert 14.............54 B 2
Le Tortoir 02.............24 C 5
Torvilliers 10.............114 D 2
Torxé 17.............201 G 3
Tosny 27.............36 D 4
Tosse 40.............292 B 3
Tossiat 01.............214 A 1
Tostat 65.............315 F 3
Tostes 27.............36 B 4
Totainville 88.............94 C 4
Tôtes 14.............54 B 2
Tôtes 76.............20 A 4
Touchay 18.............172 D 5
La Touche 26.............267 F 4

Touche-Trébry
Château de la 22.............78 C 5
Les Touches 44.............147 H 1
Les Touches-de-Périgny 17.202 C 4
Toucy 89.............135 H 4
Toudon 06.............289 H 5
Touët-de-l'Escarène 06.............291 F 5
Touët-sur-Var 06.............289 G 5
Touffailles 82.............277 E 2
Toufflers 59.............9 E 2
Touffou *Château de 86*.............186 D 1
Touffréville 14.............33 H 4
Touffreville 27.............36 D 3
Touffreville-la-Cable 76.............35 F 1
Touffreville-la-Corbeline 76.19 G 5
Touffreville-sur-Eu 76.............10 C 4
Touget 32.............296 D 4
Touille 31.............335 E 1
Touillon 21.............137 H 4
Touillon-et-Loutelet 25.............180 C 3
Toujouse 32.............294 C 2
Toul 54.............94 B 1
Toul Goulic *Gorges de 22*......77 F 4
Toulaud 07.............249 E 5
Toulenne 33.............256 B 4
Touligny 08.............26 C 4
Toulis-et-Attencourt 02.............25 E 1
Toullaëron *Roc de 29*.............76 C 5

Toulon 83.............328 A 4
Toulon-la-Montagne 51.............61 F 3
Toulon-sur-Allier 03.............192 B 2
Toulon-sur-Arroux 71.............176 C 5
Toulonjac 12.............279 F 1
Toulouges 66.............343 E 2
Toulouse 31.............298 A 5
Toulouse *Croix de 05*.............252 D 4
Toulouse-le-Château 39.............179 F 3
Toulouzette 40.............293 G 2
Toulx-Sainte-Croix 23.............190 A 5
Touques 14.............34 C 2
Le Touquet-Paris-Plage 62.............6 A 4
Touquettes 61.............55 E 4
Touquin 77.............59 H 5
La Tour 06.............291 E 4
La Tour-Blanche 24.............221 H 5
La Tour-d'Aigues 84.............306 B 3
La Tour-d'Auvergne 63.............227 E 3
Tour-de-Faure 46.............260 D 6
La Tour-de-Salvagny 69.............212 D 5
La Tour-de-Scay 25.............162 B 2
La Tour-du-Crieu 09.............336 B 1
Le Tour-du-Meix 39.............196 C 2
Le Tour-du-Parc 56.............124 C 5
La Tour-du-Pin 38.............232 B 2
Tour-en-Bessin 14.............32 D 3

La Tour-en-Jarez 42.............230 B 3
Tour-en-Sologne 41.............153 F 1
La Tour-Fondue 83.............328 C 5
La Tour-Saint-Gelin 37.............169 F 1
La Tour-sur-Orb 34.............301 F 4
Tourailles 41.............131 H 4
Les Tourailles 61.............53 G 4
Tourailles-sous-Bois 55.............93 G 3
Tourbes 34.............321 H 2
Tourcelles-Chaumont 08.............42 C 2
Tourch 29.............100 B 3
Tourcoing 59.............5 E 5
Tourdun 32.............295 F 5
La Tourette 19.............226 B 3
La Tourette 42.............229 G 4
La Tourette-Cabardès 11.............319 H 3
Tourette-du-Château 06.............289 H 5
Tourgéville 14.............34 B 3
La Tourlandry 49.............149 F 5
Tourlaville 50.............29 F 3
Tourliac 47.............258 D 2
Tourly 60.............37 H 4
Tourmalet *Col du 65*.............333 F 3
Tourmignies 59.............8 D 4
Tourmont 39.............179 F 3
Tournai-sur-Dive 61.............54 B 3
Tournan 32.............316 C 2
Tournan-en-Brie 77.............59 F 4

Tournans 25.............162 C 1
Tournavaux 08.............26 D 2
Tournay 65.............315 G 5
Tournay-sur-Odon 14.............33 E 5
Le Tourne 33.............255 H 2
Tournebu 14.............53 G 2
Tournecoupe 32.............296 C 2
Tournedos-Bois-Hubert 27.............56 A 1
Tournedos-sur-Seine 27.............36 C 3
Tournedoz 25.............163 E 2
Tournefeuille 31.............297 H 5
Tournefort 06.............289 H 5
Tournehem-sur-la-Hem 62.............3 E 4
Tournemire 12.............281 G 5
Tournemire 15.............244 C 3
Tournes 08.............26 C 2
Le Tourneur 14.............52 D 2
Tourneville 27.............36 B 5
Tourniac 15.............243 H 2
Tournières 14.............32 C 3
Tourniol *Col de 26*.............249 H 4
Tournissan 11.............338 B 1
Tournoël *Château de 63*.............209 G 4
Tournoisis 45.............110 B 5
Tournon 73.............234 A 1
Tournon-d'Agenais 47.............277 E 1
Tournon-Saint-Martin 36.............170 B 5
Tournon-Saint-Pierre 37.............170 B 5

TOULON

0   200 m

Berthelot (R.).............GY 12
Boucheries (R. des).............GY 20
Bozzo (Av. L.).............HX 22
Brunetière (R. F.).............GYZ 25
Cathédrale (Traverse).............GYZ 32
Churchill (Av. W.).............EY 36
Daudet (R. Alphonse).............HY 43

Gambetta (Pl.).............GYZ 65
Garibaldi (R.).............GY 68
Glacière (R. de la).............GY 70
Globe (Pl. du).............GY 72
Huile (Pl. à l').............GZ 80
Infanterie de Marine
(Av. de l').............CV, GZ 82

Lambert (Pl. Gustave).............GY 87
Lattre-de-Tassigny
(Av. Mar.-de).............CV, HZ 88
Louis-Blanc
(Pl.).............GZ 92
Magnan (Av. Gén.).............FY 94
Méridienne (R.).............GZ 97

Micholet (Av. V.).............FY 102
Monsenergue
(Pl. Ingénieur-
Gén.).............FY 108
Muraire (R.).............GY 114
Notre Dame (R.).............GY 118
Noyer (R. du).............GY 120

Orfèvres (Pl. des).............GYZ 124
Pastoureau (R. H.).............GY 128
Poissonnerie
(Pl. de la).............GZ 132
Pressencé (R. F. de).............GY 134
Raimu (Pl.).............GY 140
Riaux (R. des).............GY 142

Seillon (R. H.).............GZ 152
Trois Dauphins
(Pl. des).............GY 168
Vert Coteau (Av.).............HY 175
Vezzani (Pl. César).............GY 178
Visitation (Pl. de la).............GHY 180
9e D.I.C. (Rond-Point de la).............HZ 188

Tournon-sur-Rhône 07 .... 249 E 3
Tournous-Darré 65 .... 315 H 4
Tournous-Devant 65 .... 315 H 4
Tournus 71 .... 195 E 1
Tourny 27 .... 37 H 5
Tourouvre 61 .... 84 C 2
Tourouzelle 11 .... 320 C 4
Tourreilles 11 .... 337 F 2
Les Tourreilles 31 .... 334 A 1
Tourrenquets 32 .... 296 B 3
Tourrette Château de la 07.. 248 D 5
Tourrette-Levens 06 .... 291 E 5
Les Tourrettes 26 .... 267 E 2
Tourrettes 83 .... 308 C 4
Tourrettes-sur-Loup 06 ...... 309 F 2
Tourriers 16 .... 203 F 5
Tours 37 .... 151 H 2
Tours-en-Savoie 73 .... 234 B 1
Tours-en-Vimeu 80 .... 11 F 4
Tours-Saint-Symphorien
  Aéroport de 37 .... 152 A 2
Tours-sur-Marne 51 .... 61 H 1
Tours-sur-Meymont 63 .... 228 C 2
Tourtenay 79 .... 168 B 1
Tourteron 08 .... 26 C 5
Tourtoirac 24 .... 241 F 1
Tourtour 83 .... 307 H 4
Tourtouse 09 .... 335 F 1
Tourtrès 47 .... 257 H 4
Tourtrol 09 .... 336 C 2
Tourves 83 .... 328 A 1
Tourville-en-Auge 14 .... 34 C 3
Tourville-la-Campagne 27 ..... 35 H 4
Tourville-la-Chapelle 76 ..... 10 C 5
Tourville-la-Rivière 76 ...... 36 B 3
Tourville-les-Ifs 76 .... 19 E 3
Tourville-sur-Arques 76 ...... 20 B 2
Tourville-sur-Odon 14 .... 33 F 5
Tourville-
  sur-Pont-Audemer 27 .... 35 H 4
Tourville-sur-Sienne 50 ...... 31 F 5
Toury 28 .... 111 E 2
Toury-Lurcy 58 .... 175 E 5
Toury-sur-Jour 58 .... 174 D 5
Tourzel-Ronzières 63 .... 227 H 3
Toussaint 76 .... 19 E 3
Toussieu 69 .... 231 F 1
Toussieux 01 .... 213 E 3
Tousson 77 .... 88 A 5
La Toussuire 73 .... 233 H 5
Toussus-le-Noble 78 .... 58 A 4
Toutainville 27 .... 35 H 4
Toutenant 71 .... 178 B 3
Toutencourt 80 .... 13 E 5
Toutens 31 .... 318 C 2
Toutes Aures Col de 04 ...... 288 D 5
Toutlemonde 49 .... 167 E 1
Toutry 21 .... 158 B 1
Touvérac 16 .... 220 C 4
Le Touvet 38 .... 233 F 4
Touville 27 .... 35 G 3
Touvois 44 .... 165 F 2
Touvre 16 .... 221 G 1
Touzac 16 .... 220 C 3
Touzac 46 .... 259 F 5
Tox 2B .... 347 G 5
Toy-Viam 19 .... 225 F 2
Trabuc Grotte de 30 .... 283 G 4
Tracol Col de 43 .... 248 B 1
Tracy-Bocage 14 .... 33 E 5
Tracy-le-Mont 60 .... 39 H 1
Tracy-le-Val 60 .... 39 H 1
Tracy-sur-Loire 58 .... 156 A 3
Tracy-sur-Mer 14 .... 33 E 2
Trades 69 .... 194 C 5
Traenheim 67 .... 97 F 1
Tragny 57 .... 66 B 2
Traînel 10 .... 89 H 4
Traînou 45 .... 111 F 5
Le Trait 76 .... 35 H 1
Traitiéfontaine 70 .... 162 A 2
Traize 73 .... 232 D 1
Tralaigues 63 .... 208 D 4
Tralonca 2B .... 347 F 4
Tramain 22 .... 79 E 4
Tramayes 71 .... 194 C 4
Trambly 71 .... 194 C 4
Tramecourt 62 .... 7 E 4
Tramery 51 .... 41 E 4
Tramezaïgues 65 .... 333 G 4
Tramolé 38 .... 231 H 4
Tramont-Émy 54 .... 94 B 4
Tramont-Lassus 54 .... 94 C 4
Tramont-Saint-André 54 ...... 94 B 4
Tramoyes 01 .... 213 F 4
Trampot 88 .... 93 G 4
Trancault 10 .... 90 A 4

La Tranche-sur-Mer 85 .... 182 D 3
La Tranclière 01 .... 213 H 1
Trancrainville 28 .... 110 D 2
Trangé 72 .... 107 G 4
Le Tranger 36 .... 170 D 2
Trannes 10 .... 91 H 5
Tranqueville-Graux 88 .... 94 B 3
Trans 53 .... 82 D 5
Trans-en-Provence 83 .... 308 A 5
Trans-la-Forêt 35 .... 80 C 2
Trans-sur-Erdre 44 .... 148 A 1
Le Translay 80 .... 11 F 5
Le Transloy 62 .... 13 H 5
Tranzault 36 .... 189 F 1
La Trappe Abbaye de 61 ...... 55 F 5
Trappes 78 .... 57 H 4
Trassanel 11 .... 320 A 3
Traubach-le-Bas 68 .... 143 E 2
Traubach-le-Haut 68 .... 142 D 2
Trausse 11 .... 320 B 4
Travaillan 84 .... 285 F 3
Travecy 02 .... 24 B 4
Traversères 32 .... 296 B 5
Traves 70 .... 140 D 4
Le Travet 81 .... 299 H 2
La Trava 83 .... 309 E 5
Trayes 79 .... 167 G 5
Tréal 56 .... 125 G 2
Tréauville 50 .... 28 D 4
Trébabu 29 .... 74 C 2
Treban 03 .... 191 H 3
Trébas 81 .... 280 B 4
Trébas 81 .... 300 A 1
Trébédan 22 .... 79 F 4
Trèbes 11 .... 320 A 5
Trébeurden 22 .... 72 B 3
Trébons 65 .... 333 F 1
Trébons-de-Luchon 31 .... 334 A 4
Trébons-sur-la-Grasse 31 ... 318 C 2
Tréboul 29 .... 75 D 5
Tréboul Pont de 15 .... 245 F 5
Trébrivan 22 .... 77 E 4
Trébry 22 .... 78 D 3
Tréclun 21 .... 160 C 4
Trécon 51 .... 61 H 3
Trédaniel 22 .... 78 C 4
Trédarzec 22 .... 73 E 3
Trédias 22 .... 79 F 5
Trédion 56 .... 124 D 2
Trédrez-Locquémeau 22 .... 72 B 3
Tréduder 22 .... 72 B 4
Trefcon 02 .... 23 H 2
Treffay 39 .... 180 A 4
Treffendel 35 .... 103 G 3
Treffieux 44 .... 126 A 4
Treffléan 56 .... 124 D 3
Treffort 38 .... 250 D 4
Treffort-Cuisiat 01 .... 196 A 4
Treffrin 22 .... 76 D 4
Tréflaouénan 29 .... 71 F 4
Tréflévénez 29 .... 75 H 2
Tréflez 29 .... 71 E 4
Tréfols 51 .... 60 C 4
Tréfumel 22 .... 79 G 5
Trégarantec 29 .... 71 E 4
Trégarvan 29 .... 75 G 4
Trégastel 22 .... 72 C 2
Trégastel-Plage 22 .... 72 C 2
Tréglamus 22 .... 72 D 5
Tréglonou 29 .... 70 C 4
Trégomar 22 .... 79 E 3
Trégomeur 22 .... 73 G 5
Trégon 22 .... 50 A 5
Trégonneau 22 .... 73 E 4
Trégourez 29 .... 100 B 2
Trégrom 22 .... 72 C 4
Tréguennec 29 .... 99 E 4
Trégueux 22 .... 78 B 3
Tréguidel 22 .... 73 G 5
Tréguier 22 .... 73 E 3
Trégunc 29 .... 100 A 4
Tréhet 41 .... 130 D 4
Tréhorenteuc 56 .... 103 E 4
Le Tréhou 29 .... 75 H 2
Treignac 19 .... 224 D 3
Treignat 03 .... 190 B 4
Treigny 89 .... 156 C 1
Treilles 11 .... 339 E 3
Treilles-en-Gâtinais 45 .... 112 B 4
Treillières 44 .... 147 G 2
Treix 52 .... 117 E 3
Treize-Arbres Les 74 .... 215 G 1
Treize-Septiers 85 .... 166 B 1
Treize-Vents 85 .... 166 D 2
Tréjouls 82 .... 277 G 2
Trélans 48 .... 263 H 5

Trélazé 49 .... 149 H 1
Trélechamp 74 .... 217 E 2
Trélévern 22 .... 72 D 2
Trelins 42 .... 229 G 1
Trélissac 24 .... 240 D 2
Trélivan 22 .... 79 G 4
Trelly 50 .... 51 G 1
Trélon 59 .... 15 H 5
Trélou-sur-Marne 02 .... 60 D 1
Trémaouézan 29 .... 71 E 5
Trémargat 22 .... 77 E 4
Trémauville 76 .... 19 E 4
La Tremblade 17 .... 200 C 5
Tremblay 35 .... 80 D 3
Le Tremblay 49 .... 127 H 4
Tremblay-en-France 93 .... 58 D 2
Le Tremblay-les-Villages 28 .. 86 A 2
Le Tremblay-Omonville 27 .... 35 H 5
Le Tremblay-sur-Mauldre 78 .. 57 G 4
Tremblecourt 54 .... 65 F 4
Le Tremblois 70 .... 161 E 2
Tremblois-lès-Carignan 08 ... 27 H 4
Tremblois-lès-Rocroi 08 ..... 26 B 2
Trémeheuc 35 .... 80 B 3
Trémel 22 .... 72 B 4
Tréméloir 22 .... 73 G 5
Trémentines 49 .... 149 E 5
Tréméoc 29 .... 99 G 4
Trémereuc 22 .... 79 G 3
Trémery 57 .... 45 H 4
Trémeur 22 .... 79 F 5
Tréméven 22 .... 73 F 4
Tréméven 29 .... 100 D 4
Trémilly 52 .... 92 B 4
Tréminis 38 .... 269 E 1
Trémoins 70 .... 142 B 4
Trémolat 24 .... 240 D 5
Trémons 47 .... 276 D 1
Trémont 49 .... 149 H 5
Trémont 61 .... 84 A 2
Trémont-sur-Saulx 55 .... 63 G 4
Trémonzey 88 .... 119 E 4
Trémorel 22 .... 103 E 1
Trémouille 15 .... 226 D 5
Trémouille-Saint-Loup 63 ... 226 C 4
Trémouilles 12 .... 280 D 2
Trémouleat 09 .... 336 C 1
Trémuson 22 .... 78 A 3
Trenal 39 .... 179 E 5
Trensacq 40 .... 273 F 2
Trentels 47 .... 258 D 5
Tréogan 22 .... 76 D 5
Tréogat 29 .... 99 F 3
Tréon 28 .... 56 C 5
Tréouergat 29 .... 70 B 5
Trépail 51 .... 41 H 5
Trépassés Baie des 29 .... 98 C 2
Trépied 62 .... 6 B 4
Le Tréport 76 .... 10 D 4
Trépot 25 .... 162 B 4
Tréprel 14 .... 53 G 2
Trept 38 .... 232 A 1
Trésauvaux 55 .... 64 D 1
Tresbœuf 35 .... 104 C 5
Trescault 62 .... 14 A 4
Treschenu-Creyers 26 .... 268 C 2
Trescléoux 05 .... 287 E 1
Trésilley 70 .... 162 A 1
Treslon 51 .... 41 F 4
Tresnay 58 .... 174 C 5
Trespoux-Rassiels 46 .... 277 H 1
Tresques 30 .... 284 D 4
Tressaint 22 .... 79 G 4
Tressan 34 .... 302 A 5
Tressandans 25 .... 162 C 1
Tressange 57 .... 45 F 2
Tressé 35 .... 80 A 3
Tresserre 66 .... 343 E 4
Tresserve 73 .... 233 E 1
Tresses 33 .... 237 H 5
Tressignaux 22 .... 73 G 5
Tressin 59 .... 9 E 3
Tresson 72 .... 130 D 2
Treteau 03 .... 192 C 4
La Trétoire 77 .... 60 A 3
Trets 13 .... 327 G 1
Treux 80 .... 23 E 1
Treuzy-Levelay 77 .... 112 C 2
Trévans 04 .... 288 A 5
Trévé 22 .... 102 B 1
Trévenans 90 .... 142 C 4
Tréveneuc 22 .... 73 G 4
Tréveray 55 .... 93 F 1
Trévérec 22 .... 73 F 4
Trévérien 35 .... 79 H 5
Trèves 30 .... 282 B 4

Trèves 69 .... 230 D 3
Trèves-Cunault 49 .... 150 B 3
Trevey 70 .... 141 F 5
Trévezel Roc 29 .... 76 A 2
Trévien 81 .... 279 G 4
Trévières 14 .... 32 C 3
Trévignin 73 .... 233 F 1
Trévillach 66 .... 342 B 2
Tréville 11 .... 319 E 4
Trévillers 25 .... 163 G 3
Trévilly 89 .... 158 B 1
Trévol 03 .... 192 A 1
Trévou-Tréguignec 22 .... 72 D 2
Trévoux 01 .... 213 E 3
Le Trévoux 29 .... 100 C 4
Trévron 22 .... 79 G 4
Trézelles 03 .... 192 C 4
Trézény 22 .... 72 D 3
Trézien Phare de 29 .... 74 C 2
Tréziers 11 .... 337 E 2
Trézilidé 29 .... 71 F 4
Trézioux 63 .... 228 C 1
Triac-Lautrait 16 .... 220 D 1

Le Triadou 34 .... 302 D 3
Triaize 85 .... 183 F 3
Triaucourt-en-Argonne 55 .... 63 G 1
Tribehou 50 .... 32 A 4
La Tricherie 86 .... 169 F 5
Trichey 89 .... 115 E 5
Triconville 55 .... 64 B 5
Tricot 60 .... 23 E 5
Trie-Château 60 .... 37 G 3
Trie-la-Ville 60 .... 37 G 3
Trie-sur-Baïse 65 .... 315 H 4
Triel-sur-Seine 78 .... 57 H 2
Triembach-au-Val 67 .... 97 E 4
Trieux 54 .... 45 F 3
Trigance 83 .... 308 A 2
Trigavou 22 .... 79 G 4
Trignac 44 .... 146 C 2
Trigny 51 .... 41 F 3
Triguères 45 .... 113 E 5
Trilbardou 77 .... 59 F 2
Trilla 66 .... 338 A 5
Trilport 77 .... 59 G 2

Trimer 35 .... 79 H 5
Trimouns
  Carrière de talc de 09 ... 336 C 4
Trinay 45 .... 111 E 4
La Trinitat 15 .... 263 G 2
La Trinité 06 .... 309 H 2
La Trinité 27 .... 56 C 2
La Trinité 50 .... 51 H 3
La Trinité 73 .... 233 H 3
Trinité Chapelle de la 29 ... 99 E 3
Trinité Ermitage de la 2A .. 351 F 4
La Trinité-du-Mont 76 .... 19 F 5
La Trinité-de-Réville 27 .... 55 E 2
La Trinité-de-Thouberville 27 35 H 2
La Trinité-des-Laitiers 61 .. 54 D 4
La Trinité-Langonnet 56 ..... 77 E 5
La Trinité-Porhoët 56 ...... 102 C 2
La Trinité-sur-Mer 56 ...... 123 H 4
La Trinité-Surzur 56 .... 124 D 4
Triors 26 .... 249 H 3
Le Trioulou 15 .... 261 H 3
Tripleville 41 .... 110 A 5

TOULOUSE

Alsace-Lorraine (R. d') ..... EXY
Arnaud-Bernard (R.) .... EX 4
Astorg (R. d') .... FY 5
Baronie (R.) .... EY 9
Boulbonne (R.) .... FY 18
Bouquières (R.) .... FZ 19
Bourse (Pl. de la) .... EY 20
Cantegril (R.) .... FY 23
Capitole (Pl. du) .... EY
Cartailhac (R. E.) .... EX 26
Chaîne (R. de la) .... EX 31
Cujas (R.) .... EY 36
Daurade (Quai de la) .... EZ 38

Esquirol (Pl.) .... EY 54
La Fayette (R.) .... EY
Fonderie (R. de la) .... EZ 60
Frères-Lion (R. des) .... FY 62
Henry-de-Gorsse (R.) .... EZ 76
Jules-Chalande (R.) .... EY 79
Lapeyrouse (R.) .... EY 85
Magre (R. Genty) .... EY 91
Malcousinat (R.) .... EY 92
Marchands (R. des) .... EY 95
Mercié (R. A.) .... EY 103
Metz (R. de) .... EFY
Peyras (R.) .... EY 113
Pleau (R. de la) .... FY 114
Poids-de-l'Huile (R.) .... EY 115
Polinaires (R. des) .... EZ 116

Pomme (R. de la) .... EFY 117
Ramusat (R. de) .... EX
Riguepels (R.) .... FY 127
Romiguières (R.) .... EY 129
Roosevelt (Allées) .... FXY 130
Ste-Ursule (R.) .... EY 137
St-Antoine-du-T.
  (R.) .... FY
St-Rome (R.) .... FY
Suau (R. J.) .... EY 146
Temponières (R.) .... EY 147
Trinité (R. de la) .... EY 149
Vélane (R.) .... FZ 158
Wilson (Pl. Prés.) .... FY
3-Piliers (R. des) .... EX 164
3-Journées (R. des) .... FY 162

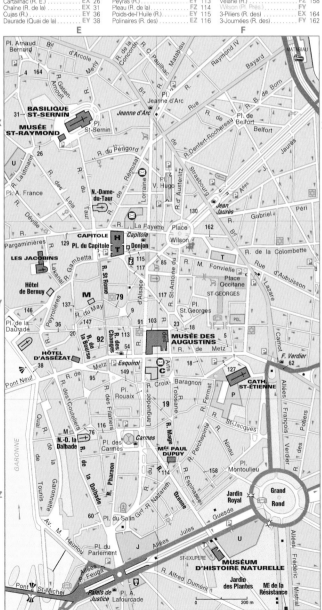

A B C D E F G H I J K L M N O P Q R S T U V W X Y Z

Left margin: A B C D E F G H I J K L M N O P Q R S T U V W X Y Z

TOURS

Amandiers (R. des) . . . . CY 4
Berthelot (R.) . . . . BCY 7
Bons Enfants (R. des) . . . . BY 8
Bordeaux (R. de) . . . . CZ
Boyer (R. Léon) . . . . AZ 10
Briçonnet (R.) . . . . AY 13

Carmes (Pl. des) . . . . BY 16
Châteauneuf (Pl. de) . . . . BY 17
Châteauneuf (R. de) . . . . AY 18
Coeur-Navré (Passage du) . . . CY 21
Commerce (R. du) . . . . BY
Constantine (R. de) . . . . BY 24
Corneille (R. de) . . . . BY 25
Courier (R. Paul-Louis) . . . . . . BY 27
Courteline (R. G.) . . . . AY 28

Cygne (R. du) . . . . CY 29
Descartes (R.) . . . . BZ 33
Dolve (R. de la) . . . . BZ 35
Favre (R. Jules) . . . . BY 38
Fusillés (R. des) . . . . BY 41
Gambetta (R.) . . . . BZ 43
Giraudeau (R.) . . . . AZ 46
Grammont (Av. de) . . . . CZ
Grand-Marché (Pl. du) . . . . . . AY 49

Grand Passage . . . . CZ 50
Grégoire-de-Tours (Pl.) . . . . . DY 52
Grosse-Tour (R. de la) . . . . . . AY 55
Halles (Pl. des) . . . . AZ
Halles (R. des) . . . . BY
Herbes (Carroi aux) . . . . AY 56
Lavoisier (R.) . . . . CY 60
Manceau (R.) . . . . DY 61
Marceau (R.) . . . . BYZ

Merville (R. du Prés.) . . . . BY 65
Meusnier (R. Gén.) . . . . DY 66
Monnaie (R. de la) . . . . BY 68
Mûrier (R. du) . . . . AY 71
Nationale (R.) . . . . BYZ
Paix (R. de la) . . . . BY 73
Petites-Boucheries
(Pl. des) . . . . DY 80
Petit-Cupidon (R. du) . . . . DY 77

Petit-St-Martin (R. du) . . . . . . AY 78
Racine (R.) . . . . DY 84
Rapin (R.) . . . . AZ 85
St-Pierre-le-Puellier
(Pl.) . . . . ABY 93
Scellerie (R. de la) . . . . BCY
Victoire (Pl. de la) . . . . AY 103
Vinci (R. Léonard de) . . . . BZ 104

Triquerville **76** . . . . . . **35** F 1
Triqueville **27** . . . . **35** E 3
Trith-Saint-Léger **59** . . . **14** D 2
Tritteling-Redlach **57** . . . **66** D 1
Trivy **71** . . . . **194** B 3
Trizac **15** . . . . **244** C 1
Trizay **17** . . . . **201** E 4
Trizay-Coutretot-
Saint-Serge **28** . . . . **85** E 5
Trizay-lès-Bonneval **28** . **109** H 2
Troarn **14** . . . . **33** H 4
Troche **19** . . . . **224** B 5
Trochères **21** . . . . **160** C 3
Trocy-en-Multien **77** . . . **59** G 1
Troësnes **02** . . . . **40** A 4
Troguéry **22** . . . . **73** E 3
Trogues **37** . . . . **151** G 5
Trois Communes
Pointe des **06** . . . . . **291** G 3
Les Trois-Épis **68** . . . . **120** D 2
Trois-Fonds **23** . . . . . . **190** A 5
Trois-Fontaines-l'Abbaye **51** **63** F 4
Trois-Maisons **57** . . . . . **68** A 4
Trois-Monts **14** . . . . . . **53** F 1
Les Trois-Moutiers **86** . . **168** C 1
Trois-Palis **16** . . . . . . **221** E 2
Les Trois-Pierres **76** . . . **19** E 5
Trois-Puits **51** . . . . **41** G 4
Trois Termes Pic des **66** . **343** F 4
Trois-Vèvres **58** . . . . . **175** E 3
Trois-Villes **64** . . . . . . **331** F 1
Troischamps **52** . . . . . . **139** H 2
Troisfontaines **52** . . . . . **92** D 2
Troisfontaines **57** . . . . . **67** H 5
Troisgots **50** . . . . **35** B 1
Troissereux **60** . . . . . . **38** A 1
Troissy **51** . . . . **61** E 1

Troisvaux **62** . . . . **7** G 5
Troisvilles **59** . . . . **14** D 4
Tromarey **70** . . . . **161** F 3
Tromborn **57** . . . . **46** D 4
Tronçais Forêt de **03** . . **191** E 1
Troncens **32** . . . . **315** G 2
La Tronche **38** . . . . . . **250** D 1
Le Tronchet **35** . . . . . . **80** A 2
Le Tronchet **72** . . . . . **107** G 2
Tronchoy **52** . . . . **117** F 5
Tronchoy **80** . . . . **21** G 2
Tronchoy **89** . . . . **137** E 2
Tronchy **71** . . . . **178** B 4
Le Troncq **27** . . . . **35** H 4
Trondes **54** . . . . **65** E 5
Tronget **03** . . . . **191** G 4
Tronjoly Château de **29** . **71** F 3
Le Tronquay **14** . . . . . . **32** D 4
Le Tronquay **27** . . . . . . **36** D 2
Tronsanges **58** . . . . . **174** B 1
Tronville **54** . . . . **65** F 1
Tronville-en-Barrois **55** . . **63** H 4
Troo **41** . . . . **131** E 3
Trosly-Breuil **60** . . . . . . **39** G 2
Trosly-Loire **02** . . . . . . **40** A 1
Trouans **10** . . . . **62** A 5
Troubat **65** . . . . **334** A 2
La Trouche **88** . . . . . . **96** A 3
Trouhans **21** . . . . **160** C 5
Trouhaut **21** . . . . **159** G 2
Trouillas **66** . . . . **343** E 3
Trouley-Labarthe **65** . . . **315** G 4
Troumouse Cirque de **65** **333** E 5
Troussencourt **60** . . . . . **22** B 5
Troussey **55** . . . . **64** D 5
Troussures **60** . . . . **37** H 2
Trouvans **25** . . . . **162** C 1

Trouville **76** . . . . **19** F 5
Trouville-la-Haule **27** . . . **35** F 2
Trouville-sur-Mer **14** . . . **34** B 2
Trouy **18** . . . . **173** E 2
Troye-d'Ariège **09** . . . . **336** D 2
Troyes **10** . . . . **91** E 5
Troyon **55** . . . . **64** C 2
La Truchère **71** . . . . . **195** F 2
Truchtersheim **67** . . . . . **68** D 3
Trucy **02** . . . . **40** D 1
Trucy-l'Orgueilleux **58** . . **157** E 2
Trucy-sur-Yonne **89** . . . **136** C 5
Le Truel **12** . . . . **281** E 5
Trugny **21** . . . . **178** B 2
Truinas **26** . . . . **267** H 3
Trumilly **60** . . . . **39** F 4
Trun **61** . . . . **54** B 3
Trungy **14** . . . . **32** D 4
Truttemer-le-Grand **14** . . **52** D 4
Truttemer-le-Petit **14** . . . **52** D 4
Truyes **37** . . . . **152** A 4
Tubersent **62** . . . . **6** B 4
Tuchan **11** . . . . **338** C 4
Tucquegnieux **54** . . . . . **45** F 4
Tudeils **19** . . . . **242** D 4
Tudelle **32** . . . . **295** G 4
Tuffé **72** . . . . **108** B 3
Tugéras-Saint-Maurice **17** **219** H 5
Tugny-et-Pont **02** . . . . . **24** A 3
Les Tuileries **42** . . . . . **211** G 2
Les Tuileries **42** . . . . . **211** G 2
La Tuilière **42** . . . . . . **211** E 3
Tuilière Roche **63** . . . . **227** E 2
Tulette **26** . . . . **285** F 2
Tulle **19** . . . . **242** D 1
Tullins **38** . . . . **232** B 5
Tully **80** . . . . **11** E 3
Tupigny **02** . . . . **24** D 1

Tupin-et-Semons **69** . . . **231** E 3
La Turballe **44** . . . . . . **145** G 4
La Turbie **06** . . . . **309** H 5
Turcey **21** . . . . **159** G 2
Turckheim **68** . . . . **121** E 3
Turenne **19** . . . . **242** C 3
Turgon **16** . . . . **203** H 3
Turgy **10** . . . . **114** D 4
Turini Col de **06** . . . . . **291** F 3
Turny **89** . . . . **114** B 4
Turquant **49** . . . . **150** C 4
Turquestein-Blancrupt **57** **96** C 1
Turqueville **50** . . . . . . **29** H 5
Turretot **76** . . . . **18** C 5
Turriers **04** . . . . **269** H 5
Tursac **24** . . . . **241** F 4
Tusson **16** . . . . **203** E 3
Tuzaguet **65** . . . . **333** H 1
Le Tuzan **33** . . . . **255** G 5
Tuzie **16** . . . . **203** F 3

U

Uberach **67** . . . . **68** D 3
Ubexy **88** . . . . **95** E 4
Ubraye **04** . . . . **289** E 4
Ucciani **2A** . . . . **348** D 2
Ucel **07** . . . . **266** B 3
Uchacq-et-Parentis **40** . . **293** H 1
Uchaud **30** . . . . **303** G 3
Uchaux **84** . . . . **285** E 3
Uchentein **09** . . . . . . **335** E 3
Uchizy **71** . . . . **195** E 2
Uchon **71** . . . . **176** C 4
Uchon Signal d' **71** . . . **176** C 4
Uckange **57** . . . . **45** G 4
Ueberkumen **68** . . . . . **143** E 2
Ueberstrass **68** . . . . . **143** E 4

Uffheim **68** . . . . **143** G 2
Uffholtz **68** . . . . **143** E 1
Ugine **73** . . . . **216** A 5
Uglas **65** . . . . **333** H 1
Ugnouas **65** . . . . **315** F 3
Ugny **54** . . . . **44** D 2
Ugny-le-Gay **02** . . . . . **24** A 4
Ugny-l'Équipée **80** . . . . **23** H 2
Ugny-sur-Meuse **55** . . . **94** A 1
Uhart-Cize **64** . . . . . . **330** C 1
Uhart-Mixe **64** . . . . . **311** G 5
Uhlwiller **67** . . . . **68** D 3
Uhrwiller **67** . . . . **68** C 3
Ulcot **79** . . . . **167** H 1
Les Ulis **91** . . . . **58** B 5
Ully-Saint-Georges **60** . . **38** B 3
Les Ulmes **49** . . . . . . **150** B 4
Umpeau **28** . . . . **86** C 3
Unac **09** . . . . **336** C 5
Uncey-le-Franc **21** . . . . **159** F 3
Unchair **51** . . . . **41** E 3
Ungersheim **68** . . . . . **121** E 5
Unias **42** . . . . **229** H 2
Unienville **10** . . . . **91** H 5
Unieux **42** . . . . **230** A 4
L'Union **31** . . . . **298** A 4
Untermuthtal **57** . . . . . **68** C 2
Unverre **28** . . . . **109** G 2
Unzent **09** . . . . **318** A 5
Upaix **05** . . . . **287** F 1
Upie **26** . . . . **267** G 1
Ur **66** . . . . **341** E 4
Urau **31** . . . . **334** D 2
Urbalacone **2A** . . . . . **348** D 4
Urbanya **66** . . . . **341** H 2
Urbeis **67** . . . . **96** D 4
Urbeis Col d' **67** . . . . . **96** D 4

Urbès **68** . . . . **120** B 5
Urbise **42** . . . . **193** F 5
Urçay **03** . . . . **190** D 1
Urcel **02** . . . . **40** D 1
Urcerey **90** . . . . **142** B 3
Urciers **36** . . . . **189** H 2
Urcuit **64** . . . . **292** B 5
Urcy **21** . . . . **159** H 4
Urdens **32** . . . . **296** C 2
Urdès **64** . . . . **313** H 2
Urdos **64** . . . . **331** H 4
Urepel **64** . . . . **330** C 2
Urgons **40** . . . . **294** A 4
Urgosse **32** . . . . **295** E 3
Uriage-les-Bains **38** . . . **251** E 2
Uriménil **88** . . . . **119** F 3
Urmatt **67** . . . . **97** E 2
Urost **54** . . . . **314** D 3
Urou-et-Crennes **61** . . . **54** B 4
Urrugne **64** . . . . **310** B 3
Urs **09** . . . . **336** C 5
Urschenheim **68** . . . . . **121** F 2
Urt **64** . . . . **292** B 5
Urtaca **2B** . . . . **345** E 5
Urtière **25** . . . . **163** G 3
Uruffe **54** . . . . **94** A 2
Urval **24** . . . . **259** E 1
Urville **10** . . . . **116** A 3
Urville **14** . . . . **53** G 1
Urville **50** . . . . **29** F 5
Urville **88** . . . . **118** A 2
Urville-Nacqueville **50** . . **28** D 2
Urvillers **02** . . . . **24** B 3
Ury **77** . . . . **88** B 5
Urzy **58** . . . . **174** C 1
Us **95** . . . . **37** H 5
Usclades-et-Rieutord **07** . **265** H 1

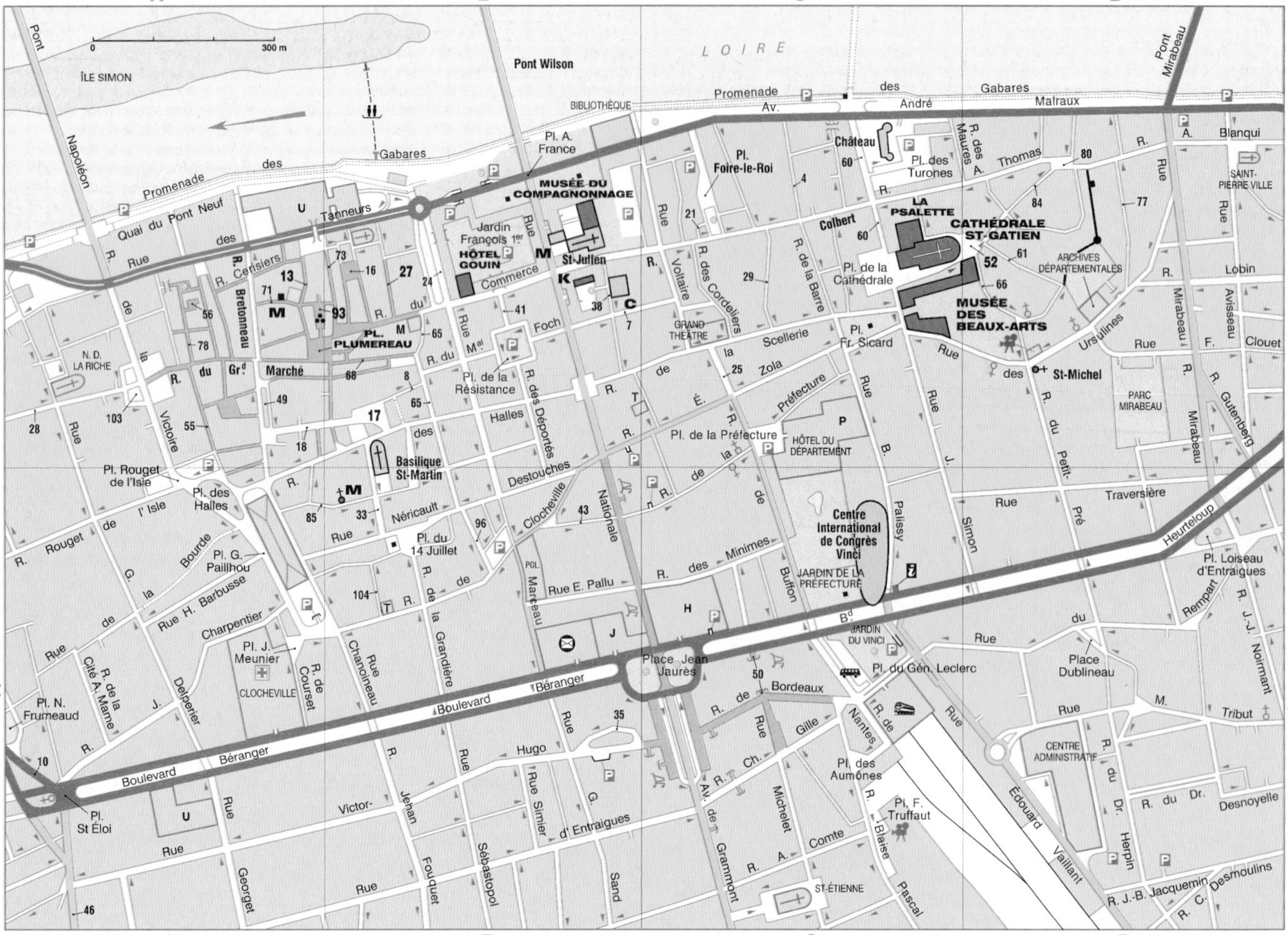

TROYES

Boucherat (R.)	CY	4
Champeaux (R.)	BZ	12
Charbonnet (R.)	BZ	13
Clemenceau (R. G.)	BCY	15
Comtes-de-Champagne		
(Q. des)	CY	16
Dampierre (Quai)	BCY	17
Delestraint (Bd Gén.-Ch.)	BZ	18
Driant (R. COl.)	BZ	20
Girardon (R.)	CY	22
Hennequin (R.)	CY	23
Huez (R. Claude)	BYZ	27
Jaillant-Deschainets (R.)	BZ	28
Israël (Pl. Alexandre)	BZ	29
Jean-Jaurès (Pl.)	BZ	31
Joffre (Av. Mar.)	BZ	33
Langevin (Pl. du Prof.)	BZ	35
Libération (Pl. de la)	CZ	49
Marché aux Noix (R. du)	BZ	36
Michelet (R.)	CY	39
Molé (R.)	BZ	44
Monnaie (R. de la)	BZ	45
Paillot-de-Montabert (R.)	BZ	47
Palais-de-Justice		
(R.)	BZ	48
République (R. de la)	BZ	51
St-Pierre (Pl.)	CY	52
St-Rémy (Pl.)	BY	53
Siret (R. Nicolas)	CZ	79
Synagogue (R. de la)	BZ	54
Tour-Boileau (R. de la)	BZ	59
Trinité (R. de la)	BZ	60
Turenne (R. de)	BZ	61
Voltaire (R.)	BZ	64
Zola (R. Émile)	BCZ	
1er-R.A.M. (Bd du)	BZ	69

Map of Troyes

(Alphabetical index of French communes with department numbers, page and grid references — U and V sections)

Usclas-d'Hérault 34	302	A 5

A B C D E F G H I J K L M N O P Q R S T U V W X Y Z

Vasselay 18 .... 155 E 5
Vasselin 38 .... 232 B 2
Vassens 02 .... 40 A 1
Vasseny 02 .... 40 C 3
Vassieux-en-Vercors 26 .. 250 B 5
Vassimont-et-Chapelaine 51 ..61 H 4
Vassincourt 55 .... 63 G 3
Vassivière Lac de 74 .... 207 E 5
Vassogne 02 .... 41 E 2
Vassonville 76 .... 20 B 4
Vassy 14 .... 53 E 3
Vassy 89 .... 137 G 5
Le Vast 50 .... 29 G 3
Vastérival 76 .... 10 A 5
Vasteville 50 .... 28 D 3
Les Vastres 43 .... 248 A 4
Vatan 36 .... 172 A 1
Vathiménil 54 .... 95 G 2
Vatierville 76 .... 21 E 3
Vatilieu 38 .... 250 B 1
Vatimont 57 .... 66 C 2
Vatry 51 .... 62 A 3
Vattetot-sous-Beaumont 76 ..19 E 4
Vattetot-sur-Mer 76 .... 18 D 3
Vatteville 27 .... 36 C 3
Vatteville-la-Rue 76 .... 35 G 1
Vaubadon 14 .... 32 D 4
Vauban 71 .... 193 H 5
Vaubecourt 55 .... 63 G 2
Vaubexy 88 .... 95 E 5
Vaucé 53 .... 82 A 3
Vaucelles 14 .... 32 D 3
Vaucelles Abbaye de 59 ..14 B 5
Vaucelles-et-Beffecourt 02 ..40 D 1
Vauchamps 25 .... 162 B 3
Vauchamps 51 .... 60 D 3
Vauchassis 10 .... 114 D 2
Vauchelles 60 .... 23 G 5
Vauchelles-lès-Authie 80 ..13 E 4
Vauchelles-lès-Domart 80 ..12 B 5
Vauchelles-les-Quesnoy 80 ..11 H 3
Vauchignon 21 .... 177 F 2
Vauchonvilliers 10 .... 115 H 2
Vauchoux 70 .... 140 D 4
Vauchrétien 49 .... 149 G 3
Vauciennes 51 .... 61 F 1
Vauciennes 60 .... 39 H 4
Vauclaix 58 .... 157 H 4
Vauclerc 51 .... 62 D 5
Vaucluse 25 .... 163 F 3
Vauclusotte 25 .... 163 F 3
Vaucogne 10 .... 91 G 3
Vauconcourt-Nervezain 70 .. 140 C 4
Vaucottes-sur-Mer 76 .... 18 D 3
Vauculeurs 55 .... 93 H 1
Vaucourt 54 .... 67 E 5
Vaucourtois 77 .... 59 G 3
Vaucresson 92 .... 58 A 3
Vaudancourt 60 .... 37 G 4
Vaudebarrier 71 .... 194 A 3
Vaudelnay 49 .... 150 A 5
Vaudeloges 14 .... 54 B 2
Vaudemange 51 .... 42 A 5
Vaudémont 54 .... 94 C 3
Vaudémont Signal de 54 .... 94 C 3
Vaudes 10 .... 115 F 3
Vaudesincourt 51 .... 42 B 4
Vaudesson 02 .... 40 C 1
Vaudeurs 89 .... 114 A 3
Vaudevant 07 .... 248 D 3
Vaudeville 54 .... 94 D 3
Vaudéville 88 .... 95 G 5
Vaudeville-le-Haut 55 .... 93 H 3
Vaudherland 95 .... 58 D 2
Vaudigny 54 .... 94 D 3
Le Vaudioux 39 .... 179 H 5
Vaudoncourt 55 .... 44 D 4
Vaudoncourt 57 .... 46 C 5
Vaudoncourt 88 .... 118 B 2
Le Vaudoué 77 .... 88 A 5
Vaudoy-en-Brie 77 .... 59 H 5
Vaudreching 57 .... 46 C 4
Vaudrecourt 52 .... 117 H 2
Vaudrémont 52 .... 116 C 3
Le Vaudreuil 27 .... 36 C 4
Vaudreuille 31 .... 319 E 3
Vaudreville 50 .... 29 G 4
Vaudrey 39 .... 179 F 2
Vaudricourt 62 .... 8 A 4
Vaudricourt 80 .... 11 E 3
Vaudrimesnil 50 .... 31 G 4
Vaudringhem 62 .... 7 E 2
Vaudrivillers 25 .... 162 D 3
Vaudry 14 .... 52 C 3
Vaufrey 25 .... 163 G 2
Vaugines 84 .... 305 H 2
Vaugneray 69 .... 230 D 1

Vaugrigneuse 91 .... 87 F 2
Vauhallan 91 .... 58 B 5
Vaujany 38 .... 251 G 2
Vaujours 93 .... 58 D 2
Vaulandry 49 .... 129 G 5
Le Vaulmier 15 .... 244 B 1
Vaulnaveys-le-Bas 38 .... 251 E 2
Vaulnaveys-le-Haut 38 .... 251 E 2
Vaulry 87 .... 205 F 3
Vault-de-Lugny 89 .... 157 H 1
Vaulx 62 .... 12 B 2
Vaulx 74 .... 215 F 3
Vaulx-en-Velin 69 .... 213 F 5
Vaulx-Milieu 38 .... 231 H 2
Vaulx-Vraucourt 62 .... 13 H 4
Le Vaumain 60 .... 37 G 3
Vaumas 03 .... 192 D 3
Vaumeilh 04 .... 287 G 1
Vaumoise 60 .... 39 G 4
Vaumort 89 .... 113 H 3
Vaunac 24 .... 222 D 5
Vaunaveys-la-Rochette 26 .. 267 G 1
Vaunoise 61 .... 84 B 5
La Vaupalière 76 .... 36 A 1
Vaupillon 28 .... 85 F 3
Vaupoisson 10 .... 91 F 3
Vauquois 55 .... 43 G 4
Vauréal 95 .... 57 H 1
Vaureilles 12 .... 261 H 5
Vaurezis 02 .... 40 B 2
Le Vauroux 60 .... 37 H 2
Vausse Prieuré de 89 .... 137 F 5
Vausseroux 79 .... 185 G 2
Vautebis 79 .... 185 G 2
Vauthiermont 90 .... 142 D 2
Vautorte 53 .... 81 H 5
Vauvenargues 13 .... 306 B 5
Vauvert 30 .... 303 G 3
Vauville 14 .... 34 B 3
Vauville 50 .... 28 C 3
Vauvillers 70 .... 118 D 5
Vauvillers 80 .... 23 E 2
Vaux 03 .... 190 D 3
Vaux 31 .... 318 D 2
Vaux 57 .... 65 G 1
Vaux 86 .... 186 A 4
Vaux 89 .... 136 B 3
Vaux Château de 49 .... 128 C 3
Vaux-Andigny 02 .... 14 D 5
Vaux-Champagne 08 .... 42 C 1
Les Vaux de Cernay 78 .... 57 H 5
Vaux-devant-Damloup 55 .... 44 C 5
Vaux-en-Amiénois 80 .... 22 B 1
Vaux-en-Beaujolais 69 .... 212 C 2
Vaux-en-Bugey 01 .... 214 A 3
Vaux-en-Dieulet 08 .... 43 F 1
Vaux-en-Pré 71 .... 194 C 1
Vaux-en-Vermandois 02 .... 23 H 2
Vaux-et-Chantegrue 25 .... 180 C 3
Vaux-la-Douce 52 .... 140 B 2
Vaux-la-Grande 55 .... 93 G 1
Vaux-la-Petite 55 .... 93 G 1
Vaux-Lavalette 16 .... 221 F 4
Vaux-le-Moncelot 70 .... 161 H 1
Vaux-le-Pénil 77 .... 88 B 3
Vaux-le-Vicomte
   Château de 77 .... 88 C 2
Vaux-lès-Mouron 08 .... 43 E 3
Vaux-lès-Mouzon 08 .... 27 G 4
Vaux-lès-Palameix 55 .... 64 C 2
Vaux-lès-Prés 25 .... 161 H 4
Vaux-lès-Rubigny 08 .... 25 H 4
Vaux-lès-Saint-Claude 39 .... 196 D 3
Vaux-Marquenneville 80 .... 11 G 5
Vaux-Montreuil 08 .... 26 C 5
Vaux-Rouillac 16 .... 202 D 5
Vaux-Saules 21 .... 159 G 1
Vaux-sous-Aubigny 52 .... 139 G 4
Vaux-sur-Aure 14 .... 33 E 3
Vaux-sur-Blaise 52 .... 92 C 3
Vaux-sur-Eure 27 .... 56 C 1
Vaux-sur-Lunain 77 .... 112 D 2
Vaux-sur-Mer 17 .... 218 C 1
Vaux-sur-Poligny 39 .... 179 G 3
Vaux-sur-Risle 27 .... 55 G 3
Vaux-sur-Saint-Urbain 52 .... 93 E 4
Vaux-sur-Seine 78 .... 57 H 2
Vaux-sur-Seulles 14 .... 33 E 3
Vaux-sur-Somme 80 .... 22 D 1
Vaux-sur-Vienne 86 .... 169 G 3
Vaux-Villaine 08 .... 26 B 3
Vauxaillon 02 .... 40 C 1
Vauxbons 52 .... 139 F 2
Vauxbuin 02 .... 40 B 3
Vauxcéré 02 .... 40 D 3
Vauxrenard 69 .... 194 D 5
Vauxtin 02 .... 40 D 3

Vavincourt 55 .... 63 H 3
Vavray-le-Grand 51 .... 62 D 4
Vavray-le-Petit 51 .... 62 D 3
Vaxainville 54 .... 95 H 2
Vaxoncourt 88 .... 95 F 5
Vaxy 57 .... 66 D 3
Vay 44 .... 126 B 5
Vaychis 09 .... 336 C 5
Vaylats 46 .... 278 C 1
Vayrac 46 .... 242 D 5
Vayres 33 .... 238 B 5
Vayres 87 .... 204 D 5
Vayres Château de 86 .... 169 F 5
Vayres-sur-Essonne 91 .... 87 H 4
Vazeilles-Limandre 43 .... 246 D 3
Vazeilles-près-Saugues 43 .. 246 D 5
Vazerac 82 .... 277 G 3
Veauce 03 .... 209 G 1
Veauche 42 .... 230 A 3
Veauchette 42 .... 230 A 3
Veaugues 18 .... 155 H 4
Veaunes 26 .... 249 F 3
Veauville-lès-Baons 76 .... 19 G 4
Veauville-lès-Quelles 76 .... 19 G 3
Vèbre 09 .... 336 C 5
Vebret 15 .... 226 C 5
Vebron 48 .... 282 D 2
Vecchio Pont du 2B .... 347 E 5
Veckersviller 57 .... 67 H 3
Veckring 57 .... 46 B 3
Vecoux 88 .... 119 H 4
Vecquemont 80 .... 22 D 2
Vecqueville 52 .... 92 D 3
Vedène 84 .... 285 F 5
Védrines-Saint-Loup 15 .... 246 A 3
Véel 55 .... 63 G 4
Végennes 19 .... 242 D 4
Vého 54 .... 95 H 1
Veigné 37 .... 152 A 4
Veigy-Foncenex 74 .... 197 H 4
Veilhes 81 .... 298 D 4
Veillac 15 .... 226 C 4
Veilleins 41 .... 153 H 2
Veilly 21 .... 159 F 5
Veix 19 .... 225 E 3
Velaine-en-Haye 54 .... 65 G 5
Velaine-sous-Amance 54 .... 66 B 5
Velaines 55 .... 64 B 5
Velanne 38 .... 232 D 3
Velars-sur-Ouche 21 .... 159 H 3
Velaux 13 .... 305 G 5
Velennes 60 .... 38 B 1
Velennes 80 .... 22 A 3
Velesmes 70 .... 161 F 2
Velesmes-Essarts 25 .... 161 H 4
Velet 70 .... 161 E 2
Vélieux 34 .... 320 C 3
Vélines 24 .... 239 E 5
Velle-le-Châtel 70 .... 141 E 4
Velle-sur-Moselle 54 .... 95 E 2
Velléches 86 .... 169 G 2
Vellechevreux-
   et-Courbenans 70 .... 141 H 5
Velleclaire 70 .... 161 G 1
Vellefaux 70 .... 141 E 5
Vellefrey-et-Vellefrange 70 .. 161 G 1
Vellefrie 70 .... 141 F 3
Velleguindry-
   et-Levrecey 70 .... 141 E 5
Velleminfroy 70 .... 141 G 4
Vellemoz 70 .... 161 G 1
Velleron 84 .... 285 G 5
Velleron-lès-Belvoir 25 .... 163 E 2
Velleron-lès-Vercel 25 .... 162 D 3
Velles 36 .... 171 G 5
Velles 52 .... 140 B 2
Vellescot 90 .... 142 D 3
Vellevans 25 .... 162 D 3
Vellexon-Queutrey-
   et-Vaudey 70 .... 140 C 5
Velloreille-lès-Choye 70 .... 161 F 2
Velluire 85 .... 183 H 3
Velogny 21 .... 159 E 2
Velone-Orneto 2B .... 347 H 3
Velorcey 70 .... 141 F 2
Velosnes 55 .... 44 B 1
Velotte-et-Tatignécourt 88 .. 94 D 5
Vélu 62 .... 13 H 4
Velving 57 .... 46 C 4
Vélye 51 .... 61 H 3
Velzic 15 .... 244 C 4
Vémars 95 .... 58 D 1
Venables 27 .... 36 C 4
Venaco 2B .... 347 E 4
Venansault 85 .... 165 G 5
Venanson 06 .... 291 E 2

Venarey-les-Laumes 21 .... 159 E 1
Venarsal 19 .... 242 C 2
Venas 03 .... 191 E 3
Venasque 84 .... 285 H 5
Vence 06 .... 309 F 2
Vence Col de 06 .... 309 F 2
Vendargues 34 .... 303 E 4
Vendat 03 .... 210 B 1
Vendays-Montalivet 33 .... 218 C 5
Vendegies-au-Bois 59 .... 15 E 3
Vendegies-sur-Écaillon 59 .. 14 D 2
Vendeix Roche 63 .... 227 E 2
Vendel 35 .... 81 E 5
La Vendelée 50 .... 31 G 5
Vendelles 02 .... 23 H 1
Vendémian 34 .... 302 B 5
Vendenesse-
   lès-Charolles 71 .... 194 A 3
Vendenesse-sur-Arroux 71 .. 193 G 1
Vendenheim 67 .... 68 D 5
Vendes 14 .... 33 E 4
Vendes 15 .... 244 B 1
Vendeuil 02 .... 24 B 4
Vendeuil-Caply 60 .... 22 B 5
Vendeuvre 14 .... 54 A 1
Vendeuvre-du-Poitou 86 .... 169 E 5
Vendeuvre-sur-Barse 10 .... 115 H 2
Vendeville 59 .... 8 D 3
Vendhuile 02 .... 14 B 5
Vendières 02 .... 60 C 3
Vendin-le-Vieil 62 .... 8 C 4
Vendin-lès-Béthune 62 .... 8 A 3
Vendine 31 .... 298 C 5
Vendoeuvres 36 .... 171 E 4
Vendoire 24 .... 221 G 4
Vendôme 41 .... 131 G 3
Vendranges 42 .... 211 H 3
Vendrennes 85 .... 166 B 3
Vendres 34 .... 321 G 4
Vendresse 08 .... 27 E 5
Vendresse-Beaulne 02 .... 40 D 2
Vendrest 77 .... 59 H 1
La Vendue-Mignot 10 .... 115 E 3
Vénéjan 30 .... 284 D 3
Venelles 13 .... 306 A 4
Vénérand 17 .... 201 G 5
Vénère 70 .... 161 F 2
Vénérieu 38 .... 232 A 1
Vénérolles 02 .... 24 D 1
Venerque 31 .... 317 H 2
Vénès 81 .... 299 G 3
Venesmes 18 .... 173 E 4
Vénestanville 76 .... 19 H 3
Venette 60 .... 39 F 2
Veneux-les-Sablons 77 .... 88 C 5
Vénevelles Manoir de 72 .... 129 H 4
Veney 54 .... 96 A 3
Vengeons 50 .... 52 A 2
Venise 25 .... 162 A 2
Venisey 70 .... 140 D 2
Vénissieux 69 .... 231 F 1
Venizel 02 .... 40 B 2
Venizy 89 .... 114 B 4
Vennans 25 .... 162 B 2
Vennecy 45 .... 111 F 5
Vennes 25 .... 163 E 4
Vennezey 54 .... 95 F 3
Venon 27 .... 36 A 5
Venon 38 .... 251 E 2
Venosc 38 .... 251 G 3
Venouse 89 .... 136 C 2
Venoy 89 .... 136 B 3
Vensac 33 .... 218 C 4
Vensat 63 .... 209 H 2
Ventabren 13 .... 305 H 5
Ventadour Ruines de 19 .... 225 G 5
Ventavon 05 .... 269 F 5
Ventelay 51 .... 41 E 3
Ventenac 09 .... 336 C 2
Ventenac-Cabardès 11 .... 319 G 4
Ventenac-en-Minervois 11 .. 320 D 5
Venterol 04 .... 269 H 4
Venterol 26 .... 267 H 5
Les Ventes 27 .... 56 B 2
Les Ventes-de-Bourse 61 .... 84 A 3
Ventes-Saint-Rémy 76 .... 20 C 4
Venteuges 43 .... 246 D 4
Venteuil 51 .... 61 F 1
Venthon 73 .... 234 A 1
Ventiseri 2B .... 349 G 3
Ventouse 16 .... 203 G 4
Ventoux Mont 84 .... 286 A 3
Ventron 88 .... 120 A 4
La Ventrouze 61 .... 84 D 2
Venzolasca 2B .... 347 G 2
Ver 50 .... 51 G 2
Ver-lès-Chartres 28 .... 86 A 4

Ver-sur-Launette 60 .... 39 E 5
Ver-sur-Mer 14 .... 33 F 3
Vérac 33 .... 238 B 4
Véranne 42 .... 230 D 5
Vérargues 34 .... 303 F 3
Véraza 11 .... 337 G 2
Verberie 60 .... 39 F 3
Verbiesles 52 .... 117 E 4
Vercel-Villedieu-
   le-Camp 25 .... 162 D 4
Verchain-Maugré 59 .... 14 D 2
Verchaix 74 .... 216 C 1
Vercheny 26 .... 268 A 2
Les Verchers-sur-Layon 49 .. 150 A 5
Verchin 62 .... 7 F 4
Verchocq 62 .... 7 E 3
Vercia 39 .... 196 B 1
Verclause 26 .... 268 B 5
Vercoiran 26 .... 286 B 1
Vercourt 80 .... 11 F 1
Verdaches 04 .... 288 B 1
Verdalle 81 .... 319 F 2
Verde Col de 2B .... 349 F 2
Verdelais 33 .... 256 B 3
Verdelles Château de 72 .... 106 D 5
Verdelot 77 .... 60 B 3
Verdenal 54 .... 96 A 1
Verderel 60 .... 38 A 1
Verderonne 60 .... 38 D 3
Verdèse 2B .... 347 G 3
Verdets 64 .... 313 G 4
Le Verdier 81 .... 279 E 5
La Verdière 83 .... 307 E 4
Verdigny 18 .... 155 H 3
Verdille 16 .... 202 D 4
Verdilly 02 .... 60 C 1
Verdon 24 .... 258 B 1
Verdon 51 .... 60 D 2
Verdon
   Grand Canyon du 93 .... 307 H 2
Le Verdon-sur-Mer 33 .... 218 C 2
Verdonnet 21 .... 137 H 3
Verdun 09 .... 336 B 5
Verdun 55 .... 44 B 5
Verdun-en-Lauragais 11 .... 319 E 3
Verdun-sur-Garonne 82 .... 297 G 2
Verdun-sur-le-Doubs 71 .... 178 A 3
Verdus Musée de 07 .... 266 C 2
Vereaux 18 .... 174 A 3
Verel-de-Montbel 73 .... 232 D 2
Verel-Pragondran 73 .... 233 F 2
Véretz 37 .... 152 A 3
Vereux 70 .... 161 F 1
Verfeil 31 .... 298 B 4
Verfeil 82 .... 279 E 3
Verfeuil 30 .... 284 C 3
Vergaville 57 .... 67 E 3
Vergéal 35 .... 105 E 4
La Vergenne 70 .... 141 H 4
Le Verger 35 .... 103 H 3
Le Verger Château 49 .... 128 D 5
Verger-sur-Dive 86 .... 168 C 4
Vergeroux 17 .... 200 D 3
Verges 39 .... 179 F 5
Vergetot 76 .... 18 D 4
Vergezac 43 .... 247 E 4
Vergèze 30 .... 303 G 3
Vergheas 63 .... 208 D 3
Vergies 80 .... 11 G 5
Vergigny 89 .... 114 B 5
Vergio Col de 2B .... 346 C 5
Vergisson 71 .... 194 D 4
La Vergne 17 .... 201 G 3
Vergné 17 .... 201 H 2
Vergoignan 32 .... 294 C 3
Vergoncey 50 .... 80 D 2
Vergongheon 43 .... 228 A 5
Vergonnes 49 .... 127 G 3
Vergons 04 .... 288 D 5
Vergranne 25 .... 162 C 1
Vergt 24 .... 240 C 4
Vergt-de-Biron 24 .... 258 D 3
Le Verguier 02 .... 24 A 1
Véria 39 .... 196 A 2
Vérignon 83 .... 307 H 3
Vérigny 28 .... 85 H 3
Vérin 42 .... 231 E 4
Vérines 17 .... 183 G 5
Vérissey 71 .... 178 B 5
Vérizet 71 .... 195 E 3
Verjon 01 .... 196 A 4
Verjux 71 .... 178 A 3
Verlans 70 .... 142 B 4
Verlhac-Tescou 82 .... 298 A 1
Verlin 89 .... 113 F 4
Verlincthun 62 .... 6 B 2

Verlinghem 59 .... 8 C 2
Verlus 32 .... 294 C 4
Vermand 02 .... 24 A 2
Vermandovillers 80 .... 23 F 2
Vermelles 62 .... 8 B 4
Vermenton 89 .... 136 C 4
Vermondans 25 .... 163 F 2
Le Vermont 88 .... 96 C 3
Vern-d'Anjou 49 .... 128 B 3
Vern-sur-Seiche 35 .... 104 B 3
Vernais 18 .... 173 H 4
Vernaison 69 .... 231 E 2
Vernajoul 09 .... 336 B 2
Vernancourt 51 .... 63 E 3
Vernantes 49 .... 150 C 2
Vernantois 39 .... 179 F 5
La Vernarède 30 .... 283 G 2
Vernas 38 .... 214 A 5
Vernassal 43 .... 246 D 2
Vernaux 09 .... 336 C 5
Vernay 69 .... 212 C 1
La Vernaz 74 .... 198 C 4
Verne 25 .... 162 C 2
Verne Chartreuse de la 83 .. 329 E 3
Vernègues 13 .... 305 G 3
Verneiges 23 .... 190 B 5
Le Verneil 73 .... 233 H 3
Verneil-le-Chétif 72 .... 130 A 3
Verneix 03 .... 190 D 4
La Vernelle 36 .... 153 G 4
Le Vernet 03 .... 210 B 2
Le Vernet 04 .... 288 B 1
Le Vernet 09 .... 318 B 5
Le Vernet 43 .... 246 D 4
Vernet-la-Varenne 63 .... 228 B 4
Vernet-les-Bains 66 .... 342 B 4
Le Vernet-
   Sainte-Marguerite 63 .... 227 G 2
Verneugheol 63 .... 208 C 5
Verneuil 16 .... 204 C 5
Verneuil 18 .... 173 G 4
Verneuil 51 .... 40 D 5
Verneuil 58 .... 175 F 3
Verneuil-
   en-Bourbonnais 03 .... 192 A 4
Verneuil-en-Halatte 60 .... 38 D 4
Verneuil-Grand 55 .... 44 B 1
Verneuil-le-Château 37 .... 169 F 1
Verneuil-l'Étang 77 .... 88 C 2
Verneuil-Moustiers 87 .... 187 H 4
Verneuil-Petit 55 .... 44 B 1
Verneuil-sous-Coucy 02 .... 40 B 1
Verneuil-sur-Avre 27 .... 55 H 4
Verneuil-sur-Igneraie 36 .... 189 G 1
Verneuil-sur-Indre 37 .... 170 C 1
Verneuil-sur-Seine 78 .... 57 H 2
Verneuil-sur-Serre 02 .... 24 D 4
Verneuil-sur-Vienne 87 .... 205 F 5
Verneusses 27 .... 55 E 2
Verneville 57 .... 45 G 5
Vernie 72 .... 107 G 2
Vernierfontaine 25 .... 162 C 5
Vernines 63 .... 227 F 2
Verniolle 09 .... 336 B 1
Vernioz 38 .... 231 H 4
Vernix 50 .... 52 A 4
Vernoil 49 .... 150 D 2
Le Vernois 39 .... 179 F 4
Vernois-le-Fol 25 .... 163 H 2
Vernois-lès-Belvoir 25 .... 163 E 2
Vernois-lès-Vesvres 21 .... 139 F 4
Vernois-sur-Mance 70 .... 140 C 2
Vernols 15 .... 245 F 1
Vernon 07 .... 266 A 4
Vernon 27 .... 57 E 1
Vernon 86 .... 186 C 3
Vernonvilliers 10 .... 92 A 5
Vernosc-lès-Annonay 07 .... 248 D 5
Vernot 21 .... 160 A 1
La Vernotte 70 .... 161 G 1
Vernou-en-Sologne 41 .... 153 H 1
Vernou-la-Celle-sur-Seine 77.88 D 4
Vernou-sur-Brenne 37 .... 152 A 2
Vernouillet 28 .... 56 D 5
Vernouillet 78 .... 57 H 2
Vernoux 01 .... 195 G 2
Vernoux-en-Gâtine 79 .... 167 G 5
Vernoux-en-Vivarais 07 .... 248 D 5
Vernoux-sur-Boutonne 79 .. 202 C 1
Le Vernoy 25 .... 142 A 4
Vernoy 89 .... 113 F 4
Vernusse 03 .... 191 G 5
Verny 57 .... 65 H 2
Vero 2A .... 348 D 2
Véron 89 .... 113 G 3
Véronne 26 .... 268 A 2

Véronnes 21 ...... 139 G 5
Verosvres 71 ...... 194 B 3
Verpel 08 ...... 43 F 2
La Verpillière 38 ...... 231 H 2
Verpillières 80 ...... 23 F 4
Verpillières-sur-Ource 10 ...... 115 H 4
Verquières 13 ...... 305 E 2
Verquigneul 62 ...... 8 A 4
Verquin 62 ...... 8 A 4
Verrens-Arvey 73 ...... 234 A 1
La Verrerie *Château de* 18 ... 155 F 2
Verreries-de-Moussans 34 .. 320 C 2
Verrey-sous-Drée 21 ...... 159 F 2
Verrey-sous-Salmaise 21 ...... 159 F 2
Verricourt 10 ...... 91 G 4
Verrie 49 ...... 150 B 4
La Verrie 85 ...... 166 C 2
La Verrière 78 ...... 57 H 4
Verrières 08 ...... 43 E 1
Verrières 10 ...... 115 E 2
Verrières 12 ...... 281 H 3
Verrières 16 ...... 220 B 2
Verrières 51 ...... 63 E 1
Verrières 61 ...... 84 D 4
Verrières 63 ...... 227 G 3
Verrières 86 ...... 186 D 3
Verrières-de-Joux 25 ...... 180 C 3
Verrières-du-Grosbois 25 ... 162 C 4
Verrières-en-Forez 42 ...... 229 G 3
Verrières-le-Buisson 91 ...... 58 B 4
Verrines-sous-Celles 79 ...... 185 F 5
Verrue 86 ...... 168 D 3
Verruyes 79 ...... 185 F 2
Vers 46 ...... 260 C 5
Vers 71 ...... 195 E 1
Vers 74 ...... 215 F 1
Vers-en-Montagne 39 ...... 179 H 3
Vers-Pont-du-Gard 30 ...... 284 C 5
Vers-sous-Sellières 39 ...... 179 E 3
Vers-sur-Méouge 26 ...... 286 C 2
Vers-sur-Selles 80 ...... 22 B 2
Versailles 78 ...... 58 A 4
Versailleux 01 ...... 213 G 3
Versainville 14 ...... 53 H 1
La Versanne 42 ...... 230 C 5
Versaugues 71 ...... 193 G 4
Verseilles-le-Bas 52 ...... 139 G 3
Verseilles-le-Haut 52 ...... 139 G 3
Versigny 02 ...... 24 C 4
Versigny 60 ...... 39 F 5
Versols-et-Lapeyre 12 ...... 301 E 1
Verson 14 ...... 33 F 4
Versonnex 01 ...... 197 G 4
Versonnex 74 ...... 215 F 3
Le Versoud 38 ...... 251 E 1
Vert 40 ...... 273 G 4
Vert 78 ...... 57 F 2
Le Vert 79 ...... 202 B 1
Vert *Lac* 74 ...... 216 D 3
Vert-Bois 17 ...... 200 B 4
Vert-en-Drouais 28 ...... 56 C 4
Vert-la-Gravelle 51 ...... 61 F 3
Vert-le-Grand 91 ...... 87 H 2
Vert-le-Petit 91 ...... 87 H 3
Vert-Saint-Denis 77 ...... 88 B 2
Vertain 59 ...... 14 D 3
Vertaizon 63 ...... 210 A 5
Vertamboz 39 ...... 196 D 1
Vertault 21 ...... 115 G 5
Verte *Île* 13 ...... 327 F 4
Verteillac 24 ...... 221 G 5
Vertes-Feuilles 02 ...... 40 A 3
Verteuil-d'Agenais 47 ...... 257 G 5
Verteuil-sur-Charente 16 ...... 203 F 3
Verthemex 73 ...... 233 E 1
Vertheuil 33 ...... 237 E 1
Vertilly 89 ...... 89 G 5
Vertolaye 63 ...... 228 D 2
Verton 62 ...... 6 B 5
Vertou 44 ...... 147 H 4
Vertrieu 38 ...... 214 A 4
Vertus 51 ...... 61 G 2
Les Vertus 76 ...... 20 B 2
Vertuzey 55 ...... 64 D 5
Vervant 16 ...... 203 F 5
Vervant 17 ...... 201 H 3
Vervezelle 88 ...... 95 H 5
Vervins 02 ...... 25 F 2
Véry 55 ...... 43 G 3
Verzé 71 ...... 194 D 3
Verzeille 11 ...... 337 H 1
Verzenay 51 ...... 41 H 5
Verzy 51 ...... 41 H 5
Vesaignes-sous-Lafauche 52 .. 93 H 5
Vesaignes-sur-Marne 52 ...... 117 F 4
Vesancy 01 ...... 197 G 3
Vesc 26 ...... 267 H 4

Vescemont 90 ...... 142 C 2
Vescheim 57 ...... 68 A 4
Vescles 39 ...... 196 C 3
Vescours 01 ...... 195 F 2
Vescovato 2B ...... 347 G 2
Vesdun 18 ...... 190 B 2
Vésigneul-sur-Marne 51 ...... 62 B 3
Vésines 01 ...... 195 E 4
Vésines 45 ...... 112 C 4
Le Vésinet 78 ...... 58 A 3
Vesles-et-Caumont 02 ...... 25 E 4
Veslud 02 ...... 41 E 1
Vesly 27 ...... 37 F 4
Vesly 50 ...... 31 G 3
Vesoul 70 ...... 141 E 4
La Vespière 14 ...... 55 E 1
Vessaux 07 ...... 266 B 3
Vessey 50 ...... 80 D 2
Vestric-et-Candiac 30 ...... 303 G 3
Vesvres 21 ...... 159 E 2
Vesvres-sous-Chalancey 52 ...... 139 F 4
Vétheuil 95 ...... 57 F 1
Vétraz-Monthoux 74 ...... 197 H 5
Vétrigne 90 ...... 142 C 2
Veuil 36 ...... 153 G 5
Veuilly-la-Poterie 02 ...... 60 A 1
Veules-les-Roses 76 ...... 19 H 2
Veulettes-sur-Mer 76 ...... 19 F 2
Le Veurdre 03 ...... 174 B 5
Veurey-Voroize 38 ...... 250 C 1
La Veuve 51 ...... 62 A 1
Veuves 41 ...... 152 D 2
Veuvey-sur-Ouche 21 ...... 159 G 4
Veuxhaulles-sur-Aube 21 ...... 116 B 5
Vevy 39 ...... 179 F 5
Vexaincourt 88 ...... 96 C 2
Le Vey 14 ...... 53 F 2
Veynes 05 ...... 269 E 4
Veyras 07 ...... 266 C 2
Veyre-Monton 63 ...... 227 H 2
Veyreau 12 ...... 282 A 3
Veyrier-du-Lac 74 ...... 215 H 4
Veyrières 15 ...... 226 B 5
Veyrières 19 ...... 226 B 4
Veyrignac 24 ...... 259 H 1
Veyrines 07 ...... 248 C 2
Veyrines-de-Domme 24 ...... 259 F 1
Veyrines-de-Vergt 24 ...... 240 C 4
Veyrins 38 ...... 232 C 2
Les Veys 50 ...... 32 A 2
Veyssilieu 38 ...... 231 H 1
Veyziat 01 ...... 196 C 4
Vez 60 ...... 39 H 4
Vézac 15 ...... 244 C 5
Vézac 24 ...... 259 F 1
Vézannes 89 ...... 136 D 2
Vézaponin 02 ...... 40 A 1
Vèze 15 ...... 245 G 1
La Vèze 25 ...... 162 A 4
Vézelay 89 ...... 157 G 2
Vézelise 54 ...... 94 C 3
Vézelois 90 ...... 142 C 3
Vezels-Roussy 15 ...... 262 D 1
Vézénobres 30 ...... 283 H 4
Vézeronce-Curtin 38 ...... 232 B 1
Vezet 70 ...... 140 C 5
Vézézoux 43 ...... 228 B 5
Le Vézier 51 ...... 60 C 4
Vézières 86 ...... 168 D 1
Vézillon 27 ...... 36 D 4
Vézilly 02 ...... 41 E 4
Vezin-le-Coquet 35 ...... 104 A 3
Vézinnes 89 ...... 137 E 2
Vezins 49 ...... 149 F 5
Vezins 50 ...... 51 H 5
Vézins *Barrage de* 50 ...... 81 E 2
Vézins-de-Lévézou 12 ...... 281 G 2
Vezot 72 ...... 84 A 5
Vezou *Belvédère du* 15 ...... 245 F 5
Vezzani 2B ...... 347 F 5
Via 66 ...... 341 F 4
Viabon 28 ...... 110 C 2
Viala-du-Pas-de-Jaux 12 ... 301 F 1
Viala-du-Tarn 12 ...... 281 F 4
Vialas 48 ...... 283 F 1
Vialer 64 ...... 294 C 5
Viam 19 ...... 225 E 2
Viane 81 ...... 300 B 3
Vianges 21 ...... 158 D 5
Vianne 47 ...... 275 G 3
Viâpres-le-Grand 10 ...... 90 D 2
Viâpres-le-Petit 10 ...... 90 D 2
Viarmes 95 ...... 38 C 5
Vias 34 ...... 322 C 5
Viaur *Viaduc du* 12 ...... 280 B 4

Viazac 46 ...... 261 G 3
Le Vibal 12 ...... 281 E 2
Vibersviller 57 ...... 67 F 3
Vibeuf 76 ...... 19 H 4
Vibrac 16 ...... 220 D 2
Vibrac 17 ...... 220 B 5
Vibraye 72 ...... 108 D 4
Vic 09 ...... 335 G 4
Vic 36 ...... 189 G 1
Vic *Roche de* 19 ...... 242 D 3
Vic-de-Chassenay 21 ...... 158 C 1
Vic-des-Prés 21 ...... 159 F 5
Vic-en-Bigorre 65 ...... 315 E 3
Vic-Fezensac 32 ...... 295 G 3
Vic-la-Gardiole 34 ...... 323 F 3
Vic-le-Comte 63 ...... 228 A 2
Vic-le-Fesq 30 ...... 303 F 1
Vic-sous-Thil 21 ...... 158 D 3
Vic-sur-Aisne 02 ...... 39 H 2
Vic-sur-Cère 15 ...... 244 D 4
Vic-sur-Seille 57 ...... 66 D 4
Vicdessos 09 ...... 336 A 5
Le Vicel 50 ...... 29 G 3
Vichel 63 ...... 228 A 4
Vichel-Nanteuil 02 ...... 40 B 4
Vicherey 88 ...... 94 B 4
Vichy 03 ...... 210 B 2
Vico 2A ...... 348 C 1
La Vicogne 80 ...... 12 D 5
La Vicomté-sur-Rance 22 ...... 79 H 3
Vicq 03 ...... 209 H 1
Vicq 52 ...... 117 H 5
Vicq 59 ...... 9 H 5
Vicq 78 ...... 57 G 4
Vicq-d'Auribat 40 ...... 293 F 2
Vicq-Exemplet 36 ...... 189 H 1
Vicq-sur-Breuilh 87 ...... 223 H 2
Vicq-sur-Gartempe 86 ...... 170 A 5
Vicq-sur-Nahon 36 ...... 171 G 1
Vicques 14 ...... 54 A 2
Victoire *Abbaye de la* 60 ...... 39 E 4
Victot-Pontfol 14 ...... 34 B 4
Vidai 61 ...... 84 A 3
Vidaillac 46 ...... 279 E 1
Vidaillat 23 ...... 207 E 3
Vidauban 83 ...... 329 E 1
Videcosville 50 ...... 29 G 4
Videix 87 ...... 204 C 5
Videlles 91 ...... 87 H 4
Vidou 65 ...... 315 G 4
Vidouville 50 ...... 32 C 5
Vidouze 65 ...... 314 D 2
Viefvillers 60 ...... 22 A 5
Vieil-Armand 68 ...... 120 D 5
Le Vieil-Baugé 49 ...... 150 B 1
Le Vieil-Dampierre 51 ...... 63 E 1
Le Vieil-Évreux 27 ...... 56 C 1
Vieil-Hesdin 62 ...... 7 E 3
Vieil-Moutier 62 ...... 6 D 2
Vieille-Brioude 43 ...... 246 B 1
Vieille-Chapelle 62 ...... 8 A 3
Vieille-Église 62 ...... 3 E 3
Vieille-Église-en-Yvelines 78 .. 57 G 5
La Vieille-Loye 39 ...... 179 F 1
La Vieille-Lyre 27 ...... 55 G 2
Vieille-Toulouse 31 ...... 298 A 5
Vieilles-Maisons-sur-Joudry 45 ...... 134 B 2
Vieillespesse 15 ...... 245 H 3
Vieillevie 15 ...... 262 B 3
Vieillevigne 31 ...... 318 B 3
Vieillevigne 44 ...... 165 H 1
Vieilley 25 ...... 162 A 2
Vieilmoulin 21 ...... 159 F 3
Viel-Arcy 02 ...... 40 D 2
Viel-Saint-Remy 08 ...... 26 B 4
Viella 32 ...... 294 D 4
Viella 65 ...... 333 E 3
Vielle-Adour 65 ...... 315 F 5
Vielle-Aure 65 ...... 333 G 4
Vielle-Louron 65 ...... 333 H 4
Vielle-Saint-Girons 40 ...... 272 A 5
Vielle-Soubiran 40 ...... 274 C 4
Vielle-Tursan 40 ...... 294 A 3
Villenave-d'Arthez 64 ...... 314 A 2
Viellenave-de-Navarrenx 64 ...... 313 F 3
Viellenave-sur-Bidouze 64 ... 311 G 3
Vielleségure 64 ...... 313 G 3
Vielmanay 58 ...... 156 C 4
Vielmur-sur-Agout 81 ...... 299 F 4
Vielprat 43 ...... 265 G 1
Viels-Maisons 02 ...... 60 C 3
Vielverge 21 ...... 160 D 3
Viennay 79 ...... 168 A 5
Vienne 38 ...... 231 F 3

Vienne-en-Arthies 95 ...... 57 F 1
Vienne-en-Bessin 14 ...... 33 E 3
Vienne-en-Val 45 ...... 133 G 3
Vienne-la-Ville 51 ...... 43 E 4
Vienne-le-Château 51 ...... 43 E 4
Viens 84 ...... 306 B 1
Vienville 88 ...... 120 A 2
Vier-Bordes 65 ...... 332 D 2
Viersat 23 ...... 190 B 5
Vierville 28 ...... 87 E 4
Vierville 50 ...... 32 A 2
Vierville-sur-Mer 14 ...... 32 C 2
Vierzon 18 ...... 154 C 4
Vierzy 02 ...... 40 B 3
Viesly 59 ...... 14 D 4
Viessoix 14 ...... 52 D 3
Viéthorey 25 ...... 162 D 1
Vieu 01 ...... 214 D 4
Vieu-d'Izenave 01 ...... 214 B 2
Vieugy 74 ...... 215 G 4
Vieure 03 ...... 191 F 2
Vieussan 34 ...... 301 E 5
Vieuvicq 28 ...... 109 G 2
Vieuvy 53 ...... 81 H 3
Vieux 14 ...... 33 G 5
Vieux 81 ...... 279 E 5
Vieux-Berquin 59 ...... 8 A 2
Vieux-Boucau-les-Bains 40 . 292 B 2
Vieux-Bourg 14 ...... 34 D 3
Le Vieux-Bourg 22 ...... 77 H 3
Le Vieux-Cérier 16 ...... 203 H 3
Vieux Chambord *Château du* 03 ...... 192 C 4
Vieux-Champagne 77 ...... 89 F 2
Vieux-Charmont 25 ...... 142 C 4
Vieux-Château 21 ...... 158 B 1
Le Vieux Château 85 ...... 164 A 4
Vieux-Condé 59 ...... 9 G 4
Vieux-Ferrette 68 ...... 143 F 4
Vieux-Fumé 14 ...... 54 A 1
Vieux-lès-Asfeld 08 ...... 41 H 1
Vieux-Lixheim 57 ...... 67 H 4
Vieux-Manoir 76 ...... 20 C 5
Le Vieux-Marché 22 ...... 72 C 4
Vieux-Mareuil 24 ...... 221 H 4
Vieux-Mesnil 59 ...... 15 G 2
Vieux-Moulin 60 ...... 39 G 2
Vieux-Moulin 88 ...... 96 B 3
Vieux-Moulins 52 ...... 139 G 2
Vieux-Pierrefeu 06 ...... 289 H 5
Vieux-Pont 61 ...... 53 H 5
Vieux-Pont-en-Auge 14 ...... 54 B 1
Vieux-Port 27 ...... 35 F 2
Vieux-Reng 59 ...... 15 H 2
Vieux-Rouen-sur-Bresle 76 ... 21 F 2
La Vieux-Rue 76 ...... 36 C 1
Vieux-Ruffec 16 ...... 203 H 3
Vieux-Thann 68 ...... 143 E 1
Vieux-Viel 35 ...... 80 C 2
Vieux-Villez 27 ...... 36 C 5
Vieux-Vy-sur-Couesnon 35 ... 80 C 4
Vieuzos 65 ...... 315 H 4
Viévigne 21 ...... 160 C 2
Viéville 52 ...... 117 E 2
Viéville-en-Haye 54 ...... 65 F 3
Viéville-sous-les-Côtes 55 ... 64 D 2
Viévy 21 ...... 177 E 1
Viévy-le-Rayé 41 ...... 132 A 2
Viey 65 ...... 333 E 3
Vif 38 ...... 250 D 3
Viffort 02 ...... 60 C 2
Le Vigan 30 ...... 282 D 5
Le Vigan 46 ...... 260 B 2
Le Vigean 15 ...... 244 B 2
Le Vigeant 86 ...... 187 E 5
Le Vigen 87 ...... 223 H 1
Vigeois 19 ...... 224 B 5
Viger 65 ...... 332 D 1
Vigeville 23 ...... 207 G 1
Viggianello 2A ...... 350 D 2
Viglain 45 ...... 133 H 4
Vignacourt 80 ...... 12 C 5
Vignage *Rochers du* 61 ... 83 G 3
Vignale 2B ...... 347 G 2
Vignats 14 ...... 54 A 3
Le Vignau 40 ...... 294 C 2
Vignaux 31 ...... 297 F 4
Les Vigneaux 05 ...... 252 C 5
Vignec 65 ...... 333 G 4
Vignely 77 ...... 59 F 2
Vignemont 60 ...... 39 F 1
Les Vignères 84 ...... 305 E 1
Vignes 64 ...... 294 B 5
Vignes 89 ...... 158 B 1
Vignes-la-Côte 52 ...... 93 F 5

Vigneul-sous-Montmédy 55 .. 43 H 1
Vigneulles 54 ...... 95 E 2
Vigneulles-lès-Hattonchâtel 55 ...... 64 D 2
Vigneux-de-Bretagne 44 ...... 147 F 2
Vigneux-Hocquet 02 ...... 25 G 3
Vigneux-sur-Seine 91 ...... 58 C 5
Vignevieille 11 ...... 338 A 2
Vignieu 38 ...... 232 B 2
Vignoc 35 ...... 80 A 5
Vignol 58 ...... 157 G 3
Vignoles 21 ...... 177 H 1
Vignolles 16 ...... 220 D 3
Vignols 19 ...... 223 H 5
Vignonet 33 ...... 238 C 5
Vignory 52 ...... 92 D 5
Vignot 55 ...... 64 D 5
Vignoux-sous-les-Aix 18 ...... 155 F 5
Vignoux-sur-Barangeon 18 . 154 C 5
Vigny 95 ...... 57 H 1
Vigoulant 36 ...... 189 H 3
Vigoulet-Auzil 31 ...... 318 A 2
Vigoux 36 ...... 188 C 2
Vigueron 82 ...... 297 E 1
Vigy 57 ...... 46 B 5
Vihiers 49 ...... 149 G 5
Vijon 36 ...... 189 H 3
Vilbert 77 ...... 59 G 5
Vilcey-sur-Trey 54 ...... 65 F 3
Vildé-Guingalan 22 ...... 79 F 4
Le Vilhain 03 ...... 191 E 2
Vilhonneur 16 ...... 221 H 1
Vilhosc *Prieuré de* 04 ...... 287 G 2
Villa-Algérienne 33 ...... 254 A 2
Villabé 91 ...... 88 A 2
Villabon 18 ...... 173 G 1
Villac 24 ...... 241 G 2
Villacerf 10 ...... 90 D 4
Villacourt 54 ...... 95 E 3
Villadin 10 ...... 90 B 5
Villafans 70 ...... 141 H 5
Village-Neuf 68 ...... 143 H 3
Villaines-en-Duesmois 21 ... 138 A 4
Villaines-la-Carelle 72 ...... 84 A 4
Villaines-la-Gonais 72 ...... 108 C 3
Villaines-la-Juhel 53 ...... 82 D 5
Villaines-les-Prévôtes 21 ... 137 H 5
Villaines-les-Rochers 37 ...... 151 G 4
Villaines-sous-Bois 95 ...... 58 C 1
Villaines-sous-Lucé 72 ...... 130 C 2
Villaines-sous-Malicorne 72 ...... 129 F 3
Villainville 76 ...... 18 D 4
Villalbe 11 ...... 319 G 5
Villalet 27 ...... 56 A 2
Villalier 11 ...... 319 H 4
Villamblain 45 ...... 110 B 5
Villamblard 24 ...... 240 B 4
Villamée 35 ...... 81 E 3
Villampuy 28 ...... 110 B 4
Villandraut 33 ...... 255 H 5
Villandry 37 ...... 151 G 3
Villanière 11 ...... 319 H 4
Villanova 2A ...... 348 B 3
Villapourçon 58 ...... 176 A 2
Villar-d'Arêne 05 ...... 252 A 3
Villar-en-Val 11 ...... 338 A 1
Villar-Loubière 05 ...... 251 H 5
Villar-Saint-Anselme 11 ...... 337 G 2
Villar-Saint-Pancrace 05 ...... 252 D 5
Villarceaux *Château de* 95 ... 37 F 5
Villard 23 ...... 189 E 4
Le Villard 48 ...... 264 A 5
Le Villard 74 ...... 198 A 5
Villard-Bonnot 38 ...... 251 F 1
Villard-de-Lans 38 ...... 250 C 3
Villard-d'Héry 73 ...... 233 G 3
Villard-Léger 73 ...... 233 H 3
Villard-Notre-Dame 38 ...... 251 G 3
Villard-Reculas 38 ...... 251 G 2
Villard-Reymond 38 ...... 251 G 3
Villard-Saint-Christophe 38 . 251 E 4
Villard-Saint-Sauveur 39 ...... 197 E 3
Villard-Sallet 73 ...... 233 G 3
Villard-sur-Bienne 39 ...... 197 E 2
Villard-sur-Doron 73 ...... 216 B 5
Villardebelle 11 ...... 337 H 2
Villardonnel 11 ...... 319 H 4
Villards-d'Héria 39 ...... 196 D 3
Les Villards-sur-Thônes 74 . 216 A 3
Villarembert 73 ...... 252 A 1
Villargent 70 ...... 141 H 5
Villargoix 21 ...... 158 D 3
Villargondran 73 ...... 234 A 5
Villariès 31 ...... 298 A 3
Villarlurin 73 ...... 234 C 3

Villarodin-Bourget 73 ...... 252 D 1
Villaroger 73 ...... 235 E 1
Villaroux 73 ...... 233 G 3
Villars 24 ...... 222 C 4
Villars 28 ...... 110 B 2
Villars 42 ...... 230 A 4
Le Villars 71 ...... 195 F 2
Villars 84 ...... 305 H 1
Villars *Grottes de* 24 ...... 222 D 4
Villars-Colmars 04 ...... 288 D 2
Villars-en-Azois 52 ...... 116 B 4
Villars-en-Pons 17 ...... 219 G 2
Villars-et-Villenotte 21 ...... 158 D 1
Villars-Fontaine 21 ...... 159 H 5
Villars-le-Pautel 70 ...... 118 C 5
Villars-le-Sec 90 ...... 142 D 5
Villars-lès-Blamont 25 ...... 163 G 2
Villars-les-Bois 17 ...... 201 H 5
Villars-les-Dombes 01 ...... 213 G 3
Villars-Saint-Georges 25 ...... 161 G 5
Villars-Saint-Marcellin 52 ...... 118 B 5
Villars-Santenoge 52 ...... 139 E 3
Villars-sous-Dampjoux 25 ... 163 F 2
Villars-sous-Écot 25 ...... 142 B 5
Villars-sur-Var 06 ...... 289 H 5
Villarzel-Cabardès 11 ...... 320 A 4
Villarzel-du-Razès 11 ...... 337 G 1
Villasavary 11 ...... 319 E 4
Villate 31 ...... 317 H 2
Villaudric 31 ...... 297 H 2
Villautou 11 ...... 336 D 1
Villavard 41 ...... 131 F 3
Villaz 74 ...... 215 H 3
Ville 60 ...... 23 G 5
Villé 67 ...... 97 E 4
La Ville 69 ...... 212 A 1
Ville-au-Montois 54 ...... 45 E 2
Ville-au-Val 54 ...... 65 G 4
Ville-aux-Bois 10 ...... 92 A 4
La Ville-aux-Bois-lès-Dizy 02 . 25 G 4
La Ville-aux-Bois-lès-Pontavert 02 ...... 41 F 2
La Ville-aux-Clercs 41 ...... 131 F 4
La Ville-aux-Dames 37 ...... 152 A 2
La Ville-aux-Nonains 28 ...... 85 F 2
Ville-d'Avray 92 ...... 58 B 3
Ville-devant-Belrain 55 ...... 64 B 4
Ville-devant-Chaumont 55 .... 44 B 4
Ville-di-Paraso 2B ...... 346 D 2
Ville-di-Pietrabugno 2B ...... 345 G 4
La Ville-Dieu-du-Temple 82 . 277 G 5
Ville-Dommange 51 ...... 41 F 4
La Ville-du-Bois 91 ...... 58 B 5
Ville-du-Pont 25 ...... 180 D 1
Ville-en-Blaisois 52 ...... 92 C 3
Ville-en-Sallaz 74 ...... 216 A 1
Ville-en-Selve 51 ...... 41 G 5
Ville-en-Tardenois 51 ...... 41 E 4
Ville-en-Vermois 54 ...... 95 E 1
Ville-en-Woëvre 55 ...... 64 D 1
La Ville-ès-Nonais 35 ...... 79 H 3
Ville-Houdlémont 54 ...... 44 D 1
Ville-Issey 55 ...... 64 D 5
Ville-la-Grand 74 ...... 197 H 5
Ville-Langy 58 ...... 175 F 2
Ville-le-Marclet 80 ...... 12 B 5
Ville-Saint-Jacques 77 ...... 88 D 5
Ville-Savoye 02 ...... 40 D 3
Ville-sous-Anjou 38 ...... 231 F 5
Ville-sous-la-Ferté 10 ...... 116 B 3
La Ville-sous-Orbais 51 ...... 61 E 2
Ville-sur-Ancre 80 ...... 23 E 1
Ville-sur-Arce 10 ...... 115 G 3
Ville-sur-Cousances 55 ...... 43 G 5
Ville-sur-Illon 88 ...... 119 E 2
Ville-sur-Jarnioux 69 ...... 212 C 3
Ville-sur-Lumes 08 ...... 26 D 3
Ville-sur-Retourne 08 ...... 42 B 2
Ville-sur-Saulx 55 ...... 63 G 4
Ville-sur-Terre 10 ...... 92 B 5
Ville-sur-Tourbe 51 ...... 43 E 4
Ville-sur-Yron 54 ...... 65 F 1
Villeau 28 ...... 110 B 2
Villebadin 61 ...... 54 C 4
Villebarou 41 ...... 132 A 5
Villebaudon 50 ...... 52 A 1
Villebazy 11 ...... 337 H 2
Villebéon 77 ...... 112 D 2
Villebernier 49 ...... 150 C 4
Villeberny 21 ...... 159 F 2
Villebichot 21 ...... 160 A 5
Villeblevin 89 ...... 89 E 5
Villebois 01 ...... 214 B 4
Villebois-Lavalette 16 ...... 221 G 3
Villebois-les-Pins 26 ...... 286 D 1
Villebon 28 ...... 85 G 4
Villebon-sur-Yvette 91 ...... 58 B 5

A
B
C
D
E
F
G
H
I
J
K
L
M
N
O
P
Q
R
S
T
U
V
W
X
Y
Z

A B C D E F G H I J K L M N O P Q R S T U V W X Y Z

Villebougis 89 .... 113 F 2
Villebourg 37 .... 130 C 4
Villebout 41 .... 109 G 5
Villebramar 47 .... 257 H 4
Villebret 03 .... 190 D 5
Villebrumier 82 .... 298 A 1
Villecelin 18 .... 172 D 4
Villecerf 77 .... 88 D 5
Villecey-sur-Mad 54 .... 65 F 2
Villechantria 39 .... 196 B 3
Villechauve 41 .... 131 F 4
Villechenève 69 .... 212 B 5
Villechétif 10 .... 91 E 5
Villechétive 89 .... 114 A 4
Villechien 50 .... 81 G 2
Villecien 89 .... 113 G 5
Villécloye 55 .... 44 B 1
Villecomtal 12 .... 262 D 4
Villecomtal-sur-Arros 32 .... 315 F 3
Villecomte 21 .... 160 A 1
Villeconin 91 .... 87 F 3
Villecourt 80 .... 23 G 3
Villecresnes 94 .... 58 D 5
Villecroze 83 .... 307 H 4
Villedaigne 11 .... 320 D 5
Villedieu 15 .... 245 G 4
La Villedieu 17 .... 202 B 2
Villedieu 21 .... 115 G 5
La Villedieu 23 .... 225 E 1
Les Villedieu 25 .... 180 C 4
La Villedieu 48 .... 264 C 2
Villedieu 84 .... 285 G 2
La Villedieu-du-Clain 86 .... 186 C 3
La Villedieu-en-Fontenette 70 .... 141 F 3
Villedieu-la-Blouère 49 .... 148 C 5
Villedieu-le-Château 41 .... 130 D 4
Villedieu-lès-Bailleul 61 .... 54 B 3
Villedieu-les-Poêles 50 .... 52 A 3
Villedieu-sur-Indre 36 .... 171 G 3
Villedômain 37 .... 171 E 1
Villedômer 37 .... 152 B 1
Villedoux 17 .... 183 G 5
Villedubert 11 .... 319 H 5
Villefagnan 16 .... 203 E 3
Villefargeau 89 .... 136 A 3
Villefavard 87 .... 205 G 1
Villeferry 21 .... 159 E 2
Villefloure 11 .... 337 H 1
Villefollet 79 .... 202 C 1
Villefontaine 38 .... 231 H 2
Villefort 11 .... 337 E 3
Villefort 48 .... 265 F 5
Villefranche 32 .... 316 C 2
Villefranche-d'Albigeois 81 .... 299 H 1
Villefranche-d'Allier 03 .... 191 F 4
Villefranche-de-Conflent 66 .... 342 A 3
Villefranche-de-Lauragais 31 .... 318 C 3
Villefranche-de-Lonchat 24 .... 239 E 4
Villefranche-de-Panat 12 .... 281 E 4
Villefranche-de-Rouergue 12 .... 279 F 1
Villefranche-du-Périgord 24 .... 259 F 2
Villefranche-du-Queyran 47 .... 275 F 2
Villefranche-le-Château 26 .... 286 C 2
Villefranche-Saint-Phal 89 .... 113 F 5
Villefranche-sur-Cher 41 .... 153 H 4
Villefranche-sur-Mer 06 .... 309 H 2
Villefranche-sur-Saône 69 .... 212 B 3
Villefrancœur 41 .... 131 H 4
Villefrancon 70 .... 161 F 2
Villefranque 64 .... 310 D 3
Villefranque 65 .... 295 E 5
Villegagnon 77 .... 60 A 5
Villegailhenc 11 .... 319 H 4
Villegardin 89 .... 113 E 3
Villegats 16 .... 203 F 3
Villegats 27 .... 56 D 2
Villegaudin 71 .... 178 B 4
Villegenon 18 .... 155 G 2
Villegly 11 .... 320 A 4
Villegongis 36 .... 171 G 3
Villegouge 33 .... 238 B 4
Villegouin 36 .... 171 E 2
Villegruis 77 .... 89 H 2
Villegusien 52 .... 139 G 3
Villehardouin 10 .... 91 G 4
Villeherviers 41 .... 154 A 3
Villejésus 16 .... 203 E 4
Villejoubert 16 .... 203 F 5
Villejuif 94 .... 58 C 4
Villejust 91 .... 58 B 5
Villelaure 84 .... 306 A 3
Villeloin-Coulangé 37 .... 152 D 5
Villelongue 65 .... 332 D 2

Villelongue-d'Aude 11 .... 337 F 2
Villelongue-de-la-Salanque 66 .... 339 E 5
Villelongue-dels-Monts 66 .... 343 E 4
Villeloup 11 .... 90 C 5
Villemade 82 .... 277 G 4
Villemagne 11 .... 319 F 3
Villemagne-l'Argentière 34 .... 301 F 4
Villemain 79 .... 202 D 2
Villemandeur 45 .... 112 C 5
Villemanoche 89 .... 89 F 5
Villemardy 41 .... 131 H 4
Villemaréchal 77 .... 112 D 2
Villemareuil 77 .... 59 G 2
Villematier 31 .... 298 A 2
Villemaur-sur-Vanne 10 .... 114 B 2
Villembits 65 .... 315 G 4
Villembray 60 .... 37 G 1
Villemer 77 .... 88 C 5
Villemer 89 .... 136 A 2
Villemereuil 10 .... 115 E 2
Villemervry 52 .... 139 E 4
Villemeux-sur-Eure 28 .... 56 D 5
Villemoirieu 38 .... 231 H 1
Villemoiron-en-Othe 10 .... 114 B 2
Villemoisan 49 .... 148 D 1
Villemoisson-sur-Orge 91 .... 58 C 5
Villemolaque 66 .... 343 E 3
Villemomble 93 .... 58 D 3
Villemontais 42 .... 211 F 3
Villemontoire 02 .... 40 B 3
Villemorien 10 .... 115 F 4
Villemorin 17 .... 202 B 3
Villemoron 52 .... 139 F 4
Villemort 86 .... 187 G 2
Villemotier 01 .... 196 A 4
Villemoustaussou 11 .... 319 H 4
Villemoutiers 45 .... 112 A 5
Villemoyenne 10 .... 115 F 3
Villemur 81 .... 316 A 4
Villemur-sur-Tarn 31 .... 298 A 2
Villemurlin 45 .... 134 A 4
Villemus 04 .... 306 C 1
Villenauxe-la-Grande 10 .... 90 A 2
Villenauxe-la-Petite 77 .... 89 G 4
Villenave 40 .... 273 E 5
Villenave-de-Rions 33 .... 256 B 2
Villenave-d'Ornon 33 .... 255 G 1
Villenave-près-Béarn 65 .... 314 D 3
Villenave-près-Marsac 65 .... 315 E 3
Villenavotte 89 .... 113 F 2
Villeneuve 01 .... 213 E 2
Villeneuve 04 .... 306 D 1
Villeneuve 09 .... 335 E 3
Villeneuve 12 .... 261 F 5
La Villeneuve 23 .... 208 B 4
Villeneuve 33 .... 237 F 3
La Villeneuve-au-Châtelot 10 .... 90 A 3
La Villeneuve-au-Chemin 10 .... 114 C 4
La Villeneuve-au-Chêne 10 .... 115 G 2
La Villeneuve-Bellenoye-et-la-Maize 70 .... 141 F 3
Villeneuve-d'Allier 43 .... 246 B 2
Villeneuve-d'Amont 25 .... 180 A 2
Villeneuve-d'Ascq 59 .... 9 E 2
Villeneuve-d'Aval 39 .... 179 G 2
Villeneuve-de-Berg 07 .... 266 C 4
Villeneuve-de-Duras 47 .... 257 F 2
Villeneuve-de-la-Raho 66 .... 343 F 2
Villeneuve-de-Marc 38 .... 231 G 3
Villeneuve-de-Marsan 40 .... 294 B 1
Villeneuve-de-Mézin 47 .... 275 F 5
Villeneuve-de-Rivière 31 .... 334 B 1
Villeneuve-d'Entraunes 06 .... 289 E 3
Villeneuve-des-Escaldes 66 .... 341 F 4
Villeneuve-d'Olmes 09 .... 336 D 3
Villeneuve-du-Bosc 09 .... 336 B 2
Villeneuve-du-Latou 09 .... 317 H 5
Villeneuve-du-Paréage 09 .... 336 B 1
La Villeneuve-en-Chevrie 78 .... 57 E 1
Villeneuve-en-Montagne 71 .... 177 H 4
Villeneuve-Frouville 41 .... 132 A 3
Villeneuve-la-Comptal 11 .... 318 D 4
Villeneuve-la-Comtesse 17 .... 201 H 1
Villeneuve-la-Dondagre 89 .... 113 F 3
Villeneuve-la-Garenne 92 .... 58 C 2
Villeneuve-la-Guyard 89 .... 89 E 5
Villeneuve-la-Lionne 51 .... 60 C 4
Villeneuve-la-Rivière 66 .... 343 E 2
Villeneuve-la-Salle 05 .... 252 C 4
Villeneuve-l'Archevêque 89 .... 114 A 2
Villeneuve-le-Comte 77 .... 59 F 4
Villeneuve-le-Roi 94 .... 58 C 5
Villeneuve-Lécussan 31 .... 316 A 5

Villeneuve-Lembron 63 .... 227 H 4
Villeneuve-lès-Avignon 30 .... 285 E 5
Villeneuve-lès-Béziers 34 .... 321 G 4
Villeneuve-lès-Bordes 77 .... 89 E 3
Villeneuve-lès-Bouloc 31 .... 297 H 3
Villeneuve-les-Cerfs 63 .... 210 A 3
La Villeneuve-lès-Charleville 51 .... 61 E 4
Villeneuve-lès-Charnod 39 .... 196 B 4
La Villeneuve-les-Convers 21 .... 138 B 5
Villeneuve-les-Corbières 11 .... 338 C 3
Villeneuve-lès-Genêts 89 .... 135 F 4
Villeneuve-lès-Lavaur 81 .... 298 C 5
Villeneuve-lès-Maguelone 34 .... 302 D 5
Villeneuve-lès-Montréal 11 .... 319 F 5
Villeneuve-les-Sablons 60 .... 38 A 4
Villeneuve-Loubet 06 .... 309 F 3
Villeneuve-Loubet-Plage 06 .... 309 G 3
Villeneuve-Minervois 11 .... 320 A 4
Villeneuve-Renneville-Chevigny 51 .... 61 G 2
Villeneuve-Saint-Denis 77 .... 59 F 4
Villeneuve-Saint-Georges 94 .... 58 D 5
Villeneuve-Saint-Germain 02 .... 40 B 2
Villeneuve-Saint-Nicolas 28 .... 86 B 5
Villeneuve-Saint-Salves 89 .... 136 C 2
Villeneuve-Saint-Vistre-et-Villevotte 51 .... 90 B 2
Villeneuve-sous-Charigny 21 .... 158 D 2
Villeneuve-sous-Dammartin 77 .... 59 E 1
Villeneuve-sous-Pymont 39 .... 179 E 5
La Villeneuve-sous-Thury 60 .... 39 H 5
Villeneuve-sur-Allier 03 .... 192 A 1
Villeneuve-sur-Auvers 91 .... 87 G 3
Villeneuve-sur-Bellot 77 .... 60 B 3
Villeneuve-sur-Cher 18 .... 172 D 2
Villeneuve-sur-Conie 45 .... 110 C 4
Villeneuve-sur-Fère 02 .... 40 C 5
Villeneuve-sur-Lot 47 .... 258 C 5
Villeneuve-sur-Tarn 81 .... 300 A 1
Villeneuve-sur-Verberie 60 .... 39 E 4
Villeneuve-sur-Vère 81 .... 279 F 5
La Villeneuve-sur-Vingeanne 21 .... 139 H 5
Villeneuve-sur-Yonne 89 .... 113 G 4
Villeneuve-Tolosane 31 .... 297 H 5
Villeneuvette 34 .... 301 H 4
Villennes-sur-Seine 78 .... 57 H 2
Villenouvelle 17 .... 201 H 2
Villenouvelle 31 .... 318 B 2
Villenoy 77 .... 59 G 2
Villentrois 36 .... 153 F 5
Villeny 41 .... 132 D 5
Villepail 53 .... 82 D 4
Villeparisis 77 .... 59 E 2
Villeparois 70 .... 141 F 4
Villeperdrix 26 .... 268 A 5
Villeperdue 37 .... 151 H 4
Villeperrot 89 .... 113 F 2
Villepinte 11 .... 319 F 4
Villepinte 93 .... 58 D 2
Villepot 44 .... 127 F 3
Villepreux 78 .... 57 H 3
Villequier 76 .... 35 G 1
Villequier-Aumont 02 .... 24 A 4
Villequiers 18 .... 173 H 1
Viller 57 .... 66 D 2
Villerable 41 .... 131 G 3
Villerbon 41 .... 132 A 4
Villeréal 47 .... 258 C 3
Villereau 45 .... 111 E 4
Villereau 59 .... 15 E 3
Villeret 42 .... 211 G 3
Villeret 02 .... 24 A 1
Villeret 10 .... 91 H 3
Villereversure 01 .... 196 A 5
Villermain 41 .... 132 C 2
Villeromain 41 .... 131 H 4
Villeron 95 .... 58 D 1
Villerouge-la-Crémade 11 .... 338 C 1
Villerouge-Termenès 11 .... 338 B 2
Villeroy 77 .... 59 F 2
Villeroy 80 .... 11 F 5
Villeroy 89 .... 113 F 3
Villeroy-sur-Méholle 55 .... 93 H 1
Villers 88 .... 94 D 5
Villers-Agron-Aiguizy 02 .... 41 E 5
Villers-Allerand 51 .... 41 G 5
Villers-au-Bois 62 .... 8 A 5

Villers-au-Flos 62 .... 13 H 5
Villers-au-Tertre 59 .... 14 B 2
Villers-aux-Bois 51 .... 61 F 2
Villers-aux-Érables 80 .... 22 D 3
Villers-aux-Nœuds 51 .... 41 G 4
Villers-aux-Vents 55 .... 63 F 3
Villers-Bocage 14 .... 33 E 5
Villers-Bocage 80 .... 12 D 5
Villers-Bouton 70 .... 161 H 1
Villers-Bretonneux 80 .... 22 D 2
Villers-Brûlin 62 .... 7 H 5
Villers-Buzon 25 .... 161 G 4
Villers-Campsart 80 .... 21 G 2
Villers-Canivet 14 .... 53 H 2
Villers-Carbonnel 80 .... 23 G 2
Villers-Cernay 08 .... 27 F 3
Villers-Châtel 62 .... 8 A 5
Villers-Chemin-et-Mont-lès-Étrelles 70 .... 161 G 1
Villers-Chief 25 .... 162 D 4
Villers-Cotterêts 02 .... 39 H 4
Villers-devant-Dun 55 .... 43 G 2
Villers-devant-le-Thour 08 .... 41 G 1
Villers-devant-Mouzon 08 .... 27 F 4
Villers-Écalles 76 .... 19 H 5
Villers-en-Argonne 51 .... 63 F 1
Villers-en-Arthies 95 .... 57 F 1
Villers-en-Cauchies 59 .... 14 C 3
Villers-en-Haye 54 .... 65 G 4
Villers-en-Ouche 61 .... 55 E 3
Villers-en-Prayères 02 .... 40 D 2
Villers-en-Vexin 27 .... 37 E 4
Villers-Farlay 39 .... 179 G 1
Villers-Franqueux 51 .... 41 F 3
Villers-Grélot 25 .... 162 B 2
Villers-Guislain 59 .... 14 B 5
Villers-Hélon 02 .... 40 A 4
Villers-la-Chèvre 54 .... 44 D 1
Villers-la-Combe 25 .... 162 D 3
Villers-la-Faye 21 .... 159 H 5
Villers-la-Montagne 54 .... 45 E 2
Villers-la-Ville 70 .... 141 H 5
Villers-le-Château 51 .... 62 A 2
Villers-le-Lac 25 .... 163 F 5
Villers-le-Rond 54 .... 44 C 2
Villers-le-Sec 02 .... 24 C 3
Villers-le-Sec 51 .... 63 E 3
Villers-le-Sec 55 .... 93 F 1
Villers-le-Sec 70 .... 141 F 4
Villers-le-Tilleul 08 .... 26 D 4
Villers-le-Tourneur 08 .... 26 C 4
Villers-les-Bois 39 .... 179 E 2
Villers-lès-Cagnicourt 62 .... 14 A 3
Villers-lès-Guise 02 .... 24 D 1
Villers-lès-Luxeuil 70 .... 141 F 2
Villers-lès-Mangiennes 55 .... 44 C 3
Villers-lès-Moivrons 54 .... 65 H 4
Villers-lès-Nancy 54 .... 94 D 1
Villers-les-Ormes 36 .... 171 G 3
Villers-les-Pots 21 .... 160 D 4
Villers-les-Roye 80 .... 23 F 4
Villers-l'Hôpital 62 .... 12 C 3
Villers-Marmery 51 .... 41 H 5
Villers-Outréaux 59 .... 14 C 5
Villers-Patras 21 .... 115 H 5
Villers-Plouich 59 .... 14 A 5
Villers-Pol 59 .... 15 E 2
Villers-Robert 39 .... 179 E 2
Villers-Rotin 21 .... 160 D 5
Villers-Saint-Barthélemy 60 .... 37 H 2
Villers-Saint-Christophe 02 .... 23 H 3
Villers-Saint-Frambourg 60 .... 39 E 4
Villers-Saint-Genest 60 .... 39 G 5
Villers-Saint-Martin 25 .... 162 D 2
Villers-Saint-Paul 60 .... 38 D 3
Villers-Saint-Sépulcre 60 .... 38 B 3
Villers-Semeuse 08 .... 26 D 3
Villers-Sir-Simon 62 .... 13 E 2
Villers-Sire-Nicole 59 .... 15 H 2
Villers-sous-Ailly 80 .... 11 H 4
Villers-sous-Chalamont 25 .... 180 A 2
Villers-sous-Châtillon 51 .... 41 E 5
Villers-sous-Foucarmont 76 .... 21 E 2
Villers-sous-Montrond 25 .... 162 A 5
Villers-sous-Pareid 55 .... 65 E 1
Villers-sous-Prény 54 .... 65 G 3
Villers-sous-Saint-Leu 60 .... 38 C 4
Villers-Stoncourt 57 .... 66 C 1
Villers-sur-Auchy 60 .... 37 G 1
Villers-sur-Authie 80 .... 11 F 1
Villers-sur-Bar 08 .... 27 E 4
Villers-sur-Bonnières 60 .... 37 H 1
Villers-sur-Coudun 60 .... 39 F 1
Villers-sur-Fère 02 .... 40 C 4

Villers-sur-le-Roule 27 .... 36 C 4
Villers-sur-Mer 14 .... 34 B 3
Villers-sur-Meuse 55 .... 64 B 2
Villers-sur-Nied 57 .... 66 D 2
Villers-sur-Port 70 .... 141 E 3
Villers-sur-Saulnot 70 .... 142 A 4
Villers-sur-Trie 60 .... 37 G 3
Villers-Tournelle 80 .... 22 D 4
Villers-Vaudey 70 .... 140 B 4
Villers-Vermont 60 .... 21 F 5
Villers-Vicomte 60 .... 22 B 4
Villerserine 39 .... 179 F 3
Villersexel 70 .... 141 H 5
Villerupt 54 .... 45 F 2
Villerville 14 .... 34 C 2
Villery 10 .... 114 D 3
Villes 01 .... 214 D 1
Villes-sur-Auzon 84 .... 286 A 4
Villesalem Ancien Prieuré de 86 .... 187 G 2
Villeselve 60 .... 23 H 4
Villeséquelande 11 .... 319 G 5
Villesèque 46 .... 277 H 1
Villesèque-des-Corbières 11 .... 338 D 2
Villesèquelande 11 .... 319 G 5
Villesiscle 11 .... 319 F 5
Villespassans 34 .... 320 D 3
Villespy 11 .... 319 F 4
Villetaneuse 93 .... 58 C 2
La Villetelle 23 .... 208 B 4
Villetelle 34 .... 303 F 3
Villethierry 89 .... 113 E 2
Villeton 47 .... 275 F 1
Villetoureix 24 .... 239 G 1
Villetritouls 11 .... 338 A 1
Villetrun 41 .... 131 H 3
La Villette 14 .... 53 F 2
Villette 54 .... 44 C 2
Villette 73 .... 234 C 2
Villette 78 .... 57 F 2
Villette-d'Anthon 38 .... 213 G 5
Villette-de-Vienne 38 .... 231 F 2
Villette-lès-Arbois 39 .... 179 G 2
Villette-lès-Dole 39 .... 179 E 1
Villette-sur-Ain 01 .... 213 H 3
Villette-sur-Aube 10 .... 91 E 3
Villette-sur-Ource 21 .... 138 B 2
Villettes 27 .... 36 A 5
Les Villettes 43 .... 247 H 1
Villeurbanne 69 .... 213 F 5
Villevallier 89 .... 113 G 4
Villevaudé 77 .... 59 E 2
Villevenard 51 .... 61 G 3
Villevêque 49 .... 128 D 5
Villeveyrac 34 .... 322 D 3
Villevieille 04 .... 289 E 5
Villevieille 30 .... 303 F 2
Villevieux 39 .... 179 E 4
Villevocance 07 .... 248 C 1
Villevoques 45 .... 112 B 4
Villexanton 41 .... 132 B 4
Villexavier 17 .... 219 H 5
Le Villey 39 .... 179 E 3
Villey-le-Sec 54 .... 94 C 1
Villey-Saint-Étienne 54 .... 65 G 5
Villey-sur-Tille 21 .... 139 F 5
Villez-sous-Bailleul 27 .... 36 D 5
Villez-sur-le-Neubourg 27 .... 35 H 5
Villié-Morgon 69 .... 212 D 3
Villiers 36 .... 170 D 3
Villiers 86 .... 168 D 5
Villiers-Adam 95 .... 58 B 1
Villiers-au-Bouin 37 .... 130 A 5
Villiers-aux-Bois 52 .... 92 C 2
Villiers-aux-Chênes 52 .... 92 C 4
Villiers-aux-Corneilles 51 .... 90 B 2
Villiers-Charlemagne 53 .... 106 A 5
Villiers-Couture 17 .... 202 C 3
Villiers-en-Bière 77 .... 88 B 3
Villiers-en-Désœuvre 27 .... 56 D 2
Villiers-en-Lieu 52 .... 63 F 5
Villiers-en-Morvan 21 .... 158 C 5
Villiers-en-Plaine 79 .... 184 D 3
Villiers-Fossard 50 .... 32 B 4
Villiers-Herbisse 10 .... 61 H 5
Villiers-le-Bâcle 91 .... 58 A 4
Villiers-le-Bel 95 .... 58 C 1
Villiers-le-Bois 10 .... 115 F 5
Villiers-le-Duc 21 .... 138 B 2
Villiers-le-Mahieu 78 .... 57 G 3
Villiers-le-Morhier 28 .... 86 B 2
Villiers-le-Pré 50 .... 80 D 2
Villiers-le-Roux 16 .... 203 E 2
Villiers-le-Sec 14 .... 33 F 3
Villiers-le-Sec 52 .... 116 D 3
Villiers-le-Sec 58 .... 157 E 3

Villiers-le-Sec 95 .... 58 C 1
Villiers-lès-Aprey 52 .... 139 F 3
Villiers-les-Hauts 89 .... 137 F 4
Villiers-Louis 89 .... 113 H 3
Villiers-Saint-Benoît 89 .... 135 G 3
Villiers-Saint-Denis 02 .... 60 B 2
Villiers-Saint-Frédéric 78 .... 57 G 4
Villiers-Saint-Georges 77 .... 60 C 5
Villiers-Saint-Orien 28 .... 110 A 3
Villiers-sous-Grez 77 .... 88 B 5
Villiers-sous-Mortagne 61 .... 84 C 3
Villiers-sous-Praslin 10 .... 115 F 4
Villiers-sur-Chizé 79 .... 202 B 2
Villiers-sur-Loir 41 .... 131 G 3
Villiers-sur-Marne 52 .... 93 E 5
Villiers-sur-Marne 94 .... 58 D 4
Villiers-sur-Morin 77 .... 59 G 3
Villiers-sur-Orge 91 .... 58 B 5
Villiers-sur-Seine 77 .... 89 G 4
Villiers-sur-Tholon 89 .... 135 H 2
Villiers-sur-Yonne 58 .... 157 F 2
Villiers-Vineux 89 .... 114 C 5
Villiersfaux 41 .... 131 G 3
Villieu-Loyes-Mollon 01 .... 213 H 3
Villing 57 .... 46 D 4
Villognon 16 .... 203 E 4
Villon 89 .... 137 G 2
Villoncourt 88 .... 95 G 5
Villons-les-Buissons 14 .... 33 G 4
Villorceau 45 .... 132 C 3
Villosanges 63 .... 208 D 4
Villotran 60 .... 37 H 3
Villotte 88 .... 118 A 3
La Villotte 89 .... 135 H 3
Villotte-devant-Louppy 55 .... 63 G 2
Villotte-Saint-Seine 21 .... 159 G 2
Villotte-sur-Aire 55 .... 64 B 4
Villotte-sur-Ource 21 .... 138 B 2
Villouxel 88 .... 93 H 4
Villuis 77 .... 89 G 4
Villy 08 .... 27 H 5
Villy 89 .... 136 D 1
Villy-Bocage 14 .... 33 E 5
Villy-en-Auxois 21 .... 159 F 2
Villy-en-Trodes 10 .... 115 G 2
Villy-le-Bois 10 .... 115 E 3
Villy-le-Bouveret 74 .... 215 G 2
Villy-le-Maréchal 10 .... 115 E 2
Villy-le-Moutier 21 .... 178 A 1
Villy-le-Pelloux 74 .... 215 G 2
Villy-lez-Falaise 14 .... 54 A 2
Villy-sur-Yères 76 .... 10 D 5
Vilory 70 .... 141 F 3
Vilosnes 55 .... 43 H 2
Vilsberg 57 .... 68 A 4
Vimarcé 53 .... 107 E 2
Vimenet 12 .... 281 F 1
Viménil 88 .... 95 H 5
Vimines 73 .... 233 E 2
Vimont 14 .... 33 H 5
Vimory 45 .... 112 B 5
Vimoutiers 61 .... 54 C 2
Vimpelles 77 .... 89 F 4
Vimy 62 .... 8 B 5
Vinaigre Mont 83 .... 308 D 5
Vinantes 77 .... 59 F 1
Vinassan 11 .... 321 F 5
Vinax 17 .... 202 C 2
Vinay 38 .... 250 B 1
Vinay 51 .... 61 F 1
Vinça 66 .... 342 B 2
Vincelles 39 .... 196 B 1
Vincelles 51 .... 40 D 5
Vincelles 71 .... 178 C 5
Vincelles 89 .... 136 B 4
Vincelottes 89 .... 136 C 4
Vincennes 94 .... 58 C 3
Vincent 39 .... 179 E 4
Vincey 88 .... 95 E 4
Vincly 62 .... 7 F 3
Vincy-Manœuvre 77 .... 59 G 1
Vincy-Reuil-et-Magny 02 .... 25 G 4
Vindecy 71 .... 193 G 4
Vindefontaine 50 .... 31 G 2
Vindelle 16 .... 221 E 1
Vindey 51 .... 61 E 5
Vindrac-Alayrac 81 .... 279 E 4
Vinets 10 .... 91 F 3
Vineuil 36 .... 171 G 3
Vineuil 41 .... 132 B 5
Vineuil-Saint-Firmin 60 .... 38 D 4
La Vineuse 71 .... 194 C 2
Vinezac 07 .... 266 B 4
Vingrau 66 .... 338 C 4
Vingt-Hanaps 61 .... 83 H 3
Vinnemerville 76 .... 19 F 2

Vinneuf 89 ...... 89 F 5
Vinon 18 ...... 155 H 4
Vinon-sur-Verdon 83 ...... 306 D 3
Vins-sur-Caramy 83 ...... 328 C 1
Vinsobres 26 ...... 285 G 1
Le Vintrou 81 ...... 300 A 5
Vinzelles 63 ...... 210 B 4
Vinzelles 71 ...... 194 D 5
Vinzier 74 ...... 198 C 3
Vinzieux 07 ...... 230 D 5
Viocourt 88 ...... 94 B 4
Viodos-Abense-de-Bas 64 .. 313 F 4
Violaines 62 ...... 8 B 3
Violay 42 ...... 212 A 4
Violès 84 ...... 285 G 1
Violot 52 ...... 139 H 3
Viols-en-Laval 34 ...... 302 C 3
Viols-le-Fort 34 ...... 302 C 3
Vioménil 88 ...... 118 D 3
Vion 07 ...... 249 E 2
Vion 72 ...... 129 E 2
Vions 73 ...... 215 E 4
Vionville 57 ...... 65 F 1
Viozan 32 ...... 316 A 3
Viplaix 03 ...... 190 B 3
Vira 09 ...... 336 C 2
Vira 66 ...... 337 H 5
Virac 81 ...... 279 F 5
Virandeville 50 ...... 28 D 3
Virargues 15 ...... 245 F 3
Virazeil 47 ...... 257 F 4
Vire 14 ...... 52 C 3
Viré 71 ...... 195 E 3
Viré-en-Champagne 72 ...... 106 D 5
Vire-sur-Lot 46 ...... 259 F 5
Vireaux 89 ...... 137 F 3
Virecourt 54 ...... 95 E 3
Virelade 33 ...... 255 H 2
Viremont 39 ...... 196 C 3
Vireux-Molhain 08 ...... 17 E 4
Vireux-Wallerand 08 ...... 17 E 4
Virey 50 ...... 81 F 2
Virey 70 ...... 161 G 2
Virey-le-Grand 71 ...... 177 H 3
Virey-sous-Bar 10 ...... 115 F 3
Virginy 51 ...... 42 D 4
Viriat 01 ...... 195 H 5
Viricelles 42 ...... 230 B 2
Virieu 38 ...... 232 B 3
Virieu-le-Grand 01 ...... 214 C 4
Virieu-le-Petit 01 ...... 214 D 3
Virigneux 42 ...... 230 A 1
Viriginin 01 ...... 214 D 5
Viriville 38 ...... 231 H 5
Virlet 63 ...... 209 E 1
Virming 57 ...... 67 E 2
Viroflay 78 ...... 58 B 4
Virollet 17 ...... 219 F 2
Vironchaux 80 ...... 11 G 1
Vironvay 27 ...... 36 C 4
Virsac 33 ...... 237 H 3
Virson 17 ...... 201 E 1
Virville 76 ...... 18 D 5
Viry 39 ...... 196 D 4
Viry 71 ...... 194 A 2
Viry 74 ...... 215 F 1
Viry-Châtillon 91 ...... 58 C 5
Viry-Noureuil 02 ...... 24 A 5
Vis-en-Artois 62 ...... 13 H 3
Visan 84 ...... 285 G 1
Viscomtat 63 ...... 210 D 5
Viscos 65 ...... 332 D 3
Le Viseney 39 ...... 179 F 3
Viserny 21 ...... 137 G 5
Visker 65 ...... 315 E 3
Vismes-au-Val 80 ...... 11 F 4
Visoncourt 70 ...... 141 G 3
Vissac-Auteyrac 43 ...... 246 D 3
Vissec 30 ...... 302 A 1
Vissec Cirque de 30 ...... 302 A 1
Visseiche 35 ...... 105 E 5
Viterbe 81 ...... 298 D 4
Viterne 54 ...... 94 C 2
Vitot 27 ...... 35 H 5
Vitrac 15 ...... 262 B 1
Vitrac 24 ...... 259 G 1
Vitrac 63 ...... 209 F 3
Vitrac-en-Viadène 12 ...... 263 F 1
Vitrac-Saint-Vincent 16 ...... 203 H 5
Vitrac-sur-Montane 19 ...... 225 F 5
Vitrai-sous-l'Aigle 61 ...... 55 G 5
Vitray 03 ...... 190 D 1
Vitray-en-Beauce 28 ...... 110 A 2
Vitray-sous-Brézolles 28 ...... 56 B 5
Vitré 35 ...... 105 E 3
Vitré 79 ...... 185 F 4
Vitreux 39 ...... 161 F 4

Vitrey 54 ...... 94 C 3
Vitrey-sur-Mance 70 ...... 140 B 2
Vitrimont 54 ...... 95 F 1
Vitrolles 05 ...... 269 G 5
Vitrolles 13 ...... 326 C 1
Vitrolles-en-Lubéron 84 ...... 306 D 2
Vitry-aux-Loges 45 ...... 111 G 5
Vitry-en-Artois 62 ...... 13 H 2
Vitry-en-Charollais 71 ...... 193 G 3
Vitry-en-Montagne 52 ...... 139 E 2
Vitry-en-Perthois 51 ...... 62 D 4
Vitry-la-Ville 51 ...... 62 B 3
Vitry-Laché 58 ...... 157 F 4
Vitry-le-Croisé 10 ...... 115 H 3
Vitry-le-François 51 ...... 62 C 4
Vitry-lès-Cluny 71 ...... 194 C 2
Vitry-lès-Nogent 52 ...... 117 F 4
Vitry-sur-Loire 71 ...... 175 G 5
Vitry-sur-Orne 57 ...... 45 G 4
Vitry-sur-Seine 94 ...... 58 C 4
Vittarville 55 ...... 44 B 3
Vitteaux 21 ...... 159 E 2
Vittefleur 76 ...... 19 F 2
Vittel 88 ...... 118 C 2
Vittersbourg 57 ...... 67 F 2
Vittoncourt 57 ...... 66 C 2
Vittonville 54 ...... 65 G 2
Vitz-sur-Authie 80 ...... 12 B 3
Viuz-en-Sallaz 74 ...... 198 A 5
Viuz-la-Chiésaz 74 ...... 215 G 4
Vivaise 02 ...... 24 D 5
Vivans 42 ...... 211 F 1
Viven 64 ...... 314 B 2
Viverols 63 ...... 229 F 4
Vivès 66 ...... 342 D 4
Vivey 52 ...... 139 E 3
Le Vivier 66 ...... 338 A 5
Vivier-au-Court 08 ...... 27 E 3
Le Vivier-sur-Mer 35 ...... 50 D 5
Vivières 02 ...... 39 H 3
Viviers 07 ...... 266 D 5
Viviers 57 ...... 66 C 3
Viviers 89 ...... 137 E 3
Viviers-du-Lac 73 ...... 233 F 1
Viviers-le-Gras 88 ...... 118 C 3
Viviers-lès-Lavaur 81 ...... 298 C 4
Viviers-lès-Montagnes 81 ...... 299 F 5
Viviers-lès-Offroicourt 88 ...... 94 C 5
Viviers-sur-Artaut 10 ...... 115 H 3
Viviers-sur-Chiers 54 ...... 44 D 2
Viviès 09 ...... 336 C 2
Viviez 12 ...... 261 H 4
Viville 16 ...... 221 F 1
Vivoin 72 ...... 107 G 2
Vivonne 86 ...... 186 B 3
Vivy 49 ...... 150 C 3
Vix 21 ...... 138 A 2
Vix 85 ...... 183 H 3
Vizille 38 ...... 251 E 3
Vizos 65 ...... 333 E 3
Vizzavona 2B ...... 349 E 1
Vizzavona Col de 2B ...... 349 E 1
Vocance 07 ...... 248 C 2
Vodable 63 ...... 227 H 3
Vœgtlinshofen 68 ...... 121 E 3
Vœlfling-lès-Bouzonville 57 ...... 46 D 3
Vœllerdingen 67 ...... 67 H 2
Vœuil-et-Giget 16 ...... 221 F 2
Vogelgrun 68 ...... 121 G 3
Voglans 73 ...... 233 E 1
Vogüé 07 ...... 266 B 4
Voharies 02 ...... 25 E 3
Void 55 ...... 93 H 1
Le Voide 49 ...... 149 G 5
Voigny 10 ...... 116 B 2
Voile de la Mariée
  Cascade du 05 ...... 252 A 5
Voile de la Mariée
  Cascade du 2A ...... 349 E 2
Voilemont 51 ...... 63 E 1
Voillans 25 ...... 162 C 2
Voillecomte 52 ...... 92 B 3
Voimhaut 57 ...... 66 C 2
Voinémont 54 ...... 94 D 2
Voingt 63 ...... 208 C 5
Voinsles 77 ...... 59 H 5
Voipreux 51 ...... 61 G 2
Voires 25 ...... 162 B 5
Voiron 38 ...... 232 C 4
Voiscreville 27 ...... 35 G 3
Voise 28 ...... 86 C 4
Voisenon 77 ...... 88 B 2
Voisey 52 ...... 118 A 5
Voisines 52 ...... 139 F 2
Voisines 89 ...... 113 H 2
Voisins-le-Bretonneux 78 ...... 58 A 4

Voissant 38 ...... 232 D 3
Voissay 17 ...... 201 G 3
Voiteur 39 ...... 179 F 4
La Voivre 70 ...... 141 H 2
La Voivre 88 ...... 96 B 4
Les Voivres 88 ...... 119 E 4
Voivres-lès-le-Mans 72 ...... 107 G 5
Volckerinckhove 59 ...... 3 G 4
Volesvres 71 ...... 193 H 3
Volgelsheim 68 ...... 121 G 3
Volgré 89 ...... 135 H 2
Volksberg 67 ...... 68 A 2
Vollore-Montagne 63 ...... 210 D 5
Vollore-Ville 63 ...... 210 D 5
Volmerange-lès-Boulay 57 ...... 46 C 5
Volmerange-les-Mines 57 ...... 45 G 2
Volmunster 57 ...... 48 B 5
Volnay 21 ...... 177 G 2
Volnay 72 ...... 108 B 5
Volon 70 ...... 140 B 4
Volonne 04 ...... 287 G 3
Volpajola 2B ...... 347 G 2
Volstroff 57 ...... 45 H 3
Volvent 26 ...... 268 B 4
Volvic 63 ...... 209 G 4
Volx 04 ...... 306 D 1
Vomécourt 88 ...... 95 G 4
Vomécourt-sur-Madon 88 ...... 94 D 4
Voncourt 52 ...... 140 B 3
Voncq 08 ...... 42 D 1
Vonges 21 ...... 160 D 3
Vongnes 01 ...... 214 D 4
Vongy 74 ...... 198 B 3
Vonnas 01 ...... 195 F 5
Voray-sur-l'Ognon 70 ...... 162 A 2
Voreppe 38 ...... 232 D 5
Vorey 43 ...... 247 F 2
Vorges 02 ...... 40 D 1
Vorges-les-Pins 25 ...... 161 H 4
Vorly 18 ...... 173 F 2
Vornay 18 ...... 173 G 2
Vors 12 ...... 280 C 2
Vosbles 39 ...... 196 B 4
Vosne-Romanée 21 ...... 160 A 5
Vosnon 10 ...... 114 C 3
Vou 37 ...... 170 B 1
Vouarces 51 ...... 90 C 2
Vouciennes 51 ...... 62 B 3
Voudenay 21 ...... 176 D 1
Voué 10 ...... 91 E 3
Vouécourt 52 ...... 93 E 5
Vougécourt 70 ...... 118 C 5
Vougeot 21 ...... 160 A 5
Vouglans 39 ...... 196 C 3
Vouglans
  Barrage et lac de 39 ...... 196 C 3
Vougrey 10 ...... 115 F 4
Vougy 42 ...... 211 H 2
Vougy 74 ...... 216 B 1
Vouharte 16 ...... 203 E 5
Vouhé 17 ...... 201 E 1
Vouhé 79 ...... 185 F 2
Vouhenans 70 ...... 141 H 4
Vouillé 79 ...... 185 E 4
Vouillé 86 ...... 186 A 1
Vouillé-les-Marais 85 ...... 183 G 3
Vouillers 51 ...... 62 D 4
Vouillon 36 ...... 172 B 4
Vouilly 14 ...... 32 B 3
Voujeaucourt 25 ...... 142 B 5
Voulaines-les-Templiers 21 .. 138 C 2
Voulangis 77 ...... 59 G 3
Voulême 86 ...... 203 F 2
Voulgézac 16 ...... 221 E 3
Voulon 86 ...... 186 B 4
Voulpaix 02 ...... 25 E 2
La Voulte-sur-Rhône 07 ...... 267 E 1
Voultegon 79 ...... 167 G 2
Voulton 77 ...... 89 G 2
Voulx 77 ...... 112 D 2
Vouneuil-sous-Biard 86 ...... 186 B 1
Vouneuil-sur-Vienne 86 ...... 169 G 5
Vourey 38 ...... 232 C 5
Vourles 69 ...... 231 E 1
Voussac 03 ...... 191 G 4
Voutenay-sur-Cure 89 ...... 136 D 5
Voutezac 19 ...... 242 B 1
Vouthon 16 ...... 221 H 1
Vouthon-Bas 55 ...... 93 H 3
Vouthon-Haut 55 ...... 93 H 3
Voutré 53 ...... 106 D 3
Vouvant 85 ...... 184 B 1
Vouvray 01 ...... 214 D 1
Vouvray 37 ...... 152 A 2
Vouvray-sur-Huisne 72 ...... 108 B 4
Vouvray-sur-Loir 72 ...... 130 C 4

Vouxey 88 ...... 94 B 4
Vouzailles 86 ...... 168 D 5
Vouzan 16 ...... 221 G 2
Vouzeron 18 ...... 154 D 4
Vouziers 08 ...... 42 D 2
Vouzon 41 ...... 133 G 5
Vouzy 51 ...... 61 H 2
La Vove Manoir de 61 ...... 84 C 4
Voves 28 ...... 110 B 2
Vovray-en-Bornes 74 ...... 215 G 1
Voyenne 02 ...... 25 E 3
Voyennes 80 ...... 23 G 3
Voyer 57 ...... 67 H 5
La Vraie-Croix 56 ...... 124 D 3
Vraignes-en-Vermandois 80 ... 23 H 2
Vraignes-lès-Hornoy 80 ...... 21 H 2
Vraincourt 52 ...... 116 D 2
Vraiville 27 ...... 36 A 4
Vrasville 50 ...... 29 G 2
Vraux 51 ...... 62 A 1
Vrécourt 88 ...... 118 A 2
Vred 59 ...... 9 E 5
Vregille 70 ...... 161 H 3
Vregny 02 ...... 40 C 2
Vrély 80 ...... 23 E 3
Le Vrétot 50 ...... 28 D 5
Vriange 39 ...... 161 E 4
Vrigne-aux-Bois 08 ...... 27 E 3
Vrigne-Meuse 08 ...... 27 E 3
Vrigny 45 ...... 111 G 4
Vrigny 51 ...... 41 F 4
Vrigny 61 ...... 54 A 5
La Vrine 25 ...... 180 C 1
Vritz 44 ...... 127 G 5
Vrizy 08 ...... 42 D 2
Vrocourt 60 ...... 37 G 1
Vroil 51 ...... 63 F 3
Vron 80 ...... 11 G 1
Vroncourt 54 ...... 94 C 3
Vroncourt-la-Côte 52 ...... 117 G 3
Vroville 88 ...... 94 D 5
Vry 57 ...... 46 B 5
Vue 44 ...... 147 E 4
Vuillafans 25 ...... 162 B 5
Vuillecin 25 ...... 180 C 2
Vuillery 02 ...... 40 B 2
Vulaines 10 ...... 114 A 2
Vulaines-lès-Provins 77 ...... 89 F 2
Vulaines-sur-Seine 77 ...... 88 C 4
Vulbens 74 ...... 215 F 1
Vulmont 57 ...... 66 B 3
Vulvoz 39 ...... 196 D 4
Vy-le-Ferroux 70 ...... 140 D 5
Vy-lès-Filain 70 ...... 141 F 5
Vy-lès-Lure 70 ...... 141 H 4
Vy-lès-Rupt 70 ...... 140 C 4
Vyans-le-Val 70 ...... 142 B 4
Vyt-lès-Belvoir 25 ...... 163 E 2

W

Waben 62 ...... 6 B 5
Wackenbach 67 ...... 96 D 2
Wacquemoulin 60 ...... 39 E 1
Wacquinghen 62 ...... 2 B 5
Wadelincourt 08 ...... 27 F 4
Wadimont 08 ...... 25 H 4
Wadonville-en-Woëvre 55 ...... 64 D 1
Wagnon 08 ...... 26 B 4
Wahagnies 59 ...... 8 D 4
Wahlbach 68 ...... 143 F 3
Wahlenheim 67 ...... 68 D 4
Wail 62 ...... 12 B 2
Wailly 62 ...... 13 G 3
Wailly 80 ...... 22 A 3
Wailly-Beaucamp 62 ...... 6 B 5
Walbach 68 ...... 120 D 3
Walbourg 67 ...... 69 E 2
La Walck 67 ...... 68 C 3
Waldersbach 67 ...... 96 D 3
Waldhambach 67 ...... 67 H 2
Waldhouse 57 ...... 48 C 4
Waldighofen 68 ...... 143 F 3
Waldolwisheim 67 ...... 68 B 4
Waldweistroff 57 ...... 46 C 3
Waldwisse 57 ...... 46 C 2
Walheim 68 ...... 143 F 3
Walibi Rhône-Alpes
  Parc d'attractions 38 ...... 232 C 2
Walibi-Schtroumpf 57 ...... 45 H 4
Walincourt 59 ...... 14 C 5
Wallers 59 ...... 9 F 5
Wallers-Trélon 59 ...... 16 A 5
Wallon-Cappel 59 ...... 3 G 5
Walschbronn 57 ...... 48 C 5
Walscheid 57 ...... 67 H 5
Waltembourg 57 ...... 67 H 4
Waltenheim 68 ...... 143 G 2

Waltenheim-sur-Zorn 67 ...... 68 D 4
Waly 55 ...... 63 G 1
Wambaix 59 ...... 14 C 4
Wambercourt 62 ...... 7 E 5
Wambez 60 ...... 37 G 1
Wambrechies 59 ...... 8 D 2
Wamin 62 ...... 7 E 5
Wanchy-Capval 76 ...... 20 D 2
Wancourt 62 ...... 13 H 3
Wandignies-Hamage 59 ...... 9 F 5
Wanel 80 ...... 11 H 4
Wangen 67 ...... 97 F 1
Wangenbourg 67 ...... 96 D 1
Wannehain 59 ...... 9 E 3
Wanquetin 62 ...... 13 F 2
La Wantzenau 67 ...... 69 E 5
Warcq 08 ...... 26 D 3
Warcq 55 ...... 44 D 5
Wardrecques 62 ...... 7 G 2
Wargemoulin-Hurlus 51 ...... 42 D 5
Wargnies 80 ...... 12 C 5
Wargnies-le-Grand 59 ...... 15 E 2
Wargnies-le-Petit 59 ...... 15 E 2
Warhem 59 ...... 3 H 3
Warlaing 59 ...... 9 F 5
Warlencourt-Eaucourt 62 ...... 13 G 4
Warlincourt-lès-Pas 62 ...... 13 E 4
Warloy-Baillon 80 ...... 13 E 5
Warluis 60 ...... 38 A 2
Warlus 62 ...... 13 F 2
Warlus 80 ...... 11 H 5
Warluzel 62 ...... 13 E 3
Warmeriville 51 ...... 41 H 3
Warnécourt 08 ...... 26 C 3
Warneton 59 ...... 4 C 5
Warsy 80 ...... 23 E 4
Warvillers 80 ...... 23 E 3
Wasigny 08 ...... 26 A 4
Wasnes-au-Bac 59 ...... 14 B 2
Wasquehal 59 ...... 8 D 2
Wasselonne 67 ...... 68 B 5
Wassenbourg 68 ...... 120 D 4
Wassigny 02 ...... 15 E 5
Wassy 52 ...... 92 C 3
Le Wast 62 ...... 2 C 5
Watigny 02 ...... 25 H 1
Watronville 55 ...... 44 C 5
Watten 59 ...... 3 F 4
Wattignies 59 ...... 8 D 3
Wattignies-la-Victoire 59 ...... 15 H 3
Wattrelos 59 ...... 9 E 2
Wattwiller 68 ...... 120 D 5
Wavignies 60 ...... 22 C 5
Waville 54 ...... 65 F 2
Wavrans-sur-l'Aa 62 ...... 7 E 2
Wavrans-sur-Ternoise 62 ...... 7 F 5
Wavrechain-sous-Denain 59 .. 14 D 2
Wavrechain-sous-Faulx 59 ...... 14 C 2
Wavrille 55 ...... 44 B 3
Wavrin 59 ...... 8 C 3
Waziers 59 ...... 8 D 5
Wé 08 ...... 27 G 4
Weckolsheim 68 ...... 121 F 3
Wegscheid 68 ...... 142 C 1
Weinbourg 67 ...... 68 B 3
Weislingen 67 ...... 67 H 2
Weitbruch 67 ...... 69 E 4
Weiterswiller 67 ...... 68 B 3
Welles-Pérennes 60 ...... 22 D 5
Wemaers-Cappel 59 ...... 3 G 4
Wentzwiller 68 ...... 143 G 3
Werentzhouse 68 ...... 143 G 4
Wervicq-Sud 59 ...... 4 D 5
West-Cappel 59 ...... 3 H 3
Westbécourt 62 ...... 3 E 5
Westhalten 68 ...... 120 D 4
Westhoffen 67 ...... 97 E 1
Westhouse 67 ...... 97 G 3
Westhouse-Marmoutier 67 ...... 68 B 5
Westrehem 62 ...... 7 G 3
Wettolsheim 68 ...... 121 E 3
Weyer 67 ...... 67 H 3
Weyersheim 67 ...... 69 E 4
Wickerschwihr 68 ...... 121 F 2
Wickersheim 67 ...... 68 C 4
Wicquinghem 62 ...... 6 D 3
Wicres 59 ...... 8 B 3
Widehem 62 ...... 6 B 3
Widensolen 68 ...... 121 F 3
Wiège-Faty 02 ...... 25 E 2
Wiencourt-l'Équipée 80 ...... 23 E 2
Wierre-au-Bois 62 ...... 6 C 2
Wierre-Effroy 62 ...... 2 C 5
Wiesviller 57 ...... 67 H 1
Wignehies 59 ...... 15 H 5
Wignicourt 08 ...... 26 C 5
Wihr-au-Val 68 ...... 120 D 3

Wihr-en-Plaine 68 ...... 121 F 2
Wildenstein 68 ...... 120 B 4
Wildersbach 67 ...... 96 D 3
Willeman 62 ...... 12 B 2
Willems 59 ...... 9 E 2
Willencourt 62 ...... 12 B 3
Willer 68 ...... 143 F 3
Willer-sur-Thur 68 ...... 120 C 5
Willeroncourt 55 ...... 64 B 5
Willerval 62 ...... 8 B 5
Willerwald 57 ...... 67 G 1
Willgottheim 67 ...... 68 C 5
Williers 08 ...... 27 H 4
Willies 59 ...... 15 H 4
Wilshausen 67 ...... 68 C 4
Wilwisheim 67 ...... 68 C 4
Wimereux 62 ...... 2 B 5
Wimille 62 ...... 2 B 5
Wimmenau 67 ...... 68 B 2
Wimy 02 ...... 25 G 1
Windstein 67 ...... 68 D 1
Windstein Château de 67 ...... 68 D 1
Wingen 67 ...... 69 E 1
Wingen-sur-Moder 67 ...... 68 B 2
Wingersheim 67 ...... 68 D 4
Wingles 62 ...... 8 B 4
Winkel 68 ...... 143 F 5
Winnezeele 59 ...... 3 H 4
Wintersbourg 57 ...... 67 H 4
Wintershouse 67 ...... 68 D 4
Wintzenbach 67 ...... 69 G 2
Wintzenheim 68 ...... 121 E 3
Wintzenheim-
  Kochersberg 67 ...... 68 C 5
Wintzfelden 68 ...... 120 D 4
Wirwignes 62 ...... 6 C 2
Wiry-au-Mont 80 ...... 11 G 5
Wisches 67 ...... 96 D 2
Wisembach 88 ...... 96 C 5
Wiseppe 55 ...... 43 G 1
Wismes 62 ...... 7 E 2
Wisques 62 ...... 3 F 5
Wissant 62 ...... 2 B 4
Wissembourg 67 ...... 69 F 1
Wissignicourt 02 ...... 40 C 1
Wissous 91 ...... 58 C 5
Witry-lès-Reims 51 ...... 41 H 3
Wittelsheim 68 ...... 143 E 1
Wittenheim 68 ...... 143 F 1
Witternesse 62 ...... 7 G 3
Witternheim 67 ...... 97 G 4
Wittersdorf 68 ...... 143 F 3
Wittersheim 67 ...... 68 D 4
Wittes 62 ...... 7 G 2
Wittisheim 67 ...... 97 G 4
Wittring 57 ...... 67 H 1
Wiwersheim 67 ...... 68 D 5
Wizernes 62 ...... 7 F 2
Woël 55 ...... 65 E 2
Wœlfling-
  lès-Sarreguemines 57 ...... 67 H 1
Wœllenheim 67 ...... 68 C 5
Wœrth 67 ...... 68 D 2
Woignarue 80 ...... 11 E 3
Woimbey 55 ...... 64 C 2
Woincourt 80 ...... 11 E 4
Woinville 55 ...... 64 D 3
Woippy 57 ...... 45 H 5
Woirel 80 ...... 11 G 5
Wolfersdorf 68 ...... 143 E 3
Wolfgantzen 68 ...... 121 F 3
Wolfisheim 67 ...... 97 E 1
Wolfskirchen 67 ...... 67 G 3
Wolschheim 67 ...... 68 B 5
Wolschwiller 68 ...... 143 G 4
Wolxheim 67 ...... 97 F 1
Wormhout 59 ...... 3 H 4
Woustviller 57 ...... 67 G 1
Wuenheim 68 ...... 120 D 5
Wuisse 57 ...... 66 D 3
Wy-dit-Joli-Village 95 ...... 37 G 3
Wylder 59 ...... 3 H 3

X

Xaffévillers 88 ...... 95 G 3
Xaintrailles 47 ...... 275 F 3
Xaintray 79 ...... 184 D 2
Xambes 16 ...... 203 E 5
Xammes 54 ...... 65 F 2
Xamontarupt 88 ...... 119 H 2
Xanrey 57 ...... 66 D 3
Xanton-Chassenon 85 ...... 184 B 2
Xaronval 88 ...... 94 D 4
Xermaménil 54 ...... 95 F 2
Xertigny 88 ...... 119 F 3
Xeuilley 54 ...... 94 C 2

A B C D E F G H I J K L M N O P Q R S T U V W X Y Z

A B C D E F G H I J K L M N O P Q R S T U V W X Y Z

Xirocourt 54 .... 94 D 3
Xivray-et-Marvoisin 55 .... 65 E 4
Xivry-Circourt 54 .... 45 E 3
Xocourt 57 .... 66 B 3
Xonrupt-Longemer 88 .... 120 B 3
Xonville 54 .... 65 E 1
Xouaxange 57 .... 67 G 5
Xousse 54 .... 95 H 1
Xures 54 .... 67 E 5

Y

Y 80 .... 23 G 3
Yainville 76 .... 35 H 1
Yaucourt-Bussus 80 .... 11 H 3
Le Yaudet 22 .... 72 C 3
Ychoux 40 .... 272 D 1
Ydes 15 .... 226 C 5
Yébleron 76 .... 19 F 4
Yèbles 77 .... 88 C 2
Yenne 73 .... 232 D 1

Yermenonville 28 .... 86 B 3
Yerres 91 .... 58 D 5
Yerville 76 .... 19 H 4
Yeu Ile d' 85 .... 164 A 4
Yèvre-la-Ville 45 .... 111 H 3
Yèvre-le-Châtel 45 .... 111 H 3
Yèvres 28 .... 109 G 2
Yèvres-le-Petit 10 .... 91 H 3
Yffiniac 22 .... 78 C 3
Ygos-Saint-Saturnin 40 .... 273 F 5
Ygrande 03 .... 191 F 2
Ymare 76 .... 36 B 3
Ymeray 28 .... 86 C 3
Ymonville 28 .... 110 C 2
Yolet 15 .... 244 C 5
Yoncq 08 .... 27 F 5
Yonval 80 .... 11 G 3
Youx 63 .... 209 E 1
Yport 76 .... 18 D 3
Ypreville-Biville 76 .... 19 F 4

Yquebeuf 76 .... 20 C 5
Yquelon 50 .... 51 F 3
Yquem Château 33 .... 256 B 4
Yronde-et-Buron 63 .... 228 A 2
Yrouerre 89 .... 137 E 3
Yssac-la-Tourette 63 .... 209 H 4
Yssandon 19 .... 241 H 2
Yssandon Puy d' 19 .... 241 H 2
Yssingeaux 43 .... 247 H 2
Ysson Puy d' 63 .... 227 H 3
Ytrac 15 .... 244 B 5
Ytres 62 .... 13 H 5
Yutz 57 .... 45 H 3
Yvecrique 76 .... 19 H 4
Yvernaumont 08 .... 26 C 4
Yversay 86 .... 169 E 5
Yves 17 .... 200 D 2
Les Yveteaux 61 .... 53 G 5
Yvetot 76 .... 19 G 5
Yvetot-Bocage 50 .... 29 F 4

Yvias 22 .... 73 F 3
Yviers 16 .... 238 D 1
Yvignac-la-Tour 22 .... 79 F 5
Yville-sur-Seine 76 .... 35 H 2
Yvoire 74 .... 197 H 3
Yvoy-le-Marron 41 .... 133 E 5
Yvrac 33 .... 237 H 5
Yvrac-et-Malleyrand 16 .... 221 H 1
Yvrandes 61 .... 52 D 4
Yvré-le-Pôlin 72 .... 129 H 3
Yvré-l'Évêque 72 .... 107 H 4
Yvrench 80 .... 11 H 2
Yvrencheux 80 .... 11 H 2
Yzernay 49 .... 167 F 1
Yzeron 69 .... 230 C 1
Yzeure 03 .... 192 B 2
Yzeures-sur-Creuse 37 .... 170 B 4
Yzeux 80 .... 22 A 1
Yzosse 40 .... 293 E 3

Z

Zaessingue 68 .... 143 G 3
Zalana 2B .... 347 G 4
Zarbeling 57 .... 67 E 3
Zegerscappel 59 .... 3 G 4
Zehnacker 67 .... 68 B 5
Zeinheim 67 .... 68 C 5
Zellenberg 68 .... 121 E 2
Zellwiller 67 .... 97 F 3
Zermezeele 59 .... 3 H 4
Zérubia 2A .... 349 E 5
Zetting 57 .... 67 H 1
Zévaco 2A .... 349 E 3
Zicavo 2A .... 349 E 3
Zigliara 2A .... 348 D 4
Zilia 2B .... 346 C 2
Zilling 57 .... 68 A 4
Zillisheim 68 .... 143 F 2
Zimmerbach 68 .... 120 D 3

Zimmersheim 68 .... 143 G 2
Zimming 57 .... 46 D 5
Zincourt 88 .... 95 F 5
Zinswiller 67 .... 68 C 2
Zipitoli Pont génois de 2A .... 348 D 3
Zittersheim 67 .... 68 A 3
Zœbersdorf 67 .... 68 C 4
Zollingen 67 .... 67 G 3
Zommange 57 .... 67 F 4
Zonza 2A .... 349 F 5
Zoteux 62 .... 6 C 3
Zouafques 62 .... 3 E 4
Zoufftgen 57 .... 45 G 2
Zoza 2A .... 349 E 5
Zuani 2B .... 347 G 4
Zudausques 62 .... 3 E 5
Zutkerque 62 .... 3 E 4
Zutzendorf 67 .... 68 C 3
Zuydcoote 59 .... 3 H 2
Zuytpeene 59 .... 3 G 5